MARCELO ABELHA RODRIGUES

AÇÃO CIVIL PÚBLICA E MEIO AMBIENTE

TUTELA CONTRA O ILÍCITO, O RISCO E O DANO AO EQUILÍBRIO ECOLÓGICO

QUARTA EDIÇÃO

2021 © Editora Foco
Autor: Marcelo Abelha Rodrigues
Diretor Acadêmico: Leonardo Pereira
Editor: Roberta Densa
Assistente Editorial: Paula Morishita
Revisora Sênior: Georgia Renata Dias
Capa Criação: Leonardo Hermano
Diagramação: Ladislau Lima
Impressão miolo e capa: FORMA CERTA

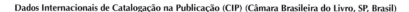

Dados Internacionais de Catalogação na Publicação (CIP) (Câmara Brasileira do Livro, SP, Brasil)

R696a   Rodrigues, Marcelo Abelha
Ação civil pública e meio ambiente: tutela contra o ilícito, o risco e o dano ao equilíbrio ecológico / Marcelo Abelha Rodrigues. - Indaiatuba, SP : Editora Foco, 2021.
560 p. ; 17cm x 24cm.
Inclui índice e bibliografia.
ISBN: 978-65-5515-201-2

1. Direito. 2. Direito civil. 3. Ação civil pública. 4. Meio ambiente. I. Título.

2021-225   CDD 347   CDU 347

Elaborado por Vagner Rodolfo da Silva - CRB-8/9410
Índices para Catálogo Sistemático:
1. Direito civil 347   2. Direito civil 347

DIREITOS AUTORAIS: É proibida a reprodução parcial ou total desta publicação, por qualquer forma ou meio, sem a prévia autorização da Editora FOCO, com exceção do teor das questões de concursos públicos que, por serem atos oficiais, não são protegidas como Direitos Autorais, na forma do Artigo 8º, IV, da Lei 9.610/1998. Referida vedação se estende às características gráficas da obra e sua editoração. A punição para a violação dos Direitos Autorais é crime previsto no Artigo 184 do Código Penal e as sanções civis às violações dos Direitos Autorais estão previstas nos Artigos 101 a 110 da Lei 9.610/1998. Os comentários das questões são de responsabilidade dos autores.

NOTAS DA EDITORA:

Atualizações e erratas: A presente obra é vendida como está, atualizada até a data do seu fechamento, informação que consta na página II do livro. Havendo a publicação de legislação de suma relevância, a editora, de forma discricionária, se empenhará em disponibilizar atualização futura.

Erratas: A Editora se compromete a disponibilizar no site www.editorafoco.com.br, na seção Atualizações, eventuais erratas por razões de erros técnicos ou de conteúdo. Solicitamos, outrossim, que o leitor faça a gentileza de colaborar com a perfeição da obra, comunicando eventual erro encontrado por meio de mensagem para contato@editorafoco.com.br. O acesso será disponibilizado durante a vigência da edição da obra.

Impresso no Brasil (01.2021) – Data de Fechamento (01.2021)

2021
Todos os direitos reservados à
Editora Foco Jurídico Ltda.
Rua Nove de Julho, 1779 – Vila Areal
CEP 13333-070 – Indaiatuba – SP
E-mail: contato@editorafoco.com.br
www.editorafoco.com.br

Agradecimentos

Ao meu bom Deus,
por *proteger e preservar* a vida de Duda
e pelo anjo Fatinha.

Para aqueles que, no cansaço e sofrimento das dificuldades, por algum momento desacreditam do poder da fé em Deus, transcrevo aqui a carta de glória pela recuperação do Duda

É o Wolverine? Superman? Thor? Hulk?
Não...é o Eduardo Abelha Rodrigues

Primeiro, eu gostaria de dizer que o Eduardo Abelha Rodrigues é a melhor metáfora para identificar diversos brasileiros que, perdoem-me a Marvel e a DC United, são super-heróis de carne, osso e alma e nem mesmo podem ser enquadrados na categoria dos x-man.

Chamemos ele de Duda, seu apelido mais comum, embora alguns amigos mais antigos o chamem de Berá, nome diminutivo Beraneio que inventamos, eu e ele, lá pelos nossos 13 anos de idade quando brincávamos de falar palavras engraçadas e, sem querer, criamos o vocábulo achando tratar-se do *Veraneio*, uma SUV chique dos anos 70.

Duda, é meu irmão, seja de sangue, seja de espírito. Num mundo que hoje tem mais de 200 milhões de pessoas, tive a sorte (seria milagre?), de ter recebido esse presente, precisamente em 02.09.1972. Seu nascimento, embora eu não tivesse noção naquele presságio de primavera, foi decisivo para moldar quem eu sou, numa amálgama tão grande que não sei, em mim, onde ele começa e onde eu termino.

O Dr. Marcos Stávale foi que provocou este título ao dizer pra mim e para Fatinha (esposa de Duda), ali na saída do centro cirúrgico, dia 01.06.2020, após 7 longas horas:

_ Duda é um super-herói.

Não tínhamos dúvida disso. Afinal era a 5ª cirurgia ao longo de 11 anos de luta – tendo usado todos os quimioterápicos possíveis e impossíveis – contra uma Kryptonita no cérebro. Cirurgia esta que se não fosse feita naquele dia, naquela hora, e, diria, naquele minuto, poderia ter derrubado nosso super.

A cirurgia foi, remédio decisivo contra a Kryptonita, que pretendia destruí-lo silenciosamente dentro do seu crânio. Foi uma médica capixaba, Brenda Gumz, indicada pela Biana (irmã do Cadu), também médica (anjos inesperados que surgem na vida da gente), que identificou a operabilidade como chance de reacender a batalha, que certamente vai continuar. Brenda, obrigado!

Mesmo com todos os cuidados extremos por causa deste cenário terrível de COVID que torna ainda mais dramática a batalha, ele conseguiu sair da 5ª cirurgia tendo que reaprender a andar já que compressão causada pela kryptonita no seu cérebro comprometia a parte motora do lado esquerdo.

Embora não seja feito de *adamantium* e não tenha o martelo de *mjölnir*, nosso super-herói de carne, osso e alma, enfim, gente como a gente, tem em si uma força interior que literalmente remove montanhas (Coríntios 13:1-13), tem amigos que telepaticamente direcionam as melhores e mais sinceras energias, e além disso tem um anjo que não por acaso se chama Fátima.

Com bom humor acordou horas depois da cirurgia e trocou o sorriso dos lábios pelo sorriso dos olhos, para não arder as centenas de pontos na cabeça, e ainda teve força para perguntar pela Fátima, Dado, Pepê e Lipe. Ao responder que estava tudo bem, fechou os olhos e cedeu ao pro-pranolol, acordando no dia seguinte.

Demonstrações de sua força, como se fosse o *homem-pássaro* que se fortalece quando aproxima-se do sol, deixou a UTI e foi para o quarto no dia seguinte. Uma semana no quarto... até que teve alta, não sem antes receber a visita de cada enfermeiro e técnico que em fila quase indiana foram agradecer a presença de um paciente, digo, um super-herói, que com incessante bom humor, perseverança e gentileza, cativou todo mundo daquele andar.

Houve neste período um momento crucial, divisor de águas. Ele, que raramente chora, chorou segurando minha mão quando uma médica, ou anjo inesperado, Dra. Hanna, com cuidado e sinceridade disse que ele tinha escapado milagrosamente do pior, que ele precisava tirar de dentro de si energia para recuperar os movimentos. Tinha que ter coragem para enfrentar novos desafios. Só dependeria do esforço dele, mas que seria possível com meses recuperar os movimentos perdidos. Ainda teria a radioterapia, 15 dias depois... mas isso não seria problema porque ele também já tinha passado por isso em 2015.

Pois é, como se tivesse ouvido Jesus dizer a frase ao paralítico "*Levanta-te, toma o teu leito e vai para tua casa!*" (Mateus 9:1-8, Marcos 2:1-12 e Lucas 5:17-26), depois de alguns dias como cadeirante, ele voltou a andar e a levantar o braço, e segurar as coisas firmemente com a mão esquerda. Muita fisioterapia, muito esforço, sem dúvida. Contudo, confesso, descobri também que lágrimas de *Fátima*, digo, de anjos, ainda que sejam engolidas ou derramadas no escuro do quarto pra ninguém ver, ou vertidas no banheiro do quarto para ninguém ouvir, tem em si o elixir incomparável e superpoderoso do amor, único sentimento capaz de transformar um humano em super-herói, e, um super-herói em humano.

Não por acaso, ainda que eu falasse a língua dos anjos, como disse São Paulo (Coríntios 13:1-13) sem amor eu nada seria; **"o amor é sofredor, é benigno; o amor não é invejoso; o amor não se vangloria, não se ensoberbece, não se porta inconvenientemente, não busca os seus próprios interesses, não se irrita, não suspeita mal; não se regozija com a injustiça, mas se regozija com a verdade; tudo sofre, tudo crê, tudo espera, tudo suporta"**.

Fecho esta carta sabendo que a batalha não terminou e por isso suplico pelas orações e pensamentos positivos, para o nosso Duda, e, também para todos os super-heróis de carne e osso e alma que derrotam, ou simplesmente conseguem correr ou driblar os diversos males que aqui chamamos de kryptonita. Divulguem o máximo que puder, pois quem sabe, revelará novos anjos e dará amor àqueles super-heróis que neste momento estão passando dificuldades, às vezes deitados em leitos, mas que conseguirão vencer suas batalhas.

Para aqueles que amam seus super-heróis, desfrutem da dádiva de tê-los como presente divino e sejam **Fátimas** para ele! Não existe fórmula pronta para dedicar integralmente o seu amor a quem você ama, basta doar-se com sinceridade sem desejar nada em troca. É ficar feliz com o sorriso daquele que recebe seu amor. Recordo que as lágrimas, sim as lágrimas de Cristo, elixir super-poderoso do amor, foram capazes de ressuscitar Lázaro (João 11:37-44) calando os incrédulos.

Agora revelo que, depois da alta, voltei ao quarto, vazio, e, retirei uma tirinha escrita em papel que deixei colada atrás da cama de nosso Super-Herói. Ela dizia *Duda, tudo posso naquele que me fortalece* (Filipenses 4:12).

O amor de Deus é o milagre, é preciso ter fé, só não enxerga quem não quer.

DEDICO ESTE LIVRO À DOMINIQUE

"Ainda que eu fale a língua dos homens e dos anjos, se não tiver Amor, serei como o bronze que soa, ou como o címbalo que retine. Ainda que eu tenha o dom de profetizar e conheça todos os mistérios e toda a ciência; ainda que eu tenha tamanha fé ao ponto de transportar montes, se não tiver Amor, nada serei. E ainda que eu distribua todos os meus bens entre os pobres, e ainda que entregue o meu próprio corpo para ser queimado, se não tiver Amor, nada disso me aproveitará.

O Amor é paciente, é benigno, o Amor não arde em ciúmes, não se ufana, não se ensoberbece, não se conduz inconvenientemente, não procura os seus interesses, não se exaspera, não se ressente do mal; não se alegra com a injustiça, mas regozija-se com a verdade; tudo sofre, tudo crê, tudo espera, tudo suporta.

O Amor jamais acaba; mas havendo profecias, desaparecerão; havendo línguas, cessarão; havendo ciências, passarão; porque em parte conhecemos, e em parte profetizamos. Quando, porém, vier o que é perfeito, então o que é em parte será aniquilado.

Quando eu era menino, falava como menino, sentia como menino, pensava como menino; quando cheguei a ser homem, desisti das coisas próprias de menino. Porque agora vemos como em espelho, obscuramente, então veremos face a face; agora conheço em parte, então conhecerei como sou conhecido. Agora, pois, permanecem a fé, a esperança e o Amor, estes três: porém o maior destes é o Amor." I Coríntios, 13

Te amo, filha!

(pipi)

Nota do autor à primeira edição (2002)

Este trabalho nasceu por descuido, pode-se dizer assim. É verdade que há muito tenho tido vontade de escrever sobre a jurisdição civil coletiva, com especial enfoque nos problemas processuais que envolvem a tutela do ambiente. Faltava-me coragem e, por que não dizer, certa dose de disposição.

Contudo, fui procurado pelos amigos baianos Fredie Didier e Cristiano Chaves para escrever um capítulo sobre ação civil pública numa coletânea sobre procedimentos especiais que eles estavam coordenando. Sacrifiquei-os com a demora, porque à medida que ia escrevendo o trabalho deixava de ser um simples artigo para tomar o corpo e esqueleto de uma obra. A certa altura, ouvindo os conselhos do amigo Fredie, percebi que não faria sentido entregar-lhe um artigo que tivesse uma dimensão muito mais extensa que os demais trabalhos que compunham a coletânea, comprometendo a finalidade do projeto que eles coordenavam. Ouvi ainda sugestões nesse sentido dos irmãos Flávio Cheim e Cássio Scarpinella, que me incitaram a levar adiante a ideia do livro.

Esta é a explicação do referido descuido. Estão aqui neste trabalho, que ora apresento para um salutar debate, muito das discussões empreendidas nos cursos de mestrado e pós-graduação em que tenho tido a honra e oportunidade de lecionar, e especialmente do contato maravilhoso com os meus alunos e ex-alunos dos grupos de estudos, onde sorvemos, todas as semanas, iluminações do mais alto nível. Não possui ideias mirabolantes e nem mesmo soluções geniais acerca do tema. Muito pelo contrário, contém discussões e debates interessantes que decerto motivarão ou ajudarão o pesquisador e o operador do direito a exercitarem seu labor no dia a dia acadêmico e forense.

O tema em si é lindíssimo, principalmente se se tiver olhos para a técnica processual voltada para o tema do meio ambiente, tão vivo no nosso cotidiano. Nesse passo procurei desenvolver um estudo que abrigasse, sem preocupação exaustiva, os institutos basilares do processo civil coletivo, tais como legitimidade, litisconsórcio, inquérito civil, tutela de urgência, teoria geral da prova, execução coletiva etc. Sempre tivemos por rumo norte a ação civil pública, especialmente a Lei 7.347/85, justamente pela pertinência com o tema ambiental.

É certo que muitas dúvidas poderão surgir ao longo da leitura integral deste trabalho ou da sua mera consulta. Dou-me por satisfeito e honrado se isso ocorrer, pois terei tido a satisfação de ter recebido a sua atenção e ao mesmo tempo a sua reflexão, especialmente para me contraditar e permitir que possa evoluir acerca do assunto.

Há muito o que aprender, e o presente trabalho coloca-se como um ponto de partida para um conhecimento mais amplo e mais profundo da ação civil pública e, em especial, do sistema processual coletivo.

O futuro do processo está aqui, não tenho dúvidas. Cabe ao presente delimitar as corretas fronteiras dos institutos processuais para que consigamos pisar em terreno firme e encontrar soluções justas no âmbito da jurisdição civil coletiva.

UMA BREVE APRESENTAÇÃO (DE 2002)

Em todas as áreas do conhecimento humano ninguém está imune à necessidade de especializar-se. Isso se dá por causa de uma série de fatores, tais como a competitividade de mercado, a globalização do conhecimento genérico, a exigência de detalhamento, aprofunda-mento do conhecimento, o impulso do desenvolvimento científico etc. Tomemos por exemplo a área médica, tão comum no nosso dia a dia, em que é perfeitamente possível encontrar um profissional extremamente detalhado para o tipo de problema do qual se busca a cura.

Assim, por exemplo, se se precisar corrigir um problema do feto intrauterino, certamente existirá um profissional especializado em medicina fetal que esteja preparado para esse desiderato, entre tantos exemplos que podem ser dados. Enfim, não adianta pretender dar um tratamento global às situações que exigem um conhecimento específico para que seja solucionado um determinado problema. O grau de especificidade do conhecimento permite que se chegue a resultados mais eficazes, aumentando o grau de satisfação do paciente. Certamente que o uso de uma medicação inespecífica até poderá dar algum resultado, mas sem a efetividade esperada. Terá atacado o efeito e não a causa.

Mutatis mutandis assim se passa no direito, visto como ciência humana. Precisa estar sempre em mutação, em movimento, acompanhando a evolução da sociedade e seus reclames. Não se espera e nem se exige que o direito anteveja as modificações da sociedade e assim se prepare, com armas na mão, para essas modificações. É preferível que tais modificações impulsionem a alteração do ordenamento jurídico vigente, ainda que isso se dê com pequena dose de atraso, para que o direito positivo possa ser todo ele preenchido de uma legitimidade social. Do contrário, a modificação do ordenamento jurídico, sem que exista um reclame social, poderá acarretar a ocorrência de despotismo e arbitrariedade, abominados em qualquer sociedade.

Fixada a premissa de que nosso direito positivo é de origem romano-germânica, com nítida prevalência da lei, do direito posto, é de se reconhecer que a modificação do mesmo, ou seu acompanhamento aos reclames sociais, não se dá de forma tão simples e imediata. Pelo contrário, isso ocorre de modo lento, e tem sido importante o papel da jurisprudência, que funciona como ombudsman das necessidades, exigências e anseios da população nas demandas do dia a dia.

Em decorrência de todas as transformações (sociais, políticas, históricas, humanas, econômicas etc.) ocorridas no século passado, se fazia e se faz necessário que o direito possa estar devidamente aparelhado e voltado para tais modificações, sob pena de que se situe num plano reacionário, ilegítimo e de total desvalia. Assim, não é possível continuar a tratar o direito do meio ambiente nos dias de hoje da mesma forma que no século passado.

Não se poderia conceber que o consumidor pudesse receber o mesmo tratamento hoje do que era ofertado durante grande parte do século passado. Não se pode admitir que o mercado econômico atue da mesma forma hoje como era nos idos do liberalismo total, entre tantos outros aspectos que foram absolutamente transformados por quase um século inteiro. O direito, sob o manto da segurança jurídica, precisa desabotoar suas costuras e abraçar a realidade social, regulando-a, com regras adequadas aos "direitos" transformados, justamente para que possa alcançar a segurança jurídica, que traz em si a paz social.

Quando se fala da necessidade de se "transformar" o direito não se está referindo apenas às suas transformações em moldura abstrata (lei) que atenda aos anseios e exigências da realidade social, mas também, de outro lado, é importante que uma nova mentalidade, uma nova visão do operador do direito possa impulsionar a formulação da norma concreta. Em termos mais claros, significa o seguinte: tanto o Poder Legislativo, que elabora a norma, quanto o Poder Judiciário (com a participação de todos que lhes são peças essenciais), que for- mula a norma concreta, devem estar pautados numa "nova" visão, que seja apta e idônea para atender aos "novos" direitos oriundos de intenso reclame social.

Nesse ponto, merece destaque a participação cooperadora de toda a comunidade jurídica, mas em especial daqueles que, em última análise, ditam a norma jurídica concreta ao caso que lhes foi solicitada uma resolução: os juízes. Repita-se, não se esperam modificações legislativas no ramo do direito processual além da criação de técnicas procedimentais que sejam responsáveis pela instrumentalização do direito material transformado e exigido pela sociedade, mas pelo menos, principalmente, que o operador do direito possa interpretar, com bom senso, olhos visionários, preocupação com o direito substancial e função instrumental, alguns institutos basilares da ciência instrumental.

Essa nova visão de institutos ortodoxos do direito processual não é um favor que o operador do direito está fazendo ou deverá fazer, senão uma exigência do próprio direito material. Insistir tratar certos direitos e certas situações com as rugas do tempo é simplesmente destratá-los. Mais do que uma ofensa ao direito constitucional positivo, é negar a própria justiça ao jurisdicionado.

Por isso, esse livro resulta de um amadurecimento lento e gradativo, ainda inacabado, do estudo do direito material do meio ambiente e seus reflexos no direito processual. Na verdade, muitas ideias aqui lançadas poderiam ser aproveitadas para outros direitos da coletividade, que, como o direito do meio ambiente, guardam características tão peculiares que exigem um tratamento processual (jurisdicional ou não) muito diferente daquele tipo ou modelo processual que é lecionado nas faculdades de direito e que ocupam o dia a dia forense.

O que se pretende é uma reavaliação ou uma revisitação de alguns elementos de direito processual, ortodoxos e tradicionais, frente a um dos direitos que mais exigem a atenção da sociedade: o direito ao meio ambiente ecologicamente equilibrado. A preocupação maior da presente obra é que se dê uma tutela processual diferenciada ao direito substancial do meio ambiente a partir de uma exegese nova e diferenciada de institutos basilares do direito processual.

Convidamos o leitor para apontar, mais do que os erros que cometemos, as sugestões na criação de uma "nova mentalidade" de se enxergar alguns institutos de direito processual. Submetemos o presente trabalho, leitor, ao seu honroso contraditório, que decerto irá contribuir, e muito, para a formação da "nova mentalidade" e "novos caminhos" na tutela jurisdicional dos direitos de massa.

Guarapari, 4 de novembro de 2002.

(marceloabelha@cjar.com.br)

Nota do autor à 4ª edição:
mais uma breve apresentação (de 2020)

Eu tinha prometido a mim mesmo que não iria mais atualizar este livro, nada obstante a terceira edição lançada no comecinho de 2009 tenha se esgotado nos idos de 2010 ou 2011, não me lembro bem.

E fiz esta promessa quando percebi, envolto na minha ingenuidade utópica, de que as ações civis públicas não funcionavam como instrumento de realização dos direitos fundamentais e de justiça social que imaginei que seriam quando comecei a me debruçar mais profundamente sobre o tema em 1993 na cadeira das aulas de mestrado dos meus Professores e amigos Nelson Nery Jr e Rosa Maria Andrade Nery, aos quais agradeço de público, sempre com muito orgulho, pelas influências decisivas nas minhas escolhas acadêmicas.

Não que eu tenha ficado niilista ou que tenha me desencantado com a dogmática das técnicas processuais previstas na Lei n.º 7347, nada disso. No fundo o que ocorreu foi a decepção pela distopia resultante do contraste entre o sonho e o pesadelo; da diferença entre o que imaginei e o que então acontecia (com as mutilações do texto e com a aplicação indevida) à Lei de ação civil pública.

Veio então o CPC de 2015 e comecei a me interessar pela quebra da antiga promessa, porque a oportunidade poderia ser um bom momento para realçar a importância da ação civil pública na tutela do meio ambiente que, confesso, sempre foi a temática de minha maior preocupação, embora tenha, por vezes, desbordado em trabalhos dedicados à tutela material e processual do direito eleitoral[1] e ao direito do consumidor[2].

Enfim, amadurecendo a ideia, e, logo após um denso e demorado livro que escrevi sobre o direito da flora no Brasil[3], e, além disso, estimulado e incentivado pela querida amiga e colega de Departamento, a Professora Trícia Navarro Xavier Cabral, que acabara de lançar um livro pela Editora Foco[4], me senti animado para prosseguir nesta empreitada.

O livro é um misto de *nova edição* com *novo livro* porque depois deste enorme espaço de tempo as mudanças e ajustes foram tantos que existem capítulos inteiros reescritos, uns totalmente novos, a análise dos dispositivos sempre contrastada com o CPC de 2015, a jurisprudência evolutiva e a bibliografia totalmente atualizada, conservando no que foi possível os autores que serviram de base e suporte para o trabalho original e que de certa forma moldaram a minha formação sobre o tema.

---

1. RODRIGUES, Marcelo Abelha. JORGE, Flávio Cheim. *Manual de Direito Eleitoral*. São Paulo: Ed. RT, 2014; RODRIGUES, Marcelo Abelha. JORGE, Flávio Cheim. LIBERATO, Ludgero. *Curso de Direito Eleitoral*. 3ª edição. Salvador: Podivm, 2020.
2. RODRIGUES, Marcelo Abelha. *Sanções administrativas no código de defesa do consumidor*. Salvador: Podivm, 2009.
3. Rodrigues, Marcelo Abelha. *Proteção Jurídica da Flora*. Salvador: Juspodivm, 2019.
4. A versão comercial de seu trabalho que lhe conferiu o título de Pós-Doutora pela USP. CABRAL, Trícia Navarro Xavier. *Limites da liberdade processual*. Santa Catarina: Foco Editora, 2019.

Assim como escrevi a primeira edição trancafiado meses numa sala me recuperando de uma hérnia de disco, este, aproveitando-me do trágico isolamento causado pela Pandemia, eu também tentei manter-me o máximo isolado e concentrado para que a sequência de ideias e pensamentos sobre o tema não me escapassem furtivamente. Fica aqui um agradecimento saudoso e um lamento profundo pelo falecimento dos Professores José Carlos Barbosa Moreira e Ada Pellegrini Grinover que foram – e continuam sendo – tão importantes no estudo da tutela coletiva. Agradeço ainda à minha família; a eles eu devo mais esta empreitada pelo tempo roubado. À Roberta e ao Leonardo agradeço o carinho e a paciência.

SUMÁRIO

AGRADECIMENTOS III

DEDICO ESTE LIVRO À DOMINIQUE VII

NOTA DO AUTOR À PRIMEIRA EDIÇÃO (2002) IX

UMA BREVE APRESENTAÇÃO (DE 2002) XI

NOTA DO AUTOR À 4ª EDIÇÃO: MAIS UMA BREVE APRESENTAÇÃO (DE 2020) XV

CAPÍTULO 1 – ENTRE A UTOPIA, A DISTOPIA E OS NOVOS DESAFIOS DA LEI 7.347/85 1

    1.   Breve advertência 1

    2.   O contexto de surgimento da Lei de Ação Civil Pública em 1985 vinculado à Lei da Política Nacional do Meio Ambiente 4

    3.   Os primeiros passos rumo à tutela dos direitos metaindividuais 6

    4.   As influências 7

    5.   A lei de ação civil pública e o sistema processual coletivo 8

    6.   As crises ambientais e a lei de ação civil pública 11

    7.   Um grande desafio para a ação civil pública: a judicialização das políticas públicas ambientais 12

    8.   A ação civil pública e o desafio seguinte: litígios complexos e processos estruturantes 17

CAPÍTULO 2 – UM NOVO MODELO DE PROCESSO PARA A LEI DE AÇÃO CIVIL PÚBLICA 25

    1.   O processo democrático pós CF/88 25

    2.   Crise de identidade do processo coletivo: tutela jurídica do meio ambiente, lei de ação civil pública e novo código de processo civil 29

    3.   O CPC de 1973, o microssistema processual coletivo e o CPC 2015 30

    4.   O que significa aplicar supletiva e subsidiariamente o ATUAL CPC? 31

    5.   Exemplos de aplicação direta e completa do CPC às ações civis públicas ambientais 35

    6.   Técnicas sobreviventes do sistema processual coletivo 38

AÇÃO CIVIL PÚBLICA E MEIO AMBIENTE • Marcelo Abelha Rodrigues

CAPÍTULO 3 – OBJETO DE TUTELA NA LEI DA AÇÃO CIVIL PÚBLICA...................... 41

1. Exórdio 41

2. Objeto de proteção pela Lei n. 7.347/85 42

    2.1 A ementa "sem prejuízo da ação popular" 42

    2.2 O art. 1º da LACP: "regem-se pelas disposições desta Lei, sem prejuízo da ação popular, as ações de responsabilidade por danos morais e patrimoniais causados" 42

    2.3 Vedação de pretensões referentes a tributos e a contribuições previdenciárias 43

    2.4 A lei de ação civil pública não se limita à responsabilidade por dano........ 44

    2.5 Qualquer direito difuso ou coletivo 47

3. Direitos ou interesses difusos ou coletivos 47

4. A expressão difusos e coletivos... 48

5. A criação das categorias autônomas: difusos, coletivos e individuais homogêneos 50

6   A identificação estática do tipo do interesse: difuso, coletivo e individual homogêneo 51

    6.1 Introdução 51

    6.2 A sociedade de massa e o fenômeno da transindividualidade................. 52

    6.3 Tipologia estática dos interesses coletivos lato sensu no art. 81, parágrafo único do CDC.. 55

        6.3.1 O interesse e sua estrutura 55

        6.3.2 Interesses coletivos... 57

        6.3.3 Interesses difusos.. 59

        6.3.4 Interesses individuais homogêneos 60

        6.3.5 Os interesses difusos e sua aproximação com os individuais homogêneos (sociedade de massa).. 66

        6.3.6 O interesse difuso como interesse público aferido no caso concreto 69

    6.4 A tipologia dinâmica para identificação dos interesses coletivos.............. 74

CAPÍTULO 4 – O EQUILÍBRIO ECOLÓGICO COMO OBJETO DE TUTELA DA LEI DE AÇÃO CIVIL PÚBLICA 81

1. O direito fundamental ao equilíbrio ecológico na Constituição Federal e deveres jurídicos correspondentes... 81

2. O elemento objetivo e o subjetivo do equilíbrio ecológico.......................... 81

    2.1 Elemento objetivo: equilíbrio ecológico... 81

    2.2 O elemento subjetivo: titularidade universal 83

3.	A proteção constitucional do direito ao meio ambiente e sua irradiação no ordenamento jurídico	85
4.	Os deveres jurídicos constitucionais ambientais que devem ser cumpridos pelo poder público e pela coletividade	88
	4.1 O dever axiomático do art. 225, caput: proteger e preservar	88
	4.2 Os deveres concretos do art. 225	91
5.	A lei de ação civil pública como instrumento de proteção contra o risco e o dano ao direito ao equilíbrio ecológico	101
	5.1 Risco ambiental: exemplos para compreensão intuitiva	101
	5.2. Elementos integrantes do risco	102
	5.2.1 Introito	102
	5.2.2 Risco como situação em movimento no espaço e no tempo	104
	5.2.3 Sujeito vulnerável e o estado de risco: proporcionalidade direta	104
	5.2.4 O evento (a fonte) e a proporcionalidade inversa com o alvo (sujeito)	105
	5.2.5 O elemento "possibilidade" (probabilidade)	108
	5.2.6 Risco, probabilidade e certeza	110
	5.2.7 Risco, probabilidade e azar	111
	5.2.8 O risco e o dano: momento de cada um e pontos de contato	111
	5.2.9 Proteção estatal e risco ambiental	117
	5.2.9.1 Introito	117
	5.2.9.2 Antijuridicidade e risco ambiental	118
	5.2.9.3 A informação como instrumento imprescindível na adoção de medidas contra o risco	123
	5.3 O dano ao equilíbrio ecológico (dano ambiental)	126
	5.3.1 O conceito	126
	5.3.2 O desequilíbrio ecológico e os microbens ambientais	127
	5.3.3 Serviços ecossistêmicos: compreendê-los para mensurar prejuízos	129
	5.3.4 Roteiro para identificação do dano ao meio ambiente	133
	5.3.5 As sanções civis ambientais e a reparação do dano	134
	5.3.5.1 Sanções civis ambientais	134
	5.3.5.2 Dever de reparação do dano	136
	5.3.5.3 Nexo causal	146
	5.3.5.4 O poluidor e o transgressor	152

CAPÍTULO 5 – SOLUÇÃO CONSENSUAL DOS CONFLITOS E COMPROMISSO DE AJUSTAMENTO DE CONDUTA ... 157

1.	Introito	157

2.	Diretrizes necessárias na solução consensual dos conflitos de interesses coletivos	161
	2.1 Apresentação	161
	2.2 Obediência à legalidade	162
	2.3 Publicidade e transparência X confidencialidade	162
	2.4 Indisponibilidade X intransigibilidade	163
	2.5 Participação democrática: isonomia, contraditório, boa-fé etc.	165
	2.6 Mediadores ou conciliadores imparciais e com capacidade (preparados) para gestão e resolução de conflitos	166
3.	Compromisso de ajustamento de conduta às exigências legais	167
	3.1 Introito	167
	3.2 Legitimidade	169
	3.3 Momento para a sua realização	170
	3.4 Objeto	174
	3.5 As cominações legais	178
	3.6 Execução	179

CAPÍTULO 6 – INQUÉRITO CIVIL PÚBLICO 183

1.	Introito	183
2.	Natureza jurídica	183
3.	Conceito e características	184
	3.1 Instrumentalidade	185
	3.2 Exclusividade	185
	3.3 Publicidade e formalidade	186
	3.4 Participatividade	187
	3.5 Objeto	191
	3.6 Competência	196
	3.7 Procedimento do inquérito civil	198

CAPÍTULO 7 – LEGITIMIDADE DAS PARTES E A INTERVENÇÃO DE TERCEIROS NA LEI 7.347/85 201

1.	Aspectos gerais da legitimidade	201
2.	Legitimidade ordinária ou extraordinária?	202
3.	Ação coletiva passiva?	206
4.	Controle da legitimidade	209
5.	A legitimidade do Ministério Público (MP)	219

6. A legitimidade dos sindicatos e das associações civis 220

    6.1 A legitimidade na lei de ação civil pública 220

    6.2 A legitimidade das associações para impetrar o mandado de segurança coletivo 224

7. A legitimidade da Defensoria Pública 227

8. Legitimidade na fase de liquidação e execução 228

9. Litisconsórcio e assistência 229

    9.1 Aspectos gerais 229

    9.2 Litisconsórcio (e a competência) entre ministérios públicos 231

    9.3 A assistência nas ações coletivas 234

10. A ilegitimidade ativa nas ações coletivas 239

11. Desistência da ação 240

CAPÍTULO 8 – COMPETÊNCIA, CONEXÃO E LITISPENDÊNCIA NA LEI DE AÇÃO CIVIL PÚBLICA 245

1. A competência na lei de ação civil pública 245

    1.1 Introito 245

    1.2 O modelo estático previsto no procedimento coletivo 247

2. Classificação e regime jurídico da competência na LACP 248

3. A competência do juízo do local do dano 249

    3.1 Introito 249

    3.2 Justiça federal comum ou especial (trabalhista) em relação ao meio ambiente do trabalho (art. 200, VIII da CF/88) 249

    3.3 Local do dano e justiça federal 250

    3.4 Local do dano – não sendo competência da justiça federal 252

    3.5 O *forum shopping* e o *forum non conveniens* na lei de ação civil pública 255

    3.6 Flexibilização da competência na ação civil pública ambiental 258

    3.7 Prevenção na lei de ação civil pública 268

        3.7.1 Introito sobre a prevenção 268

        3.7.2 A prevenção na ação civil pública 269

    3.8 Conexão na lei de ação civil pública 272

        3.8.1 Um pouco sobre o tema 272

        3.8.2 O vínculo (material ou processual) é gênero do qual a conexão é espécie 275

        3.8.3 A preocupação do sistema tradicional em aglutinar todas as possíveis demandas derivadas do fato-base no mesmo órgão julgador 276

        3.8.4 O risco de decisões conflitantes ou contraditórias para reunião das demandas: momento, juízo de análise do risco e objeto do conflito/contradição 278

	3.8.5	Reunir ou não reunir, eis a questão?		282
4.	Litispendência entre ações coletivas			283
	4.1	Introito		283
	4.2	Identificando situações de litispendência e suas consequências		285
	4.3	Contraste entre ações coletivas difusas e individuais homogêneas		288
		4.3.1	Apresentação	288
		4.3.2	A tutela difusa x individual homogênea	289

CAPÍTULO 9 – A URGÊNCIA NA TUTELA DO MEIO AMBIENTE E A LEI DE AÇÃO CIVIL PÚBLICA 293

1.	Equilíbrio ecológico e urgência *in re ipsa*			293
2.	Técnicas de urgência e evidência: premissas para compreensão			302
	2.1	Tempo e tutela		302
	2.2	Tutelas provisórias		304
		2.2.1	Introito	304
		2.2.2	Técnica da sumarização do procedimento (sumarização formal)	305
		2.2.3	Técnica do adiantamento do provimento (sumarização material)	306
		2.2.4	A sumarização da cognição como consequência natural do adiantamento do provimento	306
		2.2.5	A provisoriedade do provimento antecipado como consequência natural da cognição sumária	309
		2.2.6	A revogabilidade e a modificabilidade como consequência natural da provisoriedade	310
		2.2.7	Técnicas de variação do contraditório prévio (contraditório invertido ou eventual e contraditório diferido)	311
		2.2.8	Técnica do julgamento imediato com base na evidência do direito	312
		2.2.9	A efetivação imediata do provimento antecipado	312
		2.2.10	Responsabilidade processual pela execução imediata injusta	313
3.	Tutela provisória e meio ambiente			314
	3.1	Características do equilíbrio ecológico que tornam ordinária a tutela provisória urgente		314
	3.2	Os dois mantras da tutela ambiental: dever de proteger e preservar contra o dano e o dever de restaurar		316
		3.2.1	Evitar o dano ao meio ambiente	316
			3.2.1.1 Evitando, neutralizando e controlando o risco	316
			3.2.1.2 Evitar o dano inibindo ou removendo o ilícito	320
		3.2.2	Restauração do meio ambiente	325

3.3	Conectando a tutela provisória com o dever de evitar o dano e o dever de restauração		326
	3.3.1	Lei de ação civil pública e tutela provisória cautelar e não cautelar	326
	3.3.2	Lei de ação civil pública e tutela específica	328
3.4	A efetivação dos provimentos urgentes		333
3.5	Tutela da evidência na lei de ação civil pública – apelação sem efeito suspensivo – eficácia imediata da sentença		336
	3.5.1	Introito	336
	3.5.2	A eficácia imediata da sentença – recurso sem efeito suspensivo ..	337
	3.5.3	Hipóteses de tutela de evidência do art. 311 do CPC na ação civil pública ambiental	340

CAPÍTULO 10 – ASPECTOS DA PROVA NA AÇÃO CIVIL PÚBLICA AMBIENTAL 343

1.	Introito		343
2.	Direito probatório e meio ambiente		344
3.	Os elementos da prova na ação civil pública ambiental		345
3.1	O objeto da prova		345
	3.1.1	Introito	345
	3.1.2	Fato presumido em favor do meio ambiente	346
	3.1.3	Os indícios e sua importância para a tutela do meio ambiente	352
	3.1.4	Nas ações voltadas contra às situações de risco ao meio ambiente	357
3.2	Meio de prova		360
	3.2.1	Introito	360
	3.2.2	Prova documental	361
	3.2.3	Justificação prévia	363
	3.2.4	Inspeção judicial	364
	3.2.5	Prova pericial	365
	3.2.6	Confissão	366
3.3	Valoração da prova		367
	3.3.1	Introito	367
	3.3.2	O juízo de valoração das ações civis públicas ambientais	372
3.4	Ônus da prova das demandas ambientais		375
3.5	Ação probatória autônoma e proteção do meio ambiente		379

CAPÍTULO 11 – COISA JULGADA NA LEI DE AÇÃO CIVIL PÚBLICA 381

1.	O golpe desferido no art. 16		381

AÇÃO CIVIL PÚBLICA E MEIO AMBIENTE • Marcelo Abelha Rodrigues

2.	Os dispositivos regentes da coisa julgada na lei de ação civil pública	384
3.	Proteção da autoridade da coisa julgada	385
4.	Regime jurídico da coisa julgada na Lei de ação civil pública	386
	4.1. Coisa julgada na lei de ação civil pública	388
	4.1.1 O fenômeno da coisa julgada secundum *eventum litis*	388
5.	Limites objetivos e subjetivos	390
	5.1 Limites objetivos da coisa julgada nas demandas coletivas	392
	5.2 Coisa julgada *in utilibus*	397
	5.3 Coisa julgada sobre as questões prejudiciais decididas incidentemente no processo da ação civil pública	403
	5.4 Coisa julgada *rebus sic stantibus* na ação civil pública ambiental	407
6.	Limites subjetivos da coisa julgada nas demandas coletivas	409
	6.1 Coisa julgada *erga omnes* e ultra partes	409
	6.2 Limites subjetivos nas demandas essencialmente coletivas	410
	6.3 Limites subjetivos da coisa julgada nas demandas coletivas para a defesa de direitos individuais homogêneos	411

CAPÍTULO 12 – LIQUIDAÇÃO E EXECUÇÃO NA LEI 7.347/85 417

1.	Liquidação	417
	1.1 Introito	417
	1.2 Hipóteses de liquidação	417
	1.3 A liquidação da sentença provisória ou definitiva	419
	1.4 A liquidação autônoma	419
	1.5 Objeto e cognição da liquidação da sentença	419
	1.6 A decisão na liquidação de sentença	421
	1.6.1 Liquidação improcedente – ilícito sem dano	421
	1.6.2 Liquidação imprópria – valor e identificação dos lesados na ação coletiva para a defesa de direitos individuais homogêneos	424
	1.7 Tipos de liquidação	425
	1.8 Liquidação de sentença e respeito à coisa julgada	427
	1.9 Liquidação dos direitos individuais a partir da condenação genérica do art. 95 do CDC	427
2.	Execução na lei de ação civil pública	429
	2.1 Os postulados básicos	429
	2.2 Panorama geral das técnicas de execução no CPC aplicáveis ao processo coletivo	429
	2.3 Improcedência e tutela executiva em favor do meio ambiente	430
	2.4 Título executivo e transporte *in utilibus*	433

2.5	Título executivo e coisa julgada sobre questão prejudicial	434
2.6	Cumprimento provisório ou definitivo	435
2.7	Execução e desconsideração da personalidade jurídica	437
2.8	Responsabilidade patrimonial primária e secundária	438
2.9	O retraído art. 15 da Lei de Ação Civil Pública	439
2.10	Execução imprópria na ação civil pública ambiental	439
2.11	Prazo de 60 dias do art. 15	441
2.12	O art. 98 do CDC e a competência adequada	442
2.13	*Fluid recovery*	443

2.13.1 Execução coletiva na ação para a defesa de direitos individuais homogêneos – Por que não punição ou restituição pelo ilícito?.... 443

2.13.2 A *fluid recovery* do art. 100 do CDC 445

2.13.3 A eventualidade da liquidação e execução da *fluid recovery* 447

2.13.4 Os requisitos da recuperação fluida: prazo ânuo e gravidade do dano incompatível com o número de liquidações 448

2.13.5 O prazo de um ano: particularidades e risco de *bis in idem* 448

2.13.6 Gravidade do dano incompatível com o número de habilitações à tutela liquidatória 450

2.13.7 Síntese conclusiva sobre a recuperação fluida 452

CAPÍTULO 13 – LITIGÂNCIA DE MÁ-FÉ NA LEI DE AÇÃO CIVIL PÚBLICA E A ISENÇÃO DE ÔNUS FINANCEIRO 453

1. Introito 453

2. A tipificação dos ilícitos processuais 454

    2.1 Os deveres processuais e a tipificação dos ilícitos 454

    2.2 Acesso à justiça – isenção de ônus financeiro do processo coletivo – abuso processual e condenação 455

    2.3 Ação civil pública temerária 459

    2.4 Desnecessidade de adiantamento de despesas processuais 460

CAPÍTULO 14 – O FUNDO CRIADO PELO ART. 13 DA LEI 7.347/85 463

1. Introito 463

2. A natureza do fundo criado pelo art. 13 da LACP 465

CAPÍTULO 15 – A AÇÃO CIVIL PÚBLICA – DEMANDAS INDIVIDUAIS REPETITIVAS – TÉCNICA DE JULGAMENTO DOS CASOS REPETITIVOS DO CPC 471

1. Sociedade de massa, litigiosidade de massa e demandas individuais repetitivas   471

2.	O gênero "casos repetitivos"	476
3.	O incidente de resolução de demandas repetitivas no CPC projetado e no CPC vigente	478
4.	Demandas repetitivas – ineficiência das ações coletivas para a defesa dos direitos individuais homogêneos – técnicas individuais de repercussão coletiva (julgamento por amostragem)	480

4.1 Introito 480

4.2 Ineficiência das ações coletivas para a defesa de direitos individuais de massa 482

4.3 Fatores jurídicos da ineficiência 483

4.3.1 O não reconhecimento do direito individual homogêneo como categoria autônoma de direito material 483

4.3.2 A falha na representatividade adequada dos titulares dos direitos individuais de massa 486

4.3.3 As restrições legislativas que reduziram o cabimento e fragmentaram a coisa julgada 491

4.3.4 A insegurança jurídica na coisa julgada secundum eventum litis das ações coletivas para a defesa de direitos individuais homogêneos 493

4.3.5 A fase individual das ações para a defesa de direitos individuais homogêneos 494

4.3.6 Declínio das ações coletivas para a defesa de direitos individuais homogêneos – nascimento das técnicas individuais de repercussão coletiva – necessidade de reduzir números de causas do poder judiciário 496

4.4 Situando o IRDR no CPC 497

4.5 O procedimento dos artigos 976-987 do CPC como técnica de tutela coletiva do direito objetivo 499

4.6 O papel secundário – e muito eficiente – do IRDR em resolver as próprias demandas repetitivas 501

4.7 Casos repetitivos e o nosso "sistema de precedentes vinculantes" 503

REFERÊNCIAS BIBLIOGRÁFICAS 507

Capítulo 1
ENTRE A UTOPIA, A DISTOPIA
E OS NOVOS DESAFIOS DA LEI 7.347/85

1. BREVE ADVERTÊNCIA

Este capítulo primeiro corresponde, na verdade, a uma fatia daquele que era o capítulo 04 da versão original deste livro, escrito em 2001 e lançado em 2002[1]. O referido capítulo era, admito, quando reli agora para fazer esta nova edição, de uma ingenuidade franciscana em relação aos rumos da ação civil pública. Não que naquele período não houvesse nenhum tipo de advertência que nos permitisse antever os riscos de uma frustração futura. Foi a cegueira típica de um otimismo ingênuo.

Como eu disse, houve mais de um "aviso" que poderiam vaticinar esta frustração. Relembro aqui a Medida Provisória n. 1570 convertida em Lei n. 9494/97 que adulterou a *coisa julgada coletiva* (art. 16), além de tentar limitar o objeto da referida demanda com um esdrúxulo parágrafo único ao art. 1º. Tudo feito com a mesquinha intenção de afastar o poder público da alça de mira da referida demanda e retirar a extensão subjetiva do julgado formulando *"uma confusa coisa julgada que se diria erga omnes, pero no mucho..."*.[2]

Relembro ainda de um dos mais lindos textos jurídicos que já li, daqueles que fazem lembrar um romance-realista, misturando um quê de Graciliano Ramos e Lopes da Costa, Aloisio de Azevedo e Calmon de Passos, Machado de Assis e Barbosa Moreira, Julio Ribeiro e Eliezer Rosa. Neste texto estava claro que havia uma nítida intenção de fragmentar e "desempoderar" a ação civil pública. O texto está disponível na internet e é intitulado de *"réquiem para a ação civil pública"*, escrito com aguda e singular sensibilidade pelo querido amigo Cassio Scarpinella Bueno[3]. É preciso lê-lo respirando a atmosfera dos ataques sofridos pela Lei de Ação Civil Pública àquela época.

Acho que a ingenuidade estava em mim, certamente inebriado pela expectativa positiva lançada em textos ímpares, de juristas igualmente ímpares, do quilate de José

---

1. O capítulo 04 intitulava-se *origens da ação civil pública*.
2. MANCUSO, Rodolfo de Camargo. Considerações sobre a coisa julgada no processo coletivo. In: MILARÉ, Édis (Coord.). Ação civil pública após 35 anos. São Paulo: Ed. RT, 2020, p. 601.
3. SCARPINELLA BUENO, Cassio. Réquiem para a ação civil pública. Disponível em: http://www.scarpinellabueno.com/images/textos-pdf/025.pdf. Acesso em: 15.07.2020.

Carlos Barbosa Moreira[4], Antonio Gidi[5], José Manuel de Arruda Alvim[6], Ada Pellegrini Grinover[7], Kazuo Watanabe[8], Nelson Nery Jr.[9], entre outros.

Extraio excerto colhido da exposição de motivos (denominada de Justificação) do Projeto Bierrembach (PL 3034); este que acabou sendo o documento precursor da futura ação civil pública. Escrito por Ada Pellegrini, Candido Rangel Dinamarco, Kazuo Watanabe e Waldemar Mariz de Oliveira a *justificação* dizia que:

> Finalmente, optou-se por disciplinar as ações a que alude a Lei n. 6.938/81 que, pela primeira vez entre nós, se preocupou especificamente com a tutela jurisdicional de certos interesses difusos. Partindo prudentemente do dano ambiental e estendendo a proteção aos bens de valor artístico, estético, histórico, turístico e paisagístico, já estará sendo dado o primeiro passo que poderá abranger, num segundo tempo, outras áreas de manifestação dos interesses difusos.

O fato é que com um *admirável mundo novo* após o texto constitucional, e de braços dados com o compromisso de tutela de direitos fundamentais, em algum momento entre os anos 90 – *especialmente após as reformas processuais da metade da década* – e o ano de 2000, enfim, nestes férteis anos de influência constitucional no processo, imaginou-se, ou imaginei, uma futuro para a lei de ação civil pública mais efetivo e menos turbulento do que ela realmente vivenciou.

> Georges Abboud, em reflexão semelhante feita em 2013, escreveu texto belíssimo sobre "O Dilema do Direito: entre Huxley E Orwell" ao apontar o risco da distopia resultante "do agigantamento estatal em face do cidadão".[10]

Primeiro, golpes da jurisprudência reduzindo o alcance do conceito de *interesses coletivos* e afastando os direitos coletivos de contribuintes do seu alvo de tutela. Posteriormente, quando se deu conta de que ele, poder público, seria um costumeiro réu nestas demandas – posto que descumpridor contumaz dos deveres públicos – tantos outros golpes foram desferidos, inclusive por medidas provisórias de ocasião.[11]

> "Apesar de tudo isso, as investidas do Poder Executivo – acompanhado por um Legislativo complacente ou no mínimo desatento – têm atacado a Ação Civil Pública, tentando diminuir sua eficácia por intermédio da limitação do acesso à justiça, da compressão do momento associativo, da redução do papel do Poder Judiciário.

---

4. BARBOSA MOREIRA, José Carlos. "A ação popular do direito brasileiro como instrumento de tutela jurisdicional dos chamados "interesses difusos" ", in: Revista de Processo, v. 28, São Paulo: Ed. RT, 1982, p. 07-19.; "Tutela jurisdicional dos interesses coletivos ou difusos", in: Revista de Processo, v. 35, São Paulo: Ed. RT, 1985, p. 55-77.

5. GIDI, Antonio. GIDI, Antônio. Coisa julgada e litispendência nas ações coletivas. São Paulo: Saraiva, 1995.

6. ARRUDA ALVIM, José Manoel de. Anotações sobre as perplexidades e os caminhos do processo civil contemporâneo – sua evolução ao lado da do direito material (tema tratado com referência particular à situação do consumidor). In: Revista de Direito do Consumidor, v. 2, São Paulo: Ed. RT, 1992, p. 76-99.

7. GRINOVER, Ada Pellegrini. As garantias constitucionais do processo nas ações coletivas. In: Revista de Processo, v. 43, São Paulo: Ed. RT, p. 19-30.

8. WATANABE, Kazuo. Tutela jurisdicional dos interesses difusos: a legitimação para agir. In: Revista de Processo, v. 34, São Paulo: Ed. RT, 1984, p. 157-169.

9. NERY JR., Nelson. O processo civil no código de defesa do consumidor. In: Revista de Processo, v. 61, São Paulo: Ed. RT, 1991, p. 24-35.

10. ABBOUD, Georges. O dilema do direito: entre Huxley e Orwell", In: Revista dos Tribunais, v. 935, São Paulo: Ed. RT, 2013, p. 167-178.

11. Para um retrato puro e completo sobre a tentativa de mortificação da ação civil pública pelo poder estatal ver SCARPINELLA BUENO, Cassio. O poder público em juízo. 5. ed. São Paulo: Saraiva. 2009.

Manifestações eloquentes dessas investidas são a Medida Provisória 1.570, de 26.03.1997 (transformada na Lei 9.424, de 10.09.1997) e a Medida Provisória 1.798-1, de 11.02.1999, ainda não convertida em lei (até quando?).

Pelo menos em parte, as intenções do governo ficaram francamente frustradas. A aplicação das novas normas, por outra parte, depende de uma leitura constitucional. E caberá ao Poder Judiciário, mais uma vez, construir uma interpretação que leve em conta a unidade do sistema jurídico e a exegese que melhor se coadune com os princípios gerais do direito".[12]

Enfim, consola-me o fato de que esta frustração em relação à efetividade social da ação civil pública não foi só minha, mas também, por exemplo, daquele que foi o maior mestre do processo civil brasileiro, decisivo inclusive no movimento doutrinário que deu origem à Lei n. 7347 como veremos no histórico mais adiante.

Disse o querido e saudoso professor José Carlos Barbosa Moreira, em 2002:

"(...) 2. Assim definido o objeto da palestra, comecemos pelo tópico relativo à construção de vias utilizáveis por quem deseje vindicar em juízo os mencionados interesses. Do legislador brasileiro, inclusive em nível constitucional, seria injusto dizer que tem sido negligente na execução do trabalho. Não faltam em nosso ordenamento positivo figuras inspiradas em semelhante programa. Ponha-se em relevo, aqui, a consagração, nos últimos decênios, de mecanismos destinados ao tratamento processual coletivo de direitos supraindividuais. Interesses voltados para a proteção do meio ambiente, do consumidor, de valores estéticos, históricos, artísticos – numa palavra, culturais – ganharam possibilidades de tutela judicial muito mais amplas do que aquelas que se lhes abriam entre nós noutros tempos e ainda hoje, até em países mais adiantados. É suficiente lembrar, à guisa de exemplos, textos como o da Lei 4.717, de 29.06.1965, que regulou a ação popular, o da Lei 7.347, de 24.07.1985, que disciplinou a ação civil pública, e ainda o da Lei 8.078, de 11.09.1990, que instituiu o Código de Defesa do Consumidor.

Decididamente não é por falta de instrumentos processuais que continua tão insatisfatória a situação nacional nesse terreno. Escusado insistir em que nem tudo pode ficar na dependência da atuação dos mecanismos da Justiça. Há que contar com uma ação enérgica das instâncias administrativas; e há que contar, sobretudo, com a colaboração constante dos próprios membros da comunidade. Seja-me lícito reproduzir aqui observação feita alhures. O reconhecimento de interesses coletivos e difusos implica necessariamente o de deveres que recaem sobre cada um de nós em face dos outros membros da comunidade. Se não nos prontificamos a fazer o que nos toca para preservar os bens e valores que pertencem a todos, ou a muitos, falece-nos autoridade moral para cobrar de órgãos públicos, inclusive dos judiciais, desempenho mais prestante. Quem cultiva o hábito de lançar à rua, ou às areias da praia, seu lixo particular, sob a forma de papéis sujos, de pontas de cigarro, de palitos de picolé – para não aludir a artefatos de mais íntimo uso –, é óbvio que não estará legitimado a reclamar da degradação do ambiente...

Mas, ainda a abstrair-se desse aspecto, o confronto entre o que consta dos textos legais e o que se passa na realidade fornece matéria para reflexões nem sempre alegres. Pode-se dizer da ação civil pública, por exemplo, que esteja correspondendo plenamente às expectativas que lhe cercaram a criação? Neste passo é mister revestir quaisquer pronunciamentos de um envoltório de cautela. Juízos mais incisivos teriam de fundar-se em dados concretos, escrupulosamente colhidos no quotidiano forense. Ora, os elementos de que dispomos são escassos: poucos se têm disposto a joeirar o material depositado nos autos de processos, para reconstituir com fidelidade a imagem não do que pode ser a ação civil pública, conforme a letra da lei, senão do que ela realmente tem sido, no dia a dia dos pretórios. Temos de contentar-nos, em geral, com as notícias fragmentárias que nos chegam daqui e dali insuficientes para fundamentar afirmações muito categóricas".[13]

Fiquei matutando e conclui que quando escrevi o livro no início do milênio, o fiz com um pensamento futuro que infelizmente não aconteceu. Talvez fruto de uma utopia

---

12. GRINOVER, Ada Pellegrini. A ação civil pública refém do autoritarismo. In: Revista de Processo v. 96, São Paulo: Ed. RT, 1999, p. 28-36.

13. BARBOSA MOREIRA, José Carlos. "Por um processo socialmente efetivo", in: Revista de Processo, v. 105, São Paulo: Ed. RT, 2002, p. 181-190.

(imaturidade) típica dos jovens de 30 anos. Jamais poderia imaginar quando eu escrevi que 20 anos depois, e, em plena pandemia de 2020, eu olharia para trás e veria algum tipo de frustração sobre o "futuro" da ação civil pública.

Da *utopia* do passado, passei a *distopia* do presente.

Para aqueles que conhecem – e hoje gostam – da série *black mirror*, deveriam ler as Viagens de Gulliver de Jonathan Swift (1868), Admirável Mundo Novo de Aldous Huxley (1932) e 1984 de George Owell (1948), Fahrenheit 451 de Ray Bradbury (1953). Estes trabalhos relatam o futuro *distópico*, um *espelho escuro*, portanto, sem refletir aquilo que se poderia imaginar (utopia) na época em que foram escritos.[14]

Todavia, valendo-me de parte da famosa frase de George Owell *"quem controla o passado, controla o futuro; quem controla o presente controla o passado"* em 1984[15] penso que a esperança é a última que morre, e, para não pensarem que nesses 20 anos saltei do otimismo ingênuo para um niilismo cínico, sinceramente acredito que com um pouco mais de *informação sincera e educação do povo* a Lei da Ação Civil Pública ainda pode servir muito à sociedade; na flor da sua idade, certamente que será muito útil à tutela dos direitos difusos e coletivos, e, em especial o direito ao meio ambiente ecologicamente equilibrado.

Certamente que será preciso fazer ajustes aqui e ali, aplicar supletiva e subsidiariamente o CPC/2015, interpretar os dispositivos de acordo com a realidade social vigente, mas acima de tudo reconhecer que há muito o que se extrair – e obter – com o procedimento especial coletivo previsto na referida Lei de 1985. Depende muito mais do intérprete do que do diploma em si mesmo.

2. O CONTEXTO DE SURGIMENTO DA LEI DE AÇÃO CIVIL PÚBLICA EM 1985 VINCULADO À LEI DA POLÍTICA NACIONAL DO MEIO AMBIENTE

É certo que o contexto histórico não constitui a melhor fonte de interpretação. Entretanto, inegavelmente permite, em muitos casos, uma melhor compreensão daquilo que se pretende estudar. Portanto, para que se compreenda melhor a origem da lei de ação civil pública, peço ao leitor que tente voltar no tempo, como se estivesse numa terapia regressiva, para entender a atmosfera jurídica que propiciou o surgimento da lei de ação civil pública.

Numa leitura diagonal do Código de Processo Civil de 1973, revogado em 2015, percebe-se facilmente que o modelo de processo/tutela foi construído em cima de um modelo individualista.

Observe, a título ilustrativo, a própria estrutura do processo de execução, do tipo *credor e devedor*, na terminologia empregada pelo legislador brasileiro (v.g., arts. 658,

---

14. Distopia é o antônimo da utopia. A utopia é o nome que intitulou a obra de Thomas More publicada em publicada em 1516 onde retratava uma sociedade ideal (utópica) com o mínimo de crime, violência e pobreza. A palavra utópico, é justamente um "não lugar" (u + "topos"), ou seja, um lugar que não existe.

15. A segunda parte da frase quem controla o presente controla o passado refere-se à dominação tão grande do "partido" que este é capaz com a tecnologia por ele dominada é perfeitamente possível "apagar" o passado da memória popular.

660, 671 etc.). A regra dos limites subjetivos da coisa julgada (art. 472) revelava o inconfundível do individualismo do Código.

As técnicas processuais coletivas do CPC/73 apontavam, no máximo, para o instituto do *litisconsórcio*, mas, ainda aqui, o próprio sistema encontrava dificuldades para resolvê-lo, mormente quando se estivesse diante da proteção de um bem indivisível, cuja solução deveria ser uniforme para todos os titulares do direito, estando ou não presentes na demanda[16]. Nesta linha o sistema da coisa julgada e da legitimidade para agir previstos no CPC, inclusive da dicotômica regra da legitimidade ordinária e extraordinária, eram voltados para a proteção de direitos individuais ou com dimensões individuais.

Assim, se fossem confrontados com as técnicas processuais existentes no CPC/73 certos problemas que são frutos de uma sociedade de massa (consumidor, ordem econômica, meio ambiente etc.), onde os interesses postos em jogo são representados por um único objeto, indivisível e que interessa a titulares indeterminados sem um vínculo concreto que os una, senão, apenas, pela fruição do mesmo e único bem, certamente o referido diploma, tradicional, individualista e exclusivista, não conseguiria oferecer uma resposta satisfatória, ou soluções justas, com as técnicas que possuía, posto que eram voltadas para uma dimensão individual, tais como se disse, o litisconsórcio, a legitimidade ad causam e até a regra da coisa julgada.

Isso tudo sem falar no fato de o CPC de 1973 ser antecedente a uma nova ordem constitucional que mudou radicalmente o *modo de ser* da proteção dos direitos fundamentais. Não havia no CPC de 1973 nenhuma linha sequer sobre os princípios constitucionais do processo, nada obstante no plano doutrinário isso fosse bastante estudado.

É importante registrar – mais detalhadamente adiante – que o reconhecimento do direito ao meio ambiente ecologicamente equilibrado (na Lei 6938/81 – Política Nacional do Meio Ambiente), bem como a previsão de que caberia ao Ministério Público a propositura de uma *ação civil de responsabilidade pelos danos causados* no art. 14, § 1º foi a justificativa para que se deflagrasse o surgimento da Lei n. 7347/85.

É da Lei 6938/81 que estabeleceu a Política Nacional do Meio Ambiente que surge a ação civil pública. Ali, naquele citado dispositivo o ponto de partida para que se reconhecesse que o CPC não tinha, nem pela legitimidade, nem pela coisa julgada, um sistema apropriado para este tipo de tutela jurídica.

Isso, inclusive, vinha expresso na justificativa do "Projeto Bierrembach" n. 3034:

> No quadro do direito positivo, a Lei n. 6.938, de 31 de agosto de 1981, que dispõe sobre a política do meio ambiente, no § Iº do art. 14 previu ação de indenização ou reparação pelos danos causados ao meio ambiente e a terceiros, legitimando o
>
> MP para propor ação de responsabilidade civil e criminal. Por
>
> sua vez, a Lei Orgânica do Ministério Público tem incluído, entre as atribuições do órgão, a de "promover a ação civil pública" (art. 3º, 111, da Lei Complementar n. 40, de 14.12.81), no que foi seguida pela Lei Orgânica do Ministério Público de São Paulo (Lei Complementar n. 304, de 28 de dezembro de 1982, art. 41, I). No campo civil, contudo, tais dispositivos não têm sido utilizados, até porque a Lei 6.938/81 não disciplina a destinação da indenização ou reparação. (...)

---

16. A respeito ver a clássica obra de BARBOSA MOREIRA, José Carlos. Litisconsórcio unitário. Rio de Janeiro: Forense, 1972.

Tal evolução, a par da necessidade de disciplinar a indenização ou reparação aos danos causados ao meio ambiente, prevista na Lei n. 6.938, de 1981, convenceu os autores desta proposta da conveniência de não se prenderem ao art. 6º do CPC, nem à discussão sobre o tipo de legitimação de que se pretende dotar as associações. Pareceu, ainda, oportuno tomar, como ponto de partida, o dano ecológico, estendendo-o ao provocado aos bens e direitos de valor artístico, estético, histórico, turístico e paisagístico, e deixando para um segundo tempo a disciplina da reparação coletiva do dano causado a particulares, como, por exemplo, os consumidores. Trata-se de uma proposta inovadora, a ser desenvolvida e desdobrada "opportuno tempore". (...)

Finalmente, optou-se por disciplinar as ações a que alude a Lei n. 6.938/81 que, pela primeira vez entre nós, se preocupou especificamente com a tutela jurisdicional de certos interesses difusos. Partindo prudentemente do dano ambiental e estendendo a proteção aos bens de valor artístico, estético, histórico, turístico e paisagístico, já estará sendo dado o primeiro passo que poderá abranger, num segundo tempo, outras áreas de manifestação dos interesses difusos (...).

Assim, ante *(1)* a determinação legal contida no §1º da Lei 6938/81 e a *(2)* efervescência da temática ambiental, certamente influenciado pelos reflexos da I Grande Conferência da ONU sobre o meio ambiente (Conferencia de Estocolmo de 1972), e, considerando ainda *(3)* a insuficiência do processo tradicional para estes tipos de conflitos formados no seio de uma sociedade de massa[17], aglutinavam-se assim todos os ingredientes para a criação de uma lei que estabelecesse um *procedimento especial para a tutela dos interesses difusos e coletivos.*

## 3.	OS PRIMEIROS PASSOS RUMO À TUTELA DOS DIREITOS METAINDIVIDUAIS

Pode-se dizer que a ação popular foi o instrumento pioneiro na defesa dos interesses metaindividuais no ordenamento jurídico brasileiro[18]. Entretanto, a ação popular padecia de problemas que pareciam ser insuperáveis à maioria da doutrina, não obstante a revolução que representou para o sistema como um todo.

Não seria nenhuma heresia afirmar que a lei de ação popular constituiu um dos diplomas mais avançados e notáveis do direito processual, mormente se considerarmos à época em que foi editado. Mesmo sendo riquíssimo de técnicas processuais ela padecia (e padece) de problemas.

Estes problemas recaem, notadamente, sobre a insuficiência processual à tutela desses direitos, já que a ação popular tinha e tem como legitimado o *cidadão*, que normalmente é uma parte hipossuficiente (técnica e economicamente) quando contrastado com os litigantes contrários; além disso o seu objeto era, e é, restrito à tutela do patrimônio público, assim entendidos os bens indicados no art. 1º, § 1º, da Lei n. 4.717/65[19]; possui ainda uma severa limitação quanto à sua legitimidade passiva (só cabível contra anulação de atos lesivos praticados pelo Poder Público) que impõe um litisconsórcio

---

17.	Para uma perfeita compreensão do referido contexto ver os icônicos trabalhos de Cappelletti intitulados *Formazioni sociali e interessi di gruppo davanti alla giustizia civile* e que foi publicado originariamente no volume 30 (p. 361-402) em 1975 na *Rivista di Diritto Processuale*. Este trabalho foi traduzido para a língua portuguesa e publicado na Revista de Processo em 1977. CAPPELLETTI, Mauro. Formações sociais e interesses coletivos diante da justiça civil, in: Revista de Processo v. 05, São Paulo: Ed. RT, 2005, p. 128-159.; CAPPELLETTI, Mauro; GARTH, Bryant. Access to justice: a world survey. Book 1. Milão: A. Giuffrè Editore, v. I, 1978.

18.	Especialmente quando teve alargado o conceito de patrimônio público para englobar também os direitos difusos, tal como preconizou José Carlos Barbosa Moreira. "A ação popular do direito brasileiro como instrumento de tutela jurisdicional dos chamados interesses difusos", in: Revista de processo. São Paulo: Ed. RT, 1982, n. 28, p. 10.

19.	Depois teve o seu objeto alargado pela definição de patrimônio público contida no art. 1º, § 1º da Lei n. 4.717/65 e, posteriormente, pela CF/88.

necessário simples[20], além do que tinha uma vocação (fruto do liberalismo então vigente) para tutela jurisdicional retrospectiva (repressão e reparação) de direitos que, sabemos, clamam por uma proteção preventiva.

Assim, bens e direitos de uso comum do povo que fossem violados por ato de particular ou de quem quer que fosse, que ensejassem ação de ressarcimento ou de prevenção de dano, não poderiam ser tutelados pelo cidadão e por ninguém, tendo em vista a regra imperativa de que a legitimidade extraordinária só poderia existir se fosse autorizada por lei (art. 6º do CPC vigente). Outro problema dizia respeito ao contraditório das pessoas que não participariam e a coisa julgada que a todos atingiria.

Não se pode negar que houve um esforço da doutrina especializada em tentar solucionar o problema do art. 6º do CPC/73, que impedia que um legitimado defendesse, extraordinariamente, a defesa dos bens difusos sem a autorização legal.

José Carlos Barbosa Moreira[21], por exemplo, tentou aplicar a regra do CCB de 1916 acerca da cobrança pelo credor de coisas indivisíveis, fazendo um paralelo entre os institutos. Já Kazuo Watanabe[22] apresentou solução para este problema defendendo a ideia de que deveria ser outorgada legitimidade às associações civis que tivessem em seus estatutos a finalidade de tutela desses direitos "difusos", sob o argumento de que teria legitimidade ordinária tendo em vista o fato de que tais entes defenderiam seus próprios interesses institucionais sem que fosse necessário, portanto, fugir à regra do art. 6º do CPC.4

A solução viria mais tarde, como se verá, com a lei de ação civil pública, que outorgou legitimidade a determinados entes coletivos para a tutela, num primeiro momento, do consumidor e do meio ambiente apenas. Essa legitimidade coletiva foi endossada posteriormente pelo art. 129, §1º, III da CF/88.

4. AS INFLUÊNCIAS

Apenas a título ilustrativo, é importante que você saiba, leitor, que a necessidade imperiosa de se tutelar os direitos metaindividuais não era preocupação que dominava o pensamento apenas de nossos juristas, já que diversos foram os movimentos e encontros internacionais cuja temática era justamente a discussão e o debate da tutela jurisdicional dos interesses difusos e coletivos.

Cite-se como exemplo o Congresso de Pavia de 1974, onde foi discutido justamente esse tema; o Congresso de Florença, em maio de 1975, e o de Salermo, também em 1975. Aqui no Brasil, destacaram-se os trabalhos de José Carlos Barbosa Moreira (1977)[23],5

---

20. REsp 724.188/SC, Rel. Ministra ELIANA CALMON, SEGUNDA TURMA, julgado em 23/06/2009, DJe 06/08/2009.
21. José Carlos Barbosa Moreira. "A tutela jurisdicional dos interesses coletivos ou difusos", in: GRINOVER, Ada Pellegrini (Coord.). A tutela dos interesses difusos. São Paulo: Max Limonad, 1984, p. 98.
22. Kazuo Watanabe. "Tutela jurisdicional dos interesses difusos: a legitimação para agir", in: GRINOVER, Ada Pellegrini (Coord.). A tutela dos interesses difusos. São Paulo: Max Limonad, 1984, p. 85.
23. José Carlos Barbosa Moreira. "A ação popular no direito brasileiro como instrumento de tutela jurisdicional dos chamados interesses difusos", in: Temas de direito processual. São Paulo: Saraiva, 1977.

Waldemar Mariz (1978)[24] e Ada Pellegrini (1979),[25] que, uma vez publicados, fizeram eclodir um movimento de igual relevo no Brasil que culminou, num primeiro momento, com realização da Lei da Política Nacional do Meio Ambiente (Lei n. 6.938/81).

Essa lei fez incluir no art. 14, § 1º, a possibilidade de o Ministério Público ajuizar *ação civil de reparação de danos causados ao meio ambiente*. Entretanto, a lei disse apenas isso, deixando uma lacuna quanto às regras desta "ação de responsabilidade civil por dano ambiental", recaindo, pois, sobre o CPC a tarefa de regular as regras de direito processual. A regra do binômio legitimidade/coisa julgada do CPC era inaplicável e o destinação do valor objeto da condenação ficou sem definição na lei.

Sob o ponto de vista do direito material, a Lei n. 6938/81 representou um marco definitivo na ciência ambiental, que até então se encontrava fragmentada e sem um tratamento digno da importância que o tema merecia.

Nesse período, houve ainda um importantíssimo trabalho de Vicenzo Vigoritti, *Interesse coletivo e processo: la legittimazione ad agire*,[26] que foi substancial para a compreensão de vários institutos basilares do processo relacionados com os interesses difusos.

Ainda nessa atmosfera, em 1982, a Associação Paulista dos Magistrados realizou um painel voltado para a discussão dos interesses difusos e sua tutela, sendo o resultado desse encontro retratado em livro coordenado pela Prof.ª Ada Pellegrini Grinover e lançado pela Editora Max Limonad.

No final desse Congresso, o Desembargador Weiss de Andrade, promotor do evento, formulou convite, em nome da associação, para que fosse feito um anteprojeto de lei relativo à proteção processual dos interesses difusos. O desafio foi aceito por Kazuo Watanabe, Cândido Rangel Dinamarco, Ada Pellegrini Grinover e Waldemar Mariz de Oliveira Júnior, que passaram a elaborá-lo.

> "No encerramento, o desembargador Weiss de Andrade propôs, em nome da Associação Paulista de Magistrados, que o grupo de juristas ali reunido formasse um grupo de estudos objetivando a apresentação de um anteprojeto de lei relativo à matéria. O grupo, formado por Ada Pellegrini Grinover, Cândido Dinamarco, Kazuo Watanabe e Waldemar Mariz de Oliveira Junior, preparou um anteprojeto que, depois de apresentado à APAMAGIS, foi discutido em vários congressos e seminários jurídicos, ao longo do ano de 1983".[27]

5. A LEI DE AÇÃO CIVIL PÚBLICA E O SISTEMA PROCESSUAL COLETIVO

Assim, seguindo o que foi dito acima, foi apresentado um anteprojeto de lei para a tutela dos direitos difusos, especialmente o meio ambiente, cujo nome seria lei de ação civil pública. O nome já era uma referência à Lei n. 6.938/81, art. 14, § 1º e LC n. 40/81

---

24. Waldemar Mariz de Oliveira Júnior. "Tutela jurisdicional dos interesses coletivos", in: Estudos sobre o amanhã – ano 2000, Caderno 2. São Paulo: Resenha Universitária, 1978, p. 257-284.
25. Ada Pellegrini Grinover. "A tutela jurisdicional dos interesses difusos", tese apresentada à VII Conferência Nacional da OAB (abril de 1978) e publicada na Revista da Procuradoria Geral do Estado de São Paulo, n. 12, 1979.
26. Cf. Interessi collettivi e processo. Milão, 1979.
27. GRINOVER, Ada Pellegrini. Parecer disponível em: http://www.sbdp.org.br/arquivos/material/542_ADI3943_pareceradapellegrini.pdf. Acesso em: 12.07.2020.

(Lei Orgânica do Ministério Público), onde já existia previsão do nome ação civil pública a ser proposta pelo parquet para tutelar o meio ambiente. [28]

Nesse anteprojeto o nome ação civil pública foi usado em contraste com o termo ação penal pública, numa clara referência à ação não penal proposta pelo parquet.

O referido anteprojeto foi apresentado em meados (julho) do ano de 1983 no I Congresso Nacional de Direito Processual em Porto Alegre, quando foi relatado por José Carlos Barbosa Moreira tendo recebido parecer favorável à tese, não sem antes sugerir modificações formais, previsão do controle da medida liminar *in natura* por meio da *suspensão de liminar* (no atual art. 12, §1°). Após seu parecer ainda houve manifestações de adesão por parte dos Professores Galeno Lacerda, Calmon de Passos e Ovídio Baptista da Silva, tendo sido aprovado por aclamação.

Depois, ainda foi apresentado e acolhido pela doutrina internacional nos Congressos de Bologna e Würzburg (Alemanha). Assim, nesta festejada atmosfera o anteprojeto foi enviado ao Deputado Flávio Bierrembach e deu início ao processo legislativo e o Projeto de Lei ganhou o número 3.034 na Câmara dos Deputados, seguindo a tramitação à época vigente.

Paralelamente, tomando por base esse projeto de lei, três membros do parquet paulista (Nelson Nery Jr., Édis Milaré e Antonio Augusto Mello de Camargo Ferraz) lançaram em dezembro de 1983, em São Lourenço no XI Seminário Jurídico dos Grupos de Estudos do Ministério Público do Estado de São Paulo a tese "A ação civil pública e a defesa dos interesses difusos".

> "Paralelamente, integrantes do Ministério Público também discutiam o assunto. No XI Seminário Jurídico dos Grupos do Ministério Público de Estado de São Paulo, realizado em 1983 em São Lourenço, foi aprovada a proposta, formulada por A. M. de Camargo Ferraz, Edis Milaré e Nelson Nery Junior, no sentido da elaboração de uma proposta de lei sobre a ação civil pública. Embora os autores tenham declaradamente tomado como ponto de partida o anteprojeto do grupo constituído pela APAMAGIS, o resultado foi uma proposta que resultava no fortalecimento do MP (à época, parte integrante do Poder Executivo), em detrimento da sociedade civil"[29]

Tomando por base o anteprojeto Bierrembach, esses autores procuraram incrementar os institutos ali existentes. Assim, por considerarem que seria um instrumento bastante utilizado pelo parquet, decidiram que a participação do Ministério Público na elaboração da referida lei deveria ser mais atuante. Por isso fizeram diversos enxertos ao anteprojeto original, tais como: inquérito civil; competência do local do dano; crime do art. 10; ação cautelar satisfativa para a defesa do meio ambiente; ampliação do objeto de defesa, que se restringia ao meio ambiente; ampliação do rol de legitimados, adoção da legitimidade concorrente, eliminação da discricionariedade do juiz na representação adequada etc.

---

28. Sobre o histórico legislativo da lei de ação civil pública, ver Nelson Nery Júnior & Rosa Maria Andrade Nery. CPC comentado e legislação processual civil em vigor. 4. ed. São Paulo: Ed. RT. Ainda sobre o caminho evolutivo, ver Pedro da Silva Dinamarco. Ação civil pública. São Paulo: Saraiva, 2001, p. 36 e ss.; Hugo Nigro Mazzilli. A defesa dos interesses difusos em juízo. 5. ed. São Paulo: Ed. RT, 1993, p. 69 e ss.

29. GRINOVER, Ada Pellegrini. Parecer disponível em: http://www.sbdp.org.br/arquivos/material/542_ADI3943_pareceradapelle-grini.pdf. Acesso em: 12.07.2020.

Este trabalho do *parquet* deu vida a um novo projeto, que foi entregue ao Ministro da Justiça, Sr. Abi Ackel, que, por *mensagem de governo* (meio mais rápido do processo legislativo da época), tramitou mais celeremente que o primeiro, que foi inclusive anexado a este, sob o número 4.984/85 na Câmara e 20/85 no Senado. Foi este, e não aquele primeiro projeto, que deu origem, em 1985, à lei de ação civil pública (Lei n. 7.347/85).[30]

Infelizmente houve diversos vetos do Presidente da República ao texto do Projeto Abi Ackel, que foi finalmente aprovado, sendo o mais grave dos vetos aquele relacionado com o inciso IV (reposto em 1990 pela Lei n. 8.078 – CDC), que estendia a LACP a qualquer direito difuso e coletivo. A ação civil pública ficou servindo para tutela de direitos difusos e coletivos e cuidava, de 1985 até 1988 (CF/88), apenas da ação de responsabilidade civil por danos causados ao meio ambiente e consumidor, ação cautelar e ação de obrigação de fazer e não fazer para tutela desses mesmos direitos.

No seu texto original, aprovado em 1985, o legislador apenas tinha previsto a ação de responsabilidade, portanto, de índole *condenatória*. Entretanto, com o advento do CDC, criou-se uma umbilical ligação entre este e a LACP, de modo que qualquer tipo de ação seria possível para defender os direitos difusos e coletivos que constituíssem o objeto de tutela da referida lei.

Assim, qualquer modalidade de pedido poderia ser deduzida em juízo, sendo instrumentalizada por meio das mais diversas técnicas processuais, para se atender à tutela dos bens protegidos pela Lei n. 7.347/85.[31]

Com o advento da CF/88 e do CDC e, 1990 (a comissão que trabalhou nas regras legislativas de processo civil do CDC participou também da LACP), houve então uma espécie de "up grade" da Lei de Ação Civil Pública, tendo nela inserido uma série de dispositivos que colmataram lacunas e melhoraram algumas técnicas, seja a partir da experiência jurisprudencial, seja a partir das considerações doutrinárias. Uma delas foi justamente o procedimento para a defesa de direitos individuais homogêneos, e a definição dos direitos difusos, coletivos e individuais homogêneos.

Assim, foi criado, por obra do art. 117 do CDC (que criou o art. 21 da LACP), o que se chamou de "*jurisdição civil coletiva*" ou "*sistema processual coletivo*", formado pelo

---

30. A lei de ação civil pública é de autoria mista. Resulta da mescla de dois projetos de lei que tramitavam sob diversa numeração. Um deles, o original (Projeto Bierrembach), é de autoria de Ada Pellegrini Grinover, Cândido Rangel Dinamarco e Waldemar Mariz de Oliveira, e tinha por objetivo criar uma lei processual para a defesa do direito ao meio ambiente, tendo por base a ação de responsabilidade mencionada no art. 14, § 1º da Lei n. 6.938/81. O outro projeto, que, embora tenha surgido depois, alcançou primeiramente o status de lei, é de autoria do Ministério Público de São Paulo (Nelson Nery Júnior, Édis Milaré e Antonio Augusto Mello de Camargo Ferraz). Neste projeto, que aproveitou as bases do anterior, houve sensível ampliação da legitimidade ativa; do objeto de proteção que não mais se limitaria à proteção do meio ambiente; da competência do local do dano; do inquérito civil; a tipificação da conduta lesiva ao meio ambiente como crime etc. O remédio, embora não seja pioneiro na defesa dos interesses difusos, é, sem dúvida, o mais completo. Tem inspiração nas ações de classe norte-americanas. Na verdade, trata-se de uma lei processual coletiva, que acompanhava o fenômeno de massificação da sociedade, especialmente voltada para a tutela processual dos conflitos de massa (supraindividuais) que não eram satisfatoriamente resolvidos pelo sistema exclusivista e individualista do CPC, bem como pelo tímido aparato da ação popular.

31. Embora, no seu texto original aprovado, a ação civil pública fosse remédio apenas para a defesa dos direitos dos consumidores e do meio ambiente (o presidente vetou o inc. IV, que permitia a sua extensão para qualquer direito difuso e coletivo), com o advento do CDC, em 1990, a ação civil pública passou a poder ser utilizada para a defesa de qualquer direito difuso e coletivo, tal qual fora idealizada pelos autores do projeto inicialmente concebido. Foi a partir daí que a LACP passou a ter status de remédio processual de qualquer direito difuso e coletivo.

conjunto de regras técnicas processuais voltadas à tutela coletiva dos direitos[32], inclusive como forma de deixar claro que o arcabouço de regras processuais do CPC não poderiam ser aplicadas senão naquilo que não contrariasse a principiologia da tutela coletiva.

6. AS CRISES AMBIENTAIS E A LEI DE AÇÃO CIVIL PÚBLICA

Já tivemos oportunidade de comentar que a Lei n. 7.347/85 é um diploma em que há um predomínio quase total de regras processuais. Também já foi dito que a origem histórica da lei de ação civil pública tem as suas raízes fincadas na Lei da Política Nacional do Meio Ambiente, porque pioneiramente foi idealizada para regulamentar o § 1º do art. 14 do referido diploma.

Conquanto a PNMA (Política Nacional do Meio Ambiente), e especialmente o seu art. 14, § 1º, fale em *"ação de responsabilidade civil por danos causados"*, e a partir daí tenha surgido a inspiração para a criação de uma lei processual ambiental, pode-se afirmar que os destinos e caminhos inicialmente pensados e idealizados pelo legislador ampliaram bastante do que se imaginava inicialmente. Hoje, a LACP é uma lei eminentemente processual, extravagante ao CPC, mas serve à tutela precípua de qualquer direito supraindividual (e não só o meio ambiente), salvo situações específicas regidas por regramento próprio como as ações eleitorais que seguem procedimento peculiar, as ações de improbidade (Lei 8429) etc.

Além de ser servir como lei padrão para tutela dos interesses difusos e coletivos, por meio dela se permite formular *qualquer tipo de pretensão voltada à tutela destes interesses*. Até mesmo os megaconflitos (litígios complexos) podem ser objeto de proteção da ação civil pública, desde que se socorra, necessariamente, das regras supletivas e subsidiárias do CPC como veremos oportunamente mais adiante.

Assim, considerando a existência de três tipos de crises jurídicas (certeza, descumprimento de conduta e de situações jurídicas), é certo que a ação civil pública constitui um remédio idôneo para impor soluções do direito material ambiental que sejam aptas a debelar por completo a crise ocorrida.

Com essa afirmação, queremos dizer e até advertir que a lei de ação civil pública não se limita a ser um instrumento técnico para resolver apenas crises de descumprimento (comumente de *deveres de fazer e não* fazer no direito ambiental). Na verdade, o seu campo de atuação é bem mais largo, pois dispõe de um arsenal de instrumentos adequados à imposição da tutela material prevista na norma material ambiental. Ratificando, pois, a lei de ação civil pública serve, sim, como instrumento apto e idôneo para impor soluções para crises ambientais de certeza jurídica, de descumprimento e de situações jurídicas.

---

32. "A evolução doutrinária a respeito dos processos coletivos autoriza a elaboração de um verdadeiro Direito Processual Coletivo, como ramo do direito processual, que tem seus próprios princípios e regras, diversos dos do Direito Processual Individual. Os institutos da legitimação, competência, poderes e deveres do juiz e do Ministério Público, conexão, litispendência, liquidação e execução da sentença, coisa julgada, entre outros, têm feição própria nas ações coletivas, que, por isso mesmo, enquadram-se numa Teoria Geral dos Processos Coletivos. Diversas obras, no Brasil, já tratam do assunto. Mas ainda falta uma visão coletiva do fenômeno processual". GRINOVER, Ada Pellegrini. Réquiem para a reforma dos processos coletivos. In: Revista de Processo, v. n. 265, São Paulo: Ed. RT, 2017, p. 23-29.

Um exemplo bastante comum de crise de certeza se dá quando existe conflito de interesses no reconhecimento de determinada área ou espaço territorial como sendo ou não de preservação permanente, caso em que se pede em juízo a obtenção de uma declaração do Poder Judiciário que elimine a incerteza quanto ao tipo de espaço que constitui o objeto do conflito. Considerando a existência de mais de 15 tipos diferentes de espaços ambientais, com diferentes regimes jurídicos de fruição, não será invulgar ou incomum o surgimento de crises de incerteza jurídica acerca da identificação do correto tipo de espaço ambiental especialmente protegido.

Destarte, como se disse, nada obsta a existência de crises de situações jurídicas ambientais, assim entendidos os conflitos de interesses cuja solução é a oferta pelo direito material de uma nova situação jurídica que irá se sobrepor à anterior. É o caso, por exemplo, do tombamento judicial ambiental, caso em que, com base no art. 216, § 6º da CF/88 o Poder Judiciário constitui uma nova natureza jurídica ao espaço ambiental tombado em razão do interesse ecológico ou antrópico-ambiental que possa ter. O provimento processual apto a obter a solução do tombamento ambiental é uma decisão constitutiva. Da mesma forma – é constitutiva negativa – a decisão que anula a licença ambiental antes concedida, entre tantos outros casos.

Entretanto, como já dissemos, no cenário jurídico ambiental infelizmente, são comuns as crises que envolvem o não cumprimento de deveres de fazer e não fazer, tal como se vê pela singela hermenêutica do art. 225 da CF/88, que estabelece um dever geral de proteção e defesa ao Poder Público e à coletividade, e além disso uma série de deveres concretos nos parágrafos e incisos do referido texto.

A rigor, não será incomum a ocorrência de crises complexas com a necessidade de obter mais de um tipo de provimento para resolvê-la, com cumulação de pedidos e causas de pedir.

7. UM GRANDE DESAFIO PARA A AÇÃO CIVIL PÚBLICA: A JUDICIALIZAÇÃO DAS POLÍTICAS PÚBLICAS AMBIENTAIS

O modelo de crise de cooperação (descumprimento ou adimplemento) ao qual aludimos anteriormente não está restrito às atávicas regras do tipo "pode" ou "não pode"; "deve" ou "não deve".

É que, resguardado pelo princípio da precaução, o direito ambiental não admite e nem negocia, em muitos casos, mesmo a *exposição ao risco* da atividade, da técnica, do empreendimento, das substâncias (art. 225, §1º, V da CF/88). Assim, a tutela jurisdicional preventiva (do próprio risco e/ou do dano, conforme o caso) é imperiosa, pois sua finalidade é a mais próxima dos axiomas do direito ambiental, conforme detalharemos no capítulo atinente ao objeto da ação civil pública ambiental.

Nesse diapasão, é importante ressaltar que a tutela jurisdicional do meio ambiente pode ser feita antes mesmo de se ter iniciado uma ação concreta lesiva ao meio ambiente, ou quando isso esteja em risco de acontecer. Neste passo, é de se perceber que a tutela jurisdicional do meio ambiente permite, até mesmo, excepcionalmente, que o controle da legalidade do ato seja feito na raiz do problema, ou seja, tendo em mira escolha adequada da política pública definida pelo Poder Público.

É reduzidíssimo o campo da discricionariedade administrativa porque, com a introdução do princípio da eficiência no art. 37 da CF/88, sobra muito pouco (quase nenhum) espaço para escolhas do administrador sobre políticas públicas ambientais que não sejam fincadas em ciência e com máxima transparência possível, de forma que no caso concreto deve contemplar a única opção possível do ponto de vista dos princípios norteadores da Administração Pública (moralidade, legalidade, finalidade, eficiência etc.).

Com isso se quer dizer que a ação civil pública é também o remédio jurisdicional que permite, excepcionalmente, o ajuste (iniba, remova ou corrija) da própria política pública, quando a sociedade, por via de seus legitimados do art. 5º da LACP, decida contestar a opção política feita pelo administrador público no trato com o meio ambiente.

Impulsionado pelo princípio da precaução contra os riscos o objeto na ação civil pública pode ser voltado ao controle corretivo na fonte, voltando-se contra escolhas de políticas públicas malfeitas que no futuro seriam irreversíveis para o meio ambiente.

Obviamente, não se pode olvidar a ampla e séria discussão acerca do controle judicial das políticas públicas, que tem sido de certa forma banalizado pelo uso promíscuo em ações civis públicas indevidas, daí porque dissemos que a sua utilização é excepcional. Tal celeuma, condizente exatamente com o âmbito de atuação do Poder Judiciário no que tange à função administrativa e também à legislativa, não é fenômeno atual, estando presente desde o momento em que se apercebeu que aquele antigo modelo positivista, já comentado, em que o Judiciário se colocava como mero repetidor da lei (esta, geral e abstrata, além de ser perfeita e completa dentro de um sistema de direito positivo), não mais era suficiente para garantir o bem estar da população, e, pior, a pretensa isonomia, que se pretendia resguardar, havia se transformado, diante do sistema positivista, em um campo em que as desigualdades eram ainda mais flagrantes. Não se igualavam os cidadãos, mas, pelo contrário, as desigualdades eram ainda mais claras.[33]

Diante desse quadro, com o reconhecimento de que os deveres fundamentais constitucionalmente garantidos devem ser realizados e não se apresentam como meras normas programáticas inatingíveis, clara se tornou a necessidade de que o Estado interferisse para que um nível mínimo existencial de proteção desses direitos (um núcleo mínimo atrelado à dignidade humana) fosse garantido ao povo em sintonia do que se espera com a igualdade preconizada no art. 5º, caput da lei maior.

O grande responsável pela implementação dessas garantias é, sem dúvida alguma, o Poder Executivo, a quem cabe o planejamento e a criação de políticas que permitissem tal equalização social.

"as prestações que compõem o mínimo existencial poderão ser exigidas judicialmente de forma direta, ao passo que ao restante dos efeitos pretendidos pelo princípio da dignidade da pessoa humana são reconhecidas

---

33. Com este fenômeno de entronização da Constituição Federal para o centro do ordenamento jurídico num movimento iniciado após a segunda guerra mundial e com o desenvolvimento da revolução industrial, a Constituição passou a ser um filtro necessário para o nascimento e aplicação de uma norma abstrata e concreta, devendo sempre estar vinculada à realização dos direitos fundamentais e princípios fundantes da carta maior. Isso ocasionou um deslocamento dos diplomas infraconstitucionais como Código Civil, Código Penal, Código de Processo, Código Tributário etc. passassem a gravitar em torno e em função da realização dos direitos fundamentais reconhecidos na CF/88. Diante desse quadro, se tornou clara e inequívoca a necessidade de que o Estado interferisse na esfera particular dos cidadãos, para que um nível mínimo de proteção permitisse o bem-estar dos cidadãos, garantindo a todos os sagrados direitos fundamentais como educação, lazer, saúde, segurança etc. A tutela estatal – legislativa, executiva e judiciária – voltam-se ao cumprimento destes direitos fundamentais.

apenas as modalidades de eficácia negativa, interpretativa e vedativa do retrocesso, como preservação do pluralismo e do debate democrático"[34]

A Constituição Federal de 1988 é pródiga no que diz respeito à proteção de direitos mínimos ao cidadão, os quais se colocam, inclusive, como inafastáveis, qualquer que seja a orientação política que esteja no poder.

O que se percebeu desde esse reconhecimento constitucional desse dever de implementar em concreto esses direitos fundamentais foi, infelizmente, uma pandêmica inoperância da Administração em implementar e viabilizar tais direitos, enquanto matérias supérfluas recebiam atenção soberana por parte dos governantes.

Qual deveria ser, então, a posição a ser tomada pelo Poder Judiciário? Deveria ficar de mãos atadas, como mero "expectador", tal como o juiz "Pilatos" da era positivista? Ou deveria ser ativo, controlando, inclusive, as políticas públicas adotadas pelos governantes?

Em trabalho de grande profundidade sobre o tema, ainda no começo das discussões sobre o assunto, Américo Bedê Freire Júnior[35] abordava as posições pela resposta positiva e negativa que eram dadas à questão formulada acima.

A doutrina mais tradicional, conservadora, opõe, basicamente, quatro críticas à esta possibilidade de controle judicial de políticas públicas.

1) falta de legitimidade (uma vez que, no caso do Brasil, os magistrados não teriam sido eleitos pelo voto popular, o que, por consequência, retiraria a legitimidade dessa intervenção, caracterizando invasão na esfera de competência do Executivo);

2) admitir que essa intervenção judicial significaria colocar o Judiciário como um superpoder, visto que poderia sempre controlar, mesmo que por razões não tão confessáveis, os atos dos demais poderes (mais uma vez, acarretaria quebra na separação de poderes);

3) essa quebra de parcialidade, por fim, traria consequências maléficas no que tange à imparcialidade dos juízes, tendo em vista que o jogo político é incompatível com posições neutras e imparciais;

4) há que se respeitar a reserva do possível[36] ante as limitações orçamentárias previstas em lei específica.[37]

"A grande dificuldade do Judiciário, diante da existência de inúmeros direitos fundamentais sociais consagrados na Constituição, está em saber se cabe, em relação a todos eles, o seu controle sob a ótica da constitucionalidade. Vale dizer, se todos eles são dotados da possibilidade de tutela jurisdicional, ou alguns deles dependem de prévia ponderação de outros poderes do Estado, consistente em formulação específica de política pública para sua implementação".[38]

Para aqueles que aceitam tal controle judicial (corrente à qual nos filiamos), tais argumentos expostos acima não resistem a uma análise um pouco mais aprofundada.

---

34. BARCELLOS, Ana Paula. Eficácia jurídica dos princípios constitucionais – o princípio da dignidade da pessoa humana. Rio de Janeiro: Renovar, 2002. p. 304-305.

35. Américo Bedê Freire Júnior. O controle judicial de políticas públicas. São Paulo: Ed. RT, 2005.

36. Sobre a reserva do possível assim disse Watanabe "A adoção do conceito de mínimo existencial é feita para possibilitar a tutela jurisdicional imediata, sem a necessidade de prévia ponderação do Legislativo ou do Executivo por meio de política pública específica, e sem a possibilidade de questionamento, em juízo, das condições práticas de sua efetivação, vale dizer, sem sujeição à cláusula da reserva do possível". Controle jurisdicional das políticas públicas: mínimo existencial e demais direitos fundamentais imediatamente judicializáveis. In: Revista de Processo, v. 193, São Paulo: Ed. RT, 2011, p. 13-26.

37. Américo Bedê Freire Júnior, op. cit. p. 51-53.

38. WATANABE, Kazuo. Controle jurisdicional das políticas públicas: mínimo existencial e demais direitos fundamentais imediatamente judicializáveis. In: Revista de Processo, v. 193, São Paulo: Ed. RT, 2011, p. 13-26.

CAPÍTULO 1 • ENTRE A UTOPIA, A DISTOPIA E OS NOVOS DESAFIOS DA LEI 7.347/85 **15**

Argumento sério diz respeito à atribuição de um caráter absoluto ao princípio da representatividade, o qual não pode ser aceito, especialmente quando temos em mente que não há direitos absolutos na Constituição Federal, nem mesmo os fundamentais.

Como bem expõe Américo Bedê, "há muito já foi dito que a eleição não corresponde a um cheque em branco e que, portanto, a atuação parlamentar deve respeito à Constituição, devendo o magistrado ter sensibilidade para permitir que a Constituição seja respeitada pelas forças políticas".[39]

No mesmo sentido, em artigo publicado na Revista de Direito Administrativo, José Joaquim Gomes Canotilho, ao afirmar o dever do Poder Judiciário de não se curvar a políticas públicas que limitem direitos constitucionais, tendo em vista que os direitos constitucionais devem ser postos acima das políticas determinadas pelas contingências do período histórico vivido (cita, especificamente, em seu artigo, exemplo das políticas antiterroristas, as quais, claramente, limitam direitos de liberdade dos cidadãos), assim se manifesta, ao comentar decisão da Corte Constitucional alemã, a qual foi contra extradição de cidadão por crime de terrorismo:

> "Não deixaram – os juízes que votaram o acórdão por maioria – de ser acusados (desde logo por alguns dos colegas dissidentes) de demonstrarem pouca sensibilidade no combate ao terrorismo. A mensagem, porém, foi clara: não peçam a um tribunal de garantias para se transmutar numa instância administrativa de execução das políticas de combate ao terrorismo. O terrorismo não causou terror aos juízes, embora deva ser levado a sério."[15]

Concluindo com maestria, bem resume Américo Bedê: "A regra da maioria não pode ser absoluta sob pena de superarmos a ditadura de um tirano e criarmos a ditadura da maioria (mil tiranos)."[16]

Assim, acima das políticas escolhidas pela Administração, postam-se a Constituição Federal e seus direitos fundamentais, direitos esses cujo conteúdo mínimo deve ser colocado acima da vontade do político, por consequência, acima de qualquer política pública que se choque contra essa previsão constitucional.[40]

Cumpre destacar que o Supremo tribunal Federal enfrentou o tema ao julgar a ADPF n. 45, deixando claro que não é de forma alguma inviável a possibilidade de controle judicial (inclusive implementação) da política pública no âmbito do Poder Judiciário quando configurada situação de abusividade comprovada e para assegurar o mínimo existencial, deixando claro, por outro lado, o respeito à cláusula da reserva do

---

39. Bedê, Amérrico. Op. Cit., p. 61. No mesmo sentido ver ainda CANELA JR., Oswaldo. Controle judicial de políticas públicas. São Paulo: Saraiva, 2011. p. 88-89.; CUNHA JR., Dirley. Controle judicial das omissões do poder público. 2. ed. São Paulo: Saraiva, 2008. p. 664.

40. "(...) 1. O STJ tem decidido que, ante a demora do Poder competente, o Poder Judiciário poderá determinar, em caráter excepcional, a implementação de políticas públicas de interesse social – principalmente nos casos em que visem resguardar a supremacia da dignidade humana sem que isso configure invasão da discricionariedade ou afronta à reserva do possível. 2. O controle jurisdicional de políticas públicas se legitima sempre que a "inescusável omissão estatal" na sua efetivação atinja direitos essenciais inclusos no conceito de mínimo existencial. 3. O Pretório Excelso consolidou o posicionamento de ser lícito ao Poder Judiciário "determinar que a Administração Pública adote medidas assecuratórias de direitos constitucionalmente reconhecidos como essenciais, sem que isso configure violação do princípio da separação dos Poderes" (AI 739.151 AgR, Rel. Ministra Rosa Weber, DJe 11/6/2014, e AI 708.667 AgR, Rel. Ministro Dias Toffoli, DJe 10/4/2012). 4. Agravo interno a que se nega provimento. (AgInt no REsp 1304269/MG, Rel. Ministro OG FERNANDES, SEGUNDA TURMA, julgado em 17/10/2017, DJe 20/10/2017).

possível, que se impõe como limite material à realização da política pública ou controle determinado pelo Poder Judiciário.

ARGUIÇÃO DE DESCUMPRIMENTO DE PRECEITO

FUNDAMENTAL. A questão da legitimidade constitucional do controle e da intervenção do Poder Judiciário em tema de implementação de políticas públicas, quando configurada hipótese de abusividade governamental. Dimensão política da jurisdição constitucional atribuída ao Supremo Tribunal Federal. Inoponibilidade do arbítrio estatal à efetivação dos direitos sociais, econômicos e culturais. Caráter relativo da liberdade de conformação do legislador. Considerações em torno da cláusula da "reserva do possível". Necessidade de preservação, em favor dos indivíduos, da integridade e da intangibilidade do núcleo consubstanciador do "mínimo existencial". Viabilidade instrumental da arguição de descumprimento no processo de concretização das liberdades positivas (direitos constitucionais de segunda geração).

O Ministro Celso de Mello foi preciso em seu voto na ADPF n. 45 mencionada retro ao afirmar *"que os condicionamentos impostos, pela cláusula da "reserva do possível"*, ao processo de concretização dos direitos de segunda geração – de implantação sempre onerosa, traduzem-se em um binômio que compreende, de um lado, *(1)* a razoabilidade da pretensão individual/social deduzida em face do Poder Público e, de outro, *(2)* a existência de disponibilidade financeira do Estado para tornar efetivas as prestações positivas dele reclamadas".

É claro que na análise da *"reserva do possível"* e o *"mínimo existencial"* será necessário ter muito clara a situação em concreto levada ao poder judiciário para perquirir e fazer com razoabilidade e proporcionalidade se a situação narrada na demanda judicial envolve a necessidade de proteção de um direito fundamental relacionado intimamente à existência, à dignidade da pessoa, àquilo que não se admite de forma alguma que possa ser negado a um cidadão, e, por outro lado, se existe uma cabal demonstração de uma limitação financeira do Estado que é impeditiva da concretização da política pública controlada judicialmente, ou seja, a reserva do financeiramente possível.

Não se olvide que a ação popular e a ação civil pública são alguns dos principais meios pelos quais a população poderá atuar, interferindo também na implementação de políticas públicas pela Administração, de modo que o Judiciário possa resguardar o conteúdo essencial dos direitos fundamentais dos cidadãos.

Claro que é preciso ter cuidado e cautela evitando intervenções judiciais genéricas, sem contato nenhum com a preocupação com a efetivação do mínimo existencial.

Neste sentido tem se posicionado o Superior Tribunal de Justiça:

PROCESSUAL CIVIL. ADMINISTRATIVO. RECURSO ESPECIAL. AÇÃO CIVIL PÚBLICA. REFORMA E MELHORIAS EM HOSPITAL PÚBLICO. CONTROLE JUDICIAL DE POLÍTICAS PÚBLICAS. IMPOSSIBILIDADE GENÉRICA. DESCABIMENTO. PROCESSO ESTRUTURAL. PEDIDOS DIVERSOS E COMPLEXOS. POSSIBILIDADE. APRECIAÇÃO DE VIOLAÇÕES LEGAIS ESPECÍFICAS. OMISSÃO. NULIDADE.

1. O controle judicial de políticas públicas é possível, em tese, ainda que em circunstâncias excepcionais. Embora deva ser observada a primazia do administrador na sua consecução, a discricionariedade cede às opções antecipadas pelo legislador, que vinculam o executor e autorizam a apreciação judicial de sua implementação.

2. A existência de pedidos diversos e complexos não significa automática pretensão de substituição do administrador. Ao contrário, pressupõe cuidado do autor diante de uma atuação estruturante, que impõe também ao Judiciário a condução diferenciada do feito.

3. Nos processos estruturais, a pretensão deve ser considerada como de alteração do estado de coisas ensejador da violação dos direitos, em vez de se buscar solucionar pontualmente as infringências legais, cuja judicialização reiterada pode resultar em intervenção até mais grave na discricionariedade administrativa que se pretenderia evitar ao prestigiar as ações individuais.

4. No caso concreto, a consideração genérica de impossibilidade de intervenção judicial nas falhas de prestação do serviço de saúde configura efetiva omissão da instância ordinária quanto às disposições legais invocadas que, acaso mantida, pode inviabilizar o acesso das partes às instâncias superiores.(REsp 1733412/SP, Rel. Ministro OG FERNANDES, SEGUNDA TURMA, julgado em 17/09/2019, DJe 20/09/2019)

Finalizamos com a advertência de Américo Bedê, posto que, especialmente em um país como o Brasil, em que a população não atingiu um nível de maturidade que lhe permita a escolha imparcial e desvinculada de interesses econômicos (muitas vezes até mesmo por questões de extrema necessidade), não há como se afirmar a discricionariedade absoluta da Administração na implementação de políticas públicas.[41]

Diante desse quadro, como já afirmamos, deve a ação civil pública ser importante e responsável meio de controle da correta garantia dos direitos fundamentais previstos na Constituição, para que estes não sejam postos de lado, enquanto o administrador aplica o orçamento público em questões menores, deixando de lado a preservação do conteúdo essencial garantido pela Constituição.

Por fim, é de se dizer que o apoio ao controle das políticas públicas deve ser excepcional. Não deve transformar a ação coletiva em um meio de exercer políticas públicas e tampouco usurpar poder, mas sim uma técnica de monitoramento, fiscalização e contenção de políticas públicas desarrazoáveis, em que é patente o desbordamento da função pública. Enfim, o controle não serve para transferir o papel do administrador para o Judiciário. Esse ponto de equilíbrio precisa ser alcançado.

8. A AÇÃO CIVIL PÚBLICA E O DESAFIO SEGUINTE: LITÍGIOS COMPLEXOS E PROCESSOS ESTRUTURANTES

Tão logo se viu diante da necessidade de atuar sobre as políticas públicas a ação civil pública passou a enxergar um problema operacional, afinal de contas como pensar em soluções para estes litígios complexos valendo-se de um modelo adversarial do tipo *procedente/improcedente*?

O que fazer quando a política pública envolve um litígio complexo? Como judicializar se ao mesmo tempo existem inúmeros direitos em zigue zague de forma que atendido um, outro pode ser afetado?[42]

---

41. Afirma Bedê, com absoluta razão: "A propositura de ações pelo Ministério Público, no controle de políticas públicas, é ainda mais relevante quando se percebe que, no Brasil, a sociedade civil ainda não conseguiu se organizar a ponto de reivindicar a atuação dos representantes eleitos pelo povo." Op. cit., p. 98.

42. Estes e outros problemas de ineficiência – em especial a competência – das demandas coletivas e necessidade de sistematização dos diplomas (Lei de ação civil pública, lei de ação popular, lei dos portadores de necessidades especiais, estatuto da criança e adolescente, estatuto do idoso etc.) fez com que se desse início ao movimento de codificação do processo coletivo que acabou não vingando. A respeito ver por todos GIDI, Antonio. Rumo a um código de processo civil coletivo: a codificação das ações coletivas no Brasil. Rio de Janeiro: Forense, 2008.

Nestes casos as soluções não são do tipo 8 ou 80[43], com "vencedor e perdedor", com "ônus da sucumbência", simplesmente porque tais litígios são decorrentes de megaconflitos envolvendo uma série de relações jurídicas complexas, conexas e dependentes umas das outras de natureza difusa, coletiva e individual.

Há uma gama de situações jurídicas envolvidas, com alta complexidade sobre os temas em jogo, de forma que nestas situações deve-se privilegiar um modelo de processo que atenda prioritariamente a autocomposição colocando na mesa para "negociação" todos os atores envolvidos por intermédio de porta vozes legítimos à participação na construção da solução. Isso deve ser feito por intermédio de audiências públicas promovidas pelo poder judiciário, que não pode prescindir de experts sobre o tema isentos que sejam convocados para auxiliar na construção do problema, sendo que tudo isso deve ser feito com máxima transparência e publicidade à população.

Tomando de exemplo o desastre de Mariana onde um mar de lama de rejeito de minério foi derramado sobre o Rio Doce causando prejuízos ecológicos, culturais, sociais e econômicos de todos os tipos e gostos. Para cidades inteiras que dependiam do abastecimento do rio Doce para realização de suas atividades econômicas (fazendas e lavouras, empresas, hotéis, bares, restaurantes) não foi mais possível aproveitar os recursos ambientais como areia, água, peixes, a terra banhada pela água etc. Para a população que mantinha suas atividades fundamentais como dessedentação e higiene a água não poderia ser utilizada porque contaminada com metais pesados.

Relembremos, para permitir o dimensionamento do problema, a reportagem publicada na revista época em agosto de 2020 sobre o drama vivido pelos moradores que se abasteciam do Rio Doce afetado pelo desastre de Mariana, mostrando a dimensão horizontal e vertical dos prejuízos causados pelo mar de lama fruto do rompimento da barragem de minério de ferro.

A lama que 'brilha' e reacende traumas do desastre de Mariana para moradores da bacia do Rio Doce. [44]

Toda vez que Florisval Cardoso esguicha água da mangueira para lavar a calçada suja de lama dura e poeira, o pó preto reluzente aparece.

"Olha aí o minério de ferro brilhando. Ele vai separando da água e da lama e vai ficando, tá vendo? Na minha casa ficou cheio dessa coisa preta. Quando o sol esquenta, ele brilha", diz.

Em meio à lama e poeira que tomaram conta de Governador Valadares desde o final de janeiro, quando chuvas fortes atingiram todo o Estado de Minas Gerais e o Rio Doce subiu quase quatro metros acima do seu nível normal e transbordou pela cidade, o pó impressiona até quem, como Florisval, já está habituado a ver o rio subir.

Uma semana depois da cheia do rio, que banha Minas Gerais e Espírito Santo com 853 km de extensão, era só andar pela cidade para ver a sujeira que se espalhou em todo lugar: pela rua em que Florisval mora, no quintal, e até dentro de casa. Os mais atingidos foram os bairros próximos ao rio, mas, com o trânsito dos carros, a poeira deixou camadas espessas até nos bairros centrais.

Para tirar a lama dos pisos e das paredes, vassoura e rodo não bastam. A massa densa é escura e grudenta, e só sai com equipamentos de alta pressão e produtos pesados, como cloro.

---

43. A respeito ver OSNA, Gustavo. Nem "tudo", nem "nada" – Decisões estruturais e efeitos jurisdicionais complexos. In: ARENHART, Sérgio Cruz; JOBIM, Marco Félix (Org.). Processos estruturais. Salvador: Juspodvim, 2017.

44. Disponível em: https://epocanegocios.globo.com/Brasil/noticia/2020/02/lama-que-brilha-e-reacende-traumas-do-desastre-de--mariana-para-moradores-da-bacia-do-rio-doce.html. Acesso em: 05.08.2020.

CAPÍTULO 1 • ENTRE A UTOPIA, A DISTOPIA E OS NOVOS DESAFIOS DA LEI 7.347/85

"Nas outras enchentes não juntava nada dentro de casa, era água com areia, você puxava e ficava tudo bem. Agora está tudo impregnado nas paredes", diz Florisval, apontando para as marcas no quintal de casa para mostrar a altura em que a lama subiu.

"Meu quintal ficou com 45 cm de lama. Dentro de casa, ficaram 70 cm de água", diz.

Morando à beira do Rio Doce há cerca de 20 anos, o microempreendedor Ageu José Pinto diz que é a primeira vez que vê algo desse tipo. "Nunca vi enchente com essa lama, nem com minério", diz.

"Achamos que era uma cheia normal, só percebemos quando começamos a limpar a casa. Por mais limpa que esteja, vai ficando aquela tinta mineral brilhosa na cerâmica. E depois que baixou tudo é que começamos a ver que as ruas estavam tomadas de lama, e que tinha muito minério junto."

Ecos de Mariana

Em 2015, quando rompeu a barragem de Fundão, da mineradora Samarco — empresa controlada pelas mineradoras Vale e BHP Billiton —, Governador Valadares teve seu fornecimento de água suspenso por mais de uma semana.

Após a tragédia, que deixou 19 mortos e um rastro de destruição por onde passaram os 40 milhões de metros cúbicos de rejeito de minério, o Serviço Autônomo de Água e Esgoto (SAAE) local precisou reaprender como tratar aquela água que se tornou barrenta, turva e cheia de peixes mortos, que os moradores ainda descrevem como parecida com chocolate.

De lá para cá, a relação da cidade com o Rio Doce nunca mais foi a mesma: quem vivia da pesca ou da extração de areia nunca mais pode exercer a profissão. Além disso, muitos moradores desconfiam até hoje da qualidade da água; deixaram de beber a água da torneira e incorporaram o hábito de comprar água mineral.

Para reparar os danos, um Termo de Transação e de Ajustamento de Conduta (TTAC) foi assinado em março de 2016 pela mineradora Samarco, por suas acionistas Vale e BHP Billiton, pelo governo federal e pelos governos de Minas Gerais e do Espírito Santo.

Conforme o acordo, foi criada a Fundação Renova, a quem cabe, com recursos das mineradoras, tomar as medidas necessárias.

Segundo a Renova, foram indenizadas 142,1 mil pessoas pelos problemas no abastecimento, em um total de R$ 147 milhões; e outras 301 famílias por danos morais, materiais e/ou lucros cessantes, em cerca de R$ 19 milhões entre 2016 e 2019.

A prefeitura destaca que a lama que invadiu ruas e casas em 14 bairros da cidade, deixando centena de desalojados, tinha um cheiro forte, era viscosa e cheia de minério, como nunca a cidade viu.

"O barro fininho e arenoso que ficava nas ruas quando a água baixava nas enchentes anteriores foi substituído por uma lama densa, viscosa, abundante e com visíveis sinais de minério. Um resíduo de limpeza muito mais difícil, demorada e que exige muitos mais recursos", queixou-se o prefeito André Merlo em nota pública divulgada no dia 4 de fevereiro, quase uma semana depois da cheia.

O prefeito também disse à BBC News Brasil que a relação da Samarco com a cidade está bem "complicada".

Ele diz que o plano acordado no dia 6 de fevereiro no Comitê Interfederativo (CIF), que reúne representantes dos órgãos públicos e da sociedade, previa que as empresas deveriam "providenciar apoio necessário à limpeza das áreas atingidas com lama e rejeitos, inclusive com a sua destinação ambientalmente adequada, e medidas de mitigação dos efeitos adversos da poluição atmosférica pela poeira".

"E eles não vieram, nem ligaram. Retiramos 4 mil caçambas de lama, e depois veio a poeira", diz o prefeito.

A Renova afirma que recebeu pedidos de apoio para recuperação após as chuvas de "diversas prefeituras" e que a fundação "aguarda aprovação, de forma emergencial, em sua governança interna, para poder implementar ações de apoio a esses municípios".

Para os moradores, como Florisval e Ageu, encontrar o pó brilhante dentro de casa traz de volta o receio de que os rejeitos do minério de ferro jogado no rio durante o desastre de Mariana tenham voltado à superfície com as chuvas. O medo é de que sejam substâncias tóxicas, que façam mal à saúde de quem é exposto a elas.

Investigação técnica

Ainda não dá para provar, no entanto, que o minério ou a lama da enchente sejam mesmo culpa da Samarco. Falta a palavra final da perícia. A prefeitura ajuizou um pedido de perícia na lama espalhada pelas ruas para, no futuro, usar como prova em uma ação judicial contra a Samarco — o prefeito da cidade já anunciou que tem a intenção de processar a empresa.

O argumento da prefeitura é o de que a presença dos rejeitos de minério na lama representou, além das perdas de 2015, mais custos para a cidade. "A utilização extra de mão de obra, maquinário e ferramentas para a retirada desse material, onerando ainda mais os cofres públicos."

Segundo a procuradora-geral do município, Ana Carla Dias, o objetivo com a análise da lama é construir duas provas. "O primeiro é comprovar que é a mesma lama da Samarco. O segundo é comprovar que o desastre da Samarco em Mariana elevou o nível do nosso rio, de modo que menores quantidades de chuvas causam mais estragos. Basicamente está cheio de lama lá no fundo e, por isso, o rio está mais raso."

Morando de frente para o rio em uma rua que foi toda tomada pela lama dura e malcheirosa, Ageu tem impressão parecida sobre a mudança do rio Doce desde o desastre de Mariana. "Hoje, se a gente entrar no rio a gente vai pisar em lama. Antes, o fundo do rio era areia."

Em Valadares, os moradores acompanham o movimento do rio por meio da régua do SAAE que fica na Estação de Tratamento Central para avaliar o volume de captação do abastecimento de água da cidade. De acordo com essa régua, o pico crítico do nível do rio chegou a 3,93 metros no fim de janeiro e atingiu 14 bairros, prejudicando 55 mil pessoas, na estimativa da prefeitura.

Moradores ribeirinhos, no entanto, questionaram a medição, já que na enchente de 2012 o rio chegou a 4,15 metros, segundo o SAAE, e causou menos estragos.

A Fundação Renova diz que foi enviada uma equipe de técnicos para coleta de amostras dos materiais removidos logo após a enchente em diversos pontos da região. Os resultados das análises deverão ser entregues nas próximas semanas.

A Renova também alega ter certeza de que não há nenhum risco para as famílias de Valadares; afirma que não há metais oriundos da barragem do Fundão que representem risco toxicológico à saúde humana, de acordo com pesquisas realizadas em Mariana e Barra Longa e divulgadas em dezembro de 2019.

E, apesar dos estragos causados pela mineradora no rio, alega que anualmente são lançados cerca de 144 milhões de metros cúbicos de esgoto não tratado na bacia do rio Doce, quantidade três vezes maior que o próprio volume de rejeitos vazado da barragem de Fundão, em 2015.

"Conforme já demonstrado a partir de levantamentos realizados pela ANA (Agência Nacional das Águas) e CPRM (Serviço Geológico do Brasil), verifica-se que não houve deposição de material, oriundo do rompimento da barragem de Fundão, a ponto de alterar os níveis de inundação do rio nas regiões próximas ao município de Governador Valadares. O aumento da turbidez em decorrência da remobilização de sedimentos já ocorre sazonalmente nos períodos chuvosos."

Medo da lama e medo da água. O posicionamento da Samarco contraria a percepção dos moradores e o poder público de Valadares.

"Depois do desastre de Mariana, hoje em dia, qualquer movimento do Rio Doce a água fica com turbidez alta. E isso, provavelmente, é a lama que está no meio do Rio Doce", afirma o diretor geral do SAAE de Governador Valadares, coronel Sebastião Pereira de Siqueira.

Ele diz, ainda, que a água bruta do rio mudou totalmente desde a tragédia. Mas concorda que a água depois de tradada é segura para o consumo da população.

Siqueira diz que, desde 2015, a água tratada pela SAAE e distribuída aos valadarenses já foi testada várias vezes e se comprovou potável não só pelos laboratórios da empresa, que são certificados pela norma ISO 9001, mas também pelos Ministérios Públicos estadual e federal.

A Renova diz que, atualmente, o rio Doce é enquadrado na classe 2 pelo Conama (Conselho Nacional do Meio Ambiente), e isso significa que a água pode ser consumida após tratamento convencional e ser destinada à irrigação.

"A nossa água tratada é potável, isso eu garanto. De seis em seis meses a água é colhida e levada para um laboratório em São Paulo, isento", diz Siqueira. Mas compreende a desconfiança da população ao lembrar da água espessa e dos peixes mortos na época da tragédia de Mariana, e agora voltar a testemunhar o excesso de lama que veio em 2020.

"Tivemos um excesso de minério visível na lama. Eu, por exemplo, tive prejuízo em bombas do SAAE que ficam submersas, houve danos. O que causou esse estrago? Não sei. Pode ser minério de ferro? Pode. Mas ainda é preciso fazer a perícia para falar", afirma, cauteloso.

"O MP quer saber. O que veio a mais nessa lama agora? Estão sendo feitas perícias para saber se houve aumento de metais pesados, de toxicidade da lama."

Florisval, por via das dúvidas, abandonou o hábito de beber água da torneira desde a tragédia causada pela Samarco. "Estamos sofrendo desde aquele desastre de 2015". Tem receio ainda maior de dar a água para os netos pequenos, que ficam em casa com ele e a esposa depois das aulas.

"Não usamos mais a água para beber. Mal e mal para tomar banho, e tem vezes que sente o corpo coçando", diz Ageu.

"A gente toma um banho de álcool, porque fica cismado. Tem gente que tem resistência menor, baixa a imunidade e 'calomba' o corpo, fica todo vermelho", afirma ele, que é membro do Conselho Municipal de Direitos Humanos e já ouviu muitas queixas nesse sentido. Ele conta que, hoje, só bebe a água da torneira quem não tem condições de comprar a mineral. "Infelizmente, nem todo mundo tem." Siqueira, do SAAE, diz que a enchente despertou traumas antigos da população. "Aquele impacto de lama no rio Doce, aquela dúvida sobre o impacto para a saúde, se vai morrer peixe. A sensação das pessoas daquela tragédia antiga, isso volta à tona. Isso volta. Essas empresas têm que responder a essas questões."

Em janeiro de 2019, uma outra barragem da Vale se rompeu em Brumadinho, na Região Metropolitana de Belo Horizonte, matando pelo menos 259 pessoas e deixando 11 desaparecidos. Na quinta-feira, a Vale divulgou que teve um prejuízo de R$ 6,672 bilhões no ano passado, resultado influenciado pela tragédia de Brumadinho.

O prefeito André Merlo (PSDB) diz que estão paradas as obras da construção pela Renova da adutora que servirá como uma fonte alternativa de captação de água em Governador Valadares, e começaram no dia 13 de julho de 2018.

O projeto prevê a implantação de uma adutora de 35 km de extensão que levará a água do rio Corrente Grande até as Estações de Tratamento de Água (ETA) Central, Vila Isa e Santa Rita. A previsão inicial de conclusão da obra era para o primeiro trimestre de 2021.

Em nota à BBC News Brasil, a Fundação Renova afirmou que "a nova empresa responsável pela a construção da adutora em Governador Valadares está em fase de seleção e, em breve, substituirá o atual. O processo concorrencial faz parte da política de contratação da Fundação, que trabalha para que as etapas de seleção ocorram com transparência e ética, de forma a permitir entrega com qualidade e rigor técnico".

O ferro comprovado na lama

O pesquisador Ângelo Márcio Leite Denadai, professor doutor em química da Universidade Federal de Juiz de Fora no Campus Governador Valadares, testou a lama que se acumulou na porta da casa dele durante a enchente e comprovou que o pó preto é óxido de ferro, que se mexe quando puxado por um ímã.

"Levei uma amostra para o laboratório, e, com um ímã de neodímio, comprovamos que tem muito material magnético óxido de ferro na lama", afirma o cientista.

"O óxido de ferro é um dos componentes do minério. Então a presença do óxido de ferro é um indicativo de que o material da lama se trata de minério de ferro. Claro que estudos mais profundos têm que ser levantados. Não estou afirmando que seja lama lá da região do desastre, estou levantando uma forte suposição."

Denadai sugere que a perícia utilize o óxido de ferro como marcador para determinar a procedência da lama. "Não estamos fazendo papel de perícia, mas de cientista levantando hipóteses", pondera.

"Há duas situações/hipóteses: existe atividade mineradora com despejo de óxido de ferro no Rio próximo a Valadares? Não. Sabemos que em 2015 houve um despejo de quantidade gigantesca de óxido de ferro no Rio. Levanta-se a suspeita de que seja proveniente do rejeito. Mas só uma perícia contratada pelo poder público poderá dizer."

Denadai também defende que é preciso investir em tecnologia para monitorar o sobe e desce do rio em situações atípicas como o pós-desastre.

"Existem tecnologias muito sofisticadas. Interferometria eletromagnética, métodos de sonar, a gente sabe que existe. Medir altura de rio com régua em pleno século 21 é um absurdo."

A reportagem traz apenas uma parcela dos incomensuráveis problemas trazidos pelo mar de lama que foi derramado no Rio Doce. Alguém imagina que as centenas de ações civis públicas e suas cautelares que foram propostas para impor deveres de fazer e reparar os danos ambientais, bem como as centenas de milhares de ações de indenizações individuais (dano moral e material) foram adequados para eliminar o problema causado?

A resposta negativa serve de alerta, nu e cru, de que em matéria ambiental é sempre melhor prevenir do que remediar, afinal de contas o remédio, além de caro, nunca trará uma situação – nem de perto – da que se tinha antes do desastre. Para esta população não há como repor o uso comum e o incomum do equilíbrio ecológico destruído pelo mar de rejeitos de minério.

Estes exemplos revelam apenas uma pontinha da interconexão os conflitos de interesses numa sociedade de massa. Ora, a situação narrada deixa à mostra o quão complexa é a nossa sociedade e como os conflitos de interesses se interconectam causando uma desestabilização na vida da população.

A interdependência de relações jurídicas de natureza difusa, individual, coletiva etc., fazem com que muitas vezes um pequeno ou isolado conflito se torne um caldo de problemas interligados com afetação irradiada para um número indeterminado de grupos, coletividades e pessoas.

Essa é a marca da sociedade de massa, ou seja, um zigue zague de interesses individuais e coletivos em todas as direções, conectados entre si formando uma teia complexa de relações jurídicas, onde qualquer peça do tabuleiro que não funcione adequadamente desencadeará uma reação em cadeia, em massa, que sem sombra de dúvidas poderá causar problemas em variadas proporções que na maioria das vezes mostrar-se-ão insolúveis se tratados de forma isolada.

Na medida em que os direitos fundamentais (individuais e coletivos) previstos na carta magna não são implementados pelo Estado, causando uma abissal dissociação entre o plano teórico e o plano prático (na vida das pessoas), torna-se absolutamente certo que desta inoperância estatal surgirão os *megaconflitos* – que embora não se restrinjam à falha na realização dessas políticas – são problemas típicos desse modelo de sociedade.

Esta omissão pública na implementação destes direitos – ou implementação equivocada – cria uma situação de desconformidade entre a situação existente e a que deveria existir, de forma tal que *estabiliza-se* uma realidade absolutamente inadequada (ilícita) que necessita corretamente implementada mediante readequação, reajuste ou implementação propriamente dita[45]. Esta "estabilidade de situações desconformes", cria esse zigue zague de interesses que não se acomodam, criam um estado de complexidade e envolvem uma série pessoas envolvidas. Para tais casos é preciso que sejam

---

45. Neste sentido ver DIDIER JR., Fredie; ZANETI JR., Hermes; OLIVEIRA, Rafael Alexandria de. Elementos para uma teoria do processo estrutural aplicada ao processo civil brasileiro. In: Revista de Processo, v. 303, São Paulo: Ed. RT, 2020, p. 45-81.

CAPÍTULO 1 • ENTRE A UTOPIA, A DISTOPIA E OS NOVOS DESAFIOS DA LEI 7.347/85   **23**

pensadas, planejadas e realizadas, com participação e contraditório, soluções que sejam *estruturadas*, passo a passo de forma que o *próximo passo* depende da implementação e ajuste do passo anterior.

Insta dizer que o direito ambiental é rico, infelizmente, em situações como estas[46]. A favelização dos morros, com ocupação indevida de APPS, os assentamentos urbanos sem condições mínimas de saúde e habitabilidade em áreas de mangue nos rios que cortam as cidades etc. são exemplos clássicos deste problema. É um erro opor *direito de moradia* e *direito ao meio ambiente* como se estivessem em choque, porque a rigor, inclusive aqueles que ocupam os assentamentos também tem direito ao meio ambiente ecologicamente equilibrado. É uma tentativa, rasteira, valendo-se muitas vezes da ignorância dos vulneráveis, de negar a quem precisa não apenas um verdadeiro direito (decente) de moradia, como também ao meio ambiente ecologicamente equilibrado.

> (...) 12. Inexiste incompatibilidade mortal entre direito à moradia e direito ao meio ambiente ecologicamente equilibrado, a ponto de a realização de um pressupor o sacrifício do outro, falso dilema que nega a própria essência ética e jurídica do direito à cidade sustentável (Lei 10.257/2001, art. 2º, I). No direito à moradia convergem a função social e a função ecológica da propriedade. Por conseguinte, não se combate nem se supera miserabilidade social com hasteamento de miserabilidade ecológica, mais ainda porque água, nascentes, margens de rios, restingas, falésias, dunas e manguezais, entre outros bens públicos ambientais supraindividuais escassos, finitos e infungíveis, existem somente onde existem. Já terreno para habitação não falta, inclusive nas grandes metrópoles: o que carece é vontade política para enfrentar o vergonhoso déficit habitacional brasileiro, atribuindo-lhe posição de verdadeira prioridade nacional. 13. Construções e atividades irregulares em Áreas de Preservação Permanente, em especial nas margens de rios, encostas, restingas e manguezais, são convite para tragédias recorrentes, até mesmo fatais, e prejuízos patrimoniais, devastadores, de bilhões de reais, que oneram o orçamento público, arrasam haveres privados e servem de canteiro fértil para corrupção e desvio de fundos emergenciais. Por exemplo, desastres urbanos (inundações, desmoronamentos de edificações, escorregamento de terra etc.) estão em curva ascendente, no contexto de agravamento da frequência, intensidade e danosidade de eventos climáticos extremos e da vulnerabilidade de assentamentos humanos. 14. Na hipótese dos autos, quanto aos carentes de tudo, que construíram suas casas estritamente residenciais antes da autuação e interdição pelo Ibama, caberá ao Município omisso assegurar-lhes apoio material, inclusive "aluguel social", e prioridade em programas habitacionais, dever esse não condicionante nem impeditivo da execução imediata da ordem judicial de remoção das construções ilegítimas. (...) (REsp 1782692/PB, Rel. Ministro HERMAN BENJAMIN, SEGUNDA TURMA, julgado em 13/08/2019, DJe 05/11/2019).

Retomando o fio da meada, registre-se que, muitas vezes, para estes tipos de conflitos como os que foram narrados acima, as técnicas tradicionais de um processo envolvendo um autor e um réu não resolvem o problema, mas sim os chamados *processos coletivos estruturais*[47] que – muito íntimos de um modelo democrático de participação social para

---

46. O próprio Código Florestal (Lei 12651) trata especificamente da REURB "S" e REURB "E" dos arts. 64 e 65 que não deixam de ser um processo estatal estruturante realizado pelo poder executivo para regularizar, passo a passo, a adequação de uma situação ilícita estabilizada em uma situação lícita que os direitos fundamentais sejam efetivamente prestados (de modo adequado) aos hipossuficientes.

47. Sobre o tema ver ARENHART, Sérgio Cruz. Decisões estruturais no direito processual civil brasileiro. Revista de Processo, v. 38, n. 225, p. 389-410, nov. 2013; Processo multipolar, participação e representação de interesses concorrentes. In: ARENHART, Sérgio Cruz; JOBIM, Marco Félix (Org.). Processos estruturais. Salvador: Juspodivm, 2017.; PINHO, Humberto Dalla Bernardina de; CORTÊS, Victor Augusto Passos Vilanni. As medidas estruturantes e a efetividade das decisões judiciais no ordenamento jurídico brasileiro. Revista Eletrônica de Direito Processual – REDP, v. 13, n. 13, p. 229-258, 2014; VITORELLI, Edilson. Litígios estruturais: decisão e implementação de mudanças socialmente relevantes pela via processual. In: ARENHART, Sérgio Cruz; JOBIM, Marco Félix (Org.). Processos estruturais. Salvador: Juspodivm, 2017; DIDIER JR., Fredie; ZANETI JR., Hermes; OLIVEIRA, Rafael Alexandria de. Notas sobre as decisões estruturantes. Civil Procedure Review, v. 8, n. 1, p. 46-64, jan./apr. 2017.

construção de soluções passo a passo – permitem que com transparência, cognição plena, participação social, ética, flexibilidade e colaboração de diversos interessados e expertos sobre os temas envolvidos no conflito, sejam formadas coletivamente as soluções que permitam acomodar os diversos interesses que estejam em rota de colisão.

Isso significa que além de as ações coletivas servirem como instrumento de imposição e controle das políticas públicas, é possível que a partir delas se realizem decisões estruturais saneadoras de *megaconflitos*, por intermédio de uma modelo procedimental que agrega o modelo adversarial com imprescindíveis métodos de autocomposição.

Certamente que para que a Lei de Ação Civil Pública possa cumprir adequadamente este papel diante dos litígios multipolares e policêntrico, adotando uma plasticidade procedimental e flexibilização quanto a causa de pedir e pedido, permitindo a construção de decisões com a participação e colaboração de todos os potenciais envolvidos nos conflitos que giram em torno do mesmo fato base, será preciso um incessante diálogo com o Código de Processo Civil, tendo no magistrado uma função muito mais larga do que simplesmente a de julgar, mas de dirigir o processo mediante técnicas de aproximação e mediação dos envolvidos em prol de soluções construídas passo a passo de acordo com o caso concreto.

CAPÍTULO 2
UM NOVO MODELO DE PROCESSO PARA A LEI DE AÇÃO CIVIL PÚBLICA

1. O PROCESSO DEMOCRÁTICO PÓS CF/88

O art. 1º da CF/88 estabelece que a República Federativa do Brasil é um *Estado Democrático de Direito* e que *"todo poder emana do povo que o exerce por meio de representantes eleitos ou diretamente, nos termos desta Constituição".*

Está claro no texto constitucional que *todo poder emana do povo* e que o modelo democrático de Estado é, ao mesmo tempo, o *fundamento e o fim* da atuação estatal. Registre-se que o poder estatal nada mais é – ou deveria ser – que o povo exercendo direta ou indiretamente a sua soberania. O Estado deveria agir pelo povo, com o povo e para o povo.

Neste diapasão, parece-nos lógico que se o *processo* é um método *estatal* de atuação do Poder Judiciário, Legislativo e Executivo, então, seja ele destinado à resolução de conflitos, ou à função legislativa ou à executiva, é preciso que esse método seja efetivamente *democrático* na mais lata acepção que a palavra comporta.

> Um adendo ainda é preciso ser feito. É que considerando que os membros do Poder Judiciário – ao contrário dos membros do legislativo e executivo – não são escolhidos pelo sufrágio popular, mas mesmo assim exercem o poder estatal que pertence ao povo, então resta claro que o processo, visto como método estatal de resolução de conflitos pelo qual atua o poder judiciário, deve de forma ainda mais contundente permear-se completamente pelos tentáculos da democracia.

Sendo o *processo* o vetor que liga o jurisdicionado ao poder judiciário, e, meio pelo qual poderá obter a proteção jurisdicional contra lesão ou ameaça aos seus direitos, então é certo que a este jurisdicionado deve ser proporcionado o direito a um processo totalmente regido pelo *Modelo Democrático de Estado*, pois, frise-se, é assim que deve o Estado atuar.

Enfim, quando se diz que o jurisdicionado tem o *direito fundamental* a um processo democrático e o Estado tem este *dever* correlato é preciso saber de que forma e com que conteúdo este direito (e este correlato dever) deve ser preenchido.

É neste ponto que se realiza a conexão entre o *modelo democrático de processo* e o *direito a um processo justo*. Resta claro que todos tem direito a um processo que exale a democracia e o Estado o dever de prestar e atuar com base neste modelo de processo. Mas, paralelamente a isso existe ainda dois direitos fundamentais que densificam o conteúdo do *processo democrático*. São eles o direito fundamental de acesso à justiça e o direito fundamental ao devido processo.

Assim, dentre os direitos fundamentais previstos no artigo 5º da CF/88 merecem destaque para esta explanação o previsto no inciso XXXV e o no inciso LIV. Segundo estes dispositivos "a lei não excluirá da apreciação do Poder Judiciário lesão ou ameaça a direito" e "ninguém será privado de seus bens sem o devido processo legal". Tem-se aí, resumidamente o direito de acesso à justiça e que este acesso seja realizado com a concretização do direito fundamental a um devido processo (*giusto processo*).

É o processo democrático que legitima o amplo e irrestrito acesso à justiça e que este acesso seja feito segundo os ditames de um processo adequado, justo. Como se disse, é o modelo estatal democrático que impõe ao Estado o cumprimento de um *devido processo*, que, frise-se, também atinge o modelo de processo legislativo e executivo. E, vale dizer, em relação ao poder legislativo, eleito pelo povo, a este impõe o dever de legislar de forma a criar técnicas processuais que respeitem o direito fundamental ao processo justo. Só assim a democracia será cumprida em prol do verdadeiro soberano do poder estatal. E, ao dizer que deve o poder legislativo legislar orientado pela busca de um *devido processo* significa dizer que deve concentrar-se em criar técnicas processuais que sejam adequadas aos direitos materiais que visam tutelar.

O conteúdo deste *devido processo* que deve pautar a atuação do estado-juiz, que deve servir de norte para o legislador na criação de regras processuais adequadas à tutela dos direitos e que deve constituir a tessitura da atuação do poder executivo não é tarefa fácil, pois constitui uma cláusula aberta, justamente para que se lhe outorgue uma flexibilidade lógica e vinculada ao direito que vise tutelar. Contudo há um núcleo duro que de alguma forma densifica esta cláusula geral e que serve de *guia* para o estado-juiz-legislador-administrador.

Não basta dizer que todos temos direito a um processo justo ou a um *devido processo* porque é preciso identificar o conteúdo mínimo deste *devido processo* que garanta o exercício da democracia no (e pelo) processo. Nesta sede nos ateremos ao *processo jurisdicional*, ou seja, ao método jurisdicional de resolução de conflitos.

O direito fundamental a um devido processo (processar e ser processado) deve ser preenchido com observância das garantias processuais fundamentais que corporificam o *devido processo legal processual*. Tais garantias, são, em síntese: (a) o direito de acesso à justiça; (b) juiz natural; (c) igualdade das partes; (d) contraditório e ampla defesa; (e) publicidade e motivação das decisões judiciais; (f) duração razoável do processo.

Por isso, sendo o "*devido processo legal*" a raiz de todos os demais princípios estruturantes do exercício da função jurisdicional, tem-se que os postulados constitucionais da isonomia, contraditório, ampla defesa, imparcialidade do juiz, juiz natural, acesso à prova, duração razoável do processo etc. nada mais são do que desdobramentos do "devido processo legal", que, quando exercitados no processo, culminam no que se chama de "processo justo ou tutela jurisdicional justa". Portanto, justa é a tutela jurisdicional que consegue pôr em prática todos os princípios do devido processo legal, com o adequado equilíbrio entre os mesmos, de forma a alcançar um resultado que possa ser tido como "justo".

Contudo, o processo (relação jurídica processual em contraditório animada por um procedimento) é dinâmico, caracterizando-se por colocar em confronto interesses conflitantes qualificados por pretensões resistidas ou insatisfeitas. Exatamente por isso – considerando o antagonismo das pretensões – é que se reconhece não ser tarefa fácil, senão o contrário, fazer com que o processo seja *justo* para que *justa* seja a tutela jurisdicional.

Quase intuitivamente pode-se dizer, à primeira vista, que o processo será justo se a tutela jurisdicional for prestada em favor daquele que seja merecedor do direito postulado no plano do direito material, devendo ser aqui entendido o processo como realizador da justiça: dar razão àquele jurisdicionado que tem razão. Assim, *dar razão a quem tem razão* é o primeiro aspecto que faz cristalizar a ideia de um processo justo, aí compreendida a noção de realização concreta do direito reconhecido na sentença. A tutela justa é, portanto, aquela que reconhece e permite a fruição tempestiva do direito ao litigante que seja dela merecedor.

Contudo, não basta *dar razão a quem tem razão*, pois nenhuma tutela jurisdicional poderia ser considerada justa com sacrifício do que se concebe como um *devido processo legal*. Enfim, seria legítima uma tutela concedida àquele que tem razão e por ele fruída, mesmo sabendo que tal tutela teria sido concedida com sacrifício dos direitos processuais fundamentais de fundamentação da decisão judicial, imparcialidade, contraditório, ampla defesa etc. Certamente que não, e é aí que entra a outra face do conceito de "tutela justa". Tutela justa ou justa tutela é aquela prestada mediante um devido processo legal, com adequação de meios e resultados, seja sob a ótica do autor ou do réu; em termos mais simples, é dar razão a quem tenha razão no plano do direito material, sempre com obediência com devido processo legal. Meio e fim devem ser *justos*.

Apenas pelo exercício mental intuitivo percebemos que o devido processo legal, precursor que é de uma tutela justa (processo e tutela – meio e fim – instrumento e resultado), deve ser visto e realizado em concreto sob dois pontos de vista diferentes, mas que se complementam. De um lado, coloca-se o devido processo legal (e todos os princípios que formam o seu conteúdo) na retaguarda do jurisdicionado, visto como um poderoso, único e insubstituível instrumento que deve estar à sua disposição para preservar e garantir a proteção de seu patrimônio (vida-propriedade-liberdade) mediante a exigência de um processo justo. De outro lado, a outra face do devido processo legal repousa na retaguarda do exercício da função jurisdicional estatal, visto como um fator de legitimação democrática da atuação do Estado e garantia do demandado.

Com isso, percebe-se que o direito fundamental ao devido processo legal é, a um só tempo, fator de legitimação que deve pautar a atuação do Estado-juiz e fator de libertação do cidadão em um Estado democrático de direito.

Pelo que foi exposto, percebe-se que a tutela jurisdicional justa deve trazer consigo a marca do devido processo legal, no sentido de que a função estatal seja praticada legitimamente e que o jurisdicionado tenha liberdade e condições de impor-se na formação do resultado do processo.

Dessa forma, ao consagrar o devido processo legal nas garantias fundamentais da CF/1988, no art. 5.º, LIV ("ninguém será privado da liberdade ou de seus bens sem o devido processo legal"), o ordenamento jurídico acolheu este princípio como fator preponderante de realização de justiça.

Perceba-se que uma das vertentes do processo democrático é aquele que cumpre o direito fundamental a um processo justo. E, o processo justo é aquele que preenche o conteúdo mínimo do devido processo. E, é curioso notar que este *processo justo* vincula não apenas o Estado no exercício de suas funções, mas também os próprios particulares entre si, pois, afinal de contas as relações privadas são realizadas dentro de um ordenamento jurídico que obedece ou deve obedecer ao devido processo.

De uma forma mais simplista tudo isso significa que no processo jurisdicional o magistrado deve atuar de forma imparcial, implementando o diálogo e participação dos sujeitos do processo, com moralidade, com lisura, transparência, eficiência, contraditório, oportunizando a todos as chances processuais de acesso a prova e meios de defesa, sem esquecer que a tutela a ser prestada deve ser tempestiva e efetiva, e acima de tudo, deve prestar contas de seus atos e pronunciamentos decisórios por intermédio da fundamentação de suas decisões. Isso mesmo, por exercer um poder estatal emanado da soberania popular, o juiz deve não apenas julgar de forma justa efetiva, como deve fundamentar a sua decisão, pois são as suas razões de decidir que demonstram que está atuando de forma democrática e respeitando a soberania popular.

No que concerne às partes a *democracia* também traz enormes consequências no modo de ser do processo – visto como método estatal de resolução de conflitos – pois, acima de tudo impõe que as partes têm o direito de participar e exercer o contraditório de forma a colaborar no resultado ou influenciar nas decisões que serão tomadas pelo juiz, respeitando a sua decisão.

Um *processo democrático* não é apenas participativo, cooperativo, dialógico, com contraditório efetivo e que tenha poder de influência nos resultados, mas também ético, probo, idôneo e exige comportamentos comprometidos com a boa-fé dos litigantes. Permite ainda que as partes possam exercer sua autonomia da vontade e liberdade não só sobre o direito que deduzem em juízo, mas também sobre aspectos do próprio processo no sentido de colaborar com resultado mais efetivo.

O termo *litigantes* não coloca os sujeitos da demanda em uma guerra onde todas as armas podem ser utilizadas para alguém sagrar-se vencedor. Nada disso. O processo deve refletir em todos os seus aspectos a *democracia* consagrada no modelo de Estado brasileiro e permitir que nele se pratique e exerçam os direitos fundamentais.

Não se admite em um processo democrático qualquer tipo de autoritarismo, nem pelos sujeitos interessados ou pelos desinteressados. Tudo deve ser transparente e sem emboscadas. As chamadas *decisões surpresa* feitas sem contraditório pleno e efetivo, a inexistência de paridade de armas, o cerceamento de defesa e de chances processuais, a negativa de acesso às provas, a negação à instrumentalidade, a desobediência à efetividade não são toleradas e nem admitidas em um processo democrático.

A democracia no processo deve atuar no sentido de concretizar os direitos fundamentais dos sujeitos que dele necessitam, ou seja, os donos da soberania popular. O respeito e a realização do direito fundamental ao devido processo é a concretização da democracia estatal manifestada por intermédio do *método* de trabalho pelo qual atua o Estado na função legislativa, administrativa e judiciária.

2. CRISE DE IDENTIDADE DO PROCESSO COLETIVO: TUTELA JURÍDICA DO MEIO AMBIENTE, LEI DE AÇÃO CIVIL PÚBLICA E NOVO CÓDIGO DE PROCESSO CIVIL

O ponto que trago à reflexão neste tópico do livro é saber se com o advento do Código de Processo Civil de 2015, se ainda há campo para continuar sustentando a existência de um *sistema processual coletivo* (formado pela conjunção carnal da Lei de Ação Civil Pública com o Título III do CDC) divorciado do modelo de processo tradicional, tal como se fazia quando estava vigente o CPC de 1973.

> Com o advento do Novo Código de Processo Civil (Lei 13.105/2015), será que ainda se justifica sustentar a existência de um "sistema processual coletivo" autônomo, e informado por "princípios do processo coletivo", ou será que podemos e devemos usar o CPC de 2015 que deixou pra trás a veste individualista de 1973?

A pergunta acima pode ser assim dissecada: ao se promover uma ação civil pública para a proteção do meio ambiente, como por exemplo um pedido para demolir uma edificação e em seguida para restaurar a vegetação nativa desmatada, qual deve ser o caminho escolhido pelo operador do direito? Colocar uma viseira e seguir a LACP + Título III do CDC como se fazia quando estava vigente o CPC de 1973 ou deve ele abrir os olhos, olhar ao seu redor, e beber incessantemente da fonte processual do ATUAL CPC?

Será que as técnicas processuais que estão no sistema processual coletivo estão mais aparelhadas e desenvolvidas que essas mesmas técnicas (correlatas) que estão no CPC 2015?

Sem suspenses, pensamos que o "microssistema processual coletivo" formado pela LACP e CDC, nada obstante o reconhecimento da sua importância histórica, cultural e jurídica, hoje deve ser visto como um importante procedimento especial extravagante que contém algumas técnicas que ainda são muito importantes[1], mas que também tem tantas outras que se tornaram obsoletas[2] quando comparadas com as similares do atual CPC, na medida em que ficaram aquém da proteção que podem fornecer ao direito material coletivo, aí incluído o direito ambiental, o que implica dizer que a aplicação subsidiaria e supletiva do CPC à LACP será quase um ato rotineiro instintivo do operador do direito.

---

1. Por exemplo a regra da legitimidade, dos conceitos de interesses difusos, coletivos e individuais homogêneos, a regra da coisa julgada coletiva, o fundo para a defesa de direitos difusos e coletivos, o efeito suspensivo *ope judicis* da apelação, todo procedimento da ação civil coletiva para a defesa de direitos individuais homogêneos (art. 91 e ss.) aí incluindo o fluid recovery do art. 100.
2. As tutelas provisórias, as tutelas específicas, a regra de liquidação e execução, a regra de competência e reunião de demandas, a possibilidade de participação de terceiros etc.

3. O CPC DE 1973, O MICROSSISTEMA PROCESSUAL COLETIVO E O CPC 2015

Com o surgimento do Código de Processo Civil de 2015 (Lei 13.105) é preciso revisitar o modo de ver, pensar e operacionalizar o processo coletivo brasileiro, e *commodatis causa*, como consequência lógica, o processo civil ambiental.

Antes estudado como se fosse uma ilha isolada de direito processual coletivo no meio de um oceano de direito processual individual (oceano este representado pelo CPC/73), existia o que se convencionou alcunhar de microssistema processual coletivo [formado basicamente pelas regras processuais do CDC + LACP].

Contudo, após o ATUAL CPC, o microssistema processual coletivo não só não precisa mais fazer o esforço de sobreviver à duras penas no oceano no que se alcunhava de processo individual, como, ao contrário, deve nele buscar verdadeiramente a fonte supletiva e subsidiária para conseguir ofertar ao jurisdicionado uma tutela jurisdicional mais justa e adequada.

Não há mais como se sustentar esta dicotomia asséptica (processo individual x processo coletivo) que fez muito sentido na vigência do CPC de 1973 e em especial nos anos 80 e 90. Essa dicotomia era sustentada pela premissa de que o nosso diploma fundamental de processo de 1973 foi pensada e criada para a tutela de direitos individuais, ao passo que a Lei de ACP somado com o CDC formavam um microssistema processual coletivo.

Entretanto, após o amadurecimento do modelo constitucional de processo (item 1 retro) e o reconhecimento doutrinário e jurisprudencial de que todas as lides – individuais ou coletivas – devem seguir um padrão constitucional de pensar e agir no processo civil, bem como em razão das reformas processuais que culminaram com o atual CPC não faz mais sentido sustentar a existência de um "direito processual coletivo" em abstrato, como ramo autônomo do direito processual, tal como se pudéssemos ainda apontar o CPC atual – tal como se fazia com o anterior – ser um diploma vocacionado para lides individuais. Definitivamente, não tem o menor cabimento isso. Não há mais um CPC "individual" para "lides individuais".

Não há mais – não se justifica – esta "divisão processual" no nosso ordenamento jurídico, seja pela pulverização do modelo constitucional do processo para toda e qualquer técnica de tutela jurídica, seja porque o novo Código de Processo Civil é infinitamente mais avançado do ponto de vista técnico que muitas técnicas que formam o "microssistema processual coletivo". Não faria nenhum sentido sustentar a "autonomia de um ramo processual" se não há princípios fundamentais que lhes sejam próprios e exclusivos, e, também se muitos dos seus procedimentos que em tese lhe emprestariam uma maior efetividade, são quase na sua totalidade, obsoletos em relação ao atual CPC.

O CPC vigente, guiado por vetores constitucionais e preenchido com técnicas e procedimentos atuais e eficientes, embora seja norma geral e, portanto, deva ser aplicado subsidiaria e supletivamente às leis especiais, na prática, mostra-se muito mais bem aparelhado e com potencial de eficiência, eficácia e adequação exponencialmente maiores do que o "microssistema processual coletivo". Salvo aspectos muito peculiares como coisa julgada, legitimidade coletiva, fundo federal, procedimento para defesa dos interesses individuais homogêneos, a maior parte das técnicas LACP e Título III do CDC estão defasados frente ao ATUAL CPC.

O atual Código de Processo Civil não é vocacionado à tutela jurisdicional de direitos, e os seus valores e vetores essenciais se aplicam a todo e qualquer tipo de processo, comum ou especial, individual ou coletivo, simplesmente porque os institutos fundamentais do processo civil previstos no CPC de 2015 foram edificados sob a matiz dos direitos fundamentais constitucionais.

Neste passo, será corriqueira e ousamos dizer, necessária, a aplicação subsidiária e supletiva do Código de Processo Civil ao processo coletivo. Por outro lado, isso revela que já passou da hora de aprimorarmos o procedimento coletivo a partir das necessidades do direito material fazendo um *up grade* do que já se pode obter com o próprio CPC atual.

Registre-se que o maior desafio da ação civil pública na atualidade, enquanto não tivermos um procedimento específico para *litígios complexos*, é operacionalizar este tipo de conflito de forma a entregar soluções estruturadas, passo a passo, com máximo de diálogo, transparência e participação. Não é possível fazer isso por meio da Lei de Ação Civil Pública sem importar as técnicas processuais de gestão, mediação e participação de terceiros tal como estão no CPC.

4. O QUE SIGNIFICA APLICAR SUPLETIVA E SUBSIDIARIAMENTE O ATUAL CPC?

Como dissemos anteriormente, a aplicação do CPC às ações coletivas ambientais será quase automática, involuntária e imperceptível pelo operador do direito, dada a quantidade de lacunas existentes no "microssistema" processual coletivo.

O artigo 15 do CPC determina que

> "na ausência de normas que regulem processos eleitorais, trabalhistas ou administrativos, as disposições este Código lhes serão aplicadas supletiva e subsidiariamente".

É fora de dúvidas que teria sido melhor o legislador ter dito "na ausência de lei" e não na "ausência de normas" como o fez, afinal de contas a palavra "norma" tem uma amplitude bem maior do que a de lei, pois nela se incluem os princípios, que certamente não estarão ausentes como dito no texto.

Assim, parece-nos que o artigo 15 cuida a priori do que se conhece por lacunas não intencionais, ou seja, a ausência total ou parcial de regra jurídica aplicável ao fato, provocando uma atuação supletiva ou subsidiária do Código de Processo Civil.

Feitas estas duas observações é importante deixar claro que o eixo central do ordenamento jurídico brasileiro é a Constituição Federal e os direitos fundamentais nela consagrados possuem uma eficácia irradiante que impõe o seu cumprimento, respeito e a sua promoção pelo poder público e pela coletividade.

Deste eixo central do ordenamento jurídico e a partir deste núcleo fundamental é que deve ser pensada, organizada, estruturada, interpretada e aplicada qualquer ciência jurídica, seja ela, o direito processual (e suas diversas ramificações), o direito tributário, o ambiental, o civil etc.

Eis que, por isso, prescreve, com acerto, o artigo 1º do CPC ao dizer que o processo civil será ordenado, disciplinado e interpretado conforme os valores e as normas fundamentais estabelecidos na Constituição da República Federativa do Brasil, observando-se as disposições deste Código.

É em torno desta fonte e deste núcleo constitucional mencionado alhures que gravitam os princípios e regras processuais, sejam eles do Código de Processo Civil ou da legislação processual especial (coletiva, eleitoral, administrativa, trabalhista etc.).

Enfim, o direito processual é único e deve ser ordenado, disciplinado e interpretado (leia-se também aplicado) conforme os valores e normas fundamentais da CF/88.

Neste diapasão, tem-se que os diversos ramos do direito processual, seja ele o tronco do processo penal ou processo civil e, a partir deste último todas as suas ramificações especiais como o eleitoral, trabalhista, administrativo, coletivo, o tributário etc. são criados pelo legislador com as mesmas ressalvas mencionadas pelo artigo 1º do CPC. E, só existem textos normativos processuais especiais para que estes valores fundamentais da CF/88 possam ser protegidos de forma justa e adequada considerando as peculiaridades do direito material que se visa proteger pelo processo. Daí porque se tem, em tese, um modelo próprio de processo administrativo, trabalhista, eleitoral etc.

Dentro desta perspectiva de unidade do direito processual e de sua submissão aos valores fundamentais é preciso deixar claro que o Código de Processo Civil é uma norma geral do direito processual civil brasileiro (art. 22, I e 24, § 1º da CF/88) e sempre será aplicado supletiva e subsidiariamente ao processo eleitoral, ao processo trabalhista e ao processo administrativo, e a qualquer tipo de processo especial ainda que não existisse o alerta deste art. 15 que impõe a aplicação supletiva e subsidiária.

Enfim, todo e qualquer diploma ou texto processual especial também se aplicará subsidiária e supletivamente o CPC, isto é, embora o artigo 15 não tenha dito expressamente, também se aplica subsidiaria e supletivamente o CPC ao "direito processual coletivo" (ainda que o artigo 90 do CDC não dissesse isso como de fato diz), da mesma forma às execuções fiscais (ainda que o artigo 1º da Lei 6.830 nada dissesse a respeito) etc.

O art. 15 mencionado é meramente didático, e não pode ser interpretado de forma restritiva, ou seja, tal como se a aplicação subsidiária e supletiva do CPC servisse apenas ao processo eleitoral, trabalhista e administrativo.

Sendo norma geral de direito processual civil o CPC, sempre atento aos valores fundamentais da CF/88, deverá ser aplicado de forma subsidiária e supletiva a qualquer ramo do direito processual – até mesmo o processo penal se for o caso – especificamente criado pelo legislador para atender as peculiaridades do direito material a ser protegido.

Entretanto, é preciso estabelecer uma advertência importante e que será objeto de análise adiante que é o fato de que havendo ausência ou lacuna legal na legislação processual especial (eleitoral, trabalhista, administrativo etc.) isso não quer dizer que o CPC será imediata e irrefletidamente aplicável para colmatar a referida lacuna, como se estivesse diante de uma operação aritmética onde dois mais dois é igual a quatro, tal como sugere o dispositivo ao dizer em tom imperativo que as disposições deste código lhes serão aplicadas.

É preciso que exista uma coerência principiológica com a legislação processual especial que, em tese, teria sido criada para atender às peculiaridades do direito material tutelado.

Outro aspecto importante é compreender o sentido dos vocábulos supletivo e subsidiário que apesar de bastante parecidos, possuem significados diferentes.

Diz-se ser supletivo aquilo que supre, que complementa ou suplementa, enfim que completa alguma coisa, que supre alguma falta. Perpassa, portanto, a ideia de ampliação, de aumento pela noção de aditamento, de complemento a partir da noção de que há uma ausência, uma lacuna, um vazio.

Por sua vez o vocábulo subsidiário possui dois sentidos, sendo um deles por derivação do primeiro.

A primeira noção que se atribui a subsidiário é de que é algo que subsidia, que dá ajuda, que socorre, que reforça, que contribui, que auxilia. Por derivação deste conceito o vocábulo também se refere àquilo que é secundário, que é posterior e acessório, que está na retaguarda, mas que é de menor importância do que o principal.

Assim, o vocábulo supletivo tem por premissa uma incompletude que será colmatada nos exatos limites do referido espaço vazio, enquanto que o subsidiário, no primeiro conceito, refere-se àquilo que auxilia, que contribui, que reforça, e, no conceito por derivação é aquilo que está na retaguarda e secundário do que seja o principal.

Parece-nos que o legislador quis no artigo 15 que supletivo corresponda àquilo que completa um vazio, ou seja, pressupõe uma lacuna na legislação processual especial e que o CPC deverá servir-se para colmatar esta lacuna. Tanto é verdade que usou supletivo nos artigos 196 e art. 1046 exatamente neste sentido.

Contudo, em relação à subsidiariedade parece-nos que não usou o vocábulo no conceito de auxílio, reforço, enriquecimento, como seria de se esperar, e inclusive como tem sustentado abalizada doutrina, mas sim na noção mais limitada e conceito derivado do vocábulo, qual seja, de retaguarda, de algo secundário, partindo da premissa de que o subsidiário apenas atua em caso de omissão. E se chega a esta conclusão porque o legislador fala em ausência de norma para justificar a aplicação subsidiária do CPC. Não se trata de reforço ou auxílio ou socorro em qualquer caso, mas apenas quando houver ausência de norma, portanto, pressupondo também uma lacuna jurídica, ou omissão jurídica nos mesmos moldes do que preconiza o artigo 769 da CLT ou art. 90 do CDC.

Assim, tomando de exemplo prático o que foi dito acima para facilitar a compreensão pode-se dizer que as regras de suspeição e impedimento do artigo 145 e ss. do CPC serão aplicadas supletivamente à legislação processual trabalhista e à legislação do processo administrativo; todavia, serão aplicadas subsidiariamente ao *processo coletivo* e ao *processo eleitoral*, já que nem a legislação eleitoral e nem a legislação do processo coletivo possuem textos normativos que regulam o tema da suspeição e impedimento do juiz.

O tema da ação rescisória, por exemplo, será supletivo na legislação processual eleitoral, mas subsidiário na legislação trabalhista e do processo coletivo; o tema das tutelas provisórias será supletivo no processo coletivo, mas subsidiário na legislação processual trabalhista etc. São inúmeros casos e exemplos.

Como o processo coletivo comum, seu *microssistema* formado pelo Título III do CDC com a Lei de ação civil pública está bastante defasado em relação à evolução processual trazida no atual CPC, e considerando ainda o fato de que não possui um repositório muito grande de textos normativos, será bastante comum, automática a utilização subsidiária do atual CPC.

Nós colocamos sob aspas a palavra subsidiária porque a operação mental do intérprete e do operador do direito é, por exemplo, diante de uma ação civil pública para a defesa do meio ambiente, socorrer-se imediatamente do sistema processual coletivo (LACP + CDC) e subsidiaria e supletivamente do CPC.

Da forma como colocado até parece que a utilização do CPC será efetivamente residual, no que "sobrar", quando na verdade bem sabemos que a diferença evolutiva dos institutos, das técnicas e dos procedimentos do CPC, seja de natureza cognitiva ou executiva, são tão gritantes que o operador do direito irá perceber rapidamente que pouco utilizará do *sistema processual coletivo* – salvo naquilo que lhe for peculiar – e muito precisará do CPC de 2015, deixando claro que, na prática, o "subsidiário ou supletivo" será algo típico e corriqueiro.

Entretanto, é deveras importante frisar que, seja por aplicação subsidiária ou supletiva, é preciso que se preserve a principiologia da legislação processual específica, ou seja, implica em conformar o Código de Processo Civil às razões e valores pelos quais a legislação específica foi criada, sob pena de que esta atuação supletiva ou subsidiária crie um elemento destoante e injusto no sistema processual especial.

Este nos parece um cuidado especial que deve ter o aplicador na utilização do CPC como fonte subsidiária ou supletiva das omissões eventualmente existentes no processo eleitoral, trabalhista e administrativo como alude o artigo 15 em comento.

Não basta uma atuação mecânica no sentido de colmatar a ausência de normas aplicando o CPC sem fazer uma cuidadosa análise dos princípios regentes da legislação processual coletiva, trabalhista, eleitoral e administrativa, sob pena de criar uma regra processual intrusa e totalmente exótica à realidade principiológica que regulamenta o próprio direito material. Isso porque, pelo menos em tese, toda legislação especial é criada porque para determinados tipos de direitos, pela sua especialidade, pela hipossuficiência dos seus titulares, pela natureza do objeto tutelado etc. foi mister a criação de uma lei especial que atendesse a estas peculiaridades.

Isso implica dizer que a operação supletiva ou subsidiária do CPC no caso de ausência de norma não deve ser imediata e simples sem que o aplicador na norma faça um devido cotejo da norma subsidiária ou supletiva aplicável e os princípios regentes da legislação especial, o que, portanto, exige uma fundamentação clara e concisa do aplicador neste sentido. Mas frise-se, não se iludam, pois será muito corriqueira a atuação supletiva e subsidiaria do atual CPC às ações civis públicas ambientais.

CAPÍTULO 2 • UM NOVO MODELO DE PROCESSO PARA A LEI DE AÇÃO CIVIL PÚBLICA

5. EXEMPLOS DE APLICAÇÃO DIRETA E COMPLETA DO CPC ÀS AÇÕES CIVIS PÚBLICAS AMBIENTAIS

Não há meio mais justo de se demonstrar o quanto as técnicas da ação civil pública estão defasadas em relação às técnicas correlatas do CPC senão fazendo uma análise concreta delas. Veremos isso ao longo dos institutos que trataremos, mas adiantamos num voo rasante alguns pontos que parece muito claro o obscurantismo da Lei de Ação Civil Pública.

Tomemos como primeiro exemplo um dos tópicos mais relevantes para a proteção jurídica do ambiente que é justamente tutela específica das obrigações de fazer e não fazer, sejam elas voltadas à prevenção do ilícito ou do dano, ou ainda de remoção do ilícito ou reparação in natura do dano.

Uma simples comparação entre o artigo 11 da Lei de ação civil pública (ou entre o art. 84 do CDC, aplicável à ação civil pública em razão da umbilical vinculação ente os diplomas) e os dispositivos do CPC torna clara a diferença qualitativa e quantitativa de dispositivos previstos no CPC que servem à ação civil pública.

Vejamos o artigo 497, parágrafo único do CPC que expressamente distingue o dano do ilícito permitindo que sejam autonomamente inibidos, o que no "microssistema processual coletivo" só era possível a partir de uma interpretação sistemática dos referidos dispositivos citados. Segundo este dispositivo do atual CPC *"para a concessão da tutela específica destinada a inibir a prática, a reiteração ou a continuação de um ilícito, ou a sua remoção, é irrelevante a demonstração da ocorrência de dano ou da existência de culpa ou dolo"*.

Ainda com relação ao mesmo tema há nos artigos 536 e 537 que cuidam do cumprimento de sentença da tutela específica um regime jurídico bem mais detalhado dessas regras".

Assim, por exemplo é o que se observa no § 3º do artigo 536 ao afirmar que

"o executado incidirá nas penas de litigância de má-fé quando injustificadamente descumprir a ordem judicial, sem prejuízo de sua responsabilização por crime de desobediência".

Muito embora este comando já pudesse ser cogitado pela interpretação do CPC anterior, tal regra não constava do *microssistema processual coletivo.*

Agora, no CPC também existe expressa previsão, antes inexistente no microssistema processual coletivo e no CPC de 1973, a regra constante no artigo 536, § 4º ao dizer que

"no cumprimento de sentença que reconheça a exigibilidade de obrigação de fazer ou de não fazer, aplica-se o art. 525, no que couber".

Embora seja óbvio e nunca tenha sido questionada tal possibilidade, o § 5º do artigo 536 conta com previsão, agora também expressa, do cabimento para a tutela dos "deveres legais" ao dizer que

"o disposto neste artigo aplica-se, no que couber, ao cumprimento de sentença que reconheça deveres de fazer e de não fazer de natureza não obrigacional".

Outro ponto de destaque do CPC é o regime jurídico das astreintes, bem mais completo e detalhado em relação ao CPC anterior, e, infinitamente mais minudente que o "microssistema coletivo". É de se observar a regra do artigo 537, parágrafo primeiro ao dizer que

> "o juiz poderá, de ofício ou a requerimento, modificar o valor ou a periodicidade da multa vincenda ou excluí-la".

A palavra vincenda é importantíssima para dar maior eficácia à multa, impedindo que o magistrado modifique o que está precluso. Tal aspecto tende a tornar a medida coercitiva mais eficaz.

Um ponto de destaque no CPC que não constava no CPC anterior e nem no *microssistema processual coletivo* e que deve ter enorme utilidade nas ações coletivas ambientais[3], como aliás em qualquer ação coletiva, diz respeito à possibilidade de intervenção provocada ou espontânea, inclusive de ofício, do *amicus curiae*. Diz expressamente o artigo 138[4] do CPC que

> "o juiz ou o relator, considerando a relevância da matéria, a especificidade do tema objeto da demanda ou a repercussão social da controvérsia, poderá, por decisão irrecorrível, de ofício ou a requerimento das partes ou de quem pretenda manifestar-se, solicitar ou admitir a participação de pessoa natural ou jurídica, órgão ou entidade especializada, com representatividade adequada, no prazo de 15 (quinze) dias de sua intimação".

Outro ponto ausente do "sistema processual coletivo "e também do CPC revogado, mas que – ainda bem – já vinha sendo realizado pela jurisprudência em lides coletivas a partir da interpretação constitucional do processo civil, inclusive nas concernentes à realização de políticas públicas ambientais, e que enfim ganhou bastante destaque e relevo no atual CPC diz respeito ao incremento das soluções amigáveis para resolução dos conflitos, estimulada pelo art. 3°, § 3° do CPC ao dizer que

> "A conciliação, a mediação e outros métodos de solução consensual de conflitos deverão ser estimulados por juízes, advogados, defensores públicos e membros do Ministério Público, inclusive no curso do processo judicial".

Este dispositivo, tratado como norma fundamental, somando a tantos outros como por exemplo o artigos 983, § 1° (Para instruir o incidente, o relator poderá designar data para, em audiência pública, ouvir depoimentos de pessoas com experiência e conhecimento na matéria) e o 139, V (promover, a qualquer tempo, a autocomposição, preferencialmente com auxílio de conciliadores e mediadores judiciais) permitirá que se encontre soluções jurídicas em demandas que versem sobre a realização de políticas

---

3. O anteprojeto de lei das ações coletivas apresentado pelo CNJ prevê no art. 15 que "em todas as ações em que a pretensão verse sobre direito coletivo em sentido estrito e difuso, ou sobre direitos individuais homogêneos, tratados coletivamente, é cabível a participação de *amicus curiae* e é recomendada, de acordo com as peculiaridades do caso, a realização de, pelo menos, uma audiência pública".

4. Lamentável e de duvidosa constitucionalidade a regra do § 1° do art. 138 do CPC que diz "a intervenção de que trata o caput não implica alteração de competência nem autoriza a interposição de recursos, ressalvadas a oposição de embargos de declaração e a hipótese do § 3°". Basta imaginar o problema de uma associação civil do bairro onde seus moradores foram afetados pelos (danos por ricochetes) danos decorrentes ao meio ambiente que pretenda ingressar num IRDR onde se decida uma questão unicamente de direito constante nas milhares de ações individuais. Caso o relator decida indeferir o ingresso solicitado na hipótese do art. 983, aplica-se o referido parágrafo mencionado acima.

públicas que sejam fruto de uma escolha democrático da população a partir de grupos representados por entes com ou sem personalidade jurídica.

> Pode-se até refletir se no tocante à legitimidade para agir, em nosso sentir, tornou-se expressamente possível com o CPC, algo que antes dependia de uma forçada interpretação doutrinária, a possibilidade de adoção do critério *ope judicis* da representação adequada das associações civis. Parece-nos que o sistema democrático de participação e representação adequada para os referidos entes no âmbito do incidente de resolução de demandas repetitivas (IRDR) não só pode, como deve, ser espraiado para ações coletivas, afinal de contas tanto lá, quanto cá, o que se tutela são interesses metaindividuais. Assim, perfeitamente aplicável às ações coletivas o artigo 979, *caput* do CPC onde se lê que "a instauração e o julgamento do incidente serão sucedidos da mais ampla e específica divulgação e publicidade, por meio de registro eletrônico no Conselho Nacional de Justiça".

Já o artigo 983, *caput* determina que

> "o relator ouvirá as partes e os demais interessados, inclusive pessoas, órgãos e entidades com interesse na controvérsia, que, no prazo comum de 15 (quinze) dias, poderão requerer a juntada de documentos, bem como as diligências necessárias para a elucidação da questão de direito controvertida, e, em seguida, manifestar-se-á o Ministério Público, no mesmo prazo".

Também merece registro o incidente de desconsideração da personalidade jurídica, inclusive inversa, que está expressamente previsto e detalhado no atual CPC e que também não encontram correspondentes nem no CDC, nem LACP e nem no CPC anterior. Esta possibilidade existia a partir de uma construção jurisprudencial, mas ainda carecia de uniformidade e detalhes de como poderia se operar no plano processual. De forma expressa prevê o atual CPC que pode ser requerida a qualquer momento, inclusive na propositura da ação de conhecimento, sendo que os pressupostos materiais para cabimento da desconsideração continuam previstos no direito material, e, no direito ambiental tal possibilidade é descrita na Lei de Crimes Ambientais (art. 4º) com enorme eficácia pro ambiente.

Como não lembrar também da tutela provisória prevista no CPC que poderá ser aplicada integralmente às ações coletivas. Ora, tratando-se de tutelas de urgência, com os mesmos requisitos de cabimento (fumus e periculum) tanto para a tutela antecipada quanto para a tutela cautelar, há inúmeras técnicas novas que poderão ser emprestadas para as ações coletivas ambientais, tais como a estabilização da tutela antecipada e o requerimento antecipado da tutela antecipada. Igualmente a tutela de evidência, modalidade de tutela provisória que também poderá ser aplicada as ações coletivas.

E o sistema de precedentes? Claro que deve ser aplicado às demandas ambientais, e, neste diapasão merece destaque a possibilidade de utilização do IAC (incidente de assunção de competência, art. 947 do CPC) no âmbito dos tribunais sempre que (e em matéria ambiental isso deve ser corriqueiro...)

> "o julgamento de recurso, de remessa necessária ou de processo de competência originária envolver relevante questão de direito, com grande repercussão social, sem repetição em múltiplos processos".

Ora, basta imaginar quantidade de temas de direito ambiental que mesmo não sendo objeto de repetição em múltiplos processos tenham enorme repercussão social (que, frise-se, é *in re ipsa* em matéria ambiental). Relembre-se que o acórdão proferido em assunção de competência "vinculará todos os juízes e órgãos fracionários, exceto se houver revisão de tese".

Ainda em relação ao sistema de precedentes, aplicável às ações coletivas, merece destaque em matéria ambiental o recurso especial repetitivo, que tem sido no âmbito do Superior Tribunal Justiça um divisor de águas na jurisprudência para o meio ambiente. Basta uma simples consulta ao sitio eletrônico do STJ, onde encontra-se as "jurisprudência em tese" para se ver uma enormidade de recursos repetitivos em matéria ambiental já julgados pela corte especial e que tem eficácia vinculante, podendo ser utilizados como precedentes ambientais já na petição inicial da ação civil pública ambiental com pedido de tutela de evidencia naquilo que tiver sido pacificado pelo STJ.

6. TÉCNICAS SOBREVIVENTES DO SISTEMA PROCESSUAL COLETIVO

Como se antecipou anteriormente, há alguns aspectos da lei de ação civil pública e do título III do CDC que permanecem vivos porque dizem respeito especificamente à natureza do direito tutelado.

Isso se dá com o artigo 1º que traça o objeto de tutela da lei 7347/85, sendo também vigente, nada obstante sérias críticas[5], o artigo 81, parágrafo único, incisos I, II e III que define, estaticamente, os interesses difusos, coletivos e individuais homogêneos.

O artigo 2º da LACP e o complemento do art. 93 do CDC para os direitos individuais homogêneos ainda estão vigentes, mas já não se discute a sua ineficiência para lidar com conflitos de maior porte e impacto onde identificação do que seja a *extensão do local do dano* pode ser tão complexa que autorize a propositura de inúmeras demandas coletivas sobre o mesmo tema[6]. Ademais, é de se dizer que ainda há o problema de que a partir do mesmo *fato base* podem surgir inúmeros outros fatos *filhos*, e assim tantos outros fatos daí decorrentes, sendo todos eles aptos a ensejar a propositura de uma ação coletiva.

Este julgado abaixo reflete bem a complexa tarefa de saber se há ou não conexidade entre demandas coletivas que tenham origem no mesmo fato base, mas que sejam propostas em locais diferentes.

> (...) 3. Ao contrário do que aduz a agravante, não é possível enxergar conexão entre a ação originária deste incidente e a demanda coletiva ajuizada na Justiça Federal. Na lide aqui discutida, alegam as autoras que sofreram prejuízos materiais e lucros cessantes, com (i) a restauração da estrutura do seu pier, onde operava o navio, (ii) com despesas que foram obrigadas a custear perante a Defesa Civil, (iii) com pagamentos extras de pessoal, (iv) com doação de cestas básicas para pescadores locais atingidos pelos danos ambientais, (v) com multas administrativas e (vi) custos de utilização de outro pier para suas atividades, além de outros prejuízos que podem ocorrer durante o andamento do processo.
>
> 4. Nesse contexto, atribuem responsabilidade à ré pelos alegados danos, seja de natureza objetiva, pela atividade de risco desempenhada pela dona do navio, seja subjetiva, com amparo na culpa presumida derivada

---

5. VITORELLI, Edilson. Tipologia dos litígios transindividuais: um novo ponto de partida para a tutela coletiva. In: ZANETI JUNIOR, Hermes (Coord.) Repercussões do novo CPC – Processo Coletivo. Salvador: Juspodivm, 2016.

6. A respeito ver VENTURI, Elton. "A competência jurisdicional na tutela coletiva". Direito processual coletivo. In: GRINOVER, Ada Pellegrini; MENDES, Aluísio Gonçalves de Castro e WATANABE, Kazuo (Coord.). Direito Processual Coletivo e o anteprojeto de Código Brasileiro de Processos Coletivos. São Paulo: Ed. RT, 2007.; GOMES JR. Comentário ao art. 9º. In: GIDI, Antonio e MAC-GREGOR, Eduardo Ferrer (Coord.). Comentários ao código modelo de processos coletivos: um diálogo ibero-americano. Salvador: Juspodivm, 2009, p. 205.; GIDI, Antonio. Rumo a um código de processo civil coletivo: a codificação das ações coletivas no Brasil. Rio de Janeiro: Forense, 2008, p. 251-253.

CAPÍTULO 2 • UM NOVO MODELO DE PROCESSO PARA A LEI DE AÇÃO CIVIL PÚBLICA

do fato da coisa, além da negligência e imperícia da ré, que teriam sido comprovadas no âmbito da prova pericial produzida no Tribunal Marítimo.

5. A demanda coletiva proposta na Justiça Federal contra a ora agravante, além de outros demandados, apesar de envolver o mesmo incidente com o navio Vicuña, objetiva apenas responsabilizar a dona do navio pelos danos ambientais decorrente da explosão, a fim de condená-la, com base na responsabilidade objetiva e na teoria da reparação integral do meio ambiente, a limpar "áreas atingidas pelo vazamento de óleos combustíveis do navio Vicuña, de sua propriedade, bem como, ato contínuo, seja procedida à imediata recuperação da área degradada, conforme determinações dos órgãos ambientais competentes" (e-STJ fl. 502).

6. Nesse contexto, inexiste também risco de serem prolatadas decisões conflitantes nas referidas ações.

(...)

(AgInt no CC 157.586/PR, Rel. Ministro ANTONIO CARLOS FERREIRA, SEGUNDA SEÇÃO, julgado em 16/06/2020, DJe 22/06/2020)

O julgado acima – afora o baralhamento entre *conexão e reunião por conexão* – revela a complexidade do tema da competência nas ações coletivas, o que enseja um tratamento mais dinâmico e menos estático, ou seja, centralizar questões comuns em um juízo único e permitir que juízos de locais de dano julguem conflitos filhos tendo por premissa o que for decidido no juízo central[7]. Exploraremos este tema mais adiante.

O artigo 4º da Lei de Ação Civil Pública que trata da ação cautelar – *inclusive para evitar o dano como diz o texto* – nos parece que foi absorvido por completo pelas técnicas de tutela provisória prevista no art. 294 e ss. do CPC, com inúmeras vantagens trazidas pelo CPC.

O artigo 5º (LACP) e o art. 82 (CDC) permanecem vigentes pois cuidam da legitimidade coletiva amparada pelo art. 129, §1º da CF/88. Também importante e atualíssimo o compromisso de ajustamento de conduta com o apoio subsidiário do CPC e da legislação extravagante que cuida da mediação.

Mantidos também as regras atinentes ao inquérito civil respaldado pelo art. 129, III da CF/88, bem como a regra do art. 10 que trata do crime pelo retardamento ou a omissão de dados técnicos indispensáveis à propositura da ação civil, quando requisitados pelo Ministério Público.

Já o artigo 11 da LACP, bem como o art. 84 do CDC tem importância histórica, porque o seu conteúdo já foi, com sobras, amplamente absorvido pelo CPC, pela combinação dos art. 497, 536 e ss. e 294 e ss. Neste passo, o regime das astreintes do §2º do art. 12 foi absorvido pelo art. 5237 do CPC. Já o art. 12, caput da LACP foi absorvido pelo art. 294 e ss. do CPC que tratam da tutela provisória, mantido apenas a regra do §1º do art. 12 (suspensão de liminar), uma vez que a suspensão da sentença está prevista no art. 4º, §1º da Lei 8437.

O art. 13 da LACP permanece intacto pois trata do fundo para o qual será destinado o produto da eventual condenação em dinheiro na ação civil pública.

O art. 14 tem enorme importância porque estabelece o regime jurídico dos recursos contra a decisão de primeiro grau – interlocutória ou sentença – de que não são dotados

---

7. Solução que empiricamente foi adotada pelo STJ no conflito de competência envolvendo as inúmeras ações civis públicas ajuizadas em juízos diversos. ((CC 144.922/MG, Rel. Ministra DIVA MALERBI (Desembargadora convocada TRF 3ª Região), Primeira Seção, julgado em 22/06/2016, DJe 09/08/2016).

de efeito suspensivo, portanto, este só pode ser obtido *ope judicis* se preenchidos os requisitos típicos de tutela provisória (probabilidade do direito e perigo da demora).

Conquanto todo o regime da execução siga as regras do CPC, a advertência do artigo 15 permanece válida apenas no aspecto de que no caso de cumprimento definitivo da sentença, a eventual letargia da associação por não promover a execução em 60 dias, dá ao parquet a legitimidade para promover a execução.

Também vigentes os dispositivos referentes à coisa julgada coletiva, art. 16 e os correspondentes 103 e 104 do CDC, bem como as regras acerca da gratuidade da justiça e de má-fé processual (arts. 17 e 18 da LACP) e art. 87 do CDC. Claro que a amplitude das hipóteses de contempt of court constantes no art. 77 e 774 do CPC devem servir subsidiariamente à ACP.

Insta dizer que *todo o procedimento para a defesa de direitos individuais homogêneos* (art. 91-100) continua plenamente vigente, embora tenha sido absurda e injustamente esvaziada a sua utilização com a introdução no nosso ordenamento de técnicas de julgamento por amostragem (v.g. IRDR) que nem de perto trazem ao jurisdicionado a mesma efetividade que se espera deste tipo de proteção coletiva.

Em nosso sentir é preciso enxergar a Lei de Ação Civil Pública e as regras do Título III do CDC que lhes são aplicáveis como um procedimento especial como tantos outros previstos dentro e fora do CPC que têm peculiaridades próprias que justificam o tratamento diferenciado.

Um dos motivos pelo qual o legislador cria os procedimentos especiais é justamente as peculiaridades do direito material envolvido, porque as regras padrões não lhe atenderiam satisfatoriamente. É especial o procedimento da LACP porque possui um regime de legitimidade e coisa julgada que foge à regra normal[8], porque possui um regime próprio de custas e sucumbência, técnicas como inquérito civil e compromisso de ajustamento de conduta etc., mas com o advento do CPC – comprometido com a ideologia democrática do processo – não se justifica mais apartar com assepsia de outrora, as regras de processo civil do CPC, porque sua aplicação subsidiária e supletiva será não apenas importante, mas necessária ante a existência de inúmeras lacunas no regramento da tutela coletiva.

---

8. Desde que respeitadas as regras de coisa julgada previstas no art. 16 da LACP e 103 e 104 do CDC não vemos óbice que possa ser utilizada a regra da coisa julgada sobre questão prejudicial prevista no artigo 503, §1º do CPC.

Capítulo 3
OBJETO DE TUTELA NA LEI
DA AÇÃO CIVIL PÚBLICA

1. EXÓRDIO

Inicialmente, deve ser fixada a premissa de que a Lei n. 7.347/85 é uma lei predominantemente processual. Isso deve-se ao fato de que cuida precipuamente de regular técnicas processuais e *"procedimentais a serem seguidas pelo juiz e pelas partes"*[1], com escopo de dirimir conflitos que envolvam direitos ou interesses coletivos lato sensu.

As regras contidas na Lei n. 7.347/85 pretendem regular os aspectos processuais da tutela coletiva de direitos, pressupondo, portanto, a existência de uma norma abstrata de direito substancial difuso ou coletivo que tenha sido violada e que, justamente por isso, precise ser tutelada pelo Poder Judiciário.

Não se deve esperar encontrar na Lei n. 7.347/85 modais deônticos relativos a comportamentos sociais em relação aos direitos difusos e coletivos, porque sua finalidade é outra. Serve, justamente de instrumento processual de proteção destes modais deônticos estampados no direito material constitucional ou infraconstitucional.

Cuida a LACP de prever as normas instrumentais do processo que serão utilizadas para proteger os comportamentos sociais requeridos em norma de direito substancial. Na verdade, a Lei n. 7.347/85 visa proteger os direitos difusos e coletivos, e concretizá-los ante a ameaça ou lesão que seja fruto de uma conduta antijurídica.

Fixada a premissa de que a Lei n. 7.347/85 é, eminentemente[2], uma norma de direito processual.[3], resta identificar quais os tipos normativos estabelecidos, já que a justificativa do seu surgimento foi esmiuçada anteriormente.

Enfim, a pergunta que deve ser feita é a seguinte: se a Lei n. 7.347/85 é lei processual que prevê tutela jurídica diferenciada de determinado tipo de direito, que direitos são esses que receberam atenção especial e quais as técnicas especiais que foram criadas para sua efetivação? É o que passamos a desenvolver nos tópicos seguintes.

---

1. Pedro da Silva Dinamarco. Ação civil pública. São Paulo: Saraiva, 2001, p. 47.
2. Eminentemente porque há regra também referente ao *crime* previsto no art. 10, a regra de direito material que cria um fundo de arrecadação dos valores obtidos na condenação em dinheiro pela Ação Civil Pública, a regra de direito administrativo prevista no art. 8º etc. Neste sentido ver Rodolfo de Camargo Mancuso. Interesses difusos, p. 26-27, e por Pedro Dinamarco, op. cit., p. 47.
3. Nesse sentido, ver, por todos, José Marcelo Menezes Vigliar. Tutela jurisdicional coletiva. São Paulo: Atlas, 1998, p. 89.

2. OBJETO DE PROTEÇÃO PELA LEI N. 7.347/85

2.1 A ementa "sem prejuízo da ação popular"

O legislador fez questão de deixar expresso logo no caput do art. 1º a regra de que a utilização da Ação Popular não impede e nem prejudica a propositura da Ação Civil Pública, ainda que tenham o mesmo objeto e destinem-se ao mesmo fim. Mesmo que a lide tutelada pelo procedimento da Lei de Ação Popular coincida com a lide coletiva tutelada pelo procedimento da Lei de Ação Civil Pública, resta claro e evidente que em sede de tutela coletiva o acesso à justiça deve ser amplo e irrestrito.

Os procedimentos especiais coletivos devem abrir portas de acesso à justiça, e não o contrário, mormente se lembrarmos que a ação popular é o único remédio para o cidadão, individualmente, promover a tutela coletiva[4]-[5].

2.2 O art. 1º da LACP: "regem-se pelas disposições desta Lei, sem prejuízo da ação popular, as ações de responsabilidade por danos morais e patrimoniais causados"

Na sua redação original em 1985, o caput do art. 1º referia-se apenas a *"ação de responsabilidade pelos danos causados"* aos bens e aos direitos constantes no referido rol. A Lei 8.884/94 alterou a redação para incluir a expressão "danos morais e patrimoniais".[6] A nítida intenção do caput alterado do legislador foi contemplar a reparação "integral" pelos danos causados aos interesses e direitos difusos e coletivos. Assim, tanto os efeitos *patrimoniais*, quanto os *extrapatrimoniais* do dano aos interesses difusos e coletivos devem ser tutelados integralmente.

Não nos parece, todavia, que a expressão "dano moral" tenha outro sentido, senão o de referir-se aos efeitos extrapatrimoniais do dano aos interesses difusos e coletivos. Não é, portanto, e por exemplo, tutela de direito da personalidade individual de cada titular que usufrui o meio ambiente (dano à moral, à honra etc.).[7]

O que parece contemplar o texto é a dimensão social extrapatrimonial que uma lesão difusa, por exemplo, ao meio ambiente ecologicamente equilibrado causa numa coletividade. É de se observar que há muitos bens difusos e coletivos que, se danificados, importam quase sempre num prejuízo que não encontra uma perfeita equivalência monetária. O meio ambiente é sempre um excelente exemplo disso. Não há valor correspondente para a extinção de uma espécie, a privação social causada pela supressão de uma floresta ou área de preservação etc.

---

4. Infelizmente foi vetado o art. 333 do CPC 2015 que cuidava da conversão da ação individual em coletiva, respeitado o contraditório do autor individual e por decisão judicial mediante requerimento a requerimento do Ministério Público ou da Defensoria Pública, quando estivessem presentes os requisitos da *relevância social* e da *dificuldade de formação do litisconsórcio*.
5. Esta expressão "sem prejuízo da ação popular" é muito importante porque tendo em vista a amplitude de pretensões possíveis de serem veiculadas por meio da ação civil pública é possível ocorrência de duplicidade de litispendências entre a ação popular e a ação civil pública, sendo diverso apenas o legitimado condutor das referidas demandas. Esta regra deixa claro que nesta hipótese a extinção e uma delas é solução que não deve ser admitida, devendo ocorrer a reunião das demandas.
6. Nova alteração no art. 1º, mas que não alterou a redação do caput se deu com a Lei n. 12529.
7. O Ministro Teori Albino Zavascki afastou a concessão do dano moral coletivo por afastá-lo da "noção de dor, de sofrimento psíquico, de caráter individual. incompatibilidade com a noção de transindividualidade (indeterminabilidade do sujeito passivo e indivisibilidade da ofensa e da reparação)". (REsp 598.281/MG, Rel. Ministro LUIZ FUX, Rel. p/ Acórdão Ministro TEORI ALBINO ZAVASCKI, PRIMEIRA TURMA, julgado em 02/05/2006, DJ 01/06/2006, p. 147).

CAPÍTULO 3 • OBJETO DE TUTELA NA LEI DA AÇÃO CIVIL PÚBLICA **43**

Nesses casos, o dano é extrapatrimonial e deve ser tutelado da mesma forma, seja com uma reparação in natura, seja com uma compensação pecuniária, ou ambas. Na doutrina francesa, chama-se esse prejuízo indenizável de "dano social".

Assim, descarta-se a interpretação que vê no dispositivo um "dano moral coletivo", ou seja, tal como se fosse a somatória das lesões e da dor íntima sofrida pelos titulares difusos e coletivos pela agressão aos bens arrolados no dispositivo. Essa dor, sentimento de perda, tristeza etc. corresponde ao *dano por ricochete*, ou seja, o dano que pode ser individual ou coletivo e é consequência lógica do dano ao meio ambiente que também está previsto no art. 14, §1º da Lei 6.938/81.[89]

O dano moral coletivo, em nosso sentir é, portanto, o dano social extrapatrimonial suportado pela coletividade indistintamente, não pelo sentimento de perda, frustração que cada membro suportou na sua alma, mas um *dano coletivo* de privação temporária ou perene dos recursos ambientais que proporcionavam um equilíbrio ecológico. Assim, por exemplo, a privação do rio, dos peixes, da vegetação ciliar destruída pela lama; as praias cobertas por óleos derramados que impedem a sua fruição, o desequilíbrio que afeta os mangues cobertos de óleo derramado; o incêndio que altera o clima, que contamina as águas, que destrói o bem estar que a paisagem proporciona etc.

Uma coisa é o dano social, extrapatrimonial e outra é saber os critérios para sua determinação. Não se discorda de que sob este prisma, na esteira do (REsp 1741681/RJ):

> "o dano moral coletivo é categoria autônoma de dano que se identifica com a violação injusta e intolerável de valores fundamentais titularizados pela coletividade (grupos, classes ou categorias de pessoas) e tem a função de: a) proporcionar uma reparação indireta à lesão de um direito extrapatrimonial da coletividade".

Todavia, a função de "*sancionar o ofensor e inibir condutas ofensivas a esses direitos transindividuais*" como dito no mesmo acordão parece muito mais uma tentativa de preencher um vazio legal de *sanção civil pela gravidade da conduta* do que algo que integre propriamente a ideia de reparação do dano.[10]

2.3 Vedação de pretensões referentes a tributos e a contribuições previdenciárias

Como vimos em capítulos anteriores a Lei Ação Civil Pública foi alvo de diversos golpes estatais (leis e medidas provisórias) que tinham por finalidade o seu enfraquecimento e a sua fragmentação, para evitar que fosse usada como ferramenta que pudesse socorrer os indivíduos contra o Poder Público, normalmente inoperante na sua função

---

8. Art. 14 (...) § 1º Sem obstar a aplicação das penalidades previstas neste artigo, é o poluidor obrigado, independentemente da existência de culpa, a indenizar ou reparar os danos causados ao meio ambiente **e a terceiros**, afetados por sua atividade. O Ministério Público da União e dos Estados terá legitimidade para propor ação de responsabilidade civil e criminal, por danos causados ao meio ambiente.

9. É o caso, por exemplo, do rompimento da barragem que causou dano ao equilíbrio ecológico e este desequilíbrio causou tantos outros danos por ricochetes tanto a pessoas físicas, quanto jurídicas, tanto individuais, quanto coletivos. Obviamente que tais bens devem ser tutelados, alguns até pela via da ação civil pública se se tratar de direitos coletivos (difuso, coletivo, individual homogêneo), mas não se confundem com o dano ambiental.

10. A respeito ver o Capítulo 05, item 5.2.

de exercício de políticas públicas. O parágrafo único do art. 1º, inserido pela Medida Provisória 2.180/35, que foi congelada pela EC/32, reflete uma dessas tentativas.

A rigor, como a Lei de Ação Civil Pública volta-se, precipuamente, para a tutela de direitos difusos e coletivos (bens indivisíveis e metaindividuais), o dispositivo incluído no parágrafo único não está inserido no diploma correto, pois as pretensões cujas tutelas são vedadas, desde que exercitadas coletivamente, teriam natureza individual homogênea, cuja proteção se dá por meio do art. 91 e ss. do CDC (procedimento para a tutela dos interesses individuais homogêneos).

Não obstante o erro "legislativo" de inserção do parágrafo único na Lei de Ação Civil Pública vedando a tutela de pretensões individuais homogêneas referentes a tributos e contribuições previdenciárias (fato que seria muito útil para a população e um risco para o Fisco), a jurisprudência brasileira firmada pelo Superior Tribunal de Justiça tem vedado tal sorte de tutela coletiva, sob o argumento de que tais pretensões são divisíveis e individuais disponíveis. [11]

A repercussão social normalmente é inconteste e inviável o litisconsórcio multitudinário, além do risco de decisões contraditórias nas eventuais ações individualmente ajuizadas. Sob este prisma é irrespondível a utilização da tutela processual individual homogênea para a tutela de pretensões que estão vedadas pelo parágrafo único do art. 1º da LACP.

Não concordamos com o argumento, pois é condição inata aos direitos individuais homogêneos a divisibilidade do direito e a sua natureza individual o que se cristaliza na *fase individual de sua tutela* (art. 95 em diante do CDC). Se a premissa eleita fosse levada a ferro e fogo, não seria possível qualquer tutela de direito individual homogêneo, pois é característica ínsita do mesmo ser divisível e individual.

2.4 A lei de ação civil pública não se limita à responsabilidade por dano

A lei de ação civil pública, seja na ementa, seja no caput do artigo 1º expressamente diz que ela "disciplina a ação civil pública de responsabilidade por danos causados" aos interesses que lista nos incisos do art. 1º.

Este dispositivo, e a respectiva ementa, guarda absoluta correspondência com o artigo 14, §1º da Lei 6.938/81 que expressamente fala em "ação de responsabilidade civil por danos causados ao meio ambiente" e que lhe serviu de base para criação do anteprojeto de lei que resultou na Lei n. 7347.

É preciso deixar claro que a lei de ação civil pública não se presta, exclusivamente, à tutela reparatória pelos danos causados aos direitos coletivos e difusos elencados nos incisos do art. 1º. Ela *também* se presta a esta tutela reparatória.

---

11. (...) 1. É pacífica a jurisprudência do Superior Tribunal de Justiça no sentido de que o Ministério Público não tem legitimidade ativa para propor ação em que se discute a cobrança (ou não) de tributo, assumindo a defesa dos interesses do contribuinte, deduzindo pretensão referente a direito individual homogêneo disponível. 2. Há vedação expressa no art. 1º, parágrafo único, da Lei 7.347/1985 à veiculação de pretensão pertinente à matéria tributária em ação civil pública. 3. Reconhecimento da ilegitimidade do Ministério Público para ajuizar ação civil pública objetivando afastar a retenção dos recursos de natureza jurídica tributária (contribuição sindical), bem como restituição dos valores retidos, pretensão referente a direito individual homogêneo disponível. 4. Agravo interno não provido. (AgInt no REsp 1502258/SP, Rel. Ministro BENEDITO GONÇALVES, PRIMEIRA TURMA, julgado em 23/09/2019, DJe 25/09/2019).

CAPÍTULO 3 • OBJETO DE TUTELA NA LEI DA AÇÃO CIVIL PÚBLICA

A despeito de a referida lei ter sido concebida aqui no Brasil numa época em que todos os direitos eram monetizados e a indenização em dinheiro sempre corresponderia ao prejuízo sofrido (lesão = valor monetário), portanto, num momento ideológico-político-social-econômico extremamente liberal, e ainda bastante incipiente em relação ao dever do Estado de concretizar os direitos fundamentais, o que só veio a sedimentar após a CF/88[12], ainda assim a lei já contemplava a possibilidade de *preservar* e *proteger o meio ambiente* por meio de tutela inibitória do ilícito e preventiva do dano, como se vê na redação dos arts. 3º, 4º e 11 do texto original:

Art. 3º A ação civil poderá ter por objeto a condenação em dinheiro ou o **cumprimento de obrigação de fazer ou não fazer**.[13]

Art. 4º Poderá ser ajuizada ação cautelar para os fins desta Lei, objetivando, **inclusive, evitar o dano** ao meio ambiente, ao consumidor, aos bens e direitos de valor artístico, estético, histórico, turístico e paisagístico (VETADO).

Art. 11. Na ação que tenha por objeto o cumprimento de obrigação de fazer ou não fazer, o juiz determinará **o cumprimento da prestação da atividade devida** ou a **cessação da atividade nociva**, sob pena de execução específica, ou de cominação de multa diária, se esta for suficiente ou compatível, independentemente de requerimento do autor.

---

12. "Quando, em 1957, a jurisdição de urgência pela primeira vez chamou-me a atenção, por força de minhas necessidades e premências profissionais, não obstante uma espécie de premonição que, naquela oportunidade, me ocorria, da importância do problema, ninguém poderia dizer, ou supor, que aquilo que hoje se chama processo cautelar pudesse ter atingido a importância surpreendente que atingiu, no momento histórico, não só brasileiro, mas também no momento histórico da cultura jurídica continental europeia. Recordo-me que em 1957 já vigia o Código de Processo Civil (LGL\1973\5) de 1939 há quase 20 anos e a única obra monográfica sobre processo cautelar (então conhecido como "medidas preventivas") era um ensaio, por sinal muito bom e talentoso do Prof. Lopes da Costa, com pouco mais de cem páginas. De modo que 18 anos depois de sua promulgação o Código de 1939, provocara apenas essa pequena monografia. Mas o surpreendente é que o processo cautelar, que todos conhecemos e com o qual a teoria e a prática forense mantêm uma constante relação de angústia pelas dificuldades que ele oferece, este mesmo processo cautelar estava suficientemente disciplinado no Código de 1939. Só que ninguém havia notado. Isto deixa-me estarrecido e surpreso, verdadeiramente surpreso, quando noto que a Lei tem a vigência que as necessidades sociais lhe reclamam e impõem. O texto frio da lei não diz nada, se as necessidades sociais e o trabalho dos especialistas sobre o texto não o revelarem para as suas necessidades e funções. O mais curioso ainda é que muitos imaginam que o processo cautelar seja uma criação moderna, quando na verdade ele é uma simples redescoberta de práticas judiciárias dos séculos XVI e XVII, que haviam sido sepultadas pelo movimento liberal que dominou os séculos seguintes e que teve sua expressão mais significativa e marcante na Revolução Francesa, em virtude da ideologia da excelência do processo ordinário. Isto deixa-me perplexo e é uma advertência para o jurista, para o exegeta, para o jurista sistemático e formalista que imagina que o legislador seja onipotente, que possa fazer ou desfazer contra os fatos sociais. Na verdade, o que estamos presenciando com relação ao "processo cautelar" é o que há bem pouco tempo disse o Prof. Giuseppe Tarzia, da Universidade de Milão, a respeito do que ele chamou "conflitto brutale" de nosso tempo entre a exigência de efetividade dos direitos e o princípio de garantia e segurança (Rivista di Diritto Processuale 1985/252), essa brutal dissintonia entre as exigências de efetividade dos direitos e o princípio oposto de uma segurança mínima, no que respeita à produção e aplicação do direito. Estamos vivendo uma civilização em constante e acelerada mudança. E a proclamação retórica dos direitos já não satisfaz mais. Entendemos, no final do século XX, que os direitos devem ser efetivos e não apenas objeto de retórica. Sucede, porém, que o nosso arcabouço jurídico, fundamentalmente o arcabouço processual, a vossa instrumentação jurídica, está absolutamente defasada, absolutamente inadequada, com relação ao momento histórico. Não soubemos ainda superar velhos, seculares princípios que nos acompanham desde o Direito Romano, exacerbados, muitos deles, por certas concepções jurídico-políticas do século XIX. De modo que é neste contexto que o processo dito cautelar se insere, como uma tentativa de outorgar efetividade aos direitos subjetivos, às pretensões e até mesmo a certos interesses não subjetivados, na ordem judiciária. Quando se diz que o direito está em crise, na verdade o que se quer dizer é que o processo está em crise. Por que o direito material não entra em crise? Porque ele é elaborado tranquilamente, através de instituições que são legisladas e que funcionam na medida em que o processo lhes possa, efetivamente, dar aquela vivência social que o direito exige, posto que o direito é uma ordem necessitada de vigência prática".

13. Naturalmente que numa escorreita interpretação do art. 3º acima, é perfeitamente possível, e, eu diria até comum, que numa mesma ação civil coletiva ambiental se pretenda o cúmulo objetivo de deveres de fazer, com o de não fazer e ainda com os deveres de pagar , como aliás já foi dito expressamente pelo STJ na Súmula 628 que assim diz: "quanto ao dano ambiental, é admitida a condenação do réu à obrigação de fazer ou à de não fazer cumulada com a de indenizar". BAPTISTA, Ovídio. "Processo e Ideologia", in: Revista de Processo, v. 59, São Paulo: Ed. RT, 1990, p. 187-200.

Com o advento da CF/88, posteriormente com o surgimento do CDC e a sua conexão com a LACP a utilização desta última para a finalidade inibitória ou corretiva do ilícito ou ainda preventiva do dano passou a ser bem mais importante (e festejada pela doutrina) do que a finalidade de ressarcimento em dinheiro.

> Quando o artigo 4º da LACP fala em "ação cautelar" refere-se às antigas ações cautelares satisfativas, devendo ser lembrado que ele foi redigido numa época em que inexistia um regime jurídico satisfatório para as tutelas provisórias urgentes satisfativas, ou seja, exceção feita aos procedimentos especiais de dentro e fora do código, o sistema jurídico brasileiro de 1973 até 1994 fornecia apenas as "cautelares satisfativas" para obter referidos provimentos de forma mais célere. O antigo artigo art. 796 do CPC de 1973 era a válvula de escape para a obtenção de provimentos de urgência não cautelares. Hoje, com o devido aparelhamento do sistema processual, parece-nos que o arsenal de técnicas previstas no Título V do Livro I do CPC/2015 é bem mais completo do que os dois primeiros dispositivos mencionados acima. Não se trata de aplicar o CPC às ações civis públicas ambientais apenas subsidiariamente, mas neste caso também supletivamente tal como prevê o artigo 15 do CPC.[14]

A maturidade doutrinária[15] e jurisprudencial sobre a necessidade da concretização dos direitos fundamentais que não encontram equivalente em dinheiro, ou seja, de só poderem ser fruídos *in natura* pelo seu titular, fizeram com que a ação civil pública virasse o seu eixo para um modelo de tutela que outorgasse ao jurisdicionado o direito material tal como ele era posto na norma de direito material e não simplesmente a tutela ressarcitória em dinheiro do dano sofrido.

Assim, por exemplo, não há dinheiro que substitua ou equipare ou equivalha à preservação do equilíbrio ecológico que garante uma água limpa, um ar despoluído, um local sem ruído etc.

Voltando a Lei de Ação Civil Pública para a temática ambiental que é o que nos interessa, tem-se que o estrito cumprimento dos deveres jurídicos constitucionais ambientais previstos no art. 225 da CF/88 de *preservar e proteger o meio ambiente*, de *impedir o risco à função ecológica da fauna e da flora*, de *promover a* educação ambiental e a consciência ecológica, de *definir* em todas as unidades da federação os espaços especialmente protegidos, de *vedar* a crueldade animal, de *exigir* o EIA/RIMA[16] nos casos de obras e empreendimentos de significativo impacto ambiental etc., são deveres jurídicos tuteláveis pela Lei de Ação Civil Pública que devem ser prestados exatamente como são previstos no texto magno.

Neste passo, ganha relevo saber a distinção do risco para o dano, bem como do conceito de ilícito para poder identificar de que forma – tendo por alvo tutelas preventivas ou repressivas – é possível impedir ou reprimir o ilícito, o risco e o dano ao meio ambiente. É o que tentaremos explicar no capítulo 05 adiante.

---

14. Neste sentido ver DIDIER, Fredie; ZANETI, Hermes. Tutela de urgência nos processos coletivos: notas e particularidades. In: Revista de Processo. v. 143, São Paulo: Ed. RT. 2007, p. 327-334 ao afirmarem: "Embora mencione expressamente a tutela cautelar, a redação do dispositivo não dá margem a dúvida: não se trata de tutela cautelar, mas, sim, tutela inibitória, que é satisfativa e visa exatamente obter providência judicial que impeça a prática de ato ilícito e, por consequência, a ocorrência de um dano".
15. Relembro a cruza de dois textos marcantes de Ovídio Baptista, escritos em XXX e 1993 que retratam exatamente este movimento de amadurecimento. BAPTISTA, Ovídio. Processo de conhecimento e procedimentos especiais, In: Revista dos Tribunais, v. 692, São Paulo: Ed. RT, 1993, p. 40-47 e o "Processo e Ideologia", in: Revista de Processo, v. 59, São Paulo: Ed. RT, 1990, p. 187-200.
16. Estudo prévio de impacto ambiental (EIA) e Relatório de Impacto Ambiental (RIMA).

2.5 Qualquer direito difuso ou coletivo

Segundo o art. 1º, IV, da Lei n. 7.347/85, as regras processuais ali contidas aplicam-se *"(...) IV – a qualquer interesse difuso ou coletivo"*. A regra mencionada constava do projeto original, mas foi vetada pelo presidente da República em 1985. Assim, a Lei n. 7.347/85 (LACP) só pôde ser utilizada, num primeiro momento, para a defesa dos interesses previstos nos incisos I, II e III. Restringia-se, pois, à tutela processual dos direitos coletivos e difusos relativos ao consumidor e ao meio ambiente (notadamente o natural, o artificial e o cultural).

Com o advento da CF/88 (art. 129, III) e especialmente da Lei n. 8078/90 (CDC), o inciso IV, antes vetado, foi recolocado propositadamente pelo legislador, de modo a prever norma de encerramento que hoje compõe o inc. IV do art. 1º. À semelhança dos incs. I, II e III, os incs. V e VI têm conteúdo quase didático, uma vez que bastaria a regra do inc. IV para deixar muito claro que as normas processuais previstas na LACP se aplicam a qualquer interesse difuso e coletivo.

3. DIREITOS OU INTERESSES DIFUSOS OU COLETIVOS

Com relação ao uso dos termos "interesse" ou "direito" utilizado na LACP, entendemos que merece aplausos o legislador. Ao falar em interesse ou direito evitou criar um espaço negativo relativamente à tutela dos valores que pretende proteger. Explica-se.

Ocorre que sempre diferenciamos o direito do interesse pelo fato de que o primeiro é mais do que o segundo. O direito seria o interesse juridicamente protegido. Mais ainda, sob um ranço individualista, sempre imaginamos que o direito (subjetivo) pressupõe um titular identificado ou identificável. Para evitar uma discussão infrutífera e passar ao largo de perguntas do tipo "Há direito se não se identifica o seu titular?", o legislador foi sábio ao dizer que o objeto de tutela da LACP são direitos ou interesses (como queiram!) difusos e coletivos.

Em nosso sentir, a observação de Arruda Alvim é pertinente e extremamente séria quando diz que os vocábulos não são sinônimos, mas a utilização conjunta deve-se *"à própria indeterminação conceitual nítida, e, de outra parte, ao objetivo de que se aumente o rol dos bens juridicamente protegíveis"*.[17]

Segundo pensamos, é possível identificar que após o segundo quartel do século anterior houve uma profunda modificação da sociedade, e, com isso, uma revisitação natural do papel do Estado, que teve de sair da sua posição de inércia (não afrontando as liberdades individuais) e passar a atuar realizando os direitos fundamentais sociais.

Contudo, à época que foi confeccionada a lei, não se tinha, como se tem hoje, a certeza de que a Constituição não é apenas uma carta política, com programas, mas sim com direitos reconhecidos e que devem ser efetivados pelo Estado.

---

17. Arruda Alvim et al. CDC comentado. São Paulo: Ed. RT, p. 364.

Antes, viam-se muitos destes "direitos" como se fossem *normas constitucionais de eficácia contida* (*normas programáticas da atuação do Poder Público*), como se fossem programas a serem cumpridos pelo Estado, e a contraface disso é que a sociedade teria apenas "meros interesses" na realização desses programas, não sendo, pois, "direitos" propriamente ditos, segundo uma concepção ultrapassada e individualista.

Embora hoje isso esteja superado, não era assim à época e a intenção do legislador foi sábia no sentido de agir com cautela e estrategicamente ao usar o vocábulo interesse, evitando-se que em algum momento esses argumentos (incabíveis nos dias de hoje) pudessem ser utilizados para inviabilizar a tutela desses direitos metaindividuais.

Também é digna de nota a observação de José Carlos Barbosa Moreira, que, com corriqueira clareza, dinamita qualquer discussão acerca do assunto ao mencionar que uma vez presente a:

> "necessidade de assegurar aos titulares proteção jurisdicional eficaz, não importará tanto, basicamente, saber a que título se lhes há de dispensar tal proteção. Afinal de contas, inexiste princípio a priori segundo o qual toda situação jurídica subjetiva que se candidate à tutela estatal por meio de processo deva obrigatoriamente exibir carta de cidadania entre os direitos, no sentido rigoroso da palavra".[18]

Assim, direito e interesse não são a mesma coisa, e bem sabem disso o legislador que criou a LACP. Os próprios termos empregam dos, "direito" ou "interesse", infirma esse entendimento. Fossem sinônimos, não teria sido usado o disjuntivo "ou", mas ter-se-ia expressado de outra forma. Quis-se dizer apenas que, seja um, seja outro, aplicar-se-lhes-ão as mesmas técnicas processuais previstas na lei em comento.

4. A EXPRESSÃO DIFUSOS E COLETIVOS

É deveras curioso e ilustrativo notar que o CDC surgiu apenas em 11 de setembro de 1990, nele trazendo o conceito de interesse difuso, mas a referida expressão já constava no texto constitucional de 1988 como se observa no art.129, III ao dizer ser função institucional do Ministério Público "promover o inquérito civil e a ação civil pública, para a proteção do patrimônio público e social, do meio ambiente e de outros interesses difusos e coletivos".

Em nosso sentir a expressão interesses difusos e coletivos constava no texto maior certamente porque influenciado pela dicção da Lei de Ação Civil Pública (Lei n. 7347/85) e pela Lei do Estatuto da Criança e do Adolescente (Lei 8.069/85) que surgiram pouco mais de cinco anos antes, respectivamente em 24 e 13 de julho de 1985 e onde a mesma expressão "interesses difusos ou coletivos", repetida na CF/88, foi utilizada com destaque.

Não foi por acaso que o legislador infraconstitucional anterior à Constituição e o legislador constitucional de 1988 não se ocuparam em distinguir o interesse difuso do interesse coletivo, tratando-os, quase que, romanticamente, numa única expressão que quando foi criada nem se imaginava ser possível cindir o "difuso" do que fosse "coletivo".

---

18. José Carlos Barbosa Moreira. A ação popular..., p. 113.

Não nos parece ser inútil saber que a redação das duas leis citadas (ECA e LACP) teve forte participação do ministério público paulista, tanto quanto as influências que exerceu, anos depois na ótima redação do texto constitucional nesta parte relativa às funções do ministério público (art. 127-129), bem como posteriormente no CDC (lei 8.078/90).

Como se observa, até o surgimento do CDC em 1990, não havia no ECA e nem na LACP e nem mesmo na CF/88 uma preocupação de se distinguir, ou até de isolar, o interesse *difuso do coletivo*, talvez porque não se enxergava nesta distinção uma utilidade ou vantagem sob o ponto de vista da proteção jurisdicional.

Importante destacar que essa opção de não distinguir um e outro também derivava da compreensão doutrinária acerca da experiência norte americana que, em 1966, abandonou a antiga distinção feita pela Regra 23 firmada em 1938 (Federal Rules of Civil Procedure) que previa três tipos de demandas coletivas a partir do tipo de interesse tutelável: a) true (puras, verdadeiras); b) hybrid (híbridas); e c) spurious (espúrias, falsas, não genuíno, ilegítimo).

Dadas as dificuldades de distinção entre os tipos de interesses tuteláveis e seu enquadramento nas hipóteses da regra 23 das Federal Rules of Civil Procedure, então a Suprema Corte Americana alterou a sua redação dando-lhe um caráter mais pragmático, eliminando a distinção mencionada, posto que mais preocupado com a garantia da *representação adequada* da coletividade.[19]

Em trabalho de singular excelência, com domínio absoluto dos sistemas brasileiro e americano de ações coletivas este livro de Antonio Gidi é um daqueles essenciais para a compreensão das ações coletivas. Não pode não ser lido. Não pode não ser esmiuçado. Não pode não ser refletido. Segundo o autor, em passagem que explica o parágrafo anterior:

> "Assim, as ações coletivas foram divididas em três categorias, de acordo com a natureza jurídica dos direitos objeto do processo (character of the right): a true class action, a hybrid class action e a spurious class action. Quando os direitos envolvidos fossem joint, common ou secondary, caberia uma true class action; quando os direitos fossem several e envolvessem uma propriedade específica, caberia uma *hybrid* class action; quando os direitos fossem *several*, e houvesse questões de direito e de fato comuns, caberia uma *spurious class action*. (...)
>
> Como se pode ver, era uma tarefa extremamente importante a de determinar em qual dos três tipos de ação coletiva uma determinada situação fática se subsumia. Essa classificação era um instrumento essencial para poder determinar a extensão da coisa julgada dada a sentença (...)
>
> As dificuldades com a aplicação da formalística classificação tripartite de Moore e a sua inutilidade prática foram aos poucos sendo expostas pela prática da Rule 23, tendo sido um dos principais motivos pelos quais a norma sofreu uma profunda revisão em 1966".[20]

---

19. Como diz as notas do Comitê Consultivo para a alteração das regras em 1966 "In practice, the terms "joint," "common" etc., which were used as the basis of the Rule 23 classification proved obscure and uncertain" (Disponível em: https://translate.google. com.br/translate?hl=ptBR&sl=en&u=https://www.law.cornell.edu/rules/frcp/rule_23&prev=search. Acesso em: 07.07.2016). Neste sentido MENDES, Aluisio Gonçalves de Castro. Ações coletivas no direito comparado e nacional. In: MARINONI, Luiz Guilherme (Coord.). Coleção Temas Atuais de Direito Processual Civil. São Paulo: Ed. RT, 2002, v. 4, p. 71.

20. GIDI, Antônio. A 'class action' como instrumento de tutela coletiva dos direitos: as ações coletivas em uma perspectiva comparada. São Paulo: Ed. RT, 2007, p. 48-51.

É importante a leitura do projeto inicial de concepção da lei de ação civil pública (antes das alterações promovidas pelos membros do *parquet* paulista), onde se pode observar claramente uma aproximação muito grande com o modelo norte americano de *class action que* já tinha suprimido e superado a distinção dos interesses coletivos por uma visão mais pragmática.

5. A CRIAÇÃO DAS CATEGORIAS AUTÔNOMAS: DIFUSOS, COLETIVOS E INDIVIDUAIS HOMOGÊNEOS

Vimos que a LACP é norma de direito processual e que suas regras se aplicam à tutela de todo e qualquer direito ou interesse metaindividual.

Entretanto, a elucidação do problema não para por aí, afinal de contas não basta afirmar que o *direito ao meio ambiente ecologicamente equilibrado é um direito difuso*. É preciso explicar por que tem esta natureza. Antes disso, é necessário entender por que foram criadas categorias autônomas de interesses coletivos, e, qual a distinção entre eles, já que todos podem ser objeto de tutela por meio de ação civil pública e a Lei 7347/85 se aplica subsidiariamente ao procedimento da ação para defesa de direitos individuais homogêneos (art. 90 do CDC).

A razão desta categorização autônoma se deu porque quando, em 1990 (CDC) o legislador quis importar dos EUA os mecanismos de tutela relacionados aos interesses individuais homogêneos, fez-se mister estabelecer a diferenciação entre os direitos ou interesses difusos, coletivos e individuais homogêneos.

Isso porque os coletivos e difusos não poderiam ter o mesmo tipo de tratamento processual dos individuais homogêneos, não só no tocante à legitimidade, ao sistema opt in e opt out, como também em relação à coisa julgada, muito embora várias regras processuais pudessem ser-lhes aplicadas indistintamente.

Assim, o legislador brasileiro trilhou um caminho em sentido inverso ao do americano. Depois de reconhecer a dificuldade de se- parar os "tipos de class actions" criados pela Regra 23 das Federal Rules em 1938, o legislador norte-americano modificou o dispositivo na reforma de 1966 e, assim, desfez a diferenciação que tanta dificuldade causava à doutrina e jurisprudência, para então colocar as ações de classe num só tipo, desde que atendidos os requisitos que foram comentados alhures.

Aqui no Brasil, como se disse, a Lei n. 7.347/85, e, tampouco o texto constitucional (art. 129, III) não fazia a distinção entre direito difuso e coletivo, mas com o advento do CDC e, especialmente, com a importação da tutela dos direitos individuais homogêneos, acabou por se mostrar necessária distinção entre os interesses difusos, coletivos e individuais homogêneos[21].

---

21. O artigo 81, parágrafo único, I, II e III consta a definição de interesses difusos, coletivos e individuais homogêneos. Isso aconteceu cinco anos depois da expressão surgir na lei de ação civil pública (no inciso IV, art. 1º que foi vetado) e dois anos depois da de ter sido adotada no art. 129, III da CF/88. Essa distinção mutilou a expressão difusos e, de quebra, trouxe a identificação da terceira categoria de tutela coletiva: os individuais homogêneos.

CAPÍTULO 3 • OBJETO DE TUTELA NA LEI DA AÇÃO CIVIL PÚBLICA **51**

Essa distinção se fez necessária porque logo no começo da utilização da ação civil pública os tribunais brasileiros já ensaiavam firmar a orientação de que os direitos individuais de massa, ensejadores de demandas repetitivas oriundas de um mesmo ato/fato ilícito não poderiam ser tuteladas por ação civil pública porque não se encartariam no conceito de *interesses difusos e coletivos*, como se observa, por exemplo, no MS 267/DF julgado em 12.12.1989 no STJ.

Exatamente por isso, para evitar que a maior parte de conflitos "coletivos" – esses conflitos individuais de massa – ficassem fora do âmbito do regime jurídico das ações coletivas foi que o CDC pretendeu criar um *microssistema coletivo* misturando a parte processual do CDC (Título III) e a LACP, mediante um enlace visceral entre os dois diplomas e inserindo no ordenamento jurídico brasileiro, de forma clara e contundente, mediante conceitos do artigo 81, parágrafo único, incisos I, II e III[22] o que ele denominou de interesses difusos, coletivos e individuais homogêneos, reservando o artigo 91 e ss. do CDC o procedimento para a tutela destes últimos.

Só que, como veremos adiante, esta *conceituação estática* do CDC se mostrou insuficiente e tímida para acomodar as características que tipificam os interesses coletivos e em especial os individuais homogêneos num contexto de uma sociedade massificada e heterogênea.

Essa crítica pode também ser feita ao direito brasileiro, que criou com mestria intelectual, mas com complexidade que dificultava a sua operatividade, as figuras jurídicas dos direitos difusos, coletivos e individuais homogêneos.

> "É inegável que a criação de tais figuras teóricas dá uma certa aparência de legitimidade ao instituto para o jurista de *civil law*, habituado a operar o direito através de instrumentos conceituais, como o "direito subjetivo" ou o "interesse legítimo". Nesse ponto o legislador não poderia ter sido mais preciso. Todavia, fazendo minha a crítica de Zechariah Chafee Jr., se no futuro, em face da evolução das relações sociais, parecer uma quarta situação onde a tutela coletiva seja desejável, não haveria qualquer dispositivo legal que a autorize".[23]

6   A IDENTIFICAÇÃO ESTÁTICA DO TIPO DO INTERESSE: DIFUSO, COLETIVO E INDIVIDUAL HOMOGÊNEO

6.1   Introdução

Como foi dito, o legislador brasileiro optou por conceituar os interesses coletivos lato sensu, distinguindo-os em difusos, coletivos propriamente ditos e individuais homogêneos. Essa conceituação se deu no art. 81, parágrafo único, inciso I, II e III do Título III do CDC.

---

22. (...) Parágrafo único. A defesa coletiva será exercida quando se tratar de:

    I – Interesses ou direitos difusos, assim entendidos, para efeitos deste código, os transindividuais, de natureza indivisível, de que sejam titulares pessoas indeterminadas e ligadas por circunstâncias de fato;

    II – Interesses ou direitos coletivos, assim entendidos, para efeitos deste código, os transindividuais, de natureza indivisível de que seja titular grupo, categoria ou classe de pessoas ligadas entre si ou com a parte contrária por uma relação jurídica base;

    III – Interesses ou direitos individuais homogêneos, assim entendidos os decorrentes de origem comum.

23. GIDI, Antônio. A 'class action' como instrumento de tutela coletiva dos direitos: as ações coletivas em uma perspectiva comparada. São Paulo: Ed. RT, 2007, p. 69.

Nesse dispositivo, quando o legislador disse que a "defesa coletiva" compreende os três tipos de interesses, certamente usou o termo "defesa" em sentido coloquial, querendo dizer na verdade "proteção", "tutela" etc. Já o termo "coletivo" permite o enquadramento das modalidades de interesses que distingue na norma (difusos, coletivos e individuais homogêneos) em direitos "coletivos lato sensu".

Entretanto, antes de dissecarmos o interesse coletivo, e assim, separarmos o difuso do coletivo e do individual homogêneo, é mister que saibamos reconhecer quando estamos diante de um interesse coletivo ensejador do procedimento especial formado pelo Título III do CDC com a Lei de Ação Civil Pública.

6.2 A sociedade de massa e o fenômeno da transindividualidade

É preciso entender que a individualização do titular de um direito ou interesse a partir de elementos de sua personalidade que o distinguem do seu semelhante são desimportantes para identificação da titularidade dos direitos típicos de uma sociedade de massa. E estes interesses decorrentes de uma sociedade de massa tanto podem ser difusos, coletivos ou individuais homogêneos, como mencionado alhures. Na verdade, esse fenômeno é consequência natural das características da sociedade industrial capitalista.

O processo de despersonificação do ser humano na sociedade de consumo de massa transforma o ser em coisa (reificação do ser humano)[24]; enfim, um sujeito padrão, igual a todos, e, isso se reflete justamente nos interesses, anseios, problemas, comportamentos, reações, frustrações, desejos, alegrias pelos bens e serviços que lhes são prestados. Todos reagem da mesma forma.

Assim, standards de padronização tais como *usuários* do mesmo serviço, *consumidores* do mesmo produto, pessoas expostas às mesmas práticas comerciais, *moradores* do mesmo bairro, *cidadãos* da mesma localidade, *transeuntes* da mesma via pública, *contribuintes* do mesmo tributo etc.

Existem termos padrões, transindividuais, que colocam todos os respectivos sujeitos que estão debaixo deste mesmo rótulo como titulares, ora indetermináveis, (ora identificados por números, por contratos, pelo endereço etc.) colocando todos numa mesma vala comum, a vala standard da transindividualidade. Estas pessoas são como se fossem "manequins idênticos" em relação ao referido interesse transindividual.

Esse novo modelo de sociedade tem consequências seríssimas em todos os campos e flancos das ciências sociais. Na psicologia, por exemplo, tem sido comumente registrado a inaplicabilidade do modelo freudiano de indivíduo como objeto da psicanálise, ou seja, numa sociedade de massa o indivíduo é outro, e, aquele modelo de *id, ego* e *superego*, simplesmente não existe mais.

Talvez isso sirva até para que alguns de nós, com um pé ainda no modelo social e cultural do passado, possamos entender alguns comportamentos atuais de jovens que julgamos ser *sem freios, sem limites*, sem *autocontrole*. Esses comportamentos ficam muito evidentes no fenômeno de dessublimação dos comportamentos sexuais e na transformação do sexo e assuntos que a ele se relaciona como "artigos de mercadorias"

---

24. Aqui não foi usado no mesmo sentido de Lukács, mas numa variação do mesmo fenômeno. Sobre a reificação ver MARX, Karl. O fetichismo da mercadoria: seu segredo. v. 1. O capital. Rio de Janeiro: Civilização Brasileira, 1975, p. 511 e ss.; FREDERICO, Celso. Lukács: um clássico do século XX. Coleção Logos. São Paulo: Morena, 1997.

da sociedade de massa. Na sociedade de massa há um novo superego, agora caracterizado pela padronização, pela igualdade do que é padrão, pela impessoalidade e superficialidade dos valores que a sociedade representa. Não há valores e limitações individuais, mas coletivas, padrões, que, por isso mesmo tendem a ser superficiais em todos os sentidos. Neste ponto, se assim é o novo superego, então como será o nosso "ego"? A despersonalização da sociedade leva a extinção do *ego* do indivíduo nos moldes propostos por Freud. A luta é entre Id (princípio do prazer) e o superego das massas que é marcado pelo *ter ou não ter*, estar ou não no padrão, gerando as frustrações por *não ter* ou *não estar* no grupo desejado. Como diz Marcuse em trabalho espetacular preleciona que "temos aqui um estágio de civilização altamente desenvolvido, em que a sociedade, ao ampliar a liberdade e a igualdade, subordina os indivíduos às suas exigências, em outros termos, em que o princípio de realidade se impõe por meio de uma dessublimação mais ampla, porém mais controlada. Sob essa forma histórica nova do princípio de realidade o progresso pode atuar como veículo de repressão. A satisfação melhor e maior é bem real, e, no entanto, repressiva em termos freudianos, na medida em que reduz, na psique individual, as fontes do princípio de prazer e da liberdade: a resistência pulsional e intelectual contra o princípio de realidade".[25]

Não que estes titulares, indetermináveis ou não, não sejam *pessoas*, não é isso. É claro que são pessoas e sujeitos de direitos, mas o que se quer dizer é que nada importa as peculiaridades tipificadores de cada sujeito em particular, seja porque identificá-los é irrelevante, seja porque nos conflitos de massa (difusos ou individuais homogêneos) pouco importa aspectos singulares do indivíduo, já que somos todos sujeitos padrões, manequins idênticos na forma de usar fruir e gozar dos bens e serviços de massa. Constrói-se com algoritmos extraídos das mídias sociais fornecidos pelos próprios usuários, o perfil, o modelo, o tipo de sujeito para aos poucos ir moldando ao produto ofertado. Como foi dito anteriormente, o *"consumidor é que é moldado para o produto, e, não o inverso"*.

Nesta sociedade a felicidade é administrada por bens e mercadorias que ela escolhe, e nos convence como necessárias àquilo que ela molda como ser feliz.

Exatamente por isso é absolutamente correto distinguir o interesse coletivo "singular", "individualista" do interesse coletivo "transindividual" que é objeto de titularidade de pessoas que atendem pelo mesmo padrão de identificação: um *standard* que tipifica grupos de maior ou menor identidade.

Numa sociedade de massa é a *transindividualidade* que se apresenta como critério adequado e seguro para identificar o interesse tutelável pelo procedimento especial coletivo (LACP com Título III do CDC).

É a *transindividualidade* que permite, por exemplo, determinar que interesse coletivo privado se submeta a regra tradicional de litisconsórcio do art. 113, I ou então que o interesse coletivo (transindividual) se submeta ao regime especial de tutela coletiva.

Por isso, primeiro é preciso distinguir os interesses coletivos "individuais" dos "transindividuais". É possível distinguir os interesses coletivos (objeto coletivo indivisível) a partir das características de seus sujeitos: os interesses coletivos onde os seu titulares são singularmente individualizados um do outro, daqueles outros interesses coletivos onde os titulares coletivos não se distinguem um do outro, porque todos

---

25. MARCUSE, Herbert. *Cultura e sociedade*. Trad. Wolfgang Leo Maar, Isabel Maria Loureiro e Robespierre de Oliveira. Rio de Janeiro: Paz e Terra, v. II, 1998, p. 107.

eles são identificados por um padrão, por um standard, por uma característica que a todos serve para sua identificação, sendo absolutamente irrelevantes as características pessoais de cada um. É o "aspecto transindividual" que torna todos os titulares idênticos entre si.

Vamos aos exemplos. Dois sujeitos podem ser donos de um único animal e haverá aí um interesse ou direito ou uma situação jurídica coletiva onde cada um dos titulares personifica-se em características singulares que o distingue do outro titular. A titularidade de ambos constará no registro de propriedade do animal onde dados que personificam e distinguem um de outro tornam cada um deles um sujeito singular e individualizado.

Este é um interesse coletivo onde os titulares são individualizados por suas características pessoais. Mas, há também interesses coletivos onde os titulares são "identificados" por um rótulo padrão que os iguala ao outro titular sobre o qual paira o mesmo rótulo identificador, ou seja, pouco importa as suas características individuais, do seu nome ou da sua identificação pessoal (direito da personalidade) para que ele seja identificado como titular deste interesse coletivo, que por isso mesmo é transindividual (transcende o indivíduo).

Assim, por exemplo, quando se pede a restauração da vegetação de restinga da praia é de se observar que todos cidadãos – pouco importando o nome, o telefone, o CPF de cada um – tem interesse em ver restaurado o bem ambiental lesionado. Não importa identificar particularidades de cada titular, que usa e frui do referido bem, senão porque o que importa é a sua condição padrão que titulariza o bem ambiental. Basta ser um membro do povo, um cidadão da cidade etc. Enfim, a personificação dos titulares se limita a identificação de um "conceito padrão" que serve para todos os titulares do mesmo direito.

Parece-nos claro que o fenômeno da transindividualidade do interesse (algo que transcende a individualidade) é uma nova forma de se identificar os titulares de alguns tipos de direitos existentes numa sociedade massificada. Como veremos com mais vagar mais adiante essa nos parece ser a pedra de toque para se identificar quando realmente um interesse é coletivo e quando ele é individual. Talvez este deva ser o primeiro critério para separar o que é coletivo do que é individual.

Não apenas os difusos, no qual se insere o direito ao meio ambiente ecologicamente equilibrado, mas também os coletivos e individuais homogêneos são transindividuais. É interessante ainda deixar claro que dizer que o interesse é transindividual não significa de forma alguma dizer que ele é um interesse público. Uma coisa não tem nada a ver com a outra.

O interesse pode ser transindividual e privado, como muitos interesses coletivos propriamente ditos e pode ser transindividual e público como muitos interesses difusos. Basta imaginar os interesses de 30 trabalhadores de uma fábrica que pretendem estabelecer uma alteração do local de onde é servida a refeição da empresa. Tem-se aí um interesse supraindividual, mas exclusivo, restrito destes trabalhadores.

CAPÍTULO 3 • OBJETO DE TUTELA NA LEI DA AÇÃO CIVIL PÚBLICA

6.3 Tipologia estática dos interesses coletivos lato sensu no art. 81, parágrafo único do CDC[26]

6.3.1 O interesse e sua estrutura

O interesse pode ser conceituado como "uma situação favorável à satisfação de uma necessidade"[27]. Assim, a ideia de interesse está ligada ao juízo de valor que um indivíduo formula no sentido de que possui uma aspiração (necessidade) que só será suprimida por determinado objeto ou coisa específica. Enfim, ligam-se sujeito e sua necessidade a um bem. Desta forma, firma-se a ideia de que o interesse vincula-se ao final à ideia de utilidade.

Portanto, na verificação do conceito de interesse saltam aos olhos dois aspectos essenciais: sujeito com necessidade que será saciada por determinado bem. Assim, na noção de interesse não escapa a existência de homem e de bem. Um aspecto subjetivo e outro objetivo. Havendo a relação de saciedade, significa dizer que o bem foi útil porque atendeu à necessidade, satisfazendo o indivíduo. É assim com relação ao interesse amoroso, interesse num livro, num alimento etc.

Há na estrutura do interesse *o sujeito* e o *bem*. Exatamente por isso, pode-se dizer que a construção do conceito de interesse coletivo pode se dar quando:

a) vários sujeitos, cada um com suas necessidades (mesma origem), pretendem vários bens (divisíveis);

b) vários sujeitos, cada um com suas necessidades, pretendem um só bem (indivisível).

No caso da alínea a, temos que uma soma de necessidades individuais sobre objetos vários ou divisíveis configura a soma de interesses individuais que podem alcançar, dependendo da situação, uma feição coletiva. Por tanto, não é na sua essência um direito coletivo, porque resulta da soma de interesses individuais que estão agrupados, mas poderiam estar separados. O seu *tratamento jurídico* é que pode vir a ser coletivo, dependendo de razões políticas do legislador.

No caso do legislador brasileiro, observa-se que o tratamento coletivo dos direitos individuais que possuem uma *mesma origem* deve, em primeiro lugar, indicar a existência de uma *transindividualidade*, no sentido de que exista um padrão, um standard de titularidade no qual todos podem vestir. Ainda, é preciso que o tratamento coletivo se justifique pela economia processual; ao risco de decisões contraditórias sobre situações semelhantes; à facilitação do acesso à justiça etc.

Para tanto, parece certo e óbvio, mesmo depois de uma rasa leitura do art. 91 e ss. do CDC, que esse "tratamento processual coletivo" resultante de ficção jurídica deve corresponder no plano de direito material a situações em que exista uma dimensão social que seja impeditiva do tratamento atomizado e ao mesmo tempo incitadora de

---

26. Foi o sério trabalho de Edilson Vitorelli ("Tipologia dos litígios transindividuais: um novo ponto de partida para a tutela coletiva", in: ZANETI, Hermes (Coord.). Repercussões do novo CPC – Processo Coletivo. Salvador: JusPodivm, 2016, p.17) que nos fez estabelecer uma classificação entre tipologia estática e tipologia dinâmica na identificação dos interesses coletivos lato sensu. A primeira (estática) está expressamente prevista no ordenamento jurídico, legge lata no artigo 81, §único, incisos I, II e III. A segunda (dinâmica) é *legge ferenda* porque sugerida pela doutrina e iremos mencionar no item 6.4. Ao nosso sentir, ambas se complementam.

27. CARNELUTTI, Francesco. Teoria geral do direito. São Paulo: Lejus, 1999, p. 88-89.

um tratamento molecular. É neste caso que se tutelam os direitos individuais homogêneos. E, frise-se apenas naquilo que for coletivo (questões comuns) é que deve receber o referido tratamento.

No caso da alínea b, também com a premissa da transindividualidade, temos que os sujeitos possuem as necessidades individuais comuns por causa da indivisibilidade do bem que os irá satisfazer. Neste caso estaremos diante dos interesses *essencialmente coletivos*, que, por sua vez, se esgalham em difusos e coletivos.

A diferença substancial e singela entre eles está no fato de que a única coisa que liga os sujeitos do interesse difuso é a indivisibilidade do objeto, podendo tais sujeitos não ter qualquer relação de agregação entre si. Já os interesses coletivos propriamente ditos possuem uma agregação que pode decorrer não somente do fato de serem titulares do mesmo objeto, que a todos pertence, mas também porque entre si poderão guardar relação jurídica, formando um grupo, uma categoria ou uma classe de pessoas. Neste caso, por causa desta agregação, sempre visível, são sujeitos cuja determinação é mais simples. Quando comparado ao interesse difuso é um interesse egoísta (limitado ao grupo), onde o bem é indisponível apenas sob o ponto de vista interno (entre os titulares), já que é possível que o próprio grupo possa dispor desse mesmo objeto.

Seguindo a lógica do que foi exposto antes, vemos que o legislador tinha a opção de definir os direitos coletivos a partir de seu aspecto objetivo (objeto) ou pelo seu aspecto subjetivo (sujeito). Preferiu mesclar a utilização de ambos os critérios. Vejamos.

No art. 81, parágrafo único, podem-se identificar os direitos ou interesses essencialmente coletivos e os acidentalmente coletivos[28].

São denominados essencialmente coletivos porque têm em comum o traço da transindividualidade de seus titulares e a indivisibilidade de seu objeto. Levando-se em consideração a definição dos interesses essencialmente coletivos, percebe-se que o nosso legislador teve grande inclinação pelo critério objetivo.

Pelo critério objetivo – a indivisibilidade do bem – o legislador fez crer que a necessidade individual de cada um dos titulares é irrelevante na fruição e proteção desse mesmo bem. Se o bem é indivisível, pode-se dizer que, independentemente do vínculo que possa existir entre os sujeitos titulares, o fato é que a satisfação de um sujeito implica a satisfação de todos eles.

Em outros termos, significa afirmar que a indivisibilidade do bem faz com que todos os seus titulares se encontrem em posição idêntica sobre o objeto do interesse.[29]

Observe que o caráter transindividual dos direitos essencialmente coletivos não é a pedra de toque que nos permite distinguir os difusos dos coletivos propriamente ditos, já que nenhum deles pertence ao indivíduo egoisticamente falando.

---

28. Expressão consagrada por José Carlos Barbosa Moreira. Temas de direito processual. 3ª série, p. 197.
29. Segundo José Carlos Barbosa Moreira, ao analisar os interesses difusos e coletivos, seus titulares "se põem numa espécie de comunhão tipificada pelo fato de que a satisfação de um só implica por força a satisfação de todos, assim como a lesão de um só constitui, ipso facto, a lesão da inteira coletividade" (José Carlos Barbosa Moreira. "A legitimação para a defesa dos interesses difusos no direito brasileiro", in: Temas de direito processual. 3ª série. São Paulo: Saraiva, p. 184); no mesmo sentido, José Roberto dos Santos Bedaque. Direito e processo. 2. ed. São Paulo: Malheiros, 1995, p. 34.

Também é de se observar que quando comparado ao interesse difuso, o interesse coletivo é um interesse de certa forma egoísta (limitado a sujeitos determináveis), onde o bem é indisponível apenas sob o ponto de vista interno (entre os titulares), já que é possível que o próprio grupo possa dispor desse mesmo objeto e excluí-lo de outros sujeitos que não façam parte daquele grupo. Assim como no interesse coletivo, a identificação do sujeito se dá por características padrões relativos ao grupo, ou classe de pessoas da qual fazem parte, motivo pelo qual ele também é considerado como transindividual.

É de se notar que a transindividualidade não é uma característica mágica que implique o reconhecimento de que possuam uma dimensão ou extensão quantitativa maior ou menor. A "transindividualidade" não implica reconhecer uma extensão subjetiva em larga escala do referido interesse, senão porque apenas traduz a ideia de que cada membro do grupo é titular de um direito numa posição jurídica subjetiva idêntica à do outro titular, sendo irrelevante suas características individuais, salvo no que o faz ser um dos referidos titulares.

6.3.2 Interesses coletivos

No caso dos coletivos, pertencem ao sujeito enquanto partícipe de um grupo, categoria ou classe de pessoas bem definida por uma relação jurídica base. Já para o caso dos difusos, também definidos como transindividuais pelo legislador, tais "*interesses não encontram apoio em uma relação base bem definida, reduzindo-se o vínculo entre as pessoas a fatores conjunturais ou extremamente genéricos, a dados de fato frequentemente acidentais e mutáveis: habitar a mesma região, consumir o mesmo produto, viver sob determinadas condições socioeconômicas, sujeitar-se a determinados empreendimentos etc.*"[30]

Pode-se concluir, pela rasa leitura dos incs. I e II do art. 81, parágrafo único do CDC, que o divisor de águas entre o interesse difuso e o interesse coletivo é o aspecto subjetivo. Assim, se o critério objetivo foi o determinante para colocá-los na vala comum dos interesses essencialmente coletivos, foi o critério subjetivo que o legislador adotou para diferenciar um de outro.

A redação do inc. II (interesses coletivos) faz crer que o titular é um grupo, categoria ou classe de pessoas.[31] O vínculo que permite identificar (*rectius* = determinar) vem descrito da seguinte maneira na norma em comento: *ligadas entre si ou com a parte contrária por uma relação jurídica base*. Significa dizer que o grupo, a categoria ou a classe de pessoas estão ligados entre si (relação institucional como uma associação, um sindicato, uma federação etc.) ou, alternativamente, é possível que esse vínculo jurídico emane da própria relação jurídica existente com a parte contrária.

---

30. Ada Pellegrini Grinover. "A tutela dos interesses difusos", op. cit., p. 30; no mesmo sentido, José Carlos Barbosa Moreira. "A ação popular do direito brasileiro como instrumento de tutela jurisdicional dos chamados interesses difusos", in: Temas de direito processual. São Paulo: Saraiva, 1977, p. 111-112.

31. "Não se trata de defesa do interesse pessoal (privado, acrescentamos) do grupo; não se trata, tampouco, de mera soma ou justaposição de interesse dos integrantes do grupo; trata-se de interesses que depassam esses dois limites, ficando afetados a um ente coletivo, nascido a partir do momento em que certos interesses individuais, atraídos por semelhança e harmonizados pelo fim comum, se amalgamam no grupo. É síntese, antes que era mera soma." Rodolfo de Camargo Mancuso, op. cit., p. 48.

A preocupação do legislador em estender a proteção ao grupo de pessoas que não possuam vínculo entre si, mas sim com a parte contrária, decorre do fato de que, não sendo obrigatório o associativismo (liberdade pública), é possível que mesmo a pessoa não associada a uma categoria ainda assim seja titular de um direito coletivo, pelo simples fato de que possui, como o associado, uma relação jurídica base com a parte contrária.[32]

Assim, por exemplo, será titular de direito coletivo, e, portanto, atingido pela coisa julgada, tanto aquele que seja quanto o que não seja sindicalizado, numa demanda proposta pelo sindicato para obrigar o patrão a colocar filtro sonoro no interior da fábrica. Portanto, não é o vínculo associativista (necessidades comuns traduzidas num ente representativo) que faz com que o direito seja coletivo, mas sim o seu objeto, como foi dito alhures.

Se o objeto é indivisível, a sua tutela implicará sujeitar todos os seus titulares aos efeitos da coisa julgada, independentemente de estes mesmos titulares serem ou não pertencentes a uma mesma associação, sindicato etc. As expressões grupo, categoria ou classe de pessoas devem ser compreendidas como classe de pessoas que sejam titulares (enquanto coletividade) de um objeto indivisível.[33]

Segundo o Código, a distinção entre o interesse difuso e o coletivo se faz por intermédio da determinabilidade dos titulares do interesse. Enquanto neste são determináveis, naquele são indetermináveis. Entretanto, esta não nos parece ser a única distinção entre um e outro.

A diferença entre o interesse difuso e o interesse coletivo é ontológica,[34] porque enquanto o interesse coletivo está diretamente ligado ao atendimento de um interesse privado de uma coletividade, exclusivo e egoísta dessa mesma coletividade, que se organiza para atender a suas exigências e pretensões (caráter egoísta em prol da coletividade), o interesse difuso possui uma veia pública, não exclusiva, heterogênea (por causa da dispersão) e plural.

Nesse ponto, o critério da exclusividade do interesse também merece destaque e, de certa forma, decorre dessa dispersão do aspecto subjetivo que distancia um de outro. Ora, se no interesse coletivo os titulares são determináveis, então é sinal de que existe o caráter exclusivo de fruição desse interesse por parte da categoria à qual o interesse pertença. É exatamente por esse aspecto que se pode dizer ser um interesse egoísta (em prol apenas daquela coletividade determinada), visando atender os interesses concretos de cada um de seus membros.

---

32. Pensamos que a utilização da expressão parte contrária pelo legislador não se deu por acaso, não foi ocasional, porque muitas vezes a relação-base terá sua gênese num ilícito transformado em lide. Enfim, não será preexistente à lide, mas existente na lide deduzida em juízo.

33. A regra da coisa julgada prevista no art. 103, II, é correspondente ao art. 81, parágrafo único, II, e confirma o que foi afirmado no texto. Tanto que fala em coisa julgada ultra partes, mas limitada ao grupo, categoria ou classe, expondo claramente que a coisa julgada neste caso não se aplica somente ao ente coletivo impulsionador da demanda, mas àquelas pessoas que estejam a ele filiadas ou não; enfim, àqueles que sejam titulares do objeto tutelado.

34. Luís Filipe Colaço Antunes, op. cit., p. 35.

6.3.3 Interesses difusos

Já ao interesse difuso, pelo seu grau de dispersão e indeterminabilidade de seus titulares, não se pode atribuir qualquer tipo de exclusividade na fruição do objeto do interesse. Tanto isso é verdade que o vínculo que une os titulares desse direito é apenas uma *circunstância de fato*, tal como determina o CDC, e endossa o exposto a regra da coisa julgada (art. 103, I), quando diz que tem eficácia erga omnes.

Não há dúvidas de que existe uma limitação dos titulares de um interesse difuso. Entretanto, torna-se impossível a demarcação desse limite, simplesmente porque não se pode identificar cada um dos titulares, e, mais ainda, porque o elo de ligação entre tais sujeitos é uma circunstância de fato, caracterizando-se, pois, por um estado de fluidez completo, mutável e contemporâneo. Ainda precisa ser dito que o interesse difuso é heterogêneo e isso decorre do fato de que o vínculo que une os seus titulares é circunstancial (habitantes de uma mesma região, consumidores de um mesmo produto etc.), ao passo que o interesse coletivo é potencialmente mais homogêneo na medida em que a coletividade normalmente possui um elo jurídico entre si direcionados à perseguição de interesses em prol daquela coletividade restrita.

Aliás, é justamente o vínculo organizacional e corporativista de uma categoria que prevalece no interesse coletivo, resultando daí a homogeneidade mencionada.

Também precisa ser dito que, se os interesses difusos possuem uma veia pública, é porque a indeterminabilidade de seus sujeitos pressupõe o raciocínio de que o interesse em jogo é disperso de tal ordem porque atinge um número ilimitado de pessoas, dando-lhe uma conotação publicista. Já os interesses coletivos são coletivos seja para 10, 20, 30 ou 1.000 pessoas, porém sempre determináveis. Visam o benefício de cada uma dessas pessoas enquanto partícipes dessa coletividade e mais ninguém que não seja titular desse interesse. Exatamente por isso é que se diz possuírem uma veia privatística (da categoria).

Em contrapartida, o interesse difuso não é um direito que pertença a uma categoria que possua fins próprios e seja organizada para atender às necessidades de uma categoria. Pelo contrário, o interesse difuso é assim entendido porque, objetivamente, como diz Colaço Antunes[35]:

> "estrutura-se como um interesse pertencente a todos e a cada um dos componentes da pluralidade indeterminada de que se trate. Não é um simples interesse individual, reconhecedor de uma esfera pessoal e própria, exclusiva de domínio. O interesse difuso é o interesse de todos e de cada um ou, por outras palavras, é o interesse que cada indivíduo possui pelo fato de pertencer à pluralidade de sujeitos a que se refere a norma em questão".

Diante dessa certeira colocação, que em nada contraria o nosso direito positivo, verifica-se que o interesse difuso seria mais bem apelidado de plurindividual,[36] justamente porque o termo transindividualidade, usado pelo legislador, parece dar a ideia de

---

35. Luís Filipe Colaço Antunes, op. cit., p. 22.
36. Seria transindividual se, à semelhança do inc. II, o legislador tivesse dito que o titular do direito difuso seria uma comunidade formada por pessoas indetermináveis e não de cada portador individual, até porque sabemos que é como partícipe da comunidade que o indivíduo possui o referido interesse.

que na estrutura do referido interesse não existiria o componente individual do titular do direito. Como se disse, o interesse difuso é de cada um e de todos ao mesmo tempo, e, exatamente por isso, plurindividual.[37]

6.3.4 Interesses individuais homogêneos

Pode-se identificar quatro tipos de interesses, e, respectivos conflitos, na nossa sociedade capitalista: a) difusos; b) coletivos; c) individuais homogêneos; d) individuais puros ou heterogêneos.

É insuficiente a distinção entre *individuais e supraindividuais* para fins de estudo do procedimento padrão de tutela coletiva, pois o próprio legislador diferencia, os supraindividuais, em difusos, coletivos e individuais homogêneos, estabelecendo um procedimento diverso para este último em relação aos demais.

A maior parte dos conflitos de interesses numa sociedade de massa não recaem nem sobre os interesses individuais puros, nem sobre os interesses difusos e coletivos, mas sim sobre interesses individuais homogêneos, gerando o que se denomina de conflitos individuais de massa.

Aqui no Brasil, estes conflitos individuais de massa podem ser tutelados no atacado, na forma molecular (ação coletiva) ou no varejo, na forma puramente atomizada (ação individual). No primeiro caso tem-se as ações coletivas para a defesa de direitos individuais homogêneos; no segundo caso as ações individuais.

Esta última hipótese dá ensejo a uma patologia denominada demandas individuais repetitivas que representam um risco à segurança jurídica, à isonomia de resultados, à incoerência além de tornar dispendiosa e ineficiente a prestação jurisdicional. Curiosamente, ao invés de estimular o uso da via molecular, das ações coletivas, o que se fez no CPC foi permitir a instauração de incidentes coletivos nascidos de demandas individuais com o propósito – não exclusivo a esta finalidade – de resolver uma para terminar com todas.

Este tipo de interesse [individual homogêneo] é tão peculiar, mas tão peculiar, que, ao mesmo tempo que possui características de um típico interesse individual, porque o seu objeto é determinado e irá satisfazer autonomamente cada sujeito titular, mas por outro lado ele também guarda uma singularidade que o aproxima de um interesse "essencialmente coletivo", posto que os seus titulares não são identificados a partir de suas características pessoais ou egoísticas, como seria um interesse individual puro, mas sim por rótulos que colocam todos os seus os sujeitos numa posição de igualdade conceitual de titularidade.

São os tais *padrões ou standards* conceituais que dão um colorido "transindividual" a tais interesses, mas que em razão da divisibilidade são exclusivos de cada pessoa. Daí, nos parece a dificuldade de estabelecer em procedimento que não leve em consideração

---

37. Segundo Gianninni, "o interesse difuso é um interesse privado de seu portador" (op. cit., p. 23). No mesmo sentido colocam-se Canotilho e Vital Moreira, ao comentarem a Constituição portuguesa – especificamente sobre o objeto de tutela (direitos difusos) da ação popular portuguesa –, dizendo que os interesses difusos seriam a "refracção em cada indivíduo de interesses unitários da comunidade, global e complexivamente considerada" (op. cit., p. 282).

CAPÍTULO 3 • OBJETO DE TUTELA NA LEI DA AÇÃO CIVIL PÚBLICA **61**

a manifestação individual daquele que poderia em tese ser "prejudicado" pela defesa coletiva. Não foi por acaso que o regulamento processual do primeiro modelo de *class action* americana descrevia tal class action como *"espúrios"*, que em tradução livre, significa *artificial, bastardo, não genuíno*. Segundo Gidi[38]:

> "Por definição, a ação coletiva produz uma coisa julgada erga omnes, que atinge não somente as partes do processo, como também os membros ausentes do grupo representado em juízo. Sob este ponto de vista, as *spurious class actions* poderiam ser consideradas uma não – class action ou uma class action às avessas, já que exigiam que o membro interviesse no processo (*opt in*) para poder ser atingido pela coisa julgada, em vez de presumirem a sua presença e exigirem a sua exclusão apenas no caso de ele não querer participar do litígio (opt out). Daí o seu nome: "ação coletiva espúria", ou "ação coletiva falsa" ou "pseudoação coletiva".
>
> (...)

Assim, com relação a esta terceira categoria de interesses coletivos lato sensu, os individuais homogêneos,[39] previstos no art. 81, parágrafo único, III, do CDC, percebe-se que o legislador foi econômico na definição, tendo referido apenas que são aqueles de origem comum.

A definição "ser de origem comum" é lacônica. Só com ela não conseguiremos evoluir na compreensão do conceito. A definição é muito tímida, já que reduzida a uma simples dissecação etimológica do vocábulo "*homogêneo*".

Seria preciso dizer que são interesses de origem comum, porque estão relacionados com um mesmo ato/fato desencadeador de conflitos individuais de massa. Também seria preciso dizer que tais interesses possuem uma dimensão de massa, ou seja, estão relacionados com situações do direito material onde todos os indivíduos estão numa posição de igualdade no que concerne à titularidade de seus direitos, daí porque se trata de uma titularidade transindividual.

> Todas estas questões de fato e de direito serão comuns a todos os *sujeitos padrão*, daí porque se diz existir um *fato jurídico tipo*, um *fato-padrão*, que serve **a uma** e, ao mesmo tempo, **a todas** as demandas individuais repetidas com o propósito indenizatório ou a prestação de um fazer.

Como bem disse José Carlos Barbosa Moreira, tais direitos são acidentalmente coletivos, porque ontologicamente, na sua raiz, não guardam uma natureza coletiva. Com isso se quer dizer que apenas por ficção jurídica o legislador permitiu que em casos específicos de interesse social, "*assumida a natureza divisível do objeto, ou, a rigor, a multiplicidade de objetos, que pertencem a cada um dos interessados*"[40] (indeterminados num primeiro momento), fossem tais direitos tratados de modo coletivo, ou seja, permitindo que se lhes aplicassem também todas as regras de direito processual coletivo contidas no próprio CDC ou na lei de ação civil pública, seja para dar maior efetividade ao direito material invocado, seja por economia processual. Embora esta modalidade de interesse

---

38. GIDI, Antônio. A 'class action' como instrumento de tutela coletiva dos direitos: as ações coletivas em uma perspectiva comparada. São Paulo: Ed. RT, 2007, p. 52.
39. O precursor da expressão individuais homogêneos foi Barbosa Moreira, expoente maior do direito processual brasileiro, que ao fazer uma análise sobre a class action for damages do direito norte-americano referiu-se a estes direitos como feixe de interesses individuais homogêneos e paralelos (Temas de direito processual civil, p. 10).
40. Luiz Paulo Araújo da Silva Filho, op. cit., p. 15.

não constitua objeto de nosso estudo, é importante salientar que a sua tutela representa um plus para o jurisdicionado na tutela dos interesses individuais.

Assim, para os casos em que exista uma relevância social,[41] em que seja inviável a formação do litisconsórcio, em que as questões de fato e de direito sejam comuns, o legislador reservou a tutela prevista no art. 91 e ss. do CDC e demais normas gerais que compõem o sistema processual coletivo.

Entretanto, para que se mostre adequada a aplicação das normas anteriormente citadas, deve-se considerar o seguinte: a) ser o interesse individual em sua raiz; b) verificar-se uma dimensão que justifique o tratamento coletivo e ao mesmo tempo desestimule o tratamento via litisconsórcio; c) sejam objetos da ação coletiva apenas os aspectos comuns (questões de fato e de direito – origem comum) dos interesses, porque se a demanda proposta pretender discutir aspectos pessoais dos sujeitos (determinados ou determináveis), não estaremos diante de tutela coletiva preconizada pelo sistema processual coletivo, mas sim diante de uma demanda pseudocoletiva,[42] e nenhuma vantagem advirá no tocante à economia processual, ainda que seja proposta por ente coletivo (num típico exemplo de substituição tradicional).

Com isso queremos dizer que os interesses individuais homogêneos devem ser analisados sob um ângulo qualitativo e outro quantitativo. Explica-se.

A homogeneidade é um conceito relacional. Só se é homogêneo em relação a alguém e/ou a alguma coisa. O interesse é dito homogêneo porque guarda relação de similitude, afinidade, ligação com outros direitos individuais. Pensemos num singelo exemplo para ilustrar o nosso ponto de vista. Imaginemos um grupo de 1.000 pessoas, em que apenas 10 delas possuem a mesma faixa etária, nível cultural e social, e outro, de 15 pessoas, em que

---

41. Depreende-se a exigência da relevância social para a sua tutela pelo sistema processual coletivo, pela simples leitura dos dispositivos que cuidam mais diretamente dessa modalidade de interesse. Assim, o art. 95 prevê que a sua sentença é condenatória genérica (poderia ser de outra natureza também), admitindo que o pedido, portanto, seja também genérico (não identificado o titular e nem apurado ainda o prejuízo deste mesmo titular). Já o art. 100, parágrafo único, também dá ensanchas de que o interesse que justifica ser tratado como individual homogêneo é justamente aquele de que, pela relevância e extensão, não há como se determinar os titulares individuais e nem mesmo os prejuízos sofridos por cada um, deixando-se essas duas tarefas para a ação liquidatória. Exatamente por isso, podemos dizer, com relação aos interesses individuais homogêneos, que "a ação indenizatória, num primeiro momento, terá natureza indivisível, porque só vai dizer respeito à existência do dano e condenar ao dever genérico de indenizar; mas, num segundo momento, vai se desdobrar nas pretensões individuais, de modo que cada beneficiário se habilitará para ter a sua indenização", como esclarece Ada Pellegrini Grinover ("A coisa julgada perante a Constituição, a lei de ação civil pública, o Estatuto da Criança e Adolescente e o Código de Defesa do Consumidor", in: Livro de estudos jurídicos, n. 5, p. 412). Corrobora a afirmação da ilustre professora o fato de que a coisa julgada nessa modalidade de interesse é erga omnes, para atingir aqueles (que ainda não são conhecidos) que pertençam à situação tutelada. A identificação prévia das pessoas que seriam tuteladas (cada um dos supostos titulares do interesse individual já na propositura da demanda) desnatura qualquer tentativa de taxá-lo como interesse individual homogêneo nos moldes tratados pelo sistema processual coletivo, não só porque estaríamos diante de uma substituição processual tradicional, cujas regras do dito sistema seriam inaplicáveis. Sobre as ações pseudocoletivas e suas críticas, ver a excelente obra de Luiz Paulo Araújo da Silva, op. cit., Cap. 12. Ver ainda a explicação minudente e exemplificativa de Antonio Gidi, op. cit., p. 30 e ss., e o espetacular ensaio de Antônio Herman de Vasconcellos e Benjamin. "A insurreição da aldeia global contra o processo civil clássico – apontamentos sobre opressão e a libertação judiciais do meio ambiente e do consumidor", in: Ação civil pública – Lei n. 7.347/85 – reminiscências e reflexões após dez anos de aplicação. São Paulo: Ed. RT, 1995.

42. Sobre o tema recomenda-se a leitura do trabalho de Luiz Paulo da Silva Araújo, já citado, às p. 111 e ss. O que se quer dizer no texto é que se, por exemplo, o sindicato ajuizar ação para dois mil trabalhadores, para que lhes sejam ressarcidos prejuízos individuais causados pela poluição sonora na fábrica, trazendo nesta demanda a situação pessoal de cada um, verifica-se que não há na hipótese uma genuína ação coletiva nos moldes do art. 91 e ss. do CDC, sendo típico caso de cúmulo simples de demandas, com o agravante de que, na hipótese versada, haverá comprometimento do contraditório e, muito embora não exista litisconsórcio, é possível que o juiz aplique a regra do art. 46, parágrafo único, para limitar o número de substituídos na referida demanda. Esta é uma ação pseudocoletiva. Seria coletiva, nos termos do CDC, caso fossem objeto de discussão apenas os aspectos comuns (como, por exemplo, a declaração de que a poluição é de responsabilidade da empresa, que deve reparar os danos causados pela mesma).

CAPÍTULO 3 • OBJETO DE TUTELA NA LEI DA AÇÃO CIVIL PÚBLICA

10 delas possuem as referidas características comuns. Pode-se dizer que o primeiro grupo é homogêneo? E o segundo grupo? Esses exemplos singelos servem para demonstrar a tônica com que devem ser observados os interesses individuais homogêneos (igual + gênese).

A homogeneidade existe em razão de um conceito relacional, que, segundo pensamos, em relação ao sistema processual coletivo, deve ser feito sob a luz de um aspecto quantitativo e outro qualitativo.

O qualitativo é o de que devem possuir uma origem comum (não necessariamente idêntica), compreendida sob o aspecto da causa de pedir próxima ou remota. O quantitativo diz respeito ao fato de que tais interesses homogêneos devam possuir, efetivamente, uma considerável extensão aos indivíduos, de tal forma que seja lícito atribuir-lhes um caráter de "homogêneos", portanto, com dimensão social que justifique, pois, um tratamento coletivo. Não fosse assim, não se poderia negar o caráter de direito individual e homogêneo a 10 pessoas que possuam em comum o fato de que todas elas e somente elas foram envolvidas num determinado ilícito praticado por um banco. Seria interesse individual homogêneo? Homogêneo em relação a quê? Quanto à origem (aspecto qualitativo) não se duvida, mas quanto à dimensão em relação ao número de correntistas, ao número de usuários de bancos, à sociedade, ou comunidade em que vivem etc., seria homogêneo? Eis aí a importância da *transindividualidade* também nos interesses individuais homogêneos.

Estamos convencidos de que tem que haver uma dimensão social que justifique a categorização dos interesses como individuais homogêneos, além, é claro, da origem comum. As normas do CDC, numa interpretação sistemática, levam para este entendimento, bastando uma rápida leitura dos arts. 94, 95, 100 e 103, III, para se compreender o alcance do que se afirma.

Segundo pensamos, e temos dito isso em aulas de graduação e pós-graduação, os direitos individuais homogêneos podem ser tutelados de forma coletiva, a saber, com fulcro no sistema processual coletivo, se e quando a dimensão do direito individual lesado for de tal forma extensa que a demanda coletiva seja efetivamente supraindividual, onde sequer seja possível, num primeiro momento, identificar os titulares dos interesses individuais homogêneos.

Com isso queremos dizer que a sentença será genérica (art. 95) não só porque o quantum ou o objeto não são ainda identificados, mas também porque não se sabe quem são as pessoas por ela beneficiadas. Aí, segundo pensamos, está a pedra de toque para se identificar o direito individual homogêneo tutelável por via de class action. Só assim se lhe outorga um caráter supraindividual que justifique o interesse social independentemente da natureza disponível ou não do direito a ser tutelado.

Esse entendimento é corroborado pelas próprias regras do sistema processual coletivo, tal como expressamente determina o art. 103, III, do CDC, ao dizer que a sentença faz coisa julgada erga omnes na hipótese de tutela do direito individual homogêneo. Qual a razão de ser erga omnes? Ainda, qual a razão do texto do art. 94, quando fala em ampla divulgação da class action pelos meios de comunicação? Por que a ampla divulgação para habilitação de interessados como litisconsortes, senão por que não se sabe ainda quais são as vítimas e seus sucessores?

Ora, trata-se de demanda onde não foram identificados, por absoluta impossibilidade prática e lógica (dimensão do dano), as vítimas e sucessores dos direitos individuais, que nesse primeiro momento são tratados de modo supraindividual.

Não basta que o direito seja individual e homogêneo. É preciso que essa homogeneidade tenha uma dimensão tal que seja impossível ou inviável a determinação, num primeiro momento, das vítimas e sucessores. Não fosse assim, qual seria a ratio do art. 103, III, do CDC?

Mais ainda, qual seria a razão do art. 100 do mesmo diploma, que fala em liquidação subsidiária destinada ao *fluid recovery*? Pensamos que o interesse individual homogêneo só pode ser tutelado com utilização do sistema processual coletivo quando seja verdadeiramente uma demanda coletiva, para defesa de direito supraindividual.[43] Do contrário, as regras de litisconsórcio sempre foram e ainda são bastantes para a tutela desta modalidade de direito, pois o que justifica o cúmulo subjetivo não é outra coisa senão traços de homogeneidade entre os direitos individuais dos titulares (identidade, conexidade e afinidade, tal como se vê no art. 113, seguindo a ordem dos incisos).

Exatamente por isso só se pode pensar na legitimidade do membro do parquet caso o direito individual homogêneo tenha esse "corpo" supraindividual, de forma que este não poderá, por óbvio, sob o argumento de tutelar direitos individuais disponíveis de caráter social, utilizar demanda supostamente coletiva, esmiuçando no veículo inicial as situações particulares dos indivíduos lesados, sob pena de desvirtuar a atuação coletiva.

Nesse caso, funcionaria como mero substituto processual de direitos individuais disponíveis, o que não deve ser permitido. O que se disse foi que, para ter um caráter social, o interesse tutelado deve ter uma homogeneidade tal que seja impraticável identificar num primeiro momento quais são as vítimas e sucessores, devendo a demanda coletiva, exatamente por isso, cingir-se às discussões daquilo que é comum a todos os interesses, e o que, efetivamente, justifica a sua tutela coletiva.

É importante que fique claro que a supraindividualidade do interesse é que dá a padronização dos titulares e vice-versa. A titularidade dos interesses individuais homogêneos não se restringe apenas ao rótulo conceitual da titularidade do sujeito – identificado por um padrão denominado de "usuário", "consumidor", "morador", "vítima do mesmo evento" – mas também, como temos dito, partilham dos mesmos tipos de problemas, reclamações, anseios quase idênticos, desejos, e, em muitos casos até mesmo no valor da indenização por danos morais quando se trata de demandas individuais de massa para reparação de ilícito que tenha sido cometido contra milhares de pessoas. É comum serem fixados padrões de indenização por dano moral o que só demonstra que até mesmo sob a perspectiva da reparação extrapatrimonial, que é algo "intrínseco e personalíssimo de cada indivíduo", tem-se também um espectro de padronização.

---

43. A identificação dos indivíduos desde a propositura da demanda desnatura o caráter supraindividual, e ainda que o pedido e a causa de pedir contenham apenas aspectos genéricos, que não dizem respeito às situações particulares dos identificados, certamente não se estará cuidando de um direito supraindividual, e assim não se estará dando rendimento às regras do sistema processual coletivo, de nada valendo para este caso, por exemplo, as regras da coisa julgada do art. 103, III. Esta não será erga omnes, e a legitimidade do ente coletivo será genuinamente uma substituição processual, bem diferente da legitimação extraordinária nos casos de tutela de direito ou interesse supraindividual.

Felizmente ou infelizmente, esta é a "sociedade de massa", que despersonaliza, "desindividualiza", "desingulariza" o "indivíduo", tornando-o um sujeito padrão, inclusive em aspectos que lhes sejam intrínsecos como o "dano moral sofrido".[44]

Engana-se aquele que enxerga nesses conflitos individuais de massa uma soma individual de casos, pois cada sujeito em particular é absolutamente indiferente e impessoal para aquele que está do outro lado da demanda. Assim, por exemplo, o Banco, o consórcio, a empresa de telefonia, de plano de saúde, de internet de tv à cabo etc. apenas lida com números de contratos e cada consumidor é apenas "mais um" número.

Nos ilícitos de massa, frutos ou não de uma relação contratual, como por exemplo o caso do desastre de Mariana que causou danos a milhares de moradores de cidades de Minas e Espírito Santo, cada um desses moradores atingidos pela "privação da água tratada nas circunstâncias absurdas a que foram submetidos" infelizmente são tratados como "números", ou alguém acredita que a proposta de indenização da empresa levou em conta as peculiaridades do sofrimento de cada um?

Firmou-se um padrão indenizatório com valores que são "padrão" de acordo com a faixa etária da pessoa, levando-se em consideração o que "presumivelmente sofreu um cidadão naquelas características". Certo ou errado, justo ou injusto, esta é a sociedade de massa, e, talvez o maior absurdo é lidar com estas situações de forma atomizada, individual, ampliando de forma exponencial a vulnerabilidade do titular do interesse. É mais fácil e vantajoso para aquele que cometeu um ilícito atomizar um conflito que inegavelmente é coletivo.

A igualdade entre os titulares decorre da posição jurídica standard, padrão que coloca cada titular de um interesse individual homogêneo no mesmo rótulo padrão de titularidade. Contudo, isso não significa dizer, necessariamente, que o objeto que será entregue a cada titular desse direito possua as mesmas características (qualidade e quantidade), embora, na prática isso acabe acontecendo pela necessidade de se padronizar também os objetos.

> É preciso que exista um fator muito forte de distinção que justifique desigualar os indivíduos. Basta identificar um dos titulares para utilizá-lo como um padrão que serve aos demais. Percebe-se que em torno deste rótulo ("moradores da cidade sem água"), se aglutinam todos que viveram o mesmo problema, o que lhes categoriza como um indivíduo padrão, um homem-massa, um manequim representativo de um e de todos ao mesmo tempo. Essa identificação do rótulo padrão que agasalhará cada um, e todos, é indiscutivelmente coletiva. Daí se retira a natureza transindividual, já que transcende aspectos singulares de cada indivíduo. Por sua vez, a face individual do direito decorre do fato de que uma vez identificado o sujeito padrão, o rótulo comum, e uma vez decidido o fato tipo que envolve a conduta e a responsabilidade (do poluidor, do fornecedor etc.), então a indenização será paga a cada indivíduo e particularmente fruída por cada sujeito que faz parte daquele rol de indivíduos padrão. Portanto, em algum momento se torna imperiosa a identificação de cada um beneficiário, a partir de tal rótulo, afinal de contas "alguém", de carne e osso, irá receber um valor – idêntico aos demais – pelos danos causados. Para estes milhares de moradores que ficaram privados de água, as mazelas de um são iguais às mazelas do outro, e, basta identificar os problemas vividos por um para se projetar para todos os outros que estão na mesma situação.

---

44. Numa sociedade de massa o indivíduo se padroniza para ajustar-se à mercadoria. As necessidades são criadas e "distribuídas" de forma igual para todos, e, os defeitos resultantes dessa relação jurídica certamente serão iguais, embora sentidos – porque consumidos – individualmente. Ter um determinado bem é mais importante que usufruir o referido bem. Atrela-se a mercadoria ao conceito de felicidade, sucesso, bem-estar etc. Não ter a mercadoria proporciona a tristeza, o fracasso, a decepção.

É preciso notar que numa conduta ilícita que atinge a milhares de pessoas de uma forma mais ou menos padronizada, é absolutamente injusto para com estas pessoas – seguramente hipossuficientes em qualquer sentido (técnico, econômico, social, politicamente etc.) lidar com esta controvérsia de forma "individual", tratando cada lesão de forma fragmentada e separada da outra. É uma perniciosa forma de manter a desigualdade entre os litigantes. Foi aguda a observação de Gidi:

> "O objetivo das ações coletivas é amoldar o processo de forma a refletir melhor a realidade da controvérsia em questão. E exemplifica: se uma empresa pratica uma conduta ilícita contra um grupo de pessoas, a controvérsia existente não é entre essa empresa e cada um dos consumidores separada e individualmente, mas entre ela e todos os consumidores reunidos. Assim, o objeto desse processo deve ser avaliar o dano total causado e o enriquecimento ilícito obtido pela empresa com a sua conduta. O reestabelecimento da igualdade entre as partes é mera consequência. A ação coletiva seria, assim, simplesmente um instrumento processual para resolver um conflito coletivo de forma coletiva".[45]

Nada obstante esta posição de identidade que coloca todos os titulares e o mesmo tipo de direito num mesmo plano abstrato de identificação, é de se dizer que em algum momento este direito será fruído individualmente por cada um desses titulares padrão. É exatamente aí que se encontra a face particular e exclusiva deste peculiar tipo de direito fruto de uma sociedade de massa.

A partir desses aspectos pode-se extrair algumas peculiaridades que devem ser atendidas na tutela desses interesses individuais de massa que são:

> a) A necessidade de que, dentro do possível, e considerando uma identidade de fatos comuns, exista uma isonomia de tratamento e de resultados na sua tutela;

> b) A necessidade de que sejam resolvidos de forma rápida para atender aos reclames da lepidez da sociedade de massa, seja porque se podem se referir a direitos essenciais, seja porque atinge um número muito grande de lesados;

> c) A necessidade de que o causador da lesão a milhares de sujeitos padrão seja exemplarmente punido, ante a repercussão social que isso causa na sociedade de massa e a proibição de enriquecimento ilícito;

> d) A necessidade de adoção de técnicas de prevenção contra o risco e contra o dano, dada a impossibilidade de se outorgar uma tutela repressiva que seja idêntica à situação anterior à lesão etc.[46]

> e) A necessidade de que a controvérsia seja reconhecida como coletiva – tal como é na sociedade de massa – sob pena de fragmentação ser uma perniciosa forma de manter uma posição de fragilidade e inferioridade da vítima.

6.3.5 Os interesses difusos e sua aproximação com os individuais homogêneos (sociedade de massa)

Numa sociedade de massa os direitos difusos e os individuais homogêneos possuem mais pontos comuns do que divergentes. Não por acaso, como já vimos, eles são transindividuais. Pode-se dizer que são pontos de contato entre estas modalidades de direito (a) o elevado grau de transindividualidade dos titulares de ambos os direitos

---

45. GIDI, Antonio. A 'class action' como instrumento de tutela coletiva dos direitos... cit., p. 32.
46. Diante dessas características tão peculiares que os conflitos individuais de massa – interesses individuais homogêneos – impõem um tratamento diferenciado no plano do processo civil, pois, é inaceitável que casos idênticos ou semelhantes sejam tutelados de forma diversa, causando uma desigualdade que afeta tanto o judiciário, quanto o jurisdicionado. É igualmente inaceitável que tais casos repetitivos não sejam geridos e resolvidos de modo racional, com eficiência, efetividade, economia processual e isonomia para o judiciário e para os litigantes.

(moradores do bairro, consumidores do produto, frequentadores de um local, usuários de um produto etc.), bem como (b) a ausência ou insignificante vínculo de união entre os titulares dos referidos direitos.

Observe-se que os titulares do direito difuso possuem entre si um vínculo pormenor denominado *circunstância de fato* que, na verdade, decorre da indivisibilidade do objeto do interesse; já nos individuais homogêneos o vínculo entre si dos titulares é inexistente, ou seja, cada sujeito tem um interesse próprio, autônomo, divisível e, portanto, exclusivo.

Contudo, paradoxalmente, justamente porque todos são oriundos de uma "mesma origem", típico caso de uma sociedade massificada, de um mesmo ato ou fato tipo praticado pelo mesmo violador do direito, tal "direito" se repete em cadeia ferindo milhares e milhares de direitos individuais.

Esta situação típica de uma sociedade de massa onde é impossível cogitar em um litisconsórcio multitudinário é que faz nascer a *necessidade* de que o mesmo *ato ou fato- -tipo* – comum a todos – seja definido de forma idêntica para todos, evitando perda de tempo, custo do judiciário, decisões contraditórias, incoerência, instabilidade e quebra da isonomia de resultados.

Portanto, até mesmo razões de ordem objetiva, mas a estas não restritas, e atreladas à proteção do direito objetivo, impõem que se dê tratamento molecular não propriamente ao direito individual, mas naquilo em que ele é homogêneo, ou seja, nas questões que são comuns e idênticas para cada titular do direito individual. Parece-nos óbvio que o conceito de direito individual homogêneo não está na simples reprodução etimológica feita pelo artigo 81, parágrafo único, III do CDC, mas sim no contexto dos artigos 91 ao 100, combinado com o artigo 103, III do CDC, que tratam do procedimento das ações coletivas para a defesa de direitos individuais homogêneos.

Assim, para os casos em que exista uma relevância social, que tipifiquem direitos individuais de massa, onde seja inviável a tentativa de formação de um litisconsórcio em que as questões de fato e de direito sejam comuns – o ato ou fato típico que se repete de forma idêntica para cada direito individual lesado, tem-se os "direitos individuais homogêneos", cuja tutela coletiva ativa pode se dar, tipicamente, a partir de uma ação coletiva ou de incidentes coletivos (casos repetitivos) formados no curso das demandas individuais ajuizadas.

No primeiro caso o legislador reservou a tutela prevista no art. 91 e ss. do CDC e demais normas gerais que compõem o sistema processual coletivo. CDC e demais normas gerais que compõem o sistema processual coletivo. No segundo, usa-se de forma transversa o "collateral estoppel" brasileiro do artigo 976 e ss. para se obter este resultado.[47]

Depreende-se a exigência da relevância social – quantitativo e qualitativo – para a sua identificação, pela simples leitura dos dispositivos que cuidam mais diretamente dessa modalidade de interesse. Assim, frise-se mais uma vez, não por acaso o art. 95 do

---

47. Sobre uma comparação da do custo benefício da class action X o colateral estoppel X as ações teste (piloto) com a finalidade de evitar a duplicidade de litigância nas ações civis por danos em massa ver ROSENBERG, David. Avoiding duplicative litigation of similar claims: the superiority of class action vs. collateral estoppel vs. standard claims market. Disponível em: http://www.law. harvard.edu/programs/olin_center/papers/pdf/394. pdf. Acesso em: 20.10.2016.

CDC prevê que a sentença no procedimento voltado à tutela ativa destes interesses é condenatória genérica, com a peculiar característica de lhe faltar quem é beneficiado e quanto ou o que lhe é devido.

Também pode ser colhido do art. 100, parágrafo único, que o "interesse individual que justifica ser reconhecido como individual homogêneo" é justamente aquele em que, pela relevância e extensão, permite-se identificar um rótulo padrão sobre o titular e sobre a situação comum que coloca todos numa "vala comum". A fase de *personificação* do padrão para o particular é posterior, para a fase liquidatária. Exatamente por isso, podemos dizer, com relação aos interesses individuais homogêneos, que "a ação indenizatória, num primeiro momento, terá natureza indivisível, porque só vai dizer respeito à existência do dano e condenar ao dever genérico de indenizar; mas, num segundo momento, vai se desdobrar nas pretensões individuais, de modo que cada beneficiário se habilitará para ter a sua indenização", como esclarece Ada Pellegrini Grinover.[48]

Corrobora a afirmação da ilustre professora o fato de que a coisa julgada nessa modalidade de ação civil coletiva é *erga omnes*, para atingir aqueles (que ainda não são conhecidos), mas que pertençam à situação tutelada. A identificação prévia das pessoas que seriam tuteladas – cada um dos supostos titulares do interesse – transforma a "ação coletiva" num simples "litisconsórcio", causando uma fragmentação indevida da controvérsia, o que leva o titular do interesse à mesma posição de vulnerabilidade que possui na sociedade de massa.[49]

Resta evidente que, tanto por meio de ações coletivas do CDC, quanto no julgamento de casos repetitivos (como no incidente processual coletivo do artigo 976 e ss. do CPC), os tais interesses individuais homogêneos devem ser tratados sob a perspectiva única – do fato/ato tipo –, o que, invariavelmente, implica sejam tomados como indivisíveis (ao menos neste primeiro momento), se aproximando em muito dos direitos difusos, que, não por acaso, quando tutelados permitem o transporte *in utilibus* da coisa julgada.[50]

Repetindo o que foi dito antes os interesses individuais homogêneos devem ser analisados sob um ângulo qualitativo e outro quantitativo, e, também sob um flanco objetivo e subjetivo. O aspecto qualitativo é o de que devem possuir uma origem comum (não necessariamente idêntica), compreendida sob o aspecto da causa de pedir próxima ou remota (e, porque não até mesmo a partir de questões comuns de fato e de direito). O quantitativo diz respeito ao fato de que tais interesses homogêneos devem possuir, efetivamente, uma considerável extensão aos indivíduos, de tal forma que seja lícito

---

48. GRINOVER, Ada Pellegrini. A coisa julgada perante a Constituição, a lei de ação civil pública, o Estatuto da Criança e Adolescente e o Código de Defesa do Consumidor. In: TUBENCHLAK, James. BUSTAMANTE, Ricardo. Livro de estudos jurídicos, n. 5. Rio de Janeiro: Instituto de Estudos Jurídicos, 1991, p. 412.

49. Sobre as ações pseudocoletivas e suas críticas, ver a excelente obra de Luiz Paulo Araújo da Silva, op. cit., cap. 12. Ver ainda a explicação minudente e exemplificativa de Antonio Gidi, A 'class action' como instrumento de tutela coletiva dos direitos: as ações coletivas em uma perspectiva comparada. São Paulo: Ed. RT, 2007, p. 30 e ss., e o espetacular ensaio de Antônio Herman de Vasconcellos e Benjamin. A insurreição da aldeia global contra o processo civil clássico: apontamentos sobre opressão e a libertação judiciais do meio ambiente e do consumidor. In: MILARÉ, Édis (Coord.). Ação civil pública: Lei n. 7.347/85, reminiscências e reflexões após dez anos de aplicação. São Paulo: Ed. RT, 1995, p. 75 e ss.

50. Art. 103, § 3º do CDC Os efeitos da coisa julgada de que cuida o art. 16, combinado com o art. 13 da Lei n. 7.347, de 24 de julho de 1985, não prejudicarão as ações de indenização por danos pessoalmente sofridos, propostas individualmente ou na forma prevista neste código, mas, se procedente o pedido, beneficiarão as vítimas e seus sucessores, que poderão proceder à liquidação e à execução, nos termos dos arts. 96 a 99.

CAPÍTULO 3 • OBJETO DE TUTELA NA LEI DA AÇÃO CIVIL PÚBLICA

atribuir-lhes uma dimensão social que justifique, pois, o reconhecimento da transinvidualidade típica de um interesse individual e massa.

Observe-se que um titular, no universo de inúmeros lesados, é exatamente igual ao outro, e, por isso mesmo o que for decidido para ele deve ser igualmente decidido para todos. É um típico interesse individual numa sociedade de massa como vimos amiúde.

Estamos convencidos de que tem que haver uma dimensão social que justifique a categorização dos interesses como individuais homogêneos, além, é claro, da origem comum e da transindividualidade. Recorde-se que é esta transindividualidade é que revela a existência de um indivíduo padrão sob todos os aspectos, inclusive no tocante ao tipo de lesão sofrida e prejuízos ressarcíveis.

6.3.6   *O interesse difuso como interesse público aferido no caso concreto*

Durante muito tempo dividiam-se os interesses em dois grandes grupos: privados e públicos. O que não fosse privado seria público como dizia o Código Civil de 1916 e de certa forma foi repetido no artigo 99 do atual CCB. Era simples a distinção num modelo de Estado não intervencionista. Ou se estava de um lado ou de outro.

> Art. 98. São públicos os bens do domínio nacional pertencentes às pessoas jurídicas de direito público interno; todos os outros são particulares, seja qual for a pessoa a que pertencerem.
>
> Art. 99. São bens públicos:
>
> I – os de uso comum do povo, tais como rios, mares, estradas, ruas e praças;
>
> II – os de uso especial, tais como edifícios ou terrenos destinados a serviço ou estabelecimento da administração federal, estadual,
>
> territorial ou municipal, inclusive os de suas autarquias;
>
> III – os dominicais, que constituem o patrimônio das pessoas
>
> jurídicas de direito público, como objeto de direito pessoal, ou real, de cada uma dessas entidades.
>
> Parágrafo único. Não dispondo a lei em contrário, consideram-se dominicais os bens pertencentes às pessoas jurídicas de direito público a que se tenha dado estrutura de direito privado.
>
> Art. 100. Os bens públicos de uso comum do povo e os de uso
>
> especial são inalienáveis, enquanto conservarem a sua qualificação, na forma que a lei determinar.
>
> Art. 101. Os bens públicos dominicais podem ser alienados,
>
> observadas as exigências da lei.
>
> Art. 102. Os bens públicos não estão sujeitos a usucapião.
>
> Art. 103. O uso comum dos bens públicos pode ser gratuito ou retribuído, conforme for estabelecido legalmente pela entidade a cuja administração pertencerem.

A dicotomia entre o público e o privado teve ápice no liberalismo, no qual se entendia por público tudo que não fosse particular, dada a supervalorização do individual e quase nenhuma participação ou intervencionismo estatal.

Foi somente após a segunda guerra mundial com o desenvolvimento do Estado Social, responsável pelo dever de garantir concretamente os direitos fundamentais que este passou a ter uma atuação mais presente, positiva, tendo por incumbência, como dito a realização dos sociais. É daí que desaparecem as normas programáticas e entram em cena a concretização dos direitos fundamentais.

Nesse diapasão, é perceptível que o modelo público/privado já não servia mais para atender à filosofia e aos princípios exigidos pelo Estado social. Assim, fazia-se necessária uma revisitação do conceito de interesse público, não mais visto apenas como algo residual ao interesse particular, ou então, para se manter a conceituação já existente, seria mister enxergar uma nova ordem de direitos situados no hiato da referida dicotomia do Estado liberal.

A complexidade da tessitura social é tão grande, com tantos grupos intermediários e heterogêneos que não faz nenhum, absolutamente nenhum sentido dizer que o interesse público é o "interesse geral".

Nunca um interesse será geral, absoluta e genuinamente "de todos", por mais absurdo que lhe possa parecer, pois há situações como "proteção do meio ambiente", "liberdade de expressão", "direito à democracia" que nos levaria a imaginar que todos convergiriam para o mesmo ideal. Mas, não, não é assim!

Numa democracia com liberdade de expressão não se pode dizer que exista um direito linear do qual todos sejam unânimes em reconhecer como seus titulares que desejam um mesmo fim e lutem por um mesmo ideal. Esse caldo confuso de interesses em sentidos e direções múltiplas é o grande desafio das modernas sociedades e da própria tutela jurídica, pois é preciso estabelecer entre todos uma acomodação que permita o exercício digno dos direitos fundamentais num mesmo espaço e tempo e sob o mesmo ordenamento jurídico.

O vocábulo "público" é expressão adjetiva sinônima da locução do povo. Assim, qualquer busca do conceito de interesse público deve ter como ponto de partida a premissa de que se trata de um interesse do povo.

Ademais, como a estrutura da palavra interesse compreende a ideia de "sujeito" com determinada necessidade que se relaciona com algum "objeto" que julga ser capaz de saciá-la, também aqui devemos fazer a análise do que seja interesse público.

Considerando que a qualificação do interesse (público=do povo) refere-se ao seu aspecto subjetivo, teremos então de admitir que o interesse público, em sua estrutura mais singela, será o produto das necessidades da sociedade.

Em outras palavras, mais precisas, seria o interesse público "(...) uma dimensão pública dos interesses individuais (...) o interesse resultante do conjunto dos interesses que os indivíduos pessoalmente têm quando considerados em sua qualidade como membros da sociedade e pelo simples fato de o serem (...) é um interesse igualmente pessoal dessas mesmas pessoas ou grupos, mas que compareçem enquanto partícipes de uma coletividade maior na qual estão inseridos (...)".[51-52-53]

---

51. Celso Antônio Bandeira de Mello. Curso de direito administrativo. 12. ed. São Paulo: Malheiros, 2000, p. 57-59.
52. Para Marcelo Caetano, os interesses públicos "são os que respeitam à existência, à conservação e ao desenvolvimento da sociedade política". Manual de direito administrativo. 10. ed. Coimbra: Almedina, 1991, t. 1, p. 49.
53. Interesse público não se confunde com o interesse do Estado, já que é clássica a distinção entre interesse primário (genuinamente público) e secundário (próprio do ente estatal). Obviamente que jamais se poderia pensar na hipótese de o Estado atender a seus interesses secundários em detrimento ou contrariamente aos interesses primários, já que são estes que ditam e governam a sua função. Apenas quando não colidir com os interesses primários é que o Estado deve exercer o interesse secundário, sob pena de subverter o sistema A respeito do tema ver Manual de direito administrativo. 10. ed. Coimbra: Almedina, 1991, t. 1, p.182;

CAPÍTULO 3 • OBJETO DE TUTELA NA LEI DA AÇÃO CIVIL PÚBLICA **71**

Dada a existência de vários interesses dispersos na sociedade, uma vez que somos uma sociedade de pluralismo político (art. 1º, V, da CF/88, v.g., o interesse dos moradores de um bairro pode não ser o mesmo do restante dos munícipes), torna-se inviável e impossível, para ser mais exagerado, "a formulação de um conceito suficientemente genérico (do interesse público) para abranger um número muito grande de situações, envolvendo opções entre uma pluralidade de interesses dispersos pela sociedade, na maior parte dos casos excludentes".[54]

O conflito existente na descoberta de qual seria o conteúdo concreto do interesse público, segundo pensamos, deve ser visto, também, pela mudança do papel do Estado no pós-guerra (superação do Estado liberal), pelo fato de que, atualmente, num Estado democrático de direito, o referido ente possui o dever de prestar (*facere* – obrigação positiva) aos cidadãos os direitos "sociais" de modo concreto, permitindo e entregando, realisticamente, a qualidade de vida aos membros que representa.

Se, antes, o interesse público limitava-se a ser um coadjuvante da liberdade individual, assegurando a sua plenitude, hoje a regra é bem diferente e o papel principal assumido pelo Estado não é omissivo (obrigação negativa), senão, pelo contrário, o de *dever* dar aos cidadãos os direitos sociais que possuem. Isso significa atender, primariamente, ao interesse público e ao modelo democrático de que todo poder emana do povo.

Essa revisitação do interesse público torna menos embaçado o seu conteúdo, ao mesmo tempo que faz com que os seus titulares possam conhecê-lo porque o enxergam melhor, e assim possam exigir do Estado a conduta positiva que dele se espera. É assim com o direito ao meio ambiente, direito à segurança pública, direito ao desporto, direito ao lazer, direito à saúde, direito à informação, entre tantos outros interesses que, antes escondidos no ideal liberal individualista, só a partir da metade do século passado puderam ser içados à categoria autônoma de direitos exigíveis do Estado, que, em contrapartida, tem o dever de prestá-lo aos membros que representa.

Esses interesses públicos, vistos como objetivos a serem atendidos pelo Estado, não devem estar adormecidos sob o manto de meros programas a serem cumpridos, porque são direitos e não meras expectativas do povo, que possui instrumentos de tutela jurisdicional aptos para a efetivação de sua realização. Outrossim, considerando a regra de que o Estado é encarregado da realização de "interesses públicos", deve-se tomar cuidado para não presumir que toda atividade que ele realiza seja sempre para atender a um interesse público.

Isso porque existem interesses privados do Esta se confundem com os denominados interesses públicos.[55] Admitindo-se, pois, que a República Federativa do Brasil é um Estado democrático de direito, e que o poder que possui emana do povo, por intermédio de seus representantes, e considerando-se ainda que o Estado atua por intermédio de funções legislativa, executiva e judiciária, certamente, então, teremos que o conteúdo

---

MOREIRA NETO, Diogo de Figueiredo. Curso de Direito Administrativo: parte introdutória, parte geral e parte especial. 14. ed. revisada, ampliada e atualizada. Rio de Janeiro: Ed. Forense, 2005, p. 286.

54. Carlos Alberto de Salles. Execução judicial em matéria ambiental. São Paulo: Ed. RT, 1999, p. 19-20.

55. Neste sentido ver JUSTEN FILHO, Marçal. Curso de direito administrativo. São Paulo: Saraiva, 2005, p. 37.

do que é interesse público deve estar inserido no texto constitucional brasileiro, e, portanto, a sua persecução pode ser feita por intermédio dos três poderes por meio dos quais o Estado atua.

Vê-se, assim, que a expressão "interesse público" invoca a presença do Estado legislador, ou do Estado administrador[56], como salienta Mancuso.[57]

Na afirmação do notável jurista haveria de se incluir, também, o próprio Poder Judiciário, por exemplo, quando se vê diante da "adjudicação de interesses difusos" no dizer de Salles[58]. Prossegue o autor:

> "Na verdade, qualquer decisão social, produzida ou não através dos vários mecanismos estatais, incorpora opções por um entre vários interesses relevantes, traduzindo uma dada avaliação sobre qual deles, em uma determinada alocação de recursos públicos (bens ou serviços), melhor atende ao objetivo social que se quer alcançar por meio de uma determinada ação. A essência de qualquer política pública, levada adiante pelo Executivo, Legislativo ou Judiciário, é distinguir e diferenciar, realizando a distribuição dos recursos disponíveis na sociedade".[59]

Pelo que foi exposto, portanto, o Estado, nas três esferas de poder (Legislativo, Executivo e Judiciário), realiza o interesse público em cada momento específico que exercita a sua função típica, levando em consideração as regras basilares da Constituição Federal. Tendo em vista o que foi dito, o conteúdo do interesse público é definido em cada caso concreto no exercício das funções por cada ente político competente para tal. Exatamente por isso, colocamos em xeque a existência de um interesse público geral que não seja o abstrato (bem-estar, harmonia da sociedade, ordem pública etc.), porque, quando se pretende exercê-lo na prática, certamente que diversos interesses serão excluídos da noção de interesse público por "opção" do ente político no exercício de sua função.

Diante disso, preferimos dizer que o acerto está com Colaço Antunes[60], para quem os interesses públicos *"são finalidades concretas, que os órgãos e entes públicos devem realizar, e que num ordenamento de base pluralista há tantos interesses públicos como comunidades existentes no âmbito do mesmo"*. Nesse ponto concordamos com o referido autor lusitano, porque, após o surgimento do Estado social, e com o "surgimento" do interesse difuso, este nada mais é do que "uma *specie do genus* interesse público, isto quer dizer que o interesse público como entidade única não existe mais, ou melhor, existe só em *abstracto*, existindo na realidade, como consequência dos confrontos e dos conflitos entre particulares, públicos e coletivos, o interesse público concreto".[61]

---

56. É na seara do direito administrativo que a presença do interesse público, sua definição e seu conteúdo se veem mais presentes, mais nítidos, já que pela atuação do princípio da legalidade e da supremacia do interesse público sobre o interesse privado não pode haver um só ato administrativo que não seja motivado pelo interesse público, com raiz mediata sempre na Constituição Federal. Embora a atuação do Legislativo devesse ser mais clara ainda, na identificação do interesse público, não é o que ocorre, justamente porque as leis têm sido criadas e manipuladas para atender a uma minoria. Em última análise todos os poderes devem atender ao interesse público nas funções que exercem.

57. MANCUSO, Rodolfo de Camargo. A proteção judicial de interesses difusos e coletivos: funções e significados. In: Processo civil e interesse público: o processo como instrumento de defesa social. São Paulo: Ed. RT, 2003, p. 125-129.

58. Carlos Alberto de Salles, op. cit., p. 62.

59. Idem, ibidem.

60. ANTUNES, Luis Filipe Colaço. A tutela dos interesses difusos em direito administrativo: para uma legitimação procedimental. Coimbra: Almedina, 1989, p. 38.

61. Idem, ibidem.

CAPÍTULO 3 • OBJETO DE TUTELA NA LEI DA AÇÃO CIVIL PÚBLICA **73**

Em conclusão, pode-se dizer que, com a mudança paradigmática do papel do Estado, o interesse público deixou de ser aquilo que não era individual para ser aquilo que é do povo, e, mais que isso, a plena opção estatal de realizar, em cada situação em concreto, a política pública que atenda à vontade popular.

Essa mudança de postura estatal (de omissiva a comissiva) fez com que diversos direitos relativos à entrega de qualidade de vida passassem a ser exigidos pela sociedade, impondo-se um dever ao Estado de prestá-los. Nesse ponto, o papel do Estado passou a ser o de efetivar os interesses públicos primários (cujo titular é o ovo), separando-os daqueles que correspondem ao seu interesse privado (secundário) e que só podem ser perseguidos quando não confrontem com o interesse primário. O conteúdo desses interesses primários, numa sociedade pluralista como a nossa, só se define no caso concreto, pela proteção desta ou daquela situação pelo ente político competente no exercício de sua função.

O fim almejado na adoção desta ou daquela posição pelo Estado deve ter por norte as regras e princípios constitucionais abstratamente considerados. Os direitos difusos seriam, portanto, esses interesses protegidos pelo Estado em cada caso concreto. Isso nos permite antever a existência de "choques" de interesses difusos dentro de uma mesma comunidade, cabendo ao Estado, no exercício da função, proteger este ou aquele segundo os ditames constitucionais.

> Prova disso pode se fazer com o art. 6º, § 3º, da Lei da Ação Popular (Lei n. 4.717/65) e art. 17, § 3º, da Lei de Improbidade Administrativa (Lei n. 8.429/94). Como essas duas normas visam à proteção do patrimônio público, é obrigatória a citação do ente político correspondente (União, Estado ou Município). Embora citado, poderá aderir ao polo ativo como litisconsorte do autor ou atuar na condição de réu. Ora, a decisão de aderir ao polo ativo ou passivo é motivada pelo interesse público, qual seja, assume a posição de réu ou de autor de acordo com o seu julgamento de que é lá ou aqui que se defende o interesse público. Trata-se de uma decisão que se manifesta inexoravelmente em qual polo atuar. Quando atua como réu, por exemplo, contestando uma ação popular ajuizada para anular ato lesivo ao patrimônio público, é porque adota a posição de que o ato não foi lesivo e que o interesse público está no ato que foi objeto da demanda popular. Em última análise, quem determinará onde se encontra o interesse público é o Poder Judiciário, se considerar existente ou não a lesividade mencionada. A posição do juiz, certamente, poderá ser em favor do autor popular (interesse público), contrariando a expectativa do ente político de que estaria defendendo o interesse público. A pergunta que poderia ser feita é a seguinte: que interesse então teria defendido o ente político? Interesse "privado – secundário" ou interesse de uma comunidade menos extensa do que a tutelada pelo Judiciário?[62]

Concluindo, pois, está absolutamente superada a noção abstrata de "interesse público", porque, hoje, numa sociedade com pluralismo político e com extrema conflituosidade interna de interesses, com um zigue-zague de interesses coletivos para todos os lados, o interesse público é definido pelo Poder Público (administrador, legislador e judiciário) em cada caso concreto, seguindo rigorosamente critérios objetivos que demonstrem a legitimidade da opção em concreto.[63]

---

62. Nesse sentido, Carlos Alberto de Salles. Processo civil de interesse público, In: _____ (Org.). Processo civil e interesse público: o processo como instrumento de defesa social. São Paulo: Ed. RT, 2003, p. 58; José Reinaldo de Lima Lopes. A definição do interesse público. In: SALLES, Carlos Alberto (Org.). Processo civil e interesse público. São Paulo: Ed. RT, 2003, p. 91 e ss.

63. A respeito ver BINENBOJM, Gustavo. Da supremacia do interesse público ao dever de proporcionalidade: um novo paradigma para o direito administrativo. In: SARMENTO, Daniel. Interesses públicos versus interesses privados: desconstruindo o princípio da supremacia do interesse público. Rio de Janeiro: Lumen Juris, 2005, p. 117-169.

6.4 A tipologia dinâmica para identificação dos interesses coletivos

Seria uma ingenuidade imaginar que numa sociedade massificada como a nossa, com tantos grupos heterogêneos, com anseios próprios e diametralmente opostos, que esses interesses estejam placidamente acomodados e sejam facilmente identificáveis. Não mesmo. Aliás, mais parece uma grande sopa onde a água fervente chacoalha os interesses em conflito de um lado para o outro, tornando difícil a identificação e a tipificação estática proposta pelo CDC no artigo 81, parágrafo único.

Não será incomum, portanto, que os interesses individuais e/ou coletivos[64] estejam em verdadeiro choque, não sendo tarefa simples identificar o início de um e o final do outro, seguindo apenas o roteiro estático do art. 81, parágrafo único do CDC.

O comportamento social dos "interesses em conflito", e, portanto, dos *conflitos* propriamente ditos é dinâmico e estão em constante ebulição e incrivelmente influenciados pelos fatores, políticos, econômicos, temporais ou espaciais.

A tipologia dos interesses (art. 81, parágrafo único do CDC) foi estabelecida pelo CDC numa época em que não se tinha ainda, como se tem hoje, o grau de maturidade para perceber que se tornaram cada vez mais comuns os megaconflitos, e, que para estes casos a conceituação estática dos interesses coletivos é importante, mas insuficiente para oferecer soluções adequadas à estes problemas.

Nestes megaconflitos há um zigue zague de interesses em conflito: interesses difusos, coletivos e individuais puros e homogêneos se colocando em posições ativas e passivas e entrelaçadas onde não é possível pensar em uma solução binária do tipo certo ou errado sob pena de não conseguir prestar minimamente a tutela justa e adequada.

Nos megaconflitos estes interesses em conflito se amalgamam, se repelem, se conflitam, se afastam e se aproximam perfazendo megaconflitos irradiantes em vários sentidos, tornando-os cada vez mais complexos e emaranhados entre si, o que é típico desta sociedade líquida que vivemos. Daí a dificuldade de identificar num caso concreto cada um deles, sendo impossível pensar em uma solução que contemple apenas o *resultado procedente ou improcedente* típico de um modelo de procedimento adversarial no qual se insere o procedimento especial coletivo previsto no CDC e LACP.

Eis que diante deste fenômeno típico de uma sociedade de massa e de risco não tardou a chegar no Judiciário os megaconflitos que não encontravam soluções adequadas para sua resolução.[65]

Partindo deste quadro e diante deste problema é que começou-se a perceber a dificuldade de prestar tutela jurisdicional coletiva para situações onde o problema não se resolvia com o arquétipo tipológico desenhado no artigo 81 do CDC pois os conflitos não eram, por exemplo, uma simples colisão de um interesse difuso ou coletivo contra um interesse particular[66]. Nem este conceito, e, nem o procedimento previsto na LACP.

---

64. Sejam os coletivos de qualquer natureza e ainda que estejam em situações jurídicas ativas ou passivas.
65. A respeito ver ARENHART, Sérgio Cruz. Decisões estruturais no direito processual civil brasileiro. Revista de Processo, [S.l.], v. 38, n. 225, p. 389-410, nov. 2013.
66. A despeito de ainda existirem muitos conflitos do tipo poluidor x coletividade, fornecedor x coletividade de consumidores, emergiu uma série de conflitos (mormente na judicialização de políticas públicas) que não se encaixam mais no modelo binário,

CAPÍTULO 3 • OBJETO DE TUTELA NA LEI DA AÇÃO CIVIL PÚBLICA

E, a partir da dificuldade a doutrina subiu um degrau ao perceber que seria importante olhar para o conflito, e não simplesmente para o interesse estaticamente considerado, como forma de encontra o procedimento processual adequado para sua solução.

O conflito dos interesses envolvidos, e, não mais o interesse estaticamente considerado, passa a ser o eixo de identificação do tipo de tutela (procedimentos, processos e provimentos) a ser prestada.

É preciso ter em mente que em razão das transformações causadas pela sociedade de massa, o interesse pode ser estudado sob várias perspectivas, sem que uma seja a certa e outras sejam erradas. Pode-se estudar o fenômeno pelo objeto do interesse, pelos sujeitos que o titularizam, pela estabilidade das relações entre sujeito e objeto, pelo grau de aglutinação dos sujeitos, pelos tipos de conflitos que formam etc.

Mostra-se insuficiente para a justa solução dos conflitos a adoção exclusiva de conceitos estáticos (lege lata) contidos no artigo 81, I, II e III, parágrafo único do CDC para, depois de distingui-los, e assim dar por encerrada a questão. Quando se está diante de litígios complexos a distinção estática não se mostra adequada para identificar o tipo de procedimento e provimento apto (devido processo[67]) para dirimir o conflito.

> "Em inúmeros casos, essa definição não é problemática. Há litígios coletivos em que a pretensão é unívoca e de fácil apreensão pelo legitimado coletivo, acarretando uma decisão fácil para o juiz. São litígios coletivos simples. Mas há outros litígios coletivos, que serão aqui denominados complexos, em que nem a pretensão, nem a tutela jurisdicional a ser prestada, podem ser definidas de modo unívoco pelos envolvidos". (...) Muito diferente é a situação com a qual se defrontam os legitimados coletivos em casos atinentes, por exemplo, a conflitos socioambientais. Se uma coletividade é lesada pela construção de usina hidrelétrica que desloca pessoas, alaga terras de comunidades tradicionais, altera o curso do rio, interfere nas relações interpessoais dos moradores, abala a dinâmica socioeconômica da região, diminui a ictiofauna, modifica o trajeto das estradas, extingue espécies animais endêmicas, impede a realização de determinadas atividades produtivas e piora as condições de saneamento, está-se diante de uma miríade de pretensões coletivas que dificilmente serão unívocas e dificilmente serão de fácil apreensão pelo legitimado coletivo e pelo juiz. Conforme se observa, quando se trata de litígios coletivos simples, não é problemático que o legitimado coletivo e o juiz definam a extensão e os contornos da pretensão e da tutela jurisdicional. Todavia, se a situação versar sobre um litígio coletivo complexo, haverá possibilidade de que essa tutela se revista de múltiplas formas e nunca será claro, *ex ante* qual, dentre as possibilidades, é a mais eficaz para a reparação ou prevenção da lesão ao bem jurídico. Também não restará claro qual a pretensão desejada pela coletividade lesada". [68]

> Esta situação foi percebida por Edilson Vitorelli que em trabalho sério apresentou uma proposta de classificação não mais substanciada no núcleo do interesse, mas sim com base no tipo de conflito existente. Segundo o jurista:

---

bipolar e adversarial para o qual se presta o modelo tradicional do procedimento coletivo. Além destas situações costumeiras da implementação judicial de políticas públicas, há ainda os conflitos complexos, decorrentes, por exemplo, de desastres ambientais, como o fatídico episódio do rompimento da barragem de Mariana onde centenas de ações civis públicas foram ajuizadas para tutelar diferentes interesses coletivos, tendo que conviver com milhares de ações individuais relativas a danos por ricochete do referido desastre.

67. "(...)A tipologia apresentada, ao se basear nas características concretas do litígio, não na tentativa de classificação abstrata dos direitos, tem potencial para embasar a revisão dos demais institutos do processo coletivo, de modo especial, os limites da atividade representativa do legitimado e sua relação com os interesses, as vontades e as perspectivas dos ausentes, titulares dos direitos materiais, que serão obrigados a conviver com a decisão. É preciso buscar um conceito de devido processo legal coletivo que tenha como foco a obtenção de tutelas adequadas não da perspectiva da análise abstrata do caso, mas das pessoas que estão concretamente envolvidas no litígio e sofrerão, por vezes, de modo drástico, os efeitos da decisão em suas vidas". Tipologia dos litígios transindividuais II: litígios globais, locais e irradiados. In: Revista de Processo.

68. VITORELLI, Edilson. Tipologia dos litígios transindividuais i: um novo ponto de partida para a tutela coletiva, In: Revista de Processo, v. 247. São Paulo: Ed. RT, 2015, p. 353-384.

"1) Litígios transindividuais globais: existem no contexto de violações que não atinjam, de modo particular, a qualquer indivíduo. Os direitos transindividuais subjacentes a tais litígios pertencentes à sociedade humana, representada pelo Estado nacional titular do território em que ocorreu a lesão;

2) Litígios transindividuais locais: têm lugar no contexto de violações que atinjam, de modo específico, a pessoas que integram uma sociedade altamente coesa, unida por laços identitários de solidariedade social, emocional e territorial. Os direitos transindividuais subjacentes a essa categoria de litígios pertencem aos indivíduos integrantes dessa sociedade, uma vez que os efeitos da lesão sobre ela são tão mais graves que sobre as pessoas que lhe são externas, que tornam o vínculo destas com a lesão irrelevante para fins de tutela jurídica. Essa categoria inclui, em um segundo círculo, as situações em que, mesmo não havendo uma identidade tão forte entre os indivíduos, eles compartilham perspectivas sociais uniformes, pelo menos no que se refere à tutela do direito lesado;

3) Litígios transindividuais irradiados: são litígios que envolvem a lesão a direitos transindividuais que interessam, de modo desigual e variável, a distintos segmentos sociais, em alto grau de conflituosidade. O direito material subjacente deve ser considerado, nesse caso, titularizado pela sociedade elástica composta pelas pessoas que são atingidas pela lesão. A titularidade do direito material subjacente é atribuída em graus variados aos indivíduos que compõem a sociedade, de modo diretamente proporcional à gravidade da lesão experimentada".

Em nosso sentir a tipologia com base no conflito é importante, mas não suficiente. Essa insuficiência decorre do fato de que a proposta se assenta em "tipos" cuja fronteira que os separa e os distingue pode não ser tão simples de ser identificada pelo operador do direito, trazendo insegurança jurídica quanto ao *tipo de procedimento* a ser adotado para determinado caso.

No que concerne ao direito ambiental, e, precisamente com enfoque em conflitos concernentes aos impactos ambientais, muito por causa das características do bem ambiental, haverá, não raramente, situações que fiquem na fronteira de um tipo para o outro sugerido, em zonas gríseas, tornando insegura a definição para identificar o procedimento adequado pelo operador do direito.

A título de registro histórico, é de se dizer que a dimensão qualitativa e quantitativa do impacto ambiental direto já foi utilizado para tentar definir a competência do órgão ambiental licenciador de atividades (Resolução CONAMA 237/97) e o que se via era um constante problema de conflito de atribuições que não raramente desaguava no Poder Judiciário, até que a LC 140 passou a regular o tema fixando como critério geral a localização do empreendimento. [69]

Ao que parece é possível conjugar conceituação estática prevista no art. 81 do CDC com a tipologia dinâmica com base no conflito sugerida por Edilson Vitorelli. Ao analisar o *conflito* poder-se-á identificar quais os interesses que integram o seu núcleo, e, assim perceber se a hipótese é realmente de um litígio complexo que afasta o procedimento especial da Lei de Ação Civil Pública e CDC porque são absolutamente inadequados à resolução destes conflitos.

Dentro da nossa proposta de ser o máximo didático possível, acreditamos que para a exata compreensão dos conflitos de interesses na sociedade é preciso recorrer à *conflitologia*, uma ciência multidisciplinar que passeia pelos campos da sociologia, da filosofia, psicologia, economia etc.[70]; enfim, uma ciência que *a priori* não busca culpados pelos conflitos de

---

69. A respeito ver o nosso Direito Ambiental Esquematizado. 7. ed. São Paulo: Saraiva. 2020, p. 222 e ss.
70. VINYAMATA, Eduard. Conflictología: curso de resolución de conflitos. 5. ed. Madrid: Ariel, 2014, p. 22 e ss.

CAPÍTULO 3 • OBJETO DE TUTELA NA LEI DA AÇÃO CIVIL PÚBLICA

interesses na sociedade, mas sim a *origem* das causas para desvendar qual o melhor método de solução em busca da pacificação dos conflitos existentes e da prevenção de conflitos futuros. Respeitadas as devidas e significativas diferenças econômicas, científicas, sociais, políticas e culturais que tipificam uma sociedade ao longo de seu processo evolutivo, a verdade é que o núcleo dos conflitos de interesses – de qualquer conflito de interesse – continua a ser situações da vida em que os interesses, sejam eles individuais ou coletivos, patrimoniais ou morais, entram em rota de colisão porque: a) ou alguém pretende obter o que não tem ou; b) alguém não quer ou não aceita perder o que possui.[71]Portanto, o conflito de interesses, como o nome mesmo já indica, refere-se a uma disputa que envolve interesses que se contrapõem, que estão em contenda, em disputa. Anseios e necessidades que estão em rota de colisão, e, que para muitos não é uma patologia social, mas algo inerente à própria evolução das sociedades. Num conflito de interesses o conceito de objeto é o mais amplo possível podendo recair sobre dinheiro, patrimônio, poder, prestígio, espaço etc. O esquema apresentação desses conflitos neste modelo social é extremamente complexo, pois em torno de um fato-mãe ou fato-raiz podem nascer inúmeros outros conflitos, às vezes ainda mais complexos do ponto de vista qualitativo ou quantitativo.

Assim, a partir a conjugação desses do conceito dinâmico e estático é possível verificar se estamos diante de um conflito de interesses que deva ser solucionado por meio de um modelo de processo/procedimento especial para controle que tenha as seguintes características:

"I – estruturais, a fim de facilitar o diálogo institucional entre os Poderes; II – policêntricas, indicando a intervenção no contraditório do Poder Público e da sociedade; III – dialogais, pela abertura ao diálogo entre o juiz, as partes, os representantes dos demais Poderes e a sociedade; IV – de cognição ampla e profunda, de modo a propiciar ao juiz o assessoramento necessário ao pleno conhecimento da realidade fática e jurídica; V – colaborativas e participativas, envolvendo a responsabilidade do Poder Público; VI – flexíveis quanto ao procedimento, a ser consensualmente adaptado ao caso concreto; VII – sujeitas à informação, ao debate e ao controle social, por qualquer meio adequado, processual ou extraprocessual; VIII – tendentes às soluções consensuais, construídas e executadas de comum acordo com o Poder Público; IX – que adotem, quando necessário, comandos judiciais abertos, flexíveis e progressivos, de modo a consentir soluções justas, equilibradas e exequíveis; X – que flexibilizem o cumprimento das decisões; XI– que prevejam o adequado acompanhamento do cumprimento das decisões por pessoas físicas ou jurídicas, órgãos ou instituições que atuem sob a supervisão do juiz e em estreito contato com este"[72].

Valendo-me do lúcido trabalho de Marcos de Araújo Cavalcanti pensamos que é possível identificar na sociedade contemporânea brasileira

"três grandes grupos de litígios: a) a litigiosidade individual ou "de varejo": que envolve questões de direito e/ou de fato peculiares e isoladas, de modo que os processos ajuizados com essas características não se enquadram no conceito de demanda repetitiva; b) a litigiosidade coletiva: que versa sobre direitos difusos, coletivos e individuais homogêneos, submetidos ao Judiciário através da propositura de demandas pelos legitimados coletivos; c) litigiosidade em massa ou repetitiva: que envolve prioritariamente os direitos individuais homogêneos, levados a juízo por meio de uma pulverização de demandas individuais repetitivas que versam sobre questões de direito e/ou fáticas comuns.[73]

Assim, com base no que foi dito a pode-se identificar dois grandes grupos de conflitos de interesses na nossa sociedade de massa: a) os individuais puros e os b) supraindividuais (difusos, coletivos e individuais homogêneos).

---

71. Nesse sentido VEZULLA, J. Teoria e pratica da mediação. Florianópolis: IMAB, 2001, p. 24-25; FOLBERG, Jay; TAYLOR, Alison. Mediación: resolución de conflictos sin litigio. México: Editorial Limusa S/A de C.V Grupo Noriega Editores, 1996, p. 18 e ss.
72. Do art. 2º do Projeto de Lei n. 8058/2014.
73. CAVALCANTI, Marcos de Araújo. Incidente de resolução de demandas repetitivas (IRDR). São Paulo: Ed. RT, 2016, p. 150.

Este último tipo de conflito seria aquele onde, independentemente da posição jurídica do legitimado que o defenda ocupe no processo, estaria em jogo a contenda envolvendo um interesse que transcendesse a noção de indivíduo que fosse comum em relação a todos. E, uma vez identificado este tipo de conflito supraindividual verificando o seu núcleo e os interesses envolvidos, ter-se-ia como saber se é um litígio que justifica a adoção de um procedimento especial estruturante, ou se é caso de um litígio coletivo simples cujo procedimento especial da LACP com CDC é adequada para sua solução.

> Assim, por exemplo uma empresa que não publica o relatório mensal do nível de emissão de particulados que lança no ar atmosférico tanto pode ensejar um litígio simples, quanto um litígio complexo. Se o problema reside na publicidade da informação teremos um litígio com núcleo de interesses envolvidos mais simples, seguindo a disciplina procedimental da tutela bipolar tradicional; contudo se esta divulgação não foi feita para ocultar o lançamento de gases tóxicos que possa ter gerado comprometimento da saúde da população circundante, dos trabalhadores, da fauna e da flora etc. então podemos estar diante de um litígio complexo porque o seu núcleo é formado por vários interesses em movimento de forma que a solução do problema deve ensejar um processo especial estruturante.

> Um derramamento de óleo por um navio atracado num porto pode ser um litigio coletivo simples submetido ao procedimento coletivo tradicional ou então ser um litigio complexo. Imagine se a quantidade de óleo derramado foi de 1 litro[74], ou se o montante derramado for absurdas pela explosão do navio contaminando praias, pessoas, fauna e flora etc. a melhor solução será um procedimento especial para litígios complexos[75].

Já os individuais heterogêneos seriam aqueles onde nenhuma dessas nuances estaria presente, e, ao contrário, as características individuais do sujeito seriam marcantes, essenciais, exclusivas.

Desta forma, *legge lata* existem pelo menos 4 tipos de interesses estaticamente considerados que podem integrar o núcleo de conflitos de interesses: os difusos, os coletivos; os individuais homogêneos e os individuais heterogêneos. Os três primeiros são transindividuais e o último é individual.

Excluída a hipótese de ação coletiva passiva como explicado alhures, isso não impede que em tantas outras situações (recursos, incidentes etc.) estes interesses possam assumir posições jurídicas ativas ou passivas, e assim estarem em polos processuais ativos ou passivos. Isto significa que pode haver de um lado (ativo ou passivo) um interesse difuso em conflito com outro interesse difuso. Um interesse coletivo em colisão com um interesse individual heterogêneo. Interesses difusos em conflito com individuais homogêneos. Individuais homogêneos em conflito com individuais homogêneos de outros titulares.

Este é o modelo atual de sociedade, complexo, dinâmico, com uma tessitura instável muito influenciado pelos fenômenos de tempo e espaço. Quando esse núcleo é de tal forma complexo pelos vários interesses em rota de colisão onde soluções binárias não são adequadas, então estaremos diante de um litígio complexo que impõe um modelo especial de procedimento.

Não há nenhuma dúvida de que o tipo marcante de conflito de interesses da nossa sociedade industrial capitalista é típico de uma cultura de massa. Tornou-se corriquei-

---

74. AREsp 667.867/SP, Rel. Ministro OG FERNANDES, SEGUNDA TURMA, julgado em 17/10/2018, DJe 23/10/2018.
75. REsp 1187097/PR, Rel. Ministro MARCO BUZZI, QUARTA TURMA, julgado em 16/04/2013, DJe 25/04/2013).

ro conflitos de interesses envolvendo operadoras de telefonia, de televisão e internet, prestadoras de serviços bancários e instituições financeiras, cobranças indevidas de serviços essenciais como água, luz, esgoto, (e, de outra banda uma ausência de serviços fundamentais como segurança, saúde nos hospitais públicos, educação nas escolas), tributos cobrados indevidamente pelo poder público, falhas de mercado em produtos de massa como carros, softwares, telefones, medicamentos, mensalidades escolares etc.

Por outro lado, basta uma simples consulta aos dados do Justiça em Números do CNJ para se ver que em proporção inversa estão os conflitos individuais heterogêneos, como por exemplo, conflito de vizinhos pelo uso inadequado da garagem, pela aula particular que não tenha sido paga ao professor, por violação os limites demarcatórios de um imóvel rural etc. Não que eles não existam, mas atualmente, estes exemplos são a menor parcela dos conflitos levados ao judiciário.

Tirante os conflitos de família, sempre individuais e personalíssimos e que crescem a cada dia numa sociedade de massa, a regra é, sem dúvida, de que são litígios de massa que dominam a nossa sociedade, porque com consumo de massa, não se pode esperar outra coisa senão exatamente situações conflituosas que nasçam dessas tais situações de massa, como por exemplo, consumidores de produtos lesados, usuários de serviços públicos que não são prestados adequadamente, contribuintes que são cobrados indevidamente, coletividade afetada por agressões ao meio ambiente, cidadãos que não possuem o direito fundamental garantido pela CF/88 etc.

E, curiosamente, tomando de exemplo um desses segmentos mencionados acima (v.g. telefonia), é de se observar que dentro destes universos de clientes lesados, dentro deles existem tantos outros "universos" ou "segmentos" de clientes que são: os lesados pela cobrança abusiva, os lesados pela falha na velocidade da internet contratada etc. São milhares de consumidores, cada um no seu "grupo de lesados", que são ofendidos pelo mesmo ato-fato-tipo praticado pela empresa de telefonia. Observe, precisamente, que o fato de a instituição financeira praticar uma conduta ilícita contra um consumidor, e depois contra outro, e depois contra mais outro, numa espécie de ilícito padrão que se repete em cadeia, faz com que esse conflito não seja individual, do consumidor A contra a instituição financeira, mas sim um conflito de massa, coletivo, porque ali, naquele caso o ilícito não é contra aquele consumidor específico, mas contra um modelo padrão de consumidor que é fordianamente atingido.

CAPÍTULO 4
O EQUILÍBRIO ECOLÓGICO COMO OBJETO DE TUTELA DA LEI DE AÇÃO CIVIL PÚBLICA

1. O DIREITO FUNDAMENTAL AO EQUILÍBRIO ECOLÓGICO NA CONSTITUIÇÃO FEDERAL E DEVERES JURÍDICOS CORRESPONDENTES

O artigo 225, caput da CF/88 consagra o *direito ao meio ambiente ecologicamente equilibrado*, um bem de uso comum do povo, que é essencial à sadia qualidade de vida e que deve ser resguardado não apenas para as *presentes*, mas também para as *futuras* gerações.

Conquanto o direito ao equilíbrio ecológico não figure formalmente no rol de direitos constantes do título II da CF/88, não se discute a sua seiva de *direito fundamental* pois expressamente o texto constitucional vincula-o como *essencial* à *sadia qualidade de vida*. Dito em outros termos, não há vida sadia com qualidade sem um meio ambiente que esteja ecologicamente equilibrado. O direito à vida e o direito à saúde são conectados de forma indissociável ao equilíbrio ecológico, tanto sob uma perspectiva coletiva, quanto individual.[1]

A dimensão individual do meio ambiente não exclui a sua dimensão coletiva e vice-versa; o regime jurídico do bem é de *uso comum*, harmônico, não egoísta, ou seja, embora seja de fruição individual, este uso não pode privar todos que integram a coletividade de também fruí-lo na sua plenitude.

2. O ELEMENTO OBJETIVO E O SUBJETIVO DO EQUILÍBRIO ECOLÓGICO

O art. 225, caput identifica no direito ao meio ambiente ecologicamente equilibrado tanto o seu *elemento objetivo* (meio ambiente ecologicamente equilibrado ou simplesmente *equilíbrio ecológico*) quanto o *subjetivo* (todos, povo, coletividade, gerações presentes e futuras). Passaremos à análise da característica de cada um deles.

2.1 Elemento objetivo: equilíbrio ecológico

O elemento objetivo "equilíbrio ecológico" não pode ser apequenado com a costumeira confusão que se faz com os *recursos ambientais*. O equilíbrio ecológico é formado

---

1. SARLET, Ingo Wolfgang; FERNSTERSEIFER, Tiago. Direito constitucional ambiental: estudos sobre a constituição, os direitos fundamentais e a proteção do ambiente. São Paulo: Ed. RT, 2011, p. 37-38.; SARLET, Ingo Wolfgang. A Eficácia dos Direitos Fundamentais. 6. ed. rev., atual e ampl. Porto Alegre: Livraria do Advogado, 2006. p. 92-96.

pela interação (química, física e biológica) dos recursos ambientais, ou seja, estes são parte do todo. Tais recursos, em conjunto, são ingredientes fundamentais para se alcançar o equilíbrio ecológico. Logo, o *produto* da interação destes recursos não se confunde, e nem se reduz, a cada um destes recursos em particular.

O ar, a água, a fauna, a flora, os minerais etc. são os recursos ambientais, que podem ser classificados em bióticos (com vida) e abióticos (sem vida). O equilíbrio ecológico é o resultado da combinação entre eles. Cada recurso ambiental tem um papel (função ecológica) na produção do equilíbrio ecológico.

Neste particular o texto constitucional abraçou, integralmente, os conceitos de *meio ambiente* (equilíbrio ecológico) e de recursos ambientais previstos no art. 3º, I e V da Lei 6938/81 que instituiu a Política Nacional do Meio Ambiente, vejamos:

> Art. 3º Para os fins previstos nesta Lei, entende-se por:
>
> I – meio ambiente, o conjunto de condições, leis, influências e interações de ordem física, química e biológica, que permite, abriga e rege a vida em todas as suas formas;
>
> (...)
>
> V – recursos ambientais: a atmosfera, as águas interiores, superficiais e subterrâneas, os estuários, o mar territorial, o solo, o subsolo, os elementos da biosfera, a fauna e a flora.

No texto do artigo 225 da CF/88 há o reconhecimento do direito fundamental ao equilíbrio ecológico, como também que ele não pode ser alcançado (o equilíbrio ecológico) sem que se protejam os recursos ambientais. É o que se observa ao falar no parágrafo primeiro do artigo 225 que a "efetividade" desse direito (equilíbrio ecológico) depende da proteção dos "processos ecológicos essenciais", "patrimônio genético", "componentes ambientais dos espaços especialmente protegidos", "função ecológica da fauna e da flora" etc.

Falando mais um pouquinho sobre o objeto ("equilíbrio ecológico") do direito fundamental previsto no artigo 225 da CF/88 é necessário dizer que o próprio texto magno estabeleceu o seu regime jurídico e de certa forma algumas características que são importantes para definir, em capítulos seguintes, como deve se dar a sua tutela.

A sua principal característica é ser *essencial à sadia qualidade de vida*. Ora, dizer que é fundamental, imprescindível, imanente, necessário à vida – com saúde – implica reconhecer que aí está o *"mais básico de todos os direitos, no sentido de que surge como verdadeiro pré-requisito da existência dos demais direitos consagrados constitucionalmente. É, por isto, o direito humano mais sagrado"*[2].

Observe que a essencialidade à vida traz consigo uma série de atributos como:

a) *indisponibilidade*, afinal ninguém pode prescindir da vida com saúde;

b) *imprescritibilidade*, "em razão da natureza permanente da lesão"[3]-[4];

---

2. TAVARES, André Ramos. Curso de Direito Constitucional. 8. ed. São Paulo: Editora Saraiva, 2010, p. 569.

3. (AgInt no AREsp 1540341/PA, Rel. Ministro NAPOLEÃO NUNES MAIA FILHO, PRIMEIRA TURMA, julgado em 15/06/2020, DJe 17/06/2020).

4. O STF (tema STF n. 999) reconheceu por maioria de votos ser "imprescritível a pretensão de reparação civil de dano ambiental" no julgamento do Recurso Extraordinário 654833 seguindo orientação pacífica e sedimentada do STJ (STJ, REsp 1081257-SP, REsp 1644195-SC). Tal orientação do STF em abril de 2020, consolida a posição dos nossos tribunais de cúpula de que a lesão ao

CAPÍTULO 4 • O EQUILÍBRIO ECOLÓGICO COMO OBJETO DE TUTELA DA LEI DE AÇÃO CIVIL PÚBLICA

c) *inalienabilidade/indisponibilidade*, posto que não possuem conteúdo econômico que permita ser transferido ou negociado, sendo impossível a sua disposição;

d) *inapropriável* no sentido de não pertence a uma pessoa com exclusão de outras, ou seja, não pode ser excluído de quem quer que seja, inclusive porque se submete a um regime de *uso comum*;

e) *irrenunciável* porque não se pode renunciar à vida com qualidade,

f) *irretroatividade*, porque uma vez ocorrida a sua aquisição ao patrimônio jurídico do indivíduo, é vedado que se lhe imponha um retrocesso à sadia qualidade de vida adquirida[5];

g) *interrelacionalidade*, pois na medida em que tal objeto está atrelado ao núcleo mais sagrado do indivíduo/coletividade que é a vida com dignidade, todos os demais direitos que dependem do direito à vida se correlacionam com o meio ambiente sadio;

h) *globalidade/transnacionalidade*, pois não sendo um objeto que encontra fronteiras políticas e sendo os recursos ambientais de índole planetária, comunicantes e dependentes um dos outros, não há como segregá-lo a um limite espacial e político construído pelo ser humano;

i) *não monetizável* (*não amoedável*) que implica que não deve ser violado, pois privar o indivíduo/coletividade do seu usufruto não encontra conversão em pecúnia;

j) *infungibilidade*, assim entendida como a impossibilidade de que possa ser substituído por qualquer outro objeto;

k) *indivisível,* pois não podem ser fracionados sem alteração na sua substância, e sem prejuízo do uso a que se destinam.

l) *Reflexibilidade* na medida em que é base de sustentação para outros direitos, ou seja, a violação do equilíbrio ecológico ricocheteia para outros direitos (individuais ou coletivos) que dele dependam.

Todas estas características do equilíbrio ecológico, objeto do direito constitucional ao meio ambiente, são importantíssimas para entender como deve ser o modelo de proteção do referido direito.

2.2 O elemento subjetivo: titularidade universal

Em mais de um momento o artigo 225 deixou clara a titularidade do direito ao meio ambiente ecologicamente equilibrado, ou seja, definiu a quem pertence este direito fundamental. O texto do artigo 225 usa as expressões "todos", "povo", "coletividade",

---

meio ambiente é de índole permanente e o direito ao meio ambiente ecologicamente equilibrado pertence as presentes e futuras gerações. Entre aderir a um sistema clássico de estabilidade pela prescrição e manter viva a possibilidade de reparação pelos danos ambientais o STF adotou a posição de proteção do meio ambiente, inclusive citando o voto do Ministro Herman Benjamin (STJ) sobre o tema quando disse que a "segurança jurídica da coletividade futura que enfraquece e mitiga, quando não aniquila, a chamada segurança jurídica tradicional, no caso do infrator das normas ambientais. Ou seja, deve prevalecer a segurança jurídica coletiva das gerações futuras sobre a segurança jurídica do infrator individual de hoje". (EDcl no REsp 1120117/AC).

5. BARROSO, Luís Roberto. *O direito constitucional e a efetividade de suas normas.* 5. ed. Rio de Janeiro: Renovar, 2001. p.158.

"presentes e futuras gerações" para designar aqueles que titularizam o direito ao equilíbrio ecológico.

Além do fato de a CF/88 ter utilizado nomes que refletem a indeterminação e abstração dos titulares do direito ao equilíbrio ecológico, também disse que tal bem *é de uso comum do povo*.

A rigor, o equilíbrio ecológico não é um bem público nos termos do art. 98 do Código Civil[6] Brasileiro, ou seja, não são bens que pertençam ao Estado, muito embora alguns recursos ambientais que atuam no equilíbrio ecológico o sejam como se observa, por exemplo, em alguns incisos do art. 20 da CF/88.

Por outro lado, se olharmos para a classificação do bem público contida nos incisos do art. 99, perceberemos que o critério classificatório ali adotado foi *a destinação/utilização do bem*, portanto, sob este viés poderíamos dizer que o equilíbrio ecológico é um bem público sob tal perspectiva, não sendo por acaso o fato de o texto constitucional ter tomado emprestado a mesma expressão do art. 99, I do CCB.

Assim, tanto se pode definir o bem público a partir do seu titular (art. 98), quanto do seu destino/utilização (art. 99, I). É sob esta, e não aquela perspectiva que se encaixa o equilíbrio ecológico como se fosse um bem público. É, pois, *público pelo que se destina*, mas *não é público sob o conceito do art. 98*.

Portanto, embora criticável a opção do legislador de definir o "bem público" dentro de um diploma privado e a partir do sujeito que o titulariza (e não propriamente daquele que é o seu verdadeiro usuário[7]), isso não impede que utilizemos a classificação do artigo 99 para reconhecer que mesmo não sendo de titularidade de nenhum ente estatal o equilíbrio ecológico se submete a um regime jurídico de direito público.

É muito importante notar que o fato de a sua titularidade ser do "povo" da "coletividade" isso de forma alguma afasta o fato de que são fruídos individualmente, por cada sujeito que integra o povo ou a coletividade. Daí porque se fala em *dimensão individual* e *dimensão coletiva* do direito fundamental ao equilíbrio ecológico[8].

Quando o texto constitucional diz que são "bens de uso comum do povo" isso significa que não se submetem a um regime de propriedade privada, ou seja, não há a faculdade de usar, gozar e dispor. O direito de uso do equilíbrio ecológico (e da função ecológica dos recursos ambientais que o integram) é indistinto, ou seja, todos do povo podem usar em absoluta igualdade de condições, sem necessidade de consentimento ou autorização de qualquer pessoa. Normalmente são gratuitos, mas dada a existência de alguma peculiaridade pode ser exigida uma remuneração pela administração pública, por exemplo, para manutenção dos custos de manutenção específica, como por exemplo as taxas ambientais que se cobram para visitação em determinado e específico espaço ambiental de proteção de ecossistema de rara biodiversidade.

---

6. Art. 98. São públicos os bens do domínio nacional pertencentes às pessoas jurídicas de direito público interno; todos os outros são particulares, seja qual for a pessoa a que pertencerem.
7. Ver a crítica de GASPARINI, Diógenes. Direito Administrativo. 13 ed. São Paulo: Saraiva, 2008, p. 856.
8. FENSTERSEIFER, Tiago. Direitos Fundamentais e Proteção do Ambiente: a dimensão ecológica da dignidade humana no marco jurídico-constitucional do Estado Socioambiental de Direito. Porto Alegre: Livraria do Advogado, 2008, p. 57 e ss.

Para que o *povo* possa usufruir do equilíbrio ecológico é necessário que este equilíbrio seja alcançado pela interação química, física e biológica da função ecológica dos recursos ambientais; isso quer dizer que só há a possibilidade de se ter uso comum do meio ambiente ecologicamente equilibrado se houver respeito à função ecológica dos recursos ambientais que em conjunto produzem este equilíbrio.

É importante que fique claro que os recursos ambientais (ex. minerais, água, flora, fauna etc.) são bens que tanto servem à uma função ecológica (função típica, normal, conatural), quanto a uma função econômica-cultural. O que deve ficar sedimentado é que pelo fato de que sua função ecológica ser essencial à vida ela precede a qualquer outra; é subordinante de todas as demais; qualquer outra função (econômica, cultural) que se pretenda dar ao referido bem, isso só pode ser feito se não houver prejuízo para a função ecológica.

Para se ter segurança de que haverá respeito à proteção do *uso comum*, é necessário que a solicitação do *uso incomum* (por exemplo, a exploração de riquezas minerais, construção de uma obra com sacrifício de área verde, construção de um píer, passagem de um oleoduto, realização de uma passarela sobre um mangue etc.) ela seja expressamente autorizado pelo seu dono (povo).[9]

3. A PROTEÇÃO CONSTITUCIONAL DO DIREITO AO MEIO AMBIENTE E SUA IRRADIAÇÃO NO ORDENAMENTO JURÍDICO

O direito fundamental ao meio ambiente ecologicamente equilibrado está estampado no artigo 225, caput da CF/88. Já apontamos em tópicos acima as suas características imanentes, seja sob a perspectiva subjetiva (dos titulares), seja objetiva (do objeto).

Contudo, a CF/88 não se limitou a reconhecer a existência do direito fundamental do povo ao meio ambiente ecologicamente equilibrado. Há no texto constitucional uma série de outros dispositivos, uns dentro e outros fora do art. 225, que trazem *direitos para garantir* a proteção integral desse direito fundamental essencial à vida. É o que podemos dizer de direitos – igualmente fundamentais – que propiciam (instrumentalizam) a realização do direito ao equilíbrio ecológico, sem os quais ele poderia ser apenas um enfeite dentro do texto constitucional.

> "O direito ao meio ambiente sadio como direito subjetivo apresenta-se como: a) direitos procedimentais ambientais, que consistiriam nos direitos à informação, de participação e de ação judicial, realizada, por exemplo, por meio da ação popular (CF 5.º LXXIII); b) direito à proteção do meio ambiente, que implica a obrigatoriedade de o Estado combater os perigos sobre o meio ambiente, a fim de assegurar outros direitos fundamentais com ele relacionados (vida, saúde etc.)".[10]

---

9. Obviamente que o "povo" não tem como ser consultado se autoriza ou não uma atividade econômica que utilize recursos ambientais, mas quem faz este papel são os órgãos administrativos ambientais segundo os critérios de competência estabelecidos em lei. Neste procedimento deve-se "pedir licença", com todos os estudos necessários, com transparência, deve-se identificar a possibilidade (com condicionantes), ou não, de se permitir o uso *incomum* do bem ambiental sempre lembrando que o uso comum deve ser prioritário e resguardado para as presentes e futuras gerações.

10. NERY Jr., Nelson, NERY, Rosa Maria Andrade B. Considerações sobre o Direito Ambiental e sua proteção constitucional. In: Ação Civil Pública após 35 anos. São Paulo: Ed. RT, 2020, p. 533.

Para entender tal aspecto precisamos lembrar um pouco das dimensões subjetiva e objetiva dos direitos fundamentais. Sendo o direito ao meio ambiente ecologicamente equilibrado um direito fundamental do povo, isso implica em enxergá-lo sob duas matizes distintas, a partir de uma dimensão subjetiva, clássica, e um dimensão objetiva, mais atual.

A dimensão subjetiva, relembremos, implica em um dever de abstenção do Estado em intervir no exercício da liberdade e da igualdade públicas, consolidando em favor do titular dos direitos (subjetivo) um direito de defender-se contra indevidas intervenções por parte do Estado[11].

Obviamente que, ultrapassado o modelo liberal de Estado, não é apenas esta dimensão subjetiva que está garantida pelo texto constitucional, pois é preciso pensar o direito fundamental sob uma perspectiva dinâmica e positiva (ativa). É aí que entra a dimensão objetiva que impõe ao Estado o *dever de realizar a proteção/implementação destes direitos*, seja para si próprio (proteção vertical), seja para atos de particulares (proteção horizontal).[12]

Neste particular vale a precisa e certeira posição de Daniel Sarmento:

> "(...)os direitos fundamentais exprimem os valores nucleares de uma ordem democrática, seus efeitos não podem se resumir à limitação jurídica do poder estatal. Os valores que tais direitos encarnam devem se irradiar para todos os campos do ordenamento jurídico, impulsionando e orientando a atuação do Legislativo, do Executivo e do Judiciário. Os direitos fundamentais, mesmo aqueles de matriz liberal, deixam de ser apenas limites apara o Estado convertendo-se em norte da sua atuação."

Diante deste cenário, temos na Constituição Federal, em relação ao direito ao equilíbrio ecológico, uma gama de direitos fundamentais procedimentais[13] que se dispersam na Constituição Federal ora no próprio artigo 225, ora ao longo de outros dispositivos da carta magna.

Assim, pode-se falar que existem uma série de direitos de instrumentalização do direito fundamentais ao equilíbrio ecológico que tanto podem estar *diretamente* previstos no art. 225, como podem estar *espalhados em outros dispositivos*. Daí falarmos em direitos de <u>proteção direta</u> para os *primeiros* e <u>indireta</u>, para os *segundos*. Não por acaso a expressão meio ambiente aparece nada menos que dezoito vezes ao longo de todo o texto constitucional.

Em relação aos direitos de proteção direta, são aqueles que estão inseridos nos incisos e parágrafos do artigo 225. Na realidade, quando pensamos nas normas constitucionais que se destinam à tutela do meio ambiente, por óbvio a primeira referência

---

11. CANOTILHO, J. J. Gomes. Direito Constitucional e Teoria da Constituição. Coimbra: Almedina, 2000. p. 408.
12. SARMENTO, Sarmento. "Dimensão objetiva dos direitos fundamentais: fragmentos de uma teoria" in Arquivos de direitos humanos. v. 4. Rio de Janeiro: Renovar, 2002, p. 65); no mesmo sentido CANOTILHO, J. J. GOMES. "Constituição e déficit procedimental" in: Estudos sobre direitos fundamentais. Coimbra: Coimbra Editora, 2004, p. 79.
13. ALEXI, Robert. Teoria dos direitos fundamentais. Tradução de Virgílio Afonso da Silva. São Paulo: Malheiros, 2015, p. 488; BENJAMIN, Antônio Herman V. Constitucionalização do ambiente e ecologização da Constituição brasileira. In: CANOTILHO, José Joaquim Gomes; LEITE, José Rubens Morato (Org.). Direito Constitucional Ambiental Brasileiro. 6. ed. São Paulo: Saraiva, 2015, p. 126; no mesmo sentido com limpidez que lhe é peculiar ver MIRRA, Alvaro Luiz Valery. "As dimensões material e procedimental do direito ao meio ambiente equilibrado", disponível em: https://www.conjur.com.br/2017-fev-18/ambiente-juridico-dimensoes-material-procedimental-meio-ambiente-equilibrado#_edn18. Acesso em: 15.05.2020.

CAPÍTULO 4 • O EQUILÍBRIO ECOLÓGICO COMO OBJETO DE TUTELA DA LEI DE AÇÃO CIVIL PÚBLICA

que nos vem à mente são os parágrafos e incisos do art. 225. E não poderia ser diferente. Afinal, é ele quem dá forma ao Capítulo VI do Título VIII da CF/88, especificamente destinado à proteção ambiental; ali estão oito menções incluído o rótulo do Capítulo VI ("Do Meio Ambiente").

Há, contudo, importantes referências situadas fora do art. 225 que também são direitos de proteção do direito previsto no caput do art. 225, a saber:

> Art. 5º, LXXIII: "qualquer cidadão é parte legítima para propor ação popular que vise a anular ato lesivo (...) ao meio ambiente (...), ficando o autor, salvo comprovada má fé, isento de custas judiciais e do ônus da sucumbência".
>
> Art. 23, VI: "É competência comum da União, dos Estados, do Distrito Federal e dos Municípios: (...) proteger o meio ambiente e combater a poluição em qualquer de suas formas".
>
> Art. 24, VI e VIII: "Compete à União, aos Estados e ao Distrito Federal legislar concorrentemente sobre: (...) florestas, caça, pesca, fauna, conservação da natureza, defesa do solo e dos recursos naturais, proteção do meio ambiente e controle da poluição; (...) responsabilidade por dano ao meio ambiente (...)".
>
> Art. 129, III: "São funções institucionais do Ministério Público: (...) promover o inquérito civil e a ação civil pública, para a proteção do patrimônio público e social, do meio ambiente e de outros interesses difusos e coletivos".
>
> Art. 170, VI: "A ordem econômica, fundada na valorização do trabalho humano e na livre iniciativa, tem por fim assegurar a todos existência digna, conforme os ditames da justiça social, observados os seguintes princípios: (...) defesa do meio ambiente, inclusive mediante tratamento diferenciado conforme o impacto ambiental dos produtos e serviços e de seus processos de elaboração e prestação".
>
> Art. 174, § 3º: "O Estado favorecerá a organização da atividade garimpeira em cooperativas, levando em conta a proteção do meio ambiente e a promoção econômico social dos garimpeiros".
>
> Art. 186, II: "A função social é cumprida quando a propriedade rural atende, simultaneamente, segundo critérios e graus de exigência estabelecidos em lei, aos seguintes requisitos: (...) utilização adequada dos recursos naturais disponíveis e preservação do meio ambiente".
>
> Art. 200, VIII: "Ao sistema único de saúde compete, além de outras atribuições, nos termos da lei: (...) colaborar na proteção do meio ambiente, nele compreendido o do trabalho".
>
> Art. 220, § 3º, II: "Compete à lei federal: (...) estabelecer os meios legais que garantam à pessoa e à família a possibilidade de se defenderem (...) da propaganda de produtos, práticas e serviços que possam ser nocivos à saúde e ao meio ambiente".

Assim como há um direito (material) fundamental ao equilíbrio ecológico, há também os deveres fundamentais de tutela e proteção impostos ao poder público e à coletividade; todos eles previstos na CF/88, seja de forma direta no próprio capítulo dedicado ao meio ambiente, seja em dispositivos dispersos do texto maior.

Esses *direitos fundamentais de proteção ambiental*, fazem surgir o que chamaremos de *deveres de tutela* se impõem não apenas ao Estado (legislativo, executivo e judiciário), mas também a todos os membros da coletividade.[14]

---

14. A ação civil pública ambiental, objeto principal deste trabalho, é apenas um desses direitos instrumentais fundamentais do direito ao equilíbrio ecológico.

4. OS DEVERES JURÍDICOS CONSTITUCIONAIS AMBIENTAIS QUE DEVEM SER CUMPRIDOS PELO PODER PÚBLICO E PELA COLETIVIDADE

4.1 O dever axiomático do art. 225, caput: proteger e preservar

Está no próprio caput do artigo 225 da CF/88 a contraface do *direito* fundamental ao equilíbrio ecológico quando expressamente impõe "ao Poder Público e à coletividade o *dever de defendê-lo e preservá-lo* para as presentes e futuras gerações".

Todas as características do direito ao meio ambiente ecologicamente equilibrado expostas no item dois deste capítulo apenas endossam e reforçam o mandamento constitucional de que o meio ambiente deve ser *defendido e preservado* pela coletividade e pelo poder público.

Sendo um bem essencial à vida, fruto de uma combinação infungível de recursos ambientais não há outro caminho senão pensar em um <u>modelo de direitos de proteção</u> que sejam calcados no dever de preservação.

Ora, sem receio de cair em frases comuns, ou pieguismo, sabemos que uma vez danificado o equilíbrio ecológico, viola-se um bem que é essencial à vida e todos temos noção do que isso significa. Por mais que se tente restaurá-lo ou recuperá-lo – e deve-se tentar, é claro – a verdade é que já houve uma ofensa à qualidade do meio ambiente, e esse prejuízo, infelizmente, não há como recompor.

Não há reparação pecuniária que equivalha à perda ou sacrifício, mínimo que seja, deste direito fundamental. Pense e imagine a qualidade do ar que você respira deteriorada por meses, anos; a flora queimada nos arredores da sua cidade com a poluição atmosférica, a perda da beleza cênica, o aumento do microclima, a redução das nascentes; imagine a água contaminada por nanopartículas de agrotóxico; pense nos peixes contaminados pelos rejeitos de metais pesados de barragem rompida que desaguam no mar; os rios que secam pela destruição das nascentes...etc. Enfim, tendo cada um de nós o direito fundamental ao equilíbrio ecológico, a pergunta cuja resposta já sabemos é: algum dinheiro – quando isso acontece – recompõe estas perdas? Ficar privado do equilíbrio ecológico significa reduzir uma parcela da sua vida, e, isso não tem preço.

Exatamente por isso o dever jurídico raiz em relação a proteção do meio ambiente é expressamente previsto no caput do artigo 225: **preservar**. Todos, absolutamente todos os direitos que instrumentalizam e implementam o direito fundamental ao equilíbrio ecológico são regidos por este insuperável objetivo: a preservação.

Por mais que saibamos, até intuitivamente, que *preservar* perpassa a ideia de "abrigo", "proteção", "cuidado", "salvamento", "manter vivo", "manter a salvo de ferimentos", "manter intacto para ser duradouro" e, que etimologicamente, no latim medieval "praeservāre" era guardar, proteger e no latim tardio também significava "vigiar antes" "observar previamente", é importante repetir que *preservar* é ato que se realiza *ex ante*, como indica o seu prefixo, com intuito de manter intacto, íntegro, incólume, duradouro.

Como é um dever do poder público e da coletividade a preservação do direito ao equilíbrio ecológico, temos que tudo o que se refere a sua implementação/proteção/

instrumentalização deve ser iluminado pela perspectiva de manter ou de salvar a sua integridade. Isso implica, obviamente, *evitar* danos, *impedir* lesão, enfim, não permitir que o meio ambiente se desequilibre, defendendo-o de ataques. Tudo isso por causa da sua fundamentalidade à vida e infungibilidade natural. E, caso o desequilíbrio ou adversidades tenham ocorrido, deve agir mais que imediatamente reprimindo o ataque e fazendo todos os esforços para que ele volte a se reequilibrar o mais rápido possível.

> "Mesmo outros direitos que admitam, de alguma forma, expressão monetária e que, por isso mesmo, aceitariam a 'tutela jurisdicional repressiva' também justificam a prestação da 'tutela jurisdicional preventiva' porque a isso não pode furtar o aplicador da lei processual civil, em função do que irradia o modelo constitucional do direito processual civil, em específico inciso XXXV do art. 5º da Constituição Federal: toda a estrutura do direito processual civil deve ser (re) construída a partir da noção de ameaça a direito e não só, como tradicionalmente se deu, a partir da compensação da lesão. Uma forma de tutela jurisdicional já não pode sobrepor à outra, excluindo-a."[15]

Assim, esses deveres de proteção só podem ser pensados e construídos sob o foco de luz da *preservação*, pois é isso que *impõe* o texto constitucional. E os destinatários desse dever jurídico são a coletividade e o Poder Público.

Assim, cada cidadão do povo tem o *direito* de *usufruir o meio ambiente ecologicamente equilibrado*, mas também tem o *dever de protegê-lo e preservá-lo*, e, isso significa, obviamente, adotar comportamentos negativos de não poluir, de não degradar etc., mas também, de outro lado, realizar condutas positivas em prol desta preservação.

No que concerne à expressão "poder público" contida no artigo 225, caput (e também no §1º) engloba todo o Estado, ou seja, o poder executivo, o poder legislativo e o judiciário. Enfim, todos os poderes (órgãos, departamentos, entidades etc.) munidos de poder estatal, que de forma indireta ou direta, atuam em prol do interesse público são atingidos pela regra acima. A *defesa e a preservação do meio ambiente ecologicamente equilibrado* deve ser um mantra a ser perseguido pelo "poder público" em qualquer atividade que exerça. Havendo alguma participação estatal, o ente deve proteger a integridade do equilíbrio ecológico.

Desta forma o *Poder Legislativo*, no uso das atribuições da competência ambiental concorrente do art. 24, VI e VIII da CF/88 deve legislar tendo em mira esse axioma: proteger e preservar o meio ambiente ecologicamente equilibrado. Aliás, registre-se, que o texto do inciso sexto mencionado retro traduz total identidade com o axioma ambiental preconizado no caput do art. 225. Não é por acaso que a legislação deve ser no sentido de "*que se promova a conservação da natureza, a defesa do solo e dos recursos naturais, proteção do meio ambiente e controle da poluição*" (art. 24, VI da CF/88).

Assim, seja a União fixando as normas nacionais gerais, seja os Estados ou Municípios exercendo as suas parcelas de competência nos limites de seus interesses, é importante que todos eles *legislem* tendo em mira a premissa mencionada. Não se admite, por isso, seja qual for a esfera ou nível de competência, que o Estado legislador viole a proibição de retrocesso, criando texto normativo que destrua as conquistas – irretroati-

---

15. SCARPINELLA BUENO, Cassio. Curso Sistematizado de Direito Processual Civil. São Paulo: Saraiva, 9. ed., 2018, v. 1, p. 372.

vas – em prol do ambiente. Isso vale não apenas para o direito material ambiental, mas também para o direito instrumental ambiental.

O princípio do não retrocesso se impõe diretamente ao Estado legislador que deve cumprir seu papel de proteger e preservar, de forma que à medida que se alcançam conquistas em prol do equilíbrio ecológico, dá-se um passo legislativo irretroativo no sentido de manter as conquistas já alcançadas em prol do ambiente e da sociedade. Por intermédio de normas de conduta (penal e não penal) ou por meio de normas de organização e competência o legislador tem a tarefa de cumprir o mandamento nuclear do direito ao equilíbrio ecológico: legislar tendo em mira a preservação do ambiente.

Assim, por exemplo, deve ter por norte uma *legislação penal preventiva*, onde o momento do crime não coincida com o dano, mas seja antecedente a ele, ou seja, quando se dá o ilícito, o risco ou o perigo. De escolher momentos antecedentes ao dano para tipificação dos crimes ambientais.

O mesmo se diga com as sanções civis que não se restringem à responsabilidade civil por dano. A antijuridicidade civil pode ser ensejadoras de diferentes sanções civis, inclusive, a responsabilidade civil nos casos de danos ambientais. A amplitude das possibilidades de o legislador estabelecer sanções civis à antijuridicidade vão desde as invalidações de atos, perdas de direitos, enriquecimento sem causa, punição pela gravidade da conduta, e, inclusive, como se disse, a *responsabilidade civil pelo dano causado*. Para tanto, como veremos mais adiante, é preciso que o legislador tenha em conta a compreensão do alcance da diferença entre dano e risco e que vincule este último da noção de antijuridicidade.

Não se duvida que o legislador ambiental vem se preocupando, cada vez mais, em antecipar o momento em que se considera ocorrida a antijuridicidade ambiental, desvinculando-a, muitas vezes, da efetiva ocorrência do dano, justamente para se respeitar e atender ao princípio matriz da sua atuação: preservação. Do contrário, se for sempre relacionada a antijuridicidade à ideia de ocorrência do dano, com certeza a indesejada tutela meramente reparatória (justiça restaurativa) será a mais utilizada. É preciso trabalhar a <u>exposição ao risco</u> como conduta antijurídica ensejadora de sanções civis ambientais, sem descartar, obviamente, o fato de que a <u>situação de risco</u> pode não causar nenhum dano patrimonial, mas também pode, só pelo risco, causar danos extrapatrimoniais àquele que suportará a tensão e a ansiedade pelo risco existente.

Já no que concerne à competência comum para as *ações administrativas* do <u>Poder Executivo,</u> o texto constitucional foi expresso, repetindo o mantra de que tais atos devem ser marcados pela preocupação *ex ante* e não *ex post*. Deve-se sempre buscar pre+venir, pre+servar; pre+caucionar, justamente porque se sabe que uma vez violado o equilíbrio ecológico, o prejuízo é irreparável. Assim, o texto do artigo 23, III, VI e VII têm as seguintes redações:

> III – *Proteger* os documentos, as obras e outros bens de valor histórico, artístico e cultural, os monumentos, as paisagens naturais notáveis e os sítios arqueológicos;
>
> VI – *Proteger* o meio ambiente e *combater* a poluição em qualquer de suas formas;
>
> VII – *Preservar* as florestas, a fauna e a flora;

CAPÍTULO 4 • O EQUILÍBRIO ECOLÓGICO COMO OBJETO DE TUTELA DA LEI DE AÇÃO CIVIL PÚBLICA

No mesmo sentido a tão esperada Lei Complementar n. 140 que regulamentou o parágrafo único do artigo 23 citado acima. Segundo o art. 3º, o primeiro objetivo fundamental da desta Lei que se propõe a harmonizar a cooperação e a atuação administrativa entre os entes políticos é "*proteger, defender e conservar* o meio ambiente ecologicamente equilibrado, promovendo gestão descentralizada, democrática e eficiente".

O <u>Poder Judiciário</u> brasileiro (aí englobando todos os seus atores) tem cumprido seu papel de proteger e defender o meio ambiente e isso se deve, em boa parte, à atuação do Ministério Público e em especial do Superior Tribunal de Justiça que tem sido uma corte exemplar, inclusive internacionalmente, na proteção jurisdicional do meio ambiente. Não que o Supremo Tribunal Federal não cumpra seu importante papel, mas destaque mesmo é o STJ, principalmente na formação de precedentes ambientais com julgados de enorme qualidade técnica.

Em relação ao Poder Judiciário ambiental espera-se que uma evolução em diferentes flancos (advocacia, serventuários, formação de bacharéis, atuação judicial dos entes políticos/autarquias etc.), mas especialmente:

- Na formação e no respeito aos precedentes vinculantes ambientais.

- No incremento e fomento da resolução/solução consensual de conflitos envolvendo o meio ambiente, mediante as técnicas de conciliação, processos estruturantes etc.

- No reconhecimento de que a urgência em matéria ambiental é *in re ipsa* e que *não* é possível promover a defesa e a preservação do meio ambiente, e assim cumprir o axioma do art. 225, caput, por meio de uma tutela intempestiva e ex post.

No tópico seguinte cuidaremos dos *deveres concretos* que devem ser assumidos pelo Poder Público para efetivar o direito ao meio ambiente ecologicamente equilibrado. Tais deveres são consequência lógica do axioma "proteger e preservar" previsto no caput do art. 225.

4.2   Os deveres concretos do art. 225

Vimos no tópico antecedente que o direito (constitucional) ao *meio ambiente ecologicamente equilibrado* (equilíbrio ecológico) da forma como vem previsto no artigo 225 da CF/88 deixa evidente alguns aspectos que lhes são imanentes e que predeterminarão o modo de ser de sua tutela jurídica lato sensu, portanto, aí incluindo a tutela jurisdicional. Dito em termos mais claros o direito e o dever de proteção e preservação do meio ambiente estabelece qual – e como deve ser – a proteção pelo Poder Público.

Vimos que extrai-se do texto constitucional que o *Poder Público e a Coletividade* têm o *dever jurídico* de *proteger e preservar* o meio ambiente ecologicamente equilibrado. Vimos também que este dever implica em uma tutela jurídica do Poder Executivo (administrativa), do Poder Legislativo (legislativa) e do Poder Judiciário (tutela jurisdicional penal e não penal) – que tenham por alvo prioritário a preservação, isto é, que sejam tomadas *medidas de precaução*, qual seja soluções que *evitem* um mal, que *inibam* situações danosas ao meio ambiente. Há um motivo lógico dessa opção constitucional.

Esse *porquê* reside na importância e função do equilíbrio ecológico ao abrigo, manutenção e preservação da vida com dignidade. E, não apenas à vida humana, mas a todas as formas de vida, como deixa claro o art. 3º, I da Política Nacional do Meio Ambiente.

O texto maior impõe a exigência de que os *deveres de preservação e de proteção* constituam o objetivo precípuo da tutela jurídica ambiental, sob qualquer face que se enxergue a questão, seja do ponto de vista público (executiva, legislativa e judiciária), seja do ponto de vista privado (relações jurídicas privadas).

Frise-se, quanto a este último aspecto atinente às relações privadas, que há, no Código Civil Brasileiro duas regras importantíssimas que ratificam o comando do art. 225, caput. Primeiro o artigo 1228, §1º que expressamente diz que

> "o direito de propriedade deve ser exercido em consonância com as suas finalidades econômicas e sociais e de modo que sejam preservados, de conformidade com o estabelecido em lei especial, a flora, a fauna, as belezas naturais, o equilíbrio ecológico e o patrimônio histórico e artístico, bem como evitada a poluição do ar e das águas".

Mais claro do que isso que está descrito no texto é impossível conceber, ou seja, o direito de propriedade *deve ser exercido* de forma a *preservar* o meio ambiente ecologicamente equilibrado. Trata-se de limitação interna ao direito de propriedade que deve ser respeitado nas relações privadas[16].

Além deste dispositivo, há ainda o art. 2035 que, ao tratar da validade e efeitos dos negócios e demais atos jurídicos, constituídos antes da entrada em vigor do Código diz que "*nenhuma convenção prevalecerá se contrariar preceitos de ordem pública, tais como os estabelecidos por este Código para assegurar a função social da propriedade e dos contratos*".[17]

Relembro que a função social da propriedade, urbana e rural, são densificadas na CF/88, precisamente nos arts. 182 e 186 e neles constam o conteúdo de proteção e preservação do meio ambiente.

Portanto, existe um *dever difuso* da coletividade (em suas relações privadas) e do poder público (nas relações/atuações que participe ou deva participar) que é de proteção e preservação do equilíbrio ecológico.

---

16. "(...) 3. A garantia do direito adquirido não pode ser invocada para mitigar o dever de salvaguarda ambiental, não servindo para justificar o desmatamento da flora nativa, a ocupação de espaços especialmente protegidos pela legislação, tampouco para autorizar a continuidade de conduta potencialmente lesiva ao meio ambiente. O dever de assegurá-lo, por seu turno, não se limita à proibição da atividade depredatória, abrangendo a obrigatoriedade de se conservar e regenerar os processos ecológicos. 4. A existência da área de reserva legal no âmbito das propriedades rurais caracteriza-se como uma limitação administrativa necessária à tutela do meio ambiente para as presentes e futuras gerações e se encontra em harmonia com a função ecológica da propriedade, legitimando a existência de restrições aos direitos individuais em benefício dos interesses de toda a coletividade (...)."(REsp 1381191/SP, Rel. Ministra DIVA MALERBI (Desembargadora Convocada TRF 3ª REGIÃO), SEGUNDA TURMA, julgado em 16/06/2016, DJe 30/06/2016).
17. "1. Os contratos de direito agrário são regidos tanto por elementos de direito privado como por normas de caráter público e social, de observação obrigatória e, por isso, irrenunciáveis, tendo como finalidade precípua a proteção daqueles que, pelo seu trabalho, tornam a terra produtiva e dela extraem riquezas, conferindo efetividade à função social da propriedade. 2. Apesar de sua natureza privada e de ser regulado pelos princípios gerais que regem o direito comum, o contrato agrário sofre repercussões de direito público em razão de sua importância para o Estado, Do protecionismo que se quer emprestar ao homem do campo, à função social da propriedade e ao meio ambiente, fazendo com que a máxima do pacta sunt servanda não se opere em absoluto nestes casos. 3. Nos contratos agrários, é proibida a cláusula de renúncia à indenização pelas benfeitorias necessárias e úteis, sendo nula qualquer disposição em sentido diverso. (...)" (REsp 1182967/RS, Rel. Ministro LUIS FELIPE SALOMÃO, QUARTA TURMA, julgado em 09/06/2015, DJe 26/06/2015).

CAPÍTULO 4 • O EQUILÍBRIO ECOLÓGICO COMO OBJETO DE TUTELA DA LEI DE AÇÃO CIVIL PÚBLICA

Mas este tópico cuida de algo a mais do que o dever geral de "proteger e preservar" o meio ambiente ecologicamente equilibrado, porque o próprio texto constitucional é claríssimo, nos parágrafos e incisos do art. 225, ao prever uma série de *deveres instrumentais ao poder público* que se destinam à *efetivação* do meio ambiente ecologicamente equilibrado.

Segundo o §1º do art. 225: *"para assegurar a efetividade desse direito, incumbe ao poder público"*. Tem-se aí, claramente, uma determinação contendo uma série de *deveres concretos* que o Poder Público (judiciário, legislativo e executivo) devem ter no exercício de suas funções. Estes *deveres instrumentais*, se cumpridos, concretizarão o dever genérico de preservação e proteção do meio ambiente imposto ao poder público. Exatamente por isso o parágrafo primeiro fala em "assegurar a efetividade", que nada mais é do que proporcionar a segurança de que a proteção do equilíbrio ecológico será realizada, concretizada. De nada adiantaria um direito material fundamental sem os deveres instrumentais para assegurar de sua proteção.

O primeiro dever jurídico (inciso I do § 1º do art. 225) é uma prestação de fazer ou não fazer e refere-se à necessidade de *preservar e restaurar* os processos ecológicos essenciais e prover o manejo[18] ecológico das espécies e ecossistemas. Os processos ecológicos essenciais são os processos vitais de um determinado ecossistema, porque indispensáveis à manutenção das cadeias alimentares, os ciclos das águas, do carbono, do oxigênio, do hidrogênio, do nitrogênio, dos minerais, a produção humana de alimentos, de energia etc. Daí porque o legislador fala em *preservar e restaurar*.

(...) 1. Exceto nos casos de comprovada utilidade pública ou interesse social, a Lei 4.771/65 (Código Florestal) literalmente proíbe a supressão e o impedimento de regeneração da Mata Ciliar, qualquer que seja a largura do curso d'água. 2. A proteção legal como Área de Preservação Permanente ciliar estende-se não só às margens dos "rios", mas também às que se encontram ao longo de "qualquer curso d'água" (Código Florestal, art. 2º, "a", grifei), aí incluídos riachos, córregos, veios d'água, brejos e várzeas, lagos, represas, enfim, todo o complexo mosaico hidrológico que compõe a bacia. 3. O regime jurídico das Áreas de Preservação Permanente ciliares é universal, no duplo sentido de ser aplicável à totalidade dos cursos d'água existentes no território nacional independentemente da sua vazão ou características hidrológicas e de incidência tanto nas margens ainda cobertas de vegetação (Mata Ciliar, Mata Ripária, Mata de Galeria ou Mata de Várzea), como naquelas já desmatadas e que, por isso mesmo, precisam de restauração.

4. Ao juiz descabe afastar a exigência legal de respeito à manutenção de Mata Ciliar, sob o argumento de que se está diante de simples "veio d'água", raciocínio que, levado às últimas consequências, acabaria por inviabilizar também a tutela das nascentes ("olhos d'água"). Mais do que nos grandes rios, é exatamente nesses pequenos cursos d'água que as Matas Ciliares cumprem o papel fundamental de estabilização térmica, tão importante à vida aquática, decorrente da interceptação e absorção da radiação solar.

5. A Constituição Federal ampara os processos ecológicos essenciais, entre eles as Áreas de Preservação Permanente ciliares. Sua essencialidade decorre das funções ecológicas que desempenham, sobretudo na conservação do solo e das águas. Entre elas cabe citar a) proteção da disponibilidade e qualidade da água, tanto ao facilitar sua infiltração e armazenamento no lençol freático, como ao salvaguardar a integridade físico-química dos corpos d'água da foz à nascente, como tampão e filtro, sobretudo por dificultar a erosão e o assoreamento e por barrar poluentes e detritos, e b) a manutenção de habitat para a fauna e formação de corredores biológicos, cada vez mais preciosos em face da fragmentação do território decorrente da ocupação humana.

---

18. Manejo é todo e qualquer procedimento que vise assegurar a conservação da diversidade biológica e dos ecossistemas (2º, VIII da Lei 9985/00).

6. Seria um despropósito tutelar apenas as correntes mais caudalosas e as nascentes, deixando, no meio das duas, sem proteção alguma exatamente o curso d'água de menor volume ou vazão. No Brasil a garantia legal é conferida à bacia hidrográfica e à totalidade do sistema ripário, sendo irrelevante a vazão do curso d'água. O rio não existe sem suas nascentes e multifacetários afluentes, mesmo os menores e mais tênues, cuja estreiteza não reduz sua essencialidade na manutenção da integridade do todo. (REsp 176.753/SC, Rel. Ministro HERMAN BENJAMIN, SEGUNDA TURMA, julgado em 07/02/2008, DJe 11/11/2009).

É muito importante notar que os conceitos de *preservar, restaurar e recuperar* foram definidos pelo legislador ambiental que regulamentou este inciso constitucional. Eles constam na Lei 9985/00. Por expressa dicção da ementa da referida Lei, esses conceitos legais preenchem os vocábulos *preservação, restauração e recuperação*, todos mencionados no artigo 225.

Neste diploma define-se (art. 2º, V) a preservação como o conjunto de métodos, procedimentos e políticas que visem a *proteção a longo prazo* das espécies, habitats e ecossistemas, além da *manutenção* dos processos ecológicos, *prevenindo* a simplificação dos sistemas naturais. Já a *restauração* restou definida (2º, XIV) como a restituição de um ecossistema ou de uma população silvestre degradada o mais próximo possível da sua condição original. E a *recuperação* foi definida (art. 2º, XIII) como restituição de um ecossistema ou de uma população silvestre degradada a uma condição não degradada, que pode ser diferente de sua condição original.[19]

> É importantíssimo perceber a diferença entre *preservar, restaurar e recuperar*, palavras que foram usadas nos deveres concretos do art. 225, pois preservar, axioma maior do caput, é tomado como conjunto de medidas de *prevenção e manutenção de ecossistemas*, portanto, soluções e remédios voltados à evitar o desequilíbrio ecológico, ao passo que a restauração e a recuperação partem da premissa de recomposição *in natura* do ambiente lesado, com a capital distinção de que a primeira (restauração) há um dever de buscar um resultado o mais próximo possível do que existia. Logo, preservar é prioritário a restaurar, que por sua vez é prioritário a recuperar.

No inciso II do §1º do art. 225 está descrito o dever jurídico de o Poder Público preservar a diversidade e a integridade do patrimônio genético do País e fiscalizar as entidades dedicadas à pesquisa e manipulação de material genético. Apenas para relembrar que o patrimônio genético é um microbem, um recurso ambiental que em conjunto com tantos outros foram o equilíbrio ecológico, daí porque a preservação da sua integridade e diversidade são fundamentais no processo de obtenção e manutenção desse equilíbrio. Enquanto a proteção da integridade e diversidade encontram-se tuteladas mais diretamente na Lei 9985/00, a fiscalização de sua utilização e controle estão regulamentados na Lei n. 11.105/05.

No inciso III do §1º do art. 225 encontra-se um dos deveres jurídicos concretos mais importantes da política de preservação do meio ambiente. É o dever de *"definir, em todas as unidades da Federação, espaços territoriais e seus componentes a serem especialmente protegidos, sendo a alteração e a supressão permitidas somente através de lei, vedada qualquer utilização que comprometa a integridade dos atributos que justifiquem sua proteção"*.

---

19. É claro que estas definições são fundamentais para o manejo da ação coletiva para tutela do meio ambiente. Assim, por exemplo, tutela *preventiva* para *preservar* as matas ciliares (áreas de preservação permanente) e, se já ocorrido o impacto, deve-se combinar tutela preventiva para inibir danos futuros com tutela restauratória do meio ambiente lesado.

Este importante *instrumento* da Política Nacional do Meio Ambiente (art. 9, VI) permite que os recursos ambientais sejam protegidos *in situ* ou *ex situ*, sendo preferível a primeira hipótese, qual seja tutelado no seu próprio ecossistema e habitat. A criação de espaços ambientais especialmente protegidos implica em estabelecer um regime especial de utilização daqueles componentes ambientais que ali estão inseridos, e é a lei que estabelece se estaremos diante de um regime de proteção integral (intocabilidade) ou de uso sustentável. De qualquer forma, o legislador constitucional deixou claro que tais espaços não podem ser alterados ou suprimidos, salvo se for por lei em sentido estrito. Neste dispositivo tanto há um dever positivo do poder público de criar/definir estes espaços ambientais, como também um negativo de *impedir* que sejam suprimidos total ou parcialmente.[20]

EMENTA Ação direta de inconstitucionalidade. Artigo 22, caput e §§ 5º e 6º, da Lei n. 9.985/2000. Criação e modificação de unidades de conservação por meio de ato normativo diverso de lei. Ofensa ao art. 225, § 1º, III, da Constituição Federal. Não ocorrência. Improcedência da ação. 1. A proteção do meio ambiente e a preservação dos biomas é obrigação constitucional comum a todos os entes da Federação (art. 23, VI e VII, CF/88). Para tanto, a Lei Fundamental dota o Poder Público dos meios necessários à consecução de tais fins, incumbindo-o, inclusive, da atribuição de definir, em todas as unidades da Federação, espaços territoriais e seus componentes a serem especialmente protegidos, conforme estabelece o art. 225, § 1º, inciso III, da Constituição. 2. Constitucionalidade do art. 22, caput, da Lei n. 9.985/2000. A dicção do texto constitucional não provoca maiores problemas quanto à definição de ato normativo apto à instituição/criação de espaços territorialmente protegidos, dentre os quais se pode destacar as unidades de conservação regulamentadas pela Lei n. 9.985/2000. Tendo a Carta se referido à reserva de legislação somente como requisito de modificação ou supressão de unidade de conservação, abriu margem para que outros atos do Poder Público, além de lei em sentido estrito, pudessem ser utilizados como mecanismos de instituição de espaços ambientais protegidos. Precedentes. 3. A teor do art. 225, § 1º, inciso III, da Constituição Federal, a alteração e a supressão de espaços territoriais especialmente protegidos somente são permitidas por intermédio de lei. A finalidade da Carta Magna, ao fixar a reserva de legalidade, deve ser compreendida dentro do espírito de proteção ao meio ambiente nela insculpido. Somente a partir da teleologia do dispositivo constitucional é que se pode apreender seu conteúdo normativo. Nesse sentido, a exigência de lei faz-se presente quando referida modificação implicar prejudicialidade ou retrocesso ao status de proteção já constituído naquela unidade de conservação, com o fito de coibir a prática de atos restritivos que não tenham a aquiescência do Poder Legislativo. Se, para inovar no campo concreto e efetuar limitação ao direito à propriedade, a Constituição não requisitou do Poder Público a edição de lei, tanto mais não o faria para simples ampliação territorial ou modificação do regime de uso aplicável à unidade de conservação, a fim de conferir a ela superior salvaguarda (de proteção parcial para proteção integral). Por essa razão, não incidem em inconstitucionalidade as hipóteses mencionadas nos §§ 5º e 6º do art. 22 da Lei n. 9.985/2000, as quais dispensam a observância da reserva legal para os casos de alteração das unidades de conservação, seja mediante transformação da unidade de conservação do grupo de Uso Sustentável para o grupo de Proteção Integral, seja mediante a ampliação dos limites territoriais da unidade, desde que sem modificação de seus limites originais, exceto pelo acréscimo proposto. 4. Ação direta julgada improcedente. (ADI 3646, Relator(a): DIAS TOFFOLI, Tribunal Pleno, julgado em 20/09/2019, PROCESSO ELETRÔNICO DJe-262 DIVULG 29-11-2019 PUBLIC 02-12-2019)[21]

O <u>inciso IV</u> trata de um instrumento importantíssimo do Direito Ambiental brasileiro, aliás, previsto na maior parte dos países civilizados, e que serve para *evitar* que obras e empreendimentos sejam realizados sem que se tenha o cenário prévio das externalidades negativas ambientais, permitindo que o poder público possa, com base

---

20. Importante dizer seria uma burla do sistema de competências legislativas (art. 24, VI da CF/88) se, por exemplo, áreas protegidas definidas por Lei Estadual fossem suprimidas, total ou parcialmente, por Lei Municipal. Sendo a área protegida fixada pelo Estado, apenas o Estado poderá suprimi-la por meio de Lei.

21. No mesmo sentido o STJ no acórdão proferido no REsp 1662799/RJ, Rel. Ministro HERMAN BENJAMIN, SEGUNDA TURMA, julgado em 25/04/2017, DJe 05/05/2017.

neste estudo de impacto ambiental, definir se permite a obra ou atividade indicando as condições necessárias para sua implementação. É um dos mais importantes mecanismos de implementação do princípio poluidor-pagador. As regras de exigência do eia-rima vem descritas, basicamente, na Lei Complementar n. 140, na Lei 6938/81 (art. 10), na Resolução Conama 237/97 e 001/86.

Como o regime jurídico do estudo de impacto ambiental é garantidor da participação popular direta por meio de audiência pública, devendo serem apresentados estudos convincentes sobre o potencial impacto (externalidades negativas), então a eventual concessão de uma licença ambiental que prescinda deste estudo prévio pode ensejar até mesmo ato de improbidade dos responsáveis pelo ilícito ambiental.

> 1. Trata-se de Ação Civil Pública por ato de improbidade administrativa (art. 11 da Lei 8.429/1992) ajuizada pelo Ministério Público Federal contra servidores da Fundação Estadual de Proteção Ambiental (Fepam) que concederam Licença Prévia à empresa Bunge Fertilizantes S/A para construir complexo industrial (indústria de fertilizantes, fábrica de ácido sulfúrico e terminal portuário de produtos químicos) em área de alta vulnerabilidade ambiental ("Estuário da Lagoa dos Patos"), sem o devido Estudo Prévio de Impacto Ambiental.

> 2. O Juiz de primeiro grau rejeitou a petição inicial e julgou extinto o processo sem resolução do mérito. O Tribunal a quo deu provimento aos Embargos Infringentes dos recorridos, mantendo a sentença.

> RECEBIMENTO DA PETIÇÃO INICIAL 3. Incumbe a todo e qualquer servidor público zelar pela legalidade, integridade, honestidade, lealdade, publicidade e eficácia do licenciamento ambiental, instrumento por excelência de prevenção contra a degradação do meio ambiente e de realização, in concreto, do objetivo constitucional do desenvolvimento ecologicamente equilibrado. Infração ao due process ambiental – valor maior de ordem pública lastreado no princípio da legalidade estrita – implica reações jurídicas simultâneas mas independentes, nos campos civil (p. ex., responsabilidade pelo dano causado e improbidade administrativa), administrativo (p. ex., sanções disciplinares e, com efeitos ex tunc, nulidade absoluta do ato viciado, nos termos do art. 166 do Código Civil) e penal (p. ex. sanções estabelecidas nos arts. 66, 67 e 69-A da Lei 9.605/1998).

> 4. As normas ambientais encerram obrigações não só para quem usa recursos naturais, mas também para o administrador público que por eles deve velar. O agente do Estado que, com dolo genérico, descumpre, comissiva ou omissivamente, tais deveres de atuação positiva comete improbidade administrativa, nos termos do art. 11 da Lei 8.429/1992. 5. Como regra geral, o elemento subjetivo na Ação de Improbidade Administrativa deve, na sua plenitude, ser apreciado na instrução processual, após ampla produção de prova e máximo contraditório. Nos termos do art. 17, § 8º, da Lei 8.429/1992, a presença de indícios de cometimento de atos ilícitos autoriza o recebimento da petição inicial da Ação de Improbidade Administrativa, devendo prevalecer na fase inicial o princípio in dubio pro societate. Nesse sentido: REsp 1.065.213/RS, Rel. Ministro Francisco Falcão, Primeira Turma, DJe 17.11.2008; AgRg no REsp 1.533.238/SP, Rel. Ministro Mauro Campbell Marques, Segunda Turma, DJe 14.12.2015; AgRg no AREsp 674.126/PB, Rel. Ministra Assusete Magalhães, Segunda Turma, DJe 2.12.2015; AgRg no AREsp 491.041/BA, Rel. Ministro Humberto Martins, Segunda Turma, DJe 18.12.2015.

> 6. Assim, deve ser provido o Recurso Especial do Parquet Federal para que seja recebida a petição inicial.

> 7. Recurso Especial provido.

> (REsp 1260923/RS, Rel. Ministro HERMAN BENJAMIN, SEGUNDA TURMA, julgado em 15/12/2016, DJe 19/04/2017)

O inciso V traz o dever jurídico do poder público de "*controlar a produção, a comercialização e o emprego de técnicas, métodos e substâncias que comportem risco para a vida, a qualidade de vida e o meio ambiente*" trazem à tona um dos mais importantes elementos para que seja obtida a preservação do meio ambiente.

Trata-se da figura do "risco" que, antecipando-se à ideia de dano, coloca-se como momento adequado para se evitar situações lesivas ao meio ambiente. A situação de risco passa a ser um marco temporal decisivo para a implementação de tutelas jurídicas (jurisdicionais ou não jurisdicionais) de preservação do meio ambiente. Seja para impor sanções civis, penais ou administrativas, a existência de risco configura situação jurídica que permite a sua tutela.

A proteção contra o risco (possibilidade de dano) é harmônica com o axioma de "preservar e proteger" o meio ambiente ecologicamente equilibrado. E é de se observar que o inciso fala em *controle* (seja da produção, da comercialização e do emprego) de *técnicas, métodos e substâncias* que coloquem em risco o equilíbrio ecológico.

Conquanto "técnica" e "método" sejam tratados como sinônimos, neste dispositivo – que não contém palavras inúteis – a técnica é a ferramenta (ou as ferramentas) utilizada (s) para obter um resultado, enquanto o método relaciona-se como o procedimento a ser utilizado para alcançar este fim.

Já a "substância" é qualquer material que seja formado por átomos, moléculas ou aglomerados iônicos. Elas, as substâncias, podem ser *compostas* (se mais de formada por átomos de dois ou mais elementos diferentes ($H2O$), ou *simples* se forem formadas pelo mesmo elemento químico ($O2$, $O3$). Portanto, qualquer substância, composta ou simples que apresente *risco ao equilíbrio ecológico* deve ser *contido*, *vigiado*, *administrado* pelo poder público. E, ainda que a substância em si não apresente risco ao equilíbrio ecológico, mas se este risco exista em razão do método ou a técnica de sua produção, comercialização ou utilização, então ela também dever ser controlada pelo poder público. É o caso, por exemplo, dos *agrotóxicos*: tanto a substância (simples ou composta), quanto o método ou técnica de produção, comercialização ou utilização devem ser controlados quando apresentem risco ao equilíbrio ecológico, à vida e ao meio ambiente.

1. Ação julgada parcialmente procedente para determinar à ANVISA: (a) a manutenção da proibição do uso do organofosforado "clorpirifós" em formulações de desinfetantes domissanitários; b) o cancelamento dos registros vigentes, deixando de conceder novos registros para produtos saneantes formulados à base da referida substância ativa para utilização domissanitária, exceto para o uso em embalagens porta-iscas, que possuam dispositivo de segurança para proteção de crianças e animais da exposição ao produto. (...) 7. Nos termos do art. 6º da Lei 9.782/99, compete à ANVISA "promover a proteção da saúde da população, por intermédio do controle sanitário da produção e da comercialização de produtos e serviços submetidos à vigilância sanitária, inclusive dos ambientes, dos processos, dos insumos e das tecnologias a eles relacionados, bem como o controle de portos, aeroportos e de fronteiras".

8. No exercício dessa prerrogativa, cabe à ANVISA "promover a reavaliação de registro de agrotóxicos, seus componentes e afins quando surgirem indícios da ocorrência de riscos que desaconselhem o uso de produtos registrados ou quando o País for alertado nesse sentido, por organizações internacionais responsáveis pela saúde, alimentação ou meio ambiente, das quais o Brasil seja membro integrante ou signatário de acordos", nos termos do art. 2º, VI, do Decreto 4.074/2002, que regulamenta a Lei 7.802/89.

9. No caso, a questão foi decidida com fundamento em farta documentação apresentada pelo Ministério Público Federal e pela própria ANVISA, ré na presente ação civil pública, que reconheceu a toxidade excessiva da substância denominada "clorpirifós", com riscos à saúde da população, de modo que eventual decisão em sentido contrário ao que decidiram as instâncias ordinárias dependeria do reexame do contexto fático-probatório dos autos, providência inviável na via recursal eleita, consoante o disposto na Súmula 7/STJ.(...) (REsp 975.397/RS, Rel. Ministra DENISE ARRUDA, PRIMEIRA TURMA, julgado em 10/11/2009, DJe 01/12/2009)

No inciso VI do §1º do artigo 225 da CF/88 o legislador constitucional impõe ao poder público o dever de "promover a educação ambiental em todos os níveis de ensino e a conscientização pública para a preservação do meio ambiente".

Esse dispositivo é praticamente uma cópia de um dos princípios (art. 2º, X) e um dos objetivos (art. 4º, V) da Política Nacional do Meio Ambiente (Lei n. 6938/81). É de se observar que a educação ambiental é um dos instrumentos de efetivação do meio ambiente ecologicamente equilibrado. Há Lei Federal (n. 9795/99) mas ela é, infelizmente, muito limitada a noção de educação formal, quando na verdade deveria ter aberto o espectro para a educação para uma acepção mais abrangente, como, por exemplo, a educação no mercado de consumo.

De qualquer forma, para se ter "educação ambiental" é preciso ter informação ambiental, e, por isso este vetor (informação) é instrumento da própria educação para a conscientização pública ambiental[22]. A Lei de Informação ambiental 10650-2003 (Dispõe sobre o acesso público aos dados e informações existentes nos órgãos e entidades integrantes do SISNAMA) é importante instrumento para efetivação da educação ambiental. A informação ambiental, registre-se, não é apenas um instrumento, mas um fim em si mesmo. Todos do povo temos direito de obter informações ambientais a respeito do equilíbrio ecológico ou da função ambiental dos recursos ambientais. Não há necessidade de que a informação seja prestada para que sirva de instrumento para alguma outra atitude. A *informação-meio e a informação-fim* são direitos da coletividade e deveres do poder público e de todo aquele que usa de modo incomum o bem ambiental (ex: uso econômico). Há, portanto, um dever correspondente do poder público de fornecer *toda e qualquer informação* que possa sobre o direito que pertence ao povo e que está sob sua gestão.[23]

No inciso VII do artigo 225, §1º o texto constitucional fala em "*proteger* a fauna e a flora, vedadas, na forma da lei, as *práticas que coloquem em risco* sua função ecológica, provoquem a extinção de espécies ou submetam os animais a crueldade"[24]. O dispositivo constitucional, mais uma vez, elege *o risco* como marco jurídico para delimitação da atuação do poder público (judiciário, executivo e legislativo). Isso é importantíssimo porque o legislador constitucional claramente antecipa o momento da antijuridicidade ambiental para a situação de risco, justamente para cumprir a regra do caput do artigo 225 do CPC. Um dos pontos de discussão deste dispositivo tem sido a definição de "crueldade animal" e não propriamente a de *risco* que alertamos alhures.

Neste passo o plenário do Supremo Tribunal Federal (STF) considerou inconstitucional a Lei estadual n. 2.895/98, do Rio de Janeiro, que autoriza e disciplinava a realização de competições entre "galos combatentes". A questão foi discutida na análise

---

22. O direito à informação ambiental é além de um fim em si mesmo (o direito de saber a respeito de seu direito), mas também um fundamento necessário para a educação e ambiental e formação da consciência ecológica. A respeito ver o lapidar acordão proferido no REsp 1505923/PR, Rel. Ministro HERMAN BENJAMIN, SEGUNDA TURMA, julgado em 21/05/2015, DJe 19/04/2017)

23. (...) I – Consoante a legislação de regência (v. g. Leis n. 8.437/1992 e n. 12.016/2009) e a jurisprudência deste eg. Superior Tribunal de Justiça e do col. Pretório Excelso, somente é cabível o pedido de suspensão quando a decisão proferida contra o Poder Público puder provocar grave lesão à ordem, à saúde, à segurança e à economia públicas. II – Na hipótese, não evidencia grave lesão à ordem e à economia públicas a determinação judicial para o Estado de Minas Gerais disponibilizar amplo e irrestrito acesso às informações ambientais armazenadas no sistema eletrônico em operação, tampouco no sentido de atualizar os processos administrativos integrantes da base desse sistema, ou da nova plataforma eletrônica, cuja implementação está atrasada há mais de dois anos. (...) (AgRg na SLS 1.896/MG, Rel. Ministro FELIX FISCHER, CORTE ESPECIAL, julgado em 20/08/2014, DJe 28/08/2014).

24. (...) A sujeição da vida animal a experiências de crueldade não é compatível com a Constituição do Brasil. Precedentes da Corte. Pedido de declaração de inconstitucionalidade julgado procedente. (ADI 2514, Relator(a): EROS GRAU, Tribunal Pleno, julgado em 29/06/2005, DJ 09-12-2005 PP-00004 EMENT VOL-02217-01 PP-00163 LEXSTF v. 27, n. 324, 2005, 42-47).

CAPÍTULO 4 • O EQUILÍBRIO ECOLÓGICO COMO OBJETO DE TUTELA DA LEI DE AÇÃO CIVIL PÚBLICA

da Ação Direta de Inconstitucionalidade (ADI) 1856, proposta pela Procuradoria-Geral da República (PGR) e julgada procedente pela unanimidade dos ministros da Corte. Em tempo, o Plenário do Supremo Tribunal Federal (STF) julgou procedente a Ação Direta de Inconstitucionalidade (ADI) 4983 contra a Lei 15.299/2013, do Estado do Ceará, que regulamenta a vaquejada como prática desportiva e cultural no estado. A maioria dos ministros acompanhou o voto do relator, ministro Marco Aurélio, que considerou haver "crueldade intrínseca" aplicada aos animais na vaquejada. Nada obstante, contrariamente ao precedente do STF sobreveio a EC n. 96 que deu permissão a prática da vaquejada como diremos ao comentar o parágrafo sétimo adiante.

Já o <u>parágrafo segundo</u> do artigo 225 o legislador deixa claro que "aquele que explorar recursos minerais fica obrigado a recuperar o meio ambiente degradado, de acordo com solução técnica exigida pelo órgão público competente, na forma da lei".

Desse comando constitucional resultam dois aspectos importantes: o primeiro de que é admitida a atividade minerária supressora bem um bem ambiental não renovável, mas por outro lado exige-se que o meio ambiente seja *recuperado* mediante uma *solução técnica* indicada pelo órgão público ambiental.

Observe que a recuperação deve estar pautada em uma "solução técnica", e, se a hipótese de exploração do recurso mineral for de *significativa impactação ambiental,* então será necessária a realização de eia-rima para que se consiga ter em mãos a solução técnica adequada.

Como dito, saber se terá ou não eia-rima depende da existência ou não da "significativa impactação do meio ambiente" a que alude o inciso IV do artigo 225, §1º. Apenas para registro, a Resolução Conama 10/90 determina que a exploração de bens minerais (descrita na classe II em anexo da resolução) deverá ser precedida de licenciamento ambiental do órgão estadual de meio ambiente ou do IBAMA, quando couber, nos termos da legislação vigente e desta Resolução. Segundo o artigo 3º, seguindo a diretriz do inciso III do §1º do art. 225, a critério do órgão ambiental competente, o empreendimento, em função de sua natureza, localização, porte e demais peculiaridades, poderá ser dispensado da apresentação dos Estudos de Impacto Ambiental – EIA e respectivo Relatório de Impacto Ambiental – RIMA. Na hipótese da dispensa de apresentação do EIA/RIMA, o empreendedor deverá apresentar um Relatório de Controle Ambiental-RCA, elaborado de acordo com as diretrizes a serem estabelecidas pelo órgão ambiental competente.

Já o <u>§3º do art. 225</u> diz que "*as condutas e atividades consideradas lesivas ao meio ambiente sujeitarão os infratores, pessoas físicas ou jurídicas, a sanções penais e administrativas, independentemente da obrigação de reparar os danos causados*".

Neste dispositivo está claro que o mesmo fato lesivo ao meio ambiente pode dar origem às sanções penais, administrativas, cumulativamente. A independência das esferas (penal civil e administrativa) não pode ser menosprezada pelo legislador, e, tampouco pelo aplicador do direito. Obviamente que aqui estamos no terreno do ilícito (administrativo e penal) e do dano (cível). A previsão do dever de reparação do dano ambiental não elide a possibilidade de outras sanções jurídicas civis em razão de ilícitos ambientais.

É de se dizer mais uma vez que a *reparação pelos danos ambientais* não é prioridade em relação a tutela jurídica ambiental, já que a proteção do meio ambiente rege-se pelo axioma da preservação. Contudo, se ocorrida lesão o dever de reparação deve incidir e as soluções devem ser, nesta ordem, de *restauração, recuperação e indenização pecuniária*, sem excluir a hipótese de cumulação de todas elas a depender das circunstâncias do caso concreto.

O §4° do art. 225 diz que "*a Floresta Amazônica brasileira, a Mata Atlântica, a Serra do Mar, o Pantanal Mato-Grossense e a Zona Costeira são patrimônio nacional, e sua utilização far-se-á, na forma da lei, dentro de condições que assegurem a preservação do meio ambiente, inclusive quanto ao uso dos recursos naturais*". Está claro que a Constituição admite a utilização racional, nos limites da lei, de forma que reste assegurada a preservação do meio ambiente. Este dispositivo é muito importante porque, direcionado a todos os poderes do Estado, exige que toda utilização de recursos ambientais não comprometa a preservação do meio ambiente. A flora, em destaque os biomas e ecossistemas ali lançados, possui uma função ecológica imprescindível ao equilíbrio ecológico. É possível sim usar estes recursos, mas desde que esse uso não comprometa o equilíbrio ecológico para as presentes e futuras gerações. A Lei 12651 (Código Florestal), ao estabelecer limites ambientais ao uso da propriedade e dos recursos ambientais, enfrentou enorme polêmica consistente em saber se verdadeiramente teria cumprido, ou exorbitado, os limites do artigo 225, §4°. Vários dispositivos foram questionados no STF, e a maior parte deles foi validado pela nossa corte constitucional.

O §5° do artigo 225 diz que "*são indisponíveis as terras devolutas ou arrecadadas pelos Estados, por ações discriminatórias, necessárias à proteção dos ecossistemas naturais*". Tem-se aí um exemplo de *espaço especialmente protegido* (inciso III do art. 225, §1°) criado pelo próprio texto constitucional.

A indisponibilidade das terras devolutas (ou que tenham sido reincorporadas ao poder público por ação discriminatória) está diretamente relacionada com a função ecológica para a qual servem. Se tais áreas forem necessárias à proteção dos ecossistemas naturais é *in re ipsa* a sua natureza de *bem de uso comum* e deve-lhe ser dada a natureza de bem indisponível como determina o texto constitucional. É preciso que no caso concreto reconheça que a área arrecadada ou a terra devoluta tenha este papel ecológico para que se lhe atribua este regime jurídico de indisponibilidade de espaço ambiental especialmente protegido.[25]

Já no §6° do art. 225 o texto constitucional mais uma vez trabalha com o conceito de *risco* ambiental, só que neste dispositivo vai além porque impõe diretamente ao Congresso Nacional do dever de definir a localização de usinas que operem com reator nuclear, sem o que não poderão ser instaladas. Há uma presunção absoluta no dispositivo de que usinas que operem com reator nuclear representam *risco* ao equilíbrio ecológico, de forma que só podem ter definida a sua localização – a despeito de todas outras exigências – com base em lei emanada do congresso nacional. Este parágrafo

---

25. Para um estudo mais específico sobre "res omnium" e a diferença de bens e coisas com enfoque no direito romano ver ABELHA, Guilherme. "Bens e Coisas", In: Introdução ao Direito Civil, v. II, Bens, coordenado por LIMA NETO, Francisco Vieira; SILVESTRE, Gilberto Fachetti; HERKENHOFF, Henrique Geaquinto. Vitória: Edição dos Organizadores. Livro Digital. 2020, no prelo.

constitucional deve ser lido em conjunto com o art. 21, XXIII, "a" que determina que compete a União "XXIII – explorar os serviços e instalações nucleares de qualquer natureza e exercer monopólio estatal sobre a pesquisa, a lavra, o enriquecimento e reprocessamento, a industrialização e o comércio de minérios nucleares e seus derivados, atendidos os seguintes princípios e condições: a) toda atividade nuclear em território nacional somente será admitida para fins pacíficos e mediante aprovação do Congresso Nacional; (...)".

Além disso, diz o art. 49, XIV da CF/88 que compete *exclusivamente* ao Congresso Nacional "aprovar iniciativas do Poder Executivo referentes a atividades nucleares". Mais claro impossível que o legislador constitucional determinou que cabe ao Congresso Nacional um papel importantíssimo em relação às atividades nucleares, justamente para amplificar o contraditório e debate, permitindo que o parlamento brasileiro, representativo da população (Câmara) e dos estados (Senado) possam ser ouvidos em tema de importância tão grande dado o risco que constitui ao meio ambiente.

Importante dizer que o §7º do art. 225 da CF/88 não constava do texto original da carta magna, ou seja, é fruto de uma emenda constitucional (EC n. 2017) que não por acaso foi apelidada de <u>emenda da vaquejada</u>, e que foi apresentada e aprovada em tempo recorde, meses depois, de o Supremo Tribunal Federal ter julgado ação direta de inconstitucionalidade de lei que regulamentava a vaquejada, por reconhecer como *cruel ao animal* (inciso VII do art. 225, §1º) a referida prática. O Julgamento foi apertadíssimo e a tese vencida (prática cultural compatível com o art. 215 da CF/88) serviu de base para a emenda relâmpago que desdisse o que foi julgado pelo STF.

Assim, o Fórum Nacional de Proteção e Defesa Animal ajuizou Ação Direta de Inconstitucionalidade (ADI 5728), no Supremo Tribunal Federal (STF), para questionar a Emenda Constitucional (EC) 96/2017, que considera como não cruéis as práticas desportivas que utilizem animais, desde que sejam manifestações culturais. Durante sua tramitação no Congresso Nacional, a proposta ficou conhecida como a PEC da Vaquejada como já mencionado alhures. Por sua vez além desta ADI houve ainda a proposta pelo procurador-geral da República, a ADI n. 5772, com pedido de liminar negado, para questionar a Emenda Constitucional (EC) 96/2017, segundo a qual práticas desportivas que utilizem animais não são consideradas cruéis desde que sejam manifestações culturais. Além da emenda, a ação também impugna leis federais que regulamentam a prática da vaquejada. Nenhuma destas duas demandas foram julgadas até a entrega deste livro à editora.

5. A LEI DE AÇÃO CIVIL PÚBLICA COMO INSTRUMENTO DE PROTEÇÃO CONTRA O RISCO E O DANO AO DIREITO AO EQUILÍBRIO ECOLÓGICO

5.1 Risco ambiental: exemplos para compreensão intuitiva

Vejamos os seguintes exemplos aleatoriamente pensados no nosso cotidiano:

A) Um sujeito caminha pela rua e passa numa calçada que fica muito colada, logo abaixo, de uma construção de um edifício onde está escrito: *não passe nesta calçada. risco de acidentes*. Ainda assim, ignorando o aviso ele decide caminhar pela calçada em direção ao outro lado do quarteirão.

B) Ignorando a ocorrência de desmoronamentos naquela região, uma família decide construir uma casa bem na inclinação do morro.

C) Oficialmente o pico das ocorrências de furacões no Caribe é entre a segunda quinzena de agosto até o final do mês de setembro. Ainda assim, com hotéis mais em conta por causa disso, um casal decide, seis meses antes, passar sua lua de mel na cidade com maior índice de furacões neste período.

D) Nada obstante o alerta em cada maço de cigarros de que fumar pode causar câncer de pulmão, inclusive com fotos de pulmão deteriorado, ainda assim existem 1 bilhão de fumantes no mundo.

E) Por ignorância, impossibilidade econômica ou estupidez, alguns agricultores não cumprem as regras de manuseio e de aplicação de agrotóxicos, mesmo com os avisos no rótulo de que o contato pode levar a morte ou doenças graves e que o excesso de aplicação contamina o alimento que será consumido futuramente.

F) Ainda que seja proibida por causa da matança indiscriminada de peixes e destruição da fauna aquática causando desequilíbrio ecológico que pode lhe custar inclusive o seu ganha-pão, ainda assim os pescadores de uma região do litoral nordeste do Brasil insistem na pesca com bombas usando bananas de dinamite no fundo do mar.

G) Inspirado em seu otimismo e confiante no sonho que teve na noite anterior de que teria ganhado na loteria, um sujeito decide apostar na megasena acumulada usando quase todo o seu ordenado para fazer dez cartelas apostando em cada uma delas com o número máximo permitido por aposta para aumentar a sua chance de ganhar.

De posse desses exemplos poderemos identificar os elementos constitutivos do risco, bem como diferenciar de outras figuras com os quais normalmente ele é confundido.

5.2. Elementos integrantes do risco

5.2.1 Introito

O conceito de risco não é uniforme. Estuda-se o risco na matemática, na física, na biologia, na ecologia, no direito, na administração, na economia, na psicologia etc. Essa miríade de flancos com que se observa o *risco* permitiu, inclusive, que no final do século XX surgisse um novo campo de estudo científico chamado de Cindínica ou Cindinicologia, cujo objetivo é justamente dissecar e compreender o risco para permitir a tomada de decisões técnicas que reduzam ou impeçam os riscos aos quais as populações são normalmente expostas.

O desenvolvimento da *Cindínica* permitiu um enorme incremento na identificação do que seja *risco*, de forma que conceituações reducionistas, que tomam o todo (risco) pela parte (um de seus elementos integrantes) não se sustentam mais.

CAPÍTULO 4 • O EQUILÍBRIO ECOLÓGICO COMO OBJETO DE TUTELA DA LEI DE AÇÃO CIVIL PÚBLICA

Risco já foi sinônimo de *perigo* (hazard)[26], de *chance* ou *possibilidade* de perda[27], de uma *incerteza de uma perda*[28] ou *incerteza mensurável*[29], *probabilidade e gravidade dos eventos*[30], *incerteza de uma atividade e da severidade das respectivas consequências*[31], *efeito da incerteza sobre os objetivos*[32].

Ao que parece, certo está Fischhoff, Watson e Hope, C. (1984) [33] que após reconhecer as enormes confusões e controvérsias na definição de risco, sustenta que toda *"definição é política e que leva em consideração aspectos diversos daquele que define sob a perspectiva em análise".*

Em nosso sentir por mais que existam controvérsias a respeito do conceito de risco é perfeitamente possível extrair um **núcleo de elementos que o integram**. Trata-se de um conceito complexo porque formado a partir da combinação de diversos aspectos, sendo que cada aspecto é complexo em si mesmo.

É importante observar que nenhuma destas situações exemplificadas no item 1.1 acima são novidades ou desconhecidas do nosso cotidiano. O que há de comum em todas elas é que existe *uma situação de risco*; situação esta que é provocada pela combinação de um *agente* (fator de perigo) sobre o um determinado alvo (sujeito que a ele se expõe).

À exceção do último exemplo listado no tópico 1.1 (apostar na megasena), em todos os outros o binômio risco-resultado era a possibilidade de causar um *prejuízo*. Fizemos questão de colocar este derradeiro exemplo para mostrar que, a rigor, o risco pode anteceder resultados bons ou ruins, daí porque *não é errado*, mas incomum, dizer, por exemplo, que *"estudando deste jeito corre o risco de você passar na prova".* No geral associa-se a noção de risco a uma situação que antecede um possível acontecimento ruim, prejudicial[34]. Aqui, doravante, acabaremos por adotar este conceito reducionista de risco à noção de possível *prejuízo*.

---

26. Blount, Thomas (1661). Glossographia, A dictionary interpreting all such hard words of whatsoever language now used in our refined English tongue. London.
27. "risk". Oxford English Dictionary (3rd ed.). Oxford University Press. September 2005.
28. Willett, Allan (1901). Economic Theory of Risk and Insurance. Columbia University Press. p. 6.
29. KNIGHT, Frank. Risk, Uncertainty and profit. Disponível em: https://archive.org/details/riskuncertaintyp00knig/page/6/mode/2up?q=risk. Acesso em: 15.07.2020. O trabalho seminal de Knight sobre risco, incerteza e lucro permitiu abrir a discussão sobre o conceito de risco, *dissecando-o criticamente* como ele mesmo disse. Com ênfase na *competição* (perfeita e imperfeita) do mercado o autor firma um axioma de que *risco implica conhecimento com probabilidades (mensurável), pois do contrário é desconhecimento ou incerteza (não no sentido de dúvida)*. Assim aproxima o conceito de risco ao de probabilidade mensurável como se observa na parte III do seu livro.
30. Kaplan, S.; Garrick, B.J. (1981). "On The Quantitative Definition of Risk". Disponível em https://doi.org/10.1111/j.1539-6924.1981.tb01350.x. Acesso em: 20.07.2020. Os autores dão ênfase ao conceito quantitativo de risco sob a perspectiva gerencial – gestão de riscos e tomada de decisões – com vistas a reduzir a incerteza conceitual e assim facilitar a escolha de decisões envolvendo riscos sob diferentes perspectivas. O autor aprimora o conceito de Knight sob a perspectiva de gerencial de gestão de riscos, envolvendo o trinômio cenário, probabilidades e consequências. Daí fala em risco relativo, relativo risco e aceitabilidade do risco.
31. AVEN, Terje. Fundations of Risk Analysis. John Wiley and Sons, Ltd, United Kingdom, 2012. Neste trabalho o autor também se dedica à análise dos riscos para tomada de decisões, tendo por base o trabalho de Kaplan e Garrick.
32. Conceito estabelecido na ISO 31000:2009 que possui esta proposição genérica com notas que densificam o seu conteúdo. A ISO 31000 é a norma internacional que foi criada pela Organização Internacional de Padronização (ISO) cujo objetivo é servir de roteiro/guia no planejamento, implementação e manutenção do gerenciamento de riscos.
33. Fischhoff, B; Watson, S.R.; Hope, C. (1984). "Defining risk". "However, the definition of "risk," like that of any other key term in policy issues, is inherently controversial". Disponível em https://www.cmu.edu/epp/people/faculty/research/Defining-Risk1984.pdf. Acesso em: 20.07.2020.
34. A apresentação de exemplos no início do tópico serve para identificar didaticamente que risco não é sinônimo de possibilidade de um *dano*, mas sim a *possibilidade* de que um resultado venha acontecer, seja ele danoso ou não como dito acima.

É interessante notar que no primeiro exemplo que demos acima o sujeito pode atravessar a calçada e chegar no outro lado do quarteirão totalmente ileso, sem que nenhuma pedra ou pedaço de lajota tenha caído na sua cabeça, encurtando o seu caminho e otimizando o seu tempo. Dir-se-á que ele "correu" o risco, mas nada de *ruim* aconteceu. Aliás, é até comum dizer "valeu a pena correr o risco". Contudo, por outro lado também seria possível que alguma lasca ou pedaço de tijolo caísse justamente sobre ele no exato momento em que estivesse passando na calçada.

O *risco* é uma chance de um resultado, positivo ou negativo, e, às vezes, submeter-se a uma situação e risco pode ser o caminho para obter uma *vantagem* ou *desvantagem*, como no caso, por exemplo, do sujeito que realiza operações de risco na bolsa de valores. O resultado pode ser positivo ou negativo. Dir-se-á no futuro que valeu, ou não valeu a pena, correr o risco da operação efetuada.

Como dito algures, tomaremos aqui neste trabalho apenas o sentido mais comum de risco, qual seja, da possibilidade de que um *dano* venha a acontecer, portanto, associando-o a chance de ocorrer um resultado prejudicial.

5.2.2 Risco como situação em movimento no espaço e no tempo

Para começar o risco não *é*, ele *está*; é um modo de estar, uma situação em que se encontra uma pessoa (ou um bem) em relação a várias circunstâncias do tempo e do espaço que ela ocupa. Ninguém apalpa o risco, não é algo concreto[35]; também não é um sentimento, não podendo ser confundido nem com a ansiedade, nem com o medo ou com a insegurança que dele pode resultar no sujeito que a ele está exposto.

Este aspecto contextual, conjuntural, temporal e dinâmico torna ainda mais complexo o conceito de risco, pois qualquer alteração dessa combinação de circunstâncias (que formam esse *modo de estar*) pode implicar na sua extinção (do risco).

A *situação* de risco é aquela que alguém ou alguma coisa se encontra em razão da combinação de circunstâncias que podem levar a um resultado positivo ou negativo. Assim, para que se diga que *alguém ou alguma coisa* estão em estado de risco é preciso que existam as tais *circunstâncias* (fatos, eventos, acontecimentos) que *possibilitem* a ocorrência de um *resultado*.[36]

Em relação à situação ou estado de *risco* temos, portanto, (1) o sujeito (ou coisa) possivelmente afetado; (2) o evento que pode levar a um resultado (negativo); (3) a possibilidade de que isso venha a ocorrer.

5.2.3 Sujeito vulnerável e o estado de risco: proporcionalidade direta

O sujeito (pessoa) que se encontra em situação de risco assim está porque ele, ou um bem com o qual tenha vínculo, é exposto ao evento ou *fonte do risco*, daí porque se pode falar em exposição *direta ou indireta* ao risco.

---

35. Quando se enxerga um encantador de serpente com sua flauta controlando o movimento de uma naja supervenenosa o risco que ele se encontra resulta da existência de um perigo (cobra venenosa) que com uma picada pode lhe causar a morte (perda ou prejuízo), mas se serpentear sem picá-lo lhe trará benefícios econômicos (benefício). Risco não é o perigo, é um estado em razão da potencialidade de um dano futuro.

36. Tomaremos aqui este resultado como "resultado *danoso*", seguindo numa definição mais restrita de risco.

CAPÍTULO 4 • O EQUILÍBRIO ECOLÓGICO COMO OBJETO DE TUTELA DA LEI DE AÇÃO CIVIL PÚBLICA

O estado de risco é afetado *diretamente* pelo grau de *vulnerabilidade* do sujeito (ou bem a que a ele pertença); há uma relação simbiótica entre o aumento ou a redução de risco com o aumento ou redução do grau de vulnerabilidade do sujeito.

Trata-se de uma relação de *proporcionalidade direta* de forma que *reduzindo a vulnerabilidade* (aumentando a sua resiliência e sua capacidade para lidar com o perigo), *reduz-se também o estado de risco*. Tomando emprestado os conceitos de matemática do ensino fundamental lembramos que na *proporção direta* duas grandezas (risco e vulnerabilidade) se relacionam de tal forma que variando uma, a outra também varia na mesma proporção. Isso implica dizer que o *risco aumenta quanto maior for a vulnerabilidade do sujeito a ele exposto.*

Lembremos aqui do segundo exemplo (exemplo B) do tópico 1.1 acima. Ora, se a casa construída na pirambeira do morro tiver um sistema de drenagem, ou se tiver fundações mais firmes, ou se no seu entorno houver plantio de vegetações com raízes suportes etc., enfim, se a deixarmos menos vulnerável certamente que o risco diminui, porque diminuem as chances de prejuízo ou perda por um eventual desmoronamento.

Veremos ainda, mais adiante, ao tratar das medidas contra o risco, que a *informação* e a *educação* (compreensão cognitiva da informação) do sujeito são fundamentais para que não apenas *evite* o estado de risco, mas também para que possa adotar soluções que o neutralizem ou o aplaquem quando ele já estiver presente.

A forma como o *estado de risco*, potencial ou iminente, incide sobre a psique do indivíduo (ou da coletividade globalmente considerada) é algo relevante e deve ser objeto de consideração porque a adoção de comportamentos contra o risco passa por esta análise.

O medo e a ansiedade normalmente são manifestações da exposição ao risco, seja ele abstrato ou concreto, e podem permanecer – prolongar no tempo – mesmo que a situação de risco já tenha sido eliminada. Como veremos adiante, este medo ou ansiedade pela exposição ao risco pode gerar danos extrapatrimoniais indenizáveis, ainda que os danos patrimoniais possíveis pelo risco não ocorram no futuro.[37]

5.2.4 O evento (a fonte) e a proporcionalidade inversa com o alvo (sujeito)

Na dinâmica do *risco* é preciso que exista um *evento*, um *agente* que tenha potencialidade para atingir um determinado *alvo* (pessoa ou bem).

Na noção reducionista de *risco* que, por comodidade adotamos neste trabalho, esse "agente" ou "evento" é o que se chama de *perigo* e esse possível impacto é tomado como *perda, prejuízo ou danos*. Esse agente pode ser *natural* (raio, maremoto) ou *artificial*, porque causados pelo ser humano (pandemia, poluição etc.).

Embora durante muito tempo o *perigo* tenha sido tratado como *risco*, tais figuras não se confundem. Numa acepção mais larga de risco este pode ser *positivo* ou *negati-*

---

37. Os moradores da casa exposta às rachaduras da parede causada pela construção do vizinho e que aguardam o conserto delas, pode causar um estado de tensão, medo, insegurança e ansiedade que sejam indenizáveis, ainda que o conserto seja efetuado e construção não desabe.

vo, ao passo que o *perigo* é sempre um agente causador de uma situação negativa. Nem mesmo numa acepção mais restrita de risco atrelado a possibilidade de um prejuízo, eles se confundem porque o perigo (agente) *é um dos elementos que integram o risco, e, não ele mesmo.*

Além disso o risco é um estado, uma situação, enquanto o perigo é um agente, um evento, um fato, um acontecimento. O risco é a situação resultante da possibilidade de que um perigo possa causar um dano, enquanto um perigo é qualquer agente que pode causar dano.[38]

O perigo também pode ser *dormente e abstrato* quando mostra-se presente no plano teórico. Fala-se em *perigo abstrato* não porque ele não exista, mas porque ele é potencial, porque ele não está materializado em concreto. Por outro lado, fala-se em perigo concreto quando este agente deixa o estado dormente e salta do plano teórico para o plano real, físico.

Esta possibilidade que que existam perigos abstratos e perigos concretos também influenciam no que se chama de *estado de risco concreto e estado de risco abstrato.* Nos processos de análises de riscos alcança-se resultados mais satisfatórios para tomada de decisões (públicas ou privadas) quando se identifica, na raiz, ainda latente e dormente o *risco abstrato.* É possível tomar medidas de precaução com menor custo e maior eficiência. Essas medidas tanto podem ser no sentido de *neutralizar* ou *aplacar* o agente (perigo), como também pode ser reduzindo a vulnerabilidade do sujeito (ou objeto) que pode ser danificado. Também é possível que sejam tomadas medidas nestas duas frentes cumulativamente.

O mesmo não se diga quando estamos diante de um *risco concreto*, que pode ser medido pela existência, no *agente*, de energia armazenada com potencialidade para causar danos. Essa energia pode ser química, mecânica, física, radioativa, elétrica etc. Há o risco concreto quando o agente já tem alguma forma de energia com tal capacidade, sendo possível, inclusive a possibilidade de *medição* do perigo.

O agente que deflagra o risco é sempre relacional, ou seja, o perigo é relacional. Só há perigo em relação a alguém ou alguma coisa, daí porque também existe uma simbiose entre o *agente* (perigo) e o alvo (sujeito). Quanto mais vulnerável o sujeito, maior a possibilidade de o perigo causar dano. Não que a vulnerabilidade altera as características do perigo (agente), mas sim porque ele amplifica a possibilidade de dano. O perigo sobe ou desce de acordo com a vulnerabilidade do seu alvo. Alvos mais resilientes e com capacidade para enfrentar problemas diminuem o perigo. Há uma *proporcionalidade inversa* nesta relação entre o *perigo e o alvo* onde estas duas grandezas funcionam como uma gangorra de forma que mexendo numa ou noutra pode-se reduzir o risco de dano. Logo, é na análise desta engrenagem entre *o agente perigoso e a vulnerabilidade do alvo* que teremos um risco de dano maior ou menor, qualitativa ou quantitativamente falando.

---

38. O risco não é o perigo como já se chegou a imaginar. O perigo ou a ameaça é uma circunstância de fato ou um conjunto delas, que tem potencial de causar um resultado (lesão), portanto, é um elemento integrante do risco, mas com ele não se confunde. Perigo já não é uma palavra adequada para descrever o evento de fato que causa um resultado, porque já perpassa a ideia de risco de prejuízo, de algo ruim.

CAPÍTULO 4 • O EQUILÍBRIO ECOLÓGICO COMO OBJETO DE TUTELA DA LEI DE AÇÃO CIVIL PÚBLICA

O risco pode, então, ser qualificado pela seguinte equação: risco = perigo x vulnerabilidade. A variabilidade destes elementos influencia diretamente no fenômeno do risco, afastando ou aumentando a *probabilidade* dos danos que daí poderiam advir.

Conquanto se possa, pela máxima de experiência, dizer que alguns agentes, especialmente os naturais, são objetiva e intuitivamente causadores de uma situação de risco para qualquer pessoa (ou população em geral), tais como tsunamis, terremotos, maremotos etc., a verdade é que não se pode fazer uma ilação intuitiva prescindindo da análise do *grau de vulnerabilidade do sujeito* ou da *coletividade* que poderá ser afetada (negativamente) pelo referido evento. Assim, é o resultado desta combinação entre o *evento fonte* com a *vulnerabilidade do sujeito* (coletividade, coisa) que permitirá estabelecer não apenas se ela encontra numa situação de risco, mas qual o nível deste estado.

Se não há a existência de um perigo (ameaça) não há que se falar em risco, porque é o perigo que deflagra a *possibilidade* de que um resultado (danoso) possa acontecer. É claro que a situação de perigo também pode ser variável, para maior ou menor, segundo algumas circunstâncias que envolvem não apenas o que causa o perigo, mas também daquele que suportará o dano como dissemos acima.

Naquele exemplo que demos da calçada no item 1.1 acima, será um evento *mais perigoso* se a obra estiver com transporte de materiais pelo elevador externo, se a obra estiver protegida ou não com uma tela, se no dia existia maior incidência de vento etc. Todavia, não são apenas as circunstâncias intrínsecas do perigo que predeterminam o grau de risco, mas também o grau de vulnerabilidade daquele que se sujeita ao risco.

Admitindo que neste exemplo dado acima (item 1.1) esteja ventando muito, o prédio em construção esteja sem tela, ocorra transporte de materiais dir-se-á que o evento de perigo – esse conjunto de fatos que potencializam a possibilidade de dano – é extremamente alto. No entanto, se o sujeito que atravessa a calçada é um exímio corredor e por ela passa muito rapidamente, ele diminui a possibilidade de dano. Ou ainda, se ele passa por ela portando um capacete de titânio e uma roupa de proteção, há uma sensível redução da possibilidade de dano, sem que as circunstâncias fáticas do que se chama de perigo tivessem sido alteradas.

Considerando que os agentes podem ser naturais ou artificiais a identificação deles no plano teórico permite que se tomem atitudes prévias no sentido de neutralizá-lo ou mitigá-lo, seja reduzindo a vulnerabilidade, seja, quando possível, extirpando a possibilidade do evento.

Tratando-se de eventos ou perigos artificiais (produzidos pelo homem) a sua extirpação depende de uma opção política, ao passo que se se trata de perigos naturais, há casos em que não há como impedir que aconteçam. Assim, naqueles exemplos que demos no item 1.1 ou elimina-se o *evento* quando isso for possível, por exemplo, não permitindo a construção, impedindo o exercício da pesca naquele local, não autorizando a fabricação do agrotóxico etc.

Ainda usando aqueles exemplos, não há como impedir (pelo menos neste estágio da ciência) que chova torrencialmente naquela localidade do morro, e, tampouco que ocorram furacões no caribe. Em ambas as situações pode ser mais simples e eficiente ao invés de neutralizar o agente ou suas circunstancias, adotar medidas que reduzam ou eliminem a vulnerabilidade do alvo, impedindo as construções naquele local ou não autorizando viagens naquele período.[39]

Numa ação civil pública ambiental é fundamental a identificação do *agente* e do *alvo*, ter informações precisas sobre cada um deles, para tomar medidas que atuem num ou noutro ou em ambos, seja para reduzir ou eliminar o risco (possibilidade de dano).

5.2.5 O elemento "possibilidade" (probabilidade)

O risco é uma situação resultante da *possibilidade* de um resultado, ou seja, a *chance* de que um resultado seja causado por determinado agente. Como neste trabalho nos interessa o *risco ambiental* pode-se estremar o conceito para a ideia de que o risco é uma situação que resulta da *possibilidade* de dano ao equilíbrio ecológico resultante da ação de um agente natural ou artificial.

A 3ª edição do Oxford English Dictionary (OED) define risco como

"a possibilidade de perda, lesão ou outra circunstância adversa ou indesejada; uma chance ou situação envolvendo tal possibilidade"

O que conecta o risco ao dano é a ***possibilidade*** de que este venha a acontecer, ou seja, a depender da combinação de alguns fatores (perigo e vulnerabilidade), existe um grau maior ou menor de que o dano venha acontecer, ou seja, que a possibilidade do prejuízo se concretize.

A verdade é que quanto mais se consegue medir este grau de probabilidade, então maior ou menor serão as chances de tomar atitudes que *evitem* não apenas o risco, mas o próprio resultado eventual (dano). Na medida em que o risco é indissociável de uma possibilidade, possibilidade esta que conecta um evento a um resultado, então a *medida do risco* pode ser alcançada mediante um conjunto de elementos que determinam a "probabilidade".

A *probabilidade* é o ramo da matemática que se calcula as *chances de uma experiencia acontecer*; é, em linguajar mais simples, a *quantificação das chances*, da possibilidade de um resultado dentre outros possíveis. Embora seja um denso ramo da matemática ela é largamente utilizada em diversos ramos do conhecimento como a filosofia, o direito, a física, a ecologia, estatística, economia e finanças, engenharia etc.

Etimologicamente a palavra probabilidade vem do latim *probare* que significa *provar* ou *testar*, sendo a ela também relacionada a de *probidade*, então usada como *medida* honorífica ou de honradez de alguém. Em ambos os casos é possível enxergar a noção de *mensuração* (demonstração) da algo.

Como dissemos anteriormente a probabilidade é ínsita à noção de risco, daí porque é tão utilizável no cotidiano das ciências ambientais. Na tarefa de análise de riscos, sua medição é fundamental para tomada de decisões públicas sobre como fazer para evitá-lo, mitigá-lo ou aplacá-lo e, muitas vezes, para se determinar o próprio tempo disponível

---

39. Todos estes exemplos servem para demonstrar a amplitude de possibilidades de tutela (material) contra o risco ambiental vedado constitucionalmente por meio da ação civil pública.

para tomada de tais decisões. No setor de seguros e de mercados a probabilidade é também decisiva para que se definam *preços* e a própria dinâmica de mercado.

A probabilidade se alimenta de **informações e de compreensão cognitiva**, de forma que a seriedade e confiabilidade destas informações que se inserem no processo cognitivo são decisivos para que as premissas da probabilidade possam ser representativas da realidade em relação às possibilidades estudadas, e, assim servir de base para tomada de decisões públicas e privadas em medidas contra o risco.

No fundo no fundo, se pararmos para pensar e refletir o nosso cotidiano, perceberemos que nossas ações são muito mais controladas do que podemos imaginar. No processo de aquisição do nosso conhecimento guardamos todas as informações, reflexões, aprendizados, observações, experiências e sentimentos num "HD interno" chamado "memória" e que serve para que definamos as ações que iremos tomar.

É íntima a relação entre *conhecimento*, *liberdade* e *agir*, nesta ordem. Quanto mais conhecimento se adquire, maior o leque de opções que se apresentam para tomar esta ou aquela atitude.

Uma vez adquirido o conhecimento, tomamos atitudes que levam em consideração a gama de informações e experiências adquiridas (juízo de probabilidade), e, não por acaso, o primeiro passo de nossas atitudes é a realização de atos de autoproteção.

Como ser racional que é, o ser humano (indivíduo = in + diviso = que não se divide) tem um acentuado senso, instintivo até, de autoproteção e sobrevivência porque adquire, processa e reflete o conhecimento adquirido que serve como premissa de seu agir.

Num juízo de probabilidade opta-se pode determinado caminho ao invés de outro, imaginando que com base naquelas **informações conhecidas** alcançará um determinado resultado ou se afastará de outros.

Ora, se andamos à pé pelas calçadas do nosso bairro, evitamos os caminhos mais isolados e os horários menos movimentados, porque sabemos que ali existe um *risco* à nossa segurança; se vamos comprar um produto pela internet, procuramos os sites mais confiáveis e melhor avaliados para não corrermos o *risco* de tomarmos um prejuízo financeiro; se vamos adquirir um livro, buscamos os autores mais consagrados, também para não ter o *risco* de desperdiçar nosso tempo; se vamos construir uma casa, evitamos erguer terrenos com condições adversas para evitar o *risco* de desabamento, infiltração etc.

Estes são exemplos do nosso cotidiano aos quais podem ser somados tantos outros que quase instintivamente tomamos para nos precaver contra os *riscos* de doenças, acidentes etc. Tudo isso com base num juízo valorativo que utilizamos a partir do conhecimento adquirido. No nosso dia a dia procuramos fazer escolhas que sejam *menos arriscadas possíveis* com a intenção de evitar situações de perigo ou pelo menos, se tivermos que enfrentá-las, possamos estar com o menor grau de vulnerabilidade possível.

A *calculabilidade* do risco por meio da *probabilidade* depende de informações sérias e confiáveis tanto sobre o agente (perigo, evento) quanto do alvo (sujeito).

Como o risco é diretamente impactado pela combinação destes dois elementos que o integram, a precisão da *análise de risco* depende da maior quantidade possível de informações corretas sobre o agente (perigo) e sobre o sujeito (alvo – em especial sobre a sua vulnerabilidade).

Não basta apenas a presença do agente (perigo) para se identificar se há ou não o risco, porque o grau de vulnerabilidade do sujeito ameaçado também deve ser apreciado para saber se o risco de perda ou prejuízo existe realmente.

Basta ver no exemplo chulo que demos acima do sujeito que atravessa a rua num horário de pouco movimento e sem iluminação, mas que, *antevendo* (tendo informações de) tais perigos, cuida de vestir-se com uma roupa blindada ou é acompanhado por seguranças etc. Nesta hipótese ele diminui a sua vulnerabilidade em relação aqueles perigos, diminuindo também o risco de sofrer perdas ou prejuízos. Logo, observa-se, a vulnerabilidade é um fator intrínseco ao sujeito, por ele manipulável ou controlável, mas, frise-se, *desde que ele conheça a informação acerca dos perigos e tenha consciência da sua vulnerabilidade*.

Não é seguro afirmar que o alto grau de vulnerabilidade do sujeito e a presença concreta de ameaças ou perigos levará inexoravelmente ao dano. Ainda estaremos no terreno da probabilidade, ainda que seja mais acentuada. Por exemplo, andar bêbado numa corda bamba esticada entre dois penhascos distantes, e sem uma rede de proteção embaixo, não implica necessariamente na ocorrência de danos, mas potencializa-a significativamente.

A altura do penhasco, a finura da corda, a vulnerabilidade do sujeito, tudo isso amplifica a probabilidade do dano. Por outro lado, reduz-se a probabilidade, se o indivíduo é um trapezista do *cirque du soleil*, se há uma rede de proteção, se já fez este percurso inúmeras vezes etc. É fácil observar o quanto que a *probabilidade do risco* oscila a partir da variação destes elementos intrínsecos do estado de risco (perigo e vulnerabilidade). A informação e a compreensão cognitiva são fundamentais para que se possa fazer a calculabilidade do risco e assim tomar medidas mais eficientes e efetivas para proteção do sujeito exposto ao perigo.

> É importante que o próprio alvo (sujeito) seja alimentado com informações sobre o perigo (agente) para que possa tomar, per si, atitudes que aplaquem ou diminuam o risco de dano ao qual possa estar exposto.

5.2.6   *Risco, probabilidade e certeza*

O risco também é associado à noção de *incerteza* por diversos autores. Diz-se que o risco é a "incerteza do resultado", "incerteza mensurável", "incerteza sobre uma perda", "eventos incertos que afetam objetivos" etc.

Optamos por não associar risco à incerteza, porque quase sempre a expressão é associada ou empregada em seu sentido psicológico[40], qual seja, o *juízo mental de uma pessoa*, de que algo é assim ou assado, certo ou errado, tal qual ele, o sujeito, a concebe segundo, e nos limites, do seu conhecimento.

É tomado como *certo* aquilo que é *considerado por alguém* como *certo*. Eis porque *certeza e verdade* são bastante distantes. Aquilo que é tomado como certo por alguém pode ser absolutamente inverídico. Certeza é um juízo valorativo de uma pessoa.

---

40.   Na metodologia científica a certeza é um dado objetivo, ou seja, é o resultado da comprovação de um raciocínio lógico.

Por aí se vê que falar em *incerteza* ao lidar com o risco depõe contra a noção de *provável, de probabilidade*. O fato de ser possível a ocorrência do dano ou ser possível que ele não ocorra, ou de ter possibilidades, não torna o evento *incerto*, talvez "não definido". Incerto será, sem dúvida, diante do leque de possibilidades, o *juízo* daquele que apura ou faz a análise do risco.

Neste passo se a probabilidade aumenta em direção à ocorrência da possibilidade de dano aventada não há que se falar em incerteza, pois do contrário ter-se-ia que admitir degraus de *incerteza objetiva*, o que não é o caso.

O juízo de valor sobre a ocorrência do dano a partir da ampliação dos elementos da probabilidade faz cessar o juízo (subjetivo) de dúvida, de indeterminação, de ambiguidade. Não é o evento que se tornou *mais certo* ou *menos incerto*, mas sim a percepção de sua ocorrência por aquele que analisa o risco.

5.2.7 Risco, probabilidade e azar

Recordemos aquele exemplo da alínea C contida no item 5.2.1 acima:

Oficialmente o pico das ocorrências de furacões no Caribe é entre a segunda quinzena de agosto até o final do mês de setembro. Ainda assim, com hotéis mais em conta por causa disso, um casal decide, seis meses antes, passar sua lua de mel na cidade com maior índice de furacões neste período

Se pensarmos nesta hipótese há 70 anos alguém poderia dizer que "deu azar" ao escolher a lua de mel no Caribe em período que veio a ocorrer um furacão. Hoje, com base na estatística, estudos geológicos, geográficos e de outras ordens da ciência foi possível descobrir que existe um período crítico sobre a ocorrência de furacões nesta região.

Na medida em que se incrementa a *probabilidade* a partir de dados cada vez mais confiáveis, técnicos e científicos sobre os elementos intrínsecos do risco (agente + sujeito + probabilidade) caminha-se em afastar a noção de *sorte ou azar*. Na medida em que os acontecimentos vão se tornando *previsíveis*, elimina-se a condição fortuita, inimaginável ou inesperada que se atribui a um fenômeno aleatório (azar), ao destino.

O desenvolvimento do conhecimento científico permite que se antevejam situações que antes nem seriam possíveis de se enxergar ou identificar como um risco potencial ou concreto. Pelo menos em tese, onde há *probabilidade* não há nem azar e nem sorte num resultado, muito embora sejamos tentados a dizer que o sujeito que perde o avião no dia do acidente aéreo é um sortudo, que não era a sua hora, ou que foi a mão divina que o salvou, mas jamais vamos reconhecer que normalmente ele se atrasa para voos, ou que naquele dia o trânsito estava mais caótico etc. O *imponderável* vai se tornando cada vez menos fortuito na medida que se tem informação e conhecimento técnico sobre as situações da vida.

5.2.8 O risco e o dano: momento de cada um e pontos de contato

O risco é um *estado jurídico* que reflete a possibilidade de alguém sofrer uma perda. É importante destacar desta forma que não há uma relação antecedente/consequente entre risco e dano, respectivamente, e tampouco o primeiro é um estágio preliminar do segundo, no sentido de que todo risco causa dano. Nem todo risco levará a um dano. Isso porque a conexão entre um e outro é de "probabilidade".

Risco é risco, ou seja, é um estado jurídico que alguém se encontra em razão da possibilidade de ocorrência de um dano. O dano é o prejuízo que este alguém sofre em razão de ter ocorrido uma dentre outras possibilidades existentes.

O que é muito importante chamar a atenção que não será incomum, antes o contrário, que o dano moral – individual e/ou coletivo – aconteça antes mesmo de surgir o dano material, numa inusitada situação de estarem presentes, ao mesmo tempo: a) *um estado de risco pela possibilidade de um dano material* e b) *efetivo dano moral decorrente desta situação.*

É preciso ter isso em mente porque normalmente estamos acostumados a pensar no dano moral como uma situação contemporânea ao dano material, o que, nesta hipótese não será o caso.

É claro que não é qualquer estado de potencialidade do dano material que acarreta o dano moral, e é preciso que – como qualquer dano – seja passível de comprovação.

O que nos interessa dizer aqui é que a *exposição ao risco de dano material* pode consistir em um *dano moral.* Nesta hipótese não haverá *risco de dano moral,* porque dano moral já existe. Isso tem enorme importância quando pensamos no dano ambiental e nas tutelas constitucionais contra o risco.

É perfeitamente possível que exista um dano moral coletivo efetivado em decorrência de uma exposição ao risco de dano ecológico quando, por exemplo, uma cidade inteira se vê exposta às rachaduras de uma barragem sabendo que tempos antes uma outra cidade inteira foi dizimada pelo rompimento de outra barragem da mesma empresa.

Não será absurdo pensar em um dano moral coletivo decorrente da exposição ao risco de dano que moradores de uma cidade ficarão nos anos futuros caso descubram que nos últimos 10 anos uma empresa lançou na água (que consumiam cotidianamente) efluentes carcinogênicos; ou de consumidores ao se depararem com produtos que estão contaminados por agrotóxicos proibidos ou acima do limite permitido.[41]

> Numa situação destas acima quem não perguntaria: será que terei câncer em razão dos efluentes que contaminaram a água que abastecia a minha casa? Ou terei câncer porque consumi produtos com agrotóxicos cancerígenos acima do permitido durante anos?

Não é preciso que em nenhum destes casos que as doenças apareçam para que já esteja configurado o dano moral. O estado de medo, insegurança, angústia, ansiedade, pavor resultante da *exposição ao risco de dano material* pode configurar sim o dano moral.

O Superior Tribunal de Justiça já é pacífico neste sentido, ainda que sem fazer a distinção da concomitância entre a *exposição ao risco de dano material,* ainda não in-

---

41. "(...) 2. A aquisição de produto de gênero alimentício contendo em seu interior corpo estranho, expondo o consumidor à risco concreto de lesão à sua saúde e segurança, ainda que não ocorra a ingestão de seu conteúdo, dá direito à compensação por dano moral, dada a ofensa ao direito fundamental à alimentação adequada, corolário do princípio da dignidade da pessoa humana. (...) REsp 1828026/SP, Rel. Ministra NANCY ANDRIGHI, TERCEIRA TURMA, julgado em 10/09/2019, DJe 12/09/2019".

denizável materialmente, com o *dano moral efetivamente ocorrido por causa da referida exposição*, totalmente indenizável:

> "Se, diante do caso concreto, for possível identificar situação que importe lesão à esfera moral de uma comunidade – isto é, violação de direito transindividual de ordem coletiva, de valores de uma sociedade atingidos sob o ponto de vista jurídico, de forma a envolver não apenas a dor psíquica, mas qualquer abalo negativo à moral da coletividade – exsurge o dano moral coletivo" (REsp 1.402.475/SE, Rel. Ministro HERMAN BENJAMIN, SEGUNDA TURMA, julgado em 09/05/2017, DJe 28/06/2017)

> "3. A aquisição de produto de gênero alimentício contendo em seu interior corpo estranho, expondo o consumidor à risco concreto de lesão à sua saúde e segurança, ainda que não ocorra a ingestão de seu conteúdo, dá direito à compensação por dano moral, dada a ofensa ao direito fundamental à alimentação adequada, corolário do princípio da dignidade da pessoa humana. (...) 5. Na hipótese dos autos, a simples comercialização de produto contendo corpo estranho possui as mesmas consequências negativas à saúde e à integridade física do consumidor que sua ingestão propriamente dita.

> 6. Recurso especial provido. (REsp 1801593/RS, Rel. Ministra NANCY ANDRIGHI, TERCEIRA TURMA, julgado em 13/08/2019, DJe 15/08/2019).

A exposição ao risco como suscetível de causar dano moral a uma comunidade – ainda que não lhe tenha causado prejuízos materiais – também foi enfrentado pelo STJ ao condenar uma concessionária de telefonia pela exposição ao risco de uma comunidade porque "*a comunidade ficou exposta aos riscos decorrentes do não reposicionamento dos cabos de telefonia, que ficou ao alcance dos transeuntes que circulavam no local*". (AgInt no AREsp 426.382/RJ, Rel. Ministro SÉRGIO KUKINA, PRIMEIRA TURMA, julgado em 23/10/2018, DJe 30/10/2018).

Observe-se que à medida que crescem as informações sobre o incremento do perigo o estado de risco isso pode gerar danos extrapatrimoniais decorrentes da ansiedade, medo, insegurança etc.; ou seja, podem ser sintomas de tamanha gravidade e intensidade que justifique a proteção indenizatória extrapatrimonial.

Na relação *antecedente/consequente* o causador do dano é o agente (perigo, ameaça) que incidiu sobre o sujeito ou sobre seu patrimônio. Contudo, ainda que não seja antecedente obrigatório de um dano, cronologicamente falando o *momento do estado de risco é sempre anterior ao momento do eventual dano*.

Entre o momento do risco e o momento do eventual dano há um hiato lógico porque o risco é a *possibilidade* de dano, de forma que quando ele (dano) ocorre já não mais existe risco, pois a probabilidade se realizou. O risco *abstrato* é cronologicamente mais distante do dano do que o risco *concreto*. À medida que se torna mais provável a ocorrência do dano o risco vai dando lugar a concretude de um dos resultados possíveis (perda, prejuízo).

É a proximidade da incidência do agente sobre o alvo que faz com que o resultado se aproxime. O sujeito que caminha em direção à calçada que fica debaixo da construção assume um risco (abstrato) de acidente; enquanto realiza o percurso da calçada assume um risco (concreto) ainda maior. Se algum tijolo cair sobre a sua cabeça não há que se falar mais num estado de risco, mas sim em um dos resultados possíveis que acabou acontecendo.

> E esta situação de dano (tijolada na cabeça) ainda pode ser um *perigo* para que outros danos possam acontecer, como por exemplo a situação de risco de se não for imediatamente levado a um hospital tenha hemorragia craniana etc.

Assim, por exemplo, no caso da casa construída na pirambeira do morro é o *dano ambiental* resultante da derrubada da vegetação rupestre que torna-se um agente de risco para desabamento. Observe que o *dano ecológico* se torna uma circunstância integrante do perigo (chuva torrencial que não será absorvida) para a população que mora embaixo do morro (alvo).

Essa distinção do *momento do risco e do dano* é importantíssimo para a tutela estatal do meio ambiente, objeto de nossa análise, especialmente porque sabemos que a restauração de um ambiente degradado, tão essencial à vida de todos, é praticamente impossível.

Assim, identificando o momento de um e outro é possível dar maior ênfase na proteção antes ou depois do risco concreto e abstrato, *mas sempre antes da ocorrência do dano.*

Todas as técnicas (legislativas, executivas e judiciárias) que privilegiem a *tutela antecedente ao dano* são fundamentais à manutenção e preservação do equilíbrio ecológico e dos componentes ambientais.

O risco deixa de existir quando, infelizmente, o que era uma possibilidade de dano se concretiza, ou, felizmente, quando se adotam medidas que atuam neutralizando ou extirpando os dois elementos fundamentais do risco: a vulnerabilidade ou o perigo.

É possível eliminar totalmente ou reduzir o risco do sujeito da calçada no exemplo A do item 5.1 de duas maneiras: impedindo o prédio de ser construído de forma que as suas varandas façam sobra sobre as calçadas, e, portanto, inexista o risco de cair qualquer coisa da construção sobre os pedestres, ou ainda, é possível atuar sobre o sujeito que está em risco reduzindo a sua vulnerabilidade total ou parcialmente.

Mais uma vez, com vênias pela repetição, é perfeitamente possível que o dano moral, individual ou coletivo, realmente se efetive antes de ter ocorrido o dano patrimonial, ou ainda mesmo que este não venha a acontecer. O momento de surgimento do dano moral coletivo em razão de um estado de risco de dano ecológico pode ser antes de este acontecer ou depois que este tenha ocorrido, ou ainda que nem sequer aconteça.

Talvez com exemplo real seja mais simples entender a profundidade da afirmação acima. Extraímos do filme *o preço da verdade* (Dark Waters)

19/07/2005 – 20h02

Dupont é processada por ocultar riscos do Teflon à saúde

Houston (EUA), 19 jul (EFE). – Dois escritórios de advocacia apresentaram requerimento judicial nos EUA contra o grupo Dupont pelos supostos riscos para a saúde do revestimento antiaderente de suas panelas Teflon.

A queixa foi apresentada em vários estados pelos escritórios Kluger, Peretz, Kaplan & Berlin e Oppenheim Pielsky, ambos com sede na Flórida. A representação foi feita em nome dos consumidores do produto.

Os advogados exigem que a Dupont assuma indenizações por perdas e danos, crie um fundo para assistência médica dos consumidores e inclua nos jogos de panelas um alerta sobre os possíveis riscos do uso do Teflon.

Em comunicado, o grupo afirmou que irá se defender das acusações nos tribunais, e que "os consumidores que usam produtos da marca Teflon não correm riscos".

Em maio, a Dupont acusou o recebimento de uma ordem do Departamento de Justiça americano para que entregasse todas as suas pesquisas sobre a substância química PFOA, usada no revestimento antiaderente.

Essa ação judicial foi enviada um mês após o grupo ter chegado a um acordo de indenização de US$ 15 milhões com a Agência para a Proteção do Meio Ambiente americana (EPA, em inglês), que acusava a empresa de ter ocultado informações sobre os efeitos da FPOA à saúde.

(https://noticias.uol.com.br/ultnot/efe/2005/07/19/ult1807u18958.jhtm)

CAPÍTULO 4 • O EQUILÍBRIO ECOLÓGICO COMO OBJETO DE TUTELA DA LEI DE AÇÃO CIVIL PÚBLICA

Muito bem, diante da situação acima, afora as indenizações ambientais pela contaminação do rio, fauna, flora e solo, imagine o número de consumidores que utilizaram o Teflon, mas que não tiveram nenhum câncer ou doença decorrente da sua utilização.

Considerando que o produto químico é bioacumulativo essas doenças podem manifestar-se anos mais tarde. E este *estado de risco* (possibilidade de ter dano no futuro) ao qual estão submetidos os consumidores?

Ora, não há um momento exato em que o produto químico pode se manifestar na forma de câncer. O fato de um, dois, cem ou mil consumidores manifestarem os danos resultantes do produto químico nos 5 primeiros anos não significa que outros tantos também não sejam afetados em anos seguintes.

É preciso reconhecer que além de obrigar o responsável a *monitorar a saúde dos consumidores expostos ao risco*, que também se indenize o dano moral suportado por estes consumidores que viverão os próximos anos tensos, preocupados, inseguros, ansiosos, com medo de que "amanhã" podem desenvolver a doença. Uma simples diarreia ou uma enxaqueca será sinal de preocupação e alerta além do normal para estas pessoas.

Exemplos como este são muito comuns no nosso cotidiano. Aliás, registre-se que o fato de vivermos numa *sociedade de risco* de forma alguma autoriza ou legitima que o "estado de risco" deva ser aceito ou estimulado.

A afirmação de que vivemos numa sociedade de risco não é passaporte para transferir para o povo e para a coletividade o *ônus do risco de causar dano*. A coletividade não é uma cobaia sem saber que está sendo cobaia, enquanto do outro lado da ponta alguém lucra, e muito, com este estado de risco.

É até pueril e jocoso pensar que o fato de saber que posso sair de casa e um desastre acontecer, de ser atropelado, de um fio cair na minha cabeça, simplesmente porque "vivemos em risco" legitimaria o lançamento no mercado de remédios, fraldas, embalagens, agrotóxicos, alimentos, bebidas, aparelhos, técnicas, métodos etc., enfim, produtos em geral que exponham alguém ou uma coletividade ao risco de dano.

É preciso ler e entender Ulrich Beck[42] e D. Giddens[43] para compreender que não é isso que disseram e assim não deturpar o sentido do que foi dito nas citadas obras. Aliás, o contrário, nesta sociedade complexa é **fundamental ter informação sobre os perigos** para que se possa, como diz Luhmann [44], reconhecê-los como tal e assim evitá-los ou controlá-los.

Quando o indivíduo ou uma coletividade desconhece o estado de risco de dano que se encontra em razão de uma atividade, produto ou substancia colocado no mercado, e, posteriormente se descobre – quando este risco já não existe mais – que durante um período viveu sob um estado de risco, é de se perguntar se este sentimento de alívio é associado a um outro de insegurança, um medo, uma dor que poderia ser objeto de indenização por dano moral.

---

42. BECK, Ulrich. La sociedade del riesgo mundial. Barcelona: Paidós, 2008.
43. GIDDENS, Anthony. Modernidade e Identidade. Rio de Janeiro: Jorge Zahar, 2002.
44. Em Luhman o risco está diretamente relacionamento com a noção de seguridade, e, para que exista o risco é preciso que exista o reconhecimento do perigo causar um dano. LUHMANN, Niklas. Sociologia del riesgo. Guadalajara: Walter de Grurter Co., 1992, p. 51 e ss.

Só o caso concreto poderá dizer se está ou não presente uma situação de dano resultante por se ter descoberto que vivenciou-se, sem saber, um perigo iminente de dano que acabou não acontecendo.

De qualquer forma, ainda que não se verifique nesta hipótese acima um *dano material* já que o estado de risco de dano teria sido eliminado, *não se pode admitir que a coletividade suporte o ônus do estado de risco sem saber que se encontra neste estado, tudo em proveito econômico alheio.*

O *ônus do estado risco* só pode ser negociado e, portanto, ser suportado por quem quer que seja, se tal sujeito tem consciência disso (desse ônus do risco), pois do contrário têm-se aí um enriquecimento sem causa, um lucro obtido a partir de um ilícito cometido por um terceiro. Regra geral não há "indenização" porque nenhum dano foi causado, senão porque só houve um "estado de risco", mas há um dever de equidade, de respeito a boa-fé que impõe que o *enriquecimento ilícito* seja excluído do que se beneficiou para que se entregue tal dividendo àquele que suportou o risco.

Considerando que em diversos deveres concretos ambientais o texto constitucional *veda a exposição ao risco*, então comete ato ilícito aquele que expõe a coletividade ao risco. Ainda que não cause danos indenizáveis, deve receber *sanção civil pelo enriquecimento ilícito* às custas de uma exposição indevida ao risco pela coletividade.

É o caso, por exemplo, do gestor de uma unidade de conservação de proteção integral que desvia a finalidade para a qual ela deveria ser utilizada, permitindo ilicitamente que seja explorada economicamente a atividade turística (ainda que sustentado) dentro da própria unidade. Além das sanções penais e administrativas correspondentes é perfeitamente possível que esta conduta ilícita não cause danos ecológicos, mas não é *justo* que tal ente seja beneficiado economicamente pelo uso ilícito de bem que não lhe pertence.

Da mesma forma, é o caso do sujeito que não realiza o licenciamento ambiental, mas mesmo assim inicia a sua atividade que, pelos cuidados que tomou espontaneamente, não causou nenhum impacto ambiental. O ilícito – mesmo que não gere nenhum dano – não pode trazer lucro para quem o praticou! Todos os lucros obtidos a partir da violação de um direito, mesmo que não impliquem dano, devem ser, por justiça e equidade, serem *restituídos* àquele que é o titular do direito violado.

Exatamente por isso, se o texto constitucional determina que é dever do poder público *impedir as práticas que coloquem em risco sua função ecológica*, então a pessoa física ou jurídica que expõe ao risco – ainda que sem danos – a função ecológica da fauna e da flora comete um ilícito. Se esse ilícito – não danoso – gerou lucro àquele que o cometeu, isso não pode ficar por isso mesmo.

Não se pode admitir que este ilícito gere lucro e que, por não ter ocorrido dano, o lucro obtido permaneça com o sujeito que violou o direito. Se não houver a retirada do lucro do indivíduo que obteve às custas de um ilícito sobre um direito alheio, certamente que isso estimulará, e muito, comportamentos que, embora ilícitos, sejam lucrativos economicamente. É necessário que além da remoção do ilícito, seja *transferido* o benefício econômico auferido àquele que suportou o ônus de uma exposição ao risco que não deveria ter acontecido.

CAPÍTULO 4 • O EQUILÍBRIO ECOLÓGICO COMO OBJETO DE TUTELA DA LEI DE AÇÃO CIVIL PÚBLICA

5.2.9 *Proteção estatal e risco ambiental*

5.2.9.1 *Introito*

A psicologia comportamental e organizacional tem demonstrado cada vez mais que lidamos diariamente com escolhas que envolvem riscos, potenciais ou atuais, e, que para lidar de forma satisfatória com isso, é preciso que tenhamos conhecimento sobre os agentes do risco e as nossas vulnerabilidades para tomada de decisões que reduzam a probabilidade de perdas futuras. Isso se reflete desde os assuntos mais sérios e decisivos da nossa formação, até aos mais banais do nosso cotidiano.

Assim, quando escolho uma profissão o prejuízo de uma escolha errada pode ser danoso por muito tempo, e, de difícil reversibilidade. Por outro lado, embora banal, é comum também que decidamos sobre situações simples como transportar para a mesa de almoço uma travessa quente sem proteção. Se eu sei que a travessa está quente e que posso queimar a minha mão ao transportá-la do fogão para a mesa, então decido em segundos se vale a pena pegar uma luva ou um pano, evitando uma possível queimadura, ou se assumo o estado de risco e faço o transporte dela sem qualquer proteção imaginando que por ser uma distância pequena num curto espaço de tempo não haveria tanta chance para resultar numa queimadura.

Limitado pelas informações que possui ou adquiriu o indivíduo toma este *processo decisório de escolha* influenciado por valores que o formam como ser. Certamente decisões apressadas, no calor da emoção, do medo, da insegurança podem mostrar no futuro que o caminho escolhido não foi o melhor. A ansiedade, o medo, a insegurança, a ira são elementos passionais e estados mentais que contribuem para baralhar a correta identificação do risco e dos seus elementos, bem como das decisões que dele se afastem.

Nestes singelos exemplos pode-se perceber que a *informação precisa, científica, objetiva e o conhecimento compreendido* permite que o sujeito identifique situações de risco, e, assim tenha liberdade de escolha de caminhos que afaste ou reduza a probabilidade de danos. Isso que se disse no plano individual e privado se projeta no plano coletivo e público.

Lembrando que o art. 225 da CF/88 *impõe ao poder público e à coletividade o dever de proteger e preservar o meio ambiente para as presentes e futuras gerações* e que é dever concreto do *poder público* tomar todas as atitude descritas nos sete parágrafos do art. 225 para *efetivar* o equilíbrio ecológico, e considerando ainda que expressamente a CF/88 optou pela proteção contra o *risco ambiental,* é certo que não será incomum a *análise de riscos ambientais* para a toma de decisões que o neutralizem.

Cabe ressaltar a criação de uma norma ISO sobre gerenciamento de riscos que foi publicada sob o código ISO 31000 em 13 de novembro de 2009. Segundo esta norma é possível lidar com o risco (admite o impacto positivo e negativo), sempre com máximo de informações possíveis, adotando as seguintes posições: a) evitar o risco não iniciando ou continuando atividade que gera o risco; b) aceitar ou ampliar o risco para obter oportunidades; c) eliminar a fonte do risco; d) alterar as probabilidades; e) alterar as consequências possíveis; f) distribuir o risco com outros atores.

Como dito, o texto constitucional é claro no artigo 225, ao consagrar o direito do povo ao meio ambiente ecologicamente equilibrado, e que, para assegurar a efetividade desse direito fundamental *deve* o Poder Público (Judiciário, Executivo e Legislativo), nos termos do §1º, dentre outras ações, as que vem descrita, por exemplo, no inciso V que assim prescreve: controlar a produção, a comercialização e o emprego de técnicas, métodos e substâncias que comportem risco para a vida, a qualidade de vida e o meio ambiente. Não apenas neste dispositivo há a clara opção contra o risco, mas também nos incisos I, II, III, IV, VI, VII do §1º. Enfim, submeter a coletividade a um estado de risco pode configurar um ato ilícito ambiental como prevê a Constituição em alguns casos.

5.2.9.2 Antijuridicidade e risco ambiental

Vejamos os seguintes exemplos:

Um sujeito fabrica balões e os entrega para outros sujeito que os comercializa.

Um grupo de rapazes adentra numa unidade de conservação conduzindo substâncias ou instrumentos próprios para caça ou para exploração de produtos ou subprodutos florestais, sem licença para tanto.

Algumas pessoas chegando de uma viagem do exterior, trouxeram em suas malas animais selvagens de espécie não existente aqui para soltar nas suas respectivas propriedades, sem a autorização do órgão competente.

Ora, todas estas hipóteses são a priori enquadráveis nos tipos penais descritos nos arts. 42, 52 e 31 da Lei 9605/98. O que há em comum em todas estas situações tipificadas como crime é que o legislador penal, neste e em tantos outros casos, optou por fixar o *momento da antijuridicidade no momento do risco*, ora abstrato (como fabricar balões), ora concreto (como penetrar com petrechos de caça sem autorização na unidade de conservação).

Observe que ao fazer desta forma a lei, em compasso com o dever que lhe foi imposto no art. 225, caput e parágrafos, respeita o axioma "preservar e proteger" o meio ambiente ecologicamente equilibrado e elege o *momento do risco* como adequado à proteção do equilíbrio ecológico.

Nestes tipos penais percebeu o legislador que, a despeito das críticas que se possa fazer à abstração destas hipóteses de incidência em relação ao meio ambiente, que, inclusive no âmbito penal, é melhor prevenir do que remediar, pois não há reparação que retorne ao status quo ante, e, dada a fundamentalidade e essencialidade do meio ambiente equilibrado para presentes e futuras gerações, a única forma de alcançar este intento é justamente *impedindo, eliminando, vigiando, fiscalizando, monitorando, controlando* o risco, justamente para *não deixar que* a *possibilidade de dano* se concretize.

O que fez o legislador para erigir em moldura abstrata estes tipos penais, denominados de "perigo concreto" e "perigo abstrato"[45]? Simplesmente captou a partir da experiencia social de que os balões são comumente responsáveis por desastres ambientais e sociais (depois de algum tempo eles desabam como uma bola de fogo nas casas, florestas, pessoas etc.) e definiu como crime uma conduta muito anterior

---

45. Aqui tomava-se a palavra perigo (hazard) como risco. Superada esta ideia de sinonímia entre perigo e risco, correto seria chamar os crimes de *risco abstrato e risco concreto*. O perigo (agente) é um dos elementos do risco.

CAPÍTULO 4 • O EQUILÍBRIO ECOLÓGICO COMO OBJETO DE TUTELA DA LEI DE AÇÃO CIVIL PÚBLICA

ao momento da queimada provocada pela queda do balão; isto é, não usou o momento do dano para tipificar a conduta como crime, mas simplesmente um momento bem antecedente (fabricar) e também outro mais próximo da possibilidade de que possa causar este dano (soltar).

Claro que há uma diferença óbvia entre *fabricar* e *soltar* balões. A probabilidade de ocorrência do dano se aproxima muito mais da conduta de soltar do que de fabricar balões, mas isso foi irrelevante pelo legislador penal que tipificou ambas como *conduta penal ilícita*. A antijuridicidade se dá quando ocorre uma conduta antecedente à possibilidade de que o dano venha acontecer.

A fattispecie estabelece como momento da conduta antijurídica algum momento anterior ao dano, portanto, enquanto este é potencial (possível), mas não tenha se concretizado. A <u>exposição ao risco</u>, abstrato ou concreto, é utilizado pelo legislador como momento pelo qual o fato gerador incide sobre a hipótese de incidência.

Isso se dá – esta opção política respeitadora do axioma ambiental previsto na constituição federal – porque o texto legal enxerga que não é possível admitir o risco, a mera possibilidade de que um dano social ou ambiental seja causado por esta conduta, e, que por mais que alguém venha dizer que soltar balões está na tradição e na cultura brasileira, esse argumento é insuficiente para inibir a escolha de precaver a sociedade e o meio ambiente contra esta situação de potencialidade danosa.

Observe-se que o Legislativo pode – e deve – em prol da *preservação e proteção* do meio ambiente estabelecer como mantra de sua política legislativa o momento antecedente ao dano como adequado para fixar os ilícitos.

Eleger os elementos do risco (potencial ou atual) como momento adequado para a política legislativa – da qual seguirá a atuação administrativa e a judiciária – não é um favor, mas um <u>dever imposto constitucionalmente em prol da sociedade</u>.

De que adiantaria prever apenas como crime o dano causado pela queda do balão, a destruição às casas, às pessoas, ao meio ambiente? Se dados científicos mostram que este tipo de prática causa enorme prejuízo para sociedade, certo está a lei em fixar o tipo penal para um momento absolutamente distante da possibilidade de ocorrência do dano. É perfeitamente possível, portanto, que se eleja o momento anterior ao dano – o estado de risco – como adequado para fixar a ocorrência da antijuridicidade.[46]

A eleição da <u>exposição ao risco</u> – antes ou depois dele – como <u>momento adequado para fixar a política estatal</u> é repetida do caput aos parágrafos do art. 225, passando por quase todos incisos do parágrafo primeiro.[47]

---

46. Aqui tomamos antijuridicidade, objetivamente, como ato-fato contrário ao direito, a contradição entre o fato praticado, a conduta realizada, e ordenamento jurídico. A respeito ver BETTIOL, Giuseppe. Direito Penal. Tradução de Paulo José da Costa Jr. e Alberto Silva Franco. São Paulo: Ed. RT, 1977. p. 358-359; BELING, Ernst von. Esquema de Derecho Penal. Tradução castelhana de Sebastían Soler. Buenos Aires: Depalma, 1944. p. 21-22.; PETROCELLI, Bagio. L'antiguiridicità. 2. reimp. Padova: CEDAM. 1947. p. 14.; PONTES DE MIRANDA. Tratado de direito privado, Rio de Janeiro: Borsoi. 1955. t. 5, §599, n. 2, p. 225.; ATALIBA, Geraldo. Hipótese de Incidência Tributária. 3. ed. São Paulo: Ed. RT, 1984, p. 25 e ss.

47. A respeito ver SILVA SÁNCHEZ, Jesús María. La expansión del derecho penal: aspectos de la Política criminal en las sociedades postindustriales. Madrid: Edisofer, 2011; COSTA, Helena Regina Lobo da. Proteção penal ambiental. São Paulo: Saraiva, 2010.

O dever de *preservar* só pode ser genuinamente cumprido se o seu alvo for *evitar danos*. Do contrário é impossível imaginar qualquer tipo de *preservação*. Preservação pressupõe que o objeto a ser preservado esteja intacto, guardado, protegido.

A proteção para evitar o risco ambiental (antes dele surgir), ou para neutralizá-lo (risco já existente) deve ser prioridade na política estatal ambiental.

Não por acaso fala-se em *preservar* no art. 225, §1º, I e II.

Alguém duvida que a definição de espaços especialmente protegidos no inciso III é justamente para proteger e preservar os componentes ambientais?

Ora, por que o legislador exige que apenas uma lei em sentido estrito pode suprimir ou alterar o regime jurídico dos espaços especialmente protegidos?

A ideia é exatamente de *preservar* o equilíbrio ecológico. E, pecando pela redundância, preservar significa manter a sua integridade, portanto, livre de danos. E, por sua vez, para mantê-lo livre de danos a forma escolhida pelo texto constitucional em vários dispositivos foi *proibir* (considerar ilícita) a exposição ao risco ambiental.

O mesmo se diga no inciso IV do art. 225 ao *exigir*, leia-se, impor, exortar, determinar que atividades que se sejam de significativa impactação necessariamente precisam passar por um procedimento de licenciamento onde, dentro dele conste estudo prévio, avançado e completo que antecipe quais os possíveis e eventuais danos que o meio ambiente pode vir a sofrer. É visualizar <u>antes</u> os possíveis impactos que podem ser causados. E por que isso? Justamente para que se implemente a *preservação*, tomando medidas que evitem o dano pré-visualizado.

Os dispositivos seguintes (incisos V, VII) inclusive *adotam o risco*, expressamente, como limite (a ser adotado pelo ordenamento jurídico) para admitir uma atividade, uma substância, ato, técnica que possa causar dano ao meio ambiente. O inciso VI dos arts. 23 e 24 reforçam exatamente o que se disse aqui e alhures.

Conquanto os exemplos trazidos acima tenham sido extraídos do campo penal, não é apenas nesta seara que o risco deve ser adotado como marco temporal para tipificação de condutas antijurídicas. As searas civil e a administrativa seguem a mesma lógica estabelecida pelo axioma constitucional da preservação ambiental.

Não é por acaso que o texto constitucional e a legislação ambiental infraconstitucional estabelecem *deveres difusos ambientais de fazer e não fazer* que adotam exatamente esta premissa: preservação. Vejamos por exemplo no próprio artigo 225, IV quando o texto fala que é dever do poder público *"exigir, na forma da lei, para instalação de obra ou atividade potencialmente causadora de significativa degradação do meio ambiente, estudo prévio de impacto ambiental, a que se dará publicidade"*.

Esse dever jurídico imposto ao empreendedor, público ou privado, adota como premissa a *precaução*, ou seja, primeiro é preciso antever, na medida do possível, se haverá riscos (possibilidade de dano), para a partir daí definir se a atividade ou obra pode ser realizada e sob que condições. Igualmente o dever de *"controlar a produção, a comercialização e o emprego de técnicas, métodos e substâncias que comportem risco para a vida, a qualidade de vida e o meio ambiente"* prevista no inciso V do §1º do art. 225.

CAPÍTULO 4 • O EQUILÍBRIO ECOLÓGICO COMO OBJETO DE TUTELA DA LEI DE AÇÃO CIVIL PÚBLICA

O verbo controlar significa que o poder público deve ter o domínio da situação para assim poder fiscalizar, monitorar, inspecionar, conter, impedir, exigir etc. O *controle* aí não é indicativo, de que o legislador teria "admitido implicitamente" a fabricação, a comercialização e o emprego de técnicas, métodos e substâncias que importem em risco para a vida e para o meio ambiente. Obviamente que não está admitido risco, antes o contrário. O dispositivo deve ser lido em consonância e com coerência com a *cabeça* do artigo 225. O *controle* previsto no dispositivo é o de que deve o poder público ter todo o domínio sobre a fabricação, sobre a comercialização e utilização de produtos, técnicas e métodos que possam trazer risco para o equilíbrio ecológico.

A expressão "*importem em risco*" significa exatamente que "possa trazer risco", "possa significar risco", ou seja, tem o poder público todo o poder de controle, o poder efetivo para dirigir, conduzir e estabelecer *se é possível, como é possível, sob que condições, objetivos e princípios devem funcionar a fabricação, comercialização e utilização destes itens* (métodos, substancias etc.). O *controlar* neste dispositivo é ex ante, ou seja, saber se importa em risco e neste caso *impedir, conter, evitar* o risco ao meio ambiente e à vida.

E, isso ficou muito claro no controle de constitucionalidade feito pelo STF na ADI n. 4066 que reconheceu como inconstitucional dispositivo da Lei n. 9055 DF, justamente com base na evidencia cientifica que a *exposição ao risco* do amianto crisotila é intolerável à saúde e que a livre iniciativa deve se conformar à valores como a dignidade humana e à preservação do meio ambiente. O comando constitucional *constrange e ampara* o legislador a seguir o axioma que ela estabelece de proteção à vida e à dignidade, para usar a feliz expressão da Ministra Rosa Weber, relatora da ADI:

> (...)
>
> 4. Risco significativo de exposição presente não apenas na cadeia produtiva do amianto, mas também para familiares que vivem com trabalhadores desse setor, para a população nas proximidades de minas e indústrias de amianto, para a população consumidora de produtos finais contendo amianto na composição e para pessoas expostas a rejeitos ou descartes de materiais contendo amianto. Quadro justificador da adoção de instrumentos normativos, nos planos doméstico e internacional, voltados ao controle e eliminação progressiva do uso do amianto. 5. Limites da cognição jurisdicional. Residem fora da alçada do Supremo Tribunal Federal os juízos de natureza técnico-científica sobre questões de fato, acessíveis pela investigação técnica e científica, como a nocividade ou o nível de nocividade da exposição ao amianto crisotila e a viabilidade da sua exploração econômica segura. A tarefa da Corte – de caráter normativo – há de se fazer inescapavelmente embasada nas conclusões da comunidade científica – de natureza descritiva. Questão jurídica a decidir: se, em face do que afirma o consenso médico e científico atual, a exploração do amianto crisotila, na forma como autorizada pela Lei n. 9.055/1995, é compatível com a escolha política, efetuada pelo Poder Constituinte, de assegurar, a todos os brasileiros, os direitos à saúde e à fruição de um meio ambiente ecologicamente equilibrado. Precedente: ADPF 101 (Relatora Ministra Cármen Lúcia, Tribunal Pleno, DJe 24.6.2009).
>
> (...)
>
> A cláusula constitucional da proteção à saúde constrange e ampara o legislador – Federal, Estadual, Distrital e Municipal – ao excluir previamente certos arranjos normativos, com ela incompatíveis, do leque de escolhas políticas possíveis, ao mesmo tempo em que cria uma esfera de legitimação para intervenções político-normativas que, democraticamente legitimadas, traduzem inferências autorizadas pelo preceito constitucional. 9. O art. 225, § 1º, V, da CF (a) legitima medidas de controle da produção, da comercialização e do emprego de técnicas, métodos e substâncias que comportam risco para a vida, a qualidade de vida e o meio ambiente, sempre que necessárias, adequadas e suficientes para assegurar a efetividade do direito fundamental ao meio ambiente ecologicamente equilibrado; (b) deslegitima, por insuficientes, medidas incapazes de aliviar satisfatoriamente o risco gerado para a vida, para a qualidade de vida e para o meio ambiente; e (c) ampara

eventual vedação, banimento ou proibição dirigida a técnicas, métodos e substâncias, quando nenhuma outra medida de controle se mostrar efetiva.

Também o *dever de não fazer* previsto no inciso VII do § 1º do art. 225 fixa o *risco à função ecológica como limite jurídico*, uma fronteira entre o lícito e o ilícito, ou seja, *não se admite a ocorrência do risco de extinção de espécies e da função ecológica da fauna e da flora*. Observe que não se trata de *dosar* o risco, mas de não admiti-lo. O marco temporal de definição da conduta antijurídica é a *exposição ao risco*. Se risco houve, há conduta antijurídica, há ilícito ambiental.

Esses deveres jurídicos *ex ante*, de fazer ou de não fazer, espalhados pela legislação ambiental predeterminam o tipo de tutela jurisdicional a ser adotada: a tutela específica.

O direito processual deve realizar o direito material da forma como é previsto pelo legislador. Sendo a ação civil pública um remédio por excelência para a defesa do meio ambiente, esta deve ser uma de suas preocupações. Logo, impedir o risco, ou remover o risco, ou monitorar o risco, sempre com vistas a não deixar que a possibilidade do dano se concretize. E, essa neutralização do risco pelo seu impedimento, pela sua remoção, pelo seu desfazimento, não importa aqui o nome que se dê, pode se dar pela eliminação do *perigo* ou pela redução da *vulnerabilidade* do objeto (pessoa, coletividade) exposto.

Nada disso será possível, contudo, sem informação precisa, sincera, honesta, transparente. Sem saber se há risco (seus componentes) não há como impedi-lo, monitorá-lo ou removê-lo.

> (...)9. Embora a bula seja o mais importante documento sanitário de veiculação de informações técnico-científicas e orientadoras sobre um medicamento, não pode o fabricante se aproveitar da tramitação administrativa do pedido de atualização junto a Anvisa para se eximir do dever de dar, prontamente, amplo conhecimento ao público – pacientes e profissionais da área de saúde –, por qualquer outro meio de comunicação, dos riscos inerentes ao uso do remédio que fez circular no mercado de consumo.
>
> 10. Hipótese em que o desconhecimento quanto à possibilidade de desenvolvimento do jogo patológico como reação adversa ao uso do medicamento SIFROL subtraiu da paciente a capacidade de relacionar, de imediato, o transtorno mental e comportamental de controle do impulso ao tratamento médico ao qual estava sendo submetida, sobretudo por se tratar de um efeito absolutamente anormal e imprevisível para a consumidora leiga e desinformada, especialmente para a consumidora portadora de doença de Parkinson, como na espécie. (...)
>
> (REsp 1774372/RS, Rel. Ministra NANCY ANDRIGHI, TERCEIRA TURMA, julgado em 05/05/2020, DJe 18/05/2020)

Exatamente por isso, considerando que o dever jurídico constitucional imposto à coletividade e ao Poder Público de proteger e preservar o meio ambiente implica em um fazer negativo e um fazer positivo (não expor ao risco, remover o risco, não poluir e despoluir; não impactar e desimpactar, não destruir e reconstruir etc.) não será incomum que a maior parte das tutelas jurídicas veiculadas por meio de ação civil pública – ações coletivas ambientais – intentem a tutela destes deveres de fazer e não fazer, justamente para atender ao mandamento constitucional.

Neste particular, cai como uma luva ao que se expôs retro, os ditames da Súmula 613 do STJ que diz: *"não se admite a aplicação da teoria do fato consumado em tema de Direito Ambiental"*.

CAPÍTULO 4 • O EQUILÍBRIO ECOLÓGICO COMO OBJETO DE TUTELA DA LEI DE AÇÃO CIVIL PÚBLICA

Perceba-se que não se admite o fato consumado porque há um dever de proteger e preservar que se infelizmente não foi obtido ex ante, pode (deve) ser obtido para o futuro, mediante medidas de desfazer como reflorestar, demolir a construção em área de preservação, retirar os resíduos, limpar os dejetos, instalar os filtros etc.

Frise-se que não é porque não tenha sido obtida a proteção ou a preservação ex ante por meio de uma tutela inibitória de um dano ou de um ilícito que não se possa exigir que esse mesmo dever de proteção ou preservação seja obtido ex post; aliás, nestas situações de ilícito cometido e também com impacto consumado, com muito maior razão é que se justifica uma tutela firme e segura neste sentido (cumprimento de um fazer), pois o dano ambiental, sabemos, se *protrai no tempo*, de forma que um impacto ambiental cometido hoje *tende a piorar e agravar no futuro*.

Não fosse assim teríamos um "incentivo" à consumação de fatos impactantes do meio ambiente. A sumula do STJ revela exatamente o que determina o texto maior: o dever de proteger e preservar deve ser obtido ex ante, mas não exclui que seja obtido ex post de forma alguma. Não obtida a inibição da conduta poluente, deve ser pretendida o desfazimento do ato danoso ao meio ambiente.

Eis que, por isso mesmo, quando se fala em tutela específica dos deveres de fazer e não fazer aqui não se restringe apenas àquelas técnicas (prioritárias, é verdade) que sejam antecedentes ao (antes ou depois do risco) dano, mas também àquelas que imponham o dever de despoluir.

Esse cenário de deveres jurídicos de *fazer e não fazer* se projeta também no plano da <u>tutela administrativa</u>. A preservação e a proteção do meio ambiente fazem parte da competência comum do art. 23, VI da CF/88. Neste sentido, tem-se como *infração administrativa* (Lei 9605, art. 70) "toda ação ou omissão que viole as regras jurídicas de uso, gozo, promoção, proteção e recuperação do meio ambiente". Associando este conceito à primazia legislativa dos *deveres jurídicos de fazer e não fazer* certo será que a violação destes deveres importará em infração administrativa sujeita às sanções previstas no art. 72. Conquanto a *multa* possa ser imposta, por exemplo, pela violação de *um dever de não expor ao risco*, ela sempre tem um caráter mais retrospectivo do que prospectivo, ao contrário, por exemplo, do embargo ou da interdição da atividade, cuja finalidade é não permitir que se avance na conduta violada, ou seja, sua função prospectiva é latente.

5.2.9.3 *A informação como instrumento imprescindível na adoção de medidas contra o risco*

A origem etimológica da palavra informação revela o núcleo fundamental que está presente em qualquer acepção ou flanco das ciências que se pretenda estudá-la. É oriundo de "informare", que significava "dar forma". Os radicais "in" (em) e "forma" (aspecto, formato) revelam a noção de "pôr o formato", "construir a forma" "dar forma", "formar uma ideia de". Na Grécia antiga a palavra "forma" ($\mu o \rho \phi$) significava *tipo, ideia*.

A informação tanto pode ser sinônimo de dados, ou seja, um conjunto, qualitativo ou quantitativo, de características sobre alguma coisa. No ramo da comunicação a informação é vista como o conteúdo da mensagem. Na formação do conhecimento a informação é elemento fundamental para o processo cognitivo, elimina a incerteza no juízo cognitivo e oportuniza escolhas que envolvam menos perdas ou mais ganhos. A informação é base da liberdade. Com a informação adquirimos liberdade de escolha. Sem a informação as decisões, as escolhas são feitas sem racionalidade.

Neste passo a informação ambiental é elemento fundamental do processo de formação de uma consciência ecológica. Informação e educação vivem em simbiose. Não se *educa, não se forma, não se molda, não se constrói* sem a informação (dados).

Para "*promover a educação ambiental em todos os níveis de ensino e a conscientização pública para a preservação do meio ambiente*", dever jurídico previsto no inciso VI do §1º do art. 225[48], é necessário que o poder público "informe", que alimente a coletividade com *dados* sobre o equilíbrio ecológico.

A "consciência ambiental" não se obtém sem a totalidade de dados e registros disponíveis sobre o equilíbrio ecológico e àquilo que o afeta. A transparência, a cientificidade, a sinceridade na apresentação destes dados/fatos que integram a informação ambiental é direito fundamental da coletividade.[49]

> "A prestação de contas democrática tem, como uma de suas facetas, a transparência e o livre acesso dos governados às informações relativas às atividades do governo, pois só assim se poderá verificar se os seus assuntos estão sendo conduzidos da maneira devida. Caso o governo se recuse, por qualquer motivo, a prestar as informações ou os esclarecimentos requeridos por qualquer cidadão, estará descumprindo obrigações inerentes à relação jurídica que existe entre as partes, agindo de forma insolente".[50]

Estes dados científicos servem não apenas para que a sociedade seja *informada* e *forme* sua consciência ecológica e cumpra o seu papel de participação (proteger e preservar o meio ambiente), mas também para que o legislador possa cumprir o mister de preservação do meio ambiente, por exemplo, *controlando métodos, técnicas e substâncias* que prejudicam a saúde, a vida e o meio ambiente.

> "(...) 13. À luz do conhecimento científico acumulado sobre a extensão dos efeitos nocivos do amianto para a saúde e o meio ambiente e à evidência da ineficácia das medidas de controle nela contempladas, a tolerância ao uso do amianto crisotila, tal como positivada no art. 2º da
>
> Lei n. 9.055/1995, não protege adequada e suficientemente os direitos fundamentais à saúde e ao meio ambiente equilibrado (arts. 6º, 7º, XXII, 196, e 225 da CF), tampouco se alinha aos compromissos internacionais de caráter supralegal assumidos pelo Brasil e que moldaram o conteúdo desses direitos, especialmente as Convenções n.s 139 e 162 da OIT e a Convenção de Basileia. Juízo de procedência da ação no voto da Relatora. (STF ADI n. 4066/DF).

Relembra dizer que um dos objetivos da Política Nacional do Meio Ambiente (art. 4º, V) é a "*à difusão de tecnologias de manejo do meio ambiente, à divulgação de dados e*

---

48. É também princípio (art. 2º, X) da Política Nacional do Meio Ambiente) "educação ambiental a todos os níveis de ensino, inclusive a educação da comunidade, objetivando capacitá-la para participação ativa na defesa do meio ambiente".

49. Merece destaque o texto do art. 221 da CF/88: Art. 221. A produção e a programação das emissoras de rádio e televisão atenderão aos seguintes princípios: I — preferência a finalidades educativas, artísticas, culturais e **informativas**; II — promoção da cultura nacional e regional e estímulo à produção independente que objetive sua divulgação; III — regionalização da produção cultural, artística e jornalística, conforme percentuais estabelecidos em lei; IV — respeito aos valores éticos e sociais da pessoa e da família.

50. ABBOUD, Georges. "Cinco mitos sobre a Constituição Federal brasileira de 1988", in: Revista dos Tribunais, v. 996, São Paulo: Ed. RT, 2018, p. 27-51.

CAPÍTULO 4 • O EQUILÍBRIO ECOLÓGICO COMO OBJETO DE TUTELA DA LEI DE AÇÃO CIVIL PÚBLICA

informações ambientais e à formação de uma consciência pública sobre a necessidade de preservação da qualidade ambiental e do equilíbrio ecológico".

Ainda na Política Nacional do Meio Ambiente, a informação ambiental é expressamente, ao lado do licenciamento, da avaliação de impacto etc., um instrumento (art. 9º) valiosíssimo sem o qual nenhuma destas ferramentas será útil. O inciso sete deste artigo estabelece como instrumento o sistema nacional de informações sobre o meio ambiente (SINIMA) que permite a condensação de todas as informações para todos os órgãos integrantes do SISNAMA. Já o inciso onze estabelece que *"a garantia da prestação de informações relativas ao Meio Ambiente, obrigando-se o Poder Público a produzi-las, quando inexistentes".*

Na condição de titular de um direito fundamental administrado pelo poder público é dever deste prestar, espontaneamente, todas as informações sobre o ambiente àquele que é o seu dono, que é o povo. É terminantemente proibido, imoral e ilegal guardar qualquer segredo a respeito do meio ambiente. Seria como imaginar o administrador de um direito seu, sonegar as informações referentes ao seu direito. O poder público já seria obrigado a fazê-lo pelo só fato de que todo poder emana do povo, e, os mandatários eleitos, que representam o povo, devem prestar contas de seus atos.

Há, portanto, um direito constitucional de informação de toda coletividade de saber tudo e precisamente tudo que se refira ao meio ambiente, que é um direito do povo e essencial à saída qualidade de vida. Não se constrói *educação*, nem *consciência ecológica* sem a informação adequada, transparente, imediata e sincera que *deve ser prestada* pelo poder público. É, portanto, a informação, o *alicerce*, para usar a expressão do Ministro Herman e Benjamin, para que o povo participe e cumpra o comando do art. 225, *caput*.

CIVIL E PROCESSUAL CIVIL. MEIO AMBIENTE. DIREITO DE INFORMAÇÃO. ART. 225, § 1º, VI, DA CONSTITUIÇÃO. ART. 4º, V, DA LEI 6.938/1981. PRINCÍPIO 10 DA DECLARAÇÃO DO RIO. DIREITO DE PARTICIPAÇÃO. ART. 2º, § 1º, DA LEI 10.650/2003. PRINCÍPIO DA PRECAUÇÃO. CULTURA DA TRANSPARÊNCIA AMBIENTAL. ART. 3º, IV, DA LEI 12.527/2011. AÇÃO INDENIZATÓRIA POR DANO MORAL. IBAMA VERSUS PARTICULAR. IMPOSSIBILIDADE. DIREITOS FUNDAMENTAIS. PESSOA JURÍDICA DE DIREITO PÚBLICO. RECONHECIMENTO LIMITADO.

"(...) 2. Irretocável o acórdão recorrido. Alicerce do Direito Ambiental brasileiro e decorrência do dever-poder estatal de transparência e publicidade, o direito à informação se apresenta, a um só tempo, como pressuposto e garantia de eficácia do direito de participação das pessoas na formulação, implementação e fiscalização de políticas públicas de salvaguarda da biota e da saúde humana, sempre com o desiderato de promover "a conscientização pública para a preservação do meio ambiente" (Constituição, art. 225, § 1º, VI), de formar "uma consciência pública sobre a necessidade de preservação da qualidade ambiental e do equilíbrio ecológico" (Lei 6.938/1981, art. 4º, V) e de garantir o "acesso adequado às informações relativas ao meio ambiente de que disponham as autoridades", incumbindo aos Estados "facilitar e estimular a conscientização e a participação pública, colocando as informações à disposição de todos" (Princípio 10 da Declaração do Rio).

3. Nessa linha de raciocínio, mais do que poder ou faculdade, os órgãos ambientais portam universal e indisponível dever de informar clara, ativa, cabal e honestamente a população, "independentemente da comprovação de interesse específico" (Lei 10.650/2003, art. 2º, § 1º), para tanto utilizando-se de dados que gerem ou lhes aportem, mesmo quando ainda não detentores de certeza científica, pois uma das formas mais eloquentes de expressão do princípio da precaução ocorre precisamente no campo da transparência e da publicidade do Estado. A regra geral na Administração Pública do meio ambiente é não guardar nenhum segredo e tudo divulgar, exceto diante de ordem legal expressa em sentido contrário, que deve ser interpretada restritivamente pelo administrador e juiz. Além de objetivos estritamente ecológicos e sanitários,

pretende-se também fomentar "o desenvolvimento da cultura de transparência na administração pública" (Lei 12.527/2011, art. 3º, IV). (...) (REsp 1505923/PR, Rel. Ministro HERMAN BENJAMIN, SEGUNDA TURMA, julgado em 21/05/2015, DJe 19/04/2017)

É importante que se diga que essa informação não deve ficar no plano teórico ou abstrato, e deve ser prestada de forma clara e acessível, enfim, deve estar no nosso dia a dia.

Assim, por exemplo, se vamos ao supermercado e compramos 1 kg de frango, temos o direito de saber se nele contém algum antibiótico ou algum anti-inflamatório, qual o nome do agrotóxico e que quantidade ele está no feijão, no arroz, no milho etc. em tudo o que comemos e bebemos. Só é possível formar uma consciência ambiental se formos, literalmente, alimentados com informação ambiental. É aí que se conectam o direito fundamental à informação, à saúde, ao meio ambiente e do consumidor. Frise-se, pedindo escusas pela repetição, a informação é condição necessária para a formação da consciência ambiental e da participação da sociedade de forma individual ou coletiva.

A relação da *informação* com o risco é facilmente percebida, porque quanto mais *dados* temos, mais mensuramos a probabilidade de um determinado agente causar impacto no meio ambiente. A informação elimina o juízo de incerteza daquele que tomará decisões sobre os riscos ambientais, seja ele o poder público, seja a coletividade.

Eis que diante disso, para a análise dos riscos ambientais, e para tomada de decisões que *preservem o meio ambiente*, cada indivíduo tem dois caminhos: i) recebe/adquire informação ambiental, forma o conhecimento, e exerce a liberdade de escolha por caminhos que sejam de preservação do meio ambiente (por exemplo, adquirindo produtos e serviços que sejam amigos do meio ambiente ou evitando aqueles que são inimigos do equilíbrio ecológico); ii) recebe/adquire a informação e passa a atuar (participar ativamente) de forma lícita e legítima pressionando o poder público para que cumpra o comando constitucional de proteger e preservar o meio ambiente, como por exemplo, controlando efetivamente a produção e a comercialização dos agrotóxicos que, sabemos, é um risco (não informado) à vida e ao meio ambiente[51].

Na lógica dos elementos que integram o risco, a informação elimina o juízo de incerteza e permite que a coletividade e o poder público atuem reduzindo a vulnerabilidade (do ambiente e da população) e/ou iniba o agente (perigo) que faz nascer a possibilidade do prejuízo.

5.3   O dano ao equilíbrio ecológico (dano ambiental)

5.3.1   O conceito

O art. 3º, II da Política Nacional do Meio Ambiente expressamente diz que degradação ambiental é *a alteração adversa das características do meio ambiente*. Assim, degradação ambiental existe quando ocorre um *desequilíbrio ecológico*. Todavia, não é qualquer desequilíbrio ecológico que nos interessa, mas tão somente o que for causado, direta ou indiretamente, por ação humana. Nem toda degradação é poluição, mas

---

51. Para que possamos ser livres e possamos escolher em não adquirir ou restringir a aquisição de produtos que sejam contaminados de agrotóxico é preciso que saibamos – temos o direito constitucional à informação precisa e clara do que comemos e do que bebemos – qual o tipo de agrotóxico, quais são os seus efeitos colaterais, qual o percentual e quantidade foi utilizado em cada produto que adquirimos etc. Na verdade, por ser tóxico, tinha que ser igual a bula de remédio, só que em letras garrafais. Se essas informações nos forem sonegadas, não seremos livres para fazer as nossas escolhas.

CAPÍTULO 4 • O EQUILÍBRIO ECOLÓGICO COMO OBJETO DE TUTELA DA LEI DE AÇÃO CIVIL PÚBLICA

toda poluição é uma degradação. Acidentes naturais como vulcões que lançam lavas e queimam florestas são acidentes naturais que degradam o meio ambiente, mas não se inserem no conceito de poluição.

É preciso não confundir "poluição" com os "efeitos da poluição". Como dito, a poluição é a *alteração adversa da qualidade ambiental* – o desequilíbrio ecológico – provocada direta ou indiretamente pelo homem. Já os *efeitos*, ou seja, as consequências da poluição são de várias ordens e sobre vários segmentos da sociedade, daí porque as alíneas do inciso III do art. 3º da PNMA apenas exemplificam o alcance da poluição: a) prejudiquem a saúde, a segurança e o bem-estar da população; b) criem condições adversas às atividades sociais e econômicas; c) afetem desfavoravelmente a biota; d) afetem as condições estéticas ou sanitárias do meio ambiente; e) lancem matérias ou energia em desacordo com os padrões ambientais estabelecidos.

5.3.2 *O desequilíbrio ecológico e os microbens ambientais*

Já vimos incessantemente que o equilíbrio ecológico é uma situação de equilíbrio de um ecossistema ou de um conjunto de ecossistemas que é adquirida em razão da interação, química, física e biológica de diversos fatores bióticos e abióticos num determinado espaço e tempo. Como cada ecossistema se conecta a outro ecossistema a *alteração adversa* pode começar silenciosamente num corte de árvore e terminar na devastação de uma floresta inteira.

Cada indivíduo e cada fator abiótico tem um papel essencial (função ecológica) na participação deste equilíbrio. A supressão de um desses fatores, ou a alteração das condições que permitem a interação das peças da engrenagem pode ser fatal para levar ao desequilíbrio ecológico.

> Como numa engrenagem de um veículo que anda equilibradamente numa estrada, se a pista tiver um buraco, se o freio quebrar, se o motorista cochilar, se o combustível faltar, certamente que haverá um *desequilíbrio* que poderá resultar num acidente.

Todos temos direito ao equilíbrio ecológico que é um bem jurídico unitário, indivisível, abstrato e que na verdade é uma *situação jurídica*, fruto de uma complexidade de combinações no tempo e no espaço.

Haverá *desequilíbrio* quando houver alguma alteração adversa desta situação de equilíbrio. Certamente que isso se dará quando alguma peça da engrenagem, algum elemento desta complexa teia de combinações e interações tiver a sua função afetada e que por isso resultará em comprometimento do resultado. Nesta teia de combinações todos fatores, bióticos e abióticos desempenham um papel importante no equilíbrio ecológico. Um depende do outro, que reage com um próximo, e assim em diante.

A preocupação desta explicação reside no fato de que não será possível enxergar um dano ao meio ambiente sem perceber que o que será agredido são alguns dos elementos que em conjunto formam o equilíbrio ecológico. Assim, é o impacto negativo a algum (ou alguns) recurso ambiental que comprometerá a harmonia do sistema causando o desequilíbrio. Essa degradação causada pelo homem, que conhecemos por *poluição*, pode ser, por exemplo, na água do rio, nas matas ciliares, nas restingas, no mangue, nas chapadas, na alteração do clima, qualidade do ar etc. Fala-se, portanto, em *tipos* de poluição, mas a rigor o que se tem é a afetação negativa sobre algum (ou alguns) recurso ambiental ou sobre os métodos de interação química física e biológica que proporcionam a interação de todos no mesmo tempo e no espaço. Disso resulta o *desequilíbrio ecológico.*

Não se deve restringir a noção de degradação ambiental, por exemplo, ao recurso ambiental violado, como se fosse uma peça isolada da engrenagem da qual ela faz parte, ou seja, a restauração que deve acontecer é do equilíbrio ambiental, mediante uma complexa solução que envolve não apenas recomposição daquele recurso violado como o seu monitoramento até que ocorra o restabelecimento da situação de equilíbrio. A lesão pode ser na parte, mas o efeito é sobre o todo, isto é, o dano é ao *equilíbrio ecológico*, embora a lesão tenha seu início em algum (ou alguns) de seus alicerces (recursos ambientais) que, em conjunto, constroem a situação de equilíbrio.

Não será sempre fácil descobrir qual o foco de origem do desequilíbrio ambiental, principalmente no caso de poluições lentas e clandestinas. É que como um ecossistema é edificador de outro ecossistema, nem sempre será fácil desvendar, no tempo e no espaço, qual a peça de um pequeno ecossistema da base da pirâmide que causou o desequilíbrio raiz e assim foi contaminando os outros até ser percebido num nível mais macro.

Como o equilíbrio ecológico é o resultado de uma combinação de fatores num determinado tempo e espaço, então, o dano ambiental existe quando um desequilíbrio ecológico se manifesta porque alguns destes fatores foram afetados. Portanto, como o equilíbrio ecológico é o resultado da combinação química, física e biológica dos recursos ambientais bióticos e abióticos (art. 3, I da PNMA), o dano ambiental nada mais é do que o desequilíbrio ecológico resultante da degradação da função ecológica destes recursos.

> Numa árvore podem existir vários ecossistemas em harmonia. Por sua vez esta mesma árvore é uma peça integrante de um outro ecossistema, e, assim em diante. O sujeito que pensa que um litro de óleo derramado no mar não causou nenhum dano ao equilíbrio ecológico tem a tacanha mentalidade de só enxergar o ecossistema marinho na sua totalidade, sem imaginar que dentro dele existem uma série de ecossistemas que o integram como um conjunto de peças que se unem em harmonia. O tamanho do dano ambiental não escapa dessa análise ecológica temporal ou espacial o que torna extremamente complexa a sua identificação.

É preciso entender minimamente de ecologia para ter alcance do dano ao equilíbrio ecológico. Com a miopia da ignorância não se enxerga que o dano aos grandes ecossistemas como por exemplo a destruição de um rio pela lama da barragem rompida desequilibra não apenas o ecossistema *macro* do rio, mas todos os microecossistemas que o integram ou que com ele se conectam. Por outro lado, o suposto *pequeno impacto* causado pela pouca quantidade de lama derramada pode assim parecer à olho nu, mas se olharmos com apoio na ciência, e sem desprezar que no espaço e no tempo os ecossistemas menores formam em conjunto o ecossistema maior, esse estrago pode ser considerado enorme; isso sem contar os impactos do ecossistema social e os danos por ricochete derivados do desequilíbrio ecológico.

> Sendo o equilíbrio ecológico o produto da interação dos recursos ambientais não há como desequilibrar o meio ambiente sem que esse desequilíbrio não tenha advindo da degradação do papel ecológico de um destes ingredientes. Como se fosse uma orquestra em harmonia, a falha de um instrumento compromete o

CAPÍTULO 4 • O EQUILÍBRIO ECOLÓGICO COMO OBJETO DE TUTELA DA LEI DE AÇÃO CIVIL PÚBLICA

resultado e torna inaudível a sinfonia. O tempo errado, a nota errada, o acorde perdido, em maior ou menor grau, por mais ou menos tempo, mas é sempre percebido.

Normalmente, dada a resiliência do equilíbrio ecológico, a degradação só é percebida pelos nossos sentidos quando a capacidade de absorver e resistir do meio ambiente já foi amplamente comprometida. Certamente quando se torna percebida pelos sentidos humanos a degradação é apenas a ponta de um enorme iceberg com prejuízos incalculáveis.

5.3.3 Serviços ecossistêmicos: compreendê-los para mensurar prejuízos

Não é possível pensar, e nem sequer compreender, o que seja um *dano ambiental* sem conhecer quais os importantes serviços ecossistêmicos que o equilíbrio ecológico traz para a sociedade.

Alguém já parou para se perguntar quanto custa o benefício econômico da contenção das chuvas que uma vegetação de encosta proporciona à população que reside no vale que fica logo ali abaixo? Já imaginaram qual o valor econômico do sequestro de carbono da atmosfera que as florestas proporcionam reduzindo os impactos globais sobre o clima? Quanto vale o trabalho realizado pelas matas ciliares no entorno de rios, nascentes e olhos d´água? Qual o valor do ciclo do fosforo, da água, do carbono na energia do planeta, qual a importância dos ecossistemas, da biodiversidade, dos animais na cadeia trófica da qual o ser humano faz parte? Quanto vale a chuva para as lavouras, para os rios? Qual o valor dos ventos e do calor do sol?

Enfim, chama-se *serviço ecossistêmico* todos os benefícios, diretos e indiretos, que podem ser medidos (tais como os recursos ambientais que servem de matéria prima para a atividade econômica e desenvolvimento), como também os que não podem ser medidos (como por exemplo a regulação do clima, temperatura, bem-estar, beleza etc.) provenientes do meio ambiente.

No Projeto de Lei n. 312/2015 que estabelece a Política Nacional de Pagamento por Serviços Ambientais define-se por serviços ecossistêmicos os *"benefícios relevantes para a sociedade gerados pelos ecossistemas"*, em termos de manutenção, recuperação ou melhoria das condições ambientais, nas seguintes modalidades[52]:

A) serviços de provisão: os que fornecem diretamente bens ou produtos ambientais utilizados pelo ser humano para consumo ou comercialização, tais como água, alimentos, madeira, fibras e extratos, entre outros;

B) serviços de suporte: os que mantêm a perenidade da vida na Terra, tais como a ciclagem de nutrientes, a decomposição de resíduos, a produção, a manutenção ou a renovação da fertilidade do solo, a polinização, a dispersão de sementes, o controle de populações de potenciais pragas e de vetores potenciais de doenças humanas, a proteção contra a radiação solar ultravioleta e a manutenção da biodiversidade e do patrimônio genético;

---

52. O projeto acompanha os resultados publicados em 2005 na Avaliação Ecossistêmica do Milênio, fruto do programa de pesquisas sobre mudanças ambientais e suas tendências para as próximas décadas da ONU. Neste estudo os serviços ecossistêmicos foram alocados nestas 04 grandes categorias.

C) serviços de regulação: os que concorrem para a manutenção da estabilidade dos processos ecossistêmicos, tais como o sequestro de carbono, a purificação do ar, a moderação de eventos climáticos extremos, a manutenção do equilíbrio do ciclo hidrológico, a minimização de enchentes e secas, e o controle dos processos críticos de erosão e de deslizamentos de encostas;

D) serviços culturais: os que proveem benefícios recreacionais, estéticos, espirituais e outros não materiais à sociedade humana;

Ao fixar o axioma de proteger e preservar o meio ambiente o legislador constitucional está tentando garantir que estes serviços ecossistêmicos sejam mantidos e assim permita a sobrevivência de todos os seres. Ao identificar os serviços ecossistêmicos tornou-se possível mensurar não propriamente o seu valor intrínseco, mas o quanto que a sua ausência prejudica a coletividade.

Assim, por exemplo, quando se verifica e contabiliza o tamanho de um prejuízo pelo desmoronamento de um morro porque a vegetação que o sustenta foi destruída, dá para se dimensionar o que o serviço ecossistêmico impedia que acontecesse. Quando um rio assoreia porque a vegetação ciliar foi devastada para servir de pasto, causando prejuízos incontáveis de todas as ordens, consegue-se perceber o valor do serviço ecossistêmico desta vegetação. Situações como esta causam, invariavelmente, prejuízos até mesmo para o próprio responsável pela degradação, já que suas moradias e seus bens serão perdidos, o seu gado não terá o que beber a plantação não terá como ser irrigada etc.

Assim, tendo em vista o fato de que a degradação do meio ambiente e seus recursos naturais – causado por um modelo econômico não sustentável – chegou a um patamar tão alto que o próprio meio ambiente não consegue mais absorver os impactos que lhes são desferidos (absorver impactos da poluição é outra virtude do meio ambiente) foi preciso abrir os olhos para o problema para enxergar que recuperar o que foi degradado para manter a sobrevivência no planeta pode sair mais caro do que conservar. Num meio ambiente degradado de miséria ambiental, nem a economia sobrevive, e, daí porque é preciso pensar numa economia (verde) que se aproxime do meio ambiente[53]. É preciso pensar num Estado de Direito Ambiental, com revisão do modelo econômico de produção e consumo, com solidariedade e igualdade na distribuição sustentável dos bens ambientais, para permitir seu uso contínuo pelas presentes e futuras gerações.

Na medida que se faz a radiografia dos serviços ecossistêmicos do meio ambiente ecologicamente equilibrado para a coletividade, percebe-se o tamanho do prejuízo quando ele não está presente. Não adianta nada, por exemplo lucrar de imediato com pecuária, com agricultura devastando matas ciliares e não respeitando as áreas de preservação permanente e de reserva legal, se no futuro próximo irá colher o prejuízo decorrente da falência dos serviços ecossistêmicos. A revelação do custo da degradação é importante método de demonstrar a importância do serviço ecossistêmico. É daí que

---

53. A respeito ver ARROW, K. et alii. Economic growth, carrying capacity, and the environment. Environment and Development Economics, v.1, part 1. 1996.; MANCILLA, Alfredo Serrano; CARRILLO, Sergio Martín. La Economía Verde desde una perspectiva de América Latina. Fundación Friedrich Ebert, FES-ILDIS, Proyecto Regional de Energia y Clima, julho, 2011. Disponível em: http://library.fes.de/pdf-files/bueros/quito/08252.pdf. Acesso em: 15.09.2020.; BOFF, Leonardo. A ilusão de uma economia verde. Disponível em: http://leonardoboff.wordpress.com/2011/10/16/a-ilusao-de-uma-economiaverde/. Acesso em: 16.108.2020.

surgem, portanto, as técnicas de valoração ambiental. Ao monetizar estes serviços (ao menos os que podem ser monetizados), tem-se importante ferramenta não apenas para saber o custo da degradação, mas a importância da preservação[54].

Esse movimento fez surgir o que se denomina de serviços ambientais. Os serviços ecossistêmicos seriam todos os benefícios diretos e indiretos proporcionados pelo equilíbrio ecológico, ao passo que os serviços ambientais seriam as melhorias aos serviços ecossistêmicos praticadas pela ação humana. Muito se tem discutido sobre o *pagamento* pelos serviços ambientais. Obviamente que não é pagar por aquilo que ele já deveria fazer ou não fazer, mas pela opção de contribuir com os serviços ecossistêmicos ao invés de seguir o caminho da degradação lícita. Neste viés o pagamento pelo serviço ambiental é instrumento econômico de proteção do meio ambiente.

Parece-nos certo que mecanismos econômicos como este (PSA) poderão, ainda, ser importantes aliados dos instrumentos coercitivos, de tal forma que os "serviços ambientais" possam ser valorizados e remunerados criando um novo padrão de comportamento em que o ato de proteger o meio ambiente possa ser tão viável economicamente quanto uma atividade econômica de uso do solo. Tais mecanismos econômicos podem transformar a conservação e a melhoria da vegetação nativa num "bom negócio" e, quem sabe, torná-la tão atraente quanto outras atividades econômicas que fazem uso do solo.[55] São vários os instrumentos econômicos criados pelo legislador, como por exemplo contribuições financeiras; benefícios tributários; licenças negociáveis etc.

O primeiro passo, portanto, é identificar qual o valor dos serviços ecossistêmicos e em seguida remunerar aquele que se propõem a realizá-los. Eis que daí nascem as técnicas de valoração dos serviços ecossistêmicos justamente para demonstrar o prejuízo e custo que a degradação (e a recuperação) o ambiente ocasiona.

É dessa fórmula que emerge uma outra figura que é o pagamento por serviços ambientais. Enfim, da valoração dos serviços ecossistêmicos surge o conceito de Pagamento por Serviços Ambientais (PSA), definido pelo art. 2º, IV do Projeto de Lei mencionado acima como:

> IV – Pagamento por serviços ambientais (PSA): transação contratual mediante a qual um pagador, beneficiário ou usuário de serviços ambientais transfere a um provedor desses serviços recursos financeiros ou outra forma de remuneração, nas condições acertadas, respeitadas as disposições legais e regulamentares pertinentes;

O pagamento pelos serviços ambientais já é uma realidade no país, porque inclusive já foi implantada em muitos Estados, mas os dois maiores problemas são a falta de critérios para valoração desses serviços, bem como a utilização dessas remunerações para uma finalidade meramente assistencialista sem que a pessoa que "cuida" ou "pro-

---

54. Não é necessário ser matemático para perceber que não se perderiam vidas humanas, bens materiais, fauna, flora, rio, lagos se se tivesse evitado o rompimento da barragem da Mineradora Samarco em Mariana-MG. Teria sido, sob todos os aspectos, melhor se tivesse tomado medida de proteção *ex ante*, impedindo a utilização daquela barragem, determinando o seu reparo, obrigado o seu esvaziamento etc.

55. . Sob a perspectiva holística e filosófica, a eventual mudança de comportamento revela o lado sombrio do egoísmo humano de só fazer algo se alguma vantagem (econômica) lhe for proporcionada, simplesmente por não perceber que ele é parte integrante do todo.

tege" o meio ambiente não tenha a menor noção do que representam as razões e o fins da referida remuneração .

Segundo o legislador florestal são considerados – rol não exaustivo – os seguintes serviços ecossistêmicos passíveis de remuneração a) o sequestro, a conservação, a manutenção e o aumento do estoque e a diminuição do fluxo de carbono ; b) a conservação da beleza cênica natural; c) a conservação da biodiversidade; d) a conservação das águas e dos serviços hídricos; e) a regulação do clima; f) a valorização cultural e do conhecimento tradicional ecossistêmico; g) a conservação e o melhoramento do solo; h) a manutenção de Áreas de Preservação Permanente, de Reserva Legal e de uso restrito.

Por sua vez, além de prever a remuneração pelos serviços ambientais prestados, há uma outra categoria de "instrumento econômico a serviço do meio ambiente" que é a compensação pelas medidas de conservação ambiental necessárias para o cumprimento dos objetivos previstos no Código Florestal, o que pode ser alcançado da seguinte forma (rol não exaustivo): a) obtenção de crédito agrícola, em todas as suas modalidades, com taxas de juros menores, bem como limites e prazos maiores que os praticados no mercado ; b) contratação do seguro agrícola em condições melhores que as praticadas no mercado; c) dedução das Áreas de Preservação Permanente, de Reserva Legal e de uso restrito da base de cálculo do Imposto sobre a Propriedade Territorial Rural – ITR, gerando créditos tributários; d) destinação de parte dos recursos arrecadados com a cobrança pelo uso da água, na forma da Lei n. 9.433, de 8 de janeiro de 1997, para a manutenção, recuperação ou recomposição das Áreas de Preservação Permanente, de Reserva Legal e de uso restrito na bacia de geração da receita; e) linhas de financiamento para atender iniciativas de preservação voluntária de vegetação nativa, proteção de espécies da flora nativa ameaçadas de extinção, manejo florestal e agroflorestal sustentável realizados na propriedade ou posse rural, ou recuperação de áreas degradadas ; f) isenção de impostos para os principais insumos e equipamentos, tais como: fios de arame, postes de madeira tratada, bombas d'água, trado de perfuração de solo, dentre outros utilizados para os processos de recuperação e manutenção das Áreas de Preservação Permanente, de Reserva Legal e de uso restrito.

Não é difícil perceber que as duas primeiras categorias – pagamento por serviços ambientais e a compensação ambiental – estão vinculadas à noção de conservação e melhoria dos serviços ecossistêmicos. Entretanto, o Código não se restringiu a estes dois aspectos (conservar ou melhorar), senão porque, e, nisso merece aplauso, tratou de conceber a utilização de instrumentos econômicos para as atitudes de recuperação dos serviços ecossistêmicos, ou seja, estimulo econômico para recompor o meio ambiente degradado.

Eis que nesta toada, determina o artigo 41, III do Código Florestal que podem ser promovidos para comercialização, inovação e aceleração das ações de recuperação, conservação e uso sustentável das florestas e demais formas de vegetação nativa, tais como: a) participação preferencial nos programas de apoio à comercialização da produção

CAPÍTULO 4 • O EQUILÍBRIO ECOLÓGICO COMO OBJETO DE TUTELA DA LEI DE AÇÃO CIVIL PÚBLICA

agrícola; b) destinação de recursos para a pesquisa científica e tecnológica e a extensão rural relacionadas à melhoria da qualidade ambiental.[56]

5.3.4 Roteiro para identificação do dano ao meio ambiente

Certamente que a identificação – e eventual mensuração – do dano ambiental e sua extensão dependerá de perícia, muitas vezes complexa, porque deve ser realizada por vários profissionais expertos de áreas diferentes. Não será incomum que uma pessoa jurídica, que contempla em seu quadro todos os profissionais, seja escolhida para a referida realização.

Um roteiro seguro para identificar o dano ambiental e suas proporções é seguir as diretrizes estabelecidas pela Resolução CONAMA 001/86 do conteúdo do estudo prévio de impacto ambiental. Inicialmente é preciso saber se o empreendimento ou obra estava fase de implantação ou operação, caso em que terá que fazer uma identificação e avaliação sistemática de impactos ambientais. Será preciso ainda definir os limites da área geográfica que foi direta ou indiretamente afetada pelos impactos sempre considerando a bacia ou microbacia hidrográfica do entorno.

Considerando o que já foi dito sobre os serviços ecossistêmicos, pode-se, didaticamente, organizar a identificação e proporção dos impactos considerando as seguintes situações. Primeiro verificar se existe um inventário ambiental anterior ao dano, o que, tratando-se de atividade licenciada constará no estudo que embasou a licença ambiental.

Este diagnóstico ambiental prévio – com imagens, estudos etc. – permite fazer uma análise comparativa da completa descrição e análise dos recursos ambientais e suas interações, tal como existiam antes da situação danosa.

Com ou sem este inventário será preciso identificar o impacto (direto e indireto) negativo ambiental considerando as seguintes perspectivas a curto, médio e longo prazo: a) o meio físico – o subsolo, as águas, o ar e o clima, destacando os recursos minerais, a topografia, os tipos e aptidões do solo, os corpos d'água, o regime hidrológico, as correntes marinhas, as correntes atmosféricas; b) o meio biológico e os ecossistemas naturais – a fauna e a flora, destacando as espécies indicadoras da qualidade ambiental, de valor científico e econômico, raras e ameaçadas de extinção e as áreas de preservação permanente; c) o meio socioeconômico – o uso e ocupação do solo, os usos da água e

---

56. Observe que no Código Florestal há um programa de regularização ambiental (PRA), e, justamente para estimulá-lo, o legislador arrola as medidas ali previstas como expressamente menciona no artigo 41, §1º, a saber:

§ 1º. Para financiar as atividades necessárias à regularização ambiental das propriedades rurais, o programa poderá prever: I – Destinação de recursos para a pesquisa científica e tecnológica e a extensão rural relacionadas à melhoria da qualidade ambiental; II – Dedução da base de cálculo do imposto de renda do proprietário ou possuidor de imóvel rural, pessoa física ou jurídica, de parte dos gastos efetuados com a recomposição das Áreas de Preservação Permanente, de Reserva Legal e de uso restrito cujo desmatamento seja anterior a 22 de julho de 2008; III – utilização de fundos públicos para concessão de créditos reembolsáveis e não reembolsáveis destinados à compensação, recuperação ou recomposição das Áreas de Preservação Permanente, de Reserva Legal e de uso restrito cujo desmatamento seja anterior a 22 de julho de 2008. O programa nacional de apoio e incentivo à conservação do meio ambiente, bem como para adoção de tecnologias e boas práticas que conciliem a produtividade agropecuária e florestal, com redução dos impactos ambientais pode ir ao âmago da questão mais séria envolvendo o conflito entre consumo e modo de vida com a conservação e proteção do meio ambiente, que é a modificação dos padrões consumeristas, das matrizes energéticas etc., pois permite que sejam estabelecidas diferenciações tributárias para empresas que industrializem ou comercializem produtos originários de propriedades ou posses rurais que cumpram ou estejam cumprindo os padrões e limites de APP, áreas de uso restrito e de reserva legal estabelecidos.

a sócio economia, destacando os sítios e monumentos arqueológicos, históricos e culturais da comunidade, as relações de dependência entre a sociedade local, os recursos ambientais e a potencial utilização futura desses recursos.

> Que fique bem claro que a destruição, por exemplo, de uma mata ciliar não se resume a uma *restauração da mata ciliar*. O impacto negativo deve ser analisado e mensurado sob todas as perspectivas mencionadas acima, inclusive o tempo de sua duração. Só assim poder-se-á pensar em uma reparação justa e integral.

Com base nesta análise e com estes dados é que se poderá identificar o dano, direto e indireto, a sua duração, e a sua extensão, permitindo que se tenha uma restauração ou recuperação (integral) do meio ambiente lesado.

5.3.5   *As sanções civis ambientais e a reparação do dano*

5.3.5.1   *Sanções civis ambientais*

Na medida em que reconheceu o equilíbrio ecológico como um bem jurídico autônomo o texto constitucional fez questão de dizer, claramente, que o *dano* ao meio ambiente *deve* ser reparado independentemente das sanções administrativa e penal.

Importa dizer, inicialmente, que o *dever de reparar o dano ambiental* é apenas **uma das espécies de sanções civis possíveis para as antijuridicidades ambientais**. Serve a *tutela civil reparatória* para os casos em que exista um *dano ambiental*.

Sem descurar da possibilidade (invulgar) de que condutas lícitas impliquem em dever de reparar os danos causados, o normal e corriqueiro é que modalidades diversas de tutela civil gravitem em torno do ato ilícito. A ilicitude civil é, comumente o ponto de partida para as diversas sanções no plano civil, sendo a reparação de danos (quando este ocorre) apenas uma delas.

Bem sabemos que pode haver ilícito com o dano e sem o dano, e, também sabemos que o equilíbrio ecológico é um daqueles interesses essenciais à vida, um direito fundamental que existe para ser usufruído in natura, pouco adiantando um sistema jurídico que esteja preso ou restrito às técnicas de ressarcimento.

O que importa para o titular do meio ambiente é a sua preservação hoje para que possa desfrutá-lo, e, afinal de contas como as futuras gerações poderão usar e gozar do meio ambiente se ele não for preservado? Enfim, conquanto óbvio, precisa ser dito que numa escala lógica, e exigida pelo texto constitucional, em primeiro lugar deve vir a tutela que imponha sanções civis que prezem pela higidez, preservação e integridade do equilíbrio ecológico.

Assim, com base nesta premissa – "preservar, preservar e preservar" – e garantido o direito fundamental de *acesso à justiça contra ameaças e lesões aos direitos*, ninguém deve esperar o *dano* ambiental acontecer para impor a tutela repressiva da lesão (responsabilidade civil por danos causados), porque, como se disse, não há remédio eficaz contra o dano ambiental.

Neste passo ganha destaque toda forma de proteção civil que cumpra o mandamento constitucional da *preservação do meio ambiente ecologicamente equilibrado*. A tutela

CAPÍTULO 4 • O EQUILÍBRIO ECOLÓGICO COMO OBJETO DE TUTELA DA LEI DE AÇÃO CIVIL PÚBLICA

civil contra a *ameaça de lesão* é absolutamente prioritária no direito ambiental. Uma das formas de prestar esta tutela é <u>fixar legislativamente como momento do ilícito ambiental a exposição ou a existência de uma situação de risco</u>. Nesta hipótese, havendo ilícito, haverá tutela para impedi-lo ou removê-lo. Por consequência lógica, eliminado o risco, resta também eliminada a *probabilidade* do dano.

O fato de o texto constitucional prever no §2º do art. 225 a *responsabilização pelos danos causados* independentemente das sanções de ordem penal e administrativa quer dizer apenas que *nenhuma lesão ambiental deve ficar impune*, caso em que deve ser *integralmente reparada*. Contudo, a *tutela civil prioritária* é aquela que não apenas evite o ilícito, como também a que o remova.

Não se pode apequenar, como fez o art. 186 do CCB, vinculando o conceito de ato ilícito com o de dano. O ilícito civil é causa para imposição de sanções na ordem civil que podem ser de várias espécies, tais como a reparação pelo dano[57], caso ele tenha ocorrido; a caducidade de direitos, a extinção de direitos pela anulação de situações ilícitas, a punição pela conduta ilícita grave, a restituição de valores pelo enriquecimento ilícito a partir do direito de outrem, a imposição da realização da conduta lícita etc. Todas estas são sanções civis (consequências) que podem ser impostas em decorrência do ilícito ambiental.

É o caso, por exemplo, de anulação de licenças ambientais concedidas antes mesmo do início da operação do empreendimento que seria causador do dano ambiental.

> 1. O presente recurso decorre de ação popular objetivando a anulação de licenças ambientais para a queima da palha da cana de açúcar na região de Ribeirão Preto.
>
> 2. Contra o acórdão do Tribunal Regional Federal da 3ª Região, recorreu o Ministério Público Federal, sendo o seu recurso provido apenas na parte em que defendida a necessidade de licença para a queima da palha de cana de açúcar precedida de estudo de impacto ambiental, o que está em consonância com a jurisprudência desta Corte. 3. Mais recentemente, decidiu a Segunda Turma que "[a] jurisprudência do STJ afirma que, ainda que se entenda que é possível à administração pública autorizar a queima da palha da cana de açúcar em atividades agrícolas industriais, a permissão deve ser específica, precedida de estudo de impacto ambiental e licenciamento, com a implementação de medidas que viabilizem amenizar os danos e recuperar o ambiente" (REsp 1668060/SP, Rel. Min. Herman Benjamin, DJe 30/06/2017).
>
> 4. Agravo interno do Estado de São Paulo não provido.
>
> (AgInt no REsp 1702892/SP, Rel. Ministro MAURO CAMPBELL MARQUES, SEGUNDA TURMA, julgado em 04/10/2018, DJe 29/10/2018)

Considerando que o texto constitucional garante expressamente tutela jurisdicional contra a *ameaça e a lesão* a direitos, certamente que no plano da *ameaça* é que devem se desenvolver as tutelas jurídicas ambientais. É preciso estabelecer como o momento do ilícito ambiental uma situação jurídica anterior ao momento do dano, de tal forma que se seja possível excogitar medidas que impeçam a ocorrência da possibilidade de lesão. Desta forma, tanto é possível *evitar o ilícito*, quanto *remover o ilícito* independentemente da situação da lesão.

---

57. Embora seja incomum, o dever de reparar o dano pode ser consequência decorrente de atos lícitos e não apenas de ilícitos.

5.3.5.2 Dever de reparação do dano

5.3.5.2.1 Responsabilidade objetiva e teoria do risco

O artigo 225, §3° da CF/88 prevê o dever de reparação pelo dano ambiental diz que "*as condutas e atividades consideradas lesivas ao meio ambiente sujeitarão os infratores, pessoas físicas ou jurídicas, a sanções penais e administrativas, independentemente da obrigação de reparar os danos causados*".

Por sua vez, o parágrafo primeiro do artigo 14 da Lei 6938/81 determina que:

> "sem obstar a aplicação das penalidades previstas neste artigo, é o poluidor obrigado, independentemente da existência de culpa, a indenizar ou reparar os danos causados ao meio ambiente e a terceiros, afetados por sua atividade. O Ministério Público da União e dos Estados terá legitimidade para propor ação de responsabilidade civil e criminal, por danos causados ao meio ambiente".

Como se disse, a gama de sanções civis resultantes da antijuridicidade ambiental não se limita à responsabilidade civil pelos danos ambientais. A antijuridicidade ambiental que não cause dano ambiental também poderá ser objeto de sanção civil de diferentes ordens, como anulatória de ato, restituição de valor pelo ilícito que deu lucro ao infrator, perda de um direito etc.

A responsabilidade civil pela reparação do dano ambiental segue a disciplina do art. 14 §1°, do tipo objetiva[58], ou seja, o elemento subjetivo do *dolo* ou da *culpa* do causador do dano é irrelevante para o dever de reparar, ou seja é suficiente a demonstração do dano e do nexo de causalidade ligando-o ao poluidor.

A responsabilidade objetiva – que prescinde do elemento culpa e dolo – tem por fundamento a *teoria do risco* que por sua vez é uma exigência natural da sociedade industrial e capitalista de massa[59]. Numa sociedade industrial e massificada fazer com que a vítima suporte, além do próprio dano, o ônus de demonstrar a *ação culposa ou dolosa* do agente é uma sentença de morte. Sofreria duas vezes, com o dano e com a frustração da demonstração da culpa do agente.

Superado o individualismo marcante e decisivo na responsabilidade civil fincada na culpa, passa-se a pôr o eixo da responsabilidade civil no dado objetivo do dano sofrido pela vítima.

> "a teoria do risco se inspira na ideia de que o elemento culpa é desnecessário para caracterizar a responsabilidade. A obrigação de indenizar não se apoia em qualquer elemento subjetivo, de indagação sobre o comportamento do agente causador do dano, mas se fixa no elemento meramente objetivo, representado pela relação de causalidade entre o ato causador do dano e este"[60]

Com isso, ao invés de voltar-se à preocupação com a ação (culpa) do agente causador do dano, a responsabilidade objetiva é legitimada pela teoria do risco. Parte-se da premissa de que aquele que assume o risco de sua atividade, e com este risco se beneficia, deve responder pelos prejuízos que esta atividade causar a terceiros.

---

58. A regra da responsabilidade objetiva também consta no artigo 21, inciso XXXIII, alínea "d" da Constituição Federal repetindo o teor do artigo 4° da Lei 6.453/77.
59. A respeito ver NORONHA, Fernando. Desenvolvimento contemporâneo da responsabilidade civil, In Revista dos Tribunais, v. 761, São Paulo: Ed. RT, 1999, p. 34.; GOMES, Orlando. Culpa e risco, in: Revista de Direito Civil Contemporâneo, São Paulo: Ed. RT, v. 11, 2017, p. 349-358.
60. RODRIGUES, Silvio. RODRIGUES, Silvio. Direito civil: responsabilidade civil. São Paulo: Saraiva, 2002. v. 4, p. 156.

CAPÍTULO 4 • O EQUILÍBRIO ECOLÓGICO COMO OBJETO DE TUTELA DA LEI DE AÇÃO CIVIL PÚBLICA | **137**

> Como salienta Edis Milaré "é o reconhecimento da responsabilidade sem culpa, segundo o cânone da teoria do risco criado, que se fundamenta no princípio de que, se alguém introduz na sociedade uma situação de risco ou perigo para terceiros, deve responder pelos danos que a partir desse risco criado resultarem"[61]

Após a revolução industrial a teoria da responsabilidade civil objetiva passou inicialmente por etapas de evolução com "múltiplos sinais indisfarçáveis. Para constatá-lo, basta assinalar: A) – a ampliação do conceito de culpa; B) – o expediente das presunções legais de culpa; C) – a preferência pelo critério da culpa in abstrato; D) – a multiplicação das leis especiais"[62].

> "A adopção do princípio da responsabilidade por risco foi exigida pelas grandes mutações levadas a cabo pela revolução industrial (e depois pela revolução tecnológica), e que fizeram com que o domínio das relações laborais se tivesse que sacrificar o princípio da responsabilidade fundada na culpa a favor das formas de responsabilização que têm a louvá-las meras necessidades sociais de segurança".[63]

A adoção da teoria objetivista da responsabilidade civil tendo por eixo central a teoria do risco permitiu o nascimento de variadas "*concepções que se identificam como verdadeiras subespécies ou modalidades, dentre as quais podem ser destacadas as teorias do risco-proveito, do risco profissional, do risco excepcional, do risco criado e a do risco integral*".[64]

Em relação a responsabilidade civil objetiva pelos danos causados ao meio ambiente coube ao Superior Tribunal de Justiça definir qual seria a variante da teoria do risco adotada, e, para o bem da tutela jurídica ambiental, é a do risco integral.

Seguindo a linha de decisões neste sentido, em julgamento de recurso especial repetitivo[65] afastou-se a "*alegação de culpa exclusiva de terceiro pelo acidente em causa, como excludente de responsabilidade, deve ser afastada, ante a incidência da teoria do risco integral e da responsabilidade objetiva ínsita ao dano ambiental (art. 225, § 3º, da CF e do art. 14, § 1º, da Lei n. 6.938/81), responsabilizando o degradador em decorrência do princípio do poluidor-pagador*".

Em seguida novo Recurso Especial Repetitivo[66] restou consolidado que "*a responsabilidade por dano ambiental é objetiva, informada pela teoria do risco integral, sendo o nexo de causalidade o fator aglutinante que permite que o risco se integre na unidade do ato, sendo descabida a invocação, pela empresa responsável pelo dano ambiental, de excludentes de responsabilidade civil para afastar a sua obrigação de indenizar*".

Como se vê, na responsabilidade civil ambiental não se admite nenhuma excludente de responsabilidade, nem caso fortuito, nem força maior, nem fato de terceiro[67],

---

61. MILARÉ, Édis. Direito do ambiente. 8. ed. rev., atual. e ampl. São Paulo: Ed. RT, 2013. p. 424.
62. GOMES, Orlando. Culpa e risco, in: Revista de Direito Civil Contemporâneo, São Paulo: Ed. RT, v. 11, 2017, p. 349-358.
63. RIBEIRO DE FARIA, Jorge Leite Areias. Direito das obrigações, v. II, Coimbra. 2. vol. Coimbra: Almedina. 1990, p. 2.
64. CAVALIERI FILHO, Sérgio. Programa de responsabilidade civil. 10. ed. São Paulo: Atlas, 2012. p. 153.
65. REsp 1114398/PR, Rel. Ministro SIDNEI BENETI, SEGUNDA SEÇÃO, julgado em 08/02/2012, DJe 16/02/2012.
66. REsp 1354536/SE, Rel. Ministro LUIS FELIPE SALOMÃO, SEGUNDA SEÇÃO, julgado em 26/03/2014, DJe 05/05/2014
67. "(...) 2. Corretamente, o Tribunal de origem afirma que a jurisprudência do STJ primeiro reconhece a imprescritibilidade da pretensão reparatória de dano ao meio ambiente, e, segundo, atribui, sob o influxo da teoria do risco integral, natureza objetiva, solidária e propter rem à responsabilidade civil ambiental, considerando irrelevante, portanto, qualquer indagação acerca de caso fortuito ou força maior, assim como sobre a boa ou a má-fé do titular atual do bem imóvel ou móvel em que recaiu a degradação. (...)" REsp 1644195/SC, Rel. Ministro HERMAN BENJAMIN, SEGUNDA TURMA, julgado em 27/04/2017, DJe 08/05/2017. Sobre a excludente do *fato de terceiro* o Superior Tribunal de Justiça deixa aberta uma janela restrita para admissão da excludente ao dizer que "(...)a excludente de responsabilidade civil consistente no fato de terceiro, na seara ambiental, tem aplicação bastante restrita, dada a abrangência do disposto no artigo acima transcrito. Desse modo, só poderá ser reconhecida quando o ato prati-

posto que inseridas no *risco da atividade desenvolvida*. Ao realizar a atividade de risco ambiental o empreendedor assume *a possibilidade de dano*, e, com isso internaliza esse custo. Daí porque, caso ele venha a acontecer, deve suportar o dever de reparar os danos causados ao meio ambiente. Observe-se que, regra geral, pouco importa se a referida atividade é ou não é lícita, ou seja, o ato ilícito não é pressuposto do dever de indenizar. Isso porque, como dito, o eixo da responsabilidade objetiva está na existência do dano e do nexo com o agente causador, ou seja, é precisamente

> "uma responsabilidade que atinge certas pessoas que se encontram em condições específicas e sem que elas possam ser censuradas pelos danos causados. Algumas vezes pode mesmo tratar-se de danos provocados pelo próprio lesado"[68].

Isso implica dizer que na responsabilidade civil pelo risco é totalmente indiferente que os danos sofridos tenham advindos de uma ação ilícita. Daí porque mesmo atividades regulares e licenciadas podem produzir danos ecológicos que devem ser indenizados. Se a responsabilidade penal e a administrativa ambiental fincam-se na ocorrência de um ilícito, o mesmo não se diga da responsabilidade civil.

Importa destacar, por fim, que o *risco do desenvolvimento* também se insere no círculo do *risco integral*, ou seja, não é possível ao poluidor alegar que o evento danoso se deu em razão de situação que não poderia ser detectada à época do empreendimento e que na referida época empregou os melhores métodos para controle da poluição. O ônus do risco do desenvolvimento é in re ipsa à atividade desenvolvida[69] e se insere no "fortuito interno", ou seja, desde a sua concepção o produto, ou serviço, ou substância, ou técnica etc. já continha em si o risco de danosidade; havia um desconhecimento científico sobre ele, mas ele já existia, de forma que também este ônus se insere na teoria do risco integral.

> "(...) O risco do desenvolvimento, entendido como aquele que não podia ser conhecido ou evitado no momento em que o medicamento foi colocado em circulação, constitui defeito existente desde o momento da concepção do produto, embora não perceptível a priori, caracterizando, pois, hipótese de fortuito interno.(...) (REsp 1774372/RS, Rel. Ministra NANCY ANDRIGHI, TERCEIRA TURMA, julgado em 05/05/2020, DJe 18/05/2020)

5.3.5.2.2 A reparação integral pelo dano ambiental: restaurar, recuperar e indenizar em dinheiro

Importante deixar claro que havendo dano ambiental o dever de reparação deve ser integral. Por integral deve se entender "completo", "total", ou seja, o dano ambiental deve ser reparado em toda a sua extensão.

---

cado pelo terceiro for completamente estranho à atividade desenvolvida pelo indigitado poluidor, e não se possa atribuir a este qualquer participação na consecução do dano – ato omissivo ou comissivo, o que não se verifica na hipótese, consoante se infere do acórdão recorrido, o qual expressamente consignou ser o recorrente/réu "conhecedor de que as pessoas que 'limpavam' sua propriedade se utilizavam do fogo para fazê-lo, e a prática era reiterada, frequente, "todos os anos", conforme descrito na inicial. E mesmo conhecedor do ilícito, nada fez para coibir a prática proscrita exercida em sua propriedade, tornando-se dessa forma responsável por ato de terceiro." (REsp 1381211/TO, Rel. Ministro MARCO BUZZI, QUARTA TURMA, julgado em 15/05/2014, DJe 19/09/2014)

68. RIBEIRO DE FARIA, Jorge Leite Areias. Direito das obrigações, v. II, Coimbra. 2º Volume. Coimbra: Almedina. 1990, p. 2.

69. (...) o risco do desenvolvimento, entendido como aquele que não podia ser conhecido ou evitado no momento em que o medicamento foi colocado em circulação, constitui defeito existente desde o momento da concepção do produto, embora não perceptível a priori, caracterizando, pois, hipótese de fortuito interno. (...) (REsp 1774372/RS, Rel. Ministra NANCY ANDRIGHI, TERCEIRA TURMA, julgado em 05/05/2020, DJe 18/05/2020)

CAPÍTULO 4 • O EQUILÍBRIO ECOLÓGICO COMO OBJETO DE TUTELA DA LEI DE AÇÃO CIVIL PÚBLICA

Maria Helena Diniz foi certeira ao dizer, com simplicidade e precisão qual deve ser o parâmetro para identificar a reparação integral, ou seja que deve o lesado ser "*restituído à situação em que estaria se não tivesse ocorrido a ação do lesante*", e emenda a jurista que "*o dano mede-se pela diferença entre a situação existente à data da sentença e a situação que, na mesma data, se registraria, se não fosse a lesão*".[70]

A reparação integral é a identificada pela diferença entre o que se tinha antes da lesão e depois dela, considerando todos os prejuízos pela privação do bem ambiental neste período de ordem material ou extrapatrimonial, sem aqui computar os danos em cascata (que também são devidos) que a lesão possa ter causado a outros interesses supraindividuais e individuais.[71]

Como veremos adiante, não se reduz a reparação do dano ambiental com a restituição do recurso ambiental que foi lesado, mas sim com a restauração completa do equilíbrio ecológico que, não é algo que se obtém com facilidade. A restauração é do equilíbrio ecológico e não do recurso ambiental que quando foi lesado causou o desequilíbrio. Há ainda nesta perspectiva o dano extrapatrimonial ao qual foi submetido a sociedade pela privação do equilíbrio ecológico. O tempo e o espaço são importantíssimos fatores para fixação da extensão do dano ambiental reparável.

> "Na linha do estatuído nos arts. 225, 170, inciso VI, e 186, II, da Constituição Federal, o art. 4º da Lei n. 6.938/1981 (grifei) dispõe que a Política Nacional do Meio Ambiente se norteará pelos princípios do poluidor-pagador, do usuário pagador e da *reparação in integrum*, concretizados por meio da obrigação de recuperar o dano ambiental; indenizar os prejuízos sofridos pelas vítimas e pela biota afetada; e pagar pelos serviços ambientais retirados da Natureza" (...)
>
> A interpretação sistemática das normas e princípios ambientais não agasalha a restrição imposta no acórdão recorrido. Se o bem ambiental lesado for imediata e completamente restaurado ao status quo ante (*reductio ad pristinum statum*, isto é, restabelecimento à condição original)), não há falar, como regra, em indenização. Contudo, a possibilidade técnica, no futuro (= prestação jurisdicional prospectiva), de restauração in natura nem sempre se mostra suficiente para reverter ou recompor integralmente, no terreno da responsabilidade civil, as várias dimensões do dano ambiental causado; por isso não exaure os deveres associados aos princípios do poluidor-pagador e da *reparação in integrum*.
>
> Não custa lembrar que o dano ambiental é multifacetário (ética, temporal, ecológica e patrimonialmente falando, sensível ainda à diversidade do vasto universo de vítimas, que vão do indivíduo isolado à coletividade, às gerações futuras e aos próprios processos ecológicos em si mesmos considerados).[72]

O dever de reparação pelo dano ambiental previsto no texto constitucional também predetermina como deve ser reparado o meio ambiente, pelo que se extrai do axioma do caput (bem de uso comum e essencial à sadia qualidade de vida), bem como dos deveres concretos previstos nos incisos e parágrafos do art. 225.

Assim, não é por acaso que o legislador constitucional fala, por exemplo, no inciso I do §1º do art. 225 em "*restaurar os processos ecológicos essenciais*", e no §2º que o explorador dos recursos minerais "*fica obrigado recuperar o meio ambiente degradado, de acordo com solução técnica*".

---

70. DINIZ, Maria Helena. Curso de Direito Civil Brasileiro, v. 7: responsabilidade civil. 32. ed. São Paulo: Saraiva, 2018, p. 23.
71. No mesmo sentido CUSTÓDIO, Helita Barreira. Avaliação de custos ambientais em ações judiciais de lesão ao meio ambiente. Ed. RT, v. 652, p. 26.
72. Extraído do voto do Relator, Min. Herman e Benjamin no Recurso Especial n. 1.198.727-MG (2010/0111349-9).

Apenas para lembrar que a prioridade é que a tutela jurisdicional a ser entregue seja a mais coincidente possível com o resultado previsto pela norma ambiental. Enfim, se ela prevê um não fazer, então é esta a tutela que deve ser buscada; se, entretanto, prevê um fazer, é este que deve ser adimplido. a proteção jurisdicional dos deveres ambientais deve ser o mais coincidente possível com a realidade esperada pelo legislador. Trata-se, pois, de içar a tutela específica dos deveres ambientais a um norte a ser perseguido e alcançado. Contrario sensu, é de se dizer que a não realização da tutela jurisdicional específica pode comprometer o direito fundamental à vida de todos os seres vivos. Todavia, nem sempre será possível a obtenção da tutela específica; aquela originariamente prevista pelo legislador. Apenas subsidiariamente é que se deve pensar na tutela meramente reparatória do meio ambiente. Ou seja, quando se mostre impossível a tutela idealizada pelo legislador é que se deve pensar na substituição da tutela específica por outro tipo de prestação. E, ainda assim, a reparação deve ser a mais próxima possível do resultado que se teria com a conduta esperada pelo legislador. Daí por que a reparação in natura é princípio da responsabilidade civil ambiental.

Esses dispositivos expressamente impõem quais devem ser as formas de reparação pelos danos causados ao meio ambiente: restauração ou recuperação.

Logo, por exemplo, se o impacto ambiental causado se dá nos *processos ecológicos essenciais,* como por exemplo áreas de preservação permanente (matas ciliares, topo de morros, veredas, restinga etc.), é preciso que a reparação ambiental se dê por meio de restauração, ou seja, que a área danificada seja *restaurada,* o que implica, em "*restituição de um ecossistema ou de uma população silvestre degradada o mais próximo possível da sua condição original*". (art. 2º, XIV).

Por outro lado, se se tratar de dano ao equilíbrio ecológico porque houve uma impactação a um recurso ambiental *não renovável* como no caso da exploração de minerais (granitos, mármores etc.), então, uma vez causado o dano será impossível a restauração, daí porque o texto constitucional fala em *recuperação* assim entendido como a "*restituição de um ecossistema ou de uma população silvestre degradada a uma condição não degradada, que pode ser diferente de sua condição original*".

É necessário que fique bastante claro que a *regra* é a da reparação ambiental *integral* e *in natura,* e, não poderia ser diferente dada a essencialidade à vida do equilíbrio ecológico e pelo fato de que é um bem de uso comum do povo. Uso este que não é amoedável porque não mede em pecúnia. Não há a possibilidade de fungibilizar a reparação in natura (restauração e recuperação) por indenização em dinheiro.

A expressão "bem de uso comum" do art. 225, *caput*, da CF/88 também impõe a precedência e prevalência da reparação *in natura* e *in situ* sobre a reparação pecuniária. Apenas a primeira forma de reparação se aproxima da ideia altruísta e democrática de *uso comum* do bem ambiental.

Mais que isso, outro aspecto a ser ressaltado, é que a reparação específica seja in situ, isto é, sempre que possível, a medida a ser imposta ao poluidor deve ser a reparação do bem ambiental lesado no local onde houve a agressão do meio ambiente. Logo, não é possível falar em reparar em local diverso daquele que foi realizada a impactação.

Importante que fique claro que não é suficiente o mero ressarcimento financeiro. É preciso restaurar ou recuperar a área degradada, tentando recolocá-la na mesma situação em que se encontrava antes da ocorrência do dano. Como diz a Súmula n. 629 do STJ: "*quanto ao dano ambiental, é admitida a condenação do réu à obrigação de fazer ou à de não fazer cumulada com a de indenizar*".

CAPÍTULO 4 • O EQUILÍBRIO ECOLÓGICO COMO OBJETO DE TUTELA DA LEI DE AÇÃO CIVIL PÚBLICA

Além disso a reparação *in natura* não somente traz ínsita a ideia de proteção e preservação dos recursos ambientais, mas coaduna-se também com a ideia de que o poluidor deve ser educado (ensinado) mediante a realização de medidas reparatórias in natura, coisa que não ocorre quando estamos diante de uma reparação pecuniária. Há uma natural função pedagógica na solução in natura que não existe quando a sanção imposta é pecuniária.

Portanto, a reparação em pecúnia (ressarcimento) é exceção no sistema da responsabilização ambiental: só deve ser feita quando se mostrar impossível, total ou parcialmente, a reparação específica. Como explicamos alhures, seja por razões pedagógicas do poluidor e transgressor da norma ambiental, seja por razões de proteção do meio ambiente, sem dúvida, mais vale uma reparação in natura do que uma reparação pecuniária, porque, em última análise, sabe-se que o desequilíbrio ambiental e o prejuízo causado às presentes e futuras gerações não encontram um valor que reflita com fidelidade a perda ambiental, de forma que o dinheiro nunca ressarce verdadeiramente o prejuízo causado pela degradação do equilíbrio ecológico.

Isso sem contar os problemas burocráticos de transformar o dinheiro público em ações *pro ambiente* (aprovar projetos, licitações etc.), além é claro dos entraves processuais e extraprocessuais envolvendo a solvabilidade do condenado ao pagamento de quantia. Nunca é demais lembrar que a indivisibilidade do bem ambiental e o seu regime jurídico de bem de uso comum tornam a sua fruição democrática, ao passo que a reparação pecuniária não permite, regra geral, o mesmo alcance.

Inclusive, o Superior Tribunal de Justiça já reconheceu que a prioridade da reparação in natura é princípio que rege a responsabilidade civil ambiental.

> 3. Cabe esclarecer que, no Direito brasileiro e de acordo com a jurisprudência do Superior Tribunal de Justiça, a responsabilidade civil pelo dano ambiental, qualquer que seja a qualificação jurídica do degradador, público ou privado, proprietário ou administrador da área degradada, é de natureza objetiva, solidária e ilimitada, sendo regida pelos princípios do poluidor-pagador, da reparação in integrum, da prioridade da reparação in natura e do *favor debilis*. (REsp 1401500/PR, Rel. Ministro HERMAN BENJAMIN, SEGUNDA TURMA, julgado em 16/08/2016, DJe 13/09/2016)

É importante deixar claro ainda que a reparação in natura também serve para evitar a propagação de danos futuros, pois a degradação ambiental se protrai no tempo, ou seja, o impacto ambiental "hoje" é certamente maior "amanhã".

> "(...) 5. Não existe prescrição, pois a manutenção das construções na área de preservação ambiental impede que a vegetação se regenere, prolongando-se, assim, os danos causados ao meio ambiente. No caso em tela, a lesão perpetuou-se, recriando ou renovando a cada dia a pretensão jurídica do titular do direito ofendido. Não há que se falar de prescrição em ações de natureza ambiental decorrentes de dano permanente, ao menos enquanto se perpetuar o dano ambiental. (...)" REsp 1081257/SP, Rel. Ministro OG FERNANDES, SEGUNDA TURMA, julgado em 05/06/2018, DJe 13/06/2018.

Frise-se mais uma vez que este dever de reparação in natura não estanca o problema dos danos extrapatrimoniais, pois é preciso ressarcir a coletividade pelo prejuízo que suportou com a perda do equilíbrio ecológico.

> "A reparação integral do dano ao meio ambiente abrange não apenas o dano causado ao bem ou recurso ambiental imediatamente atingido, como também toda a extensão dos danos produzidos em consequência

do fato danoso à qualidade ambiental, incluindo: a) os efeitos ecológicos e ambientais da agressão inicial a um determinado bem ambiental que estiverem no mesmo encadeamento causal (como, por exemplo, a destruição de espécimes, habitats e ecossistemas inter-relacionados com o meio imediatamente afetado; a contribuição da degradação causada ao aquecimento global); b) as perdas de qualidade ambiental havidas no interregno entre a ocorrência do dano e a efetiva recomposição do meio degradado; c) os danos ambientais futuros que se apresentarem como certos; d) os danos irreversíveis causados à qualidade ambiental, que de alguma forma devem ser compensados; e) os danos morais coletivos resultantes da agressão a determinado bem ambiental".[73]

O tempo é fator de amplificação e reverberação o impacto ambiental, motivo pelo qual pode-se afirmar que mesmo na reparação in natura pelos danos ambientais já sofridos, há uma face preventiva de danos futuros que não pode ser ignorada.

5.3.5.2.3   O alcance do § 3º do art. 225

Apenas para relembrar, diz o artigo 225, § 3º que:

§ 3º As condutas e atividades consideradas lesivas ao meio ambiente sujeitarão os infratores, pessoas físicas ou jurídicas, a sanções penais e administrativas, independentemente da obrigação de reparar os danos causados.

Após deixar claro no caput do art. 225 e dizer em vários incisos do seu parágrafo primeiro que o axioma do direito ao meio ambiente ecologicamente equilibrado finca-se na *preservação* e, além disso que o risco ambiental deve ser foco de preocupação da tutela estatal no desenvolvimento de técnicas de evitem o dano e mantenham o ambiente integro, o texto constitucional trouxe sua preocupação com a tutela repressiva do dano causado ao meio ambiente, deixando claro que a responsabilização penal e a administrativa não exclui a obrigação de reparar pelos danos ao meio ambiente.

A primeira observação que se deve fazer é a de que se o mesmo fato der origem a sanções penais e administrativas, isso não elide a possibilidade de imposição de sanções civis, mormente a obrigação pelos danos causados.

Não é porque o sujeito já tenha sido penalizado administrativa ou penalmente que deve-se prescindir da sanção civil. O texto da constituição proíbe isso.

Inaceitável, portanto, a tentativa de emplacar a tese da transposição do princípio da insignificância penal para o âmbito da responsabilidade civil, sob argumento de que o dano cometido seria insignificante e porque o fato já teria sido, por exemplo, sancionado penalmente.

É preciso recordar que o Direito Penal deve atuar como última *ratio* de um ordenamento jurídico, sendo lógico reconhecer que a responsabilização penal (e a sanção penal imposta) deve ser o último instrumento de que se vale o Estado para reprimir condutas indesejáveis na sociedade; enfim, pelo axioma da intervenção mínima e necessária, o Direito Penal só deve atuar quando outros ramos do ordenamento não se mostrarem suficientes para tanto.[74]

---

73. MIRRA, Alvaro Luiz Valery. Responsabilidade civil ambiental e a reparação integral do dano. Disponível em https://www.conjur.com. br/2016-out-29/ambiente-juridico-responsabilidade-civil-ambiental-reparacao-integral-dano#:~:text=A%20repara%C3%A7%-C3%A3o%20integral%20do%20dano%20ao%20meio%20ambiente%20abrange%20n%C3%A3o,da%20agress%C3%A3o%20 inicial%20a%20um. Acesso em: 15.08.2020.
74. Sobre o tema, ver FERRAJOLI, Luigi. Direito e razão — Teoria do garantismo penal. São Paulo: Ed. RT, 2002; BITENCOURT, Cezar Roberto. Tratado de direito penal — Parte geral. 17. ed. v. 1. São Paulo: Saraiva, 2012; ROXIN, Claus. Derecho penal:

CAPÍTULO 4 • O EQUILÍBRIO ECOLÓGICO COMO OBJETO DE TUTELA DA LEI DE AÇÃO CIVIL PÚBLICA

Recorde-se, nesse passo, que a principal função do Direito Penal é resguardar bens jurídicos que possuam grande importância para a sociedade, de modo que apenas quando o bem jurídico a ser protegido pelo direito penal for imprescindível para a coexistência harmoniosa da coletividade é que terá lugar a tutela penal.

> Não é certo que o mesmo fato se subsuma a um texto normativo que leve à responsabilização penal e também à responsabilização civil. É o legislador, representante do povo, que define, em moldura abstrata, quais fatos sociais devem ser transformados em fattispecies. Eis aí o caráter fragmentário do Direito Penal. Normalmente, em matéria ambiental, um dever jurídico de não degradar o meio ambiente, uma vez descumprido, ensejará a tripla incidência da responsabilização [penal, civil e administrativa], dada a importância do bem jurídico para a coletividade.

E, uma vez prevista a *fattispecie* penal (tipos penais) é possível que, justamente pelo papel da *maxima e ultima ratio* do direito penal, que se averigue em concreto se a conduta típica é dotada de elementos significativos, inclusive sob a perspectiva da culpabilidade e da reprovabilidade social[75][14], que justifiquem a imposição da sanção penal ou, ao contrário, se é possível aplicar o princípio da insignificância.

Não é demais lembrar — apenas para se ter ideia da envergadura e peso de uma sanção penal — que a condenação criminal transitada em julgado impõe ao condenado a gravíssima penalidade de privação dos direitos políticos nos termos do art. 15, III, da CF/88 impedindo-o, enquanto durar os efeitos da condenação, de participar da vida pública do país. Este é um bom termômetro para se ver que o direito penal só deve estar presente em situações que realmente importem para a harmonia do seio social. Isso sem falar da possibilidade de privação da liberdade de locomoção como efeito primário da pena.

Por sua vez, de outro lado, a sanção civil imposta pela responsabilização civil tem, na visão tradicional, o papel de "restaurar o equilíbrio moral e patrimonial provocado pelo autor do dano"[76] daí por que se fala em restabelecimento do *status quo ante*; em *princípio da restitutio in integrum etc.* Restituir integralmente ou reparar integralmente é, no mínimo, *retirar todo e qualquer dano* (indene).

Por sua vez, a função precaucional em matéria ambiental fica muito evidente na necessidade de que a tutela civil tenha um papel condizente com a premissa constitucional estabelecida pelo art. 225 da CF/88 ao dizer que é dever do Poder Público e da coletividade proteger e preservar o direito para as presentes e futuras gerações; ou ainda quando diz que ele deve controlar a produção, a comercialização e o emprego de técnicas, métodos e substâncias que comportem risco para a vida, a qualidade de vida e o meio ambiente; e, mais adiante, ao afirmar que deve proteger a fauna e a flora, vedadas, na forma da lei, as práticas que coloquem em risco sua função ecológica.

Observe-se que o fio condutor de *toda atuação do Poder Público* (legislativo, judiciário e executivo) em relação ao meio ambiente deve ser feita *ex ante* e não *ex post*, até

---

parte general. Tomo I. Fundamentos. La estructura de la teoria del delito. 2. ed. Trad.: Diego-Manuel Luzon Peña et. al. Madrid: Editorial Civitas, 1997; ZAFFARONI, Eugenio Raúl. Derecho penal: parte general. Buenos Aires: Ediar, 2002.

75. Na visão consagrada pelo Supremo Tribunal Federal não basta a tipicidade formal, o mero enquadramento do fato ao texto normativo, mas também a análise de outros elementos de cada caso em concreto.

76. GONÇALVES, Carlos Roberto. Direito Civil Brasileiro — Responsabilidade Civil. 4. ed. São Paulo: Saraiva, 2012, p. 21.

mesmo quando se trata de *tipificar penalmente determinadas condutas*, ou ainda quando *impõe restauração integral* da antijuridicidade cometida (risco, ilícito e/ou dano), como já foi explicado alhures.

Em matéria ambiental, por imperativo constitucional, observado em diversas passagens do art. 225, dada a natureza preventiva e precaucional dos deveres impostos ao Poder Público e à coletividade, quando se reconhece a incidência da responsabilização civil, esta jamais, frise-se, jamais, esgota-se numa função meramente reparatória, sob pena de se fazer uma *capitis diminutio* da máxima da razão de ser das normas ambientais [civis, penais e administrativas] que são criadas para *conter, impedir, evitar* o risco, o ilícito e o dano, admitindo cada uma destas figuras como categorias que podem ser tuteladas de forma distinta e cumulativa se for o caso.

A *essencialidade* à vida, a *infungibilidade* do uso comum do equilíbrio ecológico e sua irrenunciabilidade por quem quer que seja não admitem qualquer possibilidade de que ele [o equilíbrio ecológico] possa ser substituído por outro bem de qualquer outra estirpe, razão pela qual a sanção civil ambiental deve ter sempre, e inexoravelmente, um papel precaucional, para o futuro, ainda que se trate de reparar o que ficou no passado.

Essa é a leitura que se extrai, por exemplo, do lapidar voto do Ministro Og Fernandes quando afirma em sua ementa:

> "Em qualquer quantidade que seja derramamento de óleo é poluição, seja por inobservância dos padrões ambientais (inteligência do art. 3º, III, e, da Lei n. 6.938/1981, c/c o art. 17 da Lei n. 9.966/2000), seja por conclusão lógica dos princípios da solidariedade, dimensão ecológica da dignidade humana, prevenção, educação ambiental e preservação das gerações futuras". (Agravo em REsp 667.867/SP (2015/0041944-0).

Na esteira dos arts. 927 e 489 do Código de Processo Civil, o julgado acima é coerente com a posição que vem sendo manifestada pelo Superior Tribunal de Justiça (REsp 1145083/MG, rel. Min. Herman Benjamin, 2ª Turma, julgado em 27-9-2011, *DJe* 4-9-2012) que reconhece a função profilática da responsabilidade civil ambiental, ainda que tal aspecto esteja embutido na dimensão quantitativa do dever de reparar.

Nesse diapasão é de se elogiar o aresto cujo excerto transcrevemos acima e também logo abaixo, também porque traz segurança, calculabilidade e previsibilidade ao tema, fortalecendo e estabilizando o precedente judicial de que nenhuma responsabilização ambiental se aprisiona numa função meramente reparadora.[77]

> "A recusa de aplicação, ou aplicação truncada, pelo juiz, dos princípios do poluidor-pagador e da *reparação in integrum* arrisca projetar, moral e socialmente, a nociva impressão de que o ilícito ambiental compensa, daí a resposta administrativa e judicial não passar de aceitável e gerenciável "risco ou custo normal do negócio". *Saem debilitados, assim, o caráter dissuasório, a força pedagógica e o objetivo profilático da responsabilidade civil ambiental (= prevenção geral e especial), verdadeiro estímulo para que outros, inspirados*

---

77. Sobre a evolução do conceito de dano na responsabilidade civil ver BALDASSARI, Augusto. Fonti positive in materia di danno. In: CENDON, Paolo (Ed.). I danni risarcibili nella responsabilità civile. Torino: UTET, 2005. v. 1. p. 41-73.; CRISAFI, Marina. Il danno: profili storici. In: CENDON, Paolo (Ed.). I danni risarcibili nella responsabilità civile. Torino: UTET, 2005. v. 1.; VISINTINI, Giovanna. Trattato breve della responsabilità civile: fatti illeciti, inadempimento, danno risarcibile. 3. ed. Milano: Cedam, 2005. Com enfoque no direito ambiental, ver ABELHA, Marcelo. Processo Civil Ambiental. 4. ed. Salvador: JusPodivm, 2016.; GALLO. Emanuela. L'evoluzione sociale e giuridica del concetto di danno ambientale. Rivista Amministrare. Il Mulino. 2/2010, agosto, p. 261-290; GIAMPIETRO F., La responsabilità per danno all'ambiente dal T.U. ambientale all'art. 5 bis della legge 166/2009, in: Rivista giuridica dell'ambiente, 2011, fasc. 2, p. 191-202.

CAPÍTULO 4 • O EQUILÍBRIO ECOLÓGICO COMO OBJETO DE TUTELA DA LEI DE AÇÃO CIVIL PÚBLICA **145**

no exemplo de impunidade de fato, mesmo que não de direito, do degradador premiado, imitem ou repitam seu comportamento deletério".

(...)

A responsabilidade civil, se realmente aspira a adequadamente confrontar o caráter expansivo e difuso do dano ambiental, deve ser compreendida o mais amplamente possível, de modo que a condenação a recuperar a área prejudicada não exclua o dever de indenizar — juízos retrospectivo e prospectivo.

Como se observa, distinguem-se as razões pelas quais o ordenamento jurídico impõe a autonomia da responsabilização penal em relação à responsabilização civil, uma vez que a função (funcionalismo teleológico[78]) da tutela penal é proteger *"bens jurídicos — essenciais ao indivíduo e à comunidade"*[79] com consequências extremamente graves para o sujeito, como a impossibilidade de participar da vida pública (art. 15, III, da CF/88), ao passo que a responsabilidade civil tem, na atualidade, mormente em direito ambiental, papéis destinados a: i) impor ao causador do dano (sentido lato) o dever de restabelecer de forma *integral* o reequilíbrio jurídico econômico suportado pela vítima; ii) a função (nesta sociedade massificada) de *punir pedagogicamente* para não permitir que a equação entre *reparação integral* e *proveito econômico obtido pelo lesante* possa lhe ser favorável; e, ainda, iii) um papel indissociável da *prevenção* no sentido de inibir comportamentos que não devem ser praticados, porque a lesão deles decorrentes implica em um dano insuportável.[80]

É curial perceber que, quando, ao mesmo tempo, um mesmo fato enquadra-se numa norma penal, civil e administrativa permitindo a responsabilização penal, civil e administrativa, e, após um juízo de proporcionalidade[81] e ante a análise das circunstâncias do caso concreto se chega à conclusão, em relação à responsabilização penal, que incide o princípio da insignificância para afastar conduta formalmente típica, tal aspecto é o reconhecimento, a confissão, o atestado de que as outras áreas do direito devem incidir.

Ora, quando se afasta a atipicidade da conduta pela invocação do Bagatelldelikte então, sem sombra de dúvidas, este é justamente o momento e o espaço de se invocar os demais ramos do direito, pois não é o espaço do Direito Penal.

É preciso perceber que a incidência do princípio da insignificância na esfera penal reforça, sobreleva, torna essencial a responsabilização civil e administrativa.

Pretender usar a insignificância do direito penal na esfera cível é uma contradição lógica, porque é justamente pela existência das responsabilidades civil e administrativa que se permite afastar a incidência do Direito Penal. Não fosse a incidência da tutela civil e administrativa sobre o mesmo fato, não poderíamos invocar nem a subsidiariedade e nem a fragmentariedade do Direito Penal, inexistindo espaço para que, apenas neste campo (penal) pudesse cogitar a insignificância.

---

78. Sobre a distinção das escolas funcionalistas e o pensamento de seus corifeus (Claus Roxin e Günter Jakobs), ver MOLINA, Antonio García-Pablos de. Tratado de Criminología. 5. ed. Madrid: Editorial Tirant lo Blanch, 2014.

79. PRADO, Luiz Regis. Bem jurídico-penal e Constituição. São Paulo: Ed. RT, 1999, p. 47.

80. A respeito da multifuncionalidade da sanção civil, ver FARIAS, Cristiano Chaves; ROSENWALD, Nelson; BRAGA NETTO, Felipe Peixoto. Curso de direito civil: responsabilidade civil. 5. ed. Salvador: JusPodivm, 2018, p. 62.

81. Nesse sentido ver, por todos, FRANCO, Alberto Silva. Código Penal e sua interpretação jurisprudencial. 5. ed. São Paulo: Ed. RT, 1995, p. 67; BITENCOURT, Cezar Roberto. Tratado de direito penal — parte geral. 17. ed. São Paulo: Saraiva, 2012. v. 1, p. 27 e 28; Maurício Antonio Ribeiro Lopes. Princípio da insignificância no direito penal. São Paulo: Ed. RT, 2000, p. 55.

Assim, quando a priori, um mesmo fato (por exemplo, uma conduta lesiva do poluidor que permite vazar 10 litros de óleo de sua embarcação no mar) subsume-se tutela penal, civil e administrativa, e, ante as características do caso concreto, enxerga-se na hipótese um crime insignificante, isso só é possível porque existe, e deve incidir, a responsabilização civil e administrativa. Não fosse assim, nenhuma sanção estatal existiria para pequenos delitos, gerando um caos social.

5.3.5.3 Nexo causal

A nexo causal é o fator que estabelece a comunicação, o elo, a ligação da *causa* ao *efeito*. É ele que conecta o dano sofrido à ação ou omissão do agente. Pode não ser simples demonstrar esse liame de causa e efeito em matéria ambiental por peculiaridades do próprio equilíbrio ecológico. Fatores temporais e espaciais podem afastar os rastros da poluição, ou quiçá da sua origem. Situações como concausas também podem dificultar a identificação da causa ao efeito. A própria virtude de *resiliência* do meio ambiente pode mascarar situações onde já exista poluição, mas não seja ainda detectável pelos nossos sentidos. Certos tipos de poluição como por exemplo os causados por agrotóxicos ou nanopartículas químicas podem se esconder por muito tempo e só serem percebidas quando o dano é irreversível para o meio ambiente e a qualidade de vida.

> "O dano ambiental como descrito em outros domínios, pode ser resultado de várias causas concorrentes, simultâneas ou sucessivas, dificilmente tendo uma única e linear fonte. É desafiador relacionar causa e efeito na maioria dos problemas ambientais (efeitos sinergéticos, transporte de poluição a longas distâncias, efeitos demorados, levando à pulverização da própria ideia de nexo de causalidade). Há unanimidade na doutrina ao reconhecer que os 'fatos da poluição são frequentemente de natureza complexa com efeitos difusos ocasionando danos distanciados da sua fonte e prolongados no tempo em concurso porventura com outras fontes poluentes'.
>
> É o império da dispersão do nexo causal com o dano podendo ser atribuído a uma multiplicidade de causas, fontes e comportamentos, procurando normalmente o degradador lucrar com o fato de terceiro ou mesmo da própria vítima, com isso exonerando-se. Há certas atividades que, tomadas solitariamente, são até bem inocentes, incapazes de causar, per si, prejuízo ambiental. Mas em contato com outros fatores ou substâncias, esses agentes transformam-se, de imediato, em vilões, por um processo de reação em cadeia. Trata-se de um fenômeno também denominado de 'causalidade complexa'.
>
> Complexidade que advém da interação entre o mal funcionamento técnico ou tecnológico, erro humano e procedimentos de segurança inadequados, o que cria enormes dificuldades em termos de causalidade, pois raramente há um único responsável".[82]

Dessas considerações já se pode imaginar que, mesmo não havendo necessidade de provar a culpa na responsabilidade civil ambiental (responsabilidade objetiva), ainda assim a prova da relação de causalidade quando se tem um dano ambiental é extremamente difícil.[83]

O modelo de *causalidade* na *responsabilidade civil ambiental* está descrito no artigo 3º, IV da Lei 6938/81 ao dizer que é poluidor, a pessoa física ou jurídica, de direito

---

82. BENJAMIN, Antonio Herman de Vasconcellos e. Responsabilidade civil pelo dano ambiental. Revista de Direito Ambiental, v. 9/1998, p. 5-52, Jan.- Mar./1998.

83. Por todos NORONHA, Fernando. Direito das Obrigações: fundamentos do direito das obrigações: introdução à responsabilidade civil. v. 1. São Paulo: Saraiva, 2003, p. 476.

CAPÍTULO 4 • O EQUILÍBRIO ECOLÓGICO COMO OBJETO DE TUTELA DA LEI DE AÇÃO CIVIL PÚBLICA

público ou privado, *responsável, direta ou indiretamente, por atividade causadora de degradação ambiental.*

Adota-se, ao que parece, a teoria da causalidade adequada[84], admitindo tanto a *causa direta e quanto a indireta*, ou seja, será poluidor sujeito a reparação dos danos ambientais aquele que tenha *diretamente* produzido o evento danoso pelo ato omissivo ou comissivo, ou então que tenha *indiretamente* causado o referido dano. Disso extrai-se uma regra importantíssima para a efetivação da responsabilidade civil ambiental: todos os causadores (diretos e indiretos) respondem solidariamente pelos prejuízos causados ao meio ambiente. Isso significa dizer que o autor de uma ação por responsabilidade civil ambiental pode escolher responsabilizar um, alguns ou todos os que tenham concorrido direta ou indiretamente para o dano.

> (...) 3. Nos danos ambientais, a regra geral é o litisconsórcio facultativo, por ser solidária a responsabilidade dos degradadores. O autor pode demandar qualquer um deles, isoladamente, ou em conjunto pelo todo, de modo que, de acordo com a jurisprudência do STJ mais recente, não há obrigatoriedade de formar litisconsórcio passivo necessário com os adquirentes e possuidores dos lotes. Nesse sentido: AgInt no AREsp 1.221.019/SP, Rel. Ministro Francisco Falcão, Segunda Turma, DJe 26.2.2019; REsp 1.708.271/SP, Rel. Ministro Herman Benjamin, Segunda Turma, DJe 16.11.2018; REsp 1.358.112/SC, Rel. Ministro Humberto Martins, Segunda Turma, DJe 28/06/2013; REsp 1.328.874/SP, Rel. Ministra Eliana Calmon, Segunda Turma, DJe 5.8.2013; e REsp 884.150/MT, Rel. Ministro Luiz Fux, Primeira Turma, DJe 7.8.2008. (...)". (REsp 1799449/SP, Rel. Ministro HERMAN BENJAMIN, SEGUNDA TURMA, julgado em 09/05/2019, DJe 18/06/2019).

O aresto do STJ citado abaixo dá nem a dimensão da *causalidade indireta* na responsabilidade civil ambiental.

> "(...) 12. Para o fim de apuração do nexo de causalidade no dano urbanístico-ambiental e de eventual solidariedade passiva, equiparam-se quem faz, quem não faz quando deveria fazer, quem não se importa que façam, quem cala quando lhe cabe denunciar, quem financia para que façam e quem se beneficia quando outros fazem". (REsp 1071741/SP, Rel. Ministro HERMAN BENJAMIN, SEGUNDA TURMA, julgado em 24/03/2009, DJe 16/12/2010)

Assim, por exemplo, a empresa de transportes que no ato de transportar produtos inflamáveis teve o veículo tombado e lançou poluentes no rio é *diretamente* responsável pelo dano ao equilíbrio ecológico da fauna ictiológica, assim como também é *indiretamente* responsável a empresa que contratou o transporte e que receberia o líquido inflamável.

Igualmente, há casos em que não apenas o poluidor direto que lançou efluentes no rio, mas também o poder público pela sua omissão em fiscalização é responsável pelo dano ambiental. Como bem disse o Superior Tribunal de Justiça *"a Administração é solidária, objetiva e ilimitadamente responsável, nos termos da Lei 6.938/1981, por danos urbanístico-ambientais decorrentes da omissão do seu dever de controlar e fiscalizar, na medida em que contribua, direta ou indiretamente, tanto para a degradação ambiental em si mesma, como para o seu agravamento, consolidação ou perpetuação, tudo sem prejuízo da adoção, contra o agente público relapso ou desidioso, de medidas disciplinares, penais, civis e no campo da improbidade administrativa".*[85]

---

84. Em nosso sentir a teoria que se apresenta com mais possibilidade de atender ao critério de justiça é a da causalidade adequada, justamente porque o juízo de adequação, conquanto tenha alguns parâmetros de convicção, outorga ao magistrado a possibilidade de, à luz das peculiaridades do caso concreto, determinar qual teria sido a causa suficiente deste ou daquele evento danoso.

85. REsp 1071741/SP, Rel. Ministro HERMAN BENJAMIN, SEGUNDA TURMA, julgado em 24/03/2009, DJe 16/12/2010.

"(...) II. Na origem, trata-se de ação civil pública, proposta pelo Ministério Público do Estado do Rio de Janeiro em face do Município do Rio de Janeiro e do Estado do Rio de Janeiro, alegando o autor risco de deslizamento de terra e desabamento, em área de risco onde se situa a comunidade Morro do Encontro, no bairro do Engenho Novo, na cidade do Rio de Janeiro. Requer, em síntese, que os réus sejam condenados, solidariamente, a promover a execução de plano de medidas de engenharia, geotecnia e intervenção urbanística, nas áreas classificadas como de alto risco de escorregamentos e deslizamentos, assim como a recuperação da área degradada. III. Não há falar, na hipótese, em violação aos arts. 11, 489 e 1.022 do CPC/2015, porquanto a prestação jurisdicional foi dada na medida da pretensão deduzida, de vez que os votos condutores do acórdão recorrido e do acórdão proferido em sede de Embargos de Declaração apreciaram fundamentadamente, de modo coerente e completo, as questões necessárias à solução da controvérsia, dando-lhes, contudo, solução jurídica diversa da pretendida. O Tribunal de origem julgou parcialmente procedente a ação, para, em síntese, condenar os réus, solidariamente, a executarem o plano de medidas de engenharia, geotecnia e intervenção urbanística nas áreas descritas no acórdão, além de recuperarem toda a extensão da área desmatada. IV. Quanto à alegação de existência de pedido genérico e indeterminado, o Tribunal de origem, à luz das provas dos autos, concluiu que "não há qualquer indeterminação nos pleitos autoral pelo fato de o autor ter citado, de maneira alternativa, as medidas de engenharia, geotecnia e intervenção urbanística a serem adotadas, especialmente por tratar de questões técnicas que necessitam de um acompanhamento especializado e adequado para cada área periciada, e que, de forma alguma, interfere na aferição da obrigação solidária dos entes estatais envolvidos, bem como no modo de atuação dos mesmos, seja por intermédio de medidas administrativas individualizadas ou conjuntas, seja pela necessidade de repasses de verbas orçamentárias". Nesse contexto, considerando a fundamentação do acórdão objeto do Recurso Especial, os argumentos utilizados pela parte recorrente, no sentido de reconhecer a inépcia da inicial, por existência de pedido genérico e indeterminado, somente poderiam ter sua procedência verificada mediante o necessário reexame de matéria fática, não cabendo a esta Corte, a fim de alcançar conclusão diversa, reavaliar o conjunto probatório dos autos, em conformidade com a Súmula 7/STJ. Precedentes do STJ.

V. No tocante ao pleito de recuperação da área degradada, o Tribunal de origem aduziu que "*a ciência e a inércia dos entes públicos no processo de favelização fazem incidir a responsabilidade dos mesmos, por serem considerados poluidores indiretos, devendo ser acolhido o pleito do Ministério Público, nos termos no art. 23, inc. VI, da CRFB/88"*. Assim, além de o Tribunal de origem ter decidido a questão à luz de fundamento eminentemente constitucional – matéria insuscetível de ser examinada, em sede de Recurso Especial -, adotou o acórdão recorrido entendimento em harmonia com a jurisprudência firmada nesta Corte, segundo o qual, nas demandas que objetivam a reparação e a prevenção de danos ambientais, causados por deslizamentos de terra em encostas habitadas, a responsabilidade dos entes federativos é solidária, não havendo falar, portanto, em afastamento da condenação do agravante na recuperação ambiental da área degradada, como pretende o ente municipal. Precedentes, em casos análogos: AgRg no AREsp 432.409/RJ, Rel. Ministro HERMAN BENJAMIN, SEGUNDA TURMA, DJe de 19/03/2014; AgRg no AREsp 541.229/RJ, Rel. Ministro OG FERNANDES, SEGUNDA TURMA, DJe de 02/12/2014; REsp 604.725/PR, Rel. Ministro CASTRO MEIRA, SEGUNDA TURMA, DJU de 22/08/2005.

VI. Agravo interno improvido.

(AgInt no REsp 1777742/RJ, Rel. Ministra ASSUSETE MAGALHÃES, SEGUNDA TURMA, julgado em 15/08/2019, DJe 23/08/2019)

As dificuldades em se estabelecer, em certos casos, quem teria sido o real *causador* de um dano ambiental, fez com que ordenamento jurídico[86] excogitasse soluções para não tornar diabólica a prova do nexo, como por exemplo, reconhecendo a responsabilidade na recomposição da de construção irregular em área de preservação permanente como *in re ipsa*, verdadeira obrigação propter rem, "*atingindo o proprietário do bem, independentemente de ter sido ele o causador do dano*"[87].

---

86. Lei 12651 (Código Florestal), art. 2º, § 2º As obrigações previstas nesta Lei têm natureza real e são transmitidas ao sucessor, de qualquer natureza, no caso de transferência de domínio ou posse do imóvel rural.

87. (AgInt no REsp 1856089/MG, Rel. Ministro SÉRGIO KUKINA, PRIMEIRA TURMA, julgado em 22/06/2020, DJe 25/06/2020).

CAPÍTULO 4 • O EQUILÍBRIO ECOLÓGICO COMO OBJETO DE TUTELA DA LEI DE AÇÃO CIVIL PÚBLICA

Outra solução é a criação de *presunções legais* em favor do meio ambiente[88], caso em que o legislador preestabelece, por exemplo, que é necessário a realização de eia-rima para determinadas atividades como o faz o art. 2º da Resolução CONAMA 001/86 listando o anexo de atividades que presume a necessidade de realização do referido estudo. Caso isso não seja realizado e a licença tenha sido concedida, é o empreendedor que deve demonstrar em juízo caso venha a ser questionado que a atividade não necessitava de eia-rima, a despeito da exigência legal.

Também tem sido estabelecidas presunções de dano, em que este não precisa ser demonstrado por expresso reconhecimento legal.

> "(...) 4. Consoante o Código Florestal (Lei 12.6512012), "A intervenção ou a supressão de vegetação nativa em Área de Preservação Permanente somente ocorrerá nas hipóteses de utilidade pública, de interesse social ou de baixo impacto ambiental previstas nesta Lei" (art. 8º, *caput*, grifo acrescentado). O legislador, iure et de iure, presume valor e imprescindibilidade ambientais das APPs, presunção absoluta essa que se espalha para o prejuízo resultante de desrespeito à sua proteção (dano in re ipsa), daí a dispensabilidade de prova pericial. Logo, como regra geral, "Descabida a supressão de vegetação em Área de Preservação Permanente – APP que não se enquadra nas hipóteses previstas no art. 8º do Código Florestal (utilidade pública, interesse social e baixo impacto ambiental)" (REsp 1.394.025/MS, Rel. Min. Eliana Calmon, Segunda Turma, DJe 18/10/2013)". (REsp 1782692/PB, Rel. Ministro HERMAN BENJAMIN, SEGUNDA TURMA, julgado em 13/08/2019, DJe 05/11/2019)

Não menos importante – quando não há fixação de presunção legal em favor do meio ambiente – é a possibilidade de inversão do ônus probatório como técnica processual a ser realizada no momento do saneamento, que, em matéria ambiental pode ser concedida de ofício.

Tradicionalmente, o direito processual adotou a regra de que cabe ao autor provar os fatos constitutivos do seu direito e ao réu provar tão somente algum fato extintivo, impeditivo ou modificativo que porventura tenha alegado. É essa a regra insculpida no caput do art. 373, I e II, do Código de Processo Civil. Assim, regra geral caberia àquele que sofreu o dano demonstrar cabalmente todos os elementos necessários ao dever de indenizar. Todavia, em matéria ambiental, pelas peculiaridades do equilíbrio ecológico, a prova do liame causal é mais difícil para aquele que sofreu o dano, que, no mínimo, está duplamente sobrecarregado. Primeiro, porque recai sobre si o ônus de provar o dano; segundo, porque é a própria vítima do dano.

---

88. As presunções são estabelecidas, regra geral, pelo direito material e tendo em vista a finalidade de regular situações da vida que, pelas regras normais de experiência, ocorrem da forma que o legislador presume. Por exemplo: de acordo com o art. 170 da CF/88, a ordem econômica, fundada na valorização do trabalho humano e na livre iniciativa, tem por fim assegurar a todos existência digna, conforme os ditames da justiça social, observado, dentre outros princípios a defesa do meio ambiente, inclusive mediante tratamento diferenciado conforme o impacto ambiental dos produtos e serviços e de seus processos de elaboração e prestação. Ora, disso decorre que o legislador estabeleceu uma presunção de que a atividade econômica impacta o meio ambiente, o que implica, no âmbito do processo, a reconhecer que numa lide ambiental envolvendo um empreendedor de uma atividade econômica e o meio ambiente há uma presunção constitucional de que a atividade econômica impacta o meio ambiente, devendo o empreendedor afastar a referida presunção em seu desfavor. Verifique que a presunção está estabelecida no texto constitucional e não cabe ao magistrado afastá-la, senão cumpri-la no processo civil ambiental. O art. 225 é rico destas presunções, inclusive ao reconhecer que o equilíbrio ecológico e seus componentes destinam-se, prioritariamente, ao uso comum (função ecológica), de forma que qualquer outra utilidade que se lhes dê, econômica, social, cultural, presume-se incomum ou invulgar. A regra do inciso V do artigo 225, § 1º também prevê que é dever do poder público controlar a produção, a comercialização e o emprego de técnicas, métodos e substâncias que comportem risco para a vida, a qualidade de vida e o meio ambiente. Está claro que o legislador estabelece que o risco e não o dano é que deve ser evitado, numa clara adoção do princípio da precaução de que as incertezas científicas militam *pro ambiente* e contra a atividade econômica.

O liame dessa lesão com a causa é o ponto em que se concentra a dificuldade, e aqui ousamos discordar da orientação tradicional do CPC no art. 373, *caput*, que é causa de grandes injustiças no dia a dia forense. Como se sabe, a prova serve ao processo, justamente para atender à finalidade de convencimento do juiz, e não à mera conveniência das partes. Pode, aliás, ser utilizada contra aquele que a trouxe (princípio da aquisição da prova). Mas, mesmo assim, o estático inciso I do art. 373 do CPC acaba por estimular posições de inércia e sonegação de provas que seriam muito úteis para o processo.

Isso porque, quando já se sabe que a prova dos fatos constitutivos é difícil para o postulante, o seu adversário toma uma conduta desinteressada, quase inerte, pois já sabe, pela leitura prévia do art. 373, I, do CPC, que é desnecessário correr riscos trazendo provas para o processo que poderiam ser utilizadas contra ele.

Ainda mais nos casos em que o demandado sabe que é realmente o responsável e fica como um mero expectador da dificuldade de produção de provas por parte do autor. Porque não tem nada a perder, senão confundir o convencimento do magistrado, apenas questionando a prova trazida pelo demandante. É a máxima do menor risco possível.

Se, para a maioria dos casos, saber de antemão a regra de distribuição do ônus da prova não compromete a busca da verdade real, não é menos verdade que, para muitos outros (que a cada dia se tornam mais frequentes), dada a existência de hipossuficiência técnica, científica e econômica, a exigência da prova dos fatos constitutivos (o nexo de causalidade no presente caso) pode representar uma verdadeira negação do acesso à justiça e, por conseguinte, um afastamento do processo da verdade real.

A solução da técnica de inversão do ônus probatório é medida imperiosa para atender a determinados direitos substanciais que pela sua própria natureza e peculiaridade torna-se quase impossível ou muito difícil a demonstração do nexo causal.

Exatamente por isso, pensamos, aquilo que o CPC trata como exceção (técnica da inversão do ônus) deveria ser a regra para todo e qualquer processo, ou seja, a distribuição do ônus dinâmico da prova, e não simplesmente uma técnica utilizável nas situações descritas do referido parágrafo. Deveria o juiz analisar o caso concreto e fixar o encargo probatório dos fatos controvertidos segundo as circunstancias apresentadas.

Está estampado no § 1º do art. 373 do CPC que, "nos casos previstos em lei ou diante de peculiaridades da causa relacionadas à impossibilidade ou à excessiva dificuldade de cumprir o encargo nos termos do *caput* ou à maior facilidade de obtenção da prova do fato contrário, poderá o juiz atribuir o ônus da prova de modo diverso, desde que o faça por decisão fundamentada, caso em que deverá dar à parte a oportunidade de se desincumbir do ônus que lhe foi atribuído".

Ora, quando estamos diante de uma lide ambiental é mister que a regra seja justamente o ônus dinâmico da prova, dadas as características peculiares do bem ambiental. Aliás, diga-se de passagem, que quando está em jogo o princípio da precaução (incerteza científica da atividade supostamente poluidora), ele determina que cabe ao suposto poluidor a prova de que não há risco de poluição.

Com isso, queremos dizer que é a regra de direito material, vinculada ao princípio da precaução, que determina que, em toda ação de responsabilidade civil ambiental na

CAPÍTULO 4 • O EQUILÍBRIO ECOLÓGICO COMO OBJETO DE TUTELA DA LEI DE AÇÃO CIVIL PÚBLICA

qual a existência do dano esteja vinculada a uma incerteza científica (hipossuficiência científica), sabe-se de antemão que o ônus de provar que os danos causados ao meio ambiente não resultaram da atividade econômica é do próprio empreendedor.

Justamente com base no princípio da precaução, o Superior Tribunal de Justiça já entendeu que é aquele a quem se imputa um dano ambiental (efetivo ou potencial) que deve suportar o ônus de provar que a atividade que desenvolveu não trazia nenhum risco ambiental.

> (...) 3. A Lei n. 6.938/1981 adotou a sistemática da responsabilidade objetiva, que foi integralmente recepcionada pela ordem jurídica atual, sendo irrelevante, na hipótese, a discussão da conduta do agente (culpa ou dolo) para atribuição do dever de reparação do dano causado, que, no caso, é inconteste.
>
> 4. O princípio da precaução, aplicável ao caso dos autos, pressupõe a inversão do ônus probatório, transferindo para a concessionária o encargo de provar que sua conduta não ensejou riscos ao meio ambiente e, por consequência, aos pescadores da região.
>
> 5. Agravo interno não provido. (AgInt no AREsp 1311669/SC, Rel. Ministro RICARDO VILLAS BÔAS CUEVA, TERCEIRA TURMA, julgado em 03/12/2018, DJe 06/12/2018)

É o suposto poluidor que possui a incumbência de demonstrar que aquela atividade que lhe é creditada não é impactante ou não causa qualquer impactação ao meio ambiente. Perceba-se bem que no caso de aplicação do princípio da precaução já há, no plano do direito material, a presunção de que quem suporta o risco da incerteza científica da atividade não é e nem poderia ser a coletividade titular do meio ambiente.

Não se trata, a rigor, de técnica processual de inversão do ônus da prova, mas regra principiológica do próprio Direito Ambiental, em que o direito material predetermina que existe uma presunção de que o ônus da incerteza científica é desfavorável ao meio ambiente e, por isso, cabe ao empreendedor a incumbência, em qualquer situação, já que assumiu o risco da atividade, de demonstrar que a sua atividade não causa danos ambientais.

A técnica de direito processual da inversão do ônus da prova poderá ser exercida em qualquer ação de responsabilidade civil ambiental, desde que presentes os fundamentos legais. O raciocínio é simples e atende à finalidade da norma que será comentada.

O que já se poderia fazer por intermédio do art. 6º, VIII, do Código de Defesa do Consumidor (Lei n. 8.078/90) agora pode ser utilizado o § 1º do art. 373 do CPC. Vejamos:

> "Art. 6º São direitos básicos do consumidor: (...)
>
> VIII — a facilitação da defesa de seus direitos, inclusive com a inversão do ônus da prova, a seu favor, no processo civil, quando, a critério do juiz, for verossímil a alegação ou quando for ele hipossuficiente, segundo as regras ordinárias de experiências; (...)."

Entendemos que esse dispositivo se aplicaria às Ações Civis Públicas Ambientais, inclusive de responsabilidade civil por danos causados ao meio ambiente, por expressa disposição do art. 117 do mesmo diploma (Lei n. 8.078/90), que assim assevera:

> "Art. 117. Acrescente-se à Lei n. 7.347, de 24 de julho de 1985, o seguinte dispositivo, renumerando-se os seguintes: 'Art. 21. Aplicam-se à defesa dos direitos e interesses difusos, coletivos e individuais, no que for cabível, os dispositivos do Título III da lei que instituiu o Código de Defesa do Consumidor'."

Muito embora o art. 6º, VIII, não esteja inserido no Título III do CDC, é indubitável que contém regras de Direito Processual Civil e que o art. 117 (art. 21 da LACP) manda aplicar a qualquer direito difuso (tutela do meio ambiente, por exemplo) tais dispositivos, deixando nítida a intenção de que fosse criado um plexo jurídico de normas processuais civis coletivas para serem imediatamente aplicadas aos direitos coletivos lato sensu.

Ora, sendo o art. 6º, VIII, uma regra de direito processual civil, é ilógico que não se entenda como contida esta regra de inversão do ônus da prova na determinação do art. 21 da LACP.

Ademais, o fato de se encontrar o dispositivo fora do rol do Título III, embora ontologicamente seja também uma regra de Direito Processual, não afasta nem elide o fato de que o art. 6º, VIII, do CDC é regra principiológica do diploma, que se projeta em todo o Código e, inclusive, sobre o referido Título, que cuida do Direito Processual Civil.

Importante dizer, aliás, que essa interpretação do art. 6º, VIII, do CDC, combinado com o art. 21 da LACP, longe de configurar qualquer afronta à hermenêutica, foi expressamente consolidada no Superior Tribunal de Justiça:

> "PROCESSUAL CIVIL E AMBIENTAL — AÇÃO CIVIL PÚBLICA — DANO AMBIENTAL — ADIANTAMENTO DE HONORÁRIOS PERICIAIS PELO *PARQUET* — MATÉRIA PREJUDICADA — INVERSÃO DO ÔNUS DA PROVA — ART. 6º, VIII, DA LEI 8.078/1990 C/C O ART. 21 DA LEI 7.347/1985 — PRINCÍPIO DA PRECAUÇÃO.
>
> 1. Fica prejudicado o recurso especial fundado na violação do art. 18 da Lei n. 7.347/1985 (adiantamento de honorários periciais), em razão de o juízo de 1º grau ter tornado sem efeito a decisão que determinou a perícia.
>
> 2. O ônus probatório não se confunde com o dever de o Ministério Público arcar com os honorários periciais nas provas por ele requeridas, em ação civil pública. São questões distintas e juridicamente independentes.
>
> 3. Justifica-se a inversão do ônus da prova, transferindo para o empreendedor da atividade potencialmente perigosa o ônus de demonstrar a segurança do empreendimento, a partir da interpretação do art. 6º, VIII, da Lei 8.078/1990 c/c o art. 21 da Lei 7.347/1985, conjugado ao Princípio Ambiental da Precaução.
>
> 4. Recurso especial parcialmente provido" (STJ, 2ª Turma, REsp 972.902/RS, rel. Min. Eliana Calmon, *DJ* 14-9-2009).
>
> No mesmo sentido: 1ª Turma, REsp 1.049.822/RS, rel. Min. Francisco Falcão, *DJ* 18-5-2009.

Contudo, além da possibilidade de utilização dos dispositivos mencionados do procedimento especial coletivo, agora é possível valer-se de modo expresso o que determina o art. 373, § 1º, em que se permite, como dito alhures, que, "*nos casos previstos em lei ou diante de peculiaridades da causa relacionadas à impossibilidade ou à excessiva dificuldade de cumprir o encargo nos termos do caput ou à maior facilidade de obtenção da prova do fato contrário, poderá o juiz atribuir o ônus da prova de modo diverso, desde que o faça por decisão fundamentada, caso em que deverá dar à parte a oportunidade de se desincumbir do ônus que lhe foi atribuído*".

5.3.5.4 *O poluidor e o transgressor*

Saber a diferença entre os conceitos de *poluidor e transgressor* é fundamental para identificar o legitimado passivo da demanda coletiva proposta para a defesa do equilíbrio ecológico.

Comecemos pelo de poluidor. Segundo o art. 3º, IV, da Lei n. 6.938/81:

"Art. 3º Para os fins previstos nesta Lei, entende-se por: (...)

CAPÍTULO 4 • O EQUILÍBRIO ECOLÓGICO COMO OBJETO DE TUTELA DA LEI DE AÇÃO CIVIL PÚBLICA

IV — Poluidor, a pessoa física ou jurídica, de direito público ou privado, responsável, direta ou indiretamente, por atividade causadora de degradação ambiental; (...)."

Observa-se que o legislador adotou um conceito amplo de poluidor. Podem ser poluidores as pessoas físicas ou jurídicas (de direito público ou privado) que sejam responsáveis direta ou indiretamente pela degradação ambiental. Todos estes sujeitos podem vir a responder pelos atos que <u>direta ou indiretamente</u> possam ou que tenham causado dano ambiental. O iminente poluidor pode ser réu em demanda ambiental preventiva, o concreto poluidor responderá em demanda reparatória.

A causalidade direta e indireta amplia o rol dos responsáveis e com isso torna quantitativamente maior a chance de reparação pelos danos causados ao meio ambiente. A responsabilidade patrimonial é ampliada na medida que se amplia o rol de responsáveis pelo dano ambiental. As maiores complicações, contudo, estão em saber o que é e quando há causa direta ou indireta do dano ambiental, daí porque esta requer um juízo de adequação e proporcionalidade na aferição, principalmente, da causalidade indireta.

Identificar o poluidor nem sempre é tarefa fácil. Tais dificuldades são agravadas ainda mais por circunstâncias como:

- quando há danos marginais e anônimos, que não se limitam no tempo ou no espaço;
- quando são várias as fontes emissoras de uma partícula e não se consegue identificar qual é a poluidora;
- quando o dano decorre da soma de diversas fontes;
- quando é a atividade de consumo quem dá causa imediata à poluição;
- quando, embora identificado e condenado, o responsável não tem bens ou patrimônio suficiente para reparar a lesão ambiental causada (solvabilidade do poluidor);
- quando, embora identificável o poluidor, o dano é irreversível in natura.

Num modelo capitalista globalizado o degradador pode estar oculto e isso dificulta muito a concretização da reparação. Oculto, por exemplo, porque a empresa que é apontada como degradadora tem seu percentual de ações espalhados por diversos donos e controladores situados, por exemplo, em países diferentes. O CEO da empresa pode estar a milhares de Quilômetros de onde ocorreu a exploração predatória do meio ambiente não sendo possível nem sequer identificar o rosto do seu presidente, que, pode nem sequer saber onde fica o local do dano. O patrimônio da empresa pode estar diluído em outras empresas sociedades anônimas com capital aberto em bolsa de valores, ou seja, *investidores* espalhados por todo mundo.

Diante desses obstáculos, o que não se pode admitir é que o estado de danosidade e lesão ao meio ambiente fique impune ou, sob outra análise, que alguém se beneficie da "desgraça" ambiental, num verdadeiro "confisco" do bem ambiental, cujo titular é a coletividade.

Quanto às dificuldades em se determinar quem é o poluidor em cada situação, uma solução que se mostra viável é a utilização do regime da responsabilidade solidária entre as fontes poluentes, como foi dito alhures, e, é um dos princípios basilares da responsabilidade civil ambiental.[89]

> Um caminho inexoravelmente importante e efetivo para a proteção do meio ambiente é exigir durante o processo de licenciamento ambiental de empreendimentos de grande porte, portanto, na raiz do problema, condicionantes à licença de operação que imponham ao empreendedor uma série de ônus que constituem obstáculos à eventual tutela futura do meio ambiente. É perfeitamente possível que se estabeleçam no licenciamento – ante as dificuldades atinentes à prova nas ações civis públicas ambientais – a responsabilidade pelo ônus financeiro da prova que seja necessária em eventual ação coletiva atinente a questões relativas ao objeto do licenciamento, o estabelecimento de presunções em favor do meio ambiente acerca dos fatos tratados no licenciamento, aspectos relacionados à solvabilidade do empreendedor, indicando garantidores para um eventuais danos decorrentes da atividade, a criação de fundos imediatos de reparação individual ou coletiva decorrentes da atividade que sejam monitorados pelo ente público etc.

O princípio da solidariedade na responsabilidade civil ambiental é princípio de justiça, de modo que não cabe, na análise da verificação do dano ambiental provocado por várias e diversas fontes, determinar qual teria sido o papel de cada um.[90]

A proporcionalidade do dano causado por cada fonte poluidora (o quanto de poluição que cada um produziu) só é importante para futura ação regressiva do que foi totalmente condenado pelo dano ambiental contra os demais causadores não condenados.

Assim, ratificando, aquele que causou ou contribuiu de alguma forma (direta ou indiretamente) para o dano ambiental pode ser responsabilizado integralmente porque responde solidariamente pelo todo. Não importa a dosimetria da causação do dano, pois todos são solidariamente responsáveis.[91]

> (...) 11. O conceito de poluidor, no Direito Ambiental brasileiro, é amplíssimo, confundindo-se, por expressa disposição legal, com o de degradador da qualidade ambiental, isto é, toda e qualquer ?pessoa física ou jurídica, de direito público ou privado, responsável, direta ou indiretamente, por atividade causadora de degradação ambiental? (art. 3º, IV, da Lei 6.938/1981, grifo adicionado). (...) (REsp 1071741/SP, Rel. Ministro HERMAN BENJAMIN, SEGUNDA TURMA, julgado em 24/03/2009, DJe 16/12/2010).

Pode o titular da ação civil pública propor demanda contra um ou contra dois ou contra todos aqueles que foram responsáveis, direta ou indiretamente, pelo dano ambiental. Isso permite, por exemplo, escolher (litisconsórcio facultativo passivo) se deve estar na demanda o poluidor primário, o poluidor intermediário ou o poluidor final, sempre que, pela causalidade adequada todos tiverem direta ou indiretamente contribuído para a situação de ameaça ou de dano ambiental.

---

89. Interessante é a responsabilidade compartilhada na Lei de Gerenciamento de Recursos Sólidos (Lei 12.305/10) assim entendida como conjunto de atribuições individualizadas e encadeadas dos fabricantes, importadores, distribuidores e comerciantes, dos consumidores e dos titulares dos serviços públicos de limpeza urbana e de manejo dos resíduos sólidos, para minimizar o volume de resíduos sólidos e rejeitos gerados, bem como para reduzir os impactos causados à saúde humana e à qualidade ambiental decorrentes do ciclo de vida dos produtos, nos termos desta Lei. Nesta lei a causalidade indireta é expressa no seu alcance e limites.

90. É poluidor aquele que *direta* ou que *indiretamente* causa dano ao meio ambiente. O transportador do combustível que vaza e contamina o lençol freático é tão poluidor (direto) quanto aquele que contratou o serviço de transporte para o qual seria destinado o combustível (poluidor indireto). A Lei 6.938, art. 3º, IV, não define exatamente qual o nível "indireto" de poluidor que pode ser atingido (indireto do indireto), o que só será resolvido mediante as circunstancias do caso concreto mediante a causalidade adequada.

91. A verificação da proporção do que ele causou só poderá ser feita em ação própria contra os demais responsáveis, porque, aliás, em sede de responsabilidade objetiva ambiental, não se admite a figura do chamamento ao processo (modalidade de intervenção de terceiro que busca trazer ao processo os demais devedores solidários) ou da denunciação da lide (modalidade de intervenção de terceiros que busca, no mesmo processo, o direito de regresso).

CAPÍTULO 4 • O EQUILÍBRIO ECOLÓGICO COMO OBJETO DE TUTELA DA LEI DE AÇÃO CIVIL PÚBLICA **155**

> "(...)2. No dano ambiental e urbanístico, a regra geral é a do litisconsórcio facultativo. Segundo a jurisprudência do STJ, nesse campo a "responsabilidade (objetiva) é solidária" (REsp 604.725/PR, Rel. Ministro Castro Meira, Segunda Turma, DJ 22.8.2005, p. 202*); logo, mesmo havendo "múltiplos agentes poluidores, não existe obrigatoriedade na formação do litisconsórcio", abrindo-se ao autor a possibilidade de "demandar de qualquer um deles, isoladamente ou em conjunto, pelo todo"* (REsp 880.160/RJ, Rel. Ministro Mauro Campbell Marques, Segunda Turma, DJe 27.5.2010). No mesmo sentido: EDcl no REsp 843.978/SP, Rel. Ministro Heman Benjamin, Segunda Turma, DJe 26.6.2013. REsp 843.978/SP, Rel. Ministro Herman Benjamin, Segunda Turma, DJe 9.3.2012; REsp 1.358.112/SC, Rel. Ministro Humberto Martins, Segunda Turma, DJe 28.6.2013.
>
> 3. Agravo Regimental não provido.
>
> (AgRg no AREsp 432.409/RJ, Rel. Ministro HERMAN BENJAMIN, SEGUNDA TURMA, julgado em 25/02/2014, DJe 19/03/2014)"

O problema relativo à solvabilidade do poluidor enfrentaremos no tópico referente à tutela executiva na lei de ação civil pública.

Como se pode observar quando o que se pretende é evitar ou reparar danos ambientais, tenham eles derivados ou não de atos ilícitos a ação deve ser proposta contra o *poluidor* no largo conceito previsto no dispositivo do art. 3º, IV da Lei n. 6938/81. Todavia, quando o que se pretende é a imposição de uma sanção contra um ilícito sem que nenhum dano esteja no eixo ou no entorno do ato viciado, como por exemplo anular uma licença, paralisar um procedimento de licenciamento, impor uma monitoramento, pretende uma restituição pelo enriquecimento ilícito às custas do meio ambiente, sancionar pela perda de uma faculdade etc., então não há que se falar em poluidor, que pressupõe *degradação do meio ambiente.*

Nas sanções contra o ilícito puro será legitimado passivo da demanda ambiental o *transgressor* (ou transgressores) *potencial ou atual* da norma ambiental violada. O que é preciso ter muito cuidado é a distinção entre transgressor e poluidor.

Apenas o transgressor/infrator (art. 14, caput da PNMA) é que se sujeita à sanção pelo ilícito ambiental. É, pois, um grande equívoco trocar transgressor por poluidor porque <u>nem todo transgressor é um poluidor e nem todo poluidor é um transgressor</u>. Este – ou estes – relaciona-se com a violação direta, comissiva ou omissiva, de uma regra jurídica de proteção do meio ambiente, enquanto aquele está atrelado à noção de causação, direta ou indireta, de uma degradação ambiental.

Existem inúmeras degradações ambientais que são fruto de atividade lícita, como deixa claro o art. 3º, III, e, da Lei n. 6.938/81, ou seja, poluidores, mas não transgressores, e que por isso mesmo não serão responsáveis por nenhuma sanção civil por ilícito. Apenas a transgressão direta da regra jurídica ambiental é que sujeita o transgressor/infrator à sanção civil pelo ilícito ambiental.

A esfera civil da responsabilidade ambiental por dano ao meio ambiente admite como poluidor aquele que *direta ou indiretamente degrada* o meio ambiente (art. 3º, IV, da PNMA), mas as sanções civis decorrente de ilícitos ambientais só pode ser aplicada contra o infrator/transgressor que *diretamente* comete o ilícito ambiental.

Logo, nem a *infração ambiental e o dano ambiental* se confundem, como também tampouco se pode admitir que o conceito de *poluidor* possa ser confundido com o de *transgressor* ambiental.

Assim, por exemplo, aquele que usa de forma incomum o bem ambiental gratuitamente sem licença para tal fim, mas sem causar nenhum impacto ao meio ambiente, deve ser sancionado civilmente pela violação (ilícito) do art. 4º, VI da Lei 6938/81, que diz:

VII – à imposição, ao poluidor e ao predador, da obrigação de recuperar e/ou indenizar os danos causados e, ao *usuário, da contribuição pela utilização de recursos ambientais com fins econômicos*.

A sanção civil pelo enriquecimento ilícito imposta ao usuário pagador não o transforma em *poluidor*, mas sim em *transgressor* da norma jurídica ambiental ofendida.

CAPÍTULO 5
SOLUÇÃO CONSENSUAL DOS CONFLITOS E COMPROMISSO DE AJUSTAMENTO DE CONDUTA

1. INTROITO

Foi a partir da patologia social decorrente da desarmonia do trinômio *tempo – eficiência – efetividade* do processo que a sociedade parou para pensar em formas "alternativas" de resolver seus conflitos, evidenciado pela Emenda Constitucional n. 45, ao estabelecer como princípio jurídico constitucional processual a *duração razoável do processo*, que segundo Nery apresenta dupla perspectiva:

> "de um lado, respeito ao tempo do processo em sentido estrito, vale dizer, considerando-se a duração que o processo tem desde seu início até o final com o trânsito em julgado judicial ou administrativo, e, de outro, tem a ver com a adoção de meios alternativos de solução de conflitos, de sorte a aliviar a carga de trabalho da justiça ordinária, o que, sem dúvida, viria a contribuir para abreviar a duração média do processo".[1]

As técnicas de soluções consensuais de conflitos são tão antigas quanto os próprios conflitos. Com ou sem a participação de terceiros[2], o consenso, a busca de soluções harmônicas e amistosas, é inerente ao *ser político*[3] que somos. Não por acaso consta no preâmbulo da nossa Constituição Federal que a solução pacífica das controvérsias é um dos elementos inerentes à Justiça, por sua vez, um dos valores fundantes do Estado Democrático de Direito[4].

Nada obstante a premonição doutrinária da importância dos soluções consensuais como forma de efetivar o acesso à justiça[5], e, mesmo existindo o imperativo constitucional, e mesmo a conciliação (um dos meios de solução consensual) já estar prevista na legislação brasileira desde as Ordenações Portuguesas, passando pela Consolidação Ribas e

---

1. NERY JÚNIOR, Nelson. Princípios do processo na Constituição Federal: processo civil, penal e administrativo. 9. ed. rev., ampl. e atual. São Paulo: Ed. RT, 2009, p. 314.
2. Célebre o livro de Cunha Sales, de 1879 tratando da praxe conciliatória dos processos cíveis e comerciais. "Obvio, portanto, é que para bem poderem os Juizes faser exacta e esclarecida justiça e bem tratarem as partes seus direitos, não basta conhecerem e seguirem sómente a pratica e theoria do processo no contencioso, mas é ainda necessario, sobretudo, o estudo da theoria e pratica da conciliações, materia da mais alta e cuidadosa indagação para o Juiz e as partes" CUNHA SALES, José Roberto da. Da praxe conciliatória. Rio de Janeiro: Nicloláu d'Oliveira & C. 18970, p. 2.
3. ARISTÓTELES. "Ética a Nicômaco". Tradução de Leonel Valandro e Gerd Bornheim. São Paulo: Abril Cultural, 1973. v. IV: Os Pensadores.
4. Diz ainda o art. 4º, II da CF/88: Art. 4º A República Federativa do Brasil rege-se nas suas relações internacionais pelos seguintes princípios: (...) VII – solução pacífica dos conflitos (...)".
5. Ver por todos CAPPELLETTI, Mauro; GARTH, Bryan. Acesso à Justiça. Tradução Ellen Gracie Northfleet. Porto Alegre: Fabris Editora, 1988.; __. Formações sociais e interesses coletivos diante da justiça civil. In: Revista de Processo, v. 5, São Paulo: Ed. RT, 1977, p. 128-159; Os métodos alternativos de solução de conflitos no quadro do movimento universal de acesso à justiça, In: Revista de Processo. v.74, São Paulo: Ed. RT.

Regulamento 737, Código de Processo Civil de 1939 e com algum destaque no CPC de 1973 (arts. 125, IV, arts. 277, 331, 447), os olhos da legislação brasileira só se voltaram realmente – dando a merecida importância – às soluções consensuais quando o *tempo do processo* se tornou uma patologia insuportável à eficiência e à efetividade jurisdicional.

O problema dos efeitos deletérios do tempo do processo foi decisivo para que o CNJ, órgão brasileiro que trata da gestão dos processos jurisdicionais no Brasil, apertasse o gatilho e criasse uma verdadeira política pública de estímulo às soluções consensuais, com especial destaque a mediação e a conciliação. Colhe-se da Resolução n. 125 uma série de atos, programas e até leis que surgiram com intuito de estimulação da solução consensual dos conflitos, antes ou depois de terem sido judicializados.

Antes mesmo da Lei Federal n. 13140/15 (lei da mediação) o CNJ, por meio da Resolução n. 125 deu o pontapé inicial na Política Pública que ficou reconhecida como "Fórum Múltiplas Portas" que em síntese visa "*o tratamento adequado dos conflitos de interesses, tendente a assegurar a todos o direito à solução dos conflitos por meios adequados à sua natureza e peculiaridade*" com especial ênfase aos métodos "*consensuais, como a mediação e a conciliação*" *o qual merecerá uma política pública permanente de incentivo e aperfeiçoamento dos mecanismos consensuais de solução de litígios*".

> "Ao invés de existir somente uma 'porta' – processo judicial –, trata-se de um amplo sistema com vários e distintos tipos de processo que formam um 'centro de justiça', no qual as partes podem ser direcionadas ao processo adequado a cada disputa".[6]

A rigor, a solução consensual deveria ser o pensamento imediato, quase involuntário, numa sociedade que pretende ser "civilizada", afinal de contas, uma sentença imposta pelo Estado, que aponta um vencedor e um vencido jamais conseguirá trazer a "paz social", que seguramente é obtida quando a solução do conflito é alcançada mediante um diálogo democrático, sincero e respeitoso entre os contendores, que permite ir a fundo nas razões emocionais que deram origem à contenda.

Isso sem falar na inimaginável possibilidade de caminhos e soluções, muito mais adequados, que podem ser utilizados na solução do conflito que nem sequer poderiam ser cogitados pelo Poder Judiciário numa solução que ponha fim a um conflito por meio de uma sentença "procedente ou improcedente". Isso implica, por sua vez, a facilitação da implementação dos resultados, e, porque não pensar, no restabelecimento do convívio entre os litigantes que "fazem as pazes" ou que "acomodam os seus direitos".

Com acerto Trícia Navarro Xavier[7] ao dizer que:

> "Na verdade, a desjudicialização das controvérsias e a autocomposição pelas partes do processo é uma realidade nos grandes sistemas como forma de resolver os problemas estruturais da justiça, mas, acima de tudo, como meio de se atingir uma satisfação mais plena parte dos envolvidos nos conflitos, destacando-se, neste último caso, os benefícios da mediação na pacificação social, já que esta técnica se aproxima das razões

---

6. AZEVEDO, André Gomma. Desafios de Acesso à Justiça ante o Fortalecimento da Autocomposição como Política Pública Nacional. In: RICHA, Morgana de Almeida; PELUSO, Antonio Cezar (Coord.). Conciliação e mediação: estruturação da política judiciária nacional. Rio de Janeiro: Forense, 2011, p. 15-16.
7. CABRAL, Trícia Navarro Xavier. A EVOLUÇÃO DA CONCILIAÇÃO E DA MEDIAÇÃO NO BRASIL. REVISTA FONAMEC, v. 1, p. 368-383, 2017.

emocionais que cercam as relações conflituosas, trazendo mais legitimidade aos ajustes e mais chance de acabar em definitivo com o dilema estabelecido".

A cultura da pacificação é a base da justiça multiportas[8], onde, como o nome mesmo já diz, o Poder Judiciário deve ser visto como um canal de acesso para uma justiça que proporcione ao cidadão vários meios de solução de conflitos, sendo, um deles o contencioso adversarial, e, desde já reconhecendo que este não "nem o melhor" e "nem o mais satisfatório" caminho.

As soluções consensuais exigem extrema habilidade, sensibilidade, respeito e esforço de seus participantes, e, por isso mesmo, quando obtidas, gozam de uma natural e espontânea estabilidade e pacificação que nem mesmo as decisões judiciais possuem. A prática e o estímulo às soluções consensuais incentivam a tolerância, o respeito às diferenças, desestimulam a violência, estimulam o diálogo e convidam à reflexão.

Ainda que sejam intensas e tensas as audiências e encontros para este fim, essas soluções resgatam a oralidade e aproxima o jurisdicionado da justiça, permitindo que seja efetivamente ouvido, e, equilibrando forças e funcionando ainda com um papel pedagógico espetacular.

Neste particular, o artigo 3º do CPC de 2015, norma fundamental do direito processual civil, é um retrato dessa política pública de estimulo às soluções consensuais dos conflitos.

A jurisdição não é um fim em si mesma, mas sim uma atividade-dever-função com a finalidade de alcançar a paz social. Se esta for alcançada por um meio mais célere e eficaz então deve ser estimulado pelo Estado, que inclusive os regulamenta sobre como devem ser exercidos, sempre tendo como norte o devido processo legal. Uma composição amigável é sempre proporcionadora de uma estabilidade muito maior do que uma decisão judicial que aponta um vencedor e um perdedor.

A autocomposição (negociação) é também uma forma de alcançar uma solução do conflito e ocorre quando em comum acordo e entre si as partes envolvidas solucionam a contenda, seja antes ou depois de instaurado o método estatal (processo) de resolução de conflitos. Ela deve ser estimulada, inclusive depois de provocada a jurisdição, pois é uma técnica que encurta o tempo do processo, alcança a paz social de forma muito mais genuína que a própria decisão judicial.

Não foi por acaso que o CPC considerou os mediadores e conciliadores como auxiliares de justiça fixando uma série de regras referentes às suas atuações, ao dizer, por exemplo, no artigo 165, que "*os tribunais criarão centros judiciários de solução consensual de conflitos, responsáveis pela realização de sessões e audiências de conciliação e mediação e pelo desenvolvimento de programas destinados a auxiliar, orientar e estimular a autocomposição*".

---

8. Sobre a "multi-door courthouse system" ver CRESPO, Mariana Hernandez; SANDER, Frank. Evolution of the MultiDoor Courthouse. University of St. Thomas Law Journal, Saint Paul, MN, v. 5:3, p. 670, 2008. Disponível em: http://papers.ssrn. com/ sol3/ papers.cfm?abstract_id=1265221. Acesso em: 12.08.2020.

Registre-se que o próprio procedimento comum adotado pelo CPC prevê com regra padrão a realização de audiência de conciliação ou mediação, cujos atos que a intitulam precedem ao oferecimento da contestação (art. 334).

Assim, na mediação existe a presença de um terceiro, mas apenas para facilitar, ou seja, mediar a composição entre as partes. Não há ainda um terceiro que chama para si a responsabilidade de dizer o Direito, mas apenas se coloca no meio dos contendores, como forma de facilitar o diálogo e permitir que as soluções e composições ditadas pelas partes sejam compreendidas e aceitas.

A mediação é prevista no CPC de forma expressa como método alternativo – muito importante – para solução de litígios, tal como se observa no artigo 3º, §3º ao dizer que "a conciliação, a mediação e outros métodos de solução consensual de conflitos deverão ser estimulados por juízes, advogados, defensores públicos e membros do Ministério Público, inclusive no curso do processo judicial".[9]

E mais, pelo que se observa no artigo 1º, parágrafo único da Lei de Mediação (Lei n. 13.140/2015):

> Considera-se mediação a atividade técnica exercida por terceiro imparcial sem poder decisório, que, escolhido ou aceito pelas partes, as auxilia e estimula a identificar ou desenvolver soluções consensuais para a controvérsia.

Já a conciliação é técnica onde o mediador atua de forma mais ativa, não apenas facilitando o entrosamento das partes, mas intervindo e atuando no sentido de apresentar soluções para composição do conflito. Em contendas onde as partes são hipossuficientes e possuem maior dificuldade de se expressar ou demonstrar suas razões o conciliador é mais recomendável que o simples mediador. Como já dissemos anteriormente, a arbitragem não é equivalente, mas sim atividade jurisdicional propriamente dita.

Nesta toada, quando o conflito é de ordem coletiva do tipo *"megaconflitos envolvendo políticas públicas"*, fato bastante comum no direito ambiental, o melhor caminho é realmente a solução consensual, tendo ocorrido ou não a sua judicialização. A solução consensual não é um caminho possível apenas para conflitos individuais. Não mesmo. Na verdade, para os conflitos coletivos a solução imposta pelo juiz jamais conseguirá abranger todas as nuances do tecido social em contenda, dada a alta complexidade que possuem, daí porque tais caminhos mostram-se qualitativamente muito mais adequados do que a própria solução judicial.

Neste cenário, existem várias razões de ordem sociológica e econômica que justificam a adoção das técnicas de conciliação e mediação nos conflitos coletivos ambientais, tais como evitar uma demorada instrução probatória, evitar gastos, reduzir o tempo para solução do conflito, promover uma solução voluntária, democrática e espontânea sem a imposição de uma autoridade etc.

---

9. Art. 174. A União, os Estados, o Distrito Federal e os Municípios criarão câmaras de mediação e conciliação, com atribuições relacionadas à solução consensual de conflitos no âmbito administrativo, tais como: I – dirimir conflitos envolvendo órgãos e entidades da administração pública; II – avaliar a admissibilidade dos pedidos de resolução de conflitos, por meio de conciliação, no âmbito da administração pública; III – promover, quando couber, *a celebração de termo de ajustamento de conduta.*

CAPÍTULO 5 • SOLUÇÃO CONSENSUAL DOS CONFLITOS E COMPROMISSO DE AJUSTAMENTO DE CONDUTA

Como bem salientado por Marcelo Lemos, em certeira e aguda dissertação sobre o tema (mediação ambiental) com enfoque para o papel do Ministério Público ao dizer que "É imprescindível uma compreensão da gravidade em se prevalecer o litígio e a consequência deste paradigma positivista demandista nos conflitos cotidianos, no âmbito do Ministério Público, fruto da racionalidade moderna, como já apontado, na medida em que não há uma verificação do reconhecimento no âmbito "intersubjetivo" na resolução de conflitos, a permitir a construção da norma jurídica em cada caso concreto, numa verdadeira ação comunicativa e consensual, baseada nos elementos fundamentais da hermenêutica filosófica". (VIEIRA. Marcelo Lemos. "O ministério público brasileiro e a mediação: o acesso à justiça ambiental", Dissertação de Mestrado. FDV, Vitória, 2017.

Contudo, além desses aspectos todos, tem um outro muito importante que é o papel pedagógico que estas soluções possuem, pois com transparência, publicidade e sinceridade no diálogo envolvendo os contendores e seus representantes é possível estabelecer uma relação de cumplicidade entre os participantes, tornando evidente todos os lados do problema. Permite-se que cada um sinta os problemas do outro e torne mais fácil a acomodação do conflito numa solução amigável. Todos ouvirão e perceberão o grau e o tamanho do problema e prejuízo que o conflito causa a cada parte.[10]

2. DIRETRIZES NECESSÁRIAS NA SOLUÇÃO CONSENSUAL DOS CONFLITOS DE INTERESSES COLETIVOS

2.1 Apresentação

Além de todas estas vantagens e tantas outras que justificam a adoção da solução consensual como um meio adequado para resolução de conflitos ambientais, antes ou depois de serem judicializados, há ainda certos aspectos peculiares às lides coletivas que devem ser levados em consideração, considerando que neles envolve o interesse supraindividual (publico): a) obediência ao princípio da legalidade; b) atenção às regras de publicidade e transparência adequadas à confidencialidade; c) limites à indisponibilidade do direito; d) participação democrática (isonomia, contraditório, boa-fé etc.); e) Ampla e profunda cognição do tema do conflito; f) Flexibilidade de resultando buscando soluções construídas com o tempo que não contemplem um imediatismo; g) mediadores ou conciliadores imparciais e com capacidade (e preparados) para gestão e resolução de conflitos.

---

10. Lei 13.140/2015. Art. 2º A mediação será orientada pelos seguintes princípios: I – imparcialidade do mediador; II – isonomia entre as partes; III – oralidade; IV – informalidade; V – autonomia da vontade das partes; VI – busca do consenso; VII – confidencialidade; VIII – boa-fé. § 1º Na hipótese de existir previsão contratual de cláusula de mediação, as partes deverão comparecer à primeira reunião de mediação. § 2º Ninguém será obrigado a permanecer em procedimento de mediação. Art. 3º Pode ser objeto de mediação o conflito que verse sobre direitos disponíveis ou sobre direitos indisponíveis que admitam transação. § 1º A mediação pode versar sobre todo o conflito ou parte dele. § 2º O consenso das partes envolvendo direitos indisponíveis, mas transigíveis, deve ser homologado em juízo, exigida a oitiva do Ministério Público.

2.2 Obediência à legalidade

Em relação ao primeiro quesito mencionado no parágrafo do tópico anterior (obediência à legalidade), trata-se de conflitos envolvendo interesses supraindividuais onde a presença do poder público é quase imanente, então é necessário que a atuação do referido ente público seja admitida e impulsionada por uma norma constitucional ou infraconstitucional, o que não será difícil de ser encontrado como se observa nas inúmeras leis que regulam estes interesses onde a tensão conflituosa é sempre muito latente.

Assim, por exemplo o art. 5º, §6º da Lei 7.347/85 (lei de ação civil pública)[11] e art. 211 da Lei 8.069/90 (estatuto da Criança e Adolescente)[12], o artigo 85 da Lei 12.529/2011[13], arts. 28[14], 72, §4º[15] e 79-A da Lei 9.605[16], art. 74 da Lei 10.741 (Estatuto do Idoso), art. 35 e ss. da Lei de Mediação,125 os acordos de leniência previstos na Lei Anticorrupção (art. 16 e ss. da Lei 12.846), a colaboração premiada do artigo 3º e ss. da Lei 12.840 etc.

As soluções escolhidas para pôr fim ao conflito devem atender ao princípio da legalidade, o que, *in casu*, significa estarem contempladas no ordenamento jurídico, visarem o atendimento dos direitos fundamentais sob o manto da razoabilidade e proporcionalidade.

2.3 Publicidade e transparência X confidencialidade

No que concerne à "atenção às regras de publicidade e transparência adequadas à confidencialidade" é preciso deixar claro que a confidencialidade não é empecilho ou obstáculo à publicidade e transparência da resolução de conflitos coletivos. Quando o que está em jogo é o interesse público e a resolução de conflitos coletivos as soluções escolhidas devem ser públicas e transparentes, pois se submetem a Lei de Informação (Lei 12.527/2011), sendo que a exceção é justamente o sigilo das informações.

---

11. § 6º Os órgãos públicos legitimados poderão tomar dos interessados compromisso de ajustamento de sua conduta às exigências legais, mediante cominações, que terá eficácia de título executivo extrajudicial

12. Art. 211. Os órgãos públicos legitimados poderão tomar dos interessados compromisso de ajustamento de sua conduta às exigências legais, o qual terá eficácia de título executivo extrajudicial.

13. Art. 85. Nos procedimentos administrativos mencionados nos incisos I, II e III do art. 48 desta Lei, o CADE poderá tomar do representado compromisso de cessação da prática sob investigação ou dos seus efeitos lesivos, sempre que, em juízo de conveniência e oportunidade, devidamente fundamentado, entender que atende aos interesses protegidos por lei. (...)

14. Art. 28. As disposições do art. 89 da Lei n. 9.099, de 26 de setembro de 1995, aplicam-se aos crimes de menor potencial ofensivo definidos nesta Lei, com as seguintes modificações: I – a declaração de extinção de punibilidade, de que trata o § 5º do artigo referido no caput, dependerá de laudo de constatação de reparação do dano ambiental, ressalvada a impossibilidade prevista no inciso I do § 1º do mesmo artigo; II – na hipótese de o laudo de constatação comprovar não ter sido completa a reparação, o prazo de suspensão do processo será prorrogado, até o período máximo previsto no artigo referido no caput, acrescido de mais um ano, com suspensão do prazo da prescrição; III – no período de prorrogação, não se aplicarão as condições dos incisos II, III e IV do § 1º do artigo mencionado no caput; IV – findo o prazo de prorrogação, proceder-se-á à lavratura de novo laudo de constatação de reparação do dano ambiental, podendo, conforme seu resultado, ser novamente prorrogado o período de suspensão, até o máximo previsto no inciso II deste artigo, observado o disposto no inciso III; V – esgotado o prazo máximo de prorrogação, a declaração de extinção de punibilidade dependerá de laudo de constatação que comprove ter o acusado tomado as providências necessárias à reparação integral do dano.

15. § 4º A multa simples pode ser convertida em serviços de preservação, melhoria e recuperação da qualidade do meio ambiente.

16. Art. 79-A. Para o cumprimento do disposto nesta Lei, os órgãos ambientais integrantes do SISNAMA, responsáveis pela execução de programas e projetos e pelo controle e fiscalização dos estabelecimentos e das atividades suscetíveis de degradarem a qualidade ambiental, ficam autorizados a celebrar, com força de título executivo extrajudicial, termo de compromisso com pessoas físicas ou jurídicas responsáveis pela construção, instalação, ampliação e funcionamento de estabelecimentos e atividades utilizadores de recursos ambientais, considerados efetiva ou potencialmente poluidores. (Redação dada pela Medida Provisória n. 2.163-41, de 2001).

CAPÍTULO 5 • SOLUÇÃO CONSENSUAL DOS CONFLITOS E COMPROMISSO DE AJUSTAMENTO DE CONDUTA **163**

Some-se a isso o fato de que o próprio artigo 37 da CF/88 estabelece a publicidade como princípio imanente da Administração Pública. Em se tratando de atuação no âmbito do poder judiciário, há ainda o artigo 8º do CPC que impõe o dever de publicidade dos atos processuais. Contudo, o sigilo aí mencionado deve ser aquele essencial para que seja viável a discussão de variantes, caminhos, possibilidades num processo de negociação, que, em muitos casos, revela os pontos fortes e fracos dos contendores. Esse sigilo deve ser preservado na resolução dos conflitos de interesses coletivos, bem como aqueles que digam respeito a segredos industriais, aspectos relacionados à honra e intimidade da pessoa, que constituem exceção permitida na lei de acesso às informações mencionadas retro.

2.4   Indisponibilidade X intransigibilidade

Já em relação aos "limites da indisponibilidade do direito" parece- nos claro que não é possível confundir direitos indisponíveis com direitos intransigíveis, e, mesmo quando o que está em jogo é a atuação de um interesse público primário representado pelo ente público respectivo, ainda aqui é preciso conciliar com o interesse público na preservação e concretização dos direitos fundamentais quando eventualmente estejam em rota de colisão o direito fundamental de alguns com o direito fundamental de muitos.

Mas, voltando ao tema da indisponibilidade, a lei de mediação foi clara ao mencionar que:

> Art. 3º Pode ser objeto de mediação o conflito que verse sobre direitos disponíveis ou sobre direitos indisponíveis que admitam transação.
>
> § 1º A mediação pode versar sobre todo o conflito ou parte dele.
>
> § 2º O consenso das partes envolvendo direitos indisponíveis, mas transigíveis, deve ser homologado em juízo, exigida a oitiva do Ministério Público.

Logo, é perfeitamente possível que aconteçam soluções consensuais envolvendo conflitos de interesses ambientais, aí incluindo políticas públicas. Não existe o risco de supressão de direitos fruto de soluções consensuais simplesmente tem em seu núcleo a clausula da inalienabilidade e como tal não podem ser suprimidos. Isso permite não apenas o controle dos atos e soluções escolhidas, como ainda por cima permite que se tome como parcial determinada solução, admitindo que aquilo que não foi obtido possa ser alcançado em nova solução consensual.

No direito ambiental, um dos mecanismos há muito existentes no nosso ordenamento que cumprem este importante papel são os termos de ajustamento de conduta às exigências legais do art. 5º, § 6º da LACP (que veremos mais adiante) e os termos de compromisso ambiental previstos no artigo 79-A da Lei n. 9.605.

Os legitimados para realização dos referidos instrumentos são o Ministério Público e órgãos públicos, respeitadas as suas esferas de competência, e, na condição de compromissário, todo aquele que poderia ocupar o polo passivo de uma demanda civil ambiental, enfim, qualquer poluidor/transgressor.

Não há momento limite para que sejam realizados estes compromissos, ou seja, podem ser tomados *antes ou depois* de iniciada a lide ambiental, mas é óbvio que se possuem eficácia executiva de título extrajudicial (caso não sejam tomados ou homologados em juízo) é natural que sejam realizados antes de existir uma tutela executiva do direito reconhecido judicialmente em favor do meio ambiente.

A rigor, devem ser estimulados antes de iniciado um conflito jurisdicional ambiental, seja pela possibilidade de restauração mais rápida do dano ao meio ambiente, seja pelo caráter pedagógico, seja pelo custo de um processo, seja pela incerteza da procedência das razões e do pedido de reparação do ambiente etc.

Obviamente que dada a impossibilidade de expropriar o direito ao equilíbrio ecológico, é incogitável qualquer chance de que algum legitimado possa dispor ou reduzir o referido direito, e, mesmo que isso venha a ser feito tal ato será, nesta parte, absolutamente ineficaz pela simples regra de que não se pode dispor do que não pertence ao representante ou não se pode dispor aquilo que não admite disposição dada a essencialidade dos bens ambientais.

Nada impede que, se foi criada alguma clausula (ineficaz) de disposição de direitos ambientais, que esta venha a ser reconhecida judicialmente como *ineficaz*, bem como seja exigido posteriormente aquilo que deveria ter sido contemplado no TAC (termo de ajustamento de conduta).

Mas não é só, afinal de contas, bem sabemos que o equilíbrio ecológico, além de essencial e indisponível, é também instável, ou seja, está sempre e em constante mutação, de forma que o que foi decidido no termo hoje, enquanto não restaurado o equilíbrio ecológico, pode e deve ser reajustado sem que isso represente uma violação ao direito adquirido.

Isso porque não há um *direito adquirido de poluir* já que no direito ambiental "(...) *não se cogita em direito adquirido à devastação, nem se admite a incidência da teoria do fato consumado (...)*".[17] Trata-se da cláusula *rebus sic stantibus*. Alterada a situação de fato, novo ajuste pode ser realizado sem que represente uma violação ao que foi decidido preteritamente.

Assim, por exemplo, se firmado um instrumento de compromisso onde se estabelece uma série de técnicas e métodos a serem realizados pelo empreendedor, mas a evolução científica e tecnológica vem demonstrar que anos depois existem novos meios e técnicas cientificamente comprovadas de maior eficácia em relação à proteção do equilíbrio ecológico, não há nenhum problema, antes o contrário, em se tomar novo compromisso em substituição ao anterior, pois, há um risco do desenvolvimento que é inerente à teoria do risco (fortuito interno). Ainda que o quadro fático da poluição não se altere, mas apenas os métodos de contenção da poluição, dentro de critérios de boa-fé e razoabilidade, é deve-se exigir a implementação de medidas que sejam rentes à evolução tecnológica de proteção do ambiente.

> Claro é o texto do §3º do art. 1º da antiga Lei n. 6803 que trata do "zoneamento industrial nas áreas críticas de poluição":

---

17. AgRg no AREsp 739.253/SC, Rel. Ministro Humberto Martins, Segunda Turma, julgado em 03/09/2015, DJe 14/09/2015.

CAPÍTULO 5 • SOLUÇÃO CONSENSUAL DOS CONFLITOS E COMPROMISSO DE AJUSTAMENTO DE CONDUTA

165

> "§ 3º As indústrias ou grupos de indústrias já existentes, que não resultarem confinadas nas zonas industriais definidas de acordo com esta Lei, **serão submetidas à instalação de equipamentos especiais de controle** e, nos casos mais graves, à **relocalização**".
>
> Nesta mesma linha o Decreto n. 4.297 (Zoneamento Ecológico-Econômico) que determina no art. 3º que:
>
> Art. 3º. O ZEE tem por objetivo geral organizar, de forma vinculada, as decisões dos agentes públicos e privados quanto a planos, programas, projetos e atividades que, direta ou indiretamente, utilizem recursos naturais, assegurando a plena manutenção do capital e dos serviços ambientais dos ecossistemas.
>
> Parágrafo único. O ZEE, na distribuição espacial das atividades econômicas, levará em conta a importância ecológica, as limitações e as fragilidades dos ecossistemas, estabelecendo vedações, restrições e alternativas de exploração do território e determinando, quando for o caso, inclusive a **relocalização de atividades** incompatíveis com suas diretrizes gerais.

E, observe-se, nada impede que no referido termo ou ajuste seja tomado para promover, por partes, as necessárias correções ao ordenamento jurídico aplicável. Havendo um grande conflito, é perfeitamente possível que as autoridades públicas promovam estes instrumentos de modo fatiado, degrau por degrau até conseguir obter a total restauração do direito lesado com a remoção da situação antijurídica.

Deve o instrumento conter regras sobre a qualificação do compromissário, o prazo de vigência, que, em função da complexidade das obrigações nele fixadas, poderá variar; a descrição detalhada de seu objeto, o valor do investimento previsto e o cronograma físico de execução e de implantação das obras e serviços exigidos, com metas trimestrais a serem atingidas; as multas, proporcionais e razoáveis, que podem ser aplicadas à pessoa física ou jurídica compromissada e os casos de rescisão, em decorrência do não cumprimento das obrigações nele pactuadas, eventuais negócios jurídicos processuais, tais como foros de eleição diferentes para cada tipo de obrigação quando isso se mostre necessário, regras sobre ônus da prova, sobre solvabilidade etc.

> Não é por acaso que alguns diplomas legais, além de prever o cabimento do termo de ajuste, ainda por cima fixam o que nele deve constar, tal como se fosse uma espécie de "conteúdo mínimo", como se observa no §1º do artigo 79-A da Lei 9.605.

É importante deixar muito claro que o objetivo do compromisso de ajuste de conduta deve ser tal que o resultado que se espera com a sua celebração é a obtenção de um resultado o mais próximo possível daquilo que a sociedade teria caso houvesse o comportamento espontâneo do compromissário no cumprimento da norma.[18]

2.5 Participação democrática: isonomia, contraditório, boa-fé etc.

A participação democrática dos contendores em todo o processo de negociação de soluções que levem ao fim do conflito de interesses supraindividuais ambientais deve ser a mais ampla, cooperativa, informal, transparência, com boa-fé e com igualdade de chances e oportunidades de diálogo.

Só é possível construir soluções justas e adequadas que estabilizem os conflitos se todos tiverem voz, se todos os contendores puderem expressar suas razões, colaborar com sugestões, apresentar os problemas, pleitos e soluções que lhes pareçam idôneas.

---

18. Sobre o termo de ajustamento de conduta ver mais adiante o item 6.3.

É preciso lembrar que ao sentar-se numa mesa de negociação para buscar uma solução para um conflito de interesses, mormente quando se está diante de um conflito coletivo, com inúmeros direitos e variantes em jogo, a premissa inabalável é a de que todos estão ali para encontrar uma solução justa e que consiga acomodar a pretensão de todos os contendores.

Esta participação democrática só é possível se aquele que representa os interesses do grupo que estiver em conflito, seja ele público ou privado, individual ou coletivo, estiver em pleno gozo de poderes para falar em nome daquele que ele representa.

Num conflito individual este problema pode ser menor se o titular do interesse em conflito é exatamente aquele que entra numa mesa de negociação. Mas, num conflito coletivo, é preciso que o representante (ou os representantes) não apenas tenha uma *legitimidade jurídica* de representar os interesses dos titulares em conflito, mas de legitimidade social, pois as soluções podem passar por concessões que atingirão a esfera jurídica dos representados.

Além disso, deve estar munido de todas as informações técnicas ou acompanhado de especialistas detentores de tal conhecimento, para permitir que o nível de discussão esteja parelho e isonômico. Tais aspectos devem ser observados pelo mediador ou conciliador, justamente porque se assim não for não será possível encontrar uma solução consensual *justa e adequada*.

Como se observa, o efetivo contraditório, o diálogo constante, a igualdade de chances e oportunidades, a sinceridade e boa-fé na exposição das fragilidades e virtudes, o domínio do substrato técnico que envolve as questões objeto do conflito são fundamentais para se alcançar a resolução consensual do conflito apta a estabilizar-se.

2.6 Mediadores ou conciliadores imparciais e com capacidade (preparados) para gestão e resolução de conflitos

Um bom mediador/conciliador é fundamental para se alcançar a solução consensual dos conflitos. É o mediador que tornará viável o encontro das soluções e respectivas decisões a serem tomadas pelas partes em conflito. Aquele ou aqueles que atuarem como mediadores num processo de negociação judicial ou extrajudicial devem, antes de tudo, gozar de imparcialidade e respeito dos contendores, pois sem isso não há confiança, e, sem confiança, não há segurança para tomada de decisões. Tanto é verdade que ao mediador se aplicam as mesmas hipóteses legais de impedimento e suspeição do juiz (CPC, arts. 145 e 155). É o mediador que conduzirá o procedimento de comunicação entre as partes, buscando o entendimento e o consenso e facilitando a resolução do conflito, como alude o artigo 4º, §1º da Lei 13140/15. É preciso conhecer o conflito, as posições dos envolvidos, agir com transparência e sensibilidade.

Em se tratando de conflitos supraindividuais ambientais, cujo grau de complexidade é elevadíssimo, inclusive pelas repercussões que têm sobre outras relações jurídicas (danos por ricochete, afetações econômicas e à saúde etc.), não se descarta a possibilidade de que o papel de mediador seja preenchido por comitês compostos de vários sujeitos – ainda que com alguns porta vozes – com competência e expertise

CAPÍTULO 5 • SOLUÇÃO CONSENSUAL DOS CONFLITOS E COMPROMISSO DE AJUSTAMENTO DE CONDUTA

no assunto em conflito, cooptados até mesmo de instituições de ensino reconhecidas, além do que tais pessoas deverão possuir os demais atributos subjetivos inerentes a tal função.

3. COMPROMISSO DE AJUSTAMENTO DE CONDUTA ÀS EXIGÊNCIAS LEGAIS

3.1 Introito

O§ 6º do art. 5º da LACP foi introduzido neste diploma por intermédio do art. 113 do CDC e tem o seguinte teor:

> "Os órgãos públicos legitimados poderão tomar dos interessados compromisso de ajustamento de conduta às exigências legais, mediante cominações, que terá eficácia de título executivo extrajudicial."

Esse dispositivo constitui uma das mais importantes inovações trazidas pelo CDC à LACP. Tem a sua origem inspirada no art. 55 da antiga lei dos juizados especiais (Lei n. 7.244/84)[19], no qual se lia:

> "O acordo extrajudicial, de qualquer natureza ou valor, poderá ser homologado, no juízo competente, independentemente de termo, valendo a sentença como título executivo judicial. Parágrafo único. Valerá como título executivo extrajudicial o acordo celebrado pelas partes, por instrumento escrito, referendado pelo órgão competente do Ministério Público."

O compromisso de ajustamento constitui importante e eficaz mecanismo de efetivação do acesso à justiça. Evita a propositura ou prosseguimento (total ou parcial) da demanda coletiva, servindo como instrumento de efetivação dos direitos coletivos supraindividuais, e formando desde já um título executivo extrajudicial ou judicial.

> A criação de títulos executivos extrajudiciais constitui importante técnica legislativa de diferenciação de tutela com base na evidencia do direito combinada com o contraditório eventual e posterior, já que implica a imediata adoção de técnicas processuais voltadas à satisfação do direito revelado no título, na medida em que salta o processo cognitivo de "declaração".

Assim, não é possível tratar a tutela do direito supraindividual da mesma forma do direito individual. Obviamente que o órgão público legitimado não pode dispor do direito que não lhe pertence, e neste particular o compromisso estabelece como parâmetro o que lhe parece ser o *ajuste ao ordenamento jurídico*[20]. Todavia, esse "ajuste", "adequação" não lhe tolhe a natureza jurídica de negócio jurídico bilateral, numa espécie híbrida de transação conforme sustenta Ana Nery:

> "O posicionamento contrário à negociação transacional de direitos transindividuais desenvolvido por parte da doutrina, com fundamento em sua alegada integral indisponibilidade, não é suficiente para retirar o ele-

---

19. A respeito ver NERY Jr., Nélson et al. Código brasileiro de defesa do consumidor: comentado pelos autores do anteprojeto, 8. ed., Rio de Janeiro: Forense Universitária, 2005, p. 1020 e ss.; RODRIGUES, Geisa de Assis. Ação civil pública e termo de ajustamento de conduta: teoria e prática. 2.ed. Rio de Janeiro: Forense, 2006.; PINHO, Humberto Dalla Bernardina de; CABRAL, Trícia Navarro Xavier. Compromisso de ajustamento de conduta: atualidades e perspectivas de acordo com o projeto do novo CPC. Revista de direitos difusos IBAP, ano XI, v. 52, São Paulo: Letras Jurídicas, 2010; MAZZILLI, Hugo Nigro. A defesa dos interesses difusos em juízo: meio ambiente, consumidor, patrimônio cultural, patrimônio público e outros interesses. 19.ed. São Paulo: Saraiva, 2006.; AKAOUI, Fernando Reverendo Vidal. Compromisso de ajustamento de conduta ambiental. 3 ed. São Paulo: Ed. RT, 2010; NERY, Ana Luiza de Andrade. Compromisso de ajustamento de conduta: teoria e análise de casos práticos. São Paulo: Ed. RT, 2010.; VENTURI, Elton. Transação de direitos indisponíveis? In: Revista de Processo, v. 251, São Paulo: Ed. RT, 2016, p. 391-426.

20. Não importa que seja chamado de transação ou acordo desde que se tenha observância da indisponibilidade dos interesses em jogo.

mento consensual do ajustamento de conduta e transformar-lhe natureza jurídica para mera concordância do interessado com aquilo quanto posto pela administração. Diversamente, muito mais do que mera aceitação por parte do administrado, entendemos que o compromisso de ajustamento é, essencialmente, um negócio jurídico bilateral, equiparado à transação, mas forma sui generis deste instituto jurídico de direito privado"[21]

Não nos parece que o nome compromisso de ajustamento de conduta às *exigências legais* seja, hoje, o melhor nome para tipificar este negócio jurídico bilateral híbrido. Melhor seria, lege ferenda, se fosse *"termo de compromisso de resolução do conflito"* ou *"ajuste ao ordenamento jurídico"* pois o que *"os interessados põem a termo a melhor solução encontrada para evitar ou reparar a lesão a bem de natureza transindividual, o que é feito por meio de processo de negociação, e não pela confissão do particular acerca da suposta ilicitude de sua conduta"*.

A rigor, para aqueles que militam no foro e estão acostumados à celebração de *termos de ajustamento de conduta* sabem que o caráter cada vez mais aberto dos tipos legais – como é no direito ambiental – permitem que se dê vários sentidos ao texto legal a partir das circunstâncias e peculiaridades do caso concreto.

As soluções de "ajuste à lei" não estão numa prateleira prontas para serem servidas. Pelo contrário, é a partir da dialética das razões do órgão público e contrarrazões dos envolvidos, e não raramente a partir de análises técnicas de experts, que se permite identificar a *melhor solução* para o caso concreto. Ademais com a necessária e corriqueira adoção de modelos abertos[22] na estrutura do texto normativo ambiental, seja na endonorma, seja na perinorma (consequente), pode não ser tão fácil colmatar esse modelo, senão perscrutando a situação em concreto, muitas vezes com auxílio de um experto e dados técnicos que embasem as soluções possíveis.

Assim, por exemplo, quando o Ministério Público e o particular iniciam discussões sobre a realização de um termo de ajustamento de conduta às exigências legais para que ele restaure uma área de preservação permanente que foi destruída pelo antigo proprietário. Não se duvida que deva ajustar à lei (Lei 12651), mas e se houver dúvida sobre a metragem da APP? E, mais, como deve ser feita esta restauração? Um processo de regeneração natural? Plantio de espécies nativas? Introdução apenas de indivíduos que sejam responsáveis pelos processos ecológicos essenciais? Monitoramento? Quanto tempo?

Noutro exemplo, a situação pode não ser tão clara assim. Imaginando que o particular regularmente licenciado esteja sendo demandado porque seu empreendimento – tanques de armazenamento de combustível – causem um enorme incômodo visual para a população circunvizinha com alteração agressiva da paisagem. Claro que este aspecto poderia ter sido contemplado nas condicionantes da licença ambiental, mas acabou não sendo objeto de consideração naquele procedimento. Não há *lei* em *sentido estrito* que obrigue o particular a realizar a referida medida de melhoramento da paisagem, mas ela

---

21. NERY, Ana Luiza de Andrade. Compromisso de Ajustamento de Conduta. Teoria e análise de casos práticos. Ed. RT, 2010, p. 145. No mesmo sentido, mas com um apontamento mais genérico ver MAZZILLI, Hugo Nigro. Op. cit., p. 407.
22. MARTINS-COSTA, Judith. A boa-fé no direito privado: sistema e tópica no processo obrigacional. São Paulo: Ed. RT, 1999; LORENZETTI. Ricardo Luiz. Teoria da Decisão Judicial. Fundamentos de Direito. Trad. Bruno Miragem. Notas Cláudia Lima Marques. São Paulo: Ed. RT, 2009; LARENZ. Karl. Metodologia da ciência do direito. 3. ed. Trad. José Lamego. Fundação Calouste Gulbenkian. Lisboa. 1997.

se impõe a partir da principiologia do direito ambiental e da exploração incomum de recursos ambientais e impactos (externalidades negativas) que causa, e especialmente porque o cenário após a implantação do empreendimento mostra-se claro que há um impacto visual. Qual a melhor solução? Ao encontrar uma solução negociada significa que *confessou uma ilicitude*? O rigor, reiteramos, a expressão "ajuste de conduta à lei" dando ideia de que o particular estava *desajustado à lei e que a subscrição do termo é uma confissão do ilícito* não nos parece o melhor caminho, seja pelo que explicamos sobre a estrutura aberta das normas, seja porque isso pode ser um fator impeditivo de uma solução harmônica, legítima, adequada à legislação sem que isso importe em qualquer conotação depreciativa da conduta do sujeito.

Em lúcida observação disse Ana Nery que:

"(...) reconhecer condutas impostas pela Administração Pública contra o particular, não seria necessário nenhum processo de negociação: bastaria a ele, particular, submeter-se à ação judicial e aguardar o pronunciamento do Poder Judiciário, que pode ser, inclusive, favorável ao seu interesse.

Portanto, sob essa égide, não haveria nenhuma utilidade para o interessado em celebrar o ajustamento de conduta ou o negócio jurídico processual, isto é, em submeter-se às pretensões do órgão público sem aguardar o pronunciamento judicial!"[23]

3.2 Legitimidade

A legitimidade para a realização do Compromisso de Ajustamento às Exigências Legais está estabelecida no art. 5º, § 6º, da LACP. Por sua rasa leitura, verifica-se que houve uma restrição proposital do legislador em relação ao caput do dispositivo.

Segundo o parágrafo, os "órgãos públicos legitimados" em questão é que estão autorizados à realização do compromisso. Como o parágrafo deve obediência à cabeça do artigo, ver-se-á que todos os órgãos de natureza pública que sejam legitimados à propositura de demandas coletivas estarão habilitados à realização do compromisso de ajustamento de conduta às exigências legais. Assim, são exemplos o IBAMA, o PROCON, o Ministério Público etc. A ideia de legitimar "órgãos" públicos surge de que tais entes despersonalizados, mas com personalidade judiciária, é que lidam direta e diariamente com a realidade dos direitos da sociedade, experimentando todos os dias, em concreto, a necessidade de pacificação dos conflitos pela via extrajudicial.

O que deve ficar bem claro em relação à existência do compromisso de ajustamento de conduta às exigências legais é que a sua existência e possibilidade de realização por um dos órgãos públicos não pode e nem deve ser compreendida como medida política restritiva ou extirpadora da legitimidade dos órgãos públicos para propor a ação civil pública, ou seja, a realização do compromisso de ajustamento de conduta às exigências legais não pode ser uma via impeditiva do exercício correto de ações civis públicas. A ideia do instituto é ampliar o acesso à justiça coletiva, e não reduzi-lo.

---

23. NERY, Ana Luiza. "Confissão como exigência da Administração Pública para a celebração de Termo de Ajustamento de Conduta e Negócio Jurídico Processual: risco de anulabilidade do negócio por coação", In: MILARÉ, Édis (Coord.). Ação Civil Pública após 35 anos. São Paulo: Ed. RT, 2020, p. 77.

3.3 Momento para a sua realização

É inegável que o instituto foi criado com a intenção de *evitar* a ação coletiva de conhecimento (fase cognitiva), sendo, portanto, ontologicamente de natureza pré-processual. Não fosse assim, não se teria falado em "interessado" e nem em "título executivo extrajudicial".

Entretanto, a intenção não é impeditiva de que o compromisso seja tomado em juízo, qual seja, perante o juiz, caso em que formará um título executivo judicial. Quanto aos eventuais argumentos contrários com base na literalidade do dispositivo (art. 5º, § 6º) que venham a ser utilizados para negar a referida possibilidade de o compromisso de ajustamento de conduta às exigências legais ser tomado em juízo, tais alegações se veem afastadas pela expressa regra do art.784, do CPC, ao dizer expressamente que constitui título executivo judicial a "*o instrumento de transação referendado pelo Ministério Público, pela Defensoria Pública, pela Advocacia Pública, pelos advogados dos transatores ou por conciliador ou mediador credenciado por tribunal*".

Assim, pode ser feito extraprocessualmente, com eficácia de título executivo extrajudicial ou judicial (depois da ação em curso) com eficácia de título executivo judicial. Neste último caso torna-se obrigatório o referendo pelo parquet, já que este estaria funcionando como fiscal da ordem jurídica, salvo se tenha sido ele mesmo o titular ativo do compromisso firmado.

É equivocado o argumento de que o compromisso de ajustamento de conduta às exigências legais feito extrajudicialmente precisaria do referendo do ministério público, sob a alegação de que, ao evitar a ação civil pública, onde se teria uma participação obrigatória do parquet, não poderia escapar da sua análise o compromisso a ser realizado. O equívoco reside no fato de que o compromisso de ajustamento de conduta às exigências legais extrajudicial feito pelo órgão público certamente constitui uma ponte para o processo de execução, saltando-se a fase cognitiva.

Entretanto, isso não significa dizer que estará obstada a via da ação civil pública, posto que o compromisso não terá validade em relação a terceiros que dele não participaram, e, mais ainda, não se pode admitir qualquer disposição do direito que constitua objeto do compromisso.

Se o compromisso de ajustamento de conduta às exigências legais for realizado extraprocessualmente por órgão público, só valerá entre os comprometentes, sem eficácia negativa perante os demais legitimados à propositura da ação civil pública, mesmo que seja o parquet o responsável pela realização do compromisso.[24]

A eficácia negativa limitadora do exercício de ação civil pública sobre o objeto do TAC para os demais legitimados só valerá se o compromisso de ajustamento de conduta às exigências legais for realizado perante órgão do Poder Judiciário, passando a ter natureza de título executivo judicial. Nesse caso, certamente servirá como elemento impeditivo à propositura da demanda coletiva, quando o objeto desta última coincida com o que foi acordado no compromisso. Qualquer diferença entre um e outro objeto

---

24. Neste sentido. FARIAS, Talden. Op. cit., p. 153.

CAPÍTULO 5 • SOLUÇÃO CONSENSUAL DOS CONFLITOS E COMPROMISSO DE AJUSTAMENTO DE CONDUTA **171**

(do compromisso e da demanda coletiva proposta) permitirá que a demanda proposta não seja obstada pela falta de interesse de agir.

> Quando o compromisso de ajustamento de conduta é firmado em juízo ou nele homologado, adquire a força da coisa julgada (e consequentemente sua eficácia negativa), impedindo-se a discussão do objeto jurídico do compromisso por qualquer outro legitimado para a tutela coletiva, salvo se o fizer por ação autônoma de impugnação, no prazo legal (ação rescisória/anulatória – art. 966, §4º do CPC a depender da natureza da decisão judicial que se pretenda impugnar). Não fosse assim, haveria desestímulo e insegurança em firmar o compromisso de ajustamento de conduta, se na prática pudesse ser revisado ou contestado de forma ilimitada por qualquer outro legitimado. Deve-se respeitar, no entanto, os limites objetivos do que foi disposto no compromisso.

Isso significa dizer que não é possível ignorar o documento público com eficácia de título executivo extrajudicial, e mais ainda se tiver sido homologado em juízo, de forma que o legitimado coletivo que não participou do termo de ajuste de conduta deverá primeiro pedir a sua anulação, expondo as razões pelas quais deva ser anulado, para em seguida formular a pretensão de tutela do interesse supraindividual que lhe parecer adequada.

Assim, por exemplo, se o órgão público ambiental do Estado realizou compromisso de ajustamento de conduta com um poluidor obrigando-o a recuperar a área de preservação permanente por ele suprimida com vegetação nativa e exótica, e, acaso o parquet entenda que tal área só poderia ser restaurada com vegetação nativa, então deverá, primeiro, de forma fundamentada pedir a anulação do termo de compromisso[25] para em pedido sucessivo pleitear a tutela restauratória da forma como entende ser a exigida pela legislação.

É necessário trazer segurança jurídica ao compromisso de ajustamento às exigências legais com eficácia de título executivo extrajudicial, mas por outro lado não se pode dar uma estabilidade tal que os demais legitimados que não participaram de seu termo fiquem impedidos de discutir os termos e as condições que ali foram colocadas. Esta poderia ser uma janela aberta para a realização de compromissos de ajustamento de compromissos de ajustamentos espúrios.

É preciso ter uma situação de equilíbrio para que o compromissário sinta-se encorajado à realizar o termo de ajustamento de conduta, dotando-o de estabilidade que permita ter segurança jurídica, mas ao mesmo tempo é também necessário não permitir que este instrumento seja meio inadequado meio de burlar a tutela do meio ambiente, utilizado como instrumento de estabilização de negócios bilaterais que não contemplem a justa proteção do meio ambiente.

> 1. Trata-se de impugnação judicial contra implantação do loteamento "Praia Ibirapuera". O Tribunal a quo consignou que, "não estando a transação celebrada entre as partes de acordo com os princípios norteadores do Direito Ambiental, isto é, não tendo tal acordo levado em consideração a questão ambiental envolvida, a qual é o objeto precípuo da ação civil pública em tela, deve ser mantida, por seus próprios fundamentos, a decisão agravada, que deixou de homologar referido acordo. (...) E isso fica bastante claro quando se verifica que o acordo dispôs que qualquer autorização para construção deverá ser postulada junto à FATMA e ao

---

25. A respeito ver AgRg no REsp 1185628/PE, Rel. Ministro OLINDO MENEZES (DESEMBARGADOR CONVOCADO DO TRF 1ª REGIÃO), PRIMEIRA TURMA, julgado em 15/09/2015, DJe 24/09/2015.

Município de Imbituba, mesmo tendo a perícia judicial deixado claro que vários lotes se encontram inseridos em terreno de marinha ou acrescido, sem falar que a maior parte do empreendimento encontra-se no interior da APA da Baleia Franca. Não fosse isso, o fato é que o acordo também nada falou acerca das construções ocorridas após o deferimento da liminar, as limitações a serem impostas nos respectivos lotes, a depender da situação de cada imóvel etc. Enfim, não cuidou de qualquer ponto relevante da demanda." (grifo acrescentado).

2. Correta a posição do TRF, em sintonia com a jurisprudência do STJ. Consoante o Código Civil, "Só quanto a direitos patrimoniais de caráter privado se permite a transação" (art. 841). Os colegitimados para a Ação Civil Pública podem, em tese, celebrar e homologar judicialmente acordo para encerrar litígio. Contudo, quando envolvidos, no âmbito do Direito Privado, interesses e direitos indisponíveis, ou se tratar de relações de Direito Público, eventual transação pelo Ministério Público, Administração ou ente intermediário (ONG, p. ex.) deixa de ser realizada livremente, submetendo-se, ao contrário, a rígidos pressupostos, limites e vedações. Nesses casos, subordina-se a controle judicial formal e de fundo, por provocação ou de ofício, de modo a se verificar se implica abdicação da essência dos bens ou valores jurídicos metaindividuais em litígio, hipótese em que cabe ao juiz rejeitar sua homologação ou execução. Precedentes do STJ.

3. No Direito Público, é interditada a transação – em juízo ou extrajudicial, por meio de Termo de Ajustamento de Conduta – concluída à margem da legalidade estrita. Mais ainda quando visa a transferir ou validar ocupação ou uso de imóvel público por meio de Alvará, sem observância de formalidades e garantias vinculantes e irrenunciáveis de gestão do patrimônio da União, dos Estados, Distrito Federal e Municípios. Na mesma linha, inadmissível trato que faça tábula rasa de obrigações ambientais primárias irrenunciáveis discutidas em investigação administrativa ou processo judicial. Tal tipo de ajuste, em vez de indicar espírito de conciliação, traduz meio engenhoso de burla à letra e ratio da lei, desfigurando, sob roupagem enganosa, a necessária proteção do domínio e interesse públicos.

4. Recurso Especial conhecido parcialmente e, nessa parte, não provido.

(REsp 1260078/SC, Rel. Ministro HERMAN BENJAMIN, SEGUNDA TURMA, julgado em 17/05/2016, DJe 07/08/2020)

Recorde-se que a homologação em juízo é permissiva da participação de outros colegitimados, que poderiam até mesmo recorrer da decisão caso não concordassem com o teor do que foi disposto no compromisso, fato que não ocorre, a priori, quando é feito extrajudicialmente perante um órgão público. Aliás, recomendável que o magistrado realize audiência pública antes da homologação, a depender do caso concreto e dos interesses em jogo, sem prescindir da oitiva do parquet na condição de fiscal da ordem jurídica. Tal atitude certamente daria uma estabilidade ao compromisso firmado em juízo afastando a possibilidade de que seja revisto ou rediscutido ou reanalisado ou simplesmente anulado posteriormente por discordância de outro legitimado que dele não tenha participado.

E, como dito acima, considerando que o que está em jogo é o interesse supraindividual da coletividade, e como o meio ambiente é bem jurídico indisponível, pode o magistrado recursar-se a chancelar judicialmente o termo de ajustamento de conduta se entender que este não contempla a proteção integral do meio ambiente, o que, frise-se não impede que o compromisso seja feito extrajudicialmente com eficácia de título executivo extrajudicial. A recusa da homologação não impede e nem limita a realização do compromisso fora do processo.

Neste sentido o Superior Tribunal de Justiça ao dizer que

"1. Julgado desta Corte Superior verte a tese de que incumbe ao juiz, nos termos do art. 129 do CPC [atual art. 142 do Código Fux], recusar-se a homologar acordo que entende, pelas circunstâncias do fato, ter objeto ilícito ou de licitude duvidosa; violar os princípios gerais que informam o ordenamento jurídico brasileiro

CAPÍTULO 5 • SOLUÇÃO CONSENSUAL DOS CONFLITOS E COMPROMISSO DE AJUSTAMENTO DE CONDUTA | 173

(entre os quais os princípios da moralidade, da impessoalidade, da isonomia e da boa-fé objetiva); ou atentar contra a dignidade da justiça (AgRg no REsp. 1.090.695/MS, Rel. Min. HERMAN BENJAMIN, DJe 04.11.2009).

2. Na espécie, as Instâncias Ordinárias, com base nos elementos factuais e probatórios que se represaram no caderno processual – gize-se, impermeáveis a alterações em sede rara –, foram unânimes em constatar que o TAC não reuniu os aspectos de forma e de fundo que se prestassem a solucionar a ACP em curso. Estando devidamente fundamentada a decisão que recusa a homologação do ajuste entre as partes – bem o caso dos autos –, não há lugar para a sua reforma.

3. Contrariamente à pretensão da parte recorrente, o acórdão recorrido não praticou violação alguma ao art. 17, § 11 da LIA, este que rege a extinção do processo por inadequação da ação.

4. Parecer do MPF pelo desprovimento do recurso. Recurso Especial da parte recorrente não provido.

(REsp 1711528/MT, Rel. Ministro NAPOLEÃO NUNES MAIA FILHO, PRIMEIRA TURMA, julgado em 19/04/2018, DJe 07/05/2018)

Importa dizer que o TAC firmado com eficácia de título executivo extrajudicial é ato jurídico perfeito e deve ser respeitado pelo compromitente e compromissário.

Neste particular, não é permitido, por exemplo, com base no Novo Código Florestal o órgão público e o compromissário ignorem ou reconvencionem o ajuste firmado anteriormente com base na legislação antiga, mais protetiva do meio ambiente. Eis aí a marca da indisponibilidade do direito e a necessidade de estabilizar o ato jurídico perfeito.

Prevalece a regra do *tempus regit actum* e não seria nem justo com a coletividade representada pelo órgão público que firmou o TAC, e, nem com a isonomia daqueles que cumpriram a legislação na forma como ela determinava, que se permitisse a adulteração dos termos do TAC firmado com base na lei revogada.

A *estabilidade* do ato jurídico perfeito[26], confeccionado licitamente, deve ser mantida e afastada a hipótese de adulteração do que foi pactuado, porque o que está em jogo são interesses supraindividuais não poderiam ser disponibilizados.

Neste particular o Superior Tribunal de Justiça posicionou-se certeiramente sobre o tema ao dizer que:

"I. Agravo interno aviado contra decisão que julgara recurso interposto contra decisum publicado na vigência do CPC/2015. II. Na origem, trata-se de Agravo de Instrumento, interposto pelo Espólio de Ione Lupo Quirino dos Santos, contra decisão que, em fase de cumprimento de sentença, em Ação Civil Pública, determinou o cumprimento da obrigação de fazer de acordo com o Código Florestal anterior. O acórdão do Tribunal de origem deu provimento ao Agravo de Instrumento. III. Na forma da jurisprudência do STJ, "o novo Código Florestal não pode retroagir para atingir o ato jurídico perfeito, os direitos ambientais adquiridos e a coisa julgada, tampouco para reduzir de tal modo e sem as necessárias compensações ambientais o patamar de proteção de ecossistemas frágeis ou espécies ameaçadas de extinção, a ponto de transgredir o limite constitucional intocável e intransponível da 'incumbência' do Estado de garantir a preservação e a restauração dos processos ecológicos essenciais (art. 225, § 1º, I)' (AgRg no REsp 1.434.797/PR, Rel. Ministro Humberto Martins, Segunda Turma, DJe 07/06/2016)" (STJ, AgInt no AREsp 1.253.969/SP, Rel. Ministro MAURO CAMPBELL MARQUES, SEGUNDA TURMA, DJe de 19/02/2019). No mesmo sentido: STJ, AgInt no REsp 1.719.552/SP, Rel. Ministro FRANCISCO FALCÃO, SEGUNDA TURMA, DJe de 15/02/2019; REsp 1.738.052/SP, Rel.

---

26. Uma vez homologado judicialmente tem validade em todo território nacional nos limites do objeto tutelado. Ademais, uma vez homologado, reveste-se de estabilidade da coisa julgada e impede a propositura de novas ações coletivas com o mesmo objeto, podendo ser anulado nos termos do art. 996, § 4º pelos legitimados coletivos do art. 82 com os acréscimos do art. 967 do CPC no que for cabível.

§ 4º É cabível ação anulatória do acordo, a ser proposta no prazo de dois anos, perante o juízo em que ocorreu a respectiva homologação

Ministro OG FERNANDES, SEGUNDA TURMA, DJe de 21/02/2019. Assim, estando o acórdão recorrido em dissonância com a jurisprudência sedimentada nesta Corte, merece ser mantida a decisão ora agravada, que restabeleceu a decisão de 1º Grau, em face do disposto no enunciado da Súmula 568 do STJ. IV. Agravo interno improvido. (AgInt no AREsp 1382830/SP, Rel. Ministra ASSUSETE MAGALHÃES, SEGUNDA TURMA, julgado em 15/06/2020, DJe 19/06/2020).

3.4   Objeto

O compromisso de ajustamento de conduta às exigências legais não admite disposição do direito que integra o seu conteúdo. A proposição mencionada é simples, muito embora, na prática, tanto o conteúdo, em razão da complexidade do direito, quanto os seus limites, sejam difíceis de serem identificados. Só as circunstâncias do caso concreto e o auxílio de experts possa ser possível definir *o que* deve ser ajustado *e em que* limites deve ser procedido esse ajuste.

Interessante notar que muitas vezes somente após o confronto das razões do órgão público com as razões do compromissário que será possível estabelecer os limites e a extensão do compromisso.

Não raramente pode ser que entre o pedido e a causa de pedir formulado pelo autor da ação civil pública exista um aparente déficit com o que seja objeto do compromisso firmado após a contestação do compromissário. Isso pode acontecer porque as razões das exceções possam ser tão fortes e robustas que levem ao reconhecimento do legitimado ativo de que seus fundamentos e respectivos pedidos não eram tão absolutos como imaginava. A complexidade do direito e a estrutura aberta das normas ambientais pode levar a esta *aparente disparidade* que não implica em prejuízo algum se considerarmos que a demanda poderia ser julgada improcedente ou parcialmente procedente.

Trata-se de instituto de natureza publicista, seja em relação à pessoa legitimada que o toma, seja pelo objeto tutelado (direitos indisponíveis e/ou supraindividuais). O seu objeto deveria coincidir, em tese com aquilo que seria objeto do conflito da demanda coletiva, e, as soluções frutos da negociação devem ser aquelas que se mostrem mais adequadas à solução deste conflito. Logo, é perfeitamente possível, e recomendável no direito ambiental que prima pelo dever de preservação, que seja destinado à *prevenir* condutas de risco ou de dano jamais podendo ser reduzido *"simplesmente como uma forma de legalizar o que não pode ser legalizado"*, de forma que *"as medidas de adequação devem ser as melhores possíveis sob os pontos de vista legal e técnico"*.[27][28]

Pelo que se lê do dispositivo, parece claro que o objeto do compromisso refere-se a uma prestação positiva ou negativa do interessado. Não fosse assim, não se falaria em compromisso de ajuste, em cominações legais, e, por fim, em títulos executivos extra-

---

27. FARIAS, Talden. "Termo de ajustamento de conduta e resolução negociada de conflitos", In: MILARÉ, Édis (Coord.). Ação Civil Pública após 35 anos. São Paulo: Ed. RT, 2020, p. 151; A respeito ver "A Mediação na Solução das Questões Ambientais no âmbito do Ministério Público". LEMOS, Marcelo; FABRIZ, Dauri. Ed. Appris. Curitiba, 2019.

28. O anteprojeto de lei das ações coletivas apresentado pelo CNJ prevê no seu artigo 28 que "todo litígio coletivo pode ser resolvido por meio de acordo ou Termo de Ajustamento de Conduta", e de forma coerente, só pode ter validade em todo território nacional se "homologado judicialmente" (§ 1º), caso em que deverá ser precedido "de audiência pública e manifestação do Ministério Público" na condição de fiscal da ordem jurídica (§ 2º).

CAPÍTULO 5 • SOLUÇÃO CONSENSUAL DOS CONFLITOS E COMPROMISSO DE AJUSTAMENTO DE CONDUTA

judiciais, que são típicas figuras que anunciam a existência de um comportamento, uma regra de conduta do réu em relação a uma determinada prestação.

Contudo, não se deve ter a ilusão, à primeira vista, de que apenas as sentenças de prestação é que entrariam na perspectiva do compromisso de ajustamento de conduta. Nada disso! O compromisso de ajustamento de conduta funciona como um acordo para cumprimento espontâneo de soluções debatidas e discutidas que se mostrem adequadas ao direito tutelado. O compromisso pressupõe um ajuste ao ordenamento jurídico, o que, portanto, implica na existência de uma situação de conflito e na busca de soluções adequadas à legislação que sejam aptas e idôneas à sua resolução.

Portanto, como visa evitar ou substituir um processo de conhecimento, a única limitação do compromisso diz respeito aos casos em que a jurisdição é atividade necessária para se alcançar o resultado prometido pelo ordenamento jurídico, como no caso das ações necessárias. Do contrário, nada impede que o sujeito se comprometa, por exemplo, a reconhecer como nulas as cláusulas dos contratos que sejam lesivas ao meio ambiente, enfim, que realize na prática comandos que obteria mediante sentença declaratória e sentença constitutiva com execução imprópria. A rigor, pode, inclusive, conter, como de fato normalmente contém, diversos comandos, tais como reconhecimento de nulidade, declaração de direitos, prestações de fazer e não fazer etc.

O que se quer por intermédio do compromisso de ajustamento de conduta às exigências legais é justamente obter um comportamento que seja o mais coincidente possível com o comportamento espontâneo que teria dada pessoa caso não tivesse desajustado a sua conduta às regras de direito que foram por ela violadas, muito embora, frise-se, nem sempre essa identificação do antecedente ou consequente da norma seja algo tão simples como se disse alhures em razão da estrutura aberta das normas.

Por intermédio do compromisso, obviamente, não se dispõe do direito material, e alguns motivos lógicos permitem que se chegue a esta conclusão. Inicialmente, porque os legitimados coletivos não possuem legitimidade para tanto, não são titulares do direito que conduzem apenas como porta voz. O direito é supraindividual, em muitos casos (nos difusos sempre) indisponível e indivisível, o que impede que seja feita a sua alienação ou disposição por qualquer de suas partes.

Partindo da premissa de que o texto normativo já tenha as soluções adequadas, ou seja, que não precise ser construída na dialética do negócio jurídico bilateral por causa da textura aberta da norma, então será comum e perceptível estabelecer como objeto do compromisso o modo de cumprimento, o prazo etc.

Uma boa diretriz para as soluções a serem encontradas no compromisso de ajuste de conduta é fazer com que o resultado a ser obtido corresponda, quando possível, aquele que se teria caso tivesse ocorrido o cumprimento espontâneo do texto normativo. Diz-se "quando possível" pelo fato de que, por exemplo, em alguns danos ambientais, certamente por se tratar de bens não renováveis como a exploração mineral, o retorno ao status quo ante é impraticável, já que se trata de dano irreversível, mas mesmo assim deverá buscar a solução técnica adequada como estabelece o §2º do art. 225 da CF/88.

"O fato de o dano a tais interesses possuírem, por vezes, um caráter de difícil reversibilidade, ou até de irreversibilidade, ressalta ainda mais a importância do instrumento em estudo, já que permite maior celeridade e empenho por parte dos legitimados".[29]

Nesse caso, deve-se buscar com estudos científicos a melhor solução para a situação a ser pactuada no compromisso, para que as medidas ali previstas não fiquem desproporcionais, nem para mais, nem para menos, fazendo com que o compromisso de ajustamento de conduta às exigências legais não atenda aos seus objetivos.

Por outro lado, nada impede que o compromisso de ajustamento de conduta às exigências legais seja parcial, ou seja, que se firme um negócio jurídico bilateral parcial, de forma que, se não se chegar a um consenso acerca do todo que é pretendido pelo órgão público interessado, nada impede que o restante não pactuado seja buscado pela via jurisdicional, não havendo aí um bis in idem. Este só ocorreria se e quando o objeto buscado pela tutela jurisdicional fosse exatamente o mesmo que já tivesse sido alcançado (e realizado!) por intermédio de compromisso assumido no compromisso de ajustamento de conduta às exigências legais.

Resolução 179/2017 do CNMP: "Art. 2º No exercício de suas atribuições, poderá o órgão do Ministério Público tomar compromisso de ajustamento de conduta para a adoção de medidas provisórias ou definitivas, parciais ou totais.

Parágrafo único. Na hipótese de adoção de medida provisória ou parcial, a investigação deverá continuar em relação aos demais aspectos da questão, ressalvada situação excepcional que enseje arquivamento fundamentado".

Quando se fala em ajuste de conduta às exigências legais não é necessário que a situação de conflito seja atual, já que pode referir-se a condutas pretéritas ou que estejam na iminência de ocorrer. Pode referir-se a comportamentos positivos ou inibitórios, ou ambos, tudo dependendo do tipo do dever (negativo ou positivo) que é exigido pela norma.

Considerando que o compromisso de ajustamento de conduta às exigências legais tem por finalidade normal evitar o ajuizamento de ações coletivas (na maioria delas ambientais, do consumidor etc.), onde prevalece a regra objetiva da responsabilidade, onde é irrelevante a ilicitude ou licitude da conduta, é certo que a expressão "exigências legais" deve ser compreendida em seu sentido amplo, para abrigar todas as condutas que ensejariam a responsabilidade civil por dano causado à coletividade, mesmo, portanto, as condutas lícitas, que porquanto de acordo com a lei, não eximem do dever de reparação. Melhor seria dizer, como mencionamos retro que se denominasse *compromisso para resolução de conflitos*, até porque o particular pode entender, com base em suas razões, que não cometeu nenhuma ilegalidade e ainda assim desejar fazer o compromisso por absoluta intenção e ter um benefício institucional resultante da conduta comprometida, ou evitar situações de animosidade com a comunidade, enfim, pode sopesar o risco-benefício de se fazer um acordo e evitar um conflito que demandaria tempo, perícia, contratação de advogados para um processo demorado etc.

---

29. FARIAS, Talden. "Termo de ajustamento de conduta e resolução negociada de conflitos", In: MILARÉ, Édis (Coord.). Ação Civil Pública após 35 anos. São Paulo: Ed. RT, 2020, p. 151.

CAPÍTULO 5 • SOLUÇÃO CONSENSUAL DOS CONFLITOS E COMPROMISSO DE AJUSTAMENTO DE CONDUTA

É muito importante registrar que num universo de textos normativos contendo tipos abertos, e, considerando a complexidade do equilíbrio ecológico, não será incomum que uma "primeira posição", "unilateral" do órgão público legitimado seja contrastada com argumentos e fundamentos sérios trazidos pelo futuro compromissário. Daí porque o seu contraditório e participação efetiva na formação do Termo de Ajuste deve ser levada muito a sério porque suas razões podem ser tais que modifiquem uma opinião inicial do órgão público.

Para se entender isso é preciso imaginar que se uma ação civil pública fosse ajuizada, tanto é possível que se tenha um resultado de procedência ou improcedência, total ou parcial a partir do debate e das provas trazidas nos autos[30]. Isso quer dizer que deve o órgão público legitimado ouvir as razões e fundamentos do futuro compromissário, analisar documentos, estudos etc. para firmar uma conclusão segura do que realmente seria exigível numa ação civil pública. É preciso ter equilíbrio e sensatez, inclusive, para não desperdiçar a oportunidade de celebração de um TAC. Fincar-se numa visão unilateral, sem o contraditório real e efetivo dos envolvidos, pode certamente, comprometer a possibilidade de uma tutela imediata do meio ambiente por meio do referido compromisso. A judicialização é sempre o pior caminho, e nem sempre traz a segurança de que a tutela será integralmente obtida, e, mesmo que seja obtida, seja útil depois de tanto tempo de espera.

> Processo civil – Ação civil pública por dano ambiental – Ajustamento de conduta – Transação do Ministério Público – Possibilidade. A regra geral é de não serem passíveis de transação os direitos difusos. Quando se tratar de direitos difusos que importem obrigação de fazer ou não fazer deve-se dar tratamento distinto, possibilitando dar à controvérsia a melhor solução na composição do dano, quando impossível o retorno ao *status quo ante*. A admissibilidade de transação de direitos difusos é exceção à regra". (REsp 299.400/RJ, Rel. Ministro Francisco Peçanha Martins, Rel. p/ Acórdão Ministra Eliana Calmon, Segunda Turma, DJ 02/08/2006)

Importa destacar ainda que não apenas o direito substancial supraindividual pode ser objeto do ajuste de conduta às exigências legais, já que também <u>negócios jurídicos processuais</u> podem ser objeto do termo de ajustamento de conduta às exigências legais. Como certeiramente observou Ana Nery:

> "Dessa forma, nos termos de ajustamento de conduta, podem constar tanto cláusulas pertinentes ao direito material com vistas à resolução do mérito da questão quanto cláusulas referentes às normas procedimentais objetivando o fornecimento de melhores ferramentas para o eventual descumprimento do acordo e, consequentemente, a sua execução pelo Poder Judiciário. Essa é uma hipótese de negócio jurídico processual inserido no bojo do termo de ajustamento de conduta".[31]

Aliás, recomenda-se, por exemplo, que o Ministério Público ao firmar o TAC com o compromissário insira no instrumento convenções processuais que sejam facilitadoras da tutela ambiental, tais como a definição de presunções em favor do meio ambiente em relação as obrigações assumidas, ônus probatório e financeiro da perícia e sobre deter-

---

30. A petição inicial da ação civil pública não estabelece, portanto, uma régua inflexível como se o que está ali não pode ser *negociado*. É perfeitamente possível que após o desenrolar da demanda o próprio legitimado coletivo (ministério público) reconheça que o direito postulado é distante daquele que se tinha pleiteado na petição inicial. Logo, é preciso olhar o TAC sob a atmosfera de debates, provas, contraditório, defesas apresentadas e não exclusivamente com o conteúdo posto na petição inicial.

31. NERY, Ana Luiza. "Confissão como exigência da Administração Pública", in: MILARÉ, Édis (Coord.). Ação Civil Pública após 35 anos. São Paulo: Ed. RT, 2020, p. 74.

minados fatos, definição do órgão ou perito em caso de discussão judicial, ampliação da responsabilidade patrimonial com garantias reais ou fidejussórias, estabelecimento de fundo financeiro garantidor do TAC etc.

3.5 As cominações legais

O preceito cominatório estabelecido no compromisso de ajustamento de conduta às exigências legais não é uma faculdade do órgão público legitimado a realizá-lo. Trata-se de medida indispensável à efetivação da prestação assumida pelo interessado. A natureza do preceito cominatório é de caráter substancial, porque estabelecido independentemente da existência de eventual processo executivo. Ora, é por demais reconhecido que as prestações de fazer e não fazer encontram sérias limitações à sua efetivação no mundo prático, mormente quando naturalmente infungíveis. É nesse passo que deve ser compreendido o preceito cominatório a que alude o § 6º do art. 5º da LACP.

Para que se compreenda o alcance do instituto cominatório previsto na norma que o regula, é mister uma breve digressão sobre o instituto. A *stipulatio penae* é nascida no direito romano e, em linhas mestras, cuida de estabelecer uma sanção econômica contra a parte que tenha violado uma obrigação. A cláusula penal é assim denominada porque ontologicamente está relacionada a uma penalidade convencional que é prevista no próprio contrato ou fora dele, porém sempre acessória, que tem por finalidade mista apertar o laço contratual (pacta sunt servanda) e em alguns casos servir como liquidação antecipada das perdas e danos.[32]

É fora de dúvidas que a cláusula penal pode ser estipulada tanto para os casos em que o devedor deixe de cumprir a totalidade da obrigação quanto para as situações em que não é respeitado o prazo para o adimplemento. Na primeira temos a denominada cláusula penal compensatória, que incide quando o devedor não efetua a obrigação. Na segunda tem-se a denominada cláusula penal moratória, que é devida pelo atraso na execução da obrigação.

A distinção foi perfeitamente apontada por Caio Mário da Silva Pereira[33],4 quando disse que:

"Há relevância prática na distinção, uma vez que a compensatória, como indica a própria denominação, substitui a obrigação principal, indenizando o credor das perdas e danos gerados do inadimplemento do devedor. Em razão desta finalidade, decorre da lei a alternativa a benefício daquele, pois que a falta de prestação traz o dano, que a penalidade ajustada visa corrigir ou compensar. Quando a cláusula penal é moratória, não substitui nem compensa o inadimplemento. Por esta razão, nenhuma alternativa surge, mas, ao revés, há uma conjunção de pedidos que o credor pode formular: o cumprimento da obrigação principal

---

32. A doutrina alemã aproxima-se da linha romana de que a cláusula penal teria finalidade apenas punitiva, tal como o seu nome denuncia. Já a doutrina francesa mais remota lhe dá natureza de liquidação antecipada das perdas e danos. Preferimos o alvitre mais recente dos juristas franceses e que foi acolhido pela melhor doutrina civilista brasileira, assim como pelo nosso Código Civil, ao adotar a duplicidade de finalidade da mesma. Sobre a doutrina estrangeira, ver, com profundidade e larga análise, Planiol, Ripert & Boulanger. Traité élémentaire, II, n. 752. Entre nós, vale a leitura histórica de Miguel Maria de Serpa Lopes. Curso de direito civil. 6. ed. Freitas Bastos, 1995, v. II. No caso do compromisso de ajustamento de conduta, é ínsita a regra de que as cominações legais aludidas no dispositivo são de caráter punitivo, porque a indisponibilidade do objeto tratado no compromisso não admite, em muitos casos, que o mesmo seja compensado em pecúnia, afastando-se, pois, do caráter compensatório da doutrina francesa mais antiga.

33. Caio Mário da Silva Pereira. Instituições de direito civil. Forense: Rio de Janeiro, v. II, p. 107.

CAPÍTULO 5 • SOLUÇÃO CONSENSUAL DOS CONFLITOS E COMPROMISSO DE AJUSTAMENTO DE CONDUTA **179**

que não for satisfeita oportunamente, e a penal moratória, devida como punição ao devedor, e indenização ao credor pelo retardamento oriundo da falta daquele."[34]

No tocante à incidência da cláusula penal moratória, já foi dito no tópico anterior que tem *"em vista punir o retardamento na execução do ajuste, ou reforçamento de determinada cláusula ou contrato. Em consequência, o credor tem o direito de pedir o cumprimento da obrigação, juntamente com a multa, pois que o primeiro é devido em razão do vínculo principal e a segunda é de ser paga por não ter sido a obrigação executada oportunamente"*.[35]

Com isso quer-se dizer que a cláusula penal é para ser exigida junto com a obrigação assumida no compromisso, já que a primeira não substitui a segunda. Não resta dúvidas de que o art. 5º, § 6º, da LACP refere-se à stipulatio penae moratória porque serve para reforçar o enlace assumido no compromisso, servindo como estimulante positivo ao seu cumprimento, ao mesmo tempo servindo como preceito de índole substancial punitivo para o caso de inadimplemento do compromisso assumido.

Mas, ao contrário das regras de direito civil, no compromisso de ajustamento de conduta às exigências legais, justamente porque o seu objeto refere-se a interesses supraindividuais de caráter social, é certo que a referida cláusula penal impõe algum limite à liberdade para convencionar sobre a sua natureza, quantidade e qualidade.

É claro que um compromisso de ajuste é firmado pelo compromissário para ser cumprido, mas deve-se admitir a possibilidade de que não seja adimplido e consequências devem ser cominadas caso isso venha acontecer. De nada adianta firmar cominações absolutamente impossíveis de serem assumidas e cumpridas, pois do contrário não conseguirá exercer o papel de estimulante positivo ao cumprimento do compromisso.

É o contraditório, a participação, a transparência de informações acerca do patrimônio do compromissário que permitirão firmar cominações adequadas e ajustadas ao objeto do compromisso e à realidade do compromissário. Deve o compromitente, portanto, participar do modus operandi da obrigação principal, não devendo assumir metas que não tenha condições de atender nos prazos pactuados. Ainda com relação às cominações legais, é de se notar a sútil disciplina da Lei n. 7.347/85, que não fala em "cominação de multa", mas sim em "cominação legal", de tal modo que os preceitos cominatórios não precisam ser necessariamente de caráter pecuniário.

3.6   Execução

O termo de ajustamento de conduta tem eficácia de título executivo. Se celebrado em juízo, a eficácia é de título executivo judicial. Se celebrado extrajudicialmente, a sua eficácia é de título executivo extrajudicial. Recomenda-se que o compromisso celebrado pré-processualmente ou fora dele seja em seguida homologado em juízo, para que tenha

---

34.   Tal como dito alhures, o CCB adotou os dois tipos, como se vê na rasa leitura dos arts. 917, 919 e 920: "Art. 917. A cláusula penal pode referir-se à inexecução completa da obrigação, à alguma cláusula especial ou simplesmente à mora. Art. 919. Quando se estipular a cláusula penal para o caso de mora, ou em segurança especial de outra cláusula especial determinada, terá o credor o arbítrio de exigir a satisfação da pena cominada, juntamente com o desempenho da obrigação principal. Art. 920. O valor da cominação imposta na cláusula penal não pode exceder o da obrigação principal."

35.   Caio Mário da Silva Pereira, op. cit., p. 110.

a eficácia de título judicial, adquirindo os benefícios que daí resulta, como, por exemplo, eventual limitação da impugnação ao seu conteúdo nos termos do art. 525 do CPC.

> Assumindo a condição de título executivo extrajudicial "além da presunção de liquidez e certeza, goza ainda de presunção de legalidade e de veracidade".[36]

Como vimos, o termo de ajuste de conduta às exigências legais pode contemplar obrigações exequíveis de fazer, não fazer, de pagar e de entrega de coisa, dependendo do objeto tutelado e do que restar pactuado. Neste caso, por razões procedimentais, tratando-se de execução do compromisso pelo seu descumprimento, não poderá haver cumulação das diversas modalidades de obrigação, já que há séria incompatibilidade entre os ritos executivos, o que impede que haja economia processual na reunião, em uma só base procedimental, de vários tipos de execução.

> Art. 780. O exequente pode cumular várias execuções, ainda que fundadas em títulos diferentes, quando o executado for o mesmo e desde que para todas elas seja competente o mesmo juízo e idêntico o procedimento.

Tratando-se de execução de compromisso firmado em juízo, deve-se prosseguir no mesmo processo (cumprimento de sentença), abrindo tantos procedimentos executivos quantos forem as modalidades de obrigação nele contidas. Nada impede, inclusive, a execução parcial do compromisso.

Se for compromisso firmado fora do processo, porém homologado em juízo, é bem possível que tenha que ser iniciado um *processo* autônomo e não propriamente um *cumprimento* no juízo que homologou o TAC, pois é perfeitamente possível que o TAC tenha sido homologado em juízo diverso daquele que seria o competente para o local do dano (art. 2º LACP).

A depender do objeto de cumprimento (multa ou restauração do meio ambiente, ou entrega de estudos ambientais etc.) é possível cindir as regras de competência elegendo o *competente adequado* para cada modalidade de obrigação, valendo-se, inclusive da possibilidade de escolha do juízo do local dos bens do executado (art. 516, parágrafo único) quando, por exemplo, tratar-se de execução pecuniária de multa pelo descumprimento do TAC.

Com isso quer-se dizer que se o TAC, firmado extrajudicialmente, for homologado em juízo, instaurando-se um procedimento judicial somente para esse fim (o que é diferente de se homologar o compromisso no curso de uma ação civil pública que já tramitava), ter-se-á uma execução autônoma, pois não houve fase cognitiva, mas a atividade seguirá as regras do cumprimento de sentença, inclusive no tocante aos limites da impugnação (art. 525, §1º combinado com o art. 508 do CPC)

Na execução de compromisso firmado extrajudicialmente, e não homologado em juízo, a execução será autônoma e poderá a parte executada opor embargos, com defesa ampla e irrestrita, nos termos do art. 917, VI do CPC. Tratando-se de compromisso com eficácia de título executivo judicial a regra é a da impugnação do executado, com as limitações do art. 525 do CPC como dito alhures.

---

36. (AgInt no AREsp 1159570/SP, Rel. Ministro FRANCISCO FALCÃO, SEGUNDA TURMA, julgado em 19/06/2018, DJe 22/06/2018).

CAPÍTULO 5 • SOLUÇÃO CONSENSUAL DOS CONFLITOS E COMPROMISSO DE AJUSTAMENTO DE CONDUTA **181**

O compromisso firmado extrajudicialmente, deve conter obrigações líquidas, visto que não se admite título executivo extrajudicial que não seja dotado dessa característica, já que o procedimento liquidatório se refere exclusivamente aos títulos executivos judiciais que não contemplem essas características.

Sabendo-se dessa peculiaridade, resta a dúvida sobre se seria juridicamente possível homologar judicialmente um compromisso que não seja líquido, visto que adquiriria a natureza de título executivo judicial que, em tese, poderia ser liquidado. A resposta a essa questão deve ser obtida tendo como base de raciocínio os princípios constitucionais do acesso à justiça e da duração razoável do processo. Explica-se.

Se existe uma demanda coletiva em trâmite, ainda não sentenciada, homologar um TAC ilíquido gera economia de tempo, visto que o mesmo corresponderá à tutela que deveria ser prestada pelo Estado-juiz, faltando aferir, tão somente, o *quantum* do direito discutido (se for tutela de direito difuso e coletivo) e o *quantum* e os *titulares do direito*, se a tutela for de interesse individual homogêneo. Substituir-se-á um processo cognitivo amplo, ainda não sentenciado e que poderia desbordar em recursos até as instâncias superiores, por uma decisão irrecorrível, faltando apenas definir um elemento do direito metaindividual tutelado. Isso tudo se o termo de compromisso tiver cláusulas possíveis de serem liquidadas.

Situação distinta tem-se no caso em que a demanda coletiva em curso já tiver sido sentenciada, tendo-se formado norma concreta líquida. Violaria os princípios processuais constitucionais acima invocados homologar TAC ilíquido, o que seria um desperdício de atividade jurisdicional, impedindo-se um acesso mais rápido ao direito material.

Deve-se registrar que esse raciocínio pode ser confrontado caso se entenda que seria impossível homologar TAC ilíquido, pois faltaria a este um de seus requisitos de forma, o que impediria a sua convalidação e chancela pelo Estado-juiz.

Engana-se aquele que imagina que o estereótipo do TAC é o de um negócio jurídico bilateral simples, com apenas uma ou duas obrigações assumidas pelo particular. Pelo contrário, em especial o TAC ambiental normalmente envolve mais de um sujeito, solidariamente responsável que também tem obrigações a serem cumpridas. As vezes mais de um ente público participa com obrigações ou apenas anuindo com o termo de ajustamento de conduta. Não raramente, quando se trata de compromissos com inúmeras obrigações e com alta complexidade, o compromisso é feito em etapas para melhor coordenar a sua gestão e organização bem como monitoramento.

Nesses casos é comum que uma obrigação seja antecedente lógico da outra e em muitos casos são criadas comissões para fiscalizar e gerir o andamento dos compromissos. Nestas hipóteses, em que um compromissário não executa a sua obrigação pela inadimplência do anterior, admite-se que possa provocar o órgão público para que promova a execução contra o inadimplente para que ele mesmo possa exonerar-se da sua obrigação. Caso isso não ocorra, nada impede que promova uma *execução às avessas* para que o poder judiciário possa compelir o inadimplente a executar a sua obrigação.

Não será incomum em compromissos de ajustamento ambientais, antes o contrário, que exista urgência no cumprimento de obrigação de fazer e/ou de não fazer contida no compromisso de ajuste de conduta. É perfeitamente possível a concessão de tutela de urgência satisfativa ou assecuratória na execução do compromisso. Nas lides ambientais, a urgência é *in re ipsa* e não é invulgar a necessidade de que a execução das obrigações específicas se valha das técnicas do art. 139, IV e art. 536 do CPC, ainda quando se trate de título extrajudicial por expresso intercambio do art. 513 com o artigo 771 do referido diploma.

Capítulo 6
INQUÉRITO CIVIL PÚBLICO

1. INTROITO

A expressão que tipifica o instituto a que este tópico se refere já traz uma clara demonstração de que a sua criação não foi tão original assim. Tomou-se emprestado do inquérito penal, do sistema investigativo, não só o nome, mas também, mediatamente, a sua própria finalidade. Não são figuras iguais, é verdade, mas possuem um indisfarçável grau de parentesco, quando nada representado pelo fato de que o inquérito civil inspirou-se no modelo, e até na nomenclatura, do inquérito penal.

> Segundo nos informa Hugo Nigro Mazzilli, o inquérito civil surgiu bastante influenciado pelo inquérito policial e foi fruto de sugestão do promotor de justiça de Ourinhos, que em palestra proferida no ano de 1990 propôs a criação de um inquérito civil "à guisa do já existente inquérito policial. Não previu ele o instituto como passou a existir hoje, mas, sim, como um procedimento investigatório dirigido por organismos administrativos, para ser encaminhado ao Ministério Público para servir de base à propositura da ação civil pública".[1]

O inquérito civil, tal como é compreendido hoje, nasceu, legislativamente, com a Lei n. 7.347/85, tendo por finalidade a investigação e apuração pelo parquet de elementos de convicção que permitam fornecer-lhe suporte *"para que o Parquet ajuíze, de forma responsável, a ação civil pública"*.[2]

Sua criação foi tão festejada que o próprio legislador constituinte, em 1988, curvou-se à inovação, resolvendo ratificar a sua utilização em sede constitucional e inserindo tal instituto no art. 129, III, portanto, dentro das funções institucionais e instrumentos do Ministério Público. Após a CF/88 o instituto foi espalhado para o CDC, por intermédio da aplicação subsidiária do art. 90 nele mesmo contido, para a Lei n. 8.069/90 (Estatuto da Criança e do Adolescente), para a Lei Orgânica do Ministério Público (art. 25, IV, da Lei n. 8.635/93) e ainda para a Lei Orgânica do Ministério Público da União (art. 7º, I).

2. NATUREZA JURÍDICA

O inquérito civil constitui um instrumento (posto que não tem um fim em si mesmo) não jurisdicional, de índole administrativa, identificado como sendo um procedimento exclusivamente à disposição do parquet voltado à coleta de elementos para a formação

---

1. Hugo Nigro Mazzilli. "Pontos controvertidos sobre o inquérito civil", in: MILARÉ, Édis (Coord.). Ação civil pública. São Paulo: Ed. RT, 2001, p. 269.
2. MLARÉ, Edis. A ação civil pública na nova ordem constitucional, São Paulo: Saraiva, 1990, p. 18.

de convicção deste órgão com vistas à eventual propositura de ação civil (e/ou penal) para a defesa de direitos supraindividuais.[3]

Portanto, resumindo, dois aspectos mostram-se evidentes em relação à sua natureza jurídica: a) a natureza não jurisdicional e b) a fisionomia procedimental. Mas o que importa dizer que o IC é um procedimento, e não jurisdicional?

Inicialmente, cabe dizer que se se trata de um procedimento administrativo, de índole instrumental; poder-se-ia questionar a possibilidade de os Estados legislarem supletivamente às leis federais citadas, para estabelecer normas complementadoras de tal procedimento. Realmente, sendo o Inquérito Civil mero procedimento de índole administrativa, então deve-se aplicar a regra do art. 24, XI, permitindo-se a legislação complementar de procedimentos em matéria processual, aí incluindo-se o procedimento administrativo.

Entretanto, admitindo-se ou não essa "legislação complementar", é preciso dizer que as leis federais que regulam o assunto não podem ser simplesmente revogadas por lei estadual, tendo em vista que constituem normas gerais sobre o assunto, devendo, pois, suas diretrizes e princípios ser respeitados pela legislação estadual.[4] Quando muito, as leis estaduais poderão regulamentar, no sentido estrito, as regras já estabelecidas pelo IC.

> Além dos argumentos despendidos, poder-se-ia objetar ainda o fato de que se o inquérito civil está, como de fato ocorre, intimamente ligado à propositura da ação civil, servindo-lhe de instrumento, isso constituiria um óbice à modificação de sua estrutura por leis estaduais, pois certamente estariam adentrando em aspectos de direito processual (propositura da ação coletiva), cuja competência seria prevista no art. 22, I, da CF/88.

Por outro lado, ao se dizer que a sua natureza é não jurisdicional, não leva, jamais a equivocada conclusão de que não se deva obedecer aos princípios democráticos do processo, inerentes a qualquer tipo de procedimento que legitime a atuação estatal. Caso exista um desvirtuamento do instituto, por desrespeito aos princípios que regem a atuação do Estado por meio de um processo/procedimento, o interessado poderá valer-se de remédios constitucionais como habeas corpus e mandado de segurança.

3. CONCEITO E CARACTERÍSTICAS

O IC é procedimento administrativo solene e formal realizado no âmbito interna corporis do Ministério Público, que lhe é exclusivo e que está disponível para a investigação e coleta de elementos de prova que servirão de base e suporte para a formação de convicção do parquet na propositura (ou não) de demanda coletiva para a defesa de direitos supraindividuais. São características do IC: instrumentalidade, exclusividade, dispensabilidade, formalidade, publicidade, disponibilidade e participação.

---

3. Por todos ver MAZZILLI, Hugo Nigro. Pontos controvertidos sobre o Inquérito Civil. In: MILARÉ, Édis. (Coord.). Ação civil pública: Lei 7.347/1985 – 15 anos. São Paulo: Ed. RT, 2001, p. 281.
4. Nesse sentido, Nery & Nery. op. cit., 2. ed., 1996, p. 1.424.

CAPÍTULO 6 • INQUÉRITO CIVIL PÚBLICO **185**

3.1 Instrumentalidade

Como se vê, resta claro e lógico que este instrumento (como qualquer instrumento) não será útil se já existirem elementos de prova suficientes para instruir ou inibir a propositura de demanda coletiva pelo parquet. Dizer que o IC é instrumento preparatório não significa dizer que é o único meio preparatório de obtenção de elementos de convicção.

Há situações, por exemplo, em que o parquet poderá lançar mão de simples requisições (facultadas na LACP, art. 8º) contidas num "procedimento simplificado" sem que seja necessária a instauração formal e solene de um Inquérito Civil propriamente dito, já que nestas hipóteses não estará ocorrendo propriamente uma investigação, mas uma complementação de elementos que já justificariam a propositura (ou arquivamento) da ação coletiva para a defesa de direitos coletivos.

> "(...) VII – Ademais, consoante art. 8º, §1º, da Lei n. 7.347/85, a instauração de inquérito civil pelo Ministério Público é facultativa, logo, sua finalização não é imprescindível, nem condição de procedibilidade (...)".(AgInt no AREsp 1455101/MT, Rel. Ministro FRANCISCO FALCÃO, SEGUNDA TURMA, julgado em 01/10/2019, DJe 03/10/2019).

É de se ressaltar ainda, dentro da característica relativa à instrumentalidade do IC, que este mecanismo é deveras importante em se tratando de tutela dos direitos metaindividuais, no exato sentido de que não é raro, senão bem comum, que os danos e lesões coletivas se alastrem com uma rapidez desenfreada, causando degradações irreversíveis.

Por isso, a obtenção de provas que sirvam de elementos à propositura da ação permitirá não só que se firme o convencimento do parquet para propor a ação civil competente, mas também instruirá a demanda inicial permitindo, quiçá, a obtenção de tutela sumária, muitas vezes inibitória do ilícito já iniciado, que se tornaria muito difícil se a obtenção desses elementos só ocorresse em fase processual de instrução. Obviamente que as provas colhidas no inquérito civil sem o contraditório pleno daquele que pode ser futuro réu da demanda – até porque no curso do inquérito é que se pode descobrir quem devem ser o futuro réu – não podem ter a mesma força probante que as provas produzidas nos autos. Aliás, é simplesmente uma prova documental unilateral, ainda que nele contenham laudos, vistorias e opiniões de expertos.

> "(...) as provas colhidas no inquérito têm valor probatório relativo, porque colhidas sem a observância do contraditório, mas só devem ser afastadas quando há contraprova de hierarquia superior, ou seja, produzida sob a vigilância do contraditório" (STJ, REsp 476.660/MG, Rel. Ministra ELIANA CALMON, SEGUNDA TURMA, DJe de04/08/2003). Em igual sentido: STJ, AgRg no AREsp 572.859/RJ, Rel. Ministro HUMBERTO MARTINS, SEGUNDA TURMA, DJe de 03/02/2015; REsp 644.994/MG, Rel. Ministro JOÃO OTÁVIO DE NORONHA, SEGUNDA TURMA, DJe de 21/03/2005.

3.2 Exclusividade

No que concerne à exclusividade do MP para instaurar o inquérito civil, pode-se dizer que o legislador reconheceu a sua legítima atuação na defesa dos direitos coletivos. Certamente não é por causa do inquérito civil que o MP é o ente que mais atua na defesa e proteção destes direitos, se comparados aos demais legitimados do art. 5º da LACP, mas é fora de dúvidas que, sendo o MP o tutor natural de tais direitos, esse instrumento que lhe é exclusivo vem ratificar a posição de defensor natural dos direitos supraindividuais.

Ademais, não se pode baralhar exclusivo com obrigatório. O fato de ser instituto restrito apenas ao parquet não o obriga a instaurá-lo. É que, sendo um instrumento preparatório, que se submete à convicção da entidade, cabe ao parquet decidir pela sua instauração ou seu arquivamento, caso já tenha sido iniciado. Neste último caso, haverá um controle de seu arquivamento, que será explicado em seguida.

Ainda dentro do tema da exclusividade, não pode ser olvidado que o fato de ser de instauração exclusiva pelo parquet não impede que o seu conteúdo não possa ser utilizado por outro legitimado como prova documental, para que este possa ajuizar em conjunto ou isoladamente a demanda coletiva. Contudo, para evitar-se tumulto seria de bom alvitre que essa cooperação fosse feita após o inquérito civil ter sido concluído.

3.3   Publicidade e formalidade

O IC deve ser público, uma vez que servirá de base à propositura de ação que visa a tutela de direito supraindividual, e as informações que contém, pelo menos em tese – salvo em situações de sigilo profissional –, devem dizer respeito a bens e valores dos titulares dos direitos que serão defendidos em juízo. Assim, deve ser publicizado (art. 37 da CF/88), e o acesso às informações ali contidas é de interesse geral, e como tal, respeitadas as situações de sigilo, intimidade e vida privada, devem estar acessíveis a qualquer um do público.

Sob o ponto de vista do inquirido, pensamos que a publicidade do inquérito é medida que atende ao princípio do Estado democrático de direito. Como as provas não são *dessa ou daquela parte* mas servem para demonstração da verdade do enunciados fáticos, é certo que pelo princípio da isonomia o inquirido deve ter acesso a todas as informações contidas nos autos do inquérito, não só porque muitas delas lhes dizem respeito, mas também porque tem o direito de usá-las em seu benefício, caso seja proposta a referida demanda.

Não se trata aqui de querer criar obstáculos ao inquérito civil, mas apenas de deixar muito clara a posição de que, sendo um procedimento investigativo, o inquirido tem o direito de ter acesso às informações que lhe digam respeito, sob pena de, se as mesmas forem sonegadas, fazer uso do writ constitucional para modificar ou acessar suas informações contidas no referido instrumento.

O inquérito civil é procedimento administrativo *solene*. A formalidade comentada não serve à criação de obstáculos ou burocracias. Ser *solene* não implica ser algo conturbado por incidentes, nem burocrático ou que vise atrapalhar a investigação e coleta dos elementos de prova. A solenidade e o cumprimento de formas específicas, tal como o atendimento a regras específicas de instauração e arquivamento, constituem-se em verdadeiras garantias do Estado Democrático de Direito, fim perseguido pelo parquet, e certeza e legitimidade de que as provas a serem utilizadas na eventual ação civil foram carreadas de modo lícito e legítimo. São formas de se garantir a segurança jurídica almejada pelo sistema e pela sociedade, sem a qual não há desenvolvimento social que se sustente.

Obviamente que eventual vício contido no inquérito civil não contamina a eventual ação civil prova proposta, porque serve apenas para alimentar a referida demanda com material probatório, que, se for inadequada ou imprestável esta prova poderá ser objeto de impugnação dentro da própria demanda proposta.

> 8. De outra parte, "a jurisprudência do STJ consolidou-se no sentido de que a revisão da dosimetria das sanções aplicadas em ações de improbidade administrativa implica reexame do conjunto fático-probatório dos autos, o que esbarra na Súmula 7/STJ, salvo em hipóteses excepcionais em que é manifesta a desproporcionalidade das sanções aplicadas" (REsp 1.513.925/BA, Rel. Ministro HERMAN BENJAMIN, SEGUNDA TURMA, DJe 13/09/2017), sendo certo que, na espécie, não se revelou situação de desproporcionalidade. (REsp 1724421/MT, Rel. Ministro SÉRGIO KUKINA, PRIMEIRA TURMA, julgado em 24/04/2018, DJe 25/05/2018).

A publicidade deve ser ínsita ao inquérito civil. Parece-nos óbvio que, se há investigação de autoria e materialidade, bem como de outros elementos de prova, de fatos que comprometam os direitos supraindividuais, é *direito do cidadão* saber que contra ele existe um inquérito civil, e nesse caso todos os remédios constitucionais que sirvam à tutela do direito à informação dão a tônica do que aqui se afirma. O atendimento às regras de instauração, desenvolvimento e eventual arquivamento do inquérito civil atua de forma a estabelecer um seguro controle, pelo próprio parquet, de que a convicção na propositura eventual da ação civil pública é calcada em instrumento idôneo, legítimo e o mais próximo da verdade, evitando-se, assim, riscos de uma propositura irresponsável e temerária.

3.4   Participatividade

A participação está ligada à ideia de que a livre convicção do MP deve ser feita em elementos que atestem uma situação a mais próxima da verdade, evitando um desperdício de atividade jurisdicional, uma litispendência injusta e, mais ainda, uma ação civil temerária.

Por isso, a publicidade do inquérito e o atendimento de regras formais incita a possibilidade de participação da sociedade, sob diversos flancos e diversas formas, na contribuição para esse "dossiê" que será analisado pelo parquet. Quanto mais informações, certamente mais completa e mais fundamentada será a decisão de arquivar o inquérito civil ou promover a ação civil responsável.

Ademais, não seria lógico que qualquer um do povo, pessoa física ou jurídica, pudesse representar ao parquet para que este apurasse uma determinada situação e, uma vez instaurado um inquérito, não pudesse fornecer elementos ou dados à formação da sua convicção.

Nos artigos da LACP que cuidam do tema, especialmente o art. 9º, que trata do arquivamento, há regra expressa permitindo essa participação. É de se lembrar que o parquet deve atuar sempre pautando-se no Estado democrático de direito, e democracia exige participação.

Sob o ponto de vista do inquirido, a doutrina recomenda o contraditório, mas ao mesmo tempo "teme" o uso indiscriminado desse princípio, que, se utilizado de forma desregrada, poderia ser um elemento impeditivo dos fins perseguidos pelo inquérito civil[5]. O assunto é delicado e exige um posicionamento, que, confesso, acaba sendo influenciado pela experiência que angariamos no foro, na condição de advogado.

Aqueles que pensam que a instauração de um inquérito civil não restringe direitos, não aplica sanções e que por isso não é uma relação jurídica processual, nem mesmo administrativa, e que por isso mesmo é regida pelo princípio inquisitivo, utilizando-se dessa argumentação para justificar a desnecessidade de um contraditório por parte do inquirido, só vê o problema por um lado, ou, quiçá, apenas pelo lado literal.

O primeiro aspecto que queremos lembrar é que no nosso País – e esse é um dado que não pode ser olvidado – há uma sede por notícias sensacionalistas, pelo só fato de que estas "vendem", e, se vendem, nada mais lógico que nos jornais de grande circulação seja comum a formatação de notícias destacadas de que foi instaurado um inquérito civil contra esta ou aquela pessoa, por este ou aquele fato.[6]

É de se dizer ainda que tal instrumento volta-se especialmente para apurar fatos relacionados à lesão a direitos supraindividuais, portanto de interesse público, motivo pelo qual o interesse sobre as ditas informações é tão abrangente quanto o fato lesante do direito que se pretende apurar.

Também não pode ser desconhecido pelo leitor que a quase totalidade da população brasileira é indiferente aos termos intimado, inquirido, indiciado, acusado, réu etc., porque está absolutamente à margem da justiça.

E os poucos que reconhecem os termos não sabem distingui-los. Para a "grandessíssima" maioria, estar perante uma autoridade policial, ou o parquet, ou o juiz, representa, sempre, uma situação absolutamente incômoda, de repressão psíquica e social, pelos vizinhos, pela rua, pelo quarteirão, pelo bairro, dependendo do espraiamento dessa vergonha e repressão social, da notoriedade do fato ou do acusado, inquirido, indiciado, intimado. Assim, é muito comum entre os inquiridos civilmente, mormente se não estiverem relacionados ao fato que se apura, uma necessidade quase instintiva de "querer falar", querer explicar que tudo aquilo não é deste ou daquele modo.

---

5. Segundo Mazzilli, o contraditório "pode ocorrer, sob juízo de conveniência do presidente do inquérito civil". Op. cit., p. 282; Nery & Nery, CPC comentado e legislação processual civil em vigor, p. 1.541: "Como não é processo administrativo, não há contraditório no IC, sendo salutar que o MP faculte aos interessados a possibilidade de se manifestarem no IC, juntando documentos, pareceres técnicos, fornecendo informações etc. (...)." Manifestando-se pela incidência da ampla defesa e contraditório, Paulo de Bessa Antunes. "O inquérito civil (considerações críticas)", in: Ação civil pública, p. 666-667.

6. Lúcida e seríssima a observação feita por Flávio Luiz Yarshell, acerca dos cuidados que se devem ter em se evitar que a lei de improbidade e correlatos poderes que possui o parquet não sejam instrumentos de perseguição política e atentatórios contra princípios e garantias fundamentais do indivíduo. Ilustra o autor que uma primeira preocupação que não pode ser olvidada é a partir do que "se vê e se ouve nos veículos de comunicação pelos quais se manifesta a opinião pública'" e que consiste na "constatação da existência de uma espécie de cultura da improbidade 'presumida' dos administradores públicos. Há, com efeito, uma ideia, que parece ser generalizada – e que é quase uma 'máxima de experiência' – de que, por exemplo, político (figura muitas vezes equiparada ao administrador público) não é confiável e que a maior parte daqueles que estão ligados à coisa pública acaba por espoliá-la, obtendo, para si e/ou para outrem, vantagens indevidas. Nessa visão, poder-se-ia dizer que o administrador público (o 'político') é presumivelmente culpado, até que ele prove a sua inocência, invertendo-se, em termos práticos, a regra constitucional de presunção de inocência". Flávio Luiz Yarshell. "Ação cautelar sem correspondente ação principal", in: Improbidade administrativa: questões polêmicas e atuais. São Paulo: Malheiros, 2001, p. 188.

Pior do que a repressão estatal é a repressão social. Esta não tem cura e deixa cicatrizes morais insanáveis. Isso sem falar em feridas financeiras insuperáveis, já que não será invulgar que os inquéritos civis estejam relacionados a lesões de consumidores e ambientais, que são temas conaturais aos direitos difusos e coletivos, conaturais aos direitos supraindividuais.

É claro que o parquet não pode se responsabilizar pelo só fato de abrir um inquérito civil para apuração, muito embora deva avaliar que tipo e provocação podem justificar esse procedimento. Mas o fato é que, se o inquérito civil importa nas consequências mencionadas sobre a esfera pessoal dos inquiridos, e paralelamente a participação é meio de se obter a verdade, ora, não há justificativa lógica, legal e legítima para que a mesma seja impedida ou mutilada.

Nesses casos, v.g., a só notícia de um inquérito que apura contaminação deste ou daquele alimento, desta ou daquela degradação, desta ou daquela lesão aos cofres públicos mexe com o que há de mais importante para esses sujeitos: a imagem, o moral, a reputação, que, em virtude da ausência de contraditório, ficam impossibilitados de fornecer seus elementos de convicção, enfim, suas razões.[7]

Sob esse aspecto é que deve ser repensado o princípio do contraditório. Se informação necessária deve existir, em razão da publicidade e pelo fato de que as ditas informações ali contidas referem-se à pessoa, é de se pensar que a reação possível e a possibilidade de influenciar na definição do ajuizamento ou não da demanda deve ser levada em consideração. O que se quer dizer é que deve prevalecer o bom senso e, diríamos, o princípio da participação.

Ora, se o contraditório pressupõe informação necessária somada a reação possível com poder de influência, e, no caso do inquérito civil, não há, a priori, contra o que reagir para justificar o descabimento do contraditório, é certo que há um direito essencial de qualquer pessoa, e, portanto, em contraface um dever da administração de permitir a participação pública no inquérito civil.

Essa participação não significa contraditório de todos os atos do procedimento, mas permitirá que a pessoa inquirida tenha acesso a todas as informações e tenha o direito de fomentar a investigação com seus argumentos, afinal de contas, o parquet é órgão público, cuja função administrativa é regida pelos princípios insculpidos no art. 37 da CF, devendo atuar com moralidade, impessoalidade, eficiência, legalidade e publicidade.

> "2.1. Inocorrência de nulidade do processo em virtude da ausência de notificação do ora recorrente para o inquérito civil público – tendo sido notificada tão somente a pessoa jurídica da fundação – uma vez que as nulidades do inquérito civil não contaminam, necessariamente, a futura ação civil pública, uma vez que são

---

7. Com flexibilidade comedida diz Nery: "Pode-se pensar, no entanto, na expressão 'acusados em geral', constante do texto constitucional (CF 5º, n. LV), que autoriza o raciocínio de que, no inquérito policial e no inquérito civil, que são procedimentos administrativos, podem existir acusados, de modo que aí, sim, incidiria o princípio constitucional do contraditório. Assim, quando houver 'acusado' no inquérito, haverá incidência do princípio do contraditório. Quando ainda não houver acusado, isto é, o inquérito for instaurado para apuração da autoria, não incidirá o princípio. De qualquer modo, como o mister constitucional do Ministério Público é o de buscar a verdade no interesse social, é seu dever permitir que no inquérito possam ser produzidas provas para formar sua convicção. Nada obsta que a autoridade policial e o Ministério Público, respectivamente no inquérito policial e no inquérito civil, permitam ao acusado acesso aos autos e a todos os passos da investigação". NERY JUNIOR, Nelson. Princípios do processo civil na Constituição Federal, 8. ed., São Paulo: Ed. RT, 2004, n. 23, p. 177.

assegurados o pleno exercício do contraditório e da ampla defesa no curso da demanda. Precedentes." (REsp 1602029/SP, Rel. Ministro PAULO DE TARSO SANSEVERINO, TERCEIRA TURMA, julgado em 10/03/2020, DJe 23/03/2020)

O inquérito civil moralmente legítimo é aquele que colhe e investiga fatos e provas ouvindo ou permitindo que se ouça o que o inquirido tem a dizer, atém para se formar uma convicção mais próxima da verdade. Ninguém melhor do que ele para dar informações que serão contrastadas com as demais que se obtiverem. O inquérito civil é eficiente quando a convicção do parquet é colhida em elementos suficientes para se obter segurança sobre a propositura (ou não) da demanda, evitando-se desperdício de tempo, dinheiro, justiça, e, pior ainda, uma injusta litispendência contra o réu de uma ação civil pública.

> "Além de tudo isso, sendo a jurisdição exercida mediante os atos encadeados do processo, há os males que a própria formação e pendência deste impõem às partes e especialmente ao demandado, a quem a situação é imposta sem consulta à sua vontade. A litispendência é realmente um vínculo quase sempre indesejável, e é por isso que a lei impõe requisitos para a formação de processo cível viável (os pressupostos processuais), sem os quais ele não deveria ter sido formado e em razão de cuja falta deva ser extinto. Não é sem razão que ao demandado se oferecem as exceções processuais, constituindo para ele um bem a *absolutio ab instantia*, ou seja, a libertação ('absolvição') do pesado vínculo que o processo significa: a litigiosidade da coisa, ineficácia das alienações, as repercussões sociais e econômicas do processo (abalo e restrições ao crédito) constituem a tessitura desse incômodo que o processo representa." Cândido Rangel Dinamarco. Execução civil, p. 396. No mesmo sentido, ver Ada Pellegrini Grinover. As garantias constitucionais do direito de ação. São Paulo: Ed. RT, 1973, p. 159 e ss.; ver ainda Arruda Alvim. Direito processual civil. São Paulo: Ed. RT, 1972, v. II.

O inquérito civil é legal quando visa atender à ordem democrática e à justiça, evitando que alguém seja demandado e reprimido socialmente de modo injusto e desnecessário. O inquérito civil é público quando as informações que contém são colocadas à disposição da sociedade, não para que apenas delas tenha ciência, mas para que possam de alguma forma contribuir na formação da convicção da necessidade ou não de uma demanda coletiva.

Ressalte-se que, se o inquérito civil é preparatório da ACP e o parquet é representante do povo e da sociedade na sua propositura, seria esdrúxulo admitir que a sociedade não pudesse participar na formação dessa convicção fornecendo elementos de convicção.

Por essas razões e especialmente pelo fato de que não é incomum a situação de que durante o inquérito civil são obtidos inúmeros compromissos de ajustamento de conduta, alcançando-se a paz social sem a necessidade de um processo lento, demorado (que só permite o alastramento das lesões coletivas) e inefetivo, parece-nos que o princípio da participação social no inquérito civil deve ser irrestritamente observado, dando chances à sociedade, especialmente ao inquirido, de ajudar na investigação da verdade. O inquérito civil não "é do Ministério Público", mas "para o Ministério Público", representante da sociedade.

Um último aspecto que não pode ser descartado, em relação à necessidade de ativa participação ou possibilidade de participação da sociedade, e especialmente do inquirido no inquérito civil – que não é o objeto do mesmo, mas sim sujeito que com ele contribui –, decorre do fato de que, ao contrário do que ocorre no direito processual penal, onde há posição doutrinária majoritária da não incidência do contraditório no inquérito policial,[8] é que, não obstante a semelhança e a origem, se fizermos uma comparação entre o inquérito civil e o inquérito penal, encontraremos diversas diferenças estruturais entre os institutos.

Segundo pensamos, constitui enorme erro querer aproveitar, in totum, as mesmas regras principiológicas que norteiam a compreensão do inquérito penal para o civil. Além do fato de que o inquérito penal (inquérito penal) refere-se, com perdão da obviedade, às lides penais e o inquérito civil (inquérito civil), às lides civis, é certo que o primeiro encontra-se regulado no art. 4º e ss. do CPP e este último nos arts. 8º e 9º da LACP (Lei n. 7.347/85). Aquele é presidido pela autoridade policial e este pelo promotor de justiça.

Assim, regras de controle de arquivamento do procedimento de ambos são absolutamente diversas. Lá pretende-se identificar a autoria e a materialidade do crime, e aqui se refere à coleta de todos os elementos formadores de convicção à propositura da ação civil pública para a defesa de direitos supraindividuais, sejam eles provas diretas ou indiretas do evento.

Mas não só essas diferenças de forma nos permitem defender com muito mais entusiasmo a ideia de que, com muito mais razão, justifica-se a participação do inquirido na investigação realizada pelo parquet.

Diante disso, é claro que a propositura de ação penal dependerá de uma análise mais restrita, mais segura e menos aventureira, até porque se lida com a liberdade do indivíduo. Já na seara cível, considerando também a inexistência de verbas sucumbenciais, e a atipicidade legal (em sentido estrito) da hipótese de incidência, há "risco zero" para a propositura de demandas coletivas, havendo, pois, um relaxamento normal e natural quanto à necessidade de se fazer uma análise segura em relação à propositura de demanda coletiva.

3.5 Objeto

O objeto do inquérito civil é a coleta de elementos de prova para a propositura de demanda civil coletiva, sem descartar a possibilidade que venha municiar também ação penal com base no mesmo fato.

Assim, é certo que todos os atos que serão realizados no inquérito civil, pelo menos imediatamente, são tendentes à formação dessa convicção. A persecução e captação dos elementos fáticos devem atender aos princípios da legalidade e moralidade, não podendo o parquet extrapolar poderes e submeter o inquirido a perda ou restrição de direitos.

Não se descarta, antes recomenda-se, que durante o inquérito civil o promotor de justiça, verificando a possibilidade de solução consensual do conflito, especialmente na fase derradeira do procedimento quando todos os elementos de prova já tiverem sido

---

8. Nesse sentido ver, por todos, José Frederico Marques. "A investigação policial", in: Estudos de direito processual penal. 2. ed. Campinas: Millenium Editora, 2001, p. 74; Helio Tornaghi. Processo penal, v. I, p. 293; em sentido contrário, Rogério Lauria Tucci, com o qual concordamos. O inquérito civil, como já se disse, é um meio hábil de se comprovar, ou não, a veracidade de fatos que podem ensejar uma ação civil pública, voltada para a tutela do meio ambiente e/ou daqueles outros direitos protegidos pelo sistema de jurisdição civil coletiva. Por ser seu objeto uma atividade probatória, é mais do que claro que deve verificar-se a participação, incidindo o contraditório, por ser este ínsito à dinâmica probatória. A prova só pode ser entendida como tal a partir do momento em que seja discutida e debatida.

colhidos, convide o futuro réu para tentar obter uma solução consensual com o mesmo, firmando termo de ajustamento de conduta, afinal de contas *"inquérito civil insere-se no contexto do sistema multiportas, sendo instrumento voltado à obtenção de dados para a realização de soluções extrajudiciais como mediação, conciliação, transação etc."*[9].

Já foi decidido pelo STJ, com acerto, que o Ministério Público tem amplo poder de requisição de documentos, mormente se tais documentos ou informações estão contidos no âmbito da administração pública, caso em que se submetem ao princípio geral da publicidade dos atos administrativos (arts. 37 e 5º, XXXIII, da CF/88). A permissão, ressalvadas as hipóteses legais de proteção do sigilo (que seja imprescindível à segurança social e do Estado), decorre de imperativo constitucional do interesse público.

Ora, como o parquet age representando a sociedade, parece-nos lógico que a justificativa de sua atuação não seja outra senão a tutela do interesse público. Soma-se a isso o fato de que tais informações e documentos ainda serão levados a juízo e referem-se apenas à formação da convicção da propositura, ou não, da demanda coletiva. Com acerto o STJ, ao dizer que *"a ocultação e o não fornecimento de informações e documentos é conduta impeditiva da ação ministerial e, consequentemente da justiça, se erigindo em abuso de poder"*.[10]

Superada a questão acerca da legalidade do poder requisitório do parquet para alcançar o desiderato do inquérito civil, deve ser dito ainda que todas as espécies de captação de elementos de provas podem ser feitas pelo parquet, desde que, é claro, sejam legais e moralmente legítimas.

Assim, poderá o parquet realizar perícias, colher depoimentos, ouvir testemunhas, realizar inspeções, além, é claro, de requisitar informações e documentos. Como toda essa atividade investigativa é "apenas" para a formação de sua convicção quanto à propositura da ação civil pública, portanto, uma coleta unilateral, a sua validade ficará restrita ao âmbito *interna corporis* do órgão, ou seja, só poderá ser utilizada no processo se ampla e irrestritamente discutida a sua validade e eficácia pelo então réu da ação civil pública.

Tendo em vista que o objeto do inquérito civil é a obtenção de elementos de prova que serão inclusive usados em eventual e futura ação, a colheita desses elementos deverá atender aos princípios da legalidade e moralidade, tal como determina o art. 37 da CF/88. Contra as atitudes do parquet que desbordem de tais exigências, será possível a utilização de remédios jurisdicionais constitucionais para coibir ou reprimir tais abusos.

Por essa sorte de considerações, é mister que tal instrumento – o inquérito civil – seja efetivamente necessário e adequado. Isso quer dizer que o Ministério Público não pode, sob pena de controle judicial, instaurar um inquérito civil se não tiver interesse no mesmo. E, diga-se de passagem, não se trata de conveniência e oportunidade ao alvedrio do parquet, pois, em última análise, o inquérito civil servirá à obtenção de uma resposta possível entre duas que se apresentam: ou não há elementos de prova e precisa-se coletá-los, ou já há e eles não se mostram necessários.

---

9. DIDIER, Fredie. ZANETI, Hermes. Curso de direito processual civil: processo coletivo. 10. ed. Salvador: Ed. Juspodivm, 2016, p. 238.

10. Paulo de Bessa Antunes, op. cit., p. 661-662.

CAPÍTULO 6 • INQUÉRITO CIVIL PÚBLICO

O interesse no inquérito civil significa que este deve ser ao mesmo tempo necessário e realizado de modo adequado a atingir o seu fim. Sem a necessidade e sem a adequação, o inquérito civil é ato administrativo com desvio de finalidade, ilegal e ineficiente, portanto, sujeito a controle jurisdicional pelo Poder Judiciário.

O inquérito civil deve ser necessário, evitando-se, pois, que seja gasto inutilmente o dinheiro público e a morosidade da atuação ministerial (princípio constitucional da eficiência) e, ainda, deixando-se de causar graves e inúteis perturbações sociais na vida dos inquiridos.

Assim, se é verdade que as situações da vida ensejam uma rica variabilidade de hipóteses onde se poderia questionar a necessidade do inquérito civil, a verdade é que já é possível dizer que é absolutamente desnecessário tal instrumento quando o resultado pretendido já foi obtido (ou quando pode ser obtido por meio mais célere e mais econômico). Isso se dá, por exemplo, quando já houve coleta de material probatório em inquérito penal, já se possuindo elementos de convicção para uma eventual propositura da ação civil pública. Também será desnecessário o inquérito civil quando já se tenha ajuizado a ação civil pública, ou quando já exista decisão na justiça penal que constitua título executivo judicial no cível, ou quando absolva o réu da acusação que lhe é imposta.

Entretanto, não para por aí o problema relativo à desnecessidade da instauração do inquérito civil, já que é possível argumentar-se haver uma superposição de campos entre o inquérito civil e a ação de produção antecipada de provas (art. 381).

Diante de um confrontamento do inquérito civil com a ação de produção antecipada de provas, não seria absurdo ou descabido surgirem argumentos de dois tipos: um de que o parquet não teria interesse processual em ajuizar a ação para asseguração de provas sem que antes tenha lançado mão do inquérito civil, que seria meio mais barato, mais rápido, menos burocrático, com natureza inquisitória, realizado por ele próprio, que com isso teria contato direto com a prova (dotado de poder requisitório), com função investigativa, e que, por fim, não traria os incômodos, as inquietudes e o custo social de uma lide pendente. Secundariamente, tem-se ainda a possibilidade de se firmar um compromisso de ajustamento de conduta, se verificado o dano ambiental e ainda a realização de audiências públicas com a sociedade civil e recomendações para órgãos e entidades civis.

Enfim, considerando o fato de que o inquérito civil é meio idôneo de realização de provas, com possibilidade de uso do poder requisitório do parquet, que serve à fundamentação para a propositura posterior de ação civil pública responsável, e mais ainda, com a função secundária de ensejar a formação do compromisso de ajustamento de conduta às exigências legais, poder-se-ia questionar o seguinte: por que o parquet se utilizaria do procedimento cautelar de *vistoria ad perpetuam rei memoriam*, em que o próprio aspecto econômico de pagamento de perícia, requisição de documentos, depoimento das pessoas e testemunhas constituiriam obstáculos à formação rápida e desburocratizada da colheita de prova? Por que não utilizar o inquérito civil, dispensando inclusive a possibilidade de realização do compromisso de ajustamento de conduta? Por que deixar de utilizar o inquérito civil, que é exclusivo deste órgão, se a finalidade deste instituto é exatamente a mesma que seria obtida por intermédio da cautelar de asseguração de prova? Por que não utilizar o inquérito civil, se a intenção é colher elementos verificatórios do fato imponível para o ajuizamento da respectiva ação civil pública? Por que não o inquérito civil ao invés da produção antecipada de provas, se aquele é muito mais célere que esta, além de estar submetido ao seu controle, com menor custo social (causado por uma lide pendente), com menor custo econômico (em função do poder requisitório), com economia jurisdicional (evitar desperdício de jurisdição)?

Por outro lado, não se descarta a alegação de que, sendo o inquérito civil anterior à ação de produção antecipada de provas, não seria mais cabível o ajuizamento dessa demanda, tendo em vista que as medidas de colheita de prova já poderiam ser obtidas em inquérito civil. O argumento se acentuaria caso resolvesse ser proposta a ação de asseguração de prova em momento posterior ao arquivamento do inquérito civil.

A verdade é que o confronto entre os institutos não é descabido e as consequências dessa constatação devem ser cuidadosamente analisadas. Fora de dúvidas que o inquérito civil constitui um importantíssimo instrumento, inserido na LACP por sugestão de Antonio Augusto de Camargo Ferraz, Édis Milaré e Nelson Nery Júnior,[11] e que é necessário para a colheita de material de suporte ao ajuizamento responsável[12] da ação civil pública, a fim de formar a convicção do promotor de justiça e evitar a propositura de ação temerária.

Por outro lado, também não se questiona que a ação autônoma de asseguração de provas constitui técnica instrumental de absorção e coleta de elementos de prova que servirão para a parte avaliar se deve ou não propor a demanda com base naquelas provas. Apenas no eventual e futuro processo que o magistrado *valorará* a prova que já terá sido *produzida* na ação autônoma.

Em nosso sentir, para que seja feito o confrontamento entre a demanda autônoma de prova e o inquérito civil com fins a obter daí uma solução quanto à existência ou não de interesse processual na instauração de um ou no ajuizamento do outro, deve-se, primeiro, delinear as dessemelhanças entre os institutos. Ambos são técnicas instrumentais, mas o inquérito civil é de índole administrativa e a outra é jurisdicional. Ambos visam a investigação e a coleta de provas, mas a finalidade de ambos é também diversa.

Na demanda autônoma de prova pretende-se produzir a prova para três fins:

I – Haja fundado receio de que venha a tornar-se impossível ou muito difícil a verificação de certos fatos na pendência da ação, ou seja, função preparatória para uma futura demanda;

II – A prova a ser produzida seja suscetível de viabilizar a autocomposição ou outro meio adequado de solução de conflito;

III – O prévio conhecimento dos fatos possa justificar ou evitar o ajuizamento de ação (art. 381).

Já o inquérito civil é coletar provas para *o parquet* avaliar se deve ou não ajuizar a ação civil pública, ou seja, o destinatário e a finalidade são claros. A figura do art. 381 do CPC justifica-se, pelo menos, por três fundamentos diversos e nela há o contraditório pleno, sob gestão de um magistrado imparcial e equidistante, enquanto o inquérito civil

---

11. Antonio Augusto Mello de Camargo Ferraz, Édis Milaré & Nelson Nery Júnior. A ação civil pública e a tutela jurisdicional dos interesses difusos. São Paulo: Saraiva, 1984, n. 12, p. 75; idem, ibidem, in: "Teses e relatórios do XI Seminário Jurídico dos Grupos de Estudos do Ministério Público de São Paulo", realizado em São Lourenço-MG em dezembro de 1983. São Paulo: Saraiva, 1984, n. 12, p. 100; e estes autores propuseram redação de norma legal sobre o inquérito civil, constante do art. 5º e parágrafos do Anteprojeto que consta como apêndice da tese aqui referida, p. 107. Esse texto é praticamente o do art. 8º da LACP vigente.

12. A expressão, já citada antes, é de Édis Milaré. A ação civil pública na nova ordem constitucional, op. cit., p. 18.

CAPÍTULO 6 • INQUÉRITO CIVIL PÚBLICO   **195**

é instrumento exclusivo e presidido pelo parquet, que a ele se destina, sendo por ele instaurado, presidido e arquivado.[13]

Portanto, por tudo quanto foi exposto, é mister ter em mente tais dessemelhanças e semelhanças entre os dois institutos antes de se dizer que existe, ou não, interesse na instauração do inquérito civil ou da produção antecipada de provas. Embora seja incomum não vemos nenhuma dificuldade de admitir a produção antecipada de prova pelo parquet, especialmente na hipótese do inciso I do art. 381, por razões de economia, efetividade e eficiência do processo.

Outra hipótese onde se poderia arguir a inexistência de interesse pela falta de necessidade de instauração do inquérito civil ocorre quando sua finalidade pode ser alcançada mediante simples procedimentos requisitórios de documentos ou de processos administrativos com menor custo social e econômico. Ou ainda quando os fatos a serem investigados são notórios ou impertinentes, ou se referem a uma atuação impossível do parquet (impossibilidade de ajuizamento da ação civil pública).

Aspecto importante relativamente ao objeto do inquérito civil diz respeito ao tipo de fato que pode ser apurado e investigado. Certamente, o fato de o inquérito civil estar atrelado à convicção para a propositura de ação civil pública faz com que se limite a esfera e abrigo dos fatos que podem ser investigados pelo instrumento administrativo do parquet.

Não haveria razão lógica para investigar-se fatos que não se comprimem dentro de molduras jurídicas que acarretem pretensões a serem defendidas pelo MP. Logo, além de buscar a investigação de fatos determinados (não necessariamente típicos, já que vigora o princípio da atipicidade no processo civil), é necessário que estejam relacionados as tais futuras demandas coletivas (supraindividuais) ou àquelas individuais indisponíveis cuja instauração seja atribuição do parquet por imperativo constitucional. O desbordamento desse limite de investigação importará em ato ilegal sujeito ao controle jurisdicional.[14]

3.6   Competência

Aspecto que não tem merecido muita atenção sobre o inquérito civil é o da competência para sua realização. Mesmo os arts. 8º e 9º, que cuidam do assunto, foram bastante econômicos, porquanto limitaram-se a dizer que caberá ao Ministério Público

---

13. Sua finalidade não é promover a solução consensual do conflito, embora isso possa ser obtido no seu curso.
14. Insta dizer ainda, embora não faça parte do objeto deste trabalho, que por meio da Lei 12.034 foi inserido o art. 105-A à Lei 9.504 proibindo a utilização do inquérito civil nas lides eleitorais. O referido dispositivo contém a seguinte redação: "Art. 105-A. Em matéria eleitoral, não são aplicáveis os procedimentos previstos na Lei 7.347, de 24.07.1985." Escrevemos ainda no início da vigência da referida lei que "o referido dispositivo 105-A da Lei 9.504/1997, nela inserido pela Lei 12.034/2009, além de afrontar a disposição do art. 129, III, da CF/1988, revela-se, em última análise, uma limitação inconstitucional de acesso à Justiça do Ministério Público, ante a supressão de fundamentais ferramentas de atuação suas". RODRIGUES, Marcelo Abelha. JORGE, Flávio Cheim. A limitação à utilização do inquérito civil no direito eleitoral: a inconstitucionalidade do art. 105-A da Lei 9.504/1997", In: Revista de Processo, v. 235, São Paulo: Ed. RT, 2014, p. 13-18. A tese foi acolhida pelo TSE que sedimentou a posição de que "Recursos especiais. Eleições 2012. Prefeito. Ação de investigação judicial eleitoral. Recurso dos candidatos e da coligação. Inquérito civil público. Cassação dos diplomas em aije. Possibilidade. Abuso de poder político e econômico [...] 1. O art. 105-A da Lei 9.504/97 – que veda na seara eleitoral adoção de procedimentos contidos na Lei 7.347/85 – deve ser interpretado conforme o art. 127 da CF/88, no qual se atribui ao Ministério Público prerrogativa de defesa da ordem jurídica, do regime democrático e de interesses sociais individuais indisponíveis, e o art. 129, III, que prevê inquérito civil e ação civil pública para proteger interesses difusos e coletivos. Precedente: REspe 545-88/MG, Rel. Min. João Otávio de Noronha, julgado em 8.9.2015 [...]".

promover a instauração do inquérito civil sem indicar "qual" Ministério Público terá competência para tanto.

O primeiro nó que precisa ser desatado diz respeito às "divisões" do parquet. Já expusemos nossa opinião ao tratarmos da competência e da independência do parquet estadual e federal, já que, como dito alhures, foi a própria Constituição Federal que determinou o fatiamento da competência de cada um deles seria regido por lei complementar própria e chefiado por pessoas distintas.

Dessa forma, segue-se as mesmas regras de determinação de competência, qual seja, de "competência de jurisdição" (se justiça estadual ou federal), não sendo impeditivo a cumulação de esforços de diferentes Ministérios Públicos em litisconsórcio, tal como determina a Lei n. 7.347/85, no art. 5º, § 2º.

A rigor, portanto, só será possível a instauração de inquérito civil pelo parquet que tiver competência para propor a ação civil pública correspondente. Ora, se o inquérito civil destina-se à convicção do Ministério Público para propor ou não a demanda coletiva, nada mais lógico que, se o referido órgão não possui legitimidade para propor sozinho a dita demanda, também não poderá fazê-lo em relação ao inquérito civil. Se não pode o principal, com maior razão ao que lhe é acessório.

Uma vez que tenha sido descoberta a competência do parquet (estadual ou federal), exsurge a necessidade de se verificar qual a autoridade do parquet que terá a "competência" para presidir e instaurar o inquérito civil. A identificação do membro do parquet que terá competência para presidir o inquérito civil é tarefa reservada às normas locais do Ministério Público com atribuição para propor a ação civil pública. Nada mais lógico que isso, pois o número de membros do parquet e respectivas atribuições têm íntima correspondência com as regras de competência, tais como o número de varas de atuação, distribuição interna de processos etc.

Mesmo considerando a afirmação anterior, pode-se dizer que a "instauração e a presidência do inquérito civil competem ao membro do Ministério Público que tenha em tese a atribuição para a propositura de ação civil pública correspondente".[15]

Considerando que o inquérito civil constitui uma sequência de atos administrativos tendentes a um fim, e tomando-se por regra a imposição principiológica constitucional da impessoalidade dos atos da administração pública, então não será possível que o IC seja instaurado (ou tenha continuidade) quando tal princípio constitucional (art. 37 da CF/88) não estiver presente.

O único interesse que deve estar em jogo para tais hipóteses é o público, norteador, pois, da atuação da administração pública. Assim, interesses pessoais do representante da administração pública que seja o competente para realizar o ato devem ser sumariamente repelidos e rechaçados por razões óbvias. Não pode ser admitida ou tolerada a utilização do ato administrativo para fins pessoais. Para casos tais, em que o inquérito civil seja maculado pela pecha da pessoalidade, deve haver o controle de sua legalidade, de forma que poderá ser anulado sponte própria pelo parquet ou sujeitar-se ao controle jurisdicional.

---

15. MAZZILLI, Hugo Nigro. Inquérito civil, p. 77.

CAPÍTULO 6 • INQUÉRITO CIVIL PÚBLICO

Certamente, não será possível a instauração de inquérito civil com vistas à propositura de ação civil pública por membro do parquet quando este tiver interesse pessoal no procedimento, o que ocorrerá mutatis mutantis, nas hipóteses dos arts. 134 e 135 do CPC ou art. 112 do CPP. Situação interessante e que deve ser observada com cuidado diz respeito à quando a investigação do inquérito civil refira-se a fato que tenha tomado conhecimento (v.g. noticiado ou denunciado anonimamente) que enseje a tutela de interesse individual homogêneo, coletivo ou difuso.

> "(...) 4. Esta Corte já se manifestou no sentido de que a denúncia anônima não é óbice à instauração de inquérito civil por parte do Ministério Público. A instauração de inquérito civil é prerrogativa constitucionalmente assegurada ao Parquet, a quem compete a defesa da ordem jurídica, do regime democrático e dos interesses sociais e individuais indisponíveis. 5. Nesse diapasão, a legislação atinente ao Ministério Público autoriza sua atuação ante o conhecimento de fatos que ensejem sua intervenção, irrelevante tratar-se de denúncia anônima. Precedentes. (...)" (REsp 1447157/SE, Rel. Ministro HUMBERTO MARTINS, SEGUNDA TURMA, julgado em 10/11/2015, DJe 20/11/2015)

Nessas hipóteses, seja em uma ou em outra, não seria adequado que o membro do parquet envolvido tivesse interesse pessoal (individual tratado homogeneamente) ou coletivo protegido, para evitar-se que se argua a sua pessoalidade. Quando se trata de interesse difuso, essa "pessoalidade" torna-se muito difícil de estar presente, tendo em vista a dispersão e fluidez que caracterizam os ditos interesses.

Entretanto, não se pode negar peremptoriamente que nas hipóteses de interesses difusos possa existir essa "pessoalidade". Isso devido a dois aspectos. Primeiro, porque o regime da coisa julgada in utilibus dos direitos difusos e coletivos poderá indicar uma predisposição do membro do parquet a atuar na defesa do interesse difuso, porque sabe que poderá vir a ser beneficiado por tal decisão. Segundo, porque não parece descartado o impedimento do membro do parquet quando exista uma relação direta entre o interesse difuso a ser tutelado (limpeza de uma baía poluída por óleo) e o interesse legítimo eventualmente existente do membro do parquet (dono de uma casa de praia na mesma região) em casos de danos por ricochete.

Também é possível verificar a existência de "pessoalidade", além dos casos apontados nos dispositivos do CPP e CPC (ver também os arts. 18, 19, 20 e 21 da Lei n. 9.784/99), quando o membro do parquet designado para propor a ação civil pública é o mesmo membro que teria pedido o arquivamento do inquérito civil. A declaração de parcialidade pode ser feita de ofício pelo próprio promotor de justiça ou pelo interessado (investigado), devendo-se proceder, nesse caso, à arguição segundo as regras procedimentais estabelecidas pela lei do parquet, ou, na sua lacuna, pelas regras previstas nos artigos citados da lei nacional de processo administrativo. De qualquer forma, qualquer decisão que rechace esta alegação poderá ser arguida em juízo caso seja ajuizada a ação civil pública.

3.7   Procedimento do inquérito civil

Uma singela leitura dos arts. 8º e 9º da Lei n. 7.347/85 permite inferir que o procedimento do IC pode ser didaticamente tripartido nas seguintes fases ou momentos: instauração, instrução e conclusão.

A fase de instauração, como o nome mesmo já diz, é delimitada, no início, pelo ato inaugural de instauração do IC e, no final, pelo início da colheita de provas, podendo não estar tão nítida a sua delimitação.

O ato inaugural do inquérito pode ser expedido de ofício do próprio MP (portaria) ou acolher requerimento ou representação de qualquer um do povo acerca do fato a ser investigado (inclusive denúncia anônima). Portanto, o inquérito civil tem início sempre que uma fonte idônea, digna e merecedora de atenção e investigação, indique a necessidade de atuação ministerial para a referida hipótese. Pouco importa o modo como essa "fonte" chegue ao parquet (notícias de jornal, relatório encaminhado de CPI, informação do Tribunal de Contas, representação do cidadão etc.). O que importa, na verdade, é que em qualquer caso exista uma situação que de fato justifique a atuação ministerial.

Instaurar ou não o inquérito civil é decisão que compete ao parquet. O caminho a ser "escolhido" pelo MP é um só, e isso é determinado pelos princípios da obrigatoriedade e indisponibilidade, de forma que não pode o parquet deixar de instaurar o IC quando ele se mostra necessário, ou, pelo contrário, instaurar quando não seja pertinente. Essa "liberdade" de convicção é controlada por uma responsabilidade de seus membros.

Com isso queremos dizer que o inquérito civil não é panaceia nacional e não pode ser utilizado sem razão e nem juízo, sob pena de o Ministério Público responder patrimonialmente (Estado ou União)

"pelos prejuízos causados aos investigados em razão de abusos cometidos pela demora na finalização do inquérito civil. Muitas vezes a investigação fica parada por meses ou até anos, sem que qualquer providência seja tomada. Enquanto isso, os investigados suspendem investimentos ou certas condutas, com temor de virem eventualmente a ser punidos. Quando finalmente o inquérito é concluído e arquivado, o investigado pode ter acumulado graves prejuízos ou então deixado de obter lucros. Seria justo não ser indenizado por esses danos? Se a resposta pudesse ser negativa, seria até preferível, para o investigado, que já tivesse sido ajuizada a demanda e concedida liminar com mandado inibitório, pois ao menos teria direito objetivo ao ressarcimento (CPC, art. 811)".[16]

Uma vez instaurado o inquérito civil, portanto, deverá ocorrer uma autuação do procedimento, com numeração de suas peças em sequência, com o nome dos interessados na capa, a indicação do assunto, a data da instauração, os dados da distribuição etc.[17]

A segunda fase do inquérito civil refere-se à coleta das provas propriamente dita. Constitui, enfim, o verdadeiro conteúdo do IC e, portanto, comprime atos que merecem o maior tipo de cuidado pelos responsáveis do parquet.

---

16. DINAMARCO, Pedro da Silva. Ação civil pública, p. 240-241.

17. Embora a Lei federal n. 9.784/99 refira-se a processo administrativo, é incontestе que também regula normas de procedimento, tais como as formalidades mencionadas acima. Admitindo que o IC constitua procedimento administrativo e que a referida norma é geral (art. 24, § 1º), entendemos perfeitamente aplicável a referida norma neste particular. Em sentido contrário o Superior Tribunal de Justiça ao afirmar que "3. Atos e procedimentos meramente preparatórios (a exemplo do inquérito civil instaurado pelo Parquet) não se enquadram na hipótese do art. 54, § 2º, da Lei 9.784/1999, de modo que não são suficientes para interromper o prazo decadencial referido no caput do artigo. Somente tem efeito interruptivo o procedimento administrativo de anulação instaurado pela autoridade com poder para decidir sobre a validade do ato e no qual sejam assegurados o exercício do contraditório e a ampla defesa dos interessados – com sua cientificação para tanto, inclusive. Julgados: MS 15.333/DF, Rel. Min. NAPOLEÃO NUNES MAIA FILHO, DJe 8.3.2016; MS 18.491/DF, Rel. Min. MAURO CAMPBELL MARQUES, DJe 17.9.2013. 4. Agravo Interno do Presentante Ministerial a que se nega provimento. (AgInt no REsp 1847789/SP, Rel. Ministro NAPOLEÃO NUNES MAIA FILHO, PRIMEIRA TURMA, julgado em 10/08/2020, DJe 18/08/2020).

CAPÍTULO 6 • INQUÉRITO CIVIL PÚBLICO

O primeiro aspecto que deve ser ressaltado é o de que o inquérito civil, visto como procedimento administrativo de coleta e investigação de fatos para eventual propositura de ACP, não pode ser "dirigido" pelo promotor, de modo que tal órgão possa manipular o inquérito e só instruí-lo com elementos que desemboquem num único caminho: a propositura da ação civil.

O que deve ficar absolutamente límpido é que o resultado da investigação é a convicção na propositura ou não da ação civil. Portanto, pode-se obter um ou outro resultado com dita convicção. Com isso quer-se dizer que todas, repita-se, todas as provas colhidas e cuja colheita se busque devem instruir o inquérito civil. Não há nenhum mal, nem vexame, se o membro do parquet reconhece que as provas colhidas firmaram-lhe a convicção de que não se faz necessária a propositura da ação civil. O verdadeiro compromisso do inquérito civil é com a busca da "verdade" para uma convicção responsável do parquet, porque se trata de remédio publicista, cujo fim não tem natureza privada.

Se no processo comum, onde os interesses privados estão em jogo, a prova é trazida pelas partes e buscada pelo juiz, já não mais se admite a prevalência da "verdade formal", havendo tendência fortíssima em se admitir poderes amplos de investigação do magistrado em prol da verdade real, com muito maior razão deve-se pensar de modo altruísta quando se está diante do inquérito civil. Tal raciocínio decorre do fato de que o parquet atua em prol do interesse público, representando a sociedade, de forma que deve perseguir, do modo mais eficiente possível, a finalidade pública de sua atuação.

Nesse diapasão, não se poderia admitir, nem de brincadeira, que o inquérito civil fosse dirigido apenas a um desfecho único (propositura da demanda). Por isso, toda a investigação colhida a respeito do fato perseguido deve instruir o inquérito civil, já que não se descarta que provas indiretas ou circunstanciais possam ser utilizadas para a formação de um convencimento contextual. Não seria justo, antes imoral, usar o inquérito civil para "construir" uma situação favorável à decisão da propositura da ação civil com base num comportamento reprovável e omissivo por parte do parquet. O caráter inquisitório do inquérito civil não permite, nem de raspão, qualquer arremedo de parcialidade na condução de tal procedimento.

Quanto aos meios de obtenção de prova, incide, logicamente, a regra constitucional acerca do assunto, qual seja, de proibição da prova obtida ilicitamente, seja por via típica ou atípica. Em outras palavras, só se admite a coleta de provas pela utilização de meios moral ou legalmente legítimos. Portanto, são perfeitamente válidas as restrições em matéria de prova previstas no ordenamento jurídico, tais como a preservação do domicílio, nele só podendo penetrar com autorização judicial e diante dos permissivos legais constitucionais (art. 5º, XII, da CF/88) e a preservação da intimidade e da vida privada, como nos casos previstos pela lei que regula o sigilo das comunicações.

Vale dizer que, em casos tais, se o parquet descumprir as restrições determinadas pela lei, há ofensa de direito líquido e certo, com privação ilegal de bens e direitos sem o devido processo, ensejando a utilização de remédios constitucionais processuais para a proteção das referidas liberdades públicas, sem obstar a alegação em futuro e eventual processo sobre a ilicitude da obtenção da prova documentada no inquérito civil.

É de se dizer, ainda, que as provas a serem colhidas nessa fase (perícias, depoimentos individuais ou em audiências públicas, requisições de documentos, busca e apreensão de bens etc.) formam ao todo um convencimento que norteará a opinião do parquet. Mas isso não significa dizer que todas as provas estarão contaminadas de ilicitude (formal ou material) caso apenas uma delas seja obtida em desrespeito às prescrições legais. Isso porque, se a ausência da referida prova ilícita ainda mantém o convencimento do parquet, nada justifica que se impeça a formação do seu convencimento sobre as demais provas colhidas. Ademais, trata-se de elemento de convicção unilateral que ainda será objeto de discussão em juízo, podendo ser arguida a sua falsidade ideológica ou material no processo.

Pela leitura dos arts. 8º e 9º da LACP, percebe-se que no controle do arquivamento do inquérito civil é possível a participação da sociedade civil, municiando o Ministério Público de elementos para evitar o arquivamento que esteja em curso. Ora, se no controle do arquivamento do inquérito civil verifica-se a possibilidade de participação dos demais legitimados do art. 82, por que não admitir que exista essa cooperação antes mesmo do controle do arquivamento?

Assim, não vemos restrições à participação ativa da sociedade civil, organizada ou não, nesse "processo" de obtenção de dados e elementos de convicção para a propositura da ação civil pública. Isso só aproxima e legitima o parquet da realidade sobre a qual exerce suas funções. Logo, conclui-se que será perfeitamente possível, dada a prevalência do princípio da publicidade, o acesso aos autos do inquérito civil, seja por parte de outros entes com igual legitimidade à propositura da demanda coletiva, seja, com muito maior razão, por parte do inquirido. Obviamente, isso não impedirá o controle procedimental e formal de entrada e saída dos autos das instituições, não só para facilitar a socialização desse "acesso aos autos", mas também para, justamente, evitar perda ou adulteração de documentos que tenham sido colhidos.

Nada há na legislação sobre a duração do inquérito civil, muito embora seja salutar que o prazo de sua duração seja algo observado pelo parquet, já que a sua finalidade é extremamente nobre: propor ou não propor a ação civil pública a partir do resultado que se arrecadar no inquérito civil.

Assim, o princípio constitucional da eficiência dos atos da administração pública, norteador da atuação do parquet no âmbito do inquérito civil, deve motivar o dito órgão a buscar o máximo de celeridade possível, evitando formalismos e burocracias desnecessárias que só serviriam para emperrar o procedimento e comprometer a função do inquérito civil. Assim, embora o inquérito civil não tenha controle de prazos tal como ocorre no instituto similar do processo penal, é certo que seria de bom alvitre que se utilizasse, de lege ferenda, dos mesmos prazos que lá são previstos.

CAPÍTULO 7
LEGITIMIDADE DAS PARTES E A INTERVENÇÃO DE TERCEIROS NA LEI 7.347/85

1. ASPECTOS GERAIS DA LEGITIMIDADE

Como já tivemos oportunidade de enunciar, o processo é uma entidade complexa, formada por sujeitos, objeto, pressupostos e finalidades próprios. Justamente por ser complexo, dinâmico, dialógico e cooperativo, o procedimento animado pela relação jurídica processual atribui a todos os sujeitos que deles participam uma série de situações jurídicas como faculdades, ônus, obrigações, deveres e poderes de acordo com o ato processual respectivo.

Nesse diapasão é que se situa a figura da legitimidade. O sujeito processual só estará credenciado a atuar na posição jurídica processual respectiva se possuir legitimidade para tanto.

Exatamente por isso, a palavra legitimidade exprime ideia de transitividade, de caráter relacional, e só existe perante uma dada situação jurídica legitimante.[1]

Assim, só se é legítimo com relação a alguma coisa e/ou alguém, não sendo lícito pensar que a legitimidade seja sinônimo de atributo de alguém e que por isso mesmo exista de per si e acompanhe essa pessoa em qualquer situação.

Assim, v.g., o professor de processo civil contratado para lecionar essa disciplina está legitimado para tal desiderato. Mas, se pretender entrar em sala vizinha, de contabilidade, não terá legitimidade nem com relação ao objeto nem muito menos com relação à turma.

Mutatis mutantis, assim se passa na relação processual em movimento. Para exemplificar, tomemos a atuação do parquet: enquanto órgão que atua como fiscal da ordem jurídica[2], portanto sujeito do processo, ele não é parte processual legítima para arguir a exceção de convenção de arbitragem, que é medida exclusiva do réu e de interesse privado, embora seja parte processual legítima para suscitar o conflito de competência, incidente motivado pelo interesse público.

---

1. Enrico Redenti. Il giudizio civile com pluralità di parte. Milão: Giuffrè, 1962 (reimpressão), n. 58, p. 75, nota n. 2; no mesmo sentido, Salvatore Satta. Manual de derecho procesal civil, v. I, p. 132; Enrico Allorio. Problemas de derecho procesal, v. II, p. 263; Luigi Monacciani. Azione e legitimazione. Milão: Giuffrè, 1951, n. 100, p. 268 e ss.; Arruda Alvim. Tratado de direito processual civil, p. 342 e 343; Donaldo Armelin. Legitimidade para agir no direito processual civil brasileiro. São Paulo: Ed. RT, 1979, p. 2 e ss., entre outros.
2. CPC, Art. 178. O Ministério Público será intimado para, no prazo de 30 (trinta) dias, intervir como fiscal da ordem jurídica nas hipóteses previstas em lei ou na Constituição Federal e nos processos que envolvam: I – interesse público ou social; II – interesse de incapaz; III – litígios coletivos pela posse de terra rural ou urbana. Parágrafo único. A participação da Fazenda Pública não configura, por si só, hipótese de intervenção do Ministério Público.

O que se vê neste exemplo é que a legitimidade é variável, ou seja, depende da posição jurídica assumida pelo sujeito processual em um determinado momento do desenvolvimento do processo. Correto seria falar em *situação jurídica legitimante*[3]. Assim, podemos dizer que legitimidade é "*a qualidade do sujeito em função do ato jurídico realizado ou a realizar*".[4]

> "legitimação é a coincidência entre a situação jurídica de uma pessoa, tal como resulta da postulação formulada perante o órgão judicial, e a situação legitimamente prevista na lei para a posição processual que a essa pessoa se atribui, ou que ela mesma pretenda assumir. Diz-se que determinado processo se constitui entre partes legítimas quando as situações jurídicas das partes, sempre consideradas in statu assertionis – isto é, independentemente da sua efetiva ocorrência, que só no curso do próprio processo se apurará –, coincidem com as respectivas situações legitimantes".[5]

Quando se fala em legitimidade ordinária ou legitimidade extraordinária, apenas se está especificando a legitimidade a partir de elementos da demanda, cujo espectro de abrangência, por ordem lógica, está inserido na legitimidade dos sujeitos do processo. É dessa legitimidade que cuidamos neste tópico.

A legitimidade tratada no parágrafo anterior está relacionada apenas com a demanda, e bem sabemos que sujeitos da demanda não se confundem com sujeitos do processo. Aliás, bem por isso é que existe a legitimidade para demandar e a legitimidade para praticar atos jurídicos no processo. O fato de não raras vezes o sujeito do processo, legitimado a praticar determinado ato processual, ser também o sujeito da demanda não nos permite criar uma regra ou premissa igualando as duas figuras.

Não fosse assim, não teríamos como explicar, por exemplo, o fenômeno de se permitir ao juiz suscitar o incidente de assunção de competência[6]. Podemos dizer que o juiz possui legitimidade porque é sujeito do processo, embora obviamente não a possua para a demanda.

2. LEGITIMIDADE ORDINÁRIA OU EXTRAORDINÁRIA?

De posse desses conceitos preliminares, passemos então à análise da legitimidade para agir (demanda) nas demandas coletivas com base na LACP[7].

---

3. "ao passo que a legitimação resulta de uma sua posição, isto é, de um modo de ser para com os outros (...). CARNELUTTI, Francesco. Teoria geral do direito. São Paulo: Lejus. 1999, p. 384.; ver ainda FAZZALARI, Elio. Note in: tema di diritto e processo. Milano: Dott. A. Giuffrè, 1957, p. 126 e ss.; SATTA, Salvatore. Variazioni sulla legittimazione ad causam. Rivista Trimestrale di Diritto e Procedura Civile v. 21, 1967, p. 640.

4. Cândido Rangel Dinamarco. Execução civil. 5. ed. p. 422. No mesmo sentido, Donaldo Armelin. Legitimidade para agir no direito processual civil brasileiro. São Paulo: Ed. RT, 1979, p. 2 e ss.

5. BARBOSA MOREIRA, José Carlos. Ensaios e pareceres de direito processual civil – Apontamentos para um estudo sistemático da legitimação extraordinária. Rio de Janeiro: Borsoi, 1971. p. 59.

6. CPC, Art. 947. É admissível a assunção de competência quando o julgamento de recurso, de remessa necessária ou de processo de competência originária envolver relevante questão de direito, com grande repercussão social, sem repetição em múltiplos processos. § 1º Ocorrendo a hipótese de assunção de competência, o relator proporá, de ofício ou a requerimento da parte, do Ministério Público ou da Defensoria Pública, que seja o recurso ou o processo de competência originária julgado pelo órgão colegiado que o regimento indicar.

7. A ressalva é importante porque a legitimidade nas liquidações e execuções do art. 97 e 98 do CDC é tradicional já que se trata de direitos individuais (heterogêneos). Apenas se aplica o que está dito no texto para a fase coletiva das ações coletivas para a defesa de direitos individuais homogêneos (art. 91 – art. 95 do CDC) ou na persecução da *fluid recovery* do art. 100 do CDC.

CAPÍTULO 7 • LEGITIMIDADE DAS PARTES E A INTERVENÇÃO DE TERCEIROS NA LEI 7.347/85 **203**

Como já foi dito, a tutela dos interesses difusos e coletivos mostrava-se deficitária até 1985, justamente por causa da dificuldade (fruto da concepção individualista) de se identificar o titular do direito material difuso e, assim, atribuir-lhe a titularidade do poder de agir na tutela desses direitos.

A lei de ação civil pública representou, portanto, uma superação dessa dificuldade, na medida em que reconheceu como legitimados para propor a ação coletiva os entes arrolados no art. 5º (art. 82 do CDC); tratou abstrata e objetivamente, à brasileira e sem qualquer demérito, como adequados representantes dos titulares dos interesses difusos na perseguição em juízo desses valores.

Tomando por análise o art. 5º da Lei n. 7.347/85 e o art. 82 da Lei n. 8.078/90, endossado pelo art. 129, § 1º da CF/88, verifica-se que o legislador atribuiu a tais entes (associações, sindicatos, Ministério Público, União, Estados, Municípios, Defensoria Pública etc.) a legitimidade para perseguir em juízo a proteção dos interesses suprain-dividuais.[8]

Essa "legitimidade", como se disse, tem índole processual, e não deve ser classificada sob o manto tradicional e individualista que tipifica a legitimidade em ordinária e extraordinária. É que essa dicotomia clássica parte do pressuposto de que se identifique o sujeito do direito material a ser tutelado, para então poder dizer que a legitimidade é do tipo ordinária (quando houver coincidência no plano material e processual) ou extraordinária (quando o suposto titular do direito material não for o mesmo do direito de agir).

Deve ficar bem claro ao leitor que, nas ações coletivas para a defesa de direitos metaindividuais, o eixo de análise *deixa de ser a titularidade do direito material e passa a recair sobre o (melhor) desempenho da atuação processual para proteger e tutelar esses direitos.*

O móvel que impulsiona a qualificação da legitimidade do condutor dos interesses coletivos está diretamente relacionado com o melhor exercício do devido processo legal – e tudo que isso representa – na condução de uma demanda coletiva em todo o seu itinerário procedimental.

> Interessante observar que na Regra 23, A, item 4 que trata dos pré-requisitos para o ajuizamento da class action o referido diploma, porque admite a ação coletiva ativa e passiva, fala em "the representative parties will fairly and adequately protect the interests of the class" (trad. livre: partes representativas que protegerão de maneira justa e adequada os interesses da classe)

Assim, porque os critérios que definem a referida legitimidade são absolutamente diversos do que definem a dicotomia *ordinária e extraordinária*, então, preferimos dizer que a legitimidade é autônoma, porque, pelo menos na teoria, o legislador escolheu considerando que estes entes coletivos seriam aqueles que poderiam ter o melhor desempenho na atuação processual em prol dos interesses supraindividuais.

Nesse passo preleciona Dinamarco quando diz que:

---

8. A ampliação mencionada pelo art. 82 em comparação ao art. 5º da LACP foi conferir personalidade judiciária aos entes oficiais que tiverem por finalidade a defesa dos direitos e interesses metaindividuais a que estejam funcionalmente atrelados, legitimando-os, pois, para atuarem em juízo (v.g. PROCONs).

"Em substância, o que legitima a outorga da tutela jurisdicional é a participação que o procedimento propiciou, em associação com a observância da legalidade inerente à garantia do devido processo legal. Um processo não será justo e équo quando os sujeitos não puderem participar adequadamente ou quando, por algum modo, haja o juiz avançado além de seus poderes ou transgredido regras inerentes à disciplina legal do processo (due process of law).

Não seria ordinária a legitimidade porque o atingido pela coisa julgada não é o titular do direito de ação[9], ainda que se dissesse que o ente com a legitimidade tivesse por finalidade institucional a defesa desses direitos. Repita-se, os limites subjetivos da coisa julgada alcançarão os titulares do direito.

"A questão da legitimidade para agir nas ações coletivas é um problema cronologicamente anterior à da coisa julgada. Entretanto, trata-se de um problema logicamente posterior."[10]

Por outro lado ela não é extraordinária, ao menos nos moldes clássicos, porque não se identifica o substituído e, portanto, não se sabe quando seria ordinária.[11]Só se pode dizer que algo é extraordinário se se reconhece aquilo que é ordinário. Este é o parâmetro para se dizer que o outro é extraordinário. No caso da legitimidade da lei de ação civil pública, nem uma coisa e nem outra.

De qualquer sorte, pensamos que, levando-se a cabo a insistência em se utilizar o critério dicotômico, o que é um problema apenas de rotulagem, em nosso sentir, a legitimidade para a defesa dos interesses difusos e coletivos mais se aproximaria da *extraordinária*, uma vez que é fora de dúvidas que o titular da ação descoincide com o titular do direito material. Na verdade, o problema não é de identificação dos titulares (comunidade, moradores de um bairro, consumidores de um produto etc.), mas da impossibilidade de se permitir que todos possam estar ao mesmo tempo em juízo. Nos difusos, isto se torna impossível pela indeterminabilidade e dispersão dos sujeitos titulares.

Dizer que é ordinária, filiando-se ao entendimento estrangeiro que inspirou o nosso instituto, não vale como regra, até porque o campo de legitimidade lá não encontra restrições nem quanto ao fato de ser um indivíduo e nem quanto ao polo da relação jurídica coletiva. Além disso, porque, de maneira necessária, estamos atrelados ao sistema romano-germânico, onde, historicamente, desenvolvemos um raciocínio diverso, calcado na precitada dicotomia.

---

9. Salvo na hipótese do art. 17 da LACP e do art. 87 do CDC, que tratam da sanção por comportamento ímprobo no processo, e que ratificam ainda mais o entendimento de que não se trata de legitimidade fincada naquela dicotomia clássica.

10. GIDI, Antonio. Litispendência e coisa julgada nas ações coletivas, p. 34.

11. Embora aqui se comente a legitimidade para a defesa dos direitos difusos e coletivos, não pensamos que para a defesa dos direitos individuais homogêneos a identificação como legitimidade extraordinária (substituição processual) seja tão simples em razão da redação do art. 91 do CDC sugerir isso. Isso porque, embora o dispositivo mencione que "os legitimados do art. 82 atuarão na defesa das vítimas e seus sucessores", e o direito individual homogêneo seja "individual" (perdoe-nos a redundância), a verdade é que não raramente a demanda coletiva destes direitos será feita sem que se saiba quais são as referidas vítimas e sucessores, posto que a situação individual de cada um não é e nem deve ser objeto da ação coletiva. Não fosse assim, deixaria de ser coletiva (supraindividual) e passaria a ser mera soma de interesses individuais. Portanto, entendemos tratar-se de "legitimidade autônoma" também, e, como se disse, que se aproxima da moldura extraordinária, embora a ela não se encaixe perfeitamente. MENDES, Aluisio fala corretamente em *proteção coletiva de direitos individuais*". MENDES, Aluísio Gonçalves de Castro. Ações coletivas: no direito comparado e no nacional. 2. ed. Ed. RT, 2010. p. 24.

O fato de a legitimidade ter sido outorgada a todos os entes arrolados no art. 5º da LACP c/c art. 82 do CDC fez com que doutrina autorizadíssima[12] dissesse que se estaria diante de uma legitimidade concorrente e disjuntiva.[13]

Preferimos outra terminologia para designar o mesmo significado, por entendermos ser mais correta denominá-la legitimidade do tipo exclusiva (não complexa), já que, seguindo a esteira do insuperável monografista do tema, Donaldo Armelin, temos que a legitimidade exclusiva *"resulta de uma atribuição do sistema autorizadora da prática do ato, independentemente da participação de qualquer outro agente"*.

Já a legitimidade complexa, em contraposição à exclusiva, significa que, *"para a sua corporificação, necessita-se do concurso de mais de um colegitimado"*. E, ao final, arremata o autor para dizer que:

> "não se confunde tal classificação com aquela que prevê a legitimidade singular e a legitimidade coletiva, pois, nestes tipos de legitimidade, cada colegitimado tem o poder de, isoladamente, praticar validamente determinado ato, esteja ou não a possibilidade da prática do ato centrada em um único sujeito de direito ou distribuída entre dezenas e centenas. Na legitimidade complexa mister se faz, para a perfeição e eficácia do ato, a conjugação das vontades dos colegitimados".[14]

O sistema brasileiro, não teve dificuldades em estabelecer, no próprio texto constitucional, a legitimidade para condução do processo coletivo outorgando esse papel ora a uma pessoa coletiva (art. 129, § 1º, III, art. 103), ora individual como no caso da ação popular (Art. 5º, LXXIII).

Importante notar que em todos estes exemplos coube à lei dizer quem seria o legitimado para a tutela destes direitos da coletividade. Em nenhuma destas hipóteses – por absoluta opção e respeito cultural – não se quis que existisse o controle da legitimidade por parte do juiz. Coube ao legislador definir, abstratamente, aqueles que seriam, a seu talante e com o poder que a representatividade popular lhe conferiu, definir quem seriam os *porta vozes* dos interesses supraindividuais nestas demandas.[15]

> Situação interessante é a do art. 232 da CF/88 ao dizer que "os índios, suas comunidades e organizações são partes legítimas para ingressar em juízo em defesa de seus direitos e interesses, intervindo o Ministério Público em todos os atos do processo".[16][17]

---

12. Ada Pellegrini Grinover, Kazuo Watanabe & Nelson Nery Júnior. Código Brasileiro de Defesa do Consumidor comentado pelos autores do anteprojeto. 4. ed. Rio de Janeiro: Forense Universitária, 1995, p. 511.
13. O termo disjuntivo não nos parece adequado. Perpassa a ideia semântica de ou um ou outro, quando o que se quer dizer na norma é que é um independentemente do outro. A palavra concorrente também em nada resolve o problema, uma vez que concorrência significa convergência de fins. Por isso, entendemos que melhor seria a terminologia coletiva, exclusiva (não complexa) e taxativa, tal como explicado no texto.
14. Donaldo Armelin. Legitimidade para agir. São Paulo: Ed. RT, 1979, p. 28.
15. Segundo Zaneti e Didier "O sistema jurídico brasileiro adotou três formas de legitimação: 1) legitimação do particular (qualquer cidadão, por exemplo, na ação popular, Lei 4.717/65 (LGL\1965\10)); 2) legitimação de pessoas jurídicas de direito privado (sindicatos, associações, partidos políticos, por exemplo, mandado de segurança coletivo, art. 5º, LXX, da CF/88 (LGL\1988\3)); ou, 3) legitimação de órgãos do Poder Público (MP, por exemplo, a ação civil pública, Lei 7.347/85 (LGL\1985\13))." DIDIER JR., Fredie; ZANETI JR., Hermes. Curso de direito processual civil: processo coletivo. v. 4. 2013. p. 209-210.
16. Neste caso o legislador constitucional, repetindo o art. 37 do estatuto do índio, permite que os índios, suas comunidades e organizações podem ir a juízo promover a defesa de seus interesses. Aqui parece estarmos diante de uma legitimidade extraordinária quando um ou alguns índios vão em juízo defender os direitos de toda tribo, mas também teremos uma legitimidade ordinária quando a própria tribo, como ente despersonalizado, vá em juízo defender seus direitos (todos que a corporificam).
17. "Excepcionalmente, há o caso da comunidade indígena, que, no Brasil, pode ser parte em processo coletivo; nesse caso, o próprio grupo é o condutor do processo coletivo. Trata-se de hipótese rara e possivelmente única do Direito brasileiro. Não obstante, concepção mais atuais sobre a legitimidade na tutela coletiva defende que, ao longo do processo coletivo, se deva, na medida do

Trocando em miúdos, a legitimidade prevista na Lei de Ação Civil Pública é do tipo coletiva, porque o texto normativo expressamente especificou que aqueles entes coletivos podem propor a referida demanda; é do tipo exclusiva porque não precisam de anuência um do outro para proporem a demanda (aqui a doutrina chama de disjuntiva); e, por fim, é taxativa porque só os entes arrolados na lei é que receberam a atribuição de legitimados para a tutela dos interesses coletivos lato sensu.

3. AÇÃO COLETIVA PASSIVA?

Outro aspecto que não poderia passar despercebido consiste em saber se esta legitimidade coletiva também se prestaria à defesa de ações coletivas propostas contra os titulares de interesses difusos, coletivos ou individuais homogêneos.

Conquanto no sistema americano das ações de classe seja admissível em alguns casos a atuação passiva do representante adequado (indivíduo ou ente coletivo), tal como se observa, por exemplo, na hipótese (b) 1, (A) da Regra 23 das Federal Rules of Civil Procedure[18], e, junto a isso, a redação do art. 81, parágrafo único, do CDC se utilize da expressão *defesa coletiva*, isso não permite inferir que o sistema processual coletivo pretendeu outorgar a legitimidade concorrente dos entes sob o ponto de vista passivo da demanda. Aliás, nada há de absurdo em se outorgar legitimidade extraordinária apenas para a atuação ativa e não para a passiva.[19]14 Depende da técnica e política do legislativo.

Com precisão milimétrica, assevera José Carlos Barbosa Moreira:

> "(...) Em outras palavras: pode a mesma situação ser considerada legitimante para a propositura de uma ou de várias ações, e não ser considerada tal para a defesa. O titular da situação é legitimado (extraordinariamente) no sentido ativo, mas não o é no sentido passivo; por ele, mas não contra ele, hão de ser propostas as ações relativas à situação jurídica de outra pessoa. É a hipótese mais comum (...)".[20]

Registre-se que em algum momento no início deste século houve um forte movimento doutrinário no sentido de reconhecer a ação coletiva passiva no Brasil[21], seja a *coletiva passiva incidente*, porque dependente e com raiz na ação coletiva anterior (como no caso de uma reconvenção ou de uma ação rescisória)[22], mas também da *coletiva inde-*

---

possível, promover a participação do grupo, por meio de audiências públicas e prestação de contas. Essa participação dá mais legitimidade à decisão e amplia a possibilidade de acerto e efetividade prática daquilo que for decidido, especialmente em relação às políticas públicas, mas não se pode esquecer que, em grande medida, a tutela dos direitos fundamentais é contramajoritária e a participação não é pressuposto para sua tutela". DIDIER, Fredie. ZANETI, Hermes. "Princípio da competência adequada, conflitos coletivos multipolares e competências materiais distintas", in: Revista de Processo, v. 128, São Paulo: Ed. RT, 2020, p. 403-414.

18. Certeira é a colocação de VITORELLI, Edilson ao dizer que "Ao contrário do que se pode imaginar pela leitura da doutrina brasileira, que se dedica com afinco a propagar a possibilidade de ações coletivas passivas no País, esse instituto é um fracasso nos Estados Unidos, nos mais de 50 anos em que já vigora. O primeiro motivo para tanto é a marcada desconfiança dos acadêmicos e juízes norte-americanos quanto à possibilidade de se constituir um representante adequado do grupo". "Ações coletivas passivas: por que elas não existem nem deveriam existir?", in: Revista de Processo, v. 278, São Paulo: Ed. RT, 2018, p. 297-335.

19. Isso firma ainda mais o entendimento de que a legitimidade não é do tipo ordinária, mas sim excepcional, mais próxima, portanto, do conceito de extraordinária, uma vez que só quanto a estas é que se pode, mediante aplicação do texto constitucional (art. 5º, XV), permitir a sua incidência apenas em um dos polos da relação jurídica processual.

20. BARBOSA MOREIRA, José Carlos. "Apontamentos para um estudo sistemático da legitimação extraordinária", in: Direito processual civil. Rio de Janeiro: Borsoi, 1970, p. 68).

21. Cite-se por todos GRINOVER, Ada Pellegrini. Ações coletivas ibero-americanas: novas questões sobre a legitimação e a coisa julgada. Revista Forense, v. 361. p. 6-9, 2002.

22. Sustentando a ação coletiva passiva derivada ver DIDIER JR., Fredie; ZANETI JR., Hermes. Curso de direito processual civil: processo coletivo. 11. ed. Salvador: JusPodivm, 2017. p. 494.

CAPÍTULO 7 • LEGITIMIDADE DAS PARTES E A INTERVENÇÃO DE TERCEIROS NA LEI 7.347/85

207

pendente quando os titulares de um direito coletivo transindividual fossem representados passivamente por um representante adequado (legitimado passivo).

Segundo Ada Pellegrini Grinover:

> "[...]Não admitir a demanda coletiva passiva é negar o direito fundamental de ação àquele que contra um grupo pretende exercer algum direito: ele teria garantido o direito constitucional de exceção (defesa), mas não poderia demandar [...]".

Em nosso sentir, respeitadas as opiniões contrárias, entendemos que não é possível pensar numa *defendant class action* no nosso país, seja porque não há no nosso ordenamento jurídico a previsão das ações coletivas passivas, seja em razão de uma análise sistemática do procedimento especial coletivo, seja por razões de ordem social que poderia fazer com que os "defendidos" fossem surpreendidos na sua esfera patrimonial com resultados indesejáveis.

Se já é difícil admitir a *"representação adequada"* de entes que – *ope legis* – estão descritos no rol de legitimados para a propositura de ações coletivas, com muito maior razão pensar nessa "legitimidade social" quando estivessem ocupando o polo passivo.

Outrossim, partindo-se da ideia de que o instituto da legitimidade conecta-se intimamente com a coisa julgada, é no texto do art. 103 e ss. do CDC que percebemos que a referência existente aos limites da coisa julgada é sempre no tocante ao *pedido formulado*[23], motivo que nos leva a crer que a posição legitimante seja apenas para ocupar o polo ativo da demanda, não havendo permissão no nosso ordenamento para a ação coletiva passiva.

> "O ordenamento jurídico brasileiro não prevê ações coletivas passivas. Ao contrário, todo o sistema foi evidentemente estabelecido para propiciar a demanda coletiva de direitos, não para colocar a sociedade no polo passivo, representada por um ente que para tanto não foi legitimado. Aceitar essas ações não é mera "atuação criativa do Judiciário". É agir *contra legem.*"[24]

O art. 83 também permite que se retire esta interpretação ao mencionar que todos os tipos de *pedidos* podem ser feitos para a tutela coletiva de direitos.

Em tempo, o art. 4º da LACP menciona que "poderá ser ajuizada ação cautelar". Já o art. 5º fala em *"propor* a ação cautelar e a principal". O art.17 da LACP, com regras sobre a má-fé, também faz com que se tenha o mesmo entendimento[25].

Claro está que o sistema processual não contemplou esta hipótese, e, confessadamente, ainda bem que não o fez, pois do contrário certamente que o hipossuficiente seria mais uma vez o maior prejudicado.

---

23. E a própria improcedência da demanda é tratada com todos os cuidados. O regime opt in e opt out é sempre para beneficiar os indivíduos que não participaram do processo. Não há como se sustentar uma "representatividade adequada" que genuinamente, com sinceridade, segurança, transparência e informação que um legitimado possa ocupar o polo passivo para defender direitos transindividuais de pessoas que podem nem saber que tais direitos serão defendidos e que podem se ver surpreendidos com resultados desfavoráveis que incidirão sobre seu patrimônio ou determinando comportamentos de fazer e não fazer.

24. VITORELLI, Edilson. "Ações coletivas passivas: por que elas não existem nem deveriam existir?", in: Revista de Processo, v. 278, São Paulo: Ed. RT, 2018, p. 297-335.

25. No mesmo sentido, ver Pedro da Silva Dinamarco, op. cit., p. 268 e ss.; Rodolfo de Camargo Mancuso. Ação civil pública, p. 145; Hugo Nigro Mazzilli, op. cit., p. 143 e ss.

"Contudo, é muito diferente tirar de alguém uma pretensão ativa, que essa pessoa não exerceu e, na maioria dos casos, sequer sabia que era titular, de invadir o patrimônio dessa pessoa para dela retirar algo que lá está incorporado, em virtude da derrota em um processo do qual esse indivíduo não tinha a mais leve suspeita de existência. Ou, ainda, impor a alguém um comportamento ou uma abstenção, em virtude desse mesmo processo, alheio ao indivíduo. A gravidade da intervenção da ação coletiva passiva sobre a esfera individual é muito maior que na ação coletiva ativa. Nesta, deixa-se de ganhar. Naquela, perde-se algo que já se tinha.

Esse é o motivo pelo qual qualquer defensor das ações coletivas passivas precisaria esclarecer, com detalhes e minúcias, o que seria a representação adequada dos ausentes. Não basta afirmar, genericamente, que há necessidade de representação adequada. Os principais autores norte-americanos de processo coletivo são céticos quanto à possibilidade de sucesso nessa tarefa e, por isso, pouco dedicam seus estudos a tal modalidade[16]. Há também divergências jurisprudenciais acerca da aplicabilidade das três modalidades de ações coletivas, descritas anteriormente, ao polo passivo".[26]

Certamente que a inexistência de previsão no ordenamento jurídico brasileiro da ação coletiva passiva não significa dizer que *situações jurídicas coletivas* não possam ser discutidas e julgadas em incidentes processuais como o IRDR, onde o legitimado passivo do incidente estaria defendendo seu direito, mas também os de todos aqueles que serão afetados pelo julgamento por amostragem.

Uma coisa nada tem a ver com a outra[27], pois a ação coletiva passiva pressupõe uma lide com pretensão de direito material e processual que se volta contra uma coletividade que será atingida pela coisa julgada e que a depender do tipo de interesse veiculado nesta demanda, e do resultado poderão ter seus patrimônios pessoais diminuídos pelo comando judicial. Embora possam ter pontos de semelhança (IRDR e ações coletivas)[28], a ponto de dizer que são exemplos de técnicas coletivas, isso não justifica outorgar-lhes a natureza de ação coletiva passiva, nos moldes da *defendant class action*.[29]

O tema em discussão não escapou de lúcida observação do Superior Tribunal de Justiça, rechaçando até mesmo a ação coletiva passiva incidente:

Processo civil. Recurso especial. Ação coletiva ajuizada por sindicato na defesa de direitos individuais homogêneos de integrantes da categoria profissional. Apresentação, pelo réu, de pedido de declaração incidental, em face do sindicato-autor.

Objetivo de atribuir eficácia de coisa julgada à decisão quanto à extensão dos efeitos de cláusula de quitação contida em transação assinada com os trabalhadores. Inadmissibilidade da medida, em ações coletivas.

Nas ações coletivas, a lei atribui a algumas entidades poderes para representar ativamente um grupo definido ou indefinido de pessoas, na tutela de direitos difusos, coletivos ou individuais homogêneos. A disciplina quanto à coisa julgada, em cada uma dessas hipóteses, modifica-se.

A atribuição de legitimidade ativa não implica, automaticamente, legitimidade passiva dessas entidades para figurarem, como rés, em ações coletivas, salvo hipóteses excepcionais.

Todos os projetos de Códigos de Processo Civil Coletivo regulam hipóteses de ações coletivas passivas, conferindo legitimidade a associações para representação da coletividade, como rés. Nas hipóteses de direitos individuais homogêneos, contudo, não há consenso.

---

26. VITORELLI, Edilson. "Ações coletivas passivas: por que elas não existem nem deveriam existir?", in: Revista de Processo, v. 278, São Paulo: Ed. RT, 2018, p. 297-335.

27. Com lucidez Edilson Vitorelli ao afirmar que a ação coletiva passiva no direito norte americano existe para "tutelar posições materiais litigiosas, e não posições processuais", afastando do conceito de ação coletiva passiva o que a doutrina denomina de ação coletiva passiva derivada.

28. A respeito ver o Capítulo 15.

29. DIDIER JR, Fredie; Zaneti, Hermes. "Ações coletivas e o incidente de julgamento de casos repetitivos – espécies de processo coletivo no direito brasileiro: aproximações e distinções", in: Revista de Processo, v. 256, São Paulo: Ed. RT, 2016, p. 209-218.

CAPÍTULO 7 • LEGITIMIDADE DAS PARTES E A INTERVENÇÃO DE TERCEIROS NA LEI 7.347/85 **209**

Pelo panorama legislativo atual, a disciplina da coisa julgada nas ações coletivas é incompatível com o pedido de declaração incidental formulado pelo réu, em face do sindicato-autor. A pretensão a que se declare a extensão dos efeitos de cláusula contratual, com eficácia de coisa julgada, implicaria, por via transversa, burlar a norma do art. 103, III, do CDC.

Recurso improvido. (REsp 1051302/DF, Rel. Ministra NANCY ANDRIGHI, TERCEIRA TURMA, julgado em 23/03/2010, DJe 28/04/2010)

4. CONTROLE DA LEGITIMIDADE

Ainda com relação à legitimidade dos entes do art. 5º da LACP e do art. 82 do CDC verifica-se que, ao contrário do sistema norte- americano, onde o juiz atua como verdadeiro protagonista, proferindo um exame da posição legitimante daquele que se alega adequado representante da classe, aqui no Brasil o legislador arrolou, taxativamente, aqueles que são legítimos para a propositura das demandas coletivas, sobrando pouco espaço para o juiz perquirir a existência da adequada representação.

Muito embora a exposição de motivos da Lei de Ação Civil Pública tenha confessadamente dito que inspirou-se no modelo da class action, o legislador foi criterioso em fazer o devido ajuste do modelo americano ao nosso sistema, respeitando as nossas raízes e cultura jurídica.

Para tanto, o anteprojeto tomou em consideração a experiência do direito norte americano, que na Regra n. 23 da "Federal Rules of Civil Procedure", conferiu legitimação às associações com representatividade para defenderem, em juízo, os interesses difusos. As "class actions" têm dado excelentes resultados nos Estados Unidos, motivo pelo qual se entendeu deva ser aplicada a experiência no Brasil.

Essas entidades são, ao lado do Poder Público, que obviamente tem legitimidade para defender interesses coletivos, as associações que incluam entre suas finalidades, a proteção ao meio ambiente, ao consumidor, ao patrimônio artístico, estético, histórico, turístico e paisagístico, ou a qualquer outro interesse difuso.

O projeto de lei que não foi aprovado da forma como foi apresentado, colocava as associações como colegitimada para a propositura das ações civis no art. 4º, mas as sujeitava ao controle judicial da representação adequada nas condições previstas no art. 2º *in verbis* (com realce):

Art. 2º No *processo penal*, poderá intervir, como assistente do Ministério Público, com os· poderes previstos no Código de Processo Penal, a associação que, a critério do juiz, demonstre representatividade adequada, revelada por dados como:

I – Estar constituída há seis meses, nos termos da lei civil;

II – Incluir, entre suas finalidades institucionais, a proteção do meio ambiente ou a valores artísticos, estéticos, históricos, turísticos ou paisagísticos.

Parágrafo único. Poderão as associações legitimadas intentar ação privada subsidiária da pública, se esta não for proposta no prazo legal (art. 29 CPP).

Art. 4º A ação civil poderá ser proposta pelo Ministério Público ou por associação, _nas condições do art. 2º desta lei_. Poderá também ser proposta pela União, Estados e Municípios atendidos os requisitos do art. 2º, incisos I e II desta lei, por suas autarquias, empresas públicas, fundações e sociedades de economia mista.

No art. 2º do Projeto acima citado constavam os requisitos para a intervenção das associações no processo penal, e para tanto atribuía poderes ao magistrado para analisar em cada caso concreto a representação adequada. Este dispositivo (art. 2º e nem a expressão "*nas condições do art. 2º*") não foi mantido como se observa na redação do texto vigente.

Como se vê por expressa opção política não se quis manter a regra do controle da representação adequada pelo juiz, ou seja, o Congresso Nacional tinha a opção de manter a redação do projeto original e ainda assim o recusou, afastando-se do modelo de controle da legitimidade do sistema americano.[30]

Conquanto lá e aqui o porta voz dos interesses da classe, aquele que detém a legitimidade para atuar em prol da coletividade deve recair sobre um sujeito que tenha virtudes que o credenciem como um *representante adequado*; a diferença é que no nosso sistema, pela nossa tradição jurídica, essa certificação/definição foi feita pela lei, com o respaldo da representatividade popular conferida pelo sufrágio.

No Brasil, a lei define, abstratamente, quais os sujeitos têm legitimidade para propor a ação coletiva em prol da coletividade. No Estados Unidos, em tese, a priori, qualquer sujeito pode ser um representante adequado desde que atuem e protegem de "forma justa e adequada"[31] os interesses da classe. A análise deste conceito aberto cabe ao magistrado diante das circunstâncias de cada caso concreto. Não há uma formula predefinida ou um roteiro rígido que vincule o magistrado na análise e definição em concreto da representação adequada da parte representante.

Contudo, alguns aspectos extraídos de precedentes são costumeiramente analisados como por exemplo o número de representantes e sua comparação com a dimensão quantitativa da classe que irão representar, a quantidade de representantes que estão ali defendendo seu próprio interesse (fazem parte do conflito), se de alguma forma os interesses dos representantes poderiam conflitar com os interesses da classe, se o risco de conluio é inexistente, o grau de confiança e respeitabilidade da classe em relação ao representante, a capacidade financeira para suportar custos do processo etc. são elementos que normalmente são aferidos.[32]

Neste complexo modelo de legitimação, é preciso que exista um liame de confiança, respeito etc. entre o representante adequado e aqueles que ele representa, de tal forma que tais titulares do direito possam se sentir genuinamente protegidos, seguros, confiantes

---

30. O anteprojeto das ações coletivas apresentada pelo CNJ expressamente reinsere o controle judicial da representatividade adequada no art. 4º ao dizer que: "Art. 4º A representatividade adequada da associação poderá ser demonstrada:

I – pelo número de associados; II – pela capacidade financeira, inclusive para arcar com despesas processuais da ação coletiva; III – pelo rol de casos, que deve ser apresentado, de que a associação participou, judicial ou extrajudicialmente; IV – pelo quadro de especialistas no tema do objeto protegido pela ação, que deve existir na associação, quando da propositura da ação; V – pelo laudo indicativo do número de pessoas atingidas pelo alegado dano, apresentado com a propositura da ação; VI – por outros meios adequados. § 1º Ajuizada a ação coletiva, o juiz, antes de determinar a citação, intimará o Ministério Público para que se manifeste acerca da representatividade adequada. § 2º Sendo reconhecida a representatividade adequada, determinar-se-á a citação do réu para oferecer contestação. § 3º A decisão sobre representatividade adequada é recorrível, por meio de agravo de instrumento, salvo se extinguir o processo. § 4º A qualquer momento do processo, o juiz poderá manifestar-se a respeito da ausência da representatividade adequada, por não terem sido preenchidos os requisitos ou como decorrência de sua conduta no processo. § 5º Em caso de desistência infundada, abandono da ação ou ausência de representatividade adequada da associação legitimada, o Ministério Público ou outro legitimado poderá assumir a titularidade ativa. § 6º Não ocorrendo as hipóteses do parágrafo anterior, ouvido o Ministério Público, o processo será extinto sem resolução de mérito.

31. Regra 23, a, 4 "the representative parties will fairly and adequately protect the interests of the class".

32. A respeito ver MULLENIX, Linda S. Taking Adequacy Seriously: The Inadequate Assessment of Adequacy in: Litigation and Settlement Classes, 57 Vanderbilt Law Review 1687 (2019). Disponível em: https://scholarship.law.vanderbilt.edu/vlr/vol57/iss5/5. Acesso em: 18.12.2020.; TIDMARSH, Jay. Rethinking Adequacy of Representation, 87 Tex. L. Rev. 1137 (2008-2009), Disponível em: https://scholarship.law.nd.edu/law_faculty_scholarship/531. Acesso em: 18.07.2020.

CAPÍTULO 7 • LEGITIMIDADE DAS PARTES E A INTERVENÇÃO DE TERCEIROS NA LEI 7.347/85

de que a condução do processo por aquele (ou aqueles) que são os seus porta vozes na demanda está em mãos seguras, ou seja, de que tal tarefa recai sobre sujeitos que se apresentam como melhor escolha na condução da demanda, o que, de certa forma implica, logicamente, admitir ou pelo menos aceitar como justo, razoável, genuíno, legitimo qualquer resultado que advenha da referida demanda, em especial se for uma derrota.

> "Através desse requisito, a lei atinge três resultados. A um só tempo, minimiza-se o risco de colusão, incentiva-se uma conduta vigorosa do representante e do advogado do grupo e assegura-se que sejam trazidos para o processo todos os reais interesses dos membros ausentes. O objetivo, em última análise, é assegurar, tanto quanto possível, que o resultado obtido com a tutela coletiva não seja diverso daquele que teria obtido se os membros estivessem defendendo pessoalmente os seus interesses".[33]

Assim, em razão desta diferença diz-se que aqui no nosso sistema a legitimidade é definida *ope legis*, pois decorre da lei, não havendo espaço para o magistrado fazer este controle em concreto. No sistema americano é o juiz que define em cada caso concreto se está preenchido o requisito da adequada representação. Isso fez com que se dissesse que aqui a legitimidade, além de concorrente (coletiva), disjuntiva (não complexa) e taxativa, fosse também ex legge (da lei).

É claro que reconhecemos que esse sistema abstrato de legitimação coletiva apresenta suas "falhas", até porque – nada obstante a etimologia – a palavra "legitimidade" pressupõe uma conexão concreta entre um sujeito e o objeto, e, admitir que alguém seja abstratamente legítimo por um vaticínio do legislativo, sem perquirir o vínculo in concreto, certamente que haverá casos onde essa relação não existirá, antes o contrário. Assim, alguns poderiam dizer que só haveria que se falar em uma genuína adequada representação no sistema brasileiro se houvesse uma certificação em concreto de que o referido ente, arrolado na lei, seria, realmente, um representante daqueles interesses e não apenas um fantoche legal.

Seria uma tamanha ingenuidade de nossa parte imaginar que o legislativo pudesse ter "acertado na mosca" em cada um daqueles entes por ele arrolados ao prever em abstrato que bastaria estar "na lei" para ter preenchido a "adequada representação"[34].

Só que a despeito disso, é preciso enxergar que, no geral, o sistema adotado pelo Brasil é eficiente, considerando as nossas tradições culturais.

Como dito anteriormente a legitimação para agir nas lides coletivas foi edificada na fixação da legitimação em abstrato pelo legislador, como se observa na lei de ação popular, na lei de ação civil pública, na constituição federal (art. 129, § 1º, III), no código de defesa do consumidor (art. 82), nas ações eleitorais (art. 30-A da Lei 9.504), no mandado de segurança coletivo etc.

E observe que este modelo tanto elegeu como legitimados em abstrato tanto os sujeitos que pudessem estar envolvidos no conflito (como no caso do cidadão da ação popular e do candidato nas ações eleitorais), como também apostou suas fichas na

---

33. GIDI, Antonio. A 'class action' como instrumento de tutela coletiva dos direitos: as ações coletivas em uma perspectiva comparada. São Paulo: Ed. RT, 2007, p. 100.

34. Basta ver, por exemplo, a crise de representatividade dos partidos políticos – um dos pilares da democracia representativa no Brasil – é, embora triste, um ótimo exemplo de que entre os fins legais e institucionais (abstratos) perseguidos pelos partidos políticos existe um enorme contradição com o que a sua atuação no mundo real.

possibilidade de que entes coletivos que não fizessem parte do conflito, mas tivessem finalidades institucionais voltadas para tal mister, pudessem atuar em prol dos referidos interesses.

Se ao longo do tempo este sistema mostrou deficiências em relação às associações[35] por outro lado mostrou-se muito eficiente, por exemplo, em relação ao Ministério Público, à Defensoria Pública, ao IBAMA, ao PROCON, enfim, entes que se fortaleceram e ganharam credibilidade pela atuação corriqueira em prol dos interesses coletivos.

Esse fortalecimento foi fundamental para que tais entes/instituições conquistassem legitimidade social e assumissem um papel fundamental nas estruturas democráticas.

> Citando aqui o Ministério Público, é inegável que a escolha abstrata do legislador mostrou-se adequada à tutela dos referidos interesses quando verificada em concreto na propositura e desempenho da tutela coletiva, seja por razões políticas, econômicas, estruturais e até jurídicas.

Exatamente porque esse sistema mostrou-se falho especificamente em relação a alguns colegitimados privados, a doutrina passou a fazer um verdadeiro esforço interpretativo para extrair do sistema jurídico a possibilidade do controle judicial da legitimação coletiva, tentando aproximar do modelo de controle americano.

E isso foi feito valendo-se da expressão "pertinência temática" que passou a ser utilizada no Superior Tribunal de Justiça para verificar se o requisito dos *fins institucionais da associação* corresponderia àquele que está sendo perseguido na ação civil pública proposta, isto é, atestar em cada caso concreto um vínculo entre a razão de ser institucional do ente coletivo e o objeto do conflito.

> A jurisprudência desse Sodalício admite seja reconhecido judicialmente desvio de finalidade na constituição de entidades associativas com finalidade estatutária genérica, o que não legitimaria tais entidades a ingressar com demandas coletivas, tais como, por exemplo, ação civil pública. Precedente: REsp 1213614/RJ, Rel. Ministro LUIS FELIPE SALOMÃO, QUARTA TURMA, julgado em 01/10/2015, DJe 6/10/2015. 2. No entanto, o caso em concreto é diferente daquele que deu origem ao precedente supracitado. Isso porque, aqui, o Tribunal de Justiça a quo expressamente reconheceu a legitimidade da entidade associativa ora agravada. Foi com base no conjunto fático e probatório, bem como na análise das cláusulas contidas no estatuto do Instituto Liberdade. 3. A revisão de tais fundamentos é inviável na via recursal eleita, tendo em vista a incidência das Súmulas 5 e 7, ambas editadas pelo Superior Tribunal de Justiça. No mesmo sentido: AgRg no AREsp 677.600/SP, Rel. Ministro OG FERNANDES, SEGUNDA TURMA, julgado em 23/06/2015, DJe 01/07/2015. 4. Agravo interno não provido. (AgInt no REsp 1619154/SC, Rel. Ministro MAURO CAMPBELL MARQUES, SEGUNDA TURMA, julgado em 16/02/2017, DJe 23/02/2017)

> 1. O acórdão recorrido consignou: "A ação de origem é mandado de segurança coletivo. Acerca da legitimidade para a propositura do mandado de segurança coletivo, dispõe a Lei 12.016/09:(...) No caso em tela, verifica-se não haver pertinência temática entre os objetivos do art. 1º do Estatuto do Sindicato (ev1-ESTATUTO4) com o objeto da presente demanda, que trata de compensação de contribuição social (LC n. 110/2001, art. 1º), incidente sobre despedida sem justa causa à alíquota de 10% dos depósitos do FGTS. Ausente a pertinência quanto às suas finalidades estatutárias, o sindicato não tem legitimidade para a propositura de mandado de segurança coletivo em matéria tributária. Diante do expendido, não merece reparos a sentença, devendo ser mantida conforme lavrada." (fl. 219, e-STJ) 2. A legislação de regência, com efeito, apenas condiciona a legitimidade ativa das associações ao atendimento dos seguintes pressupostos: a) constituição há pelo menos

---

35. Assim, por exemplo, no caso dos "candidatos" (legitimados nas ações coletivas eleitorais), ou ainda das "associações" nas ações civis públicas, salvo raríssimas exceções, o fiasco foi enorme. Igualmente, veja a absurda quantidade de atos da administração públicas que poderiam ser impugnados por ação popular por qualquer cidadão e, na prática isso não acontece.

CAPÍTULO 7 • LEGITIMIDADE DAS PARTES E A INTERVENÇÃO DE TERCEIROS NA LEI 7.347/85

um ano antes da propositura da ação e b) pertinência temática (os fins institucionais da associação devem abarcar o interesse supraindividual tutelado em juízo), sem jamais restringir a eficácia da sentença coletiva a os membros integrantes da associação.

3. Rever o entendimento a que chegou a Corte regional de que o sindicato não tem legitimidade para propor esse Mandado de Segurança Coletivo porque não há "pertinência temática entre os objetivos do art. 1º do Estatuto do Sindicato (ev1-ESTATUTO4), com o objeto da presente demanda, que trata de compensação de contribuição social (LC n. 110/2001, art. 1º), incidente sobre despedida sem justa causa à alíquota de 10% dos depósitos do FGTS" (fl. 219, e-STJ), exige o revolvimento do acervo fático-probatório dos autos, o que se mostra inviável em Recurso Especial, por óbice da Súmula 7/STJ.

4. Recurso Especial não conhecido.

(REsp 1842953/PR, Rel. Ministro HERMAN BENJAMIN, SEGUNDA TURMA, julgado em 05/12/2019, DJe 12/05/2020)

Com o devido respeito, entendemos que a verificação em concreto da "pertinência temática" tal como vem sendo feito pelo STJ é simplesmente um natural e legal controle judicial do requisito objetivo das associações (art. 5º, b da LACP)[36], ou seja, absolutamente correto e nada além do que isso, nem se cogitando como um arremedo do fenômeno da *adequada representação* dos moldes americanos.

Assim como o magistrado deve controlar a verificação do prazo de um ano de constituição, deve também verificar se o objeto do litígio está entre os fins institucionais a serem perseguidos segundo seu estatuto. É apenas isso, e, reitere-se, nada tem a ver com a análise em cada caso concreto, por exemplo, da relação de estreiteza entre aqueles que ela deseja representar, como gozar de prestígio, de confiança, que ateste em concreto que possui capacidade técnica e econômica de conduzir a demanda coletiva, que sua voz seja eloquente e respeitada no seio daqueles que ele representa, que a sua representação traga segurança e tranquilidade para os ausentes, que não há risco de conluio, que o direito da associação também foi lesado, que não existe conflitos de pretensões entre a associação e o objeto do conflito etc.

Definitivamente, há sempre espaço *lege ferenda* para sugerir uma aproximação do nosso modelo com o americano, mas não há, com o atual ordenamento vigente, nenhuma a chance de o juiz realizar este controle além dos limites objetivos estabelecidos pelo legislador como requisito das associações para a propositura de ação civil pública.

Por outro lado, registre-se que a mesma desenvoltura da doutrina em admitir o controle judicial em concreto da legitimidade coletiva outorgada pelo legislador dos entes coletivos privados não se estende para os entes públicos, como parquet, autarquias, entes políticos, defensoria, até porque, na prática estes conseguiram construir ao longo desses mais de 30 anos de ação civil pública um respeito, confiança e credibilidade que fazem recair uma *presunção de adequada legitimidade*. Aliás, talvez isso não fosse alcançado se existisse esse controle judicial à semelhança do americano.

---

36. Art. 5º, V – a associação que, concomitantemente: (Incluído pela Lei n. 11.448, de 2007).

a) esteja constituída há pelo menos 1 (um) ano nos termos da lei civil; (Incluído pela Lei n. 11.448, de 2007).

b) inclua, entre suas finalidades institucionais, a proteção ao patrimônio público e social, ao meio ambiente, ao consumidor, à ordem econômica, à livre concorrência, aos direitos de grupos raciais, étnicos ou religiosos ou ao patrimônio artístico, estético, histórico, turístico e paisagístico (Redação dada pela Lei n. 13.004, de 2014).

Por outro lado, embora se admita uma espécie "presunção de legitimidade adequada" para os entes públicos, é perfeitamente possível visualizar-se situações em que determinados entes públicos não se apresentam como os mais bem aparelhados do que outros entes públicos para a condução da demanda coletiva.

E diante destes aspectos exsurgiria então uma inevitável pergunta: qual o problema do magistrado brasileiro, vestir-se de magistrado americano e passar a identificar a carência dessa "*adequada representação*" seja não admitindo a legitimidade desde o início da demanda, seja exercendo este controle no curso da condução do processo coletivo?

O problema é simples: tratar-se-ia de um controle *contra legem*, porque *não* existe esta possibilidade no ordenamento jurídico brasileiro de *controle ope judicis no início ou no curso da demanda* que ultrapasse os limites dos requisitos objetivos estabelecidos pelo legislador para a legitimidade das associações.

Ao reverso, frise-se, o único controle *ope judicis* admitido no nosso sistema é para *ampliar o acesso à justiça das associações* e numa hipótese muito específica e restrita que está prevista no art. 82, §1º do CDC, cuja redação é a mesma do §4º do artigo 5º[37]:

§ 4º O requisito da pré-constituição poderá ser dispensado pelo juiz, quando haja manifesto interesse social evidenciado pela dimensão ou característica do dano, ou pela relevância do bem jurídico a ser protegido.

O parágrafo citado acima teve por intento *ampliar o acesso à justiça* mediante a combinação da urgência da tutela jurisdicional e inércia dos demais entes, especialmente os de natureza pública, sabendo-se que aspectos burocráticos acabam por inviabilizar uma atuação pronta e efetiva de sua parte. A eventual maior proximidade e afinidade do jurisdicionado com os entes associativos e não com os entes públicos também foi levada em consideração para a atuação desses entes.[38]

Logo, o que previu o legislador brasileiro foi a possibilidade de o *controle judicial apenas ampliar a legitimidade das associações*, dispensando o requisito de um ano, desde que na hipótese em concreto o magistrado avalie estar presente o "manifesto interesse social evidenciado pela dimensão ou característica do dano, ou pela relevância do bem jurídico a ser protegido". Ao invés de controlar negativamente, prevê o dispositivo o controle positivo *ope judicis* da legitimidade.

Verifica-se que a análise do magistrado quanto à legitimidade da associação, criada *ex post factum* para a defesa do interesse supraindividual, comumente será no sentido de deferi-la, ao menos num primeiro momento, nos casos de urgência, já que as expressões que encerram o conceito jurídico indeterminado foram bastante maleáveis no sentido de evitar que a tutela de um direito ou interesse supraindividual fosse obstaculizada em razão do prazo ânuo de constituição da associação civil.

Esta foi a opção legislativa do nosso país e precisa ser respeitada. Pode não ser a melhor em muitos casos, mas certamente que o controle americano também apresenta suas idiossincrasias e complexidades e que se adequam ao modelo histórico e cultural que possuem.[39]

---

37. Explica-se o § 1º sem os seguintes porque os demais, §§ 2º e 3º, foram vetados. O § 4º do art. 5º da LACP foi introduzido pelo art. 113 do CDC. É por isso que o texto do art. 82, § 1º, é que foi decalcado no art. 5º, § 4º, da LACP, e não o inverso, como poderia se pensar tendo em vista o fato de esta ser de 1985 e aquela de 1990.

38. Se descumprido o prazo de 1 ano e proposta a ação antes de superada esta condição, não se descarta a possibilidade de *aquisição deste pré-requisito* no curso da demanda.

39. A respeito ver MULLENIX, Linda S. Taking Adequacy Seriously: The Inadequate Assessment of Adequacy in: Litigation and Settlement Classes, 57 Vanderbilt Law Review 1687 (2019). Disponível em: https://scholarship.law.vanderbilt.edu/vlr/vol57/iss5/5. Acesso em: 18.12.2020.

E esta opção legislativa fica claro, primeiramente, quando se observa o texto do projeto de lei que deu origem a Lei de Ação Civil Pública onde expressamente os autores do anteprojeto pretenderam confessadamente aproximar o controle da legitimidade das associações na propositura da ação civil pública pelas associações ao modelo de controle americano, mas isso acabou não vingando no texto legal que restou aprovado após as modificações dos membros do ministério público.

> Art. 2º-N) processo penal, poderá intervir, como assistente do Ministério Público, com os· poderes previstos no Código de Processo Penal, a associação que, a critério do juiz, demonstre representatividade adequada, revelada por dados como:
>
> I – Estar constituída há seis meses, nos termos da lei civil;
>
> II – Incluir, entre suas finalidades institucionais, a proteção ao meio ambiente ou a valores artísticos, estéticos, históricos, turísticos ou paisagísticos.

Não foi isso que constava para a propositura da ação civil, ou seja, foi opção da lei não dar ao magistrado o controle da legitimidade das associações para a propositura da ação civil pública. Apenas os requisitos objetivos dos incisos I e II do referido dispositivo foram mantidos para a propositura da ação civil como consta no art. 5º.

E não se diga que o legislador não estabeleceu um sistema de freio e contrapesos pela opção de dar amplitude e "poder" às associações, porque deixou muito claro no parágrafo primeiro que "*o Ministério Público, se não intervier no processo como parte, atuará obrigatoriamente como fiscal da lei*", ou seja, dependendo da situação em concreto nada impede que o parquet integre um litisconsórcio ulterior com a associação autora.

E, mais, além disso previu um sistema de coisa julgada *secundum eventum probationis* para as ações civis públicas e um sistema de coisa julgada *pro e contra* apenas para beneficiar os lesados nos direitos individuais homogêneos o que atenua, e muito, o risco de empoderamento das associações. Isso tudo sem contar a regra de litigância de má-fé que serve de inibição ao conluio que poderia prejudicar a classe.

Por outro lado, e isso é bastante interessante, não se pode dizer que não estejamos experimentando um quê de *controle de representatividade* no julgamento de casos repetitivos[40] onde se onde se define uma situação jurídica coletiva (questão comum unicamente de direito) que será julgada por amostragem e o resultado deste julgamento será transportado para os recursos e processos que aguardam o referido resultado.

Quando se lê o procedimento do incidente de resolução de demandas repetitivas percebe-se que o processo de escolha do caso piloto – e os sujeitos que dela fazem parte – é fundamental para a dar um tônus democrático ao instituto, afinal de contas a tese jurídica que irá atingir os processos (e pessoas) que aguardam a solução do incidente.

Em texto preciso e profundo Antonio do Passo Cabral estabelece o que seriam os vetores interpretativos desta escolha:

---

40. Art. 928. Para os fins deste Código, considera-se julgamento de casos repetitivos a decisão proferida em: I – incidente de resolução de demandas repetitivas; II – recursos especial e extraordinário repetitivos. Parágrafo único. O julgamento de casos repetitivos tem por objeto questão de direito material ou processual.

"Como ficou assentado anteriormente, o segundo vetor interpretativo que entendemos que deva balizar a seleção da causa-piloto é a **pluralidade e representatividade dos sujeitos do processo originário**. De uma parte, este vetor se justifica porque, ao pensarmos nestes incidentes, que tendem a multiplicar a vários processos uma conclusão sobre uma questão comum a todos eles, devemos refletir sobre formas de fomentar a participação no incidente e reduzir os déficits de contraditório. Com isso, pensamos em neutralizar ou diminuir as objeções acerca dos efeitos do julgamento do incidente, e sua extensão subjetiva aos não participantes".

Assim, por exemplo, caso um dos litigantes tenha a sua causa escolhida para ser a "causa piloto", sabe ele que a defesa que ali exercer será em seu proveito e em proveito de todos os sujeitos que não tiveram a mesma "sorte" e que serão atingidos pela decisão que ali for proferida.

Se considerarmos que a questão objeto do incidente conste – e com frequência isso ocorre – em milhares de processos individuais num litígio de massa, é certo que aquele sujeito cuja causa foi escolhida tem um papel fundamental na atuação em juízo. Ele exerce a defesa de um "direito" seu e de tantas outras pessoas, num modelo de legitimidade que muito se assemelha à legitimidade das ações coletivas, mas com uma diferença básica de que aqui há a possibilidade de um controle concreto da causa escolhida, pesando, ou que deveria pesar nesta escolha, a genuína representatividade adequada do sujeito escolhido.

O procedimento deste incidente privilegia a mais ampla e específica divulgação e publicidade da sua instauração (art. 979), permitindo que qualquer interessado possa tomar conhecimento do mesmo e dada a sua relação com a causa requerer o seu ingresso e sua participação, caso em que o "relator ouvirá as partes e os demais interessados, inclusive pessoas, órgãos e entidades com interesse na controvérsia, que, no prazo comum de 15 (quinze) dias, poderão requerer a juntada de documentos, bem como as diligências necessárias para a elucidação da questão de direito controvertida, e, em seguida, manifestar-se-á o Ministério Público, no mesmo prazo" (art. 983).

Esta nítida preocupação do legislador processual brasileiro em amplificar e democratizar a discussão num IRDR está intimamente relacionada com o fato de que ao se julgar a questão controvertida unicamente de direito o tribunal fixará a tese jurídica que será aplicada: I – a todos os processos individuais ou coletivos que versem sobre idêntica questão de direito e que tramitem na área de jurisdição do respectivo tribunal, inclusive àqueles que tramitem nos juizados especiais do respectivo Estado ou região; II – aos casos futuros que versem idêntica questão de direito e que venham a tramitar no território de competência do tribunal, salvo revisão na forma do art. 986.

Ora, justamente por causa desse caráter vinculante *erga omnes* que o legislador processual deixou evidente que o sucesso e a legitimidade deste incidente coletivo dependem justamente do quanto democrático ele for, trazendo para o seu seio, de ofício ou por provocação, todos os argumentos e fundamentos que possam influenciar no julgamento da questão de direito controvertida.

Mais uma vez citamos aqui o exemplo do desastre causado pela Samarco no rompimento da Barragem na cidade de Mariana. Mais de 25 mil ações individuais foram propostas na Comarca de Colatina-ES, onde, basicamente, se pleiteava indenização por danos morais pela privação da água por vários dias, pela falta de informação, pelo desrespeito pelo qual foram fornecidos dois litros de agua mineral para cada morador durante o período de falta de água. Nestes milhares de processos individuais, uma das discussões girava em torno dos parâmetros de fixação do dano moral, portanto, uma questão de direito importantíssima que foi objeto de IRDR provocado em uma dessas demandas individuais repetitivas. Ora, uma vez suscitado o

CAPÍTULO 7 • LEGITIMIDADE DAS PARTES E A INTERVENÇÃO DE TERCEIROS NA LEI 7.347/85 **217**

incidente pela parte, pelo MP ou pelo juiz de uma das causas, nasce aí um incidente coletivo que quanto mais informações, participação e colaboração pertinente houver, mais sedimentado e democrático será o procedente vinculante. Se irá vincular a todos em todos os processos que a questão tenha sido repetida, nada mais justo que oportunizar o mais amplo debate como permite e estimula o CPC. Com a experiência de quem atuou profissionalmente neste IRDR, posso afirmar que a esse modelo de controle judicial em concreto se mostrou bastante longe do ideal democrático previsto em abstrato pelo legislador.

Este é o modelo de adequada legitimação, com identificação dos interessados, controle judicial dessa posição legitimante no ingresso e no curso do procedimento a partir da escolha da causa piloto[41], que é previsto no ordenamento jurídico para um incidente processual onde está em jogo a tutela de interesses coletivos, como aliás, recomenda o artigo 927 § 2º do CPC ao mencionar que a alteração de tese jurídica adotada em enunciado de súmula ou em julgamento de casos repetitivos poderá ser precedida de audiências públicas e da participação de pessoas, órgãos ou entidades que possam contribuir para a rediscussão da tese.

Esta falha no processo de escolha/afetação (do incidente/recurso repetitivo) não passou despercebido pelos olhar atento do Ministro Herman e Benjamin que com lucidez peculiar proferiu voto vencido apontando o dedo na ferida deste modelo de controle onde o papel do magistrado é fundamental na definição da causa que servirá para fixar o padrão decisório a ser pulverizado em tantos outros recursos ou causas pendentes.

Como se vê, fechando o raciocínio, temos firme a posição de que o nosso modelo de controle abstrato (legal) da legitimidade das ações coletivas tem seus defeitos, mas, por outro lado não nos parece que o modelo de controle em concreto (judicial) que poderia ou deveria ser feito no julgamento dos casos repetitivos sejam satisfatórios. A experiencia prática, inclusive, me fez ter convicção de que andou melhor o sistema de legitimação adotado pela Lei de Ação Civil Pública do que o que foi adotado para os casos repetitivos.

Pede-se vênia pela longa transcrição, mas a profundidade de cada parágrafo e a sensibilidade do que foi dito não poderia ser mutilado nesta transcrição, de voto vencido proferido pelo Ministro Herman e Benjamin ao cuidar, indiretamente, do modelo de representação nos recursos repetitivos.

---

41. Idem para a afetação do recurso repetitivo como se observa no procedimento do art. 1036 do CPC. Art. 1.036. Sempre que houver multiplicidade de recursos extraordinários ou especiais com fundamento em idêntica questão de direito, haverá afetação para julgamento de acordo com as disposições desta Subseção, observado o disposto no Regimento Interno do Supremo Tribunal Federal e no do Superior Tribunal de Justiça. § 1º O presidente ou o vice-presidente de tribunal de justiça ou de tribunal regional federal selecionará 2 (dois) ou mais recursos representativos da controvérsia, que serão encaminhados ao Supremo Tribunal Federal ou ao Superior Tribunal de Justiça para fins de afetação, determinando a suspensão do trâmite de todos os processos pendentes, individuais ou coletivos, que tramitem no Estado ou na região, conforme o caso. § 2º O interessado pode requerer, ao presidente ou ao vice-presidente, que exclua da decisão de sobrestamento e inadmita o recurso especial ou o recurso extraordinário que tenha sido interposto intempestivamente, tendo o recorrente o prazo de 5 (cinco) dias para manifestar-se sobre esse requerimento. § 3º Da decisão que indeferir este requerimento caberá agravo, nos termos do art. 1.042.

§ 3º Da decisão que indeferir o requerimento referido no § 2º caberá apenas agravo interno. (Redação dada pela Lei n. 13.256, de 2016) § 4º A escolha feita pelo presidente ou vice-presidente do tribunal de justiça ou do tribunal regional federal não vinculará o relator no tribunal superior, que poderá selecionar outros recursos representativos da controvérsia. § 5º O relator em tribunal superior também poderá selecionar 2 (dois) ou mais recursos representativos da controvérsia para julgamento da questão de direito independentemente da iniciativa do presidente ou do vice-presidente do tribunal de origem. § 6º Somente podem ser selecionados recursos admissíveis que contenham abrangente argumentação e discussão a respeito da questão a ser decidida.

"**1. Uma perplexidade político-processual inicial**: a solução de conflitos coletivos pela via de ação civil individual e a mutilação reflexa do direito de acesso à justiça de milhões de consumidores A colenda Primeira Turma decidiu, em 24.4.2007 (fl. 186), afetar esta demanda à Primeira Seção. Até aí, nada de incomum, pois frequentemente questões complexas ou repetitivas são levadas ao colegiado de dez Membros, para que possam os seus integrantes decidi-las de maneira uniforme, evitando assim entendimentos Documento: 3402517 – VOTO VISTA – Site certificado Página 8 de 44 Superior Tribunal de Justiça divergentes entre as duas Turmas. Aqui, contudo, afloram peculiaridades que desaconselhariam tal "afetação", na forma e no momento em que foi feita, quase que automaticamente, sem qualquer discussão prévia e amadurecimento, no âmbito interno de ambas as Turmas, das múltiplas questões novas e controvertidas que acompanham esta demanda. Os pontos complexos que este processo envolve – e são tantos, como veremos no decorrer deste Voto – não se submeteram ao crivo de debates anteriores entre os Membros das Turmas, debates esses necessários para identificar e esclarecer as principais divergências e controvérsias de conflito desse porte, que, embora veiculado por ação individual (e formalmente refira-se com exclusividade a uma única consumidora), afeta, de maneira direta, mais de 30 milhões de assinantes (rectius, consumidores). Difícil negar que, no âmbito do STJ, a demanda não estava madura para, de cara, prolatar-se decisão unificadora e uniformizadora a orientar a Seção, suas duas Turmas e todos os Tribunais e juízos do Brasil. Em litígios dessa envergadura, que envolvem milhões de jurisdicionados, é indispensável a preservação do espaço técnico-retórico para exposição ampla, investigação criteriosa e dissecação minuciosa dos temas ora levantados ou que venham a ser levantados. Do contrário, restringir-se-á o salutar debate e tolher-se-á o contraditório, tão necessários ao embasamento de uma boa e segura decisão do Colegiado dos Dez. É bem verdade que o Regimento Interno prevê a "afetação" de processos à Seção "em razão da relevância da questão jurídica, ou da necessidade de prevenir divergências entre as Turmas" (art. 127). Contudo, escolheu-se exatamente uma ação individual, de uma contratante do Rio Grande do Sul, triplamente vulnerável na acepção do modelo constitucional welfarista de 1988 – consumidora, pobre e negra –, para se fixar o precedente uniformizador, mesmo sabendo-se da existência de várias ações civis públicas, sobre a mesma matéria, que tramitam pelo País afora. Ou seja, inverteu-se a lógica do processo civil coletivo: em vez da ação civil pública fazer coisa julgada erga omnes, é a ação individual que, por um expediente interno do Tribunal, de natureza pragmática, de fato transforma-se, em consequência da eficácia Documento: 3402517 – VOTO VISTA – Site certificado Página 9 de 44 Superior Tribunal de Justiça uniformizadora da decisão colegiada, em instrumento de solução de conflitos coletivos e massificados. Não se resiste aqui à tentação de apontar o paradoxo. Enquanto o ordenamento jurídico nacional nega ao consumidor-indivíduo, sujeito vulnerável, legitimação para a propositura de ação civil pública (Lei 7347/1985 e CDC), o STJ, pela porta dos fundos, aceita que uma demanda individual – ambiente jurídico-processual mais favorável à prevalência dos interesses do sujeito hiperpoderoso (in casu o fornecedor de serviço de telefonia) – venha a cumprir o papel de ação civil pública às avessas, pois o provimento em favor da empresa servirá para matar na origem milhares de demandas assemelhadas – individuais e coletivas. Aliás, em seus Memoriais, foi precisamente esse um dos argumentos (a avalanche de ações individuais) utilizado pela concessionária para justificar uma imediata intervenção da Seção. Finalmente, elegeu-se exatamente a demanda de uma consumidora pobre e negra (como dissemos acima, triplamente vulnerável), destituída de recursos financeiros para se fazer presente fisicamente no STJ, por meio de apresentação de memoriais, audiências com os Ministros e sustentação oral. Como juiz, mas também como cidadão, não posso deixar de lamentar que, na argumentação(?) oral perante a Seção e também em visitas aos Gabinetes, verdadeiro monólogo dos maiores e melhores escritórios de advocacia do País, a voz dos consumidores não se tenha feito ouvir. Não lastimo somente o silêncio de D. Camila Mendes Soares, mas sobretudo a ausência, em sustentação oral, de representantes dos interesses dos litigantes-sombra , todos aqueles que serão diretamente afetados pela decisão desta demanda, uma gigantesca multidão de brasileiros (mais de 30 milhões de assinantes) que, por bem ou por mal, pagam a conta bilionária da assinatura-básica (lembro que só a recorrente, Brasil Telecom, arrecada, anualmente, cerca de três bilhões e meio de reais com a cobrança dessa tarifa – cfr. www.agenciabrasil.gov.br, notícia publicada em 8.6.2007). Curvo-me à decisão técnica dos meus ilustres Pares, posição essa que também é político-pragmática. O bom juiz tem sempre um tanto de pragmaticus Documento: 3402517 – VOTO VISTA – Site certificado Página 1 0 de 44 Superior Tribunal de Justiça legum, posição totalmente compreensível em um cenário de enxurrada de Recursos Especiais relativos à assinatura básica (fala-se em dezenas de milhares de ações em todo o País), o que por certo estimulou os e. Ministros a não esperarem por precedentes nas duas Turmas. Não obstante esse reconhecimento que faço das razões nobres que levaram meus Pares a encurtar um debate judicial que deveria ser o mais rico, amplo e profundo possível, não tenho como esconder que me sinto inescapavelmente prisioneiro do feixe de objetivos e princípios sociais dos

CAPÍTULO 7 • LEGITIMIDADE DAS PARTES E A INTERVENÇÃO DE TERCEIROS NA LEI 7.347/85 **219**

dois microssistemas normativos (consumidor e telecomunicações) em questão (philosophus legum!), o que me força a homenageá-los, mesmo que sob o risco de ser arrastado a um poço inesgotável de Recursos Especiais. Como minoria que sou neste julgamento, mantenho a esperança de que, no futuro, a hoje Maioria – ou, quem sabe, uma outra Maioria – aperfeiçoe sua forma de pensar. E se assim não for, que o legislador, observador atento das perplexidades da prática judicial, possa fazer as alterações legislativas pertinentes a uma adequada, eficaz e justa proteção dos sujeitos vulneráveis: in casu, os consumidores de telefonia fixa. Em síntese, a vitória das empresas de telefonia, que hoje se prenuncia, não é exclusivamente de mérito; é, antes de tudo, o sucesso de uma estratégia judicial, legal na forma, mas que, na substância, arranha o precioso princípio do acesso à justiça, uma vez que, intencionalmente ou não, inviabiliza o debate judicial e o efetivo contraditório, rasgando a ratio essendi do sistema de processo civil coletivo em vigor (Lei 7347/85 e CDC)

5. A LEGITIMIDADE DO MINISTÉRIO PÚBLICO (MP)

Depois de se comentar genericamente sobre a legitimidade para a defesa dos direitos difusos e coletivos, é importante fazer alguma digressão sobre a legitimidade específica de alguns dos entes arrolados nos dispositivos em comento, especialmente sob um colorido constitucional.

Comecemos pelo Ministério Público, deixando claro que, sob o ponto de vista infraconstitucional, expressamente, a lei de ação civil pública (art. 5º) e a Lei n. 8.078/90 – Título III do CDC (arts. 82 e 92) outorgam legitimidade ao parquet para a propositura de ação coletiva para a defesa de direitos individuais homogêneos.

> Quando não atuar como parte, o parquet deverá atuar como fiscal do ordenamento jurídico em razão do interesse público e social, tal como determinam os arts. 5º, § 1º, da LACP, e 92 do CDC. Podem, nesta condição, exercer todos os poderes que se destinem a alcançar a finalidade pública do processo. É de se lembrar que o mesmo teria legitimidade para atuar como parte, e, portanto, litisconsorte.

O Ministério Público teve suas funções completamente revisitadas e modificadas com o advento do texto constitucional. A Constituição explicita que o *parquet* tem legitimidade para a propositura de demandas que visem a tutela do patrimônio público, meio ambiente e de outros interesses difusos e coletivos. Essa legitimidade não lhe é exclusiva, podendo a lei estendê-la a outros legitimados. Assim o fizeram a Lei n. 7.347/85 (recepcionada pela CF/88) e o art. 82 do CDC.

Entretanto, se com relação aos interesses difusos e coletivos não paira dúvida sobre a legitimidade do parquet, porque expressamente prevista na CF/88 (art. 129, § 1º, III), o mesmo não se diz com relação aos interesses individuais homogêneos, já que, segundo o texto constitucional, incumbe-lhe a defesa da ordem jurídica, do regime democrático e dos interesses sociais e *individuais indisponíveis*. (art. 127, caput da CF/88)

Em outros termos, procurando interpretar o art. 127, ter-se-ia o seguinte: para que o interesse individual seja tutelado pelo parquet é mister que seja ou indisponível ou que tenha caráter social.

Basta um dos requisitos para que se tenha presente a legitimidade do Ministério Público. Portanto, caso esteja presente um dos dois aspectos, o *parquet* terá legitimidade para propositura da ação coletiva.

Há tempos temos sustentado a opinião de que há interesse social quando o parquet atua perseguindo a tutela de interesses coletivos lato sensu, inclusive do interesse individual homogêneo, com a ressalva de que nesta hipótese a fase coletiva termina com a sentença condenatória genérica, pois a *liquidação e a execução* (art. 97 do CDC) trata-se de tutela individual.

Se parece não haver dúvida da legitimidade do parquet para a defesa dos interesses difusos e coletivos, em razão da expressa dicção constitucional, já em relação aos interesses individuais homogêneos é preciso compreender que a legitimidade do parquet para a sua tutela deriva da interpretação do que seja "interesse social". A expressão "interesse social" deve ser vista sob dois flancos distintos, pois ele se corporifica tanto sob um aspecto material quanto processual.

Há interesse social sob a perspectiva material quando o interesse individual homogêneo objeto de tutela refere-se diretamente aos direitos sociais espelhados no art. 6º da CF/88. Já sob a perspectiva processual há interesse social na tutela coletiva para defesa dos direitos individuais homogêneos porque tal demanda representa um veículo, um canal de acesso à justiça de interesse social, não apenas pela dimensão coletiva dos que podem ser beneficiados pela sentença condenatória genérica, mas também sob o ponto de vista do acesso à justiça e pela eficiência que traz à estrutura do Poder Judiciário, pois representa enorme economia processual com ganho máximo de atividade jurisdicional. Pela perspectiva processual, toda ação para defesa de direito individual homogêneo na forma prevista do art. 91 a 95 do CDC é de interesse social.

> "(...) 1. De fato, os arts. 81 e 82 da Lei n. 8.078/1990 conferem legitimidade ao Ministério Público para promover ação civil pública em defesa dos interesses difusos, coletivos e individuais homogêneos do consumidor. Ainda que se trate de direito disponível, há legitimidade do órgão ministerial quando a defesa do consumidor de forma coletiva é expressão da defesa dos interesses sociais, nos termos do que dispõem os arts. 127 e 129 da Constituição Federal. Precedentes desta Corte. (...) (AgInt no AREsp 1508585/SP, Rel. Ministro MARCO AURÉLIO BELLIZZE, TERCEIRA TURMA, julgado em 25/05/2020, DJe 28/05/2020)"

Contudo, é preciso fazer uma ressalva. A fase coletiva da ação para a defesa de direito individual homogêneo termina com a prolação de decisão que condena genericamente o responsável, pois, a partir daí não há mais tutela coletiva, senão apenas liquidação e execução individual. Por isso, para que o ministério público possa atuar na fase individual, deve ser hipótese de direitos individuais indisponíveis.

6. A LEGITIMIDADE DOS SINDICATOS E DAS ASSOCIAÇÕES CIVIS

6.1 A legitimidade na lei de ação civil pública

Com relação aos sindicatos, não se deve confundir a sua atuação na proposição de demandas coletivas onde esteja em jogo direito supraindividual com os casos em que atua como mero substituto processual, nos moldes tradicionais do direito processual civil.

Enquanto no primeiro caso a sua legitimidade decorre do sistema processual coletivo (Título III do CDC + LACP, arts. 82 e 5º, respectivamente) por força do art. 129, § 1º, III, da CF/88, no segundo é a aplicação direta do art. 8º, III, da CF/88, que, por sua vez, também endossa a legitimidade para a primeira hipótese.

Na proposição de ação coletiva nos moldes do que se está falando, o sindicato atua na proteção e defesa de direitos supraindividuais. Neste caso, segue o rito e regras

CAPÍTULO 7 • LEGITIMIDADE DAS PARTES E A INTERVENÇÃO DE TERCEIROS NA LEI 7.347/85

do "sistema processual coletivo". Por outro lado, quando atua para perseguir em juízo uma soma de direitos individuais, trazendo para o processo situações particulares dos sindicalizados, está defendendo direito individual puro em típico caso de substituição processual concorrente, oriundo diretamente do art. 8º, III, da CF/88. Cuida-se, nestas hipóteses, de mero cúmulo objetivo de pretensões individuais e é absolutamente natural que o titular do interesse privado tutelado pelo sindicato expresse autorização neste sentido.

Exatamente por causa desse "falso" caráter coletivo, que nada tem de supraindividual, é que se diz que a ação é pseudocoletiva, e também por isso é que se lhe devem aplicar as regras tradicionais do CPC relativamente à substituição processual, à conexão, à litispendência, ao litisconsórcio etc. Como se disse e não se deve cansar de repetir, este último tipo de demanda é pseudocoletivo porque se trata de mera soma de interesses individuais expostos e pretendidos em juízo.[42]

A importância do que se afirma é a de que a ação pseudocoletiva não deve ter as mesmas vantagens da tutela coletiva do "procedimento especial coletivo", simplesmente porque não se trata de uma ação coletiva propriamente dita (o direito tutelado não é supraindividual, não se encartando em nenhuma das hipóteses do art. 81, parágrafo único, do CDC.

Com relação às associações civis, o sistema processual coletivo outorga legitimidade aos referidos entes nos arts. 5º, V, da LACP e 82 do CDC. Possuem tal legitimidade por força da aplicação do art. 129, § 1º, III, da CF/88. Não obstante essa raiz constitucional próxima, é de se ressaltar ainda a regra do art. 5º, XX, da CF/88, que ratifica e endossa a legitimidade anteriormente conferida para a tutela coletiva de interesses supraindividuais da categoria, quando o texto constitucional assevera que tais entes têm legitimidade para representar os seus associados judicial ou extrajudicialmente. Como já foi amplamente esmiuçado pela doutrina[43] e jurisprudência, a palavra representação aí foi utilizada com a finalidade de conferir legitimidade e não mera representação ao ente coletivo.

O tema acendeu a importância quando por meio de uma Medida Provisória casuística (n. 2.180-35, de 25 de agosto de 2001) fez incluir na Lei n. 9.494 o parágrafo único do art. 2º-A[44], que diz o seguinte:

---

42. Por isso existe litispendência parcial entre a ação pseudocoletiva e a ação individual, já que a mesma pretensão veiculada estaria sendo repetida, na primeira num cúmulo objetivo, e na segunda isoladamente. Certamente, a solução será excluir da apreciação do Poder Judiciário a mesma demanda que se repetir, seja a primeira ou a segunda, segundo critérios de prevenção.

43. Segundo Luiz Paulo da Silva Araújo Filho: "Não parece admissível que a dimensão das normas do inc. XXI do art. 5º e, a fortiori, do inc. III do art. 8º da Lei Suprema fique reduzida a uma simples representação legal. Frustra a *ratio constituitionis* e a efetividade de suas normas conceber que a Carta criou, sob certo enfoque, uma *capitis diminutio* para os membros da associação ou do sindicato, quando salta à vista exatamente o contrário, ou seja, que a Lei Magna quis expandir a atuação dos entes associativos para facilitar e fortalecer a defesa dos interesses individuais e coletivos. Vale dizer: a Constituição quis estimular a legitimidade para a tutela coletiva de interesses coletivos ou mesmo individuais integrados numa coletividade", op. cit., p. 85. No mesmo sentido, Nery & Nery, op. cit., p. 1.532, com ampla referência casuística; José Carlos Barbosa Moreira. "Ações coletivas na Constituição Federal de 1988", in: Repro. São Paulo: Ed. RT, n. 61, p. 190.

44. Se pensava atingir os direitos individuais homogêneos, deveria o "legislador" alterado o procedimento do art. 91 e ss. do CDC que cuida da ação coletiva para a defesa de direitos individuais homogêneos. Além de esdrúxula a modificação que não afeta a tutela supraindividual dos direitos individuais homogêneos, mas apenas às demandas pseudocoletiva, ainda assim mirou o alvo errado.

Art. 2º-A. A sentença civil prolatada em ação de caráter coletivo proposta por entidade associativa, na defesa dos interesses e direitos dos seus associados, abrangerá apenas os substituídos que tenham, na data da propositura da ação, domicílio no âmbito da competência territorial do órgão prolator. (Incluído pela Medida provisória n. 2.180-35, de 2001)

Parágrafo único. Nas ações coletivas propostas contra a União, os Estados, o Distrito Federal, os Municípios e suas autarquias e fundações, a petição inicial deverá obrigatoriamente estar instruída com a ata da assembleia da entidade associativa que a autorizou, acompanhada da relação nominal dos seus associados e indicação dos respectivos endereços. (Incluído pela Medida provisória n. 2.180-35, de 2001)

Esta exigência diz respeito apenas às ações propostas por entidades associativas para a defesa de interesses individuais determinados, tal como uma soma de pretensões individuais cumuladas, onde já se identifica, a *quem se deve* e *quanto se deve* a cada sujeito substituído.

O eventual título executivo judicial formado nesta demanda só pode atingir aqueles que estivessem listados como substituídos, pois, frise-se, trata-se de ação individual proposta por ente coletivo, cujas regras tradicionais de processo são suficientes.

Neste passo nos pareceu correta a orientação firmada pelo Supremo Tribunal Federal quando procedeu o julgamento do RE n. 573.232/SE sob o regime de repercussão geral.

O que foi decidido no referido julgamento é que se na ação "coletiva" proposta havia o rol de sujeitos que seriam atingidos pela referida decisão, contendo desde a inicial a comprovação da autorização expressa e da listagem de beneficiários, então o título executivo que venha a ser formado nesta demanda só atinge a estas pessoas.

A razão é muito simples: como dito, não é "coletiva" a ação apenas porque seja nominada de coletiva na sua petição inicial. É preciso que o direito tutelado seja difuso, coletivo ou individual homogêneo. Se fosse um destes tipos de direitos não haveria que se falar em rol ou lista de sujeitos e tampouco de autorização expressa, porque não seria direito individual[45].

Eis que por isso *"as balizas subjetivas do título judicial, formalizado em ação proposta por associação, são definidas pela representação no processo de conhecimento, limitada a execução aos associados apontados na inicial"*[46]. Assim, apenas os beneficiados pela sentença de procedência" que efetivamente foram identificados desde o início é que

---

45. Foi cirúrgico o apontamento de Kazuo Watanabe em relação a este precedente, reconhecendo que aí não se tinha, genuinamente, uma ação para tutela de direito supraindividual, *in verbis*: "O caso julgado, portanto, diz respeito à ação coletiva em que a associação atua na condição de representante processual de seus associados , denominada de "ação coletiva, de rito ordinário" (a ação foi proposta como "de repetição de indébito", sendo convertida posteriormente por comando judicial em "ação coletiva"), não se tratando, portanto, de ação civil pública ou ação coletiva de tutela dos interesses individuais homogêneos, em que a associação atua na condição de substituta processual. (...) ficou bem claro que a expressão "ação coletiva, de rito ordinário" não diz respeito à ação coletiva do microsistema brasileiro de processos coletivos, formado pela Lei da Ação Civil Pública e pelo Código de Defesa do Consumidor". WATANABE, Kazuo. "Associação e substituição processual na tutela coletiva". In: MILARÉ, Édis (Coord.). Ação Civil Pública após 35 anos. São Paulo: Ed. RT, 2020, p. 447.
46. REPRESENTAÇÃO – ASSOCIADOS – ARTIGO 5º, INCISO XXI, DA CONSTITUIÇÃO FEDERAL. ALCANCE. O disposto no artigo 5º, inciso XXI, da Carta da República encerra representação específica, não alcançando previsão genérica do estatuto da associação a revelar a defesa dos interesses dos associados. TÍTULO EXECUTIVO JUDICIAL – ASSOCIAÇÃO – BENEFICIÁRIOS. As balizas subjetivas do título judicial, formalizado em ação proposta por associação, é definida pela representação no processo de conhecimento, presente a autorização expressa dos associados e a lista destes juntada à inicial. (RE 573232, Relator(a): RICARDO LEWANDOWSKI, Relator(a) p/ Acórdão: MARCO AURÉLIO, Tribunal Pleno, julgado em 14/05/2014, REPERCUSSÃO GERAL – MÉRITO DJe-182 DIVULG 18-09-2014 PUBLIC 19-09-2014 EMENT VOL-02743-01 PP-00001)

CAPÍTULO 7 • LEGITIMIDADE DAS PARTES E A INTERVENÇÃO DE TERCEIROS NA LEI 7.347/85

"possuem legitimidade ativa para promover a execução do título judicial constituído na demanda coletiva".

Neste passo é perfeita a orientação do STJ ao dizer que:

"1. A impetração de Mandado de Segurança coletivo por entidade associativa não exige a obrigatoriedade de apresentação da lista dos filiados nem da autorização expressa deles, uma vez que tais exigências são aplicáveis somente às ações submetidas ao rito ordinário, ante a expressa previsão contida no art. 2º-A da Lei 9.494/1997. Assim, configurada hipótese de substituição processual, os efeitos da decisão proferida, em sede de Mandado de Segurança Coletivo, beneficiam todos os associados, sendo irrelevante a data de associação ou a lista nominal (AgInt no REsp 1.447.834/CE, Rel. Ministro Napoleão Nunes Maia Filho, Primeira Turma, DJe 4/2/2019).

2. Hipótese que não se enquadra no entendimento firmado pelo Supremo Tribunal Federal, no julgamento do RE n. 573.232/SE, sob o regime de repercussão geral, segundo o qual, nas execuções individuais de sentença coletiva, devem ser obedecidos os limites subjetivos em que o título executivo judicial foi constituído, ou seja, somente os beneficiados pela sentença de procedência, efetivamente representados pela associação de classe, mediante comprovação da autorização expressa e da listagem de beneficiários, possuem legitimidade ativa para promover a execução do título judicial constituído na demanda coletiva. 3. Recurso especial não provido, com a manutenção do acórdão apontado como divergente."

(REsp 1588341/DF, Rel. Ministro SÉRGIO KUKINA, PRIMEIRA TURMA, julgado em 23/06/2020, DJe 26/06/2020)

Portanto, frise-se, se se trata de demanda para a defesa de direito individual homogêneo promovido, por exemplo, pela associação de consumidores para obter provimento judicial que condene um banco a ressarcir todos os consumidores lesados pelo desconto eventualmente indevido, sem trazer na demanda aspectos individuais que particularizem a demanda (identificação do substituído ou o prejuízo de cada um), então não se aplica a referida regra, incidindo a hipótese do art. 103 do CDC.

Ademais, por não se tratar de representação, mas sim de legitimidade (art. 5º, XXI, da CF/88) das associações, *"não se faz necessária a exigência de inclusão na peça inicial da autorização assemblear a autorização para a defesa do interesse coletivo em sentido amplo é estabelecida na definição dos objetivos institucionais, no próprio ato de criação da associação, sendo desnecessária nova autorização ou deliberação assemblear"* (REsp 1.649.087/RS, Rel. Ministra Nancy Andrighi, Terceira Turma, julgado em 2/10/2018, DJe 4/10/2018).[47]

No projeto original (Bierrembach n. 3034) da LACP, as associações tinham legitimidade para agir submetida ao controle judicial da sua representatividade adequada, além dos requisitos objetivos que hoje estão nas alíneas a e b do inciso V do art. 5º. Todavia, por modificação do texto pelos integrantes do parquet paulista, ele foi alterado para ampliar a referida legitimidade, por entender que esse controle em concreto poderia de alguma forma frear ou cercear o acesso da justiça das associações civis.

Foi uma importantíssima inovação, já que as associações civis, desde que regularmente constituídas nos termos da lei civil (art. 20 do CCB) e atendido o prazo ânuo, poderão perseguir em juízo a defesa dos interesses e direitos que institucionalmente

---

47. (...) 1. Nos termos da jurisprudência desta Corte, "as associações instituídas na forma do art. 82, IV, do CDC, estão legitimadas para propositura de ação coletiva em defesa de interesses individuais homogêneos (CDC, art. 81, III). Para tanto não necessitam de autorização dos associados" (REsp 879.773/RS, Rel. Min. Humberto Gomes de Barros, Terceira Turma, DJe 13/5/2008). (...) (AgInt nos EDcl no REsp 1807332/AL, Rel. Ministro MARCO AURÉLIO BELLIZZE, TERCEIRA TURMA, julgado em 22/06/2020, DJe 25/06/2020).

defendem[48]. E, como demonstramos no item 4 acima, nos parece que a opção política pelo modelo que afasta o controle judicial apresenta mais pontos positivos do que negativos considerando as peculiaridades sociais e culturais do nosso país.

A sua atuação independe de autorização assemblear porque, como se disse, possuem legitimidade para agir (por incidência do art. 129, § 1º, III, da CF/88 c/c arts. 82 do CDC e 5º, V, da LACP e art. 5º, XXI, da CF/88) e não mera representação.

Obviamente, espera-se que persigam em juízo os fins institucionais para os quais foram criadas e que constam em seus estatutos e, obviamente, o que se espera é que realizem na prática estes objetivos para os quais foram criadas de modo a legitimar a sua atuação. Há de se ter, no nosso ponto de vista, para se evitar uma atuação descomprometida e oportunista, uma relação biunívoca entre a atuação em concreto e os fins institucionais que perseguem, para que se possam dizer possuidoras do requisito legal e, dessa forma, possam dar rendimento às importantes inovações do art. 5º, XXI, da CF/88 e art. 129, § 1º, III, da CF/88 c/c art. 82 do CDC e art. 5º, V, da LACP.

6.2 A legitimidade das associações para impetrar o mandado de segurança coletivo

As associações foram ainda expressamente mencionadas no texto constitucional como legitimados à propositura de mandado de segurança coletivo, tal como se lê no inciso LXX do art. 5º:

> "o mandado de segurança coletivo pode ser impetrado por:
>
> a) partido político com representação no Congresso Nacional;
>
> b) organização sindical, entidade de classe ou associação legalmente constituída e em funcionamento há pelo menos um ano, em defesa dos interesses de seus membros ou associados;

Em sequência, diz a Lei 12.016 que regula o procedimento da lei de mandado de segurança que:

> Art. 21. O mandado de segurança coletivo pode ser impetrado por partido político com representação no Congresso Nacional, na defesa de seus interesses legítimos relativos a seus integrantes ou à finalidade partidária, ou por organização sindical, entidade de classe ou associação legalmente constituída e em funcionamento há, pelo menos, 1 (um) ano, em defesa de direitos líquidos e certos da totalidade, ou de parte, dos seus membros ou associados, na forma dos seus estatutos e desde que pertinentes às suas finalidades, dispensada, para tanto, autorização especial.
>
> Parágrafo único. Os direitos protegidos pelo mandado de segurança coletivo podem ser:
>
> I – coletivos, assim entendidos, para efeito desta Lei, os transindividuais, de natureza indivisível, de que seja titular grupo ou categoria de pessoas ligadas entre si ou com a parte contrária por uma relação jurídica básica;

---

48. Não há margem para uma análise subjetiva de controle (negativo) da "representatividade adequada" da associação civil pelo juiz. Os critérios são objetivos (constituída há mais de ano nos termos da lei civil) e ter em suas finalidades institucionais a defesa do direito que pretende perseguir. Essa foi a opção do legislador e deve ser respeitada. Tem certamente defeitos, mas tem virtudes. Não há espaço para o magistrado controlar aspectos como *frequência com que defende seus interesses, militância efetiva, sucesso ou fracasso dessa defesa, competência e expertise na defesa, capacidade econômica para suportar uma demanda, número de associados, extensão da sua abrangência etc.* Assim, neste sentido MIRRA, Álvaro Luiz Valery. Ação civil pública em defesa do meio ambiente: a representatividade adequada dos entes intermediários legitimados para a causa, In: MILARÉ, Édis (Coord.). A ação civil pública após 20 anos: efetividade e desafios. São Paulo: Ed. RT, 2005. p. 46 e 47.

II – individuais homogêneos, assim entendidos, para efeito desta Lei, os decorrentes de origem comum e da atividade ou situação específica da totalidade ou de parte dos associados ou membros do impetrante.

Assim, ao que parece a CF/88 estabelece uma *garantia mínima* para os entes que ali estão arrolados como legitimados ativos para a impetração do mandado de segurança coletivo.

Nem se cogita que o texto constitucional tenha restrito a utilização do procedimento especial do mandado de segurança apenas aos entes ali previstos, e que tenha proibido que outros entes coletivos promovam demanda coletiva fincada no procedimento especial do mandado de segurança. O dispositivo deve ser interpretado com as demais garantias constitucionais, inclusive de acesso à justiça e de proteção aos direitos fundamentais coletivos.

Portanto, nada impede, por exemplo, que o próprio Ministério Público possa ajuizar mandado de segurança coletivo para a defesa de direitos individuais homogêneos, valendo-se do procedimento especial previsto na Lei 12.016.[49]

"É inequívoco que pode o Ministério Público impetrar mandado de segurança naqueles casos em que a Constituição da República lhe atribui, como função institucional (art. 129), a defesa judicial de determinados direitos e interesses (STJ, RMS 1.722-9, Rel. Min. Costa Lima , DJU 7.5.94, pp. 3.667-8; STJ, RMS 1.456-0, Rel. Min. Costa Lima, DJU 30.5.94, p. 13.490). Assim se dá por exemplo e notadamente com relação às populações indígenas (arts. 129, V, e 232, além da Lei Orgânica do Ministério Público). Mas não é só. Se bem é verdade que disponha o Ministério Público da ação civil pública para a proteção do patrimônio público e social, do meio ambiente e de outros interesses difusos e coletivos (CF, art. 129, III) a tutela de tais bens e interesses é tão prezada pelo ordenamento constitucional que, se se revelar mais expedido para tanto, em caso concreto, o mandado de segurança, inevitável será a possibilidade de sua utilização pelo Parquet. Descabido, a nosso ver, portanto, limitar a legitimação ativa do Ministério Público, no caso específico de writ contra ato judicial, às questões de âmbito criminal".[50-51]

Não discrepa este tipo de legitimidade do modelo de legitimidade autônoma para condução do processo estabelecido pelo legislador constitucional para a propositura da ação popular pelo cidadão ou a ação civil pública pelos entes coletivos.

Há que se ter atenção em relação a este dispositivo legal é que ele restringe o mandado de segurança coletivo à defesa de direitos supraindividuais (coletivos e individuais homogêneos), portanto, restringindo a hipótese de sua utilização para a defesa de direitos difusos. O texto do art. 21 da Lei do *mandamus* é claro neste sentido.

Assim, considerando que os "*princípios básicos que regem o mandado de segurança individual informam e condicionam, no plano jurídico-processual, a utilização do "writ"*

---

49. No mesmo sentido ver Cássio Scarpinella Bueno. In: A nova Lei do Mandado de Segurança. São Paulo: Saraiva, 2009, p. 127.

50. FERRAZ, Sérgio. FERRAZ, Sérgio. Mandado de segurança e acesso à justiça, in: QUEIROZ, Rafael Augusto Sofiati de (Coord.). Acesso à justiça. Rio de Janeiro: Lumen Juris. 2002. p. 299-300.

51. (...) 4. Consoante entendimento do Superior Tribunal de Justiça, a existência de Agência Reguladora para determinado setor não exclui a legitimidade do Ministério Público para propor a respectiva Ação Civil Pública. Para o STJ, após a constatação da importância e dos inconvenientes da legitimação isolada do cidadão, não há mais lugar para o veto da legitimatio ad causam do MP para a Ação Popular, a Ação Civil Pública ou o Mandado de Segurança coletivo. Em consequência, legitima-se o Parquet a toda e qualquer demanda que vise à defesa dos interesses difusos e coletivos, sob ângulo material ou imaterial. 5. Agravo Regimental não provido" (AgRg no AREsp 746.846/RJ, Rel. Ministro HERMAN BENJAMIN, SEGUNDA TURMA, julgado em 15/12/2015, DJe 05/02/2016).

mandamental coletivo"[52], como bem disse o Min. Celso de Mello, o que legislador impõe como diferença o objeto, que implicará em um regime de coisa julgada coletiva, tal como previsto no art. 22 da referida lei.

Em nosso sentir tanto seria possível mandado de segurança impetrado por partido político ou associação para a defesa de interesse individual de seus filiados, num típico exemplo de tutela individual e substituição processual clássica, sendo que o nome "coletivo" seria apenas a natureza do ente coletivo, quanto também pode ser que o "coletivo" refira-se não apenas ao legitimado ativo, mas ao *objeto supraindividual tutelando*, hipótese em que em nosso sentir a limitação feita pelo legislador aos direitos coletivos propriamente ditos e aos individuais homogêneos não encontra nenhum apoio constitucional.

> "O mandado de segurança coletivo pode ser impetrado para tutela de direitos individuais ou para tutela de direitos coletivos – direitos coletivos, difusos e individuais homogêneos. Impedir a tutela de direitos difusos mediante mandado de segurança coletivo a partir de uma interpretação literal do art. 21 da Lei 12.016, importa inquestionável retrocesso na proteção do direito fundamental à tutela adequada dos direitos. A alusão à tutela coletiva mediante mandado de segurança revela a preocupação constitucional com a dimensão coletiva dos direitos – e com isso dá azo ao reconhecimento da dignidade outorgada pela nossa Constituição aos novos direitos. Com isso, o mandado de segurança desloca-se da esfera de influência do Estado Legislativo – em que sobressai a necessidade de proteção do indivíduo contra o Estado tão somente – e passa a integrar os domínios do Estado Constitucional, sendo veículo adequado também para prestação de tutela aos novos direitos em que a transindividualidade está normalmente presente".[53]

É inaceitável, por exemplo, que o partido político que, por expressa previsão legal "*destina-se a assegurar, no interesse do regime democrático, a autenticidade do sistema representativo e a defender os direitos fundamentais definidos na Constituição Federal*" (art. 1º da Lei 9096) não possa promover a impetração de mandado de segurança quando houver ato ilegal ou abusivo de autoridade pública que atente contra estes valores caso em que o mandado de segurança coletivo será remédio apto à tutela de direitos difusos.

Segundo Teori Albino Zavascki:

> "É de se reconhecer, todavia, que, pelo menos no que diz respeito aos partidos políticos (CF, art. 5.º, LXX, a), o texto constitucional não estabeleceu limites quanto à natureza dos direitos tuteláveis por conta da legitimação que lhes foi conferida. Assim, numa interpretação compreensiva e abrangente, não se podem considerar excluídos dessa tutela os direitos transindividuais, desde que, obviamente, se trate de direitos líquidos e certos e que estejam presentes os pressupostos de legitimação, adiante referidos, nomeadamente o que diz respeito ao indispensável elo de pertinência entre o direito tutelado e os fins institucionais do partido político impetrante. É de se considerar adequado, sob esse aspecto, que um partido político cuja bandeira seja a proteção do meio ambiente natural impetre mandado de segurança contra ato de autoridade lesivo ao equilíbrio ecológico. Tem-se aí, sem dúvida, hipótese de mandado de segurança para tutelar direito de natureza transindividual, sem titular certo, pertencente a todos, como assegura o art. 225 da CF".[54]

---

52. MS 23785 AgR-QO, Relator(a): CELSO DE MELLO, Tribunal Pleno, julgado em 05/09/2002, DJ 27-10-2006 PP-00031 EMENT VOL-02253-02 PP-00240 RTJ VOL-00201-01 PP-000150 LEXSTF v. 29, n. 337, 2007, p. 154-160.
53. SARLET, Ingo Wolfgang, MARINONI, Luiz Guilherme, MITIDIERO, Daniel. Curso de direito constitucional. São Paulo: Ed. RT, 2012. p. 690.
54. ZAVASCKI, Teori Albino. Processo coletivo. 6. ed. São Paulo: Ed. RT, 2014. p. 193-194

CAPÍTULO 7 • LEGITIMIDADE DAS PARTES E A INTERVENÇÃO DE TERCEIROS NA LEI 7.347/85 **227**

7. A LEGITIMIDADE DA DEFENSORIA PÚBLICA

Após as alterações trazidas ao art. 5º pela Lei n. 11.448/2007, com a legitimação da Defensoria Pública para propositura de demandas coletivas, parece-nos que a situação permanece a mesma, ou seja, trata-se de uma espécie autônoma de legitimidade.

Seguindo essa mesma corrente, com acerto, colocam-se Wambier, Wambier e Garcia Medina,[55] para quem, após afirmar a incongruência de se sustentar tanto a posição pela legitimação ordinária quanto a extraordinária:

> "Em nosso entender a situação é mesmo daquelas em que não se pode buscar apoio nos conceitos aplicáveis ao processo civil tradicional. Rigorosamente se trata de buscar um novo 'modelo' de legitimação, sendo pertinente, a nosso ver, sua caracterização como legitimação autônoma. O mesmo se há de dizer da legitimação da Defensoria Pública, cuja legitimação é institucional, decorrendo da incumbência que lhe foi conferida pela Constituição Federal (art. 134)."

A rigor, parece óbvio e redundante ter que justificar a legitimidade da Defensoria Pública para postular interesses coletivos dos necessitados.

A Constituição Federal não fez qualquer restrição quanto ao tipo de direito e não caberia ao legislador fazer. Antes, ao contrário como prevê o art. 134[56] e o art. 103, §1º, III abre a possibilidade ao legislador, tal como fez, com algum atraso[57], a Lei 11448/2007.

Em 2015 o Plenário do STF, por unanimidade de votos, negou provimento ao Recurso Extraordinário (RE 733433), com repercussão geral a tese de que *"a Defensoria Pública tem legitimidade para a propositura de ação civil pública em ordem a promover a tutela judicial de direitos difusos e coletivos de que sejam titulares, em tese, pessoas necessitadas."*[58]

A expressão "em tese" contida na proposição fixada pelo STF é absolutamente pertinente porque se mostra necessária a aferição em concreto da legitimidade da Defensoria Pública para saber se a tutela coletiva perseguida corresponde ao seu fim institucional de auxílio e assistência dos necessitados.[59]

> "Como os interesses difusos envolvem lesados indetermináveis, a Defensoria pode pedir tutela coletiva em favor de todo o grupo, mas, no momento do cumprimento da sentença em favor de eventuais lesados individuais, ela só a poderá promover em benefício de necessitados".[60]

---

55. Luiz Rodrigues Wambier et al. Breves comentários à nova sistemática processual civil. São Paulo: Ed. RT, 2007. v. 3, p. 316.
56. Art. 134. A Defensoria Pública é instituição permanente, essencial à função jurisdicional do Estado, incumbindo-lhe, como expressão e instrumento do regime democrático, fundamentalmente, a orientação jurídica, a promoção dos direitos humanos e a defesa, em todos os graus, judicial e extrajudicial, dos direitos individuais e coletivos, de forma integral e gratuita, aos necessitados, na forma do inciso LXXIV do art. 5º desta Constituição Federal .
57. Atraso porque o inciso LXXIV do art. 5º da CF/88 prevê que "o Estado prestará assistência jurídica *integral* e gratuita aos que comprovarem insuficiência de recursos". Só seria integral se fosse contemplando os direitos coletivos *tout court*.
58. Tal entendimento vem sendo reiterado em julgados posteriores como se observa, mais recentemente, na ADI 3943.
59. "(...) Não se está a afirmar a desnecessidade de observar a Defensoria Pública o preceito do art. 5º, inc. LXXIV, da Constituição, reiterado no art. 134 (antes e depois da Emenda Constitucional n. 80/2014). No exercício de sua atribuição constitucional, deve-se sempre averiguar a compatibilidade dos interesses e direitos que a instituição protege com os possíveis beneficiários de quaisquer das ações ajuizadas, mesmo em ação civil pública (...)".(ADI 3943, Relator(a): CÁRMEN LÚCIA, Tribunal Pleno, julgado em 07/05/2015, ACÓRDÃO ELETRÔNICO DJe-154 DIVULG 05-08-2015 PUBLIC 06-08-2015 RTJ VOL-00236-01 PP-00009).
60. MAZZILLI, Hugo Nigro. Op. cit., p.385.

8. LEGITIMIDADE NA FASE DE LIQUIDAÇÃO E EXECUÇÃO

Em se tratando da tutela de direitos essencialmente coletivos (difusos e coletivos), a eventual ação de liquidação poderá ser proposta por qualquer um dos legitimados dos arts. 5º da LACP ou 82 do CDC.

Não obstante a imprecisão técnica dos arts. 15 da LACP, os legitimados já mencionados têm legitimidade para propor a ação executiva. Mesmo aqueles legitimados que não participaram da fase cognitiva formadora do título executivo poderão promover a eventual liquidação e execução coletiva. O prazo de 60 dias a que alude o artigo não é nem decadencial e nem prescricional, de modo que se refere apenas ao período (60 dias contados do trânsito em julgado) que os legitimados que não participaram da demanda cognitiva deverão esperar para propor a ação executiva.

A propositura da ação executiva é mera faculdade das associações civis, sendo, ao contrário, um dever do Ministério Público. Esse dever existe porque, havendo decisão transitada em julgado tornando certo o dever de indenizar, o Ministério Público não pode furtar-se de atender ao interesse público de promover a execução até porque, como bem disse o art. 4º do CPC a atividade satisfativa integra a solução do mérito.

Lembre-se, contudo, de que esse dever está atrelado à execução definitiva (trânsito em julgado), ou quando se fizer necessária a propositura da ação de liquidação, porque não há possibilidade de alteração do julgado.

De outra parte, é importante lembrar que este dispositivo em nada impede o cumprimento provisório da sentença, até porque esta é uma das vantagens do rito especial da lei de ação civil pública que prevê que a apelação não dotada de efeito suspensivo ex legge.

> Não custa lembrar que salvo algumas peculiaridades da lei de ação civil pública o regime jurídico da liquidação e execução é estabelecido pelo Código de Processo Civil que tem aplicação subsidiária.

A demanda liquidatória/executiva para a tutela de interesses individuais homogêneos, a regra é a disposta nos arts. 97 e 98 do CPC. Tem-se aí a <u>fase individual da tutela para defesas de direitos individuais homogêneos</u>, ou seja, não se cuida aí da hipótese de direitos supraindividuais. Terão legitimidade para propô-la o próprio titular do direito (vítima ou seus sucessores) ou os legitimados do art. 82 do CDC, a título de substituição processual típica quando assim autorizar o ordenamento jurídico (art. 18 do CPC).

Por se tratar de tutela de direito individual, só será possível que os legitimados promovam a liquidação e/ou execução se possuírem legitimidade extraordinária tradicional (art. 18 do CPC) para defesa em juízo de direitos individuais. No caso, o Ministério Público só poderá atuar se se tratar de direito individual e indisponível em respeito ao que determina o art. 127 e ss. da CF/88.

Entretanto, o art. 100 do CDC prevê hipótese de liquidação e execução subsidiária que em nada se compara à hipótese prevista no parágrafo anterior, que cuida, como se viu, de liquidação e execução de direito individual. Na hipótese do art. 100 do CDC, o que se vê é uma situação excepcional e, infelizmente, de rara ocorrência no nosso ordenamento. Trata-se do que no direito norte-americano é chamado de *fluid recovery*.

Incide a regra do art. 100 do CDC para os casos em que seja obtida sentença condenatória genérica em demandas coletivas para a defesa de direitos individuais homogêneos e decorrido um ano sem que o número de liquidações e execuções seja compatível com a gravidade do dano e dos prejuízos causados, então poderão os legitimados do art. 82 propor ação de liquidação e respectiva execução com a finalidade de fazer com que o produto daí obtido seja destinado ao fundo a que alude o art. 13 da LACP.

Trata-se, sem dúvida, de *execução coletiva*, até porque o produto será destinado ao fundo de defesa dos interesses difusos e, por isso mesmo, todos os legitimados possuem a referida legitimidade. Aqui parece, à semelhança do art. 15 da LACP, que existe um dever do parquet na propositura da referida demanda.

> Não obstante a tentativa louvável de se introduzir a figura norte-americana do fluid recovery no nosso ordenamento, alguns questionamentos devem ser feitos em relação ao referido dispositivo, justamente para que se lhe dê o rendimento que merece e que almeja possuir.
>
> Como saber, depois de um ano, quantas ações de liquidação dos direitos individuais foram propostas? Destas quantas alcançaram o trânsito em julgado que permitiria ter a segurança de que a parte foi indenizada?
>
> Como fazer a medição entre o número de pessoas habilitadas nas ações de liquidação e a gravidade do dano?
>
> Como considerar esta gravidade do dano, se as liquidações referem-se a danos (morais e/ou materiais) emergentes ou cessantes que as pessoas tenham sofrido na sua esfera pessoal?
>
> Admitidas como vencidas estas hipóteses e proposta a demanda, qual o valor da liquidação para ser apurada em execução, se este valor deve corresponder ao montante que seria devido e não foi cobrado a título de prejuízo individual?
>
> Como ficam as ações individuais de liquidação e execução porventura ajuizadas depois do prazo ânuo em face do mesmo executado, que também hipoteticamente já tenha ressarcido ao fundo? Exige-se do fundo? Exige-se do condenado? Há bis in idem?

Enfim, as perguntas acima só podem ser respondidas com o desenvolvimento científico da matéria e com as soluções que o caso concreto legitimar. Em nosso sentir, lege ferenda, acreditamos que dever-se-ia atribuir um caráter punitivo ao valor residual do art. 100, parágrafo único, do CDC, para que se pudesse fugir a qualquer indicativo de *bis in idem*.

9. LITISCONSÓRCIO E ASSISTÊNCIA

9.1 Aspectos gerais

A legitimidade concorrente dos entes arrolados no art. 5º da LACP e no art. 82 do CDC admite que se forme um litisconsórcio facultativo, já que podem em conjunto ajuizar a demanda coletiva para a defesa dos direitos coletivos lato sensu os selecionados nesse rol.

Tem-se dito que se trata de litisconsórcio unitário porque a decisão deve ser a mesma para todos indistintamente. Não nos parece que a dicotomia unitário/simples seja suficiente para explicar o fenômeno. Isto porque o litisconsórcio unitário leva em consideração a uniformidade da decisão no plano do direito material. Entretanto, como já se viu, a legitimidade aqui é dissociada do direito material posto em jogo. Trata-se de adequada representação, que mais se aproximaria de legitimidade extraordinária, se tivéssemos que encartá-la em alguns dos tipos clássicos da legitimidade para agir.

Assim, apenas poderemos dizer que se trata de litisconsórcio unitário se estender-mos esse conceito para considerar apenas o efeito processual da decisão, que, sob tal ótica, será inexoravelmente a mesma para todos os litisconsortes.

Embora a lide seja única (unitária, objeto único e indivisível), a uniformidade da decisão sob o ponto de vista material recairá sobre os titulares do direito material tutelado (difuso ou coletivo ou individual homogêneo). É de se observar que a lide é, realmente, única também para o caso de direitos individuais homogêneos, porque, como foi visto, neste caso, o interesse tutelado é de pessoas indeterminadas e o que se resolve são questões que são pertinentes a toda a coletividade indistintamente, tanto que a sentença daí oriunda será condenatória genérica.

O eventual insucesso dessa demanda não prejudica os direitos que porventura queiram ser buscados a título individual (art. 103, III), mas impede que outro legitimado coletivo decida propor a mesma demanda para a defesa do mesmo direito individual homogêneo, o que vem demonstrar a unitariedade litisconsorcial mencionada retro também para a hipótese do art. 81, parágrafo único, III, do CDC.

Em se tratando de litisconsórcio facultativo e unitário, com as ressalvas mencio-nadas, é possível dizer que o eventual ingresso de um dos possíveis legitimados na de-manda proposta para a defesa de direito difuso ou coletivo seja feito por intermédio de *intervenção litisconsorcial* com ou sem a modificação (ampliação ou redução) do objeto da demanda, já que, pelo menos em tese, poderia ter desde o início figurado como autor (litisconsorte) da demanda proposta. Obviamente, em se tratando de *modificatio libeli e aditatio libeli*, deverão ser atendidas as regras temporais previstas no art. 329 do CPC.

> (...) I 5º Na origem se trata de ação civil pública ajuizada pelo MPF com posterior litisconsórcio ativo do ICMBIO. Objetiva a demanda a demolição de imóvel de lazer e recuperação de mata ciliar na margem do Rio Paraná (área de preservação permanente à margem de rio federal) no entorno do Parque Nacional de Ilha Grande. Conforme o relatório de fiscalização do ICMBIO, trata-se de construção recente: o imóvel fora erigido em 2009 (dois anos antes da elaboração do relatório em 2011). (...) (AgInt no REsp 1572257/PR, Rel. Ministro FRANCISCO FALCÃO, SEGUNDA TURMA, julgado em 21/03/2019, DJe 17/05/2019)

Portanto, é de se ressaltar que o eventual ingresso de um dos legitimados dos arts. 82 do CDC ou 5º da LACP não se trata de *assistência*, nem *simples* e nem *litisconsorcial*. Quanto à primeira modalidade, porque a assistência simples é modalidade típica de intervenção de terceiro de índole individual (sentença proferida que reconhece o *direito* do assistido beneficia o *direito* do assistente)[61].

No que concerne à segunda modalidade, não é litisconsorcial porque se refere àque-les (assistentes) que não poderiam figurar como partes desde o início da demanda, mas possuem relação jurídica de direito material com o adversário do assistido, e a decisão ali proferida teria o condão de influenciar essa relação (art.124 do CPC)[62].

---

61. CPC, Art. 119. Pendendo causa entre 2 (duas) ou mais pessoas, o terceiro juridicamente interessado em que a sentença seja favorável a uma delas poderá intervir no processo para assisti-la. Parágrafo único. A assistência será admitida em qualquer procedimento e em todos os graus de jurisdição, recebendo o assistente o processo no estado em que se encontre.

62. CPC, Art. 124. Considera-se litisconsorte da parte principal o assistente sempre que a sentença influir na relação jurídica entre ele e o adversário do assistido.

CAPÍTULO 7 • LEGITIMIDADE DAS PARTES E A INTERVENÇÃO DE TERCEIROS NA LEI 7.347/85 **231**

Vê-se, pois, que também está atrelada à concepção privatista que não está em jogo quando se pensa legitimação para a defesa dos direitos supraindividuais. Há, sim, como se viu, a possibilidade de intervenção litisconsorcial.[63]

9.2   Litisconsórcio (e a competência) entre ministérios públicos

Com relação ao litisconsórcio entre os legitimados para a propositura de demandas coletivas, sobressai a regra do art. 5º, § 5º, da lei de ação civil pública,[64] onde se lê o seguinte:

> "Admitir-se-á o litisconsórcio facultativo dos Ministérios Públicos da União, do Distrito Federal e dos Estados na defesa dos interesses e direitos de que cuida esta lei."

Seguindo a leitura do texto constitucional, vê-se que o art. 128 assevera que o Ministério Público abrange o Ministério Público dos Estados e Ministério Público da União, neste compreendidos o Federal, o do Trabalho, o Militar, o do Distrito Federal e Territórios. Logo, vê-se uma imprecisão terminológica[65] na lei de ação civil pública, ao tratar no mesmo nível a espécie e o gênero. Isso porque o Ministério Público do Distrito Federal faz parte do Ministério Público Federal. Ainda, seguindo no art. 128, o § 5º assevera que

> "leis complementares da União e dos Estados, cuja iniciativa é facultada aos respectivos Procuradores-gerais, estabelecerão a organização, as atribuições e o estatuto de cada Ministério Público (...)".

Por causa dessa divisão estabelecida pelo texto constitucional, visando um melhor atendimento e rendimento das funções do parquet (à semelhança do que fez com os poderes do Poder Público), procurou fazer respeitar a regra do princípio federativo, levando a crer que cabe ao Ministério Público da União a defesa dos interesses nesse âmbito, atendendo às funções específicas de cada uma de suas subdivisões, fazendo esse mesmo raciocínio para o parquet estadual.

Tem-se aí, a rigor, não propriamente um problema de *legitimidade* do parquet, que é uno e indivisível, mas sim de delimitação da *competência* de cada ramo do Ministério Público para exercício de suas funções institucionais.

Esta divisão estática posta acima não reflete a dinâmica e a complexidade dos conflitos de interesses levados ao poder judiciário, é pode acontecer – não será difícil imaginar – situações em que o parquet federal deva atuar na justiça estadual e o estadual na justiça federal justamente para cumprir sua missão institucional. Neste caso, é

---

63. Nesse sentido, admitindo a intervenção litisconsorcial, mas restringindo-a às hipóteses em que há ampliação do objeto, ver Mazzilli. A defesa dos interesses difusos em juízo, p. 162. Para o autor, quando não houvesse a ampliação do objeto seria caso de assistência litisconsorcial. Não é como pensamos. Não obstante tratar-se de autorizada doutrina, preferimos seguir o alvitre de José Carlos Barbosa Moreira, que bem distingue a intervenção litisconsorcial da assistência litisconsorcial em ensaio sobre a intervenção litisconsorcial voluntária. No mesmo sentido do texto parece ser a posição de Luiz Paulo da Silva Araújo Filho, op. cit., p. 147 e ss.

64. De igual redação do art. 210, § 1º, do ECA, o dispositivo em tela foi introduzido na LACP por força do art. 113 do CDC. Por decorrência da interpretação sistemática do procedimento especial coletivo, aplica-se a mesma regra para todas as demandas que visem à tutela de direitos coletivos lato sensu que não possuam procedimentos especiais de tutela, tal como a lei de ação popular. O texto criado pelo art. 113 do CDC era idêntico ao do art. 82, § 2º, do CDC, que foi inutilmente vetado.

65. Ao contrário do que afirma Pedro da Silva Dinamarco, ao nosso ver é indesculpável porque, embora a LACP seja anterior à CF/88, o parágrafo nela introduzido foi obra do art. 113 da Lei n. 8.078, de 1990.

preciso que cada ministério público tenha razões concretas que justifique o exercício da sua função no âmbito da justiça federal ou estadual.

Como normalmente a divisão de competências da jurisdição acompanha a divisão de competências do parquet, certamente que essas situações serão excepcionais, porque não correspondem ao que trivialmente acontece.

Por não se tratar da situação de normalidade é preciso que a *competência atípica* seja demonstrada em cada caso concreto, caso em que será admitido o litisconsórcio. É preciso lembrar que uma das razões de ser do cúmulo subjetivo é a eficiência processual, é importante que isso não seja desvirtuado, pois sabemos que com "dois *parquets*"no mesmo polo da relação jurídica processual, certamente que o tempo processual será maior do que o normal, pela própria dialética de intimações e prazos além da ampliação do debate porque são dois "entes diferentes" que irão se pronunciar ao longo do processo.

Diante disso, não seria lícito, por exemplo, admitir o litisconsórcio de Ministério Públicos sem que exista no caso concreto uma situação que confirme, a despeito de ser na justiça federal ou estadual, que ambos estão ali perseguindo sua função institucional.

Esta é a posição do Superior Tribunal de Justiça que admite, excepcionalmente, o litisconsórcio do Ministério Público

"sempre que as circunstâncias do caso recomendem, para a propositura de ações civis públicas (...) diante da pluralidade de direitos que a presente demanda visa proteger, quais sejam: direitos à ordem econômica, ao trabalho, à saúde e ao consumidor, é viável o litisconsórcio ativo entre o MPF, MPE e MPT".[66]

Já em outro caso de litisconsórcio de Ministérios Públicos o STJ entendeu, ao nosso ver corretamente que:

"É certo, ademais, que tanto o Ministério Público Federal quanto o Ministério Público Estadual possuem, entre suas atribuições, a de zelar pelos interesses sociais e pela integridade da ordem consumerista. Isso não quer significar, contudo, que devam atuar em litisconsórcio numa ação civil pública sem a demonstração de alguma razão específica que justifique a presença de ambos na lide. Ora, o instituto do litisconsórcio é informado pelos princípios da economia (obtenção do máximo de resultado com o mínimo de esforço) e da eficiência da atividade jurisdicional. Cada litisconsorte é considerado, em face do réu, como litigante distinto e deve promover o andamento do feito e ser intimado dos respectivos atos (art. 49 do CPC). Nesse contexto, a formação desnecessária do litisconsórcio poderá, ao fim e ao cabo, comprometer os princípios informadores do instituto, implicando, por exemplo, maior demora do processo pela necessidade de intimação pessoal de cada membro do parquet, com prazo específico para manifestação".[67]

Caso não se confirme no caso concreto que um ramo do ministério público não possa formar o litisconsórcio por se reconhecer que não possui competência para atuar, então de ser declarada a incompetência do parquet que esteja atuando fora do seu habitat, e, não propriamente de sua ilegitimidade do já que o órgão é uno e indivisível em relação à coletividade.

---

66. REsp 1444484/RN, Rel. Ministro BENEDITO GONÇALVES, PRIMEIRA TURMA, julgado em 18/09/2014, DJe 29/09/2014.

67. "(...)4. A possibilidade, em tese, de atuação do Ministério Público Estadual e do Federal em litisconsórcio facultativo não dispensa a conjugação de interesses afetos a cada um, a serem tutelados por meio da ação civil pública. A defesa dos interesses dos consumidores é atribuição comum a ambos os órgãos ministeriais, o que torna injustificável o litisconsórcio ante a unicidade do Ministério Público, cuja atuação deve pautar-se pela racionalização dos serviços prestados à comunidade. 5. Recurso especial conhecido e parcialmente provido. (REsp 1254428/MG, Rel. Ministro JOÃO OTÁVIO DE NORONHA, TERCEIRA TURMA, julgado em 02/06/2016, DJe 10/06/2016)".

CAPÍTULO 7 • LEGITIMIDADE DAS PARTES E A INTERVENÇÃO DE TERCEIROS NA LEI 7.347/85

A diferença é importante principalmente quando não se forma o litisconsórcio de Ministério Públicos e apenas um deles está atuando fora do seu local de atuação, porque a extinção pela ilegitimidade pode levar a extinção do processo, ao passo que a extinção pela competência simplesmente implicará na remessa dos autos para o ministério público competente para prosseguir com a ação se assim entender.

1. Trata-se, na origem, de Agravo de Instrumento contra decisão que indeferiu a remessa dos autos à Justiça Estadual em razão de acórdão proferido pelo STJ que reconheceu a incompetência da Justiça Federal para processar Ação de Improbidade Administrativa ajuizada pelo MPF contra pessoas físicas e jurídicas que supostamente causaram prejuízos ao Serviço Nacional de Aprendizagem Comercial – SENAC/RS.

2. O Tribunal de origem reconheceu a ilegitimidade ativa do MPF para propor a ação, argumentando que "não havendo interesse de ente público federal no feito, a ilegitimidade ativa do Ministério Público Federal deve ser reconhecida, de modo que, por falta de condição da ação, correta a conclusão pela extinção da demanda".

INCOMPETÊNCIA DO MPF. UNIDADE DO MINISTÉRIO PÚBLICO. REMESSA DOS AUTOS À JUSTIÇA ESTADUAL 3. Não se pode conhecer da irresignação contra a ofensa aos arts. 458, II, 512, pois os referidos dispositivos legais não foram analisados pela instância de origem.

Ausente, portanto, o requisito do prequestionamento, o que atrai, por analogia, o óbice da Súmula 282/STF: "É inadmissível o recurso extraordinário, quando não ventilada, na decisão recorrida, a questão federal suscitada".

4. O MPF apresentou Embargos de Declaração afirmando omissão do julgado em relação à apreciação do §2° do art. 113 do CPC/1973 ("Art. 113. A incompetência absoluta deve ser declarada de ofício e pode ser alegada, em qualquer tempo e grau de jurisdição, independentemente de exceção. (...) § 2° Declarada a incompetência absoluta, somente os atos decisórios serão nulos, remetendo-se os autos ao juiz competente."), já que a declaração da sua ilegitimidade ativa ad causam demanda o retorno dos autos para o processamento da Ação Civil Pública no âmbito da Justiça Estadual, intimando o Ministério Público do Estado para ratificar ou não a petição inicial e promover a continuidade do processamento da ação, não sendo adequada a extinção da ação sem julgamento do mérito, conforme proposto pela decisão agravada.

5. O Tribunal de origem argumentou que a questão do retorno dos autos à Justiça Estadual já teria sido enfrentada no acórdão recorrido, na passagem em que afirma: "Possível colher do voto condutor (fls. 106-109), que a questão relativa pedido de remessa dos autos à Justiça Estadual foi abordada e suficientemente debatida, como se depreende do seguinte trecho: Em julgamento ocorrido em 14 de junho de 2011 o Superior Tribunal de Justiça deu provimento aos recursos especiais (fls. 73/79), decidindo competir à Justiça Estadual processar e julgar a Ação Civil Pública, ante a natureza de pessoa jurídica de Direito Privado de que se reveste o SENAC. Desta forma, não havendo interesse de ente público federal no feito, a ilegitimidade ativa do Ministério Público Federal deve ser reconhecida, de modo que, por falta de condição da ação, correta a conclusão pela extinção da demanda".

6. O art. 127 da Constituição Federal dispõe o Ministério Público como "instituição permanente, essencial à função jurisdicional do Estado, incumbindo-lhe a defesa da ordem jurídica, do regime democrático e dos interesses sociais e individuais indisponíveis", descrevendo como "princípios institucionais do Ministério Público a unidade, a indivisibilidade e a independência funcional".

7. O princípio da unidade do Parquet exige a compreensão da instituição "Ministério Público" como um corpo uniforme, havendo apenas divisão em órgãos independentes (Ministério Público da União, que compreende o Ministério Público Federal, o Ministério Público do Trabalho, o Ministério Público Militar, o Ministério Público do Distrito Federal e Territórios; e os Ministérios Públicos dos Estados) para a execução das competências institucionais previstas na legislação.

8. Assim, eventual decretação da ilegitimidade ativa de um dos órgãos do Ministério Público em relação à ação proposta, atraindo o deslocamento da competência para outro juízo, não resulta na imediata extinção da ação sem julgamento do mérito, devendo o juízo competente intimar o órgão ministerial com atribuições para a causa com o intuito de ratificar ou não a petição, dando continuidade ou não à ação proposta. Nesse sentido: REsp 1.513.925/BA, Rel. Ministro Herman Benjamin, Segunda Turma, DJe 13/9/2017; REsp 914.407/RJ, Rel. Ministra Nancy Andrighi, Terceira Turma, julgado em 10/11/2009, DJe 1/12/2009; Pet 2.639/RJ, Rel. Ministro Luiz Fux, Corte Especial, DJ 25/9/2006, p. 198.

9. Não se confunde competência com legitimidade da parte. A definição do órgão judicante competente para processar e julgar a causa precede a análise de qual órgão ministerial deve atuar na Ação de Improbidade Administrativa.

10. Dirimida a questão da competência, devem os autos ser remetidos para o juízo competente e intimado o Parquet para demonstrar ou não o seu interesse na causa. Essa a inteligência do §2º, art. 113, do CPC/1973 ("Art. 113. A incompetência absoluta deve ser declarada de ofício e pode ser alegada, em qualquer tempo e grau de jurisdição, independentemente de exceção. (...) § 2º Declarada a incompetência absoluta, somente os atos decisórios serão nulos, remetendo-se os autos ao juiz competente."), atual §3º, art. 64 do CPC/2015 ("Art. 64. A incompetência, absoluta ou relativa, será alegada como questão preliminar de contestação. (...) § 3º Caso a alegação de incompetência seja acolhida, os autos serão remetidos ao juízo competente.").

EFETIVIDADE DO PROCESSO E IMPULSO OFICIAL 11. Seria contrassenso e demandaria contra o princípio da efetividade do processo e do impulso oficial (arts. 2º e 6º do CPC/2015), em razão da declaração da incompetência da Justiça Federal para o julgamento da lide, perder toda a atividade investigatória realizada pelo Ministério Público Federal e simplesmente extinguir sem julgamento do mérito a Ação Civil Pública, deixando de apurar supostos atos de improbidade administrativa do interesse de toda a sociedade.

12. Exigir o reinício das investigações e o ajuizamento de nova ação para a apuração das alegadas irregularidades seria colocar em risco a própria efetividade da jurisdição, em razão da real possibilidade de transcurso do lapso prescricional para apuração dos eventuais ilícitos e a aplicação das sanções previstas na Lei de Improbidade Administrativa.

CONCLUSÃO 13. Recurso Especial conhecido em parte e, nessa parte, provido para que sejam os autos remetidos à Justiça Estadual e intimado o Ministério Público Estadual para demonstrar ou não o seu interesse no processamento da causa, ratificando ou não a petição inicial.

(REsp 1412480/RS, Rel. Ministro HERMAN BENJAMIN, SEGUNDA TURMA, julgado em 02/10/2018, DJe 23/11/2018)

9.3   A assistência nas ações coletivas

Uma vez estudado o cúmulo subjetivo na demanda coletiva por parte daqueles que figuram no rol taxativo de legitimidade do procedimento especial da lei de ação civil pública, não poderíamos olvidar a análise da possibilidade de alguém que, não sendo titular da legitimidade ativa para a proposição da ação coletiva (fora do rol do art. 82 do CDC e art. 5º da LACP), deseje ingressar na referida demanda.

Uma vez descartado o litisconsórcio (já que o rol é taxativo), é de se questionar se algum interessado poderia ingressar na demanda coletiva em curso. A indagação comporta uma resposta difícil, ainda que num primeiro momento seja mais fácil buscar uma saída alegando que, sendo a assistência um instituto de direito individual, não comportaria a sua aplicação nas demandas coletivas, salvo quando e se expressamente o disser o legislador.

> Seria possível, então, o indivíduo ingressar como assistente em demanda coletiva em curso? E se for uma demanda para a defesa de direitos individuais homogêneos? Responderemos mais adiante.

Comecemos pela tutela dos interesses difusos e coletivos. Fixadas no início deste tópico as premissas conceituais acerca da intervenção litisconsorcial, assistência simples e assistência litisconsorcial, vemos que a primeira descabe porque não quis o legislador que o indivíduo tivesse legitimidade para a proposição de demanda coletiva, entendendo como adequados representantes apenas os entes coletivos que arrolou nos arts. 5º da LACP e 82 do CDC.

Se não poderia ser litisconsorte, certamente descabe falar em intervenção litisconsorcial, muito embora seja o cidadão, o indivíduo, um dos membros da coletividade atingida.

O rol de legitimados autônomos (extraordinários) é exclusivo, e por razões axiomáticas de ordem lógica, política, econômica e até jurídica não é possível ao indivíduo propor demandas coletivas, muito embora seja possível que o seu direito, enquanto membro da coletividade titular do direito, seja atingido pela decisão. Tratando-se de direitos difusos e coletivos, é de se questionar se não seria possível o indivíduo ingressar em juízo para a tutela do direito que lhe pertence enquanto membro de uma coletividade determinável ou indeterminável.

A resposta é negativa, não só porque foi opção do legislador outorgar tal legitimidade aos referidos entes, mas também porque o uso da assistência litisconsorcial seria uma forma de burlar a finalidade de que o processo seja efetivo com o máximo de atividade jurisdicional e o mínimo de dispêndio de custo, tendo em vista que o assistente litisconsorcial possui os mesmos poderes do litisconsorte, porque a ele equiparado por ficção jurídica (art. 54 do CPC).[68]

Entretanto, é cediço que existe experiência no direito processual brasileiro, e que não causou nenhum alvoroço ou problema no ordenamento como um todo, de legitimidade para agir outorgada a um dos membros do *populus* (cidadão) para a tutela do patrimônio público. Trata-se da ação popular, cujo nome é dado em homenagem ao seu titular ativo. O mesmo se diga em relação ao *candidato* para as demandas eleitorais.

Tem entendido a doutrina, com acerto, que nos casos em que as demandas coletivas propostas pelos entes coletivos (arts. 5º da LACP + 82 do CDC) tenham objetivo coincidente (art. 83 do CDC – qualquer tipo de tutela) com o da demanda popular (anular ato lesivo ao patrimônio público, à moralidade administrativa, ao meio ambiente etc.), será possível que o cidadão ingresse como assistente litisconsorcial,[69] posto que não poderia ter proposto a demanda coletiva pelo sistema processual coletivo, mas certamente poderia ter ajuizado ação popular que seria em tudo idêntica à demanda coletiva, excepcionando a nominação da parte no polo ativo, em típico caso de duplicidade de litispendências que obrigaria a reunião das demandas iguais.[70]-[71]

---

68. Reforça o argumento o veto ao art. 333 do CPC que previa a conversão da ação individual em coletiva, sendo que a razão do veto foi o seguinte: "Da forma como foi redigido, o dispositivo poderia levar à conversão de ação individual em ação coletiva de maneira pouco criteriosa, inclusive em detrimento do interesse das partes. O tema exige disciplina própria para garantir a plena eficácia do instituto. Além disso, o novo Código já contempla mecanismos para tratar demandas repetitivas. No sentido do veto manifestou-se também a Ordem dos Advogados do Brasil – OAB."

69. Nesse sentido, Hugo Nigro Mazzilli. A tutela dos interesses difusos em juízo, p. 163. Idem José Marcelo Menezes Vigliar, mas fazendo a ressalva de que "*se o litisconsorte assistido desistir da demanda, o cidadão deverá propor a sua própria ação popular, porque não estaria legitimado, pelos róis das Leis nos 7.347/85 (art. 5º) e 8.078/90 (art. 82) a ajuizar sozinho demanda coletiva. Aceitar-se tal possibilidade seria o mesmo que entender que os referidos, taxativos, pudessem transmudar-se em exemplificativos, em determinadas hipóteses, o que não se coadunaria com o sistema de legitimação para a defesa, em juízo, dos interesses transindividuais*". Tutela jurisdicional coletiva. São Paulo: Atlas, 1998, p. 160. No mesmo sentido e aceitando a observação retro posiciona-se Pedro da Silva Dinamarco, op. cit., p. 202.

70. Como será visto adiante, entendemos que a identidade das demandas coletivas (ação popular com ação civil pública no exemplo do texto) é caso de duplicidade de litispendência, mas a consequência não será a extinção de uma delas, senão a reunião das mesmas.

71. O mesmo raciocínio ocorreria nos casos de ação de vizinhança (art. 554 do CC) quando o indivíduo pretenda proteger, por exemplo, o seu sossego. Proposta ação coletiva com o mesmo desiderato, certamente deverá ser-lhe aplicada a mesma regra comentada anteriormente. Exemplo semelhante foi dado por MANCUSO, Rodolfo de Camargo: "Considere-se, por exemplo, a decisão que acolheu ação de um morador lindeiro a uma indústria que emite na atmosfera partículas poluentes, tudo ao final

Comentada a possibilidade excepcional de assistência litisconsorcial do indivíduo *"todas as vezes que se tinha legitimidade ordinária ou extraordinária para fazer o mesmo ou conexo pedido ao que é feito na ação coletiva da Lei n. 7.347/85"*,[72] resta algum comentário acerca da possibilidade de assistência simples de alguém que não figure no rol dos legitimados à propositura da demanda coletiva pelo sistema processual coletivo.

Segundo Nery & Nery[73], *"o particular não pode ingressar na ACP como assistente simples, pois a sua esfera jurídica privada, individual, não será atingida pela sentença"*, arrematando em seguida que *"somente nas ações coletivas para a defesa dos direitos individuais homogêneos (CDC, 81, parágrafo único, III; 91 e ss.) é que pode haver o ingresso do particular, na qualidade de litisconsorte (CDC, 94), porque o direito discutido em juízo é dele também"*.[74]

Com relação aos interesses individuais homogêneos, reservaremos nosso comentário em seguida. Já com relação às demandas coletivas para a defesa de direitos difusos e coletivos, pensamos que, embora a esfera particular do indivíduo seja afetada pela decisão judicial, não se justificaria a sua intervenção como assistente simples por razões de ordem pragmática.

Nesse ponto, nos rendemos aos argumentos apontados por Gidi:

> "Ao feito poderiam acorrer tantos particulares como assistentes que inviabilizaria completamente a condução regular do processo, comprometendo o pleno exercício da jurisdição, da ação e da defesa. É exatamente isso, entre outras coisas, que a ação coletiva visa evitar."[75]

O Superior Tribunal de Justiça corriqueiramente nega a possibilidade de assistência simples, mas não por uma razão doutrinária, e sim pela não incidência dos requisitos do instituto no caso concreto[76].

> Trata-se de Recurso Especial em que a recorrente busca o ingresso como assistente simples em Ação Civil Pública proposta pelo Ministério Público Federal do Estado de Pernambuco contra empresa que presta serviços de transporte interestadual de passageiros. 2. O Tribunal a quo consignou: "No caso dos autos, a associação tem mero interesse institucional, talvez moral ou, no máximo econômico (este não demonstrado). O interesse, aqui, não é jurídico, posto que não há qualquer relação jurídica entre a agravante, de um lado, e, do outro, o Ministério Público ou qualquer dos réus". 3. Não demonstrado o interesse jurídico, não

---

resultando no comando inibitório dessa atividade danosa ao meio ambiente, levando a que os efeitos de tal provimento jurisdicional, embora direcionados aos polos ativos e passivo e estabilizados pela coisa julgada, acabem se expandindo, in utilibus, em prol dos demais moradores da vizinhança, inclusive aqueles que sequer tiveram conhecimento da existência da ação. O motivo dessa irradiação extra autos, no exemplo figurado, reside nisso que a própria natureza da lide judicializada não permitia que os efeitos da decisão se restringissem apenas ao autor da ação e à indústria-ré, tendo assim que se estender aos demais habitantes da localidade, ficando todo esse contingente abarcado pelo provimento jurisdicional, tornado estável e imutável pela agregação da coisa julgada". Considerações sobre a coisa julgada no processo coletivo, In: MILARÉ, Édis (Coord.). Ação civil pública após 35 anos. São Paulo: Ed. RT 2020, p. 601.

72. Hugo Nigro Mazzilli, op. cit., p. 165.

73. Cf. op. cit., p. 1.533.

74. Negando também o instituto da assistência, mas por argumentos (dogmáticos e pragmáticos) diversos se posiciona Antônio Gidi, op. cit., p. 54-55.

75. Antônio Gidi, op. cit., p. 54, com ampla citação bibliográfica sobre a divergência doutrinária acerca do cabimento da assistência nas ações coletivas.

76. "A jurisprudência do STJ exige a demonstração do interesse jurídico na intervenção de terceiro, sendo que "as condutas de Advogados que, em razão do exercício de seu múnus venham a ser incluídos em polo passivo de ações cíveis, não estão a significar, diretamente, que a OAB seja afetada, porque, admitida tal possibilidade, qualquer advogado que cause dano material ou moral a outrem, poderia suscitar intervenção sob argumento de defesa de prerrogativa, o que contraria a razoabilidade" (Recurso Especial N. 1.804.572 – SP (2019/0041304-2).

se defere o pedido de assistência simples sob pena de ofensa ao disposto no art. 50 do Código de Processo Civil: "Pendendo uma causa entre duas ou mais pessoas, o terceiro, que tiver interesse jurídico em que a sentença seja favorável a uma delas, poderá intervir no processo para assisti-la." 4. Incide, in casu, a Súmula 83/STJ: "Não se conhece do Recurso Especial pela divergência, quando a orientação do Tribunal se firmou no mesmo sentido da decisão recorrida." 5. Cumpre ressaltar que a referida orientação é aplicável também aos recursos interpostos pela alínea "a" do art. 105, III, da Constituição Federal de 1988. Precedentes do STJ. 6. Recurso Especial não provido. (REsp 1223361/PE, Rel. Ministro HERMAN BENJAMIN, SEGUNDA TURMA, julgado em 07/06/2011, DJe 10/06/2011)

1. Na estrita dicção do art. 50 do Código de Processo Civil-CPC, o instituto da assistência simples exige que o terceiro possua interesse jurídico no desfecho da controvérsia, não bastando o mero interesse econômico, moral ou corporativo. 2. No caso concreto, faculta-se à associação que congrega as empresas de transportes terrestres auxiliar extrajudicialmente a ré na ação civil pública sob todas as formas possíveis, seja com a contratação de advogados e elaboração de pareceres, seja com apoio logístico. 3. Todavia, dada a absoluta ausência de vínculo entre os efeitos da demanda e qualquer relação jurídica estabelecida entre a recorrente e a ré, vislumbra-se apenas interesse de natureza institucional, o qual não possibilita a almejada intervenção judicial por falta de previsão em lei e sob pena de tumulto processual. 4. Recurso especial não provido. (REsp 1182123/PE, Rel. Ministro CASTRO MEIRA, SEGUNDA TURMA, julgado em 11/05/2010, DJe 21/05/2010)

A afirmação contida no parágrafo anterior de que a esfera particular do indivíduo é afetada pela decisão judicial não diz respeito, obviamente, à *"parcela do bem difuso ou coletivo"* tutelado, porque, nesse caso, o direito é supraindividual e seria incorreto falar em parcela de algo que é indivisível. O que dissemos é que a esfera particular, individual, privada do indivíduo pode ser, sim, afetada, desde que a sentença difusa ou coletiva seja procedente.

Tal fenômeno refere-se à técnica processual criada pelo "sistema processual coletivo" que tem sido denominada coisa julgada *"in utilibus"*, art. 103, § 3º, do CDC, e diz respeito aos limites objetivos do julgado nas ações coletivas para a defesa de direitos difusos e coletivos. Julgada procedente a demanda, há um benefício aos indivíduos, que poderão usufruir da decisão coletiva transitada em julgado para satisfação do interesse individual. É aí que reside a influência, apenas positiva, na esfera individual de algum interessado. Todavia, como vimos retro, admitir a assistência será pôr em risco a efetividade do rito procedimental da ação coletiva.[77]

"A coisa julgada oriunda da sentença de improcedência, proferida em ACP no sistema da LACP, não prejudicará o direito individual de terceiro alheio à relação jurídica processual, que poderá ajuizar demanda individual pleiteando a satisfação de seu direito. No entanto, se for julgado procedente o pedido deduzido em ACP, fará coisa julgada erga omnes, inclusive para atingir os titulares de direito individual, que poderão beneficiar-se do resultado da demanda coletiva para buscar a satisfação de seu direito individual (CDC, 103, § 3º). Neste caso, a coisa julgada da ACP se opera quanto a eles, secundum eventum litis e, mais ainda, in utilibus, isto é, só se for julgado procedente o pedido na ACP. O objeto da ação coletiva é a condenação genérica do causador do dano, ao passo que o objeto da ação individual é a reparação do prejuízo sofrido pelo particular. (...) Reconhecido em ACP, por exemplo, dano provocado ao meio ambiente e a terceiros por atividade poluidora, o particular ou o seu sucessor que se sentir lesado pelos fatos reconhecidos na sentença de procedência da ACP poderá dela se servir para pleitear a liquidação dos danos por ele sofridos e, posteriormente, a execução, sem que haja necessidade de mover ação de conhecimento para tanto."[78]

---

77. Isso também em nada fere o interesse individual porque o particular só é atingido para seu benefício, não correndo o risco de ser prejudicado pela decisão coletiva.
78. Nery & Nery, op. cit., p. 1.440-1.441.

Só poderá haver o benefício se houver *procedência* da ação coletiva e se o mesmo fato que deu origem ao dano coletivo for responsável também pelo dano individual. A coisa julgada *in utilibus* não se confunde com a coisa julgada erga omnes em favor das vítimas e sucessores no caso de direitos individuais homogêneos, porque o benefício do art. 103, § 3º, serve também aos direitos individuais puros, independentemente de que existam várias ou outras pessoas em igual ou homogênea situação individual.

Já com relação aos direitos individuais homogêneos, permite o art. 94 do CDC o ingresso do particular na condição de litisconsorte do autor coletivo em demandas coletivas propostas para a defesa dessa sorte de direitos.

> Art. 94. Proposta a ação, será publicado edital no órgão oficial, a fim de que os *interessados possam intervir no processo como litisconsortes*, sem prejuízo de ampla divulgação pelos meios de comunicação social por parte dos órgãos de defesa do consumidor.

Não obstante o desacerto da nomenclatura,[79] porque a hipótese jamais poderia se categorizar como de intervenção litisconsorcial, a verdade é que esta modalidade de intervenção aproxima-se da assistência litisconsorcial.

Mas deve-se deixar bem claro que, "*na hipótese do art. 94 do CDC, como já visto, os interessados individuais apenas podem intervir no feito para provar que o ente originariamente legitimado tem razão e para corroborar o pedido por ele formulado de condenação genérica do(s) réu(s), uma vez que esta decisão coletiva pode produzir efeitos diretos na relação litigiosa havida entre cada um desses interessados e o adversário do assistido (cf. art. 103, III, do CDC)*"[80].

Entretanto, ressalte-se que os intervenientes não têm *legitimatio* para pleitear isoladamente a condenação genérica, e nem podem, "*na ação coletiva, formular desde logo seus pedidos pessoais, para não subverter e atrasar, o que é inaceitável, o desfecho da ação coletiva caracterizando-se, destarte, a assistência litisconsorcial e não a intervenção litisconsorcial voluntária, a despeito do termo empregado no texto do dispositivo*"[81], pois se assim fosse haveria um total desvirtuamento do papel coletivo da demanda para a defesa dos interesses individuais homogêneos. A rigor, estaria por destruída a sua fase coletiva se todos os potenciais beneficiados pretendessem intervir. Isso sem falar no prejuízo à eficiência processual.

Portanto, a legitimidade para o particular (interessado ou seus sucessores) intervir na demanda coletiva para a defesa de direitos individuais homogêneos decorre ex vi legis. Mas deve-se ressaltar que não poderá em hipótese alguma fazer uma ampliação do objeto do processo, nem sob o ponto de vista coletivo (supraindividual), porque não possui legitimidade para a propositura da demanda coletiva, e menos ainda para a tutela de seu direito individual, sob pena de desvirtuar a natureza da demanda que deve conservar a sua finalidade coletiva.

Nesse ponto fica a nossa crítica quanto à regra permissiva do art. 94 do CDC, já que nem mesmo o legislador estimulou essa modalidade de intervenção, na medida

---

79. Observação acertada de Luiz Paulo da Silva Araújo Filho, op. cit., p. 150.
80. Idem.
81. Ibidem, p. 150 (sem grifo no original).

em que não será beneficiário da coisa julgada *secundum eventum litis* do art. 103, III, o interessado que tiver intervindo como "litisconsorte" na demanda coletiva proposta para a defesa de direito ou interesse individual homogêneo (art. 103, § 2º, do CDC).

10. A ILEGITIMIDADE ATIVA NAS AÇÕES COLETIVAS

Por se tratar de tutela de direitos supraindividuais onde o legitimado atua como portador e porta voz de grupos, coletividade, categorias ou classes de pessoas determináveis ou indetermináveis não se pode tratar a carência da legitimidade da mesma forma com que se trata a ilegitimidade de direitos individuais.

O reconhecimento judicial de que o porta voz dos interesses supraindividuais tutelados é ilegítimo não pode levar a extinção do processo sem julgamento do mérito, pelo menos, não sem antes verificar a possibilidade de correção do defeito[82] ou de substituição do titular por outro legitimado concorrente como o Ministério Público ou a Defensoria Pública, afinal a tutela coletiva é regida pela indisponibilidade dos interesses supraindividuais.

> 1. No âmbito do processo coletivo, vigora o princípio da indisponibilidade da demanda coletiva, de modo que deve ser preservada a continuidade das ações mediante intimação do legitimado ativo sobre o interesse em prosseguir com o litígio. Isso porque, em linha de princípio, o processo somente atingirá sua função primordial se houver o efetivo equacionamento de mérito do conflito.
>
> 2. "A norma inserta no art. 13 do CPC deve ser interpretada em consonância com o § 3º do art. 5º da Lei 7.347/85, que determina a continuidade da ação coletiva. Prevalece[m], na hipótese, os princípios da indisponibilidade da demanda coletiva e da obrigatoriedade, em detrimento da necessidade de manifestação expressa do Parquet para a assunção do polo ativo da demanda" (REsp 855.181/SC, Rel. Min. CASTRO MEIRA, SEGUNDA TURMA, DJe 18/9/2009).
>
> 3. Caso constatada a ilegitimidade ativa do autor originário da ação civil pública, a extinção do processo sem resolução do mérito, na forma do art. 267, IV, e 369 do CPC/73, apenas seria admissível se demonstrada a manifesta improcedência da demanda, após a manifestação prévia do órgão ministerial competente. Assim, em hipóteses como a dos autos, considerando-se ilegítimo o ajuizamento de ação de improbidade administrativa pelo Ministério Público do Trabalho, deveria o juízo cível facultar ao órgão competente a assunção do polo ativo da demanda.
>
> 4. Ao Ministério Público Estadual é facultada a ratificação de todos os atos praticados anteriormente pelo órgão trabalhista, inclusive aqueles realizados em âmbito inquisitorial, restando afastada, portanto, a alegação de nulidade das provas colhidas.
>
> 5. Agravo interno a que se nega provimento.
>
> (AgInt no AREsp 382.791/GO, Rel. Ministro SÉRGIO KUKINA, PRIMEIRA TURMA, julgado em 19/06/2018, DJe 08/08/2018)

Contudo, é preciso ficar atento para não confundir a *extinção pela ilegitimidade da demanda* com a *impossibilidade da pretensão* veiculada na ação civil pública.

Bem se sabe que há determinadas pretensões que ficam fora do alcance da tutela coletiva prevista no procedimento especial da ação civil pública, como por exemplo a

---

82. Art. 317. Antes de proferir decisão sem resolução de mérito, o juiz deverá conceder à parte oportunidade para, se possível, corrigir o vício.

limitação prevista no parágrafo único do art. 1º da LACP[83], ou ainda, a eventual ação civil pública cuja pedido invada e agrida esfera de atuação de outro Poder do Estado, como legislativo ou executivo.

Assim, por exemplo, não pode haver ação civil pública para impedir que o Chefe do Executivo exerça seu poder de veto ou que realize uma medida provisória etc. Da mesma forma não pode impedir o legislativo de realizar um processo legislativo sob alegação de que o projeto em trâmite é inconstitucional, não pode veicular pedido principal de declaração de inconstitucionalidade usurpando o papel do controle concentrado[84] etc.

Neste sentido, nos pareceu *correta* a solução do Superior Tribunal de Justiça em relação a extinção da ação civil pública, mas *incorreta* a tipificação da hipótese de extinção.

1. A pretensão imediata da ação civil pública em comento objetiva conformar a atuação dos Poderes Executivo e Legislativo do município de Florianópolis às diretrizes normativas que asseguram a participação popular na elaboração do Projeto Legislativo do Plano Diretor do município.

2. Visando a presente ação coletiva corrigir falha no iter legislativo do mencionado projeto (falta de participação da população), cuja irregularidade se atribui a autoridades municipais que, nos termos do art. 40, § 4º, do Estatuto da Cidade, são as legalmente responsáveis pela condução dos trabalhos legislativos, é força concluir que a legitimação ativa para a lide pertence ao Ministério Público Estadual, a teor da exegese do art. 27 da Lei n. 8.625/93 (Lei Orgânica Nacional do Ministério Público dos Estados).

3. Para fins de aferição da legitimidade ativa ad causam do MPF, desinfluente se revela a também presença da União no polo passivo da demanda, tanto mais que, como bem reconhecido pelo acórdão regional, inexiste respaldo legal para que, como desejado pelo Ministério Público Federal, se impusesse à União o encargo pleiteado na petição inicial.

4. Em suma, o Ministério Público Federal é parte ilegítima para ajuizar ação civil pública que visa à anulação da tramitação de Projeto de Lei do Plano Diretor do município de Florianópolis, ao argumento da falta de participação popular nos respectivos trabalhos legislativos. Caracterizada, nessa medida, ofensa ao art. 267, VI, do CPC/73.

5. Recurso especial a que se dá provimento, com a extinção do processo sem resolução de mérito, ante o reconhecimento da ilegitimidade ativa do Parquet federal. Agravo interno do MPF prejudicado.

(REsp 1687821/SC, Rel. Ministro SÉRGIO KUKINA, PRIMEIRA TURMA, julgado em 07/11/2017, DJe 21/11/2017)

---

83. "4. Consectariamente, qualquer ação, ainda que não ostente tipicidade estrita tributária, mas que envolva "pretensão tributária", consoante dicção legal, torna interditada a legitimatio ad causam do Ministério Público. 5. Inequívoca natureza declaratória de inconstitucionalidade travestida em ação civil pública com contornos competenciais de legitimação e eficácia da coisa julgada incompatíveis com o modelo federal de controle concentrado dos atos do Poder Público. 6. Impossibilidade jurídica do pedido acrescida da carência acionária pela inadequação do meio que induz à extinção do processo. 7. Incabível a ação civil pública, cuja sentença tenha eficácia erga omnes, quando substitutivo da ação direta de inconstitucionalidade. Precedentes: REsp 678911/MG, DJ 23/06/2005, desta Relatoria; REsp 401554/DF, DJ 26.05.2006; REsp 457090/DF, DJ 25.04.2006 (REsp 883.690/SP, Rel. Ministro LUIZ FUX, PRIMEIRA TURMA, julgado em 20/09/2007, DJ 22/10/2007, p. 204).

84. "1. Segundo entendimento deste Superior Tribunal de Justiça, somente é cabível a alegação de inconstitucionalidade de normas em Ação Civil Pública, desde que de maneira incidental, como causa de pedir, não de pedido. 2. Na espécie, o Parquet pleiteou diretamente a decretação de nulidade, por inconstitucionalidade, do Decreto Municipal de Castro/PR 64/2003, intentando o retorno da servidora Rita Isabel de Mattos ao cargo de origem. Com efeito, a leitura da exordial revela que o pedido de nulidade do ato normativo tem fundamento na suposta incompatibilidade com o art. 37, II e § 2º da CF/1988, ou seja, derivando da alegada inconstitucionalidade do Decreto normativo. 3. Agravo Regimental do MINISTÉRIO PÚBLICO DO ESTADO DO PARANÁ desprovido. (AgRg no REsp 1220476/PR, Rel. Ministro NAPOLEÃO NUNES MAIA FILHO, PRIMEIRA TURMA, julgado em 25/04/2019, DJe 09/05/2019).

11. DESISTÊNCIA DA AÇÃO

Já foi dito que é facultativo o litisconsórcio formado pelos legitimados do sistema processual coletivo. Também foi dito alhures que a legitimação concorrente, e não complexa, faz com que não possa ser exigida uma obrigatoriedade de nenhum dos entes legitimados à propositura da demanda coletiva.

Todos podem, conjunta ou isoladamente, propô-la. A redação do art. 5º, § 1º, também assevera que o Ministério Público atuará como *custos legis* quando não for o autor da demanda coletiva. Trata-se de regra que reconhece o caráter social (art. 82, III, do CPC) das ações coletivas, já que estará em jogo um interesse supraindividual.

Partindo da regra supramencionada, vê-se que ao Ministério Público foi dado um papel destacado quando se está diante das ações coletivas. Nada mais justo e lógico, uma vez que a defesa dos direitos difusos e coletivos, além dos interesses sociais, corresponde às suas funções institucionais.

É tendo em mente as referidas premissas que deve ser lido o art. 5º, § 3º, da LACP. Diz o artigo que *"em caso de desistência infundada ou abandono da ação por associação legitimada, o Ministério Público ou outro legitimado assumirá a titularidade ativa"*.

A norma regula, portanto, duas figuras distintas e conhecidas do estudioso do processo civil: a desistência e o abandono da ação.

Quanto à desistência, o sistema processual coletivo não é idêntico ao do CPC. Nem poderia. Aqui há o interesse social e supraindividual em jogo, e por tal razão era de se esperar uma diferenciação quanto ao instituto tradicionalmente conhecido.

O plus em relação ao sistema do CPC (art. 485, VIII e §§ 4º e 5º) diz respeito ao fato de que, no procedimento especial da ação civil pública, a desistência, para se ter validade e o condão de extinguir o processo nos termos do art. 485, VIII, do CPC, necessita, *além dos requisitos normais estabelecidos nos §§ 4º e 5º da norma citada*, ser fundamentada, ou seja, é preciso ter uma justificativa posta.

Mesmo que se trate de ação civil pública para a defesa de direitos individuais homogêneos, também nesta hipótese é de se exigir a concordância do réu prevista no §4º do art. 485 do CPC uma vez que a coisa julgada alcançada nas sentenças de improcedência das demandas coletivas propostas para a defesa de direitos individuais homogêneos impede que outro legitimado do art. 82 possa repropor a mesma demanda coletiva, trazendo, portanto, inegável benefício para o réu na ação coletiva, que só poderá ser demandado a título individual quanto ao referido direito.

Justamente porque a legitimação é do tipo concorrente e porque a desistência leva, inexoravelmente, à sentença sem julgamento do mérito, permitindo a repropositura da demanda, é que nada mais lógico que o sistema preveja a hipótese de que qualquer legitimado possa suceder processualmente o autor desistente. Pela própria importância do bem tutelado e pela instrumentalidade do processo (eficiência) e primazia do mérito, não se justifica não abrir a possibilidade de sucessão ou assunção processual como no caso do abandono que trataremos mais adiante.

Por outro lado, como se disse, independentemente de algum legitimado ter assumido a titularidade ativa, a regra é a seguinte: qualquer legitimado poderá desistir da ação coletiva, mas uma vez ocorrido tal fato, então o Ministério Público, porque é o fiscal da lei e protetor natural dos interesses supraindividuais e de interesses sociais, deve verificar se a desistência da ação coletiva é ou não fundada. Em caso positivo, não assumirá a titularidade. Mas verificando que a desistência é infundada, não lhe restará escolha senão suceder processualmente o legitimado anterior. Esse "controle" decorre, por óbvio, da importância social da ação coletiva, pela primazia da tutela de mérito e pela eficiência que deve reger o processo estatal.

Obviamente, é possível que o próprio Ministério Público seja o legitimado que resolva desistir da demanda. Quando isso ocorrer, certamente nenhum outro legitimado fará o controle da desistência, embora seja facultada a assunção da titularidade ativa, mesmo sendo hipótese pouco provável. Mas, por outro lado, nada impede que o magistrado entenda como infundada a desistência pelo parquet, caso em que *"se aplica analogicamente o CPP 28. O magistrado então remeterá os autos ao procurador-geral de justiça, que insistirá na desistência ou designará outro órgão do MP para assumir a titularidade ativa da ACP"*.[85]

Assim, resumindo, têm-se no art. 5º, § 3º, da LACP, quanto à desistência, dois fenômenos distintos: a) ocorrida a desistência nos termos do art. 485, § 4º, do CPC, qualquer legitimado poderá assumir a titularidade ativa da demanda coletiva, num típico exemplo de sucessão processual; b) caberá ao Ministério Público, fiscal do ordenamento jurídico, verificar se a desistência é ou não fundada. No primeiro caso, não assumirá a titularidade ativa. No segundo caso, deverá assumi-la prosseguindo no feito como legitimado ativo.

> "3. Nos termos dos arts. 5º, § 3º, e 15, da Lei n. 7.347/85, nos casos de desistência infundada ou de abandono da causa por parte de outro ente legitimado, deverá o Ministério Público integrar o polo ativo da demanda. Em outras palavras, homenageando-se os princípios da indisponibilidade e obrigatoriedade das demandas coletivas, deve-se dar continuidade à ação civil pública, a não ser que o Parquet demonstre fundamentalmente a manifesta improcedência da ação ou que a lide revele-se temerária." (REsp 200.289/SP, Rel. Ministro Vasco Della Giustina (Desembargador Convocado do TJRS), Terceira Turma, julgado em 02/09/2010, DJe 15/09/2010)

A hipótese de abandono da ação é regida pelo art. 485, III, §6º do CPC:

> Art. 485. O juiz não resolverá o mérito quando:
>
> III – por não promover os atos e as diligências que lhe incumbir, o autor abandonar a causa por mais de 30 (trinta) dias;
>
> § 6º Oferecida a contestação, a extinção do processo por abandono da causa pelo autor depende de requerimento do réu.

A ressalva do parágrafo sexto acima é justamente para que o autor da demanda não drible a regra da desistência que depende de consentimento do réu após a contestação, e assim consiga uma extinção sem o consentimento do réu.

Trazendo o abandono para o procedimento coletivo da ação civil pública não há a menor possibilidade de que ocorra o abandono sem que se lhe aplique a mesma disciplina

---

85. Nery & Nery, op. cit., p. 1.533.

CAPÍTULO 7 • LEGITIMIDADE DAS PARTES E A INTERVENÇÃO DE TERCEIROS NA LEI 7.347/85 **243**

da *desistência infundada*, ou seja, se por ventura houver o abandono da ação civil pública por uma associação, é certo que o ministério público, fiscal do ordenamento jurídico, deverá ser intimado para saber se é caso ou não de prosseguimento.

Assim, por exemplo, quando a associação abandona o processo coletivo no qual era autora porque tenha sido dissolvida por opção de seus associados. Com acerto o STJ ao dizer que:

> 1. Em linha de princípio, afigura-se possível que o Ministério Público ou outro legitimado, que necessariamente guarde uma representatividade adequada com os interesses discutidos na ação, assuma, no curso do processo coletivo (inclusive com a demanda já estabilizada, como no caso dos autos), a titularidade do polo ativo da lide, possibilidade, é certo, que não se restringe às hipóteses de desistência infundada ou de abandono da causa, mencionadas a título exemplificativo pelo legislador (numerus apertus).
>
> 2 Justamente por envolver interesses essencialmente ou acidentalmente coletivos (assim nominados, na lição de José Carlos Barbosa Moreira, in: Tutela Jurisdicional dos Interesses Coletivos ou Difusos) – nos quais se constatam a magnitude dos bens jurídicos envolvidos, com assento constitucional; a peculiar e considerável dimensão das correlatas lesões; e a inerente repercussão destas na esfera jurídica de um elevado número de pessoas – a resolução dos conflitos daí advindos, por meio do processo coletivo, consubstancia, a um só tempo, destacada atuação do poder jurisdicional na distribuição de justiça social e nas políticas sociais do Estado, bem como verdadeiro anseio da sociedade.
>
> 2.1 Ante a natureza e a relevância pública dos interesses tutelados no bojo de uma ação coletiva, de inequívoca repercussão social, ressai evidenciado que os legitimados para promover a ação coletiva não podem proceder a atos de disposição material e/ou formal dos direitos ali discutidos, inclusive porque deles não são titulares.
>
> 2.2 No âmbito do processo coletivo, vigora o princípio da indisponibilidade (temperada) da demanda coletiva, seja no tocante ao ajuizamento ou à continuidade do feito, com reflexo direto em relação ao Ministério Público que, institucionalmente, tem o dever de agir sempre que presente o interesse social (naturalmente, sem prejuízo de uma ponderada avaliação sobre a conveniência e, mesmo, sobre possível temeridade em que posta a ação), e, indiretamente, aos demais colegitimados. Como especialização do princípio da instrumentalidade das formas, o processo coletivo é também norteado pelo princípio da primazia do conhecimento do mérito, em que este (o processo) somente atingirá sua função instrumental-finalística se houver o efetivo equacionamento de mérito do conflito.
>
> 3. Todavia, esta compreensão quanto à possibilidade de assunção do polo ativo por outro legitimado, não se aplica – ressalta-se – às associações porque de todo incompatível.
>
> (REsp 1405697/MG, Rel. Ministro MARCO AURÉLIO BELLIZZE, TERCEIRA TURMA, julgado em 17/09/2015, DJe 08/10/2015)

Caso entenda que é hipótese de abandono infundado não irá assumir a demanda, caso em que só será extinta a demanda coletiva se o réu requerer a sua extinção pelo abandono termos do §6º citado acima, afinal de contas não parece ser justo com o réu – que tem direito a obter uma tutela de mérito de improcedência do pedido do autor – se veja privado de obtê-la por causa do "abandono" do autor.

Por outro lado quanto a regra do artigo 468, §3º do CPC[86] é de se questionar da aplicabilidade da perempção posto que o dispositivo prevê sanção processual a priori voltada para ao autor da ação que seja titular do direito defendido em juízo, de forma que tratando-se de direitos supraindividuais do art. 268 quanto à penalidade de perempção.

---

86. § 3º Se o autor der causa, por 3 (três) vezes, a sentença fundada em abandono da causa, não poderá propor nova ação contra o réu com o mesmo objeto, ficando-lhe ressalvada, entretanto, a possibilidade de alegar em defesa o seu direito.

Capítulo 8
COMPETÊNCIA, CONEXÃO E LITISPENDÊNCIA NA LEI DE AÇÃO CIVIL PÚBLICA

1. A COMPETÊNCIA NA LEI DE AÇÃO CIVIL PÚBLICA

1.1 Introito

Na medida em que passou-se a enxergar o processo como método estatal de concretização dos direitos fundamentais[1], tornou-se imperioso revisitar seus institutos clássicos que nasceram e se desenvolveram sob uma matiz da máxima segurança traçada pelo liberalismo com, limitação do poder do juiz, culto à forma e ainda com rigidez legislativa[2].

Praticamente todos os institutos clássicos do processo vem passando por esta transformação pós constituição de 1988[3] – da jurisdição[4] à coisa julgada[5] – fruto dessa nova perspectiva com que deve-se enxergar o direito e a sua proteção. Demorou muito para que a doutrina[6] começasse a enxergar a necessidade de dar ao tema da *competência* o mesmo dinamismo e flexibilização que já havia sido feito às condições da ação e pressupostos processuais[7], ao procedimento[8], à defesa[9], às convenções processuais[10], às

---

1. SARLET, Ingo Wolfgang. Eficácia dos direitos fundamentais: uma teoria geral dos direitos fundamentais na perspectiva constitucional. 11. ed. Porto Alegre: Livraria do Advogado Editora, 2012.; SARLET, Ingo Wolfgang; MARINONI, Luiz Guilherme; MITIDIERO, Daniel. Curso de Direito Constitucional. São Paulo: Ed. RT, 2012.; OLIVEIRA, Carlos Alberto Alvaro de. O Processo Civil na Perspectiva dos Direitos Fundamentais. In: Cadernos do Programa de Pós-Graduação em Direito da Universidade do Rio Grande do Sul. Disponível em: https://seer.ufrgs.br/ppgdir/article/view/49187. Acesso em: 10.07.2020.
2. MARINONI, Luiz Guilherme. Técnica processual e tutela dos direitos. São Paulo: Ed. RT, 2004.; SILVA, Ovídio A. Baptista da; GOMES, Fábio. Teoria Geral do Processo. 3. ed. rev. atual. São Paulo: Ed. RT, 2002.
3. BARROSO, Luís Roberto. Neoconstitucionalismo e constitucionalização do Direito. O triunfo tardio do Direito Constitucional no Brasil. Jus Navigandi, Teresina, ano 10, n. 851, 1 nov. 2005. Disponível em: https://jus.com.br/artigos/7547/neoconstitucionalismoeconstitucionalizacao-do-direito. Acesso em: 20.07.2020.
4. MARINONI, Luiz Guilherme. Aproximação crítica entre as jurisdições de civil law e common law e a necessidade de respeito aos precedentes no Brasil. Revista de Processo, n. 172, São Paulo: Ed. RT, p. 175-232.
5. CABRAL, Antonio do Passo. Coisa julgada e preclusões dinâmicas. 3. ed. Salvador: JusPodivm. 2019.; THEODORO JR., Humberto; FARIA, Juliana Cordeiro.; NASCIMENTO, Carlos Valder do. Coisa julgada inconstitucional. 2.ed. Rio de Janeiro: América Jurídica, 2003.
6. Por todos ver CABRAL, Antonio do Passo. Juiz natural e eficiência processual: flexibilização, delegação e coordenação de competências no processo civil. Tese apresentada no concurso de provas e títulos para provimento do cargo de Professor Titular. Faculdade de Direito da Universidade do Estado do Rio de Janeiro. Rio de Janeiro, 2017.
7. DIDIER, Fredie. Pressupostos processuais e condições da ação. São Paulo, Saraiva, 2005.
8. GAJARDONI, Fernando Fonseca. Flexibilização Procedimental: um novo enfoque para o estudo do procedimento no direito processual. São Paulo: Atlas. 2008.; DIDIER JR., Fredie. Sobre dois importantes (e esquecidos) princípios do processo: adequação e adaptabilidade do procedimento. In: Revista de Direito Processual Civil. Curitiba: Gênesis, 2001, n. 21.
9. SICA, Heitor Vitor Mendonça. O direito de defesa no processo civil brasileiro. São Paulo, Atlas, 2011.
10. CABRAL, Trícia Navarro Xavier. Limites da liberdade processual. Santa Catarina: Foco Editora. 2019.

nulidades[11], aos pedido e a causa de pedir[12], às partes e intervenções de terceiros[13], aos requisitos formais dos recursos[14], ao ônus da prova, às tutelas provisórias[15], às medidas executivas[16] etc.

Quando se pensa em dar um olhar menos rígido para o tema da competência, naturalmente emerge uma reação contrária conservadora contra a redução de poder (por quem pode perdê-lo), contra a quebra da segurança e da possibilidade de ofensa à isonomia processual inclusive sob a perspectiva do dever de isenção do julgador. Flexibilizar a competência implicaria em trazer uma insegurança?

> Não por acaso dizia Carnelutti, sabiamente que "a lei está; o fato move-se. A lei é um estado; o fato, um desenvolvimento. A lei é o presente; o fato não pode ser mais do que passado ou futuro. A lei está fora do tempo; o fato está dentro".[17]

O que tem se observado é que de forma muito tímida, aqui e acolá permite-se evoluir no campo da flexibilização da competência, em situações excepcionais e principalmente diante da necessidade que o caso concreto apresenta ao aplicador do direito.

Há situações, especialmente nos conflitos ambientais de grande extensão, que ou se encontra uma forma de flexibilizar a competência – *e essas possibilidades existem no CPC* – ou se reconhece a impossibilidade de prestar uma justiça tempestiva, eficiente e efetiva.

O *normal* ainda é, portanto, pensar no tema da competência no seu modo estático, sob as vestes de um modelo de regras rígidas e abstratamente previstas pelo legislador, com pressupostos de incidência objetivos e com quase nenhum espaço para que que se modificasse os critérios do texto legal, tal como se este roteiro fosse a única forma de garantir a preservação do juiz natural.

> O princípio do juiz natural deve ser enxergado sob dois prismas: um primeiro formal que pode ser visto sob um viés negativo, referente à vedação de tribunais criados excepcionalmente para julgar determinado caso, ou seja, de exceção e constituídos após o que será julgado e outro material atinente seu conteúdo abrange e outro positivo que significa um direito de todos de ser julgado por uma autoridade competente. O segundo prisma, material, é o que legitima o juiz que tenha independência e seja isento, imparcial.

Veremos que esta rigidez, em determinados casos, pode ser fator de ineficiência e inefetividade da tutela jurisdicional, para não falar em *genuíno limitador* do acesso à justiça.

Assim, passemos à análise clássica da competência na Lei de Ação Civil Pública. No item 3.5 voltaremos ao tema da flexibilização da competência nas ações coletivas.

---

11. BEDAQUE, Jose Roberto dos Santos. Nulidade processual e instrumentalidade do processo. In: Revista de Processo. São Paulo: Ed. RT, 1990, outubro/dezembro, ano 15, n. 60.

12. RODRIGUES, Marco António dos Santos. A Modificação do Pedido e da Causa de Pedir, GZ Editora, Rio de Janeiro, 2014; MESQUITA, Luís Miguel Andrade. A Flexibilização do Princípio do Pedido à Luz do Moderno Processo Civil», Revista de Legislação e Jurisprudência, novembro – dezembro 2013, Ano 143º, n. 3983

13. TEMER, Sofia. Participação no Processo Civil: Repensando Litisconsórcio, Intervenção de Terceiros e Outras Formas de Atuação. Salvador: JusPodivm. 2020.

14. JORGE, Flávio Cheim. Teoria geral dos recursos cíveis. 8. ed. São Paulo: Ed. RT, 2017.

15. SILVA, Ovídio Baptista da. SILVA. Curso de Processo Civil: processo cautelar (tutela de urgência).3. ed. rev. São Paulo: Ed. RT, 2000.

16. RODRIGUES, Marcelo Abelha. Manual de execução civil. 7. ed. São Paulo: Gen. 2019.

17. CARNELUTTI, Francesco. A arte do direito. Campinas: Bookseller, 2000, p. 35.

CAPÍTULO 8 • COMPETÊNCIA, CONEXÃO E LITISPENDÊNCIA NA LEI DE AÇÃO CIVIL PÚBLICA

1.2 O modelo estático previsto no procedimento coletivo

O tema da competência ganha relevo em sede da Lei n. 7.347/85, porque o legislador tardio emendou o referido diploma com algumas peculiaridades que o tornam um sistema exótico no trato do tema relativo à coisa julgada, jurisdição e competência, como será visto alhures.

Torna-se uma tarefa mais fácil conceituar competência utilizando o conceito de jurisdição. A comparação entre os dois temas permite a um só tempo identificar o que é a competência e o que é a jurisdição, mas muito mais que isso (que soa até óbvio), serve ainda para descobrir que são peças distintas, porém dependentes, de um mesmo quebra-cabeça.

Utilizando-nos da perfeita metáfora empregada por José Carlos Barbosa Moreira para isolar conceitualmente um instituto do outro, jurisdição da competência, tem-se que

> "o poder inerente à função jurisdicional está presente em todos os órgãos, larga ou estreita que seja a faixa da respectiva competência, e guarda em todos eles características essenciais idênticas. As lâmpadas podem brilhar com desigual intensidade, iluminar maior ou menor espaço, mas a corrente elétrica que alimenta os vários pontos de luz é sempre a mesma. Não influi aí sequer a forma – unitária ou federada – que se adote para o Estado: nas federações, como nos Estados unitários, o Poder Judiciário, enquanto poder estatal, é uno".[18]

Assim, se a jurisdição é o poder (e vistos sob outro ângulo o dever e a função também), então a competência é a parte, o limite, a fatia desse poder que é entregue aos órgãos jurisdicionais. Essa "entrega", "distribuição" de poder se faz mediante critérios estabelecidos pelo legislador. Ao estabelecer essa "distribuição" do poder, o legislador o faz mediante critérios que politicamente julgou relevante seguir. E quando assim o faz, acaba por estabelecer limites de atuação desse poder. Esses critérios estão relacionados com a pessoa, com a matéria, com o território (geográfico) etc.

> Não obstante o CPC tenha sido até cansativo em matéria de competência dos órgãos jurisdicionais, suplementando subsidiariamente as regras constitucionais acerca do tema, ainda assim não poderia prever todas as hipóteses e situações que são variáveis de Estado para Estado. E justamente por isso que o tema da competência se vê presente em leis estaduais de organização judiciária e até mesmo nos regimentos internos dos tribunais, por expressa permissão constitucional (art. 96, I, da CF/88).

Já a lei de ação civil pública, muito embora deva se socorrer do CPC (art. 15), não ficou à míngua de dispositivos acerca do tema. Assim é o que se vê no art. 2º:

> "Art. 2º As ações previstas nesta Lei serão propostas no foro do local onde ocorrer o dano, cujo juízo terá competência funcional para julgar a causa.
>
> Parágrafo único. A propositura da ação prevenirá a jurisdição do juízo para todas as ações posteriormente intentadas que possuam a mesma causa de pedir ou o mesmo objeto."

Originariamente o texto contido no *caput* do dispositivo constituía a única regra sobre a competência prevista na Lei n. 7.347/85. Depois de sucessivas alterações, idas e vindas em medidas provisórias, perpetrou-se, após a Emenda Constitucional n. 32, a

---

18. José Carlos Barbosa Moreira. Direito aplicado II. Rio de Janeiro: Forense, 2000, p. 48.

solidificação do texto previsto no parágrafo único acrescentado pela Medida Provisória n. 2.180-35.

Não obstante a fortíssima carga ideológica e política que motivou a alteração do dispositivo, é de se notar que a regra aí prevista em muito se assemelha ao texto do art. 5º, § 3º, da lei da ação popular (Lei n. 4.717/65).[19]

2. CLASSIFICAÇÃO E REGIME JURÍDICO DA COMPETÊNCIA NA LACP

Retornando o curso do que se comentou no tópico precedente, esses *"critérios determinadores da competência"* que são escolhidos abstratamente pelo legislador podem se distinguir em dois tipos: cogentes e disponíveis, o que implica dizer que os primeiros são de cumprimento obrigatório, enquanto os segundos ficam ao sabor da disposição pelas partes.

São exemplos do primeiro os critérios estabelecidos em razão da pessoa que litiga, da matéria envolvida, da hierarquia de quem julgará etc. Já o critério determinado em razão do território constitui exemplo do segundo tipo.

No caso da ação civil pública, disse o legislador que a competência é do juízo do *local do dano*, mostrando, pois, que o espaço geográfico, ou seja, o lugar, é determinante para se descobrir o juízo competente. À primeira vista, como se trata de competência *ratione loci*, não haveria dúvidas em se admitir que estaríamos diante de uma competência territorial. Entretanto, o texto legal não perde tempo e nem deixa que se tenha esse devaneio, esclarecendo que se trata de competência do tipo *funcional*.

Na verdade, pensamos, o texto legal foi incisivo ao dizer *"do tipo absoluta"*, para rechaçar expressamente qualquer tentativa de interpretação que dissesse ser a competência da ACP territorial e, com isso, de natureza relativa.

A rigor, mal nenhum teria em se dizer ser a competência territorial, mas com regime jurídico de imperatividade, de ordem pública, que não admitiria disposição. Seria uma exceção à regra da competência territorial, que normalmente tem regime jurídico dispositivo.

Trata-se do mesmo problema que envolve o art. 95 do CPC, cuja temática gerou conflitos doutrinários e acadêmicos exatamente pelo que se expôs. Diz-se normalmente que o juízo do *foro rei sitae* tem competência territorial absoluta. Já no art. 2º da LACP é onde ocorreu ou deva ocorrer o dano. Nesse caso, melhor seria dizer que a competência é territorial, mas excepcionalmente deve ser de regime absoluto, improrrogável como os demais casos desta modalidade de competência. A diferença é que no foro rei sitae o critério geográfico adotado – localização do imóvel – é menos complexo de ser demonstrado do que o *local do dano*.[20][21]

---

19. Art. 5º, § 3º "A propositura da ação prevenirá a jurisdição do juízo para todas as ações, que forem posteriormente intentadas contra as mesmas partes e sob os mesmos fundamentos."
20. "(...) 2. Em se tratando de demanda de direito real imobiliário que tenha por objeto os direitos de propriedade, vizinhança, servidão, posse, divisão e demarcação de terras e nunciação de obra nova, o art. 95 do CPC/1973 (correspondente ao art. 47 do CPC/2015) estabelece a competência absoluta do foro da situação da coisa, norma que deixou de ser observada pela Corte de origem. (AREsp 888.195/PI, Rel. Ministro GURGEL DE FARIA, PRIMEIRA TURMA, julgado em 18/02/2020, DJe 28/02/2020)".
21. Nesse passo andou melhor o ECA, art. 209, ao dizer que a competência é do "foro do local onde ocorreu ou deva ocorrer a ação ou omissão, cujo juízo terá competência absoluta para processar a causa". Nesse sentido ver Mazzilli. Os interesses difusos em juízo, p. 205.; Didier, F. e Zaneti, H. Op. Cit., p. 183.

CAPÍTULO 8 • COMPETÊNCIA, CONEXÃO E LITISPENDÊNCIA NA LEI DE AÇÃO CIVIL PÚBLICA **249**

Mas este não foi o único defeito na redação do dispositivo, e não fica imune de críticas o legislador ao referir-se a "local do dano" como sendo o conteúdo do critério geográfico eleito para determinar a competência. Isso porque a ação civil pública não é remédio apenas reparatório, mas também preventivo, e muito menos pressupõe apenas pretensão condenatória, como poderia indicar a terminologia empregada. Pode ser uma demanda declaratória, pode envolver apenas a remoção de um ilícito etc.

Também criticável é a adoção de critério que depende de comprovação fática, e no presente caso, pior ainda, porque atrela tal situação, "local do dano", às questões de mérito da própria demanda. Assim, é estranha a situação, mas será possível que ocorra de uma ação civil pública ser julgada improcedente porque não houve o pretenso dano que se queria reparar. Nesse caso, o juízo do "local do dano" julgou improcedente a ACP porque não havia dano a ser ressarcido!

Ainda sobre a expressão, deve ser esclarecido que o texto fala em *local do dano* e não em *origem do dano* ou *consumação do dano*. Também não faz qualquer restrição sobre extensão do dano, motivo pelo qual qualquer local em que tenha ocorrido o referido dano, ou esteja para ocorrer, é igualmente idôneo para receber a propositura da ação civil pública ou da cautelar respectiva. Não serão poucos os problemas de concorrência de foro e os conflitos que advirão em razão da largueza do conceito de dano, em especial no direito ambiental.

Identificado o local do dano, ou melhor, onde se situa o direito supraindividual tutelado, passa-se à resposta das seguintes indagações: e se houver interesse federal na causa? E se houver mais de um juízo no local do dano que em tese teria competência para a causa?

Vê-se que a identificação do "local do dano" não é suficiente para se tornar concreta a competência, já que o dano pode espalhar-se para vários locais, ou, ainda, é possível que no local do dano existam vários juízos competentes para a mesma demanda.

3. A COMPETÊNCIA DO JUÍZO DO LOCAL DO DANO

3.1 Introito

Vencida a etapa anterior, resta saber qual o juízo competente do referido local para julgar a demanda coletiva. Se só se tiver um juiz na comarca, a tarefa fica abreviada, por razões óbvias. Do contrário, havendo vários juízos na mesma comarca do local do dano, certamente deverão ser pesquisadas as normas de organização judiciária local para se saber se há divisões de competência, v.g., em razão da matéria (cível e criminal, vara especializada do meio ambiente) etc.

Atendidas as regras de divisão de competência de cada Estado, então deve-se, depois de todo o raciocínio de exclusão, aguardar o sorteio ou distribuição da causa para o juízo que seja competente, caso exista mais de um juízo igualmente apto a apreciar a causa.

3.2 Justiça federal comum ou especial (trabalhista) em relação ao meio ambiente do trabalho (art. 200, VIII da CF/88)

Alguns aspectos não podem deixar de ser comentados nesse tópico. Um deles diz respeito à dúvida em se saber qual a "competência de jurisdição" quando a matéria é relacionada com o meio ambiente de trabalho. A regra constitucional do art. 114, que atrai a competência para a justiça federal trabalhista, é clara ao dizer que tal justiça especializada terá competência para os casos de controvérsias decorrentes da relação de trabalho.

Assim, apenas nos casos em que a relação de trabalho seja diretamente tutelada pela demanda coletiva é que deve a competência ser da justiça trabalhista, portanto, quando o pedido e causa de pedir (fato ensejador da demanda) nasçam de conflitos oriundos da relação trabalhista. Caso contrário, nas situações em que a pretensão vise a tutela da saúde e segurança vistas como direitos sociais e não como frutos de direta relação trabalhista (quando um dos elementos citados – Pedido e causa de pedir – não forem vinculados à relação trabalhista), a competência não será atraída para a justiça federal especializada.

> Súmula n. 736 do STF: Compete à justiça do trabalho julgar as ações que tenham como causa de pedir o descumprimento de normas trabalhistas relativas à segurança, higiene e saúde dos trabalhadores.[22]

3.3 Local do dano e justiça federal

Um outro aspecto também relativo à competência na ação civil pública diz respeito às situações em que exista interesse da União (ratione personae) prevista no art. 109, I da CF/88. Sendo constitucional o critério ele se sobrepõe ao legal que deve com ele conviver e adequar-se.

Mesmo que a competência da ação civil pública seja do local do dano, se incidir a hipótese do art. 109, I a competência será da justiça federal.

Havendo interesse da união há a *vis atractiva* que obriga a propositura ou remessa da causa para a justiça federal, por força do dispositivo constitucional citado, lembrando que a Súmula n. 150 do Superior Tribunal de Justiça determina que *"compete à Justiça Federal decidir sobre a existência de interesse jurídico que justifique a presença, no processo, da União, suas autarquias ou empresas pública"*.[23]

Em regra, tal competência é definida considerando a natureza das pessoas envolvidas no processo (ratione personae), de modo que é irrelevante a matéria discutida. Havendo o interesse da União que configure algumas das hipóteses do inciso I do art.

---

22. 1. Consoante entendimento sedimentado desta Corte Superior, é da Justiça do Trabalho a competência para julgamento de demanda promovida pelo Parquet, na qual se encontre em discussão o cumprimento, pelo empregador, de normas atinentes ao meio ambiente do trabalho (AgRg no REsp n. 509.574/SP, DJe de 01/03/2010; REsp n. 240.343/SP, DJe de 20/04/2009; e REsp n. 697.132/SP, DJ de 29/03/2006).

    2. Inarredável a aplicação à hipótese da inteligência do enunciado sumular n. 736/STF, litteris: "Compete à Justiça do Trabalho julgar as ações que tenham como causa de pedir o descumprimento de normas trabalhistas relativas à segurança, higiene e saúde dos trabalhadores", sendo irrelevante, para tanto, decorrerem as obrigações daí resultantes de previsão expressa na legislação vigente ou resultarem concomitantemente de termo de ajustamento de conduta firmado entre o empregador e o Ministério Público Estadual. 3. Agravo regimental a que se nega provimento. (AgRg no REsp 1116923/PR, Rel. Ministro VASCO DELLA GIUSTINA (DESEMBARGADOR CONVOCADO DO TJ/RS), TERCEIRA TURMA, julgado em 21/10/2010, DJe 05/11/2010)

23. Em muitos casos pode ser difícil predeterminar se existe ou não o interesse federal, especialmente quando o que está em jogo é a tutela do meio ambiente. É que a CF/88 prescreve competência legislativa concorrente em matéria de meio ambiente (art. 24, VI), e a competência administrativa comum (art. 23, VI) gerando toda a celeuma acerca da competência da justiça estadual ou federal. Celeuma esta que não se restringe, como se vê, à seara jurisdicional, sendo um nó de dificílimo desate também no campo do direito administrativo, especialmente no que concerne aos limites dos poderes de polícia dos entes da federação, tanto que a LC n. 140 tentou equalizar parte desse conflito com normas que primam pelo federalismo cooperativo.

CAPÍTULO 8 • COMPETÊNCIA, CONEXÃO E LITISPENDÊNCIA NA LEI DE AÇÃO CIVIL PÚBLICA

109, então prevalece as regras de respeito ao federalismo onde há *"a supremacia da União sobre Estados-membros, supremacia que se manifesta inclusive pela obrigatoriedade de respeito às competências da União sobre a dos Estados. Decorre do princípio federativo que a União não está sujeita à jurisdição de um Estado-membro, podendo o inverso ocorrer, se for o caso. Precedente: CC 90.106-ES, 1ª S., Min. Teori Albino Zavascki, DJ de 10.03.2008"*.[24]

Entretanto, há casos em que o dano é local, restrito à uma comarca onde não exista seção judiciária da justiça federal. O que fazer?

Para tais situações o Superior Tribunal de Justiça havia fixado entendimento por meio da Súmula 183 de que a Lei n. 7.347/85 constitui uma das leis que eram excepcionadas pelo art. 109, § 3º da CF/88, permitindo que a demanda fosse proposta na justiça estadual que teria, naquele caso, competência federal, caso em que os recursos deveriam ser endereçados ao tribunal federal da região competente, tal como determina o art. 109, § 4º, da CF/88.

Entretanto, a despeito de a referida Súmula n. 183 trazer regra de interpretação bastante importante para a tutela coletiva, em especial do meio ambiente, ela acabou sendo cancelada no julgamento do EDcl no CC 27676/BA, 1ª Seção, Min. José Delgado, DJ de 05.03.2001), assim feito em razão do julgamento RE 228.955-9 pelo Supremo Tribunal Federal que expressamente disse:

"O dispositivo contido na parte final do § 3º do art. 109 da Constituição é dirigido ao legislador ordinário, autorizando-o a atribuir competência (rectius jurisdição) ao Juízo Estadual do foro do domicílio da outra parte ou do lugar do ato ou fato que deu origem à demanda, desde que não seja sede de Varas da Justiça Federal, para causas específicas dentre as previstas no inciso I do referido artigo 109. No caso em tela, a permissão não foi utilizada pelo legislador que, ao revés, se limitou, no art. 2º da Lei n. 7.347/85, a estabelecer que as ações nele previstas "serão propostas no foro do local onde ocorrer o dano, cujo juízo terá competência funcional para processar e julgar a causa". Considerando que o Juiz Federal também tem competência territorial e funcional sobre o local de qualquer dano, impõe-se a conclusão de que o afastamento da jurisdição federal, no caso, somente poderia dar-se por meio de referência expressa à Justiça Estadual, como a que fez o constituinte na primeira parte do mencionado" RE 228955 Órgão julgador: Tribunal Pleno Relator(a): Min. ILMAR GALVÃO Julgamento: 10/02/2000 Publicação: 14/04/2000

Em resumo, conclui-se que a regra do art. 2º da Lei n. 7.347/85 determina que o juízo competente para processar e julgar ações coletivas ambientais é o do lugar onde ocorreu ou deva ocorrer o dano, ressalvada as regras de competência da Justiça Federal previstas na CF/88.

---

24. "(...) IV – Na hipótese dos autos, o pedido do Parquet Estadual permite concluir que o objetivo é a condenação do demandado à recuperação do dano ambiental e à indenização por danos ambientais supostamente causados pelo particular. V – Por outro lado, o fato de a área ser fiscalizada pelo INCRA, por si só, não atrai a competência da Justiça Federal, uma vez que é necessário haver interesse direto e específico. Nesse sentido: RE 513.446/SP, Rel. Min. Cezar Peluso, Segunda Turma, julgado em 16/12/2008, DJe 27/02/2009. VI – Demais disso, o Juízo Federal efetivamente reconheceu a inexistência de interesse da União, o que atrai a incidência da Súmula 150/STJ, segundo a qual: "Compete à Justiça Federal decidir sobre a existência de interesse jurídico que justifique a presença, no processo, da União, suas autarquias ou empresas públicas". A propósito: AgRg no CC 143.922/PR, Rel. Ministro MAURO CAMPBELL MARQUES, PRIMEIRA SEÇÃO, julgado em 25/2/2016, DJe 4/3/2016. VII – Correta, portanto, a decisão que fixou a competência na justiça estadual. (...) (AgInt no CC 146.271/PI, Rel. Ministro FRANCISCO FALCÃO, PRIMEIRA SEÇÃO, julgado em 13/02/2019, DJe 22/02/2019).

3.4 Local do dano – não sendo competência da justiça federal

Uma vez afastada a incidência da competência da justiça federal, é possível que o *local do dano* não fique restrito ao local de sua origem, ultrapassando as fronteiras de um Município e às vezes até de um ou mais de um Estado.

Aliás, *danos ambientais* (capitulo v retro) têm enorme potencial para assumir uma dimensão espacial (e temporal) bem mais ampla do que o local de sua origem. Nestas hipóteses haverá uma competência concorrente quanto ao "local do dano". Tanto para estes casos quanto para os casos em que exista mais de um juízo competente dentro da comarca do local do dano, resolver-se-á o problema, segundo o parágrafo único do art. 2º, por intermédio da prevenção, que trataremos no tópico seguinte.

É de se observar que a lei da ação civil pública menciona apenas "local do dano" como critério para determinar a competência, sem mencionar se a extensão do dano é "local", "regional ou nacional".

Essa situação fez com que a doutrina[25] – fundada na relação da LACP com o CDC – enxergasse no art. 93 do CDC[26] a solução para o aparente problema, pois neste dispositivo há expressa distinção – mas sem conceituação – entre o *dano local e o dano regional e nacional*.

Por danos locais entendemos aquele *"de limitadas proporções, que atinge um determinado Município, ou pontos de determinados Municípios (quando haveria, se não estiverem todos compreendidos numa mesma Comarca, competência concorrente), mas que não alcança uma área considerável, toda uma região"*[27].

Já os regionais e Nacionais parece-nos adequada a colocação de Ricardo Barros Leonel de que

> "a expressão 'regional', dessa forma, deve ser compreendida no sentido aproximado de 'estadual'. Se a situação de dano, portanto, atinge a maior parte ou número elevadíssimo de cidades de todo o Estado, ou ao menos número considerável de cidades distribuídas por todo o Estado, o dano será regional, e a competência será do foro da capital do respectivo Estado. De outro lado, parece-nos possível falar em dano 'nacional', quando se trata de situação em que a coletividade envolvida (lesada) está em grande extensão territorial, que supera as fronteiras de um Estado (mais de um Estado), atingindo-o (bem como outros Estados) quase que completamente. Não seria situação de dano 'nacional', dano meramente localizado que, nada obstante, alcançasse algumas cidades situadas em dois ou três Estados".[28]

> Nada obstante a simbiose relação entre o CDC e a Lei de Ação Civil Pública e embora seja possível a subsidiariedade, é preciso ter cuidado ao "complementar" o art. 2º, caput da LACP com o art. 93 do CDC, posto que é necessário que se verifique o caso concreto para identificar a *competência adequada* como veremos em exemplos mais adiante.

Inicialmente vocacionado para as ações Coletivas Para a Defesa de Interesses Individuais Homogêneos tal como indica o capítulo II do Título III do CDC, **o artigo 93**

---

25. VENTURI, Elton. A competência jurisdicional na tutela coletiva, cit., p. 99; DIDIER JR., Fredie; ZANETI, Hermes. Curso de direito processual civil, v. 4. 11. ed. Salvador: JusPodivm. 2017, p. 136.
26. Art. 93. Ressalvada a competência da Justiça Federal, é competente para a causa a justiça local: I – no foro do lugar onde ocorreu ou deva ocorrer o dano, quando de âmbito local; II – no foro da Capital do Estado ou no do Distrito Federal, para os danos de âmbito nacional ou regional, aplicando-se as regras do Código de Processo Civil aos casos de competência concorrente.
27. ARAÚJO FILHO, Luiz Paulo da Silva. Comentários ao Código de Defesa do Consumidor: Parte processual. São Paulo: Saraiva, 2002. p. 125-126.
28. LEONEL, Ricardo de Barros. Manual do processo coletivo. 2. ed., rev., atual. e ampl. São Paulo: Ed. RT, 2011. p. 228.

CAPÍTULO 8 • COMPETÊNCIA, CONEXÃO E LITISPENDÊNCIA NA LEI DE AÇÃO CIVIL PÚBLICA

253

surgiu para fixar as regras de competência na tutela dos direitos individuais homogêneos. Pelo texto do dispositivo já se percebia que o legislador antevia que tais direitos possuem ou podem possuir uma dimensão nacional, típicos de uma litigância de massa.

Este dispositivo pretendeu, na teoria, seguir a mesma linha de raciocínio do artigo 2º do CDC, pois também usa a expressão "local do dano" como critério para determinar a competência do juízo, excluídas as hipóteses constitucionais de fixação da competência.

Contudo, traz o dispositivo uma situação interessante que é conjugada com o artigo 103, III do CDC, que trata da coisa julgada *erga omnes* na tutela coletiva dos direitos individuais homogêneos. É que se o dano é de âmbito nacional ou regional basta uma só demanda coletiva e uma só sentença condenatória genérica (art. 95) proferida por um único juízo do foro da Capital do Estado ou do Distrito Federal.

Isso implica reconhecer que nas ações coletivas para a defesa de direitos individuais homogêneos ou o "local do dano" é de âmbito local ou extrapola este limite, sendo então considerado de âmbito regional ou nacional, caso em que, nesta hipótese, aplicar-se-ia o inciso II do referido dispositivo. A rigor, deveria o texto ter definido o que seria local e regional para evitar a discussão ainda existente sobre o tema.

Contudo, por mais bem intencionado que possa ter sido o dispositivo, há casos em que o dano será regional, porque extrapola os limites territoriais de um Município, mas mesmo assim tal dano nem se aproxima geograficamente da capital do Estado que, segundo o legislador, seria o foro competente para processar a julgar a referida causa.

> "De fato, indaga-se: qual o sentido e a lógica em se fixar a competência jurisdicional para o processamento de uma ação coletiva que diz respeito a danos incidentes sobre o território de diversas comarcas de um mesmo Estado ao juízo de primeira instância de sua capital que, para além de não possuir competência territorial sobre aqueles, segundo a divisão estrutural do Poder Judiciário, por vezes encontra-se totalmente afastado do local do dano, não tendo qualquer contato com a sociedade afetada ou com os fatos considerados lesivos aos direitos metaindividuais? Ainda, seguindo-se a míope lógica do atrelamento da eficácia subjetiva do julgamento aos limites territoriais do órgão prolator, por qual motivo os juízes estaduais e federais das capitais dos Estados estariam autorizados a processar e julgar causas relativas a danos nacionais, se não exercem competência territorial nacional? Qual a lógica no processamento de uma ação civil pública envolvendo o território de mais de um Estado do país perante juízo do Distrito Federal?"[29]

Ora, não nos parece que tal solução seja a mais justa nem para o jurisdicionado que sofreu o dano e que quer estar mais perto da ação coletiva, nem para a aspectos do exercício da competência do órgão julgador, valendo aqui todas as razões já mencionadas no item 3.6 onde interpretamos o alcance do que seja o "local do dano".[30]

Neste sentido, com clareza Candido Rangel Dinamarco:

> "Apesar da pouca explicitude do texto, entende-se que a competência só será do foro da capital do Estado quando os danos a evitar ou reparar extrapolem os limites de uma comarca e cheguem a atingir toda uma

---

29. VENTURI, Elton. A competência jurisdicional na tutela coletiva. In: GRINOVER, Ada Pelegrini; MENDES, Aluisio Gonçalves de Castro; WATANABE, Kazuo. Direito processual coletivo e o Anteprojeto de Código Brasileiro de Processos Coletivos. São Paulo: Ed. RT, 2007, p. 110-111.

30. Só é possível aplicar o art. 93 como complementar ao art. 2º a partir da perspectiva da competência adequada, ou seja, por exemplo "o juízo competente pelo local onde ele, o juízo, possa, de forma mais eficaz, efetivar a tutela jurisdicional". (TRF-2ª Reg., CComp 11.965, rel. Des. federal Guilherme Calmon Nogueira da Gama, DJ 30.07.2012. Disponível em: [www.trf2.jus.br]. Acesso em: 16.10.2013).

região significativa pelo ponto de vista econômico, social ou cultural; seria insensato deslocar a competência para a capital quando se tratasse de danos bem localizados em poucas comarcas, sem atingir verdadeiramente uma região – caso em que prevalecerão as regras ordinárias disciplinadoras do concurso eletivo (escolha entre diversos foros em que os fatos aconteceram ou poderão acontecer".[31]

Trocando em miúdos, é possível que uma ação coletiva para restaurar o equilíbrio ecológico que tenha sido agredido por poluição causada em uma Bacia de um Rio que banhe mais de um Estado da Federação, mas não passe nem perto de nenhuma das duas capitais. Nesta hipótese, absurdamente, em tese seriam competentes diferentes seções judiciárias da justiça federal de mais de um Estado, mas, frise-se, nenhuma das seções das capitais estaria no *local do dano*.

A pergunta é, por que não permitir a ação coletiva seja promovida nas seções judiciárias do *local do dano*?

Por que usar o artigo 93 do CDC nesta situação?

Certamente que o dano não é *local*, e aí deve-se aplicar o inciso II do art. 93 do CDC?

O Superior Tribunal de Justiça enfrentou situação semelhante e pronunciou-se, corretamente, no sentido de que não deveria aplicar o art. 93 para transferir a competência para a capital do Estado, mesmo sendo dano nacional ou regional, porque a capital não era o local do dano.

1. Conflito de competência suscitado em ação civil pública, pelo juízo federal da 4ª Vara da Seção Judiciária do Distrito Federal, no qual se discute a competência para o processamento e julgamento dessa ação, que visa obstar degradação ambiental na Bacia do Rio Paraíba do Sul, que banha mais de um Estado da Federação.
2. O Superior Tribunal de Justiça tem o pacífico entendimento de que o art. 93, II, da Lei n. 8.078/1990 – Código de Defesa do Consumidor não atrai a competência exclusiva da justiça federal da Seção Judiciária do Distrito Federal, quando o dano for de âmbito regional ou nacional. Conforme a jurisprudência do STJ, nos casos de danos de âmbito regional ou nacional, cumpre ao autor optar pela Seção Judiciária que deverá ingressar com ação. Precedentes: CC 26842/DF, Rel. Ministro Waldemar Zveiter, Rel. p/ Acórdão Ministro Cesar Asfor Rocha, Segunda Seção, DJ 05/08/2002; CC 112.235/DF, Rel. Ministra Maria Isabel Gallotti, Segunda Seção, DJe 16/02/2011.
3. Isso considerado e verificando-se que o Ministério Público Federal optou por ajuizar a ação civil pública na Subseção Judiciária de Campos dos Goytacazes/RJ, situada em localidade que também é passível de sofrer as consequências dos danos ambientais que se querem evitados, é nela que deverá tramitar a ação. A isso deve-se somar o entendimento de que "a *ratio essendi* da competência para a ação civil pública ambiental, calca-se no princípio da efetividade, por isso que, o juízo federal do local do dano habilita-se, funcionalmente, na percepção da degradação ao meio ambiente posto em condições ideais para a obtenção dos elementos de convicção conducentes ao desate da lide" (CC 39.111/RJ, Rel. Ministro Luiz Fux, Primeira Seção, DJ 28/02/2005). A respeito, ainda: AgRg no REsp 1043307/RN, Rel. Ministro Herman Benjamin, Segunda Turma, DJe 20/04/2009; CC 60.643/BA, Rel. Ministro Castro Meira, Primeira Seção, DJ 08/10/2007; CC 47.950/DF, Rel. Ministra Denise Arruda, Primeira Seção, DJ 07/05/2007.
4. Agravo regimental não provido.
(AgRg no CC 118.023/DF, Rel. Ministro BENEDITO GONÇALVES, PRIMEIRA SEÇÃO, julgado em 28/03/2012, DJe 03/04/2012)

A rigor, segundo pensamos não há o *fórum shopping* para o legitimado coletivo, ou seja, não poderia propor a demanda na capital do Estado simplesmente porque ali não é o *local do dano*.

---

31. DINAMARCO, Cândido Rangel. Instituições de direito processual civil, cit., p. 561.

CAPÍTULO 8 • COMPETÊNCIA, CONEXÃO E LITISPENDÊNCIA NA LEI DE AÇÃO CIVIL PÚBLICA

Pode haver diversos foros concorrentes que sejam "locais do dano" que podem ser *escolhidos* pelo legitimado coletivo, mas não o da capital do Estado (por aplicação da regra do art. 93, II do CDC).

Observe-se que nestas hipóteses não há o que complementar ou suplementar a regra de competência pelo art. 93 que contrariaria o art. 2º da LACP. Quando a capital do Estado <u>não</u> for um dos *locais do dano de âmbito regional ou nacional* não é lícito que ofenda a regra da *competência funcional* do art. 2º – muito mais *adequada* – para processar e julgar a ação civil pública ambiental.

Ela pode ser proposta em qualquer juízo que tenha ocorrido o dano, sendo irrazoável – e contra legem – usar o art. 93, II do CDC quando a capital não seja *local do dano*.

3.5   O *forum shopping* e o *forum non conveniens* na lei de ação civil pública

Uma leitura dos arts. 21 e ss. do CPC e de diversos dispositivos do Código que tratam da competência interna (arts. 46 e ss.) permitirá identificar situações em que o autor da ação poderá, literalmente, *escolher* foro onde o réu, ou réus, devem ser demandados. Trata-se de um *direito potestativo do autor* proceder a escolha, por exemplo, se propõe a demanda no seu domicílio ou do local do fato, para a ação de reparação de dano sofrido em razão de delito ou acidente de veículos. (art. 53, V do CPC).

Se imaginarmos que o autor more em Vitória-ES e o acidente aconteceu em uma cidade do interior de Alagoas, para o qual o autor viajou com sua família para passar férias, veremos que fará muita diferença no lugar onde será proposta a demanda.

Desde a contratação de um advogado, ao acompanhamento da causa, passando pelas realizações de atos orais em audiência, ver-se-á que, pelo menos a princípio, propor na ilha de Vitória-ES parece muito mais vantajoso que na cidade litorânea do Estado de Alagoas. E o inverso- desvantagem – também é real para o sujeito que será demandado.

Eis que esse poder conferido pela lei de escolher o foro competente que se lhe apresente como mais provável de ter êxito é o que se denomina de modo coloquial de *forum shopping*. "Nesses casos, confere-se ao autor da demanda o direito potestativo de escolha do Estado ou do foro de sua preferência, no exercício do chamado forum shopping (interno ou internacional) – optando, usualmente, por aquele que melhor atenda suas necessidades e interesses".[32]

> Observe-se que o *forum shopping* tem proporcionado no plano internacional os chamados "jurisdictions-plaintiff-friendly" que em tradução livre quer significar jurisdições que são amigas do reclamante, que assim são chamadas porque oferecem, e por isso atraem, litígios mesmo que não possuam conexão com as questões jurídicas que nele será debatido. No plano internacional o tema ganha relevo maior porque não se trata de sopesar tempo, custo, deslocamento etc.[33]. mas a escolha das próprias normas de direito material que irão regular o litígio. Isso porque os "jurisdictions-plaintiff-friendly" podem apresentar leis mais rígidas ou abertas

---

32. BRAGA, Paula Sarno. "Competência adequada". Revista de Processo, São Paulo, v. 219, p. 13-41, maio 2013.
33. "Nessa escolha, o autor realiza um cálculo de custo-benefício que leva em conta uma maior prognose de vitória e os custos (tempo, energia e dinheiro) que deverá ter que dispender em um ou outro foro". CABRAL, Antonio do Passo. Juiz natural e eficiência processual: flexibilização, delegação e coordenação de competências no processo civil. Tese apresentada no concurso de provas e títulos para provimento do cargo de Professor Titular. Faculdade de Direito da Universidade do Estado do Rio de Janeiro. Rio de Janeiro. 2017, p. 590.

acerca de determinado assunto, regras mais brandas ou mais difíceis sobre o ônus da prova; indenizações maiores ou menores sobre determinado tema etc.

Com enfoque para a competência interna e voltado para as ações civis públicas ambientais, não se pode dizer que o direito de escolha do foro ou do juízo competente em hipóteses que lei faculta essa possibilidade não deve ser vista com soslaio ou reticências, pois esta escolha não implica, necessariamente, um ato de abuso de direito do autor contra o direito de defesa do demandado, uma vantagem antiética ou imoral. Aliás, esta escolha pode ser feita até para buscar uma *competência adequada* (juiz que colherá melhor a prova, juiz que procederá melhor a execução etc.)

Como lembra Cabral:

"De início, deve-se salientar que a opção do autor por um dentre os vários foros concorrentes é uma escolha legítima em função da sua estratégia para a litigância. Trata-se de um espaço permitido pelo acesso à justiça e pela autonomia da vontade no processo, até porque se trata de ato negocial."[34]

É claro que se essa escolha refletir em um abuso de direito que ofenda o acesso à justiça do demandado ela pode ser impugnada pelo prejudicado que deve apresentar os motivos concretos pelos quais o *forum shopping* representa um *forum non conveniens*, ou seja que o foro (juízo) escolhido pelo exercício do direito potestativo se apresenta como um obstáculo para a sua defesa, de forma que comprometerá o alcance de um resultado justo.

"Assim, não se pode permitir ao autor escolher o foro onde o exercício das garantias fundamentais da contraparte fosse mais penoso apenas com o objetivo de dificultar-lhe a defesa. No entanto, havendo circunstâncias que justifiquem um interesse legítimo na escolha pelo foro, e não sendo local onde a defesa do réu se torne impossível ou excessivamente onerosa, a opção do demandante deve ser preservada: o autor não está evidentemente obrigado a escolher o foro que seja melhor para o réu".[35]

Assim, o antídoto (*forum shopping reverse*) contra o uso abusivo do *forum shopping* é comumente mencionado o *forum non conveniens* (improprio, inadequado) que pode ser exercitado por diferentes técnicas (objeção ou ação), onde basicamente o demandado fundamenta-se na violação da competência adequada, o que poderá ser feito insurgindo-se contra o foro ou juízo escolhido sustentando que dentre os que estavam abstratamente previstos na lei ele não seria o mais *adequado*, caso em que a questão deverá ser decidida, nos limites da concorrência abstrata permitida pelo legislador, indicando qual seja o mais adequado ante às circunstancias do caso concreto.

Contudo, se por um lado pulula a partir da isonomia processual a necessidade de se admitir o *forum non conveniens* como técnica processual válida que sirva para contrabalancear o forum shopping que diante das circunstancias do caso concreto possa ser abusivo e lesivo ao exercício da defesa do demandado a orientação do STJ ainda é no sentido de inadmitir a sua utilização como ficou claro no aresto:

---

34. CABRAL, Antonio do Passo. Juiz natural e eficiência processual: flexibilização, delegação e coordenação de competências no processo civil. Tese apresentada no concurso de provas e titulos para provimento do cargo de Professor Titular. Faculdade de Direito da Universidade do Estado do Rio de Janeiro. Rio de Janeiro. 2017, p. 590.
35. Idem, ibidem, p. 591. Neste mesmo sentido ver CAMARGO, Solano. "Forum shopping: modo lícito de escolha de jurisdição?", Dissertação de Mestrado da Universidade de São Paulo. 2015, p. 82.

CAPÍTULO 8 • COMPETÊNCIA, CONEXÃO E LITISPENDÊNCIA NA LEI DE AÇÃO CIVIL PÚBLICA

RECURSO ESPECIAL. PROCESSUAL CIVIL. AÇÃO DE INDENIZAÇÃO. COMPETÊNCIA INTERNACIONAL. CONTRATO DE DISTRIBUIÇÃO E REPRESENTAÇÃO COMERCIAL.

RUPTURA UNILATERAL. JURISDIÇÃO. CLÁUSULA DE ELEIÇÃO. PROTOCOLO DE BUENOS AIRES. VALIDAÇÃO. FORUM NON CONVENIENS. INAPLICABILIDADE.

1. Ação de indenização ajuizada por empresa sediada na República Argentina em razão de suposto descumprimento de acordo de comercialização e distribuição exclusiva dos produtos da marca "HERING" em todo o território argentino.

2. Existência de cláusula de eleição de jurisdição no contrato celebrado entre as partes.

3. Ao propor a demanda no Juízo da Comarca de Blumenau – SC, limitou-se a autora a observar a cláusula de eleição de jurisdição previamente ajustada, perfeitamente validada pelas regras do Protocolo de Buenos Aires.

4. As adversidades porventura surgidas durante a tramitação do processo no território nacional, a exemplo do cumprimento de cartas rogatórias, exame de documentos em língua estrangeira, entre outras, operar-se-ão em prejuízo da própria autora, a demonstrar que o ajuizamento da demanda no Brasil, a princípio, não lhe traz nenhuma vantagem sob o ponto de vista processual.

5. Havendo previsão contratual escrita e livremente pactuada entre as partes, elegendo a jurisdição brasileira como competente para a solução de eventuais conflitos, deve ela ser plenamente observada.

6. Restrita aceitação da doutrina do forum non conveniens pelos países que adotam o sistema do civil-law, não havendo no ordenamento jurídico brasileiro norma específica capaz de permitir tal prática.

7. Recurso especial não provido.

(REsp 1633275/SC, Rel. Ministro RICARDO VILLAS BÔAS CUEVA, TERCEIRA TURMA, julgado em 08/11/2016, DJe 14/11/2016)

Tanto o *forum shopping* quanto o *forum non conveniens* (ainda que não exista ação coletiva passiva no nosso ordenamento) podem ocorrer no âmbito da tutela coletiva, apesar, de quanto a este último, a orientação inicial do STJ seja a de não reconhecer como possível.

Neste sentido é certeira a colocação de Graziela Argenta Zaneti[36]:

Refere a doutrina o *"forum non conveniens é plenamente possível, a partir da concretização do direito a um processo adequado e leal"*, podendo-se inclusive falar em um princípio da competência adequada. Especificamente ao processo coletivo, a doutrina, de forma semelhante, já se posicionou quanto à necessidade de flexibilização das regras de competência, adotando o princípio da competência adequada.

Recordando que a Lei de Ação Civil Pública adotou a regra da competência determinada pelo *foro do local do dano*[37] não será difícil imaginar hipótese de o dano ter se espraiado para vários locais permitindo abstratamente que a demanda coletiva seja proposta em qualquer um deles.

Os critérios que levarão o legitimado coletivo a exercer o direito potestativo de escolha do juízo do local de *origem do dano* e não propriamente de *onde esteja concentrada a maior parte do dano* não pode ser descolado com o seu papel de porta voz de tutela dos interesses supraindividuais devendo escolher aquele que estrategicamente a tutela seja prestada com maior eficiência e efetividade para o direito que pretenda tutelar.

Assim, se escolheu o juízo A ao juízo B deve tê-lo feito partindo da premissa que fez a escolha do *competente adequado* para processar e julgar a causa, porque se assim

---

36. ZANETI, Graziela Argenta. Jurisdição adequada para os processos coletivos transnacionais. São Paulo: Ed. RT, 2020, p. 151.
37. Art. 2º da Lei 7347/85 (Lei da Ação Civil Pública): "As ações previstas nesta Lei serão propostas no foro do local onde ocorrer o dano, cujo juízo terá competência funcional para processar e julgar a causa".

não agiu é possível que de ofício isso seja controlado pelo competente[38] escolhido que – buscando soluções de cooperação judiciária – deverá indicar qual o *mais adequado* dentre os possíveis para processar e julgar a causa ambiental.

Esse controle da escolha pelo legitimado poderá ser feita também pelo demandado que alegará o forum non conveniens sempre que a escolha feita pelo legitimado ativo mostre-se absolutamente inviável para o exercício da sua defesa, por exemplo, para a coleta das provas da origem do acidente, caso em que a *competência adequada* sob a perspectiva do réu também poderá ser acolhida pelo juízo escolhido devendo remeter a causa para o competente.

> Muitas vezes é impossível pensar numa solução 8 ou 80 e será necessário identificar a competência adequada de mais de um juízo para a mesma causa, o que poderá ser feito segundo as regras de cooperação judiciária.

3.6 Flexibilização da competência na ação civil pública ambiental

Seguindo a diretriz do tópico anterior, temos que qualquer sujeito pode fazer uma experiencia hipotética imaginando um determinado conflito com seus elementos mínimos tais como pessoas envolvidas, lugar do fato jurídico, tipo de relação existente que, com base nestes dados saberá previamente em qual justiça [federal (comum ou especial) ou estadual] deve propor a ação, em qual lugar, em qual juízo e na hipótese de existirem vários juízos que em tese sejam competentes então é a distribuição aleatória que definirá a vara específica sorteada.

Não é por acaso que os critérios que são utilizados para definir o órgão julgador estão abstrata e taxativamente previstos em Lei (Constituição Federal e Leis infraconstitucionais). Pouquíssima ou quase nenhuma mobilidade o legislador confere a estes critérios de forma que nas poucas hipóteses que o faz estabelece os limites dessas possibilidades.

Conquanto o jurisdicionado possa se sentir amarrado e preso nesta gaiola rígida, geral e abstrata que são os critérios utilizados para predeterminar a competência do órgão que irá julgar a causa, por outro lado deve o jurisdicionado entender que este modelo estabelecido pela Constituição e pelas Leis infraconstitucionais foram feitos com o desiderato de impedir os tribunais de exceção, de não admitir a pessoalidade e a parcialidade no processo de definição do juízo e garantir que o julgamento seja feito por uma autoridade competente com sua competência preestabelecida na abstração e generalidade da lei. Esta é a relação entre a rigidez do modelo de definição do órgão julgador e o princípio do juiz natural na sua concepção mais formal.

O fato de ser um modelo rígido, prévio, geral e abstrato – *os critérios definidores da competência* – isso não quer dizer que eles sejam completamente descolados da realidade da causa que será julgada. Esses critérios não são aleatórios.

---

38. Pode o juiz controlar a sua própria competência pela lógica premissa de que tem ele competência para controlar sua competência (Kompetenz-Kompetenz). Como lembra Didier "por mais incompetente que seja o órgão jurisdicional, ele sempre terá competência para decidir se é ou não competente" DIDIER JR., Fredie. Curso de direito processual civil – Introdução ao direito processual civil e processo de conhecimento. 15. ed. Salvador: JusPodivm, 2013. v. 1, p. 145.; ver ainda MARINONI, Luiz Guilherme; ARENHART, Sérgio Cruz. Manual do processo de conhecimento. 5. ed. rev., atual. e ampl. São Paulo: Ed. RT, 2006.

Ao contrário, é claro que quando a lei estabelece em moldura abstrata os referidos critérios, seguramente que ele faz essa escolha porque reputa-os como mais adequados à melhor solução do conflito que será posto em julgamento pelo órgão competente. É certo que o conflito ainda não está ali na frente dele para que ele defina com precisão o *melhor juízo competente*, mas, como isso é impossível, ele tenta antecipar na lei, e prevê, em moldura abstrata, os critérios determinadores da competência, que, ao seu crer, constituem a melhor escolha possível.

Só que entre o que o legislador reputa como *adequado* no Congresso Nacional e muitas vezes fora do tempo das evoluções sociais, acaba não sendo aquilo que efetivamente pode ser, objetivamente falando, o *melhor juízo* no caso concreto, ou seja, é perfeitamente possível que exista um distanciamento entre o que previu e o que vem a ser no caso concreto.

Não é impossível que mesmo cumprindo rigorosamente todos os critérios objetivos e formais estabelecidos na lei para a definição da competência, ainda assim, ante a situação do caso concreto, o juízo definido pelos critérios legais não se mostre o mais *adequado* para julgar o conflito. A *adequação* imaginada pelo legislador pode ficar distante do que concretamente apresenta-se-ia como mais *adequado*.

Para não parecer que esta discussão é estéril pensemos na seguinte hipótese: imaginemos a implantação de uma das centenas de hidrelétricas instaladas no país. No nosso exemplo será necessário, dentre outras coisas, retirar toda a população da área que será inundada, que, pela localização do rio, atinge três municípios diferentes do mesmo Estado; além disso deverá retirar a fauna e alocar em ecossistema adequado, separar o inventário florestal e recompô-lo, implantar uma unidade de proteção integral, indenizar as pessoas que se utilizam do rio para sobrevivência etc. Imaginemos que nada disso seja feito ou que seja feito de forma incompleta. Certamente que a associação de pescadores locais irá propor uma ação coletiva na localidade onde ela tem sede para atender aqueles pescadores daquele município.

Mas, se seguirmos o art. 2º da LACP (ou como alguns sustentam o art. 93 do CDC) é bem possível que esta demanda coletiva dos pescadores possa ser deslocada do juízo onde ela foi proposta para ser reunida por conexão à demanda coletiva anteriormente proposta pelo *parquet* em município diverso onde pretende a compensação ecológica adequada. Será que está é uma solução adequada para a tutela coletiva dos pescadores? E se alguma medida cautelar de urgência tiver que ser pleiteada e cumprida com imediatidade? Atos de concertação entre juízos sobre execução de provimentos judiciais serão tão eficientes assim?

Neste singelo, e infelizmente comum, exemplo de danos ambientais o critério *cronológico* estabelecido pelo legislador no artigo 2º, parágrafo único da Lei de Ação Civil Pública preocupa-se com o risco de decisões contraditórias e até com a eficiência do processo, mas relega a um plano secundário o pleno exercício do acesso à justiça por parte dos jurisdicionados ali "representados" pelo ente coletivo, bem como a tutela integral dos direitos.

Com lucidez característica Paulo Henrique dos Santos Lucon, valendo-se de exemplo de lide previdenciária, deixou evidente a necessidade de flexibilização da competência:

"(...) quando da fixação da competência no Direito brasileiro, é preciso considerar não apenas o que está expresso em lei, mas, também, as questões referentes ao acesso à justiça, às garantias fundamentais e, finalmente, à eficiência processual. A competência verdadeiramente adequada, capaz de ensejar a pacificação justa dos conflitos, surgirá apenas se forem conjugados todos esses elementos (...)".[39]

Coube a Antonio do Passo Cabral trazer à lume um trabalho divisor de águas sobre o tema da flexibilização da competência com robusto e denso arcabouço teórico propondo a *"ressignificação do juiz natural"* para o nosso modelo constitucional de processo e que atenda as atuais exigências sociais.

Segundo o autor, na determinação da competência não se trata mais de definir "quem decide", mas sim "quem decide melhor", enxergando o juiz natural não apenas sob a perspectiva formal e material já conhecidas, mas também como um princípio que deve consagrar o *juízo mais adequado*. Daí fala o autor em *princípio da competência adequada*.[40]

"O sistema de competências brasileiro foi desenhado originariamente de forma rígida e prévia, não deixando espaço para um controle concreto de sua adequação. A autoridade natural deveria ser previamente individualizada, constituída, com poderes de ação e atuação delimitados objetiva e abstratamente em lei. Eram vedadas as interferências discricionárias do legislativo nas regras constitucionais de competência e do executivo na lotação de magistrados e em sua atividade jurisdicional. Todavia, as alterações pelas quais vem passando o Direito Processual Civil têm exigido uma nova compreensão do juiz natural – mais flexível, que permite maior adaptabilidade das competências sem violar seu núcleo essencial: a objetividade, impessoalidade, invariabilidade e possibilidade de controle. Essa percepção foi trazida a lume, pela primeira vez, por Antônio do Passo Cabral na tese apresentada no concurso de provas e títulos para provimento do cargo de Professor Titular de Direito Processual Civil da Faculdade de Direito da Universidade do Estado do Rio de Janeiro sobre Juiz natural e eficiência processual: flexibilização, delegação e coordenação de competências no processo civil".[41]

É curioso notar que o próprio legislador, antevendo este risco de que seus critérios de escolha possam não ser assim tão *adequados* ao caso concreto, então ele mesmo trouxe algumas hipóteses que mitigam a dureza e rigidez do clássico modelo do princípio do juiz natural[42].

Isso fica muito claro, por exemplo, na hipótese do art. 55, §3º do CPC onde se mostra possível que uma demanda se desloque do juiz natural para outro juízo, mesmo sem haver conexão entre elas quando houver *"risco de prolação de decisões conflitantes ou contraditórias caso decididos separadamente"*. *In casu*, confessadamente, o legislador admite a insuficiência do conceito de conexão para justificar a possibilidade de reunião de demandas não "conexas", o que será feito mediante análise das circunstâncias do caso concreto. Da mesma forma o art. 947 do CPC que admite a "assunção da competência" por juiz diverso daquele que foi predeterminado pelos critérios legais "*quando*

---

39. LUCON, Paulo Henrique dos Santos. Fixação de competência no direito brasileiro e foros concorrentes. In: Migalhas. Disponível em: https://www.migalhas.com.br/depeso/311660/fixacao-de-competencia-no-direito-brasileiro-e-foros-concorrentes. Acesso em: 17.08.2020.

40. CABRAL, Antonio do Passo. Juiz natural e eficiência processual: flexibilização, delegação e coordenação de competências no processo civil. Tese de Titularidade – Universidade do Estado do Rio de Janeiro, Rio de Janeiro, 2017.

41. FERREIRA, Gabriela Macedo. "O ato concertado entre juízes cooperantes: esboço de uma teoria para o Direito brasileiro". Disponível em: http://www.civilprocedurereview.com/images/stories/2019-3/01.pdf?&embedded=true. Acesso em: 15.07.2020.

42. Sabendo disso há tempos (art. 889 do CPC/1939) o legislador cindiu a competência para julgamento dos embargos do executado (art. 914, § 2º do CPC 2015) justamente para tornar mais adequada a competência do órgão julgador. "§ 2º Na execução por carta, os embargos serão oferecidos no juízo deprecante ou no juízo deprecado, mas a competência para julgá-los é do juízo deprecante, salvo se versarem unicamente sobre vícios ou defeitos da penhora, da avaliação ou da alienação dos bens efetuadas no juízo deprecado".

CAPÍTULO 8 • COMPETÊNCIA, CONEXÃO E LITISPENDÊNCIA NA LEI DE AÇÃO CIVIL PÚBLICA

o julgamento de recurso, de remessa necessária ou de processo de competência originária envolver relevante questão de direito, com grande repercussão social, sem repetição em múltiplos processos". Igualmente tem a hipótese de definição do juízo provisoriamente competente para julgar medidas urgentes antes de decidido o conflito de competência (art. 955). Alguns destes exemplos, previstos no atual CPC, já existiam no CPC revogado o que já demonstrava de certa forma um "reconhecimento" de que nem sempre a escolha legislativa é a mais *adequada*.

O tema da flexibilização da competência como forma de manifestação de uma *ressignificação do princípio do juiz natural* para garantir *competência adequada* ainda precisa ser amadurecido.[43]

É de se notar que o CPC deixou janelas abertas em relação a este tema e são muitas as possibilidades como se observa nos atos de cooperação judicial, tal como descrito no arts. 67-69 do CPC que trouxe para dentro do diploma o coração da recomendação n. 38/2011 do CNJ.[44]

Por meio dos atos de cooperação pode-se flexibilizar a competência sem prejuízo do juiz natural (mantendo o seu núcleo duro) e assim otimizar bastante a atividade jurisdicional com maior eficiência e efetividade. Os arts. 67-69 do CPC trazem um rol de possibilidades que tanto podem ser utilizados em ações individuais ou coletivas, tais como a reunião e apensamento de processos, a produção coletiva de provas[45], centralização de processos repetitivos ou de parte comum de fato ou de direito comum a todos eles, prática conjunta de atos de citação e intimação, acordos em relação a execução de atos etc. Para que se dê o alcance que o dispositivo permite é preciso de que exista estrutura judiciária que permita esse avanço, e, certamente que o incremento deste tipo de cooperação e diálogo tende a reduzir o número de conflitos de competência positivos ou negativos.

Ora, se estendermos nosso raciocínio para os conflitos de interesses difusos, coletivos ou individuais homogêneos que nasçam do mesmo fato, é claro que esses atos concertados entre juízos (implementando a cooperação processual) serão muito importantes, como a centralização dos processos repetitivos (que contenham questões comuns de fato e de direito), previsto no artigo 69, § 2º, VI do CPC, para um juízo apenas ou para um núcleo de juízos (dependendo da extensão e complexidade do conflito), à semelhança do multidistrict litigation norte americano[46].

---

43. "A tarefa não é simples, principalmente tendo em vista os princípios da tipicidade e da indisponibilidade da competência, tradicionalmente vistos como estruturantes do sistema de distribuição das competências no Direito brasileiro. A solução da questão passa, sobretudo, não pela superação desses importantes princípios, mas, sim, pela necessidade de dar uma correta interpretação às regras de competência". DIDIER JR., Fredie; ZANETI JR., Hermes. Curso de direito processual civil: processo coletivo. v. 4. 2013. p. 209-210.

44. DIDIER, Fredie. Cooperação judiciária nacional: esboço de uma teoria para o direito brasileiro (arts. 67-69, CPC). Salvador: JusPodivm, 2020.

45. LUNARDI, Thais Amoroso Paschoal. Coletivização da prova: técnicas de produção coletiva da prova e seus reflexos na esfera individual. Tese de doutorado. Curitiba: Universidade Federal do Paraná, 2018.

46. Com críticas justas e veementes à tentativa de se transformar a multidistrict litigation (MDL) da Seção 1407 do Título 28 do United States Code como uma alternativa às class actions ver MULLENIX, Linda S. "Aggregate Litigation ad the Death of Democratic Dispute Resolution". Disponível em: http://scholarlycommons.law.northwestern.edu/cgi/viewcontent.cgi?article=1063&context=nulr. Acesso em: 02.02.2017. Por outro lado, demonstrando as razões do declínio acentuado da class action norte americana

Sem dúvida este poderá ser um importantíssimo instrumento de tutela coletiva desde que respeitadas as formas de atuação e participação de todos os jurisdicionados que terão sua causa (ou fatias dela) reunida para o mesmo centro jurisdicional. Tudo isso com base simplesmente no CPC de 2015.

> Em excelente trabalho sobre o tema, ZARONI[47], pioneiramente, contrastou a técnica norte americana da multidistrict litigation com a técnica de reunião de processos do art. 105 e ss. do CPC73, mas nela via dificuldades de implantação inclusive pela veia privatista do antigo código. Talvez inspirado no texto do jurista, o CPC de 2015 acrescentou o §3º ao artigo 55 (correspondente ao 103 e 105 do CPC de 1973) que se somado ao novel artigo 69, §2º, VI do CPC de 2015 pode dar bons resultados na tutela dos conflitos de massa.

Tomando de análise o caso do rompimento da barragem da Samarco Mineração – pior desastre ambiental do país – é facilmente reconhecível para aqueles que militam com o direito ambiental que a reparação ou a restauração do equilíbrio ecológico é algo muito complexo, pois além deste macrobem ambiental, cuja titularidade é de todos, é possível que existam uma miríade de danos a terceiros que se viram privados pelo dano aos microbens ambientais ampliando sensivelmente o que poderia ser chamado de "*local do dano*".

Neste desastre ambiental a lama tóxica que percorreu todo o Rio Doce espalhou dor, sofrimento e prejuízo para o meio ambiente e todos que de alguma forma dependiam do rio para suas atividades. Considerando que o Rio Doce foi contaminado em Minas Gerais e no Espírito Santo, é preciso separar o *dano ao equilíbrio ecológico dos danos individuais e coletivos decorrentes da destruição dos microbens ambientais* (água contaminada que impede as atividades sociais e econômicas, peixes contaminados que impede a pesca, restaurantes, hotéis e pousadas, práticas desportivas etc.).

Uma coisa é o dano ao equilíbrio ecológico – degradação do equilíbrio ecológico – que exige a restauração dos ecossistemas e biomas, além da indenização pelo dano extrapatrimonial ambiental; outra coisa são os danos individuais e coletivos, patrimoniais e extrapatrimoniais, decorrentes da privação da água contaminada, dos peixes contaminados etc. Recorde-se que os efeitos da poluição (art. 3º, IV da PNMA) são espraiáveis tanto para bens individuais quanto coletivos.

O dano ambiental é um, e, os danos individuais sofridos pela privação de microbens de uso comum é coisa diversa, mas ambos vinculados ao mesmo fato-base. Nesse

---

ver KLONOFF, Robert. H. The Decline of Class Actions. Disponível em: http:// openscholarship.wustl.edu/cgi/viewcontent. cgi?article=6004&context=law_lawreview. Acesso em: 13.02.2017.

47. Segundo Bruno Zaroni "Embora a realidade brasileira não se distinga muito da norte-americana no que diz respeito ao surgimento de interesses e litígios de massa e ao seu respectivo impacto na administração da Justiça, não se contempla entre nós um procedimento que unifique e determine a condução da fase postulatória e probatória dos processos ou até mesmo que promova a consolidação para julgamento conjunto de demandas relacionadas por questões comuns de fato (que dependam de provas). Poder-se-ia argumentar que nosso sistema processual permite a reunião das demandas cuja causa de pedir é comum a partir das regras de conexão e prevenção (arts. 103, 105, 106 e 219 do CPC). No entanto, na prática, é pouco comum que isso aconteça, especialmente pela dificuldade de se promover a reunião de todas as ações potencialmente relacionadas". ZARONI, Bruno Marzulo. Multidistrict Litigation: a Experiência Norte-Americana na Tutela dos Interesses de Massa. Disponível em: http://www.lex.com.br/ doutrina_25632222_MULTIDISTRICT_LITIGATION_A_EXPERIENCIA_NORTE_AMERICANA_NA_TUTELA_DOS_INTE-RESSES_DE_MASSA.aspx. Acesso em: 29.01.2017.; ver ainda LUNARDI, Thais Amoroso Paschoal. LUNARDI. Atos concertados entre juízes cooperantes como ferramenta adequada de gestão processual: uma possibilidade para a aplicação do multidistrict litigation no sistema brasileiro. In: ARENHART, Sérgio Cruz; MITIDIERO, Daniel (Coord.); DOTTI, Rogéria (Org.). O Processo Civil entre a técnica processual e a tutela dos direitos – estudos em homenagem a Luiz Guilherme Marinoni. São Paulo: Ed. RT, 2017.

CAPÍTULO 8 • COMPETÊNCIA, CONEXÃO E LITISPENDÊNCIA NA LEI DE AÇÃO CIVIL PÚBLICA **263**

diapasão, aproximando o instituto da competência às lides coletivas e tomando o caso de Mariana como referência neste exemplo, é preciso enxergá-lo sob a matiz do "devido processo legal ambiental", permitindo que as peculiaridades da tutela do meio ambiente influenciem na melhor exegese do instituto.

É imperioso que se pense numa *competência adequada – ressignificando o juiz natural*, nos dizeres de Cabral[48] – sob pena de ser absolutamente ignorado o dever jurídico constitucional de proteção integral do meio ambiente.

Deve-se dizer que a regra constitucional de que todos têm o direito de ser julgados por uma autoridade competente não é só um chavão que implica um critério legalista e formal do princípio do juiz natural.

É que o direito de ser julgado por uma autoridade competente não implica apenas o direito de saber qual o juízo competente, previamente ao fato ocorrido; ou o fato de não podermos escolher o órgão judicial e de que esta autoridade esteja investida de jurisdição segundo os ditames da lei ou ainda que o juízo deve ser imparcial e isento. O princípio – como vimos – deve ser visto além desses espectros legalistas. Deve-se ir adiante.

No direito ambiental, por exemplo, mais do que a existência de varas especializadas na questão ambiental, que demanda algum conhecimento jurídico específico do órgão julgador em diversas áreas como ecologia, botânica etc. é preciso que a competência seja determinada de forma que o órgão jurisdicional seja aquele que esteja mais próximo da situação tutelanda, ou seja, é preciso que o juízo e respectivo juiz da causa situem-se em local em que seja possível o maior rendimento do princípio da oralidade, do acesso às provas, da efetividade das decisões por ele proferidas.

O Código de Processo Civil prevê a possibilidade de atos de concertação entre juízos diversos, quiçá organizando-se em relação as fatias da causa para melhor atender aos interesses em conflito.[49] Esse fatiamento das diversas questões da causa distribuindo as diversas situações tutelanda para diferentes juízos mais adequados para resolução das mesmas pode ser um importante mecanismo de tutela. Obviamente que isso só pode ser feito com máxima previsibilidade respeitando as garantias processuais fundamentais sob a perspectiva do demandante e do demandado.

Não se deve perder de vista que "*a ratio essendi da competência para a ação civil pública ambiental, calca-se no princípio da efetividade, por isso que o juízo federal do local do dano habilita-se, funcionalmente, na percepção da degradação ao meio ambiente posto em condições ideais para a obtenção dos elementos de convicção conducentes ao desate da lide*".[50]

Assim, por exemplo, no tocante à proximidade do juiz em relação à prova em matéria ambiental é indubitável que a coleta e ao acesso aos meios e fontes de prova

---

48. CABRAL, Antonio do Passo. Juiz natural e eficiência processual: flexibilização, delegação e coordenação de competências no processo civil. Tese apresentada no concurso de provas e títulos para provimento do cargo de Professor Titular. Faculdade de Direito da Universidade do Estado do Rio de Janeiro. Rio de Janeiro. 2017

49. É a partir da leitura do princípio fundamental do justo e efetivo acesso à justiça (art. 5º, XXXV, da CF/1988) que se permitirá afastar eventual regra legal que estabelece norma de fixação de competência que ao invés de facilitar, dificulta e torna-se obstáculo à obtenção da tutela jurisdicional justa e tempestiva.

50. (CC 39.111/RJ, Rel. Ministro Luiz Fux, Primeira Seção, DJ 28/02/2005). A respeito, ainda: AgRg no REsp 1043307/RN, Rel. Ministro Herman Benjamin, Segunda Turma, DJe 20/04/2009; CC 60.643/BA, Rel. Ministro Castro Meira, Primeira Seção, DJ 08/10/2007; CC 47.950/DF, Rel. Ministra Denise Arruda, Primeira Seção, DJ 07/05/2007.

deve ser levado em consideração quando se fala em local do dano, pois não raramente serão necessárias inspeções judiciais ao local do fato ou ato que deu origem à demanda ambiental; a rigor, só assim se conseguirá ter a exata noção do alcance do que estaria documentado nas petições (ação e defesa) contidas nos autos do processo.

Ainda em relação à melhor interpretação do que seria o local do dano é preciso lembrar que em relação ao meio ambiente, tal como no exemplo mencionado acima, que nem sempre o local do dano é onde se deu a origem do dano. A lama tóxica no exemplo citado percorreu quilômetros de distância espalhando para milhares de lugares o local do dano, que distanciam e muito da origem do dano. Nesta hipótese, portanto, o local do dano deve compreender também o local de origem do dano, pois talvez seja aí possa ser o melhor local para resolução de determinadas questões atinentes, por exemplo, aos defeitos da barragem, as eventuais trincas que existiam, perícias etc.

> "Como a ação coletiva atinge direitos que pertencem a coletividades, muitas delas compostas por pessoas que não possuem qualquer vínculo entre si, além de poderem estar espalhadas por vasto território, até mesmo pela integridade do território nacional, é preciso ter muito cuidado na identificação das regras de competência relacionadas a essas ações, para que se identifique o juízo concretamente competente, porque adequado – e não simplesmente competente de acordo com a regra abstrata prevista em lei".[51]

É fora de dúvidas que a realidade ambiental nem sempre é muito bem tratada ou retratada nas provas documentais, e, muitas vezes, é a sensibilidade do magistrado, *in loco*, que permitirá colher e verificar as provas necessárias à solução do litígio.

O magistrado de primeiro grau, aquele que julga a demanda coletiva ambiental em primeiro lugar, tem um papel fundamental na formação da norma concreta, especialmente porque é no seu degrau jurisdicional que se dará a atividade probatória, e é especialmente aí que se colherão os elementos de prova que estarão à disposição de outros magistrados de graus superiores. Mas talvez este que coleta a prova e julga as questões centrais e gerais do conflito não seja o melhor para realizar os comandos e provimentos jurisdicionais.

Por isso, apenas a título de exemplo de como pode ser mimética a *adequação da competência* sob os diversos flancos que se possa analisar a situação, temos que sob a perspectiva da coleta e obtenção da prova, a competência do "local do dano" deve ser compreendida como a competência firmada pelo critério geográfico (territorial), cujo fator determinante para a sua fixação deve ser, propriamente, o local onde a obtenção da prova seja coletada e debatida de modo mais eficiente para formação da decisão judicial.

Mas não é apenas sob a perspectiva da cognição (e do julgamento) que a competência do local do dano deve ser fixada. É também possível pensar sob o guarda-chuva "local do dano", na perspectiva do *cumprimento dos provimentos judiciais*, ou seja, onde a decisão judicial (ou título extrajudicial) possa ser cumprida com maior eficiência e efetividade atingindo de forma direta o maior número de pessoas que representam a coletividade e o objeto a ser protegido.

---

51. DIDIER JR., Fredie; ZANETI JR., Hermes. Curso de direito processual civil: processo coletivo. v. 4. 2013. p. 209-210.

CAPÍTULO 8 • COMPETÊNCIA, CONEXÃO E LITISPENDÊNCIA NA LEI DE AÇÃO CIVIL PÚBLICA **265**

Enfim é preciso dar à competência um critério mais pragmático, e, neste particular, não se pode aceitar que um juízo e um juiz, longe do fato ensejador do conflito coletivo, possa estar atento às peculiaridades relativas a conflitos locais decorrentes do mesmo fato-base, apenas para se cumprir formal e literalmente o conceito de *local do dano*.

É preciso interpretar "local do dano" sob as diversas perspectivas da causa em jogo, do devido processo, da eficiência. A *adequação da competência* deve ser aferida segundo as particularidades que impõe o caso concreto; sempre com equilíbrio e previsibilidade.[52]

Assim, excluídas as regras de competência da justiça federal previstas na Constituição Federal de 1988, pensamos que a competência do "local do dano" da ação civil pública em que pesem as críticas sobre a redação do caput do art. 2º da Lei 7.347/1985 – ela pode ser vista como um importante instrumento de efetivação dos conflitos coletivos e ter a flexibilidade necessária para compreender que "local do dano" deve ser entendido sob diversas formas, tais como origem do dano, execução do provimento para evitar o dano, local onde é possível coletar provas do dano, resolução de questões comuns em juízo único e diversos dos juízos que julguem pretensões locais, tudo com vistas a propiciar uma verdadeira e pronta tutela jurisdicional do conflito de interesses coletivos[53]. É a *competência adequada* que deve permear a interpretação do que seja o *local do dano* na ação civil pública.

Nesse sentido merecem aplausos a decisão do Superior Tribunal de Justiça no Conflito de Competência que apreciou a conexidade do mar de ações civis públicas, termos de ajuste etc. envolvendo os danos causados pelo rompimento da barragem de rejeitos da SAMARCO.

1. Conflito de competência suscitado pela empresa Samarco Mineração S.A. em decorrência da tramitação de ações civis públicas aforadas na Justiça Estadual e na Justiça Federal de Governador Valadares/MG, com o objetivo de determinar a distribuição de água mineral à população valadarense, em virtude da poluição do Rio Doce ocasionada com o rompimento da barragem de Fundão, em Mariana/MG.

AÇÕES CIVIS PÚBLICAS NA JUSTIÇA FEDERAL E ESTADUAL DE GOVERNADOR VALADARES/MG.

2. Conexão entre as ações civis públicas objeto do presente conflito, uma vez que em ambas se pretende suprir a população valadarense com a distribuição de água potável, além de determinar o monitoramento da água do Rio Doce na localidade.

3. Existentes decisões conflitantes relativas à mesma causa de pedir e mesmo pedido, já proferidas na Justiça Estadual e na Justiça Federal de Governador Valadares/MG, mostra-se imperioso o julgamento conjunto das ações, para que se obtenha uniformidade e coerência na prestação jurisdicional, corolário da segurança jurídica.

Precedentes.

4. A competência cível da Justiça Federal é definida ratione personae, sendo pois de caráter absoluto.

5. Nos termos da Súmula 150/STJ, "compete à Justiça Federal decidir sobre a existência de interesse jurídico que justifique a presença no processo, da União, suas autarquias ou empresas públicas".

6. Interesse da União na causa, na medida em que toda a questão perpassa pela degradação de bem público federal, qual seja, o Rio Doce, e suas consequências sociais e ambientais, além de que o acidente decorreu da exploração de atividade minerária, cuja outorga cabe à União.

---

52. A respeito ver BRAGA, Paula Sarno. "Competência adequada". Revista de Processo, São Paulo, v. 219, p. 13-41, maio 2013.
53. No mesmo sentido DIDIER JR., Fredie; ZANETTI JR., Hermes. Curso de direito processual civil: Processo coletivo, p. 146.

7. A Justiça Federal é, pois, competente para conhecer e julgar demandas relacionadas aos impactos ambientais ocorridos e aos que ainda venham a ocorrer sobre o ecossistema do Rio Doce, sua foz e sobre a área costeira.

8. Reconhecida a competência da Justiça Federal para o processamento das ações civis públicas referidas no presente conflito, cabe definir o foro competente para o seu julgamento.

FORO COMPETENTE (BELO HORIZONTE).

9. A problemática trazida nos autos deve ser analisada à luz do microssistema do processo coletivo, notadamente no que diz respeito à tutela de interesses difusos e metaindividuais, decorrentes todos eles de um único evento, qual seja, o desastre ambiental consistente no rompimento da barragem de Fundão, no dia 5 de novembro de 2015, ocorrido na unidade industrial de Germano, entre os distritos de Mariana e Ouro Preto (cerca de 100 km de Belo Horizonte).

10. Nos termos do art. 2º da Lei 7.347/85, o legislador atrelou dois critérios fixadores ou determinativos de competência, sendo o primeiro o local do fato – que conduz à chamada competência "relativa", prorrogável, porque fundada no critério território, estabelecida, geralmente, em função do interesse das partes; o outro – competência funcional – que leva à competência "absoluta", improrrogável e inderrogável, porque firmada em razões de ordem pública, em que se prioriza a higidez do próprio processo.

11. A questão que se coloca como premente na hipótese, decorrente da tutela dos interesses difusos, caracterizados pela indeterminação dos sujeitos e indivisibilidade do objeto, é como se dará a fixação do foro competente quando o dano vai além de uma circunscrição judiciária. Outra resposta não há, senão pela prevenção.

12. Muito embora o conflito positivo de competência aqui erigido tenha se instaurado entre o Juízo estadual e o Juízo federal de Governador Valadares, há outras questões mais amplas a serem consideradas para que se possa definir, com a maior precisão possível, o foro federal em que devem ser julgadas as ações em comento.

13. Existente ação civil pública com escopo mais amplo (danos ambientais strito sensu e danos pessoais e patrimoniais), já em curso na 12ª Vara Federal de Belo Horizonte-MG, na qual o Ministério Público Federal se habilitou, inclusive, como litisconsorte ativo (Processo n. 60017-58.2015.4.01.3800). Além dessa, tramitam na 12ª Vara Federal de Belo Horizonte-MG a Ação Popular n. 0060441-03.2015.04.01.3800 e a Ação Civil Pública n. 0069758-61.2015.4.01.3400, sendo partes nesta última a União Federal e outros em face da Samarco Mineração S.A. e outros.

14. Na Ação Civil Pública n. 0069758-61.2014.4.01.3400, observa-se que entre os pedidos formulados na inicial está a garantia de fornecimento de água à população dos Municípios que estão com abastecimento de água interrompido em função do rompimento da barragem, além da garantia de fornecimento de água para dessedentação dos animais nas áreas dos Municípios atingidos pelo rompimento das barragens.

15. Mostra-se caracterizada a relação de pertinência entre as ações civis públicas manejadas em Governador Valadares/MG, com vistas ao abastecimento de água potável à população local, com essa outra ação civil (n. 0069758-61.2014.4.01.3400) que tramita na 12ª Vara Federal de Belo Horizonte, cujo objeto é mais abrangente, englobando as primeiras, pois busca a garantia de fornecimento de água potável à população de todos os Municípios que tiveram o abastecimento interrompido em função da poluição do Rio Doce com a lama advinda do rompimento da barragem de Fundão.

16. Termo de transação e de ajustamento de conduta firmado entre a União, Samarco e outros, expressamente prevendo que as divergências de interpretação decorrentes do acordo serão submetidas ao Juízo da 12ª Vara Federal da Seção Judiciária de Minas Gerais.

17. Dessas circunstâncias, observa-se que a 12ª Vara Federal da Secção Judiciária de Minas Gerais possui melhores condições de dirimir as controvérsias aqui postas, decorrentes do acidente ambiental de Mariana, pois além de ser a Capital de um dos Estados mais atingidos pela tragédia, já tem sob sua análise processos outros, visando não só a reparação ambiental stricto sensu, mas também a distribuição de água à população dos Municípios atingidos, entre outras providências, o que lhe propiciará, diante de uma visão macroscópica dos danos ocasionados pelo desastre ambiental do rompimento da barragem de Fundão e do conjunto de imposições judiciais já direcionadas à empresa Samarco, tomar medidas dotadas de mais efetividade, que não corram o risco de ser neutralizadas por outras decisões judiciais provenientes de juízos distintos, além de contemplar o maior número de atingidos.

EXCEÇÕES À REGRA GERAL.

CAPÍTULO 8 • COMPETÊNCIA, CONEXÃO E LITISPENDÊNCIA NA LEI DE AÇÃO CIVIL PÚBLICA **267**

18. Há que se ressalvar, no entanto, as situações que envolvam aspectos estritamente humanos e econômicos da tragédia (tais como o ressarcimento patrimonial e moral de vítimas e familiares, combate a abuso de preços etc.) ou mesmo abastecimento de água potável que exija soluções peculiares ou locais, as quais poderão ser objeto de ações individuais ou coletivas, intentadas cada qual no foro de residência dos autores ou do dano. Nesses casos, devem ser levadas em conta as circunstâncias particulares e individualizadas, decorrentes do acidente ambiental, sempre com base na garantia de acesso facilitado ao Poder Judiciário e da tutela mais ampla e irrestrita possível. Em tais situações, o foro de Belo Horizonte não deverá prevalecer, pois significaria óbice à facilitação do acesso à justiça, marco fundante do microssistema da ação civil pública.

19. Saliento que em outras ocasiões esta Corte de Justiça, valendo-se do microssistema do processo coletivo, aplicou a regra específica de prevenção estabelecida na Lei de Ação Civil Pública para definir o foro em que deveriam ser julgadas as ações coletivas. Precedentes.

DISPOSITIVO.

20. Conflito de competência a que se julga procedente para ratificar a liminar proferida pela Ministra Laurita Vaz, no exercício da Presidência, e determinar a competência definitiva do Juízo da 12ª Vara Federal da Seção Judiciária de Minas Gerais, em Belo Horizonte, para apreciar e julgar a causa, determinando a remessa da Ação Cautelar n. 0395595-67.2015.8.13.0105 e da Ação Civil Pública n. 0426085-72.2015, ambas em tramitação no Juízo de Direito da 7ª Vara Cível da Comarca de Governador Valadares/MG, e da Ação Civil Pública n. 9362-43.2015.4.01.3813, em curso no Juízo da 2ª Vara Federal da Subseção Judiciária de Governador Valadares/MG, ficando a critério do Juízo da 12ª Vara Federal da Seção Judiciária de Minas Gerais a convalidação dos atos até então praticados.

(CC 144.922/MG, Rel. Ministra DIVA MALERBI (DESEMBARGADORA CONVOCADA TRF 3ª REGIÃO), PRIMEIRA SEÇÃO, julgado em 22/06/2016, DJe 09/08/2016)

Analisando o aresto citado acima, parece-nos evidente que se o "local do dano" ou do "fato" ou do "ato" envolve uma situação difusa, muitos serão, em tese, os possíveis locais e juízos competentes para julgar as demandas ou a demanda que venha a ser proposta, ou seja, existirão muitas competências concorrentes. Lembremos que um mesmo fato-mãe (v.g. poluição do rio) pode ser ensejador de uma série de fatos-filhos, aptos para dar suporte a uma demanda individual e/ou coletiva autônoma em relação ao fato-base. A conexão genética da origem do fato não pode impor a regra rígida de conexão ou de prevenção, sob pena de que o jurisdicionado possa ser o maior prejudicado em relação a prestação da tutela jurisdicional. Por outro lado, não se pode desperdiçar atividade jurisdicional ocupando juízo diversos para debater e discutir questões de fato e de direito que estejam presentes em todas estas demandas. Daí porque a concertação entre juízos é fundamental para a otimização da tutela jurisdicional. Nesse particular, reiteramos, é um erro entender que qualquer um deles seria o competente, com base no critério *cronológico* da prevenção como o mais adequado para tanto como, aliás, alude o parágrafo único da LACP.[54]

Ainda que algum (ou qualquer um) desses juízos possa proferir medidas de urgência, a definição do juízo competente – dentre os vários abstratamente possíveis – deve se dar, precisamente, não a partir de uma análise genérica do "local do dano" (pois vários seriam os locais possíveis, dado o caráter difuso do bem ambiental), mas exatamente a partir da verificação, entre os eventuais foros concorrentes, aquele juízo que melhor se

---

54. "No caso da competência concorrente não há dúvidas de que a regra para se chegar aos foros que poderiam julgar aquela demanda já está predeterminada. Da mesma forma, ao se estabelecer que a escolha dentre os foros concorrentes levará em consideração a distância, facilidade para colheita de provas e prestigiará aquele mais favorável à participação das vítimas e das partes envolvidas diretamente no processo, criam-se regras gerais, abstratas e impessoais que prestigiam o aludido princípio". ALMEIDA, Luiz Cláudio Moura de. "Apontamentos sobre a competência concorrente nas ações coletivas", In: Revista de Processo v. 240, São Paulo: Ed. RT, 2015, p. 243-263.

legitime à realização das diversas etapas do processo coletivo. Um caminho poderia ser a cisão entre o juízo que julga e o juízo que executa os comandos.

Como já dito alhures, a colheita da prova é essencial para revelar a norma concreta. Uma vez revelada, a preocupação é com a sua efetivação. Para a tutela dos interesses coletivos normalmente o primeiro ato do processo é a obtenção de provimento antecipatório com provas trazidas pelo autor da demanda, caso em que, percebe-se, o mais importante é que o juízo seja aquele do local onde a norma concreta (provisória ou definitiva) seja mais lepidamente efetivada.

De que adianta um juízo que possa colher com maior perfeição a prova e dar uma sentença segura se a efetivação do provimento dependerá da colaboração de outro juízo. Ainda que se tenha *concertação de juízos quanto a sua execução* melhor seria se já fosse concertado o fatiamento da competência para assuntos locais e assuntos comuns a todas as demandas. Por que não admitir juízos diferentes para diferentes fatias do mesmo litígio?

Trata-se de identificar o juízo competente do "local do dano" não propriamente pelo local onde o dano ocorreu ou ocorrerá, porque, neste particular, a amplificação do conflito coletivo poderá levar em curso espaço de tempo o dano a vários locais distintos. Uma das possibilidades, como dito alhures, é identificar o juízo competente pelo local onde o juízo possa melhor efetivar (com maior rapidez e maior e mais imediato alcance da tutela) os comandos jurisdicionais em prol do meio ambiente.

Observe-se que o próprio CPC admite que o juízo da execução não seja o juízo da cognição, nos termos do art. 516, parágrafo único. Tal permissão foi dada – quebrando a competência funcional pelas fases do processo – justamente porque nem sempre o juízo da cognição é o melhor juízo para concretizar a norma jurídica concreta revelada. Diante disso, por que não inverter a ordem nas lides ambientais, onde, regra geral, no início da demanda tem-se a concessão e a execução de provimentos urgentes? Por que não admitir que o "local do dano" seja entendido como aquele onde o juízo possa promover de forma mais efetiva a restauração do dano causado ou o seu impedimento, pois nem sempre o local do dano coletivo é único, e nem sempre é onde poderá ser mais bem efetivado os provimentos ambientais? São questões que fomentam o debate sobre a competência adequada no direito processual ambiental.

Em tempo: se pensarmos que em matéria ambiental a tutela prioritária é normalmente preventiva (para evitar o dano), impondo a realização de condutas de fazer e de não fazer, então é perfeitamente possível que o local do futuro e potencial dano não seja o local onde a execução seja mais facilmente cumprida. Basta pensar, por exemplo, nas ações de reparação pecuniária do dano causado ao meio ambiente, nas quais o que importa é onde se encontra o patrimônio do executado sujeito à responsabilidade. No caso, o patrimônio do poluidor pode estar em local diverso do local onde ele degradou o ambiente.

Os atos de concertação entre juízos podem ser uma importante janela para diversas soluções mais consentâneas com o devido processo legal ambiental.

Enfim, usando as palavras agudas e cirúrgicas do Ministro Herman Benjamin:

"qualquer que seja o sentido que se queira dar à expressão 'competência funcional' prevista no art. 2º, da Lei 7.347/85, mister preservar a vocação pragmática do dispositivo: o foro do local do dano é uma regra de eficiência, eficácia e comodidade da prestação jurisdicional, que visa a facilitar e otimizar o acesso à justiça, sobretudo pela proximidade física entre juiz, vítima, bem jurídico afetado e prova"[55]

3.7 Prevenção na lei de ação civil pública

3.7.1 *Introito sobre a prevenção*

Antes de estabelecermos qualquer relação com a Lei n. 7.347/85, algumas palavras sobre a prevenção. O sentido etimológico do vocábulo é o seguinte: prae + venire = vir antes. O critério para saber o "juízo que veio antes" é escolhido pelo legislador e poderá variar de sistema para sistema.

---

55. REsp 1057878/RS, Rel. Ministro Herman Benjamin, Segunda Turma, julgado em 26/05/2009, DJe 21/08/2009.

CAPÍTULO 8 • COMPETÊNCIA, CONEXÃO E LITISPENDÊNCIA NA LEI DE AÇÃO CIVIL PÚBLICA **269**

Aqui no Brasil, o CPC adotou o critério cronológico para descobrir o juízo prevento. Segundo o art. 59 do CPC "o registro ou a distribuição da petição inicial torna prevento o juízo"; é para o juízo prevento que serão reunidas "as ações propostas em separado", "onde serão decididas simultaneamente" (art. 60 do CPC).

Mas qual a finalidade, pergunta-se o leitor, de se saber o juízo prevento? São várias. Primeiro, para se fixar qual o juízo que no caso concreto tem competência para julgar a causa, dentre vários outros que abstratamente também teriam competência para processar e julgar a mesma demanda, como, por exemplo, nos casos em que na mesma comarca haja mais de uma vara especializada em defesa do meio ambiente.

Entretanto, sem sombra de dúvidas que a prevenção mostra-se muitíssimo importante e mais utilizada nos casos de modificação da competência (art. 59)[56] (para saber para qual juízo devem ser reunidas as demandas) e nos casos de repetição de demandas (duplicidade de litispendência – arts. 485, V, e 337, §§2º e 3º), quando se deve identificar a demanda que foi repetida para se saber em qual juízo deve-se prosseguir. É a prevenção que permitirá dar rendimento ao art. 485, V, do CPC.

A prevenção é também de fundamental importância em sede de tribunal, pois aí também pode haver o fenômeno de competência por conexão, aliás, pouco desenvolvido na doutrina. Para tanto, devem-se fixar algumas premissas.

A primeira delas é a seguinte: a) a prevenção é critério de fixação de competência do juízo e não do juiz; é critério de eletividade de juízos abstratamente competentes para uma ou mais causas.

O mesmo se passa nos tribunais, onde existe o órgão competente (fracionário) e o relator sorteado para dirigir o processo. A escolha do órgão competente se fará por distribuição de acordo com o regimento interno do tribunal, observando-se os princípios da publicidade, da alternatividade e do sorteio[57]. Considerando o permissivo do art. 930 e mais ainda o do art. 96, I, da CF/88[58], é delegável ao próprio tribunal que estabeleça as suas regras de competência, desde que isso não comprometa princípios constitucionais do processo, e faça valer o parágrafo único do art. 930[59].

---

56. Reconhecendo que o fenômeno da vinculação material é bem mais amplo do que o canhestro conceito de conexão do caput do artigo 55 que ele mesmo deu (repetiu do CPC de 1973) o legislador deixou uma válvula aberta no §3º para permitir que – mesmo não havendo a "conexão" – seja possível reunir demandas para evitar contradição e conflito de resultados. Obviamente que esta avaliação – e respectiva decisão – da existência ou não do risco deve ser devidamente transparente e fundamentada.

57. Art. 930. Far-se-á a distribuição de acordo com o regimento interno do tribunal, observando-se a alternatividade, o sorteio eletrônico e a publicidade. Parágrafo único. O primeiro recurso protocolado no tribunal tornará prevento o relator para eventual recurso subsequente interposto no mesmo processo ou em processo conexo.

58. Art. 96. Compete privativamente:
I – aos tribunais:
a) eleger seus órgãos diretivos e elaborar seus regimentos internos, com observância das normas de processo e das garantias processuais das partes, dispondo sobre a competência e o funcionamento dos respectivos órgãos jurisdicionais e administrativos;

59. Salutar a regra do parágrafo único do art. 930 que previne a competência do órgão fracionário para julgar recursos, ações e incidentes que ocorram depois de já haver ocorrido algumas dessas hipóteses. Há prevenção por conexidade, de modo que, v.g., se já julgou o agravo de instrumento, nada mais lógico que esteja prevento para julgar também a apelação, bem como todos os demais recursos, ações e incidentes que, abstratamente tenha competência para julgar.

3.7.2 A prevenção na ação civil pública

Aproximando o tema da lei de ação civil pública, tem-se entre o que texto originário e o atual da ação civil pública existe uma enorme disparidade. Muita coisa aconteceu depois da primeira década da ação civil pública (depois do CDC) e não temos dificuldades em afirmar que razões nada republicanas é que justificaram as mutilações feitas no texto original ao regime jurídico dos institutos da coisa julgada[60], da litispendência, da conexão, da competência e da prevenção.

A modificação que nos interessa diz respeito à prevenção. Com efeito, é o que passamos a analisar. O parágrafo único acrescentado ao art. 2º diz que

"a propositura da ação prevenirá a jurisdição do juízo para todas as ações posteriormente intentadas que possuam a mesma causa de pedir ou o mesmo objeto".

Lendo tal dispositivo percebe-se que o legislador adotou, seguindo a esteira do CPC, o critério cronológico da prevenção, e marcou tal momento com a propositura da ação. A propositura da ação, por sua vez, é definida pelo art. 312 do CPC.

Art. 312. Considera-se proposta a ação quando a petição inicial for protocolada, todavia, a propositura da ação só produz quanto ao réu os efeitos mencionados no art. 240 depois que for validamente citado.

Por sua vez, também não há como afastar a incidência do art. 286 e ss. do CPC que determina a distribuição por dependência ao juízo prevento, as causas de qualquer natureza:

I – quando se relacionarem, por conexão ou continência, com outra já ajuizada;

II – quando, tendo sido extinto o processo sem resolução de mérito, for reiterado o pedido, ainda que em litisconsórcio com outros autores ou que sejam parcialmente alterados os réus da demanda;

III – quando houver ajuizamento de ações nos termos do art. 55, § 3º, ao juízo prevento.

Assim, a prevenção ocorre com a propositura da ação para fins da Lei n. 7.347/85. Mais que isso, disse o legislador que a propositura da ação prevenirá a jurisdição do juízo para todas as ações posteriormente intentadas que tenham relação de conexão com a primeira.

Enfim, seria esta a melhor e mais eficiente regra (cronologia) para verificação de qual juízo seria o mais adequado para processar e julgar as demandas conexas que serão reunidas ou distribuídas por dependência?

Por que não reuni-las naquele juízo onde o processo esteja mais adiantado?

Por que não a admitir para aquele onde já tenha ocorrido o fim da fase postulatória?

---

60. Muito embora sempre tenhamos defendido a opinião de que o art. 16, alterado pelo "legislador" por intermédio da Lei n.9.494/97, tenha sido inócuo, a verdade é que está em vigor e não pode ser olvidado pelo operador do direito. Lamentavelmente apenas em 2011 (tema 480 e 481) é que se solidificou no STJ a interpretação de que é inapropriada a restrição territorial da coisa julgada "*porquanto os efeitos e a eficácia da sentença não estão circunscritos a lindes geográficos, mas aos limites objetivos e subjetivos do que foi decidido, levando-se em conta, para tanto, sempre a extensão do dano e a qualidade dos interesses metaindividuais postos em juízo (arts. 468, 472 e 474, CPC e 93 e 103, CDC)*" ((REsp 1243887/PR, Rel. Ministro LUIS FELIPE SALOMÃO, CORTE ESPECIAL, julgado em 19/10/2011, DJe 12/12/2011). É de se pasmar que no STF o tema ainda não tenha sido há muito tempo rechaçado e apenas recentemente, no Tema 1075, esteja afetado o Recurso Extraordinário para definir o problema da "constitucionalidade do art. 16 da Lei 7.347/1985".

As críticas ao dispositivo serão oportunamente feitas em tópico próprio, formuladas e desvendadas, mas enquanto isso pode-se dizer que a intenção da lei era que a coisa julgada ficasse "restrita aos limites da competência territorial do juiz prolator". Em se tratando de juiz estadual, seria a comarca na qual se situa o juízo. Em se tratando de justiça federal, a região ao qual está vinculado o órgão prolator da decisão. Essa foi uma maneira nefasta de fragmentar as ações coletivas difusas e coletivas, cindindo o incindível, na medida em que pouco importa se o objeto difuso ou coletivo é indivisível, porque o legislador disse que só vale a decisão, para fins e formação da coisa julgada, nos limites da competência territorial.

CAPÍTULO 8 • COMPETÊNCIA, CONEXÃO E LITISPENDÊNCIA NA LEI DE AÇÃO CIVIL PÚBLICA

Por que não admitir que sejam as demandas conexas remetidas para o juízo onde esteja tramitando a maior parte de demandas conexas?

Por que não a admitir para o local onde se concentre a maior parte dos "danos coletivos" ou onde eles podem ser mais facilmente eliminados?

Por que não a admitir para o local onde já se tenha executado algum provimento judicial (liminar, por exemplo)?

Enfim, parece-nos que o mais adequado é não estabelecer um critério fixo e engessado, porque as regras do art. 58 e 59 do CPC combinado com o artigo 2º, parágrafo único da LACP poderão não ser as mais adequadas e eficientes para a tutela coletiva. De qualquer forma, *menos eficiente será – porque se trata de dano nacional ou regional – abandonar o critério do local do dano para usar o artigo 93 do CDC sem a análise do caso concreto*, pois nesta hipótese, por exemplo, como já dito alhures, pode ocorrer de o dano regional não atingir nenhuma capital dos Estados envolvidos e, no entanto, uma delas seria, absurdamente, o foro competente. Estaria aviltada a regra da proximidade do juízo com o local do dano coletivo como já alertamos alhures.[61]

"Entende-se aqui que a utilização do critério da prevenção para determinar a competência entre os foros concorrentes sem a ponderação, no caso, acerca de qual foro pode tutelar de forma mais efetiva e adequada o litígio coletivo e ambiental viola frontalmente o devido processo legal coletivo e o devido processo legal ambiental. Nessa perspectiva, embora a regra geral seja a prevenção, deve-se permitir, em certos casos, flexibilizar essa regra para definir a competência do local que possa oferecer a melhor tutela jurisdicional, mesmo que não seja o Juízo prevento, considerando-se critérios como local de produção de provas, local dos cumprimentos dos provimentos jurisdicionais, local em que se possa promover de forma mais efetiva a restauração do dano causado, local dos bens do executado (nas ações de reparação pecuniária)17, entre outros critérios que possam atender à adequação entre o caso e a competência. Trata-se de aplicar o princípio da competência adequada para preencher lacunas do art. 2º da LACP".[62]

Com isso admite que a regra da prevenção foi estabelecida com a precípua finalidade de se fixar a competência para demandas civis públicas, com base na Lei n. 7.347/85, que lhes sejam conexas. Mais do que simples regra de reunião de processos, aqui está definido que o juízo tal é o competente para todas as ações conexas com aquela que tramita, ou que tenha tramitado, no juízo tal.[63]

Quando se diz *"posteriormente intentadas"* o texto não faz nenhuma restrição ou limitação quanto à duração da prevenção, motivo pelo qual pugnamos pela hipótese de que, mesmo depois de finda uma relação jurídica processual, as que lhes forem conexas e posteriores deverão ser processadas e julgadas pelo juízo prevento, em razão da conexão.

Entretanto, não há como interpretar essa regra fechando os olhos para o art. 16, já que, como foi muitíssimo bem observado por Cássio Scarpinella Bueno, são regras que não obstante estejam na mesma lei, se auto repelem.[64]

Talvez o legislador não tenha tido esse cuidado ao colocar tão perto dois dispositivos tão conflitantes e talvez isso se justifique porque ambos os dispositivos foram introduzidos *a fortiori* no texto original, em momentos diversos.

---

61. A respeito das regras de flexibilização de competência ver o item 3.6.
62. LINO, Daniela Bermudes. "Competência territorial adequada nas ações coletivas socioambientais: considerações sobre o cc 144.922/MG no desastre do Rio Doce". In: Revista de Direito Ambiental, v. 92, São Paulo: Ed. RT, 2018, p. 285 – 303.
63. Havendo vínculo material (conexão) ou processual (§ 3º do art. 55) é de se fazer a distribuição por dependência ao juízo prevento. Fica ele prevento não apenas para a demanda proposta, mas para as futuras que com elas tenham o vínculo mencionado alhures.
64. Cássio Scarpinella Bueno. O poder público em juízo, p. 140 e ss.

Não restam dúvidas de que há falta de contextualização, o que se verifica pela seguinte indagação: se a coisa julgada fica restrita aos limites da competência territorial do órgão prolator, por que determinar a reunião de ações conexas para o juízo prevento?

Para responder a essa pergunta poder-se-ia pensar o seguinte: só vale a regra para as ações que sejam propostas na mesma comarca ou na mesma região (justiça federal), porque esta não se aplicaria para os casos de ações conexas propostas em comarcas diferentes ou em regiões diversas.

Mas aí ressoaria outra indagação: qual o porquê da norma, se isso já estaria previsto no art. 58 do CPC e o art. 16 não autorizaria outra interpretação que não fosse essa?

Definitivamente, são perguntas sem resposta porque o que motivou o "legislador" foram situações casuísticas, em que interessava ao "legislador" que determinado juízo fosse o prevento para outras ações. Infelizmente, essa é a explicação metajurídica desse texto incoerente.

De fato, partindo-se da premissa de que a regra de prevenção foi estabelecida para regular hipóteses de reunião de causas conexas (aqui obrigatória, mesmo sendo competência "funcional" absoluta), uma de duas: ou a regra aplica-se apenas aos casos de ações conexas propostas na mesma comarca ou na mesma região, para não entrar em choque com o art. 16, que circunscreve os limites (objetivos e subjetivos) da coisa julgada aos limites da competência territorial, ou então conclui-se que a regra do art. 2º, parágrafo único, aplica-se *tout court*, e estaria tacitamente revogado e inválido, também por mais este motivo, o art. 16 já citado.

3.8 Conexão na lei de ação civil pública

3.8.1 Um pouco sobre o tema

Conexão, continência e litispendência (repetição de ação em curso) são figuras afins, porque todas elas constituem, sob um mesmo corte metodológico de estudo, institutos relacionais, ou seja, pressupõem uma análise relacional de dois ou mais objetos, e, dependendo do "grau de parentesco", entre eles estaremos diante de um ou de outro instituto.

Como a personalidade de uma demanda se verifica pelos seus elementos estruturais, denominados partes (qualidade jurídica do litigante), pedido (pretensão processual e material) e causa de pedir (fato e direito), estes são os traços que serão analisados ao se fazer uma comparação entre os objetos e a partir daí dizer se são conexos, continentes ou litispendentes.

A identificação de uma demanda se faz por meio dos três elementos: partes, pedido e causa de pedir. São eles o ponto de contato do processo com a situação jurídica de direito substancial.[65]

---

65. Sobre o tema consultar: ABELHA, Marcelo. Manual de Direito Processual Civil. Rio de Janeiro: Forense – Gen Jurídico. 6. ed. 2017; BARBOSA MOREIRA, José Carlos. A conexão de causas como pressuposto da reconvenção. São Paulo: Editora Saraiva, 1979.; Conteúdo e efeitos da sentença: variações sobre o tema. In Temas de direito processual (quarta série). São Paulo: Saraiva, 1989; CABRAL. Antonio do Passo. Juiz Natural e Eficiência Processual: flexibilização, delegação e coordenação de competências no processo civil. Tese Professor Titular da UERJ. 2017; CARNELUTTI, Francesco. Instituciones del proceso civil. trad. Santiago Sentís Melendo. Buenos Aires: El Foro, 1997. v. I.; CARNELUTTI F., Diritto e processo, Napoli, 1958; CERINO CANOVA A., La

CAPÍTULO 8 • COMPETÊNCIA, CONEXÃO E LITISPENDÊNCIA NA LEI DE AÇÃO CIVIL PÚBLICA

As partes, o pedido (mediato) e a causa de pedir (constituída pelos fatos ou conjunto de fatos suscetível de produzir o efeito jurídico pretendido[66]) nascem, todos, da crise jurídica ocorrida no plano social. Sem a perfeita identificação de cada um destes elementos no processo torna-se ingrata, senão impossível, a tutela jurisdicional justa e adequada.[67]

Dada a interconexão dos fatos da vida, da relação entre as pessoas, do modelo econômico e cultural em que temos e vivemos[68], os conflitos de interesses não ficam restritos ao binômio Caio-Tício, como se o que acontecesse entre eles não interferisse na vida de ninguém[69]. O processo não é uma ilha, e, menos ainda livre de problemas como imaginou Husley ao escrever o utópico e sugestivo romance em 1962[70]. Como as relações sociais estão cada vez mais interconectadas não será incomum que a partir de um conflito se desenvolvam vários outros, com outros atores[71], ou melhor, que um

---

domanda giudiziale ed il suo contenuto, in Comm. del Codice di procedura civile, I, Torino, 1980.; CHIOVENDA, Giuseppe. Principii di diritto processuale civile. Napoli: Casa Editrice Dott. Eugenio Jovene, 1965.; CONSOLO C., Oggetto del giudicato e principio dispositivo, I, Dei limiti oggettivi del giudicato costitutivo, in Riv. trim. dir. proc. civ., 1991, p. 215 ss.; CRUZ E TUCCI, José Rogério. A causa petendi no processo civil. 2. ed. São Paulo: Ed. RT, 2001.; DALLA MASSARA T., La domanda parziale nel processo civile romano, Padova 2005; DIDIER JR., Fredie. Cooperação Judiciária Nacional – Esboço de uma Teoria para o Direito brasileiro. 2020; DINAMARCO, Cândido Rangel, Instituições de direito processual civil. 8. ed. São Paulo: Malheiros, 2016, v. I, p. 594 e ss.; FIGUEIREDO FERRAZ, Manuel Carlos de. Notas sobre a competência por conexão. São Paulo: Saraiva: 1937; GIONFRIDA G., Appunti sulla connessione e continenza di cause, in: Riv. trim. dir. e proc. civ., 1960, p. 130 ss.; LIEBMAN, Enrico Tullio. Azioni concorrenti. In: Problemi del processo civile. Napoli: Morano, 1962.; LOPES, João Baptista. "A conexão e os arts. 103 e 105 do CPC", in: Revista dos Tribunais n. 707, São Paulo: Ed. RT, 1994, p. 33-40; LUCON, Paulo Henrique dos Santos. Relação entre demandas. 2. ed. Brasília: Gazeta Jurídica. 2018.; MANDRIOLI, Crisanto. Corso di diritto processuale civile. 13. ed. Torino: Giappichelli, 2000. v. I.; MARCATO, Antonio Carlos. Ação de consignação em pagamento. São Paulo: Ed. RT, 1984; MEDINA, Paulo Roberto de Gouvêa. A conexão de causas no processo civil. Revista de Processo, n. 109, São Paulo: Ed. RT, 2003; MONIZ DE ARAGÃO, Egas Dirceu. Conexão e "tríplice identidade". Revista de Processo, n. 29, São Paulo: Ed. RT, 1983; NEVES, Celso. Notas a propósito da conexão de causas, in: Revista de Processo, n. 36, São Paulo: Ed. RT, 1984.; OLIVEIRA NETO, Olavo de. Conexão por prejudicialidade. São Paulo: Ed. RT, 1994; OLIVEIRA, Bruno Silveira de. Conexidade e efetividade processual. São Paulo: Ed. RT, 2007; PARÁ FILHO, Tomás. Estudo sobre a conexão de causas no processo civil. São Paulo: Edusp, 1964; PESCATORE, Matteo. Sposizione compendiosa della procedura civile e criminale. Bologna: [s.n.], 1864; PONTES DE MIRANDA, Francisco Cavalcanti. Comentários ao código de processo civil. 2. ed. Rio de Janeiro: Forense, 1958. t. II.; RAVAGNANI E., Identificazione dell'azione, interesse ad agire e giudicato, in: Giur. it. 1986, I, p. 383; RICCI E., "Litispendenza", in: Dig. delle Disc. Priv., XI, Torino, 1994.; RICCI, Gian Franco. La connessione nel processo esecutivo. Milano: Giuffrè, 1986; SCARPINELLA BUENO, Cassio. Partes e terceiros no processo civil brasileiro. São Paulo: Saraiva, 2003.; SCHÖNKE, Adolf. Derecho procesal civil. trad. Leonardo Prieto Castro. Barcelona: Bosch, 1950.; TARZIA, G., "Connessione di cause e processo simultane", in: Rivista trimestrale di diritto e procedura civile, 1988, pp. 397-443; VESCOVI, Enrique. La modificación de la demanda. In: Revista de Processo n. 30. São Paulo: Ed. RT, 1983, p. 206-212; VIDIGAL, Luis Eulálio de Bueno. A conexão no código de processo civil brasileiro. In: Revista de direito processual. v. 2. São Paulo: Saraiva, jul/dez, 1969.

66. BARBOSA MOREIRA, José Carlos. O novo processo civil brasileiro, 26. ed., rev. e atualizada. Rio de Janeiro: Gen-Forense, 2008, p. 19.

67. Art. 141. O juiz decidirá o mérito nos limites propostos pelas partes, sendo-lhe vedado conhecer de questões não suscitadas a cujo respeito a lei exige iniciativa da parte. Sobre o tema – precisos limites do dos elementos objetivos da demanda na perspectiva da futura coisa julgada sobre a questão prejudicial – ver SIQUEIRA, Thiago Ferreira. Objeto do processo, questões prejudiciais e coisa julgada: análise dos requisitos para a formação da coisa julgada sobre a questão prejudicial incidental no Código de Processo Civil de 2015. Tese de Doutorado USP, 2018.

68. ARRUDA ALVIM, José Manoel de. O código de processo civil, suas matrizes ideológicas, o ambiente sociopolítico em que foi editado e as duas décadas que se lhe seguiram, com suas novas necessidades – a complementação do sistema processual – processo e procedimento, no sistema constitucional de 1988", in: Revista de Processo, n. 70, São Paulo: Ed. RT, 1993, p. 34-48.

69. "A própria sorte do litígio, com certa frequência, afeta outras pessoas que não as partes. De que modo se explicariam, a não ser assim, figuras como a da assistência e a do recurso de terceiro prejudicado?" BARBOSA MOREIRA, José Carlos. "O processo, as partes e a sociedade", in: Revista de Processo, n. 125, São Paulo: Ed. RT, 2005, p. 277-288.

70. HUSLEY, Aldous. A ilha. São Paulo: Biblioteca Azul. 2017.

71. Interessante e elogiável, neste particular, a previsão do art. 343, §§3º e 4º que admite a propositura da reconvenção contra o autor e terceiro, e, também pelo réu (obviamente), mas em litisconsórcio com terceiro. Eis aí clara constatação do que foi dito no texto. A respeito ver os lúcidos apontamentos de SCARPINELLA BUENO, Cassio. Amicus curiae no processo civil brasileiro: um terceiro enigmático. 3. ed. São Paulo: Saraiva, 2012. SICA, Heitor Vitor Mendonça. O Direito de Defesa no Processo Civil Brasileiro. São Paulo: Atlas, 2011, p. 290-294; BONDIOLI, Luís Guilherme Aidar. Reconvenção no processo civil. São Paulo: Saraiva, 2009.; UZEDA, Carolina. "Reconvenção subjetivamente ampliativa: a posição processual do terceiro-interveniente", in: Revista de Processo, v. 258, São Paulo: Ed. RT, 2018, p. 43-64.; EID, Eli Pierre. "Multilateralidade no processo civil: divergência de interesses em posições jurídicas", in: Revista de Processo, n. 217, São Paulo: Ed. RT, 2019, p. 39-77.

conflito-mãe dê origem a vários conflitos-filhos.[72] Quando se está diante de conflitos envolvendo o meio ambiente isso é bastante comum.[73] [74]

Exatamente por isso – pela complexidade e conectividade das relações jurídicas no plano substancial – é que a partir de um mesmo conflito podem nascer diversos *fatos jurídicos* capazes por si só de gerarem demandas autônomas. Demandas estas que levam ao Judiciário apenas uma fatia do problema. E o que fazer se estas demandas (fatias do mesmo litígio) não forem levadas ao judiciário para o mesmo órgão julgador apreciar e julgar?

Bem, a partir deste questionamento obtém-se uma *certeza* e uma *possibilidade*:

i) *certeza* de que haverá desperdício de atividade jurisdicional[75], como por exemplo, custo desnecessário de provas que poderiam ser aproveitadas em todas as demandas, tempo gasto pelos diferentes órgãos jurisdicionais que enfrentariam questões comuns de fato e de direito etc.;

ii) *possibilidade* de que existam decisões conflitantes e contraditórias.

Então, o que fazer para não haver o desperdício de atividade jurisdicional, promovendo a eficiência do processo? E o que fazer para evitar o risco de decisões conflitantes e contraditórias?

Antenado com o problema da amplitude e complexidade dos conflitos e litígios que levam a possibilidade que gerarem demandas autônomas em diversos processos submetidos a juízos diferentes, o nosso direito processual oferece uma série de técnicas para *evitar*

(1) o risco de decisões contraditórias e conflitantes além do

(2) desperdício de atividade jurisdicional.

Ressalte-se que existem casos absolutamente *multitudinários* – relativos a conflitos que envolvem uma multidão de pessoas – que não se resolvem pelas técnicas processuais individualistas; casos como a contaminação de muitas pessoas pelo mesmo produto colocado no mercado de consumo, propaganda abusiva que ofende inúmeros expectadores, corte indevido de serviços essenciais como água e luz a bairros inteiros de uma cidade, destruição de casas pelo rompimento de barragem de mineração, remédios falsos que são comercializados, desconto indevido de milhares contas bancárias, informações falsas que afetam grande quantidade de investidores em bolsa de valores, isolamento e afastamento de pessoas de bairros inteiros em razão da extração predatória no subsolo de extração de sal-gema utilizado na fabricação de soda cáustica e PVC, afastamento de pessoas em razão de risco geológico de desmoronamento de uma encosta etc. .

Para estes casos, as técnicas do sistema processual tradicional como cúmulo objetivo ou subjetivo de demandas, algumas modalidades clássicas de intervenção de terceiros,

---

72. Tangenciando o problema mencionado no texto sob outra perspectiva, ver o sensível e certeiro contraponto crítico ao conceito ex legge dos interesses coletivos lato sensu a partir da identificação dos litígios para busca da tutela adequada ver VITORELLI, Edilson. Tipologia dos litígios transindividuais I: um novo ponto de partida para a tutela coletiva, in: Revista de Processo n. 247, São Paulo: Ed. RT, 2015, p. 353-384.

73. Basta ver o conceito e as consequências da poluição detalhadas no art. 3º III da Lei 6.938/81.

74. Remetemos o leitor ao Capítulo 04, item 2.2 que trata do *dano por ricochete*.

75. Art. 8º Ao aplicar o ordenamento jurídico, o juiz atenderá aos fins sociais e às exigências do bem comum, resguardando e promovendo a dignidade da pessoa humana e observando a proporcionalidade, a razoabilidade, a legalidade, a publicidade e a *eficiência*.

CAPÍTULO 8 • COMPETÊNCIA, CONEXÃO E LITISPENDÊNCIA NA LEI DE AÇÃO CIVIL PÚBLICA **275**

distribuição por dependência, e até a reunião por conexão se não for pensada em larga escala etc. não são suficientes porque inviabilizariam a tutela tempestiva[76], além do que colapsariam o órgão judicial competente causando efeito inverso àquele de otimizar a atividade jurisdicional. São aptas para casos de tutela coletiva de pequena dimensão, mas não se prestam para resolver os megaconflitos.

3.8.2   O vínculo (material ou processual) é gênero do qual a conexão é espécie

O Código de Processo Civil de 1939, mais sutil, não definia conexão, mas indicava-lhe hipóteses de sua ocorrência como se observa no art. 134, §2º ao dizer que *"havendo mais de um réu e sendo diferentes seus domicílios, poderão ser demandados no foro de qualquer deles, si houver conexão quanto ao objeto da demanda ou quanto ao título ou fato que lhe sirva de fundamento"*.

O CPC de 1973, por sua vez, foi mais incisivo e conceituou a conexão no art. 103 afirmando que *"reputam-se conexas duas ou mais ações, quando lhes for comum o objeto ou a causa de pedir"*. A semelhança das demandas pelo pedido ou pela causa de pedir configuraria hipótese de *conexão*.

Seguindo a mesma linha – mesmo sabendo das inúmeras e unânimes críticas doutrinárias da insuficiência do conceito – o CPC de 2015 manteve *ipsis e litteris* o texto anterior no artigo 55, *caput* ao dizer que *"reputam-se conexas 2 (duas) ou mais ações quando lhes for comum o pedido ou a causa de pedir"*.

O CPC atual, ao definir a conexão da forma como fez, reduziu o fenômeno da conexidade apenas às limitadas hipóteses de *conexão objetiva* sem se atentar para o fato de que o fenômeno é muito, mas muito mais amplo do que o que foi previsto no conceito. Justamente por isso, para não baralhar com o *conceito legal de conexão*, chamaremos de *vinculatividade* o elo de ligação que "conecta" várias demandas ainda que não lhes seja comum o objeto e a causa de pedir.

Cai como uma luva para o retraído conceito de conexão do art. 55, caput do CPC a máxima de Javoleno contida no Digesto (50,17,202) onde se lê que "toda definição em direito civil é perigosa: rara é, na verdade, aquela que não pode ser subvertida" (*omnis definitio in iure civili periculosa est: parum est enim, ut non subverti possit*).[77]

Como dissemos antes, trabalhos doutrinários como o de José Carlos Barbosa Moreira[78] em relação ao artigo 103 já mostravam que o *conceito de conexão* era absolutamente

---

76. Neste sentido (inconveniência à duração razoável do processo) ver, por todos, OLIVEIRA, Bruno Silveira de. Conexidade e efetividade processual. São Paulo: Ed. RT, 2008. p. 167 e 171.; pela relatividade da obrigatoriedade de reunião dos processos ver ainda GRECO, Leonardo. Concurso e cumulação de ações. Revista de Processo, São Paulo: Ed. RT, n. 147, 2007, p. 11.

77. Nem se pode dizer que o legislador de 1973 desconhecia o "risco da conceituação", pois, expressamente, na exposição de motivos deixou claro que *ousaria* em relação a alguns temas, e, um deles foi justamente a conexão. A transcrição do trecho (da exposição) fala por si mesma demonstrando a *capitis diminutio* atribuída ao instituto: "O Código de Processo Civil vigente alude à conexão, ora para autorizar a reunião de acçes (artigo 116), ora para considerá-la critério de determinação da competência (artigo 133, IV), ora como fundamento de prorrogação da competência (artigo 148). Notando a falta de um conceito legal de conexão, o Professor FRANCISCO MORATO aconselhou que o legislador a definisse. PEDRO BATISTA MARTINS, autor do projeto do Código de Processo Civil atual, não lhe acolheu a sugestão. "O conceito de conexão", escrevia, "não pode ser realmente fixado em princípios aprioristicos e abstratos. Defini-lo seria um erro de consequências incalculáveis, porque bem poderia acontecer que a experiência viesse a apresentar novas figuras de conexão que se não pudessem ajustar às categorias discriminadas na lei." (20)

78. BARBOSA MOREIRA, José Carlos. A conexão de causas como pressuposto da reconvenção. São Paulo: Editora Saraiva, 1979.

insuficiente e tímido para abrigar o *fenômeno da conexidade* entre as demandas. Aliás, antes dele o belíssimo trabalho de Figueiredo Ferraz, em 1937, já dava a dimensão do instituto[79]. Mesmo assim o legislador manteve-o como se vê no decalque completo feito do art. 103 do CPC de 1973 no art. 55, caput do CPC de 2015.

Os conflitos ambientais fornecem vários exemplos para demonstrar que o fenômeno que caracteriza o vínculo, ligação, relação, amarração entre demandas é infinitamente maior do que a delimitação conceitual de conexão prevista pelo legislador no caput do art. 55. Basta imaginar o lençol freático de uma determinada região que é contaminado por efluentes tóxicos. Quantos problemas ambientais, econômicos, sociais que podem surgir daí.... misturando um caldo enorme de conflitos filhos (individuais heterogêneos, homogêneos, coletivos e difusos) decorrentes do mesmo fato base.

Ora, ser "comum" o pedido ou a causa de pedir é muito pouco perto do tamanho do fenômeno. É apenas uma fatia do bolo. Por isso falaremos, doravante, com apoio em Cleanto Guimarães Siqueira, a expressão *fato-base*[80] para exprimir o "vínculo", o "elo de ligação" entre demandas passa a ser gênero do qual a conexão do art. 55, caput é espécie. O que se tem no art. 55, caput é típico caso de figura de linguagem *pars pro toto,* que conhecemos como sinédoque, com redução de sentido pelo conceito atribuído à conexão.

Esse conceito canhestro de conexão não revela todo o *fenômeno de vinculatividade* entre demandas, simplesmente porque é perfeitamente possível que a partir de um mesmo acontecimento surjam diversos fatos jurídicos específicos e por si só capazes de propiciar o ajuizamento de demandas autônomas. Não serve nem para os problemas envolvendo conflitos individuais, quem dirá para os coletivos.

É o caso da contaminação ao lençol freático mencionado alhures, de onde podem emergir diversos fatos jurídicos que propiciem discussões diferentes e resultados diferentes a partir de cada pretensão que é deduzida em juízo. O tronco fático comum é elemento que cria um vínculo material entre todas as diversas demandas propostas, mas não o suficiente para se denominar de *conexão* no conceito do Código (caput do art. 55).

E mais, é preciso imaginar que este vínculo tanto pode ser *material,* quando a raiz está no mesmo fato-base, quanto *processual,* em que por razões de eficiência e segurança, se permite a aglutinação ou junção de demandas como por exemplo o julgamento de casos repetitivos com base em questão de direito processual.

3.8.3 *A preocupação do sistema tradicional em aglutinar todas as possíveis demandas derivadas do fato-base no mesmo órgão julgador*

No exemplo real que citamos acima houve várias demandas "principais" propostas separadamente pelos diferentes atores que sofreram com o dano ambiental. Nem preci-

---

79. FIGUEIREDO FERRAZ, Manuel Carlos de. Notas sobre a competência por conexão. São Paulo: Saraiva: 1937.
80. "Vale dizer: de uma mesma relação jurídica podem emergir vários fatos distintos, não se exigindo, portanto, para efeito de conexão ou continência, serem eles idênticos, bastando terem emergido de um mesmo fato base. Assim, por exemplo, pretensões nascidas de um mesmo contrato, de um mesmo casamento, ou de um mesmo acidente, têm em comum a circunstância de derivarem de um mesmo fato base. (A ideia do fato base será desenvolvida no item 3.10.3-A, abaixo, especialmente elaborado para esta 3. ed.)". SIQUEIRA, Cleanto Guimarães. A defesa no processo civil: as exceções substanciais no processo de conhecimento. 3. ed. São Paulo: Saraiva. 2008, p. 92.

CAPÍTULO 8 • COMPETÊNCIA, CONEXÃO E LITISPENDÊNCIA NA LEI DE AÇÃO CIVIL PÚBLICA

samos recorrer às noções de megaconflitos ou litígios complexos como a falha geológica em Alagoas ou ao rompimento da barragem de Mariana – que estão fora desta análise – para reconhecer que é perfeitamente possível a existência de inúmeros e diferentes lides envolvendo fatos jurídicos nascidos, por exemplo, numa simples reunião de condomínio. Os fatos jurídicos que embasam as demandas propostas são, normalmente, apenas fatias do acontecimento como um todo.

Como dito retro, Siqueira usou a expressão *fato-base* para explicar o fenômeno que aqui aderimos. Segundo o processualista capixaba:

> "o tema não é de agora e há muito vem desafiando a argúcia dos doutrinadores. Na verdade, o caminho para resolver a questão é aquele que passa pela ideia de "fato base". Considera-se "fato base" aquela relação jurídica fundamental da qual emergem outras relações, estas, por sua vez, incorporadas nos "fatos derivados". Teremos, então: fato base mais fatos derivados".[81]

Sabendo disso o direito processual, não é de hoje, sempre se preocupou com a possibilidade de que os diversos os fatos jurídicos nascidos dentro de uma mesma sequência acontecimentos não fossem levados em juízo de forma fatiada, isolada ou separadamente justamente para evitar não apenas a quebra do juiz natural, mas principalmente para conter o risco de existirem decisões logicamente contraditórias e conflitantes sobre situações jurídicas que fazem parte de um mesmo tronco fático comum (mesmo acontecimento).

A par disso, além desta enorme preocupação, a reboque vem também a necessidade de trazer maior *eficiência* à atividade jurisdicional evitando desperdício e otimizando a atividade jurisdicional, como, por exemplo, aproveitando a prova a ser produzida que poderia servir a várias destas demandas, ou até mesmo servindo-se do resultado da cognição e do julgamento de questões jurídicas comuns a todas elas[82].

Essa preocupação de longa data, mesmo sem "*dar tratamento sistemático às diversas modalidades de cumulação de ações, disciplinando esses vários institutos isoladamente e de modo incompleto*"[83], fez com que o legislador processual lançasse mão de uma série de técnicas que permitem – e estimulam – a aglutinação de demandas derivadas do mesmo acontecimento perante o mesmo órgão julgador, justamente para obter eficiência processual e evitar resultados conflitantes e contraditórios.

Só não se admitirá, curiosamente, essa aglutinação no mesmo juízo, ainda que isso seja possível, quando a própria *eficiência* e, também o *contraditório* (art. 113, §1º)

---

81. SIQUEIRA, Cleanto Guimarães. A defesa no processo civil: as exceções substanciais no processo de conhecimento. 3. ed. São Paulo: Saraiva. 2008, p. 92.

82. Além de todos os cuidados e preocupações relativos à preservação integral do contraditório, argumenta-se que a técnica de transportar o resultado de questões comuns proferidos em outros processos (otimizando o trabalho de cognição) poderia levar a uma ampliação do debate e demora na prestação jurisdicional do processo primitivo onde é travado o debate, sem necessariamente saber se haveriam processos subsequentes para transportar o resultado. A este respeito ver SIQUEIRA, Thiago Ferreira. Objeto do processo, questões prejudiciais e coisa julgada: análise dos requisitos para a formação da coisa julgada sobre a questão prejudicial incidental no Código de Processo Civil de 2015. Tese de Doutorado USP, 2018.; MACÊDO, Lucas Buril de. Coisa julgada sobre fato? Análise comparativa com o collateral estoppel de sua possibilidade de lege lata ou de lege ferenda, in: Revista de Processo, n. 260, São Paulo: Ed. RT, 2016, p. 355-412.; MARINONI, Luiz Guilherme. Coisa julgada sobre questão. 2. ed. São Paulo: Ed. RT, 2019.; UZEDA, Carolina. Coisa julgada sob perspectiva comparatística: o que o sistema norte-americano pode nos ensinar sobre a extensão dos limites objetivos e subjetivos da coisa julgada, in: Revista de Processo, n. 258, São Paulo: Ed. RT, 2016, p. 449-467.

83. GRECO, Leonardo. Concurso e cumulação de ações, in: Revista de Processo, v. 147, São Paulo: Ed. RT, 2007, p. 233-241.

fiquem comprometidos, v.g na hipótese em que se tenha número excessivo de litígios e litigantes. Nestes casos, recomenda-se, outras técnicas como, por exemplo, a centralização de processos, a cooperação jurisdicional, as técnicas de julgamento por amostragem de determinadas questões de direito, a fixação de um juízo para questões comuns relativamente a prova etc.

A grande parte das técnicas processuais voltadas a evitar o risco de decisões contraditórias e amplificar a eficiência do processo foram pensadas para conflitos individuais e por isso quando transportadas para conflitos coletivos devem ser avaliadas sob a perspectiva da sua utilidade e eficiência. Assim, por exemplo aquele que lê os incisos do artigo 113 e verifica o convite ao litisconsórcio com cúmulo objetivo percebe que a intenção do legislador não é outra senão fazer com que até mesmo a *afinidade de questões* seja um motivo para que exista a aglutinação num mesmo juízo de demandas decorrentes de um mesmo tronco fático comum. Observe que a "afinidade" é um requisito bem tênue, menos que *comunhão*, menos que a *conexão* do art. 55 caput, mas, mesmo assim, permite o cúmulo objetivo formador também do cúmulo subjetivo. Da mesma forma há promoção da aglutinação – dentro do mesmo processo ou com junção de vários processos – quando admite as várias modalidades de *intervenção de terceiros*, espontânea ou provocada, típicas ou atípicas, como a denunciação da lide, a oposição, a assistência, a desconsideração da personalidade jurídica, os embargos de terceiro, a ação de anulação da arrematação, o concurso de exequentes etc. Na mesma linha o art. 327 e ss. quando permite a cumulação, em um único processo, contra o mesmo réu, de vários pedidos, ainda que entre eles não haja conexão; no artigo 780 quando trata do cúmulo de execuções (identidade apenas subjetiva), no artigo 343 quando diz ser lícito ao réu propor reconvenção para manifestar pretensão própria, conexa com a ação principal ou com o fundamento da defesa, e, inclusive permitindo que a reconvenção possa ser proposta contra o autor e um terceiro, ou ainda que possa ser proposta pelo réu em litisconsórcio com terceiro. Além destes exemplos, e tantos outros que não citaremos aqui, há ainda a regra do artigo 61 que impõe que a ação acessória seja proposta no juízo competente para a ação principal, as hipóteses de distribuição por dependência do art. 286. A própria possibilidade de estender a coisa julgada sobre a questão prejudicial decidida expressa e incidentemente no processo é, por que não, uma preocupação não apenas com a otimização do trabalho cognitivo já realizado, mas também uma forma de evitar que tal questão possa, no futuro, ser decidida de forma conflitiva ou contraditória com o que já foi decidido, ainda que venha respeitar a eficácia preclusiva da coisa julgada principal.

E, observe-se a preocupação com os resultados conflitantes ou contraditórios é tão grande que quando nada disso funciona – nem a aglutinação na mesma demanda ou em *simultaneous processus* – o legislador ainda prevê a técnica de *suspensão do processo* do artigo 313, V (quando a sentença de mérito) (i) depender do julgamento de outra causa ou da declaração de existência ou de inexistência de relação jurídica que constitua o objeto principal de outro processo pendente ou ainda (ii) tiver de ser proferida somente após a verificação de determinado fato ou a produção de certa prova, requisitada a outro juízo. No mesmo sentido a suspensão do art. 315 quando o conhecimento do mérito depender de verificação da existência de fato delituoso. Assim, como se observa, há uma "penca" de técnicas processuais dentro do Código e Processo Civil – e tantas outras não citadas aqui – que junto com a *reunião de processos em razão da conexão*, se prestam à conduzir para o mesmo juízo os diversos conflitos ramificados que se encontram enraizados (vinculatividade) num mesmo acontecimento com a finalidade de *evitar decisões conflitantes e contraditórias* ao tempo que também servem às *otimização* da atividade jurisdicional.

3.8.4 *O risco de decisões conflitantes ou contraditórias para reunião das demandas: momento, juízo de análise do risco e objeto do conflito/contradição*

Existir conexão é uma coisa, reunir as demandas conexas é outra. Até por metonímia sempre refere ao segundo pelo primeiro como se ambos fossem a mesma coisa.

A reunião das demandas por meio da modificação da competência não é efeito que decorre da conexão, que tem um conceito restrito pelo art. 55, caput do CPC e que se

CAPÍTULO 8 • COMPETÊNCIA, CONEXÃO E LITISPENDÊNCIA NA LEI DE AÇÃO CIVIL PÚBLICA

aplica perfeitamente às ações coletivas. O efeito de reunir demandas conexas decorre, antes, do *fenômeno de vinculatividade material ou processual entre as demandas* que, repita-se, é bem mais amplo do que o de conexão, que daquele é espécie como vimos acima.

Justamente por reconhecer isso, o CPC de 2015, expressamente, menciona que mesmo "não havendo conexão" pode haver outros aspectos que vinculam uma demanda à outra, inclusive, a justificar o efeito da "reunião de processos".

É o que se verifica, por exemplo, no parágrafo terceiro do artigo 55 quando diz que "*serão reunidos para julgamento conjunto os processos que possam gerar risco de prolação de decisões conflitantes ou contraditórias caso decididos separadamente, mesmo sem conexão entre eles*".

Ora, é claro que há nesta hipótese vínculo material entre dois ou mais processos que, se não forem reunidos, levam ao risco de prolação de decisões conflitantes ou contraditórias.[84]

A despeito da regra estar no CPC ela se aplica integralmente às lides coletivas. Pelo que se observa no referido dispositivo é possível que, a depender não apenas do *pedido* ou da *causa* petendi, mas também da causa *excipiendi*, do pedido contraposto, ou das questões nascidas a partir do contraditório destes elementos, que se identifique o *risco* – entenda-se, a mera possibilidade – de que as decisões prolatadas em separado possam levar a uma contradição, uma incoerência que coloque em xeque a própria racionalidade lógica da decisão.

Exatamente por isso, o §3º do art. 55 diz que *mesmo sem conexão*, "*serão reunidos para julgamento conjunto os processos que possam gerar risco de prolação de decisões conflitantes ou contraditórias caso decididos separadamente*".

Há, claramente, um momento lógico final para que se reúnam demandas pelo risco da contradição e conflito de resultados. O Código determina que os processos reunidos serão decididos *simultaneamente* (art. 58, caput), e que os *processos de ações conexas serão reunidos para decisão conjunta, salvo se um deles já houver sido sentenciado* (§1º, art. 55).

Deixa evidente que *se o risco é de evitar decisões conflitantes*, então a existência de "decisão final" implica em reconhecer que não mais se justifica a reunião. Contudo é preciso reconhecer que o dispositivo não impede que esta regra seja utilizada em segundo grau, ou seja, quando em grau recursal demandas tramitem em órgãos fracionários diversos do tribunal e seja possível o conflito ou contradição de acórdãos. Também aí poderá ser invocado o dispositivo para permitir a reunião em grau recursal.

Por outro lado, não há um momento inicial para que se identifique o risco de futuras decisões conflitantes, até porque o próprio autor da demanda, ao protocolar a petição inicial já deveria pedir que a distribuição fosse por dependência ao juízo prevento seguindo a determinação do art. 2º, parágrafo único da Lei n. 7347/85 combinado com o artigo 283, III do CPC quando houver ajuizamento de ações nos termos do art. 55, § 3º.

---

84. "Na realidade, porém, o risco de decisões conflitantes ou contraditórias é um fator que caracteriza a própria conexidade", DINAMARCO, Cândido Rangel. Instituições de Direito Processual Civil, v. 1, 8. ed. São Paulo: Malheiros, 2016, p. 780.

A preocupação aqui – quando se fala em contradição e conflito de resultados – não é apenas com a *coerência* e *integridade*[85] das *questões de direito* – um mantra presente em todo o sistema processual – mas também com as *questões de fato*, afinal descredibilizam-se as decisões que se apoiam em convicções diferentes sobre a mesma alegação de fato, ainda que, absurdamente esta seja uma possibilidade admitida no plano empírico e prático. Como "convencer" o jurisdicionado vencido de que o fato alegado foi considerado existente no juízo A e não no juízo B? A temida "contraditoriedade" e a "conflituosidade" tanto pode residir na fundamentação (motivos), quanto no dispositivo (decisum) entre as decisões a serem prolatadas nos processos que não forem julgados *simultaneamente*.

Curioso notar ainda que a reunião de demandas *não conexas* pelo critério do *risco* de decisões contraditórias ou conflitantes deixa óbvio dois aspectos: *primeiro* não será possível reunir a demanda já sentenciada[86] e *segundo* que basta a existência de *risco* (situação decorrente do perigo, ameaça) de que possam ter resultados conflitantes ou contraditórios.

Isso significa dizer que para a incidência do §3º do art. 55 é preciso que seja feito um confronto e um contraste entre as demandas (inclusive com cooperação judicial se preciso for) que estão em juízos diversos e a partir daí que seja feito um prévio juízo de valor do *risco* da conflituosidade ou contraditoriedade das decisões que nelas serão prolatadas. Por aí se observa que a chance de conflito é bastante intensa.

O juízo de verificação se limita a saber se em tese é possível que os motivos e o resultado de uma demanda sejam comprometedores dos motivos e resultados da outra acaso sejam julgadas separadamente (não simultaneamente). O *risco* deste conflito/contradição é o gatilho necessário e suficiente para que se promova a reunião dos processos nesta hipótese do § 3º do art. 55. Não é seguro afirmar que basta a verificação do pedido e da causa de pedir para saber se existe o risco, porque o próprio §3º do art. 55 ratifica que a conexão é apenas um dos critérios para identificar o vínculo material entre demandas. Tampouco deve-se pensar que apenas o juiz é quem faz este juízo, porque ao propor a demanda o autor já deve pedir para distribuir por dependência ao juízo prevento quando houver ajuizamento de ações nos termos do art. 55, § 3º do CPC combinado com o art. 2º, parágrafo único da LACP, ainda que tal postulação seja controlada de ofício pelo magistrado.

A questão de saber se é obrigatória a reunião de processos que tramitam separadamente para evitar decisões conflitantes e contraditórias não parece oferecer maiores dúvidas.

Havendo *conexão* nos termos estabelecidos do artigo 55, caput, parece-nos que a resposta já foi dada pelo §1º que, de forma imperativa, determina que "*os processos de ações conexas serão reunidos para decisão conjunta, salvo se um deles já houver sido sentenciado*". A presunção do risco de conflito de resultados é patente nos casos de conexão (quando for comum o pedido ou a causa de pedir), daí porque o legislador determina que sejam reunidas para julgamento simultâneo quando isso for possível do ponto de vista jurídico (não haver sentença e não ser absolutamente incompetente[87]).

---

85. TEITELBAUM, Jaime W., El proceso acumulativo civil, Montevidéu, 1973, n. 19, p. 80-83.

86. Existindo outras conexas não sentenciadas devem ser reunidas se for juridicamente possível (compatibilidade procedimental e competência).

87. A flexibilização da rigidez da competência absoluta – não prorrogável – que impediria a reunião dos processos pode ser menos danosa do que os problemas causados por não se reunirem os processos conexos como advertiu ASSIS, Araken. (Cumulação de ações. São Paulo: Ed. RT, 1995. p. 173.), o que levaria a pensar numa *competência adequada* fruto de uma análise dinâmica e concreta da situação, para usar a expressão trazida por Cabral servível a várias situações em amplo, denso e elogiável trabalho

CAPÍTULO 8 • COMPETÊNCIA, CONEXÃO E LITISPENDÊNCIA NA LEI DE AÇÃO CIVIL PÚBLICA 281

Contudo, já na hipótese do §3º do artigo 55, não sendo o caso de conexão, o Código dá a possibilidade de o magistrado identificar, de acordo com as circunstâncias do caso concreto, se existe ou não o risco de conflito ou contradição de resultados caso não sejam julgados em conjunto.

Tomando de exemplo o caso relatado acima sobre o dano ao lençol freático certamente que há conexão de todos os processos com o mesmo fato base e é importante que a presunção da reunião por conexão seja levada a sério, contudo, por outro lado, é de se pensar se realmente todas devem ser reunidas pois a depender do distanciamento do juízo competente para o local onde devam ser realizadas as medidas judiciais de execução, certamente que o jurisdicionado pode ser o mais prejudicado por não ter uma tutela tempestiva ou adequada.

Conquanto todos fatos jurídicos ensejadores de demandas autônomas – coletivas ou individuais – têm o mesmo *vínculo material* pelo fato jurídico que deu origem às lesões ambientais, não nos parece que se deva fechar os olhos e simplesmente determinar a reunião dos processos sem cogitar se esta reunião será prejudicial para a eficiência do trabalho judiciário, bem como para a efetividade da tutela prestada, que é, no final das contas o que mais importa.

É preciso encontrar um meio termo, um ponto de equilíbrio entre a reunião para evitar o *risco* de decisões contraditórias ou conflitantes que justifiquem a reunião dos processos, e a permissão para que tramitem separadamente afim de permitir maior efetividade à tutela jurisdicional e não sobrecarregar um só juízo com inúmeras – quiçá milhares – de demandas envolvendo o mesmo fato.

> Reconhecendo que o fenômeno da *vinculação*[88] *material* é bem mais amplo do que o canhestro conceito de conexão do caput do artigo 55 o legislador deixou uma válvula aberta no §3º para permitir que – mesmo não havendo a "conexão" – seja possível reunir demandas para evitar contradição e conflito de resultados. Obviamente que esta avaliação – e respectiva decisão – da existência ou não do risco deve ser devidamente transparente e fundamentada.

Assim, no campo das situações da vida onde um mesmo fato mãe proporcione uma miríade de conflitos filhos, deve ser sopesado se o vínculo material ou processual que justifica a reunião deve ser mesmo empregado para este fim. É preciso sopesar seriamente o problema de que o jurisdicionado ficará privado do juízo que esteja perto da resolução do problema reclamado em juízo, e, com isso terá ampliado o risco de inefetividade da tutela; sem contar é claro o problema do exercício da defesa longe do juízo de sua origem.

> Por outro lado, especificamente no caso de multiconflitos individuais decorrentes do mesmo fato-ato jurídico parece-nos se estivermos no campo de atuação do §3º do artigo 55 – reunião de processos mesmo sem

---

acerca de uma teoria geral para a flexibilização da competência. CABRAL, Antonio do Passo. Juiz Natural e Eficiência Processual: flexibilização, delegação e coordenação de competências no processo civil. Tese Professor Titular da UERJ. 2017.

88. Usamos a expressão de José Carlos Barbosa Moreira ao criticar o uso do termo conexão no artigo 315 quando contrastado com o art. 103 do CPC anterior: "Não vou deter-me na análise desse conceito de conexão, que me parece defeituoso. Chamo apenas a atenção para o fato de que, no art. 315, o Código usa o adjetivo "conexa" para designar não apenas uma relação entre ações, note-se bem, mas também uma relação entre uma ação – a reconvenção e o fundamento da defesa. A meu ver, é inteiramente impossível pretender enquadrar a conexão a que se refere o art. 315 dentro da moldura armada no art. 103. O Código cometeu aqui mais uma das suas frequentes infidelidades aos conceitos que ele próprio procura fixar. Quero crer que o "conexa" do art. 315 deva ser interpretado de maneira bastante ampla. É necessário haver alguma vinculação entre as duas ações – a ação principal e a reconvenção". Resposta do réu no sistema do código de processo civil, in: Revista de Processo, n. 2, São Paulo: Ed. RT, 1976, p. 249-262.

conexão – não os parece que seja produtivo admitir a reunião dessas milhares de demandas para o mesmo juízo – todas derivadas do mesmo tronco fático e ainda que não possuam a conexão do art. 55 – sob pena de inviabilizar a tutela jurisdicional tempestiva e eficiente.

3.8.5 *Reunir ou não reunir, eis a questão?*

A consequência do reconhecimento da existência de demandas conexas ou litispendentes pelo legislador implica a adoção de soluções para que se dê rendimento ao princípio da efetividade e economia jurisdicional, tal como exposto em parágrafo anterior.

A solução tradicional é, respectivamente, a reunião (art.105) e a extinção dos processos (art. 485, V) para a conexão e duplicidade de litispendências.

Em se tratando de lides coletivas ambientais é claro que o problema também pode ocorrer, mas a solução deve ser consentânea com uma série de fatores como a eficiência do processo, a efetividade da tutela a ser prestada, a indisponibilidade dos interesses transindividuais conduzidos em juízo pelo legitimado coletivo[89], ou seja, não se deve ter uma solução fixa do tipo *reúne* e *extingue* para o caso de conexão e litispendência, respectivamente.

Com relação a reunião dos processos pelos vínculos material e processual[90], como dissemos no tópico anterior, o normal é que ela deva acontecer, mas não se descarta, a depender da extensão do conflito e do número de demandas conexas, de se promover uma solução que atenda ao mesmo tempo um remédio contra risco de decisões contraditórias, mas que também contemple a equalização do problema da inefetividade da tutela para o jurisdicionado e ineficiência da prestação jurisdicional resultante de uma reunião de milhares de processos para um mesmo juízo. É preciso pensar na possibilidade de fracionar a competência entre um juízo comum para tratar de questões genéricas que sirvam a todos, e, juízos locais sejam competentes para demandas coletivas que se restringem à sua localidade. O critério cogente da reunião não pode ser interpretado de forma abstrata e burocrática sem levar em conta os interesses dos sujeitos que suportarão a mudança da competência, bem como do risco de ineficiência total da tutela a ser prestada.

Debruçando especificamente sobre a redação do art. 2º da LACP, é inescondível que ali existe uma certa incongruência em se dizer no caput que a competência é do tipo *absoluta*, portanto, inderrogável, e logo em seguida permitir a reunião das demandas conexas[91]. Essa solução decorre do parágrafo único do art. 2º da LACP, que *impõe* a reunião, já fixando a prevenção para todas as demais ações conexas pelo objeto ou

---

89. Sobre o tema ver, na doutrina, Pedro da Silva Dinamarco. Ação civil pública, p. 104 e ss.; Ada Pellegrini Grinover, "Ações coletivas. Identidade total ou parcial. Conexão, continência e litispendência. A aparente diversidade no polo ativo. Conflito positivo de competência. Reunião dos processos perante o juízo prevento", in: A marcha do processo. Rio de Janeiro: Forense Universitária, 2000, p. 404 e ss.; Flávio Luiz Yarshell. "Observações a propósito da liquidação na tutela de direitos individuais homogêneos", in: Atualidades sobre liquidação de sentença. São Paulo: Ed. RT, 1996, p. 157-158; Vicente Greco Filho. Comentários ao Código de proteção ao consumidor. São Paulo: Saraiva, 1991, p. 366; Marino Pazzaglini Filho, Márcio Fernando Elias Rosa & Waldo Fazzio Júnior. Improbidade administrativa. 4. ed. São Paulo: Atlas, p. 217.

90. Curioso – ou lamentável – é a contradição de se reunir demandas coletivas para um mesmo juízo contrariando a esdruxula regra do artigo 16 da LACP que limita a coisa julgada à competência do órgão prolator.

91. O parágrafo único não é contemporâneo ao caput do dispositivo, de forma que por isso mesmo o legislador não se sentiu inibido ou incomodado com esse aspecto (competência absoluta), prevendo expressamente a reunião das demandas conexas no parágrafo único.

CAPÍTULO 8 • COMPETÊNCIA, CONEXÃO E LITISPENDÊNCIA NA LEI DE AÇÃO CIVIL PÚBLICA

causa de pedir. A regra tem que ser interpretada *cum grano salis*, mormente em casos de conflitos de enorme extensão danosa com muitas lides em diversos locais distintos.

Admitida que seja a reunião, as causas só podem ser reunidas até antes de prolatada a sentença quando terão julgamento simultâneo. Recorde-se que tratando-se de conexão por prejudicialidade, e sendo impossível a reunião, é viável que antes de se proferir a sentença seja aplicada a regra do art. 313, V, "a" do CPC, lembrando que nada impede que se pense em reunião dos processos que estejam em fase executiva, inclusive para otimizar o trabalho caso isso seja possível, nada obstante não seja "processo de sentença" como é o de conhecimento.[92]

4. LITISPENDÊNCIA ENTRE AÇÕES COLETIVAS

4.1 Introito

Segundo o Código de Processo Civil "*uma ação é idêntica a outra quando possui as mesmas partes, a mesma causa de pedir e o mesmo pedido*" (art. 337, §2º). E haverá o fenômeno de duplicidade de litispendências "*quando se repete ação que está em curso*". (art. 307, §3º). A solução dada pelo CPC para a inusitada situação de terem sido propostas duas ou mais demandas idênticas é a extinção da demanda repetida, sem prejuízo de eventual sanção por má-fé processual a depender das circunstâncias do caso concreto, já que falece interesse processual a repetição de demanda que está em curso.

No procedimento especial coletivo também existe a possibilidade de que ocorra litispendência entre ações coletivas. Pouco importa o nome que se dê a demanda coletiva (*ação coletiva, ação popular, mandado de segurança coletivo, ação civil pública*). A alcunha é irrelevante para definir se houve ou não repetição da demanda em curso. Também é irrelevante se apenas o procedimento das referidas demandas for diferente (ação popular e ação civil pública, por exemplo).

A despeito do nome que se dê ou do procedimento que ela tenha o que importa é saber se os seus elementos identificadores são os mesmos (partes, pedido e causa de pedir). E frise-se que a parte ativa deve ser identificada não pelo legitimado coletivo, mas pelos titulares do direito que ele substitui.

> "1. Na hipótese dos autos, incontroversa a existência de identidade de pedido e de causa de pedir, não só porque reconhecida pelo acórdão recorrido, mas também porque tal identidade é expressamente admitida pelo próprio recorrente, que somente se insurge contra o reconhecimento da litispendência, por entender que esse pressuposto processual negativo exigiria também a identidade de partes processuais.
>
> 2. Outrossim, a tese do recorrente não prospera, pois contrária à doutrina e jurisprudência consolidada do STJ, consoante a qual nas ações coletivas, para efeito de aferição de litispendência, a identidade de partes deverá ser apreciada sob a ótica dos beneficiários dos efeitos da sentença, e não apenas pelo simples exame das partes que figuram no polo ativo da demanda, ainda que se trate de litispendência entre ações coletivas com procedimentos diversos, como a Ação Civil Pública (procedimento regulado pela Lei 7.347/1985;

---

92. (...) 5. Ademais, a Primeira Seção deste Superior Tribunal de Justiça, ao julgar o REsp 1.158.766/RJ, de relatoria do Ministro Luiz Fux, submetido no regime de recurso repetitivo, consolidou entendimento de que a reunião de processos contra o mesmo devedor, por conveniência da unidade da garantia da execução, nos termos do art. 28 da Lei 6.830/80, é uma faculdade outorgada ao juiz, e não um dever. 6. Agravo regimental não provido. (AgRg no REsp 1186059/RS, Rel. Ministro BENEDITO GONÇALVES, PRIMEIRA TURMA, julgado em 15/02/2011, DJe 22/02/2011).

Ação Popular (procedimento regulado pela Lei 4.717/1965); pelo Mandado de Segurança (procedimento regulado pela Lei 12.016/2009); pela Ação de Improbidade Administrativa (procedimento regulado pela Lei 8.429/1992) etc. (REsp 427.140/RO, Rel. Ministro JOSÉ DELGADO, Rel. p/ Acórdão Ministro Luiz Fux, Primeira Turma, julgado em 20/05/2003, DJ 25/08/2003, p. 263; REsp 1168391/SC, Rel. Ministra ELIANA CALMON, SEGUNDA TURMA, julgado em 20/05/2010, DJe 31/05/2010; REsp 925.278/RJ, Rel. Ministro Arnaldo Esteves Lima, Quinta Turma, julgado em 19/06/2008, DJe 08/09/2008;

RMS 24.196/ES, Rel. Ministro Felix Fischer, Quinta Turma, julgado em 13/12/2007, DJ 18/02/2008, p. 46)".

Se existe conexão entre demandas, nada mais intuitivo que a competência para processá-las e julgá-las seja do mesmo órgão jurisdicional, por razões de efetividade e de economia da justiça (contato com a prova, conhecimento do fato ou do direito envolvido, custo das provas, decisão não conflitante etc.), motivo pelo qual a propositura da primeira demanda preveniria a competência para as demandas conexas que fossem subsequentes como expusemos no tópico anterior com os ajustes às regras de competência adequada e cooperação judiciária que já expusemos anteriormente no item 3.6.

Por outro lado, se existir a duplicidade de lides pendentes, duas podem ser as soluções diante das circunstâncias do caso concreto:

(a) ou extingue com base no art. 485, V do CPC (extinção sem resolução do mérito) ou

(b) serão reunidas para o juízo prevento[93], porque poderá existir no procedimento coletivo certas peculiaridades que afastam o simples decalque da regra tradicional para tais hipóteses.

Apenas a título exemplificativo, tente responder à seguinte indagação:

Seria justo que a ação popular proposta pelo cidadão (ou assumida pelo MP, art. 9º da Lei n. 4.717/65) fosse extinta caso todos os elementos da demanda fossem rigorosamente idênticos aos de uma ação civil pública proposta por qualquer legitimado do art. 5º da Lei n. 7.347/85?

Poderia a lei impedir a participação política do cidadão prevista no art. 5º, LXXIII, da CF/88, ou, em sentido inverso, poderia a ação popular impedir a ação civil pública também prevista constitucionalmente (art. 129, § 3º)?[94]

Afinal de contas, se a tutela jurisdicional coletiva deve ser a forma mais ampla de acesso à justiça, abrindo canais e portas de ingresso em juízo, é justo, ou válido, ou legítimo, que se aplique para casos tais a extinção de uma das formas de participação da sociedade na tutela de direitos supraindividuais?[95]

---

93. Há sistemas jurídicos que adotam a extinção e outros a reunião quando se verifica a duplicidade de lides pendentes. Para qual juízo será reunido ou qual das repetidas será extinta são perguntas que nem sempre são respondidas pela simples análise da prevenção, que constitui um dos critérios que podem ser adotados. Ainda quando se o adote (critério da prevenção), nem sempre recairá obrigatoriamente sobre a propositura da ação ou a citação válida. O legislativo pode adotar o critério da distribuição, despacho, citação válida, fim do prazo da resposta, iniciação da audiência preliminar, término da audiência de instrução etc. como marco delimitador da prevenção para fins de verificação da reunião ou extinção de processos. Sobre o tema, ver o monumental trabalho de Arruda Alvim. ALVIM NETTO, J. M. A. Ensaio sobre a Litispendência no Direito Processual Civil. São Paulo: Ed. RT, 1972.

94. Sobre o tema ver também Marino Pazzaglini Filho, Márcio Fernando Elias Rosa & Waldo Fazzio Júnior. Improbidade administrativa. 4. ed. São Paulo: Atlas, p. 217; Ada Pellegrini Grinover, "Ações coletivas. Identidade total ou parcial. Conexão, continência e litispendência. A aparente diversidade no polo ativo. Conflito positivo de competência. Reunião dos processos perante o juízo prevento", in: A marcha do processo. Rio de Janeiro: Forense Universitária, 2000, p. 404 e ss.

95. Importante lembrar que os limites objetivos e subjetivos da coisa julgada coletiva (erga omnes e ultra partes) e a representação adequada das demandas coletivas há uma necessária correlação. Essa relação concentra-se no fato de que a tutela coletiva é justa e atende ao devido processo se e quando o representante adequado tenha reais e concretas chances de participação de tutela desses direitos. Enfim, é o exercício do contraditório em sua amplitude que coloca os legitimados coletivos em posição privilegiada na sociedade para a tutela desses valores supraindividuais.

CAPÍTULO 8 • COMPETÊNCIA, CONEXÃO E LITISPENDÊNCIA NA LEI DE AÇÃO CIVIL PÚBLICA

1. O Ministério público, por força do art. 129, III, da CF/88, é legitimado a promover qualquer espécie de ação na defesa do patrimônio público social, não se limitando à ação de reparação de danos. Destarte, nas hipóteses em que não atua na condição de autor, deve intervir como custos legis (LACP, art. 5º, § 1º; CDC, art. 92; ECA, art. 202 e LAP, art. 9º).

2. A carta de 1988, ao evidenciar a importância da cidadania no controle dos atos da administração, com a eleição dos valores imateriais do art. 37 da CF como tuteláveis judicialmente, coadjuvados por uma série de instrumentos processuais de defesa dos interesses transindividuais, criou um microssistema de tutela de interesses difusos referentes à probidade da administração pública, nele encartando-se a Ação Popular, a Ação Civil Pública e o Mandado de Segurança Coletivo, como instrumentos concorrentes na defesa desses direitos eclipsados por cláusulas pétreas.

3. Em consequência, legitima-se o Ministério Público a toda e qualquer demanda que vise à defesa do patrimônio público sob o ângulo material (perdas e danos) ou imaterial (lesão à moralidade).

4. A nova ordem constitucional erigiu um autêntico 'concurso de ações' entre os instrumentos de tutela dos interesses transindividuais e, a fortiori, legitimou o Ministério Público para o manejo dos mesmos.

5. A lógica jurídica sugere que legitimar-se o Ministério Público como o mais perfeito órgão intermediário entre o Estado e a sociedade para todas as demandas transindividuais e interditar-lhe a iniciativa da Ação Popular, revela contraditio in terminis.

6. Interpretação histórica justifica a posição do MP como legitimado subsidiário do autor na Ação Popular quando desistente o cidadão, porquanto à época de sua edição, valorizava-se o parquet como guardião da lei, entrevendo-se conflitante a posição de parte e de custos legis.

7. Hodiernamente, após a constatação da importância e dos inconvenientes da legitimação isolada do cidadão, não há mais lugar para o veto da legitimatio ad causam do MP para a Ação Popular, a Ação Civil Pública ou o Mandado de Segurança coletivo.

8. Os interesses mencionados na LACP acaso se encontrem sob iminência de lesão por ato abusivo da autoridade podem ser tutelados pelo mandamus coletivo.

9. No mesmo sentido, se a lesividade ou a ilegalidade do ato administrativo atingem o interesse difuso, passível é a propositura da Ação Civil Pública fazendo as vezes de uma Ação Popular multilegitimária.

10. As modernas leis de tutela dos interesses difusos completam a definição dos interesses que protegem. Assim é que a LAP define o patrimônio e a LACP dilargou-o, abarcando áreas antes deixadas ao desabrigo, como o patrimônio histórico, estético, moral etc.

11. A moralidade administrativa e seus desvios, com consequências patrimoniais para o erário público enquadram-se na categoria dos interesses difusos, habilitando o Ministério Público a demandar em juízo acerca dos mesmos.

12. Recurso especial desprovido.

(REsp 427.140/RO, Rel. Ministro JOSÉ DELGADO, Rel. p/ Acórdão Ministro LUIZ FUX, PRIMEIRA TURMA, julgado em 20/05/2003, DJ 25/08/2003, p. 263)

Parece que a resposta imediata e intuitiva é negativa e não apenas pela ressalva expressa contida no art. 1º da Lei de Ação Civil Pública que a referida ação "*não prejudica a ação popular*". O acesso à justiça e a legitimação concorrente e disjuntiva criada para permitir o *amplo acesso à justiça* não deve ser obstado, mas sim conciliado com soluções que permitam o justo equilíbrio com a eficiência e o risco de decisões contraditórias.

4.2   Identificando situações de litispendência e suas consequências

É bem mais comum a conexão – e não a litispendência – entre ações coletivas. Isso pela simples razão de que um mesmo evento (fato base) pode ocasionar inúmeros conflitos menores que sejam objetos de dezenas de ações coletivas.

Além disso, não será incomum, por exemplo, que a causa de pedir ambiental se apresente num primeiro momento mais genérica e nela não esteja delimitado, precisamente, todos os lindes da demanda. Obviamente que isso não pode prejudicar a defesa e ainda há que se respeitar o limite temporal da estabilização o processo. Por isso também este contraste inicial pode não se mostrar tão límpido e claro num controle de admissibilidade (inicial), o que pode acontecer com melhores condições no despacho saneador após a fase postulatória[96].

Também é importante lembrar que no direito ambiental há solidariedade entre os poluidores, o que permite imaginar hipótese, por exemplo, de o Ministério Público ajuizar demanda com pedido de restauração do equilíbrio ecológico contra um dos poluidores e um outro legitimado propor ação coletiva contra o outro poluidor com base na mesma causa de pedir e tendo ainda o mesmo pedido da outra demanda.

Inadmissível será que os titulares do direito difuso sejam duplamente beneficiados pela condenação em ambas a demandas, bum típico caso de bis in idem, mas também será inadmissível negar a garantia da legitimação concorrente e disjuntiva, somado à garantia da solidariedade dos poluidores.

Formalmente não há litispendência pela diferença do polo passivo, embora exista identidade do conflito deduzido em juízo. A solução mais equilibrada nos parece ser a reunião das demandas para que tramitem juntas e sejam julgadas simultaneamente.

Por outro lado, diante de um amplo rol abstrato de legitimados concorrentes – onde um não necessita da autorização do outro para propor a ação coletiva – não será uma aberração a ocorrência de repetição de demandas coletivas.

O *reconhecimento* da duplicidade de litispendências é uma coisa e o *efeito* desse reconhecimento é outra completamente diferente. Para que incida o efeito da extinção é preciso que se tenha certeza e segurança de que a extinção da demanda repetida não traga *nenhum prejuízo processual ou material para o titular do direito supraindividual.*

A possibilidade de extinção não deve ser descartada e mostra-se como solução viável, por exemplo, quando o mesmo legitimado coletivo propuser demanda idêntica à já proposta. Aliás, nestas hipóteses não se deve descartar a incidência de que tal atitude possa ser configurada como ato de má-fé processual.

Contudo, raramente isso irá acontecer, e, não sendo hipóteses como esta que foi citada acima, deve o juízo competente contrastar os elementos da demanda que está em curso, para saber se eles se igualam, mas, mais que isso, é preciso ainda verificar se ambas se equivalem do ponto de vista processual em relação às argumentações, à forma de condução do processo, das provas produzidas em cada uma das demandas, da capacidade e experiência do advogado que postula etc.

Aproximando o problema para o direito ambiental é de se dizer que ante a enorme complexidade dos conflitos coletivos, marcada pela instabilidade dos bens, pela dispersão

---

96. Neste momento não se descarta que o magistrado, verificando que os contornos da causa de pedir se tornaram mais precisos no curso da fase postulatória, que abra a oportunidade para a defesa se manifestar sobre pontos que não estavam tão claros da causa de pedir (em razão das dificuldades do próprio direito material ambiental) quando da propositura da ação.

CAPÍTULO 8 • COMPETÊNCIA, CONEXÃO E LITISPENDÊNCIA NA LEI DE AÇÃO CIVIL PÚBLICA

dos titulares, a conexão dos direitos e das relações sociais com o tal interesse coletivo em conflito são fatores que, ao nosso ver, simplesmente impedem a aplicação segura do critério puramente processual dos elementos da demanda para verificação da conexão, continência e litispendência.

> Melhor seria, *in casu*, que o legislador permitisse que o juiz utilizasse critérios mais pragmáticos para a verificação da conexão e litispendência e eventual reunião das demandas, tais como o aproveitamento da prova a ser produzida nas ações em curso, as questões afins deduzidas na defesa de ambas as partes das diferentes causas, os mesmos fundamentos de fato e de direito pelos diferentes representantes adequados nas diferentes demandas, a possibilidade de contradição nas decisões nelas proferidas, a análise da argumentação desenvolvida em cada uma das demandas etc.

Causaria um enorme risco de prejuízo aos titulares do direito supraindividual se essa extinção se submetesse a uma mera análise fria dos elementos da ação e da cronologia da propositura, sem cogitar a maneira como os direitos supraindividuais estão sendo tutelados numa ou noutra demanda. Havendo o mero risco de prejuízo processual ou material aos titulares que são representados em juízo pelos legitimados coletivos deve-se solucionar o problema com a reunião das demandas coletivas para que tramitem conjuntamente, não se admitindo soluções dispares para ambas.[97]

Assim, não podemos concordar com o Superior Tribunal de Justiça quando decide pela extinção de ações coletivas litispendentes fazendo um *contraste meramente formal dos elementos da demanda* (pedido, causa de pedir e das partes em sentido material e processual).

> "No entanto, esta Corte Superior firmou o entendimento de que, nas ações coletivas, por se tratar de substituição processual por legitimado extraordinário, não é necessária a presença das mesmas partes para configuração da litispendência, devendo somente ser observada a identidade dos possíveis beneficiários do resultado das sentenças, dos pedidos e da causa de pedir. Por tais motivos, concluo haver litispendência da presente ação com outras duas ações civis públicas, anteriormente ajuizadas pelo Instituto Brasileiro de Defesa do Consumidor em desfavor do ora recorrente. Diante do todo o exposto, DOU PROVIMENTO ao recurso especial para extinguir o processo sem julgamento do mérito, nos termos do art. 485, V, do CPC/2015 (art. 267, V, do CPC/1973)". (REsp 1726147/SP, Rel. Ministro ANTONIO CARLOS FERREIRA, QUARTA TURMA, julgado em 14/05/2019, DJe 21/05/2019)

Com o devido respeito, a extinção de demandas é consequência inaceitável mesmo quando exista a litispendência formal, sem que se coteje a *litispendência material* e de *como se deu o desenvolvimento do processo* em cada uma das demandas.

Tudo isso após uma análise minuciosa e fundamentada sobre os pros e contras de se promover a reunião das demandas, incidentes ou recursos.

Não parece correto que o jurisdicionado substituído, verdadeiro titular do equilíbrio ecológico defendido nas demandas conexas ou formalmente litispendentes, fique ao sabor da sorte ou azar de uma "cronologia da prevenção", torcendo para que a extinção não recaia sobre a demanda que, em tese, ele teria mais chances de vencer, porque se

---

97. Por outro lado, estando as ações em curso perante o tribunal, nada impede que sejam as mesmas reunidas, tudo para evitar acórdãos contraditórios. São os mesmos princípios norteadores da conexão em primeiro grau que justificam a sua aplicação num segundo grau de jurisdição.

apresentam melhor os argumentos desenvolvidos, as provas solicitadas e eventualmente produzidas, o legitimado seja mais forte processualmente etc.

A litispendência deve ser vista sob o ponto de vista material, ou seja, pela verificação da lide deduzida em juízo e suas repercussões coletivas. Se o sistema processual coletivo é informado pelo princípio do acesso à justiça, em que a ação/incidente é apenas uma porta de acesso ao Poder Judiciário, devendo ensejar a maior participação e a universalização da justiça para todos os cidadãos, não nos parece que, por outro lado, possa o legislador invocar a economia processual para justificar o fechamento das portas de acesso à justiça com o trancamento das demandas/incidentes repetidas nos seus juízos de origem.

Deve-se, sim, compatibilizar a coexistência de demandas/incidentes coletivas, permitindo a sua reunião para que apenas uma delas possa seguir em frente, aproveitando as provas e os argumentos produzidos naquelas que foram reunidas e permitindo, desde então, que os legítimos representantes adiram e intervenham na demanda que prosseguirá.

Enfim, pedindo vênias pelo risco de ser repetitivo, só se trancará a demanda repetida depois de ela ser reunida e permanecer anexa e apensa àquela que seguirá adiante, dela aproveitando-se todas as provas e argumentos utilizados. Assim, reúnem-se as demandas litispendentes (o legislador adota, também aqui, o critério abstrato e cronológico da prevenção, que, segundo pensamos, é de questionável eficiência para as lides coletivas), anexando-as àquela que prosseguirá até o final.

Certamente, não sendo possível a reunião de demandas conexas ou litispendentes, em razão do estágio em que se encontrem (em graus diferentes de jurisdição, por exemplo), a solução deverá ser, de lege ferenda, a suspensão do processo, com aplicação do art. 313, V, "a" do CPC.[98]

4.3   Contraste entre ações coletivas difusas e individuais homogêneas

4.3.1   Apresentação

Ultrapassada a problematização acerca da concomitância de demandas coletivas propostas por representantes adequados distintos, mas tutelando os mesmos titulares supraindividuais, não pode ser olvidado o problema acerca da concomitância entre demandas coletivas que possuam objetos distintos.

Assim, também pode-se afirmar que a concomitância de demandas coletivas que aparentemente se utilizam de um mesmo suporte fático para pedidos difusos, coletivos e individuais homogêneos, propostas pelas mesmas partes ideológicas e contra os

---

98. Nesse sentido, ver por todos Cappelletti, que cria a expressão "parte ideológica" para designar estes "tutores" dos direitos supraindividuais em juízo. "Formações sociais e interesses coletivos diante da justiça civil", in: Revista de processo. São Paulo: Ed. RT, 1997, n. 5, p. 147 Nesse sentido Grinover, ao dizer que: "Essa identidade de demandas – entre ações populares e ações civis públicas – impõe igualmente a reunião de todas elas, sendo para tanto competente aquele mesmo juízo da 4ª Vara Federal da Seção Judiciária do Pará – (...) Contudo, mesmo que não se entenda viável a reunião das ações populares e civis públicas em um mesmo juízo, ainda assim a identidade do objeto do processo impõe o sobrestamento das causas prejudicadas, até o julgamento da causa prejudicial, com fulcro no art. 265, IV, a, do CPC" (Op. cit., p. 409).

CAPÍTULO 8 • COMPETÊNCIA, CONEXÃO E LITISPENDÊNCIA NA LEI DE AÇÃO CIVIL PÚBLICA

mesmos legitimados passivos possui semelhança, mas não identidade. É certo que o pedido – a tutela jurisdicional solicitada – é diverso, motivo pelo qual não é lícito pensar em litispendência.

E veja que não se trata de uma simples diferença simbólica e nominativa (difusos, coletivos e individuais homogêneos), já que o procedimento a ser adotado para o processo coletivo de defesa de direitos individuais homogêneos é diverso (arts. 91 a 100 do CDC) dos essencialmente coletivos (difusos e coletivos).

Mais que isso, há diferença também quanto ao aspecto da relativização da coisa julgada dos essencialmente coletivos para os acidentalmente coletivos. A coisa julgada *secundum eventum probationes* só ocorre para os primeiros, enquanto a coisa julgada dos individuais homogêneos é relativizada para só atingir as vítimas e seus sucessores no caso de procedência do pedido. Entretanto, a diferença maior entre as demandas coletivas de direitos essencialmente coletivos e as dos individuais homogêneos reside no pedido formulado.

No difuso e coletivo tutela-se um direito que encontra eco no direito material, ou seja, existe um direito difuso e um direito coletivo que são tutelados pela via processual coletiva. Com o direito individual homogêneo a coisa não se passa da mesma forma, sendo apenas forma processual de tutelar interesses individuais que contenham entre si identidade de questões de fato e de direito (origem comum).

4.3.2   A tutela difusa x individual homogênea

É que os direitos individuais homogêneos são simplesmente direitos individuais, mas que em razão de uma situação jurídica ou fática comum, geral, de dimensão comum, foram brindados com a possibilidade de serem tutelados de forma coletiva, mesmo que intrinsecamente sejam direitos individuais.

Com isso queremos dizer que todo o processo de defesa dos direitos individuais homogêneos foi criado para dar tratamento coletivo a um direito que não tem um embrião coletivo. Isso faz com que essa "técnica processual coletiva", que usa boa dose de ficção jurídica, tenha um limite natural: há um determinado momento do processo coletivo de defesa de direitos individuais homogêneos em que já não será mais possível continuar dando-lhe um tratamento coletivo, uma vez que será necessária a individualização dos titulares do direito. Isso vai se dar em fase de "liquidação". Liquidar-se-á uma sentença que decidiu, genericamente, o que haveria de homogêneo nos interesses individuais, ou seja, as mesmas situações de fato ou de direito.

Exatamente por isso, não se pode pretender dizer que os pedidos sejam os mesmos, ou que o pedido de um prejudica o do outro. Se fica muito fácil esta distinção entre os difusos e os coletivos, em razão da limitação de titularidade do coletivo em face do difuso, o mesmo não se diga quando se comparam os essencialmente coletivos dos acidentalmente coletivos. Nada melhor que a exemplificação para deixar claro o que aqui se afirma.

O mesmo evento de poluição ambiental (poluição hídrica) pode dar ensejo à demanda coletiva difusa para restauração das bacias hídricas poluídas, como também à demanda coletiva individual homogênea para ressarcir as vítimas e seus sucessores (que não se sabe quem são num primeiro momento) que se contaminaram com a água poluída.

Ora, certamente há semelhança entre as demandas, mas jamais identidade. Nem mesmo se considerarmos a causa de pedir, já que nos direitos individuais homogêneos sempre haverá uma ofensa a um direito individual, ainda que num primeiro momento esse indivíduo não seja descoberto.

No exemplo dado, o que há entre as duas demandas é uma situação fática comum de poluição com prejuízos ao meio ambiente (difusos) e com prejuízos individuais (individual homogêneo). Mas, como se vê, o suporte fático não é exatamente o mesmo, já que um deve emoldurar-se numa norma abstrata que assegura a proteção de um interesse difuso e o outro numa norma abstrata que assegura a tutela de um direito individual, que será tratado processualmente de forma coletiva numa fase inicial.

Logo, tem-se que a causa de pedir não é simplesmente a "atividade poluente" (emitir determinada substância no meio ambiente) – *que é o ponto comum entre a demanda difusa e a individual homogênea*, mas que tal prática esteja ligada a um prejuízo coletivo ou individual, dependendo da norma que se pretenda tutelar. Observe que ter o mesmo *fato-base* não significa que possuam a *mesma causa de pedir*. Aqui, nitidamente a causa de pedir da pretensão à reparação ecológica é absolutamente diversa da pretensão à reparação dos danos individuais afetados por ricochete.

Por isso, é inegável que existe entre a demanda difusa e a coletiva, no exemplo formulado, um aspecto da causa de pedir fática que é comum, não se podendo falar, no entanto, em identidade da causa de pedir, nem em sentido processual e tampouco em sentido material.

Esse aspecto comum – *fato-base* – é a poluição emitida pela empresa, que é, em termos práticos, algo que se terá que provar tanto nas demandas difusas quanto nas demandas acidentalmente coletivas (direitos individuais homogêneos), porque tal fato constitui nexo de causalidade do dano ambiental difuso e também dos danos individualmente sofridos.

Nesse passo, o que fez o legislador foi utilizar-se da máxima da efetividade e da economia processual: criou um método de tutela coletiva de direitos individuais homogêneos, tornando possível a propositura de ação para que seja declarado, como neste caso, que a empresa tal foi mesmo responsável pela emissão do poluente tal.

Essa sentença foi denominada *condenatória genérica do art. 95 do CDC*, e, a partir daí, terminada a fase coletiva, passa-se à fase individual permitindo que cada um que tenha sido prejudicado pela referida conduta já provada poderá ajuizar demanda para fazer a ligação de tal situação genérica com o seu prejuízo individual.

Logo, a tutela coletiva individual homogênea só é coletiva – supraindividual – até o trânsito em julgado da sentença condenatória genérica. Depois disso, é tutela de direitos individuais.

Nesse passo fica fácil identificar que, se proposta uma ação para a defesa de direitos difusos, como no exemplo comentado, será necessário provar o nexo de causalidade entre a atividade da empresa e o dano difuso causado.

CAPÍTULO 8 • COMPETÊNCIA, CONEXÃO E LITISPENDÊNCIA NA LEI DE AÇÃO CIVIL PÚBLICA **291**

Nesse caso, será demonstrado se houve ou não a emissão do poluente. Uma vez obtido o trânsito em julgado dessa decisão que solicite a recuperação do meio ambiente degradado, pergunta-se: haveria uma certa repetição (e com isso desperdício de atividade jurisdicional e inefetividade do processo) se fosse necessário que cada indivíduo, em tese prejudicado pela mesma emissão de poluente, tivesse que provar em juízo que a empresa tal, no período tal, foi responsável pela emissão do poluente tal, o que lhe causou o dano que quer ver ressarcido?

É certo que a prova dessa conduta – emissão da poluição tal – já se produziu na demanda difusa e por técnica legislativa o legislador evitou que fosse necessária a prova desse aspecto em demandas individuais, permitindo a utilização desse *decisum* difuso para as lides individuais, criando o que se denominou coisa julgada *in utilibus* (art. 103, § 2º, do CDC), algo muito próximo do *efeito anexo da sentença penal condenatória – eficácia civil da sentença penal*[99].

Justamente por isso, chega-se a sustentar que a sentença difusa transitada em julgado possui um *pedido implícito* servível apenas para beneficiar as lides individuais referentes a essa parte da decisão que servirá para diminuir a prova e o trabalho nas lides individuais.

Outrossim, pode-se afirmar até que os limites objetivos da coisa julgada proferida nas sentenças que tutelam direitos essencialmente coletivos ficam adstritos ao pedido formulado pelo autor, mas também faz coisa julgada (por causa da regra in utilibus – sempre e apenas para beneficiar) a questão comum (de fato ou de direito) que embasa as lides individuais.

Diante disso, é certo que, uma vez ajuizada uma demanda difusa, não faz sentido que se cumule nessa mesma demanda uma pretensão individual homogênea relativamente ao mesmo aspecto fático, tendo em vista que a regra da coisa julgada in utilibus favorece o aproveitamento da parte comum para a liquidação individual. O inverso não se diga, já que a ação para a defesa de direitos individuais homogêneos tem por fundamento a ofensa a normas jurídicas abstratas de pessoas individualizadas e direitos individuais, embora ainda não tenham sido particularizadas as situações específicas dos indivíduos.

Obtida esta sentença genérica, o caminho a partir daí é a sua particularização em liquidações individuais. Assim, embora seja aproveitável in utilibus a sentença difusa, não se pode dizer que a sua improcedência acarrete prejuízo da ação para defesa de direitos individuais homogêneos, caso venha a ser proposta a posteriori ou esteja tramitando concomitantemente, e, de certa forma reforça isso o art. 130, §2º do CDC. Não há relação de continência para que se pudesse alegar que julgada a demanda difusa, a individual homogênea estaria prejudicada.

---

99. Com certeira observação, Gidi diz que: "A sentença da ação coletiva em defesa de direito difuso terá um duplo efeito, como se houvesse uma dupla condenação. A comunidade titular do direito difuso violado será indenizada e o produto vertido para o Fundo do art. 13 da LACP. Mas, além disso, também os correspondentes direitos individuais homogêneos dos consumidores prejudicados com a mesma conduta do fornecedor estarão tutelados pela extensão in utilibus da coisa julgada. Como se vê, julgada procedente uma ação coletiva em defesa de direito difuso, torna-se despicienda a propositura da correspondente ação coletiva em defesa dos direitos individuais homogêneos" (Litispendência e coisa julgada nas ações coletivas, p. 220).

Nesse passo Gidi assevera que: "É certo que a procedência da ação coletiva em defesa de direito difuso torna desnecessária a ação coletiva em defesa de direitos individuais homogêneos. Mas isso não significa que, tecnicamente, o pedido de tutela dos direitos individuais homogêneos esteja 'contido' no pedido da ação coletiva de direito difuso. O pedido da ação coletiva de direito difuso é absolutamente diverso do pedido de condenação genérica de responsabilidade civil por danos individuais. Não se pode dizer que este esteja 'contido' naquele porque o § 1º do art. 103 é expresso em prescrever que a improcedência do direito difuso não prejudica os correspondentes direitos individuais. (...) Diante do exposto, procede concluir que não há relação de litispendência ou de continência entre uma ação coletiva em defesa de direito difuso e a ação coletiva em defesa dos correspondentes direitos individuais homogêneos. Por isso, ainda que alguma delas seja julgada improcedente após instrução suficiente, ainda é possível a propositura e a procedência da outra" (Op. cit., p. 221).

Há entre as demandas uma semelhança qualitativa, mas não quantitativa. Nada é mais falacioso do que tal pensamento (de que a semelhança seria quantitativa), já que o que há de comum em ambos os casos não é o pedido – que é absolutamente diverso –, mas sim o aspecto de que em ambas as demandas existe uma, ou algumas, situação de fato /direito que é comum, que embasa o pedido difuso ou individual tratado de modo coletivo.

Mas ainda poderia surgir uma indagação, relativamente ao fato de se obter uma improcedência da ação para a defesa de direitos individuais homogêneos e uma procedência para a defesa de direitos difusos. Nesse caso, perguntar-se-ia: poderiam as vítimas e os sucessores se utilizar da coisa julgada *in utilibus* oriunda da tutela difusa, mesmo tendo ocorrido a improcedência dos direitos individuais homogêneos?

A resposta é afirmativa pela regra legal expressa no Título III da Lei n. 8.078/90 (CDC), onde se lê que o caráter erga omnes da sentença proferida na ação coletiva para a defesa de direitos individuais homogêneos só atinge as vítimas e seus sucessores nos casos de pro cedência (art. 103, III), salvo se houve intervenção dos mesmos como litisconsorte (arts. 94 c/c 104, § 3º). Assim, se se poderia ajuizar a ação em separado, então qual a razão de excluir a coisa julgada oriunda da decisão difusa?

Ratificando a opinião exposta, é certeira a colocação de Gidi ao dizer que:

"O consumidor individual, por sua vez, pode ser beneficiado com a procedência de qualquer uma delas. E, se a ação coletiva de direito difuso for julgada procedente antes, a ação coletiva de direitos individuais homogêneos perde o seu objeto e deve ser extinta sem julgamento de mérito, por falta superveniente de interesse de agir. E o que ocorre na hipótese inversa, em que a ação coletiva de direitos individuais homogêneos é julgada improcedente e, logo após, advém sentença de procedência da ação coletiva em defesa do correspondente direito difuso? É possível a coisa julgada da ação coletiva de direito difuso beneficiar os consumidores quanto aos seus direitos individuais mesmo após ter havido a improcedência da ação coletiva de direitos individuais homogêneos? Parece-nos que, nesse caso, a contradição entre os comandos dos julgados é meramente teórica, dado que os direitos individuais daqueles consumidores que não intervieram na ação coletiva de direitos individuais homogêneos permanecem intactos. O que não seria permitido é um consumidor atingido pela coisa julgada interpartes ser beneficiado pela coisa julgada de uma ação coletiva. Aí, sim, ocorreria efetiva contradição prática entre os comandos dos julgados."[100]

---

100. Antonio Gidi, op. cit., p. 222.

Capítulo 9
A URGÊNCIA NA TUTELA DO MEIO AMBIENTE E A LEI DE AÇÃO CIVIL PÚBLICA

1. EQUILÍBRIO ECOLÓGICO E URGÊNCIA *IN RE IPSA*

Não é possível compreender a dimensão da importância das tutelas de urgência nas ações civis públicas ambientais sem conhecer, um pouco que seja, das características que dão identidade ao *meio ambiente ecologicamente equilibrado*; características estas que fizemos questão de expor no capítulo 05.

O equilíbrio ecológico é:

- *Essencial*: sem ele não se sobrevive; com ele impactado não há vida saudável; ele abriga, protege e rege todas as formas de vida.
- *Complexo*: porque ele é o resultado de uma perfeita combinação química, física e biológica da interação dos *recursos ambientais*.
- *Reflexivo*: quando se desequilibra o meio ambiente também são afetados os microbens ambientais que o formam, espalhando danos individuais e coletivos
- *Instável*: Por ser o resultado da interação de vários recursos, bióticos e abióticos, qualquer impacto sobre os recursos ou sobre o tempero da mistura (química, física e biológica) pode desestabilizar o *equilíbrio* ecológico.
- *Perene*: O dano ao meio ambiente não se estanca; ele amplifica no tempo e no espaço ampliando qualitativa e quantitativamente o prejuízo ambiental.
- *Indivisível: não há como reparti-lo; não há como dele se apropriar; o equilíbrio ecológico é um bem de todos, sem qualquer distinção; só admite o uso comum e isonômico por todos*
- *Ubíquo: Não há como limitá-lo a um espaço; o desequilíbrio inicia num ponto mas se espalha para outros rapidamente porque cada ecossistema equilibrado é base de um outro ecossistema maior.*
- *Infungível*: não se substitui por nenhum outro; não há dinheiro que substitua ou equivalha ao equilíbrio ecológico. Deve ser *preservado* ou se ocorrido o dano *restaurado* com imediatidade.

Estes são *alguns* dos elementos que personificam o *equilíbrio ecológico*, que nada mais é do que o bem jurídico objeto de tutela do art. 225 da CF/88. Atento a estas (e tantas outras importantes características) do equilíbrio ecológico é que o texto constitucional brasileiro foi claro e enfático estabelecendo o *dever de protegê-lo e preservá-lo*, incumbência que cabe tanto do poder público quanto a coletividade. A manutenção da integridade do equilíbrio ecológico é, além de tudo que foi dito, economicamente muito mais viável do que ter que suportar os prejuízos de sua deterioração. Os serviços ecossistêmicos têm um valor incomensurável quando comparado com o prejuízo da sua degradação.

Não bastasse este axioma previsto no caput o texto maior estabeleceu uma série de regras nos parágrafos e incisos do artigo 225 deixando claro e evidente que *não admite o dano ambiental*, seja determinando que se impeça ou se controle o risco ao meio ambiente.[1]

Sabe o legislador que é absolutamente impossível o retorno ao status quo ante e que a única forma de tutela justa e adequada do direito fundamental ao meio ambiente é aquela que *evita o dano*, impedindo o desequilíbrio ecológico. A integridade do equilíbrio ecológico é condição *sine qua non* para o *uso comum do povo*.

Todas estas características do equilíbrio ecológico nos permitem afirmar, categoricamente, que não há tutela do equilíbrio ecológico que não seja movida, impulsionada caracterizada pela urgência. E, frise-se que a urgência não está apenas – e logicamente – em tutela de preservação e proteção do equilíbrio ecológico para mantê-lo íntegro, mas também na sua restauração ou recuperação, pois o dano ambiental de hoje é sempre menor do que o de amanhã, pois ele se protrai no tempo e há a inexorável interconexão dos bens ambientais e ecossistemas.

Isso significa reconhecer que até mesmo depois de ocorrido o dano ambiental, ainda assim permanece – aliás amplifica – a necessidade de que urgentemente sejam tomadas medidas de estancamento e restauração do equilíbrio ecológico.

A expressão in *re ipsa* significa *na própria coisa*, ou seja, quando intitulamos este tópico de *urgência in re ipsa* na proteção do equilíbrio ecológico o que estamos querendo dizer é que quando se está em jogo a tutela do equilíbrio ecológico a urgência é presumida, porque ínsita à proteção do meio ambiente ecologicamente equilibrado.

Não bastasse o reconhecimento científico da ecologia, biologia, geologia etc. de que equilíbrio ecológico é fundamental para abrigo, proteção e regência de todas as formas de vida (humana e não humana) o próprio legislador – legge lata – diz isso no caput do art. 225 da CF/88 ao mencionar que é *essencial à sadia qualidade de vida*.

E mais, *todos os processos ecológicos essenciais* devem ser preservados e restaurados (inciso I); só uma lei de igual hierarquia é capaz de suprimir um espaço ambiental especialmente protegido, porque se reconhece a sua importância ambiental (inciso III); não se pode ter licenciamento de atividade que cause significativa impactação sem estudo prévio de impacto que permita fazer o controle da atividade ou obra (inciso IV) etc. dando clara demonstração de que todos estes deveres jurídicos concretos são movidos pela ideia de prevenção contra danos ambientais, *porque se reconhece a fundamentalidade do equilíbrio ecológico*.

São deveres que circundam, que aninham e que conservam o núcleo do caput: proteger e preservar o meio ambiente ecologicamente equilibrado; estão expressamente ali arrolados para *efetivar* o caput como diz o texto do §1º do art. 225.

---

1. Remetemos o leitor para o capítulo 05 do livro.

CAPÍTULO 9 • A URGÊNCIA NA TUTELA DO MEIO AMBIENTE E A LEI DE AÇÃO CIVIL PÚBLICA — 295

E mais, não bastasse isso há diversas leis infraconstitucionais que expressamente reconhecem a fundamentalidade da função ecológica de recursos ambientais para a manutenção do equilíbrio ecológico.

É o que se vê, por exemplo, no art. 3º, incisos II e III da Lei 12651 que expressamente evidenciam a essencialidade ecológica das áreas de preservação permanente e da reserva legal:

> Art. 3º
>
> II – Área de Preservação Permanente – APP: área protegida, coberta ou não por vegetação nativa, com a função ambiental de preservar os recursos hídricos, a paisagem, a estabilidade geológica e a biodiversidade, facilitar o fluxo gênico de fauna e flora, proteger o solo e assegurar o bem-estar das populações humanas;
>
> III – Reserva Legal: área localizada no interior de uma propriedade ou posse rural, delimitada nos termos do art. 12, com a função de assegurar o uso econômico de modo sustentável dos recursos naturais do imóvel rural, auxiliar a conservação e a reabilitação dos processos ecológicos e promover a conservação da biodiversidade, bem como o abrigo e a proteção de fauna silvestre e da flora nativa;

Logo, é óbvio que estas áreas protegidas devem ser *preservadas*, assim entendido como *"o conjunto de métodos, procedimentos e políticas que visem a proteção a longo prazo das espécies, habitats e ecossistemas, além da manutenção dos processos ecológicos, prevenindo a simplificação dos sistemas naturais"*. (art. 2º, V da Lei 9985/00).

Não há dúvida que se estas áreas protegidas estiverem *em risco potencial ou iminente de sofrerem um prejuízo* este risco deve ser afastado mediante medidas judiciais concretas que mantenham a integridade da sua função ecológica, e, se isso já não for possível, sem prejuízo de outras sanções civis, penais e administrativas, deve ser imposto com imediatidade do dever de restauração das referidas áreas. Eis porque toda tutela judicial que envolva uma área de preservação permanente e de reserva legal não precisa ser demonstrada a urgência na sua proteção, porque legge lata o legislador descreve a sua importância e fundamentalidade.

Neste aresto um bom exemplo desse reconhecimento em juízo:

> I – Na origem, trata-se de ação civil pública, objetivando a demolição de edificação, bem como proceder a recuperação ambiental do local, dada a supressão de vegetação nativa pela construção de uma casa de veraneio, em topo de moro da APA de Sapucaí Mirim, considerada Zona de Vida Silvestre, sem que tal empreendimento tivesse utilidade pública ou interesse social para fins de saúde pública. II – Na sentença, julgaram-se parcialmente os pedidos para condenar solidariamente os réus nas obrigações de (a) demolir todas as construções situadas na Zona de Vida Silvestre do imóvel no prazo de sessenta dias do trânsito em julgado da sentença, sob pena de multa diária, limitada a 60 dias, sem prejuízo de se determinar providências que assegurem o resultado prático equivalente; (b) recompor a vegetação nativa, conforme o PRAD (projeto de recuperação da área degradada), aprovado pela CBRN, que deverá ser apresentado no prazo de 30 dias do trânsito em julgado; (c) pagar pelos danos ambientas praticados, imediatos e contínuos, apurados na perícia judicial, com atualização monetária desde a data da perícia complementar e juros de mora de 1% ao mês a contar da citação, com exceção das Fazendas, cujo pagamento se faz por precatórios. Sujeitou a sentença ao reexame necessário. No Tribunal a quo a sentença foi parcialmente reformada para julgar improcedente o pedido de condenação com relação ao Estado e ao ente municipal. Considerou-se, ainda, a impossibilidade de cumulação da condenação a demolir com a indenização dos danos materiais, e que não foi demonstrada a ocorrência de dano coletivo. Afastou-se, também, a condenação em honorários. Nesta Corte, deu-se provimento ao recurso especial para restabelecer a sentença. II – Opostos embargos de declaração, aponta a parte embargante vícios no acórdão embargado. Não há vício no acórdão. A matéria foi devidamente tratada com clareza e sem contradições. III – Embargos de declaração não se prestam ao reexame de questões já

analisadas, com o nítido intuito de promover efeitos modificativos ao recurso, quando a decisão apreciou as teses relevantes para o deslinde do caso e fundamentou sua conclusão. IV – Deve-se afastado o não conhecimento do recurso especial por incidência do enunciado n. 7 da Súmula do STJ, na medida em que não há reexame de fatos e provas, e sim de aplicação de entendimento jurisprudencial pacificado do STJ sobre questão de direito. V – Embargos de declaração rejeitados. (EDcl no REsp 1768207/SP, Rel. Ministro FRANCISCO FALCÃO, SEGUNDA TURMA, julgado em 18/05/2020, DJe 20/05/2020).

Em outro julgado do STJ isso ficou ainda mais claro e expresso, como se observa no lapidar voto do Min. Herman e Benjamin em caso que também se proibia a construção além de pedir a demolição de construções (bares, farmácias, casas de veraneio) realizadas em área de preservação permanente localizada na faixa marginal do Rio Acaú. Segundo o Ministro:

"(...) 3. As Áreas de Preservação Permanente formam o coração do regime jurídico ambiental-urbanístico brasileiro no quadro maior do desenvolvimento ecologicamente sustentável. Ao contrário do que se imagina, o atributo de zona non aedificandi também revela avultado desígnio de proteger a saúde, a segurança, o patrimônio e o bem-estar das pessoas contra riscos de toda a ordem, sobretudo no espaço urbano. Daí o equívoco (e, em seguida, o desdém) de ver as APPs como mecanismo voltado a escudar unicamente serviços ecológicos tão indispensáveis quanto etéreos para o leigo e distantes da consciência popular, como diversidade biológica, robustez do solo contra a erosão, qualidade e quantidade dos recursos hídricos, integridade da zona costeira em face da força destruidora das marés, e corredores de fauna e flora.

4. Consoante o Código Florestal (Lei 12.6512012), "A intervenção ou a supressão de vegetação nativa em Área de Preservação Permanente somente ocorrerá nas hipóteses de utilidade pública, de interesse social ou de baixo impacto ambiental previstas nesta Lei" (art. 8°, caput, grifo acrescentado). *O legislador, iure et de iure, presume valor e imprescindibilidade ambientais das APPs, presunção absoluta essa que se espalha para o prejuízo resultante de desrespeito à sua proteção (dano in re ipsa), daí a dispensabilidade de prova pericial. Logo, como regra geral, "Descabida a supressão de vegetação em Área de Preservação Permanente – APP que não se enquadra nas hipóteses previstas no art. 8° do Código Florestal (utilidade pública, interesse social e baixo impacto ambiental)"* (REsp 1.394.025/MS, Rel. Min. Eliana Calmon, Segunda Turma, DJe 18/10/2013).

5. Encontrar-se a área destituída de vegetação nativa ou inteiramente ocupada com construções ou atividades proibidas não retira dela o elemento legal congênito de preservação permanente (= non aedificandi), qualidade distintiva insulada do estado atual de plenitude ou penúria das funções ecológicas, pois, consoante a letra categórica da lei, indiferente esteja "coberta ou não por vegetação nativa" (art. 3°, II, do Código Florestal, grifo acrescentado).

Exatamente por isso e também para não premiar o vilipendiador serelepe (que tudo arrasa de um só golpe), a condição de completa desolação ecológica em vez de criar direito de ficar, usar, explorar e ser imitado por terceiros, impõe dever propter rem de sair, demolir e recuperar, além do de pagar indenização por danos ambientais causados e restituir eventuais benefícios econômicos diretos e indiretos auferidos (= mais-va-lia-ambiental) com a degradação e a usurpação dos serviços ecossistêmicos associados ao bem privado ou público – de uso comum do povo, de uso especial ou dominical.

6. *Nomeadamente quanto à "faixa ciliar", a jurisprudência do STJ há tempos prescreve a intocabilidade e o cunho propter rem dessa modalidade de APP: "em qualquer propriedade", não podem as margens "ser objeto de exploração econômica" e "aquele que perpetua a lesão ao meio ambiente cometida por outrem está, ele mesmo, praticando o ilícito", pois "se a manutenção da área destinada à preservação permanente é obrigação propter rem, ou seja, decorre da relação existente entre o devedor e a coisa, a obrigação de conservação é automaticamente transferida do alienante ao adquirente, independentemente deste último ter responsabilidade pelo dano ambiental"* (REsp 343.741/PR, Rel. Min. Franciuli Neto, Segunda Turma, DJ de 7/10/2002).

7. Na Área de Preservação Permanente estão proibidos usos econômicos diretos, ressalvadas hipóteses previstas em lista fechada, ou seja, estabelecidas por lei federal em sentido formal, como utilidade pública, interesse social, e ainda assim respeitados rígidos critérios objetivos de incidência e técnica hermenêutica (= interpretação restritiva). Para o STJ, "estando a construção edificada em área prevista como de preserva-

ção permanente, limitação administrativa que, só excepcionalmente, pode ser afastada (numerus clausus), cabível sua demolição com a recuperação da área degradada", haja vista contrariedade direta a dispositivos expressos do Código Florestal, que devem ser "interpretados restritivamente" (REsp 1.298.094/SC, Rel. Min. Humberto Martins, Segunda Turma, DJe de 2.2.2016). Em sentido similar: "Induvidosa a prescrição do legislador, no que se refere à posição intangível e ao caráter non aedificandi da Área de Preservação Permanente – APP, nela interditando ocupação ou construção, com pouquíssimas exceções (casos de utilidade pública e interesse social), submetidas a licenciamento" (AgInt no REsp 1.572.257/PR, Rel. Min. Francisco Falcão, Segunda Turma, DJe de 17.5.2019). Ou ainda: "De acordo com o Código Florestal brasileiro (tanto o de 1965, como o atual, a Lei 12.651, de 25.5.2012) e a Lei da Política Nacional do Meio Ambiente (Lei 6.938/81), a flora nativa, no caso de supressão, encontra-se uniformemente protegida pela exigência de prévia e válida autorização do órgão ambiental competente, qualquer que seja o seu bioma, localização, tipologia ou estado de conservação (primária ou secundária). Além disso, em se tratando de área de preservação permanente, a sua supressão deve respeitar as hipóteses autorizativas taxativamente previstas em Lei, tendo em vista a magnitude dos interesses envolvidos de proteção do meio ambiente" (REsp 1.362.456/MS, Rel. Min. Mauro Campbell Marques, Segunda Turma, DJe de 28.6.20130, grifo acrescentado).

8. No caso da *vegetação ciliar, em acréscimo ao amparo das águas e à constituição de rede de corredores ecológicos, na sua ratio sobressai a intenção de prevenir deterioração do leito físico (calha) de córregos e rios e de inibir riscos gerados pelo acúmulo de sedimentos causadores de inundações e de graves ameaças à vida e à poupança da população, sobretudo da mais carente de recursos. "A proteção marginal dos cursos de água, em toda sua extensão, possui importante papel de proteção contra o assoreamento"* (REsp 1.518.490/ SC, Rel. Ministro Og Fernandes, Segunda Turma, DJe de 15.10.2018). DIREITO AO MEIO AMBIENTE ECOLO-GICAMENTE EQUILIBRADO E DIREITO A MORADIA 9. Entre os onze imóveis objeto da presente Ação Civil Pública, há casas de veraneio, bar e farmácia. É o conhecido artifício de que se servem grileiros ambientais, pelo qual o ilegal em grau máximo – nas APPs urbanas, verdadeira infantaria precursora de destruição, mas em rigor embrião de gentrificação imediata ou futura do terreno não edificável – lança mão da população de baixíssima renda como anteparo ético e de justiça social, pretexto esperto, mas vazio tanto de equidade como de legitimidade, destinado a sustentar e a reter, em proveito individual, comercial e de lazer, ocupações, construções e usos irregulares sobre espaços naturais legalmente protegidos em favor da coletividade. Tudo agravado, na espécie dos autos, pela comprovação inequívoca de que várias das construções foram erigidas em violação não só à letra clara da lei, mas também em aberta desobediência a autos de infração e interdição emitidos pelo Ibama.

10. No Estado Social de Direito, moradia é direito humano fundamental, o que não implica dizer direito absoluto, já que encontra limites em outros direitos igualmente prestigiados pelo ordenamento jurídico e com os quais convive em diálogo harmônico, entre os quais o direito à saúde, o direito à segurança, o direito ao meio ambiente ecologicamente equilibrado. *Sábios e civilizados seremos verdadeiramente reputados no dia em que o desrespeito à blindagem legal das Áreas de Preservação Permanente adquirir patamar de repulsa no povo, similar à provocada pela edificação, residencial ou não, em terrenos ocupados por bens públicos icônicos nacionais – como a Praça dos Três Poderes, em Brasília; o Parque do Ibirapuera, em São Paulo e o Aterro do Flamengo, no Rio de Janeiro.*

11. A modalidade de conflito, em que se chocam direitos humanos fundamentais – p. ex., o direito ao meio ambiente ecologicamente equilibrado e o direito à água, de um lado, e o direito à moradia, do outro – não é desconhecida do Superior Tribunal de Justiça. Em precedente relativo à Represa Billings, que abastece milhões de paulistanos, o STJ já decidiu que, "no caso, não se trata de querer preservar algumas árvores em detrimento de famílias carentes de recursos financeiros"; ao contrário, cuida-se "de preservação de reservatório de abastecimento urbano, que beneficia um número muito maior de pessoas do que as instaladas na área de preservação. Assim, deve prevalecer o interesse público em detrimento do particular, uma vez que, in casu, não há possibilidade de conciliar ambos a contento. Evidentemente, o cumprimento da prestação jurisdicional causará sofrimento a pessoas por ela atingidas, todavia, evitar-se-á sofrimento maior em um grande número de pessoas no futuro; e disso não se pode descuidar" (REsp 403.190/SP, Rel. Min. João Otávio de Noronha, Segunda Turma, DJ de 14.8.2006, p. 259).

12. Inexiste incompatibilidade mortal entre direito à moradia e direito ao meio ambiente ecologicamente equilibrado, a ponto de a realização de um pressupor o sacrifício do outro, falso dilema que nega a própria essência ética e jurídica do direito à cidade sustentável (Lei 10.257/2001, art. 2°, I). No direito à moradia

convergem a função social e a função ecológica da propriedade. Por conseguinte, não se combate nem se supera miserabilidade social com hasteamento de miserabilidade ecológica, mais ainda porque água, nascentes, margens de rios, restingas, falésias, dunas e manguezais, entre outros bens públicos ambientais supraindividuais escassos, finitos e infungíveis, existem somente onde existem. Já terreno para habitação não falta, inclusive nas grandes metrópoles: o que carece é vontade política para enfrentar o vergonhoso déficit habitacional brasileiro, atribuindo-lhe posição de verdadeira prioridade nacional.

13. Construções e atividades irregulares em Áreas de Preservação Permanente, em especial nas margens de rios, encostas, restingas e manguezais, são convite para tragédias recorrentes, até mesmo fatais, e prejuízos patrimoniais, devastadores, de bilhões de reais, que oneram o orçamento público, arrasam haveres privados e servem de canteiro fértil para corrupção e desvio de fundos emergenciais. Por exemplo, desastres urbanos (inundações, desmoronamentos de edificações, escorregamento de terra etc.) estão em curva ascendente, no contexto de agravamento da frequência, intensidade e danosidade de eventos climáticos extremos e da vulnerabilidade de assentamentos humanos.

14. Na hipótese dos autos, quanto aos carentes de tudo, que construíram suas casas estritamente residenciais antes da autuação e interdição pelo Ibama, caberá ao Município omisso assegurar-lhes apoio material, inclusive "aluguel social", e prioridade em programas habitacionais, dever esse não condicionante nem impeditivo da execução imediata da ordem judicial de remoção das construções ilegítimas.15. Por último, casas de veraneio e estabelecimentos comerciais não se encaixam, sob nenhum ângulo, no molde estrito de moradia para população de baixa renda. Daí, em Área de Preservação Permanente, ser "totalmente descabida a pretensão de grupos de pessoas que degradam referidas áreas para finalidades recreativas, acarretando ônus desmesurado ao meio ambiente e aos demais indivíduos" (AgInt no REsp 1.760.512/MS, Rel. Min. Regina Helena Costa, Primeira Turma, DJe de 27.2.2019, grifo acrescentado).POPULAÇÃO DE BAIXA RENDA E REGULARIZAÇÃO FUNDIÁRIA URBANA DE INTERESSE SOCIAL 16. O próprio Código Florestal prevê procedimento administrativo peculiar, sob rigorosos requisitos, para a regularização fundiária urbana (Reurb) de interesse social e de interesse específico (Lei 12.651/2012, arts. 64 e 65), "na forma da lei". Tal fato indica ser descabido ao Poder Judiciário, sem lei e, pior, contra lei existente, regularizar ocupações individualmente – edificação por edificação –, mais ainda na posição de órfão de cautelas e estudos técnicos exigíveis da Administração, quando se propõe a ordenar o caos urbanístico das cidades.

17. Segundo o Código Florestal (grifos acrescentados), "poderá ser autorizada, excepcionalmente, em locais onde a função ecológica do manguezal esteja comprometida, para execução de obras habitacionais e de urbanização, inseridas em projetos de regularização fundiária de interesse social, em áreas urbanas consolidadas ocupadas por população de baixa renda" (Lei 12.651/2012, art. 8°, § 2°). Impende recordar que o legislador veda, "em qualquer hipótese", a "regularização de futuras intervenções ou supressões de vegetação nativa" bem como daquelas situações ilícitas que estejam "além das previstas nesta Lei" (art. 8°, par. 4°). Trata-se de regularização administrativa coletiva, ou seja, a um só tempo conduzida pelo Poder Executivo (portanto, não judicial) e incidente sobre "núcleo urbano informal" (portanto, desarrazoado aplicá-la ad hoc, para regularizar ocupações individuais isoladas), tudo sob o pálio da política urbana pública e mediante "a elaboração de estudos técnicos" e "compensações ambientais" (Lei 13.465/2017, art. 11, I e II, e § 2°). Tanto o Ministério Público como a Defensoria Pública possuem legitimação para requerer a Regularização Fundiária Urbana Reurb (Lei 13.465/2017, art. 14, IV e V).

ADENSAMENTO POPULACIONAL, ÁREAS DE PRESERVAÇÃO PERMANENTE E NON LIQUET AMBIENTAL 18. O argumento de que a área ilicitamente ocupada integra região de adensamento populacional não basta, de maneira isolada, para judicialmente afastar a incidência da legislação ambiental. Aceitá-lo implica referendar tese de que, quanto maior a poluição ou a degradação, menor sua reprovabilidade social e legal, acarretando anistia tácita e contra legem, entendimento, por óbvio, antagônico ao Estado de Direito Ambiental. Além disso, significa acolher territórios-livres para a prática escancarada de ilegalidade contra o meio ambiente, verdadeiros desertos ecológicos onde impera não o valor constitucional da qualidade ambiental, mas o desvalor da desigualdade ambiental.

19. **Afastar judicialmente o regime das Áreas de Preservação Permanente equivale a abrigar, pela via oblíqua, a teoria do fato consumado, na acepção tão criativa quanto inaceitável de que o adensamento populacional e o caráter antropizado do local dariam salvo-conduto para toda a sorte de degradação ambiental.** Vale dizer: quanto mais ecologicamente arrasada a área, mais distante se posicionaria o guarda-chuva ambiental da Constituição e da legislação. Em realidade, o reverso do que normalmente se espera, na medida em que

CAPÍTULO 9 • A URGÊNCIA NA TUTELA DO MEIO AMBIENTE E A LEI DE AÇÃO CIVIL PÚBLICA

o já elevado número de pessoas em situação de miserabilidade ambiental há de disparar, na mesma proporção, esforço estatal para oferecer-lhes, por meio de ordenação sustentável do espaço urbano, o mínimo ecológico-urbanístico, inclusive com eventual realocação de famílias. O STJ não admite, em tema de Direito Ambiental, a incidência da teoria do fato consumado (Súmula 613). Na mesma linha, a posição do Supremo Tribunal Federal: "A teoria do fato consumado não pode ser invocada para conceder direito inexistente sob a alegação de consolidação da situação fática pelo decurso do tempo. Esse é o entendimento consolidado por ambas as turmas desta Suprema Corte. Precedentes: RE 275.159, Rel. Min. Ellen Gracie, Segunda Turma, DJ 11/10/2001; RMS 23.593-DF, Rel. Min. Moreira Alves, Primeira Turma, DJ de 2/2/01; e RMS 23.544-AgR, Rel. Min. Celso de Mello, Segunda Turma, DJ de 21.6.2002" (RE 609.748/RJ AgR, Rel. Min. Luiz Fux, Primeira Turma, j. em 23/8/2011).

20. Em região antropizada e de adensamento populacional, se a Ação Civil Pública não abarcar a totalidade dos infratores ou das infrações ambientais, nada de processualmente relevante expressa, porque inexiste obrigação legal de juntar comportamentos, independentes, de degradação do mesmo bem ambiental tutelado, mormente por ser incontestável que o autor, respeitadas as exigências legais, é gestor exclusivo da extensão subjetiva e objetiva que pretenda imprimir à demanda ajuizada. Sem falar que é inexigível litisconsórcio necessário em tais violações massificadas: "o loteamento irregular ou a ocupação clandestina de bens dominicais do Poder Público, seja por se tratar de área de preservação permanente ou comum do povo ... enseja a possibilidade de o autor da ação civil pública demandar contra qualquer transgressor, isoladamente ou em conjunto, não se fazendo obrigatória a formação de litisconsórcio" (REsp 1.699.488/RS, Rel. Ministro Gurgel de Faria, Primeira Turma, j. 13/12/2018).

21. Por isso, descabe a afirmação de que, por se tratar de "ponta de iceberg" em região "antropizada", seria imprópria a intervenção do Judiciário. Primeiro, porque a jurisprudência do STJ "não ratifica a aplicação dos princípios da razoabilidade e da proporcionalidade para manter dano ambiental consolidado pelo decurso do tempo" (AgInt no REsp 1.542.756/SC, Rel. Min. Mauro Campbell Marques, Segunda Turma, DJe 2.4.2019). Segundo, porque a transgressão de muitos não apaga o ilícito, nem libera todo o resto para a prática de novas infrações. Terceiro, porque contrassenso imoral pregar a existência de direito adquirido à ilegalidade em favor de um, ou de uns, e em prejuízo da coletividade presente e futura. Essa exatamente a posição do STJ enunciada reiteradamente: "em tema de direito ambiental, não se cogita em direito adquirido à devastação, nem se admite a incidência da teoria do fato consumado" (REsp 1.394.025/MS, Rel. Min. Eliana Calmon, Segunda Turma, DJe de 18.10.2013); "A natureza do direito ao meio ambiente ecologicamente equilibrado – fundamental e difusa – não confere ao empreendedor direito adquirido de, por meio do desenvolvimento de sua atividade, agredir a natureza, ocasionando prejuízos de diversas ordens à presente e futura gerações" (REsp 1.172.553/PR, Rel. Ministro Arnaldo Esteves Lima, Primeira Turma, DJe de 4/6/2014); "Reafirmo a impossibilidade de sustentar a proteção do direito adquirido para vilipendiar o dever de salvaguarda ambiental. Essa proteção jurídica não serve para justificar o desmatamento da flora nativa e a ocupação de espaços especialmente protegidos pela legislação, tampouco para autorizar a manutenção de conduta nitidamente lesiva ao ecossistema" (AgInt no REsp 1.545.177/PR, Rel. Min. Og Fernandes, Segunda Turma, DJe de 22/11/20180).

22. No ordenamento jurídico brasileiro, o legislador atribui ao juiz enormes poderes, menos o de deixar de julgar a lide e de garantir a cada um – inclusive à coletividade e às gerações futuras – o que lhe concerne, segundo o Direito vigente. Portanto, reconhecer abertamente a infração para, logo em seguida, negar o remédio legal pleiteado pelo autor, devolvendo o conflito ao Administrador, ele próprio corréu por desleixo, equivale a renunciar à jurisdição e a afrontar, por conseguinte, o princípio de vedação do non liquet. Ao optar por não aplicar norma inequívoca de previsão de direito ou dever, o juiz, em rigor, pela porta dos fundos, evita decidir, mesmo que, ao fazê-lo, não alegue expressamente lacuna ou obscuridade normativa, já que as hipóteses previstas no art. 140, caput, do Código de Processo Civil de 2015 estão listadas de forma exemplificativa e não em numerus clausus.

23. Recurso Especial provido. (REsp 1782692/PB, Rel. Ministro HERMAN BENJAMIN, SEGUNDA TURMA, julgado em 13/08/2019, DJe 05/11/2019)

Eis aí num exemplo acima que não deveria ser possível construções em área considerada área de preservação permanente. A importância ecológica da área impõe a sua restauração com a demolição da obra e restauração do meio ambiente degradado, sem prejuízo de condenação pelos danos que não podem ser reparados in natura. É por isso que o STJ editou a Sumula n. 513, como o Ministro deixou claro em seu voto, cujo enunciado é o seguinte: *não se admite a aplicação da teoria do fato consumado em tema de Direito Ambiental.*

Na medida em que o texto maior passa a considerar como ilícito constitucional *a exposição ao risco dos recursos ambientais*, e, considerando que o **fator de perigo** e a **vulnerabilidade do meio ambiente** são **integrantes desta** *situações de risco*, e se lembrarmos ainda que o meio ambiente é *essencial à* vida, não há tutela ambiental voltada a afastar esse risco que não seja urgente. Toda tutela jurisdicional que pretenda remover ou inibir um ilícito ambiental que adote como *fattispecie a vedação a exposição ao risco* será uma tutela urgente. Simplesmente porque no risco há o elemento de perigo que é indissociável.

O texto constitucional diz no art. 5º, XXXV, que a lei não excluirá da apreciação do poder judiciário a lesão ou a *ameaça* ao direito. O direito ao equilíbrio ecológico é daqueles que só se pode usufruir se estiver íntegro, hígido, preservado. Logo, é comum, e diríamos, lógico, que o poder legislativo – inclusive o constitucional – tenha eleito a *vedação à exposição ao risco* como fato típico do ilícito ambiental, caso em que ou se anula, evita ou remove a ameaça ao meio ambiente, ou ele não poderá ser usufruído na sua integridade e plenitude se tiver sido lesionado.

Somando isso às características intrínsecas do bem ambiental, presume-se que toda tutela voltada à sua preservação e proteção é movida pelo fenômeno da urgência, e isso tem fundamental importância para o método processual utilizado para sua tutela.

Ao retirar dos ombros do legitimado ativo da ação civil pública o encargo de demonstrar que a tutela de preservação e proteção do meio ambiente é urgente, porque *in re ipsa*, é evitar que este fardo seja um empecilho à tutela justa e adequada do equilíbrio ecológico. A *prova* da urgência é dispensada porque ela é *in re ipsa*, presumida, porque inserta tanto no dever de *precaução* quanto no dever de *restauração*. Precaver e restaurar o mais rápido possível é imanente à tutela do ambiente em razão das suas próprias características.

Não raras vezes só conseguimos enxergar a importância da precaução – prevenção contra os riscos e contra o dano – quando o dano já está consumado, e, aí sim vemos que o estrago cometido não tem conserto, posto que é impossível retornar ao status quo ante.

Vejamos nestes dois exemplos, no primeiro onde houve intervenção de tutela jurisdicional preventiva, para que se possa perceber a importância das medidas de precaução que evitem o dano ao meio ambiente e a vida das pessoas.

Exemplos 01

I – Na origem, trata-se de ação civil pública em que o Ministério Público do Estado do Rio de Janeiro pleiteia a imposição de que sejam realizadas pelo ente público obras de contenção, drenagem e demais medidas de segurança em encosta que apresenta risco de deslizamento. Na sentença, julgou-se procedente o pedido. No Tribunal a quo, a sentença foi parcialmente reformada apenas para afastar a condenação do ora agravante em honorários advocatícios e o isentar do pagamento das custas judiciais.

II – Inadmitiu-se o recurso especial com base na consonância do acórdão recorrido com a jurisprudência do STJ (no sentido de que o fato de não serem especificadas as obras e demais medidas necessárias não torna a obrigação incerta ou genérica e no sentido de que, em casos de dano ambiental, o litisconsórcio será meramente facultativo) e na incidência da Súmula n. 284/STF. Agravo nos próprios autos que não impugna os fundamentos da decisão recorrida. (...)

(AgInt no AREsp 1532591/RJ, Rel. Ministro FRANCISCO FALCÃO, SEGUNDA TURMA, julgado em 18/05/2020, DJe 20/05/2020).

"I. Agravo interno aviado contra decisão que julgara Recurso Especial interposto contra acórdão publicado na vigência do CPC/2015. II. Na origem, trata-se de ação civil pública, proposta pelo Ministério Público do Estado do Rio de Janeiro em face do Município do Rio de Janeiro e do Estado do Rio de Janeiro, alegando o autor risco de deslizamento de terra e desabamento, em área de risco onde se situa a comunidade Morro do Encontro, no bairro do Engenho Novo, na cidade do Rio de Janeiro.Requer, em síntese, que os réus sejam condenados, solidariamente, a promover a execução de plano de medidas de engenharia, geotecnia e intervenção urbanística, nas áreas classificadas como de alto risco de escorregamentos e deslizamentos, assim como a recuperação da área degradada.

III. Não há falar, na hipótese, em violação aos arts. 11, 489 e 1.022 do CPC/2015, porquanto a prestação jurisdicional foi dada na medida da pretensão deduzida, de vez que os votos condutores do acórdão recorrido e do acórdão proferido em sede de Embargos de Declaração apreciaram fundamentadamente, de modo coerente e completo, as questões necessárias à solução da controvérsia, dando-lhes, contudo, solução jurídica diversa da pretendida. O Tribunal de origem julgou parcialmente procedente a ação, para, em síntese, condenar os réus, solidariamente, a executarem o plano de medidas de engenharia, geotecnia e intervenção urbanística nas áreas descritas no acórdão, além de recuperarem toda a extensão da área desmatada.

IV. Quanto à alegação de existência de pedido genérico e indeterminado, o Tribunal de origem, à luz das provas dos autos, concluiu que "não há qualquer indeterminação nos pleitos autoral pelo fato de o autor ter citado, de maneira alternativa, as medidas de engenharia, geotecnia e intervenção urbanística a serem adotadas, especialmente por tratar de questões técnicas que necessitam de um acompanhamento especializado e adequado para cada área periciada, e que, de forma alguma, interfere na aferição da obrigação solidária dos entes estatais envolvidos, bem como no modo de atuação dos mesmos, seja por intermédio de medidas administrativas individualizadas ou conjuntas, seja pela necessidade de repasses de verbas orçamentárias". (AgInt no REsp 1777742/RJ, Rel. Ministra ASSUSETE MAGALHÃES, SEGUNDA TURMA, julgado em 15/08/2019, DJe 23/08/2019)

Exemplos 02

"Sensores indicavam saturação do solo em 14 pontos da Baixada Santista, dias antes de tragédia" (https://oglobo.globo.com/brasil/sensores-indicavam-saturacao-do-solo-em-14-pontos-da-baixada-santista-dias--antes-de-tragedia-24284163)

SÃO PAULO — Há pelo menos quatro dias antes do temporal que matou dezenas de pessoas na Baixada Santista, as 14 plataformas de sensores de umidade do solo instaladas pela RedeGeo, do Centro Nacional de Monitoramento e Alertas de Desastres Naturais (Cemaden), já indicavam que o solo das áreas de risco naquela região estava saturado, indicando a necessidade de remoção preventiva dos moradores. A informação é do geólogo Márcio Andrade, pesquisador do Cemaden e coordenador do RedeGeo, que atua no monitoramento de encostas e regiões serranas com mais ocorrências de deslizamentos no país.

(...)— Esses sensores acusam a saturação do solo, a quantidade máxima de água que cabe em determinados pontos de risco das encostas. O maior problema é a falta de drenagem. Com a ocupação irregular, os telhados e as escadas de acesso às moradias criam pontos de concentração da água, que escorre sempre pelo mesmo caminho, criando pontos de ruptura ainda mais frágeis — explica Andrade. (...)

Maior tragédia da história de Angra completou 10 anos (https://angranews.com.br/tragedia-da-carioca--completou-10-anos/)

Em primeiro de janeiro de 2020, completou-se 10 anos da maior tragédia da História de Angra dos Reis, que vitimou 53 pessoas em dois grandes deslizamentos de terra. Um deles ocorreu no Morro da Carioca, no Continente, e o outro na Praia do Bananal, na Ilha Grande. Na época, o prejuízo material foi avaliado em R$ 440 milhões.

O deslizamento do Morro da Carioca, que matou 22 pessoas, deixou 890 desabrigados e levou 2.284 pessoas a se mudar para a casa de amigos e parentes em Angra dos Reis. Já na Enseada do Bananal, uma encosta desabou e uma avalanche de pedras e lama destruiu a pousada Sankay matando 31 pessoas. Ao redor da pousada havia outras casas que foram soterradas. As imagens destes dias são chocantes.

Como se observa nos exemplos acima fica claro que sempre o melhor caminho será evitar ocupações irregulares em encostas de morros porque são áreas de preservação permanente e a vegetação que ali existe tem papel fundamental para estabilização do solo. Em segundo lugar, uma vez ocorrida a ocupação passa a existir o estado de risco que deve ser controlado ou mitigado com medidas de reassentamento da população, restauração da vegetação, construção e sistema de drenagem e métodos arrimo e contenção das áreas com potencial deslizamento. Todas estas soluções são sempre mais econômicas em relação ao prejuízo de um desabamento.

Como se observa há uma urgência *in re ipsa* em todas as situações a adoção de medidas que visem a preservação e a restauração do equilíbrio ecológico.

2. TÉCNICAS DE URGÊNCIA E EVIDÊNCIA: PREMISSAS PARA COMPREENSÃO

2.1 Tempo e tutela

É cediço que todo método ou processo para realização de qualquer coisa consome tempo. Processo é caminho e não há como percorrer um caminho sem consumir o tempo no seu percurso. Com o processo judicial não se passa diferente. Não há processo instantâneo.

Necessariamente, consome-se tempo para se resolver crises e conflitos jurídicos e assim obter as soluções judiciais que sejam aptas à sua eliminação. Associa-se o consumo de tempo à segurança e certeza das convicções sobre com quem está a razão no conflito submetido ao poder judiciário. Considerando que a certeza é um juízo de valor e a verdade é uma utopia, então é possível afirmar que nem todo o tempo do mundo seria suficientemente capaz de fazer alcançá-la. O tempo pode proporcionar maior certeza, mas não a verdade; talvez uma *verdade provável*. [2]

Se por um lado todo o tempo do mundo não seria idôneo ou capaz de proporcionar uma inquestionável segurança, por outro, basta um mínimo de tempo para que uma crise jurídica se irradie aumentando os prejuízos da sua não resolução.

A vida das pessoas, as situações jurídicas envolvidas num conflito, não é paralisada enquanto o processo corre na justiça. O tempo é um ônus que por alguém será suportado no processo, daí porque deveria ser isonomicamente distribuído[3]. Enquanto o ônus do tempo é para o Poder Judiciário um problema de eficiência da sua função, para o jurisdicionado é muito mais do que isso, porque é ele que sente na pele a estabilização de uma situação desfavorável não resolvida num prazo razoável.

---

2. A respeito ver TARUFFO, Michele. Consideraciones sobre prueba y verdad. Derechos y Libertades: Revista del Instituto Bartolomé de las Casas, Universidad Carlos III de Madrid, ano VII, jan.-dez. 2002, p. 99-126; ZANETI JR., Hermes. Processo constitucional: o modelo constitucional do processo civil brasileiro. Rio de Janeiro: Lumen Juris, 2007, p. 71 e ss.

3. A respeito ver Luiz Guilherme Marinoni, Abuso de defesa e parte incontroversa da demanda, São Paulo: Ed. Ed. RT, 2008.

CAPÍTULO 9 • A URGÊNCIA NA TUTELA DO MEIO AMBIENTE E A LEI DE AÇÃO CIVIL PÚBLICA

Justamente porque a atividade jurisdicional se exerce e se desenvolve durante um dado lapso temporal que, a cada minuto que passa, mais longe e fora da realidade que motivou a busca da solução jurisdicional fica a tutela debeladora da crise. E alguém suporta isso.

Há casos em que o tempo de busca da certeza é tão grande que o próprio titular ou o seu alegado direito, ao final reconhecido, terá sucumbido (morrido) ou perecido e, por isso, não poderá mais gozar o que lhe foi entregue tardiamente.

Há outros casos em que o jurisdicionado que buscou o Poder Judiciário apenas observa o perecimento do direito que buscou tutelar sem que nada possa fazer, como, por exemplo, um pedido para que seja feita uma intervenção judicial que impeça uma construção irregular numa área de proteção ambiental e nenhuma medida é concedida, tendo que aguardar uma resposta positiva ao final que só será concedida e executada anos e anos depois de iniciado o processo e assim comprometendo, e, muito, o direito de todos.[4]

> "Como facilmente se verifica da descrição dessas alternativas, nenhuma satisfaz plenamente os interesses dos litigantes, de modo que se pudesse dizer que uma delas seja isenta de inconvenientes. Se suprimíssemos de um determinado ordenamento jurídico a tutela da aparência, impondo aos julgadores o dever de julgar somente depois de ouvir ambas as partes, permitindo-lhes a produção de todas as provas que cada uma delas fosse capaz de trazer ao processo, certamente correríamos o risco de obter, no final da demanda, uma sentença primorosa em seu aspecto formal e assentada num juízo de veracidade do mais alto grau que, no entanto, poderia ser inútil, sob o ponto de vista da efetividade do direito reclamado pelo autor vitorioso. (...) Embora caiba ao legislador basicamente fazer a opção entre as duas alternativas indicadas anteriormente, a tendência moderna orienta-se no sentido de dar maior relevância à efetividade dos direitos reconhecidos pela ordem jurídica, com correspondente sacrifício da segurança obtida com o processo ordinário de cognição plena."[5]

O tempo é amigo da estabilidade da situação lamentada, pois quanto mais o processo demora para dar o resultado pretendido, por muito mais tempo permanecerá a situação injusta, causando danos ao longo do seu curso. Tudo isso não poderá fazer com que esqueçamos dos fatos e das situações verdadeiramente imprevisíveis que ocorrem no tempo e que são capazes de tornar inútil a tutela reclamada. Por serem imprevisíveis pode-se dizer que, estatisticamente, quanto mais tempo é consumido pelo processo, mais chances estes eventos fortuitos têm de ocorrer.

Quando trazemos o problema do ônus do tempo do processo para a tutela do meio ambiente, logo percebemos o quanto que esse fardo pode ser prejudicial à coletividade. Ora, na medida em que vivemos sob o mantra de um dever constitucional de proteção e preservação e a maior parte desses deveres envolve comportamentos de precaução contra risco e contra o dano ambiental justamente porque se sabe que o prejuízo é insuportável para seus titulares, então sempre que se fizer necessária tutela do dever da preservação do meio ambiente, é preciso sopesar quem deve suportar o ônus do tempo do processo: a coletividade ou o poluidor? Isso não estaria inserido na sua atividade de

---

4. Há, ainda, casos em que o tempo de um processo coloca-se como uma ceifa às expectativas dos litigantes, tal como a pessoa que não recebe o que lhe devem e por isso contrai dívidas, deixa de adquirir bens ao seu deleite, não pode investir em si e na família, gerando as piores e mais nefastas angústias aos jurisdicionados, que são vítimas dos danos marginais causados pelo tempo do processo.

5. Ovídio A. Baptista da Silva. Curso de processo civil. Porto Alegre: Sérgio Antonio Fabris, 1993, v. III, ps. 12-13.

risco? Observe que aqui nem invocamos a *urgência na tutela*, mas apenas o tempo da demora da atividade jurisdicional.

Diante disso tudo, pode-se dizer que o sistema jurídico não poderia ficar infenso à avassaladora realidade temporal que, se em sede de tutela individual causa um mal terrível aos litigantes, pode-se dizer que gera rombo ainda maior quando se está diante de uma tutela coletiva ambiental, seja por razões de ordem qualitativa e quantitativa, dada a natureza pública, a essencialidade à vida da situação tutelanda; em função do número e reflexo de lesões perpetradas.

De fato, o sistema jurídico não ficou infenso a tal situação, e para isso disponibiliza técnicas processuais que lidam com o problema dos efeitos deletérios do tempo no processo, seja pela distribuição justa e adequada do ônus do tempo aos litigantes, seja mediante mecanismos que neutralizam as situações de urgência (corrigindo ou prevenindo determinadas situações em que o próprio processo ou o direito por ele tutelado estejam ameaçados de ser engolidos pela ferrugem temporal).

Portanto, a tutela de urgência, visivelmente imunizadora dos efeitos deletérios que o tempo causa ao processo (instrumento) ou ao seu conteúdo (direito material), constitui um arcabouço de técnicas processuais que devem ser prontas e rápidas, sob pena de a tutela jurisdicional ser inútil.

2.2   Tutelas provisórias

2.2.1   Introito

No artigo 294 do CPC o legislador colocou sob o tronco da tutela provisória as tutelas de urgência e da evidência. Expressamente disse que: "*a tutela provisória pode fundamentar-se em urgência ou evidência*". Ambas se prestam ao papel de evitar que o tempo do processo seja um fator de injustiça na prestação da tutela jurisdicional.

Por isso, servem para corrigir o problema do "fator tempo" neutralizando o processo contra as situações de urgência que tanto podem afetar o próprio processo quanto o direito material nele contido (tutela de urgência cautelar ou antecipada) ou então redistribuindo o ônus do tempo de duração do processo segundo critérios de evidencia do direito pleiteado em juízo (tutela da evidencia).[6]

---

6.   A respeito ver Andrea Proto Pisani. "Appunti sulla tutela sommaria", in: I processi speciali, studi offerti a Virgilio Andrioli dai suoi allievi. Nápoles: Jovene, 1979; MARINONI, Luiz Guilherme. Técnica processual e tutela dos direitos. São Paulo: Ed. RT, 2004. Tutela cautelar e tutela antecipatória. 2. ed. São Paulo: Ed. RT, 1994; TOMMASEO, Ferruccio. I provvedimenti d'urgenza: struttura e limiti della tutela anticipatoria. Padova: CEDAM, 1983; SILVA, Ovídio Baptista da. Tutela antecipatória e juízos de verossimilhança. In: Da sentença liminar à nulidade da sentença. Rio de Janeiro: Forense, 2002; LOPES DA COSTA, Alfredo Araújo. Medidas preventivas: medidas preparatórias – medidas de conservação. 3. ed. São Paulo: Sugestões Literárias, 1966; CALAMANDREI, Piero. Introduzione allo studio sistematico dei provvedimenti cautelari. Padova: CEDAM, 1936; ANDOLINA, Italo. Il tempo e il processo. In: Revista de processo. São Paulo: Ed. RT, Ano 34. n. 176. out./2009; José Roberto dos Santos Bedaque. Tutela cautelar e tutela antecipada: tutelas sumárias e de urgência, ps. 16 e ss.; Donaldo Armelin. "Tutela jurisdicional diferenciada", in: Processo civil contemporâneo. Curitiba: Juruá, 1994; WATANABE, Kazuo. Da cognição no processo civil. São Paulo: Ed. RT, 1987; Ovídio Baptista da Silva. Jurisdição e execução. São Paulo: Ed. RT, 1996.OLIVEIRA, Carlos Alberto Alvaro. Perfil dogmático da tutela de urgência. Revista da AJURIS, n. 70, Porto Alegre: 1997. Disponível em: http://www.abdpc.org.br/abdpc/artigos/Carlos%20A%20A%20de%20Oliveira%20(7)%20-formatado.pdf. Acesso em: 15.07.2020.

CAPÍTULO 9 • A URGÊNCIA NA TUTELA DO MEIO AMBIENTE E A LEI DE AÇÃO CIVIL PÚBLICA **305**

A tutela provisória de urgência é funcional em relação à tutela final e serve para imunizar os efeitos deletérios que o tempo causa ao processo (instrumento) ou ao seu conteúdo (direito material), e por isso constitui um arcabouço de técnicas processuais que devem ser prontas e rápidas, sob pena de se tornarem inúteis.

Essas formas de tutela são realizadas por intermédio das medidas cautelares e das antecipações de tutela de mérito, tal como denomina o CPC. O signo comum entre ambas é, sempre, a urgência, e o seu traço diferenciador – que teria sido desnecessário manter ante a intenção simplificadora do Código – é o do objeto que será precipuamente protegido dos desgastes provocados pelo fenômeno temporal.

Já a tutela da evidência também atua em prol da efetividade e serve para proporcionar ao jurisdicionado a efetivação da tutela pretendida desde o momento em que seu direito mostre ser evidente no curso do processo, evitando que tenha que suportar o ônus da demora do processo para receber no final a tutela jurisdicional. É acima de tudo uma modalidade de tutela provisória que aninha-se à isonomia processual, já que funciona como um método que equilibra a distribuição do tempo de demora do processo, atribuindo uma situação de vantagem àquele que possui um direito evidente. Mas nela nada há de funcional, ou seja, antecipa-se o resultado por ele mesmo, e sem nenhuma razão extra de ordem jurídico social iminente (urgência).

Existem diversas técnicas processuais de tutela da evidência, tais como a execução de títulos executivos extrajudiciais, o cumprimento provisório da sentença, a improcedência liminar do pedido, o julgamento antecipado da lide pelos efeitos da revelia, o julgamento parcial da parte incontroversa da demanda, a antecipação do provimento por intermédio da tutela provisória etc.

Aqui, vista como espécie de tutela provisória do artigo 294 do CPC, a tutela da evidência segue a disciplina comum desta modalidade de técnica processual. Mas frise-se: ledo engano imaginar que apenas no artigo 294 e ss. do CPC está a técnica processual de tutela do direito evidente. Aqui se tem apenas a técnica da tutela da evidência sob a modalidade de tutela provisória.

Assim, em razão dos riscos de danos causados pelo tempo, ambas as modalidades, urgência e evidência do art. 294 e ss. do CPC podem ser encartadas no tronco comum das tutelas diferenciadas e merece aplausos o legislador.

2.2.2   *Técnica da sumarização do procedimento (sumarização formal)*

Esta técnica tem por escopo apenas o encurtamento do procedimento, com vistas a lhe imprimir maior celeridade, reduzindo prazos, adotando com maior frequência o princípio da oralidade, permitindo a flexibilização do procedimento pelo juiz, admitindo que as partes negociem prazos, atos processuais e inclusive o calendário processual (data dos atos processuais) etc., mas sempre preservando a integridade das garantias dos litigantes.

Na sumarização formal não se modifica a estrutura do processo em razão específica do direito material. São diversos os exemplos dessas técnicas no Código e fora dele. A técnica de sumarização formal pode ser combinada com a técnica de sumarização material, como se observa no art. 4º da Lei de Ação Civil Pública, ao adotava o *procedimento célere das ações cautelares* com a possibilidade de com ele utilizar as técnicas de sumarização material (adiantamento de tutela).

2.2.3 Técnica do adiantamento do provimento (sumarização material)

Para afastar os efeitos deletérios do tempo no processo tona-se fundamental que se antecipe ao jurisdicionado o provimento que só seria dado ao final de um tempo normal ou padrão para a obtenção da tutela jurisdicional. Seja para afastar o problema do dano irreparável causado pela situação de urgência, seja para evitar a injustiça ao titular de um direito evidente suporte de modo indevido o ônus do tempo do processo sem poder gozar do bem da vida é que o legislador excogita a técnica do adiantamento da tutela.

A técnica do adiantamento do provimento está prevista nas três modalidades de tutela provisória: cautelar, antecipada e de evidência, e, se aplicam também à ação civil pública ambiental.

Esse adiantamento da tutela traz uma série de consequências sobre a estrutura do processo no qual tais provimentos são concedidos. Essas alterações são consequências naturais da opção do legislador em privilegiar a efetividade da tutela jurisdicional mediante a técnica do adiantamento da tutela.

Tais *consequências* no art. 294 são decorrência lógica desta opção do legislador, mas poderão constituir-se como técnicas autônomas para outras situações processuais que mereçam especial proteção do legislador. Assim, por exemplo, a cognição sumaria que é imanente à técnica do adiantamento da tutela, nem sempre estará vinculada a um provimento antecipado como nos casos do art. 294. Por sua vez a *técnica da inversão do contraditório* está presente na antecipação do provimento, mas também pode ser usada, por exemplo, no procedimento para execução de títulos extrajudiciais etc.

2.2.4 A sumarização da cognição como consequência natural do adiantamento do provimento

A cognição é uma palavra transitiva que pressupõe uma relação existente entre um sujeito (cognoscente) e um determinado objeto (cognoscível). Dependendo do grau de intensidade (em relação à verticalidade), ou de amplitude (horizontal), a cognição pode assumir diferentes denominações.

A cognição admite, basicamente, dois planos de conhecimento jurisdicionais:

1. A cognição horizontal, indelevelmente enraizada na extensão desse "relacionamento" entre cognoscente e cognoscível, dividindo-se em plena e parcial.

2. A cognição vertical, intimamente ligada à profundidade e intensidade do relacionamento entre o juiz (cognoscente) e o objeto litigioso (cognoscível). Esta biparte-se em exauriente e sumária.

No tocante à cognição vertical exauriente, podemos dizer que é a espécie em que o magistrado não sofre qualquer tipo de limitação no tocante à profundidade de seu conhecimento, ou seja terá o magistrado a possibilidade de aprofundar-se sobre o objeto cognitivo, seja porque o material probatório não será limitado, seja porque a lei não restringe a sua investigação a um limite de profundidade. Isso quer dizer que os fatos afirmados na causa poderão ser conhecidos, apreciados, valorados e investigados num procedimento padrão procedimental que privilegie o amplo contraditório, paridade de armas, ativismo judicial, de forma que o magistrado e as partes não terão qualquer limite de profundidade em relação ao material cognitivo da causa.

Já na cognição vertical sumária ocorre um conhecimento cujo grau de profundidade é menor em relação àquele. Na verdade, a sua verticalidade se coloca de forma contida. É a cognição própria dos juízos de probabilidade. Está intimamente ligada às técnicas processuais antecipatórias do provimento com vistas a neutralizar os efeitos nocivos do tempo contra a efetividade processual.

Entretanto, é preciso ter cautela ao tratar do tema. É que quando se diz que a cognição é *verticalmente sumária*, deve-se identificar onde reside dita sumariedade: no *juízo de valor cognitivo* ou no *objeto do conhecimento*. Enfim, é preciso verificar se o adjetivo é qualificador do juízo de valor do cognoscente ou se se refere ao objeto do conhecimento (cognoscível).

Pensamos que a sumariedade nasce de uma limitação do objeto do conhecimento, ou seja, da extensão diminuída ou da profundidade limitada. Não pensamos ser correto imaginar que a sumariedade se dê por vontade do magistrado diante de um objeto amplo. É justamente porque o material que constitui o objeto do conhecimento se encontra incompleto que a cognição é sumária. Nesse diapasão, até se poderia dizer que o juiz exerce "cognição plena e total" num universo limitado. E esse *limite* pode se dar não apenas porque os fatos apresentados estão expostos numa *superfície argumentativa*, mas também porque podem tais fatos, ainda que completos e profundamente expostos, não estejam acompanhados de elementos de prova que os sustentem, ou seja, provas que serão produzidas em outro momento processual, posterior ao adiantamento da tutela.

> Pode-se dizer que num plano teórico podem existir níveis ou graus diferentes de sumariedade, ou seja, pode o legislador fixar degraus diversos na profundidade da cognição para a concessão dos provimentos antecipados. Por exemplo, considerando que os fatos constitutivos podem ser provados de forma direta ou indireta (prova direta e prova indireta), é possível que a sumarização da cognição que antecede a concessão do provimento antecipado possa: a) não exigir qualquer modalidade de prova sobre os fatos trazidos bastando a coerência da argumentação e a *relevante fundamentação*; b) exija a prova pré-constituída (documental ou testemunhal com justificação previa) do fato indireto que serve de prova do fato constitutivo; c) exija prova pré-constitutiva direta do próprio fato jurídico que dá origem à pretensão; d) exija que o próprio fato (e não apenas os elementos de sua prova como nas alíneas anteriores) objeto da cognição sumaria sejam apresentados de forma superficial.

É preciso ter em mente que o *fato* objeto da cognição do magistrado para a concessão do provimento antecipado é o mesmo tanto para o juízo de probabilidade, quanto para o juízo de certeza processual. O problema, portanto, tanto pode estar no grau de superficialidade que tal fato é exposto, bem como do material probatório disponível para que o juiz profira o adiantamento do provimento.

Estabelecidas as premissas conceituais da cognição sumária para o adiantamento da tutela, retornemos às tutelas provisórias do artigo 294 do CPC.

Como foi dito, um dos pontos de agregação entre as tutelas provisórias do art. 294 do CPC (urgência e da evidência) é justamente a sumariedade da cognição judicial para a concessão das referidas tutelas por intermédio das técnicas de antecipação do provimento.

Certamente, razões lógicas justificam a adoção desta modalidade de cognição judicial. É que, como dito, sendo medidas voltadas para neutralizar os efeitos deletérios do tempo no processo, não se pode exigir que essas técnicas se efetivem no tempo padrão ou normal em que seria dada a tutela, sob pena de se tornarem inúteis e padecerem dos mesmos problemas que pretendem imunizar. É aí que a cognição sumária se agrega à técnica da antecipação do provimento, permitindo que o jurisdicionado tenha acesso à tutela antes do momento normal.

Por isso, devem ser concedidas e concretizadas de forma antecipadas em relação àquilo que seria o tempo "normal", o que por sua vez implica que os elementos cognitivos necessários à sua concessão devem ser bem menos contundentes (cognição sumária) que aqueles justificadores da tutela não influenciada diretamente pelo fator tempo.

É de se dizer que, de uma forma ou de outra, é de se notar que esse "convencimento sumarizado" será muitíssimo influenciado pelas técnicas relativas à prova, tais como as presunções e ficções legais, previstas no plano do direito material, e, principalmente, as presunções *hominis*, advindas das máximas de experiência comum. Pode ser dito que o convencimento advindo da cognição é alcançado por um plexo de técnicas que substituem um juízo de certeza por um de probabilidade. Essa probabilidade depende muito, por mais vinculada que seja a lei, da sensibilidade do magistrado, porque é ele que se vê diante da necessidade de dar uma solução aos casos concretos que lhe são apresentados.

Assim, é preciso que fique bem claro que a técnica *sumarização da cognição* é característica marcante da técnica de *adiantamento do provimento judicial*, mas a ela não se prende, e, tampouco se vincula às situações de urgência.

Assim, é possível adiantar *provimentos judiciais mediante cortes na cognição do juiz* sem que isso tenha por finalidade a proteção contra uma situação urgente, tal como acontece nas tutelas da evidência dos incisos do artigo 311 do CPC. Todavia, em qualquer caso, sendo ou não a urgência o motivo, tais técnicas sempre estarão atreladas à especial proteção da efetividade do processo.

Tanto a tutela de urgência, quanto a da evidência dos arts. 294 e ss. do CPC adotam a técnica do adiantamento da tutela, porém, por obviedade, com sumarização da cognição vertical em diferentes degraus em obediência ao fenômeno da urgência e da evidência.

A lei de ação civil pública contém o artigo 12 que diz que "*poderá o juiz conceder mandado liminar, com ou sem justificação prévia, em decisão sujeita a agravo*".

Esta regra absorvida pelo CPC de 2015 de forma que todo o Título V da Parte Geral de aplica à ação civil pública. Seja em caráter antecedente ou incidental poderá ser concedida tutela provisória cautelar e não cautelar, e, portanto, a tal tutela de urgência será concedida quando houver elementos que evidenciem a probabilidade do direito e o perigo de dano ou o risco ao resultado útil do processo.

CAPÍTULO 9 • A URGÊNCIA NA TUTELA DO MEIO AMBIENTE E A LEI DE AÇÃO CIVIL PÚBLICA | **309**

2.2.5 A provisoriedade do provimento antecipado como consequência natural da cognição sumária

A maior *profundidade* e *extensão* da cognição do magistrado sobre o direito discutido em juízo o aproxima de um julgamento seguro, firme e com maior certeza de que proferiu uma decisão próxima da verdade.

Quando as relações jurídicas processuais são decididas mediante um juízo de valor praticado pelo juiz ao longo do desenvolvimento do processo, fruto de um acúmulo de informações de todos os partícipes do processo, é certo que o magistrado estará, pelo menos em tese, convencido pelos debates e instrução probatória realizada, e, por isso mesmo, apto para exprimir o seu sentimento (a sentença).

Esse pronunciamento, fruto da reflexão, contraditório e cooperação de todos os atores processuais confere ao juiz a segurança para emitir a solução que lhe pareça justa, legal e legítima. Uma vez convencido, deixa para o último momento o seu pronunciamento, que será em tese identificado como uma decisão refletora de um equilíbrio, segurança, certeza e tranquilidade de que estará dando a decisão correta porque teria sido exauriente toda cognição exercida ao longo do processo. Os fatos e as provas respectivas estarão esmiuçadas, debatidas e investigadas. Tal decisão, não por acaso, estará apta a receber a estabilidade da coisa julgada.

Por outro lado, parece claro e evidente que todas as vezes que o juízo de valor do magistrado é antecipado do seu momento normal, é sinal de que nem todo caminho de colheita de informações e nem todo tempo idôneo para a formação do seu juízo de valor foram esgotados e, por consequência, a sua decisão, a ser emitida, será fruto de um juízo abreviado, sumarizado e limitado, de forma que não estará idônea a obter a marca da definitividade, justamente porque oriunda de um juízo provável, e por isso instável, admitindo graus de instabilidade à medida que o processo caminha em direção ao seu fim.

Assim, há uma relação simbiótica entre a sumariedade cognitiva e o pronunciamento judicial que daí deriva. Ora, se é sumaria a cognição, o provimento judicial haurido desta cognição deve ser logicamente provisório. Segundo o legislador processual a tutela provisória do artigo 294 do CPC é prestada para afastar os efeitos nocivos do tempo no processo por intermédio da conjugação das técnicas do provimento antecipado com a cognição sumaria, que, por sua vez, culminam com a provisoriedade deste provimento.

A cognição sumária tem como característica a sumariedade de uma cognição, porque o objeto do conhecimento é limitado em extensão (alcance) e profundidade (verticalidade). Portanto, as regras da sumariedade e provisoriedade do provimento antecipado são reconhecidas pelo magistrado, que sabe que a sua decisão não é marcada por segurança e menos ainda pela definitividade.

Aliás, por saber que o sistema jurídico reconhece que da sumariedade da cognição advêm uma decisão interinal provável e, portanto, apta a ser revista (porque provisória) faz com que o magistrado tenha uma merecida tranquilidade para decidir sem medo de que o eventual erro no juízo provável possa ser irreversível. Ratificando, pois, há uma relação de antecedente-consequente entre o adiantamento da tutela, a cognição sumária (juízo provável) e a provisoriedade do provimento.

2.2.6 A revogabilidade e a modificabilidade como consequência natural da provisoriedade

A revogabilidade (e a modificabilidade) do provimento que foi adiantado é ínsita à sua condição de *"provimento antecipatório provisório"* feito com base em juízo provável em razão da sumarização da cognição judicial.

Por se tratar de provimento que antecipa um resultado (ou seus efeitos), com vistas a neutralizar o risco de dano ao processo ou ao direito material do requerente, parece-nos, então, que a revogabilidade é um efeito imediato dos provimentos *provisórios*. Assim, *rebus sic stantibus*, se cessados os requisitos que ensejaram a concessão do adiantamento da tutela não há por que manter a referida medida. Todavia, enquanto isso não acontecer, a medida provisória conservará a sua eficácia, até que novos fatos, novas provas ou a provocação do interessado levem o juiz a revogar, no todo ou em parte, a medida.

Segundo o artigo art. 296:

"A tutela provisória conserva sua eficácia na pendência do processo, mas pode, a qualquer tempo, ser revogada ou modificada." e segundo o parágrafo único deste mesmo artigo *"salvo decisão judicial em contrário, a tutela provisória conservará a eficácia durante o período de suspensão do processo."* Nada mais lógico que seja assim.

Primeiro é preciso recordar que a tutela provisória do artigo 294 e ss. fundamenta-se numa situação jurídica de urgência ou de evidência, sendo que no primeiro caso divide-se em cautelar ou antecipatória. Também se faz necessário lembrar que a tutela provisória é prestada mediante uma combinação de técnicas processuais, dentre as quais se tem a *técnica da antecipação do provimento judicial com base numa cognição incompleta*, nascendo daí o seu caráter de *tutela provisória*, e, portanto, de que se trata de uma *decisão judicial* inapta a receber o manto da coisa julgada quando comparado com o padrão de decisão judicial que esteja apta à receber a referida autoridade.

Por aí se compreende a regra descrita no artigo 296 do CPC, ou seja, a tutela provisória pode ser *modificada* ou *revogada* a qualquer tempo, justamente porque, desculpe-nos a redundância, é uma *tutela provisória*. Surgindo fatos novos, ou novas provas que alterem a cognição (incompleta) do magistrado, uma nova decisão, inclusive no âmbito recursal, poderá ser dada para modificar ou revogar a tutela provisória concedida. Isso quer dizer, por outro lado, que se a situação de urgência ou de evidência permanecer inalterada, então a tutela provisória conservará a sua eficácia e permanecerá estabilizada produzindo seus efeitos.

Disse o artigo 296 que a tutela provisória pode ser *"revogada ou modificada a qualquer tempo e produz efeitos enquanto pendente o processo"*. É preciso explicar que se se tratar de tutela *incidental* (urgente antecipada ou da evidência) que vier a ser confirmada no provimento jurisdicional final é obvio que a *eficácia da tutela provisória* será substituída pela *eficácia da tutela definitiva*, que receberá o selo da coisa julgada.

Contudo, se proferida a tutela provisória urgente em caráter *antecedente* ao processo, e, naquele procedimento se torne *estabilizada* (art. 304), ela conservará a sua eficácia mesmo depois de extinto o procedimento na qual ela foi requerida antecipada-

CAPÍTULO 9 • A URGÊNCIA NA TUTELA DO MEIO AMBIENTE E A LEI DE AÇÃO CIVIL PÚBLICA **311**

mente, podendo a parte interessada demandar a outra com o intuito de rever, reformar ou invalidar a tutela antecipada estabilizada nos termos do caput do artigo 304, desde que o faça no período de 2 anos contados da extinção da tutela urgente estabilizada em procedimento antecedente (art. 304,§ 5º).

Nesta hipótese, depois de dois anos de estabilizada a tutela provisória, ainda que tenha sido fruto de cognição sumária, por absoluta conveniência e segurança jurídica o legislador a ela atribuiu uma estabilidade – mas que não se equivale em razão da sumariedade da cognição[7] – à que se dá a coisa julgada, não podendo mais ser proposta a demanda do artigo 304, § 2º do CPC, admitindo, contudo, que se submeta ao prazo e regime da ação rescisória, desde que presentes os requisitos do artigo 966 e ss. do código.

2.2.7 Técnicas de variação do contraditório prévio (contraditório invertido ou eventual e contraditório diferido)

O contraditório está no âmago do conceito de processo. Está de tal forma misturado ao conceito de processo que tem-se dito que este é o método de exercício da jurisdição que se concretiza pelo contraditório em procedimento. Num processo cooperativo e dialógico o contraditório é o eixo de movimentação do processo. Não é demais dizer que o princípio do contraditório é ínsito ao Estado Democrático de Direito e deve refletir em todos os atos do processo mediante o trinômio *informação – reação possível – possibilidade de cooperar e influenciar na formação do convencimento.*

Desta forma é regra típica e padrão que a formação do convencimento do magistrado ocorra após o contraditório prévio das partes e do próprio juiz, todos num exercício de cooperação processual.

Entretanto, isso não quer dizer que o contraditório deva sempre prévio à decisão, pois razões especiais de proteção do jurisdicionado contra os efeitos deletérios do tempo, e busca de efetividade da tutela jurisdicional permitem que o legislador possa, sempre em situações excepcionais, desenvolver técnicas processuais onde o exercício do contraditório não seja prévio à formação do seu convencimento, sob pena de que se assim não fosse, haveria comprometimento do direito fundamental à efetividade da tutela jurisdicional.

Nesse diapasão, existem duas outras formas de exercício do contraditório que são usadas em situações onde se se tem por objetivo concretizar a efetividade da tutela jurisdicional: o *contraditório diferido* e o *eventual.*

A técnica processual denominada do *contraditório eventual*, a despeito da impropriedade técnica do nome que lhe foi dada, é, como se disse, utilizada no direito processual em situações de especial privilégio à efetividade do processo. Por intermédio desta técnica processual o legislador transfere o momento do contraditório para um *outro momento processual*, em outro processo ou incidente cognitivo que depende de provocação da parte interessada. É chamado de *eventual* porque o legislador, ao transferir o momento

---

7. Neste sentido ver PIZZOL, Patrícia Miranda. DELGADO, Gilson. A tutela de urgência como instrumento de acesso à justiça, v. 302, São Paulo: Ed. RT, 2020, p. 175-216.

do contraditório, submete o seu exercício ao ônus impugnativo daquele em desfavor de quem pesa o título exequível, justamente para que a referida decisão possa se tornar *estável pela inércia*, isto é, caso não seja desafiada por oposição daquele que teria o ônus de impugná-la.

O legislador utilizou esta técnica processual na ação monitória (quando o decreto monitório não é impugnado forma-se um título executivo judicial), também na criação dos títulos executivos extrajudiciais (onde o contraditório do devedor é eventual e posterior à formação do título exequível) e em algumas hipóteses de tutela provisória antecipada, ao admitir a estabilização da decisão provisória, caso não seja impugnada pela parte mediante o recurso cabível (art. 304), caso em que só poderá impugnar mediante ação autônoma (art. 304, 2º).

Há ainda a técnica do *contraditório diferido*, que se dá por exemplo, nas situações de tutelas provisórias de urgência onde o magistrado usa a técnica do adiantamento da tutela com postergação do contraditório para depois da prolação da decisão judicial. Aliás, tal excepcionalidade foi expressamente prevista no artigo 9º do CPC ao dizer que:

Art. 9º Não se proferirá decisão contra uma das partes sem que ela seja previamente ouvida.

Parágrafo único. O disposto no caput não se aplica:

I – À tutela provisória de urgência;

II – Às hipóteses de tutela da evidência previstas no art. 311, incisos II e III;

III – à decisão prevista no art. 701.

2.2.8   Técnica do julgamento imediato com base na evidência do direito

O legislador também desenvolveu a engenhosa técnica processual de privilegiar a entrega provisória do bem da vida àquele que postula em juízo um direito evidente, ou, *contrario sensu*, impõe àquele que tem contra si um direito evidente, *independentemente de qualquer fato urgente*, é que tem que suportar o ônus de demora do processo, pois não seria justo com o jurisdicionado que, desde cedo seja portador de um direito evidente, mas só consiga obter a satisfação do seu direito no fim do itinerário processual.

A *improcedência liminar do pedido*, o *julgamento imediato da lide em razão dos efeitos da revelia*, o julgamento imediato da parte incontroversa, as hipóteses de *tutela provisória da evidência* são todos exemplos da técnica do julgamento imediato do direito evidente. Não por acaso o legislador usa a expressão *tutela da evidência* ao invés de usar *de evidência*. Nesta hipótese do artigo 311 o legislador concede a própria tutela, sem qualquer relação de funcionalidade que tipifica o fenômeno de urgência; nada há que justifique o provimento antecipado senão a própria evidência do direito postulado.

2.2.9   A efetivação imediata do provimento antecipado

Intimamente ligado à técnica do provimento antecipado é a técnica que estabelece um regime jurídico diferenciado de exequibilidade para este pronunciamento judicial.

Trata-se algo imanente aos provimentos antecipados previstos no artigo 294 e ss., embora aí não se restrinja. Tal técnica não se situa no plano meramente teórico. Pelo

CAPÍTULO 9 • A URGÊNCIA NA TUTELA DO MEIO AMBIENTE E A LEI DE AÇÃO CIVIL PÚBLICA **313**

contrário – a efetivação célere da tutela provisória – é também algo inerente às técnicas de antecipação, porque de nada adiantaria uma técnica preocupada com *antecipação* de um resultado, mormente que corre contra o tempo, se no momento em que fosse efetivada existissem obstáculos de um itinerário executivo típico e inflexível que impedissem a sua plena e pronta realização.

Exatamente por isso os provimentos desta natureza têm execução imediata, com atipicidade de meios e procedimentos de efetivação, tal como determina o artigo 297 combinado com o art. 139, IV do CPC.

É de se dizer que as surpresas e as peculiaridades do mundo real não são tão simples como o mundo teórico imagina que sejam, e os fenômenos referentes à efetividade do processo contra os efeitos maléficos do tempo (urgência e evidencia) também não escolhem sobre qual tipo de crise devem incidir, e menos ainda em relação a quais tipos de crise de adimplemento, se irão incidir sobre direitos reais ou pessoais. Ademais, quanto a esses últimos, há situações em que o direito pessoal em conflito enseja mais de um tipo de solução em grau sucessivo, ou seja, obrigação de fazer cominada com entrega de coisa, entrega de coisa que se efetiva com obrigação de fazer, entrega de coisa que se transforma em expropriação etc. Todas essas nuanças devem ser observadas pelos mecanismos instrumentais de efetivação da solução de direito material.

Nas hipóteses de tutela provisória urgente, deve-se relembrar que os fenômenos de urgência não escolhem hora, dia ou local para ocorrerem. Portanto, incidem sobre qualquer tipo de crise jurídica (certeza, situação jurídica e adimplemento) e, mais ainda, sobre crises que já tenham sido levadas ou não ao crivo do Judiciário. É um erro pensar que a tutela de urgência se relaciona apenas – embora isso frequentemente ocorra – a provimentos provisórios, pois é perfeitamente possível que apenas no momento da prolação de uma sentença ou acórdão ou até mesmo no cumprimento de sentença ou processo de execução, incida o fenômeno da urgência, e, assim, também ela deverá receber as técnicas de efetivação aqui tratadas. Nesses casos, havendo urgência, o regime executivo deve ser o mesmo, ou seja, toma-se emprestada a regra do art. 297 do CPC combinada com o artigo 139, IV nos quais estão embutidas a atipicidade de meios e procedimento executivo.

2.2.10 *Responsabilidade processual pela execução imediata injusta*

A decisão provisória que é fruto da técnica de adiantamento da tutela precisa ser imediatamente efetivada, e, nesse diapasão o sistema processual oferta a atipicidade de meios e procedimento para que a parte possa realizar o mais breve possível o direito pretendido.

Contudo, aí sempre haverá um risco inerente aos provimentos frutos de uma cognição não exauriente. Ora, se da concessão e efetivação da tutela provisória resultar prejuízo para a parte contrária, esta terá o direito de obter indenização do requerente.

Exatamente por isso, excepcionalmente, prescreve o art. 300, §3º que *"para a concessão da tutela de urgência, o juiz pode, conforme o caso, exigir caução real ou fidejussória idônea para ressarcir os danos que a outra parte possa vir a sofrer, podendo a caução ser dispensada se a parte economicamente hipossuficiente não puder oferecê-la".*

Frise-se que esta contracautela pode e deve ser vista pelo juiz tanto sob os olhos do requerido, quanto do requerente da medida. Assim, pode o magistrado exigir, excepcionalmente, a contracautela, respeitados os limites previstos no dispositivo. Por outro lado, também pode o requerente pleitear a medida de urgência, ele mesmo oferecendo se tiver condições para tal, a referida caução como forma de diminuir a tensão e o risco de prejuízo de uma decisão fruto de juízo provável.

Conquanto o artigo 302 refira-se aos prejuízos causados à parte pela efetivação da tutela provisória de urgência, a responsabilidade daí decorrente não se limita às tutelas de urgência, simplesmente porque este problema está atrelado ao cumprimento provisório de um título executivo instável, como nos casos de decisões que sejam fruto da técnica de adiantamento da tutela fundada em cognição não exauriente (que foi adotada tanto nas tutelas provisórias urgentes, quanto na tutela provisória de evidencia).

O referido artigo 302 prevê a incidência da responsabilidade objetiva (dano + nexo de causalidade). Trata-se de regra que fixa a responsabilidade processual objetiva em relação aos danos causados pela execução indevida da tutela – ou seus efeitos – que foi fruto da técnica de sumarização.

Há dois aspectos fundamentais que não podem ser olvidados: é preciso que a tutela provisória não seja confirmada pelo provimento exauriente final e que da sua execução tenham resultado danos ou prejuízos à parte que a ela se submeteu. Verificados esses dois aspectos – o primeiro pela simples observação objetiva e o segundo pela comprovação da existência de prejuízos –, proceder-se-á ao ressarcimento nos próprios autos sempre que isso for possível. Veja-se que não há propriamente uma "liquidação", pois ter-se-á de alegar e provar os danos sofridos. Apenas a antijuridicidade pode ser verificada pelo descompasso entre a medida antecipada (evidente ou urgente) e o provimento final exauriente.

3. TUTELA PROVISÓRIA E MEIO AMBIENTE

3.1 Características do equilíbrio ecológico que tornam ordinária a tutela provisória urgente

Estabelecidas as premissas fundamentais para compreensão das tutelas provisórias, é quase intuitiva a percepção que sua utilização em prol da tutela do meio ambiente deve ser corriqueira.

Como já fizemos questão de dizer nos capítulos precedentes há certas características do direito ao meio ambiente ecologicamente equilibrado que impõem a necessidade de um processo *adequado* a estas peculiaridades. Não há como pensar em um processo civil *adequado*, cumpridor de sua missão constitucional – garantista e concretizador dos direitos fundamentais tal como o direito ao meio ambiente – se a sua estrutura, técnicas, procedimento etc. não for ajustado e rente à tais exigências do direito material.

Assim como um pedido de alimentos não pode esperar, assim como uma cirurgia para salvar o paciente não pode ser postergada, assim como o maus tratos de uma criança não pode aguardar a oitiva da parte contrária, o mesmo se diga quando está-se diante da necessidade de impedir o uso de agrotóxicos que causam câncer e desequilíbrio ecológico, de colocar um filtro numa fábrica que lança poluentes no ar que respiramos, em limpar um rio poluído, em recuperar a vegetação da encosta que ameaça desmoronar etc.

É preciso que as pessoas enxerguem que a degradação do meio ambiente do ambiente é um *ecocídio*, e, este tem relação direta com o genocídio. O predador ambiental não destrói apenas o meio ambiente, mas também os que dele dependem: todas as formas de vida.[8]

> "Além dos impactos desse tipo de crime sobre a biodiversidade e o equilíbrio ecológico, os riscos relacionados aos atos criminosos têm, também, um alcance sanitário, pois é frequente que a saúde humana e mais amplamente toda a humanidade sejam submetidas aos efeitos prejudiciais causados pela degradação ambiental. Por exemplo, a descarga ilegal de lixo tóxico na Costa do Marfim por uma empresa holandesa, no famoso caso do "Probo Koala"11, teve graves repercussões ambientais, como a contaminação de águas, de solos e de ar, mas também humanas, visto que ele provocou a morte de 17 pessoas e intoxicou mais de 50.000 pessoas e não culminou na responsabilidade penal de nenhum dos agentes envolvidos".[9]

Não é favor algum – antes um dever – olhar para a degradação ambiental como ato lesivo à todas as formas de vida; porque não há vida sem meio ambiente equilibrado. A tutela do meio ambiente é meio de se proteger, diretamente, todas as formas de vida.

As peculiaridades do equilíbrio ecológico como a *essencialidade*, a *perenidade*, a *complexidade*, a *instabilidade*, a *indivisibilidade*, a *ubiquidade, a reflexividade* etc. são alguns dos elementos intrínsecos do meio ambiente que exigem o processo seja dotado de elementos adequados e capazes de evitar que o equilíbrio ecológico seja degradado. Não se pode degradar porque:

i) é essencial à vida;

ii) é fruto de uma complexidade que não se permite retorno ao status quo ante;

iii) é instável e sensível, daí porque seus processos ecológicos essenciais devem ser mantidos íntegros;

iv) é de uso comum do povo, não podendo o uso incomum privar ou usurpar o uso comum

v) é inapropriável no sentido de que não pode ser excluído de quem quer que seja;

vi) é reflexivo, pois sua degradação acarreta uma danosidade em cadeia sucessiva

A única forma de tutela judicial justa e adequada do direito fundamental ao meio ambiente é aquela que *impede o dano*. E, impede-se o dano de várias formas: inibindo o risco de dano, evitando ou removendo ilícitos antecedentes ao dano etc. [10]

---

8. A respeito ver BROSWIMMER, Franz J. Ecocide: a short history of the mass extinction of species. London/Sterling: Pluto Press, 2002; CROOK, Martin; SHORT, Damien. Marx, Lemkin and the ecocide-genocide nexus. Disponível em: http://www.tandfonline. com. Acesso em: 08.08.2020; GAUGER, Anja et al. Ecocide is the missing 5th crime against peace. Disponível em: http://sas-space. sas.ac.uk. Acesso em: 10.08.2020; GRAY, Mark Allan. The international crime of ecocide. Disponível em: http://scholarlycommons. law.cwsl.edu. Acesso em: 12.08.2020; MARTIN-CHENUT, Khatia; NEYRET, Laurent; PERRUSO, Camila. Rumo à internacionalização da proteção penal do meio ambiente: dos ecocrimes ao ecocídio. Disponível em: https://www.publicacoesacademicas. uniceub.br/rdi/article/view/3753/0. Acesso em: 12.08.2020.

9. MARTIN-CHENUT, Khatia; NEYRET, Laurent; PERRUSO, Camila. Rumo à internacionalização da proteção penal do meio ambiente: dos ecocrimes ao ecocídio. Disponível em: https://www.publicacoesacademicas.uniceub.br/rdi/article/view/3753/0. Acesso em: 12.08.2020.

10. É extenso o leque de "ilícitos ambientais". O poder legislativo pode escolher diversas situações jurídicas para categorizá-las como "ilícitos ambientais". O ilícito pode estar caracterizado numa situação de dano, numa situação de exposição ao risco, no descumprimento de algum procedimento ou dever jurídico, na prática de algum uso incomum (não danoso) do bem ambiental sem a devida contraprestação etc. É uma tolice vincular – e reduzir – o ilícito ao dano, porque o fenômeno da ilicitude não se limita, jamais, apenas àquelas situações em que o legislador escolhe o *dano* como momento caracterizador do ilícito. Sobre o tema remetemos o leitor para o capítulo 05.

É sempre preciso rememorar que este bem é essencial ao proteção e abrigo de todas as formas de vida; que é ubíquo não sofrendo limites especiais e temporais para se manifestar; é indivisível porque o desequilíbrio do meio ambiente afeta a todos os seres vivos; é reflexivo já que normalmente quando se desequilibra o meio ambiente também são afetados os microbens ambientais que o formam, espalhando danos individuais e coletivos; complexo porque formado a partir de uma mistura química, física e biológica de componentes bióticos e abióticos; é difuso porque pertence a uma coletividade indeterminável etc.

Isso tudo implica reconhecer que impedir o desequilíbrio ecológico é um mantra básico, lógico do direito ambiental, que decorre da essência do direito material ao meio ambiente ecologicamente equilibrado.

Para alcançar este desiderato as tutelas provisórias, especialmente as de urgência, devem ser um mecanismo corriqueiro – e não excepcional como em qualquer caso – na proteção jurisdicional do meio ambiente.

Com o advento do CPC de 2015 houve um enorme incremento das tutelas provisórias (art. 294 e ss.) de forma que muitos dispositivos relativos ao tema do procedimento especial da lei de ação civil público se tornaram obsoletos, sendo necessária a aplicação subsidiária e supletiva do CPC (art. 15).

3.2 Os dois mantras da tutela ambiental: dever de proteger e preservar contra o dano e o dever de restaurar

3.2.1 Evitar o dano ao meio ambiente

É na raiz do dever constitucional de preservação e proteção do meio ambiente ecologicamente equilibrado que brotam dois axiomas inegociáveis do direito ambiental brasileiro, nesta ordem de prioridade: (1º) *evitar o dano* e (2º) *restaurar o ambiente danificado.*

Dentro desse *dever de proibição do dano ambiental* se insere toda e qualquer atuação estatal voltada a evitar, a impedir que ele aconteça.

Aqui estão a tutela estatal legislativa, administrativa e judiciária, e, neste caso, tanto as penais, quanto as não penais.

No âmbito da tutela judicial não penal se inserem sob o manto do dever de proibição do dano ambiental toda e qualquer proteção que atue *antes* do dano acontecer.

3.2.1.1 Evitando, neutralizando e controlando o risco

O *risco* é sempre uma situação jurídica antecedente ao dano, porque o próprio conceito de risco em sentido estrito é a *possibilidade de que um dano* possa acontecer. Sem risco, não há possibilidade de dano; com risco, ele *pode* acontecer.[11]

Contudo, é preciso ficar atento que em matéria ambiental é até comum que surja uma *situação de risco em razão de um dano ambiental já cometido*, ou seja, é possível que o *motivo de se estar em um estado de risco seja a existência de um dano ambiental*. Assim, por exemplo a destruição da vegetação da encosta dos morros (app) constitui um dano

---

11. Remetemos o leitor para o Capítulo 05 onde foi esmiuçado o conceito de risco.

CAPÍTULO 9 • A URGÊNCIA NA TUTELA DO MEIO AMBIENTE E A LEI DE AÇÃO CIVIL PÚBLICA

ao meio ambiente ao mesmo tempo que é, também, um fator (agente) que traz o risco de desabamentos (possíveis futuros danos).

Logo, pode-se pensar em tutelas judiciais (aqui tratando apenas das *não penais*) que sejam *antecedentes ou contemporâneas* ao risco. Por isso, é correto afirmar que todas as tutelas que *evitam o risco* estarão, obviamente, eliminando a possibilidade de ocorrência do dano.

Por outro lado, se o risco já está acontecendo, então pode-se neutralizá-lo ou controlá-lo. Na primeira evita-se também a possibilidade de dano, na segunda reduz-se a probabilidade de acontecer.

Todas as medidas judiciais antecedentes ao risco ou contemporâneas a ele que visem eliminá-lo ou reduzi-lo interferem diretamente na *possibilidade de dano*, seja para eliminá-la seja para mitigá-la, e, neste particular cumprem a promessa constitucional de *evitar o dano ao meio ambiente*.

Mas, pode-se ir além; é possível identificar os elementos que integram o *estado de risco* para assim também melhor especificar quais as medidas de proteção que podem ser realizadas para evitar, controlar ou neutralizar o risco.

Lembrando o que dissemos no capítulo 05 o *estado de risco* deriva de uma relação envolvendo um *perigo (um agente)* que incide direta ou indiretamente sobre um sujeito. São as características e as circunstancias intrínsecas do *perigo* e do *sujeito* – e a relação entre eles no tempo e no espaço – que aumentam ou reduzem o *estado de risco*.

Isso quer dizer que se pode *evitar, neutralizar* ou controlar o risco com medidas que atuem diretamente sobre os elementos que integram esta complexa relação.

Torna-se mais fácil visualizar o problema com exemplos, tais como os inúmeros casos em que se destrói áreas de preservação permanente em encostas de morros ampliando o risco de desabamento e desmoronamento que causará impactos negativos ambientais e urbanos.

> (...) I. Na origem foi ajuizada ação civil pública, na qual o Ministério Público do Estado do Rio de Janeiro tinha como objetivo a condenação do Município do Rio de Janeiro por danos ambientais, decorrentes da **realização de medidas de recomposição ambiental na área** conhecida como Vila Verde, localizada na comunidade da Rocinha, com vistas a **recuperação do meio ambiente natural e urbano**, bem como a **adoção de medidas adequadas e técnicas para eliminação e/ou mitigação do risco geológico de deslizamento da área.** (...)
>
> (REsp 1731097/RJ, Rel. Ministro FRANCISCO FALCÃO, SEGUNDA TURMA, julgado em 11/12/2018, DJe 17/12/2018)

Observe-se com atenção no realce que fizemos no aresto acima que *existe um estado de risco* que é resultante de um dano ambiental já existente, conforme advertimos alhures.

Isso quer dizer neste caso que sendo o *perigo (agente) a enorme quantidade de chuvas neste local em tal período do ano*, então, seguramente este perigo é ampliado porque um dano ambiental já foi cometido, ou seja, como houve a destruição das vegetações da encosta não há como a agua da chuva ser absorvida pela infiltração no solo, causando assim o aumento da probabilidade de deslizamento.

Interessante notar que o dano ambiental ampliou a situação de risco (de dano) à população e ao meio ambiente. Nem o índice pluviométrico foi alterado e nem a população situada na base do morro não foi alterada, mas o dano ambiental à vegetação fixadora da encosta ampliou consideravelmente o agravamento do estado de risco. Se se pode afirmar que a recomposição da vegetação não elimina por completo o risco de desmoronamento, por outro lado o reduz significativamente. Ora, se não há como impedir que a chuva caia torrencialmente no período de janeiro a março, pelo menos há como reduzir o risco de desabamento realizando a revegetação do morro, mediante a restauração da vegetação das áreas de proteção e contenção.

Também há a possibilidade de serem tomadas medidas, inclusive cumulativas, que afastem a população da área do desabamento, eliminando – pelo menos para estes sujeitos – a possibilidade de dano físico, embora possa acontecer sobre o patrimônio que ficará sujeito ao desmoronamento.

É muito interessante observar no acórdão que não há uma *solução padrão* para resolver o problema simplesmente porque a adequação dos meios pressupõe a análise do caso concreto e certamente que nem o *perigo*, nem a *vulnerabilidade dos sujeitos*, e tampouco o estado de risco é igual em todas as hipóteses. Aliás, diga-se, em determinados casos algumas medidas contra o perigo ou de proteção aos sujeitos são mais urgentes do que outras.

Neste exemplo, é necessário que se retire o mais rápido possível a população do local onde poderia ocorrer o desabamento e a coloque em um local seguro, e, enquanto isso é feito é necessário que sejam tomadas medidas com suporte técnico e científico *adequadas* para *eliminar* ou *controlar* a situação de risco. Uma delas, certamente é a revegetação da área, mas é preciso que seja feita com o plantio e monitoramento correto de espécies nativas daquela localidade.

Nada disso é fácil quando se pensa, inclusive, que tudo isso deve ser colocado numa petição e submetido ao Judiciário. Não há como estabelecer com precisão milimétrica quais as medidas adequadas para neutralizar ou controlar o risco. Só a análise do caso concreto permitirá. Por isso é extremamente importante nessas situações, especialmente de megaconflitos ou realização de políticas públicas (proteção da defesa civil contra áreas de risco), que se pense em soluções não adversariais, equacionadas com diálogo, estruturadas passo a passo, com auxílio de expertos e contraditório de todos os envolvidos, como já expusemos anteriormente.

Mesmo quando não se trata de realização de políticas públicas ou litígios complexos é preciso que se disseque o estado de risco, seus elementos integrantes, para que se possa pedir, e obter, soluções adequadas. Nem sempre o pedido formulado na ação civil pública conterá um *dever de fazer específico, minudente* e isso deve ser levado em consideração pelo magistrado. É preciso pensar que medidas de urgência tanto podem ser tomadas sobre o agente (fator de perigo) ou sobre as pessoas expostas ao risco, ou sobre ambas, tudo com o desiderato de não permitir o dano ao meio ambiente, seja evitando, controlando ou neutralizando o estado de risco.

Em outro aresto do STJ também é possível identificar que o *dano ambiental cometido nas áreas de preservação permanente* constitui, ele mesmo, o *perigo* de um estado de risco e a coletividade é o *sujeito* exposto a este estado de risco.

CAPÍTULO 9 • A URGÊNCIA NA TUTELA DO MEIO AMBIENTE E A LEI DE AÇÃO CIVIL PÚBLICA

Observe que o pedido de demolição de imóveis construídos sobre área de APP constitui um dano ao equilíbrio ecológico e, ao mesmo, tempo é um *perigo* que coloca em risco a proliferação de mais danos ambientais que seriam suportados pela coletividade. Também neste exemplo, é preciso restaurar a vegetação danificada na APP para que se elimine ou controle o risco que a ausência desses processos ecológicos causa ao ecossistema.

(...) 1. Trata-se, na origem, de Ação Civil Pública ajuizada pelo Ibama contra particulares e a Municipalidade de Pitimbu, Estado da Paraíba, pugnando por provimento judicial que proíba a ampliação e determine a demolição de construções ilegais em onze imóveis localizados na faixa marginal do rio Acaú. Entre as edificações contestadas, incluem-se bar, farmácia, casas de veraneio e residências familiares. 2. Os fatos e a ocupação irregular da Área de Preservação Permanente são incontroversos. Conforme apontou a Corte de origem, os prédios embargados "foram erigidos às margens do Rio Acaú, estando inseridos em Área de Preservação Permanente, por ofensa à distância mínima exigida para edificar-se nas bordas de rios". Em idênticos termos, a sentença, apoiada em perícia, confirma que as construções acham-se "'coladas' à margem do rio, invadindo, portanto, a Área de Preservação Permanente marginal aos cursos d'água'" estabelecida pelo Código Florestal, em consequência causando 'dano ambiental também pelo lançamento de esgotos no Rio Acaú, sendo que a reversão dessa situação dependeria da demolição dos imóveis e da recuperação da vegetação no local'".
ÁREA DE PRESERVAÇÃO PERMANENTE (APP), PRESUNÇÃO ABSOLUTA DE INTOCABILIDADE, ROL TAXATIVO DE INTERVENÇÃO EXCEPCIONAL, NATUREZA PROPTER REM E DANO IN RE IPSA 3. As Áreas de Preservação Permanente formam o coração do regime jurídico ambiental-urbanístico brasileiro no quadro maior do desenvolvimento ecologicamente sustentável. Ao contrário do que se imagina, o atributo de zona non aedificandi também revela avultado desígnio de proteger a saúde, a segurança, o patrimônio e o bem-estar das pessoas contra riscos de toda a ordem, sobretudo no espaço urbano. *Daí o equívoco (e, em seguida, o desdém) de ver as APPs como mecanismo voltado a escudar unicamente serviços ecológicos tão indispensáveis quanto etéreos para o leigo e distantes da consciência popular, como diversidade biológica, robustez do solo contra a erosão, qualidade e quantidade dos recursos hídricos, integridade da zona costeira em face da força destruidora das marés, e corredores de fauna e flora.*
4. Consoante o Código Florestal (Lei 12.651 2012), "A intervenção ou a supressão de vegetação nativa em Área de Preservação Permanente somente ocorrerá nas hipóteses de utilidade pública, de interesse social ou de baixo impacto ambiental previstas nesta Lei" (art. 8°, caput, grifo acrescentado). O legislador, iure et de iure, presume valor e imprescindibilidade ambientais das APPs, presunção absoluta essa que se espalha para o prejuízo resultante de desrespeito à sua proteção (dano in re ipsa), daí a dispensabilidade de prova pericial. Logo, como regra geral, "Descabida a supressão de vegetação em Área de Preservação Permanente – APP que não se enquadra nas hipóteses previstas no art. 8° do Código Florestal (utilidade pública, interesse social e baixo impacto ambiental)" (REsp 1.394.025/MS, Rel. Min. Eliana Calmon, Segunda Turma, DJe 18/10/2013).
5. Encontrar-se a área destituída de vegetação nativa ou inteiramente ocupada com construções ou atividades proibidas não retira dela o elemento legal congênito de preservação permanente (= non aedificandi), qualidade distintiva insulada do estado atual de plenitude ou penúria das funções ecológicas, pois, consoante a letra categórica da lei, indiferente esteja "coberta ou não por vegetação nativa" (art. 3°, II, do Código Florestal, grifo acrescentado).

Exatamente por isso e também para não premiar o vilipendiador serelepe (que tudo arrasa de um só golpe), a condição de completa desolação ecológica em vez de criar direito de ficar, usar, explorar e ser imitado por terceiros, impõe dever propter rem de sair, demolir e recuperar, além do de pagar indenização por danos ambientais causados e restituir eventuais benefícios econômicos diretos e indiretos auferidos (= mais-valia-ambiental) com a degradação e a usurpação dos serviços ecossistêmicos associados ao bem privado ou público – de uso comum do povo, de uso especial ou dominical.

6. Nomeadamente quanto à "faixa ciliar", a jurisprudência do STJ há tempos prescreve a intocabilidade e o cunho propter rem dessa modalidade de APP: "em qualquer propriedade", não podem as margens "ser objeto de exploração econômica" e "aquele que perpetua a lesão ao meio ambiente cometida por outrem está, ele mesmo, praticando o ilícito", pois "se a manutenção da área destinada à preservação permanente é obrigação

propter rem, ou seja, decorre da relação existente entre o devedor e a coisa, a obrigação de conservação é automaticamente transferida do alienante ao adquirente, independentemente deste último ter responsabilidade pelo dano ambiental" (REsp 343.741/PR, Rel. Min. Franciuli Neto, Segunda Turma, DJ de 7/10/2002).

(...) 13. Construções e atividades irregulares em Áreas de Preservação Permanente, em especial nas margens de rios, encostas, restingas e manguezais, são convite para tragédias recorrentes, até mesmo fatais, e prejuízos patrimoniais, devastadores, de bilhões de reais, que oneram o orçamento público, arrasam haveres privados e servem de canteiro fértil para corrupção e desvio de fundos emergenciais. Por exemplo, desastres urbanos (inundações, desmoronamentos de edificações, escorregamento de terra, etc.) estão em curva ascendente, no contexto de agravamento da frequência, intensidade e danosidade de eventos climáticos extremos e da vulnerabilidade de assentamentos humanos.

(...) (REsp 1782692/PB, Rel. Ministro HERMAN BENJAMIN, SEGUNDA TURMA, julgado em 13/08/2019, DJe 05/11/2019)

As tutelas que evitam, neutralizam ou controlam o risco cumprem o comando constitucional de, sempre que possível, *evitar o dano ao meio ambiente*.

3.2.1.2 *Evitar o dano inibindo ou removendo o ilícito*

3.2.1.2.1 *Recordando a categoria do ilícito civil*

O fato jurídico é aquele que resulta da incidência de uma norma sobre o fato que nela está emoldurado. Ele tanto pode ser lícito ou ilícito; isso vai depender da valoração atribuída na norma para aquele fato. Será ilícito quando reputado no arquétipo normativo como *contrário ao direito*; será lícito se admitido como conforme ao ordenamento jurídico.

Assim, no ordenamento jurídico civil há regras e princípios que estão prontos para incidir sobre fatos tidos como lícitos ou ilícitos a depender da valoração que a eles se atribui. Tanto os lícitos quanto os ilícitos resultam da incidência da norma (regra ou princípio) interpretada sobre o fato que nela está tipificado de forma aberta ou fechada. Frise-se, é em tal norma que deve estar contida a valoração como lícito ou ilícito.

Por isso, pode o legislador emoldurar no texto normativo tipos abertos ou fechados que estabeleçam como *fato típico* para a sua incidência determinadas condutas por ele considerada como ilícitas. O momento da ilicitude a ser escolhido pelo legislador deve guardar relação lógica com os princípios e valores regentes do ordenamento jurídico a respeito do qual ele legisla. A Constituição Federal é a fonte e a diretriz que predetermina como deve o legislador definir em moldura abstrata, com tipos abertos ou fechados, o que é lícito e o que é ilícito. Isso quando ela mesmo, a CF/88 já não define – tal como fez em vários incisos do art. 225, § 1º – com *comandos específicos* os fatos jurídicos tidos abstratamente como lícitos ou ilícitos.

A escolha do ato ou fato que será eriçado em moldura abstrata como ilícito é definida pelo legislador – às vezes pelo legislador constitucional – de forma que a identificação do que seja ilícito pode resultar de diversas escolhas do legislador. Assim, por exemplo, pode o legislador dizer que é obrigatória a realização de determinado ato durante o licenciamento ambiental sob pena de nulidade da licença concedida sem a realização do referido ato. A omissão em realizar a *audiência pública* quando o licenciamento ambiental a exige torna a licença nula. Eis aí um ilícito que é tipificado pelo dever de

CAPÍTULO 9 • A URGÊNCIA NA TUTELA DO MEIO AMBIENTE E A LEI DE AÇÃO CIVIL PÚBLICA

realização da audiência pública no procedimento de licenciamento na hipótese do art. 2º da Resolução CONAMA n. 09/87.

> Art. 2º Sempre que julgar necessário, ou quando for solicitado por entidade civil, pelo Ministério Público, ou por 50 (cinquenta) ou mais cidadãos, o Órgão de Meio Ambiente promoverá a realização de audiência pública
>
> (...)
>
> § 2º No caso de haver solicitação de audiência pública e na hipótese do Órgão Estadual não realizá-la, a **licença concedida não terá validade**.

Há aí um ilícito tipificado em moldura abstrata cuja sanção é a invalidação da licença eventualmente concedida. O *tipo* descrito pelo legislador é: *sendo hipótese de realização de audiência pública e não sendo ela realizada* então *a eventual licença será nula*. Não cumprido um dever jurídico, incide a sanção.

Observe que este dever jurídico nada tem a ver com *dano ou risco de dano ao meio ambiente* numa perspectiva imediata. Tem a ver sim com o princípio da participação e democracia, do direito do titular do meio ambiente, ser ouvido, questionar, opinar e influenciar diretamente nos resultados dos processos de licenciamento quando assim se configurar a hipótese. O referido *ilícito ambiental* enseja a sua inibição se existirem atos concretos que indiquem o descumprimento da regra, ou a sua correção se já tiver ocorrido; enquanto não corrigido o ilícito ambiental para permitir a participação popular, a licença padecerá da mácula de invalidade.

O mesmo se diga com o dever de informação ambiental. Consta no artigo 4º, V da Lei 6938/81 que é um dos objetivos da polícia nacional do meio ambiente a *"divulgação de dados e informações ambientais e à formação de uma consciência pública sobre a necessidade de preservação da qualidade ambiental e do equilíbrio ecológico"*.

Para tanto, estabelece como um de seus instrumentos (art. 9º, XI) *"a garantia da prestação de informações relativas ao Meio Ambiente, obrigando-se o Poder Público a produzi-las, quando inexistentes"*. Assim, por exemplo, é dever do Poder Público disponibilizar todas as informações sobre o monitoramento do desmatamento na Amazônia. Ao não prestar estas informações, uma de duas: ou deve ser compelido a <u>prestá-las</u>, ou deve ser compelido a <u>produzi-las</u> se inexistentes. Observe que o ilícito ambiental existe como *tipo* decorrente de uma conduta que viola o dever de informação ambiental, e, portanto, não necessariamente vinculada a questão de dano ou do risco de dano.

No exemplo citado é natural que se promova demanda judicial que *remova* o ilícito cometido impondo o Poder Público de divulgar ou produzir (se inexistentes) as informações sobre o desmatamento da Amazônia.

Num outro exemplo quando se constrói uma edificação sobre um mangue há um ilícito porque esta é uma área de preservação permanente (area non aedificandi) que deve se manter protegida e intocada. Ao se *construir* em APP fora das exceções permitidas em lei se comete um ato ilícito previsto no Código Florestal, sendo que nesta hipótese o momento do ilícito (construir sobre uma app) é também um momento de ocorrência de dano. Aqui neste exemplo o *ilícito ambiental* (destruir app) acontece no mesmo momento do dano ambiental, mas são figuras absolutamente distintas. O ilícito é o fato jurídico contrário ao ordenamento de destruir a APP, enquanto que o dano é o resultado ou efeitos desta destruição. O dano ao meio ambiente é a consequência deste ilícito e com ele não se confunde. Certamente que aqui devem ser tomadas duas medidas distintas: uma para remoção do ilícito (demolição e retirada das construções) e outra que será a restauração do meio ambiente degradado, sem prejuízo de exigir o dano moral coletivo.

Portanto, é de se observar que o ilícito civil é uma grande categoria dos fatos jurídicos contrários ao ordenamento jurídico civil. O ilícito cometido implica em consequências para aquele que o cometeu. Em regra, uma das consequências, sempre que isso for possível, é a sua correção, ou seja a *remoção* do ilícito cometido. Às vezes apenas a correção do ilícito pode ser suficiente para o ordenamento jurídico, noutras não, como por exemplo na hipótese em que além do ilícito tenha ocorrido o dano. Aí será necessário também a reparação integral do meio ambiente lesado.

3.2.1.2.2 Ilícito, lícito e dano

É importante que fique claro que *ilícito e dano* são figuras absolutamente distintas. O ilícito é um fato jurídico contrário ao ordenamento jurídico. O dano é prejuízo que pode nascer de um fato lícito ou ilícito. Não se pode apequenar a categoria dos ilícitos civis reduzindo-o ao efeito reparatório do dano previsto no art. 186 do CCB. O efeito reparatório pelos danos resultantes de um ilícito é *apenas uma das sanções civis possíveis decorrentes* ato ilícito.

Após a breve exposição sobre o ilícito civil que fizemos no tópico anterior – vide capítulo 05 com maior vagar – recorde-se que nem sempre a *exposição ao risco* constitui um *ilícito ambiental*; há casos que sim e outros que não, depende do legislador ter erigido determinadas situações como tão importantes que nem sequer se admite a exposição ao risco, tal como o fez no inciso VII do §1º do art. 225 da CF/88. Sempre que a *exposição ao risco* seja tipificada pelo legislador como um ilícito ambiental, aí sim evita-se a ocorrência de um dano impedindo ou removendo um ilícito (*rectius=risco*).

Como vimos anteriormente, dada a magnitude das possibilidades em torno do que pode ser tomado pelo legislador como "ilícito ambiental", não se pode afirmar, portanto, que ao *prevenir o ilícito* estar-se-ia também *evitando o dano ao meio ambiente*. Isso porque é preciso ficar atento pois há atividades que são lícitas, mas que podem ser *controladas* ou até mesmo *inibidas* para impedir ou evitar o agravamento do dano ambiental. A licitude ou ilicitude não tem relação antecedente/consequente com o dano ambiental. O dano pode ser ou não uma consequência do cometimento de um ilícito. Frise-se que é absolutamente largo o fenômeno da ilicitude e não se reduz ao conceito do art. 186 do CCB.

Nas situações em que a exposição a um risco constitui um ilícito, porque assim está tipificado pelo ordenamento jurídico, aí sim pode-se afirmar que a tutela de prevenção e até de remoção de um ilícito são preventivas de um dano. A rigor, sendo mais preciso, não é a correção <u>do ilícito</u>, mas a eliminação <u>do risco</u> que afasta o dano. É que nesta hipótese estabeleceu-se como momento de ocorrência do fato jurídico ilícito a exposição ao risco. Sempre que a exposição ao risco seja considerada como um ilícito pelo legislador, então, inexoravelmente, a inibição do ilícito (risco) ou a sua remoção implicam em eliminar a

CAPÍTULO 9 • A URGÊNCIA NA TUTELA DO MEIO AMBIENTE E A LEI DE AÇÃO CIVIL PÚBLICA

possibilidade de dano, pois, frise-se, o estado de risco implica na possibilidade de ocorrência de dano.

Quando se verifica que é perfeitamente possível proibir atividade lícitas *insuportavelmente danosas* ao meio ambiente é que se percebe claramente que *ilícito e dano* não se confundem, e, nem aquele pode ser reduzido às hipóteses de indenização.

Observe-se que se é indubitável a possibilidade de responsabilização *civil pelo dano ambiental causado por atividade lícita*, então não há dúvida que é possível tomar medidas que *evitem* esse dever de reparação. Todas as situações que seria possível responsabilizar civilmente um poluidor pelos danos ambientais resultantes de uma atividade lícita, também será possível imaginar a hipótese de medidas judiciais que se impeçam a referida danosidade indenizável, porque não existe o direito adquirido de poluir (e de converter a poluição em valor pelos prejuízos causados).

Obviamente que não se está dizendo que é possível proibir toda atividade lícita que cause dano ambiental, pois não é possível reparar danos de todas as atividades lícitas. Sabemos que muitas – senão todas obras e empreendimentos – causam impacto negativo ao meio ambiente, cabendo ao licenciamento ambiental a tarefa de antecipar riscos e danos e exigir a realização de medidas neutralizadoras, mitigatórias e compensatórias de danos que sejam suportáveis à coletividade dentro deste contexto de desenvolvimento sustentável. Ninguém duvida que uma siderúrgica causa danos ao meio ambiente ainda que esteja lançando particulados dentro dos limites legais permitidos pelo órgão público licenciador da sua atividade. Todavia, é perfeitamente possível responsabilizar esta siderúrgica por danos ambientais (e/ou os por ricochete) que extrapolem o que foi previsto e condicionado no licenciamento ambiental. O que for objeto de responsabilização pelos danos causados, certamente que será também possível de ser objeto de medidas judiciais preventivas. Não há porque aguardar o dano da atividade lícita para exigir a sua reparação. A licitude não é um passaporte que permita prosseguir com a atividade acima dos limites do razoável para depois converter o dano insuportável à coletividade em reparação posterior.

> (...) Pretensão ressarcitória deduzida com escopo de serem indenizados os danos decorrentes de incêndio iniciado em propriedade vizinha, ocasionado pela prática de queimada. Pedidos julgados improcedentes pelo magistrado singular. Sentença reformada pela Corte de origem, ao reconhecer a responsabilidade objetiva e solidária do proprietário do imóvel lindeiro pelos danos decorrentes do incêndio, ainda que praticado por terceiro (arrendatário ou gestor de negócios), tendo em vista a aplicação dos ditames da responsabilidade civil ambiental. 2. O conceito de dano ambiental engloba, além dos prejuízos causados ao meio ambiente, em sentido amplo, os danos individuais, operados por intermédio deste, também denominados danos ambientais por ricochete – hipótese configurada nos autos, em que o patrimônio jurídico do autor foi atingido em virtude da prática de queimada em imóvel vizinho. 2.1 Às pretensões ressarcitórias relacionadas a esta segunda categoria, aplicam-se igualmente as disposições específicas do direito ambiental e, por conseguinte, da responsabilidade civil ambiental (objetiva) – consignadas na Lei n. 6.938/91 (Lei da Política Nacional do Meio Ambiente), nos moldes em que preceituado no seu artigo 14, parágrafo 1º: "Sem obstar a aplicação das penalidades previstas neste artigo, é o poluidor obrigado, independentemente da existência de culpa, a indenizar ou reparar os danos causados ao meio ambiente e a terceiros, afetados por sua atividade. [...]" 2.2. A excludente de responsabilidade civil consistente no fato de terceiro, na seara ambiental, tem aplicação bastante restrita, dada a abrangência do disposto no artigo acima transcrito. Desse modo, só poderá ser reconhecida quando o ato praticado pelo terceiro for completamente estranho à atividade desenvolvida pelo indigitado poluidor, e não se possa atribuir a este qualquer participação na consecução do dano – ato omissivo ou comissivo, o que não se verifica na hipótese, consoante se infere do acórdão recorrido, o qual expressamente consignou ser o recorrente/réu "conhecedor

de que as pessoas que 'limpavam' sua propriedade se utilizavam do fogo para fazê-lo, e a prática era reiterada, frequente, "todos os anos", conforme descrito na inicial. E mesmo conhecedor do ilícito, nada fez para coibir a prática proscrita exercida em sua propriedade, tornando-se dessa forma responsável por ato de terceiro." 2.3 "Para o fim de apuração do nexo de causalidade no dano ambiental, equiparam-se quem faz, quem não faz quando deveria fazer, quem deixa fazer, quem não se importa que façam, quem financia para que façam, e quem se beneficia quando outros fazem." (cf. REsp 650.728/SC, Rel. Ministro Antonio Herman Benjamin, Segunda Turma, DJe 02/12/2009) 3. Não obstante a análise do caso à luz dos ditames da responsabilidade civil ambiental, a conclusão encerrada na hipóteses dos autos justifica-se, outrossim, sob a ótica do direito civil (em sentido estrito), notadamente porque aplicável a responsabilidade objetiva decorrente da violação de direitos de vizinhança, os quais coíbem o uso nocivo e lesivo da propriedade. (...) (REsp 1381211/TO, Rel. Ministro MARCO BUZZI, QUARTA TURMA, julgado em 15/05/2014, DJe 19/09/2014).

O que se quer dizer é que se se trata de um dano que se mostre insuportável, além do que deveria ser admitido, além do que deveria ser controlado, além do que deveria ter ocorrido, quantitativamente maior ou qualitativamente pior do que eventualmente tenha sido compensado no processo de licenciamento, é possível, mesmo com licença ambiental válida, que se *proíba o potencial dano* ou seu agravamento.

(...) 3. A jurisprudência do STJ está firmada, pelo menos desde 2002, no sentido de que a recuperação da Área de Preservação Permanente e da Reserva Legal, assim como outras incumbências incidentes sobre o imóvel e decorrentes da função ecológica da propriedade, constitui obrigação propter rem; portanto, parte inseparável do título imobiliário, inexistindo, no ordenamento jurídico brasileiro, direito adquirido a degradar ou poluir, ou a desmatamento realizado.

Sendo assim, a obrigação de conservação é automaticamente transferida do alienante ao adquirente, independentemente deste último ter o causador direto do dano ambiental, sendo responsável pelas infrações ocorridas em seus domínios. Precedentes. (REsp 1263952/PR, Rel. Ministro HERMAN BENJAMIN, SEGUNDA TURMA, julgado em 01/03/2016, DJe 30/10/2019).

(...) 3. Mais recentemente, decidiu a Segunda Turma que "[a] jurisprudência do STJ afirma que, ainda que se entenda que é possível à administração pública autorizar a queima da palha da cana de açúcar em atividades agrícolas industriais, a permissão deve ser específica, precedida de estudo de impacto ambiental e licenciamento, com a **implementação de medidas que viabilizem amenizar os danos e recuperar o ambiente**" (REsp 1668060/SP, Rel. Min. Herman Benjamin, DJe 30/06/2017). 4. Agravo interno do Estado de São Paulo não provido. (AgInt no REsp 1702892/SP, Rel. Ministro MAURO CAMPBELL MARQUES, SEGUNDA TURMA, julgado em 04/10/2018, DJe 29/10/2018)

Alguém ousaria sustentar, por exemplo, que seria inviável proibir judicialmente a utilização de agrotóxico que tenha sido liberado e goze de licença válida para sua utilização se no caso concreto surgirem situações que indiquem a possibilidade de que esteja causando impactos além do que eventualmente havia sido previsto? Deve-se esperar a responsabilização pelos danos?

Noutro giro, seria inviável admitir a proibição do trafego de veículos em determinada área da cidade e em determinado período do ano se as condições climáticas se mostrarem propensas ao aumento de concentração de monóxido de carbono causador de inúmeras doenças respiratórias? Deve-se aguardar as mortes e doenças para pleitear a responsabilização por danos?

Num outro caso em que foi licenciada uma atividade minerária que causará danos é impossível pedir a sua proibição se se entender que o plano de recuperação de área degradada aprovado no órgão ambiental é insuficiente para recompor todos os danos causados? Deve-se esperar o dano para pedir a sua reparação?

CAPÍTULO 9 • A URGÊNCIA NA TUTELA DO MEIO AMBIENTE E A LEI DE AÇÃO CIVIL PÚBLICA

Não me parece que em nenhuma destas situações estaria vedada a possibilidade de pedir judicialmente a *proibição do dano ao meio ambiente* decorrentes de atividade que gozem de presunção de licitude, portanto que sejam lícitas, mas que possam causar ou já estejam causando danos insuportáveis ao meio ambiente.

Reforça tal premissa a posição do Superior Tribunal de Justiça ao dizer que:

> (...) 6. No Direito brasileiro, a licença ambiental é sempre por prazo certo. Uma vez esgotada sua validade temporal, não cria direito algum, nem mesmo expectativa de direito. Daí descaber pretensão de "renovação automática" ou mesmo indenização, já que as circunstâncias ecológicas, sociais e econômicas se modificam no tempo. Ademais, licença ambiental ad aeternum representaria cristalização intolerável de direito adquirido de poluir e degradar.
>
> 7. Toda atividade potencialmente danosa ao meio ambiente necessita de licenciamento ambiental, podendo a licença ser negada ou não renovada caso haja receio de risco ao ambiente ou à saúde das pessoas. Aplica-se na hipótese sub judice o princípio da prevenção e o princípio da precaução, pois a Administração, titular do dever de evitar danos individuais e coletivos, encontra-se na obrigação inafastável de impedi-los. (...) (REsp 1555131/RJ, Rel. Ministro HERMAN BENJAMIN, SEGUNDA TURMA, julgado em 19/05/2016, DJe 05/11/2019)

Retomando, portanto, se é verdade que o *momento do ilícito ambiental* pode *não coincidir* com o *momento do dano* ao meio ambiente, então, nestes casos em que o ilícito é tipificado por condutas que sejam anteriores ao potencial dano, então é possível afirmar que a inibição ou a remoção do ilícito implicam também em *prevenir contra o dano ao meio ambiente*.

3.2.2 Restauração do meio ambiente

Extrai-se da leitura do art. 225 da CF/88, bem como dos princípios da política do meio ambiente (art. 4º da Lei n. 6.938/81), que a palavra de ordem em relação ao meio ambiente é sempre:

> (i) *prevenir contra o dano ao meio ambiente*, e, quando isso não for possível
>
> (ii) *restaurar o meio ambiente lesado*, optando por reparação in natura sempre a mais próxima da situação que seria existente caso não tivesse ocorrido o dano ao equilíbrio ecológico.

O dever de restaurar o meio ambiente degradado decorre de uma série de fatores intrínsecos ao equilíbrio ecológico. A essencialidade à vida, a sua infungibilidade, a sua indivisibilidade, a sua reflexibilidade, a sua instabilidade, a sua incognoscibilidade etc. fazem com que se não foi possível preservá-lo evitando o dano, que então se recomponha o mais breve possível, fazendo com que retorne à situação mais próxima antes da degradação. A reparação específica integral deve incessantemente mirar um resultado que devolva às presentes e futuras gerações o reequilíbrio ambiental, seja retirando a poluição dos rios resultante de efluentes, seja restaurando a vegetação degradada à condição mais próxima da origina, seja retirando o óleo do mar etc.

Há casos que é impossível pensar numa restauração à condição original, como por exemplo a degradação causada por uma exploração mineral irregular. Há bens ambientais não renováveis que não conseguem ser restaurados. Noutros casos, a poluição não consegue ser totalmente retirada como a contaminação por nanopartículas de agrotóxicos que invadem rios, mares, lençóis freáticos e pelo ciclo da água até se transformam em chuvas ácidas. Mesmos nestas hipóteses não se deve pensar em primeiro lugar numa reparação pecuniária. Há uma ordem natural no universo da reparação ambiental: primeiro a restauração mais próxima da condição original; depois a recuperação in natura que proporcione a oferta de um bem ambiental com características de uso comum, indivisibilidade, essencialidade etc. E por fim, caso não seja possível outra solução deve-se buscar a reparação pecuniária, como no caso do dano moral coletivo etc.

3.3 Conectando a tutela provisória com o dever de evitar o dano e o dever de restauração

3.3.1 Lei de ação civil pública e tutela provisória cautelar e não cautelar

Os artigos 4º, 11, 12 e 14 da Lei de Ação Civil Pública, combinado com o artigo 84 do CDC nunca deixaram margem para dúvidas do da estreita amarração entre estes dispositivos do procedimento especial coletivo e a tutela efetiva dos interesses difusos e coletivos, e, em especial o meio ambiente ecologicamente equilibrado.

Estes dispositivos processuais citados são bastante transparentes sobre as intenções do texto legal, mesmo nos idos das décadas de 80 e 90, em relação à proteção dos interesses essencialmente coletivos. Esses dispositivos foram construídos numa época em que o diploma processual civil brasileiro (CPC/73) era absolutamente obsoleto e inadequado à tutela destes interesses como já explicamos nos capítulos 02 e 03.

Inclusive, registre-se, o legislador à época pretendeu retirar a eficácia dos provimentos urgentes concedidos em ações coletivas ao estabelecer na Lei 8437 que:

> Art. 2º No mandado de segurança coletivo e na ação civil pública, a liminar será concedida, quando cabível, após a audiência do representante judicial da pessoa jurídica de direito público, que deverá se pronunciar no prazo de setenta e duas horas.

Este dispositivo foi corretamente interpretado pelo STJ que pacificou seu entendimento no sentido de que:

> "em casos excepcionais, tem mitigado a regra esboçada no art. 2º da Lei 8437/1992, aceitando a concessão da Antecipação de Tutela sem a oitiva do poder público quando presentes os requisitos legais para conceder medida liminar em Ação Civil Pública" (STJ, AgRg no Ag 1.314.453/RS, Rel. Ministro HERMAN BENJAMIN, SEGUNDA TURMA, DJe de 13/10/2010) (...)"[12].

Com o surgimento do CPC todas as suas regras passam a ser aplicadas subsidiaria e supletivamente aos procedimentos especiais previstos dentro e fora do Código (art. 15 e 318, parágrafo único).

Mesmo assim, alguns deles ainda estão vigentes. Passemos a esta análise.

O artigo 4º da Lei de Ação Civil Pública assim determina:

> Art. 4º Poderá ser ajuizada ação cautelar para os fins desta Lei, objetivando, inclusive, evitar o dano ao patrimônio público e social, ao meio ambiente, ao consumidor, à honra e à dignidade de grupos raciais,

---

12. (AgInt no AREsp 1520963/SC, Rel. Ministra ASSUSETE MAGALHÃES, SEGUNDA TURMA, julgado em 29/06/2020, DJe 01/07/2020).

CAPÍTULO 9 • A URGÊNCIA NA TUTELA DO MEIO AMBIENTE E A LEI DE AÇÃO CIVIL PÚBLICA

étnicos ou religiosos, à ordem urbanística ou aos bens e direitos de valor artístico, estético, histórico, turístico e paisagístico.

Como já dissemos não é possível analisar de modo justo este dispositivo sem contrastar com o contexto no qual ele foi criado.

Em nosso sentir é perfeitamente viável sustentar que o artigo 4º da Lei de Ação Civil Pública ainda está de pé mesmo depois do advento do CPC, ou seja, ele não teria sido absorvido pela figura do art. 303 que trata da tutela antecipada requerida em caráter antecedente.

Isso porque o art. 4º trata de uma ação preventiva de dano que usa do procedimento sumário cautelar dos arts. 305-310 do CPC. Ter-se-ia aí uma ação civil pública sumária (rito sumário cautelar) de natureza satisfativa. Entendemos que é perfeitamente possível sustentar a tese combinando o CPC com o procedimento especial coletivo.

Por outro lado, pensamos que o caput do artigo 12 da Lei de Ação Civil Pública foi absorvido pelo atual CPC. Diz o artigo 12, caput:

Art. 12. Poderá o juiz conceder mandado liminar, com ou sem justificação prévia, em decisão sujeita a agravo.

Os artigos 294 e ss. do CPC tratam da técnica de antecipação do provimento, cautelar ou não cautelar.

Atualmente, além de não ser mais necessário travestir de cautelar uma demanda que vise a prevenção de um dano, é possível obter de modo incidental por simples petição qualquer medida cautelar ou antecipada no curso do procedimento principal.

Por isso, por exemplo, se a intenção é obter um provimento antecipado (liminar ou qualquer outro momento) cautelar ou não cautelar em uma ação em curso basta requerer na própria petição inicial da demanda ou no seu curso – em qualquer grau – a tutela provisória

Normalmente, as situações jurídicas que ensejam proteção do meio ambiente, sejam cautelares ou antecipatórias do mérito, estão presentes desde o início do conflito.

Assim, por exemplo, se a finalidade da ação civil pública é reconhecer a nulidade da licença ambiental de operação concedida ao réu, então pode o legitimado coletivo requerer, antes ou depois de iniciada a demanda, a tutela antecipada de suspensão dos efeitos da referida licença ambiental que culminará com a paralisação total ou parcial das atividades da empresa.

Também é possível, por exemplo, obter providência cautelar como coleta de dados de monitoramento ambiental da qualidade do ar que poderá servir de elementos de prova para a ação principal que vise a cassação da licença de operação de empresa que emite particulados no ar.

De outra parte, se a situação aflitiva já existir antes mesmo de se ter promovido a demanda, o que é fato bastante comum no direito ambiental, então é possível requerer antecipadamente a tutela antecipada e posteriormente promover o simples aditamento da petição inicial como prevê o procedimento do art. 303 e ss. do CPC.

Caso a providência seja de índole assecuratória é possível então promover ação que visa à prestação de tutela cautelar em caráter antecedente indicando a lide e seu fundamento, com a exposição sumária do direito que se objetiva assegurar e o perigo de dano ou o risco ao resultado útil do processo.

Inegavelmente, com o advento do CPC é larga utilidade que o art. 303 pode fornecer à tutela do meio ambiente. Nele está previsto o procedimento da tutela antecipada requerida em caráter antecedente nos casos em que a urgência for contemporânea à propositura da ação, caso em que a petição inicial pode limitar-se ao requerimento da tutela antecipada e à indicação do pedido de tutela final, com a exposição da lide, do direito que se busca realizar e do perigo de dano ou do risco ao resultado útil do processo.

Este dispositivo tem capital importância para a tutela do meio ambiente, pois, não será incomum as situações em que a possibilidade do risco ou do perigo de dano ao equilíbrio ecológico estejam presentes e a medida preventiva (inibitória ou corretiva) seja imediatamente necessária, porque é bem possível que não se tenha tempo hábil para obter e juntar na petição inicial um mínimo de provas que pudessem atestar a situação, e tampouco se tenha condições de preparar uma petição inicial com uma argumentação mais robusta. Às vezes minutos ou horas podem ser decisivos para que evite um dano ao meio ambiente, de forma que até mesmo a burocracia de protocolar e distribuir uma petição pode ser um tempo que a tutela não pode se dar ao luxo de esperar.

3.3.2   Lei de ação civil pública e tutela específica

Seguindo o nosso roteiro em relação aos dispositivos da LACP que permitem a obtenção de tutela provisória de prevenção do dano ao meio ambiente ou de restauração do meio ambiente lesado, passamos então ao artigo 11 da LACP que está presente na lei desde o texto original:

> Art. 11. Na ação que tenha por objeto o cumprimento de obrigação de fazer ou não fazer, o juiz determinará o cumprimento da prestação da atividade devida ou a cessação da atividade nociva, sob pena de execução específica, ou de cominação de multa diária, se esta for suficiente ou compatível, independentemente de requerimento do autor.

Não custa relembrar que o direito material do ambiente é o habitat natural dos deveres de fazer e não fazer. Uma singela leitura do art. 225 da CF/88 revela a imposição de uma série de deveres de fazer ou não fazer, da coletividade e do Poder Público, com vistas à obtenção do equilíbrio ecológico. A relação entre a sociedade e o entorno em que ela vive é calcada numa intermitente prestação de deveres de fazer e não fazer, podendo se afirmar que a maior parte dos conflitos envolvendo o meio ambiente é porque não se fez o que deveria ter sido feito ou porque se fez o que não deveria ter sido feito.

Sendo esta premissa uma verdade notória, a pergunta que surge é a seguinte: por que esperar a ocorrência do descumprimento dos deveres ambientais de fazer e não fazer?

Não se deve esperar a concretização da conduta antijurídica, sobretudo porque no direito ambiental prevalece o princípio da precaução contra os riscos e da prevenção contra os danos ao ambiente. Neste passo, ganha relevo a tutela jurisdicional específica que consagra a obtenção do dever de fazer ou não fazer, ou seja, exatamente aquilo que o legislador espera que seja cumprido espontaneamente tanto pela coletividade quanto pelo Poder Público.

CAPÍTULO 9 • A URGÊNCIA NA TUTELA DO MEIO AMBIENTE E A LEI DE AÇÃO CIVIL PÚBLICA **329**

Vê-se que a tutela específica não guarda correspondência de identidade com o que se denomina reparação específica. É que a tutela específica pressupõe que obtenção de um resultado idêntico àquele que se teria caso fosse espontaneamente cumprido o dever jurídico ambiental, enquanto reparação específica pressupõe a existência de dano reparável na forma específica (restauração e recuperação do meio ambiente).

> Quando aqui se fala em tutela jurisdicional específica, a expressão consagra a busca do dever positivo ou negativo previsto na lei e que deveria ser espontaneamente cumprido por todos os membros da sociedade (coletividade e Poder Público). Vê-se que a tutela específica não pode ser confundida com o que se denomina "reparação específica", embora esta última também tenha bastante aplicação no âmbito do direito do ambiente como vimos alhures.

Para se compreender uma e outra deve-se estabelecer um marco delimitador para a correta identificação do tipo de tutela jurisdicional a ser solicitada (pedidos imediato e mediato). Esse "marco delimitador" é justamente a ocorrência do dano ambiental como já explicamos retro.

Se houve o dano, deve-se buscar uma tutela sancionatória que vise a obtenção de um ressarcimento específico (restauração/recuperação – reparação in natura). É o caso, por exemplo, de destruição de área de preservação permanente com degradação do meio ambiente, quando então se deverá requerer em juízo a obtenção de uma solução restauratória do ambiente suprimido[13]. É, pois, uma tutela para o passado. Essa solução deve ser sempre mais próxima da situação do meio ambiente anterior ao dano, daí por que há sensível privilégio das formas específicas de reparação. Primeiro a restauração e depois a recuperação.

Por outro lado, se ainda não houve o dano, mas existe um estado potencial de sua ocorrência, é possível impedir o dano inibindo ou removendo a situação jurídica que seja apta a causá-lo como já explicamos a exaustão em capítulos precedentes.

Assim, por exemplo, tratando-se de conduta antijurídica precedente ao dano é possível obter uma tutela inibitória ou removedora dessa conduta o que seguramente só será possível de obter mediante a técnica das tutelas provisórias comentadas alhures. Nesses dois casos, tem-se a tutela de *inibição* ou *remoção* da situação jurídica ilícita antecedente ao dano. A rigor, a tutela de remoção do ilícito já cometido, sem consequência danosa não chega a ser uma genuína tutela específica, porque ela é obtida posteriormente à conduta antijurídica ter sido praticada.

Como já dissemos, não será incomum no direito ambiental que existam conflitos onde se mostre necessária a obtenção de tutela que impeça o dano ou que restaure o meio ambiente lesado, ou até mesmo que iniba ou remova o ilícito quando este não esteja relacionado com nenhuma consequência danosa, sem contar a possibilidade de cumular com pedido de indenização pecuniária por dano moral coletivo.

A importância da precisa distinção supramencionada (ilícito como um grande gênero que pode ser configurado por diversos fatos jurídicos eleitos pelo legislador, inclusive a exposição ao risco e o próprio dano) diz respeito aos ganhos incomensuráveis de economia e efetividade do processo civil ambiental. A maior de todas as "economias"

---

13. Sem prejuízo é claro dos eventuais danos extrapatrimoniais in pecúnia que daí sejam resultantes.

diz respeito ao manejo da prova, que sabemos muito bem constituir a torre de babel do direito processual ambiental.

É que, havendo tutela para a remoção do ilícito puro ou o seu impedimento, ou ainda para prevenir o dano, não raramente a controvérsia deve recair sobre quaestio iuris (com possibilidade de julgamento antecipado da lide), enquanto nos casos de tutela reparatória há a necessidade de se provar o nexo entre a conduta e o dano causado, para se ter a responsabilidade fixada o que leva muito mais tempo, sem contar as dificuldades inerentes a questão probatória.

Não há como comparar – em termos de importância, eficiência e benefícios para a coletividade – a obtenção de tutela jurisdicional, normalmente pela via de provimento antecipado, que outorgue exatamente o dever jurídico previsto na norma jurídica ambiental. Tanto a reintegração do dever descumprido, e, mais ainda a reparação integral do dano são muito mais penosas processualmente e absolutamente piores para a sociedade.

> Assim, v.g., é o que ocorre quando se exige o cumprimento das condicionantes ambientais previstas na licença ambiental antes de ela ser descumprida pelo empreendedor. Aqui é a tutela inibitória do ilícito que se realiza por intermédio de uma prestação positiva (dever de fazer).

O uso dessa tutela inibitória de um dever de fazer ou de não fazer não pode ser tardio, e os seus mecanismos de efetivação devem ser eficientes o bastante, sob pena de não impedirem a injuridicidade da conduta que muitas vezes pode acarretar dano ao ambiente.

Enquanto, por um lado, repara-se o dano por intermédio de uma solução (restauração e recuperação) in natura, por outro inibe-se ou remove-se o ilícito da exposição ao risco e evita-se o potencial dano que dele poderia ocorrer. Há, como se vê, uma diferença entre uma e outra forma de tutela, e o marco delimitador entre ambas é justamente a ocorrência do dano. Antes do dano há risco de dano. Sempre que o ilícito recair sobre a situação de risco é possível inibi-lo ou removê-lo impedindo a possibilidade de dano.

> Mas como vimos antes há ilícitos que não se relacionam com o risco e nem com o dano e que também podem ser inibidos ou removidos.

Tomando como exemplo a hipótese de uma empresa que decida realizar obra de potencial impactação do meio ambiente sem realização do Estudo Prévio de Impacto Ambiental – EIA/RIMA (art. 225, § 1º, IV, da CF/88). Nesse caso, além do ilícito perpetrado e continuado, há o problema dos danos causados ao meio ambiente pela atividade impactante caso ele venha operar sua atividade. Diante dessa crise de descumprimento envolvendo um *dever de realizar o estudo prévio* e o *dever de não poluir*, dois alvos podem ser alvejados, isolada ou conjuntamente: o dever de fazer descumprido (antijuridicidade ambiental) e o dever de não poluir descumprido (danosidade ambiental). Contra o primeiro poder-se-á obter mais rapidamente a cessação da atividade antijurídica, impedindo-se que outros danos possam advir. Pretendendo-se a reparação dos danos, eventualmente verificados, isso só será possível depois de longo itinerário probatório, quando então, até por raciocínio lógico – nexo de prejudicialidade –, será reconhecida a antijuridicidade da conduta.

Nos termos do atual artigo 346, I do CPC e não tendo sido obtido o provimento antecipado, é perfeitamente possível que ocorra a cisão do procedimento com um julgamento parcial da lide que autorize a execução da parte eventualmente julgada para otimizar o procedimento.[14]

Seja por meio de provimento liminar ou final, a execução de qualquer prestação que não recaia em dinheiro – bem fungível – será uma execução específica, daí porque é preciso o artigo 11 da Lei de Ação Civil Pública. A determinação judicial liminar ou final do cumprimento da prestação da atividade devida ou a cessação da atividade nociva, sob pena de execução específica é apenas uma das possíveis tutelas dos deveres de fazer e não fazer por meio de ação civil pública.

Atualmente, melhor se apresenta para o tema em análise o artigo 497 do CPC que diz:

Art. 497. Na ação que tenha por objeto a prestação de fazer ou de não fazer, o juiz, se procedente o pedido, concederá a tutela específica ou determinará providências que assegurem a obtenção de tutela pelo resultado prático equivalente.

Parágrafo único. Para a concessão da tutela específica destinada a inibir a prática, a reiteração ou a continuação de um ilícito, ou a sua remoção, é irrelevante a demonstração da ocorrência de dano ou da existência de culpa ou dolo.

Observe que este dispositivo – aplicável à Lei de Ação Civil Pública – é bem mais abrangente que o art. 11 da Lei de Ação Civil Pública e ainda por cima, quase didaticamente, evidencia que a tutela de inibição ou correção do ilícito não é dependente da tutela contra o dano.

Ademais, este dispositivo tem a vantagem de colocar sob o cobertor da expressão "tutela específica" toda e qualquer modalidade de tutela que imponha a prestação de um fazer ou não fazer – seja ela reparatória in natura, de inibição de conduta, de remoção de ilícito etc. Aqui neste dispositivo a *tutela específica* é aquela que oferta uma tutela diversa da pecuniária, ou seja, que enseja uma *execução específica*. Isso se mostra claro quando admite a possibilidade de fungibililização da tutela específica pelo resultado prático equivalente.

Assim, por exemplo, é perfeitamente possível que seja ajuizada ação civil pública para obter a inibição de uma conduta onde se pretenda a inibição de uma conduta (uma empresa não iniciar a sua operação) em razão da poluição atmosférica que será lançada pelas suas chaminés que será formada por gases contendo substâncias cancerígenas. Nada impede que a tutela específica pleiteada – não fazer – a depender do desenvolvimento da demanda, se convole em um resultado prático equivalente como por exemplo a instalação de filtro que permite a lavagem e a eliminação dos gases tóxicos. Há no dispositivo expressa permissão para exceção ao princípio da congruência do pedido e nem poderia ser diferente dada a *instabilidade do* direito ao equilíbrio ecológico passível de variações em razão do tempo e do espaço.

1. Segundo o art. 460 do CPC, o Juiz não pode conceder diferente ou a mais do que for pedido pelo autor. O princípio da congruência é decorrência do princípio dispositivo. Subsiste exceções ao princípio da correlação

---

14. Art. 356. O juiz decidirá parcialmente o mérito quando um ou mais dos pedidos formulados ou parcela deles:

I – Mostrar-se incontroverso;

II – estiver em condições de imediato julgamento, nos termos do art. 355.

ou congruência. Veja-se: (a) nos chamados pedido implícitos é admitido ao Juiz conceder o que não tenha sido expressamente pedido pelo autor; (b) a fungibilidade permite ao Juiz que conceda tutela diferente da que foi pedida pelo autor, verificando-se nas ações possessórias (permite-se concessão de tutela possessória diferente da pedida pelo autor) e nas ações cautelares (permite-se a concessão de tutela cautelar diferente da pedida pelo autor); (c) nas demandas que tenham como objeto uma obrigação de fazer e/ou não fazer o Juiz pode conceder tutela diversa da pedida pelo autor, desde que com isso gere um resultado prático equivalente ao do adimplemento da obrigação (art. 461, caput do CPC e art. 84, caput do CDC).

2. No caso, trata-se de ação ordinária proposta com o objetivo de (I) desconstituir ato administrativo que impediu a posse da ora recorrida no cargo de Auxiliar de Enfermagem; e (II) condenar a parte Agravante ao pagamento de indenização por danos materiais decorrentes do não exercício do referido cargo.

(...) (AgRg no Ag 1327010/RJ, Rel. Ministro NAPOLEÃO NUNES MAIA FILHO, PRIMEIRA TURMA, julgado em 22/09/2015, DJe 29/09/2015)

É importante observar que pouco importa o *nome que se atribua* a tutela específica pleiteada em juízo, sendo relevante apenas que fique clara qual a pretensão de direito material requerida diante do caso concreto[15]. O pedido pode ser, por exemplo, para evitar, impedir o risco à função ecológica da flora, como também pode ser que, já estando exposto ao risco, sirva a demanda para inibir o ato ilícito e/ou prevenir o possível dano.

E, nas hipóteses em que já tenha a exposição ao risco e tal fato constitua o ilícito, então a tutela pode ser voltada a evitar o dano e também desfazer ou remover o ilícito da exposição indevida. Importa, portanto, é a demonstração de que é necessária a obtenção de uma tutela específica voltada a obter um fazer ou um não fazer ou uma reparação pecuniária, ou todas. Normalmente num conflito ambiental os problemas se aglutinam e mais de uma modalidade de tutela pode ser reclamada.

Reitere-se que o que deve ser claro numa ação civil pública ambiental, e, mais ainda quando se pede a título liminar é que reste claro qual é a pretensão e a necessidade da proteção jurisdicional solicitada. Basta que fique evidenciado que o que se pretende é obter uma prevenção do dano (com eliminação ou risco, controle do risco, inibição de ilícito, correção de ilícito) ou uma reparação de dano sofrido (restauração ou pagamento em dinheiro), ou ambas as tutelas em cada uma das situações narradas na petição inicial.

(...) 7. A resposta judicial ao pedido de medida cautelar é delimitada pela própria causa de pedir da abstenção requerida pelo autor, de tal sorte que não é o nomen iuris que o autor dá ao seu pedido de liminar que o qualifica como cautelar ou antecipação de tutela, mas, sim, a efetiva providência que se persegue. 8. Agravo regimental não provido. (AgRg no Ag 1309637/CE, Rel. Ministro BENEDITO GONÇALVES, PRIMEIRA TURMA, julgado em 28/09/2010, DJe 08/10/2010)

Observe-se que se já houve dano ao meio ambiente, então é preciso pensar em imediatamente estacar a danosidade, combinando com a tutela restituidora do equilíbrio ecológico, seja prefacialmente pela restauração ou sucessivamente pela recuperação[16].

Portanto, por exemplo, o pedido para demolir construção realizada em área de restinga (preservação permanente) **continua a ter urgência** porque a situação de desequilíbrio ecológico se agrava com o passar do tempo, e, a cada dia que não se permite a restauração, certamente que maiores serão os danos ambientais. Não é possível alegar

---

15. Art. 322 do CPC: (...)

§ 2º A interpretação do pedido considerará o conjunto da postulação e observará o princípio da boa-fé.

16. Súmula 629 STJ. Quanto ao dano ambiental, é admitida a condenação do réu à obrigação de fazer ou à de não fazer cumulada com a de indenizar.

CAPÍTULO 9 • A URGÊNCIA NA TUTELA DO MEIO AMBIENTE E A LEI DE AÇÃO CIVIL PÚBLICA

que a construção está "estabilizada" ou "consumada". Em direito ambiental não há direito adquirido a poluir e como lembra a súmula 613 do STJ *"não se admite a aplicação da teoria do fato consumado em tema de Direito Ambiental"*.

> 1. A proteção ao meio ambiente não difere entre área urbana ou rural, porquanto ambos merecem a atenção em favor da garantia da qualidade de vida proporcionada pelo texto constitucional, pelo Código Florestal e pelas demais normas legais sobre o tema.
>
> 2. Não há falar em direito adquirido à manutenção de situação que gere prejuízo ao meio ambiente.
>
> 3. A simples manutenção de construção em área de preservação permanente "impede sua regeneração, comportamento de que emerge obrigação propter rem de restaurar na sua plenitude e indenizar o meio ambiente degradado e terceiros afetados, sob o regime de responsabilidade civil objetiva" (REsp 1.454.281/MG, Rel. Min. Herman Benjamin, Segunda Turma, DJe 9/9/2016). 4. Inaplicabilidade da teoria do fato consumado nos casos em que se alega a consolidação da área urbana. 5. Agravo interno a que se nega provimento. (AgInt no REsp 1545177/PR, Rel. Ministro OG FERNANDES, SEGUNDA TURMA, julgado em 13/11/2018, DJe 22/11/2018)

É necessário que fique claro na leitura do art. 497 do CPC que todas as modalidades de tutela acima são *tutelas específicas* porque o que se deseja, no final das contas é preservar, manter, ou reobter o equilíbrio ecológico. Igualmente, todas estas modalidades de tutela jurídica são movidas pelo fenômeno da urgência, o que implica na adoção de provimentos e procedimentos que sejam adequados à proteção com máxima imediatidade.

Apenas se cogita a inexistência de urgência na tutela jurídica do meio ambiente quando o que se pretende é a obtenção de dinheiro, por exemplo oriunda do dano moral coletivo pela privação do bem ambiental que foi degradado, que será destinada ao fundo federal ou estadual para a defesa dos direitos difusos, pois nestes casos a verba arrecadada não é utilizada imediatamente e tampouco no local de origem do dano.

> Mas é preciso ter cuidado, pois o dever de pagar quantia resultante do art. 36 da Lei n. 9985/00 é movido pela urgência em razão da finalidade ao qual ele se destina.[17]

Como se vê a regra é a de que toda ação civil pública voltada a obtenção de uma tutela específica é, a priori, movida pela urgência (preservar e proteger o meio ambiente), caso em que será comum a pretensão e a concessão de provimentos urgentes (art. 294 do CPC), podendo ser cautelar ou antecipatório, requerido no curso ou de forma antecedente ao processo cognitivo ou cumprimento de sentença ou execução de título extrajudicial, conforme mencionamos alhures.

3.4   A efetivação dos provimentos urgentes

A tutela jurídica urgente só será eficaz se ela for cumprida com rigor e celeridade sob pena de obter a medida neutralizadora, mas não conseguir efetivá-la.

A obtenção do provimento liminar ou antecipatório é apenas parte do percurso, que se completa com a sua efetivação. Não por acaso a atividade satisfativa integra do *mérito da demanda* como expressamente menciona o artigo 4º do CPC. Quando

---

17. Art. 36. Nos casos de licenciamento ambiental de empreendimentos de significativo impacto ambiental, assim considerado pelo órgão ambiental competente, com fundamento em estudo de impacto ambiental e respectivo relatório – EIA/RIMA, o empreendedor é obrigado a apoiar a implantação e manutenção de unidade de conservação do Grupo de Proteção Integral, de acordo com o disposto neste artigo e no regulamento desta Lei.(Regulamento)

se espera obter com a tutela jurídica um comportamento da parte contrária, seja ele de dar ou fazer e não fazer, a tutela só é efetivamente entregue quando o provimento judicial, provisório ou final, é realizado no mundo dos fatos. Sem satisfação não à tutela jurídica.

Para tanto, atualmente, com a redação que foi dada ao art. 139,IV do CPC o legislador tomou como regra geral, aplicável a qualquer modalidade de obrigação ou dever jurídico – a atipicidade de meios executivos, ou seja, pode o juiz, com liberdade e responsabilidade, escolher o meio que entender *necessário e adequado* para satisfação do direito. Observe-se que não se trata de escolher um meio de punir o executado, mas de obter a satisfação do direito que se executa. A medida é *executiva* e não *punitiva*. Neste particular é absolutamente obsoleto o trecho do art. 11 da Lei de ação civil pública que diz que o juiz poderá conceder tutela determinando o seu cumprimento *"sob pena de execução específica, ou de cominação de multa diária, se esta for suficiente ou compatível, independentemente de requerimento do autor"*. Este dispositivo já tinha sido absorvido pelo art. 84 do CDC, e, posteriormente, pelo artigo 461 do CPC de 1973 reformado. Mas com o CPC de 2015 a vantagem da combinação entre o art. 497 com o art. 536 e 537 somado com o art. 139, IV é absolutamente gigantesca quando faz a referida comparação.

Assim, por exemplo, é perfeitamente possível várias hipóteses de combinação destes dispositivos. Daremos exemplos para facilitar a compreensão.

> Imaginemos determinado poluidor não cumpra um TAC firmado com o ministério público, e, no curso do cumprimento de sentença ou no processo de execução (dependendo se for título judicial ou extrajudicial) o exequente invoque a regra do artigo 139, IV para que, ante o não cumprimento voluntário (ou ameaça de não cumprir), o magistrado encontre uma medida executiva que seja ao mesmo tempo necessária e adequada para obter a satisfação do direito. Aqui mesmo sendo portador do título executivo não está excluída a obtenção de qualquer medida – inclusive de ofício – que efetive o comando previsto no título, tal como busca e apreensão, multa, requisição de força policial, paralisação das atividades, proibição de contratar etc. tudo com vistas a obtenção do comando assumido no título. Qualquer medida de coerção, coação, indução ou sub-rogação pode ser concedida de ofício, sendo o limite a proporcionalidade e razoabilidade da medida escolhida.

> Um sujeito que recusa a fazer a restauração da área rural degradada descumprindo um provimento liminar pode ser coagido a fazê-lo com medidas executivas coercitivas tais como a suspensão de seus incentivos fiscais, suspensão de licença ambiental se houver, inserção no cadastro de poluidores, registro no CAR da sua recalcitrância, impedimento à contratação de bens e serviços, etc. Frise-se, as medidas devem ser *necessárias* (proporcionais) e *instrumentais* e *adequadas* ao fim almejado na execução.

> Ao receber uma ordem liminar proibindo a comercialização de determinado agrotóxico que esteja em processo de reavaliação de licença é possível impor ao réu a suspensão da sua inscrição estadual, o desligamento da energia da empresa de onde parte o pedido de comercialização, o aviso aos fornecedores de que não deve vender, a exposição em veículos de comunicação da ordem que está sendo descumprida, etc. O limite da medida executiva (ou das medidas cumuladas) – nos termos do art. 139, IV – será sempre a razoabilidade e proporcionalidade da medida de acordo com as circunstâncias do caso concreto.

O modelo rígido executivo antes existente com procedimentos executivos com divisões herméticas deu lugar a um modelo processual flexível com forte incidência da cláusula geral do artigo 139, IV do CPC.

A *atipicidade dos meios executivos* está nele previsto como cláusula geral de toda e qualquer atividade executiva dentro e fora do Código e é regra específica do cumpri-

CAPÍTULO 9 • A URGÊNCIA NA TUTELA DO MEIO AMBIENTE E A LEI DE AÇÃO CIVIL PÚBLICA

mento de sentença das obrigações específicas no 536 (fazer e não fazer) e artigo 538 (obrigações de entrega de coisa). É importante deixar claro que a atipicidade dos meios executivos paira sobre todas as modalidades de execução, inclusive para a efetivação da tutela provisória, como prescreve o art. 297 do CPC, ou seja, se aplicam também aos provimentos judiciais provisórios da lei de ação civil pública.

Expressamente demarcada no art. 139, IV, está a possibilidade de o magistrado cumular com os meios típicos aqueloutros atípicos (coercitivos ou sub-rogatórios) que lhes pareçam adequados para melhor satisfação da tutela, inclusive pecuniária, como expressamente menciona o dispositivo, sem fazer qualquer restrição se se aplica a cumprimento de sentença ou a processo de execução.

A *necessidade* e a *adequação* do meio executivo típico que consta no procedimento padrão é in re ipsa e não precisa ser justificada, mas a adoção do *meio atípico judicialmente escolhido* implica em demonstrar fundamentadamente qual ou quais razões levam a adotar precisamente aquele meio atípico para aquele caso concreto. É preciso que o magistrado analise o caso concreto e faça a devida relação entre o meio por ele escolhido para satisfação e a situação tutelanda, ou seja, deve responder em sua fundamentação a seguinte pergunta: por que este meio atípico foi escolhido, por que ele mais eficaz, por que ele atende a expectativa de satisfação do direito ante as peculiaridades do caso concreto.

É claro que tal clausula aberta dá ao magistrado enorme poderes e, como corolário lógico, enorme responsabilidade na sua utilização, pois os meios executivos são aqueles que atuam coativamente sobre o executado, de modo sub-rogatório ou coercitivo, com o fim de satisfazer o direito exequendo, e, por isso mesmo, o risco de prejuízos ao executado é evidente. A intenção é justamente permitir que o magistrado identifique, ante as circunstâncias do caso concreto, o meio executivo necessário e adequado para assegurar o cumprimento da obrigação, sendo certo que suas escolhas podem ser controladas por meio de recurso de agravo de instrumento nos termos do art. 1015 do CPC.

> Necessário é o meio executivo que é controlado pela cláusula geral de proteção do patrimônio do executado (art.805), ou seja, a medida executiva que se mostre imprescindível, que não pode ser fungibilizada por outra menos gravosa. Adequado é o que tenha perfeita relação de causa e efeito, ou seja, a medida x escolhida pelo juiz é *perfeita* para obter o resultado y.

Ao se tratar de efetivação de tutelas provisórias não se pode esquecer duas advertências: a primeira de que os princípios regentes de uma efetivação provisória (art. 520) também se aplicam na ação civil pública ambiental[18] e acaso a execução da liminar (e da sentença[19]) possa causar risco de grave lesão à ordem, à saúde, à segurança e à economia pública, é permitido a pessoa jurídica de direito público requerer ao Presidente do Tribunal a que competir o conhecimento do respectivo recurso que suspenda a sua efetivação nos termos do §1º do art. 12 da referida Lei.[20]

---

18. Sobre o tema ver RODRIGUES, Marcelo Abelha. Manual de execução civil. 7. ed. São Paulo: Grupo gen. 2019.
19. Art. 4º, § 1º da Lei 8.437/92.
20. Sobre o tema remetemos o leitor para RODRIGUES, Marcelo Abelha. Suspensão de segurança: sustação de eficácia de decisão judicial contra o poder público. 4. ed. Salvador: JusPodivm. 2017.

3.5 Tutela da evidência na lei de ação civil pública – apelação sem efeito suspensivo – eficácia imediata da sentença

3.5.1 Introito

A tutela da evidência fundamenta-se no binômio constitucional *efetividade* e *isonomia*. Trata-se de técnica processual que atua também contra os efeitos nefastos do tempo no processo, ainda que sem estar vinculado a uma situação de urgência. Explica-se.

É cediço que todo processo, por mais célere que pretenda ser, precisa de tempo para nascer, se desenvolver e morrer. É o que se denomina de *tempo fisiológico*. Assim, durante esse período, pelo menos em tese, o autor busca a modificação da sua situação jurídica, uma vez que espera que a tutela jurisdicional seja concedida a seu favor. Já o réu, durante esse período, resiste à pretensão do autor, pretendendo que, quando o processo chegar ao seu fim, sua situação jurídica seja exatamente a mesma que tinha quando o processo foi iniciado. Logo, se a modificação da situação jurídica só se operar quando houver o fim do processo, certamente que o *tempo fisiológico* do processo terá sido suportado pelo autor, e, em especial, injustamente, se no final a tutela jurisdicional lhe for concedida. É com essa visão, de isonomia na distribuição do tempo no processo, que deve ser encarado, compreendido e aplicada a tutela provisória da evidência.

> A pergunta que não permite calar é a seguinte: por que o autor deve suportar o ônus do tempo do processo sem ter acesso ao bem da vida se já possui um direito evidente? Por que não transferir esse ônus do tempo processual para o réu?

As hipóteses de cabimento do artigo 311 do CPC demonstram exatamente esta preocupação do legislador. Aqui é mais um exemplo de técnica processual diferenciada que tem por escopo a proteção do direito evidente. Ao combinar a técnica da cognição incompleta fulcrada num direito evidente com o adiantamento da tutela o legislador processual permite que o autor tenha acesso antecipado ao resultado, transferindo para o réu o ônus do tempo processual.

Segundo o artigo 311 do CPC:

> "a tutela da evidência será concedida, independentemente da demonstração de perigo de dano ou de risco ao resultado útil do processo, quando: I – ficar caracterizado o abuso do direito de defesa ou o manifesto propósito protelatório da parte; II – as alegações de fato puderem ser comprovadas apenas documentalmente e houver tese firmada em julgamento de casos repetitivos ou em súmula vinculante; III – se tratar de pedido reipersecutório fundado em prova documental adequada do contrato de depósito, caso em que será decretada a ordem de entrega do objeto custodiado, sob cominação de multa; IV – a petição inicial for instruída com prova documental suficiente dos fatos constitutivos do direito do autor, a que o réu não oponha prova capaz de gerar dúvida razoável. Parágrafo único. Nas hipóteses dos incisos II e III, o juiz poderá decidir liminarmente".

Do texto legal acima extrai-se que a tutela provisória de evidência é uma espécie de tutela antecipada sem urgência. Muito embora esteja atrelada e vinculada à necessidade de evitar os efeitos deletérios do tempo processual, não tem como móvel a urgência, mas sim a necessidade de evitar que o tempo do processo, fisiológico (razoável) ou patológico (irrazoável), seja suportado por aquele que se apresenta como titular de um direito evidente.

CAPÍTULO 9 • A URGÊNCIA NA TUTELA DO MEIO AMBIENTE E A LEI DE AÇÃO CIVIL PÚBLICA **337**

Observe-se que por ser modalidade de tutela provisória, em todos os casos o legislador cuida da técnica de adiantamento da tutela jurisdicional com base na cognição incompleta. Embora o art. 311 seja o habitat natural das técnicas de evidência no CPC, tais técnicas não se restringem aos incisos citados. A criação de títulos executivos extrajudiciais, a execução provisória de sentença sem urgência etc. são exemplos de tutela de evidência fora deste rol do art. 311.

3.5.2 *A eficácia imediata da sentença – recurso sem efeito suspensivo*

O artigo 14 da Lei de Ação Civil Pública consagra importante regra de tutela de evidência, permitindo a efetivação imediata da sentença pendente de recurso de apelação que, ex legge, não é dotado de efeito suspensivo. Segundo o art. 14:

> Art. 14. O juiz poderá conferir efeito suspensivo aos recursos, para evitar dano irreparável à parte.

Todos os recursos cíveis do CPC se aplicam no procedimento especial coletivo da LACP. A grande, e basicamente, única modificação introduzida pela Lei n. 7.347/85, em matéria de recursos, foi prevista em seu art. 14 citado acima.

Como se vê, o dispositivo cuida do "efeito suspensivo" dos recursos que, a bem da verdade, não é propriamente "efeito do recurso", como se fosse algo que surgisse ou acontecesse com a sua interposição, mas sim algo que decorre do fenômeno da recorribilidade. A verdade é que já se tornou comum o uso das expressões "efeito suspensivo" e "efeito devolutivo" para designar "efeitos" resultantes da interposição do remédio recursal. Não pretendemos aqui mudar o hábito da expressão, até mesmo para não confundirmos o leitor. Todavia, fica a ressalva de que o efeito suspensivo não é algo atribuível ao recurso, mas sim advindo da recorribilidade.

Em regra, no CPC à apelação é atribuível o duplo efeito[21], suspensivo e devolutivo, sendo exceção as situações em que o legislador expressamente afasta o efeito suspensivo ex legge.

Entretanto, no procedimento especial da ação civil pública a regra é a de que *todos os recursos* (recorribilidade) não são dotados de efeito suspensivo, inclusive a apelação, tal como se vê no art. 14 da LACP.

Essa interpretação deriva da correta leitura do texto da norma citada, que é bem claro ao dizer que o juiz poderá conferir efeito suspensivo aos recursos, demonstrando a posição que todos os recursos desprovidos de tal efeito.

O que o legislador privilegia na hipótese do artigo 14 é, a um só tempo <u>a efetividade da prestação jurisdicional</u> somado à <u>distribuição equitativa do ônus do tempo no</u>

---

21. Art. 1.012. A apelação terá efeito suspensivo.

§ 1º Além de outras hipóteses previstas em lei, começa a produzir efeitos imediatamente após a sua publicação a sentença que:

I – Homologa divisão ou demarcação de terras;

II – Condena a pagar alimentos;

III – extingue sem resolução do mérito ou julga improcedentes os embargos do executado;

IV – Julga procedente o pedido de instituição de arbitragem;

V – Confirma, concede ou revoga tutela provisória;

VI – Decreta a interdição.

§ 2º Nos casos do § 1º, o apelado poderá promover o pedido de cumprimento provisório depois de publicada a sentença. (...)

processo, ou seja, se a sentença julgou procedente parcial ou totalmente a ação civil pública tem eficácia imediata, e, uma destas *eficácias* é justamente a possibilidade de que se inicie e seu cumprimento provisório porque o eventual recurso de apelação é desprovido de efeito suspensivo ope legis, então passa a ser do apelante o ônus do tempo do processo, porque é dele o encargo de demonstrar a necessidade de reforma/anulação total ou parcial do comando da sentença.

> Assim, por exemplo, se a sentença impôs ao réu (companhia de abastecimento de água) o dever de divulgar quais os imóveis que não possuem conexão com o sistema de esgoto e que deliberadamente lançam dejetos na rede pluvial que deságua nas praias da orla da cidade esta sentença tem eficácia imediata, ensejando cumprimento provisório da obrigação de fazer nos termos do art. 536 combinado com o art. 139, IV do CPC.

> Noutro caso, se a sentença foi no sentido de que o órgão ambiental publique mensalmente no seu sitio eletrônico o cadastro de poluidores, informando o número de processo e a infração cometida, então esse dever deve ser cumprido imediatamente sob pena de também se iniciar o cumprimento provisório da sentença com base nos mesmos dispositivos citados acima.

> Ainda, se o poder público foi condenado na sentença a proibir a fabricação, comercialização e utilização de agrotóxicos que se encontram em processo de revisão de licença esta medida deve ser cumprida imediatamente mediante cumprimento provisório da sentença nos termos do art. 520, combinado com o art. 536 e 139, IV do CPC.

A posição do legislador merece aplausos, pois a técnica processual tradicional, que torna a suspensividade da eficácia das decisões uma regra do recurso de apelação (ou da recorribilidade), privilegia a segurança jurídica, na medida em que impede a efetivação imediata da decisão impugnável por recurso.

Ao desprover os recursos do efeito suspensivo, torna-se regra típica do procedimento especial coletivo que toda decisão, inclusive a sentença, ainda que seja recorrível, tenha aptidão para produzir efeitos imediatamente. A adoção da técnica processual prevista no art. 14 da Lei n. 7.347/85 demonstra uma sensível preocupação com a efetividade das decisões, que, mesmo estando sujeitas à impugnação por recurso, poderão ser imediata e provisoriamente efetivadas.

Se por um lado o legislador preocupou-se em tornar efetivo (de imediato) todo pronunciamento judicial decisório proferido em demanda coletiva que siga o rito da lei de ação civil pública, por outro reconheceu que o cumprimento provisório da sentença poderia ser causador de dano irreparável em favor de quem aproveita o recurso interposto. Nesses casos, o magistrado deverá ter sensibilidade suficiente para verificar no caso concreto se está presente o denominado "dano irreparável" e aí adotar a solução preconizada na parte final do art. 14 da Lei n. 7.347/85.

Sem dúvida, o pronunciamento que atribui "efeito suspensivo" ao recurso é de índole constitutiva, com eficácia ex nunc, porque cria uma situação jurídica nova prevista pelo legislador para que incidisse se e quando o juiz entendesse presente o requisito do dano irreparável no art. 14 já citado.

Trocando em miúdos, no art. 14 da LACP deixou-se bem claro que toda decisão judicial, de primeiro ou de segundo grau, deve ter eficácia imediata, ainda que seja impugnável por recurso. Todavia, quando a execução imediata implicar risco de dano

CAPÍTULO 9 • A URGÊNCIA NA TUTELA DO MEIO AMBIENTE E A LEI DE AÇÃO CIVIL PÚBLICA

irreparável, o magistrado poderá impedir o cumprimento da decisão conferindo "efeito suspensivo" ao recurso que desafiá-la.

Contudo, dois aspectos mostram-se importantes na aplicação do art. 14 pelo magistrado: a) o dano irreparável deve ser sopesado tanto sob a ótica do recorrente quanto sob a do recorrido; b) o momento a partir do qual o efeito suspensivo deve ser concedido.

Quanto ao item "a", não se pode esquecer que o dispositivo visa privilegiar a efetividade das decisões recorríveis, outorgando-lhes desde a sua concessão à possibilidade de sua imediata produção de efeitos. A opção da lei deve-se ao fato de que nas ações civis públicas o objeto tutelado é supraindividual – e no caso do meio ambiente é essencial à sadia qualidade de vida – e normalmente atende à tutela de direitos de dimensão social. Também, muito comumente, tais direitos precisam de proteção imediata para se evitar danos à coletividade.

Assim, antes de conceder a medida prevista no art. 14, amordaçadora da eficácia imediata da sentença, o magistrado deve fazer a seguinte indagação: se for concedido o "efeito suspensivo", para qual das partes existe o maior risco de dano irreparável? Enfim, usar a regra do art. 300, §3º[22]. Se verificar que a decisão proferida precisa ser eficaz imediatamente para evitar que um dano irreparável ocorra ou continue, então deve negar a aplicação do dispositivo. Enfim, deve olhar o "dano irreparável" tanto pelos olhos do direito material do recorrente como também do recorrido.

Apenas deve ser lembrado que em um dos polos encontra-se um legitimado coletivo que atua em prol da coletividade, e que está em juízo para defender direitos supraindividuais, quase sempre de natureza indisponível, motivo pelo qual qualquer dano a este direito será simplesmente impossível de se reparar, por razões qualitativas ou quantitativas já mencionadas à exaustão.

A segunda observação diz respeito ao momento em que deve ser concedida a medida suspensiva, ou seja, se antes ou depois de oferecido o recurso. Com o novo CPC a celeuma foi desfeita na medida que é expresso o artigo 1.012, § 3º ao dizer que:

§ 3º O pedido de concessão de efeito suspensivo nas hipóteses do § 1º poderá ser formulado por requerimento dirigido ao:

I – tribunal, no período compreendido entre a interposição da apelação e sua distribuição, ficando o relator designado para seu exame prevento para julgá-la;

II – relator, se já distribuída a apelação.

Por todo o exposto, verifica-se que a lei de ação civil pública foi econômica em relação às regras sobre os recursos cíveis. Todavia, a pouca quantidade de dispositivos foi compensada pela qualidade do art. 14, que manejou muito bem a efetividade e a isonomia, permitindo que com a evidência do direito revelado na sentença esta tenha eficácia imediata, inclusive, admitindo o cumprimento provisório nos termos do artigo 520, combinado com o art.139.

---

22. Art. 300, § 3º A tutela de urgência de natureza antecipada não será concedida quando houver perigo de irreversibilidade dos efeitos da decisão.

3.5.3 Hipóteses de tutela de evidência do art. 311 do CPC na ação civil pública ambiental

Na primeira hipótese descrita no inciso primeiro do artigo 311 (ficar caracterizado o abuso do direito de defesa ou o manifesto propósito protelatório da parte) pensamos que não pode ser concedida a tutela antecipada da evidencia liminarmente, antes de ouvir o réu, já que o pressuposto da sua concessão é justamente o abuso do direito de defesa ou o manifesto propósito protelatório.

Portanto, não seria possível a concessão da medida *in limine litis*, tal qual adverte *contrario sensu* o parágrafo único do dispositivo. São exemplos de manifesto propósito protelatório do réu é a contestação inconsistente, feita única e exclusivamente com o fim de protelar o feito. Vale gizar, ainda, que o fato de se ter antecipado a tutela com base neste dispositivo mostra-se absolutamente coerente que o magistrado imponha ao réu as sanções pela litigância de má-fé nos termos do artigo 77, II e III.

Ao contrário da hipótese descrita no inciso I do artigo 311, o inciso II prevê situação jurídica em que a tutela da evidência pode ser concedida liminarmente. Segundo o dispositivo é preciso que "as alegações de fato trazidas puderem ser comprovadas apenas documentalmente e houver tese firmada em julgamento de casos repetitivos ou em súmula vinculante".

Isso quer dizer que é preciso que estejam conjugados dois aspectos para que se conceda a tutela evidente em favor do autor:

a) que as suas alegações de fato (melhor seria fundamentos) não apenas possam como sugere o dispositivo, mas que estejam comprovadas documentalmente além disso

b) que o fundamento da demanda seja amparado por tese firmada em julgamento de casos repetitivos ou em súmula vinculante.

É curioso notar que um dos casos de improcedência liminar do pedido, gerando a extinção imediata do processo sem nem mesmo proceder a citação do réu para integrar a lide ocorre quando (art. 332) "*nas causas que dispensem a fase instrutória, o juiz, independentemente da citação do réu, julgará liminarmente improcedente o pedido que contrariar: I – enunciado de súmula do Supremo Tribunal Federal ou do Superior Tribunal de Justiça; II – acórdão proferido pelo Supremo Tribunal Federal ou pelo Superior Tribunal de Justiça em julgamento de recursos repetitivos; III – entendimento firmado em incidente de resolução de demandas repetitivas ou de assunção de competência; IV – enunciado de súmula de tribunal de justiça sobre direito local*".

A situação descrita no inciso II do artigo 311 não permitiria, sem contraditório, obviamente, a procedência liminar do pedido, mas há uma correção de lógica inversa entre o artigo 311, II quando a evidencia do direito mostre-se em favor do autor e o artigo 332, quando a evidencia do direito mostre-se em favor do réu, que nem precisará integrar a lide pois a improcedência liminar já lhe favorece.

Insta lembrar que existem casos repetitivos com tese firmada a respeito do meio ambiente que podem ser invocados para a obtenção da tutela evidente do art. 311, II do CPC. Vejamos alguns deles:

CAPÍTULO 9 • A URGÊNCIA NA TUTELA DO MEIO AMBIENTE E A LEI DE AÇÃO CIVIL PÚBLICA

> Tema 438 : A alegação de culpa exclusiva de terceiro pelo acidente em causa, como excludente de responsabilidade, deve ser afastada, ante a incidência da teoria do risco integral e da responsabilidade objetiva ínsita ao dano ambiental (art. 225, § 3º, da CF e do art. 14, § 1º, da Lei n. 6.938/81), responsabilizando o degradador em decorrência do princípio do poluidor-pagador.

> Tema 707 : a) a responsabilidade por dano ambiental é objetiva, informada pela teoria do risco integral, sendo o nexo de causalidade o fator aglutinante que permite que o risco se integre na unidade do ato, sendo descabida a invocação, pela empresa responsável pelo dano ambiental, de excludentes de responsabilidade civil para afastar sua obrigação de indenizar; b) em decorrência do acidente, a empresa deve recompor os danos materiais e morais causados; c) na fixação da indenização por danos morais, recomendável que o arbitramento seja feito caso a caso e com moderação, proporcionalmente ao grau de culpa, ao nível socioeconômico do autor, e, ainda, ao porte da empresa, orientando-se o juiz pelos critérios sugeridos pela doutrina e jurisprudência, com razoabilidade, valendo-se de sua experiência e bom senso, atento à realidade da vida e às peculiaridades de cada caso, de modo a que, de um lado, não haja enriquecimento sem causa de quem recebe a indenização e, de outro, haja efetiva compensação pelos danos morais experimentados por aquele que fora lesado.

O inciso III do artigo 311 prevê que será concedida a tutela provisória da evidência sempre que "se tratar de pedido reipersecutório fundado em prova documental adequada do contrato de depósito, caso em que será decretada a ordem de entrega do objeto custodiado, sob cominação de multa". O dispositivo foi criado para atender uma situação muito comum no cotidiano forense onde o grande beneficiário são as instituições financeiras que se utilizam de ações de busca e apreensão do bem (normalmente veículo) em poder do devedor inadimplente em contratos de alienação fiduciária. Perceba-se que também nesta hipótese o legislador admite a concessão liminar da tutela de urgência por expressa dicção do seu parágrafo único.

Já a hipótese do inciso IV do artigo 311 parece-nos ser aquela em que a tutela da evidencia do direito mostra-se mais aberta, ou seja, permite seja concedida a tutela da evidencia sempre *"que a petição inicial for instruída com prova documental suficiente dos fatos constitutivos do direito do autor, a que o réu não oponha prova capaz de gerar dúvida razoável"*.

É importante observar que é necessário que exista prova documental sobre os fatos constitutivos ou seja, prova direta sobre os fatos que constituem o direito do autor da demanda, e, que além disso, após a análise da defesa do réu, mostre-se evidente que a razão se encontra com o autor.

> Nestas hipóteses, pouco tempo haverá para que se conceda o adiantamento da tutela provisória da evidência porque esta é uma das hipóteses do artigo 355, I onde a lide encontra-se em condições de imediato julgamento. Destarte, se o fundamento da demanda é fundada em fatos que se assentam em prova documental trazida pelo autor e se após a contestação verifica-se que o réu não opôs não prova capaz de gerar dúvida razoável, então ultrapassadas as providencias preliminares (art. 347), tal como o eventual direito de réplica ao autor (art. 351), então a solução não será atender ao requerimento de tutela provisória da evidencia mas sim a prolação do julgamento antecipado da lide em favor do autor. Certamente que não será tarefa fácil ao magistrado evidenciar "a inexistência de dúvida razoável" para concessão da tutela da evidência. Trata-se de conceito jurídico indeterminado que ter que se preenchido diante das circunstâncias do caso concreto, ou seja, deve ser enfrentado pelo magistrado devendo manifestar o porquê, pontualmente, de que a oposição não gerou dúvida razoável sobre o direito evidente do autor.

Entretanto, é de se dizer, por exemplo, que todo o procedimento de licenciamento ambiental, com estudos lá existentes, pode servir de elemento de prova robusto a justificar a concessão de tutela evidente em favor do legitimado coletivo na proteção do meio ambiente.

Capítulo 10
ASPECTOS DA PROVA
NA AÇÃO CIVIL PÚBLICA AMBIENTAL

1. INTROITO

A palavra *prova* vem do latim *probatio*, oriunda do verbo *probare*, cujo sentido está relacionado com *examinar, persuadir, demonstrar*. Extrai-se daí pelo menos quatro aspectos centrais no estudo da prova: o *meio* utilizado para convencer, o *objeto* do convencimento, o *método* para realizar o convencimento e o *sujeito* a ser convencido.

A prova é fenômeno que transcende a seara jurídica, mas aqui o restringimos ao ramo do Direito. A depender do ramo da ciência a prova segue métodos diferentes de persuasão. Nas ciências naturais, por exemplo, a *experiencia científica* é fundamental para se demonstrar os fenômenos da natureza, na matemática, por exemplo, há vários métodos (formais e informais) de se atestar uma proposição (dedução, indução, eliminação etc.)

Centrando-nos no método de reconstrução histórica, base do modelo jurídico, é de se dizer que sobre cada um destes elementos da prova há aspectos importantes a serem enfrentados quando o assunto gira em torno da ação civil pública ambiental, especialmente se recordarmos que os acontecimentos se esgotam no tempo e no espaço e não há como retroagir ao momento do evento, motivo pelo qual a prova tem uma função importantíssima de (1) reconstruir da forma mais fidedigna possível do que aconteceu; (2) convencer o julgador de que determinado enunciado fático aconteceu tal como ele foi narrado.[1]

Não sendo o processo um fenômeno contemporâneo ao acontecimento físico – acontecimento que nele é narrado como essencial ou acessório à pretensão formulada – nele se terá, sempre, ainda que controlado por regras e princípios, uma tentativa de se reconstruir de forma persuasiva (do julgador) os fatos da forma como foram alegados pelas partes.

A partir do conceito e da função da prova percebe-se que ela é íntima do contraditório[2], da estabilidade das decisões[3], da racionalidade da cognição e da decisão[4] etc. daí porque é um dos temas centrais da teoria do processo.

---

1. TARUFFO, Michele. Consideraciones sobre prueba y verdad. Derechos y Libertades: Revista del Instituto Bartolomé de las Casas, Universidad Carlos III de Madrid, ano VII, jan.-dez. 2002, (p. 99-126), p. 116.
2. TARUFFO, Michele; MICHELE, Gian Antonio. "A prova", In: Revista de Processo, v. 16, São Paulo: Ed. RT, 1979, p. 155-168; DIDIER, Fredie Jr.; BRAGA, Paula Sarno; OLIVEIRA, Rafael. Curso de Direito Processual Civil: direito probatório, decisão judicial, cumprimento e liquidação da sentença e coisa julgada. 2. ed. Bahia: Juspodvm, 2008, p. 19 e ss.
3. ZANETI Jr., Hermes. Direito probatório, lógica jurídica e processo: a racionalidade prática procedimental e o retorno ao juízo. In: NEVES, Daniel Amorim Assumpção. Provas: aspectos atuais do direito probatório. São Paulo: Método, p. 179-228, 2009.
4. TARUFFO, Michele. "Considerazioni su prova e motivazione", In: Revista de Processo, v. 151, São Paulo: Ed. RT, 2002, p. 229-240.

Considerando a complexidade do equilíbrio ecológico, a sua instabilidade, a incognoscibilidade, a essencialidade etc. não será difícil imaginar que muitos serão os problemas envolvendo a *reconstrução dos fatos e a persuasão do julgador* na ação civil pública ambiental.

2. DIREITO PROBATÓRIO E MEIO AMBIENTE

Nenhum juiz pode ficar infenso ou insensível à regra imposta pelo § 1.º do art. 225 da CF/1988. É que tal dispositivo impõe a responsabilidade e a incumbência primacial ao Poder Público (em suas três esferas) da efetivação da proteção e manutenção do equilíbrio ecológico, que é essencial a todas as formas de vida, presentes e futuras. Nesse dispositivo, o legislador usa expressões muito interessantes, tais como "essencialidade à vida", "bem de uso comum do povo", "futuras gerações", "coletividade", "todos têm direito", que serão muito importantes para dar sequência ao nosso raciocínio.

É que essas expressões falam por si mesmas. O direito do ambiente talvez seja o melhor exemplo do ponto de contato entre o que seja difuso e o que seja público. Ora, a tutela do ambiente interessa, direta ou indiretamente, a todos indistintamente. Não há um direito difuso mais altruísta do que esse, que, pelo reconhecimento geral, poder-se-ia denominar de *direito público* (do povo).

Quando tal direito é defendido em juízo, deve-se levar em consideração o que ele representa para a coletividade. Não se pode perder de vista esse aspecto no manejo das técnicas processuais que devem ser impregnadas por um conteúdo axiológico absolutamente publicista, levando-se em consideração que o bem tutelado é indisponível, inalienável, impenhorável, incognoscível, complexo, ubíquo, infungível, instável, indivisível, não exclusivo etc. e absolutamente sensível a danos e irreversivelmente não suscetível de reconstrução. São bens que não têm valor correspondente em pecúnia, e, por isso, nem de longe pode-se pensar em comprá-los e vendê-los, porque não admitem disposição de qualquer natureza.

Diante de tudo isso, o que esperar *do objeto da prova, dos meios de prova, do método de convencimento do magistrado*? Qual o comportamento em relação ao exercício de sua função no processo, e especialmente sobre os seus poderes instrutórios? Ora, a resposta é simples, qual seja: se todo e qualquer juiz deve ter uma preocupação de dar solução justa em todos os casos em que formula e cumpre a norma jurídica concreta, deve se lembrar que, quando estiver diante de um bem fundamental à vida, seu comportamento de direção e atuação no processo deve ser absolutamente participativo. Se já deve ser assim em um processo onde o que está em jogo é uma lide patrimonial e privada, mormente quando está diante de conflitos de interesses que envolvam a proteção do equilíbrio ecológico.

É que, quando se está diante de uma lide que envolve um bem fundamental à todas as formas de vida, sua participação não pode ser "neutra" não se admitindo sequer essa possibilidade. Aqui o patrimônio é vital e não simplesmente pecuniário. A neutralidade não se confunde com isenção. A neutralidade pode ser a negação de uma tutela justa, efetiva e tempestiva.

Um dos aspectos desse comportamento do magistrado, desejado pelo direito material, implica em importantes considerações no âmbito do processo e, especialmente, no

CAPÍTULO 10 • ASPECTOS DA PROVA NA AÇÃO CIVIL PÚBLICA AMBIENTAL **345**

campo da prova. Qualquer tomada de posição provisória desfavorável ao meio ambiente deve ser vista com extrema cautela pelo juiz, pois qualquer equívoco cometido terá repercussões na essencialidade do direito à vida e, pior ainda, numa extensão subjetiva pública e indeterminada, tudo por causa da natureza e alcance do bem ambiental. Por isso, o juiz deverá adotar uma postura naturalmente mais cautelosa quando provisoriamente decida em desfavor do meio ambiente e menos rigorosa quando avalie e decida a seu favor. Assim, em decorrência do interesse público em jogo, deve tratar com extrema segurança a tutela interinal dada contra o direito "público" do ambiente. Tudo porque a repercussão dessa decisão é de alcance público e o direito tutelado é essencial a todas as formas de vida. Um erro cometido, pode não dar mais tempo de ser corrigido pelo recurso que impugna a sua decisão.

Não se espera, obviamente, que o juiz seja um "adversário" do réu na sua participação dentro do processo. Nada disso, posto que deve estar sempre preso à tutela justa e efetiva de quem quer que seja, mas é fato inescondível que não pode ficar imune às exigências, imposições e peculiaridades do direito material. O contraditório prévio e efetivo, o processo dialógico e participativo, é fundamental ponto de equilíbrio na busca desta solução justa.

3. OS ELEMENTOS DA PROVA NA AÇÃO CIVIL PÚBLICA AMBIENTAL

3.1 O objeto da prova

3.1.1 Introito

O objeto da prova é aquilo sobre o que recairá a prova. É o que se pretende provar. Exatamente por isso é que se diz, regra geral, que o que se pretende provar, ou o que pode ser objeto de prova, são as *afirmações de fatos*,[5] na medida em que não haveria sentido pensar em prova do direito, pela regra de que o juiz não se exime de conhecê-lo, já que esse conhecimento é condição elementar para o exercício de sua função como magistrado (*iura novit curia*). Assim, provam-se as afirmações de fatos em que se funda o pedido ou a defesa (art. 369) e não o direito sobre o qual recairão os fatos.

Nesta linha, diz o artigo 374 do CPC que:

> Não dependem de prova os fatos: I – notórios; II – afirmados por uma parte e confessados pela parte contrária; III – admitidos no processo como incontroversos; IV – em cujo favor milita presunção legal de existência ou de veracidade.

Conquanto estes fatos estejam constantes nas alegações e defesa das partes sobre eles não a necessidade de prova porque não são *controversos* pelas razões expostas pelo dispositivo.

É importante esta observação preliminar porque no direito ambiental existem diversas presunções e ficções previstas em lei e na própria Constituição Federal que tornam desnecessária a prova de determinada alegação de fato.

---

5. Concordamos com a doutrina minoritária de que o objeto da prova são as afirmações de fatos controvertidos. Concordamos com Santiago Sentis Melendo (La prueba, p.12), para quem "os fatos não se provam; os fatos existem. O que se provam são as afirmações que poderão referir-se a fatos". No mesmo sentido Carnelutti, Sistema di diritto... cit., v. 1, p. 674). Entre nós, ver Ovídio Baptista da Silva, Curso de processo civil, v. 1, p. 343. Se o objeto da prova fossem os fatos, não haveria como provar os fatos negativos, porque estes nunca ocorreram. Prova-se a afirmação de fato de que os mesmos não ocorreram.

3.1.2   Fato presumido em favor do meio ambiente

Como se disse no tópico anterior não depende de prova as alegações de fatos em favor das quais milita a presunção (ou ficção jurídica) de veracidade.

Apenas para relembrar, valendo-me da precisa definição do art. 349 do Código Civil português, as presunções podem ser conceituadas como *"as ilações que a lei ou o julgador tira de um facto conhecido para firmar um facto desconhecido"*.[6]

> "A existência das presunções legais é uma questão de política legislativa, pois é através delas que aqueles que ditam normas (Legislativo, Executivo e Judiciário) procuram estabelecer uma melhor segurança nas relações sociais. Em síntese: a presunção é um elemento a mais de que dispõe o legislador para instaurar a segurança na vida jurídica e, por consequência, na vida social. Pois bem, as presunções legais têm exatamente este papel, ou porque revertem o ônus da prova da vítima para o réu ou porque, como na presunção "juris et de jure", eliminam taxativamente a prova em contrário e, assim, estabelecem uma total certeza face a determinada situação que sem esse expediente não existiria. Por exemplo, quando há uma presunção afirmando que "in dubio pro reo", existe a certeza, para a pessoa que está sob julgamento, de que jamais será condenada no caso de o juiz ficar em dúvida sobre o fato ilícito alegado. O mesmo se diga da proibição legal de atingir-se a coisa julgada ("res judicata pro veritate habetur"), também contribui enormemente para a segurança social a presunção que estabelece que "ninguém se escusa de cumprir a lei alegando que não a conhece" ("nemo jus ignorare consetur")".[7]

Como se vê, as presunções são estabelecidas em lei porque o legislador, tomando como parâmetro as situações da vida comum e atendendo a anseios políticos, sociais, culturais, históricos, anteveem circunstâncias que só deixam de existir se forem contrapostas e se for demonstrado que, em casos específicos, elas não se aplicam.

As presunções partem da ideia de proximidade do fato presumido com a verdade, fazendo ver que uma determinada situação da vida é presumida em virtude de uma normalidade de casos enumerados pelo legislador. Alguém duvida que regra geral as atividades econômicas usam os componentes ambientais causando, em maior ou menor escala, o desequilíbrio ecológico?

A situação presumida pode ter essa condição porque o legislador assim o quis, mas também é possível que a presunção não seja prevista pelo legislador, que outorga a possibilidade de o juiz, em casos concretos, presumir certas situações da vida que independam de um conhecimento técnico (art. 375 do CPC). Naquele primeiro caso tem-se as presunções legais e no segundo, as presunções judiciais. É da primeira que cuidamos nesta sede.[8]

---

6. Na impede que presunções sejam estabelecidas a partir de negócios jurídicos bilaterais acordados pelas partes em termos de ajustamento de conduta às exigências legais.
7. LOPEZ, Teresa Ancona. "A presunção no direito, especialmente no direito civil", In: Doutrinas Essenciais de Direito Civil, v. 5, São Paulo: Ed. RT, 2010, p. 1323-1345.
8. Também não se confundem as presunções com as ficções, ainda que estas sejam criadas em prol de situações de direito material. Enquanto a presunção é amiga da verdade, a ficção nasce de algo ficto (fictício), que se sabe ser mentira. É o que acontece, por exemplo, com o consulado brasileiro na Argentina. É território brasileiro apenas em respeito à ficção jurídica, porque de fato estaríamos em terras platenses. O mesmo se passa com a união estável, que se equipara ao casamento por determinação constitucional (art. 226 da CF/88). A diferença substancial nessa análise é que a ficção jurídica constitui técnica legislativa que deve ser evitada, especialmente sob o ponto de vista do processo, que, repita-se, deve ser informado por um ideário jurispublicista. Apesar de todas as críticas que se fazem às ficções jurídicas, muito se tem comentado que um salutar mecanismo para facilitar a comprovação dos fatos em matéria de responsabilidade civil ambiental é a criação de presunções legais em desfavor do lesante, partindo-se da ideia de que a própria atividade de risco faz com que exista essa presunção.

Estabelecida uma presunção legal, tal como a *in dubio pro ambiente*, existe, sob tal aspecto, uma posição de vantagem estabelecida na lei, de forma que é desnecessária, v.g., a prova do impacto ambiental ao equilíbrio ecológico, dependendo a não condenação da eventual contraprova que fulmine a presunção legal estabelecida em favor do ambiente.

Assim, reconhecendo a importância do equilíbrio ecológico e a dificuldade de prova nas alegações de fatos nas ações civis públicas ambientais a própria lei estabelece uma serie de presunções jurídicas em favor do meio ambiente. Assim, tendo a presunção a seu favor, não há a necessidade de provar o fato a que ela conduz, podendo ser, no entanto, ilidida mediante prova contrária.

> "Ocorre um acontecimento que prejudica a alguém. Entende-se necessária a reparação do prejuízo. A dificuldade em se determinar quem deva repará-lo é contornada por uma presunção legal. A lei presume culpado certo indivíduo, e lhe atribui a responsabilidade".[9]

Ao definir o conceito de Área de Preservação Permanente[10] e de Reserva Legal[11] nos incisos II e III do art. 3º da Lei 12651a lei expressamente presume que a sua supressão implica em dano ao meio ambiente. Portanto, numa ação civil pública ambiental não é necessário provar que há dano ao meio ambiente quando tais áreas foram suprimidas. Há um rol taxativo de situações que excepcionais que autorização a sua supressão segundo as condições estabelecidas no referido diploma ambiental. Não sendo nenhuma destas situações, o dano ambiental é presumido.

> (...) 4. Consoante o Código Florestal (Lei 12.6512012), "A intervenção ou a supressão de vegetação nativa em Área de Preservação Permanente somente ocorrerá nas hipóteses de utilidade pública, de interesse social ou de baixo impacto ambiental previstas nesta Lei" (art. 8º, caput, grifo acrescentado). O legislador, iure et de iure, presume valor e imprescindibilidade ambientais das APPs, presunção absoluta essa que se espalha para o prejuízo resultante de desrespeito à sua proteção (dano in re ipsa), daí a dispensabilidade de prova pericial. Logo, como regra geral, "Descabida a supressão de vegetação em Área de Preservação Permanente – APP que não se enquadra nas hipóteses previstas no art. 8º do Código Florestal (utilidade pública, interesse social e baixo impacto ambiental)" (REsp 1.394.025/MS, Rel. Min. Eliana Calmon, Segunda Turma, DJe 18/10/2013) (...) (REsp 1782692/PB, Rel. Ministro HERMAN BENJAMIN, SEGUNDA TURMA, julgado em 13/08/2019, DJe 05/11/2019).(...)

> 3. Causa dano ecológico in re ipsa, presunção legal definitiva que dispensa produção de prova técnica de lesividade específica, quem desmata, ocupa ou explora Área de Preservação Permanente, ou impede regeneração da vegetação nativa típica do ecossistema, comportamento de que emerge obrigação propter rem de restaurar na sua plenitude e indenizar o meio ambiente degradado e terceiros afetados, sob regime de responsabilidade civil objetiva, solidária e ilimitada, irrelevante, portanto, a boa ou má-fé do agente. Precedentes do STJ. (...) (REsp 1397722/CE, Rel. Ministro HERMAN BENJAMIN, SEGUNDA TURMA, julgado em 09/08/2016, DJe 26/08/2020)

Ainda no mesmo Código Florestal vamos encontrar por exemplo a regra prevista no art.2º, §2º que prevê que "*as obrigações previstas nesta Lei têm natureza real e são*

---

9. GOMES, Orlando. "Culpa e Risco", In: Revista de Direito Contemporâneo. v. 11/2017, p. 349 – 358.
10. "II – de Preservação Permanente – APP: área protegida, coberta ou não por vegetação nativa, com a função ambiental de preservar os recursos hídricos, a paisagem, a estabilidade geológica e a biodiversidade, facilitar o fluxo gênico de fauna e flora, proteger o solo e assegurar o bem-estar das populações humanas"
11. "III – Reserva Legal: área localizada no interior de uma propriedade ou posse rural, delimitada nos termos do art. 12, com a função de assegurar o uso econômico de modo sustentável dos recursos naturais do imóvel rural, auxiliar a conservação e a reabilitação dos processos ecológicos e promover a conservação da biodiversidade, bem como o abrigo e a proteção de fauna silvestre e da flora nativa".

transmitidas ao sucessor, de qualquer natureza, no caso de transferência de domínio ou posse do imóvel rural".

Esse dispositivo cria a presunção *iure et iure* de que qualquer transmissão domínio ou posse do imóvel rural, *inter vivos* ou causa mortis, leva junto consigo o passivo ambiental decorrente dos deveres ambientais previstos na referida lei. Assim, o adquirente da propriedade assume do proprietário ou possuidor antigo o mesmo *dever legal* de restaurar as áreas de preservação permanente (art. 7º, I), de reserva legal (art. 17), de realizar licenciamento ambiental com eia-rima das atividades de salinas e carcinicultura em apicuns e salgados na hipótese do art. 11-A, º3º, de fazer o registro da propriedade rural no CAR contendo as exigências do art. 29 etc.

Em perfeita consonância com o art. 225 da CF/88 que permite o *uso comum* do meio ambiente ecologicamente equilibrado e com o art. 170, VI da CF/88 que estabelece como princípio da ordem econômica a *"defesa do meio ambiente, inclusive mediante tratamento diferenciado conforme o impacto ambiental dos produtos e serviços e de seus processos de elaboração e prestação"*, diz o diz o art. 10 da Lei 6938/81, que instituiu a Política Nacional do Meio Ambiente que *"a construção, instalação, ampliação e funcionamento de estabelecimentos e atividades utilizadores de recursos ambientais, efetiva ou potencialmente poluidores ou capazes, sob qualquer forma, de causar degradação ambiental dependerão de prévio licenciamento ambiental"*.

Isso significa dizer que o *uso comum* do bem ambiental é permitido constitucionalmente, mas o seu *uso incomum*, por exemplo para fins econômicos, depende de *prévio e completo* licenciamento ambiental, ou seja, presume *iure et iure* como ilícita a atividade econômica que não possui prévia licença ambiental[12], de forma que o simples *protocolo do pedido* ou a existência de *procedimento em curso* equipara-se a inexistência do ato exigido para instalar o empreendimento ou operá-lo. Casos como tais deve-se inibir/corrigir/punir o ilícito que deve ser sancionado civil, penal e administrativamente.

> (...) 2. Nos termos dos arts. 9º, IV, e 10 da Lei 6.938/1981, exigem licenciamento ambiental – cujo resultado formal é a expedição, ou não, de autorização ou licença – tanto atividade como construção, instalação, funcionamento e ampliação de empreendimento efetiva ou potencialmente degradadores do meio ambiente. Pratica ilícito administrativo, civil e penal quem atua sem licença ou autorização ambiental, ou desrespeita condição ou obrigação da emitida.
>
> (...) 4. O dever-poder de licenciamento e o dever-poder de fiscalização não se confundem, embora ambos integrem a esfera do chamado poder de polícia ambiental (rectius, dever-poder de implementação). Pacífico o entendimento do STJ de que a competência de fiscalização de atividades e empreendimentos degradadores do meio ambiente é partilhada entre União, Estados e Municípios, sobretudo quando o infrator opera sem licença ou autorização ambiental. Tal orientação jurisprudencial coaduna-se com o espírito da Lei Complementar 140/2011, editada após a lavratura do auto impugnado, e o arcabouço constitucional de organização e funcionamento do Poder Público no terreno ambiental.
>
> 5. Consoante a Lei Complementar 140/2011, "Compete ao órgão responsável pelo licenciamento ou autorização, conforme o caso, de um empreendimento ou atividade, lavrar auto de infração ambiental e instaurar

---

12. A licença ambiental é o "ato administrativo pelo qual o órgão ambiental competente, estabelece as condições, restrições e medidas de controle ambiental que deverão ser obedecidas pelo empreendedor, pessoa física ou jurídica, para localizar, instalar, ampliar e operar empreendimentos ou atividades utilizadoras dos recursos ambientais consideradas efetiva ou potencialmente poluidoras ou aquelas que, sob qualquer forma, possam causar degradação ambiental". (Resolução CONAMA n. 237/97, art. 1º, II).

CAPÍTULO 10 • ASPECTOS DA PROVA NA AÇÃO CIVIL PÚBLICA AMBIENTAL

processo administrativo para a apuração de infrações à legislação ambiental cometidas pelo empreendimento ou atividade licenciada ou autorizada" (art. 17, grifos acrescentados). Assim, o enxugamento de competências do dispositivo em questão incide apenas e tão somente em situação de existência de regular e prévia licença ou autorização ambiental. E, ainda assim, conforme o caso, pois, primeiro, por óbvio descabe a órgão ou nível da federação, ao licenciar sem competência, barrar ou obstaculizar de ricochete a competência de fiscalização legítima de outrem; e, segundo, a concentração orgânica da ação licenciadora e fiscalizadora restringe-se a infrações que decorram, de maneira direta, dos deveres e exigências da licença ou autorização antecedentemente expedida.

6. Incompatível com os princípios de regência do Estado de Direito Ambiental vigente no Brasil a possibilidade de licença ou autorização tácita, automática ou por protocolo, derivada de omissão da Administração Pública em deferir ou não o pleito do empreendedor.

No nosso ordenamento, *o silêncio administrativo perante simples protocolo do pedido, gera – até manifestação expressa em sentido contrário – presunção iuris et de iure (absoluta) de não licenciamento ambiental.* E qualquer norma que estabeleça o contrário sofrerá de grave e incontornável anomalia constitucional, pois inverte a ordem lógica e temporal da licença, que deve ser sempre prévia, sob pena de perder por completo sua legitimidade ética, sentido prático e valor preventivo. Em síntese, o vácuo administrativo não corresponde a deferimento, pois nada cria e nada consente ou valida. A morosidade do administrador corrige-se com os instrumentos legalmente previstos, tanto disciplinares como de improbidade administrativa, jamais punindo o inocente, ou seja, o favorecido pelo licenciamento, a coletividade presente e futura. (...) (REsp 1728334/RJ, Rel. Ministro HERMAN BENJAMIN, SEGUNDA TURMA, julgado em 05/06/2018, DJe 05/12/2018)

O mesmo se diga em relação as presunções *iure et iure* do art. 2º da Resolução CO-NAMA n. 0001/87 que presume a significativa impactação do meio ambiente (art. 225, § 1º, IV) no rol de atividades ali listadas. Em razão da presunção de significativo impacto, todas as atividades que ali estão devem passar por um licenciamento com estudo prévio de impacto ambiental e respectivo rima.[13]

Uma das presunções mais importantes do direito ambiental é amplamente reconhecida pela frase *in dubio pro ambiente* tanto na doutrina[14] quanto na jurisprudência brasileira.[15]

É preciso ter cuidado para não confundir o sentido hermenêutico da expressão (in dubio pro natura) com o papel de presunção legal que assume em torno das questões probatórias nas ações civis públicas ambientais em virtude da incidência do princípio da precaução.

O sentido hermenêutico foi certeiramente explicitado pelo Ministro Herman e Benjamin:

"Na tarefa de compreensão e aplicação da norma ambiental, p. ex., inadmissível que o juiz invente algo que não está, expressa ou implicitamente, no dispositivo ou sistema legal; no entanto, havendo pluralidade de sentidos possíveis, deve escolher o que melhor garanta os processos ecológicos essenciais e a biodiversidade".[16]

Já o papel presuntivo está diretamente relacionado com a *precaução ambiental* que, junto com o a *prevenção*, o *usuário-pagador*, a *responsabilização* e a *função sócio ambien-*

---

13. MIRRA, Álvaro Luiz Valery. Impacto Ambiental – Aspectos da legislação brasileira. 4. ed. São Paulo: Juarez de Oliveira, 2008, p. 57.
14. FARIAS, Paulo José Leite. Competência Federativa e Proteção Ambiental. Porto Alegre: Sergio Antônio Fabris Editor, 1999, p. 356.
15. Agravo em Recurso Especial n. 1.247.585 – SP; Recurso Especial n. 1.355.810 – SC; Agravo em Recurso Especial n. 1.004.545 – SC; Agravo em Recurso Especial n. 733.806 – SP
16. BENJAMIN, Antonio Herman e. Hermenêutica do novo código florestal – Doutrina: edição comemorativa 25 anos. Disponível em: https://ww2.stj.jus.br/publicacaoinstitucional/index.php/Dout25anos/article/view/1109/1043. Acesso em: 02.09.2020.

tal da propriedade privada servem para delimitar o conteúdo e alcance do princípio do poluidor-usuário pagador.[17]

O princípio da precaução ambiental[18] está diretamente relacionado com a *gestão de riscos ambientais* e tem sido reiteradamente mencionado nas grandes conferências mundiais sobre o meio ambiente[19]e foi assim tratado no princípio 15 da Rio/92:

> "De modo a proteger o meio ambiente, o princípio da precaução deve ser amplamente observado pelos Estados, de acordo com as suas capacidades. Quando houver ameaça de danos sérios ou irreversíveis, a ausência de absoluta certeza científica não deve ser utilizada como razão para postergar medidas eficazes e economicamente viáveis para prevenir a degradação ambiental".

Como se sabe o risco é uma *possibilidade* de dano em razão da incidência de um perigo sobre um sujeito (ou seu patrimônio). Logo, afirma-se que o risco está ligado a uma "incerteza do resultado"[20][21].

Só que, observe bem, para se dizer que existe uma situação de risco, é preciso que se antecipe uma relação de probabilidade entre uma causa (perigo/sujeito) e um efeito (dano). A probabilidade maior ou menor é que torna o risco iminente ou potencial. Só que na sociedade que vivemos atualmente, com o modelo econômico que adotamos, inexiste conhecimento científico sobre os riscos que as alterações climáticas causam, o que a perda da biodiversidade pode causar, as problemas futuros advindos de agrotóxicos e substancias químicas nos alimentos e no meio ambiente, os impactos da criação de organismos geneticamente modificados, o alcance e utilização das nanotecnologias etc.

Nestes e em muitos casos se desconhece o próprio risco. Não há como evitá-lo, impedi-lo, controlá-lo simplesmente porque faltam informações para saber se determinada situação é ou não de risco para o meio ambiente e coletividade. Logo, sempre que houver ignorância sobre a existência de riscos ao meio ambiente não há como se tomar nenhuma atitude para dele se proteger.

É nesta senda que se aplica o princípio da precaução impondo a presunção *in dubio pro ambiente*, pois é inconcebível que o meio ambiente ou a coletividade suporte o ônus do desconhecimento do risco que pode estar correndo.

> "(...) A essas normas agrega-se o Princípio da Precaução. Esse preceitua que o meio ambiente deve ter em seu favor o benefício da dúvida no caso de incerteza (por falta de provas cientificamente relevantes) sobre o nexo causal entre determinada atividade e um efeito ambiental negativo (...)".[22]

---

17. Por todos ver ARAGÃO, Maria Alexandra de Sousa. O princípio do poluidor-pagador: pedra angular da política comunitária do ambiente. Boletim da Faculdade de Direito – Universidade de Coimbra, Coimbra: Coimbra Editora, 1997; RODRIGUES, Marcelo Abelha. Proteção Jurídica da Flora. Salvador: Juspodivm. 2019.

18. Raffensperger, C.; Tikckner, J. Protecting public health & the environment: implementing the precautionary principle. Washington: Island Press, 1999, p. 385; Andrew Jordan & Timothy O'Riordan. Chapter 3, The precautionary principle: a legal and policy history, in: The precautionary principle: protecting public health, the environment and the future of our children. Edited by: Marco Martuzzi and Joel A. Tickner. World Health Organization 2004.

19. Tratado de Maastricht (1992), no artigo 130°R, n. 2; Conferência das Nações Unidas sobre Ambiente e Desenvolvimento (Cimeira do Rio) (1992); Protocolo de Cartagena. 2000) etc.

20. A respeito da crítica à expressão ver o item 5.2.3 do Capítulo 5.

21. Epstein, L.G. (1980). "Decision-making and the temporal resolution of uncertainty". International Economic Review. 21 (2): 269–283.

22. Excerto do voto da Relatora nos autos do REsp 972.902/RS, Rel. Ministra ELIANA CALMON, SEGUNDA TURMA, julgado em 25/08/2009, DJe 14/09/2009.

CAPÍTULO 10 • ASPECTOS DA PROVA NA AÇÃO CIVIL PÚBLICA AMBIENTAL **351**

A falta de informações – porque sonegadas ou efetivamente inexistentes – impede que se identifique uma situação de risco; faltando elementos que permitam a coletividade decifrar a relação de probabilidade de causa-efeito (perigo/dano) deixando-a à deriva para um futuro incerto, sem sequer conhecer as probabilidades é que impõe a presunção de que o ônus deste estado não pode ser suportado pelo ambiente (coletividade).

Assim, isso fica muito claro, por exemplo, quando determinado agrotóxico, devidamente autorizado e utilizado, se submete a um procedimento de *reavaliação* "quando surgirem indícios da ocorrência de riscos que desaconselhem o uso", como prevê o art. 13 e 2º, V do Decreto 4074/2002.[23]

Nesta hipótese, é inaceitável, e viola o princípio da precaução ambiental e a presunção in dubio pro ambiente, a permissão para que se mantenha a utilização deste produto enquanto durar o processo de reavaliação perante a ANVISA. Nesta situação fica claro que só se saberá se existe o risco à saúde humana ou ao meio ambiente após os estudos técnico e científicos realizados no processo administrativo de reavaliação. Esse ônus não pode ser suportado pela coletividade.

> "(...) Não se faz necessário comprovar risco atual, iminente e comprovado de danos que podem sobrevir pelo desempenho de uma atividade para que se imponha a adoção de medidas de precaução ambiental. Há de se considerar e precaver contra possíveis riscos futuros, objetivamente previsíveis e que podem decorrer de desempenhos humanos. Pelo princípio da prevenção, acautela-se contra danos possíveis de serem previstos. Pelo princípio da precaução, previnem-se contra riscos de danos que não se tem certeza que não vão ocorrer. (...)". Relator(a): Min. Presidente Carmen Lucia, STF SS 5230.

As presunções (judiciais[24] e legais) em favor do meio ambiente tem larga possibilidade de utilização do âmbito da responsabilidade civil ambiental[25] como se viu no início deste tópico, seja *presumindo o dano*, seja o próprio nexo de causalidade, cuja demonstração é bastante difícil[26].

---

23. Art. 13. Os agrotóxicos, seus componentes e afins que apresentarem indícios de redução de sua eficiência agronômica, alteração dos riscos à saúde humana ou ao meio ambiente poderão ser reavaliados a qualquer tempo e ter seus registros mantidos, alterados, suspensos ou cancelados.

24. Ver sobre o tema Leo Rosenberg. Tratado de derecho procesal civil, v. II, p. 21; Carnelutti. La prueba civil, p. 66-67. Andrea Proto Pisani indica inúmeros exemplos de máximas de experiência comum, médica e técnica. Lezioni di diritto processuale civile, p. 444-445; Erich Dohring. La prueba, p. 314.

25. Nesse sentido a Convenção de Lugano sobre Responsabilidade Civil por Danos Resultantes de Atividades Perigosas para o Meio Ambiente, de 21 de junho de 1993, especialmente no art. 10 assevera que: "Quando é apreciada a prova do liame da causalidade entre o acontecimento e o dano ou, no quadro de uma atividade perigosa definida no art. 2º, § 1º, alínea d, entre essa atividade e o dano, o juiz terá devidamente em conta o risco aumentado de provocar dano inerente à atividade perigosa." A respeito ver Paulo Affonso Leme Machado. Direito ambiental brasileiro. 9. ed., p. 333). Ainda José Rubens Morato Leite, op. cit., p. 117; Sanchez, por sua vez, diz que "se no establece una presunción de causalidad, el artículo 10 exhorta al Juez, a la hora de apreciar el nexo de causalidad, a tener 'debidamente en cuenta el mayor riesgo de provocar el daño inherente a la actividad peligrosa'. De esta manera se incita a los Magistrados a mostrarse menos exigentes en materia de causalidad cuando la actividad sospechosa sea potencialmente peligrosa. Según el espíritu del texto, el Juez deberá contentarse, en esta materia, con probabilidades y no exigir certidumbres que el perjudicado sólo muy raramente está en condiciones de aportar" (op. cit., p. 166); para un estudo acerca da referida legislação alemã deve-se consultar Detlev von Breitenstein. "La loi allemande relative à la responsabilité en matière d'environnement", in: Revue juridique de l'environnement, n. 2, 1993, p. 234 e 235; ainda em matéria de prova dos danos ambientais, os arts. 14 e 16 do mesmo diploma (Convenção de Lugano) também preveem um acesso irrestrito às informações ambientais, de modo a facilitar a sua apresentação no processo. Cite-se ainda, como exemplo de adoção do juízo de probabilidade, a DIRECTIVA 2004/35/CE do Parlamento Europeu e do Conselho, fincada no *poluidor-pagador* prescinde da demonstração do dano, salvo exceções, para que incida a responsabilização. A respeito ver GOMES, Carla Amado. "A Responsabilidade Civil por Dano Ecológico", Disponível em: https://huespedes.cica.es/gimadus/20/03_carla_amado_gomes.html. Acesso em: 18.08.2020.

26. LEITE, José Rubens. WINTER, Delton. O nexo de causalidade na responsabilidade civil por danos ambientais. Revista de Direito Ambiental. São Paulo: Ed. RT, v. 47, 2007, p. 76-95.

O art. 225 é rico destas presunções, inclusive ao reconhecer que o equilíbrio ecológico e seus componentes destinam-se, prioritariamente, ao uso comum (função ecológica), de forma que qualquer outra utilidade que se lhes dê, econômica, social, cultural, presume-se incomum ou invulgar. A regra do inciso V do artigo 225, §1º também prevê que é dever do poder público controlar a produção, a comercialização e o emprego de técnicas, métodos e substâncias que comportem risco para a vida, a qualidade de vida e o meio ambiente. Está claro que o legislador estabelece que o risco e não o dano é que deve ser evitado, numa clara adoção do princípio da precaução de que as incertezas científicas militam pro ambiente e contra a atividade econômica.[27]

As presunções legais em relação ao nexo causal se dariam, por exemplo, exigindo daquele que se atribui a causação do dano o encargo de demonstrar que não existe nexo entre risco da sua atividade e o dano contra si imputado.[28] A presunção do nexo causal em favor da coletividade, retiraria desta o ônus de provar o referido liame que passaria a ser do suposto poluidor o encargo de que o dano atual ou potencial não adviria da sua atividade de risco.

A criação de presunções legais em favor da coletividade que teve o meio ambiente lesado não é a mesma coisa que inversão do ônus da prova. Na presunção criada por ficção jurídica, o legislador, por exemplo, reputa como existente o nexo de causalidade se provado o dano e o tipo de atividade e, nesse caso, caberá ao lesante a prova da não ocorrência do nexo de causalidade. Situação diversa ocorre na técnica de inversão, uma vez que aqui o ônus é da coletividade, mas é invertido em seu favor, no caso do art. 6º, VIII, e art. 373, §1º a critério do juiz. Já na presunção legal estabelecida em favor da coletividade. Nas ações ambientais, não há propriamente inversão do ônus da prova, mas sim ônus à contraprova, tendo em vista que a coletividade se desincumbiu do ônus que lhe pertenceria se os ditames do art. 373, I e II do CPC não tivessem sido excepcionados, por intermédio da vontade do legislador.

Ainda, ao se adotar ou aproximar-se da teoria da causalidade adequada, o fenômeno de se descobrir quando uma causa é adequada depende do preenchimento de conceito jurídico indeterminado (causa adequada), e para isso será importantíssima a utilização das *máximas de experiência* do juiz[29]. Além disso, servirão as regras de experiência para formular presunções hominis acerca da ocorrência do fato principal.[30] Com a dificuldade de comprovação do fato principal, a prova indiciária e as máximas de experiência do juiz ganham notável relevo na formulação da norma jurídica concreta que impõe a obrigação de indenizar a coletividade pelos danos causados.

3.1.3   Os indícios e sua importância para a tutela do meio ambiente

O fato principal é, para o autor ou para o réu, aquele que, se comprovado, traz as consequências jurídicas pretendidas. É, pois o fato *essencial*[31] da causa petendi e exci-

---

27. "(...) O princípio da precaução, aplicável à hipótese, pressupõe a inversão do ônus probatório, transferindo para a concessionária o encargo de provar que sua conduta não ensejou riscos para o meio ambiente e, por consequência, para os pescadores da região. (...). AgRg no AREsp 183.202/SP, Rel. Ministro RICARDO VILLAS BÔAS CUEVA, TERCEIRA TURMA, julgado em 10/11/2015, DJe 13/11/2015.
28. Nesse sentido a doutrina: Scarano. Danno ambientale e onere della prova, p. 35 e ss.; Patti. "Prova. Disposizioni generali", op. cit., p. 154 e ss.; Madalenna. Danno pubblico ambientale, op. cit., p. 191 e ss.; Postiglione. Il diritto all'ambiente, op. cit., p. 89; Francario. Danni ambientali e tutela civile, p. 284 e ss.; Antonio Cabanilla Sanchez, op. cit., p. 169.
29. Consoante determina o art. 375 do CPC "O juiz aplicará as regras de experiência comum subministradas pela observação do que ordinariamente acontece e, ainda, as regras de experiência técnica, ressalvado, quanto a estas, o exame pericial".
30. Nesse sentido Gilles Martin, ao dizer que "desde há alguns anos, se desenvolveu na jurisprudência a tendência de estabelecer o nexo de forma negativa: os magistrados procedem por eliminação (de causas) a partir do dano" ("De la responsabilité civile pour faits de pollution, au droit à l'environnment", in: Droit civil et économie de l'environnement. Collection dirigée par Michel Prieur et Alexandre Kiss. Publications Périodiques Specialisées, 1989, p. 52-53). Igualmente a probability proof da common law, onde o prejudicado deve provar somente que, de acordo com aquela situação, é presumível que o dano tenha sido causado por fontes contaminantes oriundas de uma determinada atividade.
31. Fato essencial este que pode ser simples, composto ou complexo segundo classificação da causa de pedir proposta por TUCCI, José Rogerio Cruz e. A causa petendi no processo civil. 2. ed. São Paulo: Ed. RT, 2001, p. 155.

piendi, daí porque justifica-se as partes desenvolverem enorme esforço no sentido de demonstrarem a sua existência. É esse o caminho direto para convencer o juiz acerca das alegações das partes.

Entretanto, pode suceder que esse "caminho direto" de convencimento do juiz (prova direta do fato principal) não seja possível por razões práticas, restando às partes apenas a possibilidade de provar os fatos indiretos e circunstanciais que se relacionam com o principal.

Assim, quando se realiza a prova o fato circunstancial com vistas a firmar uma possível convicção acerca do fato principal, temos o que a doutrina denomina de *indício*.[32] Portanto, *indício* é toda circunstância de fato da qual se extrai a convicção do fato principal.

> Art. 239 do CPP: "Considera-se indício a circunstância conhecida e provada, que, tendo relação com o fato, autorize, por indução, concluir-se a existência de outra ou outras circunstâncias".

Os indícios são extremamente importantes quando se verifica a impossibilidade de comprovação direta do fato principal, e, em alguns casos, como diz Erich Dohring, "bien manejada, la prueba indiciaria permite perfectamente contar con un resultado en el cual pueda descansarse".[33]

> "Indício é a circunstância indicativa de que um fato existe, existiu ou existirá. Nuvens escuras e carregadas são indícios de chuva. Um galo cantando é indício que vai amanhecer. Entrada de vento sul é indício de frio. A probabilidade da indicação, ou sinalização, é variável, e daí cogitar-se de maior ou menor força do indício. Normalmente são as regras da experiência que conhecem a força dos indícios. Essa força pode ser tão intensa ao ponto de gerar a convicção, e daí, o indício, sozinho, adquire o status de prova. Toda a prova é, antes, indício. Normalmente, os indícios, isoladamente, não chegam a ser prova. Para chegar a ser prova precisam se apoiar uns nos outros. Quase sempre a prova é constituída por um conjunto de indícios, uns apoiados nos outros, uns complementando, interagindo e confirmando uma aos outros. É em grupo e em interação que são capazes de gerar a convicção, o elemento subjetivo que integra o conceito de prova. Indício é a circunstância demonstrada, comprovada, que sugere que outra está ocorrendo, ocorreu ou ocorrerá. Caminhando na calçada, olhando para o chão, ver bolinhas verdes de semente de cinamomo sugere (não é certo, mas aventa, insinua, indica, aponta) que se está debaixo de uma árvore de cinamomo. Se for dia de sol, e na calçada onde está a semente houver sombra, se está diante de mais um indício da existência de uma árvore acima. Se nos arredores não existirem edifícios ou casas altas a justificar aquela sombra, soma-se outro indício de que se trata de uma árvore. Se surgirem mais sementes de cinamomo espalhadas pela calçada já são vários os indícios. Se esse personagem que estiver caminhando for dotado de bom olfato e perceber o cheiro característico exalado por cinamomos, então, "poderá ficar convicto" de que acima dele há uma árvore de cinamomo. Diante do conjunto de indícios existentes, e estando convicto, irá considerar provado existir uma árvore de cinamomo acima dele.[34]

---

32. Sobre a dedução do juiz na colheita da prova indireta, ver Carnelutti, La prueba civil cit., p. 62; ver ainda ECHANDÍA, Hernando Devis. Teoria General de La Prueba Judicial. v. 2. 6. ed. Buenos Aires: Zavalia, 1988, n. 370 e s.; p. 611-613. No mesmo sentido: SCAPINI, Nevio. La prova per indizi nel vigente sistema del processo penale. Milano: Giuffrè, 2001; p. 7; DIDIER JR., Fredie. Curso de Direito Processual Civil. 11. ed. Salvador: Juspodivm, 2016; p. 72.

33. Erich Dohring, La prueba, p. 314.

34. MEDEIROS, Flávio Meirelles. No processo penal, convicção, indícios e provas são coisas diferentes. Disponível em: https://www.conjur.com.br/2018-mai-14/flavio-medeiros-conviccao-indicios-provas-sao-coisas-diferentes. Acesso em: 12.07.2020; Ver ainda ANCONA LOPEZ, Teresa. "Indício – vem de "indicium", do verbo "indicare", é um resultado de probabilidade deduzido de um fato que se julga conexo com aquele, de que se pretende ter a prova. É um ponto conhecido, uma baliza que parece poder conduzir à descoberta do que é ignorado. Os indícios são inúteis tomados um a um; juntos fazem prova. Podem ser manifestos ou urgentes, próximos e afastados (...)". A presunção no direito, especialmente no direito civil, In: Doutrinas Essenciais de Direito Civil. v. 5, São Paulo: Ed. RT, 2010, p. 1323-1345.

É inegável que a convicção obtida com a prova indiciária não é, nem poderia ser, a mesma daquela que se obtém pela demonstração da existência do fato principal. Há, por assim dizer, um *degrau abaixo* entre a prova do fato indiciário e a convicção acerca do fato principal. Esse degrau pode ser de uma maior ou menor probabilidade e é preenchido pelo órgão judicante, pela convicção que forma diante da análise do conjunto probatório.

Às vezes, muito contribui para que o magistrado *suba este degrau*, chegando à conclusão acerca do fato principal, o que se denomina de "presunção judicial", que na verdade são obtidas a partir das máximas de experiência,[35] que se dividem em *regras de experiência técnica* e *regras de experiência comum*.

> Permitir que o juiz decida, em alguns casos, subsidiariamente, utilizando-se das regras de experiência não o autoriza a deixar de fundamentar o como chegou à referida operação lógica, devendo ficar clara na sentença ou na decisão a demonstração de que se utilizou da regra de experiência, que nos parece subsidiária, e de que modo essa utilização foi feita.

As regras de experiência técnica, como o nome mesmo já diz, não são angariadas de um conhecimento comum, mas sim do conhecimento específico de alguma ciência, arte, ofício etc. São regras que só existem excepcionalmente, já que pressupõem um conhecimento científico do magistrado naquela área técnica que envolve os fatos sobre os quais recairão as provas a serem produzidas. Por ser excepcional é que, para apurar fatos de percepção técnica, o magistrado deve solicitar, ainda que sem o pedido da parte (art. 370), para um melhor entendimento, a colaboração do perito, como se dessume pela rasa leitura do art. 375 do CPC. [36]

Portanto, há no texto do artigo uma preferência pelas máximas de experiência técnica em detrimento das máximas de experiência comum do juiz. Vale dizer que as máximas de experiência só podem ser utilizadas com referência aos fatos e provas constantes dos autos, em respeito ao art. 375 do CPC. Ademais, uma vez adotadas as máximas de experiência, o juiz não se exime de fundamentar a sentença alegando que se utilizou dessa técnica e em função de tê-lo feito. Trata-se de aplicar o princípio da fundamentação das decisões judiciais. Nesse caso, torna-se até uma exigência maior ainda, para evitar que as máximas de experiência do juiz sejam usadas como forma de arbítrio.

Já as regras de experiência comum são aquelas que se desenvolvem e se adquirem pela aglutinação do senso comum, da observação daquilo que ordinariamente acontece. Enfim, faz parte da cultura normal do juiz que sejam livremente aplicadas no conjunto probatório, independentemente de sua prova. Assim, as regras de experiência comum

---

35. "... máximas de experiência são tanto as regras da experiência e cultura gerais como as regras de uma perícia ou erudição especiais nas artes, ciência, ofício ou profissão, comércio e tráfico (também os costumes do tráfico, os usos do comércio etc.): em parte se extraem da observação do modo de viver e obrar das pessoas, em parte são o resultado da investigação científica ou de uma atividade profissional ou artística. Servem para a apreciação jurídica (subsunção) dos fatos, particularmente quando a aplicação do direito depende de juízos de valor; e, portanto, representam elementos essenciais da mesma norma jurídica aplicável, da premissa maior jurídica no silogismo do juízo judicial; ou servem para a comprovação de fatos, em particular, na apreciação da prova para examinar o valor probatório dos fatos não controvertidos ou provados a verdade de outros fatos discutidos; e formam, assim, a premissa maior do silogismo judicial em relação à estimação das afirmações sobre os fatos" (Leo Rosenberg, Tratado... cit., v. 2, p. 21). Sobre o tema ver Carnelutti, La prueba civil cit., p. 66-67. Andrea Proto Pisani indica inúmeros exemplos de máximas de experiência comum, médica e técnica (Lezioni... cit., p. 444-445).

36. Art. 375. O juiz aplicará as regras de experiência comum subministradas pela observação do que ordinariamente acontece e, ainda, as regras de experiência técnica, ressalvado, quanto a estas, o exame pericial.

não são objeto de prova, mas fazem parte da persuasão racional do juiz na formação do seu livre convencimento motivado. Contudo, também elas não escapam - anes o contrário - do dever de justificação ou fundamentação judicial caso venham a ser utilizadas.

De outra parte, é possível que, na ligação entre a prova do fato indiciário e a convicção acerca do fato principal, a própria lei coloque uma situação favorável com relação a uma das partes, de modo que o juiz não pode dela se eximir. São as presunções legais que já vimos anteriormente. Assim, provado o fato indiciário ou não principal, chega-se à convicção acerca do fato principal por via das presunções legais.

Para entender a importância dos indícios nas demandas ambientais (especialmente no nexo causal do dano ou da exposição ao risco) é interessante fazer o seguinte exercício mental a partir dos exemplos abaixo.

> Imaginemos uma praia cheia de óleo derramado na sua areia com manchas nas ondas do mar. De outra parte vê-se à distância dois navios aguardando momento de atracar no porto onde dois deles são cargueiros de óleo.
>
> Imaginemos o surgimento de uma série de peixes mortos no rio contaminados por um tipo de solvente químico que é típico de industrias que manipulam tintas e que exista uma indústria bem próxima deste rio.
>
> Imaginemos ainda que seja encontrada uma enorme quantidade de pó de minério no fundo do mar e ali perto na mesma baía existam duas empresas siderúrgicas.
>
> Imaginemos ainda uma enorme quantidade de esgoto no mar concentrada em determinado local onde só exista na proximidade um condomínio de casas.
>
> Imaginemos ainda que seja encontrado uma enorme quantidade de lixo químico enterrado numa determinada área de propriedade de um dos sócios da empresa que produz tal lixo tóxico.

Tem-se certeza que todos que leram as situações narradas acima *presumiram* o fato desconhecido a partir do fato conhecido. O conhecimento do fato indireto e as circunstâncias que o envolvem permite que se "conclua" da existência do fato direto.

No direito ambiental os indícios têm uma importância capital, porque nem sempre a degradação da poluição se enxerga no exato momento em que ela ocorre e tampouco no local de sua origem. Às vezes, para piorar o quadro, a poluição é feita às escondidas, justamente para não ser vista e a própria alta resiliência do meio ambiente impede que nossos sentidos detectem de imediato uma prática poluente.

O próprio conceito de poluição estabelecido na legislação brasileira volta-se para seus efeitos e não para o ato de poluir propriamente dito. Assim, por exemplo:

> Lei n. 997/1976 de SP
>
> Artigo 2° Considera-se poluição do meio ambiente a presença, o lançamento ou a liberação, nas águas, no ar ou no solo, de toda e qualquer forma de matéria ou energia, com intensidade em quantidade, de concentração ou com características em desacordo com as que forem estabelecidas em decorrência desta lei, ou que tornem ou possam tornar as águas, o ar ou o solo:
>
> I – Impróprios, nocivos ou ofensivos à saúde;
>
> II – Inconvenientes ao bem-estar público;
>
> III – danosos aos materiais, à fauna e à flora;
>
> IV – Prejudiciais à segurança, ao uso e gozo da propriedade e às atividades normais, da comunidade.
>
> Artigo 3° Fica proibido o lançamento ou liberação de poluentes nas águas, no ar ou no solo.
>
> Parágrafo único – Considera-se poluente toda e qualquer forma de matéria ou energia que, direta ou indiretamente, causa poluição do meio ambiente de que trata o artigo anterior.

Decreto-Lei n. 1413/1975

Art. 1º As indústrias instaladas ou a se instalarem em território nacional são obrigadas a promover as medidas necessárias a prevenir ou corrigir os inconvenientes e prejuízos da poluição e da contaminação do meio ambiente.

Parágrafo único. As medidas a que se refere este artigo serão definidas pelos órgãos federais competentes, no interesse do bem-estar, da saúde e da segurança das populações.

Lei n. 6803/1980

Art. 2º As zonas de uso estritamente industrial destinam-se, preferencialmente, à localização de estabelecimentos industriais cujos resíduos sólidos, líquidos e gasosos, ruídos, vibrações, emanações e radiações possam causar perigo à saúde, ao bem-estar e à segurança das populações, mesmo depois da aplicação de métodos adequados de controle e tratamento de efluentes, nos termos da legislação vigente.

§ 1º As zonas a que se refere este artigo deverão:

I – Situar-se em áreas que apresentem elevadas capacidade de assimilação de efluentes e proteção ambiental, respeitadas quaisquer restrições legais ao uso do solo;

II – Localizar-se em áreas que favoreçam a instalação de infraestrutura e serviços básicos necessários ao seu funcionamento e segurança;

III – manter, em seu contorno, anéis verdes de isolamento capazes de proteger as zonas circunvizinhas contra possíveis efeitos residuais e acidentes;

Art. 9º O licenciamento para implantação, operação e ampliação de estabelecimentos industriais, nas áreas críticas de poluição, dependerá da observância do disposto nesta Lei, bem como do atendimento das normas e padrões ambientais definidos pelo IBAMA, pelos organismos estaduais e municipais competentes, notadamente quanto às seguintes características dos processos de produção:

I – Emissão de gases, vapores, ruídos, vibrações e radiações;

II – Riscos de explosão, incêndios, vazamentos danosos e outras situações de emergência;

III – volume e qualidade de insumos básicos, de pessoal e de tráfego gerados;

IV – Padrões de uso e ocupação do solo;

V – Disponibilidade nas redes de energia elétrica, água, esgoto, comunicações e outros;

VI – Horários de atividade.

Lei 6938/81

Art. 3º,

III – poluição, a degradação da qualidade ambiental resultante de atividades que direta ou indiretamente:

a) prejudiquem a saúde, a segurança e o bem-estar da população;

b) criem condições adversas às atividades sociais e econômicas;

c) afetem desfavoravelmente a biota;

d) afetem as condições estéticas ou sanitárias do meio ambiente;

e) lancem matérias ou energia em desacordo com os padrões ambientais estabelecidos;

Como se observa dos textos legais acima, em todos eles o legislador mais se preocupa em dizer os *efeitos da poluição* do que propriamente *o que é a poluição*. A poluição é a degradação da qualidade do meio ambiente, e, essa degradação se manifesta de diversas formas sobre os recursos ambientais: na flora, na fauna, no solo, no ar, nas águas etc.

É justamente a percepção e a detecção desses efeitos da poluição que nos possibilitará, as vezes com muita dificuldade, identificar a sua origem dada a interrelação dos bens ambientais entre si. Daí porque a prova dos fatos indiretos (dos efeitos poluentes da origem da poluição) torna-se fundamental para que se possa alcançar uma conclusão do nexo causal entre o *efeito da poluição* e a sua origem, conectando-o a determinado poluidor.

CAPÍTULO 10 • ASPECTOS DA PROVA NA AÇÃO CIVIL PÚBLICA AMBIENTAL

A existência e a comprovação de uma série de fatos indiciários (indiretos) que levam à conclusão da ocorrência do fato principal (fato direto) eu diria, é decisiva no direito ambiental. A demonstração do nexo causal entre a situação de exposição ao risco ou da ocorrência do dano a determinado sujeito dificilmente será feita sem o auxílio da prova indiciária. Normalmente são os fatos indiretos referentes aos efeitos da poluição (v.g. peixes mortos, rio cheirando mal, espumas na margem etc.) que se apresentam antes mesmo do *fato direto* (emissão escondida de efluentes tóxicos por determinada fábrica).

Aliás, lembrando que a causalidade tanto pode ser direta ou indireta (art. 3º, IV da Lei 6938/81) o indício pode ser utilizado para identificar também o *responsável indireto* pela poluição. Nestas hipóteses a prova do fato ou conjunto de fatos indiretos servirá para se chegar à convicção do fato direto que demonstre a responsabilidade indireta da degradação.

É de se registrar ainda que também a prova indiciária tem servido de base para a adoção de *teorias mais brandas da demonstração do nexo causal* entre o responsável pelo dano ou pela exposição indevida ao risco. A *causalidade estatística* é um destes exemplos, pois parte-se de dados estatísticos comprovados para concluir a existência da responsabilidade.[37] Outro exemplo é a *causalidade da condição perigosa* que, sabendo que determinada atividade possui aptidão para causar determinado tipo de risco ou dano presume-se ocorrido pelo fato indireto de se saber que é uma atividade que potencialmente é capaz de proporcionar tais situações. Neste passo os estudos e laudos constantes do licenciamento ambiental podem ser decisivos para se fazer a referida ilação.[38] [39]

3.1.4   Nas ações voltadas contra às situações de risco ao meio ambiente

Como dissemos anteriormente dentre os elementos centrais em torno do tema da prova é a identificação do seu *objeto* (*thema probantum*), que no direito processual ambiental ganha enorme relevo em razão das peculiaridades do equilíbrio ecológico.

Assim, quando o direito material ambiental proíbe *a exposição do meio ambiente ao risco*, como no caso no inciso VII do §1º do art. 225 da CF/88 que expressamente veda as práticas que coloquem em risco a função ecológica da flora, então a ação civil pública

---

37. Em mais um excelente artigo Edilson Vitorelli faz a aproximação entre o raciocínio probabilístico e o estatístico evidenciando que não estão apartados um do outro. Além disso, deixa evidente que é equivocada a premissa de que a condenação com base na estatística se volta "ao comportamento geral de um grupo, enquanto as provas tradicionais se dirigem diretamente ao caso". Afirma o autor que "qualquer prova, mesmo que se dirija diretamente ao caso, tem apenas um percentual (usualmente implícito e não calculado) de chances de, efetivamente, comprovar as afirmações da parte". Aponta o autor ainda que "o desestímulo ao uso de estatísticas no âmbito probatório se torna ainda mais nefasto quando a lei concita o juiz a avaliar as provas produzidas "de acordo com o que usualmente acontece", como se fosse possível que o juiz tivesse uma visão imparcial acerca do que "usualmente acontece" ou que "se desprende do ordinário". O texto reforça, portanto, a possibilidade de utilização da causalidade estatística, inclusive, porque nada mais *estatístico* do que o regime de valoração probabilístico formado no modelo tradicional probatório, que, ainda por cima fica sujeito aos subjetivismos das idiossincrasias do julgador. VITORELLI, Edilson. "Raciocínios probabilísticos implícitos e o papel das estatísticas na análise probatória", In: Revista de Processo, v. 297, São Paulo: Ed. RT, 2019, p. 369-396.

38. A respeito ver STEIGLEDER, Annelise Monteiro. Responsabilidade civil ambiental: as dimensões do dano ambiental no direito brasileiro. Porto Alegre: Livraria do Advogado, 2004; SENDIM, José de Sousa Cunhal. Responsabilidade civil por danos ecológicos. Coimbra: Almedina, 2002; LOPEZ, Teresa Ancona. Princípio da precaução e evolução da responsabilidade civil. São Paulo: Quartier Latin, 2010; MULHOLLAND, Caitlin Sampaio. A responsabilidade civil por presunção de causalidade. Rio de Janeiro: GZ, 2009; LORENZETTI, Ricardo Luis. Teoria geral do direito ambiental. Trad. Fábio Costa Morosini e Fernanda Nunes Barbosa. São Paulo: Ed. RT, 2010.

39. O anteprojeto de Lei das Ações Coletivas apresentadas pelo CNJ diz no art. 22 que: "Admite-se o uso de prova por amostragem ou estatística, subsidiariamente, para reforçar a prova direta ou substitui-la, quando esta for impossível".

ambiental deve ser direcionada, prefacialmente, para *inibir* o risco, e, secundariamente para *eliminá-lo* se já existente.

No eixo cronológico dos acontecimentos o momento do risco é antecedente ao momento do dano. São razões de ordem política que justificam a lei escolher a *exposição ao risco* e não a *ocorrência do dano* como a fattispecie configuradora da antijuridicidade.

Como vimos no capítulo 05, não raramente, para atender à primazia da *preservação*, o ordenamento jurídico ambiental – penal, civil e administrativo – faz a opção política de adotar o momento da *exposição ao risco* como o elemento configurador do ilícito, justamente porque reconhece, levando em conta as características peculiares equilíbrio ecológico, que a tutela *reparatória* é sempre insatisfatória para os titulares do direito.

Para que as ações civis públicas ambientais evitem, afastem, diminuam, ou eliminem o risco e sejam exitosas é preciso lembrar que o risco é a possibilidade de prejuízo que alguém está submetido em razão da relação existente entre a sua vulnerabilidade e o perigo (ameaça) potencial ou atual.

Desta forma o *objeto* da prova nestas ações ambientais é a demonstração do estado de risco que se encontra o meio ambiente, ou seja, da relação entre a sua vulnerabilidade e determinada ameaça.

Assim, por exemplo, quando um empreendedor anuncia em suas redes sociais que irá construir um "eco resort" à beira mar – em local que não admite supressão de APP – e as fotos das redes sociais mostram uma maquete com atracadouros, píer e calçadões (em local que ocupados por restingas) é claro que há uma situação de risco potencial apresentada à coletividade titular do equilíbrio ecológico. Nesta situação o empreendimento da forma como foi anunciado é algo que *ameaça* o *vulnerável* equilíbrio ecológico pela potencial supressão de app fora das hipóteses legais admitidas para tanto.

Neste exemplo, é perfeitamente possível a propositura de ação civil pública ambiental que vise a *eliminação do risco* que pode se dar de várias formas, por exemplo, atuando sobre a *ameaça* mediante *proibição de construir o empreendimento na forma como foi apresentada na maquete*, ou ainda determinando que realize o empreendimento com o estudo de impacto ambiental que certamente coibirá tal tentativa etc. Neste caso não é necessária a demonstração do *eventual* dano pela supressão da vegetação porque ele é *in re ipsa* a partir do próprio conceito de APP previsto no art. 3º da Lei 12651/12. Contudo, como dito, é necessária a demonstração de que há um *potencial perigo em curso*, que é justamente a existência de um plano de negócio, anunciado em redes sociais, dando conta de que há mais do que uma simples ideia de se construir um empreendimento naquele local. A existência de atos concretos de projetos, maquetes, propagandas, croquis etc. são clara demonstração de que existe esta possibilidade.[40]

Noutro exemplo, identificada a existência de trincas e rachaduras na barragem de rejeitos de minério este fato constitui uma ameaça à coletividade e ao meio ambiente (vulneráveis). A vulnerabilidade do meio ambiente e da comunidade caso ela seja atingida pela lama é fato notório e independe de prova, mas a *existência de trinca, rachaduras*

---

40. Importante que fique claro que os exemplos não são estímulo à judicialização, mas apenas exemplos. A rigor, situações como esta podem ser resolvidas por notificação recomendatória do Ministério Público, bem como abertura de inquérito civil com convocação do interessado para que realmente explicite se o que está na mídia é exatamente aquilo que se pretende fazer.

ou qualquer elemento que configure tal situação relacionando-o com o empreendimento da empresa deve ser demonstrada numa eventual ação civil pública que pretenda afastar, controlar ou evitar o risco, de forma que ante a gravidade da situação, podem ser requeridas medidas como isolamento da área, reassentamento provisório da comunidade, recolhimento e reintrodução de espécies em habitats próximos, inventário da situação faunística e florística, identificação do patrimônio da comunidade, além é claro de medidas que se voltem contra a própria ameaça em si como paralisação ou encerramento das atividades com retirada do material depositado, sem prejuízo de eventual reparo que se mostre possível de acordo com a solução técnica a ser apresentada.

Em mais um exemplo imagine uma empresa que lance particulados na atmosfera e que exista indícios estatísticos, científicos ou por amostragem de que este particulado é causador de doenças respiratórias da população circundante, bem como causador de danos à fauna e flora vizinhas. Nesta hipótese o *particulado despejado na atmosfera por determinada pela empresa* constitui ameaça/perigo à população e meio ambiente, sendo possível imaginar uma ação controle, iniba ou corrija a ameaça, além de também, cumulativamente, atuar no sentido de estabelecer medidas de proteção à população e ambiente vulneráveis à poluição.

Observe que o fato de a empresa estar dentro do padrão de licitude e devidamente licenciada não impede de que sua atividade seja corrigida, inibida ou controlada como deixa claro, inclusive, o art. 19, III da Resolução CONAMA n. 237/97 que trata das licenças ambientais. Aqui, observe, não será fácil a demonstração de que uma atividade lícita deve ser inibida porque os limites estabelecidos na licença estão aquém da proteção adequada do meio ambiente e da população. Normalmente são indícios de efeitos da poluição que servem para demonstrar tal excesso aos limites legais estabelecidos.

Interessante notar que há casos em que *o fato* que constitui um perigo para a população ou para o meio ambiente pode, ele mesmo, ser fruto de um *ilícito* ao meio ambiente, como no caso do deslizamento de terra onde o ilícito ambiental cometido pela supressão da vegetação da APP na encosta do morro constitui um dos fatores de *perigo* do deslizamento de terra como aliás já dissemos em exemplo anterior. Neste caso além de afastar a população do local, ou de realizar medidas de contenção, é perfeitamente possível que se determine a *correção do ilícito* mediante a restauração da vegetação suprimida. Igualmente é o que acontece na hipótese de rachaduras ou trincas na barragem de contenção de rejeitos de minério, pois neste caso, este fato, por si só já é um ilícito ambiental na medida que viola o dever de segurança e proteção contido na licença ambiental.

Nem sempre será fácil demonstrar o *nexo* de que a situação de perigo advém do comportamento comissivo ou omissivo de determinada pessoa, ainda que o perigo seja um evento que já cause dano ao meio ambiente.

Assim, por exemplo, quando se descobre a contaminação da água do rio, que por si só configura uma situação de *dano* já consumado ao meio ambiente e ao mesmo tempo um *perigo* constante para os ecossistemas e população que ainda não foram atingidos. Neste caso pode ser difícil descobrir quem é o sujeito que cometeu a contaminação, que expõe todos ao risco para que possa obrigá-lo a cessar a atividade nociva, afastando o perigo do que ainda não foi danificado. Nesta hipótese é possível cumular na ação civil pública ambiental uma pretensão para eliminar o risco do que ainda não foi danificado com uma pretensão para reparar o dano já consumado. A prova da poluição que a um só tempo configura o *dano* e *ameaça* pode ser mais simples do que o nexo de que o liga a determinado sujeito.

3.2   Meio de prova

3.2.1   Introito

Os *meios de prova* correspondem a um desses tantos temas bifrontes onde a presença do direito material e processual são bastante acentuadas, e, aqui, no âmbito processual é estudado porque são justamente os fatos controvertidos alegados pelas partes que serão objeto da prova no processo, e, como tal, tais fatos precisam ser levados ao Poder Judiciário por *meios de provas*, ou seja, *instrumentos* que levarão ao conhecimento do juiz e das partes as *fontes de provas* que servirão para comprovar as *alegações de fato controvertidas* no processo. Isso quer dizer que *meio de prova* e *fonte de prova* são figuras distintas.

> As fontes de provas são as pessoas (pessoais) e coisas (reais) de onde provém a prova, e já os *meios de prova* são os instrumentos pelos quais as fontes de prova são transportadas para o processo. Nem toda fonte de prova é levada para o processo, mas necessariamente todo meio de prova deve ter uma prova para ser transportada. Com essas duas figuras não se confundem os *meios de obtenção da prova* que se refere a certos métodos e procedimentos legalmente previstos, processuais ou extraprocessuais, cuja finalidade é justamente identificar e obter a prova de determinados atos ou fatos jurídicos para que posteriormente possam ser levados ao processo pelos *meios de prova*. Assim, por exemplo, uma determinada *transferência bancária fraudulenta* é a fonte de prova que pode ser *obtida por meio de* procedimento de quebra de sigilo bancário de determinada pessoa e que será levada ao processo por *meio de prova documental*. A quebra de sigilo telefônico é um exemplo de *meio de obtenção de prova* que será levada ao processo por meio de prova documental mediante degravação do áudio gravado em sigilo.

No sistema probatório brasileiro os *meios de prova* são *tipicamente* previstos pelo legislador, que expressamente não exclui a possibilidade de existam outros meios (*atípicos*) exigindo apenas que sejam *moralmente legítimos*. Entende-se como moralmente legítimo o meio de prova que não seja obtida por meio ilícito.

Nesse passo, determina a Constituição Federal da República (art. 5º, LVI) atribuindo-lhe a condição de cláusula pétrea e garantia fundamental que são *inadmissíveis, no processo, as provas obtidas por meios ilícito*s. Isso quer dizer que ilícito é o meio de prova com o qual se pretenda transportar para o processo uma prova obtida.

> Art. 369. As partes têm o direito de empregar todos os meios legais, bem como os moralmente legítimos, ainda que não especificados neste Código, para provar a verdade dos fatos em que se funda o pedido ou a defesa e influir eficazmente na convicção do juiz.

Ao dizer que são *inadmissíveis no processo* as provas obtidas por meios ilícitos o texto constitucional não só faz a distinção de *método de obtenção de prova* com o *meio de prova* e com a *prova em si mesmo considerada*, como ainda por cima deixa claro e evidente que o método ilícito de obtenção da prova contamina o meio de prova a tal ponto que *inadmite* a sua utilização no processo seja ele de qualquer natureza.

> Penal e Processual Penal. 2. Busca e apreensão em local distinto do definido no mandado judicial. 3. Autorização de meio de investigação em endereços de pessoa jurídica, mas o ato foi realizado na casa de pessoas

CAPÍTULO 10 • ASPECTOS DA PROVA NA AÇÃO CIVIL PÚBLICA AMBIENTAL

361

físicas não elencadas no rol. 4. Ilegalidade que impõe o reconhecimento da ilicitude da prova. 5. Ordem concedida para declarar a ilicitude dos elementos probatórios obtidos na busca e apreensão realizada no domicílio das pessoas físicas e suas derivadas, nos termos do acórdão.

(HC 163461, Relator(a): GILMAR MENDES, Segunda Turma, julgado em 05/02/2019, PROCESSO ELETRÔNICO DJe-192 DIVULG 31-07-2020 PUBLIC 03-08-2020)

Feitos estes esclarecimentos iniciais sobre os meios de prova é preciso lembrar que o bem ambiental tutelado no art. 225 da CF/1988 é o equilíbrio ecológico. Este bem, essencial à sadia qualidade de vida, é o *produto* da combinação *química, física e biológica* de diversos recursos ambientais que interagem entre si. Por aí, tanto pelo aspecto *ontológico* (combinação de recursos ambientais), quanto pelo aspecto teleológico (abrigo e proteção de todas as formas de vida), o equilíbrio ecológico é um bem altamente complexo. Somando-se a isso, o fato de que é *instável, ubíquo* e pertencente às *presentes e futuras gerações*, o que o torna cheio de peculiaridades que não podem ser ignorados no manuseio da técnica processual. Ademais, dada estas características tão singulares, logo se vê que o melhor remédio é, sem dúvida, a tutela preventiva do dano ambiental e para tanto deve-se pensar em meios de prova que sejam adequados à esta modalidade de tutela.

Inegavelmente qualquer tutela preventiva padece da dificuldade em demonstrar *a possibilidade de ocorrência daquilo que ainda não aconteceu, mas que pode acontecer, da demonstração da situação de perigo ou ameaça que se encontra o bem ambiental e da sua vulnerabilidade.* Por outro lado, também é bastante problemática a demonstração do *dano ocorrido e o nexo causal com o poluidor* quando se pensa em tutela reparatória.

3.2.2 Prova documental

Conquanto o art. 369 do CPC diga que as partes têm o direito de empregar todos os meios legais, bem como os moralmente legítimos, ainda que não especificados no Código, para provar a verdade dos fatos em que se funda o pedido ou a defesa e influir eficazmente na convicção do juiz, é preciso reconhecer que numa ação civil pública ambiental são mais comuns os meios documental e pericial, e, cada um deles nas respectivas fases processuais em que são produzidos.

A cópia integral do inquérito civil é prova de natureza *documental* ainda que nele vistorias, exames ou avaliações de experts solicitados pelo parquet, depoimentos dos envolvidos, oitiva de testemunhas etc.

É também *documental* a cópia do licenciamento ambiental trazido junto com a petição inicial ou a partir da *prova emprestada* solicitada no curso do processo. Pelo fato de a prova documental ser produzida nos atos de postulação ela acaba sendo muito relevante para a obtenção de tutelas urgentes em prol do meio ambiente, muito embora não se negue a possibilidade, incomum, de julgamento antecipado da lide nos termos do art. 355 do CPC, afinal e contas, por exemplo, a prova testemunhal e a pericial realizada no processo judicial não se comparam, e nem se equivalem, à prova documental do testemunho ou o laudo unilateralmente produzido no inquérito civil, ou no licenciamento ambiental.[41]

---

41. Neste sentido é lapidar o voto (parcialmente vencido) da Ministra Isabel Galotti ao dizer que *"[...] os laudos produzidos no inquérito civil público são controvertidos, e, diante dessa acesa controvérsia, não vejo, 'data maxima venia', como considerar que a matéria*

"(...) VI. Assim, não obstante sejam fortes os indícios da existência de atos de improbidade administrativa, tendo os réus, em especial o segundo recorrente, em suas defesas, negado a ocorrência dos fatos e requerido a produção de prova testemunhal, em Juízo, com o objetivo de contraditar aquela produzida no Inquérito Civil Público, bem como contextualizar a conversa telefônica objeto da referida prova emprestada, forçoso reconhecer que, no caso, o julgamento antecipado do feito violou os arts. 330, I, e 333, II, do CPC/73.

VII. Na forma da jurisprudência, "não se achando a causa suficientemente madura, seu julgamento antecipado, à luz do art.330, I, do CPC, enseja a configuração de cerceamento de defesa do réu condenado que, oportunamente, tenha protestado pela produção de prova necessária à demonstração de suas pertinentes alegações, tal como ocorrido no caso em exame" (STJ, REsp 1.538.497/SP, Rel. Ministro SÉRGIO KUKINA, PRIMEIRA TURMA, DJe de 17/03/2016). Na mesma orientação: STJ, REsp 1.330.058/PR, Rel. Ministro MAURO CAMPBELL MARQUES, SEGUNDA TURMA, DJe de 28/06/2013; REsp 1.421.942/SE, Rel. Ministro BENEDITO GONÇALVES, PRIMEIRA TURMA, DJe de 17/12/2015. (REsp 1554897/SE, Rel. Ministra ASSUSETE MAGALHÃES, SEGUNDA TURMA, julgado em 20/09/2016, DJe 10/10/2016)

Ademais, dada a demora do processo jurisdicional às vezes torna-se impossível a realização da perícia (art.464, III do CPC), caso em que, respeitado o contraditório, o aproveitamento do *documento* trazido aos autos e que contenha estudos técnicos realizado pelo órgão ambiental no processo de licenciamento ou durante a fase de inquérito civil acabam sendo importantíssimos para formação do convencimento do juiz.

(...) XI – Consoante se verifica dos excertos reproduzidos do aresto vergastado, o Tribunal a quo, com base nos elementos fáticos carreados aos autos, concluiu pela legitimidade passiva ad causam dos recorrentes, porquanto todos foram responsáveis pelo parcelamento irregular do solo, bem assim de não ter havido cerceamento de defesa, porquanto suficientes para o deslinde da controvérsia, os laudos encartados ao feito a título de prova emprestada, pelo que da impossibilidade de se refutar tais fundamentos, visto que, para tanto, seria necessário reexaminar o mesmo acervo fático-probatório já analisado, procedimento impossível pela via estreita do recurso especial, ante o óbice do enunciado da Súmula n. 7/STJ. A esse respeito, os seguintes julgados: AgInt no AREsp 1.481.093/SP, Relator Ministra Assusete Magalhães, Segunda Turma, Julgamento em 5/9/2019, DJe 16/9/2019; REsp 1.447.157/SE, Rel. Ministro Humberto Martins, Segunda Turma, julgado em 10/11/2015, DJe 20/11/2015; AgRg no AREsp 419.811/SP, Rel. Ministro Humberto Martins, Segunda Turma, DJe de 9/12/2013; REsp 1.728.318/SP, Relator Ministro Herman Benjamin, Segunda Turma, Julgamento em 20/8/2019, DJe 5/9/2019. (...) (AgInt no AREsp 1145750/SP, Rel. Ministro FRANCISCO FALCÃO, SEGUNDA TURMA, julgado em 29/04/2020, DJe 04/05/2020)

Contudo, frise-se, não é *prova pericial do juízo* (art. 464) a vistoria, o exame e a avaliação feita no curso do inquérito (civil ou penal), no procedimento de licenciamento trazido ao processo judicial, no processo administrativo do Tribunal de Contas, tampouco é testemunhal o *testemunho* constante em ata notarial etc.

A despeito de ser uma prova documental importante a *perícia documentada* (muitas vezes *unilateralmente)* em um procedimento inquisitorial ou em um processo administrativo não se compara à *perícia judicial*. [42]

---

fosse unicamente de direito ou dispensasse a produção da prova insistentemente requerida pelas rés em todas as oportunidades em que puderam fazê-lo, e ainda mais tendo em vista a circunstância de que o ônus da prova fora invertido e competia às rés. Penso que o devido processo legal exige, não apenas que seja facultada a juntada de documentos, mas que eles sejam efetivamente considerados pelo Poder Judiciário. No caso, diante da consideração feita pela sentença e pelo acórdão que a confirmou, de que os laudos trazidos pelas rés não tinham condição de se sobrepor ao laudo do Instituto de Criminalística e do IML, pelo fato de terem sido elaborados por profissionais por elas contratados, a única solução seria, então, deferir a produção da prova pericial dentro do contraditório assegurado na ação civil pública, inexistente no âmbito do inquérito civil público". REsp 1101949/DF, Rel. Ministro MARCO BUZZI, QUARTA TURMA, julgado em 10/05/2016, DJe 30/05/2016.

42. O anteprojeto da Lei das ações coletivas apresentadas pelo CNJ prevê no Art. 19 que "não se considera suficientemente motivada a sentença, se baseada exclusivamente na apuração de fatos ocorrida no inquérito civil, salvo se realizada mediante autorização judicial, com contraditório".

Sem desmerecer a sua importância, é na perícia judicial que: i) há efetivo contraditório e ampla defesa; ii) isenção e imparcialidade na escolha do perito que não possui nenhuma relação ou vínculo com qualquer das partes; iii) transparência dos atos com possibilidade de acompanhamento da produção da perícia por assistentes técnicos auxiliares das partes; iv) oportunidades de pedir esclarecimentos e complementos; v) participação do perito judicial em audiência por convocação do juiz ou partes etc.

É de se observar que tem natureza de *prova documental* a *prova emprestada*. Segundo o art. 372 do CPC "o juiz poderá admitir a utilização de prova produzida em outro processo, atribuindo-lhe o valor que considerar adequado, observado o contraditório".

> "Muito comum é o oferecimento em um processo de provas produzidas em outro. São depoimentos de testemunhas, de litigantes, são exames, traslados, por certidão, de uns autos para outros, com o fim de fazer prova. Tais são as chamadas provas emprestadas, denominação consagrada entre os escritores e pelos tribunais do país. É a prova que "já foi feita juridicamente, mas em outra causa, da qual se extrai para aplicá-la à causa em questão", define Benthan". [43]

É preciso ter o cuidado de não confundir "*atribuir o valor que considerar adequado*" com alterar o meio de prova pela qual ela foi produzida. Ainda que no processo B tenha sido colhido depoimentos, realizado perícia, inspeção judicial etc., ao ser emprestada para o processo A ela ingressa neste último como *meio de prova documental*. O valor que o magistrado pode dar não altera o meio de prova pelo qual adentrou no processo. Como observa Didier[44]:

> "Prova emprestada é a prova de um fato, produzida em um processo, seja por documentos, testemunhas, confissão, depoimento pessoal ou exame pericial, que é trasladada para outro processo, por meio de certidão extraída daquele"

3.2.3   *Justificação prévia*

Destarte, conquanto a prova documental unilateralmente produzida seja relevantíssima para a cognição sumária que preceda a concessão da tutela provisória urgente nas ações civis públicas ambientais, não se pode negar a possibilidade de que seja realizada uma *audiência de justificação prévia* como expressamente determina o art. 300, §2° ao dizer que "*a tutela de urgência pode ser concedida liminarmente ou após justificação prévia*".

Essa *justificação prévia* se presta a complementar/esclarecer/robustecer a prova dos requisitos da tutela provisória reclamada contribuindo para a convicção do magistrado para seu deferimento ou indeferimento. Ela tanto pode ser postulada pelo requerente, quanto de ofício determinada pelo juiz, e, por certo deve ser realizada com urgência sob pena de ser providência inútil.[45]

> (...) A ausência de realização da audiência de justificação prévia não acarreta nenhum prejuízo à parte ré, já que o único provimento que pode decorrer do referido ato processual é a concessão de providência liminar à parte contrária". (AgInt no REsp 1699980/SP, Rel. Ministro MARCO AURÉLIO BELLIZZE, TERCEIRA TURMA, julgado em 15/03/2018, DJe 02/04/2018)

---

43. SANTOS, Moacyr Amaral. Prova Judiciária no Cível e Comercial. 2 ed. São Paulo: Max Limonad, 1952. p. 293.
44. DIDIER JR., Fredie. Curso de Direito Processual Civil: Teoria geral do processo e processo de conhecimento. 6. ed. Salvador: JusPodivm, 2006, p.523.
45. BUENO, Cassio Scarpinella. Novo Código de Processo Civil anotado. São Paulo: Saraiva, 2015, p. 219; Barbosa José Carlos Moreira. A antecipação da tutela jurisdicional na reforma do Código de Processo Civil, p. 202.

(...) 5 – Se a petição inicial não traz provas suficientes para justificar a expedição de mandado liminar de posse, deve o juiz determinar a realização de audiência de justificação prévia, com a finalidade de permitir ao autor a oportunidade de comprovar suas alegações. (AgInt no AREsp 986.891/SC, Rel. Ministra NANCY ANDRIGHI, TERCEIRA TURMA, julgado em 28/03/2017, DJe 31/03/2017)

3.2.4   *Inspeção judicial*

Nos termos do art. 481 e ss. o juiz, de ofício ou a requerimento da parte, pode, em qualquer fase do processo, inspecionar pessoas ou coisas, a fim de se esclarecer sobre fato que interesse à decisão da causa. Ao dizer "decisão da causa" o texto do art. 481 não limita a *decisão final*, mas também aos provimentos *interlocutórios*.

Este importante *"meio de prova meio de prova pelo qual o juiz se desloca da sede do juízo para examinar pessoas ou coisas, para recolher dados probatórios circunstâncias que possam interessar ao deslinde da ação"*[46] permite que o juiz seja assistido por um ou mais expertos de sua confiança.

É claro que as partes têm sempre direito a assistir à inspeção, prestando esclarecimentos e fazendo observações que considerem de interesse para a causa, e, uma vez concluída a diligência, o juiz mandará lavrar auto circunstanciado (eventualmente instruído com desenho, gráfico ou fotografia), mencionando nele tudo quanto for útil ao julgamento da causa.

Assim, não se pode descartar nas ações civis públicas ambientais a realização de *inspeções judiciais*, seja no início ou no curso da lide para que o magistrado forme convicção sumária ou complemente cognição exauriente sobre determinado fato que pela sua peculiaridade (art. 583, I, II e III) é mais fácil de ser identificado com verificação in loco pelo próprio magistrado com apoio em especialistas de sua confiança. Mesmo para a afastar qualquer dúvida na concessão de tutela urgente a inspeção judicial pode ser uma providência bastante importante que tanto pode ser requerida pela parte ou por decisão de ofício do magistrado.

(...) 2. No caso concreto, o Tribunal de origem, examinando as circunstâncias da causa, e apoiado na prova, em particular a inspeção judicial realizada, consignou estar comprovado nos autos que o equipamento instalado pela empresa de telefonia, ao lado da residência do autor, emite ruídos altos e desagradáveis que causam perturbação ao seu sossego e tranquilidade dos moradores, e que a recorrente, por sua vez, não cumpriu com seu ônus de provar a regularidade da instalação do aparelho, a plena satisfação dos requisitos legais e impossibilidade técnica de sua retirada do local. A pretensão de alterar tal entendimento demandaria o reexame do acervo probatório dos autos, vedado em recurso especial (Súmula 7/STJ) (...). (AgInt no AREsp 1609768/PR, Rel. Ministro RAUL ARAÚJO, QUARTA TURMA, julgado em 25/05/2020, DJe 04/06/2020)

(...) 3. A despeito de reconhecer que as edificações acham-se encravadas em área de preservação permanente (sobre curso d'água), a Corte originária valeu-se das conclusões alçadas pelo sentenciante, em inspeção judicial, na qual consignou que o caso dos autos era peculiar, pois o rio estava ladeado por diversas residências, em "emaranhado urbano"; sob o imóvel havia tubulação da concessionária de água (CASAN), e o desenvolvimento urbano, incentivado pelo próprio Município/réu, tornou "impossível a reversão da situação" e "irreversível o quadro." 4. Ao considerar a demolição "medida manifestamente desproporcional e irrazoável", sobretudo em face da omissão, "descaso e negligência" do Município/réu em fiscalizar e permitir a ocupação desordenada da área, o aresto recorrido se aproxima da compreensão já externada

---

46. JÚNIOR, Nelson Nery e Nery, Rosa Maria de Andrade. *Código de processo Civil Comentado*, 10. ed. São Paulo: Ed. RT, 2008, p. 656.

CAPÍTULO 10 • ASPECTOS DA PROVA NA AÇÃO CIVIL PÚBLICA AMBIENTAL **365**

nesta Primeira Turma, em precedente no qual ficou assentado que, quando o Tribunal local, à luz das peculiaridades do caso concreto, leva em conta a omissão do Poder Público municipal em fiscalizar a área e a
desproporcionalidade da demolição, o acolhimento do especial para divergir das razões ali lançadas esbarra
no óbice inserto na Súmula 7 do STJ, por exigir inevitável revolver de aspectos fático-probatórios dos autos
(AgInt no REsp 1387379/SC, Rel. Ministro GURGEL DE FARIA, PRIMEIRA TURMA, julgado em 23/10/2018,
DJe 22/11/2018). (...) (AgInt no REsp 1482554/SC, Rel. Ministro GURGEL DE FARIA, PRIMEIRA TURMA,
julgado em 13/12/2018, DJe 19/02/2019).

3.2.5 Prova pericial

Como se disse, o fato de o bem ambiental não ser aprisionável por limites políticos e geográficos; o fato de o meio ambiente absorver por muito tempo as degradações
que lhe são cometidas (o ponto de saturação da poluição é variável); o fato de o dano
ambiental ser sentido em local diverso de onde foi originado, entre tantas outras peculiaridades envolvendo o meio ambiente, fazem com que a verificação de seus efeitos (da
degradação) seja uma tarefa hercúlea, e, neste particular, quando se pensa em decisões
judiciais frutos de cognição exauriente a *prova pericial* é, quase sempre, o meio de prova
mais adequado para sua demonstração. Todavia, engana-se quem acredita que se trata
de uma perícia judicial simples.

Pelo contrário, trata-se de uma perícia multidisciplinar, complexa, justamente
porque todas as propriedades, instabilidade e complexidade do bem ambiental exigem
uma análise completa do potencial (tutela preventiva) ou do concreto (tutela reparatória)
dano ambiental. Não há um profissional habilitado que seja experto em todas as áreas
do conhecimento referentes ao equilíbrio ecológico.

Basta imaginar que uma contaminação de um rio possivelmente ensejará a perícia
de um especialista em recursos hídricos, de um especialista em fauna aquática, de um
especialista em flora, de um especialista em saúde pública, um químico etc. Ora, como o
direito ao meio ambiente ecologicamente equilibrado diz respeito tanto aos ecossistemas
ecológicos, quanto aos ecossistemas sociais, não raramente apenas uma *perícia judicial
complexa*, multidisciplinar, deverá ser convocada para avaliar o risco ou o dano ambiental
e sua extensão.

Como já reconhecido largamente no Superior Tribunal de Justiça

"a prova pericial é necessária sempre que a prova do fato depender de conhecimento técnico, o que se revela
aplicável na seara ambiental ante a complexidade do bioma e da eficácia poluente dos produtos decorrentes
do engenho humano".[47]

Neste particular, encaixa como uma luva o artigo 373, §1º do CPC com o artigo
475 ao prescrever que *"tratando-se de perícia complexa que abranja mais de uma área de
conhecimento especializado, o juiz poderá nomear mais de um perito, e a parte, indicar mais
de um assistente técnico"*.

Apenas a título ilustrativo, basta lembrar que os estudos ambientais (plano de
manejo, plano de recuperação de área degradada, estudo prévio de impacto ambiental)
são sempre recheados de profissionais das mais variadas áreas do conhecimento. A

---

47. REsp 1060753/SP, Rel. Ministra ELIANA CALMON, SEGUNDA TURMA, julgado em 01/12/2009, DJe 14/12/2009.

transdisciplinaridade do bem ambiental, e seus tentáculos sobre tudo que se refere à qualidade de vida do ser humano, faz com que a análise do risco e do dano ao meio ambiente seja sempre dependente de estudos técnicos e variados, feitos por equipe multidisciplinar.

Basta ver o mais famoso estudo ambiental – o EIA/RIMA – para se perceber que também aí, a análise dos impactos positivos e negativos, bem como as medidas de mitigação e compensação do bem ambiental, dependem de estudo feito por equipe multidisciplinar que integrará o corpo do referido estudo.

O Relatório de Impacto Ambiental tem este nome justamente porque precisa *traduzir* para o linguajar comum – tornar compreensível para o homem médio – as informações técnicas que estão contidas no estudo de impacto. Eis a prova viva de que, em matéria ambiental, a perícia complexa e multidisciplinar é um meio de prova bastante comum para formação da *cognição completa* do magistrado em relação à ocorrência da exposição ao risco, do dano ambiental e seus efeitos, do nexo causal etc. Tudo isso por causa das propriedades inerentes ao bem ambiental *equilíbrio ecológico*.

Apenas as circunstâncias do caso concreto é que dirão se há prova suficiente que dispense a prova pericial como permite o parágrafo único do art. 370 do CPC. Assim, quando o legitimado coletivo traz na ação civil pública ambiental os documentos contendo vistorias e perícias realizadas pelo órgão ambiental competente no momento do licenciamento ambiental ou em eventuais procedimentos administrativos sancionatórios de multa, apreensão de bens, embargo de obra etc. é preciso que o réu aponte de forma eloquente e não por simples negação geral a insuficiência/ilicitude/impertinência/inadequação daquelas análises documentadas para que justifique a realização de uma perícia ambiental que é sempre demorada e custosa. Em contrapartida, essa demora e custo da prova pericial não podem e não devem inviabilizar a tutela ambiental, especialmente a de urgência, de forma que a prova indiciária, especialmente a proveniente do meio documental, ganham relevo e importância neste cenário.

3.2.6   Confissão

A confissão é meio de prova previsto no artigo 389 e ss. do CPC onde se lê que ela pode ser obtida judicial ou extrajudicial, e ocorre quando a parte admite a verdade de fato contrário ao seu interesse e favorável ao do adversário.

Com alguma frequência, seja judicialmente, seja extrajudicialmente em conflitos ambientais as partes envolvidas no conflito buscam soluções amigáveis que coloquem um fim à contenda, o que normalmente se dá em *termos de ajustamento de conduta* firmados pelos órgãos públicos. (art. 5º, § 6º da Lei n. 7.347/85).

Não raramente, contudo, por variadas razões depois de longas tratativas e reuniões, todas documentadas com atas em audiências judiciais ou extrajudiciais, algum ponto ou circunstancia torna inviável a celebração do acordo, como por exemplo o *compromisso firmado com órgão ambiental com o particular que não é homologado pelo órgão superior, uma das partes não concorda com as obrigações assumidas, mesmo tendo a outra já manifestado seu interesse em realizar o acordo.*

Nestas hipóteses em que o compromisso se tornou infrutífero não é possível ao órgão público valer-se da boa-fé dos particulares que *quase firmaram* o acordo para usar tal manifestação como *confissão* dos fatos da causa e assim dispensar a produção de provas requerida.

Isso não é possível não apenas porque violaria a boa-fé processual (art. 5º), mas também porque o particular não necessariamente firma o compromisso de ajustamento porque se confessa o fato, mas também porque sopesa o custo benefício de um litígio.

3.3 Valoração da prova

3.3.1 Introito

O art. 369 do CPC diz que "as partes têm o direito de empregar todos os meios legais, bem como os moralmente legítimos, ainda que não especificados neste Código, para provar a verdade dos fatos em que se funda o pedido ou a defesa e *influir eficazmente na convicção do juiz*".

Por sua vez o artigo 370 prevê a regra de que cabe ao juiz "determinar as *provas necessárias* ao julgamento".

Já no art. 371 tem a regra de que "o juiz apreciará a prova constante dos autos" independentemente de quem a produziu e indicará na decisão "*as razões da formação de seu convencimento*".

O art. 372 alude a possibilidade de o juiz admitir a prova emprestada, "*atribuindo-lhe o valor que considerar adequado*" desde que respeitado o contraditório.

E, para rematar diz o art. 375 que "o juiz aplicará as *regras de experiência comum subministradas pela observação do que ordinariamente acontece* e, ainda, as *regras de experiência técnica*, ressalvado, quanto a estas, o exame pericial".

A partir da simples leitura destes dispositivos extrai-se a função persuasiva da prova, mas por outro lado revela também o problema que reside em saber o quão *suficiente* deve ser a demonstração dos enunciados fáticos alegados para o convencimento do magistrado, especialmente considerando as diferenças sociais, culturais e idiossincrasias que distinguem um juiz de outro e também as dificuldades relativas ao objeto e aos meios de prova no direito ambiental.

Sobre o modelo de convencimento do juiz adotado pelo Brasil, relembra-se que a estrutura do texto do art. 118 do CPC de 1939[48] foi mantido no art. 131 do CPC de 1973[49] e ambos continham no seu texto a expressão "livremente" para retratar a liberdade do juiz na apreciação e no convencimento acerca da prova produzida.

Conquanto o limite desta liberdade, previstos nos citados dispositivos, fosse *o dever de motivação*, sempre se deu mais ênfase à liberdade do que ao seu limite, criando situações de evidente autoritarismo como se ele juiz fosse o *único destinatário da prova*[50] com

---

48. Art. 118. Na apreciação da prova, o juiz formará livremente o seu convencimento, atendendo aos fatos e circunstâncias constantes dos autos, ainda que não alegados pela parte. Mas, quando a lei considerar determinada forma como da substância do ato, o juiz não lhe admitirá a prova por outro meio.

49. Art. 131. O juiz apreciará livremente a prova, atendendo aos fatos e circunstâncias constantes dos autos, ainda que não alegados pelas partes; mas deverá indicar, na sentença, os motivos que lhe formaram o convencimento.

50. Precisa a lição de Alexandre Freitas Câmara: "a avaliação que as partes fazem das provas é evidentemente levada em consideração quando se verifica se vale ou não a pena recorrer contra alguma decisão". CÂMARA, Alexandre Freitas. O Novo Processo Civil

liberdade irrestrita para decidir e não justificar porquê convenceu-se de que determinado fato era verdadeiro e outro não.

O novo art. 371 do CPC eliminou a expressão "livremente"[51] passando a dizer que o juiz apreciará a prova constante dos autos (pois a prova dos autos deve ser fruto de contraditório e cooperação processual), independentemente do sujeito que a tiver promovido, pois uma vez trazida ao processo não importa saber quem a trouxe (a prova não tem dono) e deverá indicar na decisão as razões da formação de seu convencimento.

Há quem veja nesta alteração uma mudança substancial do regime anterior, mas não me parece que seja[52], pois sempre existiu o dever de motivar; o problema parece ter sido uma distorção do texto, mas não se nega que a supressão do vocábulo "livremente" tem um papel didático para chamar a atenção para aquele desvirtuamento.

Observe-se que o limite à essa "liberdade do convencimento" se dá tanto na construção da convicção, quanto depois, na fundamentação de suas decisões, quando deve ser justificado todo processo decisório de formação do convencimento.

No primeiro momento, no contexto da sua descoberta, o referido limite se evidencia pela racionalidade lógica e jurídica com que o convencimento vai se edificando num processo dialético (com contraditório e cooperação) a partir da combinação indissociável de tudo que vai sendo produzido nos autos sempre iluminado pelas regras do ordenamento jurídico[53].

> "Inegavelmente, o processo de valoração da prova é bastante complexo, abrangendo uma série de operações sensoriais e intelectuais das quais se destacam a percepção, a reconstrução e o raciocínio. Primeiramente o juiz entra em contato com os fatos, mediante a percepção ou observação, direta ou indiretamente, mediante pessoas, coisas ou documentos. Uma vez percebidos os fatos mediante os meios de prova, torna-se necessário proceder à sua representação ou reconstrução histórica, em seu conjunto. Por fim, a terceira fase da valoração da prova exige o raciocínio. Isso não significa que essas fases desenvolvem-se isoladamente, porque, ao contrário, o êxito da valoração da prova depende da adequação e correição dessas operações mentais em seu conjunto".[54]

Brasileiro. 2. ed. Atlas, 2016.

51. Colhe-se da justificação de motivos do Relator do Projeto do CPC acerca da retirada desta expressão que "embora historicamente os Códigos Processuais estejam baseados no livre convencimento e na livre apreciação judicial, não é mais possível, em plena democracia, continuar transferindo a resolução dos casos complexos em favor da apreciação subjetiva dos juízes e tribunais. Na medida em que o projeto passou a adotar o policentrismo e coparticipação no processo, fica evidente que a abordagem da estrutura do Projeto passou a poder ser lida como um sistema não mais centrado na figura do juiz. As partes assumem especial relevância. Eis o casamento perfeito chamado coparticipação, com pitadas fortes do policentrismo. E o corolário disso é a retirada do livre convencimento. O livre convencimento se justifica em face da necessidade de superação da prova tarifada. Filosoficamente, o abandono da fórmula do livre convencimento ou da livre apreciação da prova é corolário do paradigma da intersubjetividade, cuja compreensão é indispensável um tempo de democracia e autonomia do direito. Dessa forma, a invocação do livre convencimento por parte de juízes e tribunais acarretará, a toda evidência, a nulidade da decisão."

52. Neste sentido ver GAJARDONI, Fernando da Fonseca ao dizer que o *"princípio do livre convencimento motivado jamais foi concebido como método de (não) aplicação da lei; como alforria para o juiz julgar o processo como bem entendesse; como se o ordenamento jurídico não fosse o limite".* O livre convencimento motivado não acabou no CPC. Disponível em: https://jota.info/colunas/novo-cpc/o-livre-convencimento-motivado-nao-acabou-no-novo-cpc-06042015. Acesso em: 20.07.2020.

53. Essa construção cognitiva é extraída pouco a pouco, dialeticamente, com marchas e contramarchas, fruto de um contraditório efetivo, com cooperação de todos os atores do processo. Um simples documento trazido por uma das partes associados aos argumentos trazidos em torno das alegações de fato que pretende sustentar; a contestação deste documentos com outros que são trazidos para justificar fatos contrários, passando pelo contraste do laudo pericial, da oitiva de testemunhas, o depoimento das partes, as perguntas, as respostas e os fundamentos do laudo pericial, as impugnações dos assistentes técnicos, os pareceres jurídicos trazidos etc. O processo decisório é construído, pouco a pouco, a partir dos elementos trazidos aos autos.

54. ROSITO, Francisco. A prova e os modelos de constatação na formação do juízo de fato. In: Revista de Processo, v. 157, São Paulo: Ed. RT, 2008, p. 51-71.

Posteriormente, ao decidir, deve justificar o processo decisório de forma mais clara, transparente[55], objetiva, argumentativa e coerente, reconstruindo sob a luz das provas utilizadas as fases do raciocínio lógico.

Não se trata de um simples silogismo *fato/direito/conclusão* porque não é assim que foi construído o seu convencimento e não é assim que, como funcionário estatal à serviço das partes, deve prestar contas da sua atividade.

> "(...) a motivação deve ser racional: deve partir de cânones racionais comumente aceitos e reconhecidos no contexto da cultura média daquele tempo e daquele lugar em que atua o órgão julgador. Não se confunde com uma ciência exata ou com uma lógica absoluta da matemática pura. O que se espera é que atenda às regras de validade da argumentação e do raciocínio jurídico (...)".[56]

Num processo democrático o juiz tem o dever incansável de transparência, de sinceridade na declaração de como se deu o seu convencimento à luz do ordenamento jurídico. O fato de ter que justificar o convencimento em momento posterior ao qual ele foi construído – no momento de decidir motivando as razões pela qual decidiu desta ou daquela maneira acolhendo esta ou aquela prova – apenas aumenta o dever de ser minudente, claro, coerente, transparente e fincado em premissas concretas do ordenamento jurídico. Se no contexto da descoberta tem liberdade para formar a convicção com as provas produzidas no processo, essa descoberta deve ser transparentemente esmiuçada, explicada e fundamentada no contexto da justificação ao decidir.[57]

Sempre seguras são as lições de José Carlos Barbosa Moreira:

> "De fato, a formulação de um juízo estritamente lógico, por parte do juiz (que é um homem) ocorre também fora do processo. Também historiador, ou na realidade, qualquer um do povo, de fato, formam o próprio (livre) convencimento, assumindo, incorporando e valorando a prova que pode ser fornecida por documentos ou de que participaram, ou, porque participaram de certos acontecimentos, ou porque os presenciaram. Mas tudo isso faz parte do trabalho de todo ser pensante, desde que ele pretenda formar um convencimento próprio, enquanto pensa e para o só fim de formular um juízo (o historiador que reflete sem ter de necessariamente fazer seguir uma ação jurisdicional) ou, então, porque a formulação daquele juízo é o pressuposto de uma escolha para a ação.
>
> O mesmo ocorre respeitantemente ao juiz, o qual deve julgar, deve, isto é, estabelecer qual das partes tem razão e qual não tem razão. E a ausência de razão e a razão decorrem de um juízo, que implica a aplicação da regra de direito, a um contexto de fatos, os quais, na realidade, são "reconstruídos" pelo juiz no processo, através do processo.
>
> E, como já se viu, no número precedente, como o agir do juiz, tal como ser pensante, é, de um lado, vinculado às regras do processo, de outro lado, é deixado ao livre e adequado uso das regras não jurídicas da lógica. Estas regras da lógica, portanto, integram por assim dizer as regras de direito: daí a necessidade de um controle da logicidade dos juízos emitidos pelo juiz, além do controle da correspondência da decisão às regras de direito".[58]

No Superior Tribunal de Justiça é maciça a jurisprudência acerca do livre convencimento *motivado* do juiz:

---

55. Falando em *transparência* ver BADARO, Gustavo. Processo penal. 3. ed. São Paulo: Ed. RT, 2015. p. 60.
56. DIDIER JR., Fredie. BRAGA, Paula Sarno. OLIVEIRA, Rafael. Curso de direito processual civil. 10 ed. Salvador: JusPodivm, 2015. v. 2, p. 103.
57. ATIENZA, Manuel. As razões do direito: teorias da argumentação jurídica. Trad. Maria Cristina Guimarães Cupertino. 3. ed. São Paulo: Landy, 2003; La dimensión institucional del derecho y la justificación jurídica. DOXA, n. 24, p. 115-130, 2001; TARUFFO, Michele. La prueba. Trad. Laura Manríquez e Jordi Ferrer Beltrán. Madrid: Marcial Pons, 2008.
58. BARBOSA MOREIRA, José Carlos. "Teoria geral da prova", In: Revista de Processo, v. 3, São Paulo: Ed. RT, 1976, p. 161-168.

4. "Os princípios da livre admissibilidade da prova e da persuasão racional autorizam o julgador a determinar as provas que repute necessárias ao deslinde da controvérsia, e a indeferir aquelas consideradas prescindíveis ou meramente protelatórias. Não configura cerceamento de defesa o julgamento da causa sem a produção da prova solicitada pela parte, quando devidamente demonstrada a instrução do feito e a presença de dados suficientes à formação do convencimento" (AgInt no AREsp n. 1.457.765/SP, Relator Ministro MARCO AURÉLIO BELLIZZE, TERCEIRA TURMA, julgado em 19/8/2019, DJe 22/8/2019).

(...) 1. Não há cerceamento de defesa quando o julgador, ao constatar nos autos a existência de provas suficientes para o seu convencimento, indefere pedido de produção de prova. Cabe ao juiz decidir sobre os elementos necessários à formação de seu entendimento, pois, como destinatário da prova, é livre para determinar as provas necessárias ou indeferir as inúteis ou protelatórias. (AgInt no AREsp 1562190/SP, Rel. Ministro RAUL ARAÚJO, QUARTA TURMA, julgado em 15/06/2020, DJe 01/07/2020)

(...) 1. Em âmbito judicial vige o princípio do livre convencimento motivado do Juiz, e não o sistema de tarifação legal de provas. Assim, se o Magistrado entendeu não haver necessidade de produção de prova testemunhal para o julgamento da lide ao argumento de que os relatos das testemunhas apontadas já havia sido recolhido no PAD que acompanha dos autos, não há que se falar em cerceamento de defesa na impugnação do pedido (...).(AgInt no AREsp 913.092/SP, Rel. Ministro NAPOLEÃO NUNES MAIA FILHO, PRIMEIRA TURMA, julgado em 25/05/2020, DJe 28/05/2020)

(...) 2. Cabe ao magistrado verificar a existência de provas suficientes nos autos para ensejar o julgamento antecipado da lide e indeferir a produção de provas consideradas desnecessárias, conforme o princípio do livre convencimento do julgador. Infirmar tais fundamentos demandaria, necessariamente, o reexame do conjunto fático-probatório dos autos (...)".

Entretanto o fato de se ter um *sistema de persuasão racional* regulador tanto do *contexto da descoberta e da justificativa*, que devem ser absolutamente rentes ao que se espera de um processo democrático, ainda assim permanece o problema de saber qual o nível, o grau de constatação dos fatos para convencimento do magistrado, especialmente porque num modelo de *reconstrução histórica dos fatos* tendo por objeto as *alegações das partes* é absolutamente impossível falar em *verdade real* e o máximo que se pode obter com o processo é um *alto grau de probabilidade* de que os fatos tal como expostos na inicial ou na contestação aconteceram.

O art. 369 do CPC menciona que as partes têm o direito de *empregar todos os meios legais*, bem como os moralmente legítimos, ainda que não especificados neste Código, *para provar a verdade dos fatos em que se funda o pedido ou a defesa* e influir eficazmente na convicção do juiz.

Portanto, é claro no dispositivo a relação biunívoca entre (1) os *meios de prova* que se destinam (2) à *prova da verdade dos fatos trazidos pelo autor e pelo réu* com o intuito de (3) *influir na convicção do juiz*. Ora, é a partir da utilização desses meios de prova que se obtém um determinado nível de constatação do fato alegado no processo; enfim será tomado como verdadeiro o *fato alegado* e *suficientemente* provado.

Mas, ainda fica a dúvida: quando estará "suficientemente provado" para ser tomado como verdadeiro? Qual o nível de probabilidade apto para convencimento do juiz? É possível estabelecer *standards*[59] para dar um

---

59. Sobre os critérios para aferição da suficiência da prova no convencimento do juiz ver os diversos capítulos do livro coordenado por VÁSQUEZ, Carmen. Estándares de prueba y prueba científica: Ensayos de epistemología jurídica. Madrid: Marcial Pons. 2013; ver ainda KNIJNIK, Danilo. Os standards do convencimento judicial: paradigmas para o seu possível controle. Revista Forense, Rio de Janeiro, n. 353, jan.-fev. 2001; BALTAZAR JUNIOR, José Paulo. Standards probatórios. In: KNIJNIK, Danilo (Coord.). Prova Judiciária: Estudos sobre o novo Direito Probatório. Porto Alegre: Livraria do Advogado, 2007; DENTI, Vittorio. Cientificidad de la prueba y libre valoración del juez. Estudios e derecho probatorio. Trad. para o castellano de Santiago Sentís Melendo e Tomás A. Banzhaf. Buenos Aires: EJEA, 1974; PATTI, Salvatore. Libero Convincimento e valutazione delle prove, Rivista di diritto processuale. Ano XL, n. 3. Padova: CEDAM, 1985.

nível de segurança e objetivismo ao contexto da descoberta? E, por outro lado, é possível estabelecer pautas – controláveis – do modo de ser do contexto da justificação?

Se as *pautas que servem de roteiro* para o contexto da justificação, tal como descritas no art. 489 do CPC, servem para toda decisão judicial[60], o mesmo não se diga para os níveis de "suficiência prova" que podem variar, por exemplo, em razão das peculiaridades do direito material e da tutela diferenciada utilizável.

> "O sistema da prova civil é baseada sobre a concepção de direito subjetivo, a qual pode ser variadamente limitada, tanto no seu conteúdo, tendo em vista a tutela de outros interesses gerais, quanto dos poderes de iniciativa processual, e também no campo da prova, reconhecidos ao juiz pela melhor realização da tutela jurisdicional, através do processo civil".[61]

Isso quer dizer que as peculiaridades do direito material ambiental, como a sua essencialidade à vida, sua instabilidade, sua complexidade, sua infungibilidade, sua indisponibilidade etc. podem predeterminar um modelo de constatação da prova cujo nível de suficiência seja mais brando, por exemplo, do que uma lide envolvendo a interpretação de uma cláusula de um contrato comercial envolvendo um litígio sobre direitos patrimoniais e disponíveis de particulares.

Parece-nos tão claro que não há como cogitar que uma *tutela inibitória* do risco de destruição de uma área de preservação causado pela utilização de um agrotóxico tenha o mesmo nível de suficiência de prova que uma ação reivindicatória da propriedade.

Todas as peculiaridades que envolvem o direito material ambiental, bem como a dificuldade de elementos que demonstrem o *risco causado do perigo* (agrotóxico) devem ser levados em consideração na formação da convicção do magistrado.

Em se tratando de tutela provisória, fruto de cognição sumária, é o próprio legislador que determina que o nível de suficiência para formação da convicção na concessão do provimento antecipado deve ser mais baixo do que se estivesse num provimento final. Segundo o art. 300 do CPC a "tutela de urgência será concedida quando houver *elementos que evidenciem* a *probabilidade* do direito e o perigo de dano ou o risco ao resultado útil do processo".

---

60. Art. 489. São elementos essenciais da sentença:

§ 1º Não se considera fundamentada qualquer decisão judicial, seja ela interlocutória, sentença ou acórdão, que:

I – Se limitar à indicação, à reprodução ou à paráfrase de ato normativo, sem explicar sua relação com a causa ou a questão decidida;

II – Empregar conceitos jurídicos indeterminados, sem explicar o motivo concreto de sua incidência no caso;

III – invocar motivos que se prestariam a justificar qualquer outra decisão;

IV – não enfrentar todos os argumentos deduzidos no processo capazes de, em tese, infirmar a conclusão adotada pelo julgador;

V – se limitar a invocar precedente ou enunciado de súmula, sem identificar seus fundamentos determinantes nem demonstrar que o caso sob julgamento se ajusta àqueles fundamentos;

VI – deixar de seguir enunciado de súmula, jurisprudência ou precedente invocado pela parte, sem demonstrar a existência de distinção no caso em julgamento ou a superação do entendimento.

§ 2º No caso de colisão entre normas, o juiz deve justificar o objeto e os critérios gerais da ponderação efetuada, enunciando as razões que autorizam a interferência na norma afastada e as premissas fáticas que fundamentam a conclusão.

§ 3º A decisão judicial deve ser interpretada a partir da conjugação de todos os seus elementos e em conformidade com o princípio da boa-fé.

61. BARBOSA MOREIRA, José Carlos. "Teoria geral da prova", In: Revista de Processo, v. 3, São Paulo: Ed. RT, 1976, p. 161-168.

Os chamados *"elementos que evidenciem"* são todos os meios de prova que permitam ao juiz enxergar, tornar claro, fora de dúvida (evidente) a *fumaça do bom direito e o perigo*, ou seja, *"tem ela suficiente força persuasiva para fazer verossímil (ou provável) a alegação do requerente"*[62] na perspectiva da *fumaça*, do indício, da aparência, dos sinais, dos traços do direito alegado.

> Como se observa no aresto abaixo o Superior Tribunal de Justiça estabelece um *standard probatório* (juízo de certeza além da dúvida razoável) para a condenação penal considerando a importância da presunção do estado de inocência:
>
> "(...) 4. As provas que sustentam a acusação, além de terem sido integralmente colhidas na fase pré-processual, apresentam dados insuficientes e por vezes até colidentes, não permitindo aferir se os locais descritos na denúncia coincidem com aqueles descritos no relatório de viagem elaborado por servidores do Incra e com o laudos elaborado pela polícia federal, ou mesmo se os fatos ocorreram na mesma data.
>
> 5. O estado jurídico de inocência, corolário da dignidade da pessoa humana, exige para a condenação a certeza além da dúvida razoável, não sendo admissível sequer a alta probabilidade. Ausentes elementos de prova aptos a demonstrar os fatos imputados, devem os réus ser absolvidos com fundamento no art. 386, II, do CPP. Ação penal julgada improcedente, absolvendo-se os acusados com fundamento no art. 386, II, do CPP. (APn 719/DF, Rel. Ministro HUMBERTO MARTINS, CORTE ESPECIAL, julgado em 05/11/2014, DJe 18/11/2014).

Assim, qualquer meio de prova legal ou moralmente legítimo pode ser suficiente o bastante para atestar, num juízo de verossimilhança, a presença das circunstâncias que justificam a tutela de urgência. Considerando o momento do processo e as peculiaridades do direito material em conflito não pode o magistrado estabelecer um patamar de convencimento próximo ou idêntico ao que terá ao concluir a cognição após todo contraditório e ampla dilação probatória. O tempo necessário para a formação de um *convencimento indubitável* para a tutela jurídica do meio ambiente pode ser - e possivelmente será - inviabilizador de uma tutela útil e efetiva.

A priori, e considerando as circunstancias do caso concreto, pode-se afirmar que o ônus do risco existente entre (1) conceder mais celeremente uma tutela equivocada em favor do meio ambiente porque fulcrada em um convencimento com nível de constatação mais brando e (2) conceder, tardiamente, uma tutela jurídica com menor risco de erro após a formação de um convencimento fulcrado em um nível de constatação mais robusto não deve ser suportado pela coletividade (titular do meio ambiente ecologicamente equilibrado).

A essencialidade à vida do direito ambiental não permite que o ônus deste risco seja suportado pelo povo, até porque o uso *comum* dos recursos ambientais se sobressai ao seu uso incomum (econômico).

3.3.2   *O juízo de valoração das ações civis públicas ambientais*

Normalmente as demandas ambientais que se voltam à tutela da *preservação do meio ambiente*, destinadas a uma proteção *ex ante* com o desiderato de *evitar ou manter*

---

62. BARBOSA MOREIRA, José Carlos. "Antecipação da tutela: algumas questões controvertidas", In: Revista de Processo, v. 104, São Paulo: Ed. RT, 2001, p. 101-110.

íntegro o equilíbrio ecológico será comum a veiculação de tutela de urgência antecedente ou incidental à propositura da demanda.

Nestas demandas *são elementos* idôneos e suficientes para demonstrar a *aparência do direito* qualquer prova documental do fato direto ou do fato indiciário que leve a convicção de que há uma aparência de direito que justifique a proteção do meio ambiente.

Isso pode ser feito mediante a juntada na petição da ação civil pública (principal ou cautelar) das vistorias constantes do órgão ambiental quando do processo de licenciamento, de eventual processo administrativo resultante de multa pela atividade poluente, de dados de monitoramento constante do órgão ambiental, de fotos, filmagens, e-mails que atestem tanto o fato direto ou indiciário, do inquérito civil público, de dados antecedentes que revelam repetição de conduta, de instrumentos (motosserra, tratores etc.) que sejam identificados na localidade da ameaça, de atas notarias que constem depoimentos de experts que atestem a veracidade do risco etc.

Não se descarta nem a audiência de justificação prévia e a inspeção judicial como meios de prova que possam ser utilizados para demonstrar o fato principal ou indiciário para fins de concessão da tutela de urgência.

O que precisa ficar absolutamente claro nestas situações é que *não se pode exigir mais do que o que for possível, razoável* para naquele momento, e considerando as circunstâncias do caso concreto (direito envolvido, hipossuficiência técnica[63] etc.) para demonstração dos requisitos para a concessão da tutela de urgência em favor do meio ambiente.

A regra do art. 300, §3º do CPC (a tutela de urgência de natureza antecipada não será concedida quando houver perigo de irreversibilidade dos efeitos da decisão) é quase que totalmente inócua no direito ambiental brasileiro simplesmente porque o *dano ao equilíbrio ecológico* é, *cientificamente*, irreversível e as consequências da degradação incidem sobre o direito à vida.

Ao receber uma demanda ambiental que vise a *prevenção* dos danos ambientais o magistrado deve ter em mente que o pedido de liminar que impeça o dano se não for concedido pode ter um reflexo irremediável. Isso não quer dizer que deva abrir mão de critérios de valoração, de forma alguma, mas deve levar em consideração cada um dos *elementos de convencimento* e sopesar, ainda que volte atrás tempo depois, o *risco* de uma decisão que não contemple, imediatamente, a prevenção do dano ao meio ambiente.

É possível, por que não, que o magistrado, ali no vestíbulo do processo, diante de um estado de incerteza causado, de um lado pela insuficiência dos elementos de prova trazidos na inicial e de outro lado pelo receio de conceder a medida pleiteada e sacrificar o direito do requerido, que de ofício encontre uma solução urgente diversa da pleiteada

---

63. Segundo MIRRA, Alvaro Valery: "(...) Em uma ação judicial a constatação de uma degradação ambiental exige análises científicas e provas técnicas variadas, abrangendo, muitas vezes, diversos campos do conhecimento. E a prática tem evidenciado que são muitas ainda as incertezas científicas nas questões relacionadas à proteção do meio ambiente, sobretudo no tocante ao funcionamento dos sistemas naturais, motivo pelo qual nem sempre os técnicos e os peritos têm condições de trazer aos processos, de maneira plenamente satisfatória, em termos de certeza absoluta, as informações e conclusões solicitadas pelos operadores do direito, abrindo amplo espaço para dúvidas e controvérsias nas demandas", MIRRA, Alvaro Valery. "Um estudo sobre a legitimação para agir no direito processual civil: A legitimação ordinária do autor popular". Ed. RT: São Paulo, v.76, n.618, abr.1987.

(fungibilidade cautelar ou um resultado prático equivalente), que seja temporária e duradoura até que se tenham mais elementos de convicção que lhe permita decidir com maior segurança a *aparência do direito*.[64]

A realização de uma perícia complexa numa ação civil por dano ao meio ambiente não é a única forma de se obter prova cabal do direito postulado, pois a prova documental que contenha laudos, vistorias, exames etc. realizados no bojo de um licenciamento ou inquérito civil podem sim ser importantes elementos de convicção dará concessão de tutela de urgência em favor do meio ambiente, e, até de julgamento antecipado da lide se no contraditório da prova documental não forem trazidas contraprovas que justifiquem a realização de uma prova mais completa no curso da demanda.

É preciso que o magistrado não exija para sua convicção a presença de elementos de prova que sejam impossíveis de serem trazidos pelo autor no plano da sumária cognição e com todas as dificuldades de quem postula a tutela preventiva de dano ambiental, até porque, não raramente a poluição é praticada na surdina, ou surge de um somatório de causas complexas indecifráveis num primeiro momento, ou porque estão espalhadas por vários locais, ou porque provêm de mais de uma origem etc.

Num outro exemplo imaginemos um caso em que o Ministério Público receba uma denúncia de um morador da localidade de que a empresa X é responsável pelo lançamento de efluentes no rio que banha determinado vilarejo. Não nos parece, a priori, que apenas um depoimento isolado acostado aos autos seja *elemento suficiente* para postular uma medida de urgência contra a referida empresa, mas se além do depoimento o denunciante também trouxer documentos, fotos, vídeos demonstrando a ocorrência de fatos diretos (lançamento da poluição no rio) ou indícios (peixes mortos) é claro que pode ser suficiente para tanto. Aberto um inquérito civil a partir desta denúncia, é perfeitamente possível que algum técnico/experto em cooperação com o órgão ambiental ou pelos próprios auxiliares técnicos do parquet faça uma visita in loco o mais breve possível – devendo fazer um laudo preliminar sobre a existência ou não da situação narrada na denúncia, o que poderá reforçar eventual propositura de ação civil pública com pedido liminar.

Em casos de alegação de supressão de vegetação é perfeitamente possível que o órgão ministerial acesse as informações do Cadastro Ambiental Rural e faça o contraste das áreas de preservação e reserva legal delimitadas no referido registro estão, por exemplo, de acordo com as imagens do Google Earth, como fez questão de dizer de forma simples e direta o Desembargador TORRES CARVALHO:

> "A maior parte das ações ambientais decorre de fatos simples e diretos: a supressão de vegetação, a intervenção em uma área protegida, o derrame de efluentes, que costumam ser demonstrados pelas vistorias e análise do órgão ambiental ou pelos auxiliares técnicos do próprio Ministério Público; muitos fatos são demonstrados por fotografias e podem ser verificados pelo Google Earth, permitindo uma compreensão suficiente do ocorrido. Admitindo o juiz haver prova suficiente do autor, caberá ao réu fazer a contraprova, trazendo o trabalho de

---

64. De bom alvitre que cesse esta expectativa valendo-se da inspeção judicial para conferir in loco, quando for possível, com auxílio de expertos de sua confiança, se num juízo preliminar é possível que o que foi narrado na inicial corresponde ao estado de perigo mencionado em concreto.

seu assistente ou requerendo a perícia em juízo. À prova do réu deve-se atribuir o mesmo peso que à prova do autor e do confronto das duas frequentemente se chega a uma conclusão válida.

E não se diga que a admissão da prova trazida com o inquérito civil ou pelo réu, por unilateral, ofende o contraditório; pois o contraditório se contenta com a possibilidade de apreciação, análise e contraprova de ambas as partes antes da formação da convicção do juiz, sem exigir que toda prova seja produzida em conjunto. Tem-se aqui o que se chama de contraditório diferido, em que a prova produzida por uma parte se submete no momento processual próprio à crítica e à contraprova da outra parte e tem o valor que possa merecer. Não há nisso ofensa processual. A perícia ficará reservada apenas para os casos mais difíceis e será produzida segundo a regra usual: pelo autor (com eventual atribuição do ônus ao Estado ou à União, segundo o entendimento prevalente) ou pelo réu, conforme as peculiaridades da lide e como determinar o juiz".[65]

Não se pode perder de vista que a ameaça ou a lesão ao equilíbrio ecológico pode advir de atividades que sejam lícitas ou ilícitas. Nesta última hipótese a prova do ilícito pode ser mais simples do que a prova do perigo de dano e isso não pode ser descartado por quem promove a demanda ambiental.

Na ação inibitória destinada a impedir a repetição ou a continuação de um agir ilícito, a prova da probabilidade do ilícito é facilitada em virtude de já ter ocorrido um ilícito ou de a ação já ter se iniciado. Diante da prova do fato passado (fato indiciário), e tomando-se em consideração a natureza do ilícito, torna-se fácil estabelecer um raciocínio (presuntivo) que, ainda que partindo de uma prova indiciária (prova que aponta para o fato futuro), permita a formação de um juízo (presunção) de probabilidade de ocorrência de um fato futuro".[66]

Mesmo nas situações em que o risco de dano ocorre a partir de situação lícitas não se deve descartar a utilização dos dados e informações constantes do licenciamento ambiental para demonstrar, a partir de um juízo sumário, o vínculo entre o risco e a atividade licenciada.

3.4 Ônus da prova das demandas ambientais

A distribuição do ônus da prova, que tem reflexo sobre o prisma subjetivo e objetivo, é instituto processual que admite seja fixado: pela lei, pelas partes e pelo juiz.

Como é a lei que fixa a regra geral de distribuição do encargo probatório (incisos I e II do artigo 373), então a distribuição por convenção das partes ou por decisão judicial são chamadas de técnicas de distribuição diversa do ônus probatório, afinal de contas nem partes e nem juiz atuariam para estabelecer algo que já está previsto pelo legislador.

A regra geral, clássica, é a prevista pelo legislador no artigo 373 do CPC e segue a máxima onus probandi est qui dixit (a obrigação de provar é daquele que afirma), ou seja: I – ao autor, quanto ao fato constitutivo de seu direito; II – ao réu, quanto à existência de fato impeditivo, modificativo ou extintivo do direito do autor.

Nos termos do artigo 373 do CPC vislumbra-se dois modelos diferentes de distribuição do encargo probatório.

No caput, I e II está consagrado a clássica regra de distribuição estática do ônus da prova, onde compete ao autor provar o fato constitutivo de seu direito e ao réu o ônus de provar à existência de fato impeditivo, modificativo ou extintivo do direito do autor.

Já no §1° do artigo 373 está consagrada a regra do ônus dinâmico da prova ao estabelecer que nos casos previstos em lei ou diante de peculiaridades da causa relacionadas à impossibilidade ou à excessiva dificuldade

---

65. TORRES DE CARVALHO, Ricardo Cintra. O papel da prova na ação ambiental. Disponível em: https://www.conjur.com.br/2018-out-27/prova-acao-ambiental. Acesso em: 12.07.2020.

66. MARINONI, Luiz Guilherme. Técnica processual e tutela dos direitos. São Paulo: Ed. RT, 2008, p. 213.

de cumprir o encargo nos termos do caput ou à maior facilidade de obtenção da prova do fato contrário, poderá o juiz atribuir o ônus da prova de modo diverso, desde que o faça por decisão fundamentada, caso em que deverá dar à parte a oportunidade de se desincumbir do ônus que lhe foi atribuído.

Os fatos constitutivos, como o nome mesmo já diz, são aqueles que correspondem à consequência jurídica pretendida pela parte. Em outras palavras, são aqueles que, tendo ocorrido no mundo fenomênico, se encaixam perfeitamente à hipótese material abstrata prevista na lei. Assim, fato constitutivo do autor são os fatos por ele alegados, que, por se subsumirem nas hipóteses abstratas da lei, são capazes de gerar a consequência jurídica pretendida pela parte. A dúvida ou a insuficiência de provas quanto ao fato constitutivo do direito do autor implicará em improcedência do pedido. Já os fatos extintivos, modificativos e extintivos correspondem às hipóteses em que o réu, reconhecendo a existência do fato constitutivo do direito do autor, outro lhe opõe, de índole modificativa, extintiva ou impeditiva. Nessas situações, nada mais há que ser provado pelo autor, já que seus fatos são incontroversos pelo reconhecimento do réu. Todavia, nascerá para este o dever de provar os fatos que alegou por via das exceções substanciais. Estes fatos, e não aqueles, é que agora são controvertidos.

> Assim, numa ação civil pública ambiental em que se pede a restauração da supressão de uma área de preservação permanente e o suposto poluidor alega que a supressão ocorrida se deu para uma atividade de baixo impacto autorizada pelo Código Florestal deve demonstrar a ocorrência do referido fato impeditivo.

Como foi dito, também as partes podem convencionar sobre as regras de distribuição do ônus da prova, por intermédio de convenção sobre o ônus da prova (negócio jurídico processual), celebrada antes (no inquérito civil, por exemplo) ou durante o processo, divergindo, se assim desejarem, das regras clássicas fixadas pelo legislador nos incisos I e II do artigo 373 do CPC.

Para tanto, de acordo com o §2º do artigo 373 do CPC esta distribuição diversa por convenção das partes tem limites, pois não pode I – recair sobre direito indisponível da parte; II – tornar excessivamente difícil a uma parte o exercício do direito.

E ainda, é possível que a regra de distribuição do ônus da prova que foi fixada pelo legislador seja alterada por decisão judicial, por decisão fundamentada e em momento processual que permita à parte a oportunidade de se desincumbir do ônus que lhe foi atribuído, que o que se dará:

> 1) Atendendo aos requisitos específicos previstos em legislação extravagante (como no Código de Defesa do Consumidor, art. 6º, VIII), e, também;
>
> 2) Em qualquer causa que, pelas suas peculiaridades:
>
> a) Mostrar-se impossível ou excessivamente difícil cumprir o encargo como foi previsto pela lei nos incisos I e II do art. 373;
>
> b) Mostrar-se mais fácil a obtenção da prova do fato contrário, ou seja, ao réu seja mais fácil a prova contrária do fato constitutivo do direito do autor, ou ao autor à contraprova das exceções materiais alegadas pelo réu.

Estabelece o Código que de forma alguma poderá o juiz distribuir o ônus de forma diversa se desta decisão resultar situação em que a desincumbência do encargo pela parte seja impossível ou excessivamente difícil.

CAPÍTULO 10 • ASPECTOS DA PROVA NA AÇÃO CIVIL PÚBLICA AMBIENTAL **377**

Assim, como dito, seja pela distribuição legal do ônus da prova, seja pela distribuição diversa (pelas partes ou pelo juiz) a regra que for estabelecida vinculada tanto as partes, em relação ao ônus de se desincumbir dos fatos que lhe cabe provar, bem como ao juiz em relação a eventual utilização das regra de distribuição do ônus da prova pelo *non liquet* ("o que não está claro").

O § 1º do artigo 373 do CPC cai como uma luva às lides ambientais, pois, dada as características tão peculiares do equilíbrio ecológico, que é complexo, instável, infungível, essencial, incognoscível etc. seria diabólico impor ao autor da demanda ambiental a regra dos incisos I e II do art. 373 do CPC.

Quando o legislador do §1º do artigo 373 do CPC menciona que:

(1) nos casos previstos em lei ou;

(2) diante de peculiaridades da causa relacionadas à impossibilidade ou à excessiva dificuldade de cumprir o encargo nos termos do caput ou

(3) à maior facilidade de obtenção da prova do fato contrário poderá o juiz atribuir o ônus da prova de modo diverso, desde que o faça por decisão fundamentada, caso em que deverá dar à parte a oportunidade de se desincumbir do ônus que lhe foi atribuído, parece-nos claro que aí não há faculdade para o juiz, mas um dever.

Primeiro porque se a lei prevê a hipótese deve atender ao que foi determinado pelo legislador, *segundo* porque se as peculiaridades da causa impõem o ônus dinâmico, não lhe é possível fugir do que determina o devido processo legal (arts. 1º e 7º do CPC e art.5º, caput da CF/88), e *terceiro*, no mínimo, pela economia processual aí incluindo a duração razoável do processo.

Embora estes 3 requisitos sejam autônomos, ou seja, qualquer um deles em separado é suficiente para impor o ônus dinâmico da prova, afirma-se, categoricamente, que quando estamos diante de uma lide ambiental (tutela do equilíbrio ecológico), os 3 fundamentos para a imposição do ônus dinâmico da prova estão presentes: legal, isonomia e economia.

Importante lembrar o que já foi fito no item 3.1 deste capítulo que a criação de presunções legais em favor da coletividade que teve o meio ambiente lesado não é a mesma coisa que inversão do ônus da prova, embora as hipóteses estejam misturadas no artigo 373, §1º. Na ficção jurídica ou na presunção legal, o legislador, por exemplo, reputa como existente o nexo de causalidade se provado o dano e o tipo de atividade e, nesse caso, caberá, ao lesante, a prova da não ocorrência do nexo de causalidade.

Situação diversa ocorre na técnica de inversão, onde, por razões relacionadas à complexidade da causa ou maior facilidade da produção da prova pelo réu o juiz adota a carga dinâmica da prova e inverte o ônus do caput, I e II do art. 373 do CPC. Na presunção legal estabelecida em favor da coletividade nas ações ambientais, não há propriamente inversão do ônus da prova, mas sim ônus à contraprova do poluidor, tendo em vista que a coletividade se desincumbiu do ônus que lhe pertenceria (art. 374, IV).

O segundo fundamento do § 1º do art. 373 justificador da técnica de inversão do ônus da prova é a existência de *peculiaridades da causa relacionadas à impossibilidade ou à excessiva dificuldade de cumprir o encargo nos termos do caput ou à maior facilidade de obtenção da prova do fato contrário.*

Trazendo o tipo descrito no dispositivo para uma situação em concreto, pergunta-se: é mais fácil para a sociedade provar que o dano ao rio que banha a cidade é oriundo de rejeitos da atividade de uma empresa que está instalada nas suas proximidades ou é mais simples para a empresa demonstrar que aqueles rejeitos não foram lançados por ela? Para qual dos dois sujeitos é mais fácil provar se existe ou não existe o liame entre a causa e o efeito? Qual será o entendimento do juiz diante dessa situação?

> "(...) 2. A Corte de origem inverteu o ônus da prova especificamente quanto à demonstração dos impactos dos rejeitos no solo do imóvel (fls. 505), por entender que a SAMARCO S.A. teria melhores condições técnicas de produzi-la, já que possui maior conhecimento sobre a composição da lama que teria invadido a propriedade rural (fls.504). Foi afastada, ademais, a configuração de prova diabólica, tendo em vista que a própria agravante indica a possibilidade de prova dos fatos controvertidos por intermédio de perícia técnica (fls. 505)". (AgInt no AREsp 1636545/MG, Rel. Ministro NAPOLEÃO NUNES MAIA FILHO, PRIMEIRA TURMA, julgado em 01/06/2020, DJe 04/06/2020).

A pergunta acima pode ser facilmente respondida dizendo-se que a prova do liame causal é mais difícil para aquele que sofreu o dano, que, no mínimo, está sobrecarregado, tendo em vista que já possui o ônus de provar que sofreu um dano, que teve prejuízo, que sofreu uma lesão etc.

O liame dessa lesão com a causa é onde se concentra a dificuldade, e considerando a instabilidade, a perenidade, a essencialidade, a complexidade, a infungibilidade que são traços marcantes e inerentes do equilíbrio ecológico, fruto que é da combinação química, física e biológica dos componentes ambientais bióticos e abióticos, é evidente que a demonstração (des) *equilíbrio ecológico* é altíssima complexidade e também por isso deve incidir a regra da inversão do ônus probatório pela carga dinâmica da prova do art. 373, § 1º.

Ora é fora de dúvidas que "demandas ambientais, tendo em vista respeitarem bem público de titularidade difusa, cujo direito ao meio ambiente ecologicamente equilibrado é de natureza indisponível, com incidência de responsabilidade civil integral objetiva, implicam uma atuação jurisdicional de extrema complexidade". É inconteste que "em face da complexidade probatória que envolve demanda ambiental, como é o caso, e diante da hipossuficiência técnica e financeira do autor, entendeu pela inversão do ônus da prova".[67]

Com o novo CPC, não será mais necessário, embora não seja dispensável até pela densa jurisprudência que já se firmou – tratar a questão da prova do nexo de causalidade nas ações de responsabilidade civil ambiental com a aplicação subsidiária do art. 6.º, VIII, do CDC c/c art. 117 do mesmo diploma[68].

> Recorde-se que quando se trata de incerteza científica da atividade supostamente poluidora, é o princípio da precaução ambiental que determina que cabe ao suposto poluidor a prova de que não há risco de poluição.

---

67. AgRg no REsp 1412664/SP, Rel. Ministro RAUL ARAÚJO, QUARTA TURMA, julgado em 11/02/2014, DJe 11/03/2014.

68. Muito embora o art. 6.º, VIII do CDC, não esteja no Título III, é fora de dúvida que todos os dispositivos ali presentes contêm regras de direito processual civil, e que o art. 117 (art. 21 da LACP) manda aplicar a qualquer direito difuso (tutela do meio ambiente) tais dispositivos, deixando nítida a intenção de que fosse criado um plexo jurídico de normas processuais civis coletivas para ser imediatamente aplicado aos direitos coletivos lato sensu. Ora, sendo o art. 6.º, VIII, uma norma de direito processual civil, é ilógico que não se entenda como contida essa regra de inversão do ônus da prova na determinação do art. 21 da LACP. Destarte, o fato de se encontrar o dispositivo fora do rol do Título III, embora ontologicamente seja também uma regra de direito processual, não afasta a premissa de que o art. 6.º, VIII, do CDC é regra principiológica do diploma que se projeta em todo o Código, inclusive sobre o referido Título que cuida do direito processual civil.

CAPÍTULO 10 • ASPECTOS DA PROVA NA AÇÃO CIVIL PÚBLICA AMBIENTAL **379**

Com isso queremos dizer que é regra de direito material, vinculada ao princípio da precaução, a que determina que, em toda ação de responsabilidade civil ambiental onde a existência do dano esteja vinculada a uma incerteza científica (hipossuficiência científica), o ônus de provar que os danos advindos ao meio ambiente não são do suposto poluidor a este cabe, de modo que a dúvida é sempre em prol do meio ambiente. Não se trata de técnica processual de inversão, mas de regra principiológica do próprio direito ambiental, e como tal já é conhecida pelo suposto poluidor desde que assumiu o risco da atividade.

3.5   Ação probatória autônoma e proteção do meio ambiente

O procedimento probatório é formado por fases distintas e conhecidas: a *proposição* da prova, sua *admissão* e a *produção da prova*. Todas estas etapas devem ser desenvolvidas com respeito ao contraditório, cooperação e boa-fé, já que o direito a prova é um direito fundamental processual.

Mas, além desse *processo de produção da prova* do qual participam juiz e partes e durante o qual há o *processo de formação do convencimento pelo juiz,* há ainda o processo de *reconstrução* do raciocínio lógico da formação do convencimento que se dá na fundamentação da decisão judicial sujeito ao controle pelas partes.

> "O direito fundamental à prova tem conteúdo complexo. Ele compõe-se das seguintes situações jurídicas: (a) o direito de produzir provas; (b) o direito de participar da produção da prova; (c) o direito de manifestar-se sobre a prova produzida; (d) o direito ao exame, pelo órgão julgador, da prova produzida".[69]

Admite o legislador algumas situações excepcionais em relação ao momento de *produção* da prova, tal como fez no artigo 349 onde assevera que ao réu revel será lícita a produção de provas, contrapostas às alegações do autor, desde que se faça representar nos autos a tempo de praticar os atos processuais indispensáveis a essa produção. Também prevê a possibilidade de ser designada a audiência de justificação prévia para prova de determinados fatos como acontece na tutela de urgência (art. 300, §2º), nas ações possessórias (art. 562).

Entretanto, há ainda no CPC uma seção destinada a *produção antecipada de provas* no artigo 381 e ss. que agrega duas situações bem distintas:

(1) uma relacionada com efetiva produção (e valoração pelo juiz) de uma prova que esteja sob o risco de dissipação, que tanto pode ser requerida como medida cautelar incidental no processo em curso ou requerida de forma antecedente nos termos do artigo 300 e 305 do CPC, atendidos os requisitos do artigo 381 e ss.;

(2) outra relacionada com a pretensão autônoma à obtenção de elementos de prova, sem risco de dissipação, que poderão ou não servir de base à propositura de uma futura demanda, ou seja, refere-se apenas à coleta de matéria probatório sobre determinados fatos de forma que ao final do procedimento servirá para formar

---

69.   BRAGA, Paula Sarno. DIDIER, Fredie. "Ações probatórias autônomas: produção antecipada de prova e justificação". In: Revista de Processo, v. 218, São Paulo: Ed. RT, 2013, p. 13-45.

uma convicção acerca propositura de uma ação autônoma ou quiçá permitir uma autocomposição.

Nesta segunda hipótese não se pretende produzir a prova para imediato *convencimento do juiz*, senão porque o que a parte pode pretender ao propô-la é formar, ela mesmo, o convencimento sobre os fatos e aí sim decidir se propõe ou não uma demanda.

Nestes termos, determina o artigo 381 que será cabível a produção antecipada de prova quando:

(a) I – haja fundado receio de que venha a tornar-se impossível ou muito difícil a verificação de certos fatos na pendência da ação, o que pode ser feito mediante requerimento cautelar antecedente ou incidental seguindo o artigo 305 do CPC. Nestas hipóteses poderão ser antecipadas a produção de prova oral e a pericial;

(b) II – a prova a ser produzida seja suscetível de viabilizar a autocomposição ou outro meio adequado de solução de conflito;

(c) III – o prévio conhecimento dos fatos possa justificar ou evitar o ajuizamento de ação.

Os dois últimos casos descritos nos incisos acima não são necessariamente regidos pela urgência e se justificam pela propositura de uma ação autônoma não contenciosa e que não sirva a priori para o convencimento do juiz, senão porque se presta à coleta de fatos e provas que não necessariamente já tenham vínculo com alguma demanda em curso ou a ser proposta.

Enfim, permite que através da cognição destes fatos e provas que a parte possa fazer um juízo de valor e tomar decisões obre como deve agir em relação a possibilidade ou não de ajuizar uma ação, ou ainda, quem sabe, de fazer uma composição. Observe que nestas hipóteses o juiz não valora[70], apenas coleta a prova produzida. Para estas hipóteses são cabíveis as ações de justificação, igualmente não contenciosas, quando se pretender justificar a existência de algum fato ou relação jurídica para simples documento, que exporá, em petição circunstanciada, a sua intenção.

No direito ambiental esta modalidade de técnica processual prevista nos incisos II e III do art. 371 pode ser bastante interessante quando o legitimado coletivo à propositura da demanda não possua elementos de convicção e não tenha a sua disposição, por exemplo, um instrumento como o inquérito civil.

Ao propor a ação probatória autônoma, além de obter informações sobre os fatos e fazer um juízo prévio sobre as chances de vitória numa ação que ainda poderia ser proposta, acaba sendo também uma oportunidade para permitir uma solução consensual com a parte adversária.

---

70. "(...) Sua valoração judicial dar-se-á, se for o caso, na fundamentação da decisão que examinar o direito que se funda nos fatos cuja prova se pretender produzir na ação probatória autônoma. Ou seja, ela somente será valorada pelo juiz se: (a) a parte vier a promover outra ação, em que afirma outro direito, cujo suporte fático será provado com a prova produzida antecipadamente; (b) o juiz julgar a demanda, já em curso, que se funda em direito cujo suporte fático será provado com a prova produzida antecipadamente". BRAGA, Paula Sarno. DIDIER, Fredie. "Ações probatórias autônomas: produção antecipada de prova e justificação". In: Revista de Processo, v. 218, São Paulo: Ed. RT, 2013, p. 13-45; no mesmo sentido ver ARSHELL, Flávio Luiz. Antecipação da prova sem o requisito da urgência e direito autônomo à prova. São Paulo: Malheiros, 2009.

Capítulo 11
COISA JULGADA NA LEI DE AÇÃO CIVIL PÚBLICA

1. O GOLPE DESFERIDO NO ART. 16

Não há como compreender o fenômeno da coisa julgada nas demandas coletivas sem que se tenha prévio conhecimento de dois aspectos que julgamos essenciais a qualquer discussão acerca do assunto.

Só mesmo conhecendo os verdadeiros motivos que impulsionaram a transformação (desfiguração) legislativa dos arts. 1º, 2º e especialmente do art. 16 da lei de ação civil pública é que se poderá entender como funciona a sistemática da coisa julgada nas demandas coletivas, especialmente quando se estiver diante da proteção dos direitos essencialmente coletivos.

É desnecessário mencionar a superlativa importância política da coisa julgada, principalmente quando tal instituto se presta à atuação sobre demandas que tutelam direitos supraindividuais. É que num país como o Brasil, com baixo nível educacional, instável politicamente, vergonhosamente desigual no campo socioeconômico e cultural, é natural que o Poder Judiciário seja responsável por absorver as mazelas da sociedade, especialmente quando tais agruras são precipuamente causadas pelo que o Estado nada faz ou deixa de fazer tudo que deveria para a coletividade.

Considerando ainda que a demanda coletiva possui uma dimensão social estupenda, com fortíssimos condutores (representantes adequados) do conflito em juízo (Ministério Público, sindicatos e associações de classe), é certo que o alcance erga omnes ou ultra partes da autoridade da coisa julgada nas lides supraindividuais representa uma arma de grosso calibre, à altura das lesões e ameaças a direitos de repercussão coletiva, que deve ser apontada e às vezes disparada contra os sujeitos responsáveis pelos abusos políticos, desvios de finalidade das políticas públicas, não execução das políticas públicas, exploração indevida do consumidor nas injustas e desiguais relações de consumo, uso predatório do meio ambiente etc.

Dessa forma, a demanda coletiva, anabolizada pela respectiva coisa julgada daí resultante, funcionaria como um instituto imobilizante de uma norma jurídica concreta, cujos limites subjetivos teriam a mesma dimensão e alcance do direito supraindividual tutelado.

Em outros termos, o Poder Judiciário faria, em sentido carneluttiano, "lei entre as partes" no atacado e não mais no varejo, tal como ocorria tradicionalmente nos conflitos individuais de "Tício versus Caio". Se outrora essa "lei entre as partes", marcada com o selo da definitividade, não era motivo de preocupação daqueles que detêm o poder, já que a tutela atomizada apenas fazia meros arranhões ao status quo, então com a prestação de uma tutela molecular, o ferimento causado seria letal, não só porque se iguala a uma insurreição jurídico-coletiva ao poder, mas também porque a aglutinação da sociedade faz nascer uma consciência de que a união faz a força e de que é possível lutar contra os mantenedores do poder.

A tutela coletiva, de direitos igualmente coletivos em sentido lato, tem um poder aglutinador e formador de uma consciência que antes (e sempre) desejou-se que ficasse dispersa. Como o Brasil, historicamente falando, não é propriamente um exemplo de revoluções sociais, as demandas coletivas mostram-se como um importante vetor de formação dessa coesão e consciência social. Nesse passo, e não obstante os excessos aqui e ali, muito se deve aos ao parquet. Trata-se do papel educador e conscientizador das demandas coletivas.

> Diante disso, é certo que o poder máximo do País, responsável direto ou indireto, por ação e omissão, pelas mazelas da sociedade, encontrou um grave problema para resolver: como parar ou diminuir a força das demandas coletivas que são mais perigosas que o poder do voto (num País de analfabetos)? O que fazer para evitar que as demandas coletivas sejam arma letal contra o status quo? O que fazer para cercear a força das demandas coletivas sem que isso represente uma ofensa ao princípio da tripartição dos poderes e à independência do Judiciário?

Depois de uma experiência assustadora ao longo dos 10 anos de funcionamento das demandas coletivas (1985-1995), o Poder Executivo não suportou a pressão que abalou (e continuaria abalando) os alicerces do seu poder. Como fazer para realizar privatizações sem ser atrapalhado pelas demandas coletivas? Como impedir as vultuosas indenizações previdenciárias? Como lidar com o controle judicial coletivo da tributação ilícita? O jeito era um só: enfraquecer as demandas coletivas! E aí surgiria outra indagação: como fazer isso?

A resposta à indagação do parágrafo anterior veio por intermédio de medidas provisórias, ou seja, o jeito mais fácil para se conseguir mexer nas leis processuais que regulam o processo coletivo. Conquanto tenham uma função nobre, as medidas provisórias passaram a ser utilizadas de modo podre, sorrateiro e pulha, fazendo com que toda a sociedade, a cada final de mês (quando se editava ou reeditava uma MP), se visse refém das imposições do Poder Executivo, que legislava para si mesmo.

O primeiro golpe desferido sobreveio com a MP n. 1.570-4, de 22.7.97, que alterava o art. 16, informando que o efeito erga omnes da coisa julgada ficaria restrito aos *lindes da competência territorial* do órgão prolator da decisão por ela acobertada. Esse golpe veio matreiramente escondido no meio de uma medida provisória que não havia sido originariamente editada para esse fim!

Por medida provisória mexeu-se em matéria processual, e mais ainda, fazendo o que é materialmente impossível: tentou-se cindir o objeto de tutela coletiva, que é naturalmente indivisível.

Depois de um estado de perplexidade, natural se considerarmos o absurdo da MP, a doutrina reagiu num contragolpe severo, com diversos argumentos para aniquilar a

CAPÍTULO 11 • COISA JULGADA NA LEI DE AÇÃO CIVIL PÚBLICA **383**

intenção do pretenso legislador, e inclusive o argumento de ordem formal, de que nenhuma medida provisória poderia dispor de matéria processual em sentido estrito (art. 22, I, da CF/88). Entretanto, nada disso arrefeceu o ânimo do oponente, que transformou em lei o conteúdo da MP. Era a Lei n. 9.494, cujo art. 2º dizia o seguinte:

> "Art. 2º O art. 16 da Lei n. 7.347, de 24 de julho de 1985, passa a vigorar com a seguinte redação:
>
> 'Art. 16. A sentença civil fará coisa julgada erga omnes, nos limites da competência territorial do órgão prolator, exceto se o pedido for julgado improcedente por insuficiência de provas, hipótese em que qualquer legitimado poderá intentar outra ação com idêntico fundamento, valendo-se de nova prova.'"

O alvo a ser atingido era, portanto, a *coisa julgada na ação civil pública* da Lei n. 7.347/85, destinada precipuamente à tutela dos direitos difusos e coletivos.

Contudo, o "pretenso legislador", então amparado pelo Congresso Nacional, que converteu em lei tal absurdo, continuou a editar MPs que criavam, sob o rótulo de *"prerrogativas da Fazenda Pública"*, um sem número de privilégios destinados ao Estado como litigante em flagrante ofensa à igualdade e moralidade dos atos públicos.

A nova investida contra a lei de ação civil pública foi por intermédio da MP n. 1.978-1, que no seu art. 4º fazia incluir outros dispositivos no art. 2º da LACP. Depois dessa medida, 34 reedições foram feitas, com alteração de sua numeração para 1906; 1985; 2.102 e 2.180 que, em virtude da Emenda Constitucional n. 32, parou na edição n. 35. Assim, a "última" versão da medida provisória que alterava a Lei n. 9.494/97, que por sua vez alterava o art. 2º da lei de ação civil pública, diz o seguinte:

> "Art. 2º A. A sentença civil prolatada em ação de caráter coletivo proposta por entidade associativa, na defesa dos interesses e direitos dos seus associados, abrangerá apenas os substituídos que tenham, na data da propositura da ação, domicílio no âmbito da competência territorial do órgão prolator.
>
> Parágrafo único. Nas ações coletivas propostas contra a União, os Estados, o Distrito Federal, os Municípios e suas autarquias e fundações, a petição inicial deverá obrigatoriamente estar instruída com a ata da assembleia da entidade associativa que a autorizou, acompanhada da relação nominal dos seus associados e indicação dos respectivos endereços. (NR)"

Por fim numa das edições da mencionada medida provisória (originariamente voltada para regular as funções da Advocacia Geral da União), o pretenso legislador alterou o art. 1º e o art. 2º (já alterado por via da Lei n. 9.494/97).

Além de acrescentar novos incisos ao art. 1º e um parágrafo único ao art. 2º (já comentado quando falamos sobre a competência), também acrescentou um parágrafo único ao art. 1º, que pretendeu, explicitamente, e sem o menor pudor, levar à lona a ação civil pública, ao proibir a sua utilização nos casos em que mais era utilizado o referido remédio. Mais um exemplo de que se legisla para se proteger. Com efeito:

> "Art. 6º Os arts. 1º e 2º da Lei n. 7.347, de 24 de julho de 1985, passam a vigorar com as seguintes alterações:
>
> 'Art. 1º(...)
>
> V – por infração da ordem econômica e da economia popular;
>
> VI – à ordem urbanística.
>
> Parágrafo único. Não será cabível ação civil pública para veicular pretensões que envolvam tributos, contribuições previdenciárias, o Fundo de Garantia do Tempo de Serviço – FGTS ou outros fundos de natureza institucional cujos beneficiários podem ser individualmente determinados.' (NR)

'Art.2°(...)

Parágrafo único. A propositura da ação prevenirá a jurisdição do juízo para todas as ações posteriormente intentadas que possuam a mesma causa de pedir ou o mesmo objeto.' (NR)"

Depois desse novo golpe contra a ação civil pública, nota-se que o legislador, resumidamente, mexeu nos seguintes institutos:

a) coisa julgada nas demandas difusas e coletivas;

b) restrição do objeto da ação civil pública;

c) alteração das regras de competência (prevenção e conexão).

Uma observação importantíssima que deve ser feita é a de que em nenhum momento foram alterados dispositivos do Título III do CDC, de forma que o procedimento que regula o processo relativo às demandas coletivas para a defesa de direitos individuais homogêneos continuou intacto.

2. OS DISPOSITIVOS REGENTES DA COISA JULGADA NA LEI DE AÇÃO CIVIL PÚBLICA

Lembrando que as demandas coletivas atuam para fazer valer os direitos difusos, coletivos e individuais homogêneos, é certo que o procedimento relativo aos direitos individuais homogêneos não sofreram nenhuma alteração, já que o alvo de ataque das medidas provisórias sempre foi a lei de ação civil pública, que desde a sua origem é voltada precipuamente para a tutela dos direitos difusos e coletivos.[1] Então, se houve alguma transformação, ela se deu no campo exclusivo dos direitos essencialmente coletivos.

Com indisfarçável inspiração na lei de ação popular (art. 18), a redação original do art. 16 da LACP era a seguinte:

"Art. 16. A sentença civil fará coisa julgada erga omnes, exceto se a ação for julgada improcedente por insuficiência de provas, hipótese em que qualquer legitimado poderá intentar outra ação com idêntico fundamento, valendo-se de nova prova."

Com o surgimento da Lei n. 8.078/90 e consequentemente da regra insculpida no seu art. 117, que criava uma simbiose entre os referidos diplomas, chegou-se a sustentar que o art. 103, I e II, nada mais era do que o próprio art. 16 da LACP, que passava então a estar mais bem sistematizado no diploma de 1990.[2]

A preocupação em saber se o art. 103 do CDC teria revogado o art. 16 da LACP[3] era meramente acadêmica, até que surgiu nesse universo a Medida Provisória n. 1.570-4, de 22 de julho de 1997.

É que tal medida alterava o art. 16 da LACP, e, nesse passo, ou o teria repristinado, revogando o art. 103, I e II, ou então teria apenas alterado um dispositivo que estava

---

1. Ada Pellegrini Grinover. "A aparente restrição da coisa julgada na ação civil pública: ineficácia da modificação do art. 16 pela Lei no 9.494/97", in: FIGUEIREDO, Guilherme Jose Purvin de (Coord.). Temas de direito ambiental e urbanístico. São Paulo: Max Limonad, 2000, p. 11.

2. Na verdade, não houve revogação do art. 16 da lei de ação civil pública pelo art. 103 do CDC, pois o§ 3º deste último faz menção expressa ao próprio art. 16 retrocitado, demonstrando ser ilógico o raciocínio que nega a vida do art. 16 da LACP.

3. O mesmo fenômeno teria ocorrido com o art. 84 do CDC e com o art. 12 da LACP.

CAPÍTULO 11 • COISA JULGADA NA LEI DE AÇÃO CIVIL PÚBLICA

em vigor. Pouco importava isso, já que, na verdade, a situação concreta era a de que o art. 16 da LACP estava vivo, seja porque havia sido ressuscitado com novo texto, seja porque o texto vigente havia sido alterado.

Assim, a modificação introduzida na Lei n. 7.347/85 fez com que o art. 16 passasse a ter a seguinte redação:

> "Art. 16. A sentença civil fará coisa julgada erga omnes, nos limites da competência territorial do órgão prolator, exceto se o pedido for julgado improcedente por insuficiência de provas, hipótese em que qualquer legitimado poderá intentar outra ação com idêntico fundamento, valendo-se de nova prova." (grifo nosso)

Assim, diante do que foi exposto, verifica-se que a coisa julgada lei de ação civil pública encontra-se sistematizada da seguinte forma:

> a) a tutela dos direitos individuais homogêneos continua intacta, devendo-se utilizar as regras do Título III do CDC, em especial os arts. 103 e 104;
>
> b) quando se tratar de direitos difusos e coletivos, aplica-se a regra do art. 16 da LACP.

3. PROTEÇÃO DA AUTORIDADE DA COISA JULGADA

A autoridade da coisa julgada material[4] resulta de um critério político, que já era adotado desde o direito romano. Para que se evitem as *"perturbações irremediáveis e seja possível a segurança para o cidadão"*[5], é um mister que se confira às decisões definitivas do Poder Judiciário a estabilização necessária à segurança dos conflitos pacificados, que foram fruto de sua atividade substitutiva.

Como bem disse Liebman, o *"instituto da coisa julgada pertence ao direito público e mais precisamente ao direito constitucional"*[6], motivo pelo qual o próprio texto constitucional brasileiro de 1988 asseverou, no art. 5º, XXXVI, com natureza de cláusula pétrea, que *"a lei não prejudicará o direito adquirido, o ato jurídico perfeito e a coisa julgada"*.

---

4. A respeito ver LIEBMAN, Enrico Tullio. Eficácia e autoridade da sentença. 2. ed. Traduzido por Alfredo Buzaid e Benvindo Aires. Rio de Janeiro: Forense, 1981; LEONEL, Ricardo de Barros. Manual de Processo Coletivo. 3. ed. São Paulo: Ed. RT, 2012. LENZA, Pedro. Teoria geral da ação civil pública, 2. ed., São Paulo: Ed. RT, 2003; MENDES, Aluísio Gonçalves de Castro. Ações coletivas no direito comparado e nacional, São Paulo: Ed. RT, 2002; ARAÚJO, Luiz Paulo da Silva. Ações Coletivas: a tutela jurisdicional dos direitos individuais homogêneos. Rio de Janeiro. Ed. Forense, 2000; DINAMARCO, Cândido Rangel. Relativizar a coisa julgada material. In: NASCIMENTO, Carlos Valder (Coord.). Coisa julgada inconstitucional. Rio de Janeiro: América Jurídica, 2002; LEITE, Clarisse Frechiani Lara. Prejudicialidade no processo civil. São Paulo: Saraiva, 2008; DIDIER JR., Fredie. Pressupostos processuais e condições da ação: o juízo de admissibilidade da demanda. São Paulo: Saraiva, 2005; CABRAL, Antonio do Passo. Coisa Julgada e Preclusões Dinâmicas. 2. ed. Salvador: JusPodivm, 2014; MANCUSO, Rodolfo Camargo. Coisa julgada, "Collateral Estoppel" e Eficácia Preclusiva "Secundum eventum litis". Revista dos Tribunais, Ano 75, n. 608, Jun/1986; VIGLIAR, José Marcelo Menezes. Ação civil pública, São Paulo: Atlas, 1999; MAZZILLI, Hugo Nigro. A defesa dos interesses difusos em juízo: meio ambiente, consumidor, patrimônio cultural, patrimônio público e outros, 19. Ed. São Paulo: Saraiva, 2006; GIDI, Antonio. Coisa julgada e litispendência em ações coletivas. São Paulo: Saraiva, 1995; SIQUEIRA, Thiago Ferreira. Limites objetivos da coisa julgada: objeto do processo e questões prejudiciais. Salvador: JusPodivm, 2020; CARRILHO, Bruno Lopes V. Limites Objetivos e Eficácia Preclusiva da Coisa julgada. São Paulo: Saraiva, 2012; MENCHINI, Sergio. I limiti oggetivi del giudicato civile. Milano: Giuffrè Editore, 1987; SILVA, Ovídio A. Baptista da. Sentença e Coisa Julgada: Ensaios e Pareceres. 4 ed. rev. e ampliada. Rio de Janeiro: Forense, 2003; SOUSA, Miguel Teixeira de. O objeto da sentença e o caso julgado material (estudo sobre a funcionalidade processual). Revista Forense, Ano 81, n. 292, Out-Nov/1985; TALAMINI, Eduardo. Coisa Julgada e sua Revisão. São Paulo: Ed. RT, 2005; PISANI, Andrea Proto. Verso la residualità del processo a cognizione piena? Revista de Processo, Ano 31, n. 131, jan/2006; OLIVEIRA, Marco Antônio Perez de. Coisa Julgada sobre a sentença genérica coletiva. São Paulo: Saraiva, 2015; NEVES, Celso. Coisa Julgada Civil. Rio de Janeiro: Ed. RT, 1971; BARBOSA MOREIRA, José Carlos. "Ainda e sempre a coisa julgada". Direito Processual Civil – ensaios e pareceres. Rio de Janeiro: Borsoi, 1971; MENCHINI, Sergio. I limiti oggetivi del giudicato civile. Milano: Giuffrè Editore, 1987.

5. Paula Baptista, op. cit., p. 261.

6. LIEBMAN, Enrico Tullio. Op. cit., p. 55.

Por intermédio desse preceito, fica extremamente clara a opção política do legislador de que, "*com a sentença definitiva não mais sujeita a reexames recursais, a res in iudicium deducta se transforme em res iudicata, e a vontade concreta da lei, afirmada no julgado, dá ao imperativo jurídico, ali contido, a força e autoridade de lex especialis entre os sujeitos da lide que a decisão compôs*".[7]

Nada obstante estar clarividente a opção política de se dotar a coisa julgada com a imutabilidade necessária para a segurança e estabilidade social, foi preciso ainda que se criassem mecanismos para proteger a autoridade da coisa julgada contra as situações em que se pretenda rediscutir a lide que ela tornou imutável.

Um desses mecanismos está previsto no art. 337, VII do CPC, denominado objeção de coisa julgada. Curioso notar que diante desta objeção será o segundo juízo que irá contrastar a lide julgada e a lide posta sob sua análise para, após o devido cotejo dos elementos da demanda, dizer que há à coisa julgada formada sobre o conflito que está sob sua análise.

Pelo fato de ser norma de ordem pública (art. 337, VII, §5º), permite que o juiz dela conheça ex officio, não impedindo que seja alegada em qualquer tempo ou grau de jurisdição.

Uma vez acolhida a objeção de coisa julgada[8], a consequência será a extinção do processo sem julgamento de mérito, com incidência, ainda, da norma do art. 485, V do CPC, porque se trata de defesa processual direta e peremptória.

Entretanto, a preocupação do legislador com a proteção da imutabilidade da coisa julgada não parou por aí, já que permitiu, por intermédio da ação rescisória (art. 966, IV, do CPC), a cassação da coisa julgada que tenha sido formada em ferimento de outra coisa julgada anterior relativa à mesma lide.

4. REGIME JURÍDICO DA COISA JULGADA NA LEI DE AÇÃO CIVIL PÚBLICA

No momento em que uma decisão deixa de ser mutável e passa a ser imutável a ela pode ser atribuída uma situação jurídica de estabilidade dentro e fora do processo. Esta estabilidade resulta de uma autoridade que impede a rediscussão do que foi decidido dentro ou fora do processo.

Portanto, a coisa julgada é uma situação jurídica criada pelo legislador que pode ser aderida ao conteúdo do que foi decidido tão logo tenha terminado o processo. Assim, em seu caráter geral, pela segurança jurídica não se pode admitir que a coisa julgada opere sobre pessoas que não participaram do processo, ou, ainda, que recaia sobre aquilo que não foi objeto do processo[9].

---

7. MARQUES, José Frederico. Instituições de direito processual civil, v. IV, p. 319.
8. Mais uma vez o CPC não se utilizou da melhor técnica ao definir a coisa julgada no art. 335, § 4º. Nesse dispositivo, outra vez tomou-se o conceito de coisa julgada material como se fosse coisa julgada formal (Há coisa julgada quando se repete ação que já foi decidida por decisão transitada em julgado.). Outra falha grave foi sugerir, equivocadamente, que o momento de formação da coisa julgada ocorreria somente quando se propõe uma nova demanda. Como bem observou Ada Pellegrini Grinover, "quando se propõe a mesma ação, proíbe-se nova discussão, mas a coisa julgada forma-se anteriormente a este momento, que é meramente eventual" (op. cit., p. 8, nota de rodapé n. 5).
9. Por isso, a regra geral é a de que a coisa julgada não se submeta ou dependa do que ocorrer na lide. Assim, se alguém perdeu a demanda por insuficiência de provas, por não ter conseguido provar o alegado, isso não pode ser justificativa para que não se lhe aplique a incidência da coisa julgada.

Assim, com as devidas ressalvas em relação ao conceito e ao uso do termo *efeitos*, salienta Sergio Costa[10] que, *"por não ser secundum eventum litis, a coisa julgada torna imutáveis, tanto os efeitos da sentença que acolhe e reconhece a pretensão do autor, como os daquele que julga a ação improcedente. Os efeitos de uma e outra decisão, entre as partes, têm os mesmos caracteres de imutabilidade"*.

Como se vê, a regra da impossibilidade da coisa julgada secundum eventum litis passa pela análise da tutela jurisdicional sobre os litígios individuais e exclusivistas, em que autor e réu são perfeitamente identificáveis. Daí por que se falar em efeitos pró e contra da coisa julgada restritos apenas às partes. É que feriria o princípio da isonomia e paridade de armas entre os litigantes se apenas um deles tivesse à sua disposição a oponibilidade do efeito negativo da coisa julgada. Feriria a isonomia se circunstancias objetivas do processo permitissem que a coisa julgada recaísse sobre determinado sujeito e não sobre o outro.

Contudo, se num processo que envolve conflitos individuais é natural que se rejeite a coisa julgada sujeita a variações a depender dos acontecimentos da lide, por outro lado, tratando-se de direitos supraindividuais esta lógica não permanece de pé, já que não são os titulares do direito discutido em juízo que atuam como legitimados ativos. Neste caso pode o legislador, pontualmente, para atender aos critérios de segurança e proteção dos interesses supraindividuais definir situações em que a coisa julgada seja secundum eventum litis.

É que o fenômeno da coisa julgada só faz sentido enquanto mecanismo de segurança jurídica, paz social e ordem jurídica justa, se e quando o processo tenha sido igualmente justo. Dizer que o processo foi justo significa, entre tantas outras coisas, assumir que houve um real e legítimo contraditório, com partes que tenham tido as mesmas chances e armas durante o desenrolar do litígio, com um julgador isento etc. Sem isso, o processo não terá sido o instrumento de que o Estado se utiliza para dar justiça a quem a solicita e tenha direito de receber.

Diante disso, nada mais lógico que associar este legítimo contraditório e participação no procedimento a quem se intitule o próprio titular do direito que está sendo discutido, já que é ele mesmo se defendendo e buscando os seus direitos. Porém, quando estamos diante de direitos supraindividuais, em que a identificação do titular ultrapassa a esfera individual, egoística e exclusivista, tem-se um grave problema, que pode ser evidenciado na seguinte indagação: quem poderá ir em juízo para defender um direito que pertence a todos, considerando que "todos" é uma palavra que representa um número indeterminado de pessoas, ou indeterminável, ou, embora determinado e identificado, tecnicamente impossível de se reunir num mesmo processo, sob pena de negação da prestação da tutela jurisdicional?

Diante dessa situação, o legislador tinha três caminhos:

a) legitimar todos a ingressarem em juízo, admitindo o ingresso de todos os titulares do direito, mas correndo o risco de que essa aglutinação inviabilizasse a tutela do direito;

---

10. Cf. Manuale de diritto processuale civile, 1955, p. 217.

b) não permitir a tutela dos direitos, por reconhecer como impossível aplicar as regras da coisa julgada e da legitimidade do processo tradicional;

c) eleger certos entes da sociedade como sendo "porta voz" para conduzirem no processo os direitos supraindividuais.

A opção adotada pelo legislador brasileiro responsável pela tutela coletiva de direitos foi a terceira, com inspiração na class action prevista nas Federal Rules n. 23 americanas.

Esses legitimados (Ministério Público, Defensoria Pública, associações, sindicatos etc.) são entes, todos coletivos, portadores em juízo dos direitos de dimensão supraindividual. Nesse passo, coube ao poder legislativo deferir a "representatividade adequada à brasileira", em abstrato, não sobrando espaço, salvo raras exceções que admitem o controle positivo como vimos no capítulo 07, para o magistrado decidir se esta ou aquela pessoa arrolada na lei poderá ser condutora em juízo de determinado tipo de interesse supraindividual.

O fato é que o legislador pressupôs que os entes que preencherem os requisitos mencionados na lei têm condições de desenvolver justa, real e efetivamente a tutela dos direitos de dimensão supraindividual.

Diante disso se poderia pensar que, havendo representantes adequados, à semelhança do sistema norte-americano, a decisão coletiva vincularia não só o condutor do processo e a parte adversária, mas também os titulares do direito debatido em juízo, fosse ela procedente ou improcedente.

Entretanto, considerando certas peculiaridades do nosso País, como dimensão continental, pouca alfabetização, desconhecimento dos direitos, sistema de informação falho e incompleto, risco de conluio no processo advindo de uma representatividade adequada abstrata etc., nosso legislador optou por fazer com que a coisa julgada nas demandas coletivas tivesse uma certa "peculiaridade", que servisse para contrabalancear a opção da legitimidade abstratamente definida pelo legislador sem controle do magistrado, que a afasta do modelo americano que lhe serviu de inspiração. É a coisa julgada *secundum eventum litis*.

4.1. Coisa julgada na lei de ação civil pública

4.1.1   *O fenômeno da coisa julgada secundum eventum litis*

Como já foi exposto, a expressão *secundum eventum litis* não revela, tecnicamente falando, uma modalidade de coisa julgada, porque é utilizada para designar que em terminadas situações a autoridade da coisa julgada não se opera, mesmo tendo havido julgamento do pedido.

É que razões de ordem política fazem com que a lei entenda que não se deve estabilizar com a tal autoridade algumas situações peculiares envolvendo a natureza e a titularidade do direito tutelado, o julgamento pela insuficiência da prova, a limitação ao exercício da defesa, a sumariedade da cognição etc.

Assim, como se trata de regra excepcional, porque põe formalmente em desequilíbrio as partes litigantes, na medida em que apenas contra uma delas poderá ser oposta a objeção de coisa julgada, a coisa julgada secundum eventum litis é regra excepcional no nosso sistema, e como tal deve ser expressamente prevista.

Como foi dito alhures, é sobre a *autoridade* da coisa julgada material que recai a discussão acerca da relativização da coisa julgada. Se por razões políticas ligadas a segurança jurídica se estabiliza o que foi julgado, impedindo-se a sua eterna rediscussão, também é político o motivo pelo qual o legislador decide não atribuir tal estabilidade a alguns julgados.

> A rigor, por se tratar de fenômeno ligado a critérios políticos, nada impede que seja atribuída essa mesma estabilidade até mesmo às coisas julgadas formais. É o que se observa no art. 486, §3º, art. 304, §5º etc.

Obviamente, apenas razões muito fortes é que devem permitir que um julgamento definitivo, em tese apto a alcançar a coisa julgada material, possa não se estabilizar para fora do processo. Essa diversidade de tratamento deve ser compatível com um processo democrático.

Seja pela leitura do art. 16 da LACP ou do art. 103, I e II, do CDC, verifica-se que no caso das demandas essencialmente coletivas, onde o que se busca é a proteção de um direito difuso ou coletivo (art. 81, parágrafo único, I e II, do CDC), o legislador adotou a regra da coisa julgada *secundum eventum litis* todas as vezes que as ditas demandas forem julgadas improcedentes por insuficiência de provas (*secundum eventum probationes*).

Nesses casos, não haverá autoridade da coisa julgada, a exemplo do que ocorre no sistema da ação popular constitucional (art. 18 da Lei n. 4.717/65). Isto quer dizer que o próprio autor ou qualquer outro colegitimado poderá repropor a demanda valendo-se de nova prova.

> "Esta regra impede o conluio entre as partes que figuram no processo, que poderia prejudicar toda a coletividade atingida."[11]

Diante do que foi exposto, pode-se dizer que se improcedente a demanda essencialmente coletiva em razão da insuficiência de prova, então é possível a sua repropositura, até pelo mesmo legitimado, desde que para tanto valha-se de nova prova. Nesse caso, a expressão "valendo-se de nova prova" exige que desde a repropositura se faça menção a essa nova prova e se demonstre desde o início ser ela suficiente para obter a procedência da mesma demanda novamente postulada.

É claro que não se exige que a prova seja produzida junto com a inicial, numa inversão de momentos processuais, e menos ainda que essa prova deva ser documental e juntada ab initio, porque esse tipo de restrição não foi feito pelo legislador.

Contudo, não temos dúvida em afirmar que o legitimado coletivo deve expor as razões que o levam a considerar que a nova prova seja realmente nova e que, além disso, por si só ou no contexto com as provas antes produzidas, tem aptidão para obter a procedência do seu pedido.

---

11. Rosa Maria Andrade Nery et al. Direito processual ambiental brasileiro. Belo Horizonte: Del Rey, 1995.

Quanto ao aspecto de que a prova deve ser nova, entenda-se que a expressão "nova prova" refere-se tão somente ao fato de que se trata de prova não utilizada no processo anterior, independentemente de sua origem ser nova ou velha.

Também será irrelevante, justamente para dar rendimento à coisa julgada *secundum eventum probatione*s, qualquer alegação contrária com base em preclusão temporal pelo fato de não se ter utilizado da prova que estaria à disposição do legitimado à época em que a demanda foi julgada por insuficiência de provas.

> Como se trata de uma oportunidade excepcional, devem a parte beneficiada e o juiz da causa tratar a hipótese com o máximo de severidade, para evitar demandas inúteis, oriundas de um comportamento ímprobo. A repropositura da mesma demanda coletiva só é possível com base em nova prova. Pretender interpretação judicial diversa de uma mesma prova ou de um mesmo conjunto probatório não autoriza a utilização do instituto em tela. Se porventura o juiz admitiu a demanda, para evitar futura alegação de cerceamento de defesa, e depois verificou em instrução probatória que apenas era uma tentativa de ludibriar o Judiciário, deve ser aplicada, sem medo, a regra do art. 87, parágrafo único, do CDC acerca da litigância de má-fé.

É que quando o dispositivo refere-se à insuficiência de prova quer significar que o magistrado fez uso das regras de julgamento, julgando improcedente a demanda porque não ficou suficientemente convencido de quem teria a razão na demanda, ou, em outras palavras, as provas produzidas não foram suficientes para convencer o magistrado acerca de qual parte possuía razão na referida demanda.

Não se trata, portanto, de pouca ou muita prova produzida, mas simplesmente de prova insuficiente para o convencimento. É por isso que repetir a demanda com as mesmas provas, esperando uma reapreciação ou reavaliação, é terminantemente vedado pela lei.

5. LIMITES OBJETIVOS E SUBJETIVOS

Considerando que a autoridade da coisa julgada é um fenômeno caracterizado por uma situação jurídica de imutabilidade, imperatividade e indiscutibilidade da parte dispositiva da decisão de mérito, logo se vê que tal fenômeno tem caráter político, posto que espelha a opção de um sistema jurídico-político em preservar um bem muito importante ao Estado democrático de direito: a segurança jurídica. Na verdade, da segurança jurídica tem um olhar para o passado (estabilidade) e outro para o futuro (previsibilidade-calculabilidade). A coisa julgada é apenas uma das situações tipificadores deste fenômeno mais amplo que é a estabilidade das situações jurídicas.

Indiscutivelmente, portanto, a coisa julgada e a segurança jurídica são figuras que andam de mãos dadas. Por outro lado, a segurança jurídica que justifica a existência dessa situação jurídica pacificadora parte da premissa de que a decisão judicial tenha sido formulada num processo justo. É lógico que, quanto a processos simulados, fraudulentos, imorais, onde se tenha prescindido de alguns dos elementos basilares de um *devido processo*, será uma temeridade pretender imutabilizar o comando judicial.

Ao contrário do que se pensa, não é a coisa julgada que traz a paz social, mas a certeza íntima de um litigante de que foi vencido num processo onde teve todas as mesmas chances que o seu adversário, e que a decisão que foi prolatada, debatida, discutida, fundamentada e é coerente com o que foi produzido, e, que esteja comprometida com

CAPÍTULO 11 • COISA JULGADA NA LEI DE AÇÃO CIVIL PÚBLICA

391

os princípios de justiça. O selo da estabilidade vem apenas acomodar, ad eternum, o objeto do julgamento. Do contrário, pretender solidificar uma decisão que não tenha atendido aos requisitos de um processo justo é, simplesmente, manter ou incentivar uma guerra social.

É partindo dessa análise que devem ser feitas diversas considerações sobre diversos fenômenos relativos à coisa julgada, inclusive os seus limites. Delimitar o alcance objetivo do que fica imutabilizado significa descobrir "o quê" será acobertado pela coisa julgada. O alcance subjetivo consiste em saber "quem" será por ela atingido.

Os limites objetivos da coisa julgada, portanto, referem-se à parte da sentença que fica revestida pela autoridade da coisa julgada. Somente o objeto do processo, a pretensão veiculada e manifestada pelo pedido, que deve ser pacificada na parte dispositiva da sentença, é que será revestida pela autoridade da coisa julgada. Por isso o art. 502 e ss. do Código de Processo Civil brasileiro determina que os motivos, a verdade dos fatos estabelecida como fundamento da sentença e as questões prejudiciais ocorridas no processo não são por ela acobertadas.

Já os limites subjetivos da coisa julgada cuidam da verificação da extensão subjetiva da imutabilidade do efeito da decisão. O estudo desse tema não escapa da premissa inicial que é delimitada pelo simples raciocínio de que "*se toda ação pressupõe litígio entre autor e réu, e toda sentença não pode ir além da resolução do litígio, segue-se que a coisa julgada, em sua potência ou função negativa, só respectivamente ao autor e ao réu produz efeito*".[12]

Destarte, com fulcro no princípio do acesso à justiça e direito do contraditório e ampla defesa, seria injusto, e por que não dizer inconstitucional, se admitíssemos que a imutabilidade de um julgado se estendesse para quem não atuou como parte. Nesse ponto, merece ser dito que não estamos afirmando que terceiros não possam ser atingidos por uma decisão, até porque de fato existem diversas formas de intervenção de terceiros cujo ingresso pressupõe um interesse jurídico do terceiro na demanda da qual ele ainda não faz parte.

> Entretanto, existe uma enorme diferença entre ser atingido pela sentença e ser afetado pela coisa julgada. Como ato público e estatal, qualquer decisão judicial (inclusive a sentença) possui uma eficácia natural que obriga todos a reconhecê-la enquanto ato dessa natureza. Já a coisa julgada é uma qualidade que se adere ao comando da decisão dirigido às partes, e que, portanto, só se opera entre as partes. Todos são obrigados a reconhecer a eficácia natural da sentença, mas aqueles que não foram partes não podem ser por ela prejudicados, motivo pelo qual o injusto prejuízo sofrido pelo terceiro autoriza a sua intervenção e a reclamação de seus direitos.[13]

Nesse campo destinado aos limites da coisa julgada nas demandas coletivas poderia parecer que o legislador não teria feito grandes inovações, exceção feita aos limites subjetivos, que foi merecedor de boa parte do art. 103 do CDC.

Contudo, trata-se apenas de aparência, e muita coisa há para se falar, especialmente depois dos arremates feitos ao art. 16 da LACP, que tornou este dispositivo um dos pontos mais sensíveis da ação civil pública.

---

12. João Monteiro. Teoria do processo civil e comercial, v. 1. Imprenta: Rio de Janeiro, Borsoi, 1956, § 243.
13. Nesse sentido, ver Giuseppe Chiovenda, op. cit., v. I, p. 572, e Enrico Tullio Liebman. Eficácia e autoridade da sentença, p. 133 e ss.

5.1 Limites objetivos da coisa julgada nas demandas coletivas

À exceção da "coisa julgada in utilibus" (art. 103, § 3º, do CDC), que é criação do legislador da Lei n. 8.078/90, e mais recentemente, da aberrante coisa julgada demarcada pelos "limites da competência territorial" – tal como determina a recente redação do art. 16 da LACP que foi dada pelo art. 2º da Lei n. 9.494/97 –, a grande verdade é que os limites objetivos da coisa julgada nas demandas coletivas não foram primitivamente confeccionados para receber os principais holofotes da do seio jurídico, que, muito pelo contrário, focalizou a atenção para os limites subjetivos do julgado, o que pode ser visto nas justificativas dos projetos que deram origem à Lei de ação civil pública.

A pergunta feita anteriormente – sobre o quê recai a autoridade do julgado – deve ser respondida de forma sumária e reduzida, como já o era no sistema tradicional das lides individuais, com simples afirmação de que o selo da imutabilidade do julgado, nos moldes tradicionais dos arts. 507 e 508 do CPC, incidiria sobre o pedido deduzido em juízo.

Nesse passo, considerando que nos direitos difusos e coletivos o bem material tutelado possui uma natureza indivisível, que aliás é o que dá a tônica da natureza essencialmente coletiva dos interesses diretamente tutelados pela LACP, não se poderia sequer imaginar que o legislador processual, portanto, responsável pela elaboração da técnica instrumental de sua efetivação, tivesse a audácia ou o despropósito de tentar, por intermédio de mera conceituação, cindir a própria natureza incindível do objeto essencialmente coletivo que é, foi ou será tutelado.

Não obstante a provocação acadêmica sobre o assunto, destilada pelo notável Cássio Scarpinella Bueno, que com duas indagações pôs em turbulência todo o recente raciocínio já feito pelos operadores do direito acerca da fragmentação territorial da coisa julgada,[14] não pensamos que o legislador do direito material relativo ao tema em foco tenha, sempre, o poder de dizer que certo bem ou interesse é ou não difuso, como se algo fosse divisível ou indivisível pela sua própria vontade.

Vale aqui o clássico exemplo do meio ambiente, v.g., numa hipótese em que uma siderúrgica situe-se no limite entre dois Estados. Como impedir, cindir, ou repartir os benefícios da proteção do ar para toda a região (bem ambiental incindível) numa demanda em que o pedido imediato seja a recuperação ou a proteção do ar que esteja sendo poluído pela empresa?

Os recursos ambientais em conjunto formam o equilíbrio ecológico, bem naturalmente difuso, indivisível e não construído pelo homem. Mesmo que o homem dissesse

---

14. A expressão em destaque é do autor citado e as indagações são as que passo a reproduzir: "Um exemplo bem ilustra as dificuldades que repousam atrás dos pontos de interrogação dos últimos parágrafos: ação civil pública ajuizada para coibir a poluição de um dado rio é julgada procedente e, esgotado o segmento recursal, transita em julgado. É lícito ao réu desta ação (que foi obrigado, por exemplo, a não jogar detritos industriais naquele rio) confortavelmente mudar suas instalações para a comarca ou para a seção judiciária vizinha, em que o mesmo rio ainda corre, para desconsiderar a decisão anterior? Pode ele tomar esta atitude já que os efeitos e a coisa julgada da ação que o condenou àquele comportamento só valem em um determinado território? A divisibilidade e setorização do interesse e do direito difuso constante do art. 16 da lei de ação civil pública autorizaria este comportamento?" (Cássio Scarpinella Bueno. "As ações coletivas contra o Poder Público", in: QUEIROZ, Raphael Augusto Sofiati de. Acesso à justiça. Rio de Janeiro: Lumen Juris, 2001, p. 56)

ou quisesse repartir o bem, ou limitasse territorialmente o alcance de sua proteção, continuaria existindo o alcance erga omnes.

> A respeito do que se afirma, vale a transcrição da aguda observação de Calmon de Passos, que parece ter desenvolvido os ensinamentos do filósofo François Gény acerca do que é dado e do que é construído sob uma perspectiva humana. O que o autor afirma cabe aqui como uma luva. Segundo o referido jurista, "(...) o homem se relaciona com os objetos sob diferentes perspectivas. Alguns são os que por origem e função, sem que para isso se faça necessária a existência do homem e o operar do homem. São aqueles que subsistiriam sendo, caso o homem desaparecesse da Terra. A isto denominamos de natureza. Um animal, uma planta, uma montanha, um arroio, tudo isso é e permanece sendo, mesmo quando inexistisse o homem. Ele dá nome a estes entes e os percebe, empresta-lhes significação que lhes confere a existência. Sem o homem não haveria árvore, enquanto nome, significação, mas haveria a substância que o homem percebe e nomeia como árvore. Algo existiria, pouco importa que sem nome ou sem significação. Ao lado destes, há uma série de objetos que inexistiriam se inexistisse o homem. Operando sobre a natureza, ele cria objetos que, se mantendo natureza enquanto substância, têm a significação, o sentido e a função que o homem lhes empresta. Criados que sejam, entretanto, revestem-se de autonomia, o que lhes permite ser independentemente do homem, subsistindo como Natureza modificada. Denomino produtos estes objetos, resultados do trabalho do homem como força motriz, a árvore fornece a madeira que possibilita os móveis, o mesmo podendo ocorrer com os minerais e quanto se ofereça ao homem como matéria ou material".[15]

O que nos parece interessante na utilização de tais conceitos em relação ao tema da coisa julgada nas lides ambientais é que, quando o que está em jogo são bens ou valores do meio ambiente natural (equilíbrio ecológico), não adianta o homem pretender cindir ou dividir o que substancialmente é indivisível.

Assim, por mais que se diga que a coisa julgada fique adstrita aos limites da competência territorial do órgão prolator, a grande verdade é que para a natureza isso pouco importa: v.g., nenhum peixe vai deixar de cruzar os limites da competência territorial do órgão prolator por respeito à coisa julgada que permitiu ali do outro lado à empresa poluente se instalar; ou ainda, não é porque o homem quer que uma floresta de preservação permanente tenha função ecológica que ela terá; ainda, a despoluição realizada de modo adstrito aos limites da competência territorial não fica ali contida em respeito à coisa julgada, simplesmente por causa do inevitável caráter ubíquo do bem ambiental.

Por outro lado, não é errada a afirmação do prof. Cássio Scarpinella Bueno, quando diz que é possível antever no art. 16 uma tentativa infrutífera de redefinir, por via transversa, os conceitos do art. 81, parágrafo único, do CDC relativamente aos interesses difusos e coletivos.

Retornando à análise dos limites objetivos da coisa julgada, dois aspectos precisam ser refletidos e enfrentados: a) o limite territorial da coisa julgada (art. 16 da LACP); e b) a coisa julgada in utilibus. Passemos então a abordá-los mais de perto.

Quanto à limitação territorial da coisa julgada, pede-se ao leitor que não se esqueça do que foi dito no início deste tópico, relativamente à coisa julgada e sua importância

---

15. CALMON DE PASSOS, Joaquim J. Direito, poder, justiça e processo: julgando os que nos julgam. Rio de Janeiro: Forense, 2000, p. 21. Para um estudo mais completo sobre o dado e o construído na filosofia ver Miguel Reale. Lições preliminares de direito. São Paulo: Saraiva, 2002.

política nas demandas coletivas, especialmente quando dissemos que constitui importantíssimo vetor de manipulação no/do processo como instrumento "legalizador" de um poder ilegítimo.

É que o art. 16 deve ser entendido, na esteira do que prescreve Cássio Scarpinella Bueno[16], como um mecanismo político para bloquear a conscientização do acesso à justiça "que a cada dia ganhava terreno para questionar inclusive a atuação do Governo Federal, editou-se medida provisória (Medida Provisória n. 1.570/97) rapidamente convertida em lei (Lei n. 9.494/97) para minimizar, obstaculizar ou impedir concretamente a realização fática e concreta desta maior conscientização.

Com isso, arremata o autor,

> (...) o que parece ter importado e vir importando é que a coisa julgada (e o que é logicamente anterior à sua formação, os efeitos da decisão jurisdicional) das ações coletivas propostas contra o Poder Público fique restrita a determinados territórios jurisdicionais, coincidentes com o espaço das diversas comarcas (em se tratando dos Estados e dos Municípios) e seções judiciárias (em se tratando da União Federal). Mais: estas alterações foram feitas pelos réus destas ações e que têm competência exclusiva para legislar sobre a matéria, o que encarece as colocações desenvolvidas no fim do n. 2.1, supra".

Partindo dessa premissa é que se deve estudar tecnicamente a limitação territorial da coisa julgada. Porquanto possa ter havido a intenção de redefinir o conceito dos interesses difusos e coletivos, pensamos que esse intento não foi alcançado pelo legislador, pelas razões antes expostas de que os bens da natureza não são divisíveis ou indivisíveis por vontade humana, mas simplesmente porque o são. Assim, qualquer tentativa humana, especialmente do legislador processual, de tentar limitar nestas condições a estrutura do direito e interesse difuso é, além de ilegítima, impossível.

Se por um lado o art. 16 da LACP constitui um primor de um pensamento nefasto – de fazer inveja a Iago de Shakespeare ou a Dorian Gray de Oscar Wilde –, por outro é tecnicamente comparável às macaquices do exército de Brancaleone. Não há adjetivos técnicos suficientes para qualificar a péssima qualidade das modificações introduzidas no art. 16.

Inicialmente cumpre destacar que a nova redação dada ao dispositivo fez baralhamento entre limites do julgado e competência territorial, como já observara José Carlos Barbosa Moreira.[17] Também precisa ser dito que, para que fosse legítima a adoção do dispositivo, seria mister que tivesse havido limitação do próprio objeto da demanda, que, na verdade, é algo que ficou incólume pelo legislador.

É de se ressaltar que o acolhimento da teratologia técnica do dispositivo poderá levar a consequências irremediáveis e inexplicáveis, como, por exemplo, admitir que diante de um mesmo fato típico a sentença penal condenatória (art. 103, § 4º) não tenha a mesma limitação objetiva da sentença civil (art. 16), ou seja, seria melhor obter

---

16. BUENO, Cássio Scarpinella. "As ações coletivas contra o Poder Público", in: QUEIROZ, Raphael Augusto Sofiati de. Acesso à justiça. Rio de Janeiro: Lumen Juris, 2001, p. 57.

17. MOREIRA, José Carlos Barbosa. A expressão competência funcional no art. 2º da Lei da Ação Civil Pública. In: MILARÉ, Edis. (Coord.). A ação civil pública após 20 anos: efetividade e desafios. São Paulo: Ed. RT, 2005.

uma sentença penal com eficácia de título executivo cível do que propriamente uma sentença cível.[18][19]

Não menos esdrúxulo é o inusitado fato de que a nova redação do art. 16 (coisa julgada nos limites da competência territorial) criou uma novel relação entre *degrau jurisdicional* e *abrangência do julgado*, qual seja, fez com que o réu da ACP que saiu vencido em primeiro grau de jurisdição seja estimulado a não recorrer, para evitar que uma decisão substitutiva da sentença proferida no tribunal tenha uma abrangência maior e que, portanto, lhe seja mais prejudicial, caso seja confirmada a sentença; ou, ao contrário, que o vencedor da demanda sinta-se estimulado a apelar, e depois oferecer recurso especial mesmo sendo confirmada a sentença pelo acórdão, pois a cada degrau jurisdicional expandiria a autoridade da coisa julgada. Enfim, a cada degrau que se sobe em nível recursal ter-se-á um aumento dos limites subjetivos do julgado, já que aumentará o alcance territorial da competência do órgão prolator.[20]

Não obstante as críticas às imperfeições técnicas que tentam desnaturar a legalidade de uma norma natimorta sob o ponto de vista da legitimidade dentro do sistema processual coletivo, acreditamos que somos obrigados a encontrar uma solução jurídica que afaste o problema, com uma saída factível e legal, sem que seja preciso fulminar a própria norma posta, ao menos enquanto não seja reconhecida a sua inconstitucionalidade por ação ou exceção.

> Recentemente, em decisão publicada em 22.4.2020, o Supremo Tribunal Federal reconheceu a repercussão geral da matéria (coisa julgada nos limites da competência territorial do órgão prolator na lei de ação civil pública) e determinou a suspensão nacional de todos os processos sobre esse tema estando tombado no tema n. 1075.

Enfim, não adianta simplesmente dizer em trabalhos acadêmicos que a norma é inconstitucional e que causa as aberrações mencionadas nos dois parágrafos anteriores. Não basta dizer que a norma é ilegal, ou inconstitucional, pois isso é o óbvio para qualquer neófito do direito.

Assim, mesmo considerando o absurdo do art. 16 da LACP, somos de opinião de que ao invés de apenas criticar o dispositivo é mister a apresentação de soluções consentâneas com o sistema das ações coletivas.

Nesse diapasão merece reflexão, a posição preconizada pela prof.ª Ada Pellegrini Grinover, ao dizer que o art. 16 apenas tornou adequado o regime da competência da

---

18. Sobre o tema ver Luiz Paulo da Silva Araújo Filho, op. cit., p. 168, quando diz: "De qualquer forma, o detalhe traz à mente uma outra situação que fortalece a defendida ilegitimidade da restrição instituída por essas normas legais, já que, ex vi do § 4º do art. 103 do CDC, como veremos no próximo item, a sentença penal condenatória pode beneficiar as vítimas e seus sucessores, que poderão proceder à liquidação e à execução, nos termos do arts. 97 a 99 do Código de Defesa do Consumidor. Ora, neste caso soa manifestamente arbitrário que a sentença penal condenatória possa produzir normalmente os seus efeitos penais em todo o País, mas se queira restringir os seus efeitos civis para beneficiar apenas as vítimas ou sucessores que tenham domicílio no âmbito da competência territorial do órgão prolator. A ideia sobe a disparate."
19. Na esteira do §4º do art. 103 do CDC relativamente a possibilidade de aplicação da regra da eficácia civil da sentença penal condenatória no caso de reconhecimento de crime ambiental, o anteprojeto das ações coletivas apresentado pelo CNJ mantem este expresso reconhecimento no art. 25, §8º ao dizer que "a coisa julgada penal condenatória, no caso de reconhecimento de crime que tutela bem jurídico de natureza coletiva, torna certa a obrigação de indenizar o grupo e os respectivos membros".
20. Nesse sentido a pioneira observação e exemplo de CAMARA, Alexandre Freitas. Lições de direito processual civil. 4. ed. Rio de Janeiro: Lumen Juris, 2000, p. 416.

LACP ao que já existia no art. 93 do CDC, antes exclusivo para os direitos individuais homogêneos.

É que tal dispositivo – o art. 16 da LACP – fez com que a competência territorial passasse a ser fixada de acordo com o alcance do dano (melhor seria falar em predominância espacial do interesse tutelado), ou seja, não é o limite objetivo do julgado que seria limitado pela competência territorial, mas simplesmente o contrário, ou seja, esta é que seria fixada, em maior ou menor alcance, de acordo com o alcance do objeto que será tutelado, de forma que,

> "ressalvada a competência da justiça federal, é competente para a causa a justiça local: I– no foro do lugar onde ocorreu ou deva ocorrer o dano, quando de âmbito local; II – no Foro da Capital do Estado ou no do Distrito Federal, para os danos de âmbito nacional ou regional, aplicando-se as regras do Código de Processo Civil aos casos de competência concorrente", tal como preconiza o art. 93 do CDC.

Essa interpretação do dispositivo 16 da LACP não só afastaria a limitação territorial da coisa julgada, resolvendo o problema no seu nascedouro – na medida em que atribui a competência de acordo com a abrangência do bem tutelado –, mas também porque poria no mesmo trilho as regras de competência da LACP (art. 2º) e do CDC (art. 93) para as demandas coletivas lato sensu (difusos, coletivos e individuais homogêneos).

Não menos importante foi a posição firmada pelo Superior Tribunal de Justiça que depois de longa vacilação[21] no enfrentamento do tema passou a afastar a limitação territorial da coisa julgada do art. 16 nas ações civis públicas.

> 1. Para efeitos do art. 543-C do CPC: 1.1. A liquidação e a execução individual de sentença genérica proferida em ação civil coletiva pode ser ajuizada no foro do domicílio do beneficiário, porquanto os efeitos e a eficácia da sentença não estão circunscritos a lindes geográficos, mas aos limites objetivos e subjetivos do que foi decidido, levando-se em conta, para tanto, sempre a extensão do dano e a qualidade dos interesses metaindividuais postos em juízo (arts. 468, 472 e 474, CPC e 93 e 103, CDC). 1.2. A sentença genérica proferida na ação civil coletiva ajuizada pela Apadeco, que condenou o Banestado ao pagamento dos chamados expurgos inflacionários sobre cadernetas de poupança, dispôs que seus efeitos alcançariam todos os poupadores da instituição financeira do Estado do Paraná. Por isso descabe a alteração do seu alcance em sede de liquidação/execução individual, sob pena de vulneração da coisa julgada. Assim, não se aplica ao caso a limitação contida no art. 2º-A, caput, da Lei n. 9.494/97. 2. Ressalva de fundamentação do Ministro Teori Albino Zavascki. 3. Recurso especial parcialmente conhecido e não provido. (REsp 1243887/PR, Rel. Ministro LUIS FELIPE SALOMÃO, CORTE ESPECIAL, julgado em 19/10/2011, DJe 12/12/2011)

O julgado acima foi decisivo para que se solidificasse a posição do STJ em relação ao tema[22], mas não impediu que o prejudicado pela decisão em um destes casos desafiasse o

---

21. Não havia unanimidade do STJ sobre o tema. Destaque o aresto de Relatoria da Min. Nancy Andrighi que enfrentou certeiramente o tema: "(...) A distinção, defendida inicialmente por Liebman, entre os conceitos de eficácia e de autoridade da sentença, torna inócua a limitação territorial dos efeitos da coisa julgada estabelecida pelo art. 16 da LAP. A coisa julgada é meramente a imutabilidade dos efeitos da sentença. Mesmo limitada aquela, os efeitos da sentença produzem-se erga omnes, para além dos limites da competência territorial do órgão julgador. (...)" (REsp 411.529/SP, Rel. Ministra NANCY ANDRIGHI, TERCEIRA TURMA, julgado em 24/06/2008, DJe 05/08/2008); Em sentido contrário, pugnando pela interpretação literal do art. 16 da Lei de Ação Civil Pública o seguinte aresto do STJ: "(...) 1 – Consoante entendimento consignado nesta Corte, a sentença proferida em ação civil pública fará coisa julgada erga omnes nos limites da competência do órgão prolator da decisão, nos termos do art. 16 da Lei n. 7.347/85, alterado pela Lei n. 9.494/97. Precedentes. 2 – Embargos de divergência acolhidos. (EREsp 411.529/SP, Rel. Ministro FERNANDO GONÇALVES, SEGUNDA SEÇÃO, julgado em 10/03/2010, DJe 24/03/2010)

22. STJ – REsp 1.243.386/RS, Rel. Min. NANCY ANDRIGHI, 3. Turma, julgado em 12.6.2012, DJe 26.6.2012; STJ – AgRg no REsp 1.545.352/SC, Rel. Min. HERMAN BENJAMIN, 2. Turma, julgado em 15.12.2015, DJe 5.2.2016; EDcl no AgInt no AREsp 965.951/PR, Rel. Ministro MARCO AURÉLIO BELLIZZE, TERCEIRA TURMA, julgado em 25/04/2017, DJe 08/05/2017 etc.

CAPÍTULO 11 • COISA JULGADA NA LEI DE AÇÃO CIVIL PÚBLICA

acórdão por meio de recurso extraordinário para o STF. Assim, recentemente, no início de 2020 foi reconhecida a repercussão geral do tema acerca da "constitucionalidade do art. 16 da lei 7.347/85, segundo o qual a sentença na ação civil pública fará coisa julgada *erga omnes*, nos limites da competência territorial do órgão prolator" (DJe de 27/2/2020, Tema 1075). Como se observa o tema, depois de mais de 20 anos da Lei 9494 e mais de 35 anos da Lei de Ação Civil Pública não foi solidificado entendimento do art. 16 da Lei de Ação Civil Pública, o que, concessa máxima vênia, é causador de enorme (injustiça) e insegurança para o jurisdicionado tutelado pelas ações coletivas.

5.2   Coisa julgada *in utilibus*

Por intermédio dessa engenhosa construção legislativa (à semelhança do que já ocorre e ocorria com a técnica processual que atribui à sentença penal condenatória a eficácia de título executivo judicial no cível), a coisa julgada produzida nas demandas essencialmente coletivas (difusas e coletivas) pode ser aproveitada para as lides individuais derivadas da mesma causa de pedir. Isso será possível, portanto, quando uma mesma situação de fato seja geradora de tutela de direitos difusos e coletivos e de direitos individuais.

Quando se disse no parágrafo anterior que se trata de uma engenhosa técnica processual, é porque tal sistema – da coisa julgada *in utilibus* – só foi criado com o advento do CDC (Lei n. 8.078/90) e justamente para contemplar a tutela processual de direitos individuais sob uma forma coletiva. Numa sociedade massificada como a em que vivemos, nada mais lógico e normal que em razão de um mesmo ato ou fato jurídico seja possível lesar, um a um, um sem número de direitos individuais.

Para estes casos em que o objeto de tutela não é indivisível (proteção de um direito individual), muito embora seja de dimensão "coletiva", porque muitas e muitas pessoas têm os seus direitos individuais lesados por causa de uma origem comum, o legislador brasileiro, à semelhança das class actions for damages da commom law, decidiu criar uma técnica processual de tutela de direitos individuais nascidos de uma mesma origem (homogêneos). Mas como fazer isso sem ofender o direito constitucional de ação que todo indivíduo possui?

O primeiro cuidado tomado pelo legislador foi fazer com que apenas o elemento comum, que homogeneizava os direitos individuais, fosse tutelado. Esse elemento comum, denominado *origem comum*, era o ato ou fato jurídico (fato-base) praticado por uma ou mais pessoas que agredia um número considerável de direitos individuais.

Assim, o legislador não pretendeu que num primeiro momento fossem visualizados os sujeitos individuais e seus respectivos prejuízos, já que seria algo às vezes impossível de se fazer na prática, não só quanto à identificação, mas também quanto à verificação dos prejuízos que cada um sofreu. Por outro lado, se uma demanda contemplasse esses aspectos, certamente nada de novo haveria no mundo processual, justamente porque se estaria diante de uma substituição processual tradicional, só que numa dimensão nunca antes vista, o que comprometeria a verdadeira finalidade do instituto e do próprio contraditório a ser exercido nesta demanda, por fim inviabilizando a tutela coletiva.

Seria, em outros termos, uma substituição processual multitudinária. Não era isso que queria o legislador, que por isso mesmo criou a técnica engenhosa mencionada alhures.

Assim, criou uma técnica processual que contemplava apenas os elementos comuns dos direitos individuais homogêneos. Esses elementos comuns (mesmo fato ou ato jurídico e mesmo(s) agressor(es) do direito) é que receberam uma tutela coletiva pelo CDC, tal como se vê nos arts. 91 a 100. É exatamente por isso que a sentença proferida em tais casos é sempre incompleta e por isso mesmo se diz tratar de uma sentença condenatória genérica (art. 95) com aptidão para formar, em caso de procedência, uma coisa julgada erga omnes.

O art. 95 do CDC diz tratar-se de sentença condenatória genérica, e em tais casos o operador do direito logo busca as regras dos arts. 322, 324 e 492 do CPC, para compreender o fenômeno. O que se pode dizer é que há apenas uma semelhança entre os institutos, já que no caso do CDC a incompletude não se refere apenas ao *quantum* devido, sendo mister estabelecer ainda a ligação (o nexo causal) entre o ato ou fato jurídico que gerou o prejuízo individual de dimensão coletiva (situação comum a todos os conflitos individuais). Mais que isso, ao contrário do CPC, em que as sentenças são voltadas a uma tutela condenatória em sentido lato, no caso do CDC é possível que a tutela desses direitos seja de índole meramente declaratória ou constitutiva.

Portanto, a tutela de direitos individuais homogêneos só é coletiva naquilo que é comum aos direitos individuais lesados, ou seja, define-se nessa tutela a pessoa e sua responsabilidade pelo ato ou fato lesionador.

Ficará faltando ainda individualizar os lesados e os seus prejuízos individuais. Isso será tarefa para um momento posterior de liquidação (individualização) desses aspectos, em típico caso de tutela individual, ainda que venha a ser promovida por entes coletivos, que nesses casos atuarão em substituição processual tradicional.

Para isso, entretanto, deveria ter-se o cuidado de salvaguardar o direito constitucional de ação, que permite que qualquer um que tenha lesão ou ameaça a direito esteja livre para buscar a proteção jurisdicional. Como fazer, então, para se dar um tratamento coletivo a direitos individuais sem arranhar o exercício do direito de ação? Simples: a saída era sacrificar o réu da ação coletiva e submetê-lo a uma coisa julgada secundum eventum litis, em que só haveria a autoridade e imutabilidade do julgado quando a decisão coletiva genérica fosse de procedência. Se fosse improcedente, não teria o efeito negativo e nem o positivo da coisa julgada, para não ferir o acesso individual à justiça. Enfim, se fosse improcedente, nada impediria que os indivíduos promovessem a tutela individual num franco exercício do direito constitucional de ação.

Na verdade, se não foram identificados os titulares e se suas situações particulares não foram julgadas e apreciadas pelo Poder Judiciário, nada mais lógico, pelo sistema tradicional, de que não sofressem os efeitos da decisão.

Decerto, se houvesse declaração de improcedência quanto à responsabilidade pelo fato ou ato praticado, essa seria uma questão prejudicial a ser apreciada nas demandas individuais, já que seria premissa necessária à tutela dos direitos individuais. Entretanto, em razão do art. 103, III (erga omnes apenas no caso de procedência), embora possa ser

CAPÍTULO 11 • COISA JULGADA NA LEI DE AÇÃO CIVIL PÚBLICA **399**

alegado pelo réu da ação individual o resultado da demanda coletiva, isso não significa que terá que ser reconhecido com força de coisa julgada pelo magistrado que tomará elemento de prova e argumentação o contraditório.

Na prática pensamos que, se em uma demanda coletiva para a defesa de direitos individuais homogêneos bem fundamentada, proposta por um representante adequado como o parquet, com toda a força que possui, inclusive com o suporte de um inquérito civil, e larga dilação probatória, não se conseguiu lograr a procedência (demonstração da responsabilidade do réu pelo fato ou ato que causou lesões individuais a serem apuradas), certamente será deveras difícil acreditar que uma numa ação individual contra o mesmo réu e com base no mesmo fato seja possível alcançar uma sorte diversa da anterior em relação à procedência. No entanto, teoricamente isso é possível.

É aqui que entra a denominada coisa julgada in utilibus. Quando o legislador construiu essa técnica de tutela dos direitos individuais homogêneos, percebeu que não poderia impedir o acesso individual à justiça nos casos de improcedência da demanda coletiva, mas que valia a pena instituir a coisa julgada secundum eventum litis para beneficiar apenas as situações de procedência (e não prejudicar as de improcedência), justamente porque haveria uma enorme economia processual em relação às ações individuais e facilitação do acesso à justiça, na medida em que uma só sentença condenatória genérica teria o condão de servir para milhares de ações de liquidação individual.

Por meio de tal técnica, far-se-ia com que o indivíduo não precisasse provar e nem mais demonstrar a pertinência do réu sobre o fato apurado como de sua responsabilidade. Numa atmosfera de implementação do Estado social, de facilitação do acesso à justiça, valia a pena a realização e concretização dessa técnica de tutela, em detrimento de um sacrifício do réu da ação coletiva, que poderia ficar sujeito a demandas individuais independentemente do resultado favorável ou desfavorável da demanda coletiva contra si proposta.

Quando o legislador se viu diante de tal situação, percebeu também que poderia se utilizar do mesmo raciocínio e da mesma técnica (facilitando o acesso à justiça e beneficiando os cidadãos) quando o mesmo fato ou ato jurídico ameaçador ou lesionador de direitos essencialmente coletivos (direitos difusos e coletivos) também fosse causador de prejuízos individuais, direta ou indiretamente. É o que acontece, por exemplo, com um dano ao meio ambiente, com despejo de resíduos em um determinado rio que serve de abastecimento e subsistência de várias pessoas, que acabam sendo contaminadas pela poluição despejada.

Nesse caso, tanto os prejuízos individuais quanto os prejuízos difusos (desequilíbrio ecológico) foram causados pela mesma atividade do poluidor. Assim, proposta uma demanda coletiva para tutela do ambiente em que se demonstre a responsabilidade de tal pessoa por tal ato e que este foi capaz de causar a poluição degradadora do ambiente, certamente haverá um ponto comum, coincidente com as demandas individualmente propostas para reclamar os prejuízos advindos da mesma poluição (intoxicaram, perderam rebanhos, plantações etc.). Esse elo de intersecção é justamente o mesmo ato ou fato jurídico que deu origem ou contribuiu a um só tempo para a geração de danos essencialmente coletivos e individuais.

Partindo dessa premissa, o legislador simplificou o acesso jurisdicional dos cidadãos criando a coisa julgada *in utilibus*, que nada mais é do que a utilização do julgado coletivo, com força e autoridade de coisa julgada, nas demandas individuais.

Se a demanda é pseudocoletiva não se aplica o regime do procedimento especial coletivo da LACP/CDC e, portanto, não é possível o transporte in utilibus da coisa julgada.[23]

Assim, em tais casos, o que se tem não é um pedido individual implícito nas demandas difusas[24] e menos ainda uma ampliação "ope legis" do objeto do processo[25], já que apenas em caso de procedência a coisa julgada seria utilizada in utilibus, nas eventuais ações individuais calcadas no mesmo ato ou fato.

Na verdade, tem-se aí um eventual efeito secundário[26] existente nas demandas coletivas, consistente numa extensão dos limites da coisa julgada para fins de ações individuais fincadas em elementos comuns da causa de pedir difusa, ou seja: proferida uma decisão para a defesa de direitos difusos, além da autoridade da coisa julgada sobre o objeto difuso, que alcançará todos os seus titulares, também existirá a dita autoridade sobre os motivos da decisão apenas[27] para beneficiar os indivíduos que venham propor

---

23. (...) II. Caso concreto em que a técnica do transporte in utilibus da coisa julgada não pode ser aplicada, pois, tendo o título executivo, transitado em julgado, expressamente limitado a concessão do reposicionamento funcional aos servidores do IBAMA residentes e domiciliados no Distrito Federal, é indevida a inclusão dos agravantes, residentes no Estado de Santa Catarina, em sede de execução de sentença, sob pena de ofensa à coisa julgada. III. Tendo o Tribunal de origem reconhecido a existência de limitação subjetiva do título executivo sobre a qual operou-se a coisa julgada, decidir em sentido contrário, afastando-se a ocorrência de tal limitação, pressupõe o reexame do conjunto fático-probatório, o que é vedado, por força da Súmula 7/STJ. Precedentes: STJ, AgRg no REsp 1.488.368/PR, Rel. Ministro HERMAN BENJAMIN, SEGUNDA TURMA, DJe de 03/02/2015; STJ, EDcl no AREsp 551.670/PR, Rel. Ministro MAURO CAMPBELL MARQUES, SEGUNDA TURMA, DJe de 20/10/2014. IV. Dissídio jurisprudencial não demonstrado, em virtude da ausência de similitude fática e de direito entre os acórdãos confrontados. V. Agravo Regimental improvido. (AgRg no REsp 1510473/SC, Rel. Ministra ASSUSETE MAGALHÃES, SEGUNDA TURMA, julgado em 16/04/2015, DJe 24/04/2015)
24. Nesse sentido Arruda Alvim (Código do Consumidor comentado, p. 482-483, quando diz que: "O que se verifica, por este art. 103, § 3º, é que se contém, virtualmente, no pedido formulado, com base na LACP, a possibilidade de que a sentença transcenda o objeto do pedido, tal como originariamente constava da LACP. Independentemente de pedido explícito, o art. 103, § 3º confere uma eficácia subjetiva ampla à sentença de procedência (cujo pedido tenha por causa a ocorrência de dano), hipertrofiando este texto, pois, subjetivamente, o leque de beneficiários. Há, ao menos, uma transcendência ao objeto do pedido, tal como nominal e linguisticamente haja sido feito, no âmbito da LACP e para os fins desta."
25. Nesse sentido Ada Pellegrini Grinover. Código Brasileiro de Defesa do Consumidor comentado pelos autores do anteprojeto. Rio de Janeiro: Forense Universitária, p. 730.
26. Sobre o tema ver Luiz Paulo da Silva Araújo Filho, op. cit., p. 180.
27. A autoridade da coisa julgada só recairá sobre tal fundamento gerador da pretensão difusa para os casos em que venha a ser utilizado para pretensões individuais que nele também se embasem. Por isso, não é lícito admitir que seja arguida a coisa julgada sobre o referido fundamento em outra demanda coletiva, já que para estas hipóteses a coisa julgada só se operou sobre a pretensão veiculada. É importante não confundir esta restrição com a vedação do efeito preclusivo panprocessual da coisa julgada (arts. 507 c/c 508 do CPC), que induz essa indiscutibilidade porque se reputam como repelidas as questões suscitadas ou não suscitadas em processo anterior. É que este efeito preclusivo panprocessual existe para proteger a coisa julgada todas as vezes em que ela esteja ameaçada em outra demanda com base em fatos arguidos ou não arguidos no processo em que ela se formou. Em relação ao efeito preclusivo panprocessual da coisa julgada, deve-se compreender que o dispositivo 468 deve ser interpretado em conjunto com o art. 474 do CPC. Quando alude o dispositivo que a sentença terá força de lei nos limites da lide e das questões decididas, e ainda, quando o art. 474 menciona que "passado em julgado a sentença de mérito, reputar-se-ão deduzidas e repelidas todas as alegações e defesas, que a parte poderia opor assim ao acolhimento como à rejeição do pedido", significa que o legislador deu à sentença de mérito transitada em julgado (coisa julgada material) uma força tal que nenhuma questão (ventilada ou não ventilada no processo, debatida ou não debatida) poderá ser rediscutida em outro processo com a finalidade de ofender o conteúdo da sentença sobre o qual paira a autoridade da coisa julgada. Em outros termos, significa dizer que sobre as questões (deduzidas ou dedutíveis) não paira a autoridade da coisa julgada, porque esta está reservada ao conteúdo meritório da decisão proferida. Contudo, há um fenômeno que incide sobre tais questões que impede a sua discussão quando se pretenda utilizá-las para atacar a autoridade da coisa julgada. A esse fenômeno a doutrina deu o nome de eficácia preclusiva da coisa julgada. Entretanto, como a preclusão é um fenômeno endoprocessual, e o que ocorre com as questões extrapola o próprio processo, preferimos dizer que se trata de uma eficácia preclusiva panprocessual da coisa julgada. É o que se dá quando o réu não alega a prescrição, e contra si é dada uma sentença condenatória. Não poderá em ação posterior, em ação declaratória de inexistência de relação jurídica com o credor, pretender atacar a coisa julgada fundamentando-se na prescrição do crédito.

CAPÍTULO 11 • COISA JULGADA NA LEI DE AÇÃO CIVIL PÚBLICA

demandas individuais com fulcro no mesmo fato gerador que deu origem à demanda difusa.

Isso implicará, tal como no exemplo citado, que o indivíduo que foi intoxicado e teve prejuízos na sua plantação em virtude da poluição hídrica não precisará provar que sobre o fato tal há a responsabilidade da empresa tal, justamente porque esses aspectos – que foram pressupostos da tutela difusa – já foram debatidos, discutidos e principalmente porque, por intermédio da técnica da coisa julgada in utilibus, estão imutabilizados para a finalidade de tutela de direitos individuais que estejam calcados no mesmo fato.

> (...) 8. A ação em si não se dirige a interesses individuais, mercê de a coisa julgada in utilibus poder ser aproveitada pelo titular do direito individual homogêneo se não tiver promovido ação própria. (...) (REsp 1005587/PR, Rel. Ministro LUIZ FUX, PRIMEIRA TURMA, julgado em 02/12/2010, DJe 14/12/2010)

Restará ao indivíduo demonstrar o nexo do ilícito reconhecido na sentença (responsabilidade do poluidor por aquela poluição) com seus prejuízos particulares, bem como o seu quantum. Mais uma vez o legislador teve a cautela de expressar que tal técnica da coisa julgada in utilibus só existe para beneficiar os indivíduos[28], de forma que a improcedência nas demandas coletivas não traz, pelo menos em tese, qualquer prejuízo para a tutela individual que se baseie no mesmo fato ou ato jurídico.

> Art. 103, § 3º, do CDC: "Os efeitos da coisa julgada de que cuida o art. 16, combinado com o art. 13 da Lei n. 7.347, de 24 de julho de 1985, não prejudicarão as ações de indenização por danos pessoalmente sofridos, propostas individualmente ou na forma prevista neste Código, mas se procedente o pedido, beneficiarão as vítimas e seus sucessores, que poderão proceder à liquidação e à execução, nos termos dos arts. 96 a 99."
> Art. 103, § 4º: "Aplica-se o disposto no parágrafo anterior à sentença penal condenatória."

Não obstante estarmos falando em utilização posterior de uma coisa julgada, é fora de dúvidas que nem sempre o indivíduo esperará a propositura e quem sabe o resultado positivo de uma coisa julgada coletiva numa demanda essencialmente coletiva. Decerto, ante a propositura de uma demanda coletiva para a defesa de direito supraindividual, seja ela difusa, coletiva ou individual homogênea, três atitudes podem ser tomadas pelo indivíduo, considerando que o mesmo motivo da demanda anterior dê ensejo à demanda individual:

> (a) permanecer inerte com a propositura da demanda coletiva;
>
> (b) já ter proposto a demanda individual antes mesmo do advento da demanda coletiva;
>
> (b1) a demanda individual já tenha transitado e julgado quando da propositura da demanda coletiva
>
> (b2) a demanda individual esteja pendente, independentemente da fase ou grau jurisdicional em que se encontre
>
> (c) propor a sua demanda individual quando esteja em curso a demanda coletiva.

Analisemos cada uma das situações para verificar em qual delas é possível valer-se da eventual coisa julgada in utilibus.

Na hipótese identificada pela letra "a", se o indivíduo permanecer inerte, certamente se a demanda coletiva for julgada procedente, poderá utilizar-se da coisa julgada in utilibus, entendendo-se, pois, que a propositura da demanda coletiva interrompe o

---

28. Se *prejudicasse* violaria o direito de acesso à justiça que cada cidadão tem de proteger seus direitos perante o Poder Judiciário.

prazo prescricional para a cobrança em juízo do seu prejuízo. Caso seja improcedente a demanda coletiva, em nada será prejudicada a demanda individual. Nem poderia pensar-se ao contrário, tendo-se em vista que se o sistema estimula que seja esperada a coisa julgada coletiva, para evitar um acúmulo de demandas individuais, não seria lógico que o indivíduo que agiu dessa forma fosse penalizado com eventual prescrição do seu direito de agir, caso a demanda coletiva fosse posteriormente julgada improcedente.

Na hipótese identificada pela letra "b", verifica-se que o indivíduo buscou a tutela de seu direito antes mesmo da existência de uma tutela coletiva. Nesta situação, duas hipóteses podem ser admitidas:

(b1) a demanda individual já tenha transitado em julgado quando da propositura da demanda coletiva. Nesse caso, se a demanda foi improcedente, não poderá se beneficiar da eventual coisa julgada in utilibus, num típico caso de injustiça para com aquele cidadão que agir mais rápido e que for diligente com o seu direito;

(b2) a demanda individual esteja pendente, independentemente da fase ou grau jurisdicional em que se encontre. Uma vez proposta a demanda coletiva para a defesa de direito supraindividual, será tornada pública a sua propositura nos órgãos de publicação oficiais, sem prejuízos de outros meios de divulgação, para que, a partir da ciência do interessado nos autos da demanda individual, tenha 30 dias para decidir se suspende ou não a sua demanda individual para beneficiar-se da demanda coletiva.

Caso a sua opção seja a suspensão do seu processo, deverá requerê-la[29], e nesta hipótese só poderá ser beneficiado por uma eventual procedência da coisa julgada proferida na demanda supraindividual, quando então será extinta, sem julgamento do mérito, a demanda individual cognitiva, por superveniente perda de interesse, imputando-se o ônus da sucumbência àquele que deu azo à extinção da demanda individual, ou seja, o futuro réu da liquidação. Se requereu a suspensão em tempo e a demanda coletiva foi julgada improcedente, retomar-se-á o curso da demanda individual que estava suspensa[30]. De outro lado, se permanecer silente entender-se-á como recusado o eventual benefício da coisa julgada in utilibus a ser alcançado na demanda coletiva.[31]

Já na terceira hipótese, prevista na letra "c", o indivíduo propôs a demanda individual quando a coletiva já estava em curso. Nesse caso, uma de duas: uma vez cientificado nos autos da existência da demanda coletiva,

(c1) poderá requerer a suspensão da demanda individual no prazo assinalado pela lei e aguardar a decisão favorável de índole coletiva;

---

29. O anteprojeto das ações coletivas proposto pelo CNJ apresenta solução mais segura e que visa desobstruir o judiciário ao prever que ao invés da *suspensão* deve pedir a *desistência da ação individual*. A solução atende à eficiência e torna *eventual* a renovação da ação individual em caso de improcedência da ação coletiva porque a ação teria que ser *reproposta* pelo jurisdicionado e não simplesmente *retomada* como no caso de *suspensão*. "Art. 25 (...) §6.º o autor da ação individual, que ainda não tenha transitado em julgado, poderá dela desistir para se beneficiar da coisa julgada coletiva, sendo dispensável a concordância do réu".

30. O prazo de 30 (trinta) dias é legal e peremptório, não podendo ser alterado pelo juiz. Se por um lado não pode ser requerida a suspensão depois do referido prazo, cuja contagem se dá com a ciência nos autos da demanda individual, por outro nada impede que, uma vez requerida regularmente a suspensão, possa o autor individual arrepender-se e requerer a retomada do curso da demanda individual, caso em que não poderá beneficiar-se do resultado da demanda coletiva.

31. É o que dispõe o art. 104 do CDC: "As ações coletivas, previstas nos incisos I e II do parágrafo único do art. 81, não induzem litispendência para as ações individuais, mas os efeitos da coisa julgada erga omnes ou ultra partes a que aludem os incs. II e III do artigo anterior não beneficiarão os autores das ações individuais, se não fora requerida a sua suspensão no prazo de trinta dias, a contar da ciência nos autos do ajuizamento da ação coletiva." Como bem observa Ada Pellegrini Grinover, houve erro de remissão do dispositivo, que segundo pensamos deveria dizer que as três hipóteses (I, II e III) das demandas coletivas não induzem litispendência para as ações individuais, mas o benefício da coisa julgada in utilibus das hipóteses previstas nos incs. I e II, bem como a coisa julgada erga omnes e secundum eventum litis do inc. III não beneficiarão os titulares das demandas individuais se não for requerida a sua suspensão no prazo aludido na norma.

CAPÍTULO 11 • COISA JULGADA NA LEI DE AÇÃO CIVIL PÚBLICA **403**

(c2) não suspender a demanda individual e recusar um eventual benefício da coisa julgada proferida na demanda supraindividual[32], seguindo, pois, a orientação idêntica ao que foi falado na hipótese (b2) do parágrafo anterior.

Não há, pois, em nenhuma hipótese, litispendência entre as demandas coletivas (art. 103, § 3º, primeira parte) e menos ainda entre estas e as demandas individuais. Nem mesmo se poderia falar em continência para as demandas coletivas em relação às individuais, já que há diferença quantitativa e qualitativa do pedido formulado, não se podendo dizer que a demanda coletiva engloba a demanda individual. Há conexão, mas se não for possível a sua reunião, deve seguir cada uma o seu trâmite normal.

Mesmo considerando a existência de questão na demanda coletiva que seja prejudicial à demanda individual (até porque a sua coisa julgada poderia ser in utilibus não fosse a recusa do indivíduo em suspender a demanda), é certo que pretender aplicar o art.313, V, "a" do CPC para uma suspensão forçada das demandas individuais não faz o menor sentido, especialmente porque o sistema facultou ao interessado suspender ou não a demanda individual quando estivesse em curso uma demanda coletiva que em tese poderia lhe beneficiar. Não faz sentido que primeiro se lhe outorgue a opção da suspensão para depois lhe ser imposta uma suspensão utilizando o art. 313, V "a".

5.3 Coisa julgada sobre as questões prejudiciais decididas incidentemente no processo da ação civil pública

O CPC de 2015 eliminou a ação declaratória incidental (art. 5º, 325 e 470 do CPC/1973), mas trouxe novidade em relação aos limites objetivos da coisa julgada, admitindo no art. 503, §1º que sua estabilização recaia também sobre a questão prejudicial sobre a qual se apoiou o julgamento do pedido (questão principal). Essa extensão da coisa julgada só pode acontecer se a questão prejudicial contida nos motivos da decisão tenha sido decidida expressa e incidentemente no processo, se:

I – dessa resolução depender o julgamento do mérito;

II – a seu respeito tiver havido contraditório prévio e efetivo, não se aplicando no caso de revelia;

III – o juízo tiver competência em razão da matéria e da pessoa para resolvê-la como questão principal.

Essa novidade inspirada as *issue preclusion e issue estoppel* [33] se aplica também à ação civil pública, desde que atendidos os requisitos mencionados nos incisos do § 1º do art. 503.

---

32. (...) 1. De acordo com o art. 104 do CDC, a utilização da coisa julgada formada em processo coletivo somente é possível por aqueles que requererem a suspensão das ações individuais no prazo de 30 dias, a contar de sua ciência da propositura da demanda coletiva. 1.1. In casu, ainda que constatada a similitude entre a presente ação individual e aquela de natureza coletiva, não poderia o agravante valer-se do transporte in utilibus da coisa julgada, diante da inexistência de pedido de suspensão do feito. 2. Diante de tais particularidades, a alegação de existência de coisa julgada formada em processo coletivo constitui argumento inapto a, ainda que em tese, infirmar os fundamentos que sustentam a decisão agravada. Incidência da Súmula 283/STF. 3. Agravo regimental desprovido. (AgRg no AREsp 303.552/SP, Rel. Ministro MARCO BUZZI, QUARTA TURMA, julgado em 21/02/2019, DJe 26/02/2019)

33. MACÊDO, Lucas Buril. Coisa julgada sobre fato? Análise comparativa com o collateral estoppel de sua possibilidade de lege lata ou de lege ferenda. In: Revista de Processo v. 260, São Paulo: Ed. RT. Outubro/2016; MARINONI, Luiz Guilherme. Coisa julgada sobre questão, inclusive em benefício de terceiro. Revista de Processo, São Paulo, v. 259, p. 97-116, 2016; DIDIER JR., Fredie. Extensão da coisa julgada à resolução da questão prejudicial incidental no novo Código de Processo Civil brasileiro. Civil Procedure Review, v.6, n.1, p. 81-93, 2015; CABRAL, Antonio do Passo. Coisa julgada e preclusões dinâmicas: entre continuidade, mudança e transição de posições processuais estáveis. Salvador: Jus Podivm, 2014; SIQUEIRA, Thiago F. Limites Objetivos da Coisa Julgada. Salvador: Podivm, 2020.

Assim, por exemplo na ação civil pública onde se pretenda a reparação in natura do meio ambiente contra determinado poluidor com base na alegação de nulidade da licença que teria autorizado a referida supressão e o réu ao se defender alega ter licença válida para a referida supressão da vegetação.

Observe que não sendo objeto *principal* da ação civil pública, mas sendo uma *questão prejudicial* decisiva para o julgamento do mérito, é possível que sobre ela recaia a autoridade da coisa julgada material desde que seja expressamente decidida na sentença e que as partes saibam, de antemão, desde o saneador que sobre tal questão, devidamente identificada (art. 357 do CPC), poderá recair a referida autoridade.

Em outro exemplo de ação civil pública ambiental para anular o processo de licenciamento ambiental porque não teria sido respeitado no caso concreto a realização de audiência pública nos termos da Resolução Conama 08/87 e em defesa o empreendedor alegue que a situação jurídica ocorrida no licenciamento não seria tipificada pelo artigo 2º da resolução Conama que estabelece as hipóteses de sua realização. Esta questão de direito envolvendo a interpretação do art. 2º da Resolução Conama 08/87 é decisiva para a anulação ou não da referida licença, e, seguindo o que foi dito no parágrafo anterior, é possível também que se estenda os efeitos da coisa julgada para esta questão prejudicial ao julgamento do pedido.

Em outro caso é ajuizada a ação civil pública ambiental com intuito de impor a empresa operadora e administradora do porto o dever de reparar o meio ambiente sob fundamento de que ela seria solidariamente responsável pelo dano ambiental decorrente de um vazamento de óleo de um navio que estaria atracado no seu porto para descarregar produtos. Em defesa a empresa alega não ser *poluidor indireto* nos termos do art. 3º, IV da Lei 6938/81 e esta questão prejudicial decisiva ao julgamento do mérito também pode receber a estabilidade da coisa julgada se cumpridas as exigências do art. 503, §1º.

Importa salientar que a questão prejudicial mencionada no referido artigo deve ser *de mérito* porque a sua resolução influencia, define, subordina, prejulga a questão principal, tal como nos exemplos que dissemos acima etc. Apenas as questões prejudiciais de mérito podem ser abrangidas pela coisa julgada material se e quando sucederem uma série de requisitos previstos pelo legislador no artigo 503, §1º e respectivos incisos.

Em relação as questões prejudiciais de mérito o legislador foi claríssimo ao mencionar que só recairá sobre elas a autoridade da coisa julgada se cumpridos alguns requisitos:

a) de forma expressa ela for decidida incidentemente no processo;

b) dessa resolução depender o julgamento do mérito;

c) a seu respeito tiver havido contraditório prévio e efetivo (não se aplicando no caso de revelia);

d) o juiz tiver competência em razão da matéria e da pessoa para resolvê-la como questão principal.

O primeiro requisito exige que a questão prejudicial seja do mérito a ser julgado e que tenha sido *decidida de forma expressa*, ou seja, a questão prejudicial não se apresente apenas como um trampolim cognitivo lógico formulado internamente pelo magistrado para julgar a questão principal. É preciso que sobre ela exista decisão expressa.

Para tanto é preciso lembrar que o artigo 503, §1º alude às questões prejudiciais *de mérito*, e, não a qualquer questão prejudicial surgida no processo. É preciso que se

CAPÍTULO 11 • COISA JULGADA NA LEI DE AÇÃO CIVIL PÚBLICA

identifique a questão prejudicial de mérito como tal, para que sobre ela existe uma decisão expressa, devidamente fundamentada, sob pena de que se assim não for não poderá receber o selo da coisa julgada material.

Não basta, portanto, que tenha sido "conhecida", mas que tenha sido "decidida" e que seja "expressamente". Isso implica dizer que o enfrentamento da questão prejudicial que pré-julga a questão principal (pedido) não é apenas uma passagem do percurso cognitivo do processo decisório, mas uma decisão de uma questão, e, mais que isso, é preciso que seja uma decisão expressa.

Por isso sustentamos – *seguindo a disciplina do art. 10 do CPC que veda a decisão surpresa* – é preciso que as partes do processo saibam que poderá haver uma decisão expressa contida nos motivos da decisão sobre determinada questão de direito prejudicial ao pedido formulado e que, por isso mesmo possam exercer o contraditório e participar na construção desta decisão.

O momento do saneador propicia exatamente isso, quando, regra geral, ao fim da postulação, estarão acomodadas as questões de direito surgidas pela dialética da postulação e defesa. Não por acaso diz o art. 357, IV que deverá o juiz em decisão de saneamento e de organização do processo *"delimitar as questões de direito relevantes para a decisão do mérito"*. Não há nenhum problema, antes o contrário, que se advirta às partes que determinada questão prejudicial ao pedido poderá ser estendida à autoridade da coisa julgada, cumprindo as exigências previstas nos incisos do parágrafo primeiro do art. 503.[34] Transparência e previsibilidade proporcionados no saneador acerca das questões de direito (art. 357, IV) tendem a fazer com que as partes se exercitem ao máximo no sentido de ampliar o debate e auxiliar na construção da solução sofre as referidas questões.

O segundo requisito é que a questão prejudicial realmente seja *prejudicial*, isto é, que exista uma relação de dependência lógica e cronológica da questão de mérito deduzida em juízo e a questão prejudicial que a antecede. Isso significa que a questão prejudicial deve ser *subordinante* e a questão principal a *subordinada* a tal ponto de que uma vez decidida a questão prejudicial já se saiba o resultado da questão principal. A palavra *prejudicial* deve ser levada em seu sentido literal, de tal forma que o juízo e resolução da questão subordinante implica em um *pré-juízo* da questão principal a ela subordinada. É a tal relação de *prejudicialidade* que envolve a questão prévia prejudicial e o mérito que dela depende.[35]

Assim, que fique bem claro que as eventuais questões prejudiciais decididas contrariamente aos interesses supraindividuais, e, que, portanto, não tenham *influenciado* (pré-julgado) no julgamento da questão principal não serão acobertadas pela coisa julgada porque fogem da regra do art. 503, §1º.

---

34. Em sentido contrário, entendendo que o momento de aferição da coisa julgada sobre a questão prejudicial seria em eventual segundo processo no julgamento da eventual objeção de coisa julgada ver, por todos SIQUEIRA, Thiago, Ferreira. Limites objetivos da coisa julgada. Salvador Podivm. 2020.

35. Como bem diz LOPES, Bruno Vasconcelos Carrilho: "A imutabilidade deve ficar restrita às questões prejudiciais que figurem na motivação como premissa necessária e determinante do resultado do julgamento". Limites objetivos e eficácia preclusiva da coisa julgada. São Paulo: Saraiva, 2012, p. 69.

O terceiro requisito é o do contraditório prévio e efetivo. Nem precisaria da expressão "prévio e efetivo" pois não se admite uma decisão sem prévio contraditório (salvo quando o legislador expressamente excepciona) e que não seja efetivo. É ínsito que ao decidir o juiz tenha respeitado o contraditório e que este contraditório seja real. De qualquer forma, a redundância apenas acentua a preocupação do legislador de ser *restrito* e *excepcional* em relação a ampliação da coisa julgada à questão prejudicial de mérito. E, frise-se, para que seja *efetivo e prévio*, é preciso que a *questão prejudicial de mérito* surja a partir do contraditório das partes; que seja identificada como tal e que se permitam as partes o pleno exercício do direito probatório, não se admitindo nas hipóteses de *revelia*. Registre-se que a possibilidade de ampliar a autoridade da coisa julgada para espraiá-la para a resolução da questão prejudicial de mérito é expressamente afastada se no processo houver restrições probatórias ou limitações à cognição que impeçam o aprofundamento da análise da questão prejudicial.

O quarto requisito é de ordem processual e deve ser entendido como se tivesse acontecido uma cumulação de pedido ou ampliação do objeto de julgamento, e, por isso mesmo submetendo-se às mesmas regras do art. 327 do CPC[36]. Na verdade, diz o legislador que é preciso que o juiz tenha "competência em razão da matéria e da pessoa para resolvê-la como questão principal", mas a rigor a frase deveria ser dita *contrario sensu*, ou seja, desde que o juiz não seja absolutamente incompetente para resolvê-la como questão principal.

A possibilidade de se estender a autoridade da coisa julgada às questões prejudiciais de mérito no artigo 503, §1° está diretamente relacionada com a eliminação da *ação declaratório incidental* prevista no artigo 5°, 325° e 470 do CPC de 1973.

Esta foi a maneira que o legislador encontrou para simplificar a e desburocratizar a possibilidade de fazer com que a questão prejudicial receba o selo da coisa julgada material, sem dizer na eficiência em dar o maior proveito possível a atividade jurisdicional realizada de forma completa sobre aquela questão.

Não foi intenção do legislador alterar o regime jurídico dos limites objetivos da coisa julgada, permitindo que se possa extrair um ponto de partida para se sustentar que os fundamentos da decisão são ou deveriam ser todos eles acobertados pela coisa julgada. O legislador foi claro antes e depois da exceção do artigo 503, §1° e como tal, toda norma excepcional deve ser restritivamente interpretada.

Importante dizer que a coisa julgada *in utilibus* também se aplica à coisa julgada sobre a questão prejudicial, ou seja, em outros termos, o que se afirma é que acaso se estabilize a questão prejudicial nos termos do art. 503, §1° do CPC a ela se aplica a regra in utilibus da coisa julgada.

---

36. Art. 327. É lícita a cumulação, em um único processo, contra o mesmo réu, de vários pedidos, ainda que entre eles não haja conexão.

§ 1° São requisitos de admissibilidade da cumulação que:

I – os pedidos sejam compatíveis entre si;

II – seja competente para conhecer deles o mesmo juízo;

III – seja adequado para todos os pedidos o tipo de procedimento.

CAPÍTULO 11 • COISA JULGADA NA LEI DE AÇÃO CIVIL PÚBLICA

Usando como exemplo o caso citado mais acima, a declaração de validade ou invalidade da sentença ambiental que serviu de suporte para a questão principal (condenação à restauração da vegetação), também será estabilizada pela coisa julgada, e, a ela também se aplicará o regime da coisa julgada in in utilibus, ou seja, se acolhida a questão prejudicial acerca da *validade da licença* ela beneficiará as vítimas e seus sucessores, que poderão proceder à liquidação e à execução, nos termos dos arts. 96 a 99, tal como o fariam com a sentença de procedência do pedido principal.

No exemplo que foi dado mais acima não apenas o pedido principal mas a questão prejudicial decidida expressamente e sobre o qual se apoiou o pedido principal (desde que atendidos os pressupostos do art. 503, §1º) também se submeterá ao regime da coisa julgada *secundum eventum e in utilibus*.

A coisa julgada sobre a questão prejudicial amplia significativamente o benefício para as vítimas e sucessores que poderão usar como base de suas pretensões não apenas o que foi decidido no pedido principal, mas também a questão prejudicial que lhe deu suporte. Assim, por exemplo, a *declaração incidental da invalidade da licença* poderá ser usada pela população afetada pelo empreendimento para postular a tutela de prejuízos que tenham sofrido em razão do empreendimento. Esta declaração estará acobertada pela coisa julgada.

Isso implica reconhecer que ao menos neste aspecto – questão prejudicial do mérito decidida expressamente na sentença e desde que preenchidos os pressupostos do §1º do art. 503 – não precisará, a priori, ser objeto de um incidente de resolução de demandas repetitivas para ser resolvida em separado e por amostragem, pois, esta questão de direito poderá ter eficácia erga omnes acaso decidida na forma do artigo 503, §1º do CPC.[37]

5.4 Coisa julgada *rebus sic stantibus* na ação civil pública ambiental

O artigo 505 do CPC determina que nenhum juiz decidirá novamente as questões já decididas relativas à mesma lide, salvo:

I – se, tratando-se de relação jurídica de trato continuado, sobreveio modificação no estado de fato ou de direito, caso em que poderá a parte pedir a revisão do que foi estatuído na sentença;

II – nos demais casos prescritos em lei.

O inciso primeiro do artigo 505 tratam das *relações jurídicas continuativas*, que comumente sofrem modificações do estado de fato e de direito. É o caso clássico, por exemplo, da sentença que impõe a um dos cônjuges o dever de prestar mensalmente alimentos ao outro. Ora, por se tratar de uma relação jurídica continuativa, que se perpetua com o tempo, é possível que a verba mensal seja corroída pela inflação, ou que a parte beneficiada possa adquirir uma condição financeira que dispense os alimentos

---

37. Não se admite a extensão da coisa julgada sobre a questão prejudicial na ação civil pública quando a sua causa de pedir seja a arguição de inconstitucionalidade de leis ou atos, assumindo, portanto, um papel de questão prejudicial ao mérito pretendido. Se admitíssemos a inovação do art. 503, § 1º estar-se-ia ferindo a sedimentada posição categórica de que *"a arguição, in casu, é incidental de inconstitucionalidade de norma tributária em sede de Ação Civil Pública, porquanto nesses casos a questão da ofensa à Carta Federal tem natureza de "prejudicial", sobre a qual não repousa o manto da coisa julgada. Precedente do E. STF. 3. Recurso Especial provido.* (REsp 574.410/MG, Rel. Ministro LUIZ FUX, PRIMEIRA TURMA, julgado em 01/06/2004, DJ 05/08/2004, p. 192)".

etc. Enfim, essa é uma característica das relações jurídicas continuativas e o legislador esteve atento a esta possibilidade como prevê o inciso primeiro citado acima.

Contudo, com o rigor da palavra, a hipótese não é de decidir novamente as questões relativas "à mesma lide", simplesmente porque se houve modificação de fato ou de direito da situação revelada na norma jurídica concreta, então não é o mesmo conflito, mas outra demanda a ser proposta para, com base na *nova situação* jurídica receber um novo comando do judiciário.

Toda decisão judicial tem em si embutida uma *clausula rebus sic stantibus, ou seja, a norma jurídica concreta revelada na sentença é estável enquanto permanecer de pé a situação de fato ou de direito que nela foi tutelada.* [38]

Assim, na verdade, quando se pretende a revisão dos alimentos devidos como no exemplo dado acima, tal pedido será sustentado obviamente por causa de pedir diversa daquela que deu suporte à sentença que condenou o devedor a pagar alimentos. Aliás, o pressuposto da ação revisional é que tenha havido modificação do estado de fato, como, por exemplo, o aumento de fortuna do devedor, permitindo a propositura da referida demanda.

Ora, se são novos fatos, nova será a causa petendi e, consequentemente, diverso será o pedido, cuidando-se, pois, de nova demanda. Por isso é um erro pensar que nesses casos tenha havido uma alteração da autoridade e da imutabilidade da coisa julgada.

Como bem diz Liebman:

"De certo modo, todas as sentenças contêm, implicitamente, a cláusula *rebus sic stantibus*. Tratando-se de uma relação que se prolonga no tempo, e devendo a decisão ser determinada pelas circunstâncias concretas do caso, a mudança destas justifica, sem mais, uma correspondente adaptação da determinação feita precedentemente, o que será uma aplicação e nunca uma derrogação dos princípios gerais e nenhum obstáculo encontrará a coisa julgada".[39]

Outrossim, a coisa julgada material proferida sobre uma relação jurídica continuativa é tão imutável quanto qualquer outra, já que o conteúdo do que foi decidido, acerca dos fatos e fundamentos que foram levados ao Poder Judiciário, permanecerá inalterado. Aquela situação que se decidiu não muda. Outras modificações darão ensejo a outras demandas e, como tal, não há falar em inexistência de coisa julgada.[40]

Também a instabilidade do bem ambiental influencia diretamente o regime jurídico da coisa julgada. Considerando que os bens ambientais são instáveis e sujeitos a alterações e variações no tempo e no espaço, deve-se ficar atento, porque o fato de se ter sacramentado com a coisa julgada determinada decisão que envolva a tutela ambiental — por exemplo, o reconhecimento judicial de que determinada atividade não é impactante — não quer dizer que nunca haverá alteração na situação tutelada. A estabilidade

---

38. Ver José Alberto dos Reis, Comentários ao Código de Processo Civil, v. 5, p. 167; entre nós, ver, por todos, Lopes da Costa, Medidas preventivas, p. 50-51.
39. Idem, ibidem.
40. Assim, como bem coloca Fredie Didier (Curso... v.2. cit. p.435), "não há regime jurídico diferente para a coisa julgada na ação de alimentos. Também não se justifica, embora consagrada, a referência a uma 'coisa julgada rebus sic stantibus', pois a coisa julgada sempre operará naquelas circunstâncias específicas – o que é rebus sic stantibus é a decisão, que em seu bojo traz esta cláusula".

CAPÍTULO 11 • COISA JULGADA NA LEI DE AÇÃO CIVIL PÚBLICA **409**

da coisa julgada nos processos ambientais é altamente influenciada pelas características intrínsecas do equilíbrio ecológico.

A cláusula *rebus sic stantibus*, contida em toda e qualquer sentença, ganha extremo relevo em matéria ambiental, tudo por causa da instabilidade dos bens ambientais.

Imagine-se que hoje determinada atividade econômica não seja considerada poluente, mas amanhã, em razão de variações climáticas, ou de pressão, ou de umidade, a atividade passe a ser considerada poluente. E se já houver a autoridade da coisa julgada sobre a situação jurídica que antes era favorável, mas que agora é desfavorável ao meio ambiente? Não há como sustentar essa estabilidade, e, o STJ, de alguma forma reconhece, embora sem tocar especificamente na coisa julgada, a instabilidade das situações jurídicas ambientais ao dizer que:

> IV. O STJ, em casos idênticos, firmou entendimento no sentido de que, em tema de Direito Ambiental, não se admite a incidência da teoria do fato consumado. Nesse contexto, devidamente constatada a edificação, em área de preservação permanente, a concessão de licenciamento ambiental, por si só, não afasta a responsabilidade pela reparação do dano causado ao meio ambiente, mormente quando reconhecida a ilegalidade do aludido ato administrativo, como na hipótese. Nesse sentido: STJ, REsp 1.394.025/MS, Rel. Ministra ELIANA CALMON, SEGUNDA TURMA, DJe de 18/10/2013; REsp 1.362.456/MS, Rel. Ministro MAURO CAMPBELL MARQUES, SEGUNDA TURMA, DJe de 28/06/2013.

Não como se sustentar uma *estabilidade eterna* para as situações jurídicas ambientais. Como se disse, não será incomum que variações de temperatura, de pressão, de pluviosidade, de vento etc. alterem situações jurídicas ambientais. O que antes poderia ser aceitável, pode não ser mais em tempos seguintes. Não pode, neste passo, aceitar que a coisa julgada nas lides ambientais tenha o mesmo grau de estabilidade que em outras demandas.

6. LIMITES SUBJETIVOS DA COISA JULGADA NAS DEMANDAS COLETIVAS

6.1 Coisa julgada *erga omnes* e ultra partes

O só fato de o CDC usar da terminologia latina descrita acima não resolve absolutamente nada. Dizer que a coisa julgada é contra todos ou além das partes não significa inferir qual o seu alcance. A rigor a expressão é atinente à eficácia da sentença, e, não propriamente à coisa julgada.

> Tanto isso é verdade – a atecnia – que na Lei n. 7.347/85, art. 16, o legislador utilizou unicamente a expressão erga omnes para designar tanto a coisa julgada incidente sobre sentença que tutele direitos difusos como aquela para a defesa de direitos coletivos, e bem sabemos que o alcance dos limites subjetivos de um e de outro direito tutelado é diferente.

Na verdade, o que importa é realmente a identificação da porção do direito material sobre que se pediu a tutela. Certamente, tratando-se de tutela supraindividual, todos os titulares (ainda que não se saiba quais sejam) do mesmo objeto indivisível serão atingidos pela imutabilidade da coisa julgada.[41]

---

41. Nesse sentido, ver Arruda Alvim et al., op. cit., p. 464, e Antonio Gidi, op. cit., p. 109.

Seria como dizer que a indivisibilidade do objeto tutelado em juízo (limite obje-tivo) delimitasse também o alcance subjetivo da coisa julgada.[42] Exatamente por isso, tornam-se apenas elucidativas as regras previstas nos arts. 103, I, II e III, do CDC e art. 16 da LACP.

Outrossim, em todos os três casos a coisa julgada é além da parte ativa (o sentido processual é claro), e é isso o que há de novo na sistemática coletiva.

Na verdade, erga omnes também quer dizer que a situação jurídica a ser imunizada alcançará pessoas que não estavam no processo, pois estavam presentes por intermédio de representantes adequados.

Também não nos parece correto falar em coisa julgada contra todos uma vez que, em feliz observação de Gidi, "*não atinge todos os seres humanos existentes no planeta, mas tão só e exclusivamente a comunidade lesada*".[43] Como já foi dito, o alcance se dará pela delimitação da titularidade do objeto protegido em juízo. Quando se diz que a titulari-dade do objeto é supraindividual e por isso, às vezes, até indeterminável, não significa em hipótese alguma afirmar que seja indefinida. Será um grupo, ou categoria ou classe ou comunidade de pessoas protegida pela norma abstrata que incidiu no caso específico.

> Outra crítica desferida à terminologia empregada pelo legislador diz respeito à expressão contida no art. 16 da LACP. É que tal dispositivo diz que a *"sentença fará coisa julgada". Bem sabemos que não é a sentença que produz a coisa julgada. Muito pelo contrário, constitui na verdade "um efeito que a sentença recebe, um efeito que sobre ela se produz".*[44]

6.2 Limites subjetivos nas demandas essencialmente coletivas

Os atingidos pela coisa julgada nas demandas essencialmente coletivas são os titulares do objeto indivisível que foi tutelado. Nesses casos, o resultado positivo da demanda coletiva é estendido *in utilibus* aos titulares de direitos individuais lesados, sempre que exista entre a tutela coletiva e a tutela individual uma origem comum, ou seja, sempre que o mesmo fato violador de direitos difusos e coletivos também tenha sido causador de lesões individuais.

Já explicado o fenômeno de insuficiência de provas, que gera uma coisa julgada *secundum eventum probationis*, tem-se que a improcedência da demanda coletiva impede uma reutilização do canal coletivo, de forma que a imutabilidade do julgado atingirá todos os titulares do direito material essencialmente coletivo que foi levado a juízo. Obviamente, se a lide coletiva foi julgada e atingiu o titular do direito (grupo, categoria, classe, comunidade de pessoas etc.), parece lógico que nenhum dos legitimados que poderiam ter ajuizado a demanda (art. 82 do CDC) poderão repropor a mesma demanda.

Assim, a procedência é *ultra partes* para atingir todos os titulares do direito mate-rial e, por conseguinte, aqueles que têm a legitimação coletiva abstrata. Pela extensão

---

42. Tanto isso é verdade que, no caso dos direitos coletivos, o alcance da decisão englobará inclusive aquele que não faça parte da coletividade organizada (associação, sindicato etc.), mas que igualmente seja "dono" do objeto (indivisível) tutelado.

43. Antonio Gidi, op. cit., p. 111.

44. José Carlos Barbosa Moreira. "Coisa julgada e declaração", in: Temas de direito processual. 1ª série, p. 88.

CAPÍTULO 11 • COISA JULGADA NA LEI DE AÇÃO CIVIL PÚBLICA — 411

in utilibus do julgado positivo,[45] também serão atingidos os indivíduos cujos direitos foram igualmente ofendidos pela mesma origem dos direitos essencialmente coletivos. Por outro lado, a improcedência cerceia qualquer possibilidade (excluída a hipótese de insuficiência de provas) de repropositura da demanda essencialmente coletiva por quem quer que seja o adequado representante, tenha ou não participado da demanda coletiva.

Todavia, nesse caso (improcedência da demanda coletiva) não se fala em extensão in utilibus do julgado, deixando-se incólumes e livres para perseguição em juízo os direitos individuais derivados do mesmo fato violador, que não foi reconhecido como tal numa demanda essencialmente coletiva.

Concluindo, pois, o sistema dos limites subjetivos da coisa julgada nas demandas essencialmente coletivas deve ser pensado sob uma ótica essencialmente coletiva: sendo o objeto tutelado um bem coletivo ou difuso, a coisa julgada é pró e contra, ou seja, para atingir os titulares do direito e respectivos representantes adequados, seja nos casos de procedência ou de improcedência.

As ressalvas que se fazem são duas: a) havendo improcedência por insuficiência de provas não se forma coisa julgada material, podendo a demanda ser reproposta, desde que se valendo de nova prova; b) havendo procedência dessas demandas coletivas, além do benefício difuso ou coletivo (dependendo do caso) ocorrerá o fenômeno da extensão beneficiadora in utilibus do julgado para a tutela de direitos individuais lesados pelo mesmo fato violador.

6.3 Limites subjetivos da coisa julgada nas demandas coletivas para a defesa de direitos individuais homogêneos

Segundo o art. 103, III, do CDC, tem-se que a coisa julgada nas demandas coletivas para a defesa de direitos individuais homogêneos será *"erga omnes apenas no caso de procedência do pedido para beneficiar as vítimas e seus sucessores"*.

Aparentemente, e comumente, diz haver aí uma coisa julgada secundum eventum litis porque só ocorrerá no caso de procedência do pedido. Entretanto, uma análise mais profunda demonstra que não é bem assim que deve ser interpretado o dispositivo. É que, uma vez ocorrido o trânsito em julgado da decisão definitiva proferida na demanda coletiva para a defesa de direitos individuais homogêneos, essa via coletiva e supraindividual não poderá ser reutilizada, independentemente de ser procedente ou não o resultado.

Assim, todos os legitimados do art. 82 deverão respeitar o comando proferido e se sujeitar à autoridade da coisa julgada, não podendo repropor a dita demanda supraindividual. Enfim, estará preclusa, para qualquer legitimado, a via supraindividual.

---

45. Não haverá a dita extensão *in utilibus* se já tiver sido julgada e rechaçada pelo mérito a demanda individual. Igualmente se o indivíduo decidiu não ser absorvido pela demanda coletiva e prosseguiu com a sua demanda individual.

O que pretende o dispositivo é dizer que, havendo a procedência do pedido supraindividual, este irá beneficiar, individualmente, cada uma das pessoas que se encontrem na situação de origem comum.[46][47]

É precisamente aqui, na extensão subjetiva apenas do julgado favorável aos indivíduos, que se tem o aspecto *secundum eventum litis* do julgado e não no raciocínio de que a decisão favorável atinge e a desfavorável não atinge as vítimas e sucessores. Não podemos esquecer que a demanda é para tutelar direitos que, embora sejam individuais, são tratados de modo supraindividual, porque apenas a parcela comum é decidida.

Então, tratando-se de demanda supraindividual, o resultado deve dizer respeito à lide supraindividual. Logo, qualquer resultado, pelo mérito, positivo ou negativo, torna preclusa esta via supraindividual. Ressalte-se, neste caso não se aplica a regra da insuficiência de provas a que alude a coisa julgada nas demandas essencialmente coletivas.

Obviamente, outra demanda coletiva para o mesmo desiderato não será possível. Em caso de improcedência da demanda supra individual, o resultado negativo não será estendido às pessoas que se encontrarem em situação de origem comum, justamente porque não seria permitido retirar-se o acesso individual à justiça.

> O caráter secundum eventum litis está nisso: só estende o julgado para beneficiar as vítimas e seus sucessores quando for favorável. O argumento que se põe para justificar tal prática é que nem poderia ser diferente, tendo em vista que a extensão negativa da improcedência para os indivíduos acarretaria ferimento ao art. 5º, XXXV, da CF/88.

Na verdade, pode-se perceber que a técnica de tutela supraindividual de direitos individuais homogêneos constitui-se em mais um instrumento ou canal de facilitação do acesso à justiça e, portanto, perfeitamente consentânea com a política adotada pelo legislador brasileiro, que atendeu à realidade do nosso País.

Esse aspecto foi criticado por Mafra Leal, no sentido de que a regra da extensão do julgado apenas no caso de procedência

> "tem fundamento sociológico e político, diante da histórica situação de desvantagem dos representados. Entretanto, em nível teórico, essa regra é contraditória, no sentido de que o adequado representante só é considerado adequado quando a ação é benéfica".

Continua o autor:

> "Ora, se há a escolha ex lege desses representantes, que teoricamente viriam equilibrar as forças no litígio, não há sentido em se limitar a extensão da coisa julgada somente em prol dos representados. Isso, na verdade, viria desprestigiar a própria ação coletiva e o adequado representante, que não atribuiria importância devida à sua atividade, nem seria cobrado à altura em relação a seus resultados."[48][46]

---

46. Outra observação crítica é a do uso da expressão erga omnes tendo em vista que a decisão ficará limitada ao grupo de lesados, não se podendo dizer que atingirá a todos, senão a *eficácia da decisão*.

47. Só há que se falar em extensão do benefício da coisa julgada quando se tratar de técnica processual coletiva supraindividual, de forma que não será possível fazer atuar o dispositivo em tela quando se tratar de ação individual, com base em direito de vizinhança, por exemplo, em que o proprietário ajuíze demanda para preservar o bom uso da propriedade vizinha, mas, dada a indivisibilidade do bem tutelado (evitar a poluição sonora – equilíbrio do ecossistema social), acabe fazendo com que, de uma forma ou de outra, todos acabem sendo atingidos pela eficácia natural da decisão.

48. Márcio Flávio Mafra Leal, op. cit., p. 210; ver também a crítica de José Rogério Cruz e Tucci, op. cit., p. 120.

CAPÍTULO 11 • COISA JULGADA NA LEI DE AÇÃO CIVIL PÚBLICA

413

Em nosso sentir, em parte tem razão o autor citado, com relação às críticas feitas, e não pensamos que o problema que se oponha à não extensão do julgado seja a eventual ofensa ao direito constitucional de ação individual, justamente porque, como afirma, o que justifica a demanda supraindividual é a real possibilidade de um acesso mais efetivo e justo.

Entretanto, por outro lado, deve-se notar que a adoção desse sistema para a coisa julgada foi na verdade uma opção político-axiológica do legislador, e isso não se deu por acaso. Deve-se pensar que no nosso País o senso de propriedade, inclusive da ação, ainda é algo muito forte, e a coletivização da técnica processual de uma hora para a outra não seria recebida com bons olhos, não sem antes passar-se por um processo experimental em que os representantes abstratos, escolhidos num plano abstrato, mas não avaliados num plano concreto (tal como ocorre no americano), seriam de fato adequados representantes.

Ademais, um sistema falho de comunicação (que tem menos chance de acontecer nos EUA) poderia impedir ou fechar as portas do acesso individual à justiça. Foi para evitar tais riscos que o legislador adotou a técnica processual do *benefício apenas*. Não pensamos que seja incorreta, e, se num plano teórico apresenta-se como contraditória, é perfeitamente consentânea com a realidade do nosso País.

Por isso, longe de críticas, merece aplausos o nosso legislador, que, antevendo os riscos, "encontrou" uma solução que seja mais próxima da realidade do País. No fundo pensamos que a tendência para o futuro, com a facilitação dos meios de comunicação, seja a preconizada por Mafra, de que também a improcedência tenha o condão de se revestir da autoridade da coisa julgada, mas nesse caso a mudança deverá ser acompanhada de um controle concreto pelo juiz do adequado representante, bem como a adoção de regras de comunicação e intercâmbio processual que garantam uma real oportunidade de escolha da opção coletiva ou da individual. Certamente, nesta época, a experiência até então vivenciada trará maior confiança à sociedade no sistema coletivo como um todo.

O benefício da "extensão do julgado" de procedência para as vítimas e seus sucessores não ocorrerá nas seguintes hipóteses:

a) intervenção litisconsorcial a que aludem os arts. 94 e 103, § 2º, do CDC;

b) quando não requerida a suspensão das ações individuais concomitantes com a ação coletiva para a defesa de direito supraindividual, no prazo de 30 dias a contar da ciência nos autos do ajuizamento da ação coletiva, tal como determina a segunda parte do art. 104 do CDC.

Também não ficou imune de críticas a regra contida no parágrafo anterior (não benefício na extensão do julgado nos casos supra-arrolados), e mais uma vez verifica-se que são críticas serias e que não podem ser simplesmente olvidadas.

É que tais dispositivos acabam logicamente estimulando uma "inércia" do jurisdicionado para redução de demandas, mas ao mesmo tempo "pune" aqueles que foram em juízo buscar a tutela jurisdicional, por exemplo, que tenha ajuizado a demanda individual que foi julgada improcedente antes mesmo de ter sido proposta a demanda coletiva. Este jurisdicionado, por ser ligeiro na tutela de seus direitos será punido se houver coisa julgada individual contra si, e, posteriormente vier a ser ajuizada demanda coletiva que seja julgada procedente. Neste caso ele nem sequer teve direito a opt in ou opt out.[49]

Obviamente que a situação é diversa quando – na absurda hipótese de ingresso do art.94 do CDC – em que o interessado intervém como litisconsorte. Nesses casos pune-se o interessado atuante, que tenha decidido participar da demanda coletiva, pois sofrerá todas as consequências da eventual improcedência daí decorrente.

Essa "participação" permitida por intermédio da "intervenção litisconsorcial" não foi uma solução que nos pareça adequada e consentânea com a técnica criada pelo legislador de coletivização dos direitos individuais homogêneos. É que a demanda proposta é supraindividual e nem se poderia pensar ou imaginar que o interveniente pudesse acrescentar aspectos do seu direito individual. Isso contrariaria toda a técnica desenvolvida de coletivização de direitos individuais homogêneos. Imaginem se outros particulares desejassem fazer o mesmo!

Na verdade a intervenção será permitida, pois assim expressamente diz o art. 94, mas somente para fortalecer a demanda supraindividual, "restringindo-se a corroborar o pedido de condenação genérica do art. 95, concernente à singela fixação da obrigação abstrata do réu, único tema que será apreciado na sentença coletiva, sem que possam inovar e formular seus pedidos individualizados, uma vez que o tratamento unitário apenas é possível porque são, como já salientamos, desprezadas e necessariamente desconsideradas as peculiaridades agregadas à situação pessoal e diferenciada de cada interessado", tal como observou de modo certeiro Luiz Paulo da Silva Araújo[50], em excelente trabalho sobre o tema.

Com base nesse aspecto – a impossibilidade de se inovar a demanda coletiva com a pretensão individual do interveniente – é que ratificamos ainda mais a nossa posição de que a figura contemplada no art. 94 não é de intervenção litisconsorcial, mas sim de assistência qualificada ou litisconsorcial e, principalmente, que é muita injustiça que se aplique o art. 103, § 2º, tendo em vista que nesse caso a pretensão individual jamais será apreciada e nem sequer ventilada em sede de demandas supraindividuais para a defesa de direitos individuais homogêneos.

Observe-se que no afã de trazer a mesma regra do ordenamento norte-americano (Regra 23, (C) (2) (c)) relativa aos casos de class actions for damages para as nossas ações coletivas para a defesa de direitos individuais homogêneos, o legislador não teve a cautela de verificar que lá só se permite ao notificado que peça a sua exclusão ou, se quiser, que intervenha, porque na verdade um dos pressupostos da representatividade adequada é justamente que exista por parte do legitimado a defesa de um interesse próprio (isso seria um dos mecanismos de verificação do empenho do representante adequado).

Todavia, para que isso não desnaturasse a via coletiva, são dados inúmeros poderes ao juiz, inclusive o de fragmentar a class action se perceber que a representatividade é

---

49. Nesse sentido, Arruda Alvim, op. cit., p. 82; ver ainda José Inácio Botelho de Mesquita. "Na ação do consumidor, pode ser inútil a defesa do fornecedor", in: Revista do advogado. São Paulo, 1990, n. 33.
50. ARAUJO, Luiz Paulo da Silva, Op. cit., p. 147.

CAPÍTULO 11 • COISA JULGADA NA LEI DE AÇÃO CIVIL PÚBLICA

também fragmentada. Também se lhe permite tomar como class action apenas algumas questões levadas em juízo, questões, enfim, que entender comuns e que julgar serem mais bem tratadas e decididas por meio de class action.

Ora, nada disso tem-se aqui, especialmente quanto aos poderes do juiz. Nisso, fica à deriva e órfã a regra do art. 94 que permite a intervenção do particular na ação coletiva.

A perguntas que se fazem são as seguintes?

Qual o motivo para permitir essa intervenção, se nenhum interveniente poderá deduzir pedido individual ou razões individuais, justamente porque na nossa representação adequada a legitimidade pressupõe a desvinculação com o direito material, no sentido de que quem postula em juízo não é o atingido diretamente pela coisa julgada?

Já imaginaram se milhares resolverem intervir no prazo aludido do art. 94?

Se outros milhares decidirem aduzir alegações, ainda que de cunho altruísta?

Ora, se o legislador não quis outorgar a legitimidade individual para a propositura das demandas coletivas supraindividuais, por que então permitir essa intervenção?

Não pensamos que esta regra seja operativa quando comparada com os demais institutos e propósitos das demandas coletivas brasileiras.

CAPÍTULO 12
LIQUIDAÇÃO E EXECUÇÃO NA LEI 7.347/85

1. LIQUIDAÇÃO

1.1 Introito

Só é possível promover a execução civil se todos os elementos da obrigação estiverem identificados na decisão: se ela é devida, a quem é devida, quem deve e quanto (ou o que) é devido. Para que seja dado início a atividade executiva é preciso que todos estes elementos estejam revelados na decisão judicial, pois do contrário torna-se impossível efetivar a satisfação do direito.

Há casos em que a identificação do quantum ou o que é devido não se dá no mesmo momento (provimento judicial) em que os demais elementos da obrigação são definidos, permitindo o legislador que esses aspectos sejam aferidos em atividade cognitiva posterior, numa fase subsequente.

Assim, os provimentos judiciais que impõe uma prestação e que estejam incompletos são chamados de genéricos e falta-lhes elemento essencial para dar início à atividade executiva. Trata-se, pois, de regra excepcional, pois o ordinário é que a decisão judicial contenha todos os elementos da obrigação.

1.2 Hipóteses de liquidação

A liquidação é sempre de um provimento judicial e será sempre necessária quando se pretender promover a execução desse provimento judicial, de forma que não há a possibilidade de se liquidarem títulos extrajudiciais. Existem no Código de Processo Civil, totalmente aplicável à ação civil pública ambiental, inúmeras hipóteses de liquidação de provimentos judiciais, sendo a do art. 509 e ss. a que cuida pormenorizadamente do instituto, inclusive a que lhe dá o nome (liquidação de sentença).

Entretanto, como se disse, as hipóteses de liquidação do provimento judicial estão espalhadas no Código, tal como se observa no art. 520, I, no art. 302, parágrafo único, no art. 356, §4°, no art. 499 etc. em que não se tem propriamente uma liquidação de *sentença*, mas sim de um provimento *judicial*. Há, ainda, situações em que o Código não revela a necessidade de prévia liquidação judicial, mas isso será inexorável, tal como ocorre com a sentença penal condenatória, que, normalmente, antes de ser executada, deve passar por prévia liquidação judicial.[1]

---

1. Nada obstante o artigo 515, VI arrolar como título executivo judicial a sentença penal condenatória transitada em julgado, seguindo a determinação do artigo 387 do Código de Processo Penal, continuamos a sustentar que a sentença penal condenatória é

Basta imaginar hipótese de ação civil pública ambiental proposta para obter a restauração ambiental da área suprimida com pedido cautelar paralisação de toda e qualquer atividade na referida área. Ao proferir a sentença que seria executada provisoriamente (art. 14 da LACP) verifica-se que a área suprimida que ficou intocada durante o processo acabou por regenerar-se sozinha, caso em que mostra-se desnecessária a desaconselhável a restauração se assim for certificada por órgão técnico competente.. Nesta hipótese deve-se aplicar a regra dos artigos 499 e 500 do CPC:

> Art. 499. A obrigação somente será convertida em perdas e danos se o autor o requerer ou **se impossível** a tutela específica ou a obtenção de tutela pelo resultado prático equivalente.
>
> Art. 500. A indenização por perdas e danos dar-se-á sem prejuízo da multa fixada periodicamente para compelir o réu ao cumprimento específico da obrigação.

Observe que não faria nenhum sentido manter o dever de restauração do que já havia sido restaurado. Nesta hipótese o dever de restaurar – cuja restauração foi obtida naturalmente pela intocabilidade da área durante todo o tempo de vigência da liminar que suspendeu a atividade – deverá ser convertido em perdas e danos por meio de liquidação que precederá a execução.[2]

> 1. Trata-se, na origem, de Agravo de Instrumento interposto pelo ora insurgente contra decisão que indeferiu pedido de declaração de nulidade da perícia, realizada nos autos da Ação Civil Pública Ambiental 1248-84.2003.8.26.0587, sob o argumento de que não teria sido intimado da realização dos trabalhos periciais e, por conseguinte, não pôde seu assistente técnico acompanhá-los.
>
> 2. Ocorre que, segundo o que se verifica da Petição de fls. 488/495, e-STJ, bem assim do sítio do TJSP, a Ação Civil Pública em tela já teve seu mérito apreciado em sentença datada de 11/11/2008. Eis o dispositivo da decisão: "JULGO PROCEDENTE a presente Ação Civil Pública, nos termos do artigo 269, I, do Código de Processo Civil, para CONDENAR os requeridos na: 1) obrigação de não fazer consistente em cessarem toda e qualquer atividade degradadora do meio ambiente local (v.g. supressão de vegetação, edificação, introdução de espécies exóticas), sob pena de multa diária no valor equivalente a R$ 500,00; 2) obrigação de fazer, consistente na demolição das edificações erigidas, com a retirada de entulho, de espécies exóticas, de aterro, restaurando o status quo ante, mediante projeto a ser submetido ao DEPRN, no prazo de 120 dias, sob pena de multa diária no valor equivalente a R$ 500,00. **Eventual inviabilidade técnica na recuperação da área implicará na conversão em perdas e danos, a ser auferida em liquidação de sentença**. Carreio aos requeridos o pagamento das custas e despesas processuais, consignando não haver condenação nos honorários advocatícios por inaplicáveis à espécie. P.R.I.C. Sã o Sebastião, 06 de novembro de 2008. Guilherme Kirschner Juiz de Direito Custas de Preparo – Taxa Judiciária R$ 74,40 – Porte de Remessa – R$ 62,88 TOTAL R$ 137,28". (...) (AgRg no REsp 1532528/SP, Rel. Ministro HERMAN BENJAMIN, SEGUNDA TURMA, julgado em 18/08/2015, DJe 08/09/2015)

Se neste exemplo tivessem sido feitos vários pedidos como restaurar a área, delimitar as áreas adjacentes, informar a população sobre os riscos e cuidados com a área etc. então teremos a possibilidade de execução imediata de algumas obrigações de fazer e prosseguimento de liquidação da obrigação de pagar quantia, fruto da conversão do dever de restaurar.

---

título hábil à liquidação no juízo cível e não de execução, pois, não nos parece correto que o juízo penal tenha competência para fixar o quantum indenizatório mínimo, e, tampouco é discutido no juízo penal o dano para fins de reparação. Neste sentido é a orientação do Superior Tribunal de Justiça.

2. Muitas vezes essa percepção só é feita quando se dá início a execução da obrigação de fazer e no curso dela verifica-se que não é mais necessária a restauração do que naturalmente foi restaurado.

CAPÍTULO 12 • LIQUIDAÇÃO E EXECUÇÃO NA LEI 7.347/85 **419**

1.3 A liquidação da sentença provisória ou definitiva

Apenas as sentenças condenatórias *genéricas* são passíveis de liquidação para a apuração do valor devido. A verificação do valor devido pode ser feita antes ou depois do trânsito em julgado da sentença liquidanda. Será feita *antes* quando for requerida a liquidação na pendência do recurso interposto contra a sentença liquidanda, e, por razões lógicas, deverá ser feita em autos apartados, pois o fascículo principal estará no juízo *ad quem* para processamento e julgamento do recurso. Será feita *depois* se a parte optar por fazê-lo após o trânsito em julgado da sentença liquidanda, e, neste caso, será requerida nos autos principais, tal como determinam os artigos 509, §3º e 512 do CPC.

Nas hipóteses de julgamento parcial do pedido (art. 356 do CPC) é possível que esta decisão seja reconhecedora de uma obrigação líquida ou ilíquida. Nesta hipótese a parte poderá liquidar ou executar, desde logo, a obrigação reconhecida na decisão que julgar parcialmente o mérito com fulcro no art. 16 da LACP, e, portanto, independentemente de caução, ainda que haja recurso interposto. Se a decisão parcial do mérito tiver transitado em julgado, então a execução será definitiva.

Para permitir uma melhor gestão e organização do processo permite o Código no art. 456, §4º que a liquidação e o cumprimento da decisão que julgar parcialmente o mérito poderão ser processados em autos suplementares, a requerimento da parte ou a critério do juiz.

Aplica-se integralmente o art. 356 do CPC às ações civis públicas ambientais, uma vez que é bastante comum que nelas constem vários pedidos cumulados e em relação a muitos deles seja possível julgamento antecipado, tal como cumulação de pedido de *anulação de licença* (provimento constitutivo), com *demolição de construção*, com *revegetação de área, com dano moral coletivo* etc. Não será incomum a possibilidade de julgamento parcial do conflito em relação aos três primeiros pedidos e manutenção da decisão em relação ao seguinte.

1.4 A liquidação autônoma

A liquidação da sentença segundo o artigo 509 do CPC, inicia-se a requerimento do credor ou do devedor, dando início a um incidente processual cognitivo, pois depende de requerimento do interessado. Não dá início a um novo processo, pois é apenas uma fase complementar à condenação genérica. Poderá, contudo, excepcionalmente, não ser apenas um procedimento ou fase cognitiva anterior ao cumprimento da sentença, dando início a um incidente autônomo, tal como acontece nas hipóteses do art. 515, §1º, em que a sentença genérica tenha sido formada em juízo diverso do que irá processar a execução civil.

1.5 Objeto e cognição da liquidação da sentença

A liquidação da sentença tem por finalidade *tornar líquido* um provimento judicial *ilíquido*. Portanto, diz respeito, quase sempre, à descoberta do *valor devido* para a futura *execução por quantia*. Neste particular corrobora o que diz o art. 509 que, "*quando a sentença condenar ao pagamento de quantia ilíquida, proceder-se-á à sua liquidação, a requerimento do credor ou do devedor*".

Entretanto, é preciso não olvidar que, embora incomum, outros provimentos judiciais referentes às outras modalidades de obrigação (fazer e entrega de coisa) não possam ser *incompletos*, e, neste caso, deverá ser realizada a identificação do elemento da obrigação que está ausente.

Assim, é tecnicamente correto usar o termo *liquidação* – tornar líquido – apenas para os provimentos judiciais que precisam identificar o valor devido, sem descurar que muitos provimentos deveres de fazer, tão comuns no direito ambiental, dependam de um momento prévio à execução para serem identificados os detalhes sobre como praticar o dever de fazer. Sem esse *detalhamento* da prestação de fazer pode ser absolutamente impossível o seu cumprimento.

Tomando de exemplo uma sentença condenatória que imponha uma prestação de fazer a um poluidor referente a retirada de um mega tanque de armazenamento de combustível instalado na base de uma região de aclive e que esteja com seu prazo de validade vencido será necessário delimitar como deve ser este procedimento, pois a sentença apenas emite o comando de fazer sem ter ela mesma condições de dizer como deve se dar a retirada.

Nesta hipótese, não será incomum que a sentença determine que o órgão ambiental competente, de modo técnico e fundamentado, estabeleça como deve ser este procedimento de retirada, pois o próprio cumprimento da sentença pode importar risco para o meio ambiente e população circunvizinha.

Logo, esta sentença, conquanto imponha uma prestação de fazer, não pode ser executada sem que antes seja definido como deve proceder o seu comando. Não se pode falar em *liquidação da sentença*, porque nada há a ser *liquidado*, mas inegavelmente é preciso que se dedique um momento, judicial ou extrajudicial (a depender de como constou na sentença) que seja antecedente à execução propriamente dita do ato de prestar a obrigação para especificar a forma de cumprimento da prestação de fazer com apoio em conhecimento técnico de um perito ou do órgão ambiental competente[3].

(...)

2. O acórdão ora impugnado reconheceu que a parte recorrida realizou construções na APP do Rio Pardo, dentro da faixa de 100 metros de sua margem. Por essa razão, confirmou a condenação da parte recorrida a apresentar, perante o órgão ambiental, projeto de recuperação da área. 3. Todavia, vislumbrando a possibilidade de incidência do art. 61-A da Lei 12.651/2012 (que trata da consolidação de ocupação em APP), a Corte de origem permitiu à parte recorrida que buscasse junto ao órgão ambiental, ao definir a forma de recomposição do meio ambiente, o licenciamento de suas intervenções na APP. O controle judicial do procedimento, por sua vez, será realizado na fase de liquidação da sentença. (...) 6. A condenação da parte recorrida, tanto na sentença (fls. 418) como no acórdão (fls. 507/508), foi para apresentar projeto de recuperação ao órgão ambiental – e contra isto não se insurge o Parquet. 7. Ou seja: a específica forma de recuperação da APP será definida pelo particular em conjunto com o órgão ambiental estadual, que analisará e chancelará (ou não) o projeto por ele apresentado. Como bem dito pelo Juiz sentenciante, a eventual necessidade de intervenção judicial na propriedade será aferida em fase de liquidação de sentença e se comprovada a renitência do requerido no cumprimento das obrigações determinadas (fls. 418). 8. Diante disso, o acórdão recorrido

---

3. AgInt no REsp 1572257/PR, Rel. Ministro FRANCISCO FALCÃO, SEGUNDA TURMA, julgado em 21/03/2019, DJe 17/05/2019.; REsp 1699488/RS, Rel. Ministro GURGEL DE FARIA, PRIMEIRA TURMA, julgado em 13/12/2018, DJe 19/02/2019; REsp 1673262/RJ, Rel. Ministro HERMAN BENJAMIN, SEGUNDA TURMA, julgado em 07/06/2018, DJe 12/03/2019; REsp 1372596/RS, Rel. Ministro MARCO AURÉLIO BELLIZZE, QUINTA TURMA, julgado em 16/04/2013, DJe 02/05/2013.

CAPÍTULO 12 • LIQUIDAÇÃO E EXECUÇÃO NA LEI 7.347/85

apenas introduziu um parâmetro a ser levado em consideração, pelo órgão ambiental, na análise do projeto de recuperação da APP, qual seja: a possibilidade de incidência do art. 61-A da Lei 12.651/2012 – inclusive, se for o caso, com as medidas compensatórias previstas no dispositivo, bem como no art. 66 (fls. 508). 9. Não se pode transformar o Poder Judiciário em uma espécie de balcão do órgão ambiental, imputando-lhe a responsabilidade por analisar, originariamente, os pleitos de licenciamento de ocupações ou realização de medidas compensatórias. O exame de tais assuntos cabe, em verdade, aos órgãos integrantes do SISNA-MA, na forma da vasta Legislação sobre o tema. 10. Por conseguinte, a determinação do acórdão recorrido compatibiliza de maneira adequada os interesses à tutela do meio ambiente e à eficácia prática do processo. Afinal, a parte recorrida foi condenada à recuperação do meio ambiente degradado – e quanto a isto não há qualquer dúvida; a forma específica de recuperação é que será definida pelo órgão ambiental, ao examinar o projeto apresentado pelo particular.

11. A atuação do ente do SISNAMA concorrerá, justamente, para evitar qualquer prejuízo à qualidade ambiental, verificando se a parte recorrida faz jus, ou não, ao licenciamento de suas obras, bem como a necessidade de eventuais medidas de compensação. Outrossim, consoante destacou a sentença (em trecho mantido pelo acórdão recorrido), poderá o Parquet provocar a intervenção judicial, na fase de liquidação, caso se verifique ilicitude na conduta da parte recorrida. (...) (REsp 1807851/SP, Rel. Ministro NAPOLEÃO NUNES MAIA FILHO, PRIMEIRA TURMA, julgado em 03/12/2019, DJe 09/12/2019)

O objeto da liquidação da sentença é a identificação do valor, que funciona como um *procedimento cognitivo* sequencial à condenação genérica. A *limitação do objeto* – identificação do quantum – implica em restrição horizontal da cognição, mas, quanto a este aspecto, a decisão aí proferida faz coisa julgada material.

1.6   A decisão na liquidação de sentença

1.6.1   *Liquidação improcedente – ilícito sem dano*

O provimento (decisão) que julga o incidente de liquidação poderá ser *procedente* ou *improcedente*, e, no primeiro caso, visa "completar" a norma jurídica quase completa, colmatando a lacuna do *quantum* ou do *titular* do direito exequendo. Em nosso sentir, tem natureza declaratória a decisão de procedência proferida no incidente de liquidação de sentença, com eficácia retroativa, porque apenas declara qual o elemento faltante na sentença condenatória genérica. Segundo o CPC, trata-se de decisão interlocutória, nos termos do artigo 203, §2º.

Por ser um incidente cognitivo, a liquidação de sentença admite, pelo menos em tese, uma extinção com desfecho duplo, ou seja, será normal a sua extinção quando seja julgada procedente ou improcedente, ou seja, quando rejeite ou acolha o pedido do autor, nos exatos termos dos arts. 487, I do CPC, muito embora, pela expressa conceituação do Código, não seja uma sentença.

Porém, se isso é verdade (desfecho duplo), como explicar, racionalmente, os casos de liquidação do *quantum* em que a decisão liquidanda, transitada em julgado, reconheceu o direito à indenização, mas o provimento liquidatório tenha dito, num caso de improcedência, que não existe valor apreciável para o dano, que, frise-se, já teria sido reconhecido em fase de cognição anterior?

Ora, tal situação é muito mais próxima da aberração do que do senso lógico. Não nos parecem racionais, nem sustentaríamos qualquer logicidade, para as situações em que antes é fixada a existência do dano e o dever de indenizar, e, logo depois, num procedimento liquidatório, verifica-se que inexiste qualquer valor para o dano existente!

Nenhum homem médio admitiria que seria possível haver um dano, mas que este fosse desprovido de valor, segundo o que determinar a decisão da liquidação. Destarte, afora esse obstáculo que desafia a compreensão lógica, há ainda o problema da compatibilização entre a improcedência da liquidação e os ditames do art. 509, §4º do CPC que veda, na liquidação, discutir de novo a lide ou modificar a sentença que a julgou. Como fazer para não admitir o efeito rescisório da decisão de liquidação sobre a sentença liquidanda?

Por isso não nos esforçaremos para convencê-lo, leitor – se nem nós estamos convencidos – de que seria lógico admitir uma liquidação improcedente por ausência de valor para o dano já reconhecido como existente em sentença transitada em julgado. Em nosso sentir, isso só poderia acontecer (improcedência) quando a decisão liquidanda – a despeito de eventualmente dizer o contrário – *não tenha reconhecido a existência do dano, mas apenas a antijuridicidade da conduta em situações que o momento do dano não coincide com o momento do ilícito*, ou seja, reconhece-se o ilícito, mas faltaria ainda identificar o dano em sua plenitude. Nesse caso, a fase de liquidação serviria não só para fixar o *quantum*, mas também para certificar a própria *existência* do dano.

Aliás, é isso que acontece, *v.g.*, nos arts. 81, § 3.º, e 302, parágrafo único, ambos do CPC, e no art. 97 do CDC. Nesses casos, *fixa-se a antijuridicidade da conduta do sujeito passivo, mas não se reconhece ainda a própria existência do dano*. E não obstante, nesses casos, afirme o legislador que o procedimento seguinte será o liquidatório, a rigor a liquidação servirá para fixar a existência da lesão ou do prejuízo sofrido pelo sujeito, bem como o seu valor.

Segundo pensamos, portanto, tal situação põe a pelo um grande e comum equívoco que há muito impregna o incidente de liquidação e, por isso mesmo, evidencia a necessidade de um regramento mais simples e adequado ao tema. Assim, uma de duas: ou a) a sentença condenatória fixa desde então a antijuridicidade da conduta, o dano e o seu valor, mesmo que no momento da propositura da demanda não fosse possível dimensioná-lo; ou, então, b) a sentença condenatória fixa apenas a antijuridicidade da conduta, mas deixa para um momento posterior a identificação e o reconhecimento da existência e da extensão do dano, bem como do seu valor.

Nesta última hipótese, não haveria problema em admitir uma improcedência do incidente de liquidação, porque a sentença liquidanda teria apenas revelado a *injuridicidade* da conduta, sem ainda ter tocado na questão da existência do dano, e, portanto, também no seu valor. Enfim, não existiria o risco de ser "desdito" ou de ser contrariado o comando da decisão liquidanda, posto que esta só teria reconhecido a conduta antijurídica, enquanto o objeto da liquidação seria a verificação da existência do dano e seu valor.

Na verdade, pensamos que os motivos práticos que justificariam ter o legislador dividido a revelação da norma concreta em duas fases cognitivas distintas não podem chegar ao ponto de contrariar a logicidade e a cientificidade dos institutos jurídicos. É que não podemos acreditar que seja possível haver dano (lesão, prejuízo ou diminuição

CAPÍTULO 12 • LIQUIDAÇÃO E EXECUÇÃO NA LEI 7.347/85 **423**

do patrimônio jurídico) sem valor. Não é possível que exista lesão sem valor ou ausência de valor quando exista lesão ou prejuízo (dano existente). Por isso, caso exista um incidente de liquidação improcedente – "porque não haveria valor apreciável" –, tendo por base uma sentença liquidanda onde se reconheceu a existência do dano, pensamos que aí existe uma mácula tautológica perpetrada na primeira fase da demanda que, a rigor, não teria reconhecido a existência do dano, mas apenas a antijuridicidade da conduta. Fosse verdade, realmente, o reconhecimento da existência do dano, seria ilógico um incidente liquidatório de apuração do valor que fosse julgado improcedente.

A rigor o que acontece em muitas situações é que, por desconhecer a distinção de *ilícito* e *dano*, e, pelo fato de que o legislador pode estabelecer como ato ilícito um momento que seja antecedente ao dano (ver capítulo 5), então é perfeitamente possível que cometido o ilícito ainda não tenha – ou nem venha ocorrer – o dano.

Tal se dá, por exemplo, quando se tem uma sentença penal condenatória que reconhece como antijurídica a conduta do infrator. Segundo o art. 515, VI do CPC[4], 91 do CP[5], art. 935 do CCB[6] e 64 e ss. do CPP[7] a sentença penal condenatória é título executivo no cível, e, diz ainda o art. 63 do Código de Processo Penal que "transitada em julgado a sentença condenatória, a execução poderá ser efetuada pelo valor fixado nos termos do inciso IV do caput do art. 387 deste Código sem prejuízo da liquidação para a apuração do dano efetivamente sofrido.

Assim, pela redação do art. 63 acima a sentença penal condenatória *não é tecnicamente* um título executivo, mas sim um título liquidatório, pois não se discute que foi reconhecido o ilícito, mas é preciso verificar se *dano* aconteceu, a sua *extensão* e o *quanto* é devido o que só pode ser feito perante um juízo competente onde o contraditório e debate podem ser travados em qualquer limitação cognitiva.

Assim, por exemplo, se numa ação penal ambiental um infrator foi condenado pelo ilícito penal do art. 53 da Lei 9.605 (Lei de Crimes Ambientais), não se discute mais a situação da antijuridicidade, mas para que esta sentença penal seja *exequível* é preciso que se verifique se além do ilícito penal, também há o *dano* e o seu *valor*, o que será feito em procedimento liquidatório autônomo no juízo cível. Neste caso, como em muitos crimes formais, é possível que a conduta antijurídica não resulte em dano indenizável. É preciso ficar atento, no entanto, que a cessação da exposição ao risco pode ter impedido a ocorrência de dano material, mas não a de dano moral

---

4. Art. 515. São títulos executivos judiciais, cujo cumprimento dar-se-á de acordo com os artigos previstos neste Título: (...) VI – a sentença penal condenatória transitada em julgado.

5. Art. 91. São efeitos da condenação: I – tornar certa a obrigação de indenizar o dano causado pelo crime; II – a perda em favor da União, ressalvado o direito do lesado ou de terceiro de boa-fé: a) dos instrumentos do crime, desde que consistam em coisas cujo fabrico, alienação, uso, porte ou detenção constitua fato ilícito; b) do produto do crime ou de qualquer bem ou valor que constitua proveito auferido pelo agente com a prática do fato criminoso. § 1º Poderá ser decretada a perda de bens ou valores equivalentes ao produto ou proveito do crime quando estes não forem encontrados ou quando se localizarem no exterior. § 2º Na hipótese do § 1º, as medidas assecuratórias previstas na legislação processual poderão abranger bens ou valores equivalentes do investigado ou acusado para posterior decretação de perda.

6. Art. 935. A responsabilidade civil é independente da criminal, não se podendo questionar mais sobre a existência do fato, ou sobre quem seja o seu autor, quando estas questões se acharem decididas no juízo criminal.

7. Art. 64. Sem prejuízo do disposto no artigo anterior, a ação para ressarcimento do dano poderá ser proposta no juízo cível, contra o autor do crime e, se for caso, contra o responsável civil.

coletivo, o que deve ser verificado em cada caso concreto, como já mencionado no capítulo V deste trabalho.

1.6.2 Liquidação imprópria – valor e identificação dos lesados na ação coletiva para a defesa de direitos individuais homogêneos

Numa ação coletiva para a defesa de direito individual homogêneo se faz mister que seu objeto seja exclusivamente voltado para a tutela supraindividual do direito, ou seja, a pretensão coletiva nestas modalidades de ação deve cingir-se – e limitar-se – apenas à busca do que seja comum (homogêneo) entre os direitos individuais.

Por intermédio desta modalidade de demanda prevista no art. 91 do CDC, sempre se obterá uma *sentença genérica* onde se terá, sob o ponto de vista individual, uma situação incompleta, justamente porque a demanda não cuidou de situações individuais.

Em outras palavras, a demanda cognitiva para a defesa de direitos individuais homogêneos só é uma demanda coletiva para defesa de um direito supraindividual até a prolação da sentença condenatória genérica do art. 95 do CDC, pois terá como resultado, sempre, uma norma jurídica "concreta" incompleta, na medida em que precisa ser individualizada (personalizada) a decisão (ainda que a dita sentença não seja para condenar alguém a uma obrigação de pagar, mas que imponha uma prestação de fazer).

Mesmo em demandas coletivas que obriguem a uma ordem de fazer ou não fazer, ou que sejam constitutivas ou declaratórias, haverá sempre uma necessidade de se "personalizar" a decisão após a fase coletiva, tendo em vista o caráter supraindividual da tutela coletiva desses direitos. Isso se aplica tanto para a sentença quanto para os provimentos interlocutórios interinais (liminares e tutela antecipada). Há, portanto, que se dizer que o procedimento coletivo da ação para a defesa de direitos individuais homogêneos termina na sentença condenatória genérica do art. 95 do CDC. Daí para frente tem-se a fase individual pura de identificação dos lesados e seus prejuízos.

Se a demanda culminar em uma sentença condenatória genérica que obrigue a uma prestação de pagar quantia, a posterior liquidação será individual[8], o mesmo raciocínio servindo para a execução que daí se seguir. Será preciso, pois, identificar os prejuízos sofridos individualmente para que se possa obter a satisfação do direito individual.[9]

A vantagem para as vítimas e seus sucessores é que a decisão condenatória genérica terá reconhecido naquele particular o *an debeatur* a que se referia a tese jurídica ou o suporte fático que tornavam homogêneos os direitos individuais.

Entretanto, é inegável que a sentença condenatória genérica proferida nesta modalidade de demanda (defesa de direitos individuais homogêneos) pode referir-se a prestações de fazer e não fazer que, a rigor, não comportam "liquidação", e em alguns

---

8. Ainda que promovida por um ente coletivo num típico caso de soma de interesses individuais.
9. Nesse sentido Luiz Paulo da Silva Araújo Filho, ao dizer que: "(...) esforçamo-nos em demonstrar que a sentença genérica do art. 95 do CDC, mesmo admitida a sua natureza condenatória, por sua abstração, indispensável à coletivização do processo, não pode ser simplesmente equiparada às sentenças condenatórias ilíquidas, devendo, pelo contrário, ter-se sempre presente que essa condenação ainda reclama a comprovação individual dos fatos constitutivos do direito em tese reconhecido, em processo de conhecimento subjetivamente particularizado, no qual será amplamente apreciada a situação pessoal de cada autor, ou liquidante" (op. cit., p. 187).

CAPÍTULO 12 • LIQUIDAÇÃO E EXECUÇÃO NA LEI 7.347/85

casos sequer comportarão execução, por tratar-se de demandas declaratórias e constitutivas. Entretanto, mesmo nestes casos em que se faça desnecessária a liquidação, não deixa a decisão de ser genérica.

Nesse caso, se não há *quantum* para se apurar, há por outro lado, sem dúvida, o problema da subjetivação da decisão, que precisa ser "personificada" em relação a cada um dos indivíduos. Assim, toda a fase posterior, destinada a liquidar ou personificar a decisão genérica proferida nas demandas coletivas para a defesa de direitos individuais homogêneos, não terá cunho coletivo, porque visa exatamente o oposto: satisfazer individualmente.[10]

1.7 Tipos de liquidação

A liquidação pode ser de duas espécies: pelo procedimento comum ou por arbitramento, tal como determina o artigo 509 ao dizer que quando a sentença condenar ao pagamento de quantia ilíquida, proceder-se-á à sua liquidação, a requerimento do credor ou do devedor: I – por arbitramento, quando determinado pela sentença, convencionado pelas partes ou exigido pela natureza do objeto da liquidação; II – pelo procedimento comum, quando houver necessidade de alegar e provar fato novo.

Têm condução diversa o procedimento da liquidação em razão da natureza e do objeto liquidando. Por isso, o requerimento inicial de uma e de outra hipótese tem conteúdo bastante diferente, em razão, obviamente, da causa de pedir e do pedido mediato de cada incidente. Isso leva à conclusão de que não é possível fazer a adaptação ou a conversão do procedimento de um para o outro incidente, como se a fungibilidade pretendida encontrasse apenas uma barreira formal. Nada disso. O fundamento e os argumentos expostos na petição de liquidação por artigos, por exemplo, não permitirão que seja convertido o procedimento para liquidação por arbitramento.

O erro na indicação do procedimento adequado implicará na inépcia do requerimento. É que o conteúdo da discussão na liquidação pelo procedimento comum envolve debate sobre a extensão do dano (em tese) reconhecido na condenação genérica. Essa extensão se faz mediante a prova e a demonstração dos fatos novos que ensejaram a apuração do *quantum* devido. Já na liquidação por arbitramento, o objeto já está definido e a área coberta pela perícia está sedimentada na condenação genérica.

Perceba-se, portanto, que não se trata de simples exigência formal e tampouco é formalismo exagerado o respeito à regra procedimental de uma ou outra modalidade de liquidação. Como se viu, na verdade, não será possível a conversão, especialmente se for de arbitramento para artigos, quando então a participação e o contraditório poderão ser sensivelmente adulterados. Não tendo havido ainda a intimação do advogado da parte,

---

10. Problema interessante surge quando se está diante de provimento provisório (antecipatório) condenatório (ou mandamental) genérico com fixação de multa diária e eventual multa seja aplicada para cumprimento (personificação) de uma decisão genérica. O cumprimento da decisão depende de personificação da decisão. Há casos em que isso é possível pelo réu, que possui vínculo que lhe permite identificar, plenamente, os atingidos pela decisão. Há outros casos em que isso se torna impossível, senão por um aviso genérico em periódicos de grande circulação. No primeiro caso, pode-se ter uma decisão que mande comunicar o recall aos consumidores de determinado carro. No segundo, os consumidores de um remédio. Em qualquer hipótese, surge a questão interessante de descumprimento da decisão e incidência da multa. Qual o destino do eventual quantum a ser apurado? O fundo ou o indivíduo? E em caso de pagamento da multa pelo descumprimento da liminar e posteriormente seja dada sentença de improcedência? Quem devolverá a quantia e desfazer o que foi realizado?

poderá ocorrer a desistência e assim ser reproposto o incidente. Também não se trata de emenda à inicial (art. 320), porque ou se apontam fatos novos a serem articuladamente liquidados (fatos estes ainda não apreciados em juízo) ou a hipótese é de avaliação de bem ou serviço apreciado na sentença condenatória genérica.

Antes das reformas processuais iniciadas na década de 1990, existia ainda a *liquidação por cálculo do contador*, que, atualmente, deu lugar à memória discriminada do cálculo, que deve ser discriminada pelo exequente ao propor a ação executiva (cumprimento da sentença ou processo autônomo). Nesses casos, cabe ao exequente promover a demanda trazendo no corpo da petição ou em documento anexo a ela a memória discriminada dos cálculos que justificaram o valor exequendo como expressamente determina o artigo 509, §§2º e 3º ao dizerem que quando a apuração do valor depender apenas de cálculo aritmético, o credor poderá promover, desde logo, o cumprimento da sentença. E, para uniformizar este procedimento, determina o CPC que será tarefa do Conselho Nacional de Justiça desenvolver e colocar à disposição dos interessados programa de atualização financeira, o que normalmente já existe nos sítios eletrônicos dos tribunais brasileiros.

Portanto, as duas modalidades de procedimento liquidatório são *por arbitramento* e *pelo procedimento comum*, sendo elas fixadas judicialmente ou por convenção das partes (art. 190 e art. 509, §1º). A liquidação por arbitramento tem lugar sempre que determinado pela sentença, convencionado pelas partes ou exigido pela natureza do objeto da liquidação. Será pelo procedimento comum quando houver necessidade de alegar e provar fato novo. [11]

Na liquidação por arbitramento, o juiz intimará as partes para a apresentação de pareceres ou documentos elucidativos, no prazo que fixar, e, caso não possa decidir de plano, nomeará perito, observando-se, no que couber, o procedimento da prova pericial. Nesta modalidade de liquidação, já houve na fase cognitiva anterior a fixação do dever de pagar a quantia a ser encontrada na liquidação, e, por isso, o provimento liquidatório deverá ser positivo.

Na liquidação pelo procedimento comum é mais complexo, pois é preciso alegar e provar fato novo que não constou na fase cognitiva que deu origem à sentença liquidanda. Na teoria, deveria ser provado e alegado fato novo referente à extensão do dano, e não propriamente à existência do dano. Na prática, o que ocorre é que, na fase cognitiva prévia, fixa-se apenas o ilícito praticado, mas não propriamente a existência do dano, e não por acaso ocorre muito na prática que ao se alegar e provar fato novo, muitas liquidações dão resultado negativo. Assim, nesta modalidade, o juiz determinará a intimação do requerido, na pessoa de seu advogado ou da sociedade de advogados a que estiver vinculado, para, querendo, apresentar contestação no prazo de 15 (quinze) dias, observando-se, a seguir, no que couber, o disposto no Livro I da Parte Especial deste Código.

---

11. Observe que preocupado em deixar delimitado o objeto da futura liquidação do quantum, o próprio artigo 491 determina que a sentença condenatória genérica que determina o pagamento de quantia seja o mais minudente possível, devendo definir a extensão da obrigação, o índice de correção monetária, a taxa de juros, o termo inicial de ambos e a periodicidade da capitalização dos juros, se for o caso, salvo quando: I – não for possível determinar, de modo definitivo, o montante devido; II – a apuração do valor devido depender da produção de prova de realização demorada ou excessivamente dispendiosa, assim reconhecida na sentença.

CAPÍTULO 12 • LIQUIDAÇÃO E EXECUÇÃO NA LEI 7.347/85

427

1.8 Liquidação de sentença e respeito à coisa julgada

No contraditório do incidente de liquidação o raciocínio a ser desenvolvido é o mesmo da fase cognitiva antecedente, respeitados os ditames dos arts. 508 e 504 do CPC. Nesse passo, é importante salientar que o liquidado poderá oferecer defesa de mérito e/ou processual (pressupostos processuais e condições do incidente de liquidação),[12] lembrando apenas que o fato de não se tratar de um processo autônomo, mas simples fase ou complemento que antecede a execução num processo sincrético, não afasta a necessidade de ser respeitada a regra da eficácia preclusiva da coisa julgada (arts. 508, 507 e 503 do CPC), ou seja, todas as alegações e defesas que poderiam ser opostas à rejeição da condenação genérica são reputadas como "deduzidas" e "repelidas", não existindo oportunidade de fazê-lo no processo de liquidação coo preceitua o at. 509, §4º do CPC.

Contudo, é de se dizer que o objeto do conhecimento do magistrado no incidente processual de liquidação é "identificar a quantidade de bem devido que ficou oculto" na sentença condenatória genérica. Assim, há uma "limitação horizontal" na área de conhecimento do juiz, bem como do debate das partes. O objeto de julgamento restringe-se ao que precisa ser liquidado, portanto, estritamente ao acertamento do *quantum* devido ou da individuação do objeto.

Nesse passo, tal limitação impede que se aprecie, conheça ou até mesmo discuta qualquer outra matéria que esteja fora da referida área de cognição da "lide" de liquidação. Assim, nenhuma matéria que seja relacionada a outros elementos da norma concreta que não a "liquidez" do que é devido poderá ser ventilada no incidente liquidatório. Aqui não se trata de limitação imposta pela eficácia preclusiva do julgado, mas sim pela limitação horizontal referente ao alcance do objeto do incidente de liquidação. Nenhuma alegação ou defesa que se refira ao objeto da liquidação poderá ser formulada em razão do referido limite de cognição. Por isso é que a defesa na ação de liquidação não pode raptar os fundamentos da defesa previstos no art. 525 do CPC, posto que as matérias ali previstas referem-se ou ao cumprimento de sentença (rito) ou a outros elementos da norma concreta (fatos impeditivos, modificativos ou extintivos da dívida).[13]

1.9 Liquidação dos direitos individuais a partir da condenação genérica do art. 95 do CDC

Uma vez obtido o provimento condenatório genérico de obrigação de ressarcimento de danos, essa sentença ainda se encontra incompleta, faltando-lhe dois elementos essenciais para dar início à execução:

---

12. Nada impede – antes recomenda – que o devedor argua na liquidação a nulidade ou inexistência da citação, quando a primeira fase cognitiva desse processo sincrético lhe correu à revelia, sempre que tome ciência desses fatos no procedimento liquidatório. A rigor, não faria o menor sentido que o devedor, participando da liquidação, esperasse o momento da impugnação do art. 525 para arguir matérias que já poderiam ser deduzidas no próprio incidente de liquidação. Dependendo da matéria alegada, poderá haver a extinção do processo sincrético, terminando, pois, por sentença.

13. A alegação de exceção substancial pelo liquidado/devedor no incidente de liquidação é viável e permitida (prescrição, novação, transação etc.), ressalvando-se somente que os fatos extintivos, modificativos ou impeditivos correspondem apenas àqueles que sejam supervenientes à sentença condenatória genérica e restritos ao objeto da liquidação.

a) a identificação do quantum (ou o que) é devido e a

b) individualização da vítima ou sucessor.

Assim, na liquidação individual da sentença condenatória genérica do art. 95 do CDC, deverá restar demonstrado o nexo causal da responsabilidade (dever de indenizar) do demandado para com a vítima e com o respectivo prejuízo desta última que, também aí no incidente liquidatório será quantificado.

Nesses casos, portanto, nada há de "tutela coletiva", posto que ao fim da liquidação (sendo esta procedente) haverá uma norma jurídica concreta individual, referente ao prejuízo sofrido pela vítima, em razão do evento danoso, tanto que pode ser requerida no foro do domicílio do lesado como sedimentado pelo STJ em correta interpretação do art. 97 do CDC.

> (...) II – Esta Corte, ao julgar o Recurso Especial n. 1.243.887/PR, submetido ao rito do art. 543-C, firmou entendimento segundo o qual a liquidação e a execução individual de sentença genérica proferida em ação civil coletiva pode ser ajuizada no foro do domicílio do beneficiário.III – Embora não se possa obrigar ao beneficiário da sentença coletiva proceder à execução individual no juízo prolator da sentença coletiva, sendo sua prerrogativa fazê-lo no foro do próprio domicílio, não existe óbice a que opte pelo juízo onde tramitou o processo de conhecimento, observando a regra do art. 575, II, do Código de Processo Civil de 1973.
>
> IV – Recurso Especial improvido. (REsp 1634328/RJ, Rel. Ministra REGINA HELENA COSTA, PRIMEIRA TURMA, julgado em 12/06/2018, DJe 19/06/2018)

Na verdade, existirão tantas normas jurídicas concretas individuais quantas forem as ações liquidatórias propostas pelo legitimado ordinário (a própria vítima) ou extraordinário (art. 82, desde que exista autorização legal para tanto).

A revelação (e futura satisfação) da norma jurídica individualizada que contenha, enfim, todos os elementos (objetivos e subjetivos) do título executivo poderá ser feita da seguinte forma:

> a) por meio de ação individual proposta pela própria vítima ou sucessor, num típico caso de legitimidade ordinária;
>
> b) por meio de ação individual proposta pelo legitimado do art. 82, desde que tenha autorização legal para atuar como legitimado extraordinário da vítima ou sucessor, tal como a associação para o associado e o sindicato para o sindicalizado.

Ao contrário do que preconiza o art. 98 do CPC, nem a liquidação e nem a execução da norma jurídica concreta referida no parágrafo anterior será coletiva, ainda que o legitimado (e desde que a lei autorize a legitimidade extraordinária) seja ente coletivo, pelo simples fato de que o direito tutelado é individual puro.

> Ainda que exista cúmulo objetivo de pedidos individuais, perfeitamente individualizados, numa ação proposta pelo legitimado extraordinário (ente coletivo do art. 82 que possua autorização legal para tanto). Nesse caso, tem-se aí uma ação pseudocoletiva, formada pela soma de parcelas identificadas de direitos individuais.

Uma "terceira" via liquidatória oriunda do art. 95 do CDC é justamente a prevista no art. 100, caput, desse diploma, e é absolutamente distinta das liquidações individuais mencionadas nos itens "a" e "b", retro.

CAPÍTULO 12 • LIQUIDAÇÃO E EXECUÇÃO NA LEI 7.347/85

Isso porque a "terceira"[14] via corresponde à liquidação coletiva, que, da forma como descrita no CDC, apresenta-se como sendo subsidiária e residual às liquidações individuais, já que depende do respeito às exigências do caput do art. 100 conforme explicado no item 2.14 adiante.

2. EXECUÇÃO NA LEI DE AÇÃO CIVIL PÚBLICA

2.1 Os postulados básicos

Já tratamos anteriormente de dois postulados fundamentais do direito ambiental brasileiro e que se projetam também na execução. São eles: a) princípio da prevenção do dano; b) princípio da primazia da tutela específica (aí incluída a reparação específica). Sob estes postulados se inserem todas as tutelas que visam evitar o dano e/ou o ilícito, corrigir o ilícito, evitar ou eliminar ou diminuir o risco, reparar o dano mediante restauração ou recuperação etc. Certamente que o objeto mediato pretendido e concedido na decisão judicial é que determinará o modelo executivo típico e/ou atípico utilizado par efetivar o referido comando.

2.2 Panorama geral das técnicas de execução no CPC aplicáveis ao processo coletivo

Não há no procedimento especial da lei de ação civil pública e nem no CDC um conjunto de regras diferenciadas referentes à tutela coletiva, de forma que comumente, e ainda bem, será necessário buscar subsídios no CPC (art. 15).

Atualmente o regime jurídico da execução no CPC, e, portanto, para qualquer tipo de execução, é a de que esta atividade jurisdicional está submetida à regra fundamental de que as partes têm o direito de obter em prazo razoável a solução integral do mérito, incluída a atividade satisfativa, como expressamente mencionada o artigo 4º do referido diploma.

Outra norma fundamental reforça o postulado anterior do direito fundamental de "acesso efetivo à justiça" é o artigo 6º do CPC que expressamente determina que todos os sujeitos do processo devem cooperar entre si para que se obtenha, em tempo razoável, decisão de mérito justa e efetiva. Nesta toada, o CPC trouxe uma importante regra no artigo 139, III e IV que se coloca como uma espécie de cláusula geral da atividade executiva, ao dizer que o juiz dirigirá o processo conforme as disposições deste Código, incumbindo-lhe:

- prevenir ou reprimir qualquer ato contrário à dignidade da justiça e indeferir postulações meramente protelatórias e

- determinar todas as medidas indutivas, coercitivas, mandamentais ou sub-rogatórias necessárias para assegurar o cumprimento de ordem judicial, inclusive nas ações que tenham por objeto prestação pecuniária.

---

14. Pôs-se entre aspas a palavra terceira porque, a rigor, há apenas dois tipos de liquidação: uma individual, promovida pelo titular do direito individual ou pelo legitimado extraordinário, e outra coletiva, promovida pelos entes do art. 82. Esta é eventual e residual, porque depende da ocorrência de certos requisitos derivados das liquidações individuais (prazo de um ano e número de liquidações individuais incompatíveis com a gravidade do dano).

Este é um norte que deve ser aplicado à tutela coletiva, sem sombra de dúvida, ainda mais porque normalmente tais direitos envolvem a proteção de valores fundamentais, devem ser prestados in natura e ao tempo adequados, e, normalmente atingem um grande número de pessoas.

A efetivação da tutela coletiva tanto pode se dar com base em um título executivo judicial[15] quanto num título executivo extrajudicial[16]. No primeiro caso, ter-se-á um cumprimento de sentença que segue a disciplina dos arts. 513[17]-538 do CPC; e, no segundo caso, um processo de execução que segue a disciplina dos arts. 771[18]–925, lembrando que entre ambas as modalidades existe um intercâmbio lógico e visceral, ou seja, regras de cumprimento de sentença se aplicam ao processo de execução e vice-versa, e, ainda que não houvesse o artigo 15 do CPC[19] se aplicam à tutela coletiva.

Os título executivos judiciais e extrajudiciais estão previstos nos artigos 515 e 784, respectivamente, e, tratando-se de tutela coletiva, é de se considerar a previsão expressa do artigo 5º, §6º da LACP que trata o termo de ajuste de conduta às exigências legais como um título executivo extrajudicial, o que, na verdade já estaria contemplado no artigo 784, IV, caso não seja homologado judicialmente, hipótese que está descrita no artigo 515, III, do CPC (art. 174, III).

É importante destacar que embora o legislador use a expressão cumprimento de sentença, todo e qualquer provimento judicial pode ser título executivo, ou seja, decisões interlocutórias, sentenças e acórdãos. E mais, também não é necessário que o provimento judicial seja de natureza condenatória, pois é necessário apenas que se tratem de decisões proferidas no processo civil que reconheçam a exigibilidade de obrigação de pagar quantia, de fazer, de não fazer ou de entregar coisa (art. 515, I). Assim, mesmo provimentos judiciais declaratórios e constitutivos que contenham todos os elementos da execução são aptos para tal. Não se deve esquecer que a tutela do interesse coletivo pode estar numa situação jurídica passiva de uma demanda ou incidente.

2.3 Improcedência e tutela executiva em favor do meio ambiente

Imaginemos uma ação anulatória de auto de infração proposta pelo particular contra o Estado onde se discuta, e, nela se reconheça, com amplo contraditório e farto material probatório produzido em prova pericial e documental, de que houve realmente o desmatamento ensejador da multa, descrevendo todas as condutas e infrações ambientais cometidas. Neste cenário a pergunta que não quer calar é: não estaria esta decisão inserida no tipo descrito do artigo 515, I do CPC, que diz ser título executivo

---

15. Por exemplo um Termo de Ajustamento de Conduta homologado judicialmente; um provimento judicial cível (interlocutório (cautelar ou antecipado), sentença, acórdão) ou penal (transitado em julgado) etc.
16. Um termo de ajustamento de conduta firmado extrajudicialmente.
17. Art. 513. O cumprimento da sentença será feito segundo as regras deste Título, observando-se, no que couber e conforme a natureza da obrigação, o disposto no Livro II da Parte Especial deste Código.
18. Art. 771. Este Livro regula o procedimento da execução fundada em título extrajudicial, e suas disposições aplicam-se, também, no que couber, aos procedimentos especiais de execução, aos atos executivos realizados no procedimento de cumprimento de sentença, bem como aos efeitos de atos ou fatos processuais a que a lei atribuir força executiva.
19. Art. 15. Na ausência de normas que regulem processos eleitorais, trabalhistas ou administrativos, as disposições deste Código lhes serão aplicadas supletiva e subsidiariamente.

"as decisões proferidas no processo civil que reconheçam a exigibilidade de obrigação de pagar quantia, de fazer, de não fazer ou de entregar coisa"? Deveria ser proposta uma ação civil pública para obter a certificação do direito – já certificado na improcedência da ação anulatória – e só depois passar a execução?

Nesta linha, foi publicado em 19/12/16 o acórdão proferido no REsp. 1457851/ RN de relatoria do ministro Herman e Benjamin é um importante reconhecimento (mais um exemplo do STJ) de que a tutela jurisdicional dos interesses coletivos pode ser prestada mesmo quando tais interesses apresentam-se representados em situações jurídicas passivas (neste caso em uma demanda proposta por um indivíduo). No aresto citado a tutela do meio ambiente está no acertamento obtido a partir da improcedência da demanda proposta pelo autor.

O acórdão mencionado refere-se a uma *"ação declaratória proposta por estabelecimento hoteleiro contra a União, buscando reconhecimento judicial de que o imóvel litigioso não se encontra em terreno de domínio público; alternativamente, pede que se declare que a empresa detém posse legal da área, bem como que se afirme a ilicitude de pretensão demolitória da Administração"*.

Colhe-se da narrativa do julgado que o contraditório se desenvolveu em torno do objeto do conflito delimitado pelo autor, ou seja, saber se a tal área onde foi erguido o Hotel e suas benfeitorias era ou não de domínio público, se havia posse ilegal e se a ordem de demolição emanada de ato administrativo da União era ou não ilegal.

Para elucidar estas questões de fato e de direito que surgidas no desenrolar da demanda investigou-se as características em concreto da referida área, inclusive com laudo do IBAMA como consta na narrativa do acórdão. Nesta toada, ao final houve o reconhecimento de que a ocupação era ilegal, porque a área era de marinha, porque houve violação da área de preservação permanente, tratava-se de área de praia, também era um local de ninho de quelônios (tartarugas) e ainda por cima teria ocorrido violação de regras de licenciamento ambiental.

Como se estivéssemos acometidos por uma miopia limitadora da nossa visão nos acostumamos a ver a tutela dos interesses difusos apenas e tão somente quando um ente coletivo promove uma ação coletiva, ou seja, na condição de legitimado ativo.

Contudo, a atual dogmática do CPC, atento ao modelo constitucional de processo nos impõe o dever de ultrapassar este limitado campo visual, abrindo horizontes para mirar a tutela dos direitos sob todas as perspectivas ofertadas no conflito deduzido em juízo, desde que respeitadas as garantias fundamentais. Neste acórdão as perspectivas de tutela jurisdicional vão além do insuficiente binômio pedido do autor-sentença do juiz. Isso não quer dizer que estamos defendendo a *ação coletiva passiva* (posição que somos contrários), mas sim que é possível que situações jurídicas coletivas possam ser protegidas independente do polo processual.

No presente caso, na resolução do conflito de interesses constatou-se que houve uma série de ilícitos praticados pelo autor da demanda quando ocupou área que explorou economicamente, mas que só emergiram no processo a partir das questões nascidas do contraditório processual.

Nesse diapasão, relembre-se que a atual dogmática processual do CPC, graças ao papel fundamental e pioneiro do saudoso Ministro Teori Zavascki[20], permite a formação de títulos executivos judiciais a partir de qualquer tipo de decisão judicial, seja ela condenatória, constitutiva ou declaratória (inclusive de improcedência), desde que nela estejam reconhecidas a "exigibilidade de obrigação de pagar quantia, de fazer, de não fazer ou de entregar coisa" (art. 515, I do CPC).

É preciso abrir a viseira ou melhorar os óculos e ver que a improcedência não é apenas o reconhecimento judicial de que o autor da demanda não tem razão em relação ao réu naquele conflito de interesses instaurados em juízo, mas, também o é, sob a perspectiva do réu, o reconhecimento de que ele possui razão em relação ao autor sobre tudo o que foi objeto de contraditório e que foi decidido no processo.

Há mais de 100 anos Adolf Wach[21] e posteriormente Chiovenda[22] já diziam que o réu exerce uma pretensão e que a improcedência é o reconhecimento do direito à tutela jurisdicional em favor do réu. Em 2008, sob orientação do Prof. José Rogério Cruz e Tucci, em bela tese de doutoramento na USP, Heitor Sica retomou o tema sob a perspectiva do moderno processo civil brasileiro.

No aresto citado, mais do que reconhecer que o autor não tem o direito reclamado, ao contrário, concedeu tutela jurisdicional em favor do réu, União, que, no caso, defendia interesse difuso de natureza essencial à sadia qualidade de vida, num típico exemplo, mas pouco explorado[23], de tutela de uma situação coletiva passiva. E, prosseguimos, essa tutela jurisdicional em favor dos interesses difusos, tem força executiva em relação aos deveres jurídicos que nele foram reconhecidos, ou seja, trocando em miúdos, tal acórdão pode lastrear um cumprimento definitivo de deveres de fazer em busca de uma tutela específica restauradora ou reparatória do meio ambiente, a despeito da possibilidade de que tal decisão também sirva de título liquidatório para eventual apuração do quantum devido em caso de ser impossível a tutela específica, sem contar, é claro, com a possibilidade de reclamar o dano moral coletivo pelo dano ambiental causado. Tudo isso valendo-se do mesmo acertamento judicial já obtido pela improcedência.

1. Na origem, trata-se de Ação visando à anulação de autos de infração por falta de regulamentação da sanção pecuniária. A sentença julgou procedente a Ação e declarou nulos os atos do Ibama.O acórdão negou provimento à Apelação. O Recurso Especial foi admitido na origem.

2. Revelam-se descabidos os argumentos de falta de regulamentação, porquanto ficou demonstrado que as condutas praticadas, consubstanciadas no desmatamento com uso de fogo em Área de Preservação Permanente com destruição de espécies vegetais em extinção (p. ex. castanheiras) e degradação de igarapés e nascentes legalmente protegidas, estão subsumidas no art. 14, I, da Lei 6.938/1981. Neste dispositivo há base suficiente para a imposição de multa pela degradação do meio ambiente, seja por ação, seja por omissão.

3. As sanções administrativas aplicáveis ao desmatamento independem de prescrição ou medidas específicas, caso a caso, do órgão ambiental ou de expedição de advertência prévia, pois decorrem diretamente de comportamentos vedados pela legislação lato sensu, e não pelo Administrador. Degradar ou destruir nascentes,

---

20. ZAVASCKI, Teori. Executividade das sentenças de improcedência em ações declaratórias negativas, Revista de Processo. São Paulo: Ed. RT, 2012, v. 208.
21. WACH, Adolf. Der Feststellungsanspruch: Ein Beitrag zur Lehre vom Rechtsschutzanspruch. Dunker e Humblot 1889.
22. CHIOVENDA, Giuseppe. Istituzioni di diritto processuale civile. v.1. I concetti fondamentali, la dottrina delle azioni, v.2, t.1, I rapporti processuali, il rapporto processuale ordinario di cognizione.
23. ZANETI, Hermes. DIDIER, Fredie. Curso de direito processual civil. v. 4, 11. ed. Salvador: JusPodivm, 2017, p. 102 e ss.

CAPÍTULO 12 • LIQUIDAÇÃO E EXECUÇÃO NA LEI 7.347/85

433

igarapés e espécies ameaçadas de extinção caracteriza infração ambiental de máxima gravidade, pois significa atacar núcleo central do regime jurídico-ambiental brasileiro. Os igarapés – Área de Preservação Permanente em toda sua extensão – representam o casamento naturalmente perfeito e indissolúvel entre curso d'água e floresta, daí sua essencialidade na formação de corredores ecológicos, verdadeiras autoestradas de fluxo gênico da flora e da fauna que compõem o bioma. Na Amazônia, sem os igarapés, a floresta e os rios não existiriam ou sobreviveriam, pois, em analogia com o sistema circulatório do corpo humano, equivalem aos vasos capilares que constituem e conservam o tecido complexo da maior bacia fluvial do Planeta. 4. Merece reparos a sentença que anulou os autos de infração por falta de regulamentação da sanção pecuniária. O balizamento previsto no inciso I do art. 14 da Lei 6.938/1981 atende ao princípio da legalidade na instituição da multa administrativa e deve ser interpretado em conjunto com a totalidade do ordenamento ambiental de então, sobretudo em relação a infrações praticadas antes de setembro de 1999 (data em que regulamentada a Lei 9.605/1998 – que trouxe tipos infracionais administrativos específicos – por meio do Decreto Federal 3.179/1999), tudo sem prejuízo da responsabilização civil objetiva e solidária do infrator pelos danos causados. Precedentes: REsp 543.952/BA, Rel. Min. Herman Benjamin, Segunda Turma, DJe 27.8.2009; AgRg no REsp 1.284.780/ES, Rel. Min. Napoleão Nunes Maia Filho, Primeira Turma, DJe 16.8.2016. AgInt nos EDcl no REsp 1.331.239/MG, Rel. Min. Og Fernandes, Segunda Turma, DJe 14.5.2018.

5. Recurso Especial provido, a fim de que seja reconhecida a legalidade dos autos de infração aplicados pelo recorrente com base no art. 14, I, da Lei 6.938/1981.(REsp 1793745/AM, Rel. Ministro HERMAN BENJAMIN, SEGUNDA TURMA, julgado em 28/03/2019, DJe 30/05/2019)

É preciso ter em mente, e atenção, que ao se propor uma demanda o que está em jogo é a tutela de direitos em favor daqueles que estão em juízo em busca de uma solução do conflito, seja ele o autor, seja ele o réu. O processo não é um método de solução de conflitos à disposição exclusivamente do autor, tanto que há limites para a desistência da ação (art. 485, §4º e 343, §2º).[24]

Neste caso do acórdão, mais do que uma tutela coletiva passiva, o que se tem é a formação de um título executivo judicial que protege um dever fundamental do poder público e da coletividade de proteger e preservar o meio ambiente para as presentes e futuras gerações (art. 225, caput da CF/88). Não houve só a improcedência do direito do autor, e tampouco a ratificação da sanção administrativa questionada na ação declaratória, mas sim a formação de título executivo judicial em favor da tutela do meio ambiente sobre diversos deveres fundamentais que poderão ser objeto de cumprimento definitivo da decisão judicial transitada em julgado.

2.4 Título executivo e transporte *in utilibus*

O ajuizamento de uma ação civil pública ambiental que reconheça a poluição e imponha o dever de restauração do meio ambiente pode dar ensejo, dado o caráter do transporte in utilibus das sentenças coletivas, a liquidações e posteriores execuções para a tutela de um direito difuso, coletivo ou individual, já que um mesmo fato pode ensejar a violação destas esferas jurisdicionais.

Não se trata de fungibilidade do pedido de tutela ambiental, mas de estabilização de situações jurídicas processuais únicas que se esgalham e se particularizam dependendo do prisma difuso, coletivo ou individual.

---

24. A respeito ver SICA, Heitor. O direito de defesa no processo civil brasileiro: um estudo sobre a posição do réu. São Paulo: Atlas, 2011.

Assim todos os terceiros atingidos pelo dano que ao equilíbrio ecológico (dano por ricochete individual, coletivo ou difuso) aproveitará a estabilidade dos motivos da decisão proferida na ação coletiva ambiental mediante o transporte in utilibus da coisa julgada, num típico exemplo de eficácia anexa do julgado ambiental.

> 1. As tutelas pleiteadas em ações civis públicas não são necessariamente puras e estanques. Não é preciso que se peça, de cada vez, uma tutela referente a direito individual homogêneo, em outra ação uma de direitos coletivos em sentido estrito e, em outra, uma de direitos difusos, notadamente em se tratando de ação manejada pelo Ministério Público, que detém legitimidade ampla no processo coletivo. Isso porque embora determinado direito não possa pertencer, a um só tempo, a mais de uma categoria, isso não implica dizer que, no mesmo cenário fático ou jurídico conflituoso, violações simultâneas de direitos de mais de uma espécie não possam ocorrer. 2. No caso concreto, trata-se de ação civil pública de tutela híbrida. Percebe-se que: (a) há direitos individuais homogêneos referentes aos eventuais danos experimentados por aqueles contratantes que tiveram tratamento de saúde embaraçado por força da cláusula restritiva tida por ilegal; (b) há direitos coletivos resultantes da ilegalidade em abstrato da cláusula contratual em foco, a qual atinge igualmente e de forma indivisível o grupo de contratantes atuais do plano de saúde; (c) há direitos difusos, relacionados aos consumidores futuros do plano de saúde, coletividade essa formada por pessoas indeterminadas e indetermináveis. 3. A violação de direitos individuais homogêneos não pode, ela própria, desencadear um dano que também não seja de índole individual, porque essa separação faz parte do próprio conceito dos institutos. Porém, coisa diversa consiste em reconhecer situações jurídicas das quais decorrem, simultaneamente, violação de direitos individuais homogêneos, coletivos ou difusos. Havendo múltiplos fatos ou múltiplos danos, nada impede que se reconheça, ao lado do dano individual, também aquele de natureza coletiva. 4. Assim, por violação a direitos transindividuais, é cabível, em tese, a condenação por dano moral coletivo como categoria autônoma de dano, a qual não se relaciona necessariamente com aqueles tradicionais atributos da pessoa humana (dor, sofrimento ou abalo psíquico). 5. Porém, na hipótese em julgamento, não se vislumbram danos coletivos, difusos ou sociais. Da ilegalidade constatada nos contratos de consumo não decorreram consequências lesivas além daquelas experimentadas por quem, concretamente, teve o tratamento embaraçado ou por aquele que desembolsou os valores ilicitamente sonegados pelo plano. Tais prejuízos, todavia, dizem respeito a direitos individuais homogêneos, os quais só rendem ensejo a condenações reversíveis a fundos públicos na hipótese da fluid recovery, prevista no art. 100 do CDC. Acórdão mantido por fundamentos distintos. 6. Recurso especial não provido. (REsp 1293606/MG, Rel. Ministro LUIS FELIPE SALOMÃO, QUARTA TURMA, julgado em 02/09/2014, DJe 26/09/2014)

2.5 Título executivo e coisa julgada sobre questão prejudicial

Uma vez admitida a hipótese de a questão prejudicial receber a autoridade da coisa julgada se estiverem preenchidos os requisitos do §1º do art. 503, então é perfeitamente possível que essa declaração contida na questão prejudicial constitua título executivo judicial passível de ser objeto de cumprimento de sentença[25].

Assim, por exemplo, se numa ação civil pública ambiental o Ministério Público requer a proibição de determinados proprietários rurais de comercializares as Cotas de Reserva Ambiental sob fundamento de que a inscrição que fizeram no Cadastro Ambiental Rural teria sido irregular na medida em que não teriam discriminado corretamente as áreas de preservação permanente e reserva legal nas respectivas propriedades. Em defesa os réus alegam a validade e correção das indicações das Área de Preservação Permanente e Reserva Legal.

---

25. SIQUEIRA, Thiago F. Limites objetivos da coisa julgada. Salvador: JusPodivm, 2020, p. 412.

CAPÍTULO 12 • LIQUIDAÇÃO E EXECUÇÃO NA LEI 7.347/85 **435**

Tem aí uma discussão sobre a existência/validade dos registros de Área de Preservação Permanente e Reserva Legal na inscrição do Cadastro Ambiental Rural das referidas propriedades rurais. Esta é uma questão prejudicial ao julgamento da demanda, e, se preenchidos os requisitos do 503, §1º do CPC, a eventual procedência do pedido de proibição de utilização das cotas de reserva ambiental com base na declaração que reconhece como incorretos os limites da APP, certamente que esta declaração poderá ser utilizada como título executivo judicial para compelir o sujeito a regularizar a referida área, ou seja, não precisará propor uma demanda cognitiva para obter título executivo judicial, pois já o tem a partir da coisa julgada sobre a questão prejudicial.

2.6 Cumprimento provisório ou definitivo

Relembre-se que o cumprimento de sentença tanto pode ser provisório quanto definitivo, situação que dependerá da estabilidade judicial do título executivo, ou seja, se estiver sendo impugnado por recurso sem efeito suspensivo, o que, aliás, é a regra no processo coletivo (art. 14), então será provisório o cumprimento (art. 520). Será um cumprimento definitivo se se tratar de provimento judicial transitado em julgado (art. 523). Observe-se que pelo CPC de 2015 resta claro que mesmo as decisões interlocutórias podem ser estabilizadas e com isso servirem de base para cumprimentos definitivos como se observa na literalidade da redação do artigo 523 combinado com o artigo 356 que trata do julgamento parcial do mérito.

O conteúdo do título executivo pode ter origem num conflito existente no direito material (um contrato, uma sentença condenatória para pagar quantia) ou processual (comportamento processual sancionado por multa de contempt of court, as astreintes etc.)

Tantos nos títulos judiciais quanto nos extrajudiciais pode-se executar a obrigação principal, quanto a acessória que nele estejam contidas. Como bem disse o artigo 139, IV, tanto os atos sub-rogatórios, quanto os atos coercitivos podem ser utilizados em prol da efetivação do direito, e, tendo em vista a predominância dos deveres de fazer e não fazer nos conflitos coletivos, tende a ser mais comum a utilização dos meios coercitivos com vistas a obtenção da tutela específica ou do resultado prático equivalente, até porque são métodos mais rápidos, menos onerosos, alcançam um resultado in e possuem um papel pedagógico para o devedor.

Muito embora a regra seja a da atipicidade dos meios executivos para a tutela específica (art. 536), tanto para o cumprimento de sentença, quanto para o processo de execução, o legislador vincula o trânsito em julgado à inclusão do nome no devedor no cadastro de inadimplentes (art. 782 §3º), esta regra pode e deve ser abrandada segundo as peculiaridades da causa, pois é o artigo 139 que estabelece as diretrizes gerais da tutela executiva.

Aliás, as mesmas razões relativas à importância e à essencialidade do direito tutelado que levaram o legislador no artigo 528, §1º a flexibilizar o momento do protesto da decisão (após o trânsito em julgado segundo o artigo 517) também podem ser invocados a favor da tutela coletiva ambiental.

Partindo da premissa que a atipicidade do meio executivo se submete aos ditames da razoabilidade e proporcionalidade, e que o controle pode ser feito por simples petição nos autos (art. 518), há uma vasta possibilidade de meios que o magistrado pode-se valer para alcançar a tutela específica ou o resultado prático equivalente, inclusive em se tratando de processos estruturais onde as decisões são construídas a partir de um modelo de autocomposição e pleno contraditório. Enfim, é preciso que tenha criatividade e sensibilidade para encontrar o meio adequado, necessário e razoável para alcançar o resultado pretendido da forma mais lépida, menos onerosa para o judiciário e para o devedor.

Uma simples comparação do processo de execução das obrigações/deveres de fazer e não fazer com o cumprimento de sentença a ela correlato mostram que o legislador tratou melhor da efetivação dos títulos judiciais do que dos extrajudiciais. Logo, não será incomum que o operador do direito, valendo-se do 771 e 513, use mais o artigo 536 do que o art. 814 para o processo de execução dos deveres ou obrigações de fazer e não fazer, até porque, lamentavelmente simplesmente esqueceu de que em títulos executivos extrajudiciais podem existir obrigações de não fazer que ensejem a propositura de processo de execução cuja finalidade é obter uma inibição do devedor.

Basta imaginar uma obrigação de não desmatar determinada área contida em espaço reconhecido como de proteção ou recuperação ambiental em termo de ajustamento de conduta. Havendo indícios de que o devedor irá descumprir o não fazer, não haverá solução senão o processo de execução inibitório com base no referido título extrajudicial, sendo inútil o artigo 822 que trata do desfazer. A única solução será o artigo 139, IV com o artigo 536 e ss., porém lastreado em um processo de execução.

No que concerne à tutela executiva para pagamento de quantia merece destaque lembrar que no cumprimento de sentença, provisório ou definitivo, serão devidas as multas em caso de inadimplemento voluntário (art. 520 e 523) e que mesmo na tutela executiva segue a necessidade de que tal fase de cumprimento seja iniciada por provocação do interessado, que na tutela coletiva segue a disciplina do artigo 15 como veremos mais adiante.

É interessante notar que – embora incomum na tutela coletiva – a tutela jurisdicional coletiva que envolvam o pagamento de quantia submetem-se ao CPC, com as mínimas regras contidas no procedimento coletivo da LACP/CDC.

Nesse diapasão, é de se dizer que o artigo 95 do CDC que prevê que "em caso de procedência do pedido, a condenação será genérica, fixando a responsabilidade do réu pelos danos causados" este dispositivo se submete integralmente ao artigo 491 do CPC que determina que

> "na ação relativa à obrigação de pagar quantia, ainda que formulado pedido genérico, a decisão definirá desde logo a extensão da obrigação, o índice de correção monetária, a taxa de juros, o termo inicial de ambos e a periodicidade da capitalização dos juros, se for o caso, salvo quando:
>
> I – não for possível determinar, de modo definitivo, o montante devido;
>
> II – a apuração do valor devido depender da produção de prova de realização demorada ou excessivamente dispendiosa, assim reconhecida na sentença.
>
> § 1º Nos casos previstos neste artigo, seguir-se-á a apuração do valor devido por liquidação.
>
> § 2º O disposto no caput também se aplica quando o acórdão alterar a sentença.

Sempre que possível deve a sentença fixar um valor do dano padrão, para uma situação de fato e de direito que seja *padrão mínimo* àqueles que a ela se submeteram.

CAPÍTULO 12 • LIQUIDAÇÃO E EXECUÇÃO NA LEI 7.347/85 **437**

Isso facilita, e, muito a efetivação do comando judicial permitindo que a realização do direito aconteça sem a necessidade de uma fase liquidatória em juízo. Concretamente falando seria por exemplo a hipótese de fixar na sentença o dever de a empresa abrir um canal de pagamento de indenizações fixadas em sentença aos moradores/habitantes da cidade pela privação de água resultante da contaminação do rio. Bastaria a apresentação à empresa de comprovante de domicílio como título de eleitor, ou conta de água, luz, telefone dos últimos 3 meses etc.

Para tanto, a sentença já fixaria qual o "padrão mínimo" do "standard lesado" pela privação do serviço de abastecimento de água em razão da poluição do rio e quais os requisitos para obtenção do valor (já definido) a ser pago.

2.7 Execução e desconsideração da personalidade jurídica

Digno de nota em relação à esta modalidade de tutela (obrigação de pagar quantia) o fato de que pelo novo código a desconsideração da personalidade jurídica agora deve acontecer em um incidente processual, em qualquer fase do processo, é verdade, mas com contraditório e sem admitir as "quebras da personalidade" por decisão surpresa e sem a possiblidade de o devedor se defender a respeito. A necessidade de instauração de um incidente processual cognitivo prévio ao ato de desconsideração (art. 133) não impede que seja dada tutela de urgência dos efeitos da desconsideração e tampouco altera os requisitos de direito material exigidos para que se efetive a desconsideração, ou seja, neste incidente há um procedimento próprio163 com mérito e causa de pedir, que é colhida do direito material. Isso implica dizer que é no direito material que encontraremos os requisitos para o julgamento positivo ou negativo (inclusive liminar) da desconsideração solicitada.

Nos conflitos ambientais é o artigo 4º da Lei 9605 onde se encontram os requisitos para a desconsideração. No direito do consumidor no artigo 28 do CDC. Observe-se que, nas lides ambientais, o requisito material para a desconsideração da personalidade jurídica é apenas o fato objetivo de o ativo do poluidor ser menor do que o seu passivo. O risco de inadimplência é motivo suficiente para a desconsideração da personalidade jurídica em favor do ambiente.

Portanto, frise-se que os artigos 133-137 do CPC regulam apenas a técnica processual de desconsideração da personalidade jurídica (inclusive a desconsideração inversa), mas nele não estão contidos os requisitos materiais para que tal desconsideração aconteça. Isso quer dizer que ao julgar o incidente devem estar presentes e provados os requisitos de direito material – e que não são os mesmos nas diferentes leis substantivas – que ensejam o ingresso do terceiro na lide e a ampliação da responsabilidade patrimonial sujeita à futura expropriação.

(...) 5. Não custa lembrar que o Direito Ambiental adota, amplamente, a teoria da desconsideração da personalidade jurídica (in casu, v.g., os arts. 4º da Lei 9.605/1998 e 81 e 82 da Lei 11.101/2005). Sua incidência, assim, na Ação Civil Pública, vem a se impor, em certas situações, com absoluto rigor. O intuito é viabilizar a plena satisfação de obrigações derivadas de responsabilidade ambiental, notadamente em casos de insolvência da empresa degradadora. No que tange à aplicação do art. 4º da Lei 9.605/1998 (= lei especial), basta tão somente que a personalidade da pessoa jurídica seja "obstáculo ao ressarcimento de prejuízos causados à qualidade do meio ambiente", dispensado, por força do princípio da reparação in integrum e do princípio poluidor-pagador, o requisito do "abuso", caracterizado tanto pelo "desvio de finalidade", como pela "confusão patrimonial", ambos próprios do regime comum do art. 50 do Código Civil (= lei geral)". REsp 1339046/SC, Rel. Ministro HERMAN BENJAMIN, SEGUNDA TURMA, julgado em 05/03/2013, DJe 07/11/2016

2.8   Responsabilidade patrimonial primária e secundária

É importante notar que em matéria de direitos coletivos (consumidor, ordem econômica, meio ambiente) etc., normalmente o direito material estabelece um regime de solidariedade de todos os partícipes diretos e indiretos do evento danoso permitindo que contra todos ou contra um deles seja promovida a demanda cognitiva que impute a responsabilização.

> "(...) Em matéria ambiental a jurisprudência do STJ é no sentido de que o deslocamento de pessoa jurídica de Direito Público do polo passivo para o ativo na Ação Civil Pública é possível quando presente o interesse público, a juízo do representante legal ou do dirigente, nos moldes do art. 6º, § 3º, da Lei 4.717/1965, combinado com o art. 17, § 3º, da Lei de Improbidade Administrativa. 3. O Estado responde – em regime jurídico de imputação objetiva e solidária, mas de execução subsidiária – pelo dano ambiental causado por particular que se valeu de autorização ou licença ilegalmente expedida, cabendo ao autor da Ação Civil Pública, como é próprio da solidariedade e do litisconsórcio passivo facultativo, escolher o réu na relação processual em formação. Se a ação é movida simultaneamente contra o particular e o Estado, admite-se que este migre para o polo ativo da demanda. A alteração subjetiva, por óbvio, implica reconhecimento implícito dos pedidos, sobretudo os de caráter unitário (p. ex., anulação dos atos administrativos impugnados), e só deve ser admitida pelo juiz, em apreciação ad hoc, quando o ente público demonstrar, de maneira concreta e indubitável, que de boa-fé e eficazmente tomou as necessárias providências saneadoras da ilicitude, bem como medidas disciplinares contra os servidores ímprobos, omissos ou relapsos. 4. No presente caso ficou assentado pelo Tribunal de Justiça que o Estado de São Paulo embargou as obras do empreendimento e instaurou processo administrativo para apurar a responsabilidade dos agentes públicos autores do irregular licenciamento ambiental. Também está registrado que houve manifesto interesse em migrar para o polo ativo da demanda. 5. Recurso Especial provido. (REsp 1391263/SP, Rel. Ministro HERMAN BENJAMIN, SEGUNDA TURMA, julgado em 06/05/2014, DJe 07/11/2016)

A solução preconizada pelo STJ é conforme os direitos fundamentais pois estabelece uma ordem para a responsabilidade patrimonial, evitando que a sociedade possa ser vitimada duplamente pelo dano ambiental causado e pela reparação que lhe for imputada, ainda mais quando a imputação advém de uma conduta omissiva.

Ainda em relação à responsabilidade patrimonial pensamos não ser possível estabelecer negócios jurídicos processuais (art. 190) que impliquem em sua redução além das hipóteses legais que excepcionam o patrimônio do devedor da expropriação judicial (art. 789 e 832).

Aliás, sobre os negócios jurídicos processuais, admitida a autocomposição em lides coletivas, que parece ser uma corrente sem volta, respeitados os limites lógicos de proteção do direito fundamental, nada impede que sejam entabulados pré ou pós a instauração dos conflitos coletivos, como, aliás, já são feitos em termos de ajustamento de conduta e convenções coletivas de trabalho, desde que estejam protegidos os direitos materiais fundamentais tutelados como já mencionamos alhures no capítulo 6.

CAPÍTULO 12 • LIQUIDAÇÃO E EXECUÇÃO NA LEI 7.347/85 — 439

2.9   O retraído art. 15 da Lei de Ação Civil Pública

O art. 15 da LACP cuida da execução coletiva de direitos difusos e coletivos. Numa rápida leitura de seu texto percebe-se a sua incompletude no trato do tema.

> Art. 15. Decorridos sessenta dias do trânsito em julgado da sentença condenatória, sem que a associação autora lhe promova a execução, deverá fazê-lo o Ministério Público, facultada igual iniciativa aos demais legitimados.

De início pode-se dizer que três aspectos foram por ele olvidados:

a) a execução coletiva para a defesa de direitos difusos e coletivos pode ser aparelhada em título executivo judicial ou extrajudicial como já mencionamos (art. 5°,§6°, da LACP e 784, IV do CPC), muito embora o art. 15 seja omisso quanto a esta última hipótese, o que se perdoa pela época em que foi concebido, já que o §6° do art. 5° só surgiu com o CDC. Naquela época só se admitiam títulos executivos judiciais de obrigações de fazer e não fazer. No início da década de 90 essa realidade evoluiu.

b) embora o cumprimento provisório do título executivo (antiga execução provisória) não tenha sido mencionada expressamente pelo legislador da Lei n. 7.347/85, não há óbices para que se lhe aplique este regime jurídico do art. 520 combinado com o art. 1012, §3° do CPC, sobretudo pelo fato de que o sistema recursal da jurisdição civil coletiva não prevê o efeito suspensivo ope legis (art. 14), ficando ao alvedrio do juiz a sua concessão, diante das peculiaridades do caso concreto, permitindo, pois, regra geral, a eficácia imediata do julgado, uma vez que o recurso nascerá apenas com o efeito devolutivo.[26]Este cumprimento provisório pode ou não ser movido pela urgência, mesmo em se tratando de prestações pecuniárias, caso em que deve-se valer do regime jurídico do art. 297 combinado com o art. 139, IV e o art. 520 apenas em relação ao que couber às situações de urgência.[27]

c) embora o art. 15 não tenha previsto a possibilidade de que seja necessária a instauração de uma ação de liquidação genuinamente coletiva (difusa ou coletiva), é perfeitamente possível que a liquidação do provimento judicial preceda a execução aludida no art. 15. Essa liquidação poderá ser por artigos ou arbitramento, dependendo da natureza e dos elementos do direito tutelado conforme explicado alhures.

2.10   Execução imprópria na ação civil pública ambiental

Executar é realizar, é efetivar, é tornar concreto, é implementar. Logo, a tutela jurisdicional executiva deve ser compreendida como toda proteção estatal por meio do

---

26. BUENO, Cássio Scarpinella. Execução provisória e tutela antecipada. São Paulo: Saraiva, 1999, p. 9-48; JORGE, Flávio Cheim. Teoria geral dos recursos cíveis. 7. ed. São Paulo: Ed. RT, 2015, p. 388. LUCON, Paulo Henrique dos Santos. Eficácia das decisões e execução provisória. São Paulo: Ed. RT, 2000, p. 207-230.

27. A respeito ver RODRIGUES, Marcelo Abelha. "Notas para uma reflexão sobre o cumprimento provisório da sentença e a efetivação da tutela provisória no direito processual civil brasileiro", In: Revista Unicuritiba, v. 2, n. 79, 2020, Disponível em: http://dx.doi.org/10.21902/revistajur.2316-753X.v2i59.4234. Acesso em: 02.09.2020.

processo que tem por escopo a realização, a implementação, a concretização de uma situação jurídica. Esta é a amplitude que se deve dar à tutela jurisdicional executiva.

Normalmente se toma o conceito de tutela executiva como a atividade jurisdicional subsequente à uma cognição judicial ou extrajudicial sobre o conflito de interesses. Isso não é mentira, obviamente, até porque sabemos que atividade estatal executiva se lastreia em título executivo judicial ou extrajudicial. Contudo, o fenômeno da execução vai muito além disso. Reduzir a tutela jurisdicional executiva à satisfação do mérito é diminuir sensivelmente o fenômeno executivo no processo.

Nesta linha, pensar em execução apenas como a efetivação do direito exequendo reconhecido num título executivo é virar-se de costas para o dinamismo da relação jurídica processual em constante movimento. É pensar de forma estática um fenômeno que é naturalmente cinético. É quase como confundir autos do processo com o próprio processo. Exatamente por isso, porque o esquema processual não se reduz apenas à solução e a satisfação do conflito, é que não podemos reduzir em fenômeno executivo à esta perspectiva. Pelo contrário, dada a complexidade e dinamismo do processo é que devemos enxergar a tutela executiva como a realização de qualquer situação jurídica processual.

Ora, por exemplo, como não dizer tratar-se de "tutela executiva" quando o artigo 404, parágrafo único do CPC – que trata da exibição de documento em poder de terceiro – prescreve que "se o terceiro descumprir a ordem, o juiz expedirá mandado de apreensão, requisitando, se necessário, força policial, sem prejuízo da responsabilidade por crime de desobediência, pagamento de multa e outras medidas indutivas, coercitivas, mandamentais ou sub-rogatórias necessárias para assegurar a efetivação da decisão".

Nesta linha, como sustentar não existir tutela executiva quando o juiz determina que a testemunha seja conduzida por deixar de comparecer em juízo sem motivo justificado [art. 455 § 5º do CPC].

Também é exemplo de tutela executiva o pronunciamento judicial que efetive a ordem judicial impeditiva ou corretiva de sanção processual por ato atentatório à dignidade da justiça [art. 139, IV].

Igualmente, como também não reconhecer a existência de tutela executiva na expropriação promovida contra o sujeito processual que tenha sido responsável pelo desaparecimento dos autos nos termos do art. 718 do CPC.

Num voo rasante pelo CPC é fácil identificar uma série de situações jurídicas processuais que dependem de efetivação, mas que não podem ser enquadradas no conceito de "satisfação do conflito", muito embora, a nosso ver façam parte do fenômeno executivo visto sob uma percepção consentânea com o conceito dinâmico e complexo de processo.

Aliás, registro seja feito, rendendo-se a esta percepção de processo, mas ainda de forma tímida, o legislador disse no artigo 771 que o "Livro da Execução" regula não apenas o procedimento executivo tradicional, mas também deve ser aplicado "aos efeitos de atos ou fatos processuais a que a lei atribuir força executiva". É preciso reconhecer que existem inúmeros pronunciamentos judiciais que não estão diretamente relacionados com a tutela satisfativa de uma prestação, mas que precisam ser efetivados mediante atos de execução.

CAPÍTULO 12 • LIQUIDAÇÃO E EXECUÇÃO NA LEI 7.347/85 **441**

Uma destas hipóteses é justamente a que se reconhece como *execução imprópria*[28], que corresponde às situações em que se "executa" provimentos constitutivos e declaratórios; a rigor, há alguns atos declaratórios ou constitutivos cuja eficácia pode depender de algum ato de documentação ou certificação, tal como ocorre nas hipóteses de averbação do divórcio, anulação de casamento, registro da sentença de usucapião, averbação da anulação ou suspensão dos efeitos de uma assembleia na junta comercial etc. A efetivação destes atos é que se denomina de execução imprópria, inserindo-os no rol do art. 771 do CPC.

(...)

1. In casu, o d. Juízo de origem rejeitou o pedido de registro do conteúdo da sentença que declarara a autora legítima proprietária dos lotes, nos registros dos imóveis objeto da ação declaratória, entendendo ser o pedido juridicamente impossível, o que impediu a eficácia do próprio comando sentencial, deixando-se de valorizar a efetividade da prestação jurisdicional e a economia processual.

2. A negativa ao pedido de registro contrasta com o anterior reconhecimento das condições da ação declaratória proposta, que possibilitou o proferimento da sentença a ser registrada. Se a ação declaratória fora regularmente processada e julgada foi porque reconheceu-se certa fragilidade no direito de propriedade da autora, que, assim, reunia legitimidade e interesse processual. Portanto, o pedido da promovente vinha embasado no binômio necessidade e utilidade da prestação jurisdicional buscada. A decisão declaratória que buscava a promovente visava justamente fortalecer seu direito de propriedade e incutir ou agregar maior confiança naquele registro imobiliário representativo da propriedade. Então o registro da sentença na respectiva matrícula imobiliária segue a mesma lógica da sentença declaratória demandada na ação.

3. Hipótese de dúvida objetiva quanto ao recurso a ser interposto da decisão que indeferiu o pedido de execução imprópria, o que permite a aplicação do princípio da fungibilidade recursal.

4. Recurso especial provido para determinar o retorno dos autos à origem, a fim de que seja recebido o recurso de apelação como agravo de instrumento.

(REsp 890.855/GO, Rel. Ministro RAUL ARAÚJO, QUARTA TURMA, julgado em 01/09/2016, DJe 23/09/2016)

Numa ação civil pública ambiental em que se pleiteia o reconhecimento de determinada área como de preservação permanente – tutela declaratória – é perfeitamente possível imaginar que ao final da declaração obtida possa ser *efetivada* a declaração mediante o registro dos limites da declaração da app no registro da propriedade perante o cadastro ambiental rural. Eis aí um ato de execução imprópria, porque independe da atuação do vencido, e pode ser feito por simples ofício judicial solicitação a correção junto ao Cadastro Ambiental Rural.

2.11 Prazo de 60 dias do art. 15

No que concerne à legitimidade para promover a execução coletiva, o legislador impõe a obrigatoriedade de o Ministério Público promover a execução, facultando igual iniciativa aos demais legitimados. Para os casos em que a ação executiva não tenha sido proposta pelo Ministério Público, estabelece-se um prazo de 60 dias do trânsito em julgado para a sua promoção, regra que se aplica, inclusive, por óbvio, para a liquidação transitada em julgado. Perceba-se que a obrigatoriedade é do trânsito em julgado, quando

---

28. Própria seria a execução típica, clássica, que dá ensejo à efetivação de um comando judicial contido em um título executivo judicial ou extrajudicial mediante a utilização de técnicas de coerção ou sub-rogação.

então estaremos diante de um cumprimento definitivo de um provimento judicial. Isso porque a obrigatoriedade e a cogência da atuação do Ministério Público estão relacionadas com a certeza de que a decisão proferida não mais se sujeita a recurso.

Qualquer provimento judicial pode ser objeto de cumprimento definitivo. Acórdão, sentença ou decisão interlocutória parcial. Em tempo, decisões constitutivas, declaratórias e condenatórias que contenham todos os elementos da obrigação (quem deve, se é devido, a quem se deve e o quantum ou que é devido) também são títulos executivos judiciais.[29]

2.12 O art. 98 do CDC e a competência adequada

O art. 98 cuida, basicamente, de dois aspectos referentes às execuções coletivas: legitimidade e competência. Quanto à legitimidade, determina que "a execução poderá ser coletiva, sendo promovida pelos legitimados de que trata o art. 82, abrangendo as vítimas cujas indenizações já tiverem sido fixadas em sentença de liquidação, sem prejuízo de ajuizamento de outras execuções".[30]

> Art. 98. A execução poderá ser coletiva, sendo promovida pelos legitimados de que trata o art. 82, abrangendo as vítimas cujas indenizações já tiveram sido fixadas em sentença de liquidação, sem prejuízo do ajuizamento de outras execuções. (Redação dada pela Lei n. 9.008, de 21.3.1995)
>
> § 1° A execução coletiva far-se-á com base em certidão das sentenças de liquidação, da qual deverá constar a ocorrência ou não do trânsito em julgado.
>
> § 2° É competente para a execução o juízo:
>
> I – da liquidação da sentença ou da ação condenatória, no caso de execução individual;
>
> II – da ação condenatória, quando coletiva a execução.

Importante ressalvar apenas o inc. II do § 2° trata de execução coletiva, porque todo o restante refere-se às execuções individuais da *fase individual* do procedimento para a defesa de direitos individuais homogêneos.

Para que seja coletiva a execução, dever-se-ia estar diante de direitos difusos e coletivos, cujo objeto é indivisível, e a única regra desse dispositivo que cuida dessa hipótese é a que consagra a competência do juízo da condenação, quando coletiva a execução (art. 98, § 2°, II).

Embora fale da legitimidade dos entes do art. 82 para a propositura das ações de liquidação (direito individual), é certo que a regra deve ser interpretada com ressalvas, tendo em vista que ninguém admitirá, sob pena de ofensa à CF/88, que o Ministério Público promova, por exemplo, procedimento liquidatório para identificar eventual direito disponível e individual de alguma vítima ou sucessor que tenha sido alcançado pelo efeito erga omnes da sentença condenatória genérica. Também não há a justificativa da representação adequada que motiva a legitimidade do art. 82 do CDC. No caso vertente do art. 98, têm-se em relação à legitimidade as regras típicas de uma lide individual.

---

29. RODRIGUES, Marcelo Abelha. Manual de execução civil. 7.ed. Rio de Janeiro: Grupo Gen, 2019.
30. Nesse sentido ver DINAMARCO, Cândido Rangel. Execução civil. 5. ed. São Paulo: Malheiros, 1997, p. 553; igualmente, ARAUJO FILHO, Luiz Paulo da Silva, op. cit., p. 194; YARSHELL, Flávio Luiz. Observações a propósito da liquidação na tutela de direitos individuais homogêneos. In: WAMBIER, Teresa Arruda Alvim (Coord.). Atualidades sobre a liquidação de sentença. São Paulo: Ed. RT, 1997, p. 160.

Todo o restante refere-se aos direitos individuais homogêneos que possui um viés coletivo e outro individual. Resolvida a fase coletiva (art. 95), passa-se a partir de tal momento à personificação com identificação do seu titular e a verificação do seu prejuízo particular.

Embora a execução coletiva (cumprimento de sentença ou processo de execução) siga a sistemática tradicional do CPC, não se pode perder de vista que:

1) nem sempre se terá pretensão condenatória por intermédio de ação civil pública, podendo-se fazer qualquer tipo de pedido para obter qualquer tipo de tutela (art. 83 do CDC), inclusive admitindo que o provimento de improcedência possa ser título executivo em favor da coletividade quando estes estejam em polo passivo da demanda;

2) deve-se dar preferência às tutelas preventivas que obrigam a uma prestação de não fazer, fazendo incidir precisamente os meios de execução indireta;

3) a tutela deve privilegiar o princípio da maior coincidência possível, portanto a regra geral será a utilização de tutelas específicas e as reparatórias também com privilégio da restauração e da recuperação;

4) sendo inviáveis as modalidades anteriores, então se buscará a tutela da obrigação de pagar, que pode tanto referir-se a direitos patrimoniais quanto a extrapatrimoniais, não se podendo dispensar em muitos casos a fase liquidatória.

Retomando a análise do art. 98, § 2°, II que trata da *execução coletiva* deve-se entender como competente não propriamente o *juízo da condenação como diz*, mas sim aquele que se mostrar-se mais adequado à tutela do meio ambiente, isto é, é perfeitamente possível que o local da origem do dano seja o mais adequado e não propriamente onde se deu a condenação; também é possível que o local onde estão os bens do executado seja o mais adequado e aí deve-se seguir a disciplina do art. 516, parágrafo único:

Art. 516. O cumprimento da sentença efetuar-se-á perante:

I – os tribunais, nas causas de sua competência originária;

II – o juízo que decidiu a causa no primeiro grau de jurisdição;

III – o juízo cível competente, quando se tratar de sentença penal condenatória, de sentença arbitral, de sentença estrangeira ou de acórdão proferido pelo Tribunal Marítimo. Parágrafo único. Nas hipóteses dos incisos II e III, o exequente poderá optar pelo juízo do atual domicílio do executado, pelo juízo do local onde se encontrem os bens sujeitos à execução ou pelo juízo do local onde deva ser executada a obrigação de fazer ou de não fazer, casos em que a remessa dos autos do processo será solicitada ao juízo de origem.

Por outro lado, é perfeitamente possível que a demanda não seja *condenatória*, mas sim declaratória com a declaração com eficácia de título executivo, caso em que, a competência adequada será do juízo que melhor atender ao interesse ambiental, ou seja, onde se possa ter com maior eficiência e efetividade o resultado pretendido na execução.

2.13 Fluid recovery

2.13.1 Execução coletiva na ação para a defesa de direitos individuais homogêneos – Por que não punição ou restituição pelo ilícito?

Em se tratando de direitos individuais homogêneos, há que se ter enorme cuidado ao se falar em execução coletiva. Há apenas uma hipótese que não se confunde com a *fase individual* do procedimento para a defesa dos direitos individuais homogêneos.

Isso porque, uma vez obtida a condenação genérica, o normal é justamente que a partir dessa generalidade se busque a personificação da referida regra contida na sentença, seja ela condenatória ou não. Assim, havendo comando condenatório genérico, certamente haverá que se personalizar a decisão, trazendo a lume a fase individual de liquidação e execução pelas vítimas e seus sucessores.

Portanto, a rigor não se têm aí execuções coletivas, ainda que sejam realizadas em grande número, cogitando-se nesta hipótese que cada legitimado possa ordinariamente tutelar seu próprio direito, ou, excepcionalmente, seja a liquidação e futura execução realizadas por entes do art. 82, que possuam legitimidade extraordinária típica para tanto, tal como o sindicato em relação ao sindicalizado e a associação em relação ao associado.

> (...) 2. Não obstante a legitimidade ad causam para a primeira fase da ação civil pública seja extraordinária, mediante a substituição processual, a legitimidade ativa na segunda fase é, em regra, ordinária, ou seja, dos titulares do direito material.
>
> Contudo, com o intuito de evitar a ausência de liquidação e execução de direitos reconhecidos na fase de conhecimento, o CDC previu a possibilidade de os legitimados do rol do art. 82 do CDC liquidarem e executarem as indenizações não reclamadas pelos titulares do direito material, por meio da denominada fluid recovery. (...) (AgInt no REsp 1280311/SP, Rel. Ministro MARCO AURÉLIO BELLIZZE, TERCEIRA TURMA, julgado em 28/10/2019, DJe 05/11/2019)

Como se disse, portanto, a liquidação e a execução da sentença condenatória genérica a que alude o art. 95 do CDC nada têm de coletivo, porque eventualmente podem ser feitas por um grande número de pessoas. Aqui, repita-se, não se está diante de direitos supraindividuais.

> "(...) 5. A tutela coletiva de interesses individuais homogêneos se desdobra em duas etapas, sendo que a efetivação do direito reconhecido na fase do conhecimento ocorre na liquidação e no cumprimento de sentença, em que são averiguadas as características individuais de cada relação jurídica particular e na qual predomina o princípio da primazia do cumprimento individual, com a legitimação, em regra, dos efetivos lesados pela prática ilegal reconhecida no conhecimento (...)".[31]

Entretanto, é possível uma única hipótese de execução coletiva no sentido técnico do termo, cujo produto arrecadado, inclusive, terá destinação coletiva, indo para o fundo federal para a defesa de direitos difusos e coletivos.

Trata-se da liquidação e execução da "recuperação fluida" (*fluid recovery*), que deveria constituir uma espécie de punição do executado pelo ilícito cometido, portanto, em nada se confundindo com as reparações individuais. Tem um caráter subsidiário, porque segundo a regra do art. 100 ela só poderá ser utilizada depois de decorrido um ano do trânsito em julgado das ações propostas pelos particulares, e será explicada com mais vagar no tópico seguinte.

Nesse ponto é criticável o texto quanto ao caráter residual que pretendeu dar ao instituto, quando deveria servir para punir o ilícito cometido ou restituir o lucro com ele obtido às custas de direito alheio.

Nestas hipóteses independeria da verificação do quantum que foi pago a título individual, até porque haverá casos em que não haverá o dano, mas o ilícito terá sido cometido,

---

31. REsp 1821688/RS, Rel. Ministra NANCY ANDRIGHI, TERCEIRA TURMA, julgado em 24/09/2019, DJe 03/10/2019); no mesmo sentido ver (REsp 1823072/RJ, Rel. Ministro MARCO AURÉLIO BELLIZZE, TERCEIRA TURMA, julgado em 05/11/2019, DJe 08/11/2019.

CAPÍTULO 12 • LIQUIDAÇÃO E EXECUÇÃO NA LEI 7.347/85 **445**

como, por exemplo, quando se pretende anular contratos que tenham sido ofensivos aos direitos dos consumidores sem que cada um tenha efetivamente sofrido qualquer dano.

O caráter residual extrai-se da redação do art. 100, quando determina que a recuperação fluida terá por parâmetro a gravidade do dano e a quantidade de ações individuais depois de um ano.

A situação, entretanto, pode gerar problemas, já que, sendo residual e não sendo o prazo de um ano prescricional do direito individual, haverá situações de pagamento de recuperação fluida e posterior ajuizamento de ações individuais, causando dupla condenação.

Se, por outro lado, se entender tratar-se de punição autônoma e independente, não há que se falar em bis in idem, sendo compatível com a situação problematizada. Assim, dessa forma, a sentença condenatória genérica será individualizada quanto aos aspectos subjetivos de cada vítima e seus sucessores, mas também será hábil para obter-se recuperação fluida e supraindividual. Só aqui, e não lá, é que haveria a execução coletiva oriunda de demanda proposta para a tutela de direitos individuais homogêneos.

2.13.2 A fluid recovery do art. 100 do CDC

O art. 100, parágrafo único do CDC está no conjunto de regras processuais e procedimentais relativos à defesa dos direitos individuais homogêneos (Título III, Capítulo II do CDC). Se por um lado não se nega que a demanda do art. 100 seja derivada (subsidiária) de uma ação civil coletiva para a defesa de direitos individuais homogêneos, isso não significa que a demanda ali prevista, no art. 100, caput, constitua uma ação para a defesa de direito individual homogêneo.

Da leitura do citado dispositivo se extrai a conclusão de que ali a tutela é de direito difuso, o que resulta da dicção da norma (parágrafo único do art. 100), ao dizer que o produto da indenização destina-se a um fundo, portanto, aquele mesmo previsto no art. 13 da LACP (Lei n. 7.347/85), ora regulamentado pela Lei n. 9.008/95.

> Assim, questiona-se qual a natureza dessa demanda liquidatória? Difusa ou individual? A pergunta é séria porque o rótulo do Capítulo II diz algo que é contrariado pelo caput e parágrafo único do art. 100 do CDC.

Mais do que uma simples observação teórica, a identificação da natureza do interesse tutelado nessa demanda tem reflexos sobre as regras procedimentais a ser aplicadas, tais como competência, legitimidade para a sua propositura, incidência ou não do art. 99 etc. Na nossa opinião, a demanda liquidatória/executiva da fluid recovery é sempre eventual e subsidiária de uma ação coletiva proposta para a proteção de direitos individuais homogêneos.

Mas não é só, já que essa demanda que dá origem[32] a eventual ação do art. 100 do CDC, além de veicular pretensão individual homogênea na sua origem, deve ainda ser daquelas em que culminam num provimento jurisdicional final, cujo efeito primário é, a priori, a obtenção da imposição de uma prestação de pagar quantia (indenização

---

32. Portanto, exclui-se da hipótese do art. 100 do CDC as liquidações individuais oriundas da coisa julgada in utilibus a que alude o art. 103, § 3º, segunda parte, do CDC.

pelos danos causados – art. 95 do CDC),[33] ou seja, não será comum, mas não se descarta, hipóteses em que a demanda individual homogênea veiculada tenha se prestado a tutelar uma obrigação específica (fazer ou não fazer e entrega de coisa)[34].

> Numa ação coletiva para a defesa de direitos individuais homogêneos em que o Ministério Público pleiteia contra a mineradora responsável pelo rompimento da barragem cuja lama contaminou o rio e impediu o abastecimento de água da população a prestação de obrigação de entregar a cada morador da cidade 3 litros de água mineral por dia pelo período de seis meses que deveria ser feito mediante disponibilização em local monitorado pelo poder público com cadastro prévio e contagem das garrafas entregues. Considerando a hipótese de 150 mil moradores é possível que ao final desse período milhões de garrafas não tenha sido entregue por vários motivos: desinformação, dificuldade de acesso, dificuldade de cadastro etc. pergunta que se faz é a seguinte: é justo que a habilitação de interessados em número in compatível com a gravidade do dano possa ser um benefício para a empresa poluidora?

> Esse mesmo episódio de rompimento da barragem fez com que a lama entupisse canos de irrigação de vários moradores ribeirinhos que usavam a água do rio para os mais diversos fins. Considerando que os custos para a limpeza destes canos eram muito baixos, não compensava para muitos moradores – a não ser que tivessem outros danos – ajuizar ação contra a empresa por causa desse problema específico. É justo que em razão da pequena monta para cada morador, mas grande valor considerando o seu conjunto, fique nos cofres do poluidor? O ilícito pode compensar?[35]

Sempre que a reparação direta dos lesados é inviável, inapropriada ou verdadeiramente impossível então socorre-se da técnica da *fluid recovery*[36], inspirada no modelo americano[37], como forma de *reparação indireta* e meio de evitar o enriquecimento ilícito, permitindo, subsidiariamente[38], depois do prazo de um ano (exíguo prazo) sem habilitação de interessados em número compatível com a gravidade do dano, poderão os legitimados do art. 82 promover a *liquidação e execução* da indenização coletiva devida, e cujo produto é destinado para o fundo criado pela Lei n. 7.347, de 24 de julho de 1985.

> "(...) 9. A reparação fluida (fluid recovery), por outro lado, constitui específica e **acidental hipótese de execução coletiva** de danos causados a interesses individuais homogêneos, instrumentalizada pela atribuição de legitimidade subsidiária aos substitutos processuais do art. 82 do CDC para perseguirem a indenização de prejuízos causados individualmente aos consumidores, com o objetivo de preservar a vontade da Lei e impedir o enriquecimento sem causa do fornecedor.

> 10. Na presente hipótese, o pedido foi fundamentado na finalidade de impedir o **enriquecimento sem causa** do fornecedor, o que não corresponde aos danos morais coletivos, mas à recuperação fluida (fluid recovery)

---

33. Não se quer dizer que apenas essa modalidade de tutela obrigacional possa ser veiculada (também é possível a tutela de obrigações específicas) por via de ação civil coletiva para a defesa de direito individual homogêneo, e menos se quer dizer ainda que tais demandas restringem-se à tutela jurisdicional de crises de adimplemento, uma vez que também se prestam a debelar crises de certeza e de situações jurídicas, dando origem à sentença declaratória e constitutiva, respectivamente.

34. Idem quando se está diante de ação civil coletiva para a tutela de direitos individuais homogêneos que pretendam debelar crises de certeza e de situação jurídica (provimento meramente declaratório e constitutivo).

35. A este respeito ver o Capítulo 4, item 6.3.4 e Capítulo 5 item 5.3.5.

36. Sobre as críticas da expressão ver MULHERON, Rachael P. The Class Action in Common Law Legal Systems: A Comparative Perspective. Hart, 2004, p. 426 e ss. (Chapter 11, D).

37. GRINOVER, Ada Pellegrini. Da Coisa Julgada. In: GRINOVER et al. Código Brasileiro de Defesa do Consumidor comentado pelos autores do anteprojeto. 9. ed. Rio de Janeiro: Forense Universitária, 2007, p. 906; RODRIGUES, Marcelo Abelha. Ponderações sobre a fluid recovery do art. 100 do CDC. In. NOLASCO, Rita Dias; MAZZEI, Rodrigo. Processo Civil Coletivo. São Paulo: Quartier Latin, 2005, p. 460.; VENTURI, Elton. Execução da Tutela Coletiva. São Paulo: Malheiros Editores, 2000, p. 155.

38. "(...) 2.1. Referido instituto, caracterizado pela subsidiariedade, aplica-se apenas em situação na qual os consumidores lesados desinteressam-se quanto ao cumprimento individual da sentença coletiva, transferindo à coletividade o produto da reparação civil individual não reclamada, de modo a preservar a vontade da Lei, qual seja a de impedir o enriquecimento sem causa do fornecedor que atentou contra as normas jurídicas de caráter público, lesando os consumidores (...)". REsp 1156021/RS, Rel. Ministro MARCO BUZZI, QUARTA TURMA, julgado em 06/02/2014, DJe 05/05/2014.

do art. 100 do CDC, razão pela qual a condenação à compensação de danos morais coletivos deve ser afastada. (...) (REsp 1741681/RJ, Rel. Ministra NANCY ANDRIGHI, TERCEIRA TURMA, julgado em 23/10/2018, DJe 26/10/2018)

Neste dispositivo se tem liquidação sujeita a condição, porque para ser proposta é mister o preenchimento de certos aspectos descritos no próprio dispositivo. É que a hipótese de recuperação fluida do art. 100 do CDC só terá lugar, se e quando, sucessivamente:

i) decorrido um ano do "trânsito em julgado"[39] da sentença condenatória genérica que obrigar o demandado a pagamento de quantia (art. 95);

ii) o número de liquidações individuais, após esse ano, tenha sido incompatível com a gravidade do dano causado.

Assim, essas são duas condições imperativas para que nasça o direito à recuperação fluida e sua respectiva tutela. A finalidade aí é justamente evitar um enriquecimento ilícito do demandado, tendo em vista a disparidade entre as liquidações promovidas e a extensão do dano causado.

2.13.3 A eventualidade da liquidação e execução da fluid recovery

Como se afirmou no tópico anterior, a origem da verba arrecadada e destinada ao fundo federal dos direitos difusos, a que se refere o parágrafo único do art. 100, provém, necessariamente, de uma demanda individual homogênea utilizada para se obter uma responsabilização por danos causados às vítimas de um mesmo evento danoso.

Assim, se ontologicamente a origem dessa demanda encontra-se acorrentada aos direitos individuais homogêneos, tem-se que teleologicamente encontra-se presa a uma finalidade difusa. A existência de uma *origem* distinta da sua *finalidade*, respectivamente, individual homogênea e difusa, permite a utilização adequada das regras de processo coletivo, que nem sempre são iguais para esses "tipos" de direitos, não obstante o tronco supraindividual seja comum a todos eles (difusos, coletivos e individuais homogêneos).

Quando se diz que a referida demanda do parágrafo único do art. 100 do CDC é eventual e residual, não se pode perder de vista que esses dois aspectos estão atrelados à sua origem individual homogênea. Diz-se que é *eventual* porque a primeira condição para a sua existência é que tenha existido uma ação de responsabilidade civil por danos causados a direitos individuais homogêneos que tenha formado uma sentença condenatória genérica tornando certa a obrigação de pagar quantia às vítimas (ou sucessores) do evento danoso.

Por outro lado, quando se fala no caráter residual da demanda prevista no parágrafo único do art. 100 do CDC, um outro aspecto deve ser considerado, e que constitui, também, condição de sua existência. É que, além de ter havido uma sentença condenatória genérica de obrigação de pagar nos termos do art. 95 do CDC, é mister que, após um ano da formação do referido título executivo, o número de liquidações individuais

---

39. O dispositivo não menciona "trânsito em julgado", mas entendemos que o início da reparação fluida (liquidação difusa) deve ser feito com um mínimo de segurança, afinal de contas se já é difícil cogitar da gravidade do dano com o número de liquidações individuais propostas, tornar-se-ia ainda mais difícil e inseguro se a equação "gravidade do dano/liquidações propostas" admitisse a liquidação provisória da sentença condenatória genérica.

não tenha sido compatível com a gravidade do dano causado, de forma que se permita reconhecer, mesmo depois de tudo, uma situação de vantagem para o demandado, quando se com para o resultado obtido com a conduta danosa e a reparação à qual foi submetido judicialmente.

É daí que nasce a subsidiariedade comentada retro. Portanto, três aspectos, concretos, cronológica e logicamente separados, devem estar presentes para que se possa deduzir a demanda referida no parágrafo único do art. 100 do CDC.

O primeiro cuida da necessidade de que a situação originária seja a de tutela jurisdicional de interesses individuais homogêneos, ensejador de uma sentença condenatória genérica (art. 95) transitada em julgado, que obrigue o demandado a pagar quantia, que ainda será apurada em liquidação de sentença nos termos do art. 97 e ss. do CDC (apuração do quantum e identificação do titular – vítima ou sucessor).

A segunda condição é que tenha escorrido o prazo de um ano contado a partir do trânsito em julgado da sentença do art. 95 do CDC. A terceira condição é que, depois de superadas as condições anteriores, exista uma situação tal que indique uma vantagem patrimonial (financeira ou não) em favor do demandado.

Essa vantagem é resultante da comparação entre o número de liquidações individuais pagas e a gravidade do dano causado. Somente se existente essa vantagem patrimonial é que se justificará a utilização da demanda prevista no parágrafo único do art. 100 do CDC. É daí que nascem os aspectos da eventualidade e subsidiariedade residual da fluid recovery brasileira, estabelecida no art. 100, parágrafo único, do CDC. Existindo "compatibilidade" entre o número de habilitações (liquidações) e a gravidade do dano, será descartado qualquer direito à recuperação fluida.

2.13.4 Os requisitos da recuperação fluida: prazo ânuo e gravidade do dano incompatível com o número de liquidações

As duas condições – prazo de um ano e gravidade do dano incompatível com o número de liquidações – devem estar preenchidas para que emerja o direito à recuperação fluida, que, como dissemos, dá ensejo à tutela liquidatória (e executiva) difusa, e, por isso mesmo, o produto daí haurido destina-se ao Fundo Federal para a Defesa dos Direitos Difusos, nos exatos termos do parágrafo único do art. 100 do CDC.

2.13.5 O prazo de um ano: particularidades e risco de bis in idem

Consta do art. 100 do CDC a regra de que, "*decorrido o prazo de um ano sem a habilitação de interessados em número compatível com a gravidade do dano, poderão os legitimados do art. 82 promover a liquidação e execução da indenização devida*".

A primeira ponderação sobre o prazo assinalado no parágrafo anterior é saber se é ou não decadencial, ou seja, se as vítimas ou seus sucessores só teriam um ano para reclamar em juízo a liquidação individual a partir da sentença condenatória genérica (art. 95).

Certamente que não se trata de prazo decadencial nem para a início da liquidação que servirá para fixar o quantum individualmente sofrido e menos ainda para perder o "direito" reconhecido pela mesma sentença condenatória genérica.

> Nem poderia sê-lo, por razões teóricas e práticas, pois não faria o menor sentido que o CDC estimulasse a demanda coletiva individual homogênea, tal como se vê nos arts. 94, 95, 103, III, 104, mas por outro lado criasse prazo prescricional para aproveitamento de seu resultado pelo indivíduo (art. 95) que fosse muito menor do que o previsto para o exercício de ação individual, que é de cinco anos no CDC (art. 27). Por outro lado, não faria sentido ainda que a parte processual do CDC contrariasse o dispositivo específico do mesmo código que cuidou da prescrição e decadência do direito ali previsto.

O que se tem nesse caso é típica condição ou termo para existência e tutela de um "interesse difuso". Isso mesmo, pois a ultrapassagem do prazo de um ano servirá para que, havendo condenação genérica de pagar quantia, e desde que o número de liquidações individuais não seja compatível com a gravidade do dano, qualquer legitimado poderá iniciar a liquidação e execução da reparação fluida, cujo produto será destinado ao fundo para a defesa dos interesses difusos, nos termos do parágrafo único do art. 100.

Tratando-se de prazo, certamente que deverá existir um início e um fim, que marcará a data para o possível e o eventual exercício da ação de reparação fluida. Esta possibilidade, de exercício da liquidação e execução será no prazo de um ano exatamente seguinte *ao trânsito em julgado*[40] da sentença condenatória genérica a que alude o art. 95 do CDC.

A partir daí poderá ser iniciada a reparação fluida, cujo produto será destinado ao FDDD (Fundo Federal para a Defesa dos Direitos Difusos). Certamente que nem todas as liquidações individuais liquidatórias, propostas ou não pelo próprio interessado, terão chegado ao seu final. Ao contrário, a maioria delas estará na fase inicial ou nem sequer terá sido proposta ainda, sendo inviável pensar em execução e satisfação do crédito.

Nesse caso, imaginando que a recuperação fluida seja iniciada tão logo seja ultrapassada a barreira do prazo anual, não será inconcebível imaginar a possibilidade de coisa julgada na reparação fluida antes mesmo de ter sido proposta ou de ter terminado demandas liquidatórias individuais, criando uma esdrúxula situação na qual as sobras (resíduo) tenham sido apuradas antes mesmo de o principal ter sido liquidado ou satisfeito!

> Diante desse absurdo, questionar-se-ia, teria havido "bis in idem"? O responsável estaria pagando duas vezes pela mesma responsabilidade? Poderia ser acionado o fundo, caso a verba já tivesse sido para lá endereçada?

Também poderá acontecer situação curiosa, porém menos estapafúrdia que a anterior, que é de concomitância de liquidações individuais em curso com a liquidação de

---

40. Sugestão nossa de lege ferenda, para permitir que realmente a recuperação fluida seja residual e não concomitante com as eventuais ações individuais.

reparação fluida. Nesse caso, por analogia, aplicar-se-ia a regra do art. 99, que em caso de concurso de créditos manda suspender a coletiva em prol das individuais?[41]

> Em razão do fato de que a recuperação fluida prevista no art. 100 do CDC deriva de uma ação coletiva originariamente veiculada para a tutela de direito individual homogêneo, não pugnamos pela possibilidade de que seja possível a utilização da recuperação fluida (art. 100 do CDC), quando as liquidações individuais sejam oriundas da coisa julgada in utilibus. É que o pressuposto para a utilização da coisa julgada in utilibus (art. 103, § 3°, do CDC) é de que a coisa julgada tenha se formado sobre uma pretensão difusa, anteriormente tutelada. Dessa forma, caso fosse possível a reparação fluida resultante do resíduo derivado dos prejuízos não reclamados a título individual, haverá duplamente a proteção dos interesses difusos, só que um nascido da violação de uma norma jurídica cujo objeto tutelado seria um bem difuso (que deu origem à coisa julgada in utilibus), e outro resultante do resíduo deixado pela ausência de liquidações individuais, quando comparado à gravidade do dano sob o ponto de vista de indivíduos lesados.

Por tudo isso, entende-se que, em vez de ter estabelecido o prazo anuo logo após a sentença condenatória genérica (sem nem dizer que é após o transito em julgado), melhor teria feito o legislador se tivesse fixado o prazo de início da ação de reparação fluida para o fim do prazo prescricional de exercício judicial do direito reconhecido como existente na sentença condenatória genérica.

Nesse caso, seria possível obter alguma segurança não só em relação às indenizações já pagas, mas também em relação às que estivessem em curso, tendo em vista a certeza de que daí para frente não poderia surgir nenhuma ação nova. Isso permitiria um juízo seguro de que todo o montante reclamado seria aquele já conhecido (já pago ou que estivesse sendo reclamado) e mais nenhum, justamente para que a partir daí se permitisse fazer um juízo de valor entre o que foi reclamado e o dano causado.

2.13.6 Gravidade do dano incompatível com o número de habilitações à tutela liquidatória

Analisado o prazo no tópico anterior, verifica-se que também em relação à outra condição – *a gravidade do dano incompatível com os números de habilitados à liquidação* – o legislador foi econômico quanto aos critérios que deverão ser adotados para a sua interpretação.

Há determinados problemas que podem surgir em relação a esse requisito, que poderão até mesmo inviabilizar a utilização da recuperação fluida, vista como critério residual para evitar que mesmo depois de todo o dano cometido, ainda assim, o demandado possa sair "ganhando" alguma vantagem patrimonial suportada pela coletividade dispersa que não tenha reclamado os prejuízos que lhes foram causados pelo evento danoso.

> Apenas para se exemplificar, alguns problemas podem ser arrolados: Como é feita a ponderação e o sopesamento do número de liquidações com a gravidade do dano? Como ter certeza de que o prazo de um ano é suficiente para saber que o número de liquidações será incompatível com a gravidade do dano, mormente se o prazo prescricional para exercício do direito é maior que um ano? Como saber da existência de outras

---

41. Esse artigo foi feito para o caso de liquidação individual concomitante com ação de liquidação difusa, resultante da Lei n. 7.347/85. Trata-se de caso no qual o mesmo fato deu origem a uma pretensão difusa e outra(s) individual(is). No caso sub exame, o que se tem é liquidação de demandas individuais resultantes da sentença condenatória genérica (art.95), com a recuperação fluida, proposta para se obter o resíduo, enfim, aquilo que não foi reclamado a título individual.

liquidações oriundas de ações individuais em que o indivíduo optou por não aderir à ação coletiva para a defesa dos direitos individuais homogêneos? [42]

Ainda, o fato de existirem várias liquidações em curso não permite inferir que todas elas terão sucesso, o que impede, pelo menos neste momento (enquanto a liquidação estiver em curso), a formação de um juízo de ponderação entre a gravidade do dano e o que foi efetivamente ressarcido pelo responsável.

Ademais, como saber qual a gravidade do dano se os prejuízos apurados na liquidação de sentença são particulares e demonstrados e provados em ação de liquidação que provavelmente estará em curso (se não for proposta depois de um ano), quando da propositura da recuperação fluida?

Diante de todos estes problemas, pergunta-se, quanto pedir a título de recuperação fluida? Se a intenção do legislador foi fazer com que houvesse a maior coincidência possível entre o dano causado aos indivíduos (reconhecido na sentença genérica) e o que foi efetivamente pago a cada uma das vítimas, criando para tanto a recuperação fluida como forma de reparação indireta, para os casos em que o que foi reclamado for inferior ao dano causado, certamente que ele, ao adotar o caráter indireto e residual da fluid recovery, jamais poderia ter fixado como termo inicial para a propositura dessa demanda o prazo de um ano, pelo simples fato de que, nesse prazo, é impossível obter elementos que permitam dar um mínimo de segurança de que o quantum desembolsado pelo responsável corresponde (ou não) ao dano por ele causado.

No mínimo, deveria o legislador ter dito que o prazo contar-se-ia da prescrição do direito reconhecido na sentença condenatória genérica, pois, aí, nesse caso, o demandado poderia fornecer dados relativos a indenizações pagas (ou em curso), com a certeza de que dali para frente não existiriam outros casos.

> Haveria uma tranquilidade e segurança no exercício da recuperação fluida residual (sobra dos danos individuais não reclamados), se ao longo do prazo de um ano todas as ações individuais de liquidação com base no art. 95 (ou obtidas em ações individuais que não optaram pela ação coletiva individual homogênea) tivessem chegado ao fim e nenhuma outra pudesse ser proposta. Nesse caso, depois de apurado o montante devido (ou pago) aos indivíduos, ter-se-ia de fazer um juízo de valor entre o que seria devido e o dano causado (quanto à gravidade do dano causado, um critério idôneo poderia ser a verificação do benefício patrimonial haurido pelo executado em razão do dano que ele causou, já que é impossível imaginar quanto seria o prejuízo de pessoas que nem se sabe quais são).

Por isso não parece ser tarefa fácil – senão quase impossível – vencer os requisitos para a propositura da ação de reparação fluida do art. 100 do CDC. Ademais, superada essa fase, ainda subsiste uma enorme dificuldade sobre essa demanda, que é a apreciação e julgamento da pretensão veiculada.

---

42. "(...) o Superior Tribunal de Justiça, no julgamento do REsp 1.388.000/PR, submetido ao rito dos recursos repetitivos (Tema 877), pacificou o entendimento de que o prazo prescricional é quinquenal para o ajuizamento da ação individual executiva para cumprimento de sentença originária de ação civil pública, sendo contado a partir do trânsito em julgado da sentença coletiva, independentemente da notícia da propositura da ação coletiva exigida pelo art. 94 do Código de Defesa do Consumidor ou mesmo da intimação pessoal dos exequentes. 5. Agravo Interno da FAZENDA DO ESTADO DE SÃO PAULO a que se nega provimento". (AgInt no REsp 1844370/SP, Rel. Ministro NAPOLEÃO NUNES MAIA FILHO, PRIMEIRA TURMA, julgado em 20/04/2020, DJe 24/04/2020).

É que, sendo o seu objetivo obter uma reparação indireta do que não foi reclamado a título individual, deverá o juiz enfrentar o problema do "quantum residualmente devido", e o critério para saber o quão grave foi o dano, que, eventualmente, o torna desproporcional ao valor individualmente reclamado, certamente não será o "dano causado propriamente dito", afinal de contas este é individual e, sendo individual, somente cada pessoa poderia fornecer elementos para a mensuração dos prejuízos (morais e materiais) a ela causados.

2.13.7 Síntese conclusiva sobre a recuperação fluida

Reconhecida a existência de enormes e, quase insuperáveis dificuldades na adoção do critério residual da reparação fluida, pensamos, lege ferenda, que um bom caminho, talvez mais justo e com menos percalços, seria interpretar a recuperação fluida do art. 100, caput, do CDC como um instituto de caráter punitivo (*pela gravidade da conduta*), não residual (dada a impossibilidade de se aferir com um mínimo de segurança resíduo de uma condenação erga omnes art. 103, III, do CDC), cujo critério seria a gravidade da conduta ou a vantagem econômica obtida pelo responsável pelo dano causado.

> A comparação do que foi efetivamente pago (portanto, bem depois de um ano das liquidações) com o "lucro" obtido pelo responsável forneceria um mínimo de segurança para se aplicar uma punição menos imaginativa e mais próxima da realidade. Haveria, assim, uma independência entre a recuperação fluida e os prejuízos individuais reclamados (ou não) em liquidação de condenação genérica.

Instado a se manifestar sobre o tema o Superior Tribunal de Justiça afastou o caráter punitivo da fluid recovery, reconhecendo o seu papel de reparação indireta e residual, o que nos parece claro a partir da leitura do texto do art. 100 do CDC, mas ao enfrentar o tema acabou por revelar certas distorções em relação aos critérios (não necessariamente vinculados ao dano) que utiliza fixar o *dano* moral coletivo:

> (...) 8. O dano moral coletivo é categoria autônoma de dano que se identifica com a violação injusta e intolerável de valores fundamentais titularizados pela coletividade (grupos, classes ou categorias de pessoas) e tem a função de: a) proporcionar uma reparação indireta à lesão de um direito extrapatrimonial da coletividade; b) sancionar o ofensor; e c) inibir condutas ofensivas a esses direitos transindividuais. (...)

Como já tivéssemos oportunidade de dizer anteriormente (item 5.3.5.1, capítulo 5) é preciso repensar a teoria dos ilícitos[43] e perceber que é perfeitamente possível acomodar institutos diferentes que sejam adequados às diferentes situações de antijuridicidade, sem precisar acomodar, por exemplo, nos critérios do dano moral coletivo. Assim, a gravidade da conduta ilícita, a punição como forma de inibição de condutas futuras, o enriquecimento com base num ilícito, podem ensejar, *independentemente do dano* sanções civis correspondentes.

---

43. NETTO, Felipe Braga. Teoria dos ilícitos civis. 2. ed. Salvador: JusPodivm, 2020, p. 25 e ss.

CAPÍTULO 13
LITIGÂNCIA DE MÁ-FÉ NA LEI DE AÇÃO CIVIL PÚBLICA E A ISENÇÃO DE ÔNUS FINANCEIRO

1. INTROITO

O tema relativo à litigância de má-fé e ao abuso de direitos processuais[1]1 não foi esquecido pelo procedimento especial das demandas coletivas (jurisdição civil coletiva). É o que se vê pela leitura dos arts. 17 e 18 da LACP e 87 do CDC:

> Art. 17. Em caso de litigância de má-fé, a associação autora e os diretores responsáveis pela propositura da ação serão solidariamente condenados em honorários advocatícios e ao décuplo das custas, sem prejuízo da responsabilidade por perdas e danos.

> Art. 18. Nas ações de que trata esta Lei não haverá adiantamento de custas, emolumentos, honorários periciais e quaisquer outras despesas.

> Art. 87. Nas ações coletivas de que trata este Código não haverá adiantamento de custas, emolumentos, honorários periciais e quaisquer outras despesas, nem condenação da associação autora, salvo comprovada má-fé, em honorários de advogado, custas e despesas processuais.

> Parágrafo único. Em caso de litigância de má-fé, a associação autora e os diretores responsáveis pela propositura da ação serão solidariamente condenados em honorários advocatícios e ao décuplo das custas, sem prejuízo da responsabilidade por perdas e danos."

Não obstante a expressa previsão legal contida nos dispositivos citados dos referidos procedimentos especiais, isso não afasta a incidência do CPC (art. 5º, art. 6º, art. 15, art. 77 e ss., art. 139, IV, art. 774 etc.) relativamente aos ilícitos processuais decorrentes da violação dos deveres de lealdade e boa-fé, bem como a aplicação da responsabilidade civil por dano processual daí decorrente e permissão de aplicação de ofício das sanções processuais (arts. 79 e 80) etc.

Apenas à guisa de conclusão, pode-se afirmar que os ilícitos processuais devem ser precipuamente tutelados pelas regras do procedimento especial coletivo e de modo subsidiário e supletivo pelo CPC.

Como se observa no texto do art. 17 está intimamente ligado ao art. 18, e por este motivo colocamos os dois temas – ônus financeiro e má-fé processual – no mesmo capítulo.

---

1. Sobre o tema ver José Carlos Barbosa Moreira. "Responsabilidade por dano processual", in: Revista de processo, n. 10. São Paulo: Ed. RT, 1978, p. 15 e ss. Helio Tornaghi. Comentários ao CPC. São Paulo: Ed. RT, 1974, v. I, p. 152; Arruda Alvim. Código de processo civil comentado. São Paulo: Ed. RT, 1975, v. II, p. 148; Nery & Nery, op. cit., p. 1.891.

2. A TIPIFICAÇÃO DOS ILÍCITOS PROCESSUAIS

2.1 Os deveres processuais e a tipificação dos ilícitos

Há um claro descompasso entre os axiomáticos *deveres processuais* do art. 77 do CPC exigíveis de todos aqueles que de qualquer forma participem do processo (art. 5º) com o rol de comportamentos que tipificam a improbidade processual prevista nos incisos do art. 80 do CPC.

A acentuada preocupação casuística do legislador brasileiro na tipificação das condutas ímprobas dificultou demasiadamente o enquadramento de todas as situações de improbidade processual. Aliás, tivesse sido menos casuístico nos incisos do art. 80 teria alcançado melhores resultados em seu desiderato. Também este aspecto acaba sendo um obstáculo à repressão ou prevenção de condutas processuais ímprobas.

A litigância de má-fé e o abuso dos direitos processuais, figuras componentes dos ilícitos processuais, podem ser categorizados em dois tipos: a) no conteúdo das alegações feitas em juízo; b) na forma como atuam os sujeitos no processo.

Em relação ao primeiro, o conteúdo das alegações feitas em juízo, o tema é regulado pelo dever de veracidade imposto a todos os sujeitos do processo (arts. 77, I) e até para terceiros (art. 378) e testemunhas (art. 458), pelo só fato de que o processo é uma instituição pública de que se utiliza o cidadão e também o Estado para pedir e conceder, respectivamente, a tutela jurisdicional. Isso somente já seria suficiente para se obter um comportamento comprometido com a verdade de todos aqueles que de uma forma ou de outra interferem no processo e nos seus resultados.

Em relação ao segundo aspecto, a forma como atuam no processo, diz respeito ao dever "de respeitar as regras do jogo"[2], ou seja, utilizar as situações jurídicas legitimantes (ativas e passivas) ao longo do contraditório com respeito aos modais jurídicos e éticos, não criando embaraços desnecessários, resistência injustificada ao andamento do processo, perturbações que possam comprometer a efetividade e segurança da decisão judicial.

Assim, no primeiro caso o ilícito consiste em violação do dever de veracidade, mas utilizando-se dos instrumentos corretos e cabíveis para o caso. No segundo utilizam-se as técnicas processuais, as "armas do jogo" com a finalidade exclusiva de baralhar, obstaculizar e comprometer a segurança e efetividade das decisões judiciais. Todos os dois tipos de conduta são nefastos e tendem a um mesmo fim (comprometer a solução da lide). São espécies de ilícitos processuais porque por meio deles utiliza-se o processo (relação judicial processual) para obter vantagem direta ou indireta, prospectiva ou perspectiva, em relação ao seu resultado.

O ilícito processual recebe este nome porque é realizado no processo e com o processo, ou seja, é aquele ato antijurídico que pretende, direta ou indiretamente, fulminar a formulação ou a efetivação da norma jurídica concreta, nos casos de outorga provisória ou definitiva de tutela.

---

2. José Carlos Barbosa Moreira. "Responsabilidade civil por dano processual", in: Revista de processo, n. 10, p. 16.

CAPÍTULO 13 • LITIGÂNCIA DE MÁ-FÉ NA LEI DE AÇÃO CIVIL PÚBLICA E A ISENÇÃO DE ÔNUS FINANCEIRO

2.2 Acesso à justiça – isenção de ônus financeiro do processo coletivo – abuso processual e condenação

O pesado ônus financeiro que um processo representa constitui, sem dúvida, um fator de inibição ao acesso à justiça[3]. Não só a necessidade de adiantamento das custas judiciais, mas também o temor da sucumbência e com ela a necessidade de indenizar a parte contrária pelos gastos que teve com o advogado são reais fatores de inibição do acesso à justiça.

> Esse temor fica sensivelmente anabolizado se a ele somarmos todas as desigualdades entre os litigantes, seja no plano substancial ou formal (hipossuficiência técnica e econômica, desconhecimento do próprio direito, o tempo de duração do processo, a eventual subordinação hierárquica entre os litigantes, a litigância eventual contra a litigância habitual, a diferença de qualidade entre os advogados de cada um dos litigantes etc.), que dão uma enorme dose de incremento a esse "risco da sucumbência".

No âmbito do procedimento especial coletivo estão previstas as seguintes regras:

> Art. 17. Em caso de *litigância de má-fé*, a associação autora e os diretores responsáveis pela propositura da ação serão solidariamente condenados em honorários advocatícios e ao décuplo das custas, sem prejuízo da responsabilidade por perdas e danos.

> Art. 18. Nas ações de que trata esta lei, não haverá adiantamento de custas, emolumentos, honorários periciais e quaisquer outras despesas, nem condenação da associação autora, *salvo comprovada má-fé*, em honorários de advogado, custas e despesas processuais.

O legislador brasileiro, preocupado em dar uma resposta que possa dinamitar os obstáculos a esse acesso, tornando esse caminho mais livre, justo e solidário, tem tomado medidas concretas para dar vida a essa intenção. A regra mais importante dessa "resposta estatal" vem de cima para baixo, por intermédio da Constituição Federal, que estabelece com status de garantia individual e coletiva, no art. 5º, LXXIV, que: "O Estado prestará assistência jurídica integral e gratuita aos que comprovarem insuficiência de recursos."

Esse dispositivo é novamente mencionado na própria CF/88, no capítulo que cuida das funções essenciais da justiça, especialmente no art. 134:

> "A Defensoria Pública é instituição essencial à função jurisdicional do Estado, incumbindo-lhe a orientação jurídica e a defesa, em todos os graus, dos necessitados, na forma do art. 5º, LXXIV."

Tomando de análise o procedimento especial coletivo, verifica-se que o legislador infraconstitucional, preocupado em dar rendimento a esta garantia individual e coletiva, estabeleceu nos arts. 17 e 18 da LACP, depois decalcado no art. 87 do CDC, que a improcedência da ação coletiva não implicaria para a associação civil (legitimado ativo) a condenação em honorários advocatícios (sucumbência), por ter saído vencida na demanda.

O raciocínio que motivou o legislador foi, sem dúvida, o medo da associação legitimada em sair vencida e assim se ver obrigada a pagar os honorários à parte contrária.

---

3. "A resolução formal dos litígios, particularmente nos tribunais, é muito dispendiosa na maior parte das sociedades modernas (...). De qualquer forma, torna-se claro que os altos custos, na medida em que uma ou ambas as partes devam suportá-los, constituem uma importante barreira de acesso à justiça. (...) Qualquer tentativa realística de enfrentar os problemas de acesso deve começar por reconhecer esta situação: os advogados e seus serviços são muito caros" (Mauro Cappelletti e Bryant Garth. Acesso à justiça. Trad. Ellen Gracie Northfleet. Porto Alegre: Sergio Antonio Fabris, 1988, p. 17-18).

Esse risco poderia afugentar a iniciativa da associação civil em propor uma ação coletiva. Se somarmos a esse risco o fato de que as ações coletivas normalmente envolvem valores e pedidos de condenação vultuosos, com enorme dispêndio de atividade processual, esse receio fica ainda mais aumentado.

Entretanto, por acerto ou não, a regra do art. 17 da LACP (art. 87 do CDC), que constitui uma exceção à regra do princípio da sucumbência estabelecido no Código de Processo Civil (arts. 82 e ss.), foi exclusivamente direcionada às associações civis, como expressamente pode ser lido no seu texto.

Ao nosso ver, o legislador agiu corretamente ao limitar a prerrogativa às associações civis e demais entidades que tenham a mesma natureza jurídica, como os sindicatos e de certa forma os partidos políticos.

De antemão é de se gizar que, por se tratar de norma restritiva de direito e que foge ao princípio geral, deve obrigatoriamente ser restritivamente interpretada, não comportando interpretação extensiva, pois isso feriria regras claras e comezinhas de hermenêutica. Logo, qualquer outro representante adequado legitimado à propositura de ação supraindividual (arts. 5º, LACP, e 82, CDC), que não tenha natureza jurídica de associação civil, não poderá se valer dessa regra prevista nos arts. 17 da LACP e 87, caput, do CDC.

Tentando encontrar as razões que motivaram essa exceção exclusivista, direcionada às associações civis, só poderá ser corretamente compreendida se analisado o contexto do procedimento coletivo.

A orientação restritiva da norma às associações faz sentido, posto que dentre os legitimados coletivos previstos abstratamente pelo legislador como legitimados à propositura das demandas coletivas, a associação civil é o único que se apresenta com uma intuitiva fragilidade substancial se comparado às demais.

Quando olhamos para o rol dos demais legitimados, verificamos que nem o parquet e nem os demais entes públicos poderiam estar credenciados ao benefício da norma de isenção dos honorários. Faltariam razões de justiça (e legitimidade em sentido lato) para que se lhes aplicasse a dita regra. É que o móvel que justificou as regras que ora são analisadas foi justamente a necessidade de se liberar a barreira das despesas processuais (custas e honorários), que se colocavam como verdadeiros obstáculos ao acesso à justiça por parte dos hipossuficientes.

De uma forma ou de outra, a própria legitimidade coletiva abstrata já foi uma ação afirmativa do legislador no sentido de estabelecer uma verdadeira igualdade entre os litigantes. Especialmente em relação ao parquet não se poderia, em hipótese alguma, falar em hipossuficiência. Não só porque é formado por um corpo técnico da mais alta qualidade, especialmente preparado para exercer estas funções, mas também por ser devidamente aparelhado por uma organização administrativa e funcional, com compartimentalização de funções e setores, de modo a estabelecer uma gestão interna voltada para o melhor exercício de suas funções institucionais (art. 127 e ss. da CF/88).

Some-se a isso tudo ainda um outro fator que jamais poderia ser desconsiderado: além de uma excepcional qualificação dos promotores e procuradores, o parquet tem

CAPÍTULO 13 • LITIGÂNCIA DE MÁ-FÉ NA LEI DE AÇÃO CIVIL PÚBLICA E A ISENÇÃO DE ÔNUS FINANCEIRO

à sua disposição um outro instrumento que evita, e muito, o risco da derrota, se for adequadamente utilizado. Trata-se do inquérito civil, que é procedimento administrativo pré-processual servível para a coleta de dados e provas que darão suporte à formação do convencimento do parquet na propositura ou não da demanda coletiva.

Enfim, tem o parquet a chance de pesquisar provas e elementos antes de propor a demanda coletiva. Da leitura e análise do inquérito civil poderá chegar à conclusão de que não faz sentido ajuizar a demanda, diminuindo assim o risco de um insucesso ou do cometimento de uma injustiça.

Enfim, o resultado do Inquérito Civil permite uma avaliação prévia *interna corporis* do eventual sucesso ou insucesso da demanda civil, de forma que pretender estender o benefício do art. 17 da LACP à isenção dos honorários advocatícios nos casos de improcedência é cometer um exagero a um só tempo ilegal, porque contra legem, e ilegítimo, porque injusto.

No tocante aos entes públicos o raciocínio não muda de figura, muito embora não possuam o inquérito civil preparatório. É que, assim como o parquet, quase sempre são dotados de um corpo técnico da melhor qualidade e os concursos públicos são prova viva dessa afirmação.

> A concorrência de mercado e as dificuldades econômicas e sociais que assolam o País fazem com que os cargos públicos sejam sinônimo de segurança e estabilidade para a grande massa de profissionais e acadêmicos que são despejados no mercado de trabalho. O filtro de acesso é muito difícil de ser superado (aprovação em concursos públicos muito concorridos), além do que a realidade das remunerações nesses cargos públicos é absoluta e infinitamente superior à da grande maioria dos vencimentos dos demais operadores do direito e de outras profissões, sendo prática comum nos dias de hoje que engenheiros, agrônomos, físicos e até médicos frequentem novamente os bancos da universidade para buscarem um espaço no mercado do direito, especialmente nas carreiras da magistratura, do Ministério Público ou das procuradorias dos entes públicos.

Assim, a realidade brasileira tem feito com que esses cargos públicos sejam supervalorizados e tomados por profissionais da mais alta qualidade, melhorando sensivelmente a qualidade dos serviços jurídicos prestados. Ora, por tudo isso, e somadas as inúmeras prerrogativas processuais da Fazenda Pública, não há que se falar, nem de raspão, em hipossuficiência dessas pessoas que justifique a extensão do benefício previsto nos arts. 17 da LACP e 87 do CDC.

Contudo, nada obstante estes aspectos o Superior Tribunal de Justiça tem posição divergente sobre o tema, tanto para ampliar o rol de beneficiados pela não incidência da sucumbência (não apenas as associações), salvo hipóteses de má-fé, quanto para simetricamente isentar o requerido da condenação em honorários na ação civil pública. Curioso porque a regra é claríssima em beneficiar apenas a *associação autora*, salvo hipótese de má-fé, mas foi elasticida, *contra legem concessa máxima vênia*, para qualquer legitimado coletivo e para o próprio requerido condenado.

> (...) 1. Trata-se de recurso interposto em ação civil pública, de que é autora a União, no qual pleiteia a condenação da parte requerida em honorários advocatícios, sob o fundamento de que a regra do art. 18 da Lei n. 7.347/1985 apenas beneficia o autor, salvo quando comprovada má-fé.

2. O acórdão embargado aplicou o princípio da simetria, para reconhecer que o benefício do art. 18 da Lei n. 7.347/1985 se aplica, igualmente, à parte requerida, visto que não ocorreu má-fé. Assim, o dissenso para conhecimento dos embargos de divergência ocorre pelo confronto entre o aresto embargado e um julgado recente da eg. Quarta Turma, proferido nos EDcl no REsp 748.242/RJ, Rel. Ministro Antonio Carlos Ferreira, Quarta Turma, julgado em 12/4/2016, DJe 25/4/2016.

3. Com efeito, o entendimento exposto pelas Turmas, que compõem a Primeira Seção desta Corte, é no sentido de que, "em favor da simetria, a previsão do art. 18 da Lei 7.347/1985 deve ser interpretada também em favor do requerido em ação civil pública. Assim, a impossibilidade de condenação do Ministério Público ou da União em honorários advocatícios – salvo comprovada má-fé – impede serem beneficiados quando vencedores na ação civil pública" (STJ, AgInt no AREsp 996.192/SP, Rel. Ministro Benedito Gonçalves, Primeira Turma, DJe 30/8/2017). No mesmo sentido: AgInt no REsp 1.531.504/CE, Rel. Ministro Mauro Campbell Marques, Segunda Turma, DJe 21/9/2016; AgInt no REsp 1.127.319/SC, Rel. Ministro Sérgio Kukina, Primeira Turma, DJe 18/8/2017; AgInt no REsp 1.435.350/RJ, Rel. Ministro Humberto Martins, Segunda Turma, DJe 31/8/2016; REsp 1.374.541/RJ, Rel. Ministro Gurgel de Faria, Primeira Turma, DJe 16/8/2017.

4. De igual forma, mesmo no âmbito da Terceira e Quarta Turmas do Superior Tribunal de Justiça, ainda que o tema não tenha sido analisado sob a óptica de a parte autora ser ente de direito público – até porque falece, em tese, competência àqueles órgãos fracionários quando num dos polos da demanda esteja alguma pessoa jurídica de direito público –, o princípio da simetria foi aplicado em diversas oportunidades: AgInt no REsp 1.600.165/SP, Rel. Ministro Moura Ribeiro, Terceira Turma, julgado em 20/6/2017, DJe 30/6/2017;

REsp 1.438.815/RN, Rel. Ministra Nancy Andrighi, Terceira Turma, julgado em 22/11/2016, DJe 1º/12/2016; REsp 1.362.084/RJ, Rel.

Ministro Luis Felipe Salomão, Quarta Turma, julgado em 16/5/2017, DJe 1º/8/2017.

5. Dessa forma, deve-se privilegiar, no âmbito desta Corte Especial, o entendimento dos órgãos fracionários deste Superior Tribunal de Justiça, no sentido de que, em razão da simetria, descabe a condenação em honorários advocatícios da parte requerida em ação civil pública, quando inexistente má-fé, de igual sorte como ocorre com a parte autora, por força da aplicação do art. 18 da Lei n. 7.347/1985.

6. Embargos de divergência a que se nega provimento.

(EAREsp 962.250/SP, Rel. Ministro OG FERNANDES, CORTE ESPECIAL, julgado em 15/08/2018, DJe 21/08/2018)

AÇÃO CIVIL PÚBLICA. ART. 18 DA LEI DA AÇÃO CIVIL PÚBLICA (LEI 7.347/1985). HONORÁRIOS ADVO-CATÍCIOS EM FAVOR DO MINISTÉRIO PÚBLICO.

IMPOSSIBILIDADE. PRINCÍPIO DA SIMETRIA. REGRA INAPLICÁVEL ÀS ASSOCIAÇÕES E FUNDAÇÕES PRIVADAS.

1. Por conta do princípio da simetria, a previsão do art. 18 da Lei 7.347/1985 deve ser interpretada também em favor do réu, quando se tratar de demanda ajuizada pelo Parquet ou outro colegitimado estatal, ressalvadas associações e fundações privadas, que recebem tratamento privilegiado e diferenciado no domínio da ação civil pública.

2. O espírito de facilitação do acesso à justiça, que informa e orienta o processo civil coletivo, vem cabalmente realçado no art.

18 da Lei da Ação Civil Pública: "Nas ações de que trata esta lei, não haverá adiantamento de custas, emolumentos, honorários periciais e quaisquer outras despesas, nem condenação da associação autora, salvo comprovada má-fé, em honorários de advogado, custas e despesas processuais".

3. Nos termos da jurisprudência do STJ, a vedação de condenação do Ministério Público ou entidades estatais em honorários advocatícios – salvo comprovada má-fé – impede que sejam beneficiados quando vencedores na ação civil pública. Evidentemente, tal orientação não se deve aplicar a demandas propostas por associações e fundações privadas, pois, do contrário, barrado de fato estaria um dos objetivos mais nobres e festejados da Lei 7.347/1985, ou seja, viabilizar e ampliar o acesso à justiça para a sociedade civil organizada. Tudo com o agravante de que não seria razoável, sob enfoque ético e político, equiparar ou tratar como "simétricos" grandes grupos econômicos/instituições do Estado e organizações não governamentais (de moradores, ambientais, de consumidores, de pessoas com necessidades especiais, de idosos etc.).

CAPÍTULO 13 • LITIGÂNCIA DE MÁ-FÉ NA LEI DE AÇÃO CIVIL PÚBLICA E A ISENÇÃO DE ÔNUS FINANCEIRO **459**

4. Assim, dessume-se que o acórdão recorrido está em sintonia com o atual entendimento do STJ, razão pela qual não merece prosperar a irresignação. Incide, in casu, o princípio estabelecido na Súmula 83/STJ: "Não se conhece do Recurso Especial pela divergência, quando a orientação do Tribunal se firmou no mesmo sentido da decisão recorrida".

5. Recurso Especial não provido.

(REsp 1796436/RJ, Rel. Ministro HERMAN BENJAMIN, SEGUNDA TURMA, julgado em 09/05/2019, DJe 18/06/2019)

2.3 Ação civil pública temerária

Insta ainda comentar uma última observação importante acerca do tratamento da má-fé processual na jurisdição civil coletiva. É que o art. 87 do CDC reproduziu, quase literalmente, o art. 17 da LACP. É o que se vê quando comparamos o parágrafo único do art. 87 do CDC com o art. 17 da LACP.

Diz o art. 17 que

"Em caso de litigância de má-fé, a associação autora e os diretores responsáveis pela propositura da ação serão solidariamente condenados em honorários advocatícios e ao décuplo das custas, sem prejuízo da responsabilidade por perdas e danos.".

Com este dispositivo, o legislador estabelece um sistema de freios e contrapesos à facilitação e estímulo ao acesso à justiça por intermédio de ações coletivas (art. 18)[4]. Atento aos riscos desse incentivo, o legislador demonstrou por intermédio dessa norma que a liberdade de acesso à justiça não pode transformar a ação coletiva em mecanismo de sensacionalismo, instrumento temerário de extorsão de qualquer pessoa que ocupe o polo passivo.

Pelo dispositivo mencionado, o legislador cria a solidariedade legal entre os entes coletivos e os seus diretores responsáveis pela propositura da demanda coletiva. É interessante ver que essa solidariedade legal se opera por intermédio de uma desconsideração da personalidade jurídica. É de se notar que, aqui, a autorização para a quebra da personalidade já existe e está exposta como pressuposto de existência da solidariedade entre a pessoa física e a jurídica.

A justificativa para que se dê a aplicação dessa regra é a ocorrência de condenação da associação autora na prática de litigância de má-fé. A economia do texto legal não informa se esta condenação por má-fé processual refere-se à demanda proposta, temerária em si mesma, ou se se refere a algum ato processual da enorme cadeia sucessória e evolutiva de situações jurídicas que envolvem o processo. Também não informa o dispositivo se a condenação por má-fé precisa ter transitado em julgado para que tenha eficácia a condenação ao décuplo das custas e em honorários advocatícios.

Tentando encontrar clareza para estes aspectos do dispositivo, parece-nos que a litigância de má-fé aí é amplíssima, e deve referir-se a *todo e qualquer ato ou situação jurídica processual* de que a associação autora participe, não se restringindo apenas à

---

4. Art. 18. Nas ações de que trata esta lei, não haverá adiantamento de custas, emolumentos, honorários periciais e quaisquer outras despesas, nem condenação da associação autora, salvo comprovada má-fé, em honorários de advogado, custas e despesas processuais.

temeridade da ação proposta, já que tal concepção seria facilmente burlada e dependeria sempre de verificação do resultado final da demanda e posterior apuração prospectiva do comportamento do referido ente coletivo.

Portanto, qualquer ato de má-fé processual deve ser penalizado com as regras aí previstas, sem prejuízo da responsabilidade por perdas e danos decorrentes do ilícito processual. Entretanto, embora a condenação seja aplicada em qualquer fase do processo, seja por decisão interlocutória, seja por sentença, só será exigível depois que, e somente se, ao condenado tiver sido oportunizado amplo debate e exercício do contraditório.

2.4 Desnecessidade de adiantamento de despesas processuais

Para que o processo alcance o fim almejado de pacificação social é mister que seja integralmente percorrido todo o seu itinerário, e o só fato de percorrê-lo já ocasiona um custo. Custo de papel, de impressão, de material, dos funcionários da justiça, do funcionamento da máquina judiciária como um todo.

Assim, aquele que se vê diante da necessidade de buscar uma solução para o conflito de interesses e enxerga o processo como o caminho idôneo para debelar tal problema deve saber de antemão que tem um grande ônus financeiro para suportar. Além da angústia, da espera, da incerteza da vitória, do tempo de espera que nunca passa, deve o jurisdicionado saber que o processo, em si mesmo considerado, tem um custo financeiro que precisa ser adiantado para cada etapa processual que se realiza e que se ultrapassa. Quem paga por isso? Quem deve custear essas "despesas processuais"?

Inicialmente deve-se dizer que as despesas processuais correspondem a "todos os gastos necessários despendidos para que o processo cumpra a sua finalidade ontológica de pacificação social. No conceito de despesas processuais estão compreendidas as custas judiciais, os honorários periciais, as custas periciais, as multas impostas às partes, as despesas do oficial de justiça, a indenização, as diárias e condução de testemunhas etc. Os honorários de advogado não são despesas processuais e vêm tratados no art. 82 e ss. do CPC".[5]

Quanto à indagação de quem deve arcar com essas despesas, o regime é expressamente previsto no art. 82 do CPC ao dizer que, *"salvo as disposições concernentes à gratuidade da justiça, incumbe às partes prover as despesas dos atos que realizarem ou requererem no processo, antecipando-lhes o pagamento, desde o início até a sentença final ou, na execução, até a plena satisfação do direito reconhecido no título".*

Dessa regra extrai-se que a maior parte do ônus financeiro relativo às despesas processuais é suportada pelo autor da demanda, já que é ele que está a requerer a intervenção do Poder Judiciário para debelar uma crise que o incomoda. Portanto, regra geral, é o autor o maior interessado em pleitear as medidas necessárias ao andamento do feito, porque é ele quem precisa do processo, necessita da jurisdição, quem lhe dirige um pedido, enfim, requer uma solução para a lide que apresenta ao Estado por meio da

---

5. Art. 84. As despesas abrangem as custas dos atos do processo, a indenização de viagem, a remuneração do assistente técnico e a diária de testemunha.

CAPÍTULO 13 • LITIGÂNCIA DE MÁ-FÉ NA LEI DE AÇÃO CIVIL PÚBLICA E A ISENÇÃO DE ÔNUS FINANCEIRO

demanda. Obviamente, caso a parte que adiantou as despesas seja vencedora da demanda, deverá receber de volta do seu adversário tudo aquilo que foi "obrigada" a adiantar.

Feitas essas considerações preliminares, podemos adentrar nas lides coletivas. Seguindo a linha de tornar efetivo, real e justo o caminho de acesso à justiça na jurisdição civil coletiva, o legislador também debruçou-se sobre o tema das despesas processuais, que junto com os honorários de advogado constitui ônus financeiro pela utilização do processo.

Essa preocupação, estampada no art. 18 da LACP e no parágrafo único do art. 87 do CDC, se fez presente da seguinte forma: tornou-se imperativo, contrariando a regra tradicional do art. 19 do CPC, que nas demandas coletivas não haverá adiantamento de custas, emolumentos, honorários periciais e quaisquer outras despesas.

Ao agir dessa forma o legislador deu um enorme passo para realmente facilitar o acesso à justiça, pois as custas processuais, num com enorme miserabilidade econômica como o nosso, constitui um valor tão elevado e irreal para a grande maioria da população que faz com que a justiça fique totalmente à margem da grande massa da população brasileira. Tudo isso vem tornando efetivo o acesso à justiça e tais mudanças podem ser em parte creditadas a iniciativas como esta da jurisdição civil coletiva.[6]

É de se notar, todavia, que o que o legislador prevê é a desnecessidade de adiantamento, mas não de isenção, das despesas processuais. Assim, caso o autor da demanda coletiva seja vencido deverá arcar ao final com as despesas dos atos que não adiantou, mas que foram realizados por sua solicitação. No entanto é preciso ter cautela na interpretação do dispositivo, já que "a referida isenção conferida ao Ministério Público em relação ao adiantamento dos honorários periciais não pode obrigar que o perito exerça seu ofício gratuitamente, tampouco transferir ao réu o encargo de financiar ações contra ele movidas. Dessa forma, considera-se aplicável, por analogia, a Súmula 232 do STJ ("A Fazenda Pública, quando parte no processo, fica sujeita à exigência do depósito prévio dos honorários do perito")".[7]

Vê-se, pois, que o regime jurídico das verbas honorárias é completamente diferente das despesas processuais. Se improcedente a demanda coletiva, não são devidos os honorários advocatícios, mas serão pagas as despesas processuais que não precisaram ser adiantadas pelo autor coletivo. Aqui, o legislador não deixou o Estado (portento da jurisdição) no prejuízo, senão porque apenas permitiu a desnecessidade de adiantamento das despesas processuais, que serão devidas no caso de improcedência.

Outra observação importante diz respeito ao fato de que a regra que desobriga o adiantamento das despesas processuais é direcionada a todo e qualquer autor coletivo[8], ao passo que a não condenação em honorários advocatícios é regra restrita apenas aos

---

6. Os beneficiários da justiça gratuita (art. 5º, LXXIV) têm isenção das despesas processuais por expressa determinação da legal (art. 98 e ss. do CPC). A ação civil pública seguiu o mesmo regime da ação popular quanto à desnecessidade de adiantamento de custas e despesas processuais (art. 5º, LXXIII).

7. AgInt no RMS 62.046/SP, Rel. Ministro HERMAN BENJAMIN, SEGUNDA TURMA, julgado em 29/04/2020, DJe 07/05/2020 que acolheu a tese firmada no tema/repetitivo n. 510.

8. Curiosamente aqui o Superior Tribunal de Justiça não aplica *a simetria* para as despesas ao requerido ou seja "a compreensão desta Corte Superior é a de que o art. 18 da Lei 7.347/1985 é dirigido apenas ao autor da Ação Civil Pública, não estando o réu daquela espécie de demanda isento do pagamento das custas e despesas processuais (AgInt no AREsp 1.189.733/SP, Rel. Min.

entes coletivos que tenham natureza jurídica de associação civil, nada obstante a orientação contrária do Superior Tribunal de Justiça.

Ainda, para finalizar, a regra do art. 18 da LACP dá ensanchas ao entendimento de que, se houver no curso da demanda qualquer condenação do autor coletivo por ato de má-fé processual (ainda que não tenha transitado em julgado essa decisão sancionatória), isso fará com que a regra da não antecipação das despesas processuais seja automaticamente cancelada, devendo-se aplicar imediatamente o regime jurídico do art. 82 e ss. do CPC.

SÉRGIO KUKINA, DJe 12.11.2018)" (AgInt no AREsp 1432391/PR, Rel. Ministro NAPOLEÃO NUNES MAIA FILHO, PRIMEIRA TURMA, julgado em 03/12/2019, DJe 09/12/2019).

CAPÍTULO 14
O FUNDO CRIADO PELO
ART. 13 DA LEI 7.347/85

1. INTROITO

Consoante o art. 3, IV, da PNMA, poluidor é a "pessoa física ou jurídica, de direito público ou privado, responsável, direta ou indiretamente, por atividade causadora de degradação ambiental". Pela definição do conceito de poluidor, já se pode antever que a maior parte das crises sociais envolvendo o meio ambiente é composta de crises de adimplemento[1], e, a maior partes destas últimas são os deveres de fazer e não fazer.

Para debelar esses tipos de crise a solução é sempre uma tutela preventiva ou ressarcitória. Não sendo possível evitar o risco ou o dano ambiental, valendo-se inclusive da tutela preventiva ou de remoção do ilícito, a única solução é então buscar um remédio para a compensação do prejuízo. Nesse caso a solução apriorística deve ser sempre uma tutela reparatória in natura, e não sendo esta possível, deve-se recair numa tutela genérica (pecuniária).

Assim, apresentada como a última saída possível para a tutela do meio ambiente agredido, a arrecadação de pecúnia desemboca sempre na necessidade de se imporem meios executivos expropriatórios, o que torna tal técnica quase sempre inútil sob o ponto de vista do resultado dado o fato de que nunca será justa a troca do meio ambiente ecologicamente equilibrado por dinheiro.

Além disso, também acaba sendo inócua a tutela expropriatória porque, normalmente, à época da expropriação, o patrimônio do poluidor (quando consegue ser identificado) já está vazio e a execução quase sempre fica suspensa. É claro que existem técnicas que tentam minimizar este problema, tal como a desconsideração da personalidade jurídica (art. 3º da Lei n. 9.605/98) e as tutelas de urgência cautelares patrimoniais, que permitem apreender e conservar quantia para futura execução, entre outros mecanismos processuais.

Partindo da premissa de que a execução pecuniária contra o poluidor tenha sido frutífera, sendo, portanto, obtido o dinheiro a que corresponde a tutela reparatória, pergunta-se:

---

1. Andrea Proto Pisani fala em identificação da "crisi de cooperazione" para descobrir qual a resposta processual adequada. Lezioni di diritto processuale civile. 3. ed. Nápoles: Jovene Editore, 1999. Seguindo a mesma linha, ver Cândido Rangel Dinamarco. Instituições de direito processual civil, v. I, p. 45 e ss.

O que fazer com esse dinheiro?

Aplicá-lo ao meio ambiente?

E se o meio ambiente já foi recuperado por si mesmo ou pela participação da população?

E se o meio ambiente não é renovável naquele caso (extração mineral, por exemplo)?

E se as espécies degradadas estiverem extintas?

E se a verba arrecadada é oriunda também de ilícitos processuais cometidos no curso do processo?

E se é fruto de danos extrapatrimoniais, como recuperá-los? Como escolher a melhor forma de recuperar o meio ambiente?

Que pessoas deverão fazê-lo?

Certamente, essas serão indagações cujas respostas devem estar inseridas nas políticas públicas implementadas pelo Poder Público (art. 225, § 1º, da CF/88). Bem, aí reside um atávico trauma da população brasileira em relação à destinação das verbas públicas arrecadas pelo Poder Público, que o legislador procurou driblar por intermédio do fundo federal para a defesa dos direitos difusos.

Visando evitar que o dinheiro arrecadado nas condenações difusas ficasse disperso nos órgãos públicos e que tivesse uma destinação desconexa com o dano causado e compensado (em pecúnia), o legislador criou o fundo do art. 13 da LACP:

> "Havendo condenação em dinheiro, a indenização pelo dano causado reverterá a um fundo gerido por um Conselho Federal ou por Conselhos Estaduais de que participarão necessariamente o Ministério Público e representantes da comunidade, sendo seus recursos destinados à reconstituição dos bens lesados."

Assim, o fundo deve ser visto como um importantíssimo instrumento de conservação das verbas oriundas das condenações difusas. Num País escandalosamente manchado por recentes episódios de corrupção corrupto, formado por uma administração pública atavicamente ineficiente, pouco transparente e burocrática o fundo do art. 13 é um excelente mecanismo para tornar mais difícil a manipulação inidônea das verbas públicas e ao mesmo tempo permitir que a população possa cobrar e exigir que as verbas oriundas das condenações difusas tenham uma destinação transparente e vinculada à recuperação do dano difuso tutelado por intermédio do procedimento especial coletivo.

"Ocorre que a União, ao longo dos anos, vem tratando os recursos do FDD como se fossem produto de arrecadação ordinária, contingenciando cerca de 99,5% dos valores arrecadados para si, em detrimento da real destinação prevista em lei, privando, assim, a sociedade brasileira de auferir os benefícios que os projetos sociais lhe proporcionariam. Para se ter uma ideia, de 2011 para cá foram arrecadados quase R$ 3 bilhões, enquanto foram destinados ao Fundo, até o fim de 2018, cerca de R$ 45 milhões.

O FDD constitui fundo especial com recurso próprio. Embora sejam depositados na conta única do Tesouro Nacional, suas verbas têm destinação específica e determinada por lei. Desse modo, sua aplicação não está à mercê da discricionariedade da Administração, nem sua utilização está autorizada para formação de reserva de contingência.

Em 17 de julho de 2018, foi concedida liminar em ação proposta pelo procurador da República Edilson Vitorelli em Campinas-SP (ACP n. 5008138-68.2017.4.03.6105), no sentido de fazer prever no Projeto de Lei Orçamentário Anual (PLOA) os valores destinados ao Fundo e que houvesse, de forma fracionada (nos próximos 4 anos), a execução de todo o recurso arrecadado, o que se traduziu em uma previsão, já para o ano de 2019, de um montante de cerca de R$ 720 milhões"

(https://politica.estadao.com.br/blogs/fausto-macedo/a-sociedade-e-o-fundo-de--direitos-difusos/).

Enfim, ao menos no plano teórico, o fundo federal para a defesa dos direitos difusos é um excelente instrumento para fazer com que o dinheiro arrecadado nas condenações difusas sejam aplicados na finalidade de "reparação dos danos causados ao meio ambiente, ao consumidor, a bens e direitos de valor artístico, estético, histórico, turístico, paisagístico, por infração à ordem econômica e a outros interesses difusos e coletivos." (art. 1º §1º da Lei 9.008)[2]

2. A NATUREZA DO FUNDO CRIADO PELO ART. 13 DA LACP

Antes de se identificar a natureza jurídica do fundo criado pelo art. 13 da LACP é mister que compreendamos o que é um fundo, afinal de contas, todos os dias do nosso cotidiano ouvimos falar de fundos de todos os tipos e nomes, tais como fundo de garantia por tempo de serviço, fundo federal para a defesa dos direitos difusos e coletivos, fundos de pensão, fundo nacional do meio ambiente, fundo de amparo ao trabalhador etc.

Os fundos podem ser definidos como "o conjunto de bens de uma pessoa ou entidade quando tem finalidade e contas especiais",[3] ou ainda, numa definição mais precisa do mestre Ferrara, o fundo seria

"qualquer massa patrimonial separada contabilisticamente ou materialmente do restante patrimônio de uma entidade, e destinada a uma finalidade especial. De regra, o fundo não é separado do restante complexo patrimonial, de que faz parte, mas que se reduz a uma simples divisão interna, que tem valor puramente contábil, de interesse técnico administrativo. Mas às vezes o fundo patrimonial pode ser também materialmente separado, numa própria caixa, com gestão e balanço separado, mas sem assurgir uma autonomia jurídica".[4]

Assim, divididos nos grupos que possuem e que não possuem personalidade jurídica, os fundos guardam uma identidade comum: servem a uma finalidade específica ao qual estão atrelados. Mais que isso, os fundos podem ser fundos com finalidades provisionais (e por isso preventivas) e compensatórias.

Aproximando o tema do direito ambiental, vê-se que os fundos, de índole privada ou pública, com ou sem personalidade jurídica, têm sido apontados como mais um instrumento de apoio à proteção do meio ambiente.[5]

Os fundos de proteção ao meio ambiente podem ser didaticamente divididos em dois grupos distintos (além de outras classificações como público e privado, com ou sem

---

2. Diz ainda o § 3º do art. 1º diz que "§ 3º Os recursos arrecadados pelo FDD serão aplicados na recuperação de bens, na promoção de eventos educativos, científicos e na edição de material informativo especificamente relacionados com a natureza da infração ou do dano causado, bem como na modernização administrativa dos órgãos públicos responsáveis pela execução das políticas relativas às áreas mencionadas no § 1º deste artigo".
3. Cesarino Jr. Estabilidade financeira e fundo de garantia, p. 188.
4. Francisco Ferrara. Le persone giuridiche. Torino: UTET, 1938, p. 84.
5. Antonio Cabanilla Sanchez, op. cit., p. 299; Ramon Martin Mateo. Tratado de direito ambiental, v. I, p. 309; José Rubens Morato Leite, op. cit., p. 222; Paulo de Bessa Antunes. Dano ambiental: uma abordagem conceitual, p. 280 e ss.

personalidade jurídica etc.): aqueles que têm uma função provisional (perspectiva) e os que possuem uma função reparatória do meio ambiente (visão prospectiva).

Como exemplo do primeiro destaca-se, por exemplo, o Fundo Nacional do Meio Ambiente (FNMA), instituído pela Lei n. 7.797, de 10 de julho de 1989.[6]

Exemplo do segundo é o Fundo Federal de Defesa dos Direitos Difusos, criado pelo art. 13 da LACP e regulado pela Lei n. 9.008, de 21 de março de 1995. É deste de cuja análise cuidamos.

O Fundo Federal de Defesa dos Direitos Difusos, representado pela sigla FDDD, foi criado pela Lei n. 7.347/85[7], e como toda lei[8], ele também tem inspiração no modelo norte-americano.

> Como se disse no texto, houve inspiração no modelo do fluid recovery norte-americano e até do superfund para a criação do FDDD da LACP. Essa inspiração poderia ter sido mais concreta em alguns pontos, especialmente com relação ao superfund, que permite reparar o meio ambiente quando não se saiba o autor do dano ou quando a autoria esteja em discussão, evitando um estrago maior ao meio ambiente. Permite ainda que seja feita ação de regresso contra o poluidor posteriormente descoberto. O nosso fundo tem limitações, como se verá no texto, e a verba destinada para a reparação fluida prevista no art. 100, parágrafo único, do CDC, mostra-se muito mais como uma norma programática do que real e concreta, já que é praticamente impossível atender às exigências do dispositivo. Como foi muito bem observado por Ada Pellegrini Grinover, "(...) nas class actions norte-americanas, o juiz desde logo quantifica a indenização pelos danos causados: no sistema ora criado pelo Código (CDC), o bem jurídico objeto de tutela ainda é indivisível e a condenação é genérica, limitando-se a fixar a responsabilidade do réu e a condená-lo a reparar os danos causados. Estes são apurados e quantificados em liquidação de sentença (...)" [9]

Logo quando foi criado o FDDD pelo art. 13 da LACP, havia o parágrafo único deste mesmo dispositivo que determinava que enquanto o fundo não fosse regulamentado, todo o dinheiro arrecadado pela Ação Civil Pública ficaria depositado em estabelecimento oficial de crédito, em conta com correção monetária. Isso de fato ocorreu até que o fundo

---

6. O FNMA (Fundo Nacional do Meio Ambiente) tem por objetivo desenvolver os projetos que visem o uso racional e sustentável de recursos naturais, incluindo a manutenção, melhoria ou recuperação da qualidade ambiental no sentido de elevar a qualidade de vida da população brasileira (art. 1º). Os recursos do FNMA (art. 2º) serão oriundos de dotações orçamentárias da União, recursos resultantes de doações, contribuições em dinheiro, valores, bens móveis e imóveis, que venha a receber de pessoas físicas e jurídicas, rendimentos de qualquer natureza, que venha a auferir como remuneração decorrente de aplicações do seu patrimônio, outros que qualquer lei venha a destinar, como ocorreu com a previsão do art. 73 da Lei n. 9.605/98 (lei de crimes ambientais), que determina que parcela dos recursos arrecadados nas multas sancionadoras de infrações ambientais sejam destinadas ao presente fundo. Quanto à gestão e aplicação dos seus recursos, os arts. 3º e 4º são claros ao dizer que as verbas do Fundo Nacional de Meio Ambiente deverão ser aplicadas através de órgãos públicos dos níveis federal, estadual e municipal ou de entidades privadas cujos objetivos estejam em consonância com os objetivos do Fundo Nacional de Meio Ambiente, desde que não possuam, as referidas entidades, fins lucrativos. O fundo é administrado pela Secretaria do Meio Ambiente da Presidência da República, de acordo com as diretrizes fixadas pelo Conselho de Governo, sem prejuízo das competências do Conama, respeitadas as atribuições do Conselho Nacional do Meio Ambiente – CONAMA. A destinação prioritária dos projetos e aplicações das verbas do fundo são (art. 5º) as áreas de Unidade de Conservação; Pesquisa e Desenvolvimento Tecnológico; Educação Ambiental; Manejo e Extensão Florestal; Desenvolvimento Institucional; Controle Ambiental; Aproveitamento Econômico Racional e Sustentável da Flora e Fauna Nativas. Diz o §2º do art. 5º que sem prejuízo das ações em âmbito nacional, será dada prioridade aos projetos que tenham sua área de atuação na Amazônia Legal ou no Pantanal Mato-Grossense.
7. A lei prevê a criação de fundos estaduais que deverão receber as verbas oriundas das ações civis públicas de competência da justiça estadual, seguindo, pois, a orientação do art. 24, VI, da CF/88.
8. "Adaptando os esquemas do direito norte-americano a um sistema de civil law, sem olvidar – é claro – a realidade de nosso País, o legislador brasileiro inspirou-se nas class actions americanas para criar, primeiro, as ações coletivas para a proteção dos interesses difusos e coletivos, de natureza indivisível. E o fez por intermédio da denominada lei da ação civil pública (Lei n. 7.347/85)". Ada Pellegrini Grinover. Código Brasileiro de Defesa do Consumidor comentado pelos autores do anteprojeto. 4. ed. Rio de Janeiro: Forense Universitária, 1995, p. 540; ver ainda Hugo Nigro Mazzilli. A defesa dos interesses difusos em juízo. 5. ed. São Paulo: Ed. RT, 1993, p. 271-278; Carlos Alberto de Salles. Execução judicial em matéria ambiental. São Paulo: Ed. RT, 1998, p. 315 e ss.
9. Idem, ibidem, p. 565.

CAPÍTULO 14 • O FUNDO CRIADO PELO ART. 13 DA LEI 7.347/85

foi inicialmente regulamentado pelo Decreto n. 93.302/86, tendo sido posteriormente alterado pelo Decreto n. 96.617/88.

Em seguida surgiu um novo Decreto, de n. 407/91, que revogou os anteriores e passou então a regulamentar o FDDD, que por sua vez foi revogado pelo Decreto n. 1306/94 que encontra-se vigente.

Novamente uma alteração ocorreu, dessa vez em 21 de março de 1995, por intermédio da Lei Federal n. 9.008, que criou, na estrutura organizacional do Ministério da Justiça, o Conselho Federal de que trata o art. 13 da Lei n. 7.347/85 (LACP), e ainda fazendo alterações no próprio texto do CDC (arts. 4º, 39, 82, 91 e 98). Posteriormente, a Lei n. 9.240, de 22 de dezembro de 1995, ratificou o FDDD. Atualmente a Lei Federal n. 9.008 é regulamentada pelo Decreto n. 1306/94.

Seguindo a orientação da LACP, art. 13, a Lei n. 9.008/95 criou no art. 1º o Conselho Federal de Gestão do Fundo criado pela LACP. Quanto à origem dos recursos que compõem o fundo, vê-se que houve um alargamento da proposta inicialmente prevista pelo art. 13 da LACP, pois não só as condenações judiciais em Ação Civil Pública serão destinadas ao FDDD.

Segundo o art. 2º, constituem recursos do FDDD o produto da arrecadação:

I – das condenações judiciais de que tratam os arts. 12 e 13 da LACP, desde que não destinadas à reparação de danos a interesse individual (individuais homogêneos do art. 100, parágrafo único);

II – das multas e indenizações decorrentes da aplicação da Lei n. 7.853/89, desde que não destinadas à reparação de danos a interesses individuais;

III – dos valores destinados à União em virtude da aplicação da multa prevista no art. 57 e seu parágrafo único e do produto da indenização prevista no art. 100, parágrafo único do CDC;

IV – das condenações judiciais de que trata o § 2º do art. 2º da Lei n. 7.913/89;

V – das multas referidas no art. 84 da Lei n. 8.884/94; VI – dos rendimentos auferidos com a aplicação dos recursos do fundo;

VII – de outras receitas que vierem a ser destinadas ao fundo;

VIII – de doações de pessoas físicas ou jurídicas nacionais ou estrangeiras.

Quanto à destinação do dinheiro arrecadado ao fundo, há uma preocupação primária de que as verbas resultantes da condenação em ACP devam ser destinadas e estar vinculadas à recuperação do dano causado e reconhecido pelo Poder Judiciário. Isso significa, por exemplo, que, obtida a satisfação da condenação em dinheiro de um poluidor, a verba deve destinar-se primariamente à recuperação do dano causado ao meio ambiente.

Caso isso seja impossível ou inviável para a hipótese (porque o meio já teria sido recuperado pelo Poder Público ou tenha sido naturalmente restaurado pelo meio ambiente; ou ainda não seja renovável para aquela hipótese; ou a verba refira-se a dano extrapatrimonial ambiental e o dano tenha sido especificamente recuperado; ou a verba refira-se a multa arrecadada nas astreintes – execução indireta descumprida – e o dano já tenha sido recuperado) é que se vai, então, promover as finalidades subsidiárias a que se refere o plano.

A expressa previsão do art. 1º, §§ 1º e 3º, não deixa margem a dúvidas de que a finalidade ontológica e primacial do FDDD é ser utilizado para recuperar o bem difuso lesado. Outras finalidades devem entrar em fila de espera e somente poderão ser desenvolvidas se e quando um bem ambiental lesado tiver sido plenamente recuperado.

Segundo os dispositivos citados, o § 1º do art. 1º assevera que o FDDD tem por finalidade a reparação dos danos causados ao meio ambiente, ao consumidor, a bens e direitos de valor artístico, estético, histórico, turístico, paisagístico, por infração à ordem econômica e a outros interesses difusos e coletivos.

Já o § 3º do art. 1º determina que os recursos arrecadados pelo FDD serão aplicados na recuperação de bens, na promoção de eventos educativos, científicos e na edição de material informativo especificamente relacionado com a natureza da infração ou do dano causado, bem como na modernização administrativa dos órgãos públicos responsáveis pela execução das políticas relativas às áreas mencionadas no § 1º deste artigo. Aqui é extremamente criticável esta última finalidade referente à modernização administrativa, já que não se coaduna com a gênese do fundo criado pelo art. 13 da LACP.

Pela visão prospectiva prioritária que envolve o Fundo Federal para a Defesa de Direitos Difusos (*backing looking* e não *forward looking*), e também em razão de as verbas que o compõem serem oriundas, na sua maioria, de recursos financeiros alcançados pela satisfação de uma condenação em Ação Civil Pública, portanto frutos de uma expropriação do executado, verifica-se que há enormes limitações de ordem processual para que esse dinheiro entre no caixa do fundo e assim o meio possa ser recuperado. Isso sem contar com a burocracia normal que envolve a realização dos projetos e recuperação do meio ambiente para os casos em que o dinheiro arrecadado possa ser empregado.

Melhor seria – lege ferenda – que o dinheiro arrecadado ao fundo já pudesse ser utilizado imediatamente na recuperação de outros bens difusos de igual natureza, v.g., quando um bem ambiental fosse lesado, o produto arrecadado em ACP anterior já poderia ser empregado na recuperação imediata do bem atualmente lesado. O fundo teria autonomia para tomar essa atitude e depois teria personalidade judiciária para cobrar regressivamente o que foi gasto. Os bens difusos precisam de uma tutela urgente, mesmo depois de ocorrido o dano, que vimos é sempre continuado e tem a capacidade de fazer com que a situação futura seja pior do que a presente.

Como já se disse, o FDDD não fica adstrito a uma visão meramente reparatória, muito embora essa seja a sua gênese e finalidade principal. Pela leitura do art. 3º da Lei n. 9.008/95, vê-se que dentro da competência do Conselho Federal de Gestão do FDDD, formado por representantes públicos e privados, existem diversas atividades cuja finalidade é atuar preventivamente em prol dos bens protegidos pela LACP.

Assim, muito embora na prática os números indiquem uma total inoperância do CFDDD quanto às verbas arrecadadas, o que pode ser verificado em simples consulta ao site www.camara.gov.br/orcament/, é competência do Conselho Federal: I – zelar pela aplicação dos recursos na consecução dos objetivos previstos nas Leis n. 7.347, de 1985, 7.853, de 1989, 7.913, de 1989, 8.078, de 1990, e 8.884, de 1994, no âmbito do disposto no § 1º do art. 1º desta Lei; II – aprovar e firmar convênios e contratos objetivando atender ao disposto no inc. I deste artigo; III – examinar e aprovar projetos de reconstituição de bens lesados, inclusive os de caráter científico e de pesquisa; IV – promover, por meio de órgãos da administração pública e de entidades civis interessadas, eventos educativos ou científicos; V – fazer editar, inclusive em colaboração com órgãos oficiais, material informativo sobre as matérias mencionadas no § 1º do art. 1º desta Lei; VI – promover atividades e eventos que contribuam para a difusão da cultura, da proteção ao meio ambiente, do consumidor, da livre concorrência, do patrimônio histórico, artístico, estético, turístico, paisagístico e de outros interesses difusos e coletivos; VII – examinar e aprovar os projetos de modernização administrativa a que se refere o § 3º do art. 1º desta Lei.

Capítulo 15
A AÇÃO CIVIL PÚBLICA –
DEMANDAS INDIVIDUAIS REPETITIVAS –
TÉCNICA DE JULGAMENTO DOS CASOS
REPETITIVOS DO CPC

1. SOCIEDADE DE MASSA, LITIGIOSIDADE DE MASSA E DEMANDAS INDIVIDUAIS REPETITIVAS

A sociedade que domina o mundo capitalista, do qual, aliás, o Brasil faz parte como país emergente e com enorme potencial consumista, é marcada pelas transformações sociais, políticas, administrativas, econômicas e científicas decorrentes do que se resolveu alcunhar de 3ª Revolução Industrial.

Não há um consenso entre os sociólogos e estudiosos sobre quando teria iniciado a terceira revolução industrial, se em seguida à segunda guerra mundial ou se a partir dos anos 70 a partir dos fenômenos da (1) explosão demográfica populacional mundial combinada com as (2) inovações tecnológicas e científicas (como a robótica e a biotecnologia) que passaram a se inserir e atuar nos meios de produção, no mercado de consumo e na forma de ser, agir e pensar da sociedade.[1]

Seja por intermédio dos vaticínios de José Ortega y Gasset[2], Herbert Marcuse[3] ou ainda da *Kulturindustrie* de Theodor Adorno e Max Horkheimer[4] é impossível não reconhecer que a *sociedade de massa* desse mundo capitalista que vivemos é dominado pelos:

---

1. Sobre o tema ver por todos Zygmunt Bauman. Work, Consumerism And the New Poor. UK. 2004, p. 28. CASTELLS, Manuel. A sociedade em rede. 17. ed. São Paulo: Paz e Terra, 2016, 93 e ss.
2. É simplesmente espetacular a descrição do "homem massa" identificado por Gasset que hoje cai como uma luva no perfil do ser humano fruto de uma cultura de massa, *in verbis*: "Triunfa hoje sobre toda a área continental uma forma de homogeneidade que ameaça consumir completamente aquele tesouro. Onde quer que tenha surgido o homem-massa de que este volume se ocupa, um tipo de homem feito de pressa, montado tão somente numas quantas e pobres abstrações e que, por isso mesmo, é idêntico em qualquer parte da Europa. A ele se deve o triste aspecto de asfixiante monotonia que vai tomando a vida em todo o continente. Esse homem-massa é o homem previamente despojado de sua própria história, sem entranhas de passado e, por isso mesmo, dócil a todas as disciplinas chamadas "internacionais". Mais do que um homem, é apenas uma carcaça de homem constituído por meros idola fori; carece de um "dentro", de uma intimidade sua, inexorável e inalienável, de um eu que não se possa revogar. Daí estar sempre em disponibilidade para fingir ser qualquer coisa. Tem só apetites, crê que só tem direitos e não crê que tem obrigações: é o homem sem nobreza que obriga – sine nobilitate – snob". ORTEGA Y GASSET, Jose. La rebelion de las massas. http://www.cisc.org.br/portal/biblioteca/rebeliaodasmassas.pdf, acessado em 29.06.2016, p. 08 e 09.
3. O polêmico professor Herbert Marcuse foi certeiro na sua obra One-Dimensional Man: Studies in the Ideology of Advanced Industrial Society, vertida para o português sob o nome Ideologia da Sociedade Industrial, ao identificar com quase meio século de antecedência qual o modelo totalitarista de sociedade do mundo regido pelo domínio econômico do capitalismo que retira da sociedade a liberdade individual na medida que cria uma sociedade unipessoal. Vale a citação: Auschwitz continua assombrando não a memória, mas as realizações do homem; os voos espaciais; os foguetes e teleguiados, o "subsolo tipo labirinto em algum ponto do bar; as belas fábricas eletrônicas, limpas higiênicas, com canteiros de flores, o gás venenoso que não é realmente nocivo às criaturas, o secretismo de que todos de nós participamos. Esse é o cenário em que ocorrem as grandes realizações humanas

Meios de comunicação de massa;

- Invenções tecnológicas;
- Lepidez infindável de informações aos quais somos bombardeados em nossos gadgets e instrumentos de trabalho;
- Globalização e aproximação das pessoas no universo virtual;
- Indiferença de limites geográficos e políticos;
- Superficialidade e efemeridade das relações interpessoais;
- Neutralidade crítica das pessoas em assuntos que dizem respeito à cidadania;
- Padronização cultural de sabores, gostos, desejos, modos de ser, vestir, fazer e viver;
- Inteligência artificial;
- Alteração da noção de tempo pelas inovações tecnológicas
- Criação de necessidades supérfluas;
- Criação de meios e técnicas globais eletrônicas de dependência das pessoas
- O fim da privacidade em prol de benefícios tecnológicos;
- A dependência de serviços de massa, essenciais ou não, concentrado na mão de poucos titulares do poder econômico;
- O uso do lazer tecnológico como método de dependência e alienação social e cultural;
- A despersonificação do indivíduo que passa a ser um número e uma senha num universo de usuários, consumidores, expectadores;
- A Reificação do ser e personificação da coisa;
- A Música descartável;
- A Substituição do conhecimento vertical pelo horizontal;
- A Eliminação das diferenças regionais e exterminação das características étnicas que marcam um país;
- Estandardização dos conceitos culturais (mainstream) como língua, moda, música e artes em geral etc.;
- Complexidade e interpenetração das relações sociais.

---

em ciência, medicina e tecnologia; os esforços para salvar a vida são a única promessa no desastre (...)". MARCUSE, Herbert. A ideologia da sociedade industrial. Trad. Giasone Rebuá. 3. ed. Rio de Janeiro: Zahar Editores, 1969, p. 227.

4. Kulturindustrie (indústria cultural) foi a expressão cunhada pelos notáveis filósofos Theodor Adorno e Max Horkheimer da escola de Frankfurt para substituir a expressão inicialmente empregada denominada de cultura de massa (A indústria cultural – o iluminismo como mistificação das massas. In: Indústria cultural e sociedade. São Paulo: Paz e Terra, 2002, p. 7 e ss.). Estes notáveis filósofos evidenciaram que numa sociedade de massa capitalista a indústria cultural é um fator de aniquilação da arte e da cultura crítica transformando-os em métodos de dominação social na medida em que são utilizadas para o fim comercial e mercadológico onde o indivíduo é um ser padrão, impessoal, domesticado para desejar produtos escolhidos pelos meios de produção. Não seria o produto fabricado para a pessoa, mas a pessoa fabricada para o produto. As estratégias de marketing, as técnicas de divulgação e comunicação de massa, a indústria do bem-estar, e as revoluções tecnológicas são usadas pela sociedade capitalista para criar modelos padrões de pessoas e consumidores para produtos (inclusive a arte) que ela deseja que sejam desejados, cobiçados e adquiridos.

CAPÍTULO 15 • ACP – DEMANDAS REPETITIVAS – JULGAMENTO DOS CASOS REPETITIVOS

Ora, todos estes aspectos econômicos, políticos, sociais e científicos, e, tantos outros que marcam a sociedade industrial capitalista, nos obriga a reconhecer que há no Brasil e nos países industriais em geral, um modelo de sociedade onde o tipo predominante de conflitos de interesses não é mais, definitivamente, v.g., aquele, perdoe-nos a palavra, "modelo romântico" de conflito que envolve um vizinho A, José da Silva, e um vizinho B, João de Oliveira, pelo fato de que um deles tenha construído sua casa além dos limites permitidos pela lei.

Não estou dizendo que isso não exista mais, não é isso... mas o "grosso" dos conflitos de interesses envolvendo, por exemplo, as disputas de posse resultam de invasões coletivas, movimentos de ocupação, grilagem coletiva, ocupação de espaços públicos, e, principalmente, os danos individuais de massa resultantes de um mesmo ato-fato ilícito tipo.

Enfim, não apenas o retrato do conflito mudou, mas também os seus personagens mudaram. Há um outro tipo de "autor" e "réu" numa sociedade de massa. Há casos em que nem autor e nem réu existem no sentido adversarial que conhecemos.[5]

Essa constatação sobre a alteração dos conflitos e dos seus contendores não implica, aqui, em nenhuma posição crítica (positiva ou negativa) deste modelo social mantido pela sociedade industrial. Este não é o espaço – e nem pretensão teríamos para tanto – para apontar os defeitos, as virtudes, as reflexões sobre este modelo de sociedade... a tal sociedade líquida de amores líquidos e modernidade líquida de que muito bem falou Zygmunt Bauman.

> Faça você mesmo uma investigação para identificar o tipo de conflito mais comum hoje em dia. Uma vez que tenha identificado o tipo de conflito irá identificar também o tipo de interesse ou situação jurídica envolvida. Procure na sua família e ou busque saber entre os seus vizinhos se eles possuem demandas judiciais. O resultado mais comum será, invariavelmente, conflitos de família e conflitos consumeristas. Nestes você perceberá que os tipos de conflito se repetem, inclusive o mesmo réu, bem como os argumentos, as questões debatidas e os problemas que deram origem às demandas. Estes conflitos (contra bancos, poder público, escolas, concessionárias de telefonia, internet e tv) são a grande massa de conflitos do nosso país. A "regra" numa sociedade de massa são, com o perdão da obviedade, os "conflitos de massa", e as "exceções" são os conflitos individuais envolvendo situações jurídicas particulares apenas daqueles litigantes individualizados.

Trata-se de reconhecer uma revelação óbvia, mas que é determinante para identificarmos *quem é, como é e o que quer* o *jurisdicionado* de hoje, bem como qual o *tipo de conflito de interesses* predominante na sociedade industrial ou sociedade em rede como também ela é chamada[6].

> E, observe-se que não será incomum, antes o contrário, dada a alta complexidade das relações interpessoais neste modelo de sociedade, que estejam em contenda múltiplos conflitos de interesses de natureza coletiva ou não, ou seja, é bem possível que em torno de um mesmo conflito flutuem vários interesses antagônicos, sejam eles transindividuais (difusos, coletivos ou individuais homogêneos) ou individuais (heterogêneos).

---

5. FERRARO, Marcella Pereira. Do processo bipolar a um processo coletivo-estrutural. Dissertação de Mestrado UFPR, disponível em: http://acervodigital.ufpr.br/bitstream/handle/1884/39322/R%20-%20D%20-%20MARCELLA%20PEREIRA%20FERRARO.pdf?sequence=2, consultado em 10.02.2017.; Sérgio Cruz Arenhart. "Processos estruturais no direito brasileiro: reflexões a partir do caso da ACP do carvão", in: Revista de Processo Comparado (RPC) v. 1, n. 2, p. 211-229, jul./dez. São Paulo: Ed. RT, 2015.

6. CASTELLS, Manuel. A sociedade em rede. 17. ed. São Paulo: Paz e Terra. 2016, p. 18.

Tomemos de exemplo o horrível acidente ambiental do rompimento da barragem de rejeitos de minério que foi causado pela Samarco Mineração. Em torno deste *fato mãe*, surgiram inúmeros *fatos filhos* e daí eclodiram vários interesses, individuais ou coletivos, sendo que cada um deles, representativos de grupos ou individuais, passaram, em alguns casos, a conflitar inclusive entre si.

É neste cenário (numa *sociedade de massa*) que brotam, aos borbotões, as *ações ou causas repetitivas*, também chamadas de *demandas de massa* ou ainda de *demandas isomórficas*. Na verdade, estas fenômeno serve para descrever a existência de múltiplas ações individuais propostas que tem entre si uma *identidade máxima* e uma *diversidade mínima*. Normalmente proposta por um modelo padrão de legitimado ativo onde as suas características pessoais são irrelevantes para discernir do outro legitimado que promove este tipo de ação, exatamente porque no plano de direito material, existe um padrão de relacionamento com a mesma parte contrária. Na verdade, corresponde a um sujeito padrão, submetido a um mesmo tipo de relação jurídica com a mesma parte contrária, como, por exemplo, os consumidores de um mesmo produto, as pessoas expostas à mesma prática comercial, os usuários de um mesmo serviço, vítimas de um mesmo desastre ambiental, contribuintes de um mesmo tributo etc.

Os litígios envolvendo *direitos individuais homogêneos* constitui o modelo mais comum de *conflitos de interesses* nesta sociedade onde a padronização é a sua marca característica (dos sujeitos e das relações). Assim, quando um mesmo fato ou ato dá origem a centenas ou milhares de prejuízos a usuários, consumidores, contribuintes etc. é certo que algum tempo depois encontraremos, a depender da extensão do ato-fato antijurídico praticado, um *mar de demandas individuais repetitivas*, que, se comparadas umas às outras, nos permitirão identificar:

a) Uma identidade de legitimados passivos,

b) Uma repetição de *questões de fatos e questões de direito* que são padrões nestas relações jurídicas,

c) Um modelo padrão de legitimado ativo, quase como se fosse um manequim onde um se diferencia do outro apenas pelos dados e números pessoais como nome e cadastro de pessoa física.

d) Curiosamente, até mesmo o dano extrapatrimonial que um indivíduo sofreu passa a ser padronizado e tratado como "o mesmo" em extensão e qualidade, ensejando indenizações idênticas.

Nesse passo, considerando que tais interesses são *individuais* porque usufruídos por uma pessoa, mas *coletivos* porque frutos de um rigoroso *padrão uniforme* de relação jurídica, então, o que acontece é que, por exemplo, o litígio envolvendo uma vítima de um acidente ambiental *versus* o poluidor responsável, então, sem sombra de dúvidas que a situação desta vítima é quase idêntica a de tantos outros sujeitos que da mesma forma foram lesados.

No rastro da lama

O globo, n. 30045, 10//11/2015. País, p. 3

Três dias depois de arrasar dois distritos de Mariana (MG), o avanço da lama que vazou de barragens da mineradora Samarco provocou ontem a suspensão do abastecimento de água em Governador Valadares, a cerca de 300 quilômetros do local do acidente, e deverá deixar sem água 500 mil moradores de municípios às margens do Rio Doce, até chegar à foz, no Espírito Santo, na quinta-feira. Colatina e Baixo Guandu, onde a lama no rio deverá chegar na quarta-feira, informaram que vão fechar escolas. O Operador Nacional do Sistema Elétrico (ONS) determinou a redução da geração de energia de quatro hidrelétricas no Rio Doce, para evitar danos. Bombeiros trabalham com muita dificuldade na região da tragédia, e o governador de Minas, Fernando Pimentel, disse que será muito difícil encontrar sobreviventes. – RIO, MARIANA (MG) E VITÓRIA

CAPÍTULO 15 • ACP – DEMANDAS REPETITIVAS – JULGAMENTO DOS CASOS REPETITIVOS

475

– Depois de arrasar a área rural de Mariana (MG), a lama de rejeito mineral liberada pelo rompimento de duas barragens da mineradora Samarco na última quinta-feira, no distrito de Bento Rodrigues, vai prejudicar o abastecimento de água de meio milhão de pessoas em Minas Gerais e no Espírito Santo.

(https://www2.senado.leg.br/bdsf/bitstream/handle/id/516917/noticia.html?sequence=1&isAllowed=y) Acesso em: 20.09.2020.

G1 – Revista autoesporte

A General Motors (GM) e a Volkswagen convocaram recalls de mais de 7,36 milhões de veículos na China pelo caso dos "airbags mortais" feitos pela marca japonesa Takata. A marca norte-americana, como o sócio local Shanghai GM, vai iniciar o recall de 2,5 milhões de unidades em 29 de outubro, anunciou a agência chinesa de consumo. Na semana passada, a agência chinesa já havia anunciado que a Volkswagen e seus sócios locais convocarão um total de 4,86 milhões de carros pela mesma falha. Os airbags serão substituídos de forma gratuita. Especialistas acreditam que 16 mortes estão relacionadas com dispositivos defeituosos em todo o mundo. O problema dos airbags afetou milhões de veículos ao redor do planeta e provocou a falência da Takata em junho. Veja todos os recalls anunciados no Brasil. Desde os anos 2000, a Takata usava um componente químico, o nitrato de amônia, que em algumas condições pode provocar a explosão do airbag, lançando fragmentos contra os passageiros do veículo. O defeito, que a Takata demorou a reconhecer, foi revelado em 2014 e, desde então, várias montadoras foram obrigadas a anunciar uma série de recalls, que afetaram quase 100 milhões de veículos. (Pesquisado em 30.09.2017. Disponível em https://g1.globo.com/carros/noticia/gm-e-volks-fazem-recall-de-mais-7-milhoes-de-carros-na-china-por--airbags-mortais.ghtml)

Esses dois exemplos acima servem para ilustrar a potencialidade de demandas individuais com pedidos de fornecimento de água mineral e no caso seguinte com pedido de troca da peça com defeito.

Exatamente por isso, considerando que o nosso ordenamento é falho em *evitar mini litígios* desta natureza, já que quase nunca acontecem *"recalls espontâneos e anteriores aos acidentes de consumo"*, e os poluidores raramente tomam iniciativas espontâneas de indenizar de modo justo os prejudicados, como nos exemplos citados acima, não será difícil de imaginar que a tendência natural em uma sociedade massificada, individualista, consumerista e predatória por natureza, é um crescimento exuberante de ações individuais repetitivas *muito parecidas, e "nada diferentes", umas das outras*.

E, colocando uma pitada de tempero neste problema, é certo que teremos que como consequência dessa multiplicação, pelos quatro cantos do país, de demandas individuais derivadas de um mesmo ato-fato-tipo, uma inescondível situação de:

a) insuportável desigualdade de resultados entre os jurisdicionados;

b) aumento do contingenciamento de causas e de demora na prestação jurisdicional;

c) insegurança, imprevisibilidade e incoerência decorrente do tratamento desigual para as mesmas questões de fato de direito que repetem nestas múltiplas demandas;

d) desperdício de tempo e dinheiro de atividade jurisdicional etc.

Enfim, neste panorama existente, ao invés de buscar:

a) "métodos e soluções" que impedissem o surgimento desse *mar de ações individuais repetitivas* que tanto mal faz ao Poder Judiciário e aos jurisdicionados, ou quiçá de encontrar

b) "métodos e soluções" que colocassem tal problema na conta dos grandes fornecedores e poluidores – *não apenas o custo a ser pago pelos defeitos dos serviços e produtos de massa, mas também o custo do engessamento do judiciário* a lógica se inverte e nenhum desses dois caminhos são trabalhados com seriedade.

A primeira técnica idealizada para tutela dos direitos individuais de massa foi o modelo opt out de *class action for damages* do art. 91 e ss. do CDC. A despeito de ser dotado de mecanismos que permitiam ao litigante vulnerável brigar de igual para igual com os litigantes habituais, por uma série de fatores que explicaremos em tópicos seguintes, esse modelo não foi suficiente para estancar o crescimento exponencial da litigiosidade de massa.

Exatamente por isso, somando a:

1) ineficiência das ações coletivas para a defesa de direitos individuais homogêneos do art. 91 e ss. do CDC, e

2) considerando a bem sucedida experiência com a técnica do recurso especial repetitivo[7] – que reduziu drasticamente os números de recursos especiais no STJ,

3) somado a positiva experiencia de técnicas de julgamento por amostragem em outros países

4) seria um bom caminho para reduzir os números surreais de congestionamento judicial, e ao mesmo tempo dar tutela tempestiva e isonômica

5) a introdução de uma técnica de julgamento por amostragem não apenas de julgamento de *questões de direito nas cortes de uniformização do direito*, mas também das questões de fato comuns nas cortes de revisão o que implicaria em suspensão todas as demandas isomórficas, julgamento uma ou algumas por todas.

O remédio mencionado acima seria, como revela o seu nome, Incidente de Resolução de Demandas Repetitivas. Contudo, como veremos adiante, <u>entre o projeto de lei e a lei (CPC) houve uma mutilação do texto original e o incidente ficou restrito à resolução de *questões unicamente de direito repetidas em múltiplos processos*</u>.

O nosso ordenamento jurídico já contava com o procedimento coletivo da ação civil pública para defesa de direitos individuais homogêneos que se mostrou ineficiente para conter o avanço das demandas individuais de massa. Exatamente por isso, enfronhado em taxas de congestionamento de processos surreais, tinha a intenção de, com o CPC de 2015, introduzir uma técnica de julgamento por amostragem, o incidente de resolução de demandas repetitivas, que atualmente é espécie do gênero casos repetitivos como veremos mais adiante.

E, sinceramente, como veremos adiante, ainda bem que houve essa mutilação, pois o que se tem observado até o momento, é que o IRDR não tem se mostrado um remédio democrático pois o seu sistema de representatividade dos *muitos que serão julgados por alguns* é absolutamente falho e descomprometido com a tutela justa do litigante hipossuficiente.

Isso porque a prioridade é, a qualquer custo, a diminuição dos exorbitantes números de demandas repetitivas, como se elas – as demandas individuais de massa – fossem as causas, e, não as consequências do problema.

2. O GÊNERO "CASOS REPETITIVOS"

O artigo 928 do CPC considera que os *recursos repetitivos* (art. 1036 e ss.) e o *incidente de resolução de demandas repetitivas* são espécies do mesmo gênero (casos repetitivos). Não por acaso, em diversas passagens do Código o legislador refere-se a "casos repetitivos" como gênero de ambos institutos.

---

7. Lei n. 11.672, de 8 de maio de 2008.

CAPÍTULO 15 • ACP – DEMANDAS REPETITIVAS – JULGAMENTO DOS CASOS REPETITIVOS

Tratando-se de espécies siamesas por disposição legal, necessário se faz utilizar, no que couber (*e muita coisa cabe*), uma mão dupla entre os procedimentos descritos no artigo 976 e ss. com o artigo 1036 e ss. do CPC.

Assim, por exemplo, há no artigo 1.036, §8º e ss. uma minudencia em relação ao regime jurídico do sobrestamento das causas que aguardam o julgamento do recurso piloto; essa minudência não existe no procedimento do IRDR, mas que com certeza pode ser utilizado subsidiariamente.

Inversamente, o artigo 984, §2º do CPC (IRDR) é mais completo que o seu correspondente que cuida dos recursos repetitivos (art. 1038, §3º), de forma que problema algum existirá em fazer o intercâmbio entre as espécies do mesmo gênero. Enfim, guardadas as peculiaridades procedimentais entre uma e outra técnica, não se pode esquecer que são espécies do mesmo gênero e como tal os dispositivos de um e outro devem intercambiar-se num diálogo contínuo.

A condição de técnicas siamesas por determinação legal simplifica problemas de ordem ontológica entre os recursos repetitivos e o IRDR.

Contudo, é de se dizer que por haver uma distância monumental entre o papel das cortes supremas e as cortes de revisão, seria legítimo tratar os institutos sob perspectivas diferentes, mas esta não foi a intenção do legislador, que, foi claro e inequívoco: são espécies do mesmo gênero denominado "casos repetitivos".

Ora, se sob a perspectiva procedimental, objetivos e objeto de julgamento muito se assemelham os institutos, a verdade é que muito se distanciam quando percebemos que os *fundamentos determinantes de um tribunal de vértice* têm um papel no ordenamento jurídico bem diferente das decisões dos tribunais destinados à revisão do julgado de primeiro grau de jurisdição.

Contudo, os elementos que unem os institutos, a ponto de serem tratados pelo legislador como *espécies do mesmo gênero*, é o fato de serem técnicas que se prestam para *resolver idênticas questões de direito replicadas em múltiplos processos* e foram idealizados sob a perspectiva primordial de que é preciso *racionalizar* a atividade jurisdicional, sendo impensável gastar tempo e dinheiro além do necessário.

> Como certeiramente diz Marinoni "no Incidente de Resolução de Demandas Repetitivas julga-se questão de muitos em processos de alguns"[8], e, eis aí o nó górdio do problema: como resolver o problema da representatividade daqueles que serão atingidos, já que o modelo não é opt out, mas de imposição de um opt in?

Frise-se, e deixemos a ingenuidade de lado, o surgimento e o fortalecimento deste modelo de *decisões por amostragem* têm por objetivo primordial a redução de números de processos nos tribunais, ainda essa escolha se sobreponha ao direito fundamental (individual) de acesso à justiça.

As respostas que naturalmente são dadas aos questionamentos abaixo permitem entender a *ratio essendi* destas técnicas processuais: a) para que julgar cada caso isola-

---

8. MARINONI, Luiz Guilherme. O "Problema" do Incidente de Resolução de Demandas Repetitivas e dos Recursos Extraordinário e Especial Repetitivos. Revista de Processo, São Paulo, v. 249, ano 40, p. 399-419, nov. 2015. p. 399-419.

damente se são todos iguais? b) porque não julgar um só e espalhar o julgamento para todos os outros? c) por que não deixar todos sobrestados aguardando o julgamento de apenas um ou alguns casos idênticos?

Muito embora a *racionalização* da atividade jurisdicional com vistas a obter o *maior rendimento possível com o mínimo de custo* constitua a ontológica razão de ser da técnica processual que permite *julgar em bloco os casos repetitivos* é claro que o legislador não perderia a oportunidade de amalgamar este principal motivo, e, até disfarçá-lo como efetivamente o fez, com outros fatores que são inegavelmente importantes e que são alcançados pelas técnicas mencionadas, tais como a *isonomia* de *resultados aos jurisdicionados em relação à idêntica questão de direito, celeridade da* justiça, a *coerência* na atuação dos órgãos jurisdicionais etc.

Muito embora sem destacar o principal motivo (redução de números) das técnicas que permitem o "julgamento em bloco a partir do mecanismo dos casos repetitivos", e, de certa forma inebriado pela conjugação destes fatores que alimentam qualquer discurso político (celeridade, coerência, isonomia da justiça etc.), o legislador não precisava ir tão longe, mas de fato foi, ao estabelecer uma confusa miscigenação da *eficácia vinculante da tese firmada nos casos repetitivos* com um o *sistema de precedentes vinculantes do stare decisis* como se observa no artigo 927 e 928 do CPC.

Não haveria nenhum demérito em se reconhecer a necessidade, e desenvolver, técnicas que permitam o julgamento em bloco a partir de casos repetitivos, visto aí como método de racionalização da justiça.

Contudo, como dito, seria preciso que se reconhecesse: a) primeiro, o jurisdicionado que leva o seu caso (ainda que seja um "repetitivo") ao poder judiciário não é o culpado pelo caos judiciário existente; b) segundo, que este jurisdicionado tem o direito de ter o seu pleito jurisdicional (repetitivo ou não) processado e julgado com todas as garantias processuais constitucionais que que lhes são asseguradas como *direito fundamental*; c) terceiro, que normalmente, o custo econômico do processo deveria ser suportado pelo litigante habitual que aposta na demora do processo para obter vantagens econômicas e redução de prejuízos, pois, às vezes, "ir para a justiça" pode ser um bom negócio; d) quarto, que só será legítima a técnica processual que permite o julgamento em bloco a partir da técnica dos casos repetitivos se nestas técnicas houver a *máxima representatividade e respeito à democracia processual* de forma que, nem de raspão, se arranhem direitos que poderiam ser exercidos individualmente com máximo rendimento processual nos termos do artigo 5°, XXX da CF/88. É preciso que aqueles que terão seus casos julgados "em bloco" sintam-se respeitados e confiem que o seu *day of court* seja integralmente respeitado, ainda que seja feito o *julgamento em bloco*.

3. O INCIDENTE DE RESOLUÇÃO DE DEMANDAS REPETITIVAS NO CPC PROJETADO E NO CPC VIGENTE

Com a promessa de ser um instituto processual atuante em prol de nobilíssimos objetivos, tais como: i) a razoável duração do processo, ii) a isonomia entre os jurisdicionados, iii) a eficiência da atividade jurisdicional, iv) a estabilidade direito objetivo,

CAPÍTULO 15 • ACP – DEMANDAS REPETITIVAS – JULGAMENTO DOS CASOS REPETITIVOS **479**

v) a coerência do direito jurisprudencial etc., o IRDR foi projetado para ser uma coisa e acabou virando outra. Mesmo assim, com o advento do NCPC, ainda que mutilado aqui e enxertado ali, foi recebido com regozijo e alegria pelos operadores do direito.

Nele enxergaram uma espécie de técnica multifuncional que além dos vários objetivos mencionados, ainda por cima seria dotado de um pedigree estrangeiro como menciona a exposição de motivos do anteprojeto do CPC (musterverfahren), e, porque não dizer, por tabela, da group litigation order, do colateral estoppel e da agregação de causas.

Outros, mais comedidos, viram neste instituto uma espécie de simples *up (ou down) grade* do revogado incidente de uniformização da jurisprudência (art. 476 do CPC), e, ainda, do mais velho e esquecido incidente do prejulgado (Decreto n. 16273/1923 e art. 861 do CPC/1939), o que, por sua vez, remontaria ainda o mais longínquo instituto do assentos do Reino de Portugal presentes nas clássicas ordenações do Reino de Portugal, que foi, inclusive, objeto de lei específica (Lei da boa razão) editada pelo Marques de Pombal.

Aliás, justiça seja feita, pois nosso maior mestre[9], há muito já havia dito que no anteprojeto do CPC de 1973, portanto, há quase 50 anos, tentou-se emplacar a técnica dos "assentos vinculativos", mas a Comissão Revisora teria identificado um certo colorido de inconstitucionalidade na intenção de se lhe atribuir, à época, uma eficácia vinculante aos assentos, e, por causa disso, a referida Comissão sugeriu a sua modificação, que, ao final, com "sugestões e temperanças", acomodou-se na figura do incidente de uniformização da jurisprudência (art. 476 e ss. do CPC revogado), que então eram formadores de súmulas com eficácia orientadora .

Retomando o fio da meada, com certo tom de ansiedade delirante, vaticinou-se que com o IRDR varrer-se-iam os milhares de casos repetitivos existentes (e a porvir), reduzindo os dramáticos números alardeados pelo CNJ sobre o Judiciário brasileiro, tudo por meio da utilização dos *"precedentes vinculantes para o futuro"* que neles fossem construídos.

É verdade que nem mesmo o descompasso entre o nome do instituto e o seu objeto, serviram de trava ou freio para domar, ou quem sabe tornar mais recatado, o efusivo, e às vezes ingênuo, furor de ver no IRDR um *mix* perfeito de possibilidades e finalidades, sem enxergar que nele poderia estar escondido um enorme risco à democracia processual e, além disso, que o fato de ter em comum com os *precedentes do stare decisis* a finalidade de proteção à segurança jurídica, à isonomia e estabilidade do direito objetivo não fazem dele um instituto de mesma estirpe.

De fato, à letra clara e redonda da lei, neste incidente de resolução não se resolvem as demandas repetitivas, embora seja este o seu nome e fosse esta a intenção originária do anteprojeto, já que, depois de mutilado no congresso nacional, o seu objeto restringe-se à resolução de idênticas questões de direito que tenham se repetido em processos e, ainda por cima, desde que esta repetição constitua um risco à isonomia e à segurança jurídica, para usarmos a mesma terminologia dos incisos I e II do artigo 976 do CPC.

---

9. BARBOSA MOREIRA, José Carlos. Comentários ao Código de Processo Civil, v. V., 15. ed. Rio de Janeiro: Forense. 2010, p. 07.

Longe de ter por "objeto" a "resolução de demandas repetitivas", este incidente tem por objetivo a resolução de "idênticas questões de direito". Entre o primeiro e o segundo alvo de julgamento há uma distância absurda, seja qualitativa, seja quantitativa, eis porque o título deste tópico fala em IRDR projetado e IRDR vigente.

Curiosamente, apenas para se ter ideia da distinção entre resolver *demandas repetitivas e resolver questões de direito repetitivas*, é perfeitamente possível a utilização do IRDR mesmo que não existam demandas repetitivas (!!), pois, a replicação de questões de direito pode existir em demandas múltiplas e heterogêneas, que tenham em comum apenas, por exemplo, questões de direito processuais.

Tomemos de exemplo o fenômeno que ocorreu no TJES onde a verificação da tempestividade do protocolo postal passou a ser uma séria e controvertida questão de direito presente em inúmeros recursos de apelação que, afora este ponto comum (contagem do prazo no protocolo postal), não guardavam relação entre si de qualquer questão de fato ou direito.

Eis aí uma primeira advertência: o IRDR saiu do forno legislativo mutilado e capenga, pois nada obstante a alvissareira alcunha que lhe foi dada, e que lhe foi mantida mesmo após a amputação no Congresso, o seu objeto acabou sendo bem mais reduzido do que se propunha originalmente.

O IRDR era para ser, e servir, ao julgamento, in abstracto, de "questões de fato e de direito" replicadas em múltiplas demandas, inclusive ações coletivas[10], o que se daria por meio de procedimento modelo voltado à formação de uma norma/texto abstrata vinculante. Contudo, o texto original foi alterado no Congresso e o incidente de resolução de demandas repetitivas acabou se tornando um incidente de resolução de questões de direito repetitivas.

Portanto, trata-se de um instituto que tem um nome que não corresponde àquilo que ele é, afinal de contas, o incidente de resolução de demandas repetitivas não se presta, a priori, para à resolução de demandas repetitivas. Pode até ser que contribua para isso, mas este não é o seu objeto. Entre resolver questões de direito – e apenas de direito! – replicadas em "demandas" que nem sequer precisam ser repetitivas, e, resolver demandas repetitivas há uma inominável distância.

4. DEMANDAS REPETITIVAS – INEFICIÊNCIA DAS AÇÕES COLETIVAS PARA A DEFESA DOS DIREITOS INDIVIDUAIS HOMOGÊNEOS – TÉCNICAS INDIVIDUAIS DE REPERCUSSÃO COLETIVA (JULGAMENTO POR AMOSTRAGEM)

4.1 Introito

Os direitos individuais de massa não surgiram "ontem", e, é lógico que problema da litigiosidade individual de massa também não é novidade no Brasil.

---

10. Consta no anteprojeto de ações coletivas apresentados pelo CNJ a previsão do art. 2º que "a ação coletiva tem prioridade no processamento e na afetação, como caso paradigma, nos procedimentos de Incidente de Resolução de Demandas Repetitivas e nos Recursos Repetitivos".

CAPÍTULO 15 • ACP – DEMANDAS REPETITIVAS – JULGAMENTO DOS CASOS REPETITIVOS **481**

Desde 1990 o legislador brasileiro, de forma bastante técnica e cuidadosa, introduziu no nosso ordenamento processual a técnica de tutela coletiva dos direitos individuais de massa como se observa no artigo 91 e ss. do CDC.

Neste diploma encontra-se o texto-normativo-base para a tutela coletiva dos direitos individuais de massa, a qual convencionou-se denominar de *ações coletivas para a defesa de direitos individuais homogêneos*.

Ninguém seria ingênuo de acreditar que a introdução desta técnica processual inibiria totalmente o fenômeno de proliferação das demandas individuais repetitivas, mas, por outro lado, parece-nos verdadeiro que se houvesse um incremento e apoio político à nossa *class action for damages* talvez o caos existente de demandas individuais de massa no judiciário brasileiro não fosse o mesmo.

Há vários fatores sociológicos, políticos, econômicos e jurídicos que fizeram com que a ação coletiva para defesa de direitos individuais homogêneos prevista no CDC fosse um verdadeiro fiasco, tal como veremos mais adiante[11].

E, a partir deste fiasco abriu-se, aqui e ali, um vasto campo para a criação legislativa de *"métodos e soluções"* processuais que, sem estar diretamente comprometido com os direitos fundamentais do jurisdicionado de massa, tem por objetivo principal a redução dos estarrecedores números da litigiosidade no país.

Assim, desesperados por reduzir os números de causas no nosso Judiciário – principalmente dos recursos nos nossos tribunais cúpula – e, legitimamente impulsionado pelos postulados da *duração razoável do processo, da celeridade processual* e da *necessidade de simplificação do processo* o legislador, constitucional e infraconstitucional, passou a trilhar, sem volta, o caminho da criação das técnicas e métodos que se propõem *a resolver em bloco as lides individuais de massa.*

---

11. Sobre os motivos desse fiasco ver o nosso *Fundamentos da tutela coletiva*. Brasília: Gazeta Jurídica. 2017, p. 90 e ss. Sobre o tema ver ainda: BASTOS, Antonio Adonias Aguiar. "Situações jurídicas homogêneas: um conceito necessário para o processamento das demandas de massa". In: RePro. n. 186, São Paulo: Ed. RT, 2010, p. 98.; CABRAL, Antonio do Passo. O novo procedimento-modelo (Mustervefahren) alemão. Revista Processo. v. 32. n. 147. São Paulo: Ed. RT, 2007, p. 123-146.; CAMARGO, Luiz Henrique Volpe. A força dos precedentes no moderno processo civil brasileiro. In: ARRUDA ALVIM WAMBIER, Teresa (Coord.). São Paulo: Ed. RT, 2012, p. 553-674; CAVALCANTI, Marcos de Araujo. Incidente de resolução de demandas repetitivas. São Paulo: Ed. RT, 2016, p. 30 e ss.; CUNHA, Leonardo José Carneiro da. "O regime processual das causas repetitivas", in: RePro n. 179. São Paulo: Ed. RT, 2010, p. 142; DANTAS, Bruno. "Comentários do artigo 976 ao 987 do Código de Processo Civil"., In: WAMBIER, Teresa Arruda Alvim e DIDIER JR., Fredie e TALAMINI, Eduardo e DANTAS, Bruno Breves comentários ao código de processo civil. São Paulo: Ed. RT, 2015, 2307.; GAJARDONI, Fernando. "O processo coletivo refém do individualismo", in: Processo Coletivo. Salvador: Juspodivm, 2016, p.133-156. GRINOVER, Ada Pellegrini. A coletivização de ações individuais após o veto. In: CIANCI, Mirna; et. al. (Coord.) Novo Código de Processo Civil – Impactos na Legislação Extravagante e Interdisciplinar, v. 1. São Paulo: Saraiva, 2016, p.15-23; MANCUSO, Rodolfo de Camargo. "Acesso à justiça: condicionantes legítimas e ilegítimas. São Paulo: RT, 2011, p. 48 e ss. MENDES, Aluisio Gonçalves de Castro. Resolução coletiva de conflitos. In: MENDES, Aluisio Gonçalves de Castro; WAMBIER, Teresa Arruda Alvim. (Org.). O processo em perspectiva: Jornadas Brasileiras de Direito Processual – Homenagem a José Carlos Barbosa Moreira. São Paulo: Ed. RT, 2013, p. 47-70; NUNES, Dierle. "Novo enfoque para as tutelas diferenciadas no Brasil? Diferenciação procedimental a partir da diversidade de litigiosidades", In: Repro. n. 184. São Paulo: RT, jun. 2010, p. 109-140; RODRIGUES, Marcelo Abelha. Técnicas individuais de repercussão coletiva X técnicas coletivas de repercussão individual. Por que estão extinguindo a ação civil pública para a defesa de direitos individuais homogêneos? In: DIDIER JUNIOR, Fredie; ZANETI JUNIOR, Hermes (Coord.). Repercussões do Novo CPC – v. 8, Processo Coletivo. Salvador: Juspodivm, 2015, p. 623-639; RODRIGUES, Roberto de Aragão Ribeiro. O Novo Perfil da Tutela dos Direitos Individuais Homogêneos. Santa Catarina: Juruá. 2013; ROQUE, André Vasconcellos. "As ações coletivas após o novo Código de Processo Civil: para onde vamos", in: Processo Coletivo. Salvador: Juspodivm, 2016, p 157-186.; TALAMINI, Eduardo. "A dimensão coletiva dos direitos individuais homogêneos: ações coletivas e mecanismos previstos no Código de Processo Civil de 2015", In: Processo Coletivo. Salvador: Juspodivm, 2016, p109-132.

Assim, pode-se citar com técnicas processuais destinadas ao "julgamento em bloco": (i) o artigo 14 da Lei 10.259/2001 e os arts. 18 e 19 da Lei 12.153/2009 que cuidam, respectivamente, do pedido de uniformização da interpretação de lei no âmbito dos juizados especiais estaduais e federais; (ii) o § 8º da Lei 8.437 introduzido pela medida provisória 2.180-35/2001, que cuida da suspensão de segurança *erga omnes* que também está presente no artigo 15, § 5º da Lei do Mandado de Segurança (Lei 12.016/2009); (iii) o instituto da repercussão geral no recurso extraordinário, criado pela EC n. 45 em 2004, e que levou a inclusão no CPC revogado (por meio da Lei 11.418/2016) do artigo 543-B e que hoje consta no artigo 1.035 do CPC atual; (iv) os recursos repetitivos no âmbito do STJ criados pela Lei 11672/2008 que introduziu o art. 543-C no CPC revogado, e, que no atual código de processo está previsto para o recurso especial e para o recurso extraordinário no art. 1036 e ss.;

Nesse "caminho sem volta" e sob um discurso (legítimo, é verdade) de que havia: (i) a necessidade de que o jurisdicionado possa ter uma *isonomia* de resultados para casos idênticos; (ii) e que o poder judiciário deveria urgentemente fortalecer e uniformizar a jurisprudência, mantendo-a estável, integra, então, o nosso legislador não perdeu tempo e tratou de inserir o *julgamento em bloco* ou *julgamento de casos repetitivos* no seio do CPC de 2015, como expressamente fala o artigo 928.

Todavia, o fez cometendo dois equívocos graves e que precisam ser devidamente corrigidos. O primeiro, foi ter considerado que tais *julgamentos vinculantes* seriam pilares de um *sistema de precedentes*, atribuindo-lhes uma natureza que genuinamente não possuem. O segundo, foi ter criado a *técnica do julgamento de casos repetitivos*, do qual o IRDR e os recursos repetitivos são espécies, sem ter se preocupado com o respeito aos direitos fundamentais processuais de cada sujeito que será atingido por uma decisão sem que tenha tido oportunidade verdadeira de participar do julgamento por amostragem.

Ademais, não custa nada dizer que uma coisa é a técnica de julgamento pelas cortes supremas – responsáveis que são pela uniformização do direito objetivo – de questões de direito replicadas em muitos recursos especiais e extraordinários, ou seja, envolvendo casos que já foram julgados em primeiro e segundo grau de jurisdição (*jurisdição ordinária*) no âmbito do judiciário local, e, algo completamente diferente é a técnica que pretende fazer a mesma coisa na própria jurisdição ordinária, nos tribunais locais mediante a suspensão de múltiplos casos, sem qualquer chance de opt out e sem respeito às regras de representação adequada nas causas que serão julgadas por amostragem.

Conquanto o artigo 928 do CPC diga que "considera-se julgamento de casos repetitivos a decisão proferida em: I – incidente de resolução de demandas repetitivas; II – recursos especial e extraordinário repetitivos" colocando-os como espécies de um mesmo gênero, há dessemelhanças sérias que não podem ser olvidadas.

4.2 Ineficiência das ações coletivas para a defesa de direitos individuais de massa

O vocábulo ineficiência é sinônimo de imprestabilidade, inoperância, inutilidade, infrutífero, estéril, infecundo, o que não dá resultado, entre tantos outros adjetivos e

CAPÍTULO 15 • ACP – DEMANDAS REPETITIVAS – JULGAMENTO DOS CASOS REPETITIVOS

expressões que, com pesar e lamento, refletem o insucesso da tutela jurisdicional coletiva de direitos individuais homogêneos prevista no artigo 91 e ss. do CDC.

É fato, inconteste, documentado e revelado pelo número de demandas individuais de massa em trâmite no nosso país, que depois de 25 anos de vigência, a técnica coletiva de repercussão individual, as famosas ações coletivas para a defesa de direito individual homogêneos, não foram eficientes no alcance do objetivo a que se propunham.

E a confirmação desse insucesso revela-se no número de causas repetitivas existentes no país, ou seja, aquelas que são as mais comuns numa sociedade de massa e que deveriam (ou poderiam) ter sido objeto de tutela pelas ações coletivas para a defesa de direitos individuais homogêneos do art. 91 e ss. do CDC.

É inegável que quando estabeleceu a tutela coletiva de direitos individuais homogêneos no CDC a intenção era, realmente, que parte considerável e sensível destes conflitos individuais de massa que ocupam a maior fatia da pizza de dados do CNJ fossem evitadas a partir da aglutinação das questões de fato e de direito em uma única ação coletiva.

Em outras palavras, a intenção do legislador era de que a ação coletiva fosse voltada à defesa de direito individual homogêneo cujo resultado beneficiaria a todos. Enfim, todos os sujeitos individuais que poderiam, a partir de uma condenação genérica da ação coletiva, fazer um percurso célere de mera liquidação individual dos prejuízos individuais. Contudo, apesar da engenhosidade da técnica, isso não aconteceu.[12]

Depois de mais de 30 anos de existência das ações coletivas para a defesa de direitos individuais homogêneos, vê-se que, lamentavelmente, o seu intento não foi alcançado e os números de demandas individuais de massa em curso no país selam esta inapelável conclusão.

Claro que há razões para este insucesso, e, certamente, frise-se, nelas não se inclui a qualidade jurídica das técnicas de tutela previstas no "microssistema" coletivo e, em especial, no procedimento do artigo 91 e ss. do referido diploma; este não foi nem o maior e nem o menor motivo do fracasso dessas demandas na resolução dos conflitos individuais de massa. Veremos adiante alguns motivos que levaram a este lamentável fracasso.

4.3 Fatores jurídicos da ineficiência

4.3.1 O não reconhecimento do direito individual homogêneo como categoria autônoma de direito material

Há vários fatores, econômicos, políticos, culturais aos quais se pode atribuir a referida responsabilidade e isso tem sido de certa forma explicitado pela doutri-

---

12. Curiosamente, a Lei no. 31 de 12 de abril de 2019, publicado no Diário da República n. 92, de 18 de abril de 2019 introduziu no CPC Italiano a seção destinada ao "processo coletivo", precisamente no Título VIII-bis aplicável às ações coletivas para a defesa de direitos individuais homogêneos. Foram acrescidos ao texto do Código os artigos 840-bis a 840-sexiesdecies – sendo que cada um dos artigos com várias alíneas). O processo é exclusivamente eletrônico e pode ser utilizado para obtenção de uma prestação de pagar quantia (ressarcimento) ou restituição ou então com um papel inibitório para proibição ou remoção de um ilícito.

na[13], que passam tanto pelo fracasso do Estado Social, quanto pela coisa julgada secundum eventum litis, ou ainda pela falta de legitimidade social das associações civis, e até mesmo pelas mutilações que o "legislador" fez na tutela coletiva dos direitos coletivos em sentido lato. Com um pequeno esforço e concentração é possível listar mais de 20 fatores jurídicos e extrajurídicos que, juntos, levaram à decadência da tutela coletiva dos direitos individuais homogêneos no Brasil.

Em nosso sentir, a despeito de somarem diversos fatores, parece-nos que, se fosse possível estabelecer um grau de responsabilidade para cada um deles nessa derrota, o principal deles foi apontado por Gajardoni[14] ao dizer, certeiramente, como de praxe, que o processo coletivo é refém de uma cultura individualista.

Segundo o excelente jurista "A ideologia marcadamente individualista que contamina o processo coletivo brasileiro é sentida na afirmação serem os interesses acidentalmente coletivos uma ficção jurídica: em realidade, seriam eles interesses individuais que, pelas razões já expostas, poderiam (veja o traço da facultatividade) ser tratados coletivamente (razão da insígnia acidentalmente coletivos)".[15]

Entretanto, como já expusemos alhures, não nos parece que a índole coletiva dos direitos individuais homogêneos possa ser creditada, ou limitada, ao fato de que a tutela coletiva desses interesses "interessa ao controle e aplicação do direito objetivo"[16][17], ou ainda que pelo fato de que apenas a tutela coletiva de danos individuais de massa que

---

13. Sobre o tema vale muito a consulta a: BASTOS, Antonio Adonias Aguiar. Situações jurídicas homogêneas: um conceito necessário para o processamento das demandas de massa. Revista de Processo – RePro, São Paulo: Ed. RT, n. 186, 2010, p. 98; CABRAL, Antonio do Passo. O novo procedimento-modelo (Mustervefahren) alemão. Revista de Processo – RePro, São Paulo: Ed. RT, v. 32, n. 147, p. 123-146, 2007; CAMARGO, Luiz Henrique Volpe. A força dos precedentes no moderno processo civil brasileiro. In: WAMBIER, Teresa Arruda Alvim (Coord.). Direito Jurisprudencial. São Paulo: Ed. RT, 2012, p. 553-674; CAVALCANTI, Marcos de Araujo. Incidente de resolução de demandas repetitivas. São Paulo: Ed. RT, 2016, p. 30 e ss.; CUNHA, Leonardo José Carneiro da. O regime processual das causas repetitivas. Revista de Processo – RePro, São Paulo: Ed. RT, n. 179, p. 142, 2010; DANTAS, Bruno. Comentários do artigo 976 ao 987 do Código de Processo Civil. In: WAMBIER, Teresa Arruda Alvim et al (Coord.). Breves comentários ao código de processo civil. São Paulo: Ed. RT, 2015, p. 2307; GAJARDONI, Fernando. O processo coletivo refém do individualismo, In: DIDIER JR., Fredie; ZANETI JR., Hermes (Coord.). Processo coletivo. Coleção Repercussões do novo CPC, v. 8. Salvador: Juspodivm, 2016, p. 133-156. GRINOVER, Ada Pellegrini. coletivização de ações individuais após o veto. In: CIANCI, Mirna; et. al. (Coord.). Novo Código de Processo Civil: impactos na legislação extravagante e interdisciplinar. São Paulo: Saraiva, 2016, v. 1, p. 15-23; MANCUSO, Rodolfo de Camargo. Acesso à justiça: condicionantes legítimas e ilegítimas. São Paulo: Ed. RT, 2011, p. 48 e ss.; MENDES, Aluisio Gonçalves de Castro. Resolução coletiva de conflitos. In: MENDES, Aluisio Gonçalves de Castro; WAMBIER, Teresa Arruda Alvim. (Org.). O processo em perspectiva: Jornadas Brasileiras de Direito Processual: Homenagem a José Carlos Barbosa Moreira. São Paulo: Ed. RT, 2013, p. 47-70; NUNES, Dierle. Novo enfoque para as tutelas diferenciadas no Brasil? Diferenciação procedimental a partir da diversidade de litigiosidades, Revista de Processo – RePro, São Paulo: Ed. RT, n. 184. jun. 2010, p. 109-140; RODRIGUES, Marcelo Abelha. Técnicas individuais de repercussão coletiva x técnicas coletivas de repercussão individual. Por que estão extinguindo a ação civil pública para a defesa de direitos individuais homogêneos? In: DIDIER JR., Fredie; ZANETI JR., Hermes (Coord.). Processo coletivo. Coleção Repercussões do novo CPC, v. 8. Salvador: Juspodivm, 2016, p. 623-639; RODRIGUES, Roberto de Aragão Ribeiro. O novo perfil da tutela dos direitos individuais homogêneos. Santa Catarina: Juruá, 2013; ROQUE, André Vasconcellos. As ações coletivas após o novo Código de Processo Civil: para onde vamos? In: DIDIER JR., Fredie; ZANETI JR., Hermes (Coord.). Processo coletivo. Coleção Repercussões do novo CPC, v. 8. Salvador: Juspodivm, 2016, p 157-186; TALAMINI, Eduardo. A dimensão coletiva dos direitos individuais homogêneos ações coletivas e mecanismos previstos no Código de Processo Civil de 2015 In: DIDIER JR., Fredie; ZANETI JR., Hermes (Coord.). Processo coletivo. Coleção Repercussões do novo CPC, v. 8. Salvador: Juspodivm, 2016, p. 109-132.

14. GAJARDONI, Fernando. O processo coletivo refém do individualismo, In: DIDIER JR., Fredie; ZANETI JR., Hermes (Coord.). Processo coletivo. Coleção Repercussões do novo CPC, v. 8. Salvador: Juspodivm, 2016, p. 133-156.

15. Op. cit., p. 138.

16. Op. cit., p. 139.

17. TALAMINI, Eduardo. A dimensão coletiva dos direitos individuais homogêneos: ações coletivas e mecanismos previstos no Código de Processo Civil de 2015 In: DIDIER JR., Fredie; ZANETI JR., Hermes (Coord.). Processo coletivo. Coleção Repercussões do novo CPC, v. 8. Salvador: Juspodivm, 2016, p. 120, ao dizer que "não é esse o único interesse difuso merecedor de tutele nos conflitos de massa. A coletividade também tem o direito à segurança jurídica a previsibilidade de consequências do tratamento

CAPÍTULO 15 • ACP – DEMANDAS REPETITIVAS – JULGAMENTO DOS CASOS REPETITIVOS

sejam tão mínimos[18] que seja a única via (coletiva) para "punir o infrator e/ou evitar a enriquecimento ilícito" na hipótese do art. 100 do CDC[19].

> Caso típico de marca nacional de papel higiênico que foi vendido com 1 metro a menos do que os 30 metros previsto na sua embalagem. Qual consumidor iria individualmente buscar a tutela do seu direito?
>
> Caso típico da empresa que para construir uma hidrelétrica, deixa os moradores da cidade privados de água tratada por um ou 2 dias. Algum morador irá em juízo para cobrar este prejuízo?

Em nosso sentir, não há apenas uma *percepção da dimensão coletiva subjacente aos direitos individuais homogêneos*[20],83 senão porque os direitos individuais homogêneos devem ser vistos como categoria autônoma no direito material, e, não simplesmente um direito acidentalmente coletivo que pelas *razões subjacentes* mencionadas acima, por si só o façam merecer tratamento coletivo. Enfim, não que estas razões não existam, antes o contrário. Contudo, elas existem, talvez, porque o direito individual de massa deve ser estudado como uma *categoria autônoma de direito* que mescla qualidades de um direito difuso e um direito individual ao mesmo tempo.

> Frise-se, merecem um "tratamento" coletivo porque, no plano do direito material, esta categoria de interesses apresenta características coletivas e individuais ao mesmo tempo, que impõe uma tutela jurisdicional adequada às suas peculiaridades que não se encaixam nem nos tais "essencialmente coletivos" e nem nos "individuais heterogêneos").

As lides que representam um conflito envolvendo direitos individuais homogêneos, direitos individuais de massa, não ensejam ações pseudoindividuais[21] como também as ações coletivas do CDC não seriam uma criação de índole pura e exclusivamente processual para tutela de direitos individuais, como certeiramente indicou Antonio Adonias em dois excelentes trabalhos sobre o tema, no que foi acompanhado por Sofia Temer[22], ao dizer que

> às causas em bloco não se pode aplicar *o due process of law* com o mesmo delineamento que incide sobre as demandas puramente individuais, com idêntica definição das partes, dos ônus, deveres e direitos processuais, com as mesmas construções doutrinária e legal sobre as regras de estabilização da demanda e de distribuição dos ônus da defesa e da prova, por exemplo, bem como a regulamentação dos limites objetivos e subjetivos da coisa julgada, tais quais dispostos no vigente CPC.[23 24]

---

isonômico. Todos esses interesses difusos estão também subjacentes aos conflitos de massa (i.e., casos de direitos individuais homogêneos). Nem todos, contudo, são plenamente tutelados por ação coletiva".

18. O anteprojeto de lei das ações coletivas apresentado pelo CNJ prevê de forma expressa no art.7º, §§2º e 3º que "§2º. A destinação ao fundo de que trata o art. 30 é forma subsidiária de cumprimento de sentença. § 3.º Nas ações que versem sobre direitos individuais homogêneos, a condenação pecuniária poderá ser destinada apenas ao fundo, quando o benefício para os membros do grupo for desproporcional ao custo da execução".

19. Rodrigues, Marcelo. Ponderações sobre a Fluid Recovery do art. 100 do CDC. Revista de Processo – RePro, a.29, n. 116, jul./ago. 2004, p. 325 e ss.

20. TALAMINI, Eduardo. A dimensão coletiva dos direitos individuais homogêneos: ações coletivas e mecanismos previstos no Código de Processo Civil de 2015 In: DIDIER JR., Fredie; ZANETI JR., Hermes (Coord.). Processo coletivo. Coleção Repercussões do novo CPC, v. 8. Salvador: Juspodivm, 2016, p. 121.

21. A expressão ações pseudoindividuais foi um alerta feito por Kazuo Watanabe ao traças as dificuldades de se identificar a natureza difusa ou individual das ações "individuais" que questionavam as tarifas telefônicas. WATANABE, Kazuo. Relação entre demanda coletiva e demanda individual. Revista de Processo – RePro, São Paulo: Ed. RT, n. 139, set. 2006, p. 28.

22. TEMER, Sofia. Incidente de resolução de demandas repetitivas. Salvador: JusPodivm. 2016, p. 28 e ss.

23. BASTOS, Antonio Adonias Aguiar. O devido processo legal para as causas repetitivas. Disponível em: http://www.publicadireito.com.br/conpedi/manaus/arquivos/anais/salvador/antonio_adonias_aguiar_bastos.pdf. Acesso em: 28 jun. 2016.

24. BASTOS, Antonio Adonias Aguiar. Situações jurídicas homogêneas: um conceito necessário para o processamento das demandas de massa. Revista de Processo – RePro, n. 186, São Paulo: Ed. RT, 2010, p. 87-107.

Enfim, parece-nos correta a doutrina ao apontar a necessidade de que tais interesses individuais de massa sejam *tratados adequadamente* em respeito ao devido processo legal.

Contudo, é preciso ir além e reconhecer o caráter coletivo não apenas pelas

a) Consequências desastrosas para o sistema jurídico (de quebra da isonomia, número de litígios comprometendo a eficiência, descredibilidade do judiciário etc.), como também

b) Porque estes direitos são uma categoria autônoma no plano do *direito material*, e, como tal, devem ser tutelados de acordo com as suas peculiaridades, que não são poucas.

Por isso, uma de duas, ou se enxerga de forma apartada e autônoma no plano material os interesses individuais homogêneos numa sociedade massificada, ou se debruça autonomamente sobre o tipo de litígio – demandas individuais repetitivas – que lhe é peculiar.

É não restringir – e não confundir – a afirmação feita para fins didáticos de compreensão do procedimento opt out do art. 91 e ss. de que os direitos individuais homogêneos são ficticiamente coletivos ou acidentalmente coletivos para compreender que, seja como categoria autônoma, seja pelo tipo de litígio que proporciona, seja por razões processuais, é preciso dar um tratamento específico a este tipo de direito/interesse/litígio pois possui características próprias e peculiares que o aproximam (mas, que também o afastam) de um lado, do direito "essencialmente coletivo" e de outro, de um direito individual heterogêneo.

Seria como admitir que o interesse individual homogêneo possui aspectos de um direito individual heterogêneo, portanto, "individuais" que se singularizam em cada indivíduo, mas também possui aspectos transindividuais (fruto da homogeneidade na sociedade de massa) que os coloca numa posição de interesse transindividual, muito próximo de um direito difuso.

Trata-se de um tipo de interesse típico e exclusivo de uma sociedade de massa, com características próprias como foi explanado alhures. É um direito homogêneo nas suas características que o colocam como transindividual, mas individualmente fruível por cada titular.

4.3.2 *A falha na representatividade adequada dos titulares dos direitos individuais de massa*

Sem sombra de dúvidas um dos maiores problemas da ação civil pública para a defesa de direitos individuais homogêneos, ao qual pode ser atribuído parte considerável do seu fracasso como instrumento efetivo e eficiente de tutela dos interesses individuais de massa, consiste numa *imperfeição da relação entre o titular do direito a ser tutelado e o condutor do processo judicial de defesa do respectivo direito.*

Certamente que esta falha não se deu no âmbito da atuação do Ministério Público e nem tampouco pela Defensoria Pública que "construíram" a representatividade da sociedade a partir de um prestígio conquistado com trabalho sério e muito competente.

CAPÍTULO 15 • ACP – DEMANDAS REPETITIVAS – JULGAMENTO DOS CASOS REPETITIVOS **487**

Embora sempre tenhamos defendido[25] a tese jurídica de que a tutela dos direitos individuais de massa (individuais homogêneos) é e sempre foi movida por um interesse social, *objetivo e subjetivo*, que impulsiona a atuação destes entes, nem sempre esta foi a posição que vingou na jurisprudência brasileira, que via no artigo 127, caput da CF/88 um limitador à tutela destes

interesses então tratados como disponíveis. Atualmente é segura a posição do Superior Tribunal de Justiça:

1. De fato, os arts. 81 e 82 da Lei n. 8.078/1990 conferem legitimidade ao Ministério Público para promover ação civil pública em defesa dos interesses difusos, coletivos e individuais homogêneos do consumidor. Ainda que se trate de direito disponível, há legitimidade do órgão ministerial quando a defesa do consumidor de forma coletiva é expressão da defesa dos interesses sociais, nos termos do que dispõem os arts. 127 e 129 da Constituição Federal.

Precedentes desta Corte.

2. Nos termos da jurisprudência do Superior Tribunal de Justiça, não há falar em julgamento extra petita quando o julgador, mediante interpretação lógico-sistemática, examina a petição apresentada pela parte como um todo.

2.1. No caso dos autos, a constatação da existência de pedido de nulidade de todos os serviços relacionados à assessoria técnica, imobiliária, jurídica, incluída a comissão de corretagem por se tratar de serviço de assessoria imobiliária, além da ampla divulgação da decisão condenatória pelos meios de comunicação, que, na hipótese, foi eleito pelo magistrado como sendo os jornais de grande circulação, foi extraída da análise dos fundamentos expostos na petição inicial, estando a conclusão do Tribunal estadual em sintonia com a jurisprudência deste Tribunal Superior. (...) 5. Com efeito, a invocação do art. 240 do CPC/2015 não tem pertinência com a determinação da publicação da condenação imposta pelo Juízo de primeiro grau. Isso porque o art. 94 do CDC "disciplina a hipótese de divulgação da notícia da propositura da ação coletiva, para que eventuais interessados possam intervir no processo ou acompanhar seu trâmite, nada estabelecendo, porém, quanto à divulgação do resultado do julgamento" (REsp 1.388.000/PR, Corte Especial, Rel. Min. Napoleão Nunes Maia Filho, Relator para o acórdão Ministro Og Fernandes, DJe 12/4/2016). 6. Outrossim, o pedido alternativo de fixação de prazo razoável e de redução das multas aplicadas por descumprimento, além de se mostrar deficiente por não ter a recorrente indicado o suposto dispositivo de lei federal violado, o que atrai o óbice da Súmula 284/STF, também não pode ser acolhido, tendo em vista que o TJSP entendeu que "as multas foram adequadas e o prazo para aplicação é imediato, para evitar lesão ainda maior ao consumidor" (e-STJ, fl. 737), sendo assim, para infirmar tais conclusões, seria imprescindível o reexame de provas, o que é inadmissível nesta instância extraordinária, consoante dispõe a Súmula 7/STJ. 7. Agravo interno a que se nega provimento.

(AgInt no AREsp 1508585/SP, Rel. Ministro MARCO AURÉLIO BELLIZZE, TERCEIRA TURMA, julgado em 25/05/2020, DJe 28/05/2020)

Contudo, a virada da jurisprudência do STJ em relação à legitimidade do parquet para a defesa de direitos individuais homogêneos deu-se por volta de 2009/2010, sendo revelador desse fenômeno este julgado:

1. A jurisprudência desta Corte vem se sedimentando em favor da legitimidade ministerial para promover ação civil pública visando a defesa de direitos individuais homogêneos, ainda que disponíveis e divisíveis, quando na presença de relevância social objetiva do bem jurídico tutelado (a dignidade da pessoa humana, a qualidade ambiental, a saúde, a educação, para citar alguns exemplos) ou diante da massificação do conflito em si considerado. Precedentes.

---

25. RODRIGUES, Marcelo Abelha. *Ação civil pública e meio ambiente*. Rio de Janeiro: Forense, 2003, p. 43 e ss.

2. É evidente que a Constituição da República não poderia aludir, no art. 129, II, à categoria dos interesses individuais homogêneos, que só foi criada pela lei consumerista. Contudo, o Supremo Tribunal Federal já enfrentou o tema e, adotando a dicção constitucional em sentido mais amplo, posicionou-se a favor da legitimidade do Ministério Público para propor ação civil pública para proteção dos mencionados direitos. Precedentes.

3. No presente caso, pelo objeto litigioso deduzido pelo Ministério Público (causa de pedir e pedido), o que se tem é o pedido de tutela de um bem indivisível de todo um grupo de consumidores, de tutela contra exigência dirigida globalmente a todos os alunos: a suposta ilegalidade ou abusividade da prestação pecuniária para expedição de diplomas ou de versão deste com padrão de qualidade superior, bem como o pedido de condenação à obrigação de a União fiscalizar estas instituições de ensino. Assim, atua o Ministério Público em defesa do direito indivisível de um grupo de pessoas determináveis, ligadas por uma relação jurídica base, circunstâncias caracterizadoras do interesse coletivo a que se refere o art. 81, parágrafo único, II, da Lei n. 8.078/90. E o art. 129, inc. III, CR/88 é expresso ao conferir ao Parquet a função institucional de promoção da ação civil pública para a proteção dos interesses difusos e coletivos.

4. Já a pretensão ressarcitória, que, in casu, trata-se de típico direito individual homogêneo, pretendida pelo recorrido por meio da ação civil pública, em contraposição à técnica tradicional de solução atomizada, justificar-se-ia por dizer respeito à educação, interesse social relevante, mas sobretudo para evitar as inumeráveis demandas judiciais (economia processual), que sobrecarregam o Judiciário, e evitar decisões incongruentes sobre idênticas questões jurídicas.

5. É patente a legitimidade ministerial, seja em razão da proteção contra eventual lesão ao interesse coletivo dos consumidores, seja em decorrência da necessidade de defesa de direitos individuais homogêneos com relevância social objetiva e capazes de gerar inumeráveis demandas judiciais incongruentes.

6. Recurso especial não provido.

(REsp 1185867/AM, Rel. Ministro MAURO CAMPBELL MARQUES, SEGUNDA TURMA, julgado em 04/11/2010, DJe 12/11/2010)

Não se enxergava como "coletiva" a tutela dos direitos individuais homogêneos, fazendo uma leitura a partir da perspectiva (tímida) de divisibilidade do bem tutelável, sem levar em consideração o interesse objetivo da proteção coletiva (isonomia de resultados, eficiência, celeridade etc.) e também a natureza verdadeiramente coletiva e transindividual deste interesse que possuem, como já dissemos anteriormente, um DNA coletivo e individual ao mesmo tempo, típico de uma sociedade massificada.

Assim, durante muito tempo, os direitos individuais de massa que não apresentassem um perfil muito evidente de indisponibilidade que justificasse a atuação do Ministério Público em tese ficavam à mercê da tutela das associações civis que, quando se criou a lei de ação civil pública, nos idos da década de 80, realmente se imaginava e projetava ser um ente que "assumiria o papel" de tutela dos interesses de grupos da sociedade mais ou menos organizada, inclusive pelo estímulo reconhecido, posteriormente, em diversos dispositivos do texto constitucional de 1988.[26]

Eis aí o "xis" da questão. Não que não existam associações civis que cumpram o seu papel social de representar e lutar pelos interesses da coletividade que justifica a sua existência. Citemos o exemplo do IDEC, um Instituto de Defesa do Consumidor conhecido e principalmente reconhecido nacionalmente pelo trabalho de excelência que promove na proteção do consumidor brasileiro.

---

26. O direito fundamental de associação está direta e indiretamente garantido na CF/88: art. 5º, incisos XVII, XVIII, XIX, XX e XXI; art. 17 ao tratar dos partidos políticos; a filiação partidária como elemento fundamental da democracia representativa; o artigo 174, § 2º etc.

CAPÍTULO 15 • ACP – DEMANDAS REPETITIVAS – JULGAMENTO DOS CASOS REPETITIVOS

Certamente que existem inúmeros exemplos de "IDECs" no país, mas também não são poucos os casos de associações, inclusive de bairro, que ou apenas servem de trampolim político para seus líderes, ou servem para fingir uma atuação em prol de seus associados ou daqueles que poderiam ter seus interesses por ela tutelados.

Tomemos de exemplo os partidos políticos que tem natureza jurídica de associação civil e que rarissimamente tem algum compromisso ideológico com o eleitor, sendo uma das instituições tragicamente mais descoladas do papel para o qual existem.

Há uma crise de representatividade das associações na sociedade brasileira, simplesmente porque tais entes não assumiram o papel que justificam sua existência e tampouco o apoio e reconhecimento que o direito constitucional lhes concedeu.

Assim, a simples exigência formal para se constituir uma associação

civil não lhe confere, infelizmente, legitimidade perante aqueles que ela representa. Aqui vista a legitimidade no plano da respeitabilidade, confiança, prestigio, cumplicidade, enfim, predicados que estabelecem um elo simbiótico entre aquele que representa e aqueles que são representados.

É exatamente aí que reside o problema, pois o legislador brasileiro,

ao instituir no artigo 5º da Lei de ação civil pública e arts. 82 e 91 do CDC o critério ope legis para que se configure a legitimação para agir para a propositura das ações coletivas (defesa de direitos difusos, coletivos e individuais homogêneos), prescreveu que basta o cumprimento da exigência formal de que a associação civil:

- Esteja constituída há pelo menos 1 (um) ano nos termos da lei civil;
- Inclua, entre suas finalidades institucionais, a proteção ao patrimônio público e social, ao meio ambiente, ao consumidor, à ordem econômica, à livre concorrência, aos direitos de grupos raciais, étnicos ou religiosos ou ao patrimônio artístico, estético, histórico, turístico e paisagístico.

Ademais, o requisito da pré-constituição mencionado acima poderá ser dispensado pelo juiz, quando haja manifesto interesse social evidenciado pela dimensão ou característica do dano ou pela relevância do bem jurídico a ser protegido.

É importante ressaltar que embora o projeto de lei 3034 do Deputado Flávio Bierrembach (precursor da ação civil pública) tenha sido apresentado com fidelidade ao modelo americano[27] de representação adequada, vinculando a legitimidade das associações civis a uma representatividade adequada *ope judicis* tanto para a propositura da ação civil pública (art. 4º), quanto para o ingresso como assistente na ação penal pública (art. 2º)[28], a redação do mencionado dispositivo foi alterada no tramite legislativo, pois se imaginava àquela época, ingenuamente, ainda pela influência do liberalismo no processo civil, que o critério judicial para a aferição da legitimidade poderia ser um fator limitador da tutela coletiva. Por isso que, no afã de simplificar e amplificar a tutela coletiva, adotou-se o critério ope legis da legitimidade que seria

---

27. Regra 23, a, 4 das Federal Rules of Procedural Law assim diz: "the representative parties will fairly and adequately protect the interests of the class".
28. Inclusive com a utilização do nome "representatividade adequada" a ser aferida pelo juiz.

ainda concorrente e disjuntiva, ou seja, qualquer legitimado previsto no dispositivo poderia propor a demanda coletiva e a aferição da legitimação das associações era abstrata, feito pelo legislador.

Por outro lado, para atenuar o risco da legitimação abstrata das associações civis, que no caso concreto, enfim, no processo judicial, não tivessem um comportamento digno de uma representação verdadeiramente adequada, então dois mecanismos serviriam para trazer equilíbrio a esta escolha, a saber: a) a não formação da coisa julgada material no caso de improcedência por insuficiência de provas na tutela dos direitos difusos e coletivos; b) a coisa julgada erga omnes secundum eventum litis para os direitos individuais homogêneos, isto é, só poderiam beneficiar e nunca prejudicar os titulares dos direitos como consta no artigo 103, III do CDC, inclusive com a inversão do sistema opt in e opt out em relação ao modelo americano.

> "A preocupação em torno da representatividade adequada, portanto, é um exemplo desta adequação (e não simples abandono) dos valores tradicionais do processo às implicações do processo no mundo contemporâneo. Desde que uma *class action* volta-se, por sua própria natureza, contra litígios de massa, passa a ser inerente à sua concepção o entendimento de que membros ausentes desta mesma classe sejam afetados por seus efeitos e pela impossibilidade de rediscussão da decisão (coisa julgada material). Senão, qual seria a vantagem do sistema se cada vez os mesmos indivíduos pudessem prequestionar o quanto já decidido anteriormente? Onde o princípio da economia processual? Onde a redução da atividade jurisdicional e dos custos processuais?".[29]

> É por isto que, na doutrina que estuda as class actions, é comum a expressão de que, se todos estes membros ausentes foram devidamente representados, não há como questionar que tenham tido *their own day in court*, e, fique dito de pronto, não há qualquer necessidade de autorização prévia dos membros putativos de uma classe para que possam ser representados em juízo pelo autor da class action.

Esta opção do legislador desenhada em 1985 com a Lei 7.347/85 e mantida com os arts. 82 e 91 e ss. do CDC mostrou-se falha na medida em que não houve – como não há na vida real – uma representatividade adequada das associações em relação àqueles que seriam por ela representados, de forma que, v.g., o titular de um direito individual homogêneo, desconfiado da associação que postula a tutela coletiva dos referidos direitos, e considerando ainda que esse controle de legitimidade não seria feito pelo juiz em cada processo, jamais deixou de ajuizar sua ação individual. A questão posta pelo titular do direito individual de massa é a seguinte: por que ser representado por uma associação que não tem nenhum vínculo concreto comigo? É preferível propor a ação individual...

> E, observe que nem mesmo se o legislador tivesse adotado a solução de permitir abstratamente (como fez para a ação popular) que um indivíduo pudesse defender coletivamente os interesses individuais homogêneos isso seria uma garantia de que haveria uma representatividade da massa. O exemplo da ação popular serve de termômetro para se ter essa resposta. Ademais, como bem disse M. Taruffo[30] em trabalho já citado,

---

29. BUENO, Cassio Scarpinella. As class actions norte-americanas e as ações coletivas brasileiras: pontos para uma reflexão conjunta. Disponível em: http://www.scarpinellabueno.com/images/textos-pdf/004.pdf. Acesso em: 10.04.2016.
30. "The second type of individualism is typically egoistic, since it emerges when individuals are active in starting and prosecuting cases, but with the exclusive aim of pursuing their personal self-interest. Super-individual and collective interests are beyond the scope of litigation managed by egoistic individuals who are not inclined to pursue or achieve anything but their own personal advantage. They are not willing to spend time and money in order to protect the rights of other people. In these cases, litigation is strictly selfish – it serves nothing except the purposes of single private subjects involved in individual cases" (Some remarks on

CAPÍTULO 15 • ACP – DEMANDAS REPETITIVAS – JULGAMENTO DOS CASOS REPETITIVOS **491**

é preciso distinguir os indivíduos altruístas e egoístas, o que só poderia ser feito num controle em concreto da representação adequada do grupo.

Perceba-se que nem se trata de analisar o fenômeno apenas pela veia da tradição civilista do nosso direito, porque a rigor, há uma sucessão e comunhão de fatores extrajurídicos que estimulam a propositura das ações individuais. Há questões de ordem sociológica e política que explicam esse fenômeno da "cultura individualista".

Há ainda aspectos como o estímulo às demandas individuais pelos órgãos de classe dos advogados, pela óbvia razão dos honorários individuais de cada demanda, passando inclusive pelo duvidoso sistema de controle ético da advocacia que condena o modelo americano de captação de clientes de ações coletivas, desaguando inclusive na proliferação dos juizados especiais cíveis com mecanismos de facilitação de acesso à justiça.

Essa falta de representatividade adequada, dentro e fora do processo, das associações civis é e foi em nosso sentir um dos fatores importantes que empurraram o titular do direito individual de massa a buscar o caminho da tutela individual típica, na justiça comum ou nos juizados especiais, massificando o judiciário com milhares e milhares de demandas repetitivas decorrentes de mesma origem[31].

Seria leviano afirmar que seria diversa a evolução desse quadro mencionado acima de *descrédito e desestímulo* à propositura de ações coletivas pelas associações civis se tivesse sido mantida a redação do artigo 2º e 4º do Projeto Bierrenbach que estabelecia o critério *ope judicis* de verificação em concreto da representatividade adequada da associação civil, fixando nos incisos do artigo 2º critérios exemplificativos desta aferição.

Contudo, é inconteste que a crise de representatividade dos entes públicos e privados em relação à população brasileira é um fator decisivo para se manter a cultura do individualismo.

Como já mencionamos, o modelo de representação adequada previsto no procedimento do IRDR (incidente de resolução de demandas repetitivas, art. 976 e ss. do CPC) não segue o modelo abstrato e conceitual do procedimento coletivo, e por isso mesmo permite – embora isso não se efetive em concreto – uma amplificação do contraditório e que os titulares do direito possam ser ouvidos pelos entes coletivos.

4.3.3 *As restrições legislativas que reduziram o cabimento e fragmentaram a coisa julgada*

Sem sombras de dúvidas este talvez tenha sido – junto com o motivo estudado no tópico anterior – um dos dois principais vetores responsáveis pelo fracasso do procedimento coletivo (opt out) para a defesa dos direitos individuais homogêneos no Brasil,

---

group litigation in comparative perspective. Disponível em: http://scholarship.law.duke.edu/cgi/viewcontent.cgi?article=1206&-context=djcil. Acesso em: 10.10.2016).

31. Doutrina e jurisprudência perceberam o fenômeno e passaram a defender, mesmo sem texto expresso, à fórceps e com alguma ginástica principiológica, a possibilidade de o magistrado realizar o controle da legitimidade adequada das associações além daquela hipótese prevista no § 1º do artigo 82 do CDC. A respeito ver o Capítulo 07, item 6.

permitindo que houvesse um campo aberto para proliferação de demandas individuais de massa.

O poder público sempre soube que com tantos direitos fundamentais por fazer e concretizar, com sua burocracia, corrupção, ineficiência, imoralidade, volúpia arrecadatória de tributos e mais tributos, ele seria um habitué, um frequentador assíduo, nos polos passivos de ações civis públicas para a defesa de direitos difusos, coletivos e individuais homogêneos.

Sabendo disso, desde o início, de propósito fez constar superpoderes processuais na suspensão de liminar prevista no artigo 12, §1° da Lei 7.347/85, que depois foi estendida para a suspensão dos efeitos sentença nos termos do artigo 4°, §1° da Lei 8.437/92. Mas, como se isso já nas bastasse, era preciso de alguma forma evitar ser réu de ações civis públicas e para tanto passou a limitar o cabimento da ação civil pública cuja pretensão fosse a veiculação de pretensões que envolvessem, "contribuições previdenciárias, o Fundo de Garantia do Tempo de Serviço – FGTS ou outros fundos de natureza institucional cujos beneficiários podem ser individualmente determinados".[32] [33]

O alvo principal era justamente fragmentar ou aniquilar as ações civis públicas para a defesa de direitos individuais homogêneos desta natureza. Esta foi a forma que o poder público encontrou para evitar ser réu em uma ação civil pública em âmbito nacional que discutisse esses temas afetos a conflitos individuais de massa.

Posteriormente, um outro golpe sensível foi desferido contra a ação coletiva para a defesa de direitos individuais homogêneos.[34] Alterou-se o artigo 16 da Lei de ação civil pública para criar uma vergonhosa e desvairada regra de limitação territorial da coisa julgada justamente para fragmentar o efeito *erga omnes* e assim enfraquecer a utilização desta demanda para a defesa de direitos individuais homogêneos[35]. É verdade que no Recurso Especial n. 1.134.957, apenas em 24 de outubro de 2016, portanto, quase 20 anos depois da malfadada Lei 9.494, que a corte especial do Superior Tribunal de Justiça, por maioria de votos, reconheceu que a (absurda) limitação territorial da coisa julgada do artigo 16 da LACP não se aplica às ações coletivas para a tutela dos direitos individuais homogêneos, cujo regime jurídico está no artigo 103, III do CDC onde não consta tal limitação.

---

32. Texto incluído no artigo 1°, parágrafo único da Lei 7.347/85 pela Medida provisória n. 2.180-35, de 2001, posteriormente congelada pela EC/32.

33. REsp 399.244/RS, Rel. Ministro Hamilton Carvalhido, Sexta Turma, julgado em 05/02/2004, DJ 15/03/2004.

34. Seria cômico, não fosse trágico. A intenção do poder público legislador sempre foi o de mutilar e enfraquecer a ação civil pública para a defesa de direitos individuais de massa, pois esta que sempre se apresentava, com sua eficácia erga omnes apenas no caso de procedência do pedido, como uma potente arma capaz de impor enorme ônus financeiro previdenciário, tributário, administrativo etc., Contudo, por ignorância ou malícia maior do que se poderia imaginar ao invés de adulterar o procedimento do artigo 91 e ss. do CDC, bem como o artigo 103, III do mesmo diploma, que configuram o repositório direto das normas processuais da tutela dos interesses individuais homogêneos, o "legislador" alterou os dispositivos do artigo 1°, acrescentando um parágrafo único, e artigo 16, ambos da ação civil pública que são diretamente voltados à tutela dos interesses difusos e coletivos propriamente ditos, e, apenas na condição de microssistema se aplicam aos individuais homogêneos.

35. Vale muito a pena a leitura muito agradável do texto dramático escrito por Cassio Scarpinella Bueno. Réquiem para a ação civil pública. Disponível em: http://www.scarpinellabueno.com.br/Textos/R%C3%A9quiem%20para%20a%20a%C3%A7%-C3%A3o%20civil%20p%C3%BAblica.pdf. Acesso em: 20.10.2015. Também imprescindível o trabalho do mesmo autor onde aborda os absurdos "legislativos" criados pelo poder público para criar "prerrogativas" em seu favor. O poder público em juízo. 4. ed. São Paulo: Saraiva, 2008, p. 1-17 e ss. Sobre o tema também tratamos do assunto sob a perspectiva da suspensão de segurança. Marcelo Abelha Rodrigues. Suspensão de segurança. 4. ed. Salvador: Juspodivm. 2016, p. 69 e ss.

CAPÍTULO 15 • ACP – DEMANDAS REPETITIVAS – JULGAMENTO DOS CASOS REPETITIVOS **493**

Relembro (e remeto ao capítulo 11) que em abril de 2020 foi fixado o Tema 1075 onde o STF decidirá a abrangência do limite territorial para eficácia das decisões proferidas em ação civil pública, tratado no artigo 16 da Lei da Ação Civil Pública (Lei 7.347/1985). O Ministro Relator é Alexandre de Moraes (Recurso Extraordinário (RE) 1101937).

Tais alterações e mutilações, somadas a uma ampliação inominável das hipóteses de cabimento da suspensão de segurança no artigo 4º da Lei 8.437, no artigo 4º da então vigente Lei 4.348[36], fizeram com que houvesse um considerável enfraquecimento e arrefecimento na utilização das ações coletivas para a defesa de direitos individuais homogêneos, abrindo espaço para que versão individual dessas demandas fossem ajuizadas em massa no país.

É preciso não ser ingênuo e reconhecer que só há um interessado em fragmentar as ações coletivas para a defesa de direitos individuais homogêneos: aquele que fornece o serviço e o produto na sociedade de massa, ou seja, as grandes empresas, as grandes corporações, os detentores do poder econômico, e, ainda o poder público responsável por implementar as políticas públicas. É que ao fragmentar a tutela jurisdicional coletiva em milhares de demandas individuais, mantem-se no plano do processo a hipossuficiência do homem-massa, *one-dimensional-man*, o frágil indivíduo.

A ação coletiva é forma de permitir uma luta, no mínimo, de igual para igual, com representantes adequados de uma coletividade que se torna muito mais forte com publicidade, informação, divulgação e condução da demanda por alguém tão ou mais forte que o litigante habitual. A ação coletiva estabelece uma igualdade que não existe na fragmentação das demandas individuais repetitivas.

4.3.4 *A insegurança jurídica na coisa julgada secundum eventum litis das ações coletivas para a defesa de direitos individuais homogêneos*

A opção por um modelo de legitimação coletiva concorrente e abstratamente previsto em lei (*ope legis*) sem aferição ou controle judicial em cada caso concreto, somado a uma individualista e imatura compreensão do conceito e natureza dos direitos individuais homogêneos, então tratados coletivamente apenas sob uma perspectiva processual (não no direito material), fizeram com que o legislador tivesse máxima cautela no tratamento da coisa julgada nas ações para a defesa de direitos individuais homogêneos.

É que considerando estes elementos, e, com receio de adotar um sistema *opt in e opt out* semelhante ao americano que seria injusto aqui no Brasil pelas dificuldades de comunicação, educação e informação no nosso país, somado ao risco de que a coisa julgada coletiva na defesa desses direitos pudesse "prejudicar" o "direito individual" de cada titular do interesse individual de massa, o legislador criou uma engenhosa técnica procedimental para a tutela dos direitos individuais homogêneos, em que, no final das contas, as "vítimas e seus sucessores" *sempre* seriam afetados pela decisão procedente e

---

36. Lei que foi revogada pela 12.016, mas foram mantidas no artigo 15 todas as "novas" hipóteses de suspensão de segurança. Dessas alterações merece destaque a suspensão erga omnes, remédio absurdo que com um pedido em uma suspensão de segurança de um único processo, sem qualquer contraditório e respeito às regras do devido processo legal, permitia-se a suspensão de todas as outras liminares contra o poder público a partir de uma apenas. Sobre o tema ver o nosso Suspensão de segurança. 4. ed. Salvador: Juspodivm, 2016, p. 69 e ss.

nunca pela improcedência, salvo se tivessem participado da respectiva demanda coletiva ou expressamente "optado por não ser atingido" pelo seu resultado.

A legitimação abstrata praticamente impôs essa solução da coisa julgada *secundum eventum litis* num momento cultural onde os meios de comunicação não possuem a penetração que hoje possuem, e, portanto, invertendo a lógica do opt in e opt out do sistema americano.

A coisa julgada nas ações coletivas para a defesa dos direitos individuais homogêneos, se improcedente, fecha apenas a via coletiva, mas não impede que o os titulares desses direitos possam buscar a tutela individual de seus direitos.

É de se dizer que não apenas a dificuldade do procedimento em si, que é muito complexo, inclusive para as hipóteses de *fluid recovery* do artigo 100 do CDC,[37] mas em especial o fato de a improcedência das ações coletivas para a defesa dos direitos individuais homogêneos não trazer para o sistema judiciário nenhuma pacificação do conflito, que pode ser renovado pela via individual, então, o próprio sistema jurídico brasileiro, preocupado com a coerência, estabilidade, eficiência, segurança e isonomia dos resultados, nunca viu motivos para estimular a solução de conflitos individuais de massa pela via coletiva do artigo 91 e ss. do CDC, posto que, como disse, poderiam ser renovados aos milhares em caso de improcedência da demanda coletiva.

Portanto, se pensarmos nesta modalidade de tutela (ações coletivas para a defesa de direitos individuais homogêneos) sob a perspectiva do réu destas demandas – normalmente litigantes poderosos economicamente – parece-nos óbvio que jamais aceitariam "calados" um método processual que os fragiliza na medida em que permite que sejam demandados individualmente mesmo depois de improcedente a demanda coletiva, inclusive revelando para todos os litigantes individuais futuros a sua estratégia/argumentação de defesa utilizada na ação coletiva.

4.3.5 A fase individual das ações para a defesa de direitos individuais homogêneos

Um dos fatores de desestímulo das ações coletivas para a defesa de direitos individuais homogêneos é, sem dúvida, a fase individual destas demandas que tanto pode acontecer no próprio juízo onde foi proferida a sentença condenatória genérica (art. 95 do CDC) que fixou a responsabilidade do réu, quanto no domicílio do beneficiado pela decisão erga omnes (arts. 97 e art. 103, III do CDC).

A possibilidade de que sejam propostas liquidações individuais em foros e juízos diversos de onde foi proferida a decisão condenatória genérica foi fixada em prol da vítima e seus sucessores que, normalmente, numa sociedade de massa, são bastante hipossuficientes. Esta possibilidade de propor as liquidações individuais nos respectivos domicílios das vítimas atende ao processo civil justo, mas, por outro lado,

---

37. Sobre o tema ver estudo e análise profunda que fizemos sobre o tema da fluid recovery do artigo 100 do CDC. RODRIGUES, Marcelo Abelha. Ponderações sobre a Fluid Recovery do art. 100 do CDC. Revista de Processo – RePro, a. 29, n. 116, jul./ago. 2004, p. 325-333.

implica em uma série de problemas relativos à isonomia, segurança e eficiência da tutela jurisdicional.

Um desses problemas decorre do fato de que quando a condenação genérica se referir a uma obrigação de pagar quantia, essas liquidações individuais poderão ter resultados diferentes do ponto de vista quantitativo causando uma indesejável consequência desigualdade e contradição de resultados entre as vítimas do mesmo evento.

Não se nega que, em alguns casos, muitas indenizações devam ser diferentes mesmo em razão das peculiaridades sofridas por cada um em relação ao ato-fato-tipo, mas esta não é a normalidade dos casos. Normalmente as vítimas estão num padrão de danos e prejuízos onde seria perfeitamente possível estabelecer um piso mínimo que atenderia a todas as vítimas do evento danoso e apenas as situações peculiares e distintas desse padrão mínimo é que mereceriam um resultado quantitativo maior ou menor. Não haveria nenhum problema em definir um padrão indenizatório na própria ação coletiva para a defesa de direito individual homogêneo, porque, verdadeiramente, este padrão existe no plano do direito material em uma sociedade de massa.

Além da questão da desigualdade de resultados causadores de uma descredibilidade e incoerência do judiciário, reacende-se um dos problemas que pretendia ser evitado pelas ações coletivas para a defesa de direitos individuais homogêneos que é justamente o ajuizamento e o congestionamento de demandas individuais de massa, embora neste caso com objeto e cognição judicial limitada à identificação do titular e verificação de seus prejuízos.

Mesmo com esta pretensão reduzida ocupam-se juízos diferentes, em locais diferentes, movimentam-se estruturas judiciárias diferentes que poderiam ser evitadas com a fixação de um padrão indenizatório mínimo na ação coletiva, sendo que a fase de habilitação dos titulares poderia ser feita, perfeitamente, no âmbito extrajudicial pela própria ré segundo critérios fixados pela sentença condenatória genérica.

Para tornar mais claro o que estamos dizendo, seria como admitir, por exemplo, no caso já citado neste livro das vítimas da cidade de Colatina-ES que ficaram privados de água tratada em razão do rompimento da barragem de rejeitos da Samarco e submetidos a uma insegurança, falta de informação e constrangimentos para estar em filas quilométricas em busca de dois litros de água por morador.

Bastaria uma ação coletiva para a defesa de direitos individuais homogêneos que fixasse o dever da Samarco de indenizar as vítimas que se submeteram à degradante condição de falta de informação, insegurança e privação do acesso à água para suas necessidades básicas.

Uma só ação definiria os padrões de vítimas de acordo com as peculiaridades do local, de tempo de privação, dos acontecimentos etc. Ligado a este aspecto também restaria definido o padrão do montante indenizatório para cada categoria de vítimas e como se daria a habilitação perante a empresa para recebimento dos valores.

Tudo, é claro, sem prejuízo de que havendo distinções em relação ao genericamente estabelecido as pessoas pudessem reclamar individualmente seus direitos.

A necessidade de propor demandas individuais para liquidar o valor e identificar o sujeito titular do direito reconhecido genericamente na ação coletiva constitui realmente um risco à isonomia de resultados para titulares que estão numa mesma posição jurídica, constitui um fator de incremento da litigância e do congestionamento judicial, um meio protelar as indenizações sendo mais um mecanismo de o réu postergar a reparação, enfim, é algo que milita em desfavor desta modalidade de técnica processual para a proteção dos interesses individuais homogêneos.

A rigor, esta demanda não precisaria ter este momento individual como foi pensado pelo legislador nos idos de 1990 ao fixar o procedimento do artigo 91 e ss. do CDC, simplesmente porque tais direitos não podem ser tratados como um "direito individual heterogêneo" já que no plano do direito material, numa sociedade de massa, possuem características muitos singulares e peculiares que deles se distanciam. Poderia ser fixado um piso padrão, e quem estivesse fora desse padrão que buscasse distinguir a sua situação de fato em relação ao padrão decisório quantitativo já fixado.

Destarte, somado a estes aspectos, ainda por cima, esse momento individual das ações coletivas para a defesa de direitos individuais homogêneos deve ser exercido seguindo um procedimento extremamente complexo previsto no artigo 97 e ss. do CDC e compatibilizado com o sistema da *fluid recovery* do artigo 100 do CDC, na medida em que a ação de reparação fluida pode ser proposta depois de um ano do trânsito em julgado da sentença condenatória genérica, o que de fato pode coincidir com o ajuizamento e concomitância com milhares de ações de liquidação individual proposta depois deste prazo, porém antes de vencido o prazo prescricional individual para propositura destas demandas, sendo possível imaginar que o réu seja condenado a pagar uma reparação fluida que não tenha levado em consideração a totalidade das indenizações individuais liquidadas e pagas pelo réu, o que daria um sabor de enriquecimento ilícito do valor difuso destinado ao fundo.

4.3.6 Declínio das ações coletivas para a defesa de direitos individuais homogêneos – nascimento das técnicas individuais de repercussão coletiva – necessidade de reduzir números de causas do poder judiciário

Diante do quadro de:

1. Insuficiência do modelo individual puro para lidar com a tutela dos interesses individuais homogêneos (impossível um litisconsórcio multitudinário), e, ao mesmo tempo.

2. Fracasso das ações coletivas para a defesa de direitos individuais homogêneos (razões políticas, jurídicas, culturais, processuais e econômicas), começaram a surgir técnicas processuais avulsas para resolver tais conflitos individuais de massa sem que houvesse uma imediata preocupação como devido processo legal do direito material individual homogêneo[38], ou seja, simplesmente porque eram precipuamente criados

---

38. Entre nós, três trabalhos merecem destaque no desenvolvimento desse tema da identificação da necessidade de se dar um tratamento adequado aos direitos individuais homogêneos: CUNHA, Leonardo José Carneiro da. O regime processual das causas repetitivas. Revista de Processo – RePro, São Paulo: Ed. RT, n. 179, p. 142, 2010; CABRAL, Antonio do Passo. O novo procedimento-modelo (Musterverfahren) alemão. Revista de Processo – RePro, São Paulo: Ed. RT, v. 32, n. 147, 2007. O outro foi uma belíssima tese de doutoramento, sob a batuta e orientação de Fredie Didier, em que Professor Antonio Adonias foi certeiro ao identificar um direito material individual homogêneo que tinha a necessidade de ser tutelado com um devido processo legal, que, segundo o autor, poderia ser exercido ao criar técnicas voltadas à resolução das situações jurídicas homogêneas, expressão que

CAPÍTULO 15 • ACP – DEMANDAS REPETITIVAS – JULGAMENTO DOS CASOS REPETITIVOS

para cumprir metas de redução de causas, verdadeiros filtros de recursos ou demandas, preocupados em eliminar e reduzir quantitativos das chamadas "causas idênticas" que se reproduziam de forma exponencial da noite para o dia.

Enfim, foram estas técnicas[39] avulsas, assistemáticas, criadas nos últimos quinze anos de vivência do CPC de 1973, totalmente descomprometidas com o devido processo legal dos direitos individuais homogêneos e precipuamente voltadas a reduzir números e alcançar metas de produtividade que constituíram o embrião brasileiro das ações de grupo, tal como demonstrado em excelentes trabalhos publicados por Antonio Passos Cabral[40] e Leonardo Carneiro da Cunha[41], com enfoque na experiência alemã (Mustervefahren) e portuguesa (agregação de causas), respectivamente.

Nesta linha de se criar um incidente coletivo dentro de um processo individual[42] com procedimento próprio e adequado para decidir em abstrato as questões comuns das causas repetitivas foi que o Código de Processo Civil de 2015 (Lei n. 13.105) apresentou um microssistema de causas repetitivas formado pelas técnicas procedimentais do incidente de resolução de demandas repetitivas e dos recursos especial e extraordinário repetitivos (art. 928, I e II) tendo por objeto a resolução de questão de direito material ou processual.

É claro que a proporção inversa de *morte lenta e gradual da ação coletiva para a defesa dos direitos individuais de massa com o nascimento e desenvolvimento das técnicas por amostragem com fixação de padrões decisórios* pode não ser apenas e tão somente uma simples reação lógica do fracasso da técnica coletiva somado a necessidade de dar vazão ao número de litígios.

É preciso *não ser ingênuo* e saber que muito além da *coerência, isonomia, eficiência e redução de números* há uma grande vantagem estratégica/econômica para o litigante habitual "trocar" o enfrentamento da técnica coletiva individual pela técnica individual coletiva.

4.4 Situando o IRDR no CPC

O IRDR reside no Capítulo VIII (Do incidente de resolução de demandas repetitivas) do Título I (Da ordem dos processos e dos processos de competência originária dos tribunais) do Livro III (Dos processos nos tribunais e dos meios de impugnação das decisões judiciais) da Parte Especial do Código de Processo Civil de 2015 (Lei 13.105/2015).

---

utilizou para designar os elementos transindividuais dos direitos individuais homogêneos. BASTOS, Antonio Adonias Aguiar. O devido processo legal nas demandas repetitivas. Tese de doutoramento do programa de pós-graduação stricto sensu em Direito da universidade Federal da Bahia, 2012.

39. Técnicas como a suspensão erga omnes (art. 4º, § 8º da Lei 8.437/1992, art. 15, § 5º da Lei 12.016; art. 555, § 1º do CPC de 1973; a improcedência prima-facie (artigo 285-A do CPC de 1973), a Súmula Vinculante (art. 103-A da CF/88), a repercussão geral no Recurso Extraordinário e o recurso especial repetitivo (arts. 543-B e C do CPC de 1973).

40. CABRAL, Antonio do Passo. O novo procedimento-modelo (Mustervefahren) alemão. Revista de Processo – RePro, São Paulo: Ed. RT, v. 32, n. 147, p. 123-146, 2007.

41. CUNHA, Leonardo José Carneiro da. O regime processual das causas repetitivas. Revista de Processo – RePro, São Paulo: Ed. RT, n. 179, p. 142, 2010.

42. CABRAL, Antonio do Passo. O novo procedimento-modelo (Mustervefahren) alemão. Revista de Processo – RePro, São Paulo: Ed. RT, v. 32, n. 147, p. 128, 2007.

Muito embora este seja o seu domicílio, a referência ao IRDR é feita ao longo de todo o Código, passando pela Parte Geral do Código e seguindo em direção aos dispositivos da parte especial, como se observa no artigo 12 (*das normas fundamentais do processo civil*) no artigo 138 (*Do amicus curiae*), no art. 311 (*Da tutela da evidencia*) no art. 313 (*da suspensão do processo*) no artigo 332 (*Da improcedência liminar do pedido*), no artigo 496, §4º (*Da remessa necessária*), art. 523, §4º (*Do cumprimento provisório da sentença que reconhece a exigibilidade da obrigação de pagar quantia*), nos artigos 927 e 928 (*Das disposições gerais dos processos nos tribunais*), nos artigos 932 e 937 (*Da ordem dos processos nos tribunais*), art. 955 (*Do conflito de competência*), art. 966, §5º (*Da ação rescisória*), art. 988 (*Da reclamação*), art. 1022 (*Dos embargos de declaração*), art. 1036 (*Do Julgamento dos Recursos Extraordinário e Especial Repetitivos*).

Se nos fosse permitido realizar um olhar panorâmico, um voo rasante pelo CPC de todo o procedimento processual (da cognição à execução), diríamos que o julgamento dos casos repetitivos (do qual o IRDR é uma espécie) funciona como se fosse uma *avenida central* que percorre todo o Código do início ao fim dos procedimentos.

Essa opção do legislador de colocar o IRDR presente em momentos cruciais do procedimento está diretamente relacionada com o seu desejo de que os julgamentos dos *casos repetitivos* – que reflete a esmagadora maioria dos conflitos levados ao poder judiciário – sejam tratados como se fossem "precedentes vinculantes"[43] que devem ser obrigatoriamente respeitados, em prol da segurança jurídica e da isonomia dos jurisdicionados como se observa no artigo 927 e 928 do CPC.

Tentando ser o mais didático possível pode-se dizer que no artigo 976 ao 987, intitulado de Incidente de Resolução de Demandas Repetitivas, está o procedimento de *formação dos julgados vinculantes e sua aplicação às causas sobrestadas que aguardam a resolução da questão de direito pelo tribunal*. Ademais, por determinação do artigo 928 do CPC deve-se aplicar subsidiariamente ao IRDR o artigo 1036 e ss. que trata dos *recursos repetitivos*.

De outro lado, a maioria dos demais artigos do CPC que tratam do IRDR, desde a as *hipóteses de tutela da evidência* para o autor ou para o réu com fundamento nos julgados proferidos em repetitivos (art. 311 e art. 332), passando pela *execução provisória* (art. 523) até chegar na ação rescisória com *fundamento na violação dos julgados vinculantes* (966, §5º) e na reclamação para *garantir o cumprimento dos julgados proferidos em IRDR* (art. 988, §4º) o que se observa é que todos eles cuidam dos reflexos da eficácia vinculante dos julgados proferidos no referido incidente.

O problema envolvendo a possibilidade de ocupação de espaços comuns entre a ação civil pública para a defesa de direitos individuais homogêneos e o incidente de resolução de demandas repetitivas quando a questão de direito esteja vinculada a demandas repetitivas não passou despercebido pelo Código de Processo Civil, afinal de contas o art. 139, X expressamente diz que:

---

43. A tese jurídica firmada não é precedente; precedente poderá haver no IRDR se forem cumpridas as exigências formais e materiais para sua formação.

CAPÍTULO 15 • ACP – DEMANDAS REPETITIVAS – JULGAMENTO DOS CASOS REPETITIVOS 499

> Art. 139. O juiz dirigirá o processo conforme as disposições deste Código, incumbindo-lhe:
>
> X – quando se deparar com diversas demandas individuais repetitivas, oficiar o Ministério Público, a Defensoria Pública e, na medida do possível, outros legitimados a que se referem o art. 5º da Lei n. 7.347, de 24 de julho de 1985 , e o art. 82 da Lei n. 8.078, de 11 de setembro de 1990 , para, se for o caso, promover a propositura da ação coletiva respectiva.

Por aí se vê que nada obstante o IRDR poder acontecer sobre questões de direito material ou processual, em processos coletivos ou individuais, não se pode esconder a possibilidade de que venham ocupar os mesmos espaços de tutela coletiva em situações especiais como dito acima. No IRDR julga-se muitos a partir de poucos, ao passo que a ação coletiva do art. 91 e ss. parte-se de uma fase coletiva (até a sentença do art. 95) para uma fase posterior individual (liquidação e execução).

> "Pode haver, no entanto, coincidência entre os objetos de uma ação coletiva e um incidente de julgamento de casos repetitivos. Ou seja: uma mesma situação jurídica coletiva pode ser objeto de ação coletiva e de incidente de julgamento de casos repetitivos. (...)
>
> Quando isso acontecer, é preciso *priorizar o julgamento da ação coletiva, por ser a técnica mais adequada, já que a situação jurídica coletiva leva à coisa julgada e é inteiramente conduzida por legitimado coletivo.* É possível, inclusive, criar uma diretriz para o incidente de resolução de demandas repetitivas em Tribunal de Justiça ou Tribunal Regional Federal: *a existência de ação coletiva, pendente no Estado ou na Região, enquanto não estiver no Tribunal, seria fato impeditivo da instauração do incidente; a pendência da ação coletiva deveria levar à suspensão, até mesmo de ofício, dos processos individuais,* tal como defendido em outro lugar11 e sufragado pelo STJ.
>
> Além disso, no caso de serem distintos os objetos da ação coletiva e do incidente de julgamento de casos repetitivos – o que poderá ocorrer com frequência quando o julgamento de casos repetitivos tiver por objeto questão processual –, havendo entre as causas repetitivas uma ação coletiva, ela deve ser a escolhida como caso piloto (causa representativa da controvérsia, nos termos do § 6º do art. 1.036 do CPC/2015 (LGL\2015\1656)".[44]

A sugestão feita por Fredie e Zaneti revela a preocupação dos autores de que o espaço das ações coletivas não seja tolhido e indevidamente ocupado pelo IRDR. Ambos devem e podem ser utilizados em conjunto, cada qual para a situação em que a outra não seja viável ou útil, mas havendo concomitância ou espaço comum de atuação, é claro que para a sociedade, para o mais vulnerável é muito melhor que se priorize a ação coletiva ao invés do IRDR, embora não pareça ser essa a preferência dos tribunais que em primeiro lugar desejam resolver de modo imediato os números e os gargalos do judiciário, e, como vimos, neste quesito o IRDR é muito mais "eficiente". Revelada esta preferência, o litigante habitual agradece.

4.5 O procedimento dos artigos 976-987 do CPC como técnica de tutela coletiva do direito objetivo

Como dissemos acima, as regras sobre o IRDR estão dispersas em todo o Código de Processo Civil. Contudo, didaticamente, pode-se dizer que no artigo 976 ao artigo 987 está o procedimento concentrado de resolução, em abstrato, da (s) questão (ões) de direito replicadas em múltiplos processos. No procedimento do incidente concen-

---

44. DIDIER, Fredie. Zaneti, Hermes. Ações coletivas e o incidente de julgamento de casos repetitivos – espécies de processo coletivo no direito brasileiro: aproximações e distinções. In: Revista de Processo, v. 256, São Paulo: Ed. RT, 20167, p. 209-218.

trado julgado pelo órgão competente do tribunal não se resolve o caso concreto, senão apenas o objeto do IRDR. A resolução do caso concreto que deu origem ao incidente acontecerá em outro procedimento e só será feito, e em sequência, pelo mesmo órgão do tribunal que julgou o incidente (art. 978, parágrafo único), após a formação da "tese jurídica" no IRDR.

A questão de direito a ser definida pelo tribunal através do IRDR, conquanto seja extraída de uma ou algumas causas, com estas não se confunde, e, tampouco o procedimento que julga uma e outra. Ainda que tanto o incidente de resolução de demandas repetitivas e a causa que lhe deu origem venham a ser julgadas, nesta ordem, pelo mesmo órgão do tribunal como determina o parágrafo único do artigo 978, os procedimentos são absolutamente diversos.

O propósito do incidente do IRDR é definir em abstrato a interpretação de uma questão de direito controvertida que tenha sido replicada em múltiplos processos, ainda que não sejam eles derivados de um mesmo litígio. Uma mesma questão de direito replicada em múltiplos processos não necessariamente provém do mesmo litígio, e, por isso mesmo não se trata de uma espécie de *coisa julgada coletiva para compor uma fatia de um mesmo litígio*. No incidente de resolução e demandas repetitivas há sim uma *tutela de uma situação jurídica coletiva* porque o que se pretende é, em primeiro lugar, a proteção da estabilidade e a segurança do direito objetivo, e, reflexamente, quando for o caso, a resolução de questão de demandas repetitivas derivadas de um mesmo conflito.

A exclusiva finalidade de firmar uma *tese jurídica no incidente sobre uma idêntica questão de direito multiplicada em vários processos*, e, a partir daí esperar que esta "tese" seja utilizada como enunciado abstrato para casos presentes e futuros, provenientes ou não do mesmo litígio, onde esta mesma questão de direito esteja supostamente presente, faz com que este procedimento não seja voltado a resolver *processos subjetivos*, mas sim à tutela prefacial do *direito objetivo*.

O procedimento concentrado previsto no artigo 976 e ss. é sempre de tutela do direito objetivo e, eventualmente, de tutela de direitos subjetivos. Na medida em que não se vincula à *resolução de demandas repetitivas*, então, inapelavelmente não pode ser tratada como uma *coisa julgada erga omnes sobre uma questão prejudicial decorrentes de demandas repetitivas* (provenientes de um mesmo conflito).

Não tivesse sido mutilado como foi no Congresso Nacional o IRDR seria realmente uma técnica de tutela coletiva de *direitos subjetivos* (demandas repetitivas de um mesmo conflito), uma espécie de tutela coletiva a partir de um caso piloto. Contudo, com a mutilação sofrida, restringe-se ele ser uma técnica processual voltada à definição da interpretação que se deve dar uma *questão unicamente de direito que seja controvertida em múltiplos processos*. Frise-se, mesmo que estes processos não sejam filhos de um mesmo litígio, ou seja, mesmo que não sejam demandas repetitivas isomórficas. É claro que se esta *idêntica questão de direito replicada em múltiplos processos* que derivem de um mesmo litígio, num típico caso de *demandas repetitivas*, certamente que o IRDR terá uma face voltada à tutela do direito objetivo e outra voltada à solução de uma questão de direito contida em várias demandas repetitivas.

CAPÍTULO 15 • ACP – DEMANDAS REPETITIVAS – JULGAMENTO DOS CASOS REPETITIVOS **501**

Ao dizer como dever ser a interpretação de uma determinada questão de direito o tribunal cria um enunciado (que o legislador denomina de tese jurídica) sobre uma questão de direito que servirá não apenas às causas sobrestadas, mas também de premissa maior às causas futuras.

4.6 O papel secundário – e muito eficiente – do IRDR em resolver as próprias demandas repetitivas

Por que o IRDR, mesmo sendo um incidente expressamente voltado à resolução de questões unicamente de direito replicada em muitos processos, acaba sendo servível também para resolver as próprias *demandas repetitivas* (quando destas provenham as questões de direito)?

Para entender o alcance do título é preciso lembrar que no modelo dos casos repetitivos do IRDR e dos REER: (i) o jurisdicionado não tem escolha, ou seja, não é ele que decide se sua causa será pinçada/escolhida como representativa da controvérsia; (ii) não é ele que opta se quer ou não se submeter ao padrão decisório fixado no incidente do caso repetitivo; (iii) não é ele que decide pela suspensão da sua causa; (iv) o que for decidido no incidente será aplicado na sua causa caso esteja com ela em curso ou caso venha propô-la; (v) não é lhe franqueada a liberdade de intervir *diretamente* no incidente para participar do julgamento da admissibilidade e do mérito do incidente.

Alguém poderia dizer que os arts. 983 e 984 desdizem isso, pois "o relator ouvirá as partes e os *demais interessados, inclusive pessoas, órgãos e entidades com interesse na controvérsia*, que, no prazo comum de 15 (quinze) dias, poderão requerer a juntada de documentos, bem como as diligências necessárias para a elucidação da questão de direito controvertida, e, em seguida, manifestar-se-á o Ministério Público, no mesmo prazo" e ainda "II – poderão sustentar suas razões, sucessivamente: a) o autor e o réu do processo originário e o Ministério Público, pelo prazo de 30 (trinta) minutos; b) *os demais interessados*, no prazo de 30 (trinta) minutos, divididos entre todos, sendo exigida inscrição com 2 (dois) dias de antecedência". A afirmação feita no texto permanece, pois pode o relator indeferir o pedido de participação se, por exemplo, entender que o ingresso de interessados possa comprometer a eficiência do julgamento ou se entender que o "interessado" já está devidamente representado. Não há uma faculdade ou direito potestativo de intervir, pois se submete ao controle do relator.

Sobre este problema Marinoni alerta com precisão milimétrica:

> "O Código de Processo Civil, ao regular o incidente de resolução de demandas repetitivas, não prevê a necessidade da presença de um ente legitimado à tutela dos direitos dos litigantes presentes nos casos pendentes. Ao contrário, afirma-se apenas que "o pedido de instauração do incidente será dirigido ao presidente de tribunal: (i) pelo juiz ou relator, por ofício; (ii) pelas partes, por petição; (iii) pelo Ministério Público ou pela Defensoria Pública, por petição". (art. 977 do CPC/2015). Dar ao juiz ou ao relator poder para instaurar incidente de resolução de demanda repetitiva é dar ao Estado o poder de sobrepor a otimização da solução dos litígios em face do direito fundamental ao contraditório. Enfim, também é fácil perceber que o poder conferido às partes, Ministério Público e Defensoria Pública é para requerer a instauração do incidente e não para defender ou tutelar os direitos dos vários litigantes presentes nos casos que pendem. Ora, basta ver

que a parte jamais poderia ter essa legitimidade e o Ministério Público e a Defensoria Pública não é aí visto como legitimado à tutela de direitos individuais homogêneos".[45]

E, também é preciso lembrar que no procedimento do art. 976 e ss. do incidente de resolução de demandas repetitivas, há não apenas a previsão do *julgamento do incidente* pelo órgão colegiado incumbido de julgar o incidente e de fixar a tese jurídica, mas também o julgamento do "o recurso, a remessa necessária ou o processo de competência originária de onde se originou o incidente" (art. 978, parágrafo único).

O mesmo órgão do tribunal competente para julgar o IRDR e fixar a tese jurídica sobre a questão unicamente de direito replicada em múltiplos processos, também será o competente para, logo após o julgamento do IRDR passar ao julgamento *do recurso, a remessa necessária ou o processo de competência originária de onde se originou o incidente.*

Eis aí a chave para entender o título deste tópico. Um exemplo permitirá a compreensão.

Imaginemos que existam 60 mil processos aguardando julgamento em primeiro grau de jurisdição de uma única questão de direito que foi replicada em todos eles. Nesta hipótese os sessenta mil processos são de vítimas de um acidente ambiental que ficaram privadas de água potável em razão da contaminação/poluição do rio causado pela empresa mineradora. Portanto, típico caso de litigância de massa, demandas isomórficas, com pequenas variações, fruto de um dano por ricochete derivado de um dano ecológico. A questão de direito objeto do incidente é saber quais seriam os *parâmetros jurídicos para fixar o dano moral resultantes da privação da água causada pela poluição nas circunstâncias em que ela aconteceu.* Por sua vez, duas apelações são escolhidas para delas extrair a tal questão de direito e depois de fixada a referida tese, o órgão colegiado prosseguirá no julgamento dos dois recursos.

Ora, o que acontecerá quando o órgão máximo do tribunal, além de

(1) fixar a tese jurídica (definindo os parâmetros jurídicos)

(2) prosseguir no julgamento das apelações e fixar o valor do dano moral para aqueles dois casos?

A tese jurídica fixada no IRDR deve ser obrigatoriamente transportada para as lides que estão suspensas, enquanto que o julgamento das apelações pela corte especial do Tribunal servirá de *orientação* para todos os casos. Alguém duvida que todos os casos seguirão o mesmo resultado dado às duas apelações?

Isso revela que quando a base de origem da questão de direito objeto de IRDR forem demandas repetitivas, ao pinçar alguma destas demandas/recursos para julgamento após o julgamento do IRDR o órgão do Tribunal definirá a sorte – por orientação – de todos os casos, pois nenhum juiz se insurgirá julgando o conflito de forma diversa da que foi julgada pelo próprio tribunal do qual faz parte, e, pior que isso, do órgão do tribunal responsável pela uniformização da jurisprudência.

---

45. MARINONI, Luiz Guilherme. O "problema" do incidente de resolução de demandas repetitivas e dos recursos extraordinário e especial repetitivos, v. 249, São Paulo: Ed. RT, 2015, p. 399-419.

CAPÍTULO 15 • ACP – DEMANDAS REPETITIVAS – JULGAMENTO DOS CASOS REPETITIVOS

4.7 Casos repetitivos e o nosso "sistema de precedentes vinculantes"

Os casos repetitivos são tratados no CPC como se fossem um procedimento produtor de precedentes vinculantes, ou seja, como se seus julgamentos – a *tese jurídica nele formada* – fossem elas mesmas, precedentes vinculantes. Não por acaso diz o artigo 927 que:

> Art. 927. Os juízes e os tribunais observarão:
>
> I – as decisões do Supremo Tribunal Federal em controle concentrado de constitucionalidade;
>
> II – os enunciados de súmula vinculante;
>
> III – os acórdãos em incidente de assunção de competência ou de resolução de demandas repetitivas e em julgamento de recursos extraordinário e especial repetitivos;
>
> IV – os enunciados das súmulas do Supremo Tribunal Federal em matéria constitucional e do Superior Tribunal de Justiça em matéria infraconstitucional;
>
> V – a orientação do plenário ou do órgão especial aos quais estiverem vinculados.
>
> § 1º Os juízes e os tribunais observarão o disposto no art. 10 e no art. 489, § 1º, quando decidirem com fundamento neste artigo.
>
> § 2º A alteração de tese jurídica adotada em enunciado de súmula ou em julgamento de casos repetitivos poderá ser precedida de audiências públicas e da participação de pessoas, órgãos ou entidades que possam contribuir para a rediscussão da tese.
>
> § 3º Na hipótese de alteração de jurisprudência dominante do Supremo Tribunal Federal e dos tribunais superiores ou daquela oriunda de julgamento de casos repetitivos, pode haver modulação dos efeitos da alteração no interesse social e no da segurança jurídica.
>
> § 4º A modificação de enunciado de súmula, de jurisprudência pacificada ou de tese adotada em julgamento de casos repetitivos observará a necessidade de fundamentação adequada e específica, considerando os princípios da segurança jurídica, da proteção da confiança e da isonomia.
>
> § 5º Os tribunais darão publicidade a seus precedentes, organizando-os por questão jurídica decidida e divulgando-os, preferencialmente, na rede mundial de computadores.

Em linhas muito coloquiais, se tomarmos como premissa a ideia de que um *sistema de precedentes vinculantes* é construído, tijolinho por tijolinho, dia após dia, pela soma paulatina de *ratio decidendi* proferidas nos julgados emanados das cortes supremas, sejam estes julgados proferidos em causas individuais (ou repetitivas), coletivas ou difusos e, que é a partir dessa tessitura de *fundamentos determinantes* que se impõe um *sentido ao ordenamento jurídico*, com uma eficácia vinculante *natural* que traga isonomia aos jurisdicionados, estabilidade e coerência ao ordenamento (à *norma extraída do texto legal*), então perceberemos que a decisão proferida nos casos repetitivos (IRDR ou recursos repetitivos) não se encaixam nesse conceito.

> "O incidente de resolução de demandas repetitivas se destina a regular casos que já surgiram ou podem surgir em face de determinado litígio. O sistema de precedentes, de outro lado, tem o objetivo de outorgar autoridade às rationes decidendi firmadas pelas Cortes Supremas. Diversos casos, marcados por diferenças razoáveis, podem ser resolvidos por um precedente que resolve uma questão de direito. Mas as decisões firmadas nos incidentes de resolução de demandas repetitivas não têm qualquer preocupação em orientar a sociedade ou a solução de casos futuros, porém objetivam regular uma questão litigiosa que está presente em vários casos pendentes. O incidente de resolução é uma técnica processual destinada a criar uma solução para a questão replicada nas múltiplas ações pendentes. Bem por isso, como é obvio, a decisão proferida no incidente de resolução de demandas repetitivas apenas resolve casos idênticos. Essa distinção básica entre o sistema de precedentes das Cortes Supremas e o incidente destinado a dar solução a uma questão litigiosa de que podem provir múltiplos casos.

A circunstância de o incidente de resolução tratar de "casos idênticos" tem clara repercussão sobre o raciocínio que dá origem à decisão judicial. Essa decisão obviamente não é elaborada a partir da regra da universabilidade, ou seja, da regra que determina que um precedente deve ser aplicável ao maior número de espécies possíveis de casos.3 A decisão de resolução de demandas repetitivas objetiva regular uma só questão infiltrada em casos que se repetem ou se multiplicam."[46]

Deve-se observar com a máxima atenção o fato de que os *julgados vinculantes* proferidos em casos repetitivos serão "vinculantes" simplesmente porque constituem uma técnica processual de tutela coletiva cujo julgamento é *erga omnes* para atingir todas as causas que contenham "idêntica questão unicamente de direito", mas em não confundem e sem fazem o papel de *precedentes*.

"Na contramão do que se tem por precedente, os provimentos judiciais vinculantes do art. 927 do CPC (LGL\2015\1656) são, em grande medida, frutos de uma única decisão, que não necessariamente contou com o amadurecimento dos tribunais acerca do tema sub iudice. Muitas vezes são produtos de decisões voluntaristas sobre temas ainda pouco explorados. Assim, são criados provimentos vinculantes sem sequer ter havido o enfrentamento dos principais argumentos acerca da questão jurídica a ser dirimida. Os julgamentos de casos repetitivos, vocacionados ao controle da litigiosidade em massa e à gestão de processos, são um exemplo disso. Veja-se que, no IRDR, um julgamento singular será responsável por definir, em âmbito estadual ou regional federal, a depender do tribunal em que o incidente for instaurado, a tese jurídica a ser aplicada, obrigatoriamente, aos casos que discutam matéria semelhante. Nos recursos repetitivos, os Tribunais Superiores fixam uma ou mais teses que serão vinculantes em todo o território nacional, as quais terão reflexo direto nos recursos suspensos".[47]

Ora, "*resolver uma questão que determina a solução de diversos litígios está longe de ser o mesmo do que resolver uma questão de direito que agrega sentido à ordem jurídica e, sobretudo, apenas tem a intenção de orientar a sociedade e os diferentes casos futuros que possam ser resolvidos pela mesma regra de direito ou pela mesma ratio decidendi*". Logo, não há como, sem permitir o contraditório pleno e efetivo por meio de uma representação realmente adequada, transportar a decisão vinculante de uma questão decidida para todas as causas como se fosse mera aplicação de um sistema de precedentes.

Assim, quando o artigo 927 do CPC prescreve que "os juízes e tribunais observarão", ou seja, devem estar "vinculados" aos acórdãos proferidos em resolução de demandas repetitivas e em julgamento de recursos extraordinário e especial repetitivos, isso se dá porque estas técnicas processuais resolvem uma *idêntica questão de direito* replicada em múltiplos processos. Em outras palavras, aí não está em jogo o respeito aos fundamentos determinantes embasadores de acórdãos proferidos nos tribunais, mas simplesmente de respeitar o que foi julgado. A "confusão" acontece porque o *efeito vinculante* das decisões proferidas em IRDR e em recursos repetitivos decorre do próprio fato de que se trata de julgar, em abstrato, *questões unicamente de direito que são replicadas em múltiplos processos*. Ora, sendo múltiplos processos a decisão é erga omnes, de forma que todos estes "casos repetitivos" são atingidos pela resolução dessa questão unicamente de direito. Na medida que se julga em abstrato esta questão unicamente de direito, fala-se em formação de uma "tese jurídica sobre a questão de

---

46. MARINONI, Luiz Guilherme. O "problema" do incidente de resolução de demandas repetitivas e dos recursos extraordinário e especial repetitivos, v. 249, São Paulo: Ed. RT, 2015, p. 399-419.

47. ABBOUD, Georges. VAUGHN, Gustavo Favero. Notas críticas sobre a reclamação e os provimentos judiciais vinculantes do CPC, in: Revista de Processo, v. 287, São Paulo: Ed. RT, 2019, p. 409-441.

CAPÍTULO 15 • ACP – DEMANDAS REPETITIVAS – JULGAMENTO DOS CASOS REPETITIVOS

direito decidida", e, isso serve para confundir ainda mais a diferença entre o que é o *julgado vinculante dos casos repetitivos* e a *norma universalizável produzida na ratio decidendi das decisões proferidas pelos tribunais.*

A tal "tese jurídica" firmada no julgamento dos casos repetitivos é apenas e tão somente um *julgado vinculante* que resolve um problema coletivo (múltiplos processos contendo idêntica questão de direito), aliás, como sempre tivemos na hipótese do artigo 95 do CDC que fala em "condenação genérica" em caso de procedência do pedido, "fixando a responsabilidade do réu pelos danos causados".

Ao julgar os casos repetitivos o tribunal restringe-se a fazer a análise e o julgamento de uma "única questão de direito". Entretanto, tal questão de direito resolvida em abstrato pelo tribunal está presente em múltiplos processos e por isso mesmo o resultado dela será transportado para todos os processos em que ela esteja presente.

É curioso notar que nada impede, antes o contrário, que ao julgar um IRDR ou um "Recurso Repetitivo" o tribunal esforce-se em cumprir com exatidão à regra do artigo 489, §1º do CPC (art. 93, IX da CF/88) onde se encontra a verdadeira matéria prima para a construção de um genuíno sistema de precedentes, caso em que, se assim o fizer, acabará por estabelecer os fundamentos determinantes da decisão que julgou os casos repetitivos e que servirão de *precedentes* para casos futuros. Como se vê, não é porque julgou em abstrato de e de forma separada "questões de direito" que tal decisão deverá ser considerada um "precedente". O poder vinculante desta decisão decorre do fato de que o legislador atribuiu uma natureza coletiva à técnica de julgamento onde basta resolver uma fatia de um conflito (*a questão unicamente de direito*) para transportar esse julgado, em forma de *tese jurídica*, para todas as outras causas porque todos conteriam a tal *idêntica questão de direito.*

Naquilo que toca a este trabalho pode-se dizer que a salvação do artigo 927, III para a correta compreensão de que os *julgados vinculantes* não se confundem com os *precedentes vinculantes* está no §1º que expressamente determina que "os juízes e os tribunais observarão o disposto no art. 10 e no art. 489, § 1º, quando decidirem com fundamento neste artigo", ou seja, ao julgarem os casos repetitivos os tribunais devem cumprir o mister do artigo 489, §1º e esforçarem-se em deixar claro e evidente quais os fundamentos determinantes da decisão. Eis porque se assim o fizer poderão contribuir para a formação de um sistema de precedentes onde a razão de decidir de um caso será levada em consideração no caso subsequente criando uma situação de isonomia e coerência no sistema. O poder vinculante obrigatório ou persuasivo daí oriundo dos julgamentos dos tribunais decorrerá da própria posição de vértice e da função que exercem na organização judiciária.

REFERÊNCIAS BIBLIOGRÁFICAS

ABBOUD, Georges. O dilema do direito: entre Huxley e Orwell", in: Revista dos Tribunais, v. 935, p. 167-178. São Paulo: Ed. RT, 2013.

ABBOUD, Georges. "Cinco mitos sobre a Constituição Federal brasileira de 1988", in: Revista dos Tribunais, v. 996, São Paulo: Ed. RT, 2018, p. 27-51.

ABBOUD, Georges. VAUGHN, Gustavo Favero. Notas críticas sobre a reclamação e os provimentos judiciais vinculantes do CPC, in: Revista de Processo, v. 287, p. 409-441. São Paulo: Ed. RT, 2019.

ABELHA, Guilherme. "Bens e Coisas", in: LIMA NETO, Francisco Vieira; SILVESTRE, Gilberto Fachetti; HERKENHOFF, Henrique Geaquinto (Coord.). Introdução ao Direito Civil, v. II, Bens. Vitória: Edição dos Organizadores. 2020. no prelo.

AIELLO, Michele. "La crisi del processo civile e la tematica dei provvedimento di urgenza", in: Giustizia civile. Milão: Giuffrè Editore, 1988, t. II. ALLORIO, Enrico. Problemas de derecho procesal. Buenos Aires: EJEA, 1968. v. II.

AKAOUI, Fernando Reverendo Vidal. Compromisso de ajustamento de conduta ambiental. 3 ed. São Paulo: Ed. RT, 2010.

ALEXI, Robert. Teoria dos direitos fundamentais. Trad. Virgílio Afonso da Silva. São Paulo: Malheiros, 2015.

ALMEIDA, Luiz Cláudio Moura de. "Apontamentos sobre a competência concorrente nas ações coletivas", in: Revista de Processo v. 240, p. 243-263. São Paulo: Ed. RT, 2015.

ANCONA LOPEZ, Teresa. A presunção no direito, especialmente no direito civil. In: Doutrinas Essenciais de Direito Civil. v. 5, p. 1323-1345. São Paulo: Ed. RT, 2010.

ANCONA LOPEZ, Teresa. Princípio da precaução e evolução da responsabilidade civil. São Paulo: Quartier Latin, 2010.

ANDOLINA, Italo. Il tempo e il processo. In: Revista de processo. Ano 34. n. 176. São Paulo: Ed. RT, out./2009.

ANDRADE NERY, Rosa Maria et al. Direito processual ambiental brasileiro. Belo Horizonte: Del Rey, 1995.

ANDREW Jordan. TIMOTHY O'Riordan. Chapter 3, The precautionary principle: a legal and policy history, in: The precautionary principle: protecting public health, the environment and the future of our children. Edited by: Marco Martuzzi and Joel A. Tickner. World Health Organization 2004.

ANTUNES, Luis Filipe Colaço. A tutela dos interesses difusos em direito administrativo: para uma legitimação procedimental. Coimbra: Almedina, 1989.

ANTUNES, Luis Filipe Colaço. "Poluição industrial e dano ambiental: as novas afinidades eletivas da responsabilidade civil", in: Boletim da Faculdade de Direito. Coimbra, 1991. v. 67.

ANTUNES, Paulo de Bessa. Dano ambiental: uma abordagem conceitual. Rio de Janeiro: Lumen Juris, 2000.

ANTUNES, Paulo de Bessa. "O inquérito civil (considerações críticas)", in: Ação civil pública. São Paulo: Ed. RT, 2001.

ARAGÃO, Maria Alexandra de Sousa. O princípio do poluidor-pagador: pedra angular da política comunitária do ambiente. Boletim da Faculdade de Direito – Universidade de Coimbra, Coimbra: Coimbra Editora, 1997.

ARAÚJO FILHO, Luiz Paulo da Silva. Ações coletivas: a tutela jurisdicional dos direitos individuais homogêneos. Rio de Janeiro: Forense, 2000.

ARAÚJO FILHO, Luiz Paulo da Silva. Comentários ao Código de Defesa do Consumidor: Parte processual. São Paulo: Saraiva, 2002.

ARENHART, Sérgio Cruz. Decisões estruturais no direito processual civil brasileiro. Revista de Processo, v. 38, n. 225, p. 389-410, nov. 2013;

ARENHART, Sérgio Cruz. Processo multipolar, participação e representação de interesses concorrentes. In: ARENHART, Sérgio Cruz; JOBIM, Marco Félix (Org.). Processos estruturais. Salvador: Juspodvim, 2017.

ARENHART, Sérgio Cruz. Decisões estruturais no direito processual civil brasileiro. Revista de Processo, [S.l.], v. 38, n. 225, p. 389-410, nov. 2013.

ARENHART, Sérgio Cruz. "Processos estruturais no direito brasileiro: reflexões a partir do caso da ACP do carvão", in: Revista de Processo Comparado (RPC) v. 1, n. 2, p. 211-229, jul./dez. São Paulo: Ed. RT, 2015.

ARISTÓTELES. "Ética a Nicômaco". Trad. Leonel Valandro e Gerd Bornheim. São Paulo: Abril Cultural, 1973. v. IV: Os Pensadores.

ARMELIN, Donaldo. Legitimidade para agir no direito processual civil brasileiro. São Paulo: Ed. RT, 1979.

ARMELIN, Donaldo. "Tutela jurisdicional diferenciada", in: O processo civil contemporâneo. Curitiba: Juruá, 1994.

ARROW, K. et alii. Economic growth, carrying capacity, and the environment. Environment and Development Economics, v.1, part 1. 1996.

ARRUDA ALVIM, José Manuel de et al. CDC comentado. São Paulo: Ed. RT, 1990.

ARRUDA ALVIM, José Manuel de. Código de Processo Civil comentado. São Paulo: Ed. RT, 1975, v. II.

ARRUDA ALVIM, José Manuel de. Direito processual civil. São Paulo: Ed. RT, 1972, v. II.

ARRUDA ALVIM, José Manuel de. Ensaio sobre a Litispendência no Direito Processual Civil. São Paulo: Ed. RT, 1972.

ARRUDA ALVIM, José Manuel de. Manual de direito processual civil. 7. ed. São Paulo: Ed. RT, 2000, v. I.

ARRUDA ALVIM, José Manuel de. Tratado de direito processual civil. São Paulo: Ed. RT, 1990. v. I.

ARRUDA ALVIM, José Manuel de. Anotações sobre as perplexidades e os caminhos do processo civil contemporâneo – sua evolução ao lado da do direito material (tema tratado com referência particular à situação do consumidor). In: Revista de Direito do Consumidor, v. 2, p. 76-99. São Paulo: Ed. RT, 1992.

ARRUDA ALVIM, José Manuel de. O código de processo civil, suas matrizes ideológicas, o ambiente sócio-político em que foi editado e as duas décadas que se lhe seguiram, com suas novas necessidades – a complementação do sistema processual – processo e procedimento, no sistema constitucional de 1988", in: Revista de Processo, n. 70, p. 34-48. São Paulo: Ed. RT. 1993.

ASSIS, Araken de. "Efeito devolutivo da apelação", in: MAZZEI, Rodrigo Reis (Coord.). Dos recursos – temas obrigatórios e atuais. Vitória: ICE, 2002. v. 2.

ASSIS, Araken de. Cumulação de ações. São Paulo: Ed. RT, 1995.

ATALIBA, Geraldo. Hipótese de Incidência Tributária. 3. ed. São Paulo: Ed. RT, 1984.

ATIENZA, Manuel. As razões do direito: teorias da argumentação jurídica. Trad. Maria Cristina Guimarães Cupertino. 3. ed. São Paulo: Landy, 2003.

AVEN, Terje. Fundations of Risk Analysis. John Wiley and Sons, Ltd, United Kingdom, 2012.

AZEVEDO, André Gomma. Desafios de Acesso à Justiça ante o Fortalecimento da Autocomposição como Política Pública Nacional. In: RICHA, Morgana de Almeida; PELUSO, Antonio Cezar (Coords.). Conciliação e mediação: estruturação da política judiciária nacional. Rio de Janeiro: Forense, 2011.

BADARO, Gustavo. Processo penal. 3. ed. São Paulo: Ed. RT, 2015.

BALDASSARI, Augusto. Fonti positive in materia di danno. In: CENDON, Paolo (Ed.). I danni risarcibili nella responsabilità civile. Torino: UTET, 2005. v. 1. p. 41-73.

BALTAZAR JUNIOR, José Paulo. Standards probatórios. In: KNIJNIK, Danilo (Coord.). Prova Judiciária: Estudos sobre o novo Direito Probatório. Porto Alegre: Livraria do Advogado, 2007.

BANDEIRA DE MELLO, Celso Antonio. Curso de direito administrativo. 12. ed. São Paulo: Malheiros, 2000.

BARBOSA MOREIRA, José Carlos. "A ação popular do direito brasileiro como instrumento de tutela jurisdicional dos chamados 'interesses difusos'", in: Revista de Processo, n. 28. São Paulo: Ed. RT, 1982.

BARBOSA MOREIRA, José Carlos. Litisconsórcio unitário. Rio de janeiro: Forense, 1972.

BARBOSA MOREIRA, José Carlos. A expressão competência funcional no art. 2º da Lei da Ação Civil Pública. In: MILARÉ, Édis. (Coord.). A ação civil pública após 20 anos: efetividade e desafios. São Paulo: Ed. RT, 2005.

BARBOSA MOREIRA, José Carlos. Resposta do réu no sistema do código de processo civil, in: Revista de Processo, n. 2, p. 249-262. São Paulo: Ed. RT, 1976.

BARBOSA MOREIRA, José Carlos. Direito aplicado II. Rio de Janeiro: Forense, 2000.

BARBOSA MOREIRA, José Carlos. "A ação popular no direito brasileiro como instrumento de tutela jurisdicional dos chamados interesses difusos", in: Temas de direito processual. São Paulo: Saraiva, 1977.

BARBOSA MOREIRA, José Carlos. "A legitimação para a defesa dos interesses difusos no direito brasileiro", in: Temas de direito processual. 3ª série. São Paulo: Saraiva, 1984.

BARBOSA MOREIRA, José Carlos. "A tutela jurisdicional dos interesses coletivos ou difusos", in: A tutela dos interesses difusos. In: GRINOVER, Ada Pellegrini (Coord.). São Paulo: Max Limonad, 1984.

BARBOSA MOREIRA, José Carlos. "Ações coletivas na Constituição Federal de 1988", in: Repro 61/190. São Paulo: Ed. RT, jan./mar. 1991.

BARBOSA MOREIRA, José Carlos. "Apontamentos para um estudo sistemático da legitimação extraordinária", in: Direito processual civil. Rio de Janeiro: Borsoi, 1970.

BARBOSA MOREIRA, José Carlos. "Coisa julgada e declaração", in: Temas de direito processual. 1ª série. São Paulo: Saraiva, 1977.

BARBOSA MOREIRA, José Carlos. Direito aplicado II. Rio de Janeiro: Forense, 2000.

BARBOSA MOREIRA, José Carlos. Teoria geral da prova", in: Revista de Processo, v. 3, p. 161-168; São Paulo: Ed. RT, 1976.

BARBOSA MOREIRA, José Carlos. "Efetividade do processo e técnica processual", in: Revista Forense, v. 329. Rio de Janeiro: Forense, 1995.

BARBOSA MOREIRA, José Carlos. "Tutela jurisdicional dos interesses coletivos ou difusos", in: Revista de Processo, v. 35, p. 55-77. São Paulo: Ed. RT, 1985.

BARBOSA MOREIRA, José Carlos. "Julgamento e ônus da prova", in: Temas de direito processual civil. 2ª série. São Paulo: Saraiva, 1980.

BARBOSA MOREIRA, José Carlos. "Notas sobre a efetividade do processo", in: Temas de direito processual. 3ª série. São Paulo: Saraiva, 1984.

BARBOSA MOREIRA, José Carlos. "Responsabilidade por dano processual", in: Revista de processo, n. 10. São Paulo: Ed. RT, 1978.

BARBOSA MOREIRA, José Carlos. "Sobre a multiplicidade de perspectivas no estudo do processo", in: Temas de direito processual. 4ª série. São Paulo: Saraiva, 1989.

BARBOSA MOREIRA, José Carlos. "Sobre pressupostos processuais", in: Temas de direito processual. 4ª série. São Paulo: Saraiva, 1989.

BARBOSA MOREIRA, José Carlos. Imparcialidade: reflexões sobre a imparcialidade do juiz. Revista Jurídica Nota Dez. Porto Alegre, ano 46, número 250, p. 5-13. agosto 1998.

BARBOSA MOREIRA, José Carlos. A tutela específica do credor nas obrigações negativas. Temas de Direito Processual. São Paulo: Saraiva, 2ª série, 1980.

BARBOSA MOREIRA, José Carlos. Regras de experiência e conceitos jurídicos indeterminados. Temas de direito processual – segunda série. São Paulo: Saraiva. 2. ed. 1988.

BARBOSA MOREIRA, José Carlos. "Por um processo socialmente efetivo", in: Revista de Processo, v. 105, São Paulo: Ed. RT, 2002, p. 181-190.

BARBOSA MOREIRA, José Carlos. Conteúdo e efeitos da sentença: variações sobre o tema. In: Temas de direito processual (quarta série). São Paulo: Saraiva, 1989.

BARBOSA MOREIRA, José Carlos. A conexão de causas como pressuposto da reconvenção. São Paulo: Editora Saraiva, 1979.

BARBOSA MOREIRA, José Carlos. "Ainda e sempre a coisa julgada". Direito Processual Civil – ensaios e pareceres. Rio de Janeiro: Borsoi, 1971.

BARBOSA MOREIRA, José Carlos. O código de processo civil, suas matrizes ideológicas, o ambiente sócio-político em que foi editado e as duas décadas que se lhe seguiram, com suas novas necessidades – a complementação do sistema processual – processo e procedimento, no sistema constitucional de 1988", in: Revista de Processo, n. 70, p. 34-48. São Paulo: Ed. RT, 1993.

BARBOSA MOREIRA, José Carlos. Comentários ao Código de Processo Civil, v. V, 15. ed. Rio de Janeiro: Forense. 2010.

BARCELLOS, Ana Paula. Eficácia jurídica dos princípios constitucionais – o princípio da dignidade da pessoa humana. Rio de Janeiro: Renovar, 2002.

BARROSO, Luís Roberto. O direito constitucional e a efetividade de suas normas. 5. ed. Rio de Janeiro: Renovar, 2001.

BARROSO, Luís Roberto. Neoconstitucionalismo e constitucionalização do Direito. O triunfo tardio do Direito Constitucional no Brasil. Jus Navigandi, Teresina, ano 10, n. 851, 1 nov. 2005. Disponível em: https://jus.com.br/artigos/7547/neoconstitucionalismoeconstitucionalizacao-do-direito. Acesso em: 20.07.2020.

BASTOS, Antonio Adonias Aguiar. O devido processo legal nas demandas repetitivas. Tese de doutoramento do programa de pós-graduação stricto sensu em Direito da universidade Federal da Bahia, 2012.

BASTOS, Antonio Adonias Aguiar. O devido processo legal para as causas repetitivas. Disponível em: http://www.publicadireito.com.br/conpedi/manaus/arquivos/anais/

salvador/antonio_adonias_aguiar_bastos.pdf. Acesso em: 28 jun. 2016.

BASTOS, Antonio Adonias Aguiar. Situações jurídicas homogêneas: um conceito necessário para o processamento das demandas de massa. Revista de Processo – RePro, n. 186, p. 87-107. São Paulo: Ed. RT, 2010.

BAUMAN, Zygmunt. Work, Consumerism And the New Poor. UK. 2004.

BECK, Ulrich. La sociedade del riesgo mundial. Barcelona: Paidós, 2008.

BEDAQUE, José Roberto dos Santos. Direito e processo. São Paulo: Malheiros, 1995.

BEDAQUE, José Roberto dos Santos. Tutela cautelar e tutela antecipada: tutelas sumárias e de urgência. São Paulo: Malheiros, 1998.

BEDAQUE, José Roberto dos Santos. Nulidade processual e instrumentalidade do processo. In: Revista de Processo. ano 15, n. 60. São Paulo: Ed. RT, 1990, outubro/dezembro.

BELING, Ernst von. Esquema de Derecho Penal. Trad. castelhana de Sebastían Soler. Buenos Aires: Depalma, 1944.

BENJAMIN, Antonio Herman de Vasconcellos e. "A insurreição da aldeia global contra o processo civil clássico – apontamentos sobre opressão e a libertação judicial do meio ambiente e do consumidor", in: Ação civil pública – Lei 7.347/85 – reminiscências e reflexões após dez anos de aplicação. São Paulo: Ed. RT, 1995.

BENJAMIN, Antonio Herman de Vasconcellos e. Hermenêutica do novo código florestal – Doutrina: edição comemorativa 25 anos. Disponível em: https://ww2.stj.jus.br/publicacaoinstitucional/index.php/Dout25anos/article/view/1109/1043. Acesso em: 02.09.2020.

BENJAMIN, Antonio Herman de Vasconcellos e. Responsabilidade civil pelo dano ambiental. Revista de Direito Ambiental, v. 9/1998, p. 5 – 52, Jan.- Mar./1998.

BENJAMIN, Antonio Herman de Vasconcellos e. Constitucionalização do ambiente e ecologização da Constituição brasileira. In: CANOTILHO, José Joaquim Gomes; LEITE, José Rubens Morato (Org.). Direito Constitucional Ambiental Brasileiro. 6. ed. São Paulo: Saraiva, 2015.

BERNHARDT, Wolfgang. Processo oral. Rio de Janeiro: Revista Forense, 1940.

BETTI, Emilio. Diritto processuale civile italiano. 2. ed. Roma: Foro Italiano, 1936.

BETTIOL, Giuseppe. Direito Penal. Trad. Paulo José da Costa Jr. e Alberto Silva Franco. São Paulo: Ed. RT, 1977.

BINENBOJM, Gustavo. Da supremacia do interesse público ao dever de proporcionalidade: um novo paradigma para o direito administrativo. In: SARMENTO, Daniel. Interesses públicos versus interesses privados: desconstruindo o princípio da supremacia do interesse público. Rio de Janeiro: Lumen Juris, 2005.

BITENCOURT, Cezar Roberto. Tratado de direito penal — parte geral. 17. ed. São Paulo: Saraiva, 2012. v. 1.

BOFF, Leonardo. A ilusão de uma economia verde. Disponível em: http://leonardoboff.wordpress.com/2011/10/16/a-ilusao-de-uma-economiaverde/. Acesso em: 16.08.2020.

BONAVIDES, Paulo. Do Estado liberal para o Estado social. Rio de Janeiro: Fundação Getúlio Vargas, 1972.

BONDIOLI, Luís Guilherme Aidar. Reconvenção no processo civil. São Paulo: Saraiva, 2009.

BOTELHO DE MESQUITA, José Inácio. "Na ação do consumidor, pode ser inútil a defesa do fornecedor", in: Revista do advogado, n. 33. São Paulo, 1990.

BRAGA, Paula Sarno. "Competência adequada". Revista de Processo, São Paulo, v. 219, p. 13-41, maio 2013.

BRAGA, Paula Sarno. DIDIER, Fredie. "Ações probatórias autônomas: produção antecipada de prova e justificação". In: Revista de Processo, v. 218. p. 13-45. São Paulo: Ed. RT, 2013.

BRANDÃO, Paulo de Tarso. Ação civil pública. Florianópolis: Obra Jurídica Editora, 1998.

BREITENSTEIN, Detlev von. "La loi allemande relative à la responsabilité en matière d'environnement", in: Revue juridique de l'environnement, n. 2, 1993.

BROSWIMMER, Franz J. Ecocide: a short history of the mass extinction of species. London/Sterling: Pluto Press, 2002.

BUENO, Cássio Scarpinella. "As ações coletivas contra o Poder Público", in: Acesso à justiça. In: QUEIROZ, Raphael Augusto Sofiati de (Coord.). Rio de Janeiro: Lumen Juris, 2001.

BUENO, Cássio Scarpinella. "As class actions norte-americanas e as ações coletivas brasileiras: pontos para uma reflexão conjunta", in: Revista de processo, n. 82. São Paulo: Ed. RT, 1996.

BUENO, Cássio Scarpinella. Execução provisória e tutela antecipada. São Paulo: Saraiva, 1999.

BUENO, Cássio Scarpinella. O Poder Público em juízo. São Paulo: Max Limonad, 2000.

BUENO, Cássio Scarpinella. O poder público em juízo. 5. ed. São Paulo: Saraiva. 2009.

BUENO, Cássio Scarpinella. A nova lei do mandado de segurança: comentários sistemáticos à Lei n. 12.016, de 7-8-2009. 2. ed. São Paulo, Saraiva, 2010.

BUENO, Cássio Scarpinella. A ação civil pública refém do autoritarismo. In: Revista de Processo v. 96, p. 28-36. São Paulo: Ed. RT, 1999.

BUENO, Cássio Scarpinella. "Réquiem à ação civil pública". Disponível em: www.sbdp.gov.br.

BUENO, Cássio Scarpinella. Partes e terceiros no processo civil brasileiro. São Paulo: Saraiva, 2003.

BUENO, Cássio Scarpinella. Amicus curiae no processo civil brasileiro: um terceiro enigmático. 3. ed. São Paulo: Saraiva, 2012.

BUENO, Cássio Scarpinella. Novo Código de Processo Civil anotado. São Paulo: Saraiva, 2015.

BUENO, Cássio Scarpinella. Curso Sistematizado de Direito Processual Civil. São Paulo: Saraiva, 9. ed., 2018.

BUZAID, Alfredo. "Do ônus da prova", in: Estudos de direito processual I. São Paulo: Saraiva, 1972.

CABRAL, Antonio do Passo. Juiz natural e eficiência processual: flexibilização, delegação e coordenação de competências no processo civil. Tese apresentada no concurso de provas e títulos para provimento do cargo de Professor Titular. Faculdade de Direito da Universidade do Estado do Rio de Janeiro. Rio de Janeiro. 2017.

CABRAL, Antonio do Passo. Coisa Julgada e Preclusões Dinâmicas. 2 ed. Salvador: Editora JusPodivm, 2014.

CABRAL, Antonio do Passo. O novo procedimento-modelo (Mustervefahren) alemão. Revista de Processo – RePro, v. 32, n. 147, p. 128. São Paulo: Ed. RT, 2007.

CABRAL, Trícia Navarro Xavier. Limites da liberdade processual. Santa Catarina: Foco Editora. 2019.

REFERÊNCIAS BIBLIOGRÁFICAS

CABRAL, Trícia Navarro Xavier. A evolução da conciliação e da mediação no Brasil. Revista Fonamec, v. 1, p. 368-383, 2017.

CAETANO, Marcelo. Manual de direito administrativo. 10. ed. Coimbra: Almedina, 1991, t. 1.

CALAMANDREI, Piero. Introduzione allo studio sistematico dei provvedimenti cautelari. Padova: CEDAM, 1936.

CALMON DE PASSOS, J. J. Direito, poder, justiça e processo: julgando os que nos julgam. Rio de Janeiro: Forense, 2000.

CÂMARA, Alexandre Freitas. Lições de direito processual civil. 4. ed. Rio de Janeiro: Lumen Juris, 2000.

CÂMARA, Alexandre Freitas. O Novo Processo Civil Brasileiro. 2. edição. Atlas, 2016.

CAMARGO, Luiz Henrique Volpe. A força dos precedentes no moderno processo civil brasileiro. In: WAMBIER, Teresa Arruda Alvim (Coord.). Direito Jurisprudencial. São Paulo: Ed. RT, 2012.

CAMARGO, Solano. "Forum shopping: modo lícito de escolha de jurisdição?", Dissertação de Mestrado da Universidade de São Paulo. 2015.

CANELA JR., Oswaldo. Controle judicial de políticas públicas. São Paulo: Saraiva, 2011.

CANOTILHO, J. J. GOMES. Direito Constitucional e Teoria da Constituição. Coimbra: Almedina, 2000.

CANOTILHO, J. J. GOMES. "Constituição e déficit procedimental" in: Estudos sobre direitos fundamentais. Coimbra: Coimbra Editora, 2004.

CANOTILHO, J. J. Gomes & MOREIRA, Vital. Constituição da República portuguesa anotada. 3. ed. Coimbra: Coimbra Editora, 1993.

CAPPELLETTI, Mauro & GARTH, Bryant. Acesso à justiça. Trad. Ellen Gracie Northfleet. Porto Alegre: Sérgio Antonio Fabris, 1988.

CAPPELLETTI, Mauro. "Formações sociais e interesses coletivos diante da justiça civil", in: Revista de processo, n. 5. São Paulo: Ed. RT, 1977.

CAPPELLETTI, Mauro. Access to justice: a world survey. Book 1. Milão: A. Giuffrè Editore, v. I, 1978.

CAPPELLETTI, Mauro. Os métodos alternativos de solução de conflitos no quadro do movimento universal de acesso à justiça, In: Revista de Processo. v. 74, São Paulo: Ed. RT, 1982.

CARNELUTTI, Francesco. La prueba civil. Buenos Aires: Depalma, 1984.

CARNELUTTI, Francesco. Teoria geral do direito. São Paulo: Lejus, 1999.

CARNELUTTI, Francesco. A arte do direito. Campinas: Bookseller, 2000.

CARNELUTTI, Francesco. Instituciones del proceso civil. trad. Santiago Sentís Melendo. Buenos Aires: El Foro, 1997. v. I.;

CARNELUTTI, Francesco. Diritto e processo, Napoli, 1958.

CARRILHO, Bruno Lopes V. Limites Objetivos e Eficácia Preclusiva da Coisa julgada. São Paulo: Saraiva, 2012.

CASTELLS, Manuel. A sociedade em rede. 17. ed. São Paulo: Paz e Terra, 2016.

CAVALCANTI, Marcos de Araújo. Incidente de resolução de demandas repetitivas (IRDR). São Paulo: Ed. RT, 2016.

CAVALIERI FILHO, Sérgio. Programa de responsabilidade civil. 10. ed. São Paulo: Atlas, 2012.

CERINO CANOVA A., La domanda giudiziale ed il suo contenuto, in Comm. del Codice di procedura civile, I, Torino, 1980.

CESARINO JR. Estabilidade financeira e fundo de garantia. Rio de Janeiro: Forense, 1968.

CHIOVENDA, Giuseppe. Instituições de direito processual civil. São Paulo: Saraiva, 1969. v. I.

CHIOVENDA, Giuseppe. Principii di diritto processuale civile. Napoli: Casa Editrice Dott. Eugenio Jovene, 1965.

COMOGLIO, Luigi Paolo. Le prove civile. 3. ed. Turim: UTET, 2010.

CONSOLO C. Oggetto del giudicato e principio dispositivo, I, Dei limiti oggettivi del giudicato costitutivo, in: Riv. trim. dir. proc. civ., 1991.

COUND, John J. et al. Civil procedure, cases and material. 6. ed. Saint Paul, Minn.: West Publishing Co., 1993.

COSTA, Helena Regina Lobo da. Proteção penal ambiental. São Paulo: Saraiva, 2010.

CRESPO, Mariana Hernandez; SANDER, Frank. Evolution of the MultiDoor Courthouse. University of St. Thomas Law Journal, Saint Paul, MN, v. 5:3, p. 670, 2008. Disponível em: http://papers.ssrn.com/ sol3/papers.cfm?abstract_id=1265221. Acesso em: 12.08.2020.

CRISAFI, Marina. Il danno: profili storici. In: CENDON, Paolo (Ed.). I danni risarcibili nella responsabilità civile. Torino: UTET, 2005. v. 1.

CROOK, Martin; SHORT, Damien. Marx, Lemkin and the ecocide-genocide nexus. Disponível em: http://www.tandfonline.com. Acesso em: 08.08.2020.

CRUZ E TUCCI, José Rogério. "Class action" e mandado de segurança coletivo. São Paulo: Saraiva, 1990.

CRUZ E TUCCI, José Rogério. Causa Petendi No Processo Civil. 3. ed. São Paulo: Ed. RT, 2009.

CRUZ E TUCCI, José Rogério. Tempo e processo: uma análise empírica das repercussões do tempo na fenomenologia processual civil e penal. São Paulo: Ed. RT, 1998.

CUNHA JR., Dirley. Controle judicial das omissões do poder público. 2. ed. São Paulo: Saraiva, 2008.

CUNHA SALES, José Roberto da. Da praxe conciliatória. Rio de Janeiro: Nicloláu d'Oliveira & C. 1879.

CUNHA, Leonardo José Carneiro da. O regime processual das causas repetitivas. Revista de Processo – RePro, n. 179, p. 142. São Paulo: Ed. RT, 2010.

DALLA MASSARA T., La domanda parziale nel processo civile romano, Padova 2005.

DANTAS, Bruno. Comentários do artigo 976 ao 987 do Código de Processo Civil. In: WAMBIER, Teresa Arruda Alvim et al (Coord.). Breves comentários ao código de processo civil. São Paulo: Ed. RT, 2015.

DENTI, Vittorio. "Relazione introduttiva", in: Le azioni a tutela di interessi collettivi. Pádua, 1976.

DENTI, Vittorio. Cientificidad de la prueba y libre valoración del juez. Estudios e derecho probatorio. Trad. para o castelhano de Santiago Sentís Melendo e Tomás A. Banzhaf. Buenos Aires: EJEA, 1974.

DEXPAX, M. Droit de l'environnement. Paris: Dalloz, 1980.

DIDIER, Fredie. Cooperação judiciária nacional: esboço de uma teoria para o direito brasileiro (arts. 67-69, CPC). Salvador: JusPodivm, 2020.

DIDIER, Fredie. Pressupostos processuais e condições da ação: o juízo de admissibilidade da demanda. São Paulo: Saraiva, 2005.

DIDIER, Fredie. Extensão da coisa julgada à resolução da questão prejudicial incidental no novo Código de Processo Civil brasileiro. Civil Procedure Review, v.6, n.1, p.81-93, 2015.

DIDIER, Fredie. Sobre dois importantes (e esquecidos) princípios do processo: adequação e adaptabilidade do procedimento. In: Revista de Direito Processual Civil. Curitiba: Gênesis, 2001, n. 21.

DIDIER JR., Fredie; ZANETI JR., Hermes; OLIVEIRA, Rafael Alexandria de. Notas sobre as decisões estruturantes. Civil Procedure Review, v. 8, n. 1, p. 46-64, jan./apr. 2017.

DIDIER JR., Fredie. Elementos para uma teoria do processo estrutural aplicada ao processo civil brasileiro. In: Revista de Processo, v. 303, p. 45-81. São Paulo: Ed. RT, 2020.

DIDIER JR., Fredie; ZANETI, Hermes. Curso de direito processual civil, v. 4. 11. ed. Salvador: JusPodivm. 2017.

DIDIER JR., Fredie. Tutela de urgência nos processos coletivos: notas e particularidades. In: Revista de Processo. v. 143, p. 327-334. São Paulo: Ed. RT, 2007.

DI MAJO, Adolfo. La tutela civile dei diritti. MILANO: Giuffrè. 2. ed. 1993.

DINAMARCO, Cândido Rangel. A instrumentalidade do processo. São Paulo: Malheiros, 1986.

DINAMARCO, Cândido Rangel. "As três figuras da liquidação de sentença", in: BARBOSA MOREIRA, José Carlos (Coord.). Estudos de direito processual em memória de Luiz Machado Guimarães. Rio de Janeiro: Forense, 1997.

DINAMARCO, Cândido Rangel. "Das ações típicas", in: Fundamentos do processo civil moderno. 3. ed. São Paulo: Malheiros, 2000. v. I.

DINAMARCO, Cândido Rangel. "Direito e processo", in: Fundamentos do processo civil moderno. São Paulo: Ed. RT, 1986.

DINAMARCO, Cândido Rangel. Execução civil. 2. ed. São Paulo: Malheiros, 1987.

DINAMARCO, Cândido Rangel. Instituições de direito processual civil. São Paulo: Malheiros, 2001. v. I.

DINAMARCO, Cândido Rangel. Instituições de direito processual civil. São Paulo: Malheiros, 2001. v. II.

DINAMARCO, Cândido Rangel. Instituições de direito processual civil. São Paulo: Malheiros, 2001. v. III.

DINAMARCO, Cândido Rangel. "Ônus de contestar e efeito da revelia", in: Repro, n. 43. São Paulo: Ed. RT, 1986.

DINAMARCO, Cândido Rangel. Instituições de direito processual civil. 8. ed. São Paulo: Malheiros, 2016. v. I

DINAMARCO, Cândido Rangel. Relativizar a coisa julgada material. In: Nascimento, Carlos Valder (Coord.). Coisa julgada inconstitucional. Rio de Janeiro: América Jurídica, 2002.

DINIZ, Maria Helena. Curso de Direito Civil Brasileiro, v. 7: responsabilidade civil. 32. ed. São Paulo: Saraiva, 2018.

DINAMARCO, Pedro da Silva. Ação civil pública. São Paulo: Saraiva, 2001.

DOHRING, Erich. La prueba. Buenos Aires: Ejea, 1986.

EID, Eli Pierre. "Multilateralidade no processo civil: divergência de interesses em posições jurídicas", in: Revista de Processo, n. 217, São Paulo: Ed. RT, 2019.

EPSTEIN, L.G. (1980). "Decision-making and the temporal resolution of uncertainty". International Economic Review. 21 (2): 269–283.

FARIAS, Cristiano Chaves; ROSENWALD, Nelson; BRAGA NETTO, Felipe Peixoto. Curso de direito civil: responsabilidade civil. 5. ed. Salvador: JusPodivm, 2018.

FARIAS, Paulo José Leite. Competência Federativa e Proteção Ambiental. Porto Alegre: Sergio Antônio Fabris Editor, 1999.

FARIAS, Talden. "Termo de ajustamento de conduta e resolução negociada de conflitos", in: MILARÉ, Édis (Coord.). Ação Civil Pública após 35 anos. São Paulo: Ed. RT, 2020.

FAZZALARI, Elio. Instituzioni di diritto processuale. Pádua: CEDAM, 1989.

FAZZALARI, Elio. Note in tema di diritto e processo. Milano: Dott. A Giuffrè, 1957.

FENSTERSEIFER, Tiago. Direitos Fundamentais e Proteção do Ambiente: a dimensão ecológica da dignidade humana no marco jurídico-constitucional do Estado Socioambiental de Direito. Porto Alegre: Livraria do Advogado, 2008.

FERRAJOLI, Luigi. Direito e razão — Teoria do garantismo penal. São Paulo: Ed. RT, 2002.

FERRARA, Francesco. Le persone giuridique. Torino: UTET, 1938.

FERRARO, Marcella Pereira. Do processo bipolar a um processo coletivo-estrutural. Dissertação de Mestrado UFPR. Disponível em: http://acervodigital.ufpr.br/bitstream/handle/1884/39322/R%20-%20 D%20-%20MARCELLA%20PEREIRA%20FERRARO.pdf?sequence=2. Acesso em: 10.02.2017.

FERRAZ, Antonio Augusto Mello de Camargo; MILARÉ, Édis; NERY JR., Nelson. A ação civil pública e a tutela jurisdicional dos interesses difusos. São Paulo: Saraiva, 1984.

FERRAZ, Sérgio. Mandado de segurança e acesso à justiça, in: QUEIROZ, Rafael Augusto Sofiati de (Coord.). Acesso à justiça. Rio de Janeiro: Lumen Juris. 2002.

FERREIRA, Gabriela Macedo. "O ato concertado entre juízes cooperantes: esboço de uma teoria para o Direito brasileiro". Disponível em: http://www.civilprocedurereview.com/images/stories/2019-3/01. pdf?&embedded=true. Acesso em: 15.07.2020.

FERREIRA, William Santos. Comentários ao art. 373. In: WAMBIER, Teresa Arruda Alvim; DIDIER JR., Fredie; TALAMINI, Eduardo; DANTAS, Bruno. Breves comentários ao novo código de processo civil. São Paulo: Ed. RT, 2015.

FIGUEIREDO FERRAZ, Manuel Carlos de. Notas sobre a competência por conexão. São Paulo: Saraiva: 1937.

FISCHHOFF, B; WATSON, S.R.; HOPE, C. (1984). "Defining risk". "However, the definition of "risk," like that of any other key term in policy issues, is inherently controversial". Disponível em: https://www.cmu.edu/epp/people/faculty/research/Defining-Risk1984.pdf. Acesso em: 20.07.2020.

FOLBERG, Jay; TAYLOR, Alison. Mediación: resolución de conflictos sin litigio. México: Editorial Limusa S/A de C.V Grupo Noriega Editores, 1996.

FRANCARIO, P. Danni ambientali e tutela civile. Nápoles: Jovene, 1990.

FRANCO, Alberto Silva. Código Penal e sua interpretação jurisprudencial. 5. ed. São Paulo: Ed. RT, 1995.

FREDERICO, Celso. Lukács: um clássico do século XX. Coleção Logos. São Paulo: Morena, 1997.

FREIRE JR., Américo Bedê. O controle judicial de políticas públicas. São Paulo: Ed. RT, 2005.

GAJARDONI, Fernando Fonseca. Flexibilização Procedimental: um novo enfoque para o estudo do procedimento no direito processual. São Paulo: Atlas. 2008.

GAJARDONI, Fernando Fonseca. O livre convencimento motivado não acabou no CPC. Disponível em: https://jota.info/colunas/novo-cpc/o-livre-convencimento-motivado-nao-acabou-no-novo--cpc-06042015. Acesso em: 20.07.2020.

GAJARDONI, Fernando Fonseca. O processo coletivo refém do individualismo, In: DIDIER JR., Fredie; ZANETI JR., Hermes (Coord.). Processo coletivo. Coleção Repercussões do novo CPC. Salvador: JusPodivm, 2016. v. 8.

GALLO. Emanuela. L'evoluzione sociale e giuridica del concetto di danno ambientale. Rivista Amministrare. Il Mulino. 2/2010, agosto, p. 261-290.

GASPARINI, Diógenes. Direito Administrativo. 13 ed. São Paulo: Saraiva, 2008.

GAUGER, Anja et al. Ecocide is the missing 5th crime against peace. Disponível em: http://sas-space. sas.ac.uk. Acesso em: 10.08.2020.

GIAMPIETRO F., La responsabilità per danno all'ambiente dal T.U. ambientale all'art. 5 bis della legge 166/2009, in: Rivista giuridica dell'ambiente, 2011, fasc. 2, p. 191-202.

GIANNINNI, Massimo Severo. "Ambiente: saggio sui diversi suoi aspetti giuridici", in: Diritto e ambiente. Materiali di dottrina e giurisprudenza, commentati da Almerighi i Alpa. Parte I: Diritto civile. Pádua: CEDAM, 1984.

GIDDENS, Anthony. Modernidade e Identidade. Rio de Janeiro: Jorge Zahar, 2002.

GIDI, Antônio. Coisa julgada e litispendência nas ações coletivas. São Paulo: Saraiva, 1995.

GIDI, Antônio. Rumo a um código de processo civil coletivo: a codificação das ações coletivas no Brasil. Rio de Janeiro: Forense, 2008.

GIDI, Antônio. A 'class action' como instrumento de tutela coletiva dos direitos: as ações coletivas em uma perspectiva comparada. São Paulo: Ed. RT, 2007.

GIONFRIDA G., Appunti sulla connessione e continenza di cause, in: Riv. trim. dir. e proc. civ., 1960.

GOLDSCHMIDT, James. Derecho procesal civil. Barcelona: Labor, 1936.

GRECCO FILHO, Vicente. Comentários ao Código de Proteção e Defesa do Consumidor. São Paulo: Saraiva, 1991.

GOMES, Carla Amado. "A Responsabilidade Civil por Dano Ecológico", Disponível em: https://huespedes.cica.es/gimadus/20/03_carla_amado_gomes.html. Acesso em: 18.08.2020.

GOMES, Orlando. "Culpa e Risco". In: Revista de Direito Contemporâneo. v. 11, p. 349-358. 2017.

GONÇALVES, Carlos Roberto. Direito Civil Brasileiro — Responsabilidade Civil. 4. ed. São Paulo: Saraiva, 2012.

GRAY, Mark Allan. The international crime of ecocide. Disponível em: http://scholarlycommons.law. cwsl.edu. Acesso em: 12.08.2020.

GRECO, Leonardo. Concurso e cumulação de ações. Revista de Processo, n. 147. São Paulo: Ed. RT, 2007.

GRINOVER, Ada Pellegrini. "A aparente restrição da coisa julgada na ação civil pública: ineficácia da modificação do artigo 16 pela Lei 9.494/97", in: FIGUEIREDO, Guilherme José Purvin de (Coord.). Temas de direito ambiental e urbanístico. São Paulo: Max Limonad, 2000.

GRINOVER, Ada Pellegrini. "A coisa julgada perante a Constituição, a lei de ação civil pública, o Estatuto da Criança e do Adolescente e o Código de Defesa do Consumidor", in: Livro de estudos jurídicos, n. 5. Niterói: Instituto de Estudos, 1994.

GRINOVER, Ada Pellegrini. "A tutela jurisdicional dos interesses difusos". Tese apresentada à VII Conferência Nacional da OAB (abril de 1978) e publicada na Revista da Procuradoria Geral do Estado de São Paulo, n. 12, 1979.

GRINOVER, Ada Pellegrini. As garantias constitucionais do direito de ação. São Paulo: Ed. RT, 1973.

GRINOVER, Ada Pellegrini. "Ações coletivas. Identidade total ou parcial. Conexão, continência e litispendência. A aparente diversidade no pólo ativo. Conflito positivo de competência. Reunião dos processos perante o juízo prevento", in: A marcha do processo. Rio de Janeiro: Forense Universitária, 2000.

GRINOVER, Ada Pellegrini et al. Código Brasileiro de Defesa do Consumidor comentado pelos autores do anteprojeto. 4. ed. Rio de Janeiro: Forense Universitária, 1995.

GRINOVER, Ada Pellegrini. As garantias constitucionais do processo nas ações coletivas. In: Revista de Processo, v. 43, p. 19-30. São Paulo: Ed. RT.

GRINOVER, Ada Pellegrini. A ação civil pública refém do autoritarismo. In: Revista de Processo v. 96, p. 28-36. São Paulo: Ed. RT, 1999.

GRINOVER, Ada Pellegrini. "A tutela jurisdicional dos interesses difusos", tese apresentada à VII Conferência Nacional da OAB (abril de 1978) e publicada na Revista da Procuradoria Geral do Estado de São Paulo, n. 12, 1979.

GRINOVER, Ada Pellegrini. Parecer disponível em: http://www.sbdp.org.br/arquivos/material/542_ADI3943_pareceradapellegrini.pdf. Acesso em: 12.07.2020.

GRINOVER, Ada Pellegrini. Réquiem para a reforma dos processos coletivos. In: Revista de Processo, v. n. 265, p. 23-29. São Paulo: Ed. RT, 2017.

GRINOVER, Ada Pellegrini. Ações coletivas ibero-americanas: novas questões sobre a legitimação e a coisa julgada. Revista Forense, v. 361. p. 6-9, 2002.

GRINOVER, Ada Pellegrini. A coletivização de ações individuais após o veto. In: CIANCI, Mirna et. al. (Coord.). Novo Código de Processo Civil – Impactos na Legislação Extravagante e Interdisciplinar, v. 1. São Paulo: Saraiva, 2016.

GROPPALI, Alessandro. Introdução ao estudo do direito. Coimbra: Coimbra Editora, 1969.

GUERRA, Marcelo Lima. Direitos fundamentais e a proteção do credor na execução civil. São Paulo: Ed. RT, 2003.

HUSLEY, Aldous. A ilha. São Paulo: Biblioteca Azul. 2017.

JORGE, Flávio Cheim. Teoria geral dos recursos cíveis. 8. ed. São Paulo: Ed. RT, 2017.

JUSTEN FILHO, Marçal. Curso de direito administrativo. São Paulo: Saraiva, 2005.

KANE, Mary Kay. Civil procedure. 4. ed. St. Paul, Minn.: West Publishing Co., 1996.

KAPLAN, S.; GARRICK, B.J. (1981). "On The Quantitative Definition of Risk". Disponível em: https://doi.org/10.1111/j.1539-6924.1981.tb01350.x. Acesso em: 20.07.2020.

KLONOFF, Robert. H. The Decline of Class Actions. Disponível em: http:// openscholarship.wustl.edu/cgi/viewcontent.cgi?article=6004&context=law_lawreview. Acesso em: 13.02.2017.

KNIGHT, Frank. Risk, Uncertainty and profit. Disponível em: https://archive.org/details/riskuncertaintyp00knig/page/6/mode/2up?q=risk. Acesso em: 15.07.2020.

KNIJNIK, Danilo. A prova nos juízos cível, penal e tributário. Rio de Janeiro: Forense,

2007.

REFERÊNCIAS BIBLIOGRÁFICAS

KNIJNIK, Danilo. Os standards do convencimento judicial: paradigmas para o seu possível controle. Revista Forense, Rio de Janeiro, n. 353, jan.-fev. 2001.

KUBINSKY, Luiz. "A classificação das obras de direito dos Estados Unidos da América em especial consideração para com o direito de processo civil e penal segundo o sistema da biblioteca do Congresso", in: Revista de processo. São Paulo: Ed. RT, 1982.

LACERDA, Galeno. Processo e cultura. Revista de Direito Processual Civil, São Paulo, n. 3, 1962.

LARENZ. Karl. Metodologia da ciência do direito. 3. ed. Trad. José Lamego. Fundação Calouste Gulbenkian. Lisboa. 1997.

LEAL, Márcio Flávio Mafra. Ações coletivas: história, teoria e prática. Porto Alegre: Sérgio Antonio Fabris, 1998.

LEITE, Clarisse Frechiani Lara. Prejudicialidade no processo civil. São Paulo: Saraiva, 2008.

LEITE, José Rubens Morato. Dano ambiental: do individual ao coletivo extrapatrimonial. São Paulo: Ed. RT, 2000.

LEITE, José Rubens. WINTER, Delton. O nexo de causalidade na responsabilidade civil por danos ambientais. Revista de Direito Ambiental, v. 47, p. 76-95. São Paulo: Ed. RT, 2007.

LENZA, Pedro. Teoria geral da ação civil pública. 2. ed. São Paulo: Ed. RT, 2003.

LEONEL, Ricardo de Barros. Manual do processo coletivo. 2. ed., rev., atual. e ampl. São Paulo: Ed. RT, 2011.

LIEBMAN, Enrico Tullio. Eficácia e autoridade da sentença. 3. ed. Rio de Janeiro: Forense, 1984.

LIEBMAN, Enrico Tullio. Manual de direito processual civil. Trad. e notas Cândido Rangel Dinamarco. Rio de Janeiro: Forense, 1984.

LIEBMAN, Enrico Tullio. Azioni concorrenti. In: Problemi del processo civile. Napoli: Morano, 1962.

LINO, Daniela Bermudes. "Competência territorial adequada nas ações coletivas socioambientais: considerações sobre o cc 144.922/MG no desastre do Rio Doce". In: Revista de Direito Ambiental, v. 92, p. 285-303. São Paulo: Ed. RT, 2018.

LOPES, João Baptista. "A conexão e os arts. 103 e 105 do CPC", in: Revista dos Tribunais n. 707, p. 33-40. São Paulo: Ed. RT, 1994.

LOPES, José Reinaldo de Lima. A definição do interesse público. In: SALLES, Carlos Alberto (Org.). Processo civil e interesse público. São Paulo: Ed. RT, 2003.

LOPES, Maurício Antonio Ribeiro. Princípio da insignificância no direito penal. São Paulo: Ed. RT, 2000.

LOPES DA COSTA, Alfredo Araújo. Medidas preventivas: medidas preparatórias – medidas de conservação. 3. ed. São Paulo: Sugestões Literárias, 1966.

LOPEZ, Teresa Ancona. Princípio da precaução e evolução da responsabilidade civil. São Paulo: Quartier Latin, 2010.

LORENZETTI, Ricardo Luis. Teoria geral do direito ambiental. Trad. Fábio Costa Morosini e Fernanda Nunes Barbosa. São Paulo: Editora Ed. RT, 2010.

LORENZETTI, Ricardo Luis. Teoria da Decisão Judicial. Fundamentos de Direito. Trad. Bruno Miragem. Notas Claudia Lima Marques. São Paulo: Ed. RT, 2009.

LUCON, Paulo Henrique dos Santos. Eficácia das decisões e execução provisória. São Paulo: Ed. RT, 2000.

LUCON, Paulo Henrique dos Santos. Fixação de competência no direito brasileiro e foros concorrentes. In: Migalhas. Disponível em: https://www.migalhas.com.br/depeso/311660/fixacao-de-competencia-no-direito-brasileiro-e-foros-concorrentes. Acesso em: 17.08.2020.

LUCON, Paulo Henrique dos Santos. Relação entre demandas. 2. ed. Brasília: Gazeta Jurídica. 2018.

LUHMANN, Niklas. Sociologia del riesgo. Guadalajara: Walter de Grurter Co., 1992.

LUNARDI, Thais Amoroso Paschoal. Coletivização da prova: técnicas de produção coletiva da prova e seus reflexos na esfera individual. Tese de doutorado. Curitiba: Universidade Federal do Paraná, 2018.

LUNARDI, Thais Amoroso Paschoal. Atos concertados entre juízes cooperantes como ferramenta adequada de gestão processual: uma possibilidade para a aplicação do multidistrict litigation no sistema brasileiro. In: ARENHART, Sérgio Cruz; MITIDIERO, Daniel (Coord.); DOTTI, Rogéria (Org.). O Processo Civil entre a técnica processual e a tutela dos direitos – estudos em homenagem a Luiz Guilherme Marinoni. São Paulo: Ed. RT, 2017.

MACÊDO, Lucas Buril de. Coisa julgada sobre fato? Análise comparativa com o collateral estoppel de sua possibilidade de lege lata ou de lege ferenda, in: Revista de Processo, n. 260, p. 355-412. São Paulo: Ed. RT, 2016.

MACHADO, Paulo Affonso Leme. Ação civil pública (ambiente, consumidor, patrimônio cultural) e tombamento. 2. ed. São Paulo: Ed. RT, 1987.

MACHADO, Paulo Affonso Leme. Direito ambiental brasileiro. 6. ed. São Paulo: Malheiros, 1996.

MADDALENA, Paolo. "Il danno ambientale", in: Proprietà, danno ambien- tale e tutela dell'ambiente, a cura di Barbiera. Nápoles: Jovene, 1989.

MANCILLA, Alfredo Serrano; CARRILLO, Sergio Martín. La Economía Verde desde una perspectiva de América Latina. Fundación Friedrich Ebert, FES-ILDIS, Proyecto Regional de Energía y Clima, julho, 2011. Disponível em: http://library.fes.de/pdf-files/bueros/quito/08252.pdf. Acesso em: 15.09.2020.

MANCUSO, Rodolfo de Camargo. Ação civil pública em defesa do meio ambiente, do patrimônio cultural e dos consumidores (Lei 7.437/85 e legislação complementar). São Paulo: Ed. RT, 1997.

MANCUSO, Rodolfo de Camargo. Interesses difusos: conceito e legitimação para agir. 3. ed. São Paulo: Ed. RT, 1994.

MANCUSO, Rodolfo de Camargo. Considerações sobre a coisa julgada no processo coletivo, In: MILARÉ, Édis (Coord.). Ação civil pública após 35 anos. São Paulo: Ed. RT, 2020.

MANCUSO, Rodolfo de Camargo. Coisa julgada, "Collateral Estoppel" e Eficácia Preclusiva "Secundum eventum litis". Revista dos Tribunais, Ano 75, n. 608, Jun/1986.

MANCUSO, Rodolfo de Camargo. A proteção judicial de interesses difusos e coletivos: funções e significados. In: Processo civil e interesse público: o processo como instrumento de defesa social. São Paulo: Ed. RT, 2003.

MANCUSO, Rodolfo de Camargo. Acesso à justiça: condicionantes legítimas e ilegítimas. São Paulo: Ed. RT, 2011.

MANDRIOLI, Crisanto. Corso di diritto processuale civile. 13. ed. Torino: Giappichelli, 2000. v. I.

MARANINI, Giuseppe. "Princípio dispositivo e princípio inquisitório", in: Processo oral. Rio de Janeiro: Revista Forense, 1940.

MARCATO, Antonio Carlos. Ação de consignação em pagamento. São Paulo: Ed. RT, 1984.

MARCUSE, Herbert. Cultura e sociedade. Trad. Wolfgang Leo Maar, Isabel Maria Loureiro e Robespierre de Oliveira. Rio de Janeiro: Paz e Terra, v. II, 1998.

MARCUSE, Herbert. A ideologia da sociedade industrial. Trad. Giasone Rebuá. 3. ed. Rio de Janeiro: Zahar Editores, 1969.

MARINONI, Luiz Guilherme. Tutela cautelar e tutela antecipatória. 2. ed. São Paulo: Ed. RT, 1994.

MARINONI, Luiz Guilherme. Tutela específica. São Paulo: Ed. RT, 2000.

MARINONI, Luiz Guilherme. Aproximação crítica entre as jurisdições de civil law e de common law e a necessidade de respeito aos precedentes no Brasil. Revista de Processo, n. 172, p. 175-232. São Paulo: Ed. RT.

MARINONI, Luiz Guilherme. Técnica processual e tutela dos direitos. 3 ed. São Paulo: Ed. RT, 2010.

MARINONI, Luiz Guilherme. Tutela inibitória: individual e coletiva. 5 ed. São Paulo: Ed. RT, 2012.

MARINONI, Luiz Guilherme. Tutela contra o ilícito – inibitória e de remoção. São Paulo: Ed. RT, 2015.

MARINONI, Luiz Guilherme. Coisa julgada sobre questão. 2. ed. São Paulo: Ed. RT, 2019.

MARINONI, Luiz Guilherme. Abuso de defesa e parte incontroversa da demanda, São Paulo: Ed. RT, 2007.

MARINONI, Luiz Guilherme. Coisa julgada sobre questão, inclusive em benefício de terceiro. Revista de Processo, São Paulo, v. 259, p. 97-116, 2016.

MARINONI, Luiz Guilherme. O "problema" do incidente de resolução de demandas repetitivas e dos recursos extraordinário e especial repetitivos, v. 249, São Paulo: Ed. RT, 2015, p. 399-419.

MARINONI, Luiz Guilherme; ARENHART, Sérgio Cruz. Manual do processo de conhecimento. 5. ed. rev., atual. e ampl. São Paulo: Ed. RT, 2006.

MARQUES, José Frederico. "A investigação policial", in: Estudos de direito processual penal. 2. ed. Campinas: Millenium, 2001.

MARQUES, José Frederico. Instituições de direito processual civil. Rio de Janeiro: Forense, 1971, v. IV.

MARTIN-CHENUT, Khatia; NEYRET, Laurent; PERRUSO, Camila. Rumo à internacionalização da proteção penal do meio ambiente: dos ecocrimes ao ecocídio. Disponível em: https://www.publicacoesacademicas.uniceub.br/rdi/article/view/3753/0. Acesso em: 12.08.2020.

MARTIN, Gilles. "De la responsabilité civile pour faits de pollution, au droit à l'environnement", in: Droit civil et économie de l'environnement. Collection dirigé par Michel Prieur et Alexandre Kiss. Publications Périodiques Specialisées. Paris: Dalloz, 1989.

MARTINS-COSTA, Judith. A boa-fé no direito privado: sistema e tópica no processo obrigacional. São Paulo: Ed. RT, 1999.

MARX, Karl. O fetichismo da mercadoria: seu segredo. v. 1. O capital. Rio de Janeiro: Civilização Brasileira, 1975.

MATEO, Ramon Martin. Tratado de Derecho Ambiental. Madrid: Trivium, 1991, v. I.

MATTOS, Sérgio Luís Wetzel de. "Iniciativa probatória do juiz e princípio do contraditório no processo civil", in: OLIVEIRA, Carlos Alberto Alvaro de (Coord.). Prova cível. Rio de Janeiro: Forense, 1999.

MAZZILLI, Hugo Nigro. A defesa dos interesses difusos em juízo. 5. ed. São Paulo: Ed. RT, 1993.

MAZZILLI, Hugo Nigro. "Ação civil pública", in: Revista dos tribunais, n. 682/26.

MAZZILLI, Hugo Nigro. O inquérito civil – investigações do Ministério Público, compromissos de ajustamento e audiências públicas. 2. ed. São Paulo: Saraiva, 2000.

MAZZILLI, Hugo Nigro. "Pontos controvertidos sobre o inquérito civil", in: MILARÉ, Édis (Coord.). Ação civil pública. São Paulo: Ed. RT, 2001.

MAZZILLI, Hugo Nigro. Regime jurídico do Ministério Público. Cap. 5, n. 14. MICHELI, Gian Antonio. L'onere della prova. Pádua, 1966.

MEDEIROS, Flávio Meirelles. No processo penal, convicção, indícios e provas são coisas diferentes. Disponível em: https://www.conjur.com.br/2018-mai-14/flavio-medeiros-conviccao-indicios-provas-sao-coisas-diferentes. Acesso em: 12.07.2020.

MEDINA, Paulo Roberto de Gouvêa. A conexão de causas no processo civil. Revista de Processo, n. 109, São Paulo: Ed. RT, 2003.

MENCHINI, Sergio. I limiti oggetivi del giudicato civile. Milano: Giuffrè Editore, 1987.

MENDES, Aluisio Gonçalves de Castro. Ações coletivas no direito comparado e nacional. In: MARINONI, Luiz Guilherme (Coord.). Coleção Temas Atuais de Direito Processual Civil. São Paulo: Ed. RT, 2002, v. 4.

MENDES, Aluisio Gonçalves de Castro. Ações coletivas no direito comparado e nacional, São Paulo: Ed. RT, 2002.

MENDES, Aluisio Gonçalves de Castro. Resolução coletiva de conflitos. In: MENDES, Aluisio Gonçalves de Castro; WAMBIER, Teresa Arruda Alvim. (Org.). O processo em perspectiva: Jornadas Brasileiras de Direito Processual – Homenagem a José Carlos Barbosa Moreira. 1ed. São Paulo: Ed. RT, 2013.

MESQUITA, Luís Miguel Andrade. A Flexibilização do Princípio do Pedido à Luz do Moderno Processo Civil, Revista de Legislação e Jurisprudência, novembro – dezembro 2013, Ano 143, n. 3983.

MICHELE, Gian Antonio. "A prova", in: Revista de Processo, v. 16, p. 155-168. São Paulo: Ed. RT, 1979.

MILARÉ, Édis. A ação civil pública na nova ordem constitucional. São Paulo: Saraiva, 1990.

MILARÉ, Édis. Direito do ambiente. 8. ed. rev., atual. e ampl. São Paulo: Ed. RT, 2013.

MIRRA, Álvaro Luiz Valery. "Um estudo sobre a legitimação para agir no direito processual civil. A legitimação ordinária do autor popular", in: Revista dos tribunais, n. 618/34.

MIRRA, Álvaro Luiz Valery. Impacto Ambiental – Aspectos da legislação brasileira. 4. ed. São Paulo: Juarez de Oliveira, 2008.

MIRRA, Álvaro Luiz Valery. Ação civil pública em defesa do meio ambiente: a representatividade adequada dos entes intermediários legitimados para a causa, in: MILARÉ, Édis (Coord.). A ação civil pública após 20 anos: efetividade e desafios. São Paulo: Ed. RT, 2005.

MIRRA, Álvaro Luiz Valery. Responsabilidade civil ambiental e a reparação integral do dano. Disponível em: https://www.conjur.com.br/2016-out-29/ambiente-juridico-responsabilidade-civil-ambiental-reparacao-integral-dano#:~:text=A%20repara%C3%A7%C3%A3o%20integral%20do%20dano%20ao%20meio%20ambiente%20abrange%20n%C3%A3o,da%20agress%C3%A3o%20inicial%20a%20um. Acesso em: 15.08.2020.

MIRRA, Álvaro Luiz Valery. "As dimensões material e procedimental do direito ao meio ambiente equilibrado". Disponível em: https://www.conjur.com.br/2017-fev-18/ambiente-juridico-dimensoes-material-procedimental-meio-ambiente-equilibrado#_edn18. Acesso em: 15.05.2020.

MITIDIERO, Daniel. Antecipação de tutela. São Paulo: Ed. RT, 3. ed. 2017.

MOLINA, Antonio García-Pablos de. Tratado de Criminología. 5. ed. Madrid: Editorial Tirant lo Blanch, 2014.

MONACCIANI, Luigi. Azione e legitimazione. Milão: Giuffrè, 1951.

MONIZ DE ARAGÃO, Egas Dirceu. Conexão e "tríplice identidade". Revista de Processo, n. 29, São Paulo: Ed. RT, 1983.

MONTEIRO, João. Teoria do processo civil e comercial. 3. ed. São Paulo: Duprat & Comp., 1912.

MONTEIRO, João. Teoria do processo civil e comercial, v. 1. Imprenta: Rio de Janeiro, Borsoi, 1956.

MOREIRA NETO, Diogo de Figueiredo. Curso de Direito Administrativo: parte introdutória, parte geral e parte especial. 14. ed. rev., ampl. e atual. Rio de Janeiro: Ed. Forense, 2005.

MULHERON, Rachael P. The Class Action in Common Law Legal Systems: A Comparative Perspective. Hart, 2004, p. 426 e ss. (Chapter 11, D).

MULHOLLAND, Caitlin Sampaio. A responsabilidade civil por presunção de causalidade. Rio de Janeiro: GZ, 2009.

MULLENIX, Linda S. "Aggregate Litigation ad the Death of Democratic Dispute Resolution". Disponível em: http://scholarlycommons.law.northwestern.edu/cgi/viewcontent.cgi?article=1063&context=nulr. Acesso em: 02.02.2017. Por outro lado, demonstrando as razões do declínio acentuado da class action norte americana ver KLONOFF, Robert. H. The Decline of Class Actions. Disponível em: http:// openscholarship.wustl.edu/cgi/viewcontent.cgi?article=6004&context=law_lawreview. Acesso em: 13 fev. 2017.

MULLENIX, Linda S. Taking Adequacy Seriously: The Inadequate Assessment of Adequacy in Litigation and Settlement Classes, 57 Vanderbilt Law Review 1687 (2019). Disponível em: https://scholarship. law.vanderbilt.edu/vlr/vol57/iss5/5. Acesso em: 18.12.2020.

NEGRÃO, Theotônio. Código de processo civil e legislação em vigor. São Paulo: Malheiros, 2002.

NERY, Ana Luiza. Compromisso de Ajustamento de Conduta. Teoria e análise de casos práticos. Revista dos Tribunais, 2010.

NERY, Ana Luiza. "Confissão como exigência da Administração Pública", in: MILARÉ, Édis (Coord.). Ação Civil Pública após 35 anos. São Paulo: Ed. RT, 2020.

NERY JR., Nelson. Princípios do processo civil na Constituição Federal. São Paulo: Ed. RT, 1992.

NERY JR., Nelson. Princípios do processo na Constituição Federal: processo civil, penal e administrativo. 9. ed. rev., ampl. e atual. São Paulo: Ed. RT, 2009.

NERY JR., Nelson. O processo civil no código de defesa do consumidor. In: Revista de Processo, v. 61, p. 24-35. São Paulo: Ed. RT, 1991.

NERY JR., Nelson. ANDRADE NERY, Rosa Maria. CPC comentado e legislação processual civil em vigor. 4. ed. São Paulo: Ed. RT, 1999.

NERY JR., Nelson. Código de processo Civil Comentado. 10. ed. São Paulo: Ed. RT, 2008.

NERY JR., Nelson. Considerações sobre o Direito Ambiental e sua proteção constitucional. In: Ação Civil Pública após 35 anos. São Paulo: Ed. RT, 2020.

NEVES, Celso. Notas a propósito da conexão de causas, in: Revista de Processo, n. 36, São Paulo: Ed. RT, 1984.

NEVES, Celso. Coisa Julgada Civil. Rio de Janeiro: Ed. RT, 1971.

NORONHA, Fernando. Direito das Obrigações: fundamentos do direito das obrigações: introdução à responsabilidade civil. v. 1. São Paulo: Saraiva, 2003.

NORONHA, Fernando. Desenvolvimento contemporâneo da responsabilidade civil, in: Revista dos Tribunais, v. 761, São Paulo: Ed. RT, 1999.

NUNES, Dierle. Novo enfoque para as tutelas diferenciadas no Brasil? Diferenciação procedimental a partir da diversidade de litigiosidades, Revista de Processo – RePro, n. 184, p. 109-140. São Paulo: Ed. RT, jun. 2010.

OLIVEIRA, Bruno Silveira de. Conexidade e efetividade processual. São Paulo: Ed. RT, 2007.

OLIVEIRA, Carlos Alberto Alvaro de. "Problemas atuais da livre apreciação da prova", in: OLIVEIRA, Carlos Alberto Alvaro de (Coord.). Prova cível. Rio de Janeiro: Forense, 1999.

OLIVEIRA, Carlos Alberto Alvaro de. Perfil dogmático da tutela de urgência. Revista da AJURIS, n. 70, Porto Alegre: 1997. Disponível em: http://www.abdpc.org.br/abdpc/artigos/Carlos%20A%20A%20de%20Oliveira%20(7)%20-formatado.pdf. Acesso em: 15.07.2020.

OLIVEIRA, Carlos Alberto Alvaro de. O Processo Civil na Perspectiva dos Direitos Fundamentais. In: Cadernos do Programa de Pós Graduação em Direito da Universidade do Rio Grande do Sul. Disponível em: https://seer.ufrgs.br/ppgdir/article/view/49187. Acesso em: 10.07.2020.

OLIVEIRA, Marco Antônio Perez de. Coisa Julgada sobre a sentença genérica coletiva. São Paulo: Saraiva, 2015.

OLIVEIRA JR., Waldemar Mariz de. "Tutela jurisdicional dos interesses coletivos", in: Estudos sobre o amanhã. Caderno 2, São Paulo, 1978.

OLIVEIRA NETO, Olavo de. Conexão por prejudicialidade. São Paulo: Ed. RT, 1994

ORTEGA Y GASSET, Jose. La rebelion de las massas. Disponível em: http://www.cisc.org.br/portal/biblioteca/rebeliaodasmassas.pdf. Acesso em: 29.06.2016, pgs. 08 e 09.

OSNA, Gustavo. Nem "tudo", nem "nada" – Decisões estruturais e efeitos jurisdicionais complexos. In: ARENHART, Sérgio Cruz; JOBIM, Marco Félix (Org.). Processos estruturais. Salvador: Juspodvim, 2017.

OXFORD English Dictionary. 3. ed. Oxford University Press. September 2005.

PARÁ FILHO, Tomás. Estudos sobre a sentença constitutiva. São Paulo, 1973.

PARÁ FILHO, Tomás. Estudo sobre a conexão de causas no processo civil. São Paulo: Edusp, 1964.

PAULA BAPTISTA. Compendio de Theoria e Pratica do Processo Civil Comparado com o comercial e de hermenêutica jurídica. 4. ed. Rio de Janeiro: Garnier, 1890.

PATTI. La tutela giurisdizionale civile dell'ambiente dopo la legge, n. 349/86. Pádua, 1979.

PATTI, Salvatore. Libero Convincimento e valutazione delle prove, Rivista di diritto processuale. Ano XL, n. 3. Padova: CEDAM, 1985.

PAZZAGLINI FILHO, Marino; RIOSA, Márcio Fernando Elias & FAZ- ZIO JR., Waldo. Improbidade administrativa. 4. ed. São Paulo: Atlas, 2000.

PEREIRA, Caio Mário da Silva. Instituições de direito civil. Rio de Janeiro: Forense, 1990, v. III.

PESCATORE, Matteo. Sposizione compendiosa della procedura civile e criminale. Bologna: [s.n.], 1864.

PETROCELLI, Bagio. L'antiguiridicità. 2. reimp. Padova: CEDAM. 1947.

PINHO, Humberto Dalla Bernardina de; CORTÊS, Victor Augusto Passos Vilanni. As medidas estruturantes e a efetividade das decisões judiciais no ordenamento jurídico brasileiro. Revista Eletrônica de Direito Processual – REDP, v. 13, n. 13, p. 229-258, 2014.

PINHO, Humberto Dalla Bernardina de; CABRAL, Trícia Navarro Xavier. Compromisso de ajustamento de conduta: atualidades e perspectivas de acordo com o projeto do novo CPC. Revista de direitos difusos IBAP, ano XI, v. 52, São Paulo: Letras Jurídicas, 2010.

REFERÊNCIAS BIBLIOGRÁFICAS

PISANI, Andrea Proto. "Appunti sulla tutela sommaria", in: I processi speciali, studi offerti a Virgilio Andrioli daí suoi allievi. Nápoles: Jovene, 1979.

PISANI, Andrea Proto. La nouva disciplina del processo civile. Nápoles: Jovene, 1991.

PISANI, Andrea Proto. Lezioni di diritto processuale civile. 3. ed. Nápoles: Jovene Editore, 1999.

PISANI, Andrea Proto. La tutela summaria. Appunti sulla giustizia. Bari: Cacucci, 1982.

PISANI, Andrea Proto. Verso la residualità del processo a cognizione piena? Revista de Processo, Ano 31, n. 131, jan/2006.

PIZZOL, Patrícia Miranda. DELGADO, Gilson. A tutela de urgência como instrumento de acesso à justiça, v. 302, p. 175-216. São Paulo: Ed. RT, 2020.

PIZZOL, Patrícia Miranda. Tutela Coletiva: Processo Coletivo E Técnicas De Padronização Das Decisões. São Paulo: revista dos Tribunais, 2019.

PLANIOL; RIPERT & BOULANGER. Traité élémentaire, II, n. 752. POSTIGLIONE. Il diritto all'ambiente. Nápoles: Jovene, 1982.

PONTES DE MIRANDA, Francisco Cavalcanti. Comentários ao código de processo civil. 2. ed. Rio de Janeiro: Forense, 1958. t. II.

PONTES DE MIRANDA, Francisco Cavalcanti. Tratado de direito privado, Rio de Janeiro: Borsoi. 1955. t. 5, § 599, n. 2.

PRADO, Luiz Regis. Bem jurídico-penal e Constituição. São Paulo: Ed. RT, 1999.

RAFFENSPERGER, C.; TIKCKNER, J. Protecting public health & the environment: implementing the precautionary principle. Washington: Island Press, 1999.

RAPISARDA, Cristina. Profili della tutela civile inibitoria. Pádua: CEDAM, 1987.

REALE, Miguel. Lições preliminares de direito. São Paulo: Saraiva, 2002.

REDENTI, Enrico. Il giudizio civile com pluralità di parte. Milão: Giuffrè,1962 (reimpressão).

RIBEIRO DE FARIA, Jorge Leite Areias. Direito das obrigações, v. II, Coimbra. 2º v. Coimbra: Almedina. 1990.

RICCI, Edoardo, "Litispendenza", in: Dig. delle Disc. Priv., XI, Torino, 1994.

RODRIGUES, Geisa de Assis. Ação civil pública e termo de ajustamento de conduta: teoria e prática. 2.ed. Rio de Janeiro: Forense, 2006.

RODRIGUES, Marcelo Abelha. Manual de execução civil. 7. ed. São Paulo: Gen. 2019.

RODRIGUES, Marcelo Abelha. Suspensão de segurança: sustação de eficácia de decisão judicial contra o poder público. 4. ed. Salvador: JusPodivm. 2017.

RODRIGUES, Marcelo Abelha. Proteção Jurídica da Flora. Salvador: JusPodivm. 2019.

RODRIGUES, Marcelo Abelha. "Notas para uma reflexão sobre o cumprimento provisório da sentença e a efetivação da tutela provisória no direito processual civil brasileiro", in: Revista Unicuritiba, v. 2, n. 79, 2020. Disponível em: http://dx.doi.org/10.21902/revistajur.2316-753X.v2i59.4234. Acesso em: 02.09.2020.

RODRIGUES, Marcelo Abelha. Elementos de direito ambiental: parte geral. São Paulo: Max Limonad, 2002.

RODRIGUES, Marcelo Abelha. Ponderações sobre a fluid recovery do art. 100 do CDC. In. NOLASCO, Rita Dias; MAZZEI, Rodrigo. Processo Civil Coletivo. São Paulo: Quartier Latin, 2005.

RODRIGUES, Marcelo Abelha. Processo Civil Ambiental. 4. ed. Salvador: JusPodivm, 2016.

RODRIGUES, Marcelo Abelha. Direito Ambiental Esquematizado. 7. ed. São Paulo: Saraiva. 2020.

RODRIGUES, Marcelo Abelha. Ação civil pública e meio ambiente. 3. ed. Rio de Janeiro: Forense, 2009.

RODRIGUES, Marcelo Abelha. Técnicas individuais de repercussão coletiva x técnicas coletivas de repercussão individual. Por que estão extinguindo a ação civil pública para a defesa de direitos individuais homogêneos? In: DIDIER JR., Fredie; ZANETI JR., Hermes (Coord.). Processo coletivo. Coleção Repercussões do novo CPC, v. 8. Salvador: Juspodivm, 2016.

RODRIGUES, Marcelo Abelha. Fundamentos da tutela coletiva. Brasília: Gazeta Jurídica. 2017.

RODRIGUES, Marcelo Abelha. Sanções administrativas no Código de Defesa do Consumidor. Salvador: JusPodivm, 2009.

RODRIGUES, Marcelo Abelha. JORGE, Flávio Cheim. A limitação à utilização do inquérito civil no direito eleitoral: a inconstitucionalidade do art. 105-A da Lei 9.504/1997", in: Revista de Processo, n. 235, São Paulo: Ed; RT, 2014, p. 13-18.

RODRIGUES, Marcelo Abelha. Manual de Direito Eleitoral. São Paulo: Ed. RT, 2014.

RODRIGUES, Marcelo Abelha. JORGE, Flávio Cheim. LIBERATO, Ludgero. Curso de Direito Eleitoral. 3. ed. Salvador: JusPodivm. 2020.

RODRIGUES, Marco António dos Santos. A Modificação do Pedido e da Causa de Pedir. Rio de Janeiro: GZ Editora, 2014.

RODRIGUES, Roberto de Aragão Ribeiro. O novo perfil da tutela dos direitos individuais homogêneos. Santa Catarina: Juruá, 2013.

RODRIGUES, Silvio. Direito civil: responsabilidade civil. v. IV. São Paulo: Saraiva, 2002.

ROQUE, André Vasconcellos. As ações coletivas após o novo Código de Processo Civil: para onde vamos? In: DIDIER JR., Fredie; ZANETI JR., Hermes (Coord.). Processo coletivo. Coleção Repercussões do novo CPC, v. 8. Salvador: JusPodivm, 2016, p 157-186.

ROSA, Eliézer. "Divagações de um estudante de processo em férias", in: Revista de direito processual civil. São Paulo: Saraiva, 1960, v. 2.

ROSENBERG, David. Avoiding duplicative litigation of similar claims: the superiority of class action vs. collateral estoppel vs. standard claims market. Disponível em: http://www.law.harvard.edu/programs/olin_center/papers/pdf/394. pdf. Acesso em: 20 .10.2016.

ROSEMBERG, Leo. La carga de la prueba. Trad. para o castelhano da 3. ed. alemã (1951) de Die Beweilast por Ernesto Krotoschin. Buenos Aires: EJEA, 1956.

ROSEMBERG, Leo. Tratado de derecho procesal civil. Buenos Aires: EJEA, 1955, v. II.

ROSEMBERG, Leo; SCHWAB, Karl Heinz. Zivilprozessrecht, § 91. Buenos Aires: CIEA, 1955.

ROSITO, Francisco. A prova e os modelos de constatação na formação do juízo de fato. In: Revista de Processo, v. 157, p. 51-71. São Paulo: Ed. RT, 2008.

ROXIN, Claus. Derecho penal: parte general. t. I. Fundamentos. La estructura de la teoria del delito. 2. ed. Trad.: Diego-Manuel Luzon Peña et. al. Madrid: Editorial Civitas, 1997.

SALLES, Carlos Alberto de. Execução judicial em matéria ambiental. São Paulo: Ed. RT, 1999.

SALLES, Carlos Alberto de. Processo civil de interesse público, in: Processo civil e interesse público: o processo como instrumento de defesa social. São Paulo: Ed. RT, 2003.

REFERÊNCIAS BIBLIOGRÁFICAS

SANCHEZ, Antonio Cabanillas. La reparación de los daños al medio ambiente. Navarra: Editorial Aranzadi, 1995.

SANTOS, Moacyr Amaral. Comentários ao Código de Processo Civil. Rio de Janeiro: Forense.1966, v. 1, Parte geral.

SANTOS, Moacyr Amaral. Prova Judiciária no Cível e Comercial. 2 ed. São Paulo: Max Limonad, 1952.

SARLET, Ingo Wolfgang. Eficácia dos direitos fundamentais: uma teoria geral dos direitos fundamentais na perspectiva constitucional. 11. ed. Porto Alegre: Livraria do Advogado Editora, 2012.

SARLET, Ingo Wolfgang; MARINONI, Luiz Guilherme; MITIDIERO, Daniel. Curso de Direito Constitucional. São Paulo: Ed. RT, 2012.

SARLET, Ingo Wolfgang; FERNSTERSEIFER, Tiago. Direito constitucional ambiental: estudos sobre a constituição, os direitos fundamentais e a proteção do ambiente. São Paulo: Ed. RT, 2011.

SARMENTO, Sarmento. "Dimensão objetiva dos direitos fundamentais: fragmentos de uma teoria" in: Arquivos de direitos humanos. v. 4. Rio de Janeiro: Renovar, 2002.

SATTA, Salvatore. Diritto processuale civile. 13. ed. Pádua: CEDAM, 2000.

SATTA, Salvatore. Variazioni sulla legittimazione ad causam. Rivista Trimestrale di Diritto e Procedura Civile v. 21, 1967.

SCAPINI, Nevio. La prova per indizi nel vigente sistema del processo penale. Milano: Giuffrè, 2001.

SCARANO. "Danno ambientale e onere della prova", in: La qualità della vita e l'ambiente a cura di Ferranti y Pascolini. Milão: Giuffrè, 1989.

SCHÖNKE, Adolf. Derecho procesal civil. trad. Leonardo Prieto Castro. Barcelona: Bosch, 1950.

SEABRA FAGUNDES. O controle jurisdicional dos atos administrativos pelo Poder Judiciário. 5. ed. Rio de Janeiro: Forense, 1979.

SENDIM, José de Sousa Cunhal. Responsabilidade civil por danos ecológicos. Coimbra: Almedina, 2002.

SERPA LOPES, Miguel Maria de. Curso de direito civil. 6. ed. Rio Grande do Sul: Freitas Bastos, 1995, v. II.

SICA, Heitor Vitor Mendonça. O Direito de Defesa no Processo Civil Brasileiro. São Paulo: Atlas, 2011.

SIQUEIRA, Cleanto Guimarães. A defesa no processo civil: as exceções substanciais no processo de conhecimento. 3. ed. São Paulo: Saraiva. 2008.

SIQUEIRA, Thiago Ferreira. Objeto do processo, questões prejudiciais e coisa julgada: análise dos requisitos para a formação da coisa julgada sobre a questão prejudicial incidental no Código de Processo Civil de 2015. Tese de Doutorado USP, 2018.

SIQUEIRA, Thiago Ferreira. Limites objetivos da coisa julgada: objeto do processo e questões prejudiciais. Salvador: JusPodivm. 2020.

SILVA, Ovídio Baptista da. Jurisdição e execução. São Paulo: Ed. RT, 1996.

SILVA, Ovídio Baptista da. Processo e ideologia. Rio de Janeiro: Forense, 2006.

SILVA, Ovídio Baptista da. "Processo e Ideologia", in: Revista de Processo, v. 59, p. 187-200. São Paulo: Ed. RT, 1990.

SILVA, Ovídio Baptista da. Processo de conhecimento e procedimentos especiais, in: Revista dos Tribunais, v. 692, p. 40-47. São Paulo: Ed. RT, 1993.

SILVA, Ovídio Baptista da. Curso de Processo Civil: processo cautelar (tutela de urgência). 3. ed. rev. São Paulo: Ed. RT, 2000.

SILVA, Ovídio Baptista da. Tutela antecipatória e juízos de verossimilhança. In: Da sentença liminar à nulidade da sentença. Rio de Janeiro: Forense, 2002.

SILVA, Ovídio Baptista da. Sentença e Coisa Julgada: Ensaios e Pareceres. 4 ed. rev. e ampliada. Rio de Janeiro: Forense, 2003.

SILVA, Ovídio A. Baptista da; GOMES, Fábio. Teoria Geral do Processo. 3. ed. rev. atual. São Paulo: Ed. RT, 2002.

SILVA SÁNCHEZ, Jesús María. La expansión del derecho penal: aspectos de la Política criminal en las sociedades postindustriales. Madrid: Edisofer, 2011.

SOUSA, Miguel Teixeira de. O objeto da sentença e o caso julgado material (estudo sobre a funcionalidade processual). Revista Forense, Ano 81, n. 292, Out-Nov/1985.

STEIGLEDER, Annelise Monteiro. Responsabilidade civil ambiental: as dimensões do dano ambiental no direito brasileiro. Porto Alegre: Livraria do Advogado, 2004.

STOCO, Rui. Tratado da responsabilidade civil. 6. ed. São Paulo: Revista

dos Tribunais, 2004.

TALAMINI, Eduardo. Tutela dos deveres de fazer e não fazer. São Paulo: Ed. RT, 2000.

TALAMINI, Eduardo. Coisa Julgada e sua Revisão. São Paulo: Ed. RT, 2005.

TALAMINI, Eduardo. "A dimensão coletiva dos direitos individuais homogêneos: ações coletivas e os mecanismos previstos no Código de Processo Civil". Repercussões do novo CPC (LGL\2015\1656) – Processo Coletivo. Hermes Zaneti Jr. (Coord.). Salvador: JusPodivm, 2016.

TARUFFO, Michelle. "I limiti soggettivi del giudicato e le 'class actions', in: Rivista di diritto processuale. Pádua: CEDAM, 1969.

TARUFFO, Michelle. Il processo civile "adversary" nell'esperienza americana. Pádua: CEDAM, 1979.

TARUFFO, Michelle. A prova. São Paulo: Marcial Pons, 2014.

TARUFFO, Michelle. Ensaios sobre o Processo Civil. Escritos sobre processo civil e justiça civil. Porto Alegre: Editora Livraria do Advogado. 2017.

TARUFFO, Michelle. Consideraciones sobre prueba y verdad. Derechos y Libertades: Revista del Instituto Bartolomé de las Casas, Universidad Carlos III de Madrid, ano VII, jan.-dez. 2002.

TARUFFO, Michelle. "Considerazioni su prova e motivazione", in: Revista de Processo, v. 151, São Paulo: Ed. RT, 2002, p. 229-240.

TARZIA, G., "Connessione di cause e processo simultane", in: Rivista trimestrale di diritto e procedura civile, p. 397-443. 1988.

TAVARES, André Ramos. Curso de Direito Constitucional. 8. ed. São Paulo: Editora Saraiva, 2010.

TEITELBAUM, Jaime W. El proceso acumulativo civil, Montevidéu, 1973.

TEIXEIRA, Sálvio de Figueiredo. "Considerações sobre o direito norte-americano", in: Revista de processo, v. 16. São Paulo: Ed. RT, out./dez. 1979.

TEMER, Sofia. Participação no Processo Civil: Repensando Litisconsórcio, Intervenção de Terceiros e Outras Formas de Atuação. Salvador: JusPodivm. 2020.

TEMER, Sofia. Incidente de resolução de demandas repetitivas. Salvador: JusPodivm. 2016.

TIDMARSH, Jay. Rethinking Adequacy of Representation, 87 Tex. L. Rev. 1137 (2008-2009), Disponível em: https://scholarship.law.nd.edu/law_faculty_scholarship/531. Acesso em: 18.07.2020.

THEODORO JR., Humberto; FARIA, Juliana Cordeiro.; NASCIMENTO, Carlos Valder do. Coisa julgada inconstitucional. 2.ed. Rio de Janeiro: América Jurídica, 2003.

TOMMASEO, Ferruccio. I provvedimenti d'urgenza: struttura e limiti della tutela antecipatoria. Padova: CEDAM, 1983.

TORNAGHI, Helio. Comentários ao CPC. São Paulo: Ed. RT, 1974. v. I.

TORNAGHI, Helio. Curso de processo penal. São Paulo: Saraiva, 1980.

TORRES DE CARVALHO, Ricardo Cintra. O papel da prova na ação ambiental. Disponível em: https://www.conjur.com.br/2018-out-27/prova-acao-ambiental. Acesso em: 12.07.2020.

TUCCI, Rogério Lauria. Devido processo legal e tutela jurisdicional. São Paulo: Ed. RT, 1993.

UZEDA, Carolina. "Reconvenção subjetivamente ampliativa: a posição processual do terceiro-interveniente", in: Revista de Processo, v. 258, p. 43-64. São Paulo: Ed. RT, 2018.

UZEDA, Carolina. Coisa julgada sob perspectiva comparatística: o que o sistema norte-americano pode nos ensinar sobre a extensão dos limites objetivos e subjetivos da coisa julgada, in: Revista de Processo, n. 258, p. 449-467. São Paulo: Ed. RT, 2016.

VÁSQUEZ, Carmen. Estándares de prueba y prueba científica: Ensayos de epistemología jurídica. Madrid: Marcial Pons. 2013.

VENTURI, Elton. Execução coletiva. São Paulo: Ed. RT, 2000.

VENTURI, Elton. "A competência jurisdicional na tutela coletiva". Direito processual coletivo. In: Direito Processual Coletivo e o anteprojeto de Código Brasileiro de Processos Coletivos. Ada Pellegrini Grinover, Aluísio Gonçalves de Castro Mendes e Kazuo Watanabe (Coord.). São Paulo: Ed. RT, 2007.

VENTURI, Elton. Transação de direitos indisponíveis? In: Revista de Processo, v. 251, p. 391-426. São Paulo: Ed. RT, 2016.

VESCOVI, Enrique. La modificación de la demanda. In: Revista de Processo n. 30, p. 206-212. São Paulo: Ed. RT, 1983.

VEZULLA, J. Teoria e pratica da mediação. Florianópolis: IMAB, 2001.

VIDIGAL, Luis Eulálio de Bueno. A conexão no código de processo civil brasileiro. In: Revista de direito processual. v. 2. São Paulo: Saraiva, jul/dez, 1960.

VIEIRA, Marcelo Lemos. O ministério público brasileiro e a mediação: o acesso à justiça ambiental. Dissertação Mestrado, FDV, Vitória-ES. 2017.

VIEIRA, Marcelo Lemos; FABRIZ, Dauri Cesar. A Mediação na Solução das Questões Ambientais no âmbito do Ministério Público. Curitiba: Appris; 1ª edição. 2019.

VIGLIAR, José Marcelo Menezes. "Ação civil pública ou ação coletiva?", in: MILARÉ, Édis (Coord.). Ação civil pública. São Paulo: Ed. RT, 2001.

VIGLIAR, José Marcelo Menezes. Tutela jurisdicional coletiva. São Paulo: Atlas, 1998.

VIGORITI, Vicenzo. Interessi colletivi e processo – la legitimazione ad agire. Milão: Giuffrè, 1979.

VINYAMATA, Eduard. Conflictologia: curso de resolución de conflitos. 5. ed. Madrid: Ariel, 2014.

VISINTINI, Giovanna. Trattato breve della responsabilità civile: fatti illeciti, inadempimento, danno risarcibile. 3. ed. Milano: Cedam, 2005.

VITORELLI, Edilson. Raciocínios probabilísticos e o papel das estatísticas na análise probatória. Revista de Processo, v. 297/2019, p 369/396, Nov/2019.

VITORELLI, Edilson. Litígios estruturais: decisão e implementação de mudanças socialmente relevantes pela via processual. In: ARENHART, Sérgio Cruz; JOBIM, Marco Félix (Org.). Processos estruturais. Salvador: Juspodvim, 2017.

VITORELLI, Edilson. Tipologia dos litígios transindividuais: um novo ponto de partida para a tutela coletiva. In: ZANETI JUNIOR, Hermes (Coord.) Repercussões do novo CPC – Processo Coletivo. Salvador: JusPodivm, 2016.

VITORELLI, Edilson. "Ações coletivas passivas: por que elas não existem nem deveriam existir?", in: Revista de Processo, v. 278, p. 297-335. São Paulo: Ed. RT, 2018.

WACH, Adolf. Der Feststellungsanspruch: Ein Beitrag zur Lehre vom Rechtsschutzanspruch. Dunker e Humblot 1889.

WATANABE, Kazuo. Da cognição no processo civil. São Paulo: Ed. RT, 1987.

WATANABE, Kazuo. "Tutela jurisdicional dos interesses difusos: a legitimação para agir", in: GRINOVER, Ada Pellegrini (Coord.). A tutela dos interesses difusos. São Paulo: Max Limonad, 1984.

WATANABE, Kazuo. Controle jurisdicional das políticas públicas: mínimo existencial e demais direitos fundamentais imediatamente judicializáveis. In: Revista de Processo, v. 193, p. 13-26. São Paulo: Ed. RT, 2011.

WATANABE, Kazuo. "Associação e substituição processual na tutela coletiva". In: MILARÉ, Édis (Coord.). Ação Civil Pública após 35 anos. São Paulo: Ed. RT, 2020.

WATANABE, Kazuo. "Tutela antecipatória e tutela específica nas obrigações de fazer e não fazer". In: TEIXEIRA, Sálvio de Figueiredo (Coord.). Reforma do Código de Processo Civil. São Paulo: Malheiros, 1996.

WATANABE, Kazuo. Relação entre demanda coletiva e demanda individual. Revista de Processo – RePro, São Paulo: Ed. RT, n. 139, set. 2006.

WILLETT, Allan (1901). Economic Theory of Risk and Insurance. Columbia University Press.

YARSHELL, Flávio Luiz. "Ação cautelar sem correspondente ação principal", in: Improbidade administrativa: questões polêmicas e atuais. São Paulo: Malheiros, 2001.

YARSHELL, Flávio Luiz. "Observações a propósito da liquidação na tutela de direitos individuais homogêneos", in: Atualidades sobre liquidação de sentença. São Paulo: Ed. RT, 1996.

YARSHELL, Flávio Luiz. Tutela jurisdicional. São Paulo: Atlas, 1998.

YARSHELL, Flávio Luiz. Tutela jurisdicional específica nas obrigações de declaração de vontade. São Paulo: Malheiros Editores, 1993.

YARSHELL, Flávio Luiz. Antecipação da prova sem o requisito de urgência e direito autônomo à prova. São Paulo: Malheiros, 2009.

YEAZELL, Stephen C. From medieval group litigation to the modern class action. New Haven e Londres: Yale University Press, 1987.

ZAFFARONI, Eugenio Raúl. Derecho penal: parte general. Buenos Aires: Ediar, 2002.

ZANETI, Graziela Argenta. Jurisdição adequada para os processos coletivos transnacionais. São Paulo: Ed. RT, 2020.

ZANETI JR., Hermes. Processo constitucional: o modelo constitucional do processo civil brasileiro. Rio de Janeiro: Lumen Juris, 2007.

ZANETI JR., Hermes. O valor vinculante dos precedentes: teoria dos precedentes normativos formalmente vinculantes. 3. ed. Salvador, JusPodivm, 2017.

ZANETI JR., Hermes. Direito probatório, lógica jurídica e processo: a racionalidade prática procedimental e o retorno ao juízo. In: NEVES, Daniel Amorim Assumpção. Provas: aspectos atuais do direito probatório. São Paulo: Método, 2009.

ZANETI JR., Hermes. Os casos repetitivos no brasil: notas sobre a agregação de litígios, o processo coletivo e os precedentes vinculantes no cpc/2015. In: Revista Iberoamericana de Derecho Procesal. v. 7, p. 225-246. 2018.

ZANETI, Hermes. DIDIER, Fredie. Curso de direito processual civil. v. 4, 11. Ed. Salvador: JusPodivm, 2017.

ZANETI, Hermes. "Ações coletivas e o incidente de julgamento de casos repetitivos – espécies de processo coletivo no direito brasileiro: aproximações e distinções", in: Revista de Processo, v. 256, São Paulo: Ed. RT, 2016.

ZANETI, Hermes. "Princípio da competência adequada, conflitos coletivos multipolares e competências materiais distintas", in: Revista de Processo, v. 128, p. 403-414. São Paulo: Ed. RT, 2020.

ZARONI, Bruno Marzulo. Multidistrict Litigation: a Experiência Norte-Americana na Tutela dos Interesses de Massa. Disponível em: http://www.lex.com.br/doutrina_25632222_MULTIDISTRICT_LITIGATION_A_EXPERIENCIA_NORTE_AMERICANA_NA_TUTELA_DOS_INTERESSES_DE_MASSA.aspx. Acesso em: 29.01.2017.

ZAVASCKI, Teori Albino. Título executivo e liquidação. São Paulo: Ed. RT, 1999.

ZAVASCKI, Teori Albino. Executividade das sentenças de improcedência em ações declaratórias negativas, Revista de Processo, v. 208. São Paulo: Ed. RT, 2012.

ZAVASCKI, Teori Albino. Processo coletivo. 6. ed. São Paulo: Ed. RT, 2014.

ANOTAÇÕES